西藏年鉴 2012

西藏年鉴编辑委员会

西藏人民出版社

图书在版编目（CIP）数据
西藏年鉴. 2012/《西藏年鉴》编委会编. --拉萨：
西藏人民出版社，2013.4
ISBN 978-7-223-03828-7
Ⅰ. ①西… Ⅱ. ①西… Ⅲ. ①西藏-2012-年鉴Ⅳ. ①Z527.5
中国版本图书馆CIP数据核字（2013）第064482号

西藏年鉴（2012）

主　　办　西藏自治区人民政府办公厅
　　　　　西藏自治区地方志办公室
编　　者　西藏年鉴编辑委员会
责任编辑　格藏才让 张慧霞 姚永奇 齐江蕾
设　　计　王景远
出版发行　西藏人民出版社
印　　刷　西藏福利印刷厂
成品尺寸　889×1194　1/16
插　　图　860幅
字　　数　1200千字
版　　次　2013年4月第1版
印　　次　2013年第1次印刷
印　　数　01-5000册
书　　号　ISBN 978-7-223-03828-7
定　　价　498.00元

编 辑 说 明

一、《西藏年鉴》由西藏自治区人民政府办公厅和地方志办公室主办，自2000年开始每年出版，是大型综合性、权威性、史料性年刊。《西藏年鉴》（2012）坚持以马克思列宁主义、毛泽东思想和邓小平建设中国特色社会主义理论为指导，坚持为西藏改革开放、全面构建和谐小康社会、实践新时期跨越式发展战略目标服务的办刊方针，由《西藏年鉴》编辑部编辑、西藏人民出版社出版。

二、《西藏年鉴》（2012）翔实、全面、系统、客观地记载了2011年西藏自治区政治、经济、文化、社会等各方面的发展状况。为各级领导了解区情，实施科学决策提供依据，为各行业、各部门、各单位查询资料，为国内外各界人士了解、认识、研究西藏提供可靠的信息，也是西藏自治区精神文明建设和对外宣传的窗口。对西藏与各省、市、自治区进行社会、经济、科技发展等方面的合作交流、实现经济快速发展将起到极大地促进作用。

三、《西藏年鉴》（2012）分特载、西藏综述、政治（包括党委、人大、政府、政协、群众团体和工商联、法制）、军事、经济（包括发展和改革、商务，财税、金融、保险、证监，管理与监督，农牧业、林业、水利，交通、民航、邮政、通信，国土资源、城乡建设、旅游，气象、地震、电力、石油销售，环境保护、地矿勘查）社会事业（科技、教育、文化、广电传媒，卫生、计划生育、体育，民政、人力资源和社会保障）、市地县（区、市）、大事记、统计资料、发展风貌图片彩版宣传等九个篇目。

四、《西藏年鉴》（2012）采用分类编辑法，由篇目、类目、部（门）目、条目组成。篇目下设类目，类目下部（门）目，部（门）目下设若干条目。条目标题统一使用黑体字加【 】表示。彩版单独标页，便于查阅。

五、《西藏年鉴》（2012）所用稿件均由自治区各部、委、办、厅、局、地县（区、市）及驻藏部队负责撰写，并经撰写单位领导审核。所用综合性资料、数据，一律截至2011年底。年鉴中的“统计资料”由自治区统计局提供，正文中的数据由各单位提供。数据一般以现行价格计算。本卷“统计资料”，因统计口径等原因，有关部门所用数据与“统计资料”中的数据不尽一致，采用时请予注意。

六、《西藏年鉴》的编辑、出版、发行，得到了各级领导、各企事业单位和广大读者的大力支持，在此表示衷心感谢。有极少数单位因特殊原因，本期没有刊载。

欢迎广大读者对本书的编辑工作提出宝贵意见，以便把《西藏年鉴》编得更好。

编 者

2012年10月

《西藏年鉴》编辑委员会

目 录

特载

政府工作报告…………………………………………(1)

第一篇 西藏综述

西藏自治区概况…………………………………………(8)
地理…………………………………………(8)
气候…………………………………………(9)
行政区划…………………………………………(9)
人口和民族…………………………………………(9)
自然资源…………………………………………(9)
自然灾害…………………………………………(10)
自治区经济社会发展情况…………………………………………(13)

第二篇 政治

中国共产党西藏自治区委员会…………………………(13)
自治区纪检(监察)工作…………………………(13)
…………………………………………(彩5)
自治区组织工作…………………………………………(18)
自治区宣传思想工作…………………………………(20)
自治区统一战线工作…………………………………(22)
…………………………………………(彩6)
自治区政法工作…………………………………………(23)
自治区党校(行政学院)工作…………………………(24)
自治区党史研究(地方志)工作………………………(25)
自治区保密工作…………………………………………(28)
西藏自治区人民代表大会常务委员会…………………(30)
…………………………………………(彩2、3)
西藏自治区人民政府…………………………………(32)
自治区外事工作…………………………………………(32)
…………………………………………(彩8、9)
自治区民族宗教工作…………………………………(32)
自治区扶贫(农业综合)开发工作……………………(33)
自治区人民政府驻北京办事处…………………………(35)
自治区人民政府驻上海办事处…………………………(36)
自治区人民政府驻成都办事处…………………………(37)
自治区人民政府驻西安办事处…………………………(38)
自治区人民政府驻格尔木办事处………………………(39)
中国人民政治协商会议西藏自治区委员会……(40)
…………………………………………(彩4)
群众团体、工商联…………………………………………(44)
自治区总工会…………………………………………(44)
共青团西藏自治区委员会…………………………(45)
自治区妇女联合会…………………………………(46)
…………………………………………(彩7)
自治区工商业联合会…………………………………(48)
…………………………………………(彩15)
自治区文学艺术界联合会…………………………(48)
中国佛教协会西藏分会…………………………(50)
援助西藏发展基金会…………………………………(51)
西藏残疾人联合会…………………………………(52)
法制…………………………………………(54)
自治区审判工作…………………………………(54)
…………………………………………(彩10、11)
自治区检察工作…………………………………(55)
…………………………………………(彩12)
自治区公安工作…………………………………(56)
…………………………………………(彩13)
自治区司法行政工作…………………………………(58)
…………………………………………(彩14)

第三篇 军事

西藏军区…………………………………………(61)
武警部队西藏自治区总队…………………………(65)
…………………………………………(彩16、17)
西藏公安边防总队…………………………………(67)
西藏公安消防总队…………………………………(68)
…………………………………………(彩18、19)
武警西藏森林总队…………………………………(69)
西藏公安厅警卫局…………………………………(70)
自治区人民防空工作…………………………………(71)
…………………………………………(彩20)

第四篇 经济

发展和改革、商务……………………………………（73）
自治区发展和改革工作……………………（73）
自治区粮食工作……………………………（75）
自治区商务工作……………………………（76）
……………………………………………（彩22、23）
财税、金融、保险、证监……………………（78）
自治区财政工作……………………………（78）
自治区税务工作……………………………（80）
………………………………………………（彩21）
中国人民银行拉萨中心支行………………（82）
中国银行业监督管理委员会西藏监管工作
……………………………………………………（84）
国家开发银行西藏自治区分行……………（86）
………………………………………………（彩24）
中国工商银行西藏自治区分行……………（87）
中国农业银行西藏自治区分行……………（88）
………………………………………………（彩25）
中国银行西藏自治区分行…………………（90）
………………………………………………（彩30）
中国建设银行西藏自治区分行……………（90）
……………………………………………（彩26、27）
西藏银行股份有限公司……………………（91）
……………………………………………（彩28、29）
中国人民财产保险股份有限公司西藏分公司
……………………………………………………（93）
………………………………………………（彩31）
中国证券监督管理委员会西藏监管工作
……………………………………………………（95）
管理与监督……………………………………（98）
自治区国有资产管理工作…………………（98）
………………………………………………（彩32）
自治区工业和信息化工作…………………（100）
………………………………………………（彩33）
自治区审计工作……………………………（101）
自治区统计调查工作………………………（102）
自治区工商行政管理工作…………………（104）
………………………………………………（彩34）
自治区质量技术监督工作…………………（105）
……………………………………………（彩36、37）
自治区食品药品监管工作…………………（107）
………………………………………………（彩35）
自治区安全生产监管工作…………………（109）
拉萨海关……………………………………（109）
………………………………………………（彩39）
西藏出入境检验检疫工作…………………（110）
自治区烟草专卖工作………………………（112）
………………………………………………（彩38）
农牧业、林业、水利…………………………（113）
自治区农牧工作……………………………（113）
………………………………………………（彩42）
自治区林业工作……………………………（114）
自治区水利工作……………………………（116）
……………………………………………（彩40、41）
交通、邮政、通信、民航……………………（118）
自治区交通运输工作………………………（118）
青藏铁路公司拉萨办事处（拉萨站）……（119）
………………………………………………（彩45）
自治区交通综合执法总队…………………（120）
………………………………………………（彩44）
自治区公路管理工作………………………（122）
自治区交通运输管理（海事）工作………（123）
自治区邮政工作……………………………（124）
………………………………………………（彩43）
自治区通信业管理工作……………………（124）
中国电信西藏公司…………………………（125）
……………………………………………（彩48、49）
中国移动西藏公司…………………………（127）
……………………………………………（彩46、47）
民航西藏自治区管理工作…………………（128）
……………………………………………（彩50、51）
国土资源、城乡建设、旅游…………………（130）
自治区国土资源工作………………………（130）
自治区住房城乡建设工作…………………（131）
自治区旅游工作……………………………（135）
气象、地震、电力、石油……………………（137）
自治区气象工作……………………………（137）
………………………………………………（彩57）
自治区防震减灾工作………………………（139）
自治区电力工业工作………………………（140）
………………………………………………（彩56）
中国石油天然气股份有限公司西藏销售分公司
……………………………………………………（141）
环境保护、地矿勘查…………………………（143）
自治区环境保护工作………………………（143）
自治区地质矿产勘查开发工作……………（145）
……………………………………………（彩54、55）

第五篇 社会事业

科技、教育……………………………………（147）
自治区科技工作……………………………（147）
……………………………………………（彩52、53）
自治区农牧科学院…………………………（149）
自治区社会科学院…………………………（150）
自治区教育工作……………………………（151）
……………………………………………（彩58-61）
西藏大学……………………………………（157）
………………………………………………（彩62）
文化、广电、新闻出版………………………（158）
自治区文化工作……………………………（158）
自治区文物工作……………………………（161）
……………………………………………（彩64、65）

自治区广播电影电视工作…………………（163）
自治区新闻出版工作…………………（165）
自治区人民出版社工作…………………（168）
卫生、计划生育、体育…………………（169）
自治区卫生工作…………………（169）
…………………（彩63）
自治区人口和计划生育工作…………………（171）
…………………（彩66）
自治区疾病预防控制中心…………………（172）
自治区人民医院…………………（174）
自治区体育工作…………………（176）
民政、人力资源和社会保障…………………（178）
自治区民政工作…………………（178）
自治区人力资源和社会保障工作…………………（179）
…………………（彩67）

第六篇 地（市）、县（区、市）

拉萨市…………………（182）
拉萨市…………………（182）
拉萨市纪检（监察）工作…………………（185）
拉萨市宣传思想工作…………………（185）
拉萨市人民代表大会常务委员会…………………（185）
拉萨市扶贫（农业综合）开发工作…………………（186）
拉萨市审判工作…………………（187）
拉萨市检察工作…………………（187）
拉萨市司法行政工作…………………（188）
拉萨市审计工作…………………（189）
拉萨市统计调查工作…………………（189）
拉萨市工商行政管理工作…………………（190）
拉萨市食品药品监管工作…………………（191）
拉萨市水利工作…………………（191）
拉萨市交通运输工作…………………（191）
拉萨市邮政工作…………………（192）
拉萨市国土资源工作…………………（193）
拉萨市防震减灾工作…………………（193）
拉萨市民政工作…………………（194）
城关区…………………（196）
…………………（彩68、69）
林周县…………………（197）
…………………（彩70、71）
当雄县…………………（198）
…………………（彩72、73）
尼木县…………………（201）
曲水县…………………（201）
堆龙德庆县…………………（201）
…………………（彩74、75）
达孜县…………………（203）
…………………（彩76、77）
墨竹工卡县…………………（204）
…………………（彩78、79）

昌都地区…………………（206）
昌都地区…………………（206）
昌都地区外事工作…………………（208）
昌都地区民族宗教工作…………………（208）
昌都地区区域协作事务工作…………………（208）
昌都地区农牧民安居工程建设工作…………………（209）
昌都地区藏语委办（编译局）…………………（209）
昌都地区公安工作…………………（210）
昌都地区司法工作…………………（210）
昌都地区发展改革工作…………………（211）
昌都地区粮食工作…………………（212）
昌都地区商务工作…………………（213）
昌都地区财务工作…………………（213）
昌都地区税务工作…………………（214）
人民银行昌都地区中心支行工作…………………（215）
农行昌都分行工作…………………（215）
昌都地区工业和信息化工作…………………（216）
昌都地区行署国资监管工作…………………（216）
昌都地区统计调查工作…………………（217）
昌都地区安全生产监管工作…………………（217）
昌都地区烟草专卖工作…………………（218）
昌都地区农牧工作…………………（218）
昌都地区林业工作…………………（218）
昌都地区水利工作…………………（219）
昌都地区交通运输工作…………………（220）
昌都地区公路管理工作…………………（221）
昌都地区邮政工作…………………（221）
中国电信昌都分公司工作…………………（222）
昌都地区移动分公司工作…………………（222）
昌都地区国土资源工作…………………（223）
昌都地区住房和建设工作…………………（223）
昌都地区旅游工作…………………（224）
昌都地区气象工作…………………（225）
昌都地区地震工作…………………（225）
昌都地区电力工作…………………（226）
昌都地区环境保护工作…………………（226）
昌都地区科技工作…………………（227）
昌都地区教育体育工作…………………（227）
昌都地区卫生工作…………………（228）
昌都地区文化工作…………………（229）
昌都地区广电工作…………………（229）
昌都地区民政工作…………………（230）
昌都地区人力资源和社会保障工作…………………（230）
昌都县…………………（231）
江达县…………………（233）
…………………（彩80、81）
贡觉县…………………（234）
…………………（彩82、83）
类乌齐县…………………（235）
…………………（彩92）
丁青县…………………（236）
…………………（彩84）
察雅县…………………（237）
…………………（彩86、87）
八宿县…………………（238）

…………（彩88、89）
左贡县…………（240）
芒康县…………（241）
…………（彩90、91）
洛隆县…………（243）
边坝县…………（243）
…………（彩85）

山南地区…………（245）
山南地区…………（245）
…………（彩134、135）
中共山南地区委员会…………（247）
山南地区纪委、监察工作…………（248）
山南地区组织工作…………（249）
山南地区宣传思想工作…………（250）
山南地区政法工作…………（251）
山南地区扶贫农发工作…………（252）
山南地区政治协商工作…………（253）
山南地区法院工作…………（253）
山南地区检察工作…………（254）
山南地区公安工作…………（255）
山南地区司法工作…………（256）
山南地区发展和改革工作…………（257）
山南地区商务工作…………（258）
山南地区财政工作…………（259）
山南地区税务工作…………（260）
人民银行山南地区中心支行工作…………（261）
建行山南分行工作…………（262）
人保财险山南分公司工作…………（262）
中国人寿山南分公司工作…………（263）
山南地区工业和信息化工作…………（264）
山南地区安全生产监管工作…………（265）
山南地区国资管理工作…………（265）
山南地区审计工作…………（266）
山南地区工商行政管理工作…………（266）
山南地区质监工作…………（267）
山南地区烟草专卖工作…………（268）
山南地区农牧工作…………（268）
山南地区林业工作…………（269）
山南地区水利工作…………（270）
山南地区交通运输工作…………（270）
中国电信山南分公司…………（271）
中国移动山南分公司工作…………（272）
山南地区国土资源工作…………（273）
山南地区住房和建设工作…………（273）
山南地区科学技术工作…………（274）
山南地区教育体育工作…………（275）
山南地区职业技术学校工作…………（276）
山南地区广播电影电视工作…………（277）
山南地区卫生（人口计生）工作…………（278）
山南地区人民医院工作…………（279）
山南地区藏医院工作…………（279）
山南地区民政工作…………（280）
山南地区人力资源和社会保障工作…………（281）
乃东县…………（282）
扎囊县…………（283）
…………（彩136、137）
贡嘎县…………（285）
…………（彩138、139）
桑日县…………（285）
…………（彩140、141）
琼结县…………（286）
…………（彩142、143）
曲松县…………（287）
措美县…………（288）
…………（彩144、145）
洛扎县…………（290）
…………（彩146、147）
加查县…………（291）
…………（彩148、149）
隆子县…………（292）
…………（彩150、151）
错那县…………（293）
浪卡子县…………（294）
…………（彩152、153）

日喀则地区…………（296）
日喀则地区…………（296）
日喀则地区统一战线工作…………（296）
日喀则地区地区政法工作…………（297）
日喀则地区党校（行政学校）工作…………（298）
日喀则地区外事工作…………（298）
日喀则地委政策研究室（地委农村工作办公室）
…………（299）
日喀则地区工会工作…………（299）
日喀则地区检察工作…………（300）
日喀则地区发展改革工作…………（301）
日喀则地区商务工作…………（302）
日喀则地区财政工作…………（302）
日喀则地区国税工作…………（303）
中国农业银行股份有限公司日喀则分行…（304）
中国银行股份有限公司日喀则分行…………（304）
日喀则地区国资监管工作…………（305）
日喀则地区工业和信息化工作…………（305）
日喀则地区审计工作…………（306）
日喀则地区统计调查工作…………（306）
日喀则地区工商行政管理工作…………（307）
日喀则地区质量技术监督工作…………（308）
日喀则地区农牧工作…………（309）
日喀则地区水利工作…………（309）
日喀则地区公路管理工作…………（310）
日喀则地区国土资源工作…………（310）
日喀则地区气象工作…………（311）
日喀则地区职业技术学校…………（312）
日喀则地区广电工作…………（312）
日喀则地区民政工作…………（313）

日喀则地区人力资源和社会保障工作……（314）
日喀则市……（314）
……（彩94、95）
南木林县……（315）
……（彩96、97）
江孜县……（318）
……（彩98、99）
定日县……（319）
……（彩93）
萨迦县……（320）
拉孜县……（322）
……（彩100、101）
昂仁县……（323）
……（彩108）
谢通门县……（324）
白朗县……（326）
……（彩102、103）
仁布县……（327）
康马县……（329）
定结县……（330）
……（彩109）
仲巴县……（331）
亚东县……（332）
……（彩110）
吉隆县……（334）
聂拉木县……（336）
……（彩104、105）
萨嘎县……（338）
岗巴县……（339）
……（彩106、107）

那曲地区……（342）
那曲地区……（342）
人大那曲地区工委工作……（344）
政协那曲地区委员会……（344）
那曲地区政法委工作……（345）
中共那曲地委宣传工作……（345）
那曲地区外事工作……（346）
那曲地区藏语委（编译局）工作……（347）
那曲地区扶贫（农发）工作……（347）
那曲地区审判工作……（348）
那曲地区公安工作……（348）
那曲地区司法行政工作……（349）
武警西藏总队那曲地区支队……（349）
那曲地区发展和改革工作……（350）
那曲地区商务工作……（351）
那曲地区财政工作……（351）
那曲地区税务工作……（352）
中国人民银行那曲地区中心支行……（353）
中国农业银行那曲地区分行……（353）
人保财险那曲支公司……（353）
那曲地区国有资产监督管理工作……（354）
那曲地区审计工作……（354）
那曲地区统计调查工作……（355）
那曲地区工商行政管理工作……（355）
那曲地区质量技术监督工作……（356）
那曲地区安监工作……（356）
那曲地区农牧工作……（356）
那曲地区林业工作……（357）
那曲地区水利工作……（358）
那曲地区交通运输工作……（359）
那曲地区邮政工作……（360）
中国移动西藏公司那曲分公司……（360）
那曲地区国土资源工作……（360）
那曲地区住房和城乡建设工作……（361）
那曲地区气象工作……（361）
那曲地区电力工作……（362）
那曲地区环保工作……（362）
那曲地区教育工作……（363）
那曲地区科学技术工作……（363）
那曲地区广播影视工作……（363）
那曲地区卫生（人口计生）工作……（364）
那曲地区人力资源和社会保障工作……（365）
那曲县……（366）
嘉黎县……（367）
……（彩124）
比如县……（368）
……（彩112、113）
聂荣县……（369）
安多县……（370）
……（彩114、115）
申扎县……（370）
……（彩116、117）
索县……（371）
……（彩111）
班戈县……（372）
巴青县……（373）
……（彩118、119）
尼玛县……（373）
……（彩120、121）
双湖特别区……（375）
……（彩122、123）

阿里地区……（378）
阿里地区……（378）
阿里地区纪检（监察）工作……（379）
阿里地区组织工作……（380）
阿里地区宣传思想工作……（381）
阿里地区统一战线工作……（381）
阿里地区政法工作……（382）
阿里地区党校（行政学校）工作……（383）
地委政策研究室（农工办）工作……（383）
阿里地区人大工作委员会工作……（384）
阿里地区行署办公室工作……（385）
阿里地区外事工作……（388）
阿里地区民族宗教工作……（388）

阿里地区扶贫农发工作……………………（389）
阿里地区审判工作……………………………（390）
阿里地区检察工作……………………………（391）
阿里地区司法行政工作………………………（391）
武警阿里交通八支队工作……………………（392）
阿里公安边防支队工作………………………（393）
阿里地区发展改革工作………………………（394）
阿里地区商务工作……………………………（395）
阿里地区财政局………………………………（395）
阿里地区国税工作……………………………（396）
中国人民银行阿里地区中心支行工作……（397）
阿里地区工业和信息化工作…………………（398）
阿里地区国有资产监督管理工作…………（398）
阿里地区审计工作……………………………（399）
阿里地区统计调查工作………………………（400）
阿里地区质量技术监督工作…………………（400）
阿里地区食品药品监督管理工作…………（401）
阿里地区农牧工作……………………………（401）
阿里地区水利工作……………………………（402）
阿里地区交通运输工作………………………（403）
阿里地区邮政工作……………………………（403）
阿里电信分公司工作…………………………（404）
阿里地区国土资源局工作……………………（404）
阿里地区环境保护工作………………………（405）
阿里地区科技工作……………………………（406）
阿里地区教育（体育）工作…………………（407）
阿里地区卫生工作……………………………（408）
阿里地区人力资源和社会保障工作………（408）
噶尔县…………………………………………（409）
……………………………………（彩126、127）
普兰县…………………………………………（410）
…………………………………………（彩125）
札达县…………………………………………（411）
……………………………………（彩128、129）
日土县…………………………………………（412）
…………………………………………（彩132）
革吉县…………………………………………（413）
……………………………………（彩130、131）
改则县…………………………………………（415）
措勤县…………………………………………（416）
…………………………………………（彩133）

林芝地区………………………………………（418）
林芝地区………………………………………（418）
林芝地区纪检（监察）工作…………………（419）
林芝地区组织工作……………………………（421）
林芝地区宣传思想工作………………………（422）
林芝地区统一战线工作………………………（423）
林芝地区政法工作……………………………（424）
人大林芝地区工作委员会……………………（425）
林芝地区扶贫（农业综合）开发工作……（426）
林芝地区政协工作……………………………（427）
林芝地区审判工作……………………………（427）
林芝地区检察工作……………………………（428）
林芝地区公安工作……………………………（429）
林芝地区司法工作……………………………（429）
林芝地区发展改革工作………………………（430）
林芝地区财政工作……………………………（431）
中国农业银行林芝地区分行…………………（433）
中国建设银行林芝地区分行…………………（434）
林芝地区国有资产监督工作…………………（434）
林芝地区审计工作……………………………（435）
林芝地区统计调查工作………………………（435）
林芝地区工商行政管理工作…………………（436）
林芝地区质量监督工作………………………（437）
林芝地区食品药品监管工作…………………（437）
林芝地区农牧工作……………………………（438）
林芝地区林业工作……………………………（438）
林芝地区水利工作……………………………（439）
林芝地区交通工作……………………………（440）
林芝地区国土资源工作………………………（440）
林芝地区环保工作……………………………（440）
林芝地区科技工作……………………………（441）
林芝地区卫生（人口计生）工作…………（442）
林芝地区民政工作……………………………（443）
林芝地区人力资源和社会保障工作………（444）
林芝县…………………………………………（445）
…………………………………………（彩166）
工布江达县……………………………………（446）
……………………………………（彩154、155）
米林县…………………………………………（448）
……………………………………（彩156、157）
墨脱县…………………………………………（450）
……………………………………（彩158、159）
波密县…………………………………………（451）
……………………………………（彩160、161）
察隅县…………………………………………（452）
……………………………………（彩162、163）
朗县……………………………………………（454）
……………………………………（彩164、165）

第七篇　政府2011年大事记

政府2011年大事记……………………………（457）

第八篇　统计资料

全国各省市自治区国民经济主要指标…………（487）
行政区划（表一）……………………………（488）
行政区划（表二）……………………………（488）
行政区划（表三）……………………………（488）
全区主要经济指标……………………………（489）
全区各地（市）国民经济主要指标及排位……（490）
西部十二省（区、市）行政区划……………（491）
西部十二省（区、市）主要经济指标…………（491）

MAIN CONTENTS

Special Preface

Goveaunent Work Report······················ (1)

Chapter 1 Tibet Summary

Brief Introdnction Of Tibet·················· (8)
- Geography································ (8)
- Climate·································· (9)
- Adirinistrative Division··············· (9)
- Population and Nationalities·········· (9)
- Natural Resources······················ (9)
- Natural Disaste························ (10)

Chapter 2 Politic

Tibet Autonomous Region committee of the Communist Party of China·················· (13)

The standing Committee of Tibet Autonomous Region People's Congress················· (30)

Tibet Autonomous Region People's Government ·· (32)
- Nationnalities and Religion········· (33)
- Supporting the Poor and Opening Up ·· (33)

Tibet Autonomous Region Committee of chinese People's Political consultative Conference ·· (40)

Mass Organizations······················ (44)
- General Labor union of Tibet Autonomous Region································ (45)
- Tibet Autonomous Region Women's Federation····························· (46)

Legality····································· (54)
- Procuration······························ (54)
- Trial····································· (56)
- Public Security························· (58)

Chapter 3 Mititary Affairs

- Military Affairs························· (61)

Chapter 4 Economic

- Finance and Taxation Banking and Insurance······························ (73)
- Finance··································· (73)
- Taxation································· (76)
- Banking and Insurance·················· (78)
- Supervision and Management········ (98)
- Audits··································· (101)
- Statistics······························· (102)
- Industrial and commercial Administration ··· (104)
- Administration of Quality and Technolgy ··· (105)
- Supervision and management of medicine& foods···································· (107)
- Management of Tobacco Industry ··· (102)
- Lhasa Customs························· (109)

Animal Husbandry,Forestry Water Conservancy …… (113)
Animal Husbandry …… (113)
Ferestry …… (114)
Water Conservancy …… (116)
Communication,Post,Civil Aviation and Telecommunications …… (118)
Communication …… (118)
Post …… (124)
Telecommunications …… (124)
Civil Aviation …… (128)
Management of land resource,Tourism …… (130)
Management of Land Resource …… (130)
Tourism …… (135)
Mererology.Earthquake.Electric Power and Petroleum …… (137)
Meterology …… (137)
Earthquake Forecast and Relief …… (139)
Electric Power …… (140)
Petroleum …… (141)
Environmental Protection and Geologic Minerals …… (143)
Environmental Protenction …… (143)
Geologic Minerals …… (145)

Chapter 5 Affairs

Science and Education …… (147)
Science …… (147)
Animal Husbandry and Science …… (149)
Education …… (151)
Tibet University …… (157)
Culture.Broadcast and Television …… (158)
Culture …… (158)
Broadcast and Television …… (163)
Health,Birth Control and Sports …… (169)
Health …… (169)
Population and Birth Control …… (171)
Sports …… (176)
Civil Affairs Labor and Social Security …… (178)
Civil Affairs …… (178)
Labor and Social Security …… (179)

Chapter 6 Regions Cities Districts Counties

Lhasa City …… (182)
Civil Propers …… (196)
Lhundup …… (197)
Mshung …… (198)
Nyemo …… (201)
Hushur …… (201)
Tolun dechen …… (201)
Taktse …… (203)
Medro gongkar …… (204)

Chamdo Region …… (206)
Chamdo Region …… (206)
Chamdo …… (233)
Gyamda …… (233)
Gongjo …… (234)
Rioche …… (235)
Tengchen …… (236)
Dayak …… (237)
Paksho …… (238)
Zogong …… (240)
Markham …… (241)
Ihorong …… (243)
Palbar …… (243)

Ihoka Region …… (245)
Ihoka Region …… (245)
Nedong …… (282)
Danang …… (283)
Gonggar …… (285)
Sangri …… (285)
Chong-gye …… (286)
Chosum …… (287)

Tsome (288)
Lhodak (290)
Gyatsa (290)
Lhuntes (292)
Tsona (293)
Nakartse (294)

Shigatse Region (296)
Shigatse Region (296)
Shigatse City (314)
Namring (315)
Gyantse (318)
Tingri (319)
Sakya (320)
Lharse (322)
Ngamring (323)
Thongmon (324)
Panam (326)
Rinpung (327)
Khangmar (329)
Tingkye (330)
Dongpa (331)
Yatung (332)
Kyirong (334)
Nyalam (336)
Saga (338)
Gampa (339)

Nakchu Region (342)
Nakchu Region (342)
Nakchu (366)
Chali (367)
Dirl (368)
Nyerong (369)
Amdo (370)
Shantsa (370)
Sodshan (371)
Palgon (372)
Bachen (373)
Nims (373)

Ngari Region (378)
Ngari Region (378)
Gar (409)
Purang (410)
Tsada (411)
Rutok (412)
Gakyi (413)
Gertse (415)
Tsochen (416)

Nyingtri Region (418)
Nyingtri Region (418)
Nyingtri (445)
Kongpo gyamda (446)
Miling (448)
Metok (450)
Pome (451)
Zayul (452)
Namshan (454)

Chapter 7 Important Events

Important Events (457)

Chapter 8 Statistical Data

Statistical Data of Province,Municipality and Autonomous Region (487)
Administratire Division (488)
Main Indicators of Automomouse Region (488)
Main Indicators of Tibet Autonomous Region (488)
Divisions of Administrative Areas in Twelve provinces (489)
Municipality and Autonomous Region (490)
Main Indicators of Twelve Provinces, Municipality anel Autonomous Region (491)

西藏自治区政区图

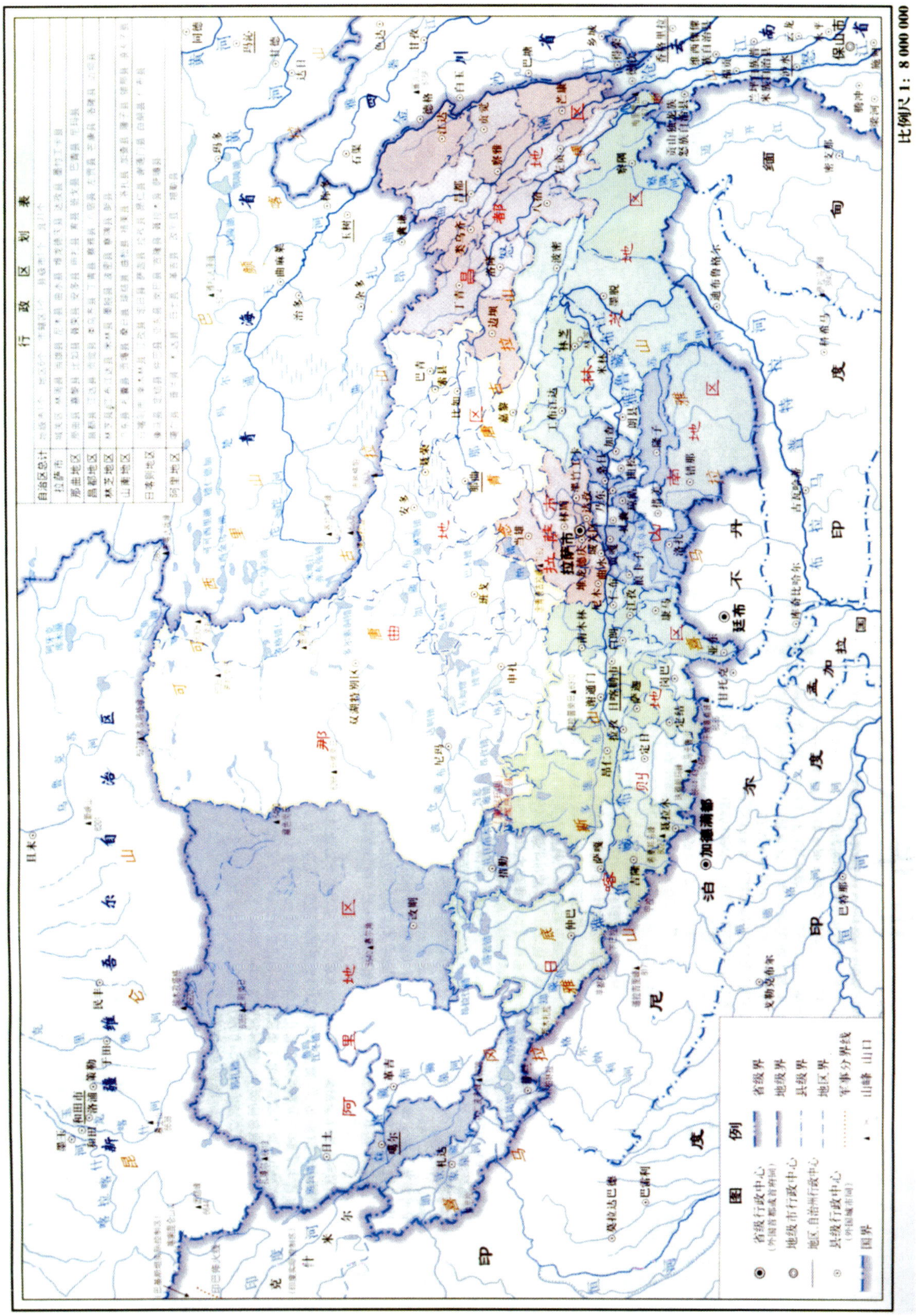

行政区划表

自治区总计	[illegible]
拉萨市	[illegible]
那曲地区	[illegible]
昌都地区	[illegible]
林芝地区	[illegible]
山南地区	[illegible]
日喀则地区	[illegible]
阿里地区	[illegible]

图例

- 省级行政中心（外国首都或首府）
- 地级市行政中心
- 地区、自治州行政中心
- 县级行政中心（外国城市）
- 国界
- 省级界
- 地级界
- 县级界
- 地区界
- 军事分界线
- 山峰 山口

比例尺 1：8 000 000

十一届全国人大四次会议期间，中共中央总书记、国家主席、中央军委主席胡锦涛与西藏代表团代表亲切握手

2011年3月6日下午，中共中央总书记、国家主席、中央军委主席胡锦涛参加十一届全国人大四次会议西藏代表团审议

2011年7月18日，全国人大常委会副委员长兼秘书长、中央代表团副团长李建国亲切看望自治区人大机关干部并与大家合影留念

2011年1月10日，自治区党委书记张庆黎、自治区人大常委会主任向巴平措、自治区人民政府主席白玛赤林步入自治区九届人大四次会议会场

自治区九届人大四次会议会场全景

2011年8月28日，自治区党委书记陈全国看望自治区人大机关干部职工并与大家座谈

2011年3月16日，在美国首都华盛顿，全国人大代表、中共西藏自治区委副书记、自治区人大常委会主任向巴平措（右一）与众议院美中工作小组共同主席波斯坦尼（左一）和拉森（左二）举行会谈

在自治区九届人大四次会议上，自治区人大常委会主任向巴平措作常委会工作报告

2011年7月28日，自治区人大常委会第二十三次会议以联组会议形式，就财政和科技进步等工作依法开展专题询问

2011年11月17日，自治区人大机关传达贯彻自治区第八次党代会精神

2011年5月9日，政协九届四次会议委员意见建议办理答复工作情况通报会在拉萨召开

2011年5月11日至19日，区党委常委，区政协党组书记、副主席巴桑顿珠在日喀则地区调研

2011年6月9日至14日，西部十二省区市政协第十四次社会和法制工作研讨会在拉萨举行

2011年7月7日，政协西藏自治区委员会庆祝西藏和平解放60周年座谈会在拉萨召开

2011年8月24日，西部十二省（区、市）政协提案工作22次联席会议在拉萨召开

2011年9月19日至20日，全区政协贯彻落实《中共中央关于加强人民政协工作的意见》和区党委政协工作会议精神经验交流会议在拉萨举行

自治区党委常委、纪委书记金书波视察雅江幸福大桥工程

自治区党委常委、纪委书记金书波看望慰问达巴村三组村民

自治区党委常委、纪委书记金书波与村干部座谈

纪委副书记、监察厅厅长维色赴仁布县康雄乡调研指导工作

纪委副书记、监察厅厅长维色参观委厅驻村工作队先行制作的新旧对比图片展

西藏自治区第八届纪律检查委员会第一次全体会议

2011年10月28日，自治区党委书记陈全国出席自治区佛教协会座谈会并讲话

2011年11月18日，自治区党委统战部召开各族各界党外代表人士会议，传达学习自治区第八次党代会精神

自治区党委常委、区政协党组书记、区党委统战部部长公保扎西代表自治区党委、政府，亲切看望慰问了部分在拉萨定居的归国藏胞

2011年1月18日，“创业不忘子弟兵，成功全靠共产党”民营企业回报社会感恩行动启动仪式在拉萨举行

2011年10月20日，西藏第一所综合性佛学院落成暨开院庆典在拉萨市曲水县聂当乡西藏佛学院院址隆重举行

工作队向驻村村民发放四代伟人像

区党委副书记、自治区常务副主席、政法委书记郝鹏等自治区领导出席纪念“三八”国际劳动妇女节101周年暨全区优秀女干警十佳女干警十佳警嫂表彰大会

自治区副主席德吉出席堆龙德庆县柳梧乡桑达村举行“全国三八绿色工程”示范基地揭牌仪式

全区首家“妇女之家”揭牌

启动“恒爱行动”

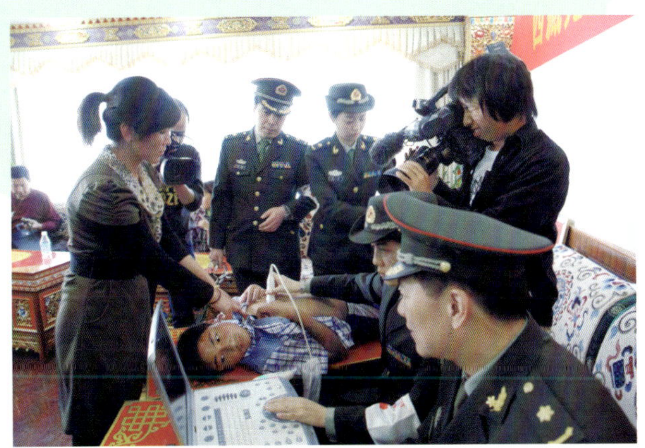

协调中华慈善总会和部队医院专家赴藏进行先心病筛查活动，全区1万多名儿童接受了免费筛查

组织全区第五期尼姑培训班学员参观西藏博物馆

自治区党委书记陈全国会见来访的尼泊尔副总理兼外长什雷斯塔

国务委员戴秉国、外交部部长杨洁篪、副部长张志军等与那曲牧民赴京演出队合影

自治区党委副书记、人大常委会主任向巴平措接受加拿大《环球邮报》专访

自治区主席白玛赤林会见日本驻华大使丹羽宇一郎

区党委副书记、政法委书记郝鹏访问英国时与剑桥大学中亚和蒙古研究所学者交流

区党委副书记、自治区常务副主席吴英杰与外交部党委书记张志军共同开通自治区外办门户网站

区党委副书记、自治区常务副主席吴英杰会见芬兰驻华大使岚涛

意大利“中国文化年·西藏文化周”活动合影

自治区人大主任向巴平措听取自治区高院工作汇报

自治区高院党组书记、院长罗布顿珠陪同自治区老领导参观区高院

自治区高院党组书记、院长罗布顿珠欢送驻村工作组

自治区高院党组书记、院长罗布顿珠向亚东地震灾区献爱心捐款

自治区高院全体干警合影

重温入党宣誓

高院机关传达学习区党委七届八次全委（扩大)会议精神干部大会

自治区高级法院“党员密切联系群众”慰问活动

审判现场

自治区高级法院党组理论学习中心组学习会

法制宣传

驻村工作组向农牧民发放物资

自治区检察工作

自治区领导参观检察机关反渎职侵权展览

检察长张培中作自治区检察院工作报告

检察官组织藏族老人逛新城

自治区检察院检察官在布达拉宫广场进行法治宣传

检察官听国旗老阿妈次仁曲珍讲述国旗的故事

检察官看望退休干部

时代先锋金淑萍给年青干警讲院史

自治区检察院向措勤扶贫点捐赠款物

公安部杨焕宁常务副部长检查西藏和平解放60周年大庆安保工作

自治区副主席、区党委政法委副书记、公安厅党委书记、厅长李昭

全区公安机关推进信息化应用工作会议在拉萨召开

公安厅举行拉萨市便民警务站警用装备配发仪式

李昭副主席亲切慰问参加公安文艺晚会的演职人员

李昭副主席接待信访群众

2011年8月6日，司法部党组成员、政治部主任张彦珍（前排居中）在司法厅领导陪同下视察西藏曲水监狱（图片提供：司法记者站）

司法部党组成员、政治部主任张彦珍（前排居中）在司法厅领导陪同下视察林芝县司法局

2011年4月27日至5月10日，荣生厅长（右二）在昌都地区调研，并对司法厅“基层建设年”活动驻村点进行走访慰问。

2011年9月17日，司法厅领导荣生（左二）、卓嘎（左一）在司法考试现场视察　　　　（图片提供：司法记者站）

孙中平副厅长(右二)带领“基层建设年”活动驻村工作组在麦东村开展工作

2011年10月14日，司法厅召开“创先争优、强基础、惠民生”活动动员部署大会

2011年11月10日，司法厅组织驻拉萨厅直各单位进行警示教育活动

2011年11月17日，司法厅召开会议传达学习西藏自治区第八次党代会精神

2011年9月21日，自治区党委书记陈全国亲切接见全区第一届“优秀中国特色社会主义事业建设者”

2011年9月21日，全区加强和改进工商联工作暨推进非公有制经济跨越式发展会议在拉萨隆重召开

2011年5月24日，西藏自治区工商业联合会(总商会)第五次会员代表大会在拉萨隆重召开

2011年7月1日，西藏自治区工商联暨非公有制企业庆祝建党90周年座谈会

2011年9月22日，西藏自治区非公有制企业融资合作协议签字仪式在拉萨举行

2011年9月24日，全区工商联系统和非公经济界向玉东地震灾区捐款捐物达210余万元

西藏第一家异地商会—西藏自治区福建商会在拉萨成立

自治区工商联领导班子考察调研西藏华钰有限公司

2011年7月19日，中央代表团团长、中共中央政治局常委、国家副主席、中央军委副主席习近平视察总队机关时向总队赠送由胡锦涛主席亲笔题写的“祝贺西藏和平解放六十周年”贺匾

2011年7月18日，武警部队王建平司令员在总队机关检查指导迎接中央代表团准备工作

2011年8月15日，武警部队许耀元政委在林芝支队调研

2011年5月26日，自治区领导张庆黎、向巴平措、白玛赤林检查总队演习部队野战指挥所

2011年5月18日至21日，中共武警西藏总队召开第三次代表大会

2011年7月，总队担负西藏和平解放30周年庆典活动安全保卫勤务

2011年10月25日，郭毅力总队长代表总队向卡优村捐赠医疗器械

2011年6月27日，武警总队向“武警爱民学校”捐赠20万元

2011年8月8日，总队学习贯彻胡锦涛主席“七一”重要讲话精神

2011年9月17日，总队举行应急救援队成立挂牌仪式

2011年7月1日，总队举行庆祝建党90周年文艺晚会

2011年7月15日，总队组织后勤应急保障队紧急拉动演练

2011年9月23日，自治区党委书记陈全国接见总队第二次党代会代表（刘毅摄）

2011年2月1日，自治区主席白玛赤林看望慰问总队直属特勤大队官兵（吴昊摄）

2011年10月17日，琼色政委与总队第一批创先争优强基惠民活动驻村工作队队员亲切握手（刘毅摄）

国务院、中央军委授予西藏自治区公安消防总队拉萨市支队布达拉宫大队“模范消防大队”荣誉称号

高雨祥总队长检查指导哲蚌寺消防安全（吴昊摄影）

2011年9月18日，印度锡金邦发生里氏6.8级地震，西藏日喀则地区亚东县受灾严重，西藏消防部队紧急投入抢救人民生命和财产的救援工作中。（吴昊摄影）

强巴林寺消防官兵向僧人宣传消防安全知识（达瓦顿珠摄影）

西藏日喀则地区樟木口岸消防大队跨国扑救尼泊尔境内一民房火灾现场　（王超　摄影）

杜建望书记主持区人防办大门揭牌仪式

杜建望书记慰问便民警务站干警

伊西加措主任作《西藏人防工作报告》

伊西加措主任在欢送驻村工作队开拔时致辞

自治区人民政府召开人防建设专题会议场景

季新贵副主任慰问便民警务站干警

自治区常务副书记、政法委书记郝鹏视察税务宣传点

2011年8月19日，自治区副主席宫蒲光在全区税务系统干部队伍和党风廉政建设工作会议上做重要讲话

2011年全区税务工作会议在拉萨召开，自治区副主席宫蒲光出席并作重要讲话

西藏国税系统廉政教育基地揭牌仪式在林芝举行

自治区国税局与电信西藏分公司在拉萨签定合作协议

自治区国税局与联通西藏分公司在拉萨签定合作协议

2011年08月11日，自治区商务厅举办首次部区合作协议年度会议
（图为商务部贸易谈判代表高虎城副部长与邓小刚副主席签字仪式）

全国盐业系统对口援藏工作会议

2011年11月29日，商务厅党组书记索朗多吉在日喀则地区赴热索村调研工作

2011年10月19日，自治区商务厅开展“创先争优强基础惠民生”活动，驻村工作队17名队员奔赴日喀则地区吉隆县

在向雷锋同志学习宣传服务活动中商务厅副书记、厅长马相村给群众发放碘盐和宣传资料

2011年8月4日，自治区商务厅召开《西藏自治区"十二五"商务发展规划》评审会

自治区商务厅向日喀则地区吉隆县卡门巴村和桑单林村赠车仪式

开展市场整顿，检查假冒伪劣商品

碘盐配送到全区唯一不通公路的墨脱县,攻克了最后一片盲区，实现了农牧区碘盐配送100%全覆盖

自治区商务厅驻村工作队为落实"八到农家"为重点的农牧区公共事业，工作队积极参与农村公路改造建设

国家开发银行西藏分行揭牌开业暨《西藏自治区人民政府 国家开发银行开发性金融合作备忘录》签字仪式在西藏人民会堂隆重举行

国家开发银行西藏分行向阿里地区雄巴乡加吾村农牧民捐赠过冬物资

国家开发银行西藏分行亢聪怀行长为执勤民警敬献哈达

西藏分行向《加吾村贫困学生献爱心活动》启动仪式

国家财政部金融司司长与米玛旺堆行长慰问阿里老人

中国农业银行总行党委副书记、监事长车迎新视察农行墨脱县支行

自治区政府主席白玛赤林（右一）参加农行西藏分行“金钥匙”春天行动，与农行党委书记、行长米玛旺堆（左一）一起开启启动仪

多吉泽仁副主席和米玛旺堆行长在农行业务宣传点视察

农行西藏分行与中国国电集团西藏分公司战略合作备忘录签字仪式

农行西藏分行财富管理中心开业典礼

农行西藏自治区分行乔迁之喜

农行西藏分行与自治区工商联战略合作协议签约仪式

中国建设银行西藏自治区分行

建行西藏区分行荣获"五一劳动奖状"，自治区领导向代表颁奖

自治区副主席多吉泽仁亲切慰问分行年终决算员工

总行胡哲一副行长与西藏自治区分行中层以上干部座谈

建行西藏自治区分行党委书记、行长 韩文贞

2011年8月，韩文贞行长参加拉萨市北京中路支行挂牌仪式

韩文贞行长到营业网点调研

2011年9月，在建行西藏自治分行综合楼前举行建行西藏分行私人银行开业剪彩仪式

建行西藏自治区分行工作会议

严仕城副行长一行到阿里调研阿里支行新设前期相关工作

卢生副行长到澜沧江水电站调研考察龙开口电站建设情况

2012年12月，在建行西藏自治区分行办公大楼前举行拉萨市惠民卡发放仪式

建行西藏自治区分行开展“12·4”法制活动

西藏银行股份有限公司

全国政协副主席帕巴拉·格列朗杰及自治区主要领导出席西藏银行股份有限公司开业庆典仪式

西藏自治区主要领导出席西藏银行股份有限公司开业庆典仪式，共同开启西藏银行繁荣发展之门

西藏银行股份有限公司创立大会暨第一次股东大会股东代表合影

自治区政协副主席、西藏银行股份有限公司党委书记、董事长白玛才旺接受西藏银监局负责人颁发的金融许可证

西藏银行股份有限公司第一届董事会第一次会议现场

党委副书记、行长孙健赴那曲地区香茂乡宗热格村西藏银行股份有限公司驻村工作点慰问牧民及工作队队员

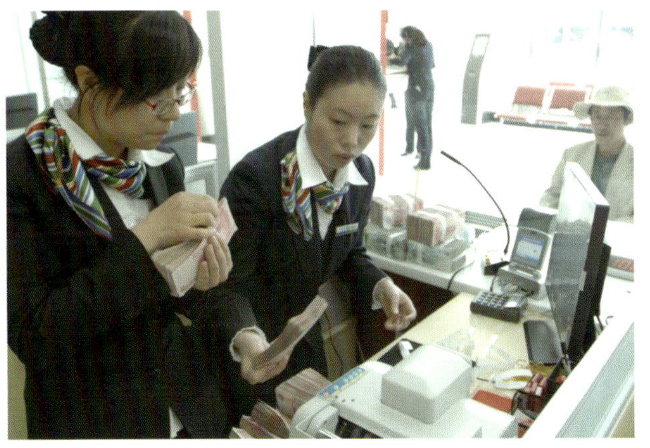

“立足西藏、服务西藏、面向全国”是西藏银行股份有限公司办行宗旨，前台员工正在为客户提供优质服务。

西藏银行股份有限公司位于民族北路的临时办公大楼

西藏银行股份有限公司全体员工在西藏自治区第一监狱接受警示教育

西藏银行股份有限公司全体员工参加军民共建协议签订仪式并接受国防教育

西藏银行股份有限公司全体员工在拉萨市检察院廉政文化教育基地接受廉政教育

西藏银行股份有限公司举办“核心价值观”主题演讲比赛

中国银行西藏自治区分行

中行西藏自治区分行与拉萨市政府签订战略合作协议

中国银行亚东支行率先在震后设立金融服务点

中行西藏自治区分行庆祝建党90周年暨西藏和平解放60周年红歌会

中行西藏自治区分行在拉萨主要社区举办金融知识宣传

中行西藏自治区分行为改则县先遣乡捐赠卡车、拖拉机等物资

中国人保西藏分公司总经理孙国新与自治区主席白玛赤林一同商讨地震救灾方案

中国人保西藏分公司总经理孙国新向山南地区拉玉乡捐赠电机井仪式

2011年9月18日，中国人保西藏分公司总经理孙国新在亚东视察地震灾情

中国人保西藏分公司理赔中心被拉萨市团委授予“青年文明号“称号

中国人保西藏分公司团委到堆龙德庆县羊达乡羊达村扎西孤儿院进行慰问，为他们送去一万余元的生活用品

中国人保西藏分公司青年志愿者在街头宣传保险知识

自治区国有资产监管工作

自治区党委常委、自治区常务副主席吴英杰视察区国资委并检查强基惠民活动开展情况

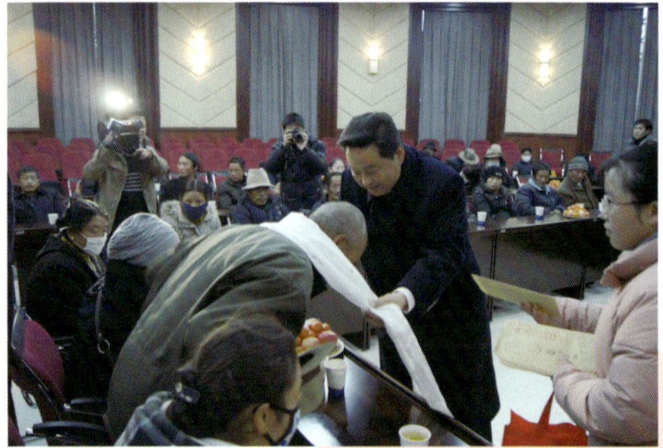

自治区副主席丁业现慰问企业困难职工

自治区国资委党组书记次成甲措慰问基层并开展捐赠活动

自治区国资委主任余和平在罗布萨矿点检查工作

自治区国资委举行庆祝中国共产党成立90周年和西藏和平解放60周年座谈会

自治区国资委组织机关及企业预备党员宣誓入党

李震厅长在上亚东乡慰问受地震灾害老阿妈

李震厅长到拉萨地毯有限公司检查指导工作

李震厅长到西藏远征纸业有限公司检查指导工作

全区部分藏药生产企业座谈会

驻村工作队帮助村民修路

驻村工作队与村民座谈

2011年9月14日，自治区党委书记陈全国视察拉萨药王山农贸市场

区党委副书记、自治区常务副主席吴英杰视察节前市场

自治区党委常委、自治区纪委书记金书波一行检查指导自治区工商局加强基层建设年活动驻村（居）工作

自治区副主席邓小刚检阅庆祝建党90周年暨西藏和平解放60周年军姿训练汇演方队

全区工商系统旅游市场专项整治启动仪式

自治区工商局党委书记、局长段襄征，副局长陆万里一行赴亚东县考察地震受损情况

2011年6月，自治区工商局举办以“为党旗增辉、为红盾添彩”为主题的庆祝建党90周年暨西藏和平解放60周年文艺汇演

2011年6月，自治区工商局举办以“为党旗增辉、为红盾添彩”为主题的庆祝建党90周年暨西藏和平解放60周年军姿训练汇演

2011年全国食品药品监管系统对口支援西藏工作推进会

2012年1月28日，全区食品药品监督管理工作会议在西藏拉萨市召开

2011年6月9日，自治区党委书记张庆黎在区质监局视察工作

国家质检总局党组副书记、副局长杨刚视察西藏质监工作

2011年8月25日，国家质检总局与西藏自治区人民政府关于实施质量兴藏促进西藏经济社会发展合作备忘录第一次联席会议在拉萨召开

全国质检系统对口援藏工作会议

自治区质量技术监督局党委召开理论中心组学习会，学习胡锦涛总书记在中国共产党建党90周年大会上的重要讲话

自治区质量技术监督局党委副书记、局长李迎春带队检查食品生产企业

自治区烟草专卖局（公司）党组书记杨桂选在山南调研卷烟销售情况

副局长、纪检书记旺啦视察昌都地区左贡县扎玉镇吉普村情况

副局长岳远征（援藏）看望慰问吉普村农奴民

卷烟物流配送中心与川渝中烟签订工商协同营销协议

法制宣传

2011全区烟草专卖局长、公司经理座谈会召开

召开新商盟及“135”工作法培训会

检查卷烟市场

自治区副主席董明俊、上海特派办副巡视员文选参观关史馆

党组书记、关长王文喜

拉萨海关举办庆祝中国共产党成立90周年革命传统教育报告会

法制宣传

年度海关关区工作会议

为进出境旅客办理通关

驻村工作组下基层

“幸福一家人”文艺汇演

区党委副书记、自治区主席白玛赤林出席旁多水利枢纽工程大坝截流仪式

农村饮水安全建设

旁多水利枢纽工程大坝实现截流

美丽富饶的山南雅砻灌区

满拉水利枢纽工程

县级水电站

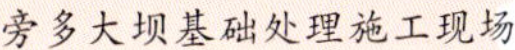

旁多大坝基础处理施工现场

灌区干渠

拉萨河堤

农业部副部长陈晓华视察自治区农牧业生产工作

科技“三下乡”活动

普法宣传

草原普查（那曲高寒草甸草场）

自治区建立草原生态保护补助奖励机制工作组到牧户家了解牧户掌握政策情况(蔡斌摄)

自治区农牧厅强基础惠民生动员大会

统防统治

奶源基地

《西藏和平解放60周年》纪念邮票首发式

2011年全区邮政工作会

公司党组书记、总经理杜卫红下基层调研

庆祝建党九十周年、西藏和平解放六十周年职工红歌演唱活动

西藏区邮政公司第一批驻村工作送行

庆祝第42届世界邮政日

和各支队签订廉政目标责任书

日喀则交通综合执法支队挂牌成立

驻村工作队奔赴驻村工作第一线

肯定交通执法工作，班线车主送锦旗

开展执法宣传

开展路检路查执法工作

铁道部部长盛光祖视察拉萨站

铁道部审计中心领导视察拉萨站

自治区副主席董明俊视察拉萨站

尼泊尔军事代表团参观拉萨站

2011年度拉萨站领导班子成员集体谈心会

拉萨西站新货运营业楼落成

拉萨站第一次党员大会胜利召开

拉萨站组织开展志愿者服务活动。图为志愿者在向外籍旅客介绍车站周边公共设施及西藏旅游概况

中国移动通信集团西藏有限公司

2011年2月8日，自治区主席白玛赤林，自治区副主席董明俊，政府党组成员、秘书长高扬到公司视察指导工作

自治区副主席董明俊和区通信管理局局长青其到公司检查应急通信保障

公司主要领导完成新老交接

卓锋总经理亲自接待客户倾听客户心声

2011年4月27日，中国移动"村通工程"纪念碑在央龙曲帕村落成

公司参加国资委系统红歌会

公司领导在阿里普兰县塔尔钦营业厅看望慰问

公司与西藏大学校园活动合作项目签约

公司驻村工作队正在宣讲党的惠民政策

启动边防线卫星站建设，提升防灾抗灾和通信保障能力

召开第10批援藏干部总结欢送会

组织在拉萨离退休员工林卡聚会

2011年2月9日，区党委副书记、自治区主席白玛赤林，自治区副主席董明俊在拉萨分公司检查指导工作（摄影:彭措晋美）

2011年7月18日，集团公司副总经理杨杰看望慰问西藏公司干部员工
（摄影：李晓波）

2011年9月2日，集团公司在拉萨组织援藏干部换届会议，新老援藏干部实现顺利交接
（摄影：翟利红）

2011年9月22日，西藏公司举行“天翼腾飞杯”职工运动会，激发员工活力
（摄影：李晓波）

2011年5月上旬，西藏波密县至墨脱公路14公里处发生罕见雪崩，电信通信受阻。图为中国电信员工在险境中接续光缆
（摄影：李晓波）

2011年7月1日，中国电信西藏公司隆重举行建党90周年暨“两优一先”表彰大会，唱红歌，颂党恩，热烈庆祝中国共产党90华诞
（摄影：翟丽红）

20011年5月17日，西藏电信传输局维护人员实施拉萨光缆迁改入地项目，同步提供强力通信保障（摄影：吴建国）

20011年9月21日，中国电信将固定电话、宽带延伸至西藏亚东地震抗震救灾指挥部，为指挥部指挥协调抗灾提供服务（摄影：李晓波）

电信营业员为客户讲解天翼3G手机丰富应用（摄影：李晓波）

外地游客在中国电信拉萨中心营业厅体验天翼业务（摄影：李晓波）

西藏公司强化服务体系建设，着力提升全业务服务水平（摄影：李晓波）

中国电信员工指导农牧民查询涉农信息（摄影：彭措晋美）

2011年6月3日，自治区领导张庆黎、白玛赤林、郝鹏等莅临拉萨机场视察工作

2011年5月4日，自治区主席白玛赤林莅临拉萨机场调研

2011年7月19日，国家民航局局长李家祥莅临拉萨机场检查工作

2011年3月13日，自治区党委常委、自治区常务副主席吴英杰莅临拉萨机场调研

2011年3月16日，民航西藏区局机场保护条例新闻发布会顺利召开

2011年4月25日，民航西藏区局综合基地奠基

职工荣获五一劳动奖章

四川航空拉萨—兰州—西安航班通航成功

2011年7月2日，西藏航空首架飞机顺利抵达拉萨机场

2011年10月17日，民航西藏区局强基惠民第一批工作组出发前往驻村点

2011年12月13日，厦门航空重庆—拉萨航线验证试飞成功

2011年12月15日国航北京—拉萨—北京直航成功

2012年6月7日上午，孙玉明副厅长在阿里地区行署召开《阿里地区无电人口调查工作协调会》

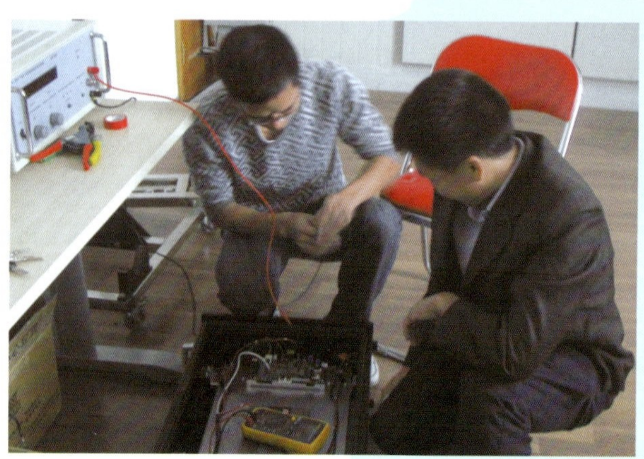

比亚迪技术人员正在对故障户用系统进行检测分析

2011年10月，检测中心对西藏大学和西藏师范学校的新能源专业进行短期培训和技术咨询，累计培训人数200人次

2011年10月25日至11月5日，检测中心3名科研人员赴青海格尔木参加并网光伏电站测试的培训，进一步加强了能源研究示范中心对光伏电站的检测能力

林芝地区第三小学学生在观看科技展览

光伏方正安装过程

建成后的索县政府院内路灯

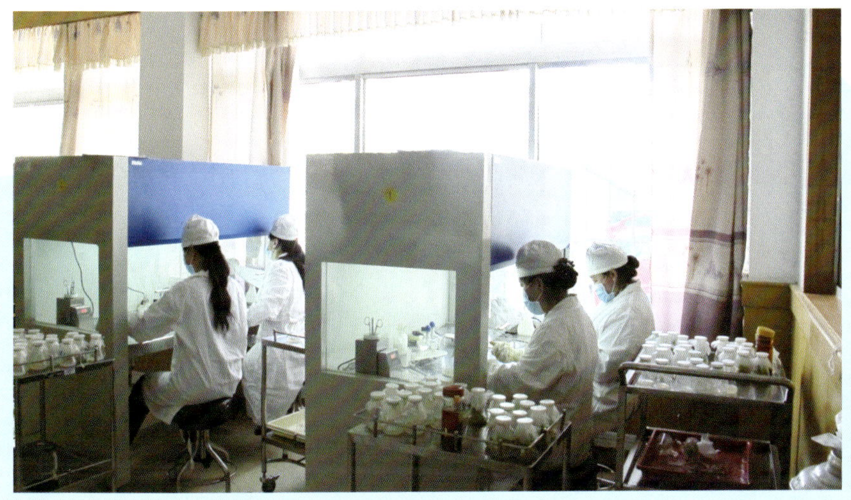
组培室

建成后的1KW风光互补户用系统

2011年12月，针对《西藏可再生能源资源调查与实用技术测试研究》项目的要求，技术人员在那曲、日喀则地区安装了5座测风塔。上图为技术人员在严寒自然条件下，紧急施工。

建成后的20KW风光互补电站

中国工程院院士、区人大副主任多吉参加自治区地勘系统地质楼落成庆典

自治区副主席多吉泽仁参加地勘局思想政治和地勘经济发展研讨会

自治区地勘局举行强基惠民活动动员大会

自治区地勘局首届青年地质科技论坛会获奖者

地质队员为缺水地区找水

地质队员顶风冒雪在野外架设钻塔

欢送奔赴野外一线的地质队员

地质队员风餐露宿

地勘队伍在水上开展钻探工作

钻探施工现场

在钻塔旁传授技术

地质人员正在采样

2011年5月5日，国家电网公司负责人与自治区党委政府领导在北京举行会谈

2011年6月17日，老虎嘴通电仪式

2011年5月9日，自治区主席白玛赤林在拉萨换流站视察工作

2011年9月16日，国家电网公司总经理刘振亚为西藏电力建设总公司授“青年突击队”旗帜 （摄影：廖晓初）

2011年1月17日，公司二届二次职工代表大会暨2011年工作会议

2011年11月1日，青藏联网工程纪念碑在唐古拉矗立 （摄影：索朗多吉）

那曲无电地区电力建设暨农网改造升级工程启动仪式现场 （摄影：索朗多吉）

亚东地震抗震救灾

特 载

政府工作报告

——2012年1月9日在自治区第九届人民代表大会第五次会议上

自治区主席 白玛赤林

各位代表：

现在，我代表自治区人民政府，向大会作政府工作报告，请各位代表审议，并请各位政协委员提出意见。

2011年工作回顾

2011年是中国共产党成立90周年、西藏和平解放60周年，是“十二五”开局之年。面对艰巨繁重的发展稳定任务，在中央的亲切关怀、全国人民的无私援助下，在自治区党委的坚强领导下，我们坚决贯彻中央关于西藏工作的指导思想，抓发展、转方式，保稳定、促和谐，增活力、惠民生，尽心履职，团结奋进，圆满完成了自治区九届人大四次会议确定的目标任务。预计全区生产总值达605亿元，比上年增长12.6%；实现税收95亿元，增长87%；财政一般预算收入达54.7亿元，增长49.2%；全社会固定资产投资、社会消费品零售总额和进出口贸易总额分别增长16.6%、17.6%、31.6%；城镇居民可支配收入和农牧民人均纯收入分别增长7.8%和13.6%，实现了“十二五”开门红。

一、突出安居乐业，农牧民生产生活条件持续改善

我们坚持统筹城乡发展，整合资源、重点倾斜，切实改善农牧民生产生活条件，增加农牧民收入。大力实施“八到农家”工程，解决了20万农牧民、2.3万农牧区师生的饮水安全问题，又有8.9万人用上了电，行政村通公路率达86.4%，农牧区移动网覆盖率达65%，建成3.5万座农村户用沼气，广播电视综合人口覆盖率达91.6%和92.8%，乡镇通邮率提高5个百分点，实施了1000个行政村的人居环境建设和环境综合整治。新投入10.14亿元解决了6.39万户、34万农牧民的安居问题。溜索改桥工程基本完成。加强基本农田水利建设，农牧业综合生产能力稳步提高，粮食总产93.2万吨，牲畜出栏率达30.5%。农牧民专业合作经济组织发展壮大。千方百计增加农牧民收入，及时兑现各项涉农补贴43.7亿元，农牧民人均纯收入4700元，连续9年保持两位数增长。培训农牧民14.14万人次，组织劳务输出86万人次，实现劳务收入18.5亿元。农牧民人均纯收入低于1700元的贫困人口减少9.4万人。

二、狠抓投资消费，经济增长动力更加强劲

我们坚持投资消费双拉动，全社会固定资产投资和社会消费品零售总额分别突破500亿元、200亿元关口。西藏“十二五”经济社会发展建设项目规划方案获国务院批准，“十二五”规划投资是“十一五”的2.5倍，113个项目开工建设，占规划的50%。全社会固定资产投资达540亿元，其中国家投资281亿元，增长11%，落实援藏资金24.66亿元，增长8.8%。在投资的有力保障下，基础设施条件明显改善。新藏公路、川藏公路改扩建工程进展顺利，新开工建设5个县通县油路，“强基惠民公路通达攻坚行动”全面启动，墨脱公路建设顺利，贡嘎机场高速公路通车，结束了西藏无高速公路的历史，新增通车里程4766公里。拉日铁路建设顺利。贡嘎机场飞行区改造及配套工程有序推进，北京至拉萨往返直航开通。老虎嘴电站、拉萨燃气电站、9万千瓦并网光伏电站建成发电，藏木水电站进入全面建设阶段；藏中220千伏环网工程投入使用，青藏直流联网工程投入试运行，结束了西藏电力孤网运行的历史，藏中电网缺电局面得到有效缓解；电力装机总容量达116万千瓦，电力人口覆盖率达85.6%。无电地区电力建设规划获国家批准。水电发展座谈会成功召开。认真贯彻落实“中央1号文件”精神，旁多水利枢纽成功截流，江北灌区顺利推进，墨达灌区主体工程投入使用，中小河流域治理全面启动。通信网络和信息化工程扎实推进，乡乡通宽带全面实现。拉林铁路、拉洛水利枢纽及配套灌区、苏哇龙水电站等重大项目前期工作加快推进。城乡消费齐头并进，社会消费品零售总额218亿元。汽车、住房等消费保持增长态势。旅游、餐饮、休闲等消费快速增长。推动城市连锁经营和超市向农牧区延伸，新建和改造“万村千乡”农家店2070家、配送中心40家。家电、家具下乡实现销售额3.18亿元。

三、坚持做大做强，特色优势产业加快发展

我们围绕“提升一产，壮大二产，做强三产”，大力扶持特色优势产业发展，一、二、三产增加值分别实现74亿元、209亿元、322亿元，增长3.6%、17.7%和11.8%。加快转变经济发展方式，推动工业经济优化升级，37个重点工业项目建成8个，累计完成投资130亿元。规模以上工业增加值实现37亿元，增长19.4%。国有和国有控股企业实现利润7.9亿元，增长23%，有色金属矿采选业、饮料制造业、医药制造业、非金属矿物制品业四个行业实现利润过亿元，13家自治区级农业产业化龙头企业总产值达17.4亿元，增长13%。雄村铜矿和驱龙铜矿前期工作扎实推进，青藏专项深入实施。全年接待国内外游客850万人次，实现旅游总收入95亿元，分别增长24.1%、33%，1.3万多户、5万多农牧民参与旅游服务，雅鲁藏布大峡谷国家公园正式挂牌。金融服务经济社会发展支撑作用增强，年末本外币存贷款余额分别达1662亿元、409亿元，增长28.2%和35.53%。流通及通信、邮政、保险、证券等服务业实现快速发展。拉萨国家级经济技术开发区成为我区首个国家新型工业化产业示范基地，实现税收13.6亿元。格尔木藏青工业园区列入国家“十二五”规划。达孜工业园区升格为自治区级工业园。

四、强化民生为先，公共服务水平大幅提升

社会事业全面发展。“两基”顺利通过国检，教育事业迈入巩固提高、全面发展的新阶段，人均受教育年限由7.3年提高到7.9年；大力实施农牧区“双语”幼儿园工程，新建122所乡村幼儿园；实行了高中阶段免费教育，“三包”经费及助学金补助标准提高到年生均2300元，惠及95%的学前至高中阶段在校生；高校师范及农牧林水地矿类专业免费学生生活补助标准提高到年生均2000元；学校思想品德和政治教育不断加强。开工建设自治区第三人民医院，改扩建18个县卫生服务中心、12个县急救中心、16个中心乡镇卫生院，为58个县、16个乡镇配备了医疗用车；组建自治区首家应急流动医院。农牧民健康促进行动深入开展；免费为近4000名贫困白内障患者实施了复明手术；农牧民住院分娩和生活补助政策得到落实；计划免疫和传染病、地方病防控防治加强，食品药品监管工作不断强化；藏医药事业稳步发展。

新获批3个国家地方联合工程研究中心。青藏高原地质找矿理论创新与找矿重大突破项目获国家科技进步特等奖；新增科技特派员500名。圆满完成庆祝西藏和平解放60周年系列文化庆祝活动；实施了391个乡镇综合文化站、文化信息资源共享工程支中心，广播电视户户通、寺寺通工程不断推进；新建了3331个农家书屋和480个寺庙书屋；文化遗产保护工作进一步加强；文化产业加快发展；文化交流力度加大；群众体育活动深入开展，我区运动员在世界摔跤锦标赛上实现金牌零的突破。

就业和社会保障水平大幅提升。努力拓宽就业渠道，全年新增城镇就业2.3万人，城镇登记失业率控制在3.2%以内。政府提供公职岗位1.3万个，新开发公益性岗位4300个，应届高校毕业生基本实现全就业。劳动者权益得到保护。社会保险参保总人数达到184.8万人次，社会保险基金收支总规模达41.6亿元。城乡居民社会养老保险制度在全国率先实现全覆盖，新型农村社会养老保险参保率提高到70%。企业退休人员基本养老金提高到人均2439元。国有企业老工伤人员全部纳入工伤保险统筹范围。生育保险、失业保险制度不断完善。制定出台了僧尼参加社会保险办法。城乡低保标准分别提高到360元、1450元，五保户供养标准提高到2200元。农牧民医疗补助标准提高到260元，住院报销补偿比例达80%以上。建立了农牧民大病补充医疗保险。对1.2万名城乡特困群众实施了医疗救助。建设改造1.58万套保障性住房，为7044户群众发放了住房租赁补贴。残障人就业与康复工作进一步加强。

控制物价上涨取得良好成效。我们加强价格监测预警管控，保障供给，搞活流通，把握价格改革时机，严厉打击扰乱市场秩序行为，实施农超对接、菜农入市、发放生猪养殖补贴等综合措施，居民消费价格涨幅控制在4.9%。建立了社会救助、保障标准与物价上涨挂钩联动机制，发放临时补贴8437万元，确保了低收入群体基本生活不受大的影响。

抗震救灾工作取得重大胜利。“9·18”地震发生后，我们认真落实自治区党委的决策部署，迅速组织抢险救灾，最短时间内抢修基本公共服务设施，最短时间内恢复了灾区正常生产生活秩序，群众安全越冬得到有效保障，恢复重建快速推进，灾区群众充分感受到了党和政府的温暖。

五、保护碧水蓝天，生态建设与环境保护稳步推进

全面实施西藏生态安全屏障保护与建设规划，全年落实投资7.6亿元。在全国率先启动了生态功能保护区建设。草原生态保护补助奖励机制全面实施，森林生态效益补偿机制逐步健全，扩面工作加快推进。国家重点生态功能区生态补偿中央财政转移支付政策得到落实。植树造林、防沙治沙、天然林保护工程、自然保护区建设和湿地保护工程稳步实施。开展了自然保护区核查和调整工作。矿产等资源开发、重点项目建设环境保护不断规范，饮用水水源环境保护和水土保持不断加强，农牧区环境保护得到重视，环境综合整治有效推进。严格执行环境影响评价制度，规划环评大力推进。地质灾害预测预警防治工作不断加强。狠抓环境污染治理和辐射环境管理，环保专项行动深入开展，环境保护执法监管力度加大。节能减排任务顺利完成。依法管理土地，实现了保增长、保红线的目标。

六、深化改革开放，经济社会发展更具活力

我们注重体制机制创新，扎实推进重点领域和关键环节改革。草场承包经营责任制继续落实完善，集体林权制度改革进展顺利，农牧区综合改革力度不断加大。国有企业改制重组积极推进。事业单位分类改革和财税体制改革稳步推进。医药卫生体制改革取得新进展。行政审批制度改革继续深化。粮食流通、价格体制等领域改革不断深入。西藏首家航空公司正式运营。西藏中兴商贸集团挂牌成立。国家开发银行西藏分行挂牌，中国农业发展银行西藏分行获准设立，西藏银行成功组建。资本市场稳步发展，融资功能得到发挥，5100冰川矿泉水上市，西藏矿业、西藏旅游完成再融资。担保公司发展到8家，累计为90多家中小企业提供贷款担保3.53亿元。召开了非公有制经济发展大会，进一步加强对非公有制经济的鼓励、支持、引导，非公有制经济上缴税收达73.2亿元，增长1倍，从业人员达到49.8万人，增长42.4%。不断加强与援藏省市沟通衔接，受援工作扎实开展，对口支援省市援藏投资“1‰政策”得到较好落实。与周边省份和国家有关部委、中央骨干企业签订了战略合作协议。樟木、吉隆口岸基础设施建设进展顺利。全区进出口贸易总额达11亿美元，其中边境小额贸易7亿美元、增长39.8%。

七、力促长治久安，和谐稳定的良好局面不断巩固

我们始终坚持中央确定的对达赖集团斗争基本方针不动摇，认真贯彻自治区党委的决策部署，深入揭批达赖集团的反动本质，旗帜鲜明地开展反分裂斗争，构建维稳长效机制，严密防范和严厉打击达赖集团和国际反华势力的各种渗透破坏活动。严格落实工作责任，周密部署，强化措施，中国共产党成立90周年和西藏和平解放60周年庆祝活动安全和谐。加强社会治安综合治理，大力推进城市网格化管理，在拉萨市区建设了135个警务便民服务站，人民群众的安全感不断增强。城市社区管理制度逐步健全，农村社区建设试点工作顺利推进。依法加强寺庙管理，建立了政府主导的寺庙管委会和特派员制度，寺庙建机构、建党组织、建班子、建队伍、建职能、建机制工作大力推进。妥善处理人民内部矛盾，信访、调解、仲裁等矛盾纠纷排查调处工作力度加大。加强安全生产监督检查及专项整治，安全生产形势明显好转。坚持民族区域自治制度，牢牢把握“共同团结奋斗、共同繁荣发展”主题，深入开展“三个离不开”、爱国主义和民族团结教育，促进各民族交往交流交融，平等团结互助和谐的社会主义民族关系进一步巩固发展。兴边富民行动积极推进，实施普惠性边境居民补助政策，所有边境一、二线乡镇16周岁以上的边民都得到了补助。人口较少民族地区加快发展。藏语言文字工作不断加强。召开了全区边境工作会议。

防灾减灾能力建设不断加强。统计调查改革逐步深化，第六次人口普查工作取得重要成果。地震、气象、消防、人防以及审计、司法、测绘等工作取得新成绩。哲学社会科学、新闻出版和妇女儿童、老龄等事业全面发展。自治区发展咨询委员会工作取得重要成果。国防动员建设加强，双拥工作深入开展，军政军民团结进一步加强，驻藏人民解放军、武警官兵在支援地方建设和抢险救灾中发挥了重要作用。

我们始终秉承为人民服务的宗旨，坚持勤政、廉洁、务实、高效，密切与人民群众的血肉联系，努力加强政府自身建设。坚持依法行政，自觉接受人民代表大会及其常委会的监督和人民政协的民主监督，积极办理自治区人大代表建议和政协提案644件，办复率达100%，提请人大审议地方性法规议案 4件，制定政府规章6件。认真执行行政许可法，深入落实依法行政实施纲要，行政监察和执法监督力度加大。“六五”普法全面启动。注重调查研究，加强督促检查，积极推进政务公开，行政效能和应急能力不断提高。政风建设和廉政建设进一步加强。

各位代表，刚刚过去的一年，我们隆重、热烈地庆祝了中国共产党成立90周年及西藏和平解放60周年，集中展示了60年跨越上千年的人间奇迹，全面展现了各族人民昂扬向上的豪迈风貌，更加坚定了各族人民在中国共产党的领导下、在中华民族大家庭里，共同团结奋斗、共同繁荣发展的意志和决心。

我们按照自治区党委部署，深入开展基层建设年和创先争优强基惠民活动，组织3万多名干部奔赴基层，进村入户，帮助基层建班子、抓稳定、理思路、办实事、解难事，受到各族群众热烈欢迎，密切了党群干群关系，基层基础更为牢固。

各位代表，成绩来之不易，这是党中央、国务院亲切关怀和全国人民无私援助的结果，是自治区党委坚强领导的结果，凝聚着全区各族人民的智慧和汗水。在此，我代表自治区人民政府，向全区各族干部群众、人大代表、政协委员、人民团体，向全国人民特别是承担对口支援的省市、中央国家机关和中央骨干企业，向驻藏人民解放军、武警官兵、政法干警，向所有关心、支持西藏改革开放和现代化建设的各界人士，表示衷心的感谢和崇高的敬意！

各位代表，以庆祝西藏和平解放60周年为标志，我区经济社会发展站在了新的历史起点上。我们深深体会到：坚持党的领导，坚决与党中央保持高度一致，深入贯彻落实科学发展观，坚决贯彻落实自治区党委的决策部署，这是我们做好各项工作的根本保证。坚持中央关于西藏工作的指导思想，紧紧抓住主要矛盾和特殊矛盾，走有中国特色、西藏特点的发展路子，这是我们做好各项工作的行动指南。坚持保障和改善民生、提高人民生活水平这一首要任务，切实把农牧民、农牧区和边境地区作为重点对象和重点领域，千方百计增加收入，切实改善生产生活条件，这是我们做好各项工作的出发点和落脚点。坚持发展第一要务，把中央的关心、全国的支援同各族干部群众艰苦奋斗紧密结合起来，在科学发展的轨道上推进跨越式发展，这是解决西藏所有问题的基础和关键。坚持维护稳定第一责任，加强和创新社会管理，谋长久之策、行固本之举，在社会和谐的进程中促进长治久安，这是我们的首要政治任务。坚持共同团结奋斗、共同繁荣发展，促进各民族交往交流交融，推动各民族和睦相处、和衷共济、和谐发展，这是建设社会主义新西藏的重要保障。

同时，我们也清醒地认识到，西藏的主要矛盾和特殊矛盾将在相当长时期内存在。当前，总体宏观经济形势仍然复杂多变，不确定性、不稳定性因素不容忽视；关系群众基本生活的商品价格管控手段不多，对群众生产生活的影响不可低估；融资难度加大与劳动力成本增加交织，非公有制经济尤其是小微企业发展艰难；农牧民增收长效机制还不稳固，改善农牧民生产生活条件任务十分艰巨；就业观念亟待转变，结构性失业问题尤为突出；个别地方和部门服务意识、群众观念还不强，工作作风亟待改进。同时，达赖集团的干扰破坏仍然是影响我区跨越式发展和长治久安的最大障碍，容不得我们有丝毫懈怠。对于这些困难和问题，我们将采取强有力措施，认真加以解决。

2012年工作任务

今年是全面实施“十二五”规划、落实自治区第八次党代会精神的重要一年。政府工作总体要求是：高举中国特色社会主义伟大旗帜，以邓小平理论和“三个代表”重要思想为指导，深入贯彻落实科学发展观，认真贯彻党的十七届六中全会、中央第五次西藏工作座谈会和中央经济工作会议精神，认真贯彻落实胡锦涛总书记“七一”重要讲话和关于西藏工作的一系列重要指示精神，贯彻落实习近平副主席出席西藏和平解放60周年庆祝活动时的一系列重要讲话精神，坚持走有中国特色、西藏特点的发展路子，按照自治区第八次党代会和经济工作会议的决策部署，倍加珍惜十分难得的“四大”机遇，倍加珍惜弥足珍贵的“八个必须”经验，突出把握好“稳中求快”的工作总要求，坚定不移保稳定、促增长、控物价、抓改革、扩开放、惠民生，注重投资消费双拉动，着力提升一产、壮大二产、做强三产，着力构建促进发展稳定的长效机制，保持经济跨越式发展势头，保持社会大局和谐稳定，以经济社会发展的优异成绩迎接党的十八大胜利召开。

主要预期目标是：地区生产总值增长12%以上；地方财政一般预算收入增长15%以上；全社会固定资产投资增长18%以上；农牧民人均纯收入增长13%以上，城镇居民人均可支配收入增长7.5%以上；社会消费品零售总额增长18%以上；进出口贸易总额增长12%以上；居民消费价格总水平涨幅控制在全国平均水平以内；城镇登记失业率控制在3.0%以内。

实现上述目标，我们将重点抓好以下工作：

一、大力推进经济建设，保持跨越式发展良好态势

紧紧抓住经济建设这个中心，牢牢把握发展实体经济这一基础，加快转变发展方式，突出投资消费双拉动，强化人才科技支撑，促进经济建设与环境保护同步提升，努力增强内生发展能力。

扩大投资消费规模。积极主动汇报衔接，确保中央第五次西藏工作座谈会确定的各项政策措施和“十二五”规划项目投资落实到位，抓好自治区与国家有关部门会谈事项的落实，力争完成国家投资300亿元。加强与援藏省市、中央骨干企业的沟通协调，确保援藏资金项目有效落实。完善招商引资政策，以优质的服务激活民间投资。支持银企联合，加强有效信贷投放。加大工作力度，以高效成熟的前期工作争取投资、吸引投资、引导投资。增强消费能力，挖掘消费潜力，大力培育服务性消费，努力提升农牧区消费层次，营造便利、安全、放心的消费环境，力争社会消费品零售总额达到260亿元。

着力强化基础设施。继续加快进藏公路改建，大力推进通县油路、经济干线、边防公路升级改造，开工建设山南雅江江北公路。加快拉日铁路建设，积极推进拉林铁路早日开工。力争开工建设那曲机场，推进林芝机场改扩建，增加进出藏和区内支线机场航线航班。加快藏木水电站建设，开工建设果多、多布等水电站，完善电网骨干网架和城镇配电网，扩大电网覆盖面。继续推进城乡防洪、水利枢纽、农田水利和草场灌溉等工程，加快旁多水利枢纽建设，力争开工建设拉洛水利枢纽。加快基础电信网络、宽带通信、网络信息安全系统、应急通信系统建设。加强城镇基础设施建设，开工建设拉萨城市供暖工程，力争40%的城区居民年底前用上暖气。开工建设西藏会展中心。加快大古水电站、大型并网光伏电站送出工程等重大项目前期工作。加强项目建设管理，构建和谐建设环境。

大力发展实体经济。紧密结合经济结构调整，积极引导各类市场要素向实体经济聚集，努力营造鼓励脚踏实地、勤劳致富、实业致富的社会氛围，夯实全面建设小康社会的物质基础。进一步优化实体经济发展环境，充分发挥投资、金融、财税、产业和就业等政策的支持作用，落实好自治区扶持企业、非公有制经济发展的优惠政策。壮大实体经济载体，加快发展特色优势产业。抓好青稞、牦牛、藏药材等优势产区和产品基地建设，扩大饲草饲料种植面积，扶持发展农牧民合作经济组织，密切基地、企业、协会与农户的利益联动。抓好能源产业、优势矿产业、建筑业、藏医药业、高原特色食品业、民族手工业等支柱产业，提升工业在国民经济中的比重；加快推进以水电为主的能源开发战略合作；整合资源，提升水平，规范矿产资源开发秩序，实施好以青藏专项为重点的各类地质勘查项目；建立健全藏药标准化体系；积极推广新型建材；扶持改造藏毯、民族服饰、唐卡、藏香等民族手工业企业。深度开发旅游产品，提升旅游接待能力和服务水平，扶持发展乡村旅游，注重旅游安全，力争全年接待游客突破1000万人次、收入达到120亿元；加强风景名胜区体系规划、建设、管理工作。大力支持国有、集体、混合所有制、私营企业和个体工商户、农牧民专业合作社等各类市场主体，提升发展层次，壮大实体经济规模。大力发展证券、保险、信托、担保等金融业，推动企业上市融资；设立中小企业贷款风险补偿资金和信用担保风险补偿资金；提升产业整合、企业并购水平，培育一批骨干企业，延伸产业链，增强竞争力；鼓励、引导非公有制经济参与优势资源开发和国有企业改制重组。特别是要深入贯彻自治区非公有制经济发展大会精神，坚持政治上放心、思想上放开、政策上放宽、发展上放胆、工作上放手，做到低门槛、零注册、轻税赋、强支撑、少检查、重激励，促进非公有制经济大发展，力争增加值、上缴税收均增长15%以上。积极发展园区经济，努力培育实体经济增长点。注重产业园区功能定位，完善政策，加大支持力度，引导企业聚集、引领产业发展。

加强科技创新与服务。着力构建科技创新平台，加强重点实验室、科技孵化器、科技产业园区建设，支持企业建立各类创新平台。全面启动青稞产业、藏药产业等重大科技专项，深入实施金牦牛、金太阳科技工程，大力开展关键技术攻关。加强先进适用技术的引进、推广和应用，推广大棚蔬菜种植、青稞标准化种植、牦牛高效养殖、绵羊和黄牛改良等科技成果，建立健全农牧业标准化体系。加强有害生物和病虫害防治。加强基层科技服务体系建设，积极推进科普基地、科普乡村和科普示范户建设，深入开展科技下乡活动，发展壮大科技特派员队伍。深入推进人才兴藏战略，采取更加优惠、开放的人才政策措施，立足培养本地人才，引进急需紧缺人才，实施人才知识更新工程，设立创新投入和人才激励专项资金，引导人才向产业和实体经济聚集。

保障生态环境安全。继续实施好《西藏生态安全屏障保护与建设规划》，狠抓天然林保护、退牧还草、退耕还林和农牧区能源替代等生态工程和重点区域生态公益林建设。加大江河源头、草地、湿地及生物多样性保护，开展拉萨河源头、雅鲁藏布江源头生态功能保护区建设，推进纳木错生态环境保护工程。加大防沙治沙、水土保持和雅江中游土地开发及环境治理力度。加大草原生态保护补助奖励机制和森林生态效益补偿机制实施力度。探索湿地及资源开发的生态补偿试点。积极开展生态地县、生态乡村创建工作。推进生态环境监测体系建设，着力加强环保能力建设。加大饮用水水源地保护力度。加强城镇污水、垃圾处理等环境基础设施建设。加大交通沿线、重点景区等区域环境综合整治力度。严格环评审批。深入开展环保专项行动。强化污染防治和辐射环境监管。全面落实节能减排要求，确保单位地区生产总值能耗和主要污染物排放总量控制在国家核定范围之内。

二、大力保障和改善民生，确保各族群众得到更多实惠

紧紧围绕自治区第八次党代会提出的“十大实事”，突出城乡协调发展、经济社会协调发展，加大统筹力度、加大投入力度，竭力为民办实事、办好事、解难事，让各族人民实实在在享受改革发展成果。

深入推进社会主义新农村建设。认真落实强农惠农富农政策，巩固完善农牧民增收长效机制。启动牦牛良种、马铃薯原种和饲草种植补贴试点。依法管理土地，节约集约用地。实行严格的耕地和草场保护制度。完成10万亩高标准农田建设任务。加强以水利为重点的农牧业基础设施建设，新增和改善灌溉面积28万亩。实施24个县区的农业综合开发。优化畜群畜种结构，切实提高出栏率。加强畜禽疫病防控。着力提高农牧民合作经济组织的组织化程度和市场竞争能力。鼓励和引导农牧民参与工程建设、旅游服务、商贸运输等，确保劳务输出保持在80万人次以上。安排资金5700万元，加大农牧民技术技能培训。安排9.29亿元，完成5.96万户安居工程建设。加快实施“八到农家工程”。投资31.1亿元，大力实施“强基惠民公路通达攻坚行动”，3年解决669个建制村通公路问题。加快实施无电地区电力建设规划，今年投入42亿元，解决1630个行政村通电问题，实现行政村村村通电，用电人口达到273.4万人。加强村村通电话、通邮、通广播电视等基础设施建设。大力实施人畜饮水安全工程。建成农村沼气1万户。投资10.78亿元，完成1000个村的人居环境建设和环境综合整治工程。贯彻中央扶贫开发工作会议精神，制定我区实施《中国农村扶贫开发纲要(2011—2020年)》办法，加大投入，提高标准，实施扶贫攻坚，以到户帮扶和产业开发为重点，加快实施整乡推进，帮助贫困地区群众加快脱贫致富步伐。积极促进人口向交通沿线、城镇周边等重点区域适度集中。稳步推进生态搬迁。完善涉农商业保险制度。

加快边境地区发展。认真贯彻落实全区边境工作会议精神，抓住繁荣发展、维稳固边两个关键，大力实施边境地区发展规划，落实支持边境地区发展稳定的政策措施，加大投入力度，做好扶边、强边、兴边、活边、惠边、绿边、稳边、固边工作，大力改善边境地区群众生产生活条件，推动边境地区经济社会加快发展。

千方百计扩大就业。搭建创业培训、小额贷款担保、项目推介、创业服务和舆论引导五大平台，广开就业渠道，新增城镇就业2.15万人。引导高校毕业生和家长转变就业观念，鼓励到非公有制经济领域、国有企业、艰苦边远地区和区外就业，实现西藏籍高校毕业生全部就业。加强公益性岗位管理、就业援助实名制、就业失业登记等工作，确保真正用于解决高校毕业生、城镇零就业家庭、残疾人等的就业困难。整合培训资源，全面实行职业技能培训项目招投标制度。大力推行劳动合同和工资集体协商制度，坚决查处拖欠和克扣工资的违法行为，构建和谐劳动关系。

促进教育科学发展。加快普及学前“双语”教育，力争建成251所幼儿园，学前教育毛入园率达45%。巩固“两基”攻坚成果，以“控辍保学”为重点，提高义务教育水平，防止出现新的文盲。抓好寄宿制学校建设，推进义务教育学校标准化建设。加快城乡薄弱学校建设，改扩建10所高级中学，力争高中阶段入学率达到70%。提高“三包”经费及助学金补助标准。大力发展职业教育，扩大办学规模，加强中等职业学校标准化建设。促进内地办学和教育援藏向纵深发展。加强高等学校特色学科、优势专业建设。支持发展特殊教育。加强师资队伍建设。强化青少年德育和思想政治教育工作，培养爱党爱国爱社会主义的合格建设者和接班人。

切实提高医疗卫生服务水平。健全乡村药品配送制度，加大基层医护人员补充力度，提高乡村医护人员补助标准。推进基层医疗机构标准化建设，建设10个县卫生服务中心。配套建设518个乡镇卫生院，大力推进村卫生室建设。开工建设自治区妇儿医院，建成启用自治区第三人民医院。着力培养全科医生，实施好“万名医师支援农村卫生工程”，推进“农牧民健康促进行动”。继续做好重大传染病和地方病防治，巩固碘盐覆盖率和计划免疫成果。强化妇幼保健和社区卫生工作，落实好农牧民孕产妇住院分娩医药费全免、奖励和生活救助政策，提高住院分娩率，降低孕产妇死亡率和婴幼儿死亡率。加快推进基层医疗机构实施基本药物制度。

努力扩大社会保障覆盖范围。加强协调联动，实施社会保险扩面计划，大幅提高非公有制经济组织及其从业人员参加社会保险比例，力争各项社会保险参保总人数突破200万人。适时提高社会保障标准。加大统筹城乡居民社会养老保险工作力度，新农保和城镇居民参保率分别提高到80%、93%。完善城镇职工和居民基本医疗保险付费方式，加快门诊统筹试点。实现生育保险自治区级统筹。完善社会保险关系转移接续办法。探索社会保险、社会救助、商业保险等社会保障制度有机衔接机制。加大保障性住房建设力度，建设和改造1.35万套保障性住房，继续做好住房租赁补贴发放工作。妥善安排弱势群体和困难群众的生产生活，发展以扶老、助残、救孤、济困、赈灾为重点的社会福利、慈善公益事业，提高农村五保集中供养率。

加强市场监管和调控。稳定社会预期，强化价格预警监管，完善应急协调机制，加紧建立价格调节基金，保持物价总水平基本稳定。加强“米袋子”和“菜篮子”工程建设，扩大农超对接，加大产供销衔接，确保农畜产品市场稳定。建立价格调节基金等调控机制，完善重要商品储备制度和主要农畜产品临时收储制度，抓好电油运调节，增强市场调控能力。健全社会救助和保障标准与物价上涨挂钩联动机制。严厉查处价格违法和制售假冒伪劣产品的行为。

扎实做好“9·18”地震恢复重建工作。抓紧实施重建规划，认真落实各项政策措施，妥善安排灾区群众生产生活。加快进度，因地制宜推进恢复重建，8月底前完成受损民房恢复重建任务。确保政府补助资金及时足额到位，整合援藏资金和群众自筹资金参与重建。做好次生灾害防治工作。同时，全面加强防灾减灾体系建设，完善应急预案，加强抗救灾物资储备。

三、大力强化维稳第一责任，进一步夯实长治久安基础

旗帜鲜明反对分裂，突出基层基础、社会管理、团结进步，切实抓早抓小抓快抓好，巩固发展安定团结的好形势。

深入开展反分裂斗争。坚持旗帜鲜明、针锋相对、掌握主动、争取人心、强基固本方针，深入开展反分裂斗争思想教育，深刻揭批达赖集团反动本质，紧紧依靠各族群众，谋长久之策、行固本之举，下好先手棋、打好主动仗，强化重点区域管控和军警民联防联控，着力加强情报信息工作，坚决防范和严厉打击达赖集团的渗透分裂破坏活动，坚决维护西藏稳定、坚决维护祖国统一、坚决维护人民根本利益。配合国家总体外交，增强涉藏外事外宣工作针对性和有效性。

加强和创新社会管理。强化各级政府社会管理和公共服务职能，切实落实维护稳定责任制和责任追究制。大力推进城市网格化管理，依法打击各类违法犯罪活动，进一步加强流动人口的服务和管理，抓好互联网及手机等媒体管理，构建完善高效的社会治安防控体系。坚持依法管理，积极引导宗教与社会主义社会相适应。注重对广大僧尼的关爱，广泛开展和谐模范寺庙暨爱国守法先进僧尼创建评选活动，实现在编僧尼养老、医疗保险全覆盖，大力开展好“六个一”活动，加快寺庙通水、电、路和通信、通广播电视等基础设施建设，逐步实现“九个有”的目标。切实加强流动从事宗教活动人员和大型宗教活动的管理。巩固扩大“六建”工作，加强和创新寺庙管理，推进寺庙管理的规范化制度化社会化法制化。重视做好信访工作。严格落实安全生产责任制，强化校车安全管理，严格食品药品监管，强化交通、消防等重点领域监督检查，加大责任追究力度，确保安全生产事故起数和死亡人数“双下降”，坚决遏制重特大安全事故发生。加强应急管理体系建设，提高应急处突能力。

夯实基层基础。安排14.6亿元，推动创先争优强基础惠民生活动向纵深发展。以建强基层组织、强化维稳工作、寻找致富门路、开展感恩教育、为各族群众办实事办好事为切入点，细化促进群众增收致富的政策措施，大力扶持乡村集体经济发展，激活基层发展活力，切实增强基层政权组织的凝聚力和影响力。加强乡镇派出所、公安边防派出所、便民警务站、司法所和公安特警队建设，改善和提高基层政法单位基础设施条件和装备水平。

巩固民族大团结。牢牢把握各民族共同团结奋斗、共同繁荣发展主题，推动各民族和睦相处、和衷共济、和谐发展。继续抓好藏语文的学习和使用。广泛开展民族团结宣传教育和民族团结进步创建活动，自觉抵制各种狭隘民族意识，促进民族交往交流交融，增强对伟大祖国、中华民族、中华文化的认同感，对中国特色社会主义道路的认同感，增强维护民族团结、祖国统一的责任感。

四、大力建设文化发展强区，努力满足各族群众日益增长的精神文化需求

全面贯彻落实党的十七届六中全会精神和自治区第八次党代会的决策部署，兴起文化建设新高潮，促进文化大发展大繁荣，努力推动文化资源大区向文化发展强区转变。

巩固团结奋斗的共同思想基础。坚持用社会主义核心价值体系引领社会思潮，弘扬以爱国主义为核心的民族精神、以改革创新为核心的时代精神和以艰苦奋斗为核心的“老西藏精神”，唱响“共产党好、社会主义好、改革开放好、人民军队好、人民群众好、伟大祖国好”的主旋律，巩固民族大团结，巩固团结奋斗的共同思想基础。牢牢把握文化发展的政治方向，严厉打击“藏独”反动出版物及宣传品，筑牢意识形态领域反分裂、反渗透铜墙铁壁，确保意识形态领域和文化领域绝对安全。

加快发展公益性文化事业。完善公共文化服务设施，建设543个乡镇综合文化站、35个县级民间艺术团排练演出场所，建设共享工程地市支中心，组建一批县民间艺术团，加大广播电视户户通、寺寺通工程和“西新工程”实施力度，实现农家书屋、寺庙书屋全覆盖。深入开展文化下乡活动，免费开放公共图书馆、群艺馆、县综合文化活动中心、乡镇综合文化站。推进哲学社会科学体系创新工程。加强非物质文化遗产保护和重点文物保护维修工程建设，开展第四批国家级非物质文化遗产项目和传承人申报，加强历史文化名城名镇名村申报、保护与利用，推进重要的中华民族特色文化保护地建设。深入实施公民道德建设工程，广泛开展精神文明创建活动。加强群众体育设施建设。

加快文化产业发展。积极稳妥地推进公益性文化事业单位内部机制改革和经营性文化单位转企改制，创新文化发展模式。实施文化精品工程，打造西藏文化品牌。巩固提升传统媒体，大力发展新兴媒体。坚持政府扶持、市场运作，完善落实扶持发展文化产业、鼓励文化创新的政策措施，大力发展文化创意、文化旅游、影视制作、演艺娱乐、出版发行、民族手工艺、高原极限运动等特色文化产业，提高文化产业增加值占生产总值的比重。实施重大文化产业项目带动战略，吸引社会资本进入，引进战略投资者，形成多元化的文化产业发展格局。加快培育文化骨干企业和集团。加强文化交流与合作，将具有西藏特色的优秀文化产品推向国内外。

五、大力创新体制机制，不断增强跨越式发展的动力与活力

以解放思想、创新体制机制为突破口，打造改革促动、开放带动的新优势，努力为跨越式发展提供体制机制保障和力量源泉。

继续深化改革。加快推进农牧区综合改革和水利水电管理体制改革。完善国有资产监管体制。继续推进国有企业改革。深化财税体制改革。加快小额贷款和担保公司、农村资金互助社等新型农村金融组织建设，支持地方商业银行发展。支持保险机构向地区和具备条件的县延伸服务。稳妥推进资源性产品价格改革。扎实推进医药卫生体制改革。加快行政管理体制改革，稳步推进事业单位分类改革。

拓展对外交流合作。认真落实自治区与国家部委、兄弟省市、中央重要骨干企业签订的各项战略合作协议。认真做好受援工作，充分发挥援藏干部作用。按照“1‰政策”，衔接落实好援藏资金，管理使用好每一笔资金。抓好口岸基础设施建设，改善通关条件。启动吉隆跨境经济合作区前期论证，推进南亚贸易陆路大通道建设。加大边贸市场建设力度，鼓励和扩大边境贸易、边民互市贸易和自产产品出口。

进一步加强和改进政府自身建设，牢固树立科学发展观和正确的世界观、权力观、事业观，增强责任感和使命感，各负其责、各司其职、各尽其能，建设人民满意的政府。

一、坚持党的领导，坚决执行党的路线方针政策。

切实增强政治意识，坚决贯彻中央的路线方针政策，在政治上、思想上、行动上与以胡锦涛同志为总书记的党中央保持高度一致，自觉维护自治区党委的领导权威，不折不扣落实自治区党委决策部署。切实增强大局意识，自觉把各项工作置于全局中来推进。切实增强执行意识，忠实履行法律赋予政府的各项职责。坚决反对有令不行、有禁不止和上有政策、下有对策的倾向，确保表里如一、步调一致、政令畅通。

二、坚持根本宗旨，全力为民谋福祉。

切实增强群众观念和公仆意识，始终把群众需要作为第一选择，把群众利益作为第一考虑，把群众满意作为第一标准。细心体察民情，深入了解民意，密切与群众的血肉联系。想问题、作决策、抓工作、办事情，要做到心里时刻装着群众，从具体问题入手、从急事难事抓起，诚心诚意地帮助群众解决实际问题，使政府工作赢得各族群众的信任和拥护。充分发挥群众的主体作用，让各族群众成为推进跨越式发展的主体，成为维护祖国统一和安定团结的主体，成为享有改革发展稳定成果的主体。

三、坚持依法行政，促进社会公平正义。

严格按照法定权限和程序行使职权、履行职责。自觉接受人大、政协的监督，及时办理好人大代表议案和政协委员提案。重视司法监督，积极接受舆论和社会监督，加强行政监督和行政问责，确保行政权力阳光下运行。规范执法行为，严格行政执法责任制和过错追究制。健全政务服务平台，提升政务服务规范化、信息化、高效化水平。以“六五”普法为契机，大力加强法制宣传教育，提高广大公务人员特别是领导干部的法律素养，做到依法决策、依法行政、依法管理。

四、坚持秉公用权，切实做到廉洁从政。

自觉遵守党纪国法，严格执行领导干部廉洁从政各项规定。审慎行使权力，防微杜渐，抗得住诱惑，增强拒腐防变能力。健全权力运行制约和监督机制，用制度管权、按制度办事、靠制度管人，从源头上预防和治理腐败。严格廉政建设责任制，深入开展专项治理，严肃查处各类违法违纪案件。

五、坚持求真务实，改进作风力求实效。

坚决克服因循守旧、推诿扯皮、形式主义的不良倾向，大力倡导解放思想、勇于创新、高效务实、敢于负责、真抓实干作风。实行层层负责抓落实，分工负责抓落实，密切协作抓落实，健全机制抓落实，做到职责上分、思想上合，工作上分、目标上合，权限上分、力量上合。顺应改革发展新趋势，顺应各族人民新期待，适应工作环境新要求，造就一支忠诚于党、恪尽职守、踏实苦干、团结奋进、心怀敬畏的高素质公务员队伍。

各位代表！各族人民正满怀信心地在全面建设小康社会征程中阔步前进。让我们在自治区党委的坚强领导下，紧密团结在以胡锦涛同志为总书记的党中央周围，高举中国特色社会主义伟大旗帜，深入贯彻落实科学发展观，牢记使命，抢抓机遇，同心同德，干事创业，奋力推进跨越式发展和长治久安，以优异成绩向党的十八大献礼！

第一篇 西藏综述

西藏自治区概况

地 理

【名称由来】根据考古发现，早在距今5万年以前，西藏区域就有人类活动。今日西藏境内的某些高海拔地区甚至“无人区”也是古代人类生存的场所。7世纪吐蕃政权建立，并统一了青藏高原。藏语称西藏为“播”，所以唐时期称西藏为“吐蕃”、“吐番”，“蕃”或“番”在汉唐之时的西北方言中读音同“播”，是藏语西藏的音译。元明时称西藏为乌斯藏，由于地理位置在祖国的西边称“西藏”，“西”表示在祖国的方位，“藏”是乌斯藏的略写。西藏全称西藏自治区，是中华人民共和国的五个省级自治区之一。1965年8月经全国人民代表大会常务委员会第十五次会议批准于9月1日正式成立西藏自治区。

【世界屋脊】西藏是世界上最高的青藏高原的主体部分，西藏平均海拔高度在4000米以上，素有“世界屋脊”之称。由于西藏冰川分布广泛，高山常年积雪，也被成为雪域高原，水资源丰富。由于亚洲重要的河流大都发源于此，有“亚洲的水塔之称”，是“名山之宗、江河之源”。远古时期，青藏地区是一片汪洋大海，在距今三千万年前，在亚欧板块与印度板块的巨大碰撞下，发生了“喜马拉雅运动”，隆起了世界最年轻的高原——青藏高原。西藏是地球上平均海拔最高、地壳厚度最大、隆起形成时间最晚、最年轻的高原，是除南极和北极之外世界最冷的地方，也称为“世界的第三极”。这里的自然景观世界独有，地形地貌千姿百态。西藏高原群山连绵，峰峦叠嶂，雪峰林立，既有白雪皑皑的高山，绿草如茵的宽阔草原和清澈见底的河流湖泊，也有争奇斗艳的万种花卉和郁郁葱葱的原始森林及十分丰富的野生动植物资源，更有那幽深的藏传佛教、令人神往的圣湖、神山和充满神秘色彩的喇嘛寺庙、世界独有的高原自然风光和民俗民风。

【位置与面积】西藏自治区地处祖国的西南边疆，南起北纬26° 52′，北到北纬36° 32′，西起东经78° 24′，东至东经90° 06′。东西长约1900千米，南北宽约1000千米。面积约122万多平方千米，占全国总面积的1/8，仅次于新疆维吾尔自治区，居全国第二位。北与新疆维吾尔自治区、青海省毗邻，东隔金沙江和四川相望，东南部在横断山区和云南省相连，西部和南部与印度、尼泊尔、不丹、缅甸等国以及克什米尔地区接壤，边境线长约4000千米，是中国西南边陲的重要门户。

【地形与山脉】西藏平均海拔4000米以上，地形可分为三个阶梯，藏北高原平均海拔4500米以上，位于昆仑山、唐古拉山和冈底斯山、念青唐古拉山之间，占全自治区面积的2/3。藏南谷地平均海拔在3500米左右，在冈底斯山和喜马拉雅山之间，即雅鲁藏布江及其支流流经的地方。藏东高山峡谷区平均海拔3500米以下，为一系列由东西走向逐渐转为南北走向的高山深谷，系横断山脉的一部分。总的特点是西北高东南低。西藏地形的主要特征表现为：高原辽阔，群山巍峨，平原狭长，峡谷深邃，河流广布，冰川广布。

西藏有许多著名的大山，从走向来看主要有两组，一组是近东西走向的，从南向北依次为喜马拉雅山、冈底斯山、念青唐古拉山、昆仑山；另一组是近南北走向的横断山脉。在这些巨大的山脉之间，又有许多分支山脉，使西藏成为一个“山脉的海洋”。

喜马拉雅山脉巍峨蜿蜒于西藏高原最南缘，由许多平行的山脉组成，山脉的走向自西段的西北——东南向，到东段转为东西向，并向南突出，呈一弧形。山脉全长约2450千米，宽约200-300千米，平均海拔在6000米以上，超过7000米的高峰有50多座，超过8000米的山峰有10座。海拔8844.43米的世界第一高峰珠穆朗玛峰就耸立在喜马拉雅山中国和尼泊尔的边界上。

【河流与湖泊】西藏河流众多，境内河流流域面积大于1万平方公里的有

20余条，大于2000平方公里的有100条以上。西藏外流水系主要包括雅鲁藏布江、金沙江、澜沧江、怒江、狮泉河、朋曲、察隅曲等，流域面积约58.88万平方公里，约占西藏总面积的49%。

雅鲁藏布江是世界上海拔最高的大河之一，全长2506公里，流经23个县和珞瑜地区，流域面积23.92万多平方公里。发源于西藏南部桑木张以西喜马拉雅山北麓的杰马央宗冰川。雅鲁藏布江水能蕴藏量仅次于长江，居全国第二位，流量居全国第四位。

西藏高原以湖泊众多闻名于世，全区大小湖泊共1500多个，湖泊总面积约2.4万平方公里，占全国湖泊总面积的30%以上，其中面积超过100平方公里的湖泊有47个。面积1000平方公里以上的西藏三大湖泊纳木错、色林错、扎日南木错均分布于藏北。著名的羊卓雍错在藏南。

气　候

【气候特点】夏秋季多夜雨，冬季干燥多风，气压低含氧少，由于日照多辐射强，冬季白天仍暖意洋洋，晚间气温才将至零下。其主要特点表现为：空气稀薄，含氧量少；光照充足，辐射强烈；气温偏低，年温差小；干湿分明。

【气候评价】2011年度，西藏地区38个站年平均气温为5.1℃，较常年偏高0.7℃，30个站次月平均气温创历史同期新高或与历史同期极值持平。从四季来看，2011年冬季气温普遍偏高，是我们度过的又一个暖冬，春、夏、秋三季气温正常或偏高。全区平均年降水量为452毫米，与常年相比属正常。冬季整个沿江一线基本无降水。班戈年降水量创历史新高；普兰、聂拉木、申扎、昌都、波密、芒康等10个站点在不同月份月降水量创历史同期极值。各地日照时数多寡不一。年内出现了干旱、雪灾、冰雹、雷电、大风、泥石流等灾害性天气，给农牧业生产、交通运输及人民生命财产造成较大影响。

气温2011年全区各地年平均气温在-1.9~12.6℃之间，与常年同期相比，日喀则地区大部、隆子、尼木、贡嘎正常，其余各地气温偏高0.5~1.7℃。其中，阿里地区、拉萨、墨竹工卡、泽当、那曲、班戈偏高1.0℃以上，狮泉河最高为1.7℃。年内多个站点月平均气温在不同月份创历史同期最高值。就全区25个1971年开始有完整气象记录的站点年平均气温而言，2011年我区平均气温为4.2℃，较常年同期偏高0.8℃。

降水量2011年全区各地年降水量在58~840毫米之间，与常年同期相比，左贡、米林、林芝、八宿偏少2~3成；那曲地区大部、定日偏多3~6成；其余各地基本正常。年内部分站点在不同月份月降水量创历史同期极值。班戈年降水量达到505毫米，创历史极值。2011年西藏地区25个站点平均年降水量为464毫米，属正常年份。

日照 2011年，全区各地年日照时数为1732~3401小时，与常年同期相比，阿里地区、日喀则地区大部、山南地区南部、那曲地区西部、贡嘎、嘉黎、当雄、墨竹工卡偏少21~200小时；昌都地区、林芝地区大部、安多、拉萨、尼木、定日、加查、比如偏多28~313小时；泽当、索县、浪卡子、那曲、江孜、林芝日照正常。

【气压】西藏气压年平均大都在625百帕以下，仅为海平面气压的一半。空气平均为海平面空气密度的60%-70%。由于空气稀薄，含尘量少，高原天空分外碧蓝，在白云的衬托下景色分外艳丽。西藏高原空气含氧量比海平面减少35%-40%，水的沸点大部分地区也降至84-87℃。

行政区划

西藏自治区是中华人民共和国的五个自治区之一，是一个以藏族为主的民族自治区。西藏现行的行政区划分为1个地级市，6个地区和73个县（市、区）。其中，拉萨市辖7个县和1个县级城关区；林芝地区辖7个县，行署设在八一镇；昌都地区辖11个县，行署设在昌都镇；山南地区辖12个县，行署设在泽当镇；日喀则地区辖17个县和1个县级市，行署设在日喀则市；那曲地区辖10个县，行署设在那曲镇；阿里地区辖7个县，行署设在狮泉河镇。拉萨市是西藏自治区首府所在地，是全区政治、经济、文化的中心。

人口和民族

【人口】2011年，全区常住人口总数达303.30万人（常住人口是2010年11月1日人口普查数据），其中男性人口为155.29万人，女性人口为148.01万人。

【民族】西藏是藏民族的发源地和聚居区，藏族遍布西藏各地，是西藏自治区人口最多的民族。除藏族外，还有汉族、回族、门巴族、珞巴族、纳西族、蒙古族、怒族、傈僳族、土族、独龙族、满族、白族、布依族、维吾尔族、苗族、彝族、壮族、夏尔巴人、僜人及其他民族。

自然资源

【地热资源】西藏的地热蕴藏量居全国第一位。三江（怒江、金沙江、澜沧江）构造带、雅鲁藏布江断裂带和那曲至尼木断裂带均为水热活动的最有利地区，已发现温泉、沸泉、间歇喷泉、热水河、放热地面等各种形迹的地热显示区600多处，估算总热流量为每秒55万大卡，相当于标准煤约240万吨／年所释放的热量。当雄县境内的羊八井地热田是目前中国最大的高温湿蒸气热田，也是世界已获开发利用的大型地热田之一。

【光照资源】西藏太阳能辐射强，光能丰富，西藏的太阳年总辐射值达140-200千卡/平方厘米，是中国东部沿海地区的1倍以上。西藏丰富的光照资源，补偿了由于高海拔所引起的气温低的不足，使西藏许多农作物的分布上限成为世界同类作物分布的最高限。青稞、春小麦分别在海拔4750米和4400米的高度种植成功。另外，充足的光照和日照时间，使作物的光合作用强化，而较大的昼夜温差，可使作物夜间的呼吸作用微弱，有利于农作物的有机质的积累。因此，西藏又成为全国小麦和青稞的高产区之一。太阳能的开发利用，对于改善西藏的能源构成，缓和能源紧张状况具有重要的意义。

【水资源】西藏的水资源相当丰富，据统计，全区水资源总量4482亿立方米（不含地下水），按全区人口和耕地计算，人均占有水量和亩均占有水量均居全国首位。西藏各河流径流量大小相当悬殊，雅鲁藏布江是区内最大的河流，平均年径流量仅次于长江、珠江、黑龙江，居全国第四位。西藏的年径流深度从藏东南向藏西北递减。西藏的广大农区雨量较少，春播、冬播都要进行灌溉，灌溉是保证农作物稳产、高产的基本条件，而西藏充足的水资源（特别是外流区）为西藏农业的稳定发展创造了极为有利的条件。西藏南部和东南部河流水量充沛，河床大，蕴藏着极为丰富的水力资源。西藏的水能资源理论蕴藏量为2.01亿千瓦，占全国水能理论蕴藏量的15.83%。其中可开发的水能资源为5660万千瓦，占全国可开发的水能资源的17.1%。居全国首位。雅鲁藏布江是西藏水能资源最丰富的一条河流，理论蕴藏量为1.13亿千瓦，占全区理论水能蕴藏量的56.22%，其中可开发量为4837.14万千瓦，占全区可开发量的80.96%。特别是雅鲁藏布江的峡谷地形很多适合建筑水坝，拦洪蓄水。

【风力资源】西藏是全国大风（≥8级或17米/秒）最多的地区之一。高原地区年平均大风日数多达100-150天，最多可达200天，比同纬度中国东部地区（5-25天）多4-30倍，是全国大风日数最多、范围最大的地区。小型风力发电机具有移动方便的特点，风能对流动性大的牧区是最合适的能源类型。随着风能进一步开发利用，草场的大量牛粪就可作为有机肥料，增加地力，促进牧草的生长，推动牧业生产的良性发展。

【森林资源】西藏多类型原始森林是青藏高原乃至全国森林资源的重要组成部分。根据和平解放以来多次调查统计，有林地面积约60666667公顷，全区森林覆盖率为9.84%。西藏森林分布很不均匀，绝大部分森林分布在藏东南地区，活立木总蓄量20.84亿立方米，居全国第一位，藏东南林区是全国第二大林区——西南林区的主要组成部分之一。西藏森林植被组成部分古老、特有种多。成林树种属西藏和喜马拉雅特有种的就有14种和3个变种，如西藏红豆杉、林芝云杉、墨脱冷杉、察隅冷杉、长叶云杉、喜马拉雅红杉、西藏冷杉、喜马拉雅长叶松、乔松、巨柏、西藏柏木、垂枝柏等。西藏森林资源大部分保持完好，具有很高的科研价值和良好的生态、社会、经济效益。

【植物资源】西藏高原生态环境复杂多样，为各类植物的生存提供了有利的条件，是一个巨大的植物王国。据统计，全区高等植物种类约6400余种，隶属于270余科和1500余属。裸子植物在全世界共有12种，西藏就分布有7种；被子植物有15科33属120种。野生药用植物有1000多种，比较有名的有藏红花、雪莲、冬虫夏草、贝母、胡黄连、大黄、天麻、三七、党参、秦艽、丹参、灵芝、鸡血藤等。

【动物资源】西藏有哺乳动物142种，鸟类488种，爬行类55种，两栖类45种，鱼类68种，昆虫2305种。其中一些是中国特有的珍贵动物，在世界上亦是稀有的。西藏的野生动物资源有：兽类33种，主要有孟加拉虎、雪豹、金钱豹、云豹、金猫、兔猫、小灵猫、果子狸、黑熊、小熊猫、红腹松鼠、赤狐、藏狐、长尾叶猴、熊猴、野牛、野牦牛、马麝、林麝、白唇鹿、扭角羚、藏原羚、藏羚羊、岩羊、野驴、盘羊等。另外还有数量众多的鸟类和鱼类资源。其中白唇鹿、野牦牛、雪豹等被列为世界珍品。西藏是野生动物的乐园，藏北大草原的野生动物可与非洲大草原比美。西藏的家养动物有绵羊、山羊、猪、牦牛、黄牛、犏牛、马、驴、骡、犬、鸡、兔等。

【矿产资源】西藏已发现矿产101种，各矿床、矿点2000多处，在全国已发现的160余种矿产资源中，西藏就有99种。已探明储量的矿藏有30多种，其中储量居全国前十位的有：铬、铜、火山灰、菱镁矿、云母、硼、砷、泥炭、钼。在矿产资源中，具有重要经济意义和开发价值，在全国占优势的矿种有铬、铜，釉硼为主的盐类矿产、地热等。铬铁矿居全国首位，锂的远景储量居世界前列，铜的远景储量列全国第二，石膏的储量居全国第二，已探明硼矿、菱镁矿、重晶石、砷的储量居全国第三位。此外，石油也是潜在的优势资源。

【草地资源】作为中国五大牧区之一，西藏拥有8207万公顷草原，其中可利用草地7077万公顷。畜牧业是西藏主要的产业，占全自治区国民收入的1/3强。西藏草场分为8个大类，16个亚类，38个主要草场型。高山草甸草场是西藏面积最大、质量较好的草场，是区内草场中的一个主要类型。主要分布在那曲地区东部，昌都与拉萨地区北部，山南地区南部，日喀则地区北部和西部以及阿里地区西部山体中、上部位也有一定数量。约占西藏面积1/2的藏北草原是西藏主要的草原，面积约为60万平方千米，当地人成为“羌塘”。

自然灾害

【雪灾】2011年2月16~17日，日喀则地区帕里镇出现了25.1毫米的暴雪天气，积雪深度达30厘米，致使日喀则至亚东交通受阻，并且帕里镇断电一天一夜。

2月13日20时至17日08时，阿里地区南部出现了大到暴雪天气，普兰站累积降雪量达31.8毫米，积雪深度为24厘米，狮泉河站降雪量为2.1毫米，积雪深度为2厘米，改则站降雪量为0.8毫米。致使219国道、霍尔至帕羊段、马攸山口阻塞三天。普兰、扎达道路阻塞一天。日喀则地区南部出现了大到暴雪天气，聂拉木站累积降雪量达58.9毫米，积雪深度为57厘米。致使聂拉木县波绒乡186头牦牛走失，门布乡100头羊死亡；亚来乡64只羊及1头牦牛死亡。县城停电超过24小时。318国道通拉山至樟木因积雪交通中断。

2月15日07时至17日晚，日喀则地区萨嘎、吉隆、聂拉木、定日、定结、亚东等县的部分边境沿线乡镇出现了强降雪天气，最大积雪深度达70~80厘米。暴雪造成吉隆、聂拉木、定日、定结和亚东5县28个乡镇，牲畜死亡2445头（只），其中大畜80头，小畜2365只；倒塌温室大棚123座，牛圈1座，房屋倒塌1间。

2月15日至16日，阿里地区南部出现了强降雪天气，致使6970头（只）牲畜死亡，部分牲畜出现了失明现象。

3月8日夜间开始，西藏林芝地区东部波密县一带出现了雨夹雪天气，高海拔路段和山区出现了降雪，截止到12日，波密县连续4天的日降水量超过5毫米，累计降水量达到50.8毫米。由于连续的降雪，气温又逐步回升，致使3月12日凌晨2时左右，嘎瓦龙隧道口(24K)发生雪崩，10名务工人员被埋，其中6人死亡。

3月20日，昌都地区洛隆县出现暴雪天气，降雪量为18.7毫米，积雪深度15厘米。强降雪造成该县中学院内输电线被压垮30米左右，电力中断。S303省道途径海拔较高的路段和部分乡村道路因积雪量较大，造成行车困难，并对野外放牧牲畜饲草有一定影响。

3月18日至22日，林芝地区察隅县出现了持续的强降雨雪天气，4天累积降水量达166.3毫米，其中，20日、21日两天日降水量分别达到71.4、68.7毫米，超过近30年来同期最大值；22日08时积雪深度达17厘米。强降雨雪天气造成县城供电不稳、电信通讯一度中断，竹瓦根镇政府所在地及县城周围村庄电力与通讯中断；然乌至察隅公路、县城至下察隅镇、县城至察瓦龙乡、下察隅镇至上察隅镇、古拉公路多处出现不同程度的中断；县城菜市场一售菜大棚被大雪压塌。

3月10日至21日，昌都地区八宿县部分乡镇出现了持续的强降雪天气，最大积雪深度达25厘米。致使该县同卡镇、郭庆乡共32户群众受灾，148头（只）牲畜死亡，部分村庄通讯、交通中断。

3月18日至25日08时，林芝地区波密县出现了持续的强降雨雪天气，7天累积降水量达105.7毫米，超过3月份月平均降水量，其中21日、25日两天日降水量分别达到24.5毫米和29.9毫米。造成扎墨公路17K至18K路段发生雪崩，10人被埋。

3月18日至25日，林芝地区察隅、波密县出现了持续的强降雨雪天气。3月20日，察隅县然（乌）察隅公路沿线多处输电线路出现故障，断线11处，至高森村高压电杆7处断裂，导致多处线路无法正常送电。3月21日波密县多吉乡通根村发生雪崩，致使参西村曲宗藏布阻塞，曲帕卡3亩农田被淹没，两户群众财产受损。

4月25日，日喀则地区江孜县遭受强降雪天气，降雪量5.1毫米，站点积雪6厘米，江孜县日朗乡娜若村最大积雪深度达30厘米。强降雪天气导致190头牲畜死亡。

5月2日至3日，波密、林芝出现了44.6和34.7毫米的大雨，林芝的降水量超过了历史同期极值（30.4毫米），米林降了17毫米，卧龙降了19.7毫米的暴雪。强降雪天气致使米林县卧龙镇东唐村80头牲畜死亡。

3月份，昌都地区的八宿、左贡、芒康、类乌齐、江达等县出现了强降雪天气，部分区域积雪深达40厘米，严重影响牲畜正常采食，累计造成8540只（头）各类牲畜死亡。山南地区的高海拔牧区也因局部雪灾，造成477只（头）牲畜死亡。

【强降水、洪涝和泥石流】2011年3月18~25日察隅县出现连续强降水，造成然察、下察隅至上察隅、嘎腰、拉丁、沙琼公路的部分路段中断。贡察公路西藏段（云南贡山县至察隅县察瓦龙）路基垮塌8处、长56米，全线中断。古玉乡次龙片区道路中断，古玉乡巴依村人畜安全饮水工程蓄水池被雪崩损毁；县城附近村14根电杆倒塌或断裂，下察隅、上察隅电信通讯中断，古拉乡移动、电信通讯均中断。

6月20日傍晚，林芝地区朗县登木乡发生短时强降雨，致使该乡20户92人受灾，13间房屋受损，1.4公顷农田受灾，并造成1头牲畜死亡，7头牲畜失踪。1公里道路被水冲毁；果龙村和桑琼村一座取水口被淤泥堵塞。

6月23日，拉萨市尼木县塔荣镇林岗村出现雷雨、冰雹短时强对流天气，强降雨造成尼木县至续迈乡公路林岗段7处地方被泥石流冲毁；塔荣镇林岗村农作物、特别是油菜作物有一定程度的受灾。

6月29日，林芝地区墨脱县格当乡出现强降雨，引发泥石流，造成该乡饮水工程管道（长约30米）、取水口、蓄水池、25亩农田被冲毁，该乡桑珍卡村18户群众101人因灾出现饮水困难。

7月11日20时，尼木县境内普降大雨，20时40分，强降雨造成尼木县吞巴乡附近发生3处泥石流，318国道276辆来往车辆受阻。

6月底至7月上旬，那曲地区比如县、索县出现连续性强降水天气，6月28日至7月12日降水总量达80毫米左右，因强降水天气致使比如县189间房屋出现不同程度损坏，其中31间房屋倒塌，3处农村安全饮水工程受损；农田受灾面积0.7公顷；全县34个行政村公路被水冲毁无法通车，三个县级公路多处路段出现塌方、泥石流等地质灾害，16处涵洞堵塞，12座桥梁冲毁，5公里道路损毁。317国道扎拉段2760米输电线、3个门型杆、18根电杆及1台变压器损毁；直接经济损失共计1893.37万元。索县2154户、20524人受灾，106间房屋出现不同程度损坏；受灾农田面积10.3公顷、草场3146亩；冲毁74座人畜简易桥、12座公路桥（其中报废5座）；受灾农村公路435公里；6处村级活动场所受损严重；上百户群众搬迁草场被困；3座水电站水工建筑物受损严重。

7月14日，林芝地区中西部出现了入夏以来最强的降水天气。从13日08时至14日08时林芝、米林、卧龙、朗县的降水量分别达到32、35、27和22毫米。7月14日，林芝县八一镇永久村发生山洪，毁坏一座桥，造成部分耕地和农牧民院子进水；嘎拉村发生山洪，部分防洪堤坝被毁；林芝镇帮纳村发生山洪；更张乡久巴村发生泥石流，约3.34公顷的草莓大棚和天麻大棚被淹；林芝县鲁朗镇拉月村，八一镇加乃村发生小型泥石流、八一镇杰布村发生山洪灾害。

7月14日，米林县里龙乡与玉村玉

松沟突发山洪灾害，因洪涝灾害造成的直接损失达77万元。

7月12日至7月13日，因连续出现较强降水，丁青县协雄乡协雄村三组两户，被雨水侵蚀房屋造成倒塌。

6月20日至7月15日，连续性降水天气致使比如县10个乡镇发生洪涝、泥石流灾害，农田受灾面积3.14公顷；草场受灾面积63公顷；损坏房屋4间；4根通讯光缆损毁；部分乡村公路和农村饮水安全工程受损；牲畜棚圈受损48处。

7月15~17日，日喀则地区南木林县连续出现较强降水天气，其中16日降了46.2毫米的大到暴雨。全县受灾695户3941人，农田受灾面积233公顷（轻微受灾121公顷、严重受灾106公顷、绝收6.5公顷），损坏房屋14间，死亡牲畜3头（只、匹），冲毁桥梁9座、水磨房1间、水渠17处1100米、渡槽2处37米及乡村公路11处850米，填埋干渠1340米，直接经济损失达25万元。

6月，那曲地区出现连续性强降水天气，致使东部比如、巴青和索县发生洪涝、泥石流等灾害。索县21224人受灾，373间房屋受损（其中倒塌107间，危房266间），冲毁农田36公顷，223公顷草场被淹；46头（只、匹）牲畜被洪水冲走；263公里道路冲毁，受灾总里程480.3公里；13座桥梁受损（其中5座已报废）；冲毁路基31060立方米、挡墙6610立方米；全县因灾直接经济损失达4832.23万元。比如县259间房屋受损（其中倒塌50间），冲毁农田3.1公顷、63公顷草场。直接经济损失3500万元。巴青县24间房屋受损（其中倒塌2间）；冲毁43公顷草场、公路112公里，公路塌方20处995立方米，泥石流造成交通堵塞17处，59座桥梁损坏。

7月20日至7月21日，昌都地区丁青县出现较强降水，造成该县协雄乡郎通村两间房屋倒塌。

7月4日至12日，昌都地区类乌齐县连续遭遇强降水天气，特别是7月5日、7日、12日和13日，日降水量均超过10毫米。致使该县各主要江河水位持续上涨，个别河段已接近警戒水位，各乡镇先后不同程度地发生洪涝灾害。该县甲桑村由于地势低洼，7月5日出现内涝，10间群众房屋被雨水浸泡，5间房屋倒塌。

7月12日，拉萨市曲水县曲水镇境内遭遇冰雹、暴雨袭击，致使该县两个行政村1040户4601人受灾，其中因灾死亡1人，重伤2人；受损房屋36间；农田受灾面积118.9公顷，其中绝收45.6公顷，重灾46.3公顷；受损倒塌温室92栋；部分防洪堤坝、水渠、绿化护栏被损毁，直接经济损失1135.65万元。

7月6日，玉普乡根仲村（格巴村下辖自然村）格松龙巴沟发生泥石流，冲毁14米的大桥一座，形成一个宽30余米的冲沟。造成根仲村交通中断，灌溉水渠被冲毁，该村13户55人受灾。

7月14日以来的连续强降水天气导致7月21日下午，察隅县上察隅镇山涧水陡涨，该镇迟巴村古巴组水渠严重受损，取消口处水渠堵塞80米，渠底冲毁123米，水渠冲劲14米，一处挡墙受损，造成经济损失约1.5万元。

7月29日至8月3日，丁青县出现连续性降水，累积降水量为45.6毫米。因雨水侵蚀，丁青县协雄乡协雄村2组两户房屋倒塌。

7月31日16时30分，八一镇城区尼洋河干流左岸T2段防洪堤出现坍塌总长约9.5米。

8月2日晚，达孜县琼达村50间民房出现严重裂缝，部分墙体倒塌，造成143公顷农田受灾，其中绝收20公顷，冲毁11座乡村水泥桥，冲毁公路0.6公里。章多乡拉木村36.6公顷农田受灾，重灾27.5公顷。林周县，农田受灾面积达106.9公顷，绝收0.3公顷，冲毁两座桥墩；共238户1398人受灾。

8月5日上午林芝地区公布江达县朗嘎沟发生了泥石流灾害，泥石流冲击长度约有5公里，宽度和深度约0.3公里。

8月，阿里地区出现了不同程度的降水过程，致使阿里地区噶尔县、措勤县、普兰县、革吉县、日土县、札达县、改则县遭受了洪涝灾害，致使200人受灾，农田受灾面积50公顷，倒塌房屋2间，损毁水闸12座、机电井5眼，直接经济损失268万元。

8月26日08时～27日08时，日喀则地区南部聂拉木至亚东一带出现了大到暴雨天气，其中聂拉木出现了80.3毫米的暴雨。致使农田受灾28.7公顷，倒塌房屋4间，损毁温室4座，电线杆3个，1户牧民被困山顶。

【山体滑坡】2011年6月29日晚，昌都地区边坝县尼木乡江果堆行政村麦玉自然村突降暴雨，引发山体滑坡（滑坡段宽约200米、长约180米），导致莫弄河形成堰塞湖。6月30日凌晨4时，堰塞湖溃决，造成约9公里乡村公路被全部冲毁，江果麦桥梁引道、堡坎及江果堆公路桥两边引道和部分实心板桥被冲毁；省道303线尼木乡—沙丁乡段公路路基多处被洪水掏空；到尼木电站部分公路被冲毁；电站大坝基础设施受损严重；电站厂房基础被冲、墙体多处裂缝，成为危房；电站厂房内进水，淤积泥沙达20厘米，部分发电设备受损。

7月13日19时40分，日喀则地区江孜县加克西乡乡旦村受连续强降雨天气影响，引发山体滑坡，造成该乡25只山羊死亡。

【雹灾】2011年7月18日6时50分至7时05分左右，日喀则地区江孜县金嘎乡秋参因遭遇冰雹袭击，导致该村4.19公顷农田严重受损，其中绝收1.3公顷。

7月24日16时30分左右，日喀则地区江孜县金嘎乡加布村和格西村遭冰雹袭击，导致该村70公顷的农田受损，其中绝收35公顷。

7月24日下午15时30分至16时，山南地区浪卡子县张达乡扎玉村遭受冰雹袭击，持续时间30分钟，最大冰雹直径为10毫米，此次冰雹袭击致使170户1036人受灾，农作物绝收45.6公顷，冲毁防洪坝250米，直接经济损失28.029万元。

7月25日下午18时30分至18时45分，浪卡子县卡龙乡东嘎村遭受冰雹袭击，最大冰雹直径为9毫米，致使该村48户239人受灾，农田绝收21.7公顷，直接经济损失11.0125万元。

7月28日21时和30日21时20分，日喀则地区拉孜县热萨乡和扎西宗乡分别出现了强降雨和冰雹天气，导致71户413人，牲畜613（匹、只、头）受灾，11.7公顷青稞农田受灾，其中2.3公顷绝收、1.7公顷重灾、减产40%，冲毁水渠2.6公里，直接经济损失4.8万元。

【雷电】2011年5月30日下午，阿里地区改则县发生雷击事故，该县东措乡东措村1牧民放羊时遭雷击死亡。

6月24日21时40分，拉孜县城出现持续较长时间的雷雨闪电，县城遭受严重雷电灾害，使拉孜县自动气象站室内室外隔离器、通信设备D-Link交换机烧坏、风向风速传感器出现故障，并造成县城大部分用户电视机、电视闭路设备、网络场所交换机等烧坏，县城停电十几个小时。

6月15日，那曲地区索县嘎美乡一村民在采集虫草期间遭遇雷击，造成重伤死亡。

6月15日，巴青县玛如乡3名牧民群众在山上采集虫草时，雷击死亡。

6月19日，巴青县阿秀乡2名牧民在山上采集虫草时，雷击死亡。

6月24日凌晨4时，日喀则地区定日县发生雷击事故，该县加措乡果热村1放羊村民和180头羊遭雷击死亡。

6月29日，安多县强玛镇发生雷击事故，该镇放牧的2牧民遭雷击死亡。

6月19日傍晚，那曲地区安多县出现雷雨天气，雷电造成该县城部分电视机、计算机被烧毁；县气象局室内和观测场串口隔离器遭雷击。

7月13日凌晨1时，拉萨市尼木县续迈乡霍德村一组发生雷击事故，一户人家的4头牦牛遭雷击死亡。

7月9日下午17时10分左右，那曲地区安多县帮爱乡三村1牧民在山上放牧被雷击致死；同时帮爱乡二村1名修房工人遭雷击致死。

8月1日晚21时40分，当雄县羊八井镇发生雷击事件，造成1人死亡，15头牦牛被打死。

【干旱与病虫害】2011年4月至6月，西藏山南地区42.89公顷青稞发生细菌性条斑病，212.77公顷农田发生病虫害。

昌都地区八宿县从6月份降水持续偏少，未出现一次有效降水，农作物生长缓慢，禾苗干枯，特别是白马镇、丁卡村等地约40公顷农作物有不同程度的旱灾。

【大风】2011年3月21日，南木林县东北部出现9级大风天气，致使该县索金、芒热、拉布普、仁堆、普当等乡的22户居民房屋、帐篷及家具损坏，并造成7只牲畜死亡，直接经济损失达97350元。

【其它】2011年1月19~24日，沿雅江河谷一带出现6~8级大风天气，其中22日贡嘎县最大风速达22.0米/秒。大风造成浮尘、扬沙天气，能见度较低，致使贡嘎机场共有18架飞机返航，14架航班取消。

8月25日，类乌齐县最低气温达到-0.3℃，致使类乌齐县甲桑卡乡康沙、白龙、美才、日香、孟卡、边普六个村遭受霜冻灾害，共计86.8公顷农田受灾。

自治区经济社会发展情况

【年度特点】2011年，是自治区实施“十二五”规划的开局之年，自治区党委、政府沉着应对复杂的维稳形势和繁重的发展任务，团结带领全区各族人民深入贯彻落实科学发展观，认真贯彻中央决策部署，采取有效举措积极应对和破解发展难题，着力推动转型跨越发展，自治区国民经济保持平稳较快发展，各项社会事业取得新的进步，实现了“十二五”时期良好开局，为顺利实现“十二五”规划各项目标任务打下了坚实基础。

【年度综述】初步核算，2011年，实现全区生产总值(GDP)605.83亿元，按可比价格计算，比上年增长12.7%。其中：第一产业增加值74.35亿元，增长3.4%；第二产业增加值209.54亿元，增长18.3%；第三产业增加值321.94亿元，增长11.6%。人均地区生产总值20077元，增长11.3%。

在全区生产总值中，第一、二、三产业增加值所占比重分别为12.3%、34.6%、53.1%，与上年相比，第一产业比重下降1.2个百分点，第二产业提高2.3个百分点，第三产业下降1.1个百分点。

全区居民消费价格总水平比上年上涨5.0%。其中：城市上涨5.2%，农村上涨4.7%。服务项目价格上涨4.3%，消费品价格上涨5.2%。从居民消费价格构成大类看，食品类、烟酒及用品类、衣着类、家庭设备用品及维修服务类、医疗保健及个人用品类、交通和通信类、娱乐教育文化用品及服务类、居住类分别比上年上涨9.1%、2.7%、2.8%、1.9%、2.8%、2.2%、0.7%和6.3%。商品零售价格上涨3.7%。农业生产资料价格上涨2.6%。工业生产者出厂价格上涨4.3%。

年末全区从业人员193.48万人，比上年末增加14.93万人，增长8.4%。城镇登记失业率控制在3.2%以内。

【农牧业】全年农作物种植面积240.61千公顷，比上年增加0.59千公顷。其中：青稞面积118.42千公顷，比上年增长0.5%；小麦面积37.60千公顷，增加0.54千公顷;油菜籽面积23.92千公顷，与上年同期持平;蔬菜面积21.58千公顷，增加0.25千公顷。全年实现粮食总产量93.73万吨，比上年增长2.7%；油菜籽6.33万吨，增长9.1%；蔬菜60.07万吨，增长3.4%。年末牲畜存栏总数2185万头(只、匹)，比上年末减少136万头(只、匹)。其中：牛645万头，减少9万头；羊1459万只，减少120万只。全年猪牛羊肉产量达27.67万吨，比上年增长5.2%；奶类产量31.35万吨，增长3.5%。

【工业和建筑业】全年全部工业实现增加值48.93亿元，比上年增长18.1%。规模以上工业企业实现增加值37.15亿元，比上年增长19.0%。其中：年主营业务收入2000万元以上工业企业实现增加值35.38亿元，比上年增长20.1%。其中：轻工业实现增加值11.74亿元，增长16.2%；重工业实现增加值25.41亿元，增长20.4%。国有及国有控股企业全年实现增加值20.16亿元，比上年增长21.3%。按登记注册类型分，国有企业实现增加值13.45亿元，增长31.1%；集体企业实现增加值0.84亿元，增长21.9%；股份制企业实现增加值18.35亿元，增长11.4%；股份合作企业实现增加值0.07亿元，增长77.3%；外商及港澳台企业实现增加值2.15亿元，增长2.6%；其他经济类型企业实现增加值2.29亿元，增长48.5%。

全年规模以上工业企业实现利润总额12.97亿元，比上年增长24.6%。其中：国有及国有控股企业实现利润1.78亿元，下降35.2%；集体企业实现利润0.34亿元，增长40.0%；股份制企业实现利润10.86亿元，增长27.1倍。规模以上工业企业产品销售率97.4%。全年规模以上工业企业完成水泥产量234.91万吨，比上年增长7.2%；发电量23.38亿千瓦时，增长11.2%；啤酒18.17万吨，增长36.3%；中成药(藏医药)1436吨，增长17.4%；自来水12804万吨，增长5.4%；瓶(罐)装饮用水9.04万吨，增长7.5%；铬矿石11.49万吨，增长6.7%；铜金属含量1.18万吨，增长1.1倍；铅金属含量2.66万吨；增长26.5%；锌金属含量2.14万吨，增长9.6%。全年建筑业实现增加值160.61亿元，比上年增长18.4%。

【固定资产投资】全年全社会完成固定资产投资总额549.27亿元，比上年增长18.6%。其中：民间投资126.79亿元，增长7.4%。

按产业分：第一产业30.67亿元，比上年增长29.2%；第二产业150.69亿元，增长12.3%；第三产业367.91亿元，增长20.5%。按经济类型分：国有经济完成投资409.39亿元，比上年增长18.9%；集体经济完成投资4.73亿元，增长56.1%；其他各种经济类型完成投资77.31亿元，增长35.6%；个体经济完成投资21.57亿元，增长3.0%。按城乡分：城镇完成投资480.84亿元，比上年增长18.6%；农村完成投资68.43亿元，增长18.3%。在农村投资中：农户投资29.91亿元，增长49.6%；农村集体投资2.18亿元，下降27.2%。

在城镇固定资产投资中，农、林、牧、渔业投资完成20.23亿元，增长10.7%；采矿业投资完成13.88亿元，下降22.9%；制造业投资完成33.61亿元，下降3.4%；电力、燃气及水的生产和供应业投资完成61.49亿元，增长11.6%；建筑业投资完成32.09亿元，增长45.2%；交通运输、仓储和邮政业投资完成143.60亿元，增长30.1%；信息传输、计算机服务和软件业投资完成6.13亿元，下降37.3%；批发和零售业投资完成3.50亿元，下降44.9%；住宿和餐饮业投资完成13.03亿元，下降11.1%；金融业投资完成0.58亿元，下降25.4%；房地产业投资完成17.79亿元，增长5.5%；租赁和商务服务业投资完成1.86亿元，增长2.8%；科学研究、技术服务和地质勘查业投资完成1.22亿元，增长29.1%；水利、环境和公共设施管理业投资完成44.38亿元，增长87.1%；居民服务和其他服务业投资完成1.44亿元，增长108.5%；教育投资完成18.82亿元，增长65.8%；卫生、社会保障和社会福利业投资完成7.49亿元，增长119.9%；文化、体育和娱乐业投资完成11.47亿元，增长71.4%；公共管理和社会组织投资完成43.10亿元，增长6.0%。

全年房地产开发投资5.13亿元，比上年下降42.7%。房地产开发施工房屋面积48.73万平方米，比上年下降35.2%；竣工房屋面积21.69万平方米，增长78.1%；商品房销售面积19.36万平方米，下降0.1%。

【国内贸易】全年实现社会消费品零售总额219亿元，比上年增长18.2%。分地域看，城镇消费品零售额179亿元，增长19.1%；乡村消费品零售额40亿元，增长14.3%。分行业看，批发和零售业零售额184.27亿元，增长17.0%；住宿和餐饮业零售额34.73亿元，增长25.0%。

在限额以上批发和零售业零售额中，增长较快的有：石油及制品类增长46.8%，化妆品类增长28.0%，机电产品及设备类增长78.7%，通讯器材类增长80.6%，粮油、食品、饮料、烟酒类增长21.1%。

【对外贸易】全年进出口总额135861万美元，比上年增长62.5%。其中：出口总额118310万美元，增长53.4%；进口总额17551万美元，增长1.7倍。在进出口贸易中，边境小额贸易实现进出口总额93033万美元，比上年增长86.0%，占进出口贸易总额的68.5%。其中：出口92420万美元，增长86.0%；进口613万美元，增长1.1倍。全年对亚洲进出口101270万美元，比上年增长64.0%；对欧洲进出口23988万美元，增长1.1倍；对北美洲进出口8856万美元，增长62.5%；对大洋洲进出口478万美元，增长65.0%。

全年合同利用外商直接投资67534.98万美元，实际利用外商直接投资6459.59万美元，全年审批利用外商直接投资项目6家。

【交通、邮电和旅游】全年完成货运总量1044万吨，比上年增长6.2%。其中：公路运输完成979万吨，增长2.8%；铁路运输完成48.63万吨，增长62.5%；航空运输完成1.21万吨，下降17.7%；管道运输完成14.90万吨，增长14.6%。全年客运总量3938万人次，下降52.6%，其中：公路运输完成3659万人次，下降54.6%；铁路运输完成95.86万人次，增长8.7%；航空运输完成183.14万人次，增长18.9%。

年末公路总通车里程63108公里，比上年增加4859公里，其中：有铺装路面总里程8723公里。

年末全区民用汽车拥有量达到25.78万辆，比上年末增长15.5%。

全年完成邮电业务总量27.04亿元，比上年增长16.2%。其中：邮政业务总量1.37亿元，增长10.0%；电信业务总量25.67亿元，增长16.5%。年末局用交换机总容量42.8万门。年末固定电话用户40.53万户，其中：城市电话用户39万户，乡村电话用户1.5万户。新增移动电话交换机26万门，总容量达225万门。新增移动电话用户38.79万户，年末达到196.4万户。年末全区固定及移动电话用户总数达到236.93万户，比上年末增加35.43万户。电话普及率达到81.7部/百人。

全年接待国内外旅游者869.76万人次，比上年增长26.9%。其中：接待国内旅游者842.68万人次,增长27.2%；接待入境旅游者27.08万人次，增长18.6%。旅游总收入97.06亿元，增长

35.9%；旅游外汇收入12963万美元，增长25.1%。

【财政、金融和保险】全年完成地方财政收入64.53亿元，按同比口径计算，比上年增长52.0%。其中：一般预算收入54.76亿元，增长49.4%。

全年财政总支出773亿元，按同比口径计算，比上年增长37.4%。其中：一般预算支出758亿元，增长37.6%。在一般预算支出中，社会保障和就业支出52.09亿元，增长63.2%；教育支出77.43亿元，增长27.4%；医疗卫生支出34.75亿元，增长8.5%；环保支出15.89亿元，增长35.0%。

年末全部金融机构本外币各项存款余额1662.50亿元，比年初增长28.2%。其中：单位存款1151.98亿元，增长30.1%，个人存款319.27亿元，增长19.3%。全部金融机构本外币各项贷款余额409.05亿元，比年初增长35.5%。

全年保险公司保费收入7.38亿元，比上年增长45.8%。其中：财产险保费收入0.67亿元，比上年增长23.0%；人寿险保费收入0.78亿元，增长81.9%;意外险保费收入0.42亿元，增长35.5%；机动车辆险保费收入3.68亿元，增长16.0%；健康险保费收入0.65亿元，增长2.1倍。全年共支付各类赔款3.10亿元，比上年增长39.6%。

【教育、科学技术】全区普通高等教育院校6所，年内招生9836人，其中：研究生317人，普通本专科9519人；在校生33198人，其中：研究生824人，普通本专科32374人；毕业生8354人，其中：研究生195人，普通本专科8159人。中等职业学校6所，招生5286人，在校生19446人，毕业生8625人；中学123所，其中：高级中学22所，完全中学8所，初级中学93所。高中招生16720人，在校生44676人，毕业生13165人；初中招生44567人，在校生136371人，毕业生44370人；小学860所，招生49536人，在校生294725人，毕业生48319人；特殊学校招生27人，在校生246人。年末幼儿园在园幼儿41751人，比上年增加18337人。全区小学学龄儿童入学率达99.4%，比上年提高0.2个百分点。

2011年西藏气象系统共有127个自动气象台站，其中：有人值守气象台站39个，无人值守气象台站88个。天气雷达站6个，其中：多普勒雷达站4个，数字化雷达站2个。地震监测台站（点）共20个，其中试运行2个。水文监测站35个，水位监测站5个。

【文化、卫生和体育】年末全区共有各类文化机构394个，其中，艺术事业67个，群众文化事业323个。公共图书馆4个，群众艺术馆8个，其他文化事业2个。年末全区共有电视台5座，广播电台1座。广播、电视人口综合覆盖率分别达91.67%和92.8%。出版报纸15411万印张，各类杂志1701千册，图书1563万册。

年末全区共有卫生机构1378个，其中：医院、卫生院783个，疾病预防控制中心（卫生防治机构）81个，妇幼保健院、所、站57个。实有病床床位9462张，其中：医院、卫生院9192张。卫生技术人员10797人，其中：执业医师4175人。每千人病床数和卫生技术人员数分别达到了3.18张和3.56人。

年末全区共有健身路径器材5810套、农民体育健身工程48个（每个工程包括：24个篮球场和24个乒乓球台）。我区运动员在国际国内各种体育竞技比赛中共取得金牌3枚、银牌8枚、铜牌3枚，在登山及攀岩比赛中获得2个第一名、1个第二名、3个第三名；组织群众体育活动502次，参加活动总人数达232万人次。本年度认证社会体育指导员443人，其中：一级体育指导员53人；二级体育指导员143人；三级体育指导员247人。全年销售体育彩票2.42亿元，筹集体育彩票公益金6029万元。

【人民生活和社会保障】全区城镇居民人均可支配收入达16196元，比上年增长8.1%；农牧民人均纯收入4904元，增长18.5%。通过推进新农村建设、实施安居工程，年末已有33.87万户、174.27万农牧民住上了宽敞明亮的新房。年末城镇居民人均居住面积36.61平方米，农牧民人均居住面积达到29.61平方米。

基本养老金按时足额支付率和社会化发放率均达到100%。年末全区参加基本养老保险的职工11.24万人，参加失业保险11.03万人，参加工伤保险11.84万人，参加生育保险16.06万人。城镇参加基本医疗保险（职工、居民）43.67万人。

全区城镇居民共有42881人享受政府最低生活保障，发放低保救助金11222.5万元。农村居民有23万人享受政府最低生活保障，发放低保救助金18067.66万元。年末全区各类社会福利机构共有80个，公办儿童福利院10所，民办儿童福利院5所，集中收养1043人；供养五保户15247人，其中孤残儿童3400人。全年销售社会福利彩票3.31亿元，筹集社会福利公益金1.03亿元。

【矿产资源、安全生产】全年新发现矿产20处，重点评价15处具有开发价值的矿床。有（铜、钼、铅、锌、钨、金、银、铬铁矿、盐湖钾矿等）9种矿新增储量，实施地质勘探项目300项，完成了钻探实物工作量18万米；全年地质勘查工作总投入约9亿元。

全年共发生各类安全事故1207起，比上年上升15.3%；死亡337人，下降22.4%；直接财产损失922万元。亿元GDP生产安全事故死亡率0.58，下降34.8%；工矿商贸十万从业人员生产安全事故死亡率为1.2，下降65.7%。道路交通万车死亡率12.6，下降26.7%。

注：本公报数据均为初步统计数，正式数据以《西藏统计年鉴——2012》为准。

第二篇 政治

中国共产党西藏自治区委员会

自治区纪检（监察）工作

【年度综述】2011年，全区各级纪检监察机关在中央纪委、监察部和自治区党委、政府的坚强领导下，坚持围绕中心、服务大局，坚持以人为本、执政为民，坚持标本兼治、综合治理、惩防并举、注重预防，深入开展党风廉政建设和反腐败斗争，为推进西藏跨越式发展和长治久安提供了有力的政治保证。

【强化监督检查，确保中央决策和区党委部署落到实处】成立中央第五次西藏工作座谈会精神贯彻落实情况监督检查专项工作小组，召开专项工作小组会议，派出4个检查组，突出政策落实、项目建设、资金管理、维护稳定、党的建设等内容，组织开展综合性检查，促进中央关于推进西藏跨越式发展和长治久安战略部署的贯彻落实。紧紧围绕科学发展这个主题和加快转变经济发展方式这条主线，制定下发《关于开展加快转变经济发展方式监督检查工作的实施意见》，会同区直有关部门对管理通胀预期、加快水利改革发展、保障性住房建设等涉及民生政策措施执行情况开展监督检查，发现违法违规问题311个，提出整改意见和建议80条，一些有令不行、有禁不止的行为得到坚决纠正。党的十七届六中全会和自治区第八次党代会结束后，及时召开中心理论组学习会和干部职工大会，学习传达会议精神，安排部署贯彻落实工作，形成学习宣传贯彻党的十七届六中全会和自治区第八次党代会精神的浓厚氛围。

严肃党的政治纪律，加强对维护和执行政治纪律情况的监督检查。重视加强对广大党员干部遵守政治纪律教育，在敏感日和全区维稳“三大战役”期间，及时发出《关于在维护社会稳定中充分发挥党员干部模范作用的通知》，加强对党员干部的教育监督管理。会同区党委政法委制定《领导干部在维护稳定工作中失职渎职行为责任追究暂行规定》，强化各级领导干部维护稳定的责任。加强对中央和区党委关于开展反分裂斗争、加强民族团结和维护社会稳定决策部署贯彻落实情况的监督检查，督促各地市和区直有关部门进一步加强和创新社会管理、排查矛盾纠纷、建立维稳机制。加强对党员干部遵守和执行党的政治纪律情况的监督检查，及时掌握党员干部的思想动向，及时发现、制止违反政治纪律的各种苗头性问题，严肃查处违反政治纪律的各种行为。

【强化指导协调，加强基层建设年活动和创先争优强基惠民活动扎实开展】贯彻落实区党委《关于在全区开展加强基层建设年活动的意见》，切实履行牵头抓总职责，具体组织指导协调活动的开展。制定活动实施方案，编印学习资料、工作手册等，召开区（中）直单位驻村工作组培训会，组织协调区、地、县三级1514个驻村工作组、13000多名党员干部，深入到困难较大、问题较多、偏僻边远以及边境地区的村（居）委会蹲点跑面开展工作，为联系点梳理发展思路6744条，解决问题3936个，排查解决各类矛盾纠纷3897件，受惠群众达84万多人；争取落实各类建设项目7344个，资金总量4.43亿元，制约和影响农牧区发展稳定的一些难点问题得到有效解决。

巩固和扩大加强基层建设年活动成果，组织指导协调区、地、县、乡四级党政机关、国有企事业单位及驻藏中直单位选派2万余名干部，组成5451个工作队，进驻自治区所有村（居）委会，在全区范围内深入开展创先争优强基础惠民生活动。积极发挥指导协调作用，派出3个巡回检查组深入7地（市）驻村工作一线，开展巡回检查工作。紧紧围绕建强基层组织、做好维稳工作、寻找致富门路、进行感恩教育、办实事解难事五项主要任务，扎实开展工作，确保活动取得初步成效。通过集中开会、个别交心、发放小册子等形式，向驻在村（居）群众认真宣传中央和区党委的一系列强农惠民政策，把党的声音送到千家万户。集中开展调查研究，摸清社情民意，村（居）基本情况档案和户情档案基本建立。狠抓第一责任落实，紧紧依靠驻在村（居）“两委”和群众开展维护社会稳定工作，深入开展反分裂教育，认真排查矛盾纠纷和安全隐患，全面把握驻在地寺庙和僧尼基本情况，重视加强驻在村（居）民兵、综治等组织建设，确保当地社会局势的总体稳定。紧扣特色产业项目、农牧业综合生产能力、劳务经济、乡村旅游等重点抓手，帮助谋划长远发展思路，并结合实际启动了项目前期工作。配合地方党委开展“两委”班子成员和党员培训工作，全面实施“三个培养”工程。

【深化专项治理，有效遏制腐败现象的滋生蔓延】深入推进工程建设领域突出问题专项治理。始终把排查整改贯穿政府投资和使用国有资金工程建设项目实施全过程，对新开工项目进行滚动摸排，对在建项目进行动态监管、实时监控，确保工程建设项目质量和效益。截至11月，全区共排查规模以上项目2357个，涉及资金463.13亿元，组织专项检查56人次，实地查看项目42个，发现具体问题161个，提出整改建议143条，督促问题整改。突出招标投标、项目建设、资金管理等关键环节，全程跟踪检查区直行政事业单位周转房（二期）、拉萨市纳金大桥等一批涉及民生的重点项目。扩大治理范围，将援藏项目资金监管一并纳入工程治理范畴，加强调查研究，积极探索援藏项目资金监督、管理工作机制。继续将2000万元以上政府投资和使用国有资金的新上项目纳入自治区建筑市场交易中心公开招投标，对2162个项目招投标进行监督，发现招投标环节存在问题的项目56个，对50个存在违规的招标结果给予无效处理，对6个不满足开标条件的项目进行重新招投标。坚持把查办案件贯穿工程治理全过程，全区共受理工程建设领域投诉、举报及排查中发现的案件线索346起，核实221起，立案27起，给予党纪政纪处分24人，移送司法机关7人，给予组织处理1人。受理解决拖欠工程款和民工工资1508.5万元。制订和完善我区工程建设领域规范性文件及配套措施，全面推行项目信息公开和诚信体系建设。

扎实开展党政机关公务用车问题专项治理工作，成立领导小组及办公室，制定实施方案，组织协调全区党政机关对公务用车配备使用情况进行自查，组织专门力量对24家区直部门和4个地（市）公务用车问题专项治理进展情况进行了重点检查，完成公务车辆的登记、甄别等工作，全区核定车辆编制12258辆，认定超标车辆373辆，违规借车12辆，责令部门主动清理公牌私挂问题涉及车辆10辆，拆除违规安装警灯警报装置8起，全区公务用车数据库基本形成，超编、超配情况基本摸清，并提出了整改办法，取得了明显效果。深化“小金库”专项治理，组织各地市各部门认真进行复查，查出“小金库”2个，金额147万余元，对部分地市“小金库”专项治理工作进行督导检查，对发现的问题及时提出整改意见。认真落实中央关于开展清理和规范庆典、研讨会、论坛活动的工作部署，制定工作方案、下发通知并提出要求，规范了庆典、研讨会、论坛活动等问题。

【加大办案力度，严肃查处违纪违法分子】2011年，全区各级纪检监察机关共接受群众来信来访和电话举报706件（次），初核355件，了结259件，立案52件，结案58件（含遗留案件），给予党纪政纪处分91人。其中，地厅级1人，县处级16人，乡科级41人，其他人员33人，挽回经济损失238.62万元。严肃查处了原日喀则地区民政局局长索某挪用扶贫济困基金和工程项目资金案，日喀则地区国土局局长师某截留、挪用公款等一批涉案金额巨大、社会影响恶劣的违纪违法案件，震慑了腐败分子，教育了党员干部，鼓舞了人民群众。针对一些苗头性、倾向性问题，对2名地厅级干部进行通报批评，对5名地厅级领导干部和7名县处级领导干部进行廉政、诫勉谈话，教育、保护、挽救了一批干部。加强对基层和派驻纪检监察机构办案工作的指导，地（市）纪检监察查办案件工作有所突破。继续规范“县案地审”工作流程和制度，深入推进“县案地审”工作，案件审理制度创新工作不断提高。积极开展信访监督工作，通过信访监督办理信访案件422件（含复件），上级转交办62件，署（实）名74件次，涉及省级干部5人，地厅级干部79人，县处级干部141人，乡科级及以下干部92人。积极稳妥做好申诉复查工作。召开全区查办案件工作座谈会，对进一步提高查办案件工作能力和水平进行全面部署。加强对查办案件工作全过程的监督管理，制定出台《查办案件工作程序若干规定（试行）》、《案件主办人制度（试行）》等一批规章制度。

【纠正不正之风，切实解决损害群众利益的突出问题】对2008—2010年各项强农惠农资金的落实情况，征地拆迁、矿山开发、移民搬迁补偿等情况进行全面检查，发现并纠正个别地方和部门政策落实不力、资金兑现不及时等问题720个。开展2010年度安全生产工作目标责任书考核工作，强化对安全生产责任制贯彻落实情况的监督检查，对造成17人死亡、20人受伤的“3·14”重大道路交通事故进行深入调查。加强对高考及内地西藏班招生录取的全程监督，提前介入考试资格审查工作，取消了400余名违规考生的高考报名资格。会同有关部门加强对医疗购销、教育收费等情况的监督检查。认真开展民主评议政风行风活动，对公安、交通、住建等9个部门进行政风行风民主评议，新聘任37名民主评议政风行风社会监督员。安排“政风行风热线”节目27期，解答群众提问266个，受到群众的一致好评。做好人大代表建议、政协委员提案及党办关于网友留言的办理和答复工作，代表、委员和网友对所办建议和提案表示满意。召开全区行政监察工作座谈会，完成监察学会换届工作，完善特邀监察员制度，聘任了第6批28位特邀监察员，群众参与行政监察的作用进一步发挥。

【深化教育监督，促进领导干部廉洁自律】组织全区党员干部认真学习《廉政准则》和《实施意见》，增强廉洁从政意识。印发《关于认真组织学习〈反腐倡廉10个热点问题〉的通知》，大力宣传党的反腐倡廉理论、方针、政策，深入回答当前干部群众普遍关注的反腐倡廉热点问题。认真组织实施“西藏党员干部廉政教育基地”建设，进入补充、完善、候审和安装阶段。山南烈士陵园全国廉政教育基地建设有序推进，宣教基础设施条件不断改善，基地作用不断发挥。积极开展网络舆情的收集、整理、研判和处置工作。扎实做好《西藏纪检监察》改版工作，杂志质量显著提升。组织拍摄电影《先遣连》，并在全国公映，受到社会各界的良好反响。继续治理领导干部大操大办借机敛财问题，将典型案例在全区进行通报。加强对换届纪律的监督检查，防止选人用人上的不正之风和违规违纪行为。区党委3个巡视组完成对3个地区、15个县、5个区直部门的巡视，提出工作建议252条，形成巡视报告24份，专题报告3份，一批巡视成果得到及时转化运用。

【推进改革创新，抓好源头治理腐败工作】制定出台我区《贯彻落实〈中国共产党党员领导干部廉洁从政若干准则〉的实施意见》等一批制度，反腐倡廉制度体系进一步完善。加快推进自治区行政服务中心和公共资源交易中心建设工作。深化政府采购制度建设，规范政府采购工作流程，政府采购领域腐败现象得到有效遏制。继续协调配合完善和规范国库集中收付制度，督促7地（市）和区直各部门全部实行综合预算，财政管理制度改革稳步推进。深化行政审批制度改革，清理调整行政审批项目261个，从2006年的1438项调整至957项，减少率达33%。召开全区党风廉政建设和反腐败工作任务分解会议，对反腐倡廉重点任务逐一分解落实。对7地（市）和14个区直部门党风廉政建设责任制和《建立健全惩治和预防腐败体系2008—2012年工作规划》的落实情况开展检查考核，对在落实党风廉政责任制方面成绩突出的地（市）和部门进行表彰，完成新一轮《党风廉政建设责任书》的签订工作。制定下发《西藏自治区2011年农牧区基层党风廉政建设工作意见》，推动农牧区基层党风廉政建设深入开展。确定日喀则地区、拉萨市城关区和日喀则地区江孜县为党的地方组织党务公开工作联系点，起草《西藏自治区<关于党的基层组织实行党务公开的意见>的实施意见》。指导乃东县做好县委权力公开透明运行试点工作，探索有效途径，为县委权力公开透明运行试点工作的深入开展奠定基础。

在做好党风廉政建设和反腐败工作的同时，更加注重加强各级纪检监察机关和队伍的自身建设。按照建设学习型党组织的要求，组织广大纪检监察干部以胡锦涛同志在庆祝中国共产党成立90周年大会上的重要讲话和习近平同志在出席庆祝西藏和平解放60周年大庆期间的一系列重要讲话精神为重点，不断加强政治理论学习，坚持用科学理论武装头脑，指导实践，推动工作，提高党员、干部职工理论素养。会同区党委组织部、区编办等部门下发《关于进一步加强县级纪检监察机关建设的实施意见》，改变过去县纪委不设常委会的做法，全区73个县（市、区）均设立了纪委常委会，部分县纪委设立了内设机构，乡（镇）明确了专职纪检干部，健全了组织，充实了力量。下发《关于认真做好市、县（市、区）纪委换届工作及加强各地区纪委领导班子建设的意见》，指导基层纪检监察机关做好换届工作。严肃换届纪律，完成区纪委常委班子和常务委员的换届工作。加强干部选拔任用交流，一批作风正、能力强、工作业绩突出的干部得到提拔任用。制定出台《关于加强和改进派驻机构工作的若干意见》、《派驻机构履行监督职责暂行办法》等四项制度，派驻机构管理进一步规范。派出32人次参加工作组（队）进村入户开展驻村工作，起到了很好的带头作用。派出69名干部参加由中央纪委和北京等省市举办的各类培训班，选派12名纪检监察干部到内地省市纪委挂职，增强能力素质。深入扶贫点走访慰问老党员、贫困群众，开展大庆征文、重温入党誓词等活动，隆重庆祝建党90周年和西藏和平解放60周年。加强纪检监察信息化建设，“金纪工程”建设稳步推进，进入实施阶段。

【领导名录】
区党委常委、纪委书记：金书波
纪委副书记、监察厅厅长：维 色
纪委副书记：贡嘎、张秋生、占堆、杨宏勇
纪委常委、监察厅副厅长：拉巴次仁、孔原、李潮明、巴桑卓玛、王刚、李亚群

自治区组织工作

【年度综述】2011年，自治区组织部门紧紧围绕服务跨越式发展和长治久安大局，切实抓好市县乡党委、村居“两委”换届这一中心任务和基层党建这项重点工作，统筹做好创先争优活动、干部人事制度改革、干部教育培训、人才队伍建设、机构编制管理和干部援藏等各项工作，改革创新，狠抓落实，努力提高组织编制工作科学化水平，为我区“十二五”开好局、起好步提供了坚强组织保证。

【以市县乡党委换届为契机，着力加强领导班子建设】重点抓了六个方面的工作。一是把握政治标准和正确用人导向选好干部。坚持德才兼备、以德为先，突出政治标准，新一届县乡党委领导班子中具有基层工作经历的分别为651名、1930名，分别占93.67%、82.62%，比上届均有较大幅度提高，496名长期工作在高海拔艰苦复杂地区和民宗、统战、政法等反分裂斗争一线的干部进入县委班子。二是把握整体功能优化班子结构。换届后的乡镇党委班子成员中，汉族干部706人，占16.05%，比上届提高3.38个百分点，35岁以下干部2254人，占52.41%，比上届提高2.05个百分点。在县（市、区）委班子中，配备40岁以下年轻干部224人，保留了一部分50岁以上有经验的骨干，实现了以45至50岁干部为主体的梯次配备，72个县（市、区）委班子配有女干部，11个县配备了女县长。三是把握关键岗位选优配强一把手。在换届配备的27名本地县（市、区）委书记中，23名在基层工作时间较长，在历次重大突发事件中头脑清醒、立场坚定、敢抓敢管，经得起考验，13名党务工作经验丰富，8名具有公安、政法工作经历。坚持注重政治素质、注重工作实绩、注重基层经历，配齐配强682个乡镇的党委书记，635人具有乡镇领导岗位任职经历，占93.11%，比上届提高7.59个百

分点。四是把握重点领域强化寺庙管理力量。大力选派政治立场坚定、理论政策水平高、熟悉宗教工作，优秀得力、有培养前途的7200多名党政干部到寺庙管理委员会工作。五是把握重要部门充实反分裂斗争领导力量。调整充实公安政法和民宗统战部门地厅级干部29名，县处级干部275名，科级干部1413名。进一步抓好在援藏干部担任县委书记的县配备常务副书记工作，调整配备22名，实现46个援藏干部任县委书记的县全部配备正县级常务副书记。选配270名副县级干部，充实2800多名干警到拉萨市便民警务站工作。六是把握纪律监督严肃换届风气。严格执行换届工作和干部选拔任用工作的政策法规，严格执行干部选拔任用工作的政策法规，采取有力措施，不断完善教育、监督、查处、考核和自我约束机制，进一步提高选人用人公信度和干部群众对干部选拔任用工作的满意度。

【着眼于为跨越式发展和长治久安提供动力和保证，深入推进创先争优活动】全区13.8万余名党员共承诺事项54万余件，已兑现42万余件；1200多个机关企事业单位开展“共产党员先锋岗”创建活动；5.6万名农村无职党员开展设岗定责活动；党员干部结对帮扶群众1.3万多人，投入资金4.04亿元，帮助群众解决增收致富方面的突出问题6万多个，受益群众50多万人。认真贯彻李源潮同志重要批示精神，深入部署推动大学生村官创先争优活动，全面推广以“党员自评、支部互评、领导点评、县委考评、群众测评”为主要内容的嘉黎县“五评”法，98%的领导班子成员、党组织书记参加点评，全区1.2万多个基层党组织全部被点评，96%的党员被点评。大力宣传先进典型，表彰102个全区先进基层党组织、52名优秀共产党员和51名优秀党务工作者，其中，4个先进基层党组织、1名优秀共产党员和2名优秀党务工作者受到中央表彰。

【以提高选人用人公信度为目标，积极稳妥推进干部人事制度改革】把深化干部人事制度改革作为提高选人用人公信度的关键之策，进一步加大力度，突破难点，努力健全科学的选人用人机制。一是进一步强化关键岗位干部重点管理。二是进一步加大干部交流力度。共调整交流县级干部221人，选派85名干部到中央国家机关和内地省市挂职锻炼。三是进一步提高干部工作的科学化水平。完善干部考核评价办法，科学评价干部的德才表现。进一步加强和改进对各级各类干部的管理。

【坚持强基固本，着力加强基层党组织建设】坚持把2011年作为基层党建工作落实年，一是扎实开展强基惠民活动。受到各族群众的热烈欢迎。二是大力实施“强乡带村”工程。从地县机关选派705名有发展潜力的优秀年轻干部到乡镇街道任职。选拔21人进入乡镇党委班子、63人担任村党支部书记（村委会主任）。培训村居党支部书记4200余名，培训大学生村官2600余人次，其中组织到内地培训200余人次。三是狠抓村居“两委”换届工作。大力推行村居党支部书记与村居委会主任“一肩挑”，村居“两委”班子成员交叉任职，推进团支部书记、妇代会主任进村居“两委”班子或由“两委”班子成员兼任，安排专人负责宗教工作，进一步强化村居党支部的领导核心地位。四是强化基层党建工作责任制落实。制定并落实全区基层党建工作考核办法，区党委与各地市、区直6个部门党委（党组）签订2011年基层党建工作责任书，完善区地县乡村五级书记联动抓党建工作责任制，年底组成考核组对落实党建工作责任情况进行考核评比，实现了基层党建责任制全覆盖。五是着力充实基层力量。采取公开考录、定向培养等方式为基层充实干部1.5万余人，县乡基层干部总数达7.9万人，增长19%，增幅为历年之最。

【着力加强党员队伍建设】全区新发展党员14000余名，其中发展农牧民党员9000名。目前，全区党员总数达到22万余名，占全区人口总数的7.3%；农牧民党员10.5万名，占全区党员总数的47%。

【不断强化干部教育培训】建立干部学习培训考核评价和激励约束机制，对重点班次学员进行考核鉴定，将考核结果作为干部提拔任用的重要依据。2011年，共举办各类培训班460余期，培训各级各类干部2.09万人次。

【着眼于为科学发展提供体制机制保障，扎实做好机构编制管理】机构编制工作服务大局的水平不断提高。一是完成政府机构改革后续工作。对机构改革涉及的区直部门所属事业单位机构编制调整、7个事业单位由正县级调整为副厅级、全区区地县三级设立文化市场综合执法机构等机构编制事宜进行了认真办理落实。继续加强自治区政府部门“三定”执行情况的跟踪了解，认真开展地县两级政府机构改革检查评估工作，重点做好政府职能转变、理顺部门之间职责关系等方面的评估，巩固政府机构改革成果。二是重点抓好乡镇机构改革工作。研究起草《关于开展乡镇机构改革进一步加强基层政权建设的意见》，促进乡镇机构职能转变，提高社会管理和公共服务水平。三是大力加强维稳力量建设。在认真调研的基础上，就加强政法部门力量建设、基层公安派出所建设、增加公安消防现役编制等事宜提出意见，并积极向中央编办申请增加相应编制。加大切合西藏区情的机构编制方面课题的调研力度，中央编办已将我们提出的“关于高海拔地区编制配备标准”的调研课题列为联合研究课题，着力从根本上解决西藏编制特别是基层编制总量人员不足状况。四是进一步加强机构编制管理。严格控制机构编制数量，坚持机构编制管理“一支笔”审批制度。及时研究办理重点领域、关键环节的机构编制事项，下发《关于明确药品流通管理职责的通知》，进一步理顺有关部门在药品流通环节的职责分工和职责关系。加强机构编制法制化建设，研究起草《西藏自治区机构编制管理暂行办法》。加大机构编制监督检查力度，对2008年以来中央增加的行政编制、政法专项编制、公安现役编制和武警编制员额分配落实情况进行督查评估。落实中央关于分类推进事业单位改革精神，做好改革的前期调研准备工作。积极协调落实全国编办系统援藏任务，配合中央编办成功举办全区机构编制培训班。

【**着眼于切实发挥干部援藏的重要作用，认真做好对口支援干部工作**】认真贯彻习近平同志在会见对口支援西藏青海工作座谈会代表时的重要讲话精神，以教育管理服务为核心，以创先争优为载体，着力加强援藏干部队伍建设，推动干部援藏工作不断向纵深发展。一是强化教育培训。深入推进援藏干部创先争优活动，多次召开援藏干部领队座谈会，组织援藏干部开展传统教育、廉政警示教育等活动，着力在实施援藏规划，在全区深入开展向周广智同志学习活动，大力宣传周广智同志先进事迹，开办援藏干部讲堂暨中国少数民族史（西藏历史）研究生课程班，帮助援藏干部深入了解西藏，提升在藏工作能力和水平。二是加强精细化管理。研究制定《援藏干部考核办法（试行）》，着手建设援藏干部信息管理系统，促进援藏干部管理科学化规范化。三是真情关心服务。对援藏干部政治上充分信任，工作上大力支持，生活上热情关心，主动关心、积极协调解决援藏干部工作、生活和家庭困难，努力为援藏干部解决后顾之忧。

【**领导名录**】
区党委常委、部长：尹德明
常务副部长（2011年1月当选为自治区人大常委会副主任）：武金辉
常务副部长（2011年11月任职）：王瑞连
副部长、人力资源社会保障厅党组书记、副厅长：边巴扎西
副部长、编办主任：唐明英
副部长（2011年12月离岗休养）：李晓云
副部长（正厅级）：邹立
副部长、巡视员：强秋
副部长：何新红
副部长（2011年12月任职）：佘克冰

自治区宣传思想工作

【**年度综述**】2011年，全区宣传思想文化战线牢牢把握科学发展、跨越式发展和长治久安的主题，以社会主义核心价值体系建设为根本，以庆祝建党90周年和西藏和平解放60周年为主线，积极开展舆论引导，广泛组织重大教育活动，大力推动文化繁荣发展，主动开展涉藏外宣，宣传思想文化各项工作重点突出、特色鲜明、成效显著，为实现“十二五”良好开局、建设团结民主富裕文明和谐的社会主义新西藏提供了强有力的思想保证、精神动力、舆论支持和文化条件。

【**及早谋划部署、精心组织实施，大庆宣传教育各项活动特色浓郁、亮点纷呈、高潮迭起、氛围浓厚**】隆重庆祝中国共产党成立90周年、西藏和平解放60周年是全区各族人民政治生活中的大事、盛事、喜事，也是在全区广泛开展宣传思想教育，凝聚人心、鼓舞斗志的重要契机。我们认真贯彻区党委的安排部署，超前谋划、及早入手，在总结以往重大宣传战役成功经验的基础上，研究形成《中国共产党成立90周年 西藏和平解放60周年宣传教育活动方案》。一是在舆论宣传方面，牢牢把握正确舆论导向，突出宣传西藏和平解放的重大历史意义，积极配合中央媒体，统筹组织区内媒体，协调联合兄弟省市媒体，围绕“3·28”、“5·23”、中央代表团赴藏出席大庆活动等重大时间节点，分阶段分步骤，把握宣传节奏，层层铺垫，逐渐升温，不断掀起新闻宣传高潮，营造了声势浩大的主流舆论。二是在社会教育方面，通过编发《庆祝西藏和平解放60周年宣传提纲》组织宣讲，组织《我眼中的60年》征文活动，召开庆祝中国共产党成立90周年和西藏和平解放60周年理论研讨会，编辑出版《党的十七大以来西藏自治区优秀理论文章选编》等形式，增强了全区各族人民心向党、热爱祖国、热爱新西藏的坚定意志。三是在文艺文化方面，着眼寓教于乐，丰富群众精神文化生活，从3月份开始面向基层组织开展系列文化宣传活动，陆续启动“文艺进百乡、进百村”、“爱国主义优秀影片展映”、“主旋律电视作品展播”等活动，广大基层群众在享受丰富多彩的文化产品的同时，受到了生动形象的深刻教育。四是在对外宣传方面，按照下好先手棋、打好主动仗的总要求，围绕西藏和平解放60年发展变化的主题，扎实做好“请进来、走出去”工作，推出15场成就宣传新闻发布会，组织撰写《西藏和平解放60年》白皮书基础稿，有效引导了国内外舆论，以开放自信的姿态，向国际社会展示了一个发展变化、团结进步、欣欣向荣的社会主义新西藏。

【**强化教育引导、凝聚思想共识，各族干部群众团结奋斗的共同思想道德基础更加牢固**】紧紧抓住社会主义核心价值体系建设这个根本任务，着眼于巩固马克思主义在意识形态领域的指导地位。一是扎实开展理论武装。在强化理论学习方面，起草《区党委理论学习中心组2011年度学习安排意见》，为省级党员领导干部配发四批学习书目200多套，区党委理论学习中心组组织集中学习5次，充分发挥了示范带动作用；在深化理论宣传方面，面向广大干部群众和青少年学生，免费赠送5000册《从怎么看到怎么办——理论热点面对面·2011》，推出《马克思主义“四观”、“两论”读本》、《西藏强农惠农政策读本》等5本通俗读物，推动马克思主义中国化最新理论成果大众化通俗化；在加强理论研究方面，以西藏发展稳定的重大理论和现实问题为重点，推出一批理论研究成果，坚持用马克思主义中国化最新成果武装党员干部、教育人民群众，用中国特色社会主义共同理想凝聚力量。二是深入推进学习型党组织建设。通过制定下发《西藏自治区党员领导干部调查研究制度》等学习制度，向全区党员干部推荐《科学发展观重要论述摘编》等重点学习书目和《划清“四个重大界限”学习读本》、《七个“怎么看”》等通俗理论读物，召开全区学习型党组织建设工作协调小组会议和座谈会，总结部署工作，交流先进经验。狠抓督促检查，切实推动学习型党组织建设落地生根、开花结果。三是不断深化群众性思想政治教育工作。制定下发群众性宣传教育活动《安排意见》，不断深化以“三热爱”为主要内容的群众性爱国主义教育和以“三个离不开”为主要内容的民族团结宣传教

育，深入开展新旧对比教育和新西藏新发展新变化新生活教育，结合农牧区的发展变化开展富有特色的群众自我教育，使宣传教育活动深入群众、热在基层。四是蓬勃开展群众性精神文明创建活动。以改陋习讲文明树新风为主要内容，广泛开展群众性精神文明创建活动，大力弘扬社会主义荣辱观，不断巩固各族干部群众团结奋斗的共同思想道德基础。

【围绕主题主线、服务发展稳定，为推进科学发展、跨越式发展和长治久安凝聚人心、增添动力】全区宣传思想文化战线坚持以科学发展、跨越式发展和长治久安为主题，紧紧抓住加快转变经济发展方式这个主线，加大宣传报道力度。一是大力宣传党的十七届六中全会和自治区第八次党代会精神。把学习宣传贯彻党的十七届六中全会和自治区第八次党代会精神作为首要政治任务，推动不断兴起学习宣传贯彻热潮。认真做好中央宣讲团赴藏宣讲党的十七届六中全会精神的各项工作，组织编发《党的十七届六中全会和自治区第八次党代会精神宣讲提纲》（藏、汉文）7万册，组成区党委宣讲团赴全区开展宣讲，同时要求各地（市）、县宣讲团以及各驻村工作组开展宣讲工作，使宣讲范围达到全覆盖。二是深入开展推动经济社会又好又快发展的宣传。牢牢把握促进发展这个第一要务，组织区内主要新闻媒体开设《回眸“十一五”展望“十二五”》、《安居乐业在高原》、《聚焦“三农”》等20余个专题专栏，大力宣传党的十七届五中全会和中央第五次西藏工作座谈会精神，宣传“十一五”时期经济社会发展的巨大成就和宝贵经验，宣传“十二五”时期经济社会发展的指导思想、宏伟蓝图、总体思路、目标任务和重大举措。三是深入开展以创先争优强基础惠民生活动为重点的民生宣传。紧紧围绕强基惠民活动和区党委政府为保障改善民生出台的政策措施，组织区内主要新闻媒体开设《深入开展创先争优强基惠民活动》、《万名干部驻村服务群众心连心》、《走基层看变化》、《惠民政策暖人心》等专题专栏，大力宣传党的富民惠民政策和保障改善民生的各项措施，宣传区党委政府继续加大力度推进社会主义新农村建设的决策部署，宣传深入开展创先争优强基础惠民生活动的重要意义和进展情况。

【抓住发展机遇，兴起建设高潮，各族群众的精神文化生活更加丰富多彩】认真贯彻党的十七届六中全会精神和中央关于文化建设的一系列重大决策部署，以贯彻落实区党委、政府《关于推动文化大发展大繁荣的决定》和全区文化发展大会精神为重点，全力兴起文化建设新高潮。一是着力绘就文化事业产业发展蓝图。根据自治区党委、政府《关于推动文化大发展大繁荣的决定》和自治区党委、政府对我区文化大发展大繁荣的部署安排，我们积极协调发改、财税等部门，研究形成《〈决定〉任务分工方案》，制定出台《文化产业发展专项资金管理暂行办法》、《西藏自治区文艺创作扶持与奖励办法（暂行）》等系列配套政策措施，编制《西藏自治区文化产业发展规划纲要（2011年–2020年）》，为我区文化建设提供强有力的政策支撑。积极稳妥推进文化体制改革，特色文化产业实现新突破，大型原生态歌舞《幸福在路上》全年累计演出近200场。组团参加第七届中国（深圳）国际文化产业博览交易会，11家企业200多个品种、3000多件产品和18个文化产业招商引资项目参展。二是切实保障群众基本文化权益。大力实施广播电视“村村通”“户户通”、文化信息资源共享、县乡村文化馆（站）、农牧区数字电影放映、农家书屋等文化惠民工程，扎实推进图书报纸、广播影视、文艺文化等先进文化进寺庙工作，建成480个寺庙书屋。三是不断加大精神文化产品生产创作力度。精心打造一批精品力作，推出系列广播音乐专题《党旗下的歌声》、藏语广播剧《金珠多吉和他的爷爷》、话剧《解放，解放！》、大型藏戏《金色家园》、电视专题片《西藏放歌》和《西藏和平解放60年》、《“老西藏”精神》、《雪域军魂》、《先遣连》等10余部广播影视作品；围绕重要节日、重大活动，相继推出2011年新年音乐会《金色旋律》、3·28专题文艺晚会《翻身农奴把歌唱》、建党90周年专题文艺晚会《心中的歌儿献太阳》、自治区第八次党代会专题文艺晚会《心中的颂歌》等舞台艺术作品；出版各类藏汉文图书1010种1600万册，加大藏语文精神文化产品生产供给力度。四是大力弘扬民族优秀传统文化。文物保护工作扎实推进，加快“十一五”22处重点文物维修保护工程建设进度，竣工10项，基本完工12项。全面启动投资达9亿多元的“十二五”40处重点文物保护工程。革命和历史文物保护工程项目进展有序，昌都解放委员会办公旧址等8个项目基本完工，克松村第一党支部旧址陈列馆挂牌成为自治区爱国主义教育基地。全面展开扎什伦布寺、萨迦寺申报世界文化遗产前期工作。非物质文化遗产保护取得新成绩，16个非物质文化遗产项目列入第三批国家级保护项目，藏药七十味珍珠丸配伍技艺和江孜卡垫2个项目成功入选“首批国家级非物质文化遗产生产性保护基地”，挂牌成立自治区非物质文化遗产保护中心，广泛开展系列非物质文化遗产宣传展示活动。非物质文化遗产传承队伍得到加强，公布命名93位第二批自治区级非物质文化遗产代表性传承人。古籍普查工作迈上新台阶，完成藏文古籍普查平台软件研发，完成《哇协》等225函珍贵古籍为第四批国家珍贵古籍名录和西藏博物馆等4家单位为“全国重点古籍收藏单位”的申报工作。

【获奖情况】

荣获自治区“中国共产党成立90周年、西藏和平解放60周年宣传纪念活动”优秀组织奖

【领导名录】

自治区党委常委、区宣传思想工作领导小组组长、宣传部部长：崔玉英

常务副部长：王明星

副部长：沈开运、张崇银、尼玛次仁、岗青、索林、欧阳方兴、庄劲松、张晓峰、韩向阳、李光远、李春华

自治区统一战线工作

【年度综述】2011年，自治区统战系统深入贯彻落实科学发展观，认真贯彻落实中央第五次西藏工作座谈会、党的十七届六中全会、自治区第八次党代会精神，牢牢把握服务科学发展、跨越式发展和长治久安这个主题，以开展中国共产党成立90周年和西藏和平解放60周年纪念活动为载体，突出抓好加强和创新寺庙管理工作，重点做好民族团结工作，大力发展非公有制经济，有效开展境外藏胞工作，着力培养党外代表人物，发展壮大爱国统一战线，进一步开创了统一战线工作新局面。

【深入学习贯彻中央和自治区重要会议精神，统一战线思想政治工作取得新进展】一是坚持深入学习党的十七届五中、六中全会，中央第五次西藏工作座谈会和区党委工作会议，区党委七届八次、九次全委会，自治区第八次党代会等中央和自治区一系列重要会议精神，深入学习胡锦涛总书记"七一"重要讲话、习近平副主席在出席西藏和平解放60周年庆祝活动时的一系列重要讲话精神，特别是始终坚持把学习贯彻中央第五次西藏工作座谈会精神作为首要政治任务，以会议精神巩固统一战线成员思想政治基础。二是坚持围绕重大纪念活动开展爱国主义和社会主义教育。广泛开展建党90周年、西藏和平解放60周年及第3个"西藏百万农奴解放纪念日"等重大纪念活动，进一步激发广大统一战线成员的爱国热情。三是坚持针对重要事件和重大问题开展反分裂斗争教育。针对达赖集团"首席噶伦"换届等重要事件等一系列复杂敏感节点，及时做好统一战线成员的教育引导工作。

【认真开展民族工作，民族团结进步事业实现新发展】与有关部门密切合作，组织党外人士围绕民族工作进行广泛调研，不断完善《民族区域自治法》配套政策法规，深入贯彻落实《西藏自治区深入开展民族团结宣传教育活动实施意见》和《西藏自治区开展民族团结进步创建活动的意见》，广泛开展民族团结宣传教育，大力开展民族团结进步表彰活动，圆满完成西藏和平解放60周年大庆活动民族团结彩车和方队组织工作。研究提出加快区内人口较少民族和边境地区经济社会发展的政策建议，积极推进兴边富民行动"十二五"规划工作，加大人口较少民族发展扶持力度。及时排查调处影响民族团结的矛盾纠纷，坚决防范和打击达赖集团利用民族问题进行的分裂破坏活动。

【加强和创新寺庙管理，宗教领域工作取得新突破】建立管理机构，理顺宗教工作领导体制，成立区、地、县三级宗教工作领导小组，进一步整合了寺庙管理力量和资源。强化属地管理，明确地（市）、县（市、区）两级党政主要负责人在任期间寺庙管理工作的主要责任、目标任务、考评办法和问责制度，寺庙管理情况与领导政绩挂钩，实行领导问责制和一票否决制，有力增强了党政领导干部管理寺庙的政治责任心。创新工作机制，全面加强和创新寺庙管理，提出并实施了在寺庙"建管理机构、建党组织、建班子、建队伍、建职能、建机制"的重点工作任务，在寺庙建立长期、稳定、有效的管理机构。明确了寺庙管理委员会管理、服务、教育三项基本职能，搞好对寺庙和僧尼的基本公共服务，教育引导广大僧尼爱国爱教、爱社会主义。加大宣传力度，深入持久地揭批达赖。组织宗教界代表人士、专家学者宣讲团，深入重点和边远寺庙，以宣传中央对达赖的定性和对达赖集团斗争方针为主要内容，深入开展寺庙法制宣传教育，举行讲座9000余场次，受教育僧尼40余万人次。组织班子编写了《深入揭批达赖集团"政治上的反动性、宗教上的虚伪性、手法上的欺骗性"宣讲稿》，作为全区干部、学校和寺庙法制宣传教育及自治区创先争优强基础惠民生活动的重要教材。团结争取人心，强化寺庙公共服务。坚持管理与服务并举，寓服务于管理之中，在服务中实现管理。在新农村建设中统筹安排寺庙基础设施建设，把解决寺庙通路、通水、通电和通信等问题，纳入当地规划，不断改善寺庙公共服务设施。妥善解决僧尼养老、医疗等社会保障问题。积极推动报刊、广播、电视进寺庙。发展爱国力量，建设培训培养基地。隆重举行西藏佛学院落成暨开院庆典活动。全面展开西藏佛学院教学工作，显宗部、密宗部和活佛部首期学员已正式开课。西藏佛学院的建成，为广大僧尼研修佛教经典、学习政治文化提供了良好的学习环境，得到了广大宗教界人士的热烈欢迎和拥护。把握政治导向，在全区广泛开展创建和谐模范寺庙、评选爱国守法先进僧尼活动，定期对模范寺庙和先进僧尼给予表彰奖励，让他们在政治上有荣誉、经济上得实惠。加快建立我区寺庙僧尼养老和医疗保险制度，维护广大僧尼社会保障权益，使广大僧尼尽快享受到改革开放带来的惠民成果。印制《和谐模范寺庙爱国守法僧尼创建活动和寺庙僧尼参加社会保险暂行办法政策手册》并发放到驻寺干部和僧尼手中。切实加强管理，确保寺庙和谐稳定。

【充分发挥独特优势和作用，为经济跨越式发展服务取得新成效】一是引导非公有制经济健康发展。深入基层、厂矿、企业开展走访调研活动，全面掌握非公经济发展现状，组织召开全区非公经济发展大会，制定非公有制经济"十二五"发展规划，协助自治区党委、政府制定出台《关于加强和改进新时期工商联工作的实施意见》（藏党发[2011]15号）、《关于推进非公有制经济跨越式发展的意见》（藏党发[2011]19号）等五个重要文件，指导工商联有效开展非公经济工作，为全面推进非公有制经济发展指明了方向、明确了任务、拓展了空间，积极营造有利于非公有制经济发展的开放环境、法制环境、政策环境和社会环境。截止目前，全区非公有制经济市场主体达10.15万户，占全区市场主体总数的94.22%，全区个体工商户和非公有制企业创造就业岗位33.5万个。非公经济日益成为经济发展的重要支撑、财政税收的重要来源、扩大就业的重要渠道，在繁荣经济、改善民生、增加就业、维护稳定等方面发挥了重要作用。二是加强内引外联，鼓励和支持有条件的非公有制企业“走出去”，更好地利用区内国内两个市场、两种资源；广泛联系内地私营企业来藏投资，成功协调组织全国工商联和30多家著名民营企业赴藏考察，达成产业投资项目意向22个。三是建立非公有制经济人士综合评价体系，教育、引导广大会员爱国、敬业、诚信、守法、贡献，积极参与扶贫帮困、防疫抗灾、捐资助学等社会公益事业。动员和组织非公有制企业开展以“创业不忘子弟兵，成功全靠共产党”为主题的“感恩行动边防行”活动，为边防部队做好事、做实事。全力做好“同心·共铸中国心西藏行”工作，组织280名北京医疗专家和100多名志愿者深入我区五地市，为各族群众、僧人、官兵巡诊18000余人次，探索建立西藏与北京医疗机构长期帮扶机制，受到广泛好评。召开全区优秀中国特色社会主义建设者表彰大会，首次对全区100名优秀中国特色社会主义建设者进行表彰。四是充分发挥西藏中华职教社作用，积极开展“温暖工程”培训工作，以非公有制企业为依托举办农牧民技能培训班36期，培训1420余人，安排就业率达97%以上，有力促进了农牧民增收致富。五是加强非公企业党组织建设，组建了非公企业党委，在全区较大规模的非公企业中加强了党的建设，全区会员企业现已发展党组织49个、党员550名。

【扎实推进党外代表人士队伍建设，党同党外人士合作共事取得新成就】一是认真落实《中共中央关于进一步加强中国共产党领导的多党合作和政治协商制度建设的意见》，协助区党委制定下发贯彻意见，推进同党外人士合作共事与政治协商制度化、规范化和程序化。二是及时向党外人士通报党中央和区党委的一系列重要精神和重大决策部署，征求他们关于经济社会发展等方面重大问题的意见，确保党同党外人士联系顺畅，确保党外人士政治协商、民主监督和参政议政权利得到最大限度保障。三是积极培养推荐党外后备干部，落实完善党外后备干部动态管理机制，充实20多人进入地厅级党外后备干部名单。四是发挥社会主义学院主渠道作用，加大对党外代表人士的培养教育力度，全年共举办各类培训班26期，培训统一战线各界人士1232人，其中举办重点党外代表人士培训班2期，培训党外后备干部70余人次。

【切实加强对外联系联络力度，境外藏胞和对台工作取得新成绩】一是加强藏胞管理、联络和宣传工作。认真贯彻落实中央境外藏胞工作方针政策，深入研究新形势下境外藏胞工作。规范境外藏胞回国审批手续和接待管理工作，加强面对面宣传，引导回国定居藏胞和境内亲属做好境外藏胞工作。邀请数名代表性强、层次较高、影响较大的境外爱国藏胞，参加西藏和平解放60周年庆祝活动，收到良好效果。协助中国西藏文化保护与发展协会在拉萨成功举办第三届中国西藏文化论坛，17个国家的藏学专家等近200名代表参加论坛，开展以“西藏非物质文化遗产的传承与发展”为主题的学术交流，在境内外产生了积极影响，达到了对外宣传西藏、传播藏族优秀文化、促进相互了解的目的。二是切实加强对台工作。认真贯彻执行中央对台工作方针，积极开展来藏观光旅游、投资考察、朝佛台胞接待管理工作。妥善处理涉台突发事件，防止和反对“藏独”、“台独”同流合污。

【深入开展调查研究，统战理论创新再上新台阶】坚持把调查研究作为基础性工作，深入研究涉及我区统一战线发展的重大问题，特别是宗教领域的重点、难点问题，形成了一批有分量、有见地的研究成果，为区党委决策提供重要参考。今年以来，先后组织开展三次全区性调研活动，形成了《西藏宗教工作调研报告》、《完善机制，充实力量，加强和创新寺庙管理》等重要调研成果，部分调研成果已转化为党委政策文件或政府部门规章，得到区党委和中央统战部的高度评价。

自治区政法工作

【年度综述】2011年，全区各级党委政法委和政法各部门在区党委、政府的坚强领导下，认真贯彻中央及区党委的决策部署，以打赢全年维护稳定“三大战役”为目标，以提升政法维稳能力为重点，以加强政法队伍建设为保障，一手抓防范打击，一手抓主动治理，确保了全区社会局势的持续稳定。广大政法干警听党指挥、履职尽责、顽强拼搏、无私奉献，为维护社会和谐稳定做出了应有的贡献。全区上下呈现出经济发展、社会稳定、民生改善、民族团结、边防巩固、各族人民安居乐业的大好局面，社会局势进入了持续稳定的新阶段。

【深入开展思想教育，维护西藏社会稳定】2011年，全区各级党委政法委和政法各部门教育广大干警高度统一思想认识，牢固树立稳定压倒一切的思想，时刻绷紧稳定这根弦，坚决克服松懈麻痹思想和厌战情绪，认清严峻形势，保持高度警惕，进一步增强政治意识、大局意识、忧患意识、风险意识和责任意识，始终把维护国家安全和西藏社会稳定作为首要任务，把思想和行动完全统一到中央和区党委的决策部署上来，认真履职、顽强拼搏，深入开展反分裂斗争，彻底粉碎一切破坏稳定、危害祖国统一的图谋。

【推进完善工作部署，夯实社会稳定根基】面对反分裂斗争形势严峻复杂、敏感节点集中、安全风险叠加、维稳工作任务艰巨繁重的形势，围绕确保3月敏感期、中国共产党成立90周年及西藏和平解放60周年庆祝活动、国庆和自治区第八次党代会等重要敏感时段的绝对安全稳定，区党委政法委提前制定了《2011年全区维护社会稳定工作总体方案》，把全年维稳工作划分为“三大战役”来部署，并及时召开全区政法工作会议、维护社会稳定工作电视电话会议和维稳指挥部会议，细化完善专项预案和实施方案，分阶段组织推进，确保了各项工作快部署、重落实、效果好。

【全面加强防范控制，提升政法维稳水平】各级政法部门和执勤任务部队始终保持高度戒备，严格落实属地安保责任，狠抓各项维稳防控措施的落实，强化社会面管控和巡逻联防，严管重点地区和重点寺庙，盯死看牢“两边一线”，启动实施“环拉萨、进出藏、出入境”护城河工程，坚决挫败了达赖集团的一系列滋事破坏图谋，确保了3月敏感期、建党90周年和西藏和平解放60周年庆祝活动、自治区第八次党代会等敏感节点的绝对安全。8月下旬以来，按照陈全国书记“警钟长鸣、万无一失、用好实招、尽好职责”的要求，政法系统坚决贯彻落实区党委、政府出台的一系列完全符合中央要求、切合西藏实际的固本、治本举措，进一步查漏补缺，着力消除社会面防控的缝隙、盲区和空白点，各项维稳措施更加扎实有效，让分裂分子不敢下手、无处下手，推动了全面稳定、全年稳定目标的实现。

【坚持依法严厉打击，全力消除稳定隐患】各级政法机关坚持依法严厉打击，全力消除全区稳定隐患。政法各部门分工负责、密切配合，对各类危害国家安全和严重刑事犯罪，始终坚持严打方针不动摇，依法予以严厉打击。同时，针对各种涉稳苗头和异动迹象，果断出手先期处置，全力消除在萌芽状态和未发之时。

【加强创新社会管理，维护全区和谐稳定】一是夯实维稳根基。深入开展创先争优强基础惠民生活动，实现驻村工作全覆盖，反对分裂、维护稳定的社会根基更加牢固。二是创新寺庙管理。认真落实区党委、政府关于加强和创新寺庙管理的系列举措，在积极推进“六建”工作、开展“六个一”活动、落实“九有”的基础上，加快推进寺庙公安派出所（警务室）、消防队建设。三是推进城镇网格化管理。率先在拉萨集中建设便民警务站，积极投入警力，形成了对拉萨市区社会面的“天罗地网式”管控。四是管好“两边一线”。在边境防控上，严管通外山口通道，强化查控堵截，严厉打击非法出入境活动，有效截断了分裂分子潜入潜出渠道。在边界防控上，认真落实我区与邻省藏区的维稳协作机制，加大设卡检查力度，严防危险物品和高危人员流入区内，积极建立协管机制，推动了与周边藏区的联动治理。在铁路护路联防上，坚持以防破坏、防爆炸、保畅通为重点，重要敏感时段对青藏铁路沿线全时巡查、无缝衔接，确保了青藏铁路的安全畅通。五是坚决管住流动僧尼和各类重点人员。配合统战民宗部门对社会流动从事宗教活动人员开展专项治理，做到澄清底子、明确政策、分类管理，消除安全隐患，防止达赖集团渗透利用。六是加强流动人口服务和管理工作。联合开展《西藏自治区流动人口服务管理条例》执法检查，推动“以房管人、以证管人、以业管人”措施的落实，提高了服务和管理水平。七是做好意识形态和文化领域安全工作。加强对互联网、手机有害信息的监测、封堵、删除和查处，提升网络攻防技术水平和网上涉稳情报信息获取能力。加强广播实验、压制反动声音，筑牢意识形态领域反分裂、反渗透的铜墙铁壁。八是加强社会矛盾纠纷源头治理。制定实施《关于构建矛盾纠纷大调解工作体系的实施意见》，集中组织开展社会矛盾纠纷大排查、大调解活动，把大量的矛盾纠纷化解在基层和萌芽状态。九是大力开展综治平安宣传、“法律七进”和“六·五”普法宣传工作，增进了全社会遵纪守法意识和法治观念。

【健全维稳体制机制，全面推进维稳工作】各级党委、政府建立起了分别由党政主要领导牵头的促发展、保稳定两套工作班子和责任体系，进一步明确了维稳工作的组织体系和领导体制，健全了自治区维稳指挥部工作机构，充实加强了工作力量。坚持和完善了各级维稳指挥部党政军警要素齐全、集中办公、联合指挥的良好机制。区党委、政府出台了《关于实施重大事项社会稳定风险评估的指导意见》、《领导干部维护稳定工作失职渎职责任追究暂行规定》，强化了维稳责任。

【加强政法队伍建设，创新公正廉洁执法】各级党委政法委和政法各部门进一步加强政法队伍建设，创新形式，丰富载体，深入开展“发扬传统、坚定信念、执法为民”主题教育实践活动，广大干警的理想信念进一步坚定，精神面貌进一步提振，工作作风进一步转变。通过开展各项政法业务培训，政法队伍整体素质得到有效提升。通过深化警务、检务、审务、狱务公开，提高公正廉洁执法水平。一年来，全区政法战线涌现出了文胜昌、金淑萍等一大批先进典型，受到了中央政法委和自治区的表彰。同时，政法基层基础建设稳步推进，政法维稳综治力量进一步充实，维稳能力不断提升。

自治区党校（行政学院）工作

【年度综述】2011年，校院深入贯彻落实科学发展观，全面贯彻党的十七届五中、六中全会精神和中央第五次西藏工作座谈会精神，认真落实《中国共产党党校工作条例》、《行政学院工作条例》和《2010–2020年干部教育培训改革纲要》（以下简称“两个《条例》一个《纲要》”），深入学习习近平副主席出席西藏和平解放60周年庆祝活动的一系列讲话精神和区党委重要会议和自治区领导讲话精神，解放思想、改革创新，狠抓落实，各项工作取得了新的成绩和进步，办学水平得到进一步提升。

【回顾过去，展望未来，精心组织建校50周年校庆系列活动】1961年，中共西藏工委党校（区党委党校前身）正式成立。举办区党委党校建校50周年庆祝活动，重点组织了五项活动：一是隆重召开区党委党校建校50周年庆祝大会。区党委副书记、区党委党校校长郝鹏和中央党校领导出席大会并作重要讲话，对区党委党校的办学成绩予以充分肯定，殷切希望区党委党校认清形势、增强信心、再接再厉、扎实工作，努力使各项工作再上一个新台阶；二是召开“纪念辛亥革命100周年暨区党委党校建校50周年”理论研讨会。通过理论研讨会，加强了全区党校系统和其他理论研究部门之间的交流和全区党校系统之间的合作；三是建立区党委党校建校50周年校史展室。将党校历经风雨、曲折发展的五十年以图片、文字和实物的方式展示和存留，鼓励后来者铭记前辈的艰辛和奉献，凝心聚智绘宏图，开拓奋进谋发展，不断推进党校事业新发展；四是大力宣传党校和干部教育培训取得的新成绩。编辑制作了区党委党校建校50周年专题片《辉煌与跨越》，编写出版了《中共西藏自治区委员会党校校史》（1961—2011）；五是成功举办校庆50周年文艺晚会，展现了党校人的精神风貌。通过50周年校庆系列活动，达到了总结经验、展示成绩、鼓舞士气、凝聚人心、推动发展的目的。

【充分发挥干部培训主阵地作用，构建教育培训新格局】教学工作是校院的中心工作，一年来，校院紧紧围绕区党委、政府中心工作，继续完善教学布局，创新教学方法，不断提升教学水平和授课质量，加大对基层干部的培训力度，圆满完成了各项教学任务。

【坚持以区情研究为重点，科研咨政水平显著提高】认真贯彻“四个服务”的科研方针，加强对“十二五”时期我国经济社会发展的一系列新思想、新观点、新举措和西藏经济社会发展中的重点问题、难点问题的研究，努力使科研成果出精品、出力作、进课堂、进决策，充分发挥党校在党委、政府决策中的思想库、智囊团作用。

【加强队伍建设，实施人才强校战略】校院高度重视队伍建设，努力建设一支政治坚定、作风优良、纪律严明、恪尽职守、清正廉洁的党校工作人员队伍。一是加强校院级班子建设。按照讲政治、懂理论、善管理的要求，以加强思想政治建设为核心，以贯彻执行民主集中制为重点，健全完善校委议事规则和制度，不断提高民主决策的科学化水平，年初充实了校委班子成员，校委班子的战斗力、凝聚力得到了进一步增强。二是加强中层队伍建设。根据校院干部配备和编制使用情况，按照民主、公开、竞争、择优的选人用人原则，顺利完成了15名处级干部（其中：6名正处、9名副处）的选拔任用工作，充实了处级干部队伍。三是认真开展全区党校系统首届高级职称评审工作，新晋升1位正高、3位副高职称教研人员，1名教授荣获享受国务院政府特殊津贴的专家，推荐并获评自治区“五个一批”人才1人。同时，根据科级岗位需求，对科级干部进行了调整充实，有17名同志被提拔或进一步使用。四是加强教师队伍行政后勤队伍建设。新录用博士1名，选派2人随中央党校访问团赴意大利学习考察，36名教师赴中央党校、国家行政学院、延安干部学院等院校学习；首次单独组团15人赴德国参加培训班学习。

【抓好机关党的建设，推进各项活动开展】校院委始终把建设学习型校院、加强机关党建、党风廉政建设和创先争优强基础惠民生活动作为一项重要的工作内容，创造性地开展工作，抓紧、抓好、抓出成效。

【坚持以人为本的理念，着力提高管理水平】行政后勤工作管理的科学化水平和服务质量有了进一步提高，较好的完成了各项保障与服务工作。

（一）强化综合协调作用，为校委决策服务。积极发挥参谋助手和综合协调的职能，确保政令畅通和各项决策落实到位；全面实施新修订的《岗位职责与制度汇编》；严格按照中央、自治区有关公文处理的要求，规范公文处理流程，进一步改进文风和会风，全年共起草各类文稿300余篇，编发信息70余期；积极协助区党委办公厅安排落实自治区领导陈全国、郝鹏到校院调研和出席会议的工作；认真开展了县级党校办学情况调研，基本摸清了全区县级党校的基本情况；接待中央党校领导和区外兄弟省市党校学习、调研、考察团20余批，共计300余人次；办理出国考察手续27人次；保密、档案、安全保卫、社会治安综合治理工作扎实推进；财务工作坚持从严管理，按章办事，严格审批，处理好“三个关系”，即决策执行与遵守财务纪律的关系，严格审批与服务热情的关系，精打细算与服务大局的关系。

（二）搞好后勤服务工作，加强服务保障。全面提升餐饮、住宿、交通和卫生服务的质量，维修了学员四号楼五号楼太阳能热水器。坚持以管理节能和技术节能相结合，实施节能目标管理责任制，加强公务用车管理，改革现行的用车管理制度，大力推进节约型校院建设。

（三）推进基础设施建设，提升信息化水平。在区党委政府的高度重视和自治区有关部门的大力支持下，经过校委的积极争取和努力，西藏党校教学配套设施建设项目（新建学员宿舍楼、改扩建食堂、图书馆项目）和西藏自治区党员干部廉政教育基地建设项目顺利竣工，两项基建项目共计投资4493万元。信息化建设稳步推进，完成了西藏干部教育网在线学习平台建设和校园网络中心机房装修改造工作，校园办公网、校园内外网在教学科研中的作用得到有效发挥；完成了课程录制、照片采集、教学监控、课件播放、摄像等方面的工作，图书采编借阅、资料编印等工作有效开展。

自治区党史研究（地方志）工作

【年度综述】2011年，党史研究室（区地方志办公室）深入贯彻落实科学发展观，认真学习贯彻中央第五次西藏工作座谈会、区党委第八次党代会和全国党史研究室主任会议精神，紧紧围绕区党委中心工作和全区发展稳定大局，狠抓业务工作和日常管理，大力推动党史研究和地方志工作更好更快更大发展，各项工作取得较好成绩，为服务区党委中心工作、服务全区工作大局作出了新贡献。

【党史重大课题研究和编撰工作取得了重大成果】经过党史研究室一年的不懈努力，自治区党委重大党史项目《中国共产党西藏历史图志》（以下简称《党史图志》）完成了审定、总编和出版工作。《党史图志》是自治区党委确定的党史研究重点项目,为早日出版发行，向中国共产党成立90周年和西藏和平解放60周年献礼，今年2月以来，中央办公厅和中央统战部对《党史图志》的修改工作提出了具体意见，按照意见进行了全面修改。先后核对中央领导图片332幅、中央文件67件，并对原有图片文档资料再次进行甄别。今年6月中旬，中央办公厅召开由中央统战部、中央文献研究室、中央党史研究室和西藏党史研究室参加的《党史图志》审读协调会，根据会议精神，由中央统战部牵头、中央文献、党史、藏学研究中心等中央部委的专家学者和西藏自治区党史研究室的科研人员对《党史图志》进行出版前的再次审读，根据审读意见，党史研究室在北京协助中办秘书局对书稿再次进行了多处修改并形成报送中央领导审阅稿，由中央办公厅呈报中央政治局各常委审定，最终批准由中央文献出版社公开出版。目前，该书已经进入印刷厂印刷，将于12月出厂发行。

为了早日将《党史图志》的基本内容和出版信息公诸于世，早在今年6、7月份，我们经过积极努力，从《党史图志》中精选了183幅各个历史时期的图片，根据历史脉络，精编制作了《中国共产党西藏历史图志》宣传简册。在西藏和平解放60周年之际，作为大庆礼品赠送给中央代表团和来自各地的嘉宾，对了解《党史图志》的基本内容，宣传党的西藏历史起到了良好的效果。

在完成《党史图志》艰巨任务的同时，还先后出版发行了《新中国的西藏60年》《执政中国·西藏卷》《谭冠三与老西藏精神》等党史重点图书。

【卓有成效地开展了党史宣传工作】（1）在建党90周年和西藏和平解放60周年活动中全面、系统地宣传党的光辉历史。为积极配合中国共产党成立90周年和西藏和平解放60周年活动，宣传党领导西藏各族人民进行革命和建设的光辉历史，今年5月23日，《西藏日报》发表了党史研究室撰写的《六十年的历史伟业》长篇文章。全文共4.5万字，辟出四个整版全文刊载。该文全面介绍了党领导西藏各族人民进行革命和建设的伟大历程和辉煌成就；突出反映了党的三代领导集体和以胡锦涛为总书记的党中央指导西藏工作的思想和中央的大政方针；充分肯定了广大共产党员及各级党政组织、各族人民群众、爱国人士、驻藏人民解放军和武警部队在解放西藏、建设西藏、巩固国防中的伟大作用；客观、系统地总结了党领导西藏革命和建设的历史经验。该文在区内外产生了重大影响，为西藏和平解放60周年活动增添了浓墨重彩。

根据区党委对西藏和平解放60周年大庆活动的总体安排，我们归纳、整理了1949年到1959年的历史资料，修改、编辑了由15个专题组成，规模达105万余字的《和平解放西藏纪实》一书。目前，全书正在精编之中，预计明年上半年出版发行。

（2）围绕中国共产党成立90周年活动进行党史教材发行、宣传，开办党史专题讲座。为切实贯彻落实好中央组织部、中央宣传部、中央文献研究室、中央党史研究室、国家教育部、团中央《关于在党员、干部、群众和青少年中开展中共党史学习教育的通知》（中史发〔2011〕1号）精神，根据区党委有关领导的指示，2月，我们与区党委组织部、区党委宣传部、区教工委、团区委五家单位联合下发了《关于转发〈关于在党员、干部、群众和青少年中开展中共党史学习教育的通知〉的通知》（藏党史室〔2011〕4号）。2月至5月，向全区90多家区（中）直单位、7地市、73个县发行了《中国共产党历史》第一、二卷7858套，基本保证了全区党员干部的学习教材。同时还积极配合区教育厅在青少年中开展党史学习活动和建党90周年演讲比赛等活动，先后到区党委党校、团区委、区统计局等单位开展党史讲座，得到了受讲单位的普遍好评。通过这些工作，使全区学党史、用党史活动再掀高潮。

（3）积极撰写论文，宣传党的光辉历史。根据中央党史研究室《全国党史系统纪念中国共产党成立90周年学术研讨会征文通知》的要求，党史研究室科研人员撰写了《党领导西藏革命和建设的丰功伟绩》《民族区域自治制度与西藏社会的发展进步》、《关于中国共产党尊重和保障西藏人权的努力、特点及思考》入选全国党史界纪念中国共产党成立90周年学术研讨会。论文作者参会并进行了大会发言。

【围绕大局，扎实地服务于党委中心工作】积极服务于庆祝西藏和平解放60周年的各项工作。在西藏和平解放60周年活动中，党史研究室服从服务于大局，先后抽调10余人，分别到大庆办材料组、活动组、秘书组、接待后勤组工作。根据区大庆办新闻宣传组的要求，对《西藏和平解放60周年成就展》、《老西藏精神》脚本进行审读，并提出修改意见。根据区党委宣传部大庆办新闻宣传组的要求，审读“西藏和平解放60周年宣传提纲”，提出反馈修改建议。配合区社科院完成了“西藏自治区哲学社会科学研究成果展”党的西藏历史展厅的各项工作。

积极参与区党委重要会议的各项服务。我们在党史、地方志工作任务较为繁重的情况下，积极服从和服务于区党委工作大局。先后有多名同志抽调到区党委七届八次全委（扩大）会议简报组和区党委第八次党代会材料组、会务秘书组、接待后勤组，圆满完成各项工作任务。

按照区党委的要求，切实做好“强基础，惠民生”驻村工作。按照区党委的统一安排，党史研究室高度重视，选派5名同志组成工作队到联系点江孜县年堆乡杂益村开展工作，工作队积极走访调研，宣传政策，帮助群众解决困难，修建农田灌溉水库，解决农田灌溉问题，切实把“强基础、惠民生”工作落到实处。通过创先争优强基础惠民生活动的开展，使该村党支部的创造力、凝聚力进一步增强，营造了勤劳致富的氛围。

【积极组织召开学术会并参与重要学术活动】组织召开《解放西藏史》中国出版政府奖座谈会暨学术研讨会。2011年8月4日上午，由自治区党委党史工委及《解放西藏史》编委会共同举办、党史研究室承办的“《解放西藏史》中国出版政府奖座谈会暨学术研讨会”在拉萨举行。自治区领导张跃平、董明俊，区党委原第一书记阴法唐出席会议并讲话。党史研究室领导对该书的编写、出版、宣传获奖情况作了汇报。自治区党校、自治区社科院、区党史研究室、西藏军区军史办专家学者和十八军老战士分别做了发言。自治区人大原常务副主任普穷，原副主任龚达希、泽仁桑珠、多吉，自治区政协原副主席次仁卓嘎，区政协、区党委党史研究室、组织部、宣传部、统战部、区党校、西藏日报社、团区委、区财政厅、区发改委、区文化厅、区教育厅、区新闻出版局、区社科院、西藏大学等部门的负责人和在拉萨的十八军及离退休老干部代表等出席座谈会，座谈会由区党委副秘书长张谦主持。这次会议进一步宣传、介绍了从党中央决策解放西藏到自治区成立期间党的历史，为发扬革命传统、进行爱国主义精神和老西藏精神教育提供了舆论支持。

多次参加区内外的重要党史学术会议。一年来，党史研究室的科研人员先后参加了中央党史研究室、中央文献研究室、西藏社会科学院、自治区党校和兄弟省市召开的多次学术研讨会议，研究、宣传了党领导西藏革命和建设的历史，介绍了西藏的经济社会发展情况，学习交流了研究成果，借鉴了区内外党史研究的先进经验，为促进我区的党史工作提供了支持。

【统筹安排，努力做好中央党史研究室交办的日常工作】一是完成了有关情况的报送工作。根据中央党史研究室宣传教育局《关于报送中央党史研究室网站宣传材料的通知》精神，及时报送了省级党史研究室机构简介（包括主要职能、历史沿革、机构设置和现任领导），省级党史研究室成立以来集体署名并公开发行的主要成果。4月份，根据中央党史研究室科研管理部的要求，拍摄了2010年全国党史系统先进集体影像资料，并及时报送相关材料。5月份，向中央党史研究室上报了我区党史系统贯彻落实全国党史主任会议精神情况，学习《中国共产党历史》第二卷情况，以及在广大党员、干部、群众及青少年中开展学习党史活动等情况。二是汇总修改了区党委组织部等16家单位对《中共西藏自治区委员会关于加强和改进新形势下党史工作的实施意见》的反馈意见。三是配合有关部门，开展与党史密切联系的相关工作。按区党委宣传部的通知，审看即将在北京展出的人民解放军进军西藏雕塑展，提出修改意见并提供北京展览所用图片。协调配合区教育厅开展了全区青少年开展学习党史活动。同时，积极参加区党委宣传部、自治区社科院举办的各类理论研讨会。

【中国共产党西藏历史纪念馆建设的前期工作】精心组织中国共产党西藏历史纪念馆项目建议书的设计并顺利通过鉴定。自治区领导亲率有关部门实地考察和召开协调会，打牢了“中国共产党西藏历史纪念馆”前期工作基础。

积极争取有关部门支持，快速有效的进行开工建设前的各项准备工作。在这期间，先后到有关审批部门办理了《建设项目选址意见书》、《建设用地规划许可证》、“中国共产党西藏历史纪念馆”用地红线图、《国有建设用地划拨决定书》、“中国共产党西藏历史纪念馆”项目建设预审意见等。同时完成了项目的地质勘察勘探、项目的环境评价（供排水、道路支持，地震、风雨等环境影响的测评等），并征得拉萨市政府、柳梧新区管委会同意，完成了修建建设基地围墙等工作。

调动强有力的技术力量，加快完成了“中国共产党西藏历史纪念馆”项目的可行性研究报告及建筑设计方案。现在，“中国共产党西藏历史纪念馆”开工建设前的各项准备工作已基本完成，待国家发改委批准《可行性研究报告》、《建筑设计方案》并落实投资后，项目即可进入施工图纸设计和土建施工阶段。

【地方志编修工作】1.树立精品意识，稳步有序开展志稿审查、总编和出版印刷工作

（1）志稿评审。先后主持召开了《文物志》终审稿修改后补充审查会，《那曲地区志》志稿验收暨征求老干部意见会，《国民经济综合志》复审会，《政区建置志》、《水利志》终审会，《日喀则市志》、《曲水县志》等5部志书的志稿验收会，并邀请专家对《宗教志》进行总编、审稿并下发《评审意见》，为3部区志和5部县（市）志的进一步修改完善提供了依据；参与了《共青团志》初审会，《朗县志》、《申扎县志》、《洛扎县志》复审会，《政区建置志》专家评审会。

（2）志稿总编。组织专家、学者先后对《人大志》、《那曲地区志》、《达孜县志》、《文物志》、《申扎县志》等5部志稿进行了总编；参与总编了《曲水县志》。

（3）志书出版。印刷出版了《卫生志》、《城乡建设志》、《财政志》、《人大志》、《日喀则地区志》、《普兰县志》、《林周县志》、《达孜县志》等8部志书。

2.采取有效措施，推动全区修志工作健康有序开展

（1）印发文件，启动全区三级志书续修及年鉴编辑工作。鉴于区志部分承编单位（部门）、7地（市）地方志办公室及部分县（区）已完成首轮修志任务，为保证地方志事业在我区持续、健康发展，根据2006年国务院颁布的《地方志工作条例》有关规定，结合西藏实际，地方志处拟定了《关于启动全区三级志书续修及年鉴编辑工作的通知》，经请示有关领导同意，6月，以自治区人民政府办公厅文件（藏政办发〔2011〕57号）下发至7地（市），自治区各委、办、厅、局及县级人民政府。目前，部分承编单位（部门）已组建班子，配备人员，开展续修及年鉴编辑工作。

（2）依法修志，促进西藏社会主义新方志工作持续、稳定、健康发展。为建立地方志工作长效机制，规范和加强全区地方志工作，根据2006年国务院颁布的《地方志工作条例》，结合西藏实际，地方志处草拟了《西藏自治区实施〈地方志工作条例〉办法》（征求意见稿），从地方志工作的性质、任务和编纂要求，各级政府、地方志工作机构及承编人员的职责、队伍建设、备案规定、署名规定、时间规定、审查重点、验收、出版制度、督促检查、督办制度等方面作了详细规定。之后，地方志处在调查研究和广泛征求自治区各委、办、厅、局，7地（市）行署（政府），73个县（市、区）意见的基础上，将所征求的意见和建议进行了汇总，进一步充实、完善了《西藏自治区地方志工作条例》（征求意见稿），并将按照相关程序上报有关部门审批。

（3）制定标准，确保地县两级志

书质量。为确保我区地方志书的编纂质量，地方志处根据2008年中国地方志指导小组下发的《地方志书质量规定》和国家关于出版管理的法律、法规，结合西藏实际，制定了《西藏自治区地（市）、县（市、区）志志稿质量标准》，从指导思想、政治原则要求、体例标准、内容要求、资料要求、行文规范、保密原则、装帧设计、建议参考书目等9个方面作了详细规定。7月，下发至7地（市）及73个县（市、区）。

（4）加强督导，推进地县两级修志工作。4月底至5月初，地方志处同志前往山南地区洛扎、隆子、贡嘎、扎囊等4个县，10月至11月期间，前往日喀则地区康马、岗巴等12个县对县志编修工作进行督导，听取编修工作情况汇报，就进一步加强县志编纂工作提出具体意见和要求。通过检查指导，进一步增强了地（市）、县（市、区）对编修社会主义新方志重要性和紧迫性的认识，推动了地县两级地方志工作有序开展。

3.加强培训力度，促进全区修志工作整体推进

积极协调内地兄弟省市为我区举办修志业务培训班。全年，自治区地方志办公室先后协调宁波大学人文与传媒学院在宁波举办浙江、那曲地方志业务培训班;黑龙江省地方志系统在哈尔滨为日喀则地区对口支援县举办地方志业务培训班;湖北省地方志办公室在武汉为山南地区对口支援县举办地方志业务培训班。几次培训班安排科学合理、形式多样、内容丰富、针对性强、成效显著，全体学员深感受益匪浅，提高了认识，开阔了眼界，看到了差距，学到了经验，坚定了信心，达到了促进交流的预期目的，必将对全区修志工作的深入开展起到积极的推动作用。

【各种期刊的编发工作】努力编辑发行好《西藏党史资料》、《西藏地方志》两种刊物。刊物编辑部遵循实事求是的办刊原则，坚持正确的政治方向，紧紧围绕学习贯彻中央第五次西藏工作座谈会精神、胡锦涛总书记在庆祝中国共产党成立90周年时的重要讲话和习近平同志在西藏和平解放60周年庆祝大会上的讲话精神，认真贯彻党的路线、方针、政策，紧密结合我区党史和地方志工作实际，积极做好优秀文章征集编辑和重要史料编选工作，发挥刊物的宣传教育作用和工作交流的指导作用，一年内共编发《西藏党史资料》4期，其中《纪念西藏和平解放60周年》专刊1期，刊登文章66篇，近37万字；编发《西藏地方志》刊物4期，其中《纪念西藏和平解放60周年》专刊1期，刊登文章55篇，近26万字。

同时，进一步加强了《西藏党史工作简讯》的编发工作，及时准确地向自治区领导和有关方面反映我区党史研究工作的动态及有关工作进展情况。上半年，共编发《西藏党史工作简讯》3期，编载全区党史信息18条，对宣传我区党史工作起到了积极作用。

【认真调查研究，代拟全区党史、地方志“十二五”规划】结合西藏自治区党史、地方志工作的实际，经多次调查研究，反复修改，起草了全区党史、地方志“十二五”规划。该规划已呈报自治区有关领导审定，经批准后以党办政办的名义转发全区。

自治区保密工作

【年度综述】2011年，全区各级保密工作部门坚持以邓小平理论和“三个代表”重要思想为指导，深入贯彻落实科学发展观，围绕中心，服务大局，创新思路，科学谋划，全面提高保密行政管理能力，着力推进保密工作科学发展，在保密法规建设、教育培训、监督管理、技术防范、服务保障、督促检查、泄密案件查处和机构队伍建设等方面做了大量工作，圆满完成了各项工作任务，为维护国家安全和利益，促进我区跨越式发展和长治久安做出了积极贡献。

【保密工作的组织领导进一步加强】各级党委、政府和保密委员会高度重视保密工作，加大对保密工作的组织领导，有力地推动了全区保密工作开展。自治区党委主要领导数次对保密工作作出重要批示或指示，要求结合我区实际，切实抓好保密工作。区党委保密委员会两次召开会议，传达学习中央保密委员会全体会议精神，研究讨论、安排部署全区保密工作。区党委保密委员会领导多次就保密宣传教育、技术防范、检查查处、监督管理、涉密载体销毁中心建设、保密机构队伍建设等工作作出具体批示，提出要求，亲自过问，亲自衔接，协调安排，确保各项工作顺利开展。

自治区国家保密局认真贯彻落实中央保密办、国家保密局工作部署和区党委领导重要批示及区党委保密委员会会议精神，充分发挥综合协调、监督管理和业务指导职能，狠抓工作落实。组织召开全区保密工作座谈会，各地（市）分管保密工作秘书长、保密局局长参加，学习讨论区党委保密委员会会议精神，安排部署工作。7次召开保密办（局）工作专题会议，学习有关文件精神，研究安排具体工作。下发《关于认真学习贯彻西藏自治区党委保密委员会会议精神的通知》、《关于加强维稳工作保密管理的紧急通知》、《关于加强党政机关和涉密单位网络保密管理的通知》等文件，进一步加强对全区保密工作的组织指导。上报《关于学习贯彻中共中央保密委员会全体会议精神的情况报告》、《关于贯彻落实全国保密事业发展规划的情况报告》、《关于贯彻落实网络保密管理和涉密网络测评审批的情况报告》等文件共18份。各地各部门十分重视保密工作、关心保密工作、支持保密工作，加大对保密工作的组织领导，及时调整充实保密委员会（领导小组），召开保密委员会会议，研究安排部署保密工作，上报贯彻落实情况。主要领导或分管领导经常听取保密工作汇报，指导工作开展，帮助解决保密工作中遇到的困难。

【保密法规制度进一步完善】认真贯彻落实《“十二五”时期全国保密事业发展规划》，结合我区实际，制定下发《西藏自治区“十二五”时期保密事业发展规划》，明确了“十二五”时期我区保密事业发展的指导思想、工作任务和保障措施。制定出台《西藏自治区国家秘密载体销毁管理

办法》，进一步加强和规范了我区涉密载体销毁工作。自治区涉密载体销毁中心建立健全了工作人员管理、销毁车间管理等规章制度。拉萨、山南等地（市）、区（中）直有关部门结合实际，修订完善了计算机网络管理、涉密载体管理、涉密人员管理、重要涉密部门部位管理等规章制度。

【保密检查工作扎实开展】根据国家保密局工作部署，组织开展了全区专项保密检查。认真制定方案，下发通知，提出要求，召开动员会，组织人员培训。在各地各部门自查基础上，自治区国家保密局联合区党委机要局、区党委办公厅文电处、区专用通信局，对30家区（中）直单位和拉萨市、日喀则地区、山南地区、4个自治区人民政府驻内地办事处进行抽查。对检查中存在问题较多的6家单位下发了保密检查整改意见书。全区各地（市）积极开展专项保密大检查，共检查31个县和389家地直单位。

根据国家测绘局、国家保密局《关于开展涉密测绘成果保密检查的通知》要求，自治区国家保密局、七地（市）保密局与自治区测绘局联合对全区涉密测绘成果进行保密检查。先后深入昌都、阿里等七地(市)，行程1万多公里，对62家涉密成果使用单位涉密地形图和存储涉密地形图的计算机进行了检查。针对检查中发现的问题，下发整改通知61份，封存计算机技术核查7台，对有关责任人提出处理意见。此外，还配合区党委机要局对区（中）直电子政务内网使用单位的密码电报、密码设备存放环境和网络终端进行了安全保密检查。

【保密宣传教育效果明显】1.成功举办“全国窃密泄密案例警示教育展”西藏展。按照中央保密办、国家保密局统一部署，自治区党委保密委员会在拉萨承办了“全国窃密泄密案例警示教育展”，展览为期半个月，参观人员230余批、9231人。其中，省军级领导37人，地师级领导512人，展览现场发放各种宣传资料1万多份。区党委书记陈全国，区党委副书记、人大主任向巴平措，区党委副书记、政府主席白玛赤林，区党委副书记郝朋，区党委常委、秘书长、保密委员会主任公保扎西等自治区党政军领导参观展览，并对展览工作给予充分肯定。此次展览是我区历年来时间最长、规模最大的保密警示教育展览，组织领导周密、展馆布置合理、参观安排有序、解说演示生动、后勤保障有力，达到了预期目标，取得明显成效。通过观看展览，领导干部和涉密人员普遍受到一次深刻而又形象的保密教育，保密意识和保密观念普遍得到增强，进一步了解和掌握了保密知识和防范技能。

2.邀请《保密工作》杂志进藏采访。为加大西藏保密工作宣传力度，邀请了国家保密局《保密工作》杂志记者进藏，对区国家保密局，西藏外事、边防、政法、民宗、统战部门和拉萨市、山南地区、日喀则地区、樟木口岸进行采访，组编“走进西藏”系列稿件，宣传西藏保密工作部门和工作人员在气候恶劣、反分裂斗争形势严峻、窃密与反窃密斗争尖锐复杂的条件下，不断开拓进取，创造性开展保密工作的先进事迹。

3.开展形式多样的保密宣传教育。自治区国家保密局先后到区党委办公厅、区党委统战部等19家单位进行保密知识讲座，1000余人受教育。为纪念新修订《保密法》颁布1周年，协调相关部门，向全区移动、电信、联通手机用户发送了保密知识和保密法规宣传短信。制作保密提醒台历1000册，赠送各地各部门。向“第三届全国保密法制论坛”报送论文13篇。向国家保密局上报我区评选全国保密工作先进集体和先进工作者推荐名单及先进事迹材料。编印《西藏保密》12期，编发《保密工作简报》27期。各地（市）保密局也加大保密宣传教育力度，组织开展了一系列保密知识专题讲座、保密形式报告会等活动。

【保密技术防范能力进一步提升】1.加强机关单位涉密网络保密管理。认真贯彻落实中办、国办《关于加强党政机关和涉密单位网络保密管理的规定》，对各地各部门涉密网络进行核查与分类，共有108家区（中）直单位和七地（市）上报了网络核查与分类情况。加强对涉密信息系统建设、使用的服务指导，先后参与区检察院、区党校、区纪委、拉萨市政府等机关单位涉密信息系统设计方案论证、审查，提出意见，进行保密技术指导。

2.圆满完成西藏证监局和拉萨海关涉密网络安全保密测评审批工作。2011年，涉密网络安全保密测评工作有实质性进展。在国家保密局涉密信息系统安全保密测评总中心的指导下，抽调区政府办公厅、安全厅、机要局、西藏大学等单位技术人员，完成了中国证券监督管理委员会涉密内网西藏监管局节点的安全保密测评工作，这是西藏测评分中心完成的我区首个涉密网络的测评任务。西藏测评分中心认真总结经验，再接再厉，深入拉萨市和阿里、日喀则地区，完成了拉萨海关及隶属日喀则海关、狮泉河海关、聂拉木海关涉密信息系统的安全保密测评工作。这是西藏测评分中心首次完全依靠自身力量独立完成的测评任务，也是全国省级海关涉密信息系统测评工作中启动最早、完成最好之一。

3.完成西藏自治区涉密计算机违规连接互联网集中监控平台与保密技术专用防护系统建设调研论证工作。根据国家保密局工作部署，为确保监控平台建设和专用防护系统配备工作顺利推进，自治区国家保密局做了大量前期准备工作。一是派出技术人员到四川、上海、成都等省市保密局考察调研；二是加强与国家保密局科技司和内地省市保密局沟通协调，了解此项工作的技术要求、实施方式等情况；三是对我区涉密计算机使用情况进行摸底统计，对保密技术标准反复学习讨论；四是与国家保密局认证的具有涉密资质的有关计算机信息网络公司联系，开展项目可行性研究。在此基础上，结合我区实际，起草了《西藏自治区涉密计算机违规连接互联网集中监控平台与保密技术专用防护系统建设方案》，主要包括组织领导、项目概述、实施程序、系统功能以及经费预算等内容。

4.加强保密技术装备配备。一年来，根据工作需要，积极协调有关部门支持，保密检查技术装备明显加强。自治区国家保密局配置了电话和线路分析仪、超高频无线侦查仪、场强仪等检测设备和技术演示设备等。国家保密局为自治区国家保密局落实了保密技术检查平台（车）项目。拉萨市、山南地区等保密局购置了保密技术演示设备、检查工具，使保密技术防范和检查能力有了一定提高。

【保密行政监管力度进一步加大】1.加强涉密资质管理。查获1起伪造涉密信息系统集成资质证书案件，并协调拉萨市公安局对伪造资质证书案件进行查处。对中国电信集团、大唐软件技术股份有限公司参加自治区涉密工程招投标的涉密资质进行备案并提出保密要求。对七星微网有限责任公司和科旭电子有限公司进行现场检查，结合申报材料对其涉密信息系统集成资质进行了保密审查。

2.加强国家统一考试保密监督管理。下发《关于对2011年度国家和自治区统一考试计划进行备案的通知》，参与自治区教育考试院、司法厅、财政厅、住建厅等单位组织的各类全国统一考试试卷押运和保密监督管理工作。配合卫生部对黑龙江省黑河市执业医师考试进行检查督导。自治区和地（市）保密局共有80多人（次）参与国家统一考试保密监督管理工作。

3.做好保密服务保障工作。全年共完成西藏和平解放60周年庆祝活动、自治区第八次党代会、强基惠民活动动员大会等79次重要会议、重大活动的服务保障工作。自治区国家保密局利用先进设备，对重要涉密场所进行保密检测，为各类会议安装手机信号屏蔽器440台次。山南、昌都、日喀则等地区保密局为各类涉密会议提供服务保障200余次，安装手机信号屏蔽器300多台次。

4.对有关资料进行保密审查。自治区国家保密局对区基层建设年活动办公室有关资料、《西藏年鉴》（2010年）、区财政厅财政工作中国家秘密具体范围调查表和自治区行政审批项目目录等进行了保密审查。林芝地区保密局对地区行署办公室拟公开的280余份信息进行了保密审查。昌都地区保密局配合地区方志办对3部县志进行了保密审查，对《西藏昌都地区文史资料》内容进行了保密审查。

5.严肃查处失泄密和严重违规事件。加大查处力度，依法依纪对有关责任人做出处理。对区直有关单位的严重违规事件进行查处，7名同志分别受到行政警告、通报批评、调离涉密工作岗位处理。对全区涉密测绘成果检查中发现的部分机关、单位涉嫌泄密的5台计算机进行核查。林芝、山南地区保密局查处失泄密事件5起，11人受到行政降职、警告、通报批评处理，19人接受诫勉谈话。

【自治区涉密载体销毁中心建成投入使用】2011年，自治区涉密载体销毁中心进一步加大建设力度。协调自治区财政厅解决建设经费，完成安防监控设备安装、大院绿化、办公用品和接待室配套设施等工作，销毁中心建设基本完成。10月份，销毁中心举行了竣工典礼并正式投入使用，为区（中）直单位销毁涉密纸介质载体、涉密光盘、涉密硬盘、涉密软盘、涉密录音带和录像带、涉密计算机、涉密复印机、涉密手机电话机等各类涉密载体。

西藏自治区人民代表大会常务委员会

【年度综述】2011年，是中国共产党成立90周年、西藏和平解放60周年和“十二五”规划开局之年。在自治区党委的领导下，自治区人大常委会坚持以邓小平理论和“三个代表”重要思想为指导，深入贯彻落实科学发展观，认真学习贯彻胡锦涛总书记“七一”重要讲话和关于西藏工作的一系列重要指示精神，全面贯彻落实中央第五次西藏工作座谈会和习近平副主席出席西藏和平解放60周年庆祝活动时的一系列重要讲话精神，坚持党的领导、人民当家作主和依法治国有机统一，按照胡锦涛总书记在十一届全国人大四次会议西藏代表团审议时提出的“四个扎扎实实”的要求和自治区九届人大四次会议的安排，扎实有效地开展各项工作。

【立法工作】2011年，常委会着眼提供法制保障，扎实抓好地方立法。一年来，共审议通过17件法规和具有法规性质的决定，其中制定3件、修订12件、批准2件。对五年立法规划后两年立法项目作出调整，增加12件，暂缓7件。审议通过科学技术进步法实施办法、关于实行电话和互联网用户真实身份登记的决定、选举法实施细则、代表法实施办法、涉案财物价格鉴证条例、加强和改进人民法院民事执行工作的决定，修订自治区人大常委会组成人员守则，审查批准拉萨市水资源条例和城市环境卫生管理条例，为经济社会发展提供了法制保障。按照全国人大常委会统一部署，清理我区现行有效法规86件，审议通过《关于修改〈西藏自治区水利工程管理条例〉等8件法规的决定》，以一揽子“打包”方式，对与行政强制法不一致的9条规定作出修改，为实施行政强制法创造了条件。立法过程中，加强调研论证，扩大公民参与，严格立法程序，积极推进科学立法、民主立法。

【监督工作】2011年，常委会着眼服务全区大局，扎实开展监督工作。一年来，共听取审议自治区人民政府工作报告21个，检查8部法律法规实施情况，开展13次专题调研和3次专题询问。以加快转变经济发展方式为重点，加强对经济工作的监督，除按惯例听取审议计划、预算、决算和审计工作报告，审查调整预算、批准决算外，还听取审议科技进步工作报告、工业和信息化工作报告、农牧业产业化工作情况报告，检查农村土地承包法实施情况，对上半年和全年经济运行情况进行调研分析，对全区中小企业发展、农牧业产业化工作、人口较少民族和未识别民族聚居区经济社会发展情况进行专题调研。以促进社会管理创新为重点，加强对社会管理工作的监督，听取审议流动人口服务管理条例和国防教育法执法检查报告。以改善民生为重点，加强对重大民生工作的监督，听取审议强农惠农政策贯彻落实情况、农牧区医疗资金管理和使用情况专题调研报告，检查老年人权益保障法、义务教育法律法规执行情况及幼儿教育情况。以构建西藏生态安全屏障为重点，加强对生态环境保护与建设的监督，以“构建生态安全屏障，确保生态环境良好”为主题，开展2011年“中华环保世纪行——西藏行”宣传活动，对切实保护好西藏的碧水蓝天发挥了积极作用。以维护国家法制统一为重点，认真做好自治区人民政府和拉萨市人大及其常委会、拉萨市人民政府规范性文件备案审查工作，指导人大地区工委和市县人大常委会全面开展备案审查工作。以增强监督实效为重点，切实改进监督工作方式，在第二十三次、二十四次常委会会议期间，采取联组会议方式，就财政工作、科技进步工作和中小企业发展情况进行专题询问，通过电视、报刊、网络等媒体宣传报道后，引起社会广泛关注，成为人大监督工作的一大亮点。抓住执法检查中发现的一些重点问题，组织开展执法检查整改情况跟踪检查，有效增强了监督实效。

【代表工作】2011年，常委会着眼发挥代表作用，扎实提升服务水平。一年来，办理代表建议批评意见337件，任免地方国家机关工作人员326人次，为推动中央和区党委重大决策部署贯彻落实，促进我区跨越式发展和长治久安作出了积极贡献。一是努力为代表依法履职创造条件。组织在藏全国人大代表3批12人次参加全国人大常委会举办的学习考察活动，2批13人次在区内开展集中视察和专题调研；组织41名基层自治区人大代表赴内地学习考察，先后4次举办人大干部培训班，培训各级人大干部243人，人大地区工委采取以会代训、短期培训等方式，先后培训代表225人次。邀请代表列席常委会会议，邀请70名代表出席专门委员会、工作委员会会议和专题会、座谈会、论证会及参加执法检查和专题调研等，坚持给自治区人大代表寄送文件、期刊和相关信息资料，积极协调自治区人民政府调整提高代表活动经费标准和无固定收入代表的误工补贴标准。二是积极开展闭会期间代表活动。常委会领导以代表身份回原选举单位进行调研，组织在藏全国人大代表对我区旅游业发展情况进行专题调研，组织自治区人大代表42人次先后对2011年普通高校招生录取、拉贡机场高速公路建设、建设工程招投标等工作进行视察。人大地区工委结合当地实际，组织代表开展视察、调研活动，推动当地经济社会科学发展。三是认真办理代表建议批评意见。对代表提出的建议、批评和意见，常委会坚持统筹协调与分类指导、全面督办与重点督查相结合，及时召开交办会，督促承办部门在法定时限认真办理和答复，组织部分自治区人大代表对代表建议办理情况进行重点视察。代表提出的建议、批评和意见已全部办理答复完毕，所提问题已解决或正在解决的279件，占总数的82.9%，大多数代表对办理工作表示满意。四是扎实做好市县乡人大换届选举前期工作。认真开展调研，研究制定并报经区党委批转《中共西藏自治区人大常委会党组关于做好全区市县乡人民代表大会换届选举有关工作的意见》，审议通过选举法实施细则，作出县乡两级人民代表大会换届选举时间的决定，成立市县乡人大换届选举工作领导小组，研究确定各县代表名额分配，举办选举法专题讲座，召开全区市县乡人大换届选举工作培训会议，指导市县认真做好前期工作，为全区市县乡人大换届选举工作奠定了扎实的基础。

【维护稳定工作】2011年，常委会着眼促进和谐稳定，扎实发挥人大优势。一是认真履行维护稳定的政治责任。常委会部分领导长期奋战在维稳联系地区和重点寺庙，深入开展爱国主义教育和法制宣传教育，积极排查和消除影响社会稳定的因素。常委会其他领导结合其他工作，促进中央和区党委关于反分裂斗争一系列重大决策部署的贯彻落实。教育引导人大机关干部在政治上、思想上、行动上与党中央保持高度一致，坚决维护祖国统一和民族团结。积极开展人大信访工作，受理人民群众来信69件238人次、来访66批148人次，及时转办交办督办，加强教育引导，促进社会和谐稳定。二是大力营造维稳法治环境。听取审议“五五”普法依法治理情况及“六五”普法规划报告，开展“五五”普法情况调研，作出关于进一步加强法制宣传教育的决议。开展监狱法执法调研，全面了解监狱法实施情况。听取自治区高级人民法院、人民检察院工作汇报，监督和支持“两院”认真贯彻执行《关于加强和改进人民法院民事执行工作的决定》、《关于加强检察机关法律监督工作的决定》，严格执法、公正司法，推进依法治藏进程。三是积极开展涉藏外事工作。采取“走出去”、“请进来”相结合的方式，一年来，共组团7批30人次出访美国、加拿大、德国、希腊等国家，接待美国、意大利、尼泊尔等国来华访藏团8批61人次，为营造我区发展稳定的良好环境发挥了积极作用。

【自身建设】2011年，常委会着眼改进工作作风，扎实加强自身建设。一是坚持理论武装、注重效能。坚持多种灵活方式，加强对党的基本理论、大政方针和区党委重大决策部署的学习，进一步提高政策理论水平。制定《关于加强自治区人大常委会党组自身建设的意见》，切实加强常委会自身建设。举办业务知识讲座，选派干部到全国人大和兄弟省市人大机关挂职锻炼，综合素质得到提升。配齐配强新组建的民族宗教外事侨务委员会和6个处室工作人员，明确功能定位，迅速展开工作。深入开展机关效能建设，完善规章制度，激发工作热情，提高工作效率，保证了各项工作顺利开展。二是坚持统筹协调、形成合力。指导市县人大常委会和人大地区工委开展人大工作调研，形成80余份调研报告、20余份经验材料。常委会首次召开全区人大工作会议，达到了统一思想、明确任务、凝聚力量、坚定信心的目的，形成了做好全区人大工作的强大合力。三是坚持转变作风、强基惠民。始终把各族人民群众的利益放在第一位，牢固树立群众观点，大兴调查研究之风，在密切联系群众上动真情、用深功、求实效。常委会领导分赴农牧区基层党建和扶贫开发联系点深入调研，认真研究基层党建和扶贫开发面临的困难和问题，协调有关部门认真解决，形成10余份有分量的调研报告。派出7个工作组、30余名机关干部，开展定点扶贫和强基惠民活动。

【领导人名录】
主任：向巴平措
副主任：尼玛次仁、张跃平、
桑顶·多吉帕姆·德庆曲珍、
次仁、嘎玛、周春来、宋善礼、
赵正修、阿登、新杂·单增曲扎、
马如龙、多吉、武金辉

西藏自治区人民政府

自治区外事工作

【年度综述】2011年，西藏自治区外事办公室在自治区党委、政府和外交部的领导下，继续深入贯彻落实中央第五次西藏工作座谈会精神，统筹大局，开拓创新，讲求实效，努力为国家总体外交和西藏改革发展服务，各项工作取得新进展，领保等工作取得新突破。

【承上启下，认真规划“十二五”外事工作】召开全区外事工作会议，全面总结“十一五”外事工作，深入研判西藏外事工作新形势新任务，统筹规划“十二五”外事工作并安排部署。

【抓住契机，大力推动“请进来，走出去”】紧紧围绕西藏和平解放60周年主题，广泛深入开展涉藏外宣工作，全年接待来藏访问、旅游、采访的外国和港澳地区政要、议员、记者等40批240人次，全年全区因公出国人数达255批651人次。自治区高层领导18批19人次访问欧美国家，重点就涉藏问题阐述我原则立场,在国际社会展示60年来西藏巨大发展成就，宣示我发展进步新形象，涉藏外宣成效显著。2011年新签涉外合作项目4个、续签7个，项目进藏人员89批263人次，充分发挥境外非政府组织项目在我区社会经济发展中的有益补充作用。

【坚持创新，积极拓展民间对外交流渠道】广泛开展公共外交，宣介西藏。在意大利举办“中国文化年·西藏文化周”，以图片展、演出、研讨会及招待会等形式，全方位展示西藏历史文化、风土人情以及西藏和平解放60年辉煌成就。组织自治区班戈县牧民演出队赴京参加外交部新年招待会演出，广受中外观众好评。邀请尼泊尔驻拉萨总领事官员、在藏外国专家、留学生等出席西藏和平解放60周年大庆部分活动，召开在藏外方人员招待会，知华亲华友华力量进一步巩固。

推动自治区与日本、泰国及香港地区民间交流与合作。与斯里兰卡北中省签署建立友好区省关系备忘录；西藏自治区友协与法国法中协会签署结好备忘录；拉萨市与尼泊尔加德满都缔结友城关系获批,目前全区友城数量达7对。

【突出重点，持续深化对周边国家工作】顺利完成2011年援助尼泊尔北部物资工作，召开2009年—2010年援尼北部地区物资工作总结暨表彰会议。推动健全我区边防部门与尼方警务合作机制、公安部门与尼内政部工作交流机制。积极推动区党委常委、自治区常务副主席吴英杰访尼及尼总统、总理、副总理访藏等高层互访，深化中尼在政治、经济、旅游、文化、警务等领域合作。全年接待印度官方香客16批735人次、民间香客433批14910人次。千方百计救治严重高原反应印度香客，进一步夯实了中印民间友好基础。认真接待不丹公主来藏朝佛，重叙西藏与不丹的传统友谊。妥善处理和解决边境地区相关涉外案（事）件，有力维护边境地区的和平与安宁。

【加强领保，主动践行外事为民的理念】日本大地震发生后，首次开通区内领保热线电话，了解掌握我区在日人员情况，标志着我区领保工作进入了新阶段。以基层建设年、“创先争优强基惠民”等活动为抓手，以短、平、快项目为着力点，贯彻落实“兴边富民”政策。及时妥善边境地区涉外事务，维护我边民合法权益。加大涉外法制宣传和政策法规宣介力度，切实提高国民涉外意识和法制意识，培养积极健康的国民心态和树立文明开放的国民形象。

【着眼长远，大力强化外事系统能力建设】多渠道、多层次培训外事干部，不断提高外事干部队伍素质。集办公、新闻发布、外事签证、对外服务、网络中心和外事接待、会见和谈判于一体的自治区外办综合业务大楼项目、对外网站及内部办公网络同步建成，优化了办公环境，强化了信息化建设，提升了办公效率。全面启动日喀则、林芝、那曲、昌都、山南等五地区和边境县外事外宣综合业务用房项目建设，推动地市外办信息化建设，全面搭建全区涉藏外事外宣工作平台。

自治区民族宗教工作

【大力开展民族团结宣传教育活动，打牢民族团结进步事业的思想基础。】成功举办全区民族团结进步专题报告视频会、“感恩伟大祖国、创建和谐西藏”各族各界座谈会、第五届全区各族青年民族团结进步表彰大会、西藏自治区首届大学生“热爱伟大祖国，建设美好西藏”民族团结进步演讲大赛，协助组建西藏代表团、组织西藏观摩团赴贵州参加第九届全国民运会，精心筛选、积极推荐，西藏博物馆被国家民委命名为“民族团结进步教育基地”。各项活动有声有色，社会反响非常好。

【积极开展民族团结进步创建活动，打牢民族团结进步事业的工作基础】民族团结进步创建活动，9个试点单位的创建活动蓬勃开展。推动出台了区党委、政府《关于开展民族团结进步模范创建评选活动的意见》，决定自2012年起，由自治区财政每年拿出1000万元，大力表彰在民族团结进步事业中涌现出的模范集体和模范个人，力度之大全国少见。2011年度县（市、区）级和地（市）级模范评选表彰已基本完成。

【认真做好“兴边富民”行动和扶持人口较少民族发展工作，打牢民族团结进步事业的物质基础】完成了《西藏自治区兴边富民行动“十二五”发展规划》、《西藏自治区扶持人口较少民族“十二五”发展规划》的编制工作。积极争取发展资金和项目，全区少数民族发展资金投入由2010年的14375万元增加到2011年的23542万元，增长64.8%。用于边境地区农牧民安居工程6000万元，完成5000户；用于边境基础设施建设37425万元，完成123个项目；用于人口较少民族聚居区发展950万元，完成25个项目；完成全力打造少数民族特色村寨建设500万元，确定林芝地区米林县琼林村等5个村为民族特色村寨试点单位。大力扶持民族贸易和民族特需商品生产企业发展，认真落实好各项优惠政策，民族贸易补助资金和特需商品定点生产企业贴息补助资金由2010年的227万元增加到2011年的350万元。开展了建立边境县少数民族国民经济综合监测评价体系的相关工作。对边境地区进行专项调研，形成相关报告。

【狠抓基础性工作，努力做到在任何时候都心中有数、心里有底】按照区党委、政府指示，委领导分别带队多次深入基层督导工作，掌握寺庙僧尼中出现的新动向、新情况、新问题，形成了多份调研报告，为区党委、政府决策提供及时、准确、翔实的依据。全面开展“四证”颁发和宗教教职人员备案工作，截至目前，藏传佛教宗教活动场所（点）证、法人代表证、活佛证、宗教教职人员证颁发率分别达到100%、100%、99.92%和96.92%以上，在五省藏区率先全面完成藏传佛教“四证”颁发工作。大力加强培训工作，全年业务干部受训人数和重点寺庙民管会主任副主任受训人数累计达到220余人。

【切实加强和创新寺庙管理，着力构建寺庙管理的长效机制】全力参与《关于加强和创新寺庙管理的决定》、《西藏自治区人民政府关于加强和创新社会流动从事宗教活动人员服务管理的意见》等6个《意见》、1个《决定》的研究制定，建立起党委、政府领导下的坚强有力、依法高效的寺庙管理体系，切实提高了寺庙管理的法制化、规范化、科学化水平。在寺庙全面开展“六建”工作，为把寺庙管好、管住、管稳定、管和谐奠定了坚实的基础。研究制定《西藏自治区集中清理整顿社会流动从事宗教活动人员工作方案》，召开全区集中清理整顿社会从事宗教活动人员工作电视电话会议，建立健全清理整顿工作的领导体制和工作机制，及时部署，认真调查统计，目前全区社会流动从事宗教活动人员基本情况已初步摸清，为今年清理整顿工作打下了基础。

【坚持管理与服务并重原则，不断推进寺庙公共服务体系建设，赢得广大僧尼的拥护】联合有关部门制定了《西藏自治区寺庙僧尼参加社会保险暂行办法》，积极进行宣传，鼓励僧尼参加社会保险。截至目前，全区僧尼参加农村合作医疗和医保的2.6万人，占僧尼总数的90.66%；参加养老1.4万人，占僧尼总数的48.88%，达到基本覆盖的目标；协调落实低保和五保僧尼4287人，做到应保尽保。积极协调有关部门落实寺庙“九有”工程。目前，领袖像、国旗、报纸已基本到位，巡回放映将在2013年第一季度基本覆盖，广播电视、书屋等有望年内全面覆盖，水、路、电项目有望在今年年底前基本覆盖。切实改善寺庙僧舍条件。与区财政厅联合制定了《西藏自治区宗教活动场所维修补助资金管理暂行办法》，争取到“十二五”期间寺庙维修项目资金达到2亿元，2011年已下达72座寺庙维修补助经费1316.90万元。对全区宗教活动场所的现有管委会僧尼成员兑现了2011年度岗位补贴共计470.3万元。完成大庆礼品和僧尼慰问礼金的发放工作。

【认真做好外事外宣工作】圆满完成组织宗教仪仗方阵参加西藏和平解放60周年大庆群众游行活动。接待美国、意大利等20多国议员、大使、记者等190余人，举行40余次会谈，有2名委领导参加出访。针对外宾关注的民族宗教领域的热点、难点问题，以我为主、以正面宣传为主，主动展开宣传，取得良好效果，得到了国家外交部、新闻办和区党委、政府的充分肯定。

【扎实推进伊斯兰教、天主教、基督教事务管理】积极开展伊斯兰教解经工作，指导清真寺开展“卧尔兹”宣讲活动，拉萨市大清真寺荣获“全国伊斯兰教解经先进场所”称号。加强朝觐工作的服务和管理。对我区伊斯兰教、天主教教职人员进行认定备案，“两教”信息采集基本结束并已录入国家宗教局宗教工作基础工作信息采集系统；对拉萨市基督教信徒私设活动点进行全面排查，掌握情况。

自治区扶贫（农业综合）开发工作

【年度综述】2011年，扶贫农发可安排中央和区财政资金100331万元，较上年增加15426万元，增长15.38%。截止9月底，扶贫农发共落实中央和自治区财政资金99656.1万元，已下达全年建设任务的99.33%。其中扶贫开发落实中央财政资金60042.1万元，区财政配套7000万元，自治区财政安排劳动力转移2000万元，互助资金300万元，建成项目963个，已下达全年项目资金建设任务的99.04%；农业综合开发落实中央财政资金23318万元，区财政配套6996万元，建成项目63个，下达项目资金建设任务的100%。投入力度的不断加大，项目资金的及早下达，增强了我们服务经济社会发展、服务农牧民增收的能力。

【创新发展思路，瞄准帮扶对象，扶贫开发成为促进贫困地区发展的重要支柱】扶贫开发进一步细化任务分解，强化措施落实，实施整乡推进乡镇80个，落实资金19263万元，建成项目359个，受益群众2.8万户；继续实施贫困户安居工程，加大产业配套力度，下达贫困户安居工程建设6000户，落实资金7200万元；突出特殊类型地区帮扶力度，实施到户帮扶等面上扶贫项目505个，落实资金28649万元；加大扶贫特色产业劳动力转移就业支持力度，落实自治区财政资金2000万元；加大贫困农牧民培训力度，投入资金600万元，实施实用技术等技能培训项目61个;继续实施互助资金试点，投入区财政资金300万元，在20个村开展了互助资金试点；在5个县实施了“连片开发”试点，落实资金2500万元；组织区（中）直111家单位到帮扶点开展帮扶工作。通过项目的实施，使10万多贫困群众直接得到了受益。

主要做法：一是深化“两项制度”衔接，为实施到户帮扶提供准确依据。加大工作力度，认真核对扶贫对象资料，严格工作程序和要求，完成了对识别出的11.8274万户、51.5142万人的电子档案录入工作，并对确定的帮扶对象全部发放了“扶持证”，建立起了动态管理、有进有出的管理机制；据不完全统计,使识别出的16%低收入群众得到了扶持。同时，也摸清了以日喀则、昌都、阿里地区为重点的帮扶区域，了解了致贫的因素，为突出重点、瞄准目标、因地制宜地实施扶贫开发政策提供了准确依据。

二是全面实施到户帮扶，着力提高扶贫开发效益。以建档立卡人口为对象，按照缺什么、补什么的原则，积极帮扶低收入群众解决当前面临的生产生活难题，强化直接到户的扶持手段，尽量减少中间环节，共落实到户帮扶资金41817万元，占已下达项目资金的60.3%，到户率达到70%以上，远远超过了年初确定的项目资金到户率必须达到60%的目标。

三是大力实施溜索改桥，尽早解决制约贫困地区发展瓶颈。加快溜索改桥建设进度，积极向国务院扶贫办、国家财政部汇报溜索改桥情况，于年初就全部审批下达了剩余21座的建设任务，共落实专项资金5960.34万元，此次全区84座溜索改桥建设任务全部下达。严格项目建设质量，于6月中旬组织区交通、城建、水利、农牧等部门专业技术人员，深入到昌都、那曲、日喀则、林芝四地区，对已建成以及再建的溜索改桥项目进行了全面的检查验收，并针对发现存在问题召开了全区溜索改桥座谈会，及时整改存在问题，确保尽早结束“溜索时代。”

四是积极参加新时期扶贫开发成就展，全面展示我区扶贫开发取得新成就。积极参加国务院扶贫办组织的新时期中国农村扶贫开发成就展，以安居工程、整乡推进、溜索改桥、“两个确保”为重点，全面展示“十一五”期间扶贫开发在结束“刀耕火种”时代、“溜索时代”所取得的成就，得到了全社会的充分肯定与认可，为我区的扶贫开发营造了良好的社会环境。

五是深入贯彻《中国农村扶贫开发纲要》（2011—2020年），积极构建“大扶贫”工作格局。大力开展学习贯彻新纲要活动，先后召开了全区扶贫开发领导小组会议，各地（市）分管副专员（副市长）学习贯彻新纲要会议，并形成了西藏自治区扶贫办党组《关于贯彻落实<中国农村扶贫开发纲要>（2011—2020年）的决议》，使学习贯彻新纲要落到了实处。深刻领会新纲要精神实质，组织相关部门深入开展实地调研，科学制定贯彻落实新纲要“实施办法”，对各相关部门的责任落实、资金投向、项目安排进行了明确，形成了专项扶贫、行业扶贫、社会扶贫“三位一体”的大扶贫工作格局。

【突出重点区域，建设高标准农田，农业综合开发引领提升一产】2011年农业综合开发围绕构建全区提升一产样板工程、建成全区重要的商品粮油肉菜等基地要求，积极转变发展方式，突出高标准农田建设和产业化项目经营，建成中低产田15.46万亩，草场30.06万亩，农田灌排渠系统495.85公里；实现新增粮食1269.5公斤，饲草料2623公斤，提升了农牧业综合生产能力。

一年来，农业综合开发主要开展了以下工作。一是继续实施以中低产田改造为重点，建设高标准农田示范工程，开启了我区农牧业高产创建示范。全年共开发建设23个开发区，实施土地治理42.56万亩。按照循序渐进、逐步实施的原则，从规划设计初期就坚持“田地平整肥沃、水利设施配套、田间道路畅通、林网建设适宜、科技先进适用、优质高产高效”的高标准农田建设标准，在林周县、白朗县，贡嘎县、乃东县投入资金6450万元，实施了2.96万亩高标准农田建设试点，使高标准农田建设迈上了实质性的步伐。

二是大力实施产业化经营项目，不断提高农牧业市场竞争能力。积极扶持龙头企业和合作经济组织（或协会），把特色产业发展作为农牧民增收的重要渠道，落实国家财政投资2790万元，实施了农牧业加工类、种植养殖类等产业化经营项目24个，扶持经济合作组织16个，建成马铃薯生产基地0.75万亩、温室263栋，黄牛改良4.8万头等，使规模化、集约化、产业化的发展格局进一步壮大。

三是加大科技推广，引领提升一产大发展。以改造传统农牧业为手段，充分依托我区农牧科研推广部门，在改造过的农发区重新布局种植结构，大力推广先进、成熟、适用的农牧技术，并专门下发了《关于加强农业综合开发种植项目科技应用的指导意见》（试行），提高了土地产出率、商品率，使科技在提升农牧业效益中的作用更加显。共推广良种示范田10.24万亩，举办农牧业实用技能培训3.98万人（次），落实资金395万元，农牧民进一步掌握了科学养畜、蔬菜种植等实用技术。

【抓住重点工作，转变工作作风，服务群众发展的能力进一步增强】紧贴促进农牧业增效、农牧民增收和项目区繁荣目标，立足经济社会发展谋划“十二五”规划，着眼群众实际需求深入开展调研，做到了问计于民、问需于民。

一是完成了扶贫农发“十二五”规划任务。准确把握扶贫农发“十二五”规划与自治区规划、国家规划的衔接，坚持从我区农牧业和农牧民面临的实际出发，积极开展规划修改送审工作，先后协调北京农业大学、中山大学、自治区社科院等相关部门专家，召开了5次规划修改会议，进一步完善了规划内容，提高了规划的指导性、前瞻性和科学性。积极加强与国务院扶贫办、国家农发办的沟通，组织工作组专门赴北京衔接规划资金落实，及时反映我区扶贫农发面临的实际困难，争取更大项目资金支持，确定了扶贫开发33亿，农发业综合开发20亿的资金盘子。目前，农业综合开发已完成了规划修改完善工作，扶贫开发待中央扶贫开发工作会议后再次完善上报。

二是深化了扶贫农发保障和改善民生内涵。以更加深入基层、更加贴近项目区的要求，积极转变工作作风，通过陪同自治区领导，办党组带队调研的形式，先后派出10多个工作组，深入到7地市、46个县，154个乡镇，行程5万多公里，查看了123个项目，深入掌握了项目建设和农牧民受益情况，发现了阿里地区革吉县盐湖乡羌麦村农牧民经济合作组织创新项目运行方式，将扶贫资金以贫困群众股份形式进行入股、扩大贫困群众入社范围，以及日喀则地区萨嘎县将“十二五”期间帮扶任务进行细化、明确脱贫日标和任务、制定扶贫工作奖惩暂行办法和贫困户管理办法的好经验、好做法。同时，根据自治区白玛赤林主席关于拉孜县扎西岗乡苏村整乡搬迁的指示要求，积极协调区财政、农牧、水利等部门落实建设任务，搞好项目对接，使苏村整体搬迁工作得到了尽早落实。

自治区人民政府驻北京办事处

【年度综述】2011年，办事处着力加强思想政治建设，干部队伍建设、党风廉政建设，文明创建等工作力度，努力提高党建工作科学化水平；扎实做好接待服务、经济联络、老干部管理、内部管理、企业发展等各项工作，顺利完成全年工作任务，各项工作均取得较好成绩。

【加强协调、严格管理，提高接待服务水平】办事处坚持“接待工作无小事”原则，突出亲情化、个性化服务，努力将办事处打造成西藏各族干部群众的“北京之家”。一是做好重要会议和团队接待工作。圆满完成全国“两会”西藏代表团、区内出国考察团、内地西藏班学生在京中转等90个重要团队的接待服务工作。二是做好政务保障工作。为自治区省级、地厅级领导在京从事政务活动提供车辆接送、食宿安排、证件办理和联络协调服务。走访慰问在中央党校、国家行政学院和国防大学学习的西藏学员。力所能及为我区普通干部群众在京开展工作、参观学习、探亲休假提供咨询联络和接送服务。三是做好接待公关工作。节假日期间，专程赴中办、国办、首都机场和北京铁路局等单位开展答谢活动，邀请相关单位领导到办事处联谊联欢。四是做好接待行车安全工作。举办“安全驾驶、文明行车”专题讲座，及时对接待车辆进行维修保养，定期对车容车貌进行检查评比，确保接待行车安全。一年来，共接待自治区各级领导19890人次（其中，接待省级领导3598人次）。

【发挥优势、把握重点，推进经济文化交流】办事处进一步加强对信息工作的研究与管理，充分利用首都信息资源优势，大力加强经济文化交流。

一是积极编报信息。向自治区党办、政办、自治区党委和政府门户网站报送信息3000多条，报送量和采用量均居我区派出机构第一名。编报《情势广角》24期，供自治自治区党委、政府领导参阅，获得好评。二是深入推进经济文化交流。参加美国驻华大使馆联谊、北京甘肃商会成立庆典等活动，介绍我区风土人情，推介西藏特色产品。促成中华慈善总会为我区先天性心脏病患儿提供免费筛查和治疗，中国收藏家协会向自治区大庆办捐赠1500瓶“红儿红”酒，赛维LDK太阳能高科技有限公司进藏考察投资事宜。与东申童画文化传播有限公司共同举办“行走的力量——1+N去西藏”活动。协助自治区有关单位办理商务进藏函。三是切实发挥记者站作用。加强与北京市及自治区相关新闻媒体交流合作，积极承担首都涉藏新闻宣传报道工作。四是改版文化经济交流中心网站。增设“聚焦西藏”、“京办动态”、“企业风采”、“援藏干部园地”和“援藏博客”等栏目，搭建文化经济交流平台。五是履行自治区发展咨询委员会联络职责。完成自治区第二届发展咨询委员会第二次大会筹备组织工作，负责为在京50多名咨询委员提供日常联络服务，及时向自治区党委、政府反馈专家学者研究成果。

【拓展思路、整合资源，强化医疗协调联络工作】根据我区干部群众来京就医和急重症患者不断增加的实际情况，办事处坚持努力拓展医疗资源，为自治区广大干部群众提供医疗协调联络服务。一年来，共为自治区各级领导和干部群众提供医疗协调联络服务807人次（其中，服务省地级领导702人次）。

【耐心细致、热情周到，做好离退休人员服务工作】办事处认真落实离退休人员政治待遇和生活待遇，不断丰富离退休人员精神生活，切实把自治区党委、政府对离退休人员的关怀落到实处。

一是落实离退休人员政治生活待遇。新增安置离退休人员12人，负责管理离退休人员488人，发放离退休费2256万元，报销医药费587万元。二是丰富离退休人员精神生活。组织老同志学习有关会议精神和离退休安置政策，开展“与党同呼吸、共命运、心连心”征文和春游等活动，开办老年大学网络课程，授课78讲156课时，引导老同志老有所学、老有所乐、老有所为。三是切实为老同志解决困难。走访慰问老同志200多人，寄发慰问、管理、答询等各类信件2000余封。及时安排老同志查体就医，将“双高期”离休干部半年集中报销一次医药费改为2个月报销一次医药费，为经济困难老同志预借、垫付和提前报销医药费。协助逝者亲属做好遗属协调和抚恤金申领等工作。

【抢抓机遇、科学管理，促进企业发展增效】三家企业发挥各自优势，狠抓内部管理，广辟市场渠道，获得经济效益和社会效益双丰收。

北京珠穆朗玛宾馆紧紧围绕“收入创新高、服务上品质、管理上台阶、安全无事故”的目标开展工作，实现营业收入1503万元，完成全年预算指标的125%；接待自治区省地级领导及随员6577人/天次。北京喜马拉雅宾馆坚持以服务区内普通干部群众为主的市场定位，加强内部管理，提升经济效益，实现营业收入501万元，完成全年预算指标的119%；接待全区各族干部群众16616人天次。北京西藏大厦紧紧围绕“保增长、强管理、重人才、创品牌”工作主线，以四星级饭店价值思维为引领，实现营业收入9000万元，完成全年预算指标的155%。接待自治区省地级领导及随员8375人/天次，承担自治区环保、水利、电力等57个重要会议的服务工作。

【领导名录】

党委书记、副主任：马升昌
党委委员、副主任：苏温明
党委委员、纪检组组长、副主任：赵国庆
党委委员、副主任：刘茂林

自治区人民政府驻上海办事处

【年度综述】2011年，办事处紧紧围绕服务我区经济建设和社会发展工作中心，立足驻外办事机构“双服务”功能，努力发挥“窗口、桥梁、纽带、抓手”作用，深入扎实地开展“创先争优强基础惠民生”活动和“学习型党组织”建设等主题实践活动。加强学习、强化服务意识，健全制度，开拓进取，团结协作，各项工作都有了新突破，圆满地完成了上级交给的各项工作任务。

【积极响应区党委号召，开展好“创先争优强基惠民”活动】办事处领导高度重视创先争优强基础惠民生活动，按照区党委的统一安排和部署，及时成立领导小组、召开动员会，认真组建驻村工作队，确保工作队按时进驻驻村点并扎实开展工作。为切实搞好驻村工作，党委高度重视，安排专款为驻村工作队和驻在村购买了皮卡车、电视机、洗衣机、传真机、冰箱、电脑等办公和生活设施，累计投入资金近25万元；走访贫困户、五保户并送去慰问金；积极争取相关部门支持，目前已落实为驻在村改建水渠、修建水塘、花椒基地、修建公路等涉及发展经济、改善民生的项目4个，累计争取资金近150万元，2012年开春后即可动工，得到了驻在村干部群众肯定。

【切实加强信息、经济联络工作】办事处党委一直把信息、经济联络作为重要工作来抓，明确分工，安排专职人员从事信息收集、采编、上报工作。紧紧围绕西藏中心工作，认真研究区情，有针对性地收集上报与西藏相关的政务、经济、文化、社会发展等信息。2011年，办事处共向自治区党委、政府和有关部门报送各类信息356期，专题信息31期，各类信息近5千条，上级采用率不断提高。在经济联络方面，我们一方面积极收集与西藏经济发展关联度高的信息及时上报，另一方面加大西藏企业在上海的宣传力度，为打开上海市场创造有利条件，同时也积极介绍上海的企业到西藏投资兴业。2011年，办事处已成功为区内矿泉水企业在沪销售打通了部分市场；引荐上海企业到区内投资达300多万。较好地发挥了办事处的桥梁、纽带和窗口作用。

【成立接待处，规范接待工作】随着沪萨列车开通、西藏新一轮干部培训的启动及内地西藏班（校）扩招等，西藏同上海的交流日趋频繁，接待量每年成倍增长。2011年，在自治区党委、政府的关心支持下，办事处正式成立了接待处。针对沪办没有专门接待场所给接待工作和西藏来沪人员带来许多困难的情况，办事处在改进和提高服务效率上下功夫，积极联系适宜西藏干部职工住得起的各种档次宾馆及饭店，与其签订协议，同时给区内各单位、各地区发函，公布接待处及办事处领导电话，为区内干部群众到华东地区出差休假、开会学习、办事、就医、子女上学等方面提供了比较满意的服务。

【想方设法为区内干部职工服好务】过去，西藏来沪干部职工不同程度存在看病难、买火车票难等问题，特别是区内重要领导和贵宾一直不能保障走机场贵宾通道。为此，办事处积极想办法通过各种渠道主动与浦东机场、车站、医院联系，寻求他们的支持和帮助，经过努力，目前已开通了机场贵宾通道，与火车站、医院也都有了较好联系，一定程度解决了看病难、买票难的问题。2011年办事处与上海市的医院、车站、学校、企业等有关部门进行广泛联系，多方式交流，利用节假日看望慰问了内地班学生、老师，带去区党委、政府的亲切问候。办事处组织陪同上海浦东机场领导到西藏参观考察外，办事处离退休人员服务处，还组织了江苏、浙江两省老干部局领导和部分同志到西藏考察和工作交流，使内地的同行们对西藏有了直观的了解，对西藏老干部工作有了深入的理解，也为办事处今后在苏浙两省开展西藏离退休老同志的安置和服务管理工作起到了很好的促进作用。

【尽心、尽力、尽责，为老同志服好务】由办事处管理的离退休人员近千人，遍布华东六省一市，人员多、分布广，这两年增资、增加津贴政策较多，按照自治区有关文件精神，办事处都及时调整和补发了所有老干部、老工人的津贴。2011年共计补发2462人次，核算医药费721人次，登记个人明细账干部工人共计5080人次。医药费经费总支出55,794,731元。2011年除安置退休干部、工人10人外，办事处在保证完成日常工作的前提下加大了走访慰问的力度，春节、藏历新年和平时慰问登门看望210人次。通过电话和联络员等形式慰问330人。全年共收到离退休人员来信2147人次，回复信件5161封，做到来信必复、来电必答、来访必接。老同志都感到满意。

【获奖情况】2011年，办事处离退休人员服务处被评为“上海市老干部工作先进集体”；离退休服务处党支部被上海市合作交流工委评为“先进基层党组织”；办事处被自治区人民政府办公厅评为“信息工作先进单位”；2011年办事处还被上海市人民政府合作交流办工委评为“驻沪办事机构‘双服务’”先进单位。

自治区人民政府驻成都办事处

【年度综述】2011年，办事处全体干部职工团结一心，努力奋斗，圆满地完成了自治区党委、政府交办的各项工作任务，取得了良好的社会效益和经济效益，为西藏经济的跨越式发展和社会长治久安作出了应有的贡献。

【接待工作】2011年，办事处坚持以经济建设为中心，以接待服务工作为重点，狠抓软硬件和综合配套服务系统建设，强化职工服务意识教育和职业技能培训，服务质量和管理水平得到全面提升，各项事业稳步发展，取得了可喜的成绩。全年共接待区内外客人30万人次，其中省级干部2499人次，团队449个，车辆安全行驶33.8万公里。

天驰接待服务中心坚持“一切以宾客为中心”的服务宗旨，进一步提高了服务质量和服务水平。投入资金约45万余元完成了宾馆部分设施的改造和维修，保证了宾馆的高效运转。全年接待进出藏客人76994人次，其中省级领导102人次，地（厅）级领导270人次，团队40个，销售机票2.5万张。实现营业收入942.19万元，上交税金58.57万元。

天湖宾馆按照旅游饭店新“四标”的要求，宾馆投入资金700余万元，完成了B座客房的维修改造，认真做好各类设施设备维护工作，顺利通过了“三星级”及银叶级绿色旅游饭店评定性复核工作，荣获成都市节水先进单位、综合治理先进单位、金牛区纳税先进企业等荣誉称号。圆满完成了区内外客人、西藏内地师生进出藏中转的接待服务工作，同时抓住“全国糖酒会”、“汽车博览会”、“西博会”、“农博会”等在成都召开的机会，积极开展销售工作。全年接待进出藏客人12万余人次，实现营业收入1653万元，上缴税金135万余元。

圣地阳光宾馆牢固树立“以人为本、宾客至上、员工第一”的管理服务理念，狠抓经营管理和员工队伍建设，加大宾馆宣传和营销力度，积极稳定老客源，拓展新客源，努力培养复合型管理人才，同时投入资金320多万元，完善更新了部分设施、设备。通过软硬件水平的不断提升，接待服务水平和客人满意度得到进一步提高。全年接待客人10万余人次，实现营业收入925万元，上缴税金76万元。

成办医院按照“以病人为中心，以医疗质量和安全为核心”的要求，以“医院等级评审”、“三好一满意”等活动为载体，优化医疗质量管理与控制体系，强化质量考核、监督管理，积极开展学科研究、学习培训和人才引进工作，医院医疗质量进一步提高，综合实力大幅度提升。2011年，医院通过了10个新项目新技术的论证，在已开展的6个新项目中，部分处于全区领先地位。在自治区人力资源和社会保障厅的大力支持下，开通了全区6地市异地医保网络结算系统，基本解决了区内患者来蓉就医费用结算难的问题，受到自治区领导及干部群众的好评。医院全年门诊54755人次，出院9897人次，实现医疗收入1.62亿元。

成办顺江苑接待站按照规范化、个性化和高质量的服务要求，加强管理和服务，圆满地完成了各项接待服务工作。

【管理服务工作】离退休人员管理服务部门全面贯彻执行中央、自治区有关老干部工作的各项方针政策，切实做好老干部管理和服务工作，认真落实老同志的政治生活待遇，确保了两费按时足额发放。全年安排老同志共阅文800余次，为老同志订阅各类报刊学习资料450余份，上门走访慰问老同志480余人次，上门巡诊1800余人次，看望慰问住院老同志260余人次。同时，开展了形式多样的活动，不断丰富离退休干部的精神文化生活。2011年，西藏成办管理服务跨省安置离退休人员5922人，其中干部2349人（含离休干部108人），工人3573人，主要安置在西南、中南九个省区市，涉及代管单位500多个。

办事处积极做好招商引资相关基础性工作，培训专兼职人员、扩宽信息资源渠道、参与相关招商会议和活动、建立与自治区各地市和有关部门的联系、收集整理招商引资政策和资料，搭建招商活动平台。信息采编报送工作遵循及时、准确、全面的原则，以为领导及时掌握情况，制定方针政策提供信息基础为宗旨，不断拓展工作的广度和深度，努力提高上报信息的质量和时效，上报信息采用率稳步提升。全年收集、传递、处理和上报信息7271条。

坚持“两个确保为核心，维护稳定为重点”的工作原则，认真执行社保政策，提高管理服务水平。全年共征收养老保险金357万元、失业保险金53万元；发放养老金745万元、一次性丧葬费和抚恤金257,796.28元、一次性生活补助金187,800元。对符合托底条件的12名原十八军老战士、抗美援朝老战士执行了托底发放，月增发基本养老金6000元，积极争取培训资金10.2万元，为参保企事业单位部分待岗和转岗职工开展了技能培训工作。

按照干部保健工作职责，精心开展医疗保健服务，努力提高保健工作质量，为西藏在蓉各级领导提供了较好的医疗服务。全年共安排西藏各级干部保健体检、联系住院转院协调事宜、机场接送病人等共1700余次。进一步规范了省级保健对象健康档案的资料收集、整理、建档工作，建立健全了47位省级干部的健康档案。同时，加大与四川省卫生厅保健处及华西医院、口腔医院、附二院等相关医院之间协调沟通的力度，极大地方便了西藏干部职工在成都的医疗就诊。

【党建工作】截止2011年底，西藏成办共有基层党委6个、党总支6个、支部49个，党员1015人。办事处党委按照上级党委要求，结合自身实际，不断加强党的思想政治工作和党风廉政建设，带动和促进办事处各项工作的全面发展。

【受表彰情况】2011年，离退休人员服务处1人被评为全区老干部工作先进个人，西藏成都干休所被评为全区老干部工作先进集体，西藏双流干休所第二党支部被评为全区先进离退休干部党支部。

【领导名录】
党委副书记、主任：葛裕涛
党委委员、副主任：王国荣、张裕庭、邱川、洪云
党委委员、西藏自治区纪委驻成办纪检组组长：群决

自治区人民政府驻西安办事处

【信息工作方面】2011年，办事处结合区情实际，把握信息热点，突出地域特色，及时了解和报送驻地有关经济建设、体制改革、市场动态、科技发展等方面情况，做好信息收集和传递工作，及时向区党委、政府及有关部门报送信息，为自治区的决策提供参考依据。①继续加强与当地省市有关部门和驻地其他省（市、区）办事处的联系，在信息工作上加强交流合作，互通有无，实现信息共享。②加大了自身相关信息的报送力度，主要报送了机关和下属单位在贯彻落实区党委、政府决策部署，学习贯彻第五次西藏工作座谈会精神和开展创先争优、强基础惠民生活动以及自身业务工作开展方面的信息。③定期或不定期的对信息采用情况进行分析研究，掌握自治区所关注的信息，提高信息的针对性、时效性和实用性。截止9月份，共上报信息123期，累计采用57条（其中政办采用48条，党办采用9条），得分198分（政办144分，党办54分）。

【经济联络工作方面】一是充分发挥办事处对外“窗口”作用，积极采取各种形式宣传西藏、展示西藏，主动同驻地有关部门加强联系，增进西藏与兄弟省（市）的相互了解和友好往来。二是积极为发展西藏与内地的经济交流合作和引进区外资金、技术、人才、先进管理经验牵线搭桥，在推动西藏与驻地省市在经济、科技、文化、人才等各领域的合作交流中，发挥桥梁和纽带作用。

【认真做好老干部、老工人的安置和服务管理工作】认真贯彻执行中央、自治区关于老干部工作的各项方针政策，深化认识，统一思想，进一步增强做好老干部工作的责任感和使命感，不断提升业务工作水平，切实为离退休人员服好务。一是继续加大慰问工作力度。2011年我们加强了分散安置人员的慰问工作，对从未慰问过的和县处级及中级职称以上干部、藏族家庭、离退休人员遗孀制定了慰问计划，组织力量专程进行慰问和探访。“三节”慰问期间，我们采取集中慰问和个别走访相结合的方式，对陕西、甘肃、宁夏、河南、山西等地的离退休人员进行了慰问，慰问人数395人；在上一年度慰问的基础上，对68名安置后从未慰问的退休干部工人进行了走访慰问，目前已慰问了总人数的80%；按照自治区的安排，向“59.3.28”以前参加工作的企业离退休干部工人发放了一次性慰问金，累计发放慰问金131.2万元。二是认真开展安置工作。自治区2011年下达了29人的安置任务，办事处组成2个工作组赴陕西、甘肃、河南等省（区）认真开展安置工作，除了7名因本人原因改变去向外，其余22人全部安置。三是继续做好住房补贴兑现工作。在以前年度兑现38人住房补贴的基础上，通过核实档案、与原单位联系、到安置地走访等办法，2011年又兑现了3人的住房补贴，到目前已完成41人的住房补贴发放工作。四是认真做好日常服务管理工作。认真、耐心细致地做好离退休人员的来电、来函、来访工作，建立健全来信登记回复制度和来访接待制度。全年共处理信函2181件，接待来访人员195人次，对他们提出的问题和反映的意见都及时进行了解决或回复；通过建立健全制度保证老同志“两费”的按时足额发放；加强对“空巢”“独居”和经济困难离休干部的监护和服务管理工作，定期了解掌握情况，并协调原单位或社区做好相关服务工作。为进一步做好新时期下离退休人员的服务管理工作，办事处于9月下旬在西安召开了西办系统离退休人员服务和管理工作情况交流研讨会，认真总结和交流了在老干部服务管理方面的经验和好的做法，研究和探讨了新形势下出现的新问题新情况，对于做好今后服务管理工作具有重要意义。

【搞好接待服务工作】西安办事处以强化服务意识，提升服务水平、细化服务内容为重点，按照安全、周到、细致的接待工作要求，认真做好接待服务工作。根据实际需要建立健全了一系列接待方面的制度规章，规范了接待程序，实现了公务接待工作的制度化、规范化；进一步增强与驻地省委、省政府接待部门和机场铁路等相关部门以及周边酒店、宾馆的沟通联系，确保接待工作的顺利有序进行；坚持抓思想认识，使接待人员牢固树立为区内服务的思想，增强事业心、责任感，强化服务意识，端正服务态度，实现接待工作的人性化、热情化、周到化。2011年，办事处认真完成了来陕西学习考察、参加世园会、西洽会等全国性、区域性会议和活动以及驻内地办事处主任联席会议的领导、团队以及区内进出藏人员的接待服务工作，全年共接待省级领导干部21人次，厅级领导干部260人次。在接待工作中，办事处做到态度热情、工作细致、服务周到，较好地完成了全年的接待任务。

【认真做好北院开发建设和职工安置工作】北院开发建设方面，在办事处北院开发建设领导小组的直接领导下，通过扎实工作，基本完成了项目建设前期各项工作。为保证建设项目早日开工，在完成原珠穆朗玛宾馆主体拆除工作的同时，认真做好住户的搬迁思想动员和政策解释工作。经过不懈努力，克服重重困难，完成了项目建设的拆迁任务。

职工安置工作方面，办事处按照自治区领导小组确定的原则，认真做好珠宾和招待所职工安置收尾工作。由于珠宾、招待所历史遗留问题比较多、矛盾纠纷突出等原因，使得安置收尾工作面临重重困难，部分遗留问题一时难以得到妥善解决。办事处珠宾、招待所职工安置工作领导小组面对安置职工的大量来访诉求，始终坚持政策原则，落实领导干部接访制

度，做了大量艰苦的工作，付出了艰辛的努力，在化解矛盾纠纷、解决突出问题方面取得了一定的成效。办事处一方面做好安置职工的思想教育和政策解释工作，另一方面对已签协议职工及时妥善做好档案转移、社保关系转接等工作。到目前为止，珠宾关闭基准日之前未到法定退休年龄的129名在岗职工已经全部签订了安置协议并领取了安置费；曾在珠宾工作过、档案仍在珠宾的52名职工，已有21人领取了一次性经济补偿，对于其中部分职工要求提高安置标准的问题，办事处通过讲解政策规定，开展大量耐心细致的解释工作，多数已经签订了安置协议，个别职工存在的劳资纠纷问题已经通过司法途径得以解决。在职工安置工作过程中，办事处始终坚持以人为本的理念，坚持依法依规办事的同时，热情接待职工来访，耐心细致的做好职工的思想教育工作和政策解释工作，使职工从内心感受到区党委和政府对安置职工的关怀和照顾。

【加强领导，精心安排部署，圆满完成西安世园会信访值守工作】西安世界园艺博览会是西安2011年举办的一次规模大、时间长、影响广的国际盛会。为做好世园会期间的信访维稳工作，自治区成立了由办事处牵头，自治区信访局、政法委、公安厅和各地市抽调人员组成的西藏信访值守组。办事处党委高度重视，认真落实自治区党委、政府的安排部署，精心组织、妥善安排，在自治区有关部门和各地市的人力支持下，取得了世园会178天会期内未出现我区一起世园会上访事件的好成绩，得到国家信访局和当地有关部门的一致肯定，圆满完成了西安世园会信访维稳工作任务。

【领导名录】

党委副书记、主任：韩留营

党委委员、副主任：刘继才、丁哲峰

自治区人民政府驻格尔木办事处

【年度综述】2011年，办事处以深入开展创先争优强基础惠民生活动为契机，紧紧围绕全区中心工作，立足实际，认真履行职责。在全体干部职工的共同努力下，较好地完成了2011年的各项工作任务。

【认真做好日常接待服务工作,不断强化服务意识，提高服务质量】认真做好经格尔木进出藏过往人员和来格工作的各级领导干部及工作人员的接待服务工作，是我办的重要职能之一。2011年，我办共接待自治区党委、政府和自治区各部门领导及赴格工作组共260余人。在接待工作中，我办始终以科学发展观为指导，在现有接待条件和设施的基础上，不断改进和提高服务水平。热情周到的接待服务工作，受到了来格各级领导和干部职工的好评。

【加大协调服务工作力度，为基地和谐、稳定、发展提供良好的服务】为充分发挥青藏铁路的巨大作用,开发利用好基地的现有资产，结合基地实际，积极为基地企事业单位职能转换、产业结构调整、寻找新的经济增长点和营造和谐稳定的良好氛围提供热情服务。积极主动与当地政府和相关部门沟通与联系，在全力做好基地职能转换前期调研工作的基础上，加大协调服务力度,为困难群体办实事,为基地单位排忧解难。在2010年积极协调为基地8条铁路专用线企业减免铁路技术服务费80余万元的基础上，经过努力2011年减免了基地铁路专用线企业全部的铁路技术服务费；积极协调格尔木市地税局再次延长了基地企业拖欠的土地使用税缴纳期限；经协调为西藏地质矿产勘查开发局第五地质大队25亩闲置土地开发利用争取到土地出让金优惠政策；再次按照自治区相关部门要求，对基地困难职工、遗属、残疾人等城镇低收入家庭租赁住房补贴发放条件进行严格审核，对符合发放条件的88户133人及时发放住房租赁补贴33万余元。多年来我办始终高度重视和大力支持青藏公路（格拉段）的养护、保通工作，积极协调解决在公路管养工作中出现的各类问题，帮助常年坚守在公路沿线上的养护工人解决实际困难。在治理超载超限和预防道路交通事故中，做了大量的协调服务工作，为优化青藏公路的运输环境起到了积极作用。特别是在敏感时段和节假日期间我办领导多次对青藏公路的安全保通工作进行检查，提出相关要求，并全力协调支持服务于护路工作。

【以庆祝中国共产党成立90周年和西藏和平解放60周年开展“颂歌献给党”红歌传唱活动为契机，全力做好凝心聚力、团结协作等工作】为隆重庆祝中国共产党成立90周年和西藏和平解放60周年，进一步增强党的凝聚力、号召力和影响力，教育引导广大基地广大党员干部职工和中小学生重温党的历史、重思党的恩泽，更加清醒地认识到惠从何来、惠在何处，在西藏驻格尔木基地响唱共产党好、社会主义好、社会主义新西藏好、民族区域自治制度好、各族人民大团结好的时代主旋律。按照自治区党委宣传部和格尔木市相关部门的安排，我办积极组织基地干部职工（含驻格军警单位）和中小学生400余人开展了历时2个月的“颂歌献给党”红歌传唱活动，并两次面向格尔木全市群众进行展演，以大合唱、独唱、舞蹈、快板等丰富多彩的文艺形式表达了基地广大干部职工心向党、心向祖国和对社会主义新西藏的真挚感情。展现了基地广大干部职工团结一心，奋发有为的良好精神面貌，受到格尔木市和基地干部群众的一致好评。同时进一步增强了基地广大党员干部职工的集体观念和荣誉感，形成了“合心、合力、合作”的局面，为基地的和谐稳定、推动各项工作取得新成效打下坚实基础。

【领导名录】

党委副书记、主任、格尔木藏青工业园区筹建办公室主任：徐功国

党委委员、副主任、纪检组长：杨运林

副巡视员：李和平

中国人民政治协商会议西藏自治区委员会

【基本情况】自治区政协机关人员编制为153名，其中，行政编制118名，事业编制35名。办公厅下设：办公室、政工人事处（机关党委）、研究室、行政接待处、联络服务处、保卫处、翻译室、机关后勤服务中心8个正处级单位。政协第九届西藏自治区委员会设置6个专门委员会：提案委员会、民族和宗教委员会、社会法制外事委员会、文史资料学习委员会、科教文卫体委员会、人口经济资源环境委员会。下设提案委员会办公室、民族和宗教委员会办公室、社会法制外事委员会办公室、文史资料学习委员会办公室、科教文卫体委员会办公室、人口经济资源环境委员会办公室6个正处级办事机构，受办公厅和专委会的双重领导。

【全体委员会议】九届四次会议 2011年1月8日至13日，自治区政协九届四次会议在拉萨举行。共有委员473人，出席会议委员370人。全国政协副主席、自治区政协主席帕巴拉·格列朗杰主持开、闭幕大会。会议听取和审议了政协第九届西藏自治区委员会第四次会议议程；听取和审议政协第九届西藏自治区委员会常务委员会工作报告；听取和审议政协第九届西藏自治区委员会常务委员会关于政协九届三次会议以来提案工作情况的报告；列席第九届西藏自治区人民代表大会第四次会议，听取并讨论政府工作报告、“十二五”规划纲要报告草案及其他有关报告；学习中共十七届五中全会、区党委七届七次全委会议、全区经济工作会议精神；审议通过政协第九届西藏自治区委员会第四次会议关于常务委员会工作报告的决议；审议通过政协第九届西藏自治区委员会第四次会议关于政协九届三次会议以来提案工作情况报告的决议；审议通过政协第九届西藏自治区委员会提案委员会关于政协九届四次会议提案审查情况的报告；审议通过政协第九届西藏自治区委员会第四次会议政治决议；增选齐扎拉、白玛才旺为九届自治区政协副主席。区政协副主席巴桑顿珠作常委会工作报告及闭幕讲话。区政协副主席德吉措姆作提案工作情况报告。

【常务委员会会议】第13次会议 2011年1月4日至5日在拉萨举行。会议审议通过常务委员会工作报告及报告人；审议通过关于政协九届三次会议以来提案工作情况的报告（草案）及报告人；审议通过政协第九届西藏自治区委员会第四次会议秘书长、副秘书长名单；听取区政协各专门委员会工作情况报告；人事事项。

第14次会议 2011年1月11日在拉萨举行。会议审议通过政协第九届西藏自治区委员会第四次会议关于常务委员会工作报告的决议（草案）；审议通过政协第九届西藏自治区委员会第四次会议关于政协九届三次会议以来提案工作情况报告的决议（草案）；审议通过政协第九届西藏自治区委员会提案委员会关于政协九届四次会议提案审查情况的报告（草案）；审议通过政协第九届西藏自治区委员会第四次会议政治决议（草案）；听取有关人事事项的说明；审议通过候选人名单（草案）；审议通过选举办法（草案）；审议通过监票人、总监票人名单（草案）。

第15次会议 2011年4月11日至12日在拉萨举行。1.审议通过政协第九届西藏自治区委员会常务委员会第十五次会议议程；2.传达学习胡锦涛总书记在参加十一届全国人大四次会议西藏代表团审议时的讲话；3.传达学习全国“两会”精神。

第16次会议 2011年9月22日至23日在拉萨举行。1.传达学习习近平副主席出席西藏和平解放60周年庆祝活动时的重要讲话和自治区党委书记陈全国在区党委七届九次全委（扩大）会议上的讲话精神。2.围绕“发展特色优势产业”建言献策。3.人事事项。

第17次会议 2011年12月19日在拉萨举行。1.审议通过关于召开政协第九届西藏自治区委员会第五次会议的决定；2.审议通过《政协西藏自治区委员会提案工作条例》。

【专门委员会工作】提案委员会 一、提案工作的基本情况。自治区政协九届四次会议以来共收到提案364件，其中集体提案25件、委员个人和联名提案328件。经审查，立案352件，立案率达96.7%。截止2011年10月底，立案的352件提案已经全部办理完毕并答复了委员。从整体办理的情况看，委员们所提问题已得到解决和基本解决的有148件，占总件数的43%；正在解决或已列入计划解决的有143件，占总件数40%；基于政策规定和条件所限暂时不能解决的有61件，占总件数17%。二、加强服务，创新工作方式方法，推动提案数量增加、质量提高。1.搭建知情平台，千方百计为委员知情明政服务。2.搭建沟通平台，最大限度调动委员撰写提案的积极性。3.强化服务，把为委员服务贯穿于提案工作的各个环节。4.完善机制，保障提案质量。5.搭建交流平台，学习兄弟省（市、区）政协提案工作先进经验。

民族和宗教委员会 一、开展调研。在区政协领导率领下，民宗委联合人经资环委，先后深入日喀则、山南、林芝等地的20多个县十几个乡（镇），对确定的“关于我区民族手工业发展情况”、“太阳能产品推广利用情况”以及“边境人口较少民族地区经济社会发展”等课题进行调研。根据国家五部委《关于妥善解决宗教教职人员社会保障问题的意见》（国宗发[2010]8号）文件精神，形成了“认真解决宗教教职人员社会保障问题，努力促进宗教领域和谐”的交流材料。2011年4月，联合有关专委会组织部分界别委员，对西藏“十一五”重点水利项目——旁多水利枢纽工程进行了视察，形成了《关于旁多水利枢纽工程建设情况的视察报告》，为进一步促进工程建设顺利进行提出了五个方面的建议。2011年5月份，联合有关专委会组织部分界别委员，对我区重点铁路项目——拉日铁路开展了视察活动，形成了《关于对拉日铁路建设的视察报告》。二、加强联络协调工作。联合人经资环委组成联合考察组，对河北、山东两省水利基础建设和太阳能等新能源产业发展及应用情况进行了考察，撰写了《关于太阳能等新能源产业发展及应用的考察报告》和《关于山东省水利建设的考察报告》。

社会法制外事委员会　一、召开了西部十二省（区、市）政协社会和法制委员会工作研讨会。会议于2011年6月9日至14日在拉萨召开，会上认真总结交流了近年来西部政协社会和法制委员会工作的好经验、好做法，研究探讨了进一步做好新形势下政协社会和法制委员会工作，为推进"十二五"时期经济社会发展服务做出新贡献等有关问题。二、积极参加全国政协社法委工作座谈会。2011年7月5日至6日，参加了全国政协社会和法制委员会、中国法学会共同在北京举办的"推进公正廉洁执法，维护社会公平正义"专题座谈会。2011年11月7日至12日，参加了在广西壮族自治区南宁召开的全国政协社会和法制委员会2011年工作座谈会。2011年8月9日至17日，积极配合全国政协外事委员会、中央外事工作领导小组办公室关于"涉藏外宣工作"调研组的在藏调研工作。三、加强对外交往，推动政协外事工作。1.邀请尼泊尔驻拉萨总领事馆主要官员旁听政协九届四次会议开幕会。2.2011年6月，配合全国政协外事委，接待了越南祖国阵线委员会副主席陈黄探先生率领的越南祖国阵线代表团和罗马尼亚参议院外事委员会主席蒂图斯·科尔勒采恩率领的罗马尼亚参议院外事委员会代表团。3.2011年9月、11月，应我驻意、英使馆和韩中佛教文化交流协会的邀请，协调组织自治区政协代表团赴意大利、英国、韩国进行访问。

文史资料学习委员会　一、抓住重点，认真搞好调查研究。组成调研组赴部分地、县政协和统战部等10余个单位，就文史资料工作和委员培训情况进行了调研，形成了《关于赴山南、林芝地区政协的调研报告》，并与地、县政协达成了联合出书的意向。二、文史资料工作。1.积极开展文史资料的征集工作。一年来，共征集文史资料汉文稿件约18万字。2.文史资料的编辑出版工作。2011年，完成了《藏族风俗一百例》、《雪域白衣天使》两本书的图片搜集、编排和终审，现已交付印刷。藏文版将翻译出版《1959年平息西藏武装叛乱纪实》。上述三本书将在2012年年初完成出版印刷任务。3.配合全国政协文史馆做好馆藏物件的收集工作。4.参加全国和地方有关的文史工作会议，加强与兄弟省区市政协的交流。

科教文卫体委员会　一、组织视察调研我区农牧科技工作情况。2011年4月下旬开始，组织由部分农业、科技界政协委员、专家及领导参与的视察调研组，深入自治区科技厅、农牧厅、农科院及拉萨市、山南地区科技试验示范园区。开展调研，提出了关于建立政府科技专项经费，设立科技专项基金，进一步加大农牧科技经费投入；建立完善农畜产品质量安全检测体系，全程跟踪农畜产品安全质量；加大农牧科技成果推广和服务体系建设力度；加大科技宣传力度，多渠道、有针对性地宣讲农牧科技知识，不断提高广大农牧民群众的科技意识等方面的建议。二、组织视察调研我区矿产资源科学开发和综合利用的情况。2011年6月上旬至7月中旬，组织自治区工信、国土、科技、地勘部门的领导、专家及部分区政协常委和部分地市、县政协委员，深入到3个地市、11个县、13家企业、14个采（选）矿厂，对我区矿产资源科学开发、综合利用情况进行了实地调研。10月28日至11月10日，前往安徽铜矿、江西铜业等全国最大的铜冶炼中心考察学习。三、参加全国政协科教文卫体委员会的调研课题。

人口经济资源环境委员会　一、充分利用提案建言献策。在九届四次会上委员会与工商界、经济界、农业界的委员共提出59件提案，比2010年增加了9件，提案内容主要涉及交通能源、特色产业、农牧区基础设施建设、社会稳定、非公经济发展、生态建设、信息等问题。其中3件提案被选为重点提案，占重点提案总数的33.33%。二、认真开展委员视察。联合相关专委会负责人组成视察组，先后深入到拉日铁路、旁多水利枢纽工程、拉贡高速公路建设现场进行视察。通过实地察看、听取介绍和召开座谈会，委员们在肯定成绩的同时对今后改进工作方面提出了10条建议。三、深入开展调研。会同民族和宗教委员会和拉萨、日喀则、山南、林芝等地（市）组成联合调研组，先后深入四地（市）15个县（市），对我区太阳能及其产品推广利用、民族手工业发展和人口较少民族地区经济社会发展情况及民生问题进行深入的调查研究，形成了三份调研报告，提出了22条建议。四、加强横向联系，不断拓宽视野。在政协领导带领下，与民族和宗教委员会组成联合考察组，赴河北、山东两省就太阳能开发和产品利用以及农田水利设施建设方面进行了考察学习。

【重要活动】自治区政协举行迎藏历铁兔新年茶话会　2月24日，自治区政协举行各族各界迎2011年藏历铁兔新年茶话会，自治区党政军领导和各族各界人士欢聚一堂，共庆佳节，共叙友情。自治区党委副书记、自治区常务副主席郝鹏，自治区党委常委、西藏军区司令员杨金山，西藏军区政委郎友良，自治区党委常委、自治区常务副主席吴英杰，自治区党委常委、纪委书记金书波，自治区党委常委、秘书长公保扎西，自治区党委常委、拉萨市委书记秦宜智出席茶话会。自治区政协副主席策墨林·单增赤列在茶话会上致词。自治区政协副主席刘庆慧主持茶话会。自治区领导和各族各界人士互献哈达，互致节日问候。

区政协机关召开传达学习胡锦涛总书记在参加十一届全国人大四次会议西藏代表团审议时的重要讲话精神大会　3月12日，区政协机关召开传达学习胡锦涛总书记在参加十一届全国人大四次会议西藏代表团审议时的重要讲话精神大会。自治区政协党组成员、副主席刘庆慧出席会议并讲话。

会上传达了胡锦涛总书记在参加十一届全国人大四次会议西藏代表团审议时的讲话。大家一致认为，胡锦涛总书记连续19年来到西藏代表团，看望各位人大代，参加西藏代表团审议，并作重要讲话，这使全区各族干部群众倍感振奋、深受鼓舞；这充分体现了党中央和总书记始终对西藏工作的高度重视，充分体现了党中央和总书记始终对西藏各族人民的特殊关爱和亲切关怀；学习好、领会好、贯彻好胡锦涛总书记的重要讲话精神对于我们进一步坚定信心、鼓舞斗志，在新的历史起点上继续做好西藏发展稳定的各项工作，进一步做好我区政协工作，为促进经济社会跨越式发展和长治久安，建设团结、民主、富裕、文明、和谐的社会主义新西藏具有重大而深远的意义。

政协九届四次会议委员意见建议办理答复情况通报会在拉萨召开 5月9日，政协九届四次会议委员意见建议办理答复工作情况通报会在拉萨召开。每年政协会议结束后，区党委、政府以及自治区政协都及时召开会议，集中交办会议期间委员提出的意见建议，这是加强委员意见建议办理工作的一项有效的制度和措施。今年的办理答复工作呈现出领导重视，办理工作的组织程度不断提高；创新方法，办理工作规范化程度不断提高；加强督查，办理工作实效不断提高；夯实基础，办理工作水平不断提高四个方面特点。会议强调，各地各部门要进一步支持广大委员履职尽责，形成推动工作的合力，各级政协组织要认真贯彻落实张庆黎书记关于政协工作的一系列重要讲话精神，在为委员履职创造条件方面做出更大努力。做好意见建议的办理和答复工作关乎人民群众的切身利益，关乎我区经济社会跨越式发展全局，在今后的办理工作中，一定要在思想上高度重视，工作中统筹推进，落实中密切协作，积极探索新思路新办法新途径，积极向委员合情合理地答复，真正做到让委员满意，让群众满意。

西部十二省区市政协第十四次社会和法制工作研讨会在拉萨举行 6月10日，西部十二省区市政协第十四次社会和法制工作研讨会在拉萨举行，会议紧紧围绕如何做好经济社会发展服务等方面进行了交流研讨。全国政协社会和法制委员会副主任张穹发表讲话。自治区党委常委，区政协党组书记、副主席巴桑顿珠致辞，代表自治区党委、政府、政协对会议的召开表示祝贺。自治区副主席丁业现介绍我区区情及经济社会发展情况。区政协副主席兼秘书长罗松多吉主持会议。甘肃省、重庆市、青海省、广西壮族自治区政协领导出席。巴桑顿珠代表自治区党委、政府、政协对会议的召开表示祝贺。西部十二省区市政协社会和法制委员会及办公室的负责同志参加会议，各省区市政协代表作了大会交流发言。

自治区政协机关举行庆祝中国共产党成立90周年暨西藏和平解放60周年报告会 6月14日，自治区政协机关举行庆祝中国共产党成立90周年暨西藏和平解放60周年宣讲报告会,邀请自治区党校副校长、教授牛治富同志为大家作了题为《西藏和平解放的客观基础和现实意义》的主题宣讲报告。报告深入浅出地讲解了和平解放西藏的客观基础、现实意义和深刻启示，从理论的高度全面分析了和平解放西藏是中国历史及西藏民族历史上一次伟大变革，对大家进一步学习、掌握西藏历史知识和社会发展特点起到了很大的指导作用。

自治区政协机关举行纪念建党九十周年庆祝活动 为隆重纪念伟大的中国共产党诞辰90周年和庆祝西藏和平解放60周年，自治区政协机关于6月28日举行庆祝活动,表彰先进党支部、优秀党员、优秀党务工作者，重温入党誓词、唱红歌。机关全体党员面对鲜红的党旗，重温入党誓词。机关各党支部代表作交流发言，回顾总结党支部一年来在思想建设、组织建设、作风建设、制度建设和反腐倡廉等方面取得的成绩和经验，查找了存在的不足，并结合实际提出了新的工作目标和要求。一首首红歌唱出了区政协机关干部职工对党、对社会主义祖国的无限热爱，讴歌了在党中央、国务院的关心和全国人民的无私支援下社会主义新西藏取得的伟大成就，憧憬西藏幸福美好的明天。

自治区政协党组理论学习中心组学习胡锦涛总书记在庆祝中国共产党成立90周年大会上的重要讲话精神 7月6日，自治区政协党组理论学习中心组召开专题学习会，学习胡锦涛总书记在庆祝中国共产党成立90周年大会上的重要讲话精神。自治区政协党组各位领导紧密结合思想实际和自治区政协工作实际，畅谈各自的学习体会。会议要求，全区各级政协组织要及早缜密安排部署，采取集中学习、座谈交流，专题辅导、撰写学习体会等有效形式，把学习胡锦总书记重要讲话精神落实到政协各项工作中，让政协工作更加贴近中央、区党委的要求，更加贴近人民群众的期望，更加贴近政协委员的意愿；要始终坚持党的领导，牢牢把握政协工作正确的政治方向，更加紧密团结在以胡锦涛同志为总书记的党中央周围，在区党委的坚强领导下，发挥人民政协不可替代的重要作用，为建设团结、民主、富裕、文明、和谐的社会主义新西藏做出新的更大贡献。

陈全国书记莅临区政协调研并看望干部职工 8月28日上午，区党委书记陈全国莅临区政协调研并看望干部职工。全国政协副主席、自治区政协主席帕巴拉·格列朗杰及区政协各位副主席出席。陈全国书记代表区党委、政府和个人，向帕巴拉·格列朗杰主席、各位副主席、秘书长、机关的同志们以及全区政协系统的同志们表示亲切的慰问和崇高的敬意！巴桑顿珠副主席受帕巴拉·格列朗杰主席委托，代表自治区政协和全区政协委员、政协工作者，向陈书记表示热烈欢迎和衷心感谢！

全区政协贯彻落实中央《意见》和区党委政协工作会议精神经验交流会在拉萨举行 9月19日至20日，全区政协贯彻落实《中共中央关于加强人民政协工作的意见》和区党委政协工作会议精神经验交流会在拉萨举行。自治区党委副书记、自治区常务副主席郝鹏出席闭幕会并讲话。自治区党委常委，区政协党组书记、副主席巴桑顿珠，自治区党委常委、区政协副主席、区党委统战部部长齐扎拉分别主持开幕和闭幕会议。郝鹏要求，各级政协组织服务大局要有高度，在促进发展、维护稳定上有新突破；建言献策要有深度，在求真务实、提高实效上有新突破；民主监督要有力度，在反映民意、维护民利上有新突破；团结合作要有广度，在拓展领域、凝聚力量上有新突破；自身建设要有强度，在健全制度、提高能力上有新突破。巴桑顿珠指出，全区各级政协组织要继续抓好中央《意见》和区党委实施意见的贯彻落实；抓住履职尽责的重点，创新方式，丰富内容；努力提升政协工作科学化水平，奋力推进我区政协事业再创新业绩。会上，区政协和七地（市）及部分县政协交流了好经验好做法。

【重要文件】常委会工作报告（2011年1月8日）（摘要）一、2010年工作回顾。1.思想政治教育取得新进展。2.服务科学发展做出新贡献。一是围绕党委、政府工作大局履职尽责。提出提案309件，并及时办理、督促落实，充分体现了广大政协委员参政议政的热情和积极性。抓住重大事项提出建议，全年共提出各种意见建议243条，充分体现了广大政协委员对我区重大事项的高度关注。去年共向全国政协提交32件提案，引起中央有关方面的高度重视。二是围绕科学编制“十二五”规划建言献策。为我区生态安全屏障建设提出了7个方面、21条意见建议。去年7月，西藏政协与全国政协经济委员会、人口资源环境委员会联合主办了“政协2010西藏经济发展论坛”，与会知名专家学者围绕加大宏观调控力度、构建西电东送接续能源基地、构建高原生态安全屏障、发展特色优势产业、基本公共服务均等化、西藏原生态环境保护重在能力建设等重大问题建言立论，为区党委、政府决策提供了重要参考，有的意见已体现在“十二五”规划建议中。三是围绕重点难点问题开展视察调研。全年共提交视察调研报告15篇，提出意见建议113条，涉及改善民生、新农村建设、小城镇与城市建设、综合交通运输体系建设、发展特色优势产业、藏医药事业、矿产资源开发与管理、文化教育、寺庙爱国主义教育和法制教育、发展旅游产业的体制机制等方面的内容。其中，我区政协“藏医药事业发展课题调研报告”的成果被全国政协采纳，形成了“关于进一步促进藏医藏药事业发展的意见和建议”报送国家有关部门，受到高度重视。《西藏自治区人民政府关于进一步扶持和促进藏医药事业发展的意见》也采纳了该调研报告的大多数意见建议。四是围绕重大项目建设开展民主监督。组织政协委员深入中国人寿保险西藏分公司、中国人保西藏分公司、拉萨电业部门、昌都交通运管等部门开展专项视察，履行人民政协的民主监督职能。联合青海省政协考察了青藏铁路西藏段沿线生态环境保护、铁路建成后产生的经济社会效益以及路风、行风等，对相关问题提出了意见建议。由区政协领导率领视察组对前两年区政协提出的“两基”教育、拉萨“3·14”事件中拉萨市中小学遭受损失及教学恢复情况、高等教育、藏医药业发展等调研报告所提意见建议的采纳落实情况开展回头看，有效推进了意见建议的落实。围绕打造世界旅游目的地，组织区地（市）县三级政协委员和相关部门领导开展视察监督，对拉萨老城区超高超限违章建筑和文物古迹周边不协调的建筑设施及时提出了批评意见，自治区主要领导给予充分肯定，要求有关部门专题研究，切实加以改进，对于保护拉萨历史文化名城的原貌起到了推动作用。五是围绕发展成就展开宣传。根据全国政协的安排，在区党委、政府的大力支持下，常委会精心组织各方力量，率团积极参与去年7月在京举办的“西部大开发10周年生态环境与人居环境成就展”。西藏展区以其独特的设计、合理的布局、鲜明的特色、恢宏的气势，并通过典型的实物、优美的图片、生动的文字、精彩的解说，较全面地展示了我区新农村建设和生态环境建设取得的巨大成就，引起各方的广泛关注和高度赞誉，得到了贾庆林、王刚、回良玉等党和国家领导人的一致肯定和高度评价，被组委会授予“挺拔之美奖”，为我区赢得了荣誉，得到区党委的充分肯定。3.促进和谐稳定取得新成效。一是坚定不移贯彻维稳方针。二是充分发挥特殊优势作用。深入拉萨、那曲、昌都、林芝四地市八县40座寺庙，宣讲中央第五次西藏工作座谈会精神和党的民族宗教政策以及国家宗教法规，使党的方针政策深入人心，受到广大僧尼的一致拥护。一年来，积极反映各民族、各宗教、各团体、各阶层的利益诉求，收集、整理、报送社情民意62条，积极稳妥地处理政协委员和群众来信来访23件。宣传了政策、掌握了情况，提出了建议，发挥了联系群众、增进共识、凝聚人心、汇集力量的作用。三是稳步推进外宣工作。邀请尼泊尔驻拉萨总领事馆主要官员旁听政协九届三次会议开幕会，参与瑞士、日本、美国进藏访问团接待工作，让国外友人亲身感受我区经济发展、社会进步、人民安居乐业的美好生活，并通过他们和媒体向世界宣传真实的西藏。4.专项工作富有新成果。一是支持专委会开展专项工作。首次召开全区政协提案工作经验交流暨表彰会议，认真贯彻全国政协第六次提案工作座谈会精神，总结我区提案工作经验，表彰优秀提案、提案工作先进单位和个人，进一步完善做好提案工作的思路和措施，有力地推进了我区提案工作。二是认真完成全国政协和区党委、政府交办的专项工作。三是切实加强区内外政协间的交往。5.自身建设呈现新气象。一是注重发挥“四位一体”综合作用。二是高度重视“三化”建设。二、2011年的主要工作部署。1.学习科学理论，打牢服务科学发展的思想基础。2.把握核心要求，紧扣推进跨越式发展履职尽责。3.牢记责任使命，紧扣推进长治久安履职尽责。4.坚持统筹兼顾，推进各项工作协调发展。5.加强自身建设，提高政协工作科学化水平。

【领导人名录】
主席：帕巴拉·格列朗杰
副主席：巴桑顿珠、齐扎拉、
珠康·土登克珠、金毅明（汉族）、
乔元忠（汉族）、策墨林·单增赤列、
白玛才旺、刘庆慧（汉族）、罗松多吉、
白玛朗杰、索朗卓玛（女）、央金（女）、
洛桑久美、宗洛·向巴克珠、萨龙·平拉
秘书长：罗松多吉（兼）

群众团体、工商联

自治区总工会

【年度综述】2011年，全区各级工会在自治区党委和全国总工会的坚强领导下，按照“促进发展，维护稳定，促进和谐，保障民生，履行职责，提升能力”的西藏工会工作思路，坚持走中国特色、西藏特点的发展路子，牢牢把握工会正确的政治方向，扎实推进“组织起来、切实维权”工作方针和“两个普遍”的落实，团结动员广大职工为推进跨越式发展和长治久安建功立业。1.切实加强对职工群众的思想政治教育，确保职工队伍团结稳定。各级工会按照全总和区党委的要求，组织职工认真学习贯彻党的路线、方针、政策，并结合建党90周年、西藏和平解放60周年一系列庆祝活动，在全区职工队伍中开展了“全区职工队伍矛盾纠纷排查化解工作调研”和“全区职工队伍稳定情况调研”工作，掌握了职工队伍的一些基本情况和职工的生产生活情况，为工会组织团结各族职工服务大局，维护职工队伍稳定奠定了基础。2.围绕经济建设中心任务，引导广大职工发挥主力军作用。围绕中心、服务大局，紧密结合全区经济发展要求，组织区直30多家骨干企业和20家中直企业的两万余名职工参加了技能竞赛活动；举办了首届餐饮业从业人员技能大赛和首届气象行业职工天气预报技能比赛，七地市均派出业务尖子参加比赛，促进了职业技能的提高。3.协助党政解决职工群众的生产生活问题。全区各级工会积极开展以“心系职工情，温暖进万家”为主题的系列帮扶活动。协助党委、政府开展“三大节日”送温暖慰问活动，慰问困难职工、失业职工、离退休职工、劳动模范等8212（户）次，投入资金1932.58万元；举办各类失业人员职业技能培训班51期，培训4130人（次），累计投入资金264万元；积极开展“金秋助学”帮扶活动，为465名企业困难职工子女发放资助金109万元；在首次开展的金秋助学二次救助活动中共资助477名特困生，发放资助金117.7万元；开展医疗救助活动，为856名患大病的困难职工发放医疗救助金506.9万元；深入日喀则、山南地震灾区开展调研慰问活动，向受灾职工发放122万元慰问和救灾资金；大力实施女职工“关爱行动”，投入75.5万元，对1060名困难女职工进行了帮扶救助和“两癌”检查，对患有“两癌”的女职工给予了帮扶救助。

【自治区总工会召开八届四次全委会议】2月23日上午自治区总工会八届四次全委会在拉萨召开。会议深入学习贯彻党的十七届五中全会、中央第五次西藏工作座谈会和区党委七届七次全委会及全区经济工作会议、全总十五届五次执委会议精神，认真总结2010年全区工会工作，研究部署2011年工作任务。自治区党委常委、秘书长公保扎西出席会议并讲话。自治区副主席董明俊出席会议，自治区总工会党组书记、常务副主席董春德作了题为《抓住机遇，乘势而上，团结动员全区各族职工为实现“十二五”规划目标任务建功立业》的工作报告。自治区总工会副主席王登皋传达了《中央书记处关于工会工作的几点指示》，自治区政协副主席、自治区总工会主席央金主持会议。公保扎西指出，过去一年和整个“十二五”时期，全区各级工会组织在全总和区党委的正确领导下，在主动维权、依法维权、科学维权上取得了新突破，在扶贫济困、改善民生上取得了扎实成效，在反对分裂、维护祖国统一和民族团结上树立了良好形象。公保扎西强调，各级工会一定要把握形势任务，进一步增强做好工会工作的责任感和使命感，进一步激发各族职工的劳动热情和创造活力，充分发挥他们在推进科学发展、跨跃式发展中的主力军作用；进一步激发各族职工的爱国热情，充分发挥他们在维护民族团结、促进社会稳定中的主力军作用；进一步深化工会工作是党的群众工作重要组成部分的认识，切实提高做好群众工作的能力和水平，创新工作方式方法，整合社会资源，理顺工作关系，全力服务广大职工群众，共同开创全区工会工作新局面。董春德书记所作的工作报告客观总结了2010年全区工会工作，深刻分析了2011年工会工作面临的机遇和挑战，并根据形势提出了全区工会工作思路和工作重点。全区七地市工会负责人、区（中）直产业（系统）工会、各机关工会的负责人和部分企事业单位工会的负责同志约160人参加了会议。

【自治区非公有制企业工会联合会成立】1月6日召开西藏自治区非公企业工会联合会第一次会员代表大会，正式选举产生了工会联合会领导班子，自治区总工会党组书记、常务副主席董春德、自治区工商联党组书记、副主席徐飞、自治区工商联主席阿沛·晋源等领导出席大会讲话。自治区总工会党组书记、常务副主席董春德在讲话中，代表自治区总工会对非公企业工会联合会的成立，表示热烈的祝贺，并围绕充分认识新形势下加强非公企业工会工作的重要意义、从实际出发，明确工会组织的基本职责、充分发挥工会联合会的优势，团结动员各族职工为经济建设建功立业等三个方面提出了要求。他指出，非公企业工会联合会要充分发挥企业工会具有密切联系职工群众、熟悉企业特点，处在维护职工合法权益、促进企业健康发展的第一线，在服务科学发展，服务职工群众方面有着独特的优势。要按照“围绕企业生产经营，依法履行维护职工合法权益”的基本职责开展工作，不断增强工会组织的活力，发挥工会组织的作用，不断提高工会服务科学发展、服务职工群众的能力和水平，真正把工会组织建设成为科学发展的有力推动者、和谐社会的积极促进者、广大职工信赖的"职工之家"。

董春德书记强调，要按照《工会法》、《中国工会章程》、《企业工会工作条例》等法律法规赋予工会组织的职能，努力做好维护职工合法权益的工作，积极参与协调企业劳动关系和协调劳动争议，创建和谐劳动关系。指导企业工会开展职工培训，技术比武，岗位练兵和劳动竞赛活动；协助和督促企业做好工资、劳动安全、食品卫生等方面的工作，不断促进企业健康发展。自治区工商联党组成员、副主席旺堆同志代表工商联党组对选举产生的工会联合会今后的工作提出了要求。

【自治区表彰全区劳动关系和谐企业先进单位】2月23日下午，全区创建劳动关系和谐企业活动表彰大会在拉萨召开，会议回顾总结创建活动开展四年来的经验，隆重表彰荣获"全区劳动关系和谐企业先进单位"称号的8家单位。自治区副主席董明俊，自治区政协副主席、区总工会主席、自治区创建劳动关系和谐企业活动领导小组组长央金出席会议并给获奖单位授牌颁奖。全区创建劳动关系和谐企业活动以来，各地（市）、各单位切实加强对活动的组织领导，按照实施意见和评选办法的要求，在全区各类企业中广泛开展创建活动，取得了显著成效。西藏特色产业股份有限公司等8家企业从全区近50家候选企业中脱颖而出，获得了"全区劳动关系和谐企业先进单位"的殊荣。会议要求全区各级工会、各有关部门要进一步统一思想、提高认识，不断增强开展创建活动的责任感和使命感；要扩大规模，注重实效，全面提高创建活动整体水平。区总工会、区人力资源和社会保障厅等6家成员单位有关领导，以及各地（市）、各产业（系统）工会、区（中）直单位工会代表等共计150余人参加了会议。

【自治区总工会开展2011年"春风、春暖行动"】4月8日，2011年拉萨地区"春风、春暖行动"启动仪式在拉萨市达孜县举行，区人力资源和社会保障厅、总工会、国资委、妇联、工商联以及拉萨市、达孜县等相关部门领导出席了仪式，并视察了用人单位招聘会现场。此次活动，以搭建劳务对接平台，帮助农民工尽快实现就业，推动劳动合同签订为主题，共有17家用人单位为进城农牧民、困难职工子女和高校毕业生等各类求职人员提供了1146个就业岗位。

【自治区总工会慰问拉日铁路一线职工】在"五一"国际劳动节即将到来之际，由自治区副主席董明俊，自治区政协副主席、自治区总工会主席央金率领区总工会法律与保障部、宣教部、自治区人民医院、藏医院的专家以及拉萨市远大农民工艺术团的演职人员前往"拉日铁路"在拉萨河特大桥施工的中铁八局二分部，中铁十九局一、二分部，代表自治区党委政府举行"奉献工程建设，争当五一先锋"为主题的慰问活动，向奋战施工现场的一线干部职工进行慰问，为他们带去节日祝福和问候。活动由央金主席主持，常务副总指挥长付国成致辞及简要介绍拉日铁路施工现状并接受慰问物资交接；董明俊副主席作了热情洋溢、鼓舞人心的讲话。随后进行文艺演出，一线员工还与在场的所有人员互动演唱了"团结就是力量"。演出结束后，在场领导与职工代表和演员代表合影留念。参加慰问活动现场的职工近300余人。慰问活动包括送物资（米、面、油、蔬菜、水果、饮料价值4万元），送法律法规（《工会法》、《西藏自治区实施<工会法>办法》、《劳动法》、《劳动合同法》、《西藏自治区职工代表大会条例》、《劳动争议调解仲裁法》等6种）、抗高原反应知识、西藏民俗礼仪宣传册或单子（4800余份），义诊送医送药（藏、西药价值2万余元）和文艺演出。

【全国"五一"劳动奖状奖章和全国工人先锋号颁奖大会召开】4月29日，西藏自治区在拉萨隆重召开庆祝"五一"国际劳动节暨全国"五一"劳动奖状、奖章和全国工人先锋号颁奖大会。自治区党委书记张庆黎，区党委副书记、自治区主席白玛赤林，自治区人大副主任周春来，自治区副主席董明俊，自治区政协副主席、区总工会主席央金，自治区政府党组成员、秘书长高扬出席大会。自治区总工会及自治区相关各厅局领导，各地（市）、区（中）直产业（系统）相关单位负责人及获奖代表近200人参加了颁奖大会。自治区党委常委、组织部部长尹德明主持会议。会上，自治区党委副书记、主席白玛赤林代表自治区党委、政府发表重要讲话。他充分肯定了获得全国五一劳动奖状、全国五一劳动奖章和全国工人先锋号荣誉称号的先进集体、先进个人和先进班组在全区经济发展和社会进步中做出的积极贡献和发挥的重要作用。要求各级党委、政府要站在党和国家事业全局的高度，把劳模工作摆在更加重要的位置，突出做好劳模工作，切实维护好劳模各项权益；要大力弘扬劳模精神和工人阶级伟大品格，广泛宣传职工群众当中的先进集体、先进个人，积极选树劳动模范和先进工作者，突出宣传创新型劳模的优秀典型，在全社会形成学习先进、争当先进、赶超先进的热潮，奏响"劳动光荣、知识崇高、人才宝贵、创造伟大"的时代旋律，使劳模精神在推进西藏跨越式发展和长治久安的伟大实践中不断发扬光大，使劳模的优秀品格成为激励全区各族职工群众奋发向上、建功立业的精神动力。

自治区政协副主席、区总工会主席央金同志宣读了中华全国总工会表彰的决定。出席会议的自治区领导为荣获全国五一劳动奖状、奖章和全国工人先锋号的先进集体和个人颁发了奖牌、证书、奖金。会后，出席会议的自治区领导还与全体获奖代表合影留念。2011年全区共表彰全国"五一"劳动奖状5个、奖章11名，全国工人先锋号10个。

共青团西藏自治区委员会

【年度综述】2011年，在区党委和团中央的领导和关怀下，全区各级团组织以推进跨越式发展和长治久安为主题，紧紧围绕我区"十二五"规划的实施，坚持加强青少年思想引导和服务青少年成长发展需求两条主线，坚持全团目标一致、行动一致不动摇，坚持强化工作牵动力、普遍性和有效性不动摇，坚持面向基层、服务基层不动摇，认真履行团的四项基本职能，扎实推进团的各项工作和建设。

【思想引导持续深入】以纪念建党90周年、西藏和平解放60周年为重要契机，以“我与祖国共奋进，我与西藏同发展”为统揽，广泛开展形势政策宣传，“学党史、知党情、跟党走”，“民族团结代代传”等青少年爱国主义、民族团结和反分裂斗争主题教育实践活动。全年各类活动覆盖青少年60余万人次。推进青年马克思主义者培养工程，采取理论学习、座谈研讨、成果展示等形式，培训大学生骨干3000余人。深化分类引导青年试点工作，深度访谈240名藏族青少年，形成《西藏青少年受宗教信仰影响和抵御分裂渗透思想状况深度访谈报告》。启动“青春牵手新西藏—百名青联委员牵手千名青少年”行动，面向重点青少年群体开展面对面、手拉手思想引导。继续开展青年五四奖章、各族青年团结进步奖等评选表彰活动，有效发挥典型引路作用。

【服务青年扎实有效】争取落实各类经费1660余万元，建设11个“西藏希望工程苗圃职业教育培训基地”，支持73个团县委实施小型就业创业项目，培训青年农牧民4100人，转移就业3045人，建设13所希望小学及其附属设施和9个“红领巾快乐空间”，资助814名优秀贫困大中小学生顺利完成学业。建设41个共青团青年就业创业见习基地，见习上岗989人，正式聘用526人。联合有关金融机构，向135名青年农牧民发放小额贷款314.3万元，带动就业人数604人，稳步开展农牧区青年创业就业小额贷款和信用示范户试点工作。组织150名基层团干部、农牧区青年致富带头人和藏传佛教青年代表人士出访有关国家和港澳地区、赴兄弟省市学习交流考察。抓住全国大学生志愿服务西部计划确立“服务西藏”专项的机遇，逐步扩大西藏实施规模，全区招募志愿者从2010年的240人增至405人，志愿者日常教育管理、服务指导取得实效。扎实做好以庆祝西藏和平解放60周年活动为重点的各类重大活动志愿服务工作，积极参与深圳大运会志愿服务，专业志愿者队伍建设迈出新步伐。

【青少年维权力度不断加强】在拉萨市和8个县稳妥开展社会闲散青少年等六类重点青少年群体教育帮助和预防犯罪试点，努力探索共青团参与社会管理创新切入点。发挥预防和未保工作体制优势，编写《西藏自治区青少年法律知识读本》和《西藏自治区未成年人自护知识读本》，重启青少年维权岗活动，不断完善我区预防和维权工作格局。开展“青春与法同行”—青少年法律大课堂集中行动和校园巡讲等法制宣传教育活动300余场次，覆盖青少年30余万人次。积极开展“丰富新生代农民工精神文化生活”主题调研和建言献策活动，逐步规范和延伸“共青团与人大代表、政协委员面对面”活动制度和范围。大力开展“共青团关爱农民工子女志愿服务活动”，捐赠50余万元资金物资，结对帮扶农民工子女3000余人。

【基层团建和基层工作大力推进】以乡镇街道团组织格局创新为重点的基层团建工作取得新突破。全区73个县全部完成县级团委换届，全区团县（市、区）委以集中换届为主要形式，逐步建立健全团的县级委员会，692个乡镇（街道）全部开展基层团组织格局创新工作，村（居）基本实现团支部书记进“两委”班子或由“两委”班子成员兼任。在122个非公经济组织和9个新社会组织、农牧民专业合作经济组织建团，建立60个地县及其直属机关青年工作委员会，团的基层组织网络进一步健全。采取多种形式培训专（兼）职团干部和少先队辅导员3000余人次，新任职团县委书记培训率80%以上，进一步加大对新任职乡镇（街道）团组织书记培训力度。衔接派驻41名区内外高校团干部到县级团委挂职。团的各级领导机关在物质支持、工作下移、人员交流、工作研究、长效机制等方面，进一步加大对基层政策、资金、项目的倾斜支持力度。整合各方资源，落实资金3190万元，全面推进区地两级青少年活动中心建设。

【深入开展创先争优活动】坚持党群共建创先争优，广泛开展公开定岗定责、评先选优、业务技术比武等活动和党团员统一公开承诺、无职党团员设岗定责等工作，积极推动党团思想共建、组织共建和阵地共享。积极参加全区“基层建设年”和创先争优强基惠民活动，全区292名团干部加入242个驻村工作队，大力开展加强村级组织建设、维护社会稳定、寻找致富门路、开展感恩教育、为群众办实事解难事等工作。

青年文明号、保护母亲河、“三下乡”、“成才杯”、编撰西藏共青团志等工作取得新进展。

自治区妇女联合会

【年度综述】2011年，全区各级妇联认真学习贯彻党的十七届六中全会、自治区第八次党代会和中央第五次西藏工作座谈会精神，深入贯彻落实科学发展观，坚持围绕中心、服务大局，立足本职、服务妇女，以深化“坚强阵地”和“温暖之家”建设为目标，以维护社会和谐稳定为重点，以参与社会管理创新为主题，以“发展和维权”为抓手，突出组织、宣传、联系、服务职能，圆满完成了八届三次执委会议提出的目标任务，各项工作取得了显著成绩。

【妇女群众思想政治工作扎实深入】各级妇联始终把维护和促进社会稳定作为第一政治责任，教育引导全区广大妇女牢固树立稳定压倒一切的思想，团结带领广大妇女在维护稳定工作中发挥了独特作用。一是首次在北京成功举办格桑花开—西藏妇女60年影像纪实展，向国内外充分展示了西藏各族各界妇女的新生活、新发展、新变化，展示了蓬勃发展的西藏妇女事业。二是首次尝试与部门之间横向联合表彰，在“三八”妇女节101周年之际，联合区政法委、文明办召开全区优秀女干警、十佳女干警、十佳警嫂表彰大会，引导广大女政法干警、警嫂和广大妇女为我区社会和谐稳定做出更大的贡献。三是举办以“宣传党的宗教政策 促进社会和谐稳定”为主题的全区第五期尼姑培训班，拉萨、那曲、昌都、阿里4个地（市）11个县的20名尼姑参加了培训，组织学员赴北京、四川考察学习，期间在北京安排了健康检查，各地妇联均开展了此项工作，成效显著，受到广大尼姑的好评，表示要爱国爱教、遵纪守法，坚定跟党走。四是以召开座谈会、知识竞赛、唱红歌、报告会、文体活动等形式，隆重庆祝建党90周年、西藏和平解放60周年和西藏百万农奴解放纪念日。开展“颂党恩、跟党走、做党的好女儿”、“学党史、讲传统”、“民族团结月”主题活动和“平安家庭”创建活动等，编辑出版西藏和平解放60周年献礼图书《帕拉女奴的今昔生活》，回顾西藏历史变迁及取得的辉煌成就，用新旧社会的鲜明对比，教育各族妇女充分认识“团结稳定是福、分裂动乱是祸”的道理。五是加强未成年人思想道德教育。开展以“童心向党，健康成长”为主题的庆“六一”系列活动。区党委常委、组织部部长尹德明高度重视，亲自协调，自治区党委、政府主要领导分别到拉萨市堆龙德庆县中心幼儿园和达孜县完全小学、镇江幼儿园，亲切看望少年儿童。开展“恒爱行动”，各地妇联和区直妇委会组织广大妇女为孤残贫困儿童编织爱心毛衣，使1000名儿童受益。借助家教示范基地、家长学校，传播科学育人知识，提高家长素质，促进未成年人的思想道德教育建设。

【统筹城乡妇女发展工作取得新进展】紧紧围绕区党委、政府中心工作，坚持把统筹城乡妇女发展放到经济发展的全局中去推进，强化服务、创新实践，引领各行各业妇女立足岗位、创先争优。一是推进妇女小额担保财政贴息贷款工作。在拉萨市开展试点并及时启动此项工作，区财政设立专项担保基金1000万，发放贴息贷款152.5万元，得到中央财政贴息5.9万元。在总结试点工作的基础上，区人民政府同意批转财政厅等5家单位《关于转发〈关于西藏自治区城乡妇女小额担保财政贴息贷款的实施意见〉的请示》的文件，今年将在全区推广。二是举办“春风系列行动”。开展以送政策、送技能、送服务、送岗位为重点的妇女创业就业扶持行动。加大就业政策法规的宣传，为4000余名妇女提供咨询服务。三是开展教育培训工作。制定《2011年全区农牧民妇女培训计划》，多渠道争取培训资金180多万元，开展竹器、藏式毛毯编织、宾馆礼仪、种植、养殖、羊毛染色、驾驶等技能培训和引导性培训。共举办培训60多期，培训农牧民妇女近万人。学员们纷纷表示：通过培训，使自己掌握了实用技术，为今后依靠专长开辟致富门路奠定了基础。四是深化“双学双比”、“巾帼建功”活动。组织城乡妇女开展“三八绿色工程”活动，参与我区林业建设，协调落实拉萨市堆龙德庆县柳梧乡桑达村全国“三八绿色工程”示范基地项目资金10万元，自治区副主席德吉出席该村示范基地揭碑仪式。对2001-2010年全区“三八绿色工程”情况进行统计，十年来，妇联和林业部门发动27万名妇女参加义务植树，营建国家级“三八绿色工程”示范基地10个，总面积1770亩；区、地、县级“三八绿色工程”示范基地132个，总面积5000多亩，1500多名妇女获得绿色证书，6.8万人（次）妇女参加林业技术培训。开展纪念“巾帼建功”活动20周年系列活动，组织参加“全国家庭服务职业风采大赛”，西藏代表队获得优秀组织奖，格桑玉珍等三名选手获得“优秀家庭服务员奖”。我区高原生物研究所组培研究室等30家单位获得“全国巾帼文明岗”荣誉称号，周世英等10人获得“全国巾帼建功标兵”荣誉称号，刘晓娟等3人获得巾帼建功活动先进工作者荣誉称号。在城镇窗口单位和服务行业开展“服务创一流、巾帼展风采”、“追求幸福力”活动。区直机关妇工委、妇联团体会员组织各行业妇女开展演讲、歌咏比赛、卫生保健知识讲座、优秀女性论坛、岗位竞赛、爱心捐款等活动，激励广大妇女立足岗位，建功立业。

【服务和改善妇女民生工作全面推进】一是做好新一轮妇女儿童发展规划的编制工作。在我区实施2001-2010年妇女儿童发展纲要终期评估工作的基础上，编制完成《西藏自治区妇女发展规划（2011-2015年）》和《西藏自治区儿童发展规划（2011-2015年）》，经政府批准，已颁布实施。筹备召开妇儿工委全委会和联络员会议。协调统计局完成2010年西藏自治区妇女儿童发展纲要监测年度报告，共同完成《社会进步——西藏篇》的编撰印发。二是加大困难妇女儿童帮扶救助力度。协助区卫生厅开展农村妇女“两癌”免费检查和宣传，2万名妇女接受了宫颈癌检查，2.4万名接受了乳腺癌检查，向我区16名“两癌”患病妇女转发每人1万元的救助金，与财政厅联合转发了《关于印发2011年至2015年中央专项彩票公益金支持农村贫困母亲两癌救助项目管理办法的通知》。做好先心病儿童免费筛查和治疗工作。2011年区财政、中华慈善总会共投入250多万元。根据自治区政府的安排，区妇联协助中华慈善总会、中国武警总医院医疗队一行两次赴藏对拉萨、那曲、日喀则等地的1万多名儿童进行先心病筛查义诊。5月份至今，已有四批90名先心病儿童进京接受了免费治疗。项目的实施，充分体现了党和政府的关心，患儿治愈后将和正常孩子一样健康快乐地学习、生活。三是实施“春蕾计划”。积极争取“春蕾学校”改扩建项目资金150万元，对日喀则、林芝地区3所学校进行修缮，按时落实资助款100万元。首次协调中国空军，从应届优秀春蕾女大学生中招录了5名现役女军官。四是实施“母亲水窖”项目。争取水利厅每年130万元的水窖项目配套资金，组织召开母亲水窖项目评审会，对部分项目进行验收，对新项目进行了评审。五是开展扶贫助困送温暖。在扶贫联系点举办文化科技卫生“三下乡”和扶贫助困活动。向农牧民赠送价值50多万元的生产生活物资，开通“绿色网园”，联系医务人员免费为群众就诊，发放药品，赠送宣传资料。协调落实扶贫项目资金140多万元；组织上海市医疗专家开展送医送药活动；开展结对帮扶，投入价值73万元的资金和物资，慰问贫困户，扶持贫困家庭发展庭院经济和种植、养殖等，加快推进了脱贫致富步伐。第一时间向地震灾区亚东县妇联捐赠10多万元，用于恢复生产、重建家园。

【依法维护妇女儿童权益实现新突破】切实履行代表和维护妇女权益、促进男女平等的基本职能，努力把维权工作落到实处。一是积极参与源头维权。抓住《女职工特殊保护条例》等法规修改完善的契机，重点就家庭暴力、妇女就业、劳动保护等问题提出对策建议。推动将妇女儿童发展的重要指标纳入“十二五”规划。开展第三期中国妇女社会地位调查工作。二是深化法制宣传教育。利用三八维权周、12·1、12·4等节点大力宣传《妇女权益保障法》等法律法规，发放藏汉文宣传册15万份。对“五五”普法工作进行总结，制定了妇联系统“六五”普法规划。三是扎实开展维权服务。推动“12338”妇女维权热线建设。全年共接待来信来访181件，办结满意率达99%。积极发挥人民陪审员的作用，参与审理涉及妇女儿童权益案件，有力维护妇女儿童合法权益。

自治区工商业联合会

【年度综述】2011年，自治区工商联紧紧围绕自治区党委、政府“一个中心、两件大事、四个确保”的要求，团结带领全区广大非公有制经济人士，坚持走中国特色、西藏特点的发展路子，积极投身建设小康西藏、平安西藏、和谐西藏、生态西藏的伟大实践，在原有基础上全面提升了工商联的凝聚力、影响力、执行力，有力促进了“两个健康”。据统计，到2011年底，全区各类非公有制经济市场主体近12万个，其中私营企业（公司）8700个，个体工商户达11.13万户，分别比2010年增长20%、17%；非公有制经济从业人员49.8万人，比上年增长42.4%；非公有制经济上缴税收73.2亿元，比2010年增长1倍，占全区总税收的77%。

【深入贯彻落实“中发16号文件”精神，成功召开全区加强和改进新时期工商联工作暨推进非公有制经济跨越式发展会议】2011年9月，自治区党委、政府隆重召开了全区加强和改进新时期工商联工作暨推进非公有制经济跨越式发展会议（以下简称非公经济发展会议），围绕深入学习贯彻“中央16号文件”精神，进一步加强和改进新时期工商联工作，促进非公有制经济跨越式发展的主题，统一思想、提高认识，号召动员、部署安排，自治区党委书记陈全国同志亲临会议并做重要讲话，提出“政治上放心、思想上放开、政策上放宽、发展上放胆、工作上放手”的工作方针。为推动全区非公有制经济大发展、快发展，区党委、政府先后出台15号、19号两个重要文件，指导促进非公经济跨越式发展。文件围绕加强非公经济发展工作的组织领导、非公经济人士思想政治工作及党的建设、政策措施、发展目标等明确了41条工作内容，强调通过“零注册、轻税赋、强支撑、少检查、重激励”的工作措施积极推动非公有制企业如雨后春笋般涌现、像参天大树般成长，既实现非公有制经济总量扩张，做到铺天盖地，又提升非公有制经济发展质量，做到顶天立地，促进非公有制经济又好又快发展。会议要求各级党委政府和各有关部门在发展目标上解放思想，实现“三个突破”。一是总量上实现突破，到2015年，非公有制经济增加值、上缴税收力争在2010年基础上翻一番以上，年均分别增长15%以上；二是比重上实现突破，到2015年，非公有制经济增加值占GDP的比重、从业人员占二三产业从业人员的比重达到50%以上，上缴税金占税收总额的比重达到80%以上；三是企业规模上实现突破，到2015年，非公有制骨干企业达到100个以上，上市公司达到10个以上。

【精心组织，积极筹备，扎实做好工商联换届筹备工作】一是成立工作机构，进一步强化组织领导；二是制定《西藏自治区工商联（总商会、商会）2012年换届工作实施意见》；三是制定《关于2012年西藏自治区工商联（总商会）换届大会筹备工作安排意见》。目前，换届工作的各项前期准备工作正在有条不紊地开展中。

【加强沟通协调，对口援藏工作成效显著】2011年4月，我区召开七地（市）及部分县级工商联系统援藏工作协调会议，总结交流了工作经验，安排部署了下一阶段援藏工作。同时，圆满完成了第三批挂职锻炼干部的选派工作。选派有关人员组成工作组，前往黑龙江省工商联就对口援藏工作开展联系、协调及部分项目的对接、推荐工作，为两地民营企业人士进行交流、合作搭建平台，争取重点企业、重点项目尽快落地、发展。

【领导名录】
党组书记、第一副主席：徐飞
主席：阿沛·晋源
副主席：旺堆、廖贻东、庄怀忠、李国泰、才旺扎西、尼玛、尼玛扎西、刘建军、多啦、次仁卓嘎、达娃顿珠、林春福、索朗、雷菊芳、管新飞
会长：阿沛·晋源
常务副会长：徐飞
副会长：旺堆、廖贻东、庄怀忠、李国泰、才旺晋美、王斌、白玛江才、边觉伦珠、刘金、次仁多吉、达瓦次仁、达娃旺堆、张廷文、陈建瑶、岳华、哈钟军、洛桑金巴、班觉、曹大千、晶辉、曾凡山、鲁鸿伟、群培、褚立群、蔡万山

自治区文学艺术界联合会

【年度综述】2011年，西藏文联紧紧抓住推动社会主义文化大发展大繁荣这一根本任务，围绕中心、服务大局，认真履行联络、协调、服务职能，积极发挥组织引导作用，带领全区广大文艺工作者团结奋斗、开拓进取，文艺工作和文联工作取得可喜成绩。

【作家协会】1月，向中国作家协会申报西藏作家深入生活相关资料，代为中国作家协会《民族文学》杂志邀请两位僧人读者参加在北京举办的全国少数民族期刊座谈会。

2月，选派西藏作家协会会员宋燕到鲁迅文学院第十五届中青年高级研

修班学习。

3月，向中国作家协会推荐6部（篇）重点作品扶持项目。

4月，选派西藏作家协会会员普桑占堆参加由中国作家协会组织的“西部少数民族作家东部行”活动。

6月，征集并呈报西藏作家协会会员尼玛潘多的《紫青稞》、班觉的《绿松石》汉文版作品参评“第八届茅盾文学奖”，两部作品顺利入围并进入第一轮评选，其中《紫青稞》进入第二轮评选。选派次仁罗布、敖超为第八届茅盾文学奖评奖委员会委员。

7月，召开题为“知党恩、颂党恩、跟党走”鲁迅文学院学员座谈会。

8月，选派一批具有创作潜能的青年作家参加“山东省第七届青年作家高级研修班”；选派琼吉等六名青年作家参加在云南大理举办的“鲁迅文学院西南六省市（区）首届青年作家培训班”；在《文艺报》推出《高原上的格桑花》专版；

9月，在《西藏日报》、《西藏文化网》分别推出《西藏文学发展，多挖源头多出水》、《绽放的高原奇葩》专刊；由北京十月文艺出版社出版的次仁罗布的长篇纪实文学《西藏的孩子》作品研讨会在西藏驻京办事处举行；与中国社会科学院共同举办“亚洲著名作家的创作与佛教因缘”学术研讨会暨“外国商业片在中国的影响”国情调研座谈会；西藏作家协会主席扎西达娃随中国作家代表团访问澳大利亚。

【美术家协会】7月，西藏美术家协会主席、书画院院长韩书力率中国美术家代表团赴土耳其进行艺术考察和采风。

8月，配合中国人寿西藏公司，顺利开展了以倡导低碳生活、绿色家园为主题的“中国人寿杯——少儿绘画大赛”；

10月，推荐唐卡绘画大师罗布斯达参加第四届中国民间艺人节；

【书法家协会】2月，在拉萨举办藏文书法讲座。西藏自治区编译局局长曲加用大量的珍贵图片和资料介绍了藏文的产生、演变以及藏文书体的种类。

8月，积极配合协助在西藏自治区群众艺术馆举办的“爱我中华、爱我西藏张飙歌颂祖国诗词书法展”、“庆祝西藏和平解放60周年全国书法名家作品展”。

9月，组织在西藏的中国书协会员为建设“绿化长江——万亩中国书法生态森林工程”捐赠书法作品28幅。

【摄影家协会】5月，完成“珠峰冰川杯·见证西藏60年摄影大赛”和纪念西藏和平解放——见证西藏60年摄影展相关工作。同月，与自治区妇联等单位合作在京举办“格桑花——西藏妇女60年影像纪实展”。

6月，完成庆祝中国共产党成立90周年、西藏和平解放60周年美术、书法、摄影作品展摄影作品的征集工作。

8月28日，在“2011中国西藏珠穆朗玛摄影大展”（第四届）开幕式上，在西藏摄影家协会的努力下，江苏法尔胜泓集团将《西藏盲童之光》的售书款28万元和5000册图文书全部捐赠给西藏盲童学校。

8月，组织西藏摄影作品参加在重庆举办的“中国西南六省区（市）第四届摄影作品联展”；同月，完成“《相》一个时代的藏人肖像——黄静薇摄影作品展”的相关工作。

【音乐家协会】12月，积极协助西藏大学艺术学院更堆培杰教授完成论著《西藏音乐史略》一书的修改、完善工作。

【舞蹈家协会】4月，西藏舞蹈家协会副主席白芨、理事江村应邀前往北京进行“心连心”演出策划。

6月，积极配合少儿电视专题晚会《童心向党》在拉萨的成功演出。

8月，顺利完成“中国文联赴藏慰问采风团”在藏期间的演出，提前到实地进行安排布置演出场地和演出设备等。

10月，西藏舞蹈家协会副主席白芨应邀赴北京担任第六届CCTV舞蹈大赛评委。

【戏剧家协会】4月，为进一步促进社会稳定，增强青年凝聚力，加强流动人口的管理工作，增强流动人口在“第二故乡”的归属感，向拉萨市青年团员提供一个展现活力，激扬青春的圆梦舞台，配合共青团拉萨市委员会举办“和谐新拉萨，青春你我行首届青少年才艺大赛颁奖晚会”。

8月，配合浙江绍兴市演出团演出的“梁山伯与祝英台”拉萨站的演出，演出开创了中国地方剧在拉萨演出的先例。

10月15日，西藏戏剧家协会推荐西藏军区文工团音乐剧《燃烧的雪原》参加第十二届中国戏剧节开幕式汇演评比，荣获由中国文学艺术界联合会和中国戏剧家协会联合颁发的“第四届中国戏剧奖剧目奖”、中国戏剧家协会第十二届中国戏剧节组委会颁发的“优秀剧目奖”。

【曲艺家协会】8月，为庆祝中国共产党成立90周年、西藏和平解放60周年，配合拉萨市曲艺队合作演出了一台反映西藏和平解放60年来在中央的关怀和全国各族人民的无私援助下西藏各族人民团结奋斗、努力进取、实干兴藏的大型晚会。

12月，为促进和活跃基层文化，充分发挥曲艺这种文艺轻骑兵作用，西藏曲艺家协会配合拉萨市曲艺队深入农村特区，为基层广大农牧民送节目送欢笑，在林芝地区巡回演出多天；重视培养和推出曲艺新秀，从山南、日喀则等地推出若干名优秀业余相声演员，给他们提供展示才华的机会。

【民间文艺家协会】3月，推荐西藏民间文艺家协会副主席张鹰的《人文西藏丛书》和退休老干部冀文正的民间文学作品《珞巴族歌谣》等参加第十届中国民间文艺山花奖、民间文艺学术著作奖评奖。

4月，西藏民间文艺家协会组团参加中国民间文艺家协会第八次全国代表大会，会上，西藏民间文艺家协会主席才旦多吉、副主席普布多吉再次当选为中国民间文艺家协会理事，西藏民间文艺家协会副主席、秘书长张宗显成为新一届中国民间文艺家协会理事。

10月，推荐免萨派唐卡绘画大师参加由中国民间文艺家协会主办的“第四届中国民间艺人节”。同月，推荐西藏巴扎童嘎藏文化传播有限公司赵洪波、西藏民间唐卡绘画艺人洛桑旦增参加由中国文联和中国民间文艺家协会主办的第六届中国民间工艺品博览会。

【影视家协会】5月，配合西藏自治区政法委完成《西藏自治区政法系统主题文艺晚会——忠诚颂》。

6月，与西藏自治区党委宣传部和西藏自治区文化厅共同举办“庆祝中国共产党成立90周年大型红歌演唱会《心中的歌儿献给党》；配合西藏军区举行“军歌嘹亮颂祖国”歌咏竞赛；配合西藏自治区教育厅举办红歌演唱会《永唱山歌给党听》；配合西藏自治区公安厅举办以“迎大庆、唱红歌、颂党恩”为主题的大型红色歌曲文艺汇演。

7月，配合举行《纪念西藏和平解放60周年60位感动西藏人物颁奖晚会》。

9月，接待36名影视工作者参加的西北西南电影工作采风团。

【文艺期刊】由西藏文联主办的西藏文艺期刊《西藏文艺》(藏文)、《西藏文学》（汉文）、《邦锦梅朵》（藏文）、《西藏人文地理》（汉文）和内刊《西藏文联通讯》五个文艺期刊始终坚持“把握方向、办出特色、提高质量、扩大发行”的办刊宗旨，牢牢把握社会主义先进文化的前进方向，传播和谐理念，培育和谐精神，营造和谐氛围，回应时代呼唤，根据读者群的变化在办刊内容和形式上积极进行探索，受到广大读者欢迎，在抓大事、推出精品力作和新人新作方面成效显著。特别是《西藏文学》、《西藏文艺》推出“庆祝建党90周年、纪念西藏和平解放60周年”专栏，《西藏文联通讯》及时刊发对文联和文艺工作积极推动的工作交流文章，办刊质量有了明显提高。

【创作情况】

——文学创作

1月，西藏青年作家尼玛潘多创作的25万字长篇小说《紫青稞》由作家出版社出版。

5月，组织编辑出版“庆祝建党90周年、西藏和平解放60周年”文学精品丛书一套（15本）；与西藏电视台合作推出大型文学纪录片《笔墨纵横——西藏文学60年》。

——美术创作

6月，在中国美术家协会主办的“烛光笔华——全国美协驻会干部作品展”中，由西藏美术家协会主席、书画院院长韩书力创作的《高瞻图》和西藏美术家协会副主席、秘书长计美赤列创作的《骑射图》入选。

——书法创作

6月，在“庆祝中国共产党成立90周年、西藏和平解放60周年美术、书法、摄影作品展”中组织藏文、汉文书法家创作藏汉文书法作品90幅参展。

9月，在中国书协主办的“纪念中国书法家协会成立30周年——中国书协会员优秀作品展”上，西藏书法家协会主席巴珠，副主席兼秘书长李运熙选送的作品入选。

——摄影创作

2月，组织三批摄影家赴唐古拉参加青藏交直流电网国家建设工程的采风拍摄。

——音乐创作

9月，录制选送两首少儿音乐作品参加全国少儿音乐比赛。

12月，选送拉萨待业青年扎西参加“第八届中国音乐金钟奖”流行音乐大赛，该选手进入成都分赛区50强。

——曲艺创作

2月，由西藏曲艺家协会主席平措扎西创作的相声《生态拉萨》、《精彩足球》、小品《书吧趣闻》引起社会上极大反响，深受藏族群众喜爱。

12月，为纪念藏语频道开播25周年文艺晚会创作的曲艺节目《藏游记》、《赞藏语频道》深受群众喜爱。

——民间文艺创作

12月，《西藏民俗志》的编纂工作进入复审阶段，藏文版《西藏民间文学集成·歌谣卷》、《西藏民间文学集成·谚语卷》、《西藏民间文学集成·故事卷》已通过初审。

——影视创作

5月，参与摄制播放庆祝中国共产党成立90周年、西藏和平解放60周年60集大型系列报道《走遍西藏看变化》、4集文化专题片《西藏放歌》、3集电视文献纪录片《解放》，特别是庆祝西藏和平解放60周年期间，在《西藏新闻联播》中播发的《庆祝西藏和平解放60周年“升国旗、唱国歌”仪式和西藏和平解放纪念碑献花篮仪式在拉萨隆重举行》、《以习近平为团长的中央代表团抵达拉萨》、《西藏和平解放60周年庆祝大会在拉萨隆重举行》、《西藏和平解放60年成就展在拉萨隆重开幕》等重大时政报道和西藏和平解放60周年文艺晚会《再唱山歌给党听》，深受广大群众喜爱。

7月，文联主要领导牵头，集中西藏自治区党委宣传部、西藏日报、外宣办等单位的十几名干部，用8天时间修改完成七集电视剧本“老西藏精神”并得到很好评价。

【对外及对港澳台地区文化交流】一、纪念西藏和平解放60周年“缱绻藏澳情”澳门美术摄影作品展在自治区群艺馆隆重举行。

二、“2011·中国西藏珠穆朗玛摄影大展”（第四届）暨“天津人眼中的西藏”摄影展在天津泰达图书馆开幕。

三、西藏文联组团赴澳门参加“第八届西藏、辽宁、澳门三地摄影展”活动取得圆满成功。

中国佛教协会西藏分会

【年度综述】2011年，中国佛协西藏分会以邓小平理论和“三个代表”重要思想为指导，贯彻落实科学发展观，围绕中心,服务大局,着眼于提高综合素质,发挥佛协作用,做了大量工作。

【积极开展宣传活动，推动宗教与社会主义社会相适应】根据国家宗教局和自治区民宗委、外宣办等有关部门的安排，会长珠康·土登克珠、副会长达扎·单增格列、副会长直孔琼仓·洛桑强巴出访日本、韩国和瑞士，实事求是地介绍了在中国共产党领导下，在社会主义祖国大家庭中西藏所发生的翻天覆地变化，全面贯彻执行党的宗教信仰自由政策的真实情况，在涉藏宣传工作中发挥了积极作用。按照统战、民宗部门的安排，两级佛协宗教界人士，多次深入重点地区、重点寺庙和农牧区进行专题宣讲，宣讲深入浅出，尤其是紧扣中央第五次西藏工作座谈会这个主题，紧密联系西藏实际，在教育僧尼爱国爱教、团结进步、护国利民、弘扬慈悲为怀、抑恶扬善、为民祈福，对藏传佛教教规教义做出符合时代发展和社会进步要求的阐释等方面收到了良好的效果，宣讲活动反应强烈。

【围绕中心，服务大局，积极参与寺庙调研、维稳工作】在敏感节点、时段，按照统一安排，佛协抽出精干人员组成督导巡视组，对重点地区维护寺庙稳定工作进行督导检查；组织人员深入寺庙对法制宣传教育等情况开展调研。佛协机关切实采取措施，进一步加大了工作力度，加强和调整值班制度及门卫制度、报平安制度和主要领导带班制度，佛协至今没有出过大事、中事、小事。

【坚持“在活动上要有特色和丰富多彩”】始终把培养爱国爱教的宗教人才作为首要任务来抓。坚持按佛协章程办事，依法指导、开展全区宗教活动，进行显密宗的传法、护法、弘法；协助统战部、民宗委（局）圆满完成经政府批准活佛的寻访、认定、坐床、受戒事宜；主动配合西藏佛学院做好经师推荐等工作；加强教职人员培养工作，圆满完成格西拉让巴学位立宗答辩和颁证仪式及2012年度藏传佛教学经僧人晋升格西拉让巴学位预考工作；全程协助中国藏语系高级佛学院2011年度在藏招生调研及相关班次招生工作；珠康会长等40余人参加了中国藏语系高级佛学院第七届高级学衔拓然巴辩经考试、论文答辩、学衔授予及首次经师评聘辩经考试、经师资格授予等活动;继续做好藏传佛教典籍《丹珠尔》刻制、校勘，争取做到准确无误、保持原貌；办好《西藏佛教》，按期保质完成了出版发行任务，积极宣传党的民族宗教政策，传承和弘扬佛教文化。

【坚持“领导班子要团结有力”】佛协领导班子是由党内外干部相结合组成的，坚持党外领导要服从和依靠党内领导，党内领导要尊重和信任、爱护党外领导，相互尊重、相互信任、相互监督、合作共事、共同进步，把党和人民给予的职权能用、会用，用好。

【坚持干部职工队伍要具备高素质】

始终坚持加强佛协内部团结，加强组织纪律性，强化服务意识；精心组织佛协例会，热情服务、礼貌待人，获得参会人员的赞誉；坚持“扬长避短、突出特点、加强培养、有利成长”的原则，对科级干部进行了轮岗交流，推荐内设机构5名副处级干部人选，有意识的调入学历高、有发展潜力的年轻干部，鼓励干部职工在职学习提高，有5名同志获得或就读函授学历；制订规章制度，以制度管人、管事，提高工作效率。做好佛协印经院建设维修项目和综合接待楼工程项目前期准备、申报工作。在调研的基础上，认真做好佛协工作汇报材料的起草工作。

积极开展创先争优强基础惠民生工作。根据全区扶贫工作的统一安排，筹集6万元资金解决扶贫点贫困户的燃眉之急。根据区党委深入开展创先争优强基础惠民生活动的要求，组织以达娃副秘书长为队长的驻村工作队，进驻那曲地区索县色昌乡1村，扎实推进各项驻村工作。

援助西藏发展基金会

【年度综述】2011年，基金会按照援藏基金会三届六次理事会精神和自治区宫蒲光副主席莅临我会检查指导工作时的重要讲话精神，认真开展各项工作，使本会工作有了新的进展，取得了可喜的成绩。

自治区领导亲临我会考察调研，使援藏基金会全体干部职工备受鼓舞。会领导组织大家认真学习宫蒲光副主席的重要讲话精神，深刻领会其精神实质，努力在扩大筹资渠道、落实扶贫项目、加强自身建设等方面下功夫，全年筹措落实资金1525多万元，实施项目47个，在建设西藏经济跨越式发展和长治久安等方面发挥了积极的辅助作用。

【克服困难，通过各种渠道和不同形式筹集资金，2011年筹集落实资金折合人民币1525多万元】2011年在基金会“爱我西藏 支援西藏”活动办公室的不懈努力下，国家烟草专卖局、中国烟草总公司继2009年和2010年向我会“阳光工程”项目捐赠了206万元后，去年继续为该项目捐赠了280万元，这批捐款全部用于我区边远贫困地区的学校修建光伏电站和电教室；老牛基金会捐款74万元，用于日喀则仲巴县吉玛乡牧民家庭安装太阳能户用电源。河北远洋运输集团继续为我会“育人工程”项目捐助100万元，开展“高彦明援藏助学金”项目。在广东办事处的努力下，杭州盛品堂贸易有限公司和深圳能安医疗器械有限公司向我会捐赠了价值400多万元的药品和医疗设备。我会筹集资金150万元，用于资助西藏困难新闻出版企业的设备购置。

筹资活动形式多样，5月，由援藏基金会广东办事处与广之旅、羊城交通台以及西藏环球国际旅行社联合发起的旨在通过旅游带动慈善事业的发展，为西藏困难白内障患者募集善款的“藏粤一家亲，幸福西藏光明行”慈善公益旅游活动正式拉开序幕。首批参加此次活动的33位爱心团友来到援藏基金会拉萨光明眼科康复诊疗院进行实地考察和了解情况，并当场捐赠了7180元善款，用于实施光明工程复明行动。同月，广州博士科技创新研究会通过本会广东办事处向“光明工程”捐赠9万元，资助100名白内障患者重见光明。8月，中国书法家协会暨晋唐投资集团再次向援助西藏发展基金会光明工程捐赠了18万元和书画作品，免费为360名贫困白内障患者进行了复明手术治疗。“育人工程”还从加拿大文化更新发展研究会筹集到了26000元，为更多的困难学子解决了学费问题。

【光明工程】筹集落实资金791万多元，落实项目9个，1142名白内障患者重见光明。在本会拉萨光明眼科诊疗院眼疾患者门诊检查人数达10080人。其中对1796名患者有除白内障之外的其他眼病患者实施免费检查及治疗，完成白内障手术1142名。去年，我会拉萨光明眼科康复诊疗院组织精干的医疗队分别前往那曲地区申扎县塔尔玛乡、昌都地区昌都县和拉萨市曲水县、尼木县开展白内障复明手术为主的眼疾项目服务，为300多名白内障患者进行免费复明手术，使他们重见光明；为了更好的提高医务人员的手术技术，本会拉萨光明眼科康复诊疗院专门邀请尼泊尔（NEP）眼病基金会低里岗嘎眼科中心超声乳化眼科专家古宾得博士等4位医疗队于9月15日至17日在康复院开展了白内障手术活动并进行了现场培训。经过为期三天的手术和现场演示，医生们学到了不少现代眼科知识和技术，特别是亲眼目睹了外国专家利用小切口白内障手术技术和最先进的超声乳化手术的全过程，受益匪浅。此次专家为来自我区各地的114名（其中男68 名、女46名，最大83岁、最小16岁）白内障患者进行复明手术，其中76名患者接受了超声乳化手术，38名患者接受小切口手术，白内障患者手术全部植入了（进口）折叠人工晶体，发放了术后眼药水。医护人员在观察术后患者和诊治发药的同时给病人讲解了术后预防感染及平时眼保健的相关知识。通过现场观摩和专家讲解，以及外国专家严紧的工作作风，精湛的医术，使医生们进一步学习掌握了超声乳化手术方法和技术，为提高医务人员各方面知识起到了积极的作用。

本会将杭州盛品堂贸易有限公司和深圳能安医疗器械有限公司向我会捐赠的价值400多万元的药品和医疗设备分别捐赠给拉萨、阿里、那曲、日喀则、林芝、山南六个地市区的各级医院及妇幼保健院的妇科疾病防治领域及青海省卫生系统。筹集资金150万元，资助西藏困难新闻出版企业购置设备。落实了广州广药集团通过我会向林芝地区波密县捐赠的价值35万元的各种用于治疗常见病的药品。

【育人工程】筹资237多万元，落实项目15个，资助贫困生312人。“育人工程”去年又从加拿大文化更新发展研究会筹集到了26000元。本会对申请继续资助的学生进行了严格的审核，2010年资助的368名贫困生除去51人毕业，89名高中生暂停资助外，有48名贫困生因没有按时交成绩单、学费缴费收据、或者是因为成绩不合格等原因而予以暂停资助，符合条件的180名学生继续得到资助。在此基础上，从350多名新申请者中择优录取了132名资助对象，故2011年资助人数为312人。

【公益工程】筹资200多万元，落实项目10个。我会始终关注着西藏困难企业的发展，经多方联系，去年我们还筹集资金150万元，用于资助西藏困难新闻出版企业的设备购置。我会两所保育院的建设和管理工作在拉萨市堆龙德庆县民政局和曲水县民政局的有力配合下，以及外方爱心人士的支持下，各项工作有条不紊，稳步发展。

我会继续为自治区残联无偿提供了日喀则边雄培训育人基地，用于支持发展残疾人事业。

在会领导的高度重视下，七一前夕，援藏基金会党支部自筹资金3500多元，购买糖果、饮料等物品，承载着基金会领导和全体同志的一片爱心，组织全体党员前往杰素丹珍保育院看望慰问那里的孤儿；为曲水保育院的孩子们每人买了一双新鞋，在为孩子们送去节日祝福的同时，勉励他们好好学习，健康成长。

【阳光工程】筹资297万多元，落实项目13个。我会投入资金200多万元为西藏仲巴县吉玛乡和亚热乡中心小学等八所偏远乡级中心小学新建了8座太阳能光伏电站；投资75万多元向林周县中学等七所基层中小学配备了教学电脑、投影机等现代化的教学设备，改善了当地的教学设施，也为推动当地教育事业的发展起到了积极作用。投资100多万元向日喀则地区仲巴县吉玛乡、昌都洛隆县康沙镇达隆村、那曲地区罗马镇和山南地区隆子县岗坚村等捐赠太阳能户用系统635套，困扰农牧民群众多年来照明难的心结得到了彻底的解决。受益人数达到11860多人。这不仅解决了受益群众照明难的实际问题，也对周围的环境保护起到了良好的促进作用，同时为维护稳定、构建和谐社会起到了积极的促进作用。

【定点扶贫工作和强基惠民活动取得实效。】筹资124万元，为吉玛全乡435户牧民家庭赠送太阳能户用电源一套，为吉玛乡中心小学和亚热乡中心小学各修建一座4千瓦的光伏电站，彻底解决了吉玛乡群众和小学的照明难问题。本会驻村工作队把改善民生作为一切工作的出发点和落脚点，把帮助基层解决实际困难作为工作的重点，为群众办实事、解难题，筹措资金54800多元解决群众的实际困难。①当工作队了解到该村牧民群众生活非常困难的问题后，决定投入资金51800元，为该村117户牧民家庭每户都购买了两对藏式垫子和一对卡垫，当即从拉萨运往吉玛乡亲自发放到牧民手中，在寒冬来临之际，让牧民群众垫上厚厚的垫子，温暖如春；②根据乡里没有传真机、影响工作的问题，为吉玛乡配备了一台价值3000多元的集传真、打印、复印、扫描为一体的四合一办公用品，解决了当务之急。

西藏残疾人联合会

【年度综述】2011年，在区党委、政府的领导下，在中残联的指导和社会各界的关怀帮助下，全区残疾人工作者认真贯彻落实《中共西藏自治区委员会、西藏自治区人民政府关于促进残疾人事业发展的实施意见》（藏党发〔2010〕10号）（以下简称藏党发10号），积极进取，真抓实干，全面开展各项残疾人业务工作，大力加强残疾人政策法规建设、组织建设和基础设施建设，有力推进了残疾人事业发展，为全面建设小康社会做出了积极贡献。

【康复服务工作】重点围绕康复人才培养百千万工程、贫困儿童抢救性康复工程、贫困肢体残疾儿童矫治手术工程、百万贫困白内障复明工程，开展残疾人康复服务工作，共有3000多名残疾人得到不同程度的康复服务，发挥了“康复一人，解放一家，温暖一家，稳定一方”的社会效益和政治效益。

听力语言康复：结合聋儿自身特点，采取以学前教育为基础，听力干预、听觉言语康复、言语矫治等专项技术为支撑的全面康复模式，认真做好精神测试和言语矫治工作。全年共进行集体教学1412节，个别化教学790节，免费为96名患者进行听力检查，免费配发助听器10台，提供门诊咨询40人次。积极配合中国聋儿协会，开展助听器和人工耳蜗筛查，免费筛查36人。

视力康复：同相关医疗机构合作开展低视力患者筛查工作，共筛选出60名低视力患者。选派1名工作人员赴辽宁参加盲人定向行走训练指导师培训班，为低视力残疾患者的康复奠定了基础；积极组织开展“百万贫困白内障患者复明工程”筛查任务，实施贫困残疾人白内障复明手术2000例。

用品用具供应：积极开展对假肢制作技术人员的培训，培训课时达100多学时，提高了假肢制作能力，成功利用树脂高端技术制作假肢，填补了我区树脂制作假肢的空白；为贫困残疾人捐赠各类残疾人辅助用具90件，价值70528元。向各地（市）、县残疾人免费配发辅助器具303件，价值326534元；为175名肢残患者进行假肢装配、康复评估，提供康复训练886人次。为145名残疾人提供各种辅助器具装配服务（小腿假肢40人、大腿假肢15人、矫形器65人、上肢假肢8人、鞋底加高矫正17人），免费为39名患者提供维修服务。

康复训练与服务：为37名患者提供康复服务，进行康复训练2524人次。其中脑瘫患者30人，偏瘫患者4人，截瘫3人。开展贫困肢体残疾儿童矫治手术工程，实施手术50例。

社区康复：深入基层社区，为39名残疾患者提供康复指导服务。将28名有特殊需求的残疾人进行转介；组织召开全区社区康复经验交流会，共有民政、卫生、团委、妇联等18家单位参会，提升了社区康复的能力。加大基层社区康复人员培训力度，共举办5次康复业务培训，培训社区康复人才92人。在阿里地区举办第6期全区残疾人康复协调员培训班，培训乡医35名。组织召开3期家长互助组会议，培训家长38人，提高家庭互助康复能力。

心理康复与精神防治：成立心理康复与精神防治部，选派业务人员参加全国智力残疾儿童培训班和心理康复研讨会，着手开展心理康复与精神防治工作。为1名脑瘫儿童和1名疑似孤独症残疾儿童进行评估建档，开展个性化训练11人次。

涉外康复项目：与比利时国际助残合作开展“第四期残疾人康复服务援助项目”，举办大骨节病培训班，为开展大骨节病人康复工作奠定基础。完成中国福利基金会资助脑瘫、偏瘫残疾人药品项目。协助广东中山眼科中心，在全区各医院开展眼科调查工作。组织接受上海玉禅寺为盲校捐赠50台盲文打印机，价值20万元。组织接受北京辉瑞制药有限公司为盲校学生捐赠衣物。组织接受社会爱心人士为盲校学生捐款捐物，价值7000元。

【教育工作】认真贯彻落实《残疾人教育条例》和《西藏自治区财政厅、西藏自治区教育厅关于印发我区学前教育阶段农牧民子女补助和中小学“三包”政策及助学金制度规定的通知》精神，积极开展扶残助学活动，在自治区实验幼儿园、拉萨市特校、日喀则幼儿园开展学前教育项目试点工作，保障残疾学生和残疾家庭子女接受教育；贯彻落实《西藏自治区人民政府办公厅转发自治区教育厅等部门关于西藏自治区特殊教育事业发展有关经费问题的实施意见的通知》（藏政办发〔2010〕77号）和《关于加快特殊教育事业发展的意见》（藏教厅〔2011〕32号），加大特殊教育投入力度，大力开展残疾人特殊教育，共有203名残疾学生接受特殊教育。开展由教育部和中残联联合举办的“交通银行特教园丁奖”评选活动；召开“残疾人全纳教育试点工作总结暨表彰大会”，对三年来残疾人全纳教育试点工作进行全面总结。进一步积极推行残疾学生随班就读工作，407名残疾学生实现随班就读；积极协调自治区教育厅，开展未入学适龄残疾儿童少年调查统计工作。据不完全统计，共有未入学适龄残疾儿童少年4207人，为制定特殊教育事业发展规划和相关政策法规提供了依据。

【就业工作】积极开展就业服务工作，为296名残疾人办理失业登记，提供职业介绍182人次，进行职业指导296人次；联合自治区劳动就业服务管理局、国际助残、西藏大学、拉萨市劳动就业服务管理局等单位，组成调研工作小组，认真开展残疾人就业状况调研工作；举办10次残疾人专场招聘会，组织残疾人参加4次大型人力资源洽谈会，促进残疾人就业；积极协调拉萨市机动车尾气检查站、谭德均豆制品发展有限公司等9家用人单位，为残疾人提供安保、电脑操作、包装等见习岗位；投入资金58000元，积极扶持23名残疾人实现自主创业；落实《关于做好公益性岗位安置残疾人就业工作的通知》精神，利用公益性岗位安置3名残疾人就业。投入资金120万元，开设缝纫、房屋彩绘、盲人按摩、电脑、唐卡绘画、理发等职业技能培训班，培训残疾人127名。并协调自治区劳动就业局职业资格鉴定处，对57名培训期满的残疾学员进行初级职业资格鉴定，颁发初级职业资格证书。选派10名盲人赴北京盲人按摩指导中心，学习盲人保健按摩技术，取得职业资格等级证书，并陆续实现就业；组团参加第四届全国残疾人职业技能竞赛，取得1个第6名、1个第11名和1个第12名的成绩，西藏残疾人代表团还荣获道德风尚奖；贯彻落实中残联《关于做好残疾人大中专毕业生就业工作的通知》和《关于积极做好2011年全国残疾人大中专毕业生就业服务月活动的紧急通知》精神，认真做好残疾人大中专毕业生就业工作。

全年共有108名残疾人实现就业。其中，西藏藏品实业有限公司安排了25名残疾人到广东深圳集中就业。

【托养服务工作】继续开展“阳光家园”网络系统审核工作和审批表归档工作。落实资金180.53万元，开展以智力、精神和重度残疾人为主要托养服务对象的“阳光家园计划”，居家托养照料3010名残疾人，超额完成任务1922名。

【扶贫工作】积极配合扶贫部门，做好低保政策和扶贫措施有效衔接工作；利用50万元中央彩票公益金，为

200户农村贫困残疾人实施危房改造；积极筹集10万元扶贫资金，开展定点扶贫工作，帮助日喀则定结县确布乡组建农牧民施工队。筹集4万元资金，帮助阿里普兰县贫困残疾人发展生产，改善生活；贯彻落实自治区党委常委会议精神，成立区残联驻村工作领导小组，召开动员大会，明确纪律要求、工作内容和工作方法，开展深化创先争优强基础惠民生活动，为帮助农牧民群众增收致富，维护全区和谐稳定做出贡献。

【获奖情况】

区残疾人康复服务中心：全区“民族团结先进集体”；

区残疾人康复服务中心肢体康复部：“全国妇女创先争优先进集体”。

【领导名录】

党组书记、理事长：边巴

党组副书记、副理事长：旺青格烈

党组成员、副巡视员、副理事长：贾胜峰

党组成员、副理事长：龚德民

法 制

自治区审判工作

【年度综述】2011年，全区各级法院在区党委坚强领导、自治区人大及其常委会有效监督和最高人民法院有力指导下，紧紧围绕党和国家西藏工作大局，深入推进社会矛盾化解、社会管理创新和公正廉洁执法，大力开展审判、执行工作和自身建设，各项工作取得了新的进展。全年共受理各类案件22319件，审执结21601件，同比分别上升9.2%、11.7%，综合结案率为96.8%。其中，由各级法院直接受理的民事、行政、执行等案件20834件，占全部案件的93.35%。

【全面履行审判职能，确保公正司法服务发展稳定大局】扎实开展审判工作，一年来，区高级人民法院立足于全面提高审判质量，做到案结事了，实现审判工作的“三个效果”，主动适应中国特色社会主义法律体系形成后对司法审判工作提出的新要求，创新审判思路、更新审判方式、细化审判措施，树立实现公平正义是好举措，认罪服法是好司法，解决问题是好方法，理顺关系、和谐稳定是好路子的观念，采取依法多措并举、整合资源形成合力，多方合作协调，依法果断裁决、区别对待、分化瓦解、依法严厉惩处等有效方式，努力使审判、执行工作更加适应维护国家安全和社会稳定的要求，更加符合西藏经济社会又好又快发展的需要。

着眼于推进长治久安，全力维护国家安全和社会稳定。按照区党委打好维稳“三大战役”，确保全年稳定、全面稳定的决策部署，始终把开展反分裂斗争、维护社会政治稳定放在各项工作的首位。紧紧围绕建党90周年、西藏和平解放60周年大庆安全保卫工作，认真贯彻中央关于“旗帜鲜明、针锋相对、掌握主动、争取人心、强基固本”的反分裂斗争方针，按照“抓早、抓小、抓快、抓好”的要求，注重加强对达赖集团分裂势力在特定环境、特定阶段、特定条件下分裂手法和伎俩的分析研判，扎实做好维护稳定的源头性、基础性工作，加强维稳防控机制建设，积极配合并主动呼应社会面的稳控，确保敏感时段、重大庆祝活动期间社会稳定。

正确处理打击刑事犯罪与维护社会稳定的关系，全年共审理刑事案件1485件，判处罪犯1610人，同比分别下降3.3%和3.5%，其中被判处五年以上有期徒刑、无期徒刑至死刑的罪犯416人。

坚持把刑事案件个案的处理放在实现长治久安的大背景下进行考量，认真贯彻宽严相济的刑事政策，依法办理减刑假释案件1739件。准确把握死刑政策，严格死刑案件裁判标准，确保办案质量，全年无一人错杀、无一人错判。

立足于推进跨越式发展，全力提供优质高效的司法保障。坚持把服务我区经济社会又好又快发展作为第一要务，高度关注经济社会发展对司法的需求。全年共审理民商事案件8757件，标的金额13.7亿元，同比分别上升14.4%和30.5%。

坚持监督与支持并重、保障与维护并举、协调与裁判并用、履职与协作并施，高度重视、妥善处理行政争议。全年共审理行政案件、国家赔偿案件48件，同比上升29.7%。进一步完善重要情况通报和重大行政争议案件协调制度，对可能引发群体性上访、影响社会和谐稳定的苗头和信息，做到早发现、早报告、早化解，推动司法与行政在维护社会和谐稳定的良性互动，行政与司法调解互动机制开始形成。

致力于促进社会和谐，大作调解文章，大施调解举措，积极推动社会管理创新。全区民商事案件调撤率达到77.6%，调处诉前矛盾纠纷7135件，指导调处民间纠纷7300余件，调撤率高出全国法院平均水平10个百分点，名列全国第一。

【深化司法为民，创新服务满足群众需求】维护群众权利。全年共受理执行案件3037件，执结2746件，同比分别上升31.2%和33.2%，执行标的金额4.68亿元，执结率高出全国法院平均水平13个百分点。进一步加大司法救助力度，对2254件案件中的困难当事人缓、减、免诉讼费1931.5万元，对符合条件的救助对象发放救助款603.7万元。

保障群众诉求。全年共审理各类申诉、申请再审案件118件，处理群众来信来访1541件（人次），比去年再次下降12.3%，实现了申诉再审案件大幅下降，涉诉信访、上访逐年减少的良性循环。

方便群众诉讼。全年“车载流动法庭”行程近237万公里，巡回办案

1813次，审理各类案件2486件，开展法制宣传教育2623场（次）。

【牢记党的领导，是确保司法审判工作正确政治方向的根本保证】区高级人民法院始终坚持严格重大事项向党委请示汇报制度，坚持重大部署、重点工作、重要问题和大案要案及时向党委请示汇报。正确处理组织程序和法律程序，执行党的方针政策和执行法律的关系，把贯彻落实中央大政方针和区党委重大部署与严格公正司法结合起来，确保党的主张在司法审判领域得到不折不扣的贯彻落实。

严格执行《关于全区各级人民法院接受人大及其常委会监督工作的意见》，主动接受自治区人大及其常委会的监督，主动向自治区人大常委会专题报告法院工作，积极配合各级人大开展执法检查和专项调研。主动接受政协民主监督，完善与人大代表、政协委员的联络机制，及时通报法院工作情况，邀请人大代表、政协委员视察、座谈、旁听案件736人次，办理人大代表意见建议4件。依法接受检察机关法律监督，落实邀请检察机关列席审委会制度，审理抗诉案件17件。

【领导名录】
党组书记、院长：罗布顿珠
党组副书记、常务副院长：汪留国
党组副书记、副院长：宋康宁
党组成员、副院长：马方、革生、边巴拉姆、祝尔军（援藏干部）
党组成员、政治部主任：王希伦
党组成员、纪检组组长：常兴昌
审判委员会专职委员：米玛次仁、桑布、许多林
副巡视员：熊彩朝

自治区检察工作

【年度综述】2011年，全区检察机关在自治区党委、最高人民检察院的正确领导，人大的有力监督，政府的大力支持，政协的民主监督和社会各界的关心下，深入贯彻落实科学发展观，以维护稳定为第一责任，以服务发展为第一要务，以保障民生为第一目标，认真履行法律监督职责，深入推进三项重点工作，为全区发展稳定提供了良好的服务保障。

【服务工作大局作出了新贡献】全区检察机关认真贯彻中央和自治区党委、最高人民检察院的重大决策部署，为西藏发展稳定提供有力的法律保障和服务。一是深入开展反分裂斗争，坚决维护国家安全。按照自治区党委“抓早抓小抓快抓好”的要求，全区检察机关把维护国家安全和社会稳定作为第一位的任务，勇于担当政治责任，牢记使命，守土有责，牢固树立稳定压倒一切的思想。自觉肩负社会责任，紧紧抓住维稳工作的重要节点，积极参加三大重点维稳战役，全力维护敏感时段和重大活动期间的社会稳定。与公安、法院等部门密切配合，依法严厉打击达赖集团的各种分裂破坏活动。二是依法打击刑事犯罪，努力维护社会和谐稳定。全年共批捕刑事犯罪嫌疑人1384人，起诉1432人。对初犯、偶犯、过失犯、未成年犯、老年犯和“民转刑”案件中的一些犯罪情节轻微人员，依法扩大非罪化处理，不批捕、不起诉497人。三是服务经济社会发展。着力服务企业发展，把服务企业发展作为服务经济跨越式发展的切入点和着力点，在全区检察机关中提出“只要有利于发展，只要不违背法律，就坚持服务不动摇”的原则，紧跟自治区党委对企业发展的重大战略部署，我们积极推出“六个把握、六个慎重、六个确保”共18个方面服务企业的具体措施，全力保障企业正常经营发展。着力服务新农村建设，积极推进检力下沉，延伸法律监督触角，全区1300余名检察人员走进农村、走进社区了解社情民意，体察群众感情，掌握司法需求，开展法律咨询，教育培训12000余人次，结合查办案件中发现的农村社会治安、寺庙管理、支农惠农政策落实、村务公开等方面存在的问题，积极向基层组织、上级党委提出对策建议113份。着力服务创优发展环境，深入开展打击危害食品药品安全、侵犯知识产权、治理商业贿赂等专项行动，批准逮捕破坏市场经济秩序犯罪26件37人，查办工程建设领域犯罪案件7件7人。四是深入推进三项重点工作。深入推进社会矛盾化解，共化解社会矛盾纠纷580件，对重大疑难案件挂牌督办，推行执法办案风险评估预警机制，逐案明确责任，制定息诉罢访对策，全区检察机关排查的31件涉法涉诉案件，在检察环节化解4件，转有关部门办结27件。深入推进社会管理创新，积极参加驻村、驻寺、驻边、驻路工作，选派852名检察人员进驻213个行政村，选派449人进驻376座寺庙，全年共出动72266人次对40个边境通道、240公里青藏铁路沿线实施严管严控。加强对刑释解教人员、涉案未成年人等特殊人群的帮教管理172人次，认真做好青少年犯罪案件“前展后延”等工作。深入推进公正廉洁执法，加强对自身执法活动的监督，规范执法流程，完善管理制度，强化管理措施，着力解决执法中存在的群众反映强烈的突出问题。积极开展“百万案件评查”专项活动，评查案件559件594人，对29件瑕疵案件全部依法纠正。

【惩治和预防职务犯罪实现了新突破】全区检察机关坚持办案数量、质量、效率、效果和安全相统一，共查办职务犯罪案件34件36人。其中查办贪污贿赂案件28件30人、渎职侵权案件6 件6人。查办大案24件，占立案数的70.6%，为国家挽回经济损失1200余万元。开展预防调查63次，形成预防调查报告63份。地方各级领导对惩治和预防职务犯罪工作专门作出批示36次。对29件典型职务犯罪案件的致罪因素、犯罪特点进行了分析，向有关单位和部门发出检察建议26份，配合相关单位或部门制定整改措施105项。开展预防警示教育127次，开展法制宣传和法律咨询908次，举办“全国检察机关惩治和预防渎职侵权犯罪展览·西藏巡展”，受教育20548人次。

【法律监督工作开创了新局面】全区检察机关认真贯彻落实自治区人大常委会《关于加强检察机关法律监督工作的决定》，推动法律监督工作的深入开展。一是突出重点。在刑事立案监督中，监督侦查机关应当立案而未立案10件。在侦查活动监督中，着重监督纠正刑讯逼供、违法取证以及漏

捕、漏诉等问题，纠正漏捕2人，追诉漏犯9人。在刑事审判监督中，提出刑事抗诉9件，法院审结2件。在刑罚执行和监管活动监督中，纠正减刑、假释、暂予监外执行实体和程序违法及不当27人。在民事行政诉讼监督中，提出抗诉8件。对55件不符合抗诉条件的申诉案件，耐心细致地做好当事人的服判息诉工作。二是拓展监督方式。全区检察机关普遍实行量刑建议，法院采纳率为97%。积极推进与监管场所信息共享和监管联网，目前，在全区16个派驻看守所检察室推行刑罚执行和监管活动的动态监督。三是加强内外部监督。加强案件质量预警、重点备案审查和职务犯罪案件线索层报、审查逮捕上提一级、个案跟踪。自觉接受人大和社会监督，全区各级检察院共向人大报告工作522次，邀请人大代表、政协委员视察检察工作122次。2011年11月份，自治区检察院向人大常委会报告了贯彻落实区人大常委会《关于加强检察机关法律监督工作的决定》的情况。

【检察队伍建设取得了新成效】全区检察机关切实加强检察队伍的教育、监督和管理，提高法律监督能力和执法公信力。一是大力加强思想政治建设。坚持以党建工作为统领，以集中教育活动为载体，在全区检察机关集中开展“发扬传统、坚定信念、执法为民，争做孔繁森式检察干警”主题教育实践活动，对照查找不足、明确整改措施，为推动检察工作科学发展奠定了扎实的思想基础。深入推进“强基惠民”活动，帮助建班子、出点子，办实事、解难事，密切了干群关系。大力宣传典型，在全区检察机关掀起了向金淑萍同志学习活动的热潮，弘扬了队伍正气，激励了队伍士气。二是大力加强法律监督能力建设。采取多项举措提高干警素质，全年共举办各类岗位培训班16期，培训各级检察人员3359人次，57人通过国家统一司法考试。推进岗位练兵，共举办基层巡讲、业务竞赛、知识考试和送内地检察机关锻炼1511人次。编撰出版了《汉藏法律大词典》。三是大力加强廉政建设。深入开展“反特权思想、反霸道作风”专项教育活动，举办自身反腐倡廉成果巡回展，不断增强检察人员廉洁从检意识，有2195名检察干警接受教育。在7个分市院和7个基层院开展了廉政风险防控机制试点工作，从重点部门、重点岗位、重点环节入手，排查廉政风险，构筑制度防线。

【基层基础建设得到了新改善】自治区检察院和分市院将检察工作重心下移、检力下沉，推进基层院建设。一是加强经费保障和“三房”建设。全区检察机关均按标准将公用经费纳入了年初预算，同比增长35%。推进“三房”新、改、扩建工作，完成建筑面积80186平方米。二是加强科技装备和信息化建设。为全区检察机关二、三级综合信息网实施智能化升级工程和分级保护系统筹集资金1800万元。集中使用政法装备经费6600余万元，重点加强办案车辆、诉讼设备等配置。三是加强规范化建设。自治区检察院与自治区高级人民法院、公安厅、司法厅联合下发了加强监督制约、协调配合的规定，制定了刑事立案监督等五个监督细则，完善和细化了执法流程，严格了执法程序，明确了执法标准。

【领导名录】
党组书记、检察长：张培中
党组副书记、常务副检察长：索达
党组副书记、副检察长：王平
党组成员、副检察长：侯亚辉 、多吉、加永仁青、李九西、布尼玛
党组成员、政治部主任：贾明杰
党组成员、副检察长：赤列晋美、彭光华
正厅级检委会专职委员：多洛
巡视员：仁青群措

自治区公安工作

【年度综述】2011年，全区公安机关认真贯彻落实区党委、政府、公安部的一系列决策部署，以维护社会稳定为主线，以加强公安机关能力建设、执法规范化建设和基层建设为重点，大力加强公安维稳工作，确保了全区社会政治局势和治安秩序的持续平稳，增强了人民群众的安全感和满意度，为推动经济社会更好更快地发展提供了坚实保障。

【圆满完成重要敏感节点和重大活动的安全保卫工作】全区公安机关进一步制定完善了处突预案，建立了厅、地、县三级响应机制和应急处置工作联络员制度，形成了由各执勤部队和各级政法机关、群防群治队伍、单位内保人员携手联防、并肩作战的联防联控工作格局。2011年，共出动警（兵）力25万余人次，治保力量4.8万余人次，圆满完成了重要敏感节点和重大活动的安保工作任务，确保了西藏和平解放60周年大庆活动的安全顺利开展，得到了中央代表团，区党委、政府、公安部和社会各界的充分肯定和一致好评，获公安部通令嘉奖。

【加强社会治安防控，确保社会面和谐稳定】一是在全区建立了2751个村镇联防组织和6545个单位内部治保组织，同时在拉萨市建立了135个便民警务站，进一步加强对社会面的防控。二是加强实有人口管理。共排查、登记暂住人员、流动人口185万余人次，建立暂住人员、流动人口档案44万余份，登记出租房屋15.8万余间，建立出租房屋档案6.7万余份。三是加强“护城河”工程建设，在全区建立了144个公安检查站，全年共检查各类车辆50万余辆，检查各类人员162.8万余人次，劝返“三无”人员2475名，收缴管制刀具等非法物品480余件。

【切实加强出入境管理】2011年,共办理外国人旅行证4730份22277人次，签发签证201件233人次，核验临时来藏境外团队14238件82932人次，比对处理核查报警事件19881条；签发公民出国护照3778本，办理港澳台通行证409本；办理非法入境旅行、居留等涉外案事件257起380人。审查非法出入境人员280名，遣送215名。

【强化严打整治工作，营造良好社会治安环境】一是组织开展了春季攻势、“破案追逃、指纹会战”、治爆缉枪、夏季攻势、打拐等专项严打整治行动，严厉打击刑事犯罪活动。2011年，全区共立刑事案件5323起，破获3564起，抓获刑事案件犯罪嫌疑

人2494名。打掉黑社会性质组织1个，铲除恶势力2个，抓获涉黑涉恶人员40名；成功侦破“6·29”非法邮寄枪支、弹药和贩卖毒品案，公安部打拐专项行动第237号督办的林芝“5·23”诱骗妇女强迫有偿陪侍案。二是严厉打击经济领域犯罪，组织开展了“天网-2011”、“亮剑”等专项行动。共立经济犯罪案件44起，破获42起，成功侦破了“2·21”涉藏传销案和公安部督办的“7·29”、“8·27”专案，共挽回经济损失1.45亿元。三是组织开展禁毒严打整治专项行动，加强专案侦查，大力加强制毒化学品监管、吸毒人员管控和涉毒场所治理工作，稳步推进禁吸戒毒工作，深入开展禁毒宣传，建立了自治区级禁毒宣传示范学校两所，努力减少毒品危害。2011年，全区共破获毒品案件94起，抓获毒品违法犯罪嫌疑人143名，缴获各类毒品136.4公斤。四是深入开展“清网行动”，全力追捕网上逃犯，全区共抓获各类在逃人员318名，通过“清网行动”，消除了一大批社会治安隐患，有力震慑了违法犯罪。五是继续深入开展社会治安重点地区排查整治工作。2011年，全区公安机关共受理各类治安案件6473起，查处5877起，查处率为90.8%，查处违法人员9938人。打击整治治安复杂场所2.7万余处，排查发现群体性事件苗头58起，排查调处各类矛盾纠纷1325起，最大限度消除了不安定隐患，维护了社会治安秩序。六是大力加强交通整治，共排查道路隐患路段1176处，治理572处。全区共发生各类道路交通事故964起，死亡319人，伤1036人，直接经济损失694.3万元。查处各类道路交通违法行为13.8万余起。七是加强消防安全管理。持续深入开展火灾隐患专项治理和“清剿火患”战役。2011年，全区共发生各类火灾事故249起，死亡10人，受伤7人，直接财产损失529.85万元。全区消防部门共检查社会单位4.1万余家次，发现火灾隐患4.5万余处，督促整改火灾隐患4.1万余处，开展消防宣传2800余次，发放宣传资料110万余份。消防官兵共参加灭火战斗、社会救助、抢险救援622次，抢救被困人员259名，抢救财产价值3758万余元。八是全力以赴抗震救灾，维护群众生命财产安全。在9月18日印度锡金邦发生里氏6.8级地震，我区边境辖区受到波及后，辖区公安民警、现役部队官兵在积极自救的同时，迅速救助驻地受伤群众。公安厅在第一时间派出工作组深入灾区，指导灾区公安机关抗震救灾工作，并对灾区维稳工作进行了部署。共投入警力1152人次，出动车辆96台次，救出遇险群众569人，救治伤员35人，转移群众1797人，帮助群众搭建帐篷280顶。为灾区调拨价值119万元的救灾设备和物资，厅机关民警为灾区捐款捐物折合人民币89365元。九是加强公安监管工作。深入开展安全隐患排查整治和督促整改，全面推进“两防一退”工作，不断完善看守所安全管理措施，推进管理机制创新，落实看守所安全预警挂牌制度和定期通报制度，严格依法收押管理在押人员，确保了监管场所的持续安全稳定。全年共收押管理在押人员3162人，处理2055人。十是扎实做好公安信访工作。共办理（接待）群众来信来访327批（件）550人次，其中来信148件326人次，来访179批224人次，办结200批（件），办结率为61.2%。

【加强铁路、民航、森林等行业公安工作】铁路公安处牢固树立“青藏铁路无小事、事事连政治”的指导思想，紧紧围绕确保青藏铁路安全稳定这一中心任务，以春运、三月份敏感期、西藏和平解放60周年大庆安保工作为重点，建立健全线路联防联控工作机制，加大爱路护路宣传力度，落实人防、技防、物防相结合的安全防范措施，全年共查处倒票案件32起，破获运输毒品案件2起、拐卖妇女案件1起，抓获网上逃犯41名，查获各类毒品240克，解救被拐卖妇女1名。民航公安局及时启动机场空防安全威胁响应机制，落实爆炸物痕量检测安全措施，切实加强对进港旅客和货物的安全检查，提高安全防范等级，严防各类恐怖袭击，确保了机场安全。并建立了我区首个毒品查缉站。森林公安局加强林区治安管理和森林防火工作，严厉打击破坏野生动植物违法犯罪活动，加强生态环境保护。共受理查处各类案件34起，查处94人，查获收缴非法捕猎的野生动物及制品487件，收缴木材134.5立方米。

【全面加强维稳能力建设】一是应急指挥体系进一步加强。基本建立了以各级公安机关指挥中心为平台，以视频监控系统、通信网络建设为支撑的应急指挥体系。二是维稳力量建设进一步加强。积极争取中央编办为我区公安机关下达了1300名政法专项编制，从高校毕业生、驻藏部队拟退役士兵和已退役士兵中公开考录了4200名人民警察，在全区七地市组建了特警支队，在边境乡镇建立了公安派出所和公安边防派出所。三是队伍建设进一步加强。2011年，全区公安机关深入开展“基层建设年”、“执法规范化建设年”和“发扬传统、坚定信念、执法为民”主题教育活动，大力加强思想政治建设和党建工作，积极推进党风廉政建设，积极协调考察学习和举办培训班等事宜，统筹组织完成初任岗前培训班3期、调训718人，司晋督培训班2期、调训205人，警司衔级内晋升培训班4期、调训165人，民警业务知识技能培训班96期、调训2012人次。并组织全区民警参加了公安机关人民警察基本级执法资格考试。积极推进从优待警，共走访慰问民警、官兵、离退休老干部及家属1600余人，协调拨付、发放慰问金、慰问品总计120余万元。全区公安督察部门认真开展专项督察工作，其中，现场督察6435次，检查公安基层单位346家，督促整改285次；受理群众举报投诉69起，查结61起，对违纪民警停止执行职务9起11人；查处违反“五条禁令”1起1人。受理侵害民警正当执法权益案件10起，维护了13名民警的合法权益。

【全面加强“三项重点工作”和“三项建设”】2011年，全区公安机关以“保稳定、保民生、保大庆”为主线，深入开展基层建设年及执法规范化建设活动，强力推进社会矛盾化解、社会管理创新、公正廉洁执法“三项重点工作”，深化信息化、执法规范化、和谐警民关系“三项建设”，有效提高了公安队伍的群众工作能力、执法能力、驾驭复杂局势的能力和与社会公众沟通能力。特别是深入开展了“创先争优、强基础、惠民生”活动，公安机关向296个行政村派驻工作组。同时，按照区党委、政府的统一部署，全力推进社会管理创新工作，切实提高社会面的管控能力和水平。

【公安基础设施建设和后勤保障工作有力推进】全区公安机关经费装备保障有力、基础设施建设大力推进，公安厅物证鉴定中心项目和实验室装修工程已竣工并揭牌启用。

【对口援助工作有效开展】公安部和各对口援助省市公安机关大力支持援助资金14894.11万元，对口援助工作进展顺利。一是在智力援助方面，公安部选派43名援藏干部赴藏工作。全区公安机关采取“走出去，请进来”的方式，完成各类智力援藏113批次，学习培训人数达1737人。二是在项目援助方面，已落实援建项目15个，援助资金8468.78万元。三是在装备经费援助方面，累计援助警务装备经费3351.23万元，直接资金援助3074.1万元。

【获奖情况】

一、公安部授予昌都地区贡觉县公安局民警文胜昌全国公安系统二级英雄模范。

二、公安部授予自治区公安厅技术侦察总队技术保障支队全国公安技侦工作先进集体；公安部授予自治区公安厅技侦总队民警刘忠、拉萨市公安局技侦支队支队长杨建林全国公安技侦工作先进个人。

三、公安部对西藏自治区公安机关圆满完成西藏和平解放60周年庆祝活动安全保卫任务给予通令嘉奖。

四、国家知识产权局、公安部授予昌都地区经侦支队民警洛松旺堆2010年度全国知识产权部门和公安机关知识产权执法保护先进个人。

五、公安部授予山南地区公安处专项办全国公安机关警车和涉案车辆违规问题专项治理工作先进集体；公安部授予自治区公安厅警务督察总队民警王海涛、拉萨市公安局警务督察支队支队长平措顿珠全国公安机关警车和涉案车辆违规问题专项治理工作先进个人。

六、人力资源和社会保障部、公安部授予日喀则地区仲巴县公安局局长旦增全国特级优秀人民警察。

七、公安部授予自治区公安厅装备财务处民警廖伟全国公安经费保障体制改革工作先进个人。

八、公安部授予昌都地区公安处、乃东县公安局全国公安机关集中整治执法过程中涉案人员非正常死亡工作先进集体；公安部授予自治区公安厅监管总队监管科科长多吉普拉、拉萨市公安局城关分局副局长吴昌军、阿里地区看守所副所长普布次仁全国公安机关集中整治执法过程中涉案人员非正常死亡工作先进个人。

九、中共西藏自治区委员会追授昌都地区贡觉县公安局文胜昌同志全区优秀共产党员。

十、中共西藏自治区委员会授予拉萨市公安局国保支队党支部、昌都地区公安处第五党支部、公安厅装备财务处党支部全区先进基层党组织；中共西藏自治区委员会授予当雄县公安局局长达瓦、拉萨市公安局经侦支队民警李国洪、康马县公安局民警李积平、日喀则地区公安处民警赤列、加查县公安局民警李学宁、工布江达县公安局民警普巴全区优秀共产党员。

十一、中共西藏自治区委员会、西藏自治区人民政府授予拉萨市公安局、拉萨市公安局交警支队、拉萨市公安局城关分局、拉萨市消防支队、日喀则地区公安处、聂拉木边防检查站、山南地区公安处、林芝地区公安处、昌都地区公安处、那曲地区公安处、阿里地区公安处、自治区公安厅、自治区警卫局、自治区公安厅反恐总队西藏和平解放60周年庆祝活动安全保卫先进集体；中共西藏自治区委员会、西藏自治区人民政府授予旺杰、扎慈、马刚成、平措顿珠、丁玉强、李发杰、扎西、张延清、丁一、央珍、马自防、杨世斌、达娃索朗、西嘎、啊妞、曲培、阿旺四郎、边巴卓玛、李丛刚、旺久、杨光明、贾利国、沈照山、杨国庆、陈坤、洛桑旦增西藏和平解放60周年庆祝活动安全保卫优秀个人。

十二、公安部授予林芝地区公安处、日喀则地区定日县公安局全国公安机关网上追逃专项督察“清网行动”先进集体。

【领导名录】

自治区副主席，区党委政法委副书记，公安厅党委书记、厅长：李昭
副书记、常务副厅长：杨光明
副书记、副厅长：益西多杰
副书记、拉萨市委常务副书记、市政法委书记、市公安局党委书记：刘江
党委委员、副厅长：张文生、刘同平、彭秀江、洛桑旦达、刘振伟、平措
党委委员：洛珠、欧洛布穷、琼色、贾利国、邓泽波

自治区司法行政工作

【年度概况】2011年，全区各级司法行政机关在区党委、政府、政法委和司法部的坚强领导下，坚持围绕中心、服务大局，认真履行所担负的职责使命，为维护社会和谐稳定和促进我区经济社会发展做出了积极的贡献。

【监狱劳教工作】全区监狱劳教机关深入贯彻落实全国监所安全稳定工作会议精神，积极开展监所“百日安全排查”活动。按照司法部“严、细、深、实”的工作要求，在技防能力薄弱的情况下，突出强化人防能力建设，认真落实各项安全防范措施，有针对性地组织开展多种形式的应对科目演练，切实增强处置突发事件的能力和水平，确保监所持续安全稳定。紧紧围绕“四无”目标，强化监所管理，不断加强“五项机制”和“三共四防一体化”建设。坚持监管工作“首要标准”，认真落实“5+1+1”服刑人员教育改造模式，不断强化分类教育、个别教育工作力度，继续加强服刑在教人员思想、文化和职业技能教育，全区服刑人员脱盲率达到100%。认真开展维稳督察，组织督察组深入各监狱、劳教场所检查督导，对安全隐患进行了认真排查会诊。同时，紧紧围绕督察工作中发现的问题，认真梳理分析、周密安排部署、细化整改目标、强化管理措施，使存在的问题在短期内得到了有效整改。

2011年，全区监所安全稳定形势良好，未发生重、特大案件，未发生监管改造事故和生产安全事故，监狱劳教场所实现了持续安全稳定。

【人民调解和社区矫正工作】认真贯彻落实《人民调解法》，注重总结推广人民调解工作中好的经验和做法，注重规范人民调解工作程序和文书，注重加强人民调解组织建设，完善调解工作机制，广泛开展矛盾纠纷排查化解工作，大力开展争当人民调解能手活动。截至2011年10月，全区各级调解组织共排查调处各类纠纷5008件，调解成功4669件，调解成功率93%，有效化解了经济社会发展中的大量矛盾纠纷。目前，全区已建立各级安置帮教机构2567个，安置帮教率100%，重新违法犯罪率控制在3%以下。积极推进社区矫正试点工作，研究制定社区矫正工作相关制度和实施办法，并在全区11个县进行试点，为我区社区矫正工作的规范有序开展奠定了良好基础。

【法律援助和法律服务工作】一是积极加强法律援助机构建设。全区已有62个县建立了法律援助中心，初步实现了法律援助机构三级网络建设。二是大力推进法律援助向社区、乡村延伸，向基层困难群众和特殊群体扩展，重点做好农民工、老年人、残疾人、未成年人等弱势群体的法律援助工作，努力实现应援尽援。三是深入开展“法律援助便民服务”活动。进一步落实法律援助便民措施，有计划地扩大法律援助范围，降低法律援助门槛，简化受理审查程序，强化服务意识，改进服务作风，创新服务方式，提高服务质量和效率，努力为困难群众提供方便快捷、优质高效的法律援助服务，全区各级法律援助机构的服务能力和水平不断提升。四是积极推进政府法律顾问工作。建立完善律师参与政府决策的新机制，规范律师参与政府法律顾问的有关制度，协助政府运用法律手段管理经济社会事务，律师和公证人员积极参与政府采购、重大公共政策决策、重大公共建设项目的法律论证，为政府提供法律意见建议，努力推动政府依法行政。五是加强司法鉴定管理。强化服务指导，制定了《西藏自治区司法鉴定工作流程（试行）》、《西藏自治区司法鉴定业务档案管理办法》、《司法鉴定服务收费项目及收费标准》等十余项规章制度，进一步完善管理规范和技术规范,推进了司法鉴定工作的法制化、规范化和科学化。截至2011年10月份，全区法律援助机构共办理法律援助案件1477件。律师事务所共办理各类案件1877件，咨询和代写法律文书1154件，提供法律援助238件。公证机关共办理各类公证10435件，涉及标的9.7亿元。司法鉴定机构共办理鉴定案件近400件，诉讼采信率达到100%，法律服务工作在维护社会公平正义、保障和改善民生中的作用日益凸显。

【普法依法治理工作】2011年是“六五”普法启动年，在全面总结“五五”普法工作的基础上，认真研究制定“六五”普法规划，对全区开展“六五”普法工作进行了全面安排部署。同时，充分利用“五五”普法工作总结和“六五”普法规划启动的有利时机，深入推进“法律七进”活动，扎实开展“全国法治县（市、区）”、“民主法制村”创建工作。围绕推进跨越式发展和长治久安，紧密结合三项重点工作，充分利用节假日、法制宣传日、综合治理宣传月以及重要法律法规颁布实施纪念日等，采用“双语”宣传、张贴标语、发放宣传资料、开展法律咨询、召开座谈会等方式，积极开展专项法制宣传活动。进一步加大刑事法律、信访和社会治安综合治理条例等与维护社会治安密切相关的法律法规的宣传力度，切实加强重点人群、重点对象、重点部门的法制宣传教育，促进了敏感时段全社会的和谐安定。

【司法行政队伍建设】一是全面加强司法行政队伍思想政治建设。全系统扎实深入地开展反分裂斗争教育、“发扬传统、坚定信念、执法为民”主题教育实践活动、岗位练兵以及“规范执法行为、促进执法公正”、创先争优等一系列专项学习教育活动，并结合建党90周年、西藏和平解放60周年各项庆祝活动，回顾党的光辉历史，在全体司法行政干部职工和法律服务工作者中集中开展革命传统教育和理想信念教育，有效提升了司法行政队伍整体素质。二是认真开展“创先争优强基层惠民生”活动。厅党委及时成立司法厅强基惠民活动领导小组，制定活动实施方案，积极组织党员干部组成驻村工作队，并于10月14日召开了厅系统创先争优强基层惠民生活动动员部署大会和欢送驻村工作队大会。三是深入开展党风廉政建设和反腐败斗争。在抓司法行政队伍政治思想工作的同时，深入开展反腐倡廉教育，加强党风党纪教育、国家法律法规教育和职业道德教育，有针对性地开展示范教育和警示教育，认真落实党风廉政建设责任制，严格落实主要领导干部一岗双责。通过查找风险点，制定防范措施，在单位和广大党员干部中形成了自律与他律相结合、组织监督与群众监督相结合的良好局面，增强了党员干部的风险意识和廉政意识。认真做好群众来信来访、投诉的接待工作，做到有访必处理，来信必回复。四是加强教育培训，不断提高业务能力。先后举办了监狱劳教干警藏汉双语培训班、全区第六期司法鉴定人执业人员暨法医临床转岗培训班、新的定式公证书格式培训班等，加强对监狱劳教人民警察，律师、公证、司法鉴定等法律服务工作者的业务培训，提高了司法行政队伍的业务素质和工作能力。五是积极开展“基层建设年活动”。根据自治区基层建设年活动领导小组的安排，自治区司法厅派出驻村工作组前往昌都地区贡觉县麦东村，向当地群众宣讲党的各项惠民政策、法律法规，宣传党中央、区党委关于维护稳定的相关政策，帮助解决当地群众生产生活方面的突出问题，研究确定了解决麦东村突出问题的六个项目。2011年，自治区司法厅通过组织厅系统干部职工向麦东村群众献爱心等方式，筹得资金30.8万元，并积极与相关部门沟通协调，将“六个项目”建设所需资金予以落实。六是认真做好司法考试工作。2011年6月，成功举办了2011届政法干警招录培养体制改革试点班，128名干警参加了单独组织的国家司法考试；9月份，圆满完成2011年国家司法考试（西藏考区）各项工作；11月份，圆满完成在职法律职业人员国家统一考试试点工作。

【司法行政系统受援工作】对影响和制约全区司法行政机关业务开展、职能发挥的主要问题和困难进行了全面调研和深入了解，并结合新一轮援藏工作目标和任务，研究制定了《西藏自治区司法行政系统2011—2015年受援规划》，并由司法部转发全国17个省（市）司法厅（局）落实。全区各级司法行政机关紧密结合各自工作实际，围绕司法行政业务工作、干部和人才、科技、资金及项目、基础设施建设和技术装备等方面的援助需求，深入调研论证，科学合理规划，制定了相应的受援工作规划。同时，进一步加强了同对口援助省市司法行政机关的交流互动和对接工作。阿里、山南、那曲地区司法处主动到对口支援省的司法行政单位沟通交流，协商援助工作相关事宜。上海市、重庆市、湖北省、浙江省等司法厅（局）领导亲赴西藏，就援助工作与受援单位进行调研对接。援助、受援双方的积极交流互动，有力地促进了新一轮援藏工作的开展。

第三篇 军 事

西藏军区

【中央政治局常委、中央书记处书记、国家副主席、中央军委副主席习近平看望慰问驻藏部队干部代表】 2011年7月19日，中央政治局常委、中央书记处书记、国家副主席、中央军委副主席习近平率庆祝西藏和平解放60周年中央代表团部分成员前往西藏军区看望慰问驻藏部队干部代表，代表党中央、中央军委和胡主席对驻藏官兵表示亲切慰问，给西藏军区赠送贺匾和慰问品，并与驻藏部队干部代表合影留念。习近平指出，西藏是伟大祖国神圣领土不可分割的一部分。60年前，人民解放军进军西藏。60年来，在党中央和中央军委的坚强领导下，驻藏人民解放军指战员胜利完成了西藏和平解放、平息达赖集团全面武装叛乱、民主改革、对印自卫反击战、平息89年叛乱等各项任务，在巩固西南边防、维护西藏发展稳定中做出了重要贡献。60年的实践充分说明，驻藏人民解放军广大指战员和我们这支部队不愧为英雄的部队，是党和人民完全可以依赖的部队。驻藏部队所立下的不朽功勋，西藏人民不会忘记，祖国人民不会忘记，历史不会忘记。习近平强调，西藏的工作在党和国家的工作全局中处于重要的战略地位。西藏的稳定关系到国家的稳定，西藏的安全关系到国家的安全，而驻藏部队则是保卫西南边防、维护国家统一安全的坚强柱石，是维护推动西藏跨越式发展和长治久安的重要力量。希望驻藏人民解放军认真贯彻中央第五次西藏工作座谈会精神，要坚决听从党中央、中央军委和胡主席的指挥；要坚持新时期军事战略方针，全面加强部队的正规化、革命化和现代化建设；要继续加强军事斗争准备，忠于党和人民，履行光荣职责；要积极践行革命军人核心价值观，弘扬老西藏精神，不怕艰苦困难，不怕流血牺牲，坚决捍卫国家主权安全、领土完整，坚决维护国家核心利益。驻藏部队还要高举民族团结进步的旗帜，模范遵守党的宗教政策和民族政策，积极的推动参与双拥共建和民族团结创建活动，巩固发展西藏军政军民团结的大好形势，不断加强民族团结。习近平还请大家代为转达党中央、中央军委和胡主席对坚守在边防一线的人民解放军指战员的亲切慰问和崇高的敬意，祝大家为建设社会主义新西藏再立新功。中央政治局委员、国务院副总理回良玉，全国人大常务委员会副委员长兼秘书长李建国，全国政协副主席、中央统战部部长杜青林，全国政协副主席帕巴拉·格列朗杰，十届全国人大常委会副委员长热地，中央军委委员、总参谋长陈炳德陪同接见。西藏军区司令员杨金山、政委郎友良接受贺匾，驻藏部队有关单位干部和原在西藏军区担任过领导职务的军区老领导共690人参加接见。 （张代红）

【西藏军区司令员杨金山徒步赴墨脱检查调研】 10月15～21日，西藏军区司令员杨金山专程徒步赴墨脱检查调研，先后看望慰问了墨脱人武部和驻墨脱部队。杨金山在对驻墨脱部队常年扎根边防、戍边卫国给予充分肯定的基础上强调：一是要大力加强思想政治建设，确保驻扎在边远少数民族地区的部队不变质、不褪色；二是不要忘记提高官兵的素质，强固在艰苦中学习、在艰苦中进步的意识；三是处理好维稳与维权的关系，既要捍卫领土主权，又要确保边防稳定；四是要始终抓好安全稳定工作，为部队发展搭建安全平台。林芝军分区相关人员陪同。 （叶进）

【西藏军区政委郎友良率边防代表团出访印度、尼泊尔】 11月3～14日，西藏军区政委郎友良率西藏军区边防代表团对印度、尼泊尔进行友好访问，受到印、尼两军高规格接待。在印期间，先后会见了印陆军情报局长塔库中将、印33军军长巴蒂亚中将、印东部军区司令辛格中将、孟买当地驻军司令乔普拉中将，两次检阅仪仗队，参观印空降旅、东部军区博物馆及警卫营，印准将级军官到机场迎送。在尼期间，尼总统亚达夫专门安排会见会谈，并请代表团转达对胡主席、温总理和陈总长的问候，参谋长古隆上将率参谋部主要官员会见，与尼内政部秘书拉纳及内政部主要官员进行会谈，前参谋长卡特瓦尔与代表团共进早餐，参观了尼军特种作战营，作战部部长加勒少将专程到机场迎送。整个出访活动安全顺利，对于恢复中印两军正常交往，促进中尼两军友好关系，营造和平友好的周边环境，维护边境地区的安全稳定做出了努力。军区机关、西藏军区机关及部队共8人陪同出访。 （张代红）

【庆祝西藏和平解放60周年】 2011年

是西藏和平解放60周年。为配合西藏自治区党委、政府搞好此次大庆活动，西藏军区党委、首长高度重视，多次召开专题会议研究部署工作。在大庆活动期间，西藏军区组织部队参加西藏和平解放60周年庆祝大会、文艺晚会、焰火晚会、成就展等系列活动，指导三个阅兵方队高标准完成受阅任务，协调组织军区慰问驻藏部队仪式，协调组织中央代表团接见解放军驻拉萨官兵代表并合影。组织开展西藏和平解放60周年边防行大型采访活动，广泛宣传西藏军民的团结奋进、西藏部队的建设发展、西藏军人的奉献忠诚、西藏人民的幸福安康，共在各级各类媒体刊稿1200余篇，《西藏军区部队支援西藏建设促进民族团结》长篇通讯被《解放军报》头版头条刊发。完成大型音乐剧《燃烧的雪野》在蓉演出。7月26日，西藏军区召开西藏和平解放60周年庆祝活动总结电视会议，全面总结大庆活动期间的工作经验和启示。8月9日，在西藏自治区党委、政府召开的西藏和平解放60周年庆祝活动总结表彰大会上，西藏军区被表彰为“庆祝活动突出贡献单位”、西藏军区政治部被表彰为“庆祝活动优秀组织单位”。　（张代红）

【开展“百日安全竞赛”活动】9月28日至2012年1月10日，西藏军区为进一步强化官兵安全意识、规范各项安全秩序、打牢部队安全基础，区分动员部署、安全竞赛、总结讲评三个阶段，组织全区部队开展“百日安全竞赛”活动。活动以“官兵安全意识牢固、刹歪风治顽症成效明显、基层党组织领导坚强有力、干部尽职尽责有原则、群策群防氛围浓、完成各项工作圆满、确保实现‘三无’目标”为竞赛标准，运用法规学习、警示教育、隐患排查、健全制度等手段，深入开展活动，促进安全工作落实，确保部队安全稳定和年度工作任务的圆满完成。　（田汉春）

【组织召开军分区人武部正规化建设观摩座谈会】12月19～20日，根据军区“眉山会议”精神，结合西藏人武部“大调研大检查大帮带”活动，西藏军区采取集中动员、观看录像、现场观摩、经验交流和总结讲评等相结合的方式，组织本级、军分区（警备区）、试点人武部3级主官和军区机关部门领导、业务处（室）负责人，在林芝军分区和林芝县人武部召开军分区人武部正规化建设观摩座谈会。传达军区会议精神，现场观摩林芝军分区机关、直属队和林芝县人武部正规化建设试点成果，利用电视会议系统交流抓正规化建设的经验做法，分析查找在正规化建设中存在的问题，研究制定对策措施，实现“解决问题、规范建设、树立样板、探索路子”的目标。　（田汉春）

【开展人武部“大调研、大检查、大帮带”活动】3～10月，西藏军区按照“依法从严治军、注重打牢基础、软件硬件并重、推进全面建设”的要求，采取调查研究、检查指导、蹲点帮带、考评验收的方式，以正规化建设和管理为重点，以解决重难点问题为突破，以规范四个秩序为抓手，组织开展人武部“大调研、大检查、大帮带”活动。3月，军分区（警备区）开始对所属人武部建设进行调研。4月，西藏军区组织专项工作组在全区范围内开展调研。5～8月，西藏军区、军分区（警备区）相关业务部门对人武部进行帮带和对调研中发现的问题进行整改。第四季度，按照人武部自查自评、军分区（警备区）检查验收和达标初评、西藏军区审核评定的程序，对全区人武部全面建设情况进行达标考核。　（田彦聪）

【亚东抗震救灾中政治工作】9月18日，印度锡金邦发生地震波及亚东，西藏军区政治部2次组织召开抗震救灾政治工作专题会议，认真传达学习胡主席和军委、总部、两级军区有关指示精神，研究部署抗震救灾中的政治工作，下发《抗震救灾政治工作指示》和《关于做好抗震救灾中政治工作的补充通知》，指导任务部队及时成立临时党支部30个，在596名党员中组成党员突击队32个，广泛开展“创先在灾区、争优在岗位”活动。在各级救灾指挥所设立群众纪律监督小组，印发《抗震救灾群众纪律细则》1200余册，教育官兵在抢险救灾中严格遵守群众纪律，自觉维护军政军民团结。地震发生当晚连夜召开新闻报道任务部署会，从全区部队抽调新闻报道骨干成立新闻报道组，19日凌晨派出文字、摄像、图片共5名记者赶赴灾区采访报道；加强与中央电视台、中央人民广播电台、解放军报等新闻媒体和军区宣传部、西藏自治区党委宣传部等相关部门的协调，在军地各大主要媒体上刊发播报第一篇反映部队抗震救灾的简讯、第一篇广播稿件和第一条电视新闻，及时在总政《政治工作情况》中刊发《西藏军区扎实做好抗震救灾政治工作》。截止21日，在军地20余家新闻媒体上刊发文字（图片）报道18篇，电视新闻7条，电台音频13条，网络稿件200多篇，确保了既打得赢、又叫得响。　（夏晓伟）

【彭燕全国重大典型宣传】2月底，完成彭燕同志先进事迹材料、主题通讯、电视宣传片、新闻小故事集、日记选集和新闻图片集。3月下旬和4月中旬，协调区内和战旗报作了前期基础宣传。5月下旬，邀请中央、四川、西藏21家新闻媒体56名记者深入采访彭燕同志先进事迹。6月上旬和中旬，在中宣部、总政宣传部和军区政治部宣传部的大力支持下，20家中央主要新闻媒体、5家新闻网站及四川、西藏4家新闻媒体，通过文字与图片同步、电视和网络并举的方式，集中黄金时段、重要版面，在“红旗飘飘”专栏深入宣传彭燕同志的先进事迹，人民网、新华网等网站在首页显要位置推出新闻专题，工人日报、百度网等40余家媒体和网站还转载彭燕事迹新闻稿件，在全国全军范围内引起较大反响。　（夏晓伟）

【开展“文化服务万里行”】根据总政和军区《关于开展“文化服务万里行”活动的通知》精神，4～10月，西藏军区政治部组织文工团先后为拉萨军分区、日喀则军分区、那曲军分区等部队官兵演出109场次；文化工作站组织各类培训班6次，维修文化装备、日用电器600余台，发放文化设备300余台（件）、节目光盘200余套，安装调试卫星电视接收设备86套，为执勤部队官兵放映数字电影70多场次，做到设备器材到一线、影视节目到一线、维修服务到一线、干部培训到一线、演出辅导到一线，切实为基层送温暖、办实事、解难题，受到广大官兵热烈欢迎。西藏军区政治部文化工作站被总政治部通报表彰为先进单位。（夏晓伟）

【组织屯垦部队开展定点帮建基层政权和帮扶农牧民活动】2011年，西藏军区后勤部组织屯垦部队着眼“培训一人、就业一人”和“就业一人、培训一人”的目标，共动用机械20台，实际作业1500小时，消耗油料20吨，培训农牧民2700人次。按照“团（营）—乡（镇）、营—村、连—农牧民户”对口帮扶模式，广泛开展党的创新理论、党的路线方针政策宣传，进行政策法纪、安全形势和国防教育，帮助基层政权提高科学执政能力和领导水平，增强农牧民群众向往平安、维护稳定意识；积极开展军民共建活动，力所能及资助驻地公益事业和贫困群众，营造军民鱼水情的和谐氛围；强化官兵政策法纪观念，引导官兵热爱人民群众、尊重人民政府和民风民俗，密切军政军民关系、增进民族团结，严防发生军民纠纷；利用屯垦部队人才、技术、机械等优势，组织驻地农牧民生产实用技能培训，改进生产方式模式，加快脱贫致富步伐。（徐波 刘康 王志清）

【组织女民兵方队参加庆祝西藏和平解放60周年大庆活动】7月19日，拉萨警备区组织拉萨市七县一区及拉萨师范学校学生227名女民兵参加大庆阅兵，接受中央代表团和全国各族人民的检阅，展示高原女子民兵“巾帼不让须眉”形象，受到党和国家领导人以及军地各级的高度赞扬和一致好评。为圆满完成此次阅兵任务，拉萨警备区从拉萨市七县一区及拉萨师范学校学生抽组参训女子民兵共计260人（含预备人员）。主要完成内务设置、军人基本常识、体能、队列、分列式、95式自动步枪操枪、阅兵等内容的学习和训练、演练，高标准高质量完成阅兵任务。（格桑次旦）

【召开市委议军会议暨县（区）“人武部党委第一书记述职”会】12月29日，拉萨警备区协调拉萨市委、市政府召开拉萨市委议军会议暨县（区）“人武部党委第一书记述职”会议，拉萨市委在家常委，市委政府有关部（局、委）的领导，警备区部门以上领导，各县（区）委书记（区、县长），各县（区）人武部部长（政委）参加。各县（区）人武部党委第一书记进行了党管武装工作述职，拉萨市委议军会议就当前面临的困难和问题进行了分析研究和集中讨论。（格桑次旦）

【抗震救灾】9月18日20时40分，印度锡金邦西北部发生6.8级强烈地震，日喀则地区震感强烈。地震波及日喀则地区15县（市）91个乡（镇）336个自然村，96418人受灾。地震发生后，军分区第一时间收集掌握灾情，启动抗震救灾预案，经请示上级同意，迅速出动部队官兵（民兵）和各型车辆（工程机械装备）投入抗震救灾。在历时17天的救灾行动中，共挖出遇难者遗体4具，搜救被埋幸存群众23人，医治伤病员1065人，转移安置群众7002人，搭建帐篷1464顶，抢运物资100余吨，拆除危房150栋，抢收青稞240亩，平整场地3500平方米，加固河堤250米，抢通道路400余公里，受到地方党委政府和人民群众的高度赞誉。（宋彦斌）

【狠抓人武部规范建设】2011年，日喀则军分区坚持以西藏军区人武部“大调研、大检查、大帮带”活动为契机，以建设“五型”人武部为抓手，不断加强国防后备力量建设。结合人武部实际，提出“建设‘五型’人武部，提升人武干部‘九会’能力”的思路，并拟制下发军分区《关于建设“五型”人武部的决定》和《人武部干部“九会”标准》（五型：学习型、武备型、安全型、和谐型、务实型，九会：会民兵整组、会组织民兵教育训练、会带领民兵遂行任务、会发动民兵参建参治、会组织民兵救灾处突、会国防动员、会做征兵工作、会使用自动化器材、会用藏语简单对话）。（刘朋）

【深入开展培育当代革命军人核心价值观主题教育】3月7日至10月28日，林芝军分区重点围绕“坚定理想信念、强化军魂意识、激发战斗精神、纯洁思想道德”等方面的内容，专门成立主题教育领导小组和教育活动办公室，精心筹划教育内容、科学安排教育计划，区分为党委机关、基层干部、老兵和新兵四个层次，按照思想发动、专题学习、讨论交流、总结提高四个阶段，结合纪念建党90周年、辛亥革命100周年、“九一八”事变80周年、长征胜利75周年，西藏和平解放60周年等党和国家重大政治活动，使官兵在感受祖国厚重历史文化和辉煌建设成就的同时，领悟军人的使命价值和责任担当。邀请“全国三八红旗手标兵”、“全国民族团结进步模范个人”、那曲军分区门诊所医师彭燕到军分区作报告，通过与模范面对面交流谈体会，引导广大官兵坚定军营建功立业、实现人生价值的坚定信念和价值追求。注重发挥环境育人功能，充分利用营区文化灯箱、黑板报、“军旅之声”广播、“军营短讯”电视新闻、军分区局域网等媒介，集中宣传当代革命军人核心价值观的基本观点、深刻内涵和重大意义，广泛开展“在党旗下成长”读书征文比赛、书画摄影作品征集、个人才艺展示等活动，举办“红歌颂党”歌咏比赛，组织“使命·荣誉·和谐”专题文艺晚会等，营造浓厚的培育氛围，教育感染力进一步增强。通过教育，进一步坚定官兵理想信念和纯洁思想道德，进一步增强军魂意识和战斗精神，确保政令军令畅通，确保年度各项任务圆满完成，确保部队安全稳定，达到预期教育目标。（王路奎）

【开展彭燕先进事迹宣传】2011年，在西藏军区的统筹安排下，那曲军分区重点对军分区门诊所唯一女护师、“全国三八红旗手”、“优秀共产党员”彭燕同志进行宣传，先后组织彭燕同志先进事迹汇报会和参加在北京组织召开的军地英模代表、少数民族干部群众代表、首都高校学生代表、医疗卫生战线代表学习彭燕同志先进事迹四个座谈会。积极协调《人民日报》、《中国青年报》、《解放军报》、《光明日报》、《战旗报》、《西南民兵》、《西南军事文学》、《西藏日报》等新闻媒体连续刊登

《记西藏那曲军分区门诊所护师彭燕》、《彭燕-雪域高原的圣洁雪莲》、《追寻，她那天使般的微笑》、《护师彭燕：把最美的青春献给那曲》、《“生命禁区”有棵树—记西藏那曲军分区门诊所护师彭燕》、《她是雪域一缕温暖阳光—记西藏那曲军分区门诊所护师彭燕》等文字稿件；配合中央人民广播电台、中央电视台等媒体连续播发《彭燕：把最美的青春献给藏北高原》、《第三届全国道德模范候选人事迹》等媒体稿件和“新闻纵横”、“焦点访谈”、“感动中国”、“新闻会客厅”、“面对面”、“军事纪实”等知名栏目对彭燕进行报道；配合人民网、新华网、中国军网、中国广播网在两级军区政工网开设专题网页、制作专题视频对彭燕事迹进行集中宣传，共在各大媒体上稿270余篇，在全党、全国、全军引起强烈反响。（张虎）

【深入开展群众工作】2011年，那曲军分区认真贯彻落实中央第五次西藏工作座谈会精神，紧紧围绕促进辖区社会长治久安和经济社会跨越式发展的目标，把群众工作作为一项重要工作抓实抓好。组织军分区团以上领导干部对26名孤儿和30名特困生资助67200元，持续开展“1+1”接力助学活动。出动官兵375人，车辆14台，清理河道5000米、垃圾120吨，积极参与驻地环境卫生整治。组织医务人员10余次深入街道社区和村镇，为孤寡老人、孤儿学生义诊1200人次，送药价值8万余元。春节和藏历新年期间，走访慰问敬老院、孤儿院等单位，赠送价值15000元的大米、面粉、罐头等物资。组织生产营官兵为地区人民医院紧急献血1800毫升，救助一名藏族难产妇女。8月，比如县遭受特大降雨袭击，先后出动官（民）兵2000余人次，车辆、机械63台次，疏通道路198公里，为群众捐款12.7万元，衣被600多件（套），粮食3500公斤。（张宗军）

【拍摄“嘹亮军歌献给党”歌咏短片】7月，解放军第77680部队为迎接建党90周年和西藏和平解放60周年系列庆祝活动，拍摄的“嘹亮军歌献给党”歌咏短片被总政治部评为“优胜奖”。歌咏短片全长30分钟，共有《西藏军区军歌》、《洗衣歌》、《想起那高原红》、《练练练》、《当你的秀发拂过我的钢枪》、《忠诚使命》、《战士心向党》等7首歌曲。该片创作思路以格桑花为主线，以歌曲记录历史，完整讲述了从50年代18军进藏到新时期部队建设各个阶段的真实写照，热情讴歌了西藏军人忠诚于党、无私奉献、顽强拼搏、扎根边防、誓守边关的伟大情怀。（申磊）

【编印下发《预备役部队军官读本》和《预备役部队士兵知识问答》】5月，西藏军区陆军预备役混成旅组织精干人员采取藏汉双语的方式编印并下发《预备役部队军官读本》和《预备役士兵知识问答》。军官读本全书分法规、文件和预备役部队建设讲座三部分，对国家国防建设法规，中央、总部、自治区预备役部队建设规定，以及预备役部队建设常识进行详细的阐述。士兵知识问答全书分法规知识、预备役部队知识、共同条令知识三个部分，对国防法、兵役法、预备役建设基本知识和共同条令基本内容进行问答性讲解。《预备役部队军官读本》和《预备役士兵知识问答》的编印下发为预备役官兵掌握预备役法规和知识提供了重要参考，为推进预备役部队全面建设又好又快地发展奠定了理论基础。（刘陈洪）

【举行庆祝建党90周年文艺汇演】6月30日，西藏军区驻川办事处举行庆祝建党90周年文艺汇演。参演节目均是办事处官兵、职工、离退休老干部自创、自编、自导、自演。演职人员中，年龄跨度较大，有92岁高龄的老首长，有4岁的幼儿园小朋友。文艺汇演通过合唱、舞蹈、朗诵、器乐演奏等丰富多彩的艺术形式，热情讴歌了中国共产党领导人民军队不断发展壮大的光辉历程，生动展示了部队官兵忠实履行使命任务、自觉践行当代革命军人核心价值观的时代风采。

（彭浩）

【医疗救援】9月18日20时40分，印度锡金邦发生里氏6.8级地震，与其接壤的西藏亚东地区受灾严重。根据西藏军区命令，西藏军区总医院立即召开党委会进行安排部署，同时启动应急预案。9月19日，组织由67名专家和医护人员组成的医疗队，动用车辆16辆，携带医疗设备、药品、医用耗材等物资共计1322.3万元，分两批次先后抵达灾区，和第八医院医护人员组建西藏军区抗震救灾野战医院，先后出动巡诊人员319人次，为当地受灾群众和部队官兵巡诊7648人次、入户1893户，接诊伤病员928人，收治伤病员78人，后送4人，治愈出院66人，开展手术28台，共计消耗药品968340.42元，消耗一次性医用耗材、试剂价值558340.00元。对受灾群众和广大执行救援任务的救援人员进行广泛深入的心理咨询和疏导268人次，进行防疫消毒达38.9万平方米，检测水源68处，通过14天的辛勤努力，圆满完成灾区伤病员后送、医疗救治及卫生防疫、心理疏导等任务，受到总部、两级军区首长、地方领导及灾区各族人民的广泛赞誉，为成都军区、西藏军区部队争得了荣誉。（李彬）

【西藏首家博士后科研工作站成立】5月20日，西藏军区总医院博士后科研工作站在拉萨挂牌成立。该站于2010年8月经国家人力资源和社会保障部、全国博士后管理委员会批准成立，为西藏首家博士后科研工作站。西藏军区总医院博士后科研工作站现已聘请国家卫生部高原病研究重点实验室主任、中国工程院院士吴天一，西藏军区副司令员兼西藏军区总医院院长李素芝，军事医学科学院基础医学研究所研究员、博士生导师范明等7位同行业知名专家学者为博士后合作导师。该站发展规划是：依托该院的国家中藏西医结合高原病重点专科、全军高山病中心、全军高原战创伤救治中心和全军心理服务中心，重点开展高原病与高原战创伤救治基础及临床研究；大力开展高原地区先天性心脏病研究；加大高原药物和高原卫生装备的研发力度。（茹乃峰）

【宣传西藏军区总医院创建“研究型医院”】12月11日，根据中宣部、总政治部安排，解放军报、人民日报、中央人民广播电台、中国青年报、光明日报、经济日报、科技日报、新华社等中央媒体和所属网站对西藏军区总医院创建研究型医院进行集中宣传，突出西藏军区总医院急性高原病防治世界领先、高原医学创新转化的延伸、创新人才呵护军民安康三个方面，指出通过10多年的急性高原病流行病学调查研究，西藏军区总医院确定了急性高原病的系列诱发因素，率先提出急性高原病全地域、全方位、多层次、全时段的立体预防新概念，组织建立高原病专业医生层面、基层医生层面、进高原前体检、社会高原病知识普及、专用预防药物五位一体的急性高原病立体预防体系，承担那曲雪灾、青藏铁路建设、拉日铁路建设、当雄地震、山南雪灾、青海玉树抗震救灾、亚东地震救灾等20余次藏区国家重点工程建设、自然灾害救援和驻藏体系部队医疗保障，15年实现急性高原病零死亡。（陈辉）

【《李素芝：雪域高原好门巴》被收录中小学德育教材】2月，根据西藏军区副司令员兼总医院院长李素芝先进事迹撰写的《雪域高原好门巴》被收入中国书籍出版社出版的中小学德育教育教科书《军旗在我心中飘扬》。本文生动讲述了将军医生进藏工作35年来，为提高部队战斗力，为藏族同胞的安康幸福，潜心高原病学研究，不畏艰难困苦，翻雪山、涉冰河、跑边防、上哨所、到牧区、进寺庙，以精湛的医术和良好的医德，倾情服务于部队官兵和藏族群众，成为藏区闻名遐迩的好门巴。（陈辉）

【《李素芝个性化明信片》出版发行】9月，为庆祝西藏和平解放60周年，总政治部和国家邮政总局出版发行《李素芝个性化明信片邮册》。这套明信片邮共发行2000册，以图文并茂，详细介绍了全国全军重大典型李素芝将军35年如一日，扎根雪域高原、勇攀医学高峰、真诚服务广大官兵和藏族群众，为提高部队战斗力、促进西藏民族团结和社会稳定作出的突出贡献。（陈辉）

武警部队西藏自治区总队

【年度综述】2011年，总队党委坚持以中国特色社会主义理论体系为指导，始终聚焦主题主线，认真贯彻武警党委一系列会议精神，紧扣“抓基层不放松、打基础不懈怠、保稳定不动摇”工作思路，紧盯“任务完成好、内部不出事、部队有典型”建设目标，着眼建设现代化武警、有效履行职责使命，一手抓建设，一手抓任务，全面抓落实，高标准实现“两个确保”，部队建设取得新发展。

【抓首位，思想政治建设富有成效】着眼“三个确保”时代课题，按照“三个紧贴”要求，突出抓胡主席“七一”重要讲话、十七届六中全会、习副主席在接见驻藏武警部队团以上干部时重要讲话、主题主线重大战略思想、武警部队第二次党代表大会精神等学习贯彻，以《当代革命军人核心价值观学习读本》和“五个读本”为基本教材，大力推广互动式话题教学新模式，部队思想政治工作、心理工作、群众工作、警营文化工作、任务中政治工作和典型宣传工作扎实有效。第一支队特勤中队政治指导员刘克纯被武警部队表彰为十佳“四会”优秀政治教员，主题教育经验做法在《武警政工》刊发。

【抓中心，各项任务完成圆满】紧紧围绕主题主线，精心谋划维稳执勤和处突反恐，全力推进战斗力生成模式转变，维稳处突任务完成出色，固定目标执勤正规安全，军事训练质量得到提升，反恐力量建设不断加强，“3月敏感期”“萨嘎达瓦”宗教活动、“拉萨雪顿节”、建党90周年暨西藏和平解放60周年大庆安保、自治区党代会战备执勤维稳“三大战役”圆满出色，“卫士—11”演习富有成效，军事理论研究成果丰硕，参加武警司令机关参谋尖子考核评比取得团体第五名。

【抓基层，部队基础更加牢固】认真贯彻落实总部党委首长抓经常打基础指示要求，狠抓经常性基础性工作落实，先后举办《纲要》培训、预任基层主官集训、干部经常性培训、“七长”集训等一系列培训班32期，培训基层干部骨干6723人次。研究制定《2011年度党委（支部）班子考察帮建计划》，重点帮建的26个中队党支部有明显进步。扎实抓好典型培育和宣传推广工作，涌现出第十四届“中国武警十大忠诚卫士”方绍尧、“武警部队十名优秀士官”樊孝云等一大批先进典型，46个基层建设先进单位和50名基层建设先进个人受到通报表彰。

【抓管理，部队内部安全稳定】坚持把依法从严治警作为推动部队安全健康发展的关键，突出依法从严治警，深入开展“学法规、严纪律、正风气、迎大庆、树形象”为主题的条令法规学习活动，“查思想、查纪律、除隐患”教育整顿活动主要内容的专项整顿活动，引导官兵把条令法规内化为遵章守纪自觉行动；突出正规化建设，以总部两个《规定》、“辽宁会议”、“依法从严治警”集训精神为依据，在驻拉萨部队开展正规化建设试点，规范部队“四个秩序”、各类库室、登记统计和各类例会等，建设内容、标准和要求得到统一。

【抓后勤，综合保障能力不断增强】

不断规范战备秩序，强化后勤战备建设，突出抓好新装备配发、训练、使用和管理四个环节，确保各类装备随时保持良好技术性能；努力提升后勤队伍素质，采取岗位练兵、业务集训等方法，重点就后勤应急保障力、大中队战勤编组等科目进行训练，举办后勤专业培训6期；基础设施建设推进扎实，以在建工程、附属配套、机关及直属队建设规划为标志的总队营房“三项建设”任务推进平稳；规范化管理水平不断提升，坚持年度预算、大项工程建设等重大财经事项集体研究审定，突出“四类经费”和资金资产管控，经费保障成效明显，年度预算审计覆盖率100%。

【抓班子，党委核心作用发挥明显】以抓理论武装为牵引，重点围绕学习胡主席“七一”讲话、十七届六中全会、主题主线、建设现代化武警等；突出抓好民主集中制建设，举办党委书记培训，不断强化党内民主，5月，成功召开总队第三次党代表大会；突出抓班子团结，大力提倡“兼容并包、争而不伤、和而不同”党内生活环境，讲党性、讲原则、讲友谊，形成“同吃苦、重感情、干事业、谋发展”良好氛围；突出抓思想作风建设，树立狠抓落实之风、倡导揭露矛盾之风，落实蹲点调研制度，集中开展“加强党性修养，锤炼思想作风”等教育整顿，紧盯选人用人、工程建设、士官选取、重大经费开支等热点敏感问题不撒手，有效带动部队风气持续好转。

【自治区领导看望慰问部队】2月1日，自治区党委张庆黎书记，自治区党委常委、秘书长公保扎西等领导亲切看望慰问被国务院、中央军委授予“雪域高原英雄中队”荣誉称号的第二支队特勤中队官兵。张书记指出：第二支队是一支英雄的部队，在严峻的斗争面前，在血与火、生与死的考验当中，展示了武警部队的风采，做出了大量卓有成效的工作，圆满完成了党中央、自治区党委赋予的各项任务，无愧于英雄中队这个光荣的称号，并欣然为中队题词：“英雄的中队、人民的卫士”。

12月3日，自治区党委书记陈全国，自治区党委副书记、政府主席白马赤林等领导莅临拉萨市支队一大队一中队视察，亲切看望慰问官兵。

2月26日，自治区党委副书记、主席白玛赤林等领导，到总队驻拉萨部队各执勤点亲切看望慰问执勤官兵。

【维稳处突演练】1月30日，总队组织部队开展维稳“模块抽组、建制机动，划区封控、定位配置，反扇面追堵，营区（目标）防袭击”等课目演练，全面提高部队处突能力。

【反恐演练】1月30日至31日，总队组织两级机关前指带第一、二支队反恐大队开展应急快反拉动演练。围绕部队任务实际，设置想定预案，全面检验官兵分析判断力、指挥员临机决断力和分队协同配合力；并对演练组织程序、指挥要素、战斗编成、装具携带、装备使用保养等进行检查。

【春节走访慰问】3月3日，汪象华政委代表总队党委、机关和全体官兵看望慰问自治区儿童福利院和拉萨市敬老院，送去慰问品，与孤寡老人和小朋友一起欢度藏历铁兔新年。

【召开第三次党代表大会】5月18日至21日，中国共产党武警西藏总队第三次代表大会在文化活动中心召开，257名党代表出席会议。自治区党委副书记、常务副主席、政法委书记郝鹏出席大会并作重要讲话。总队党委书记汪象华代表总队党委作题为《围绕主题主线，忠实履行使命，在继承创新中加速推进部队现代化建设》工作报告；副书记郭毅力主持会议并讲话；纪委书记冉茂林代表总队纪委作工作报告。会议审议通过《西藏总队党委工作报告》和《西藏总队纪委工作报告》，选举产生总队第三届党委委员、常委，第一书记、书记、副书记；选举产生总队新一届纪委委员、副书记、书记；选举出席武警部队第二次党代会代表。

自治区有关部门、西藏军区、空军拉萨指挥所和边防、消防、森林总队领导同志参加开幕式。

【“卫士-11”演习】5月26日，总队组织驻藏和援藏部队参加武警部队“卫士-11”演习。自治区和一线指挥部领导先后观摩总队基本指挥所、野战指挥所和特种车辆、后勤装备展示，检阅参演任务部队。自治区党委书记张庆黎通过卫星网观看部队演习，并与武警部队王建平司令员通话，充分肯定西藏总队和援藏部队为维护西藏稳定做出的突出贡献。

【自治区大庆安保誓师大会】6月25日，西藏自治区在总队第一支队召开庆祝中国共产党成立90周年暨西藏和平解放60周年安全保卫誓师大会，自治区党委书记张庆黎作重要讲话，西藏政法系统及驻藏武警官兵4000余人参加宣誓。

【西藏和平解放60周年大庆安保】7月17日至31日，西藏和平解放60周年庆祝活动在以拉萨为中心的西藏各地隆重举行。驻藏武警部队出动兵力圆满完成中央代表团住地、现场、路线、专机警卫，社会面防控，机动备勤等安保任务，高标准实现“四个确保、一个展示”目标。

【中央代表团视察总队机关】7月19日，中央代表团团长、中共中央政治局常委、国家副主席、中央军委副主席习近平率中央代表团副团长回良玉、李建国、杜青林、帕巴拉·格列朗杰、热地、陈炳德，代表团成员朱维群、何毅亭、杨焕宁、吴昌德、田修思、赵胜轩、丁学东、王其江、马建、宋丹、王建平亲临总队机关，接见武警驻拉萨部队团以上干部，赠送由胡锦涛主席亲笔题写“祝贺西藏和平解放六十周年”金匾，作重要指示，并合影留念。习近平代表党中央、国务院、中央军委和胡锦涛主席向总队官兵表示慰问，充分肯定了总队为维护国家安全和西藏社会稳定做出的突出贡献，高度赞扬了总队是一支党信得过、人民靠得住的坚强队伍。希望总队牢记使命、不负重托，大力加强思想政治建设，不断提高官兵政治辨别力和政治敏锐性，坚决听党指挥；充分认清当前西藏社会形势，不断提高队伍的预警能力、应急能力、处突能力；大力加强部队建设，不断改善基层条件、提高干部队伍能力素质；高举维护团结的旗帜，巩固警政警民关系，加强民族团结。

【武警部队领导检查指导工作】7月17日至22日，武警部队王建平司令员在西藏总队检查指导工作。先后听取总队党委工作汇报，深入第一、二支队，拉萨支队，那曲支队，总队医院，总队训练基地等单位和20多个基层大（中）队视察指导，看望慰问官兵，并作重要指示。

8月14日至18日，武警部队许耀元政委率工作组到总队，对部队深入学习贯彻胡主席“七一”重要讲话，进一步提高武警部队党的建设科学化水平进行检查调研。许政委先后听取总队党委工作汇报，召开驻拉萨部队领导座谈会，深入林芝支队，第一、二支队，拉萨市支队等基层部队，亲切看望慰问一线官兵，并作重要指示。

【中国武警十大忠诚卫士——方绍尧】7月，那曲地区支队司令部作训股股长方绍尧当选第十四届“中国武警十大忠诚卫士”。

方绍尧，男，汉族，重庆万州人，1976年9月出生，1996年12月入伍，大学文化，中共党员，上尉警衔。他用忠诚托起使命，用双肩担起道义，急难险重任务面前做先锋，带领官兵一次次出色完成各项任务。2004年5月，巴青县因虫草采挖引发5000余人的群体性械斗事件，他带领官兵化妆潜入闹事人群，一举抓捕8名闹事首恶，为平息事件立下头功。母亲病重，他无法陪在身边；父亲去世，他没能见上最后一面；妻子临产，他坚守在执勤一线。他先后被表彰为“全军优秀基层干部”和武警部队“优秀基层带兵干部”，荣膺“西藏青年五四奖章”，2次被树为“中队长标兵”，先后荣立一等功1次、二等功1次、三等功2次。

【抢险救灾】 7月30日，八一镇城区段防洪堤出现垮塌，林芝支队出动100名兵力前往抢修，在垮塌地段用沙袋围堰、抛石固基，搬运沙袋3000余袋、1000余块石块，抢修200余立方米，成功排除险情。

9月18日，日喀则亚东县发生6.8级地震，总队迅速启动抢险救灾预案，出动兵力1130人次、车辆82台次、安全转移群众200人、拉运帐篷500顶、卸载搬运物资475吨、搭建帐篷180顶、排除危房险点46处、清理路障4公里，向灾区捐款5万余元，捐赠价值25万余元大米、棉衣、绒背心等生活物品。

【成立应急救援队】 9月17日，总队“应急救援队”挂牌成立，国家地震局、自治区领导、应急救援成员单位有关领导和总队部门以上领导、驻拉萨部队主官出席挂牌仪式。自治区李昭副主席和郭毅力总队长为应急救援队揭牌、授旗。救援队进行部分应急救援课目汇报演示。

西藏公安边防总队

【年度综述】2011年，总队深入学习实践科学发展观，狠抓党建工作，突出打好以西藏和平解放60周年大庆安保活动为主的维稳“三大战役”，推动部队全面建设迈上新台阶，维护了边境地区社会政治局势持续稳定。

【打好维稳“三大战役”，边境地区持续稳定】总队认真执行区党委、政府和维稳一线指挥部“三大战役”决策部署，围绕“大事、中事、小事不出”工作目标，不断固化完善常态防控机制，创新警务合作模式，严密边境和口岸管控，确保了边境持续稳定。总队常委和支队级单位主官分片包干，重点敏感时期靠前指挥，保证了决策一线、处置及时。大庆安保工作期间，总队成立领导小组，组织召开誓师动员大会，确保了大庆安保圆满完成。3月敏感节点，边境防控警力和护边联防队员全部进入指定位置，确保全警投入，实现对边境一线的有效封控。严格落实辖区社会面摸排、通外山口道路堵截、口岸及周边查控相结合的主动治理措施，有效防范了不法分子制造分裂、破坏和恐怖活动以及外国人在珠峰地区反宣滋事。全年，边境辖区未发生任何煽动滋事活动、重大恶性案件和群体性事件。公安部孟宏伟副部长先后2次对总队60周年大庆安保工作作出批示：“西藏边防总队工作很细致、很扎实，做了大量工作，所采取措施都很好”、“工作很好，请总结工作并表彰有功人员”。

【抗震救灾勇挑重担，挽救群众生命财产】9月18日，印度锡金邦发生6.8级地震，波及到我边境辖区。总队迅速反应、全力以赴投入抗震救灾工作，确保了灾区群众生命和财产安全。地震当晚，总队立即召开紧急会议，研究部署抗震救灾工作，迅速启动应急救援预案，成立总队抗震救灾领导小组。21日，派出救援分队赶赴日喀则方向，指导抗震救灾工作的开展，看望慰问执勤官兵，调研灾害损失。指导亚东方向边防官兵在开展自救的同时，迅速投入救助驻地受伤群众工作。期间，共出动警力1152人次，车辆96台次，救出遇险群众569人，救治伤员35人，转移群众1797人，帮助群众搭建帐篷280顶。及时筹集调拨价值119万元的救灾设备和物资及时送到灾区，保证了救灾需要。严格执行区抗震救灾领导小组指示，指导各二线检查站加强通往边境灾区车辆、人员和物资检查，优先放行救灾车辆546台次，人员2363人次，确保救灾物资迅速运抵灾区；劝阻未经批准前往灾区人员15人，有效减轻了灾区一线压力。总队抗震救灾工作先后得到自治区白玛赤林主席高度评价和公安部孟宏伟副部长、边防局郭铁男局长批示肯定。

【积极开展创建活动，组织建设不断加强】总队成立创建模范党组织生活活动领导小组，在10个基层单位设立试点，迅速掀起活动热潮。突出学习成效，各级党组织和全体党员认真学习“三学”内容，官兵人均学习笔记达2万余字，个人心得体会、读后感2000余份，开设专题讲座56场次。制订《西藏公安边防总队党委标准化建设实施方案》，确保达标创优活动正常有序开展，班子的“六个能力”不断提高。组织中心组学习28次，班子成员自觉做到了学以致用、知行合一，组织召开党委常委会议12次，推动了党委议事决策规范化建设。通过活动，党员干部工作作风进一步转变，边境防控敏感时期，各级2500余名党员骨干坚守一线、执勤巡逻，充分发挥了党员先锋模范作用，确保了边境防控任务圆满完成。

【深入推进爱民固边，警民关系更加和谐】以公安部大走访“开门评警”活动为契机，扎实开展走访活动。全年，共走访群众40525户153628人，慰问困难群众920余人，向当地党委、政府反映群众困难61件，推动解决55件，征求意见建议551条，排查化解各类矛盾纠纷352起。积极协调自治区人民政府，拟定于10月初召开“全区爱民固边模范集体及个人命名表彰大会”，表彰奖励边防部队在开展群众工作中取得突出成绩的集体和个人。制定出台《结对帮扶弱势群体工作规范》，将辖区253名困难儿童全部纳入政府或社会救助体系；积极开展爱民固边模范县、乡（镇）、村创建活动，主动献言献策，推动农村基层政权建设。协调各级组织、教育部门正式发文任命206名民警兼任边境行政村村官，77名民警兼任边境学校法制副校长，协调民政部门将43位孤寡老人、困难群众纳入政府或社会保障体系。

【努力提升提服水平，服务能力不断增强】总队提高边检服务水平工作得自治区党委、政府大力支持，自治区专门成立活动领导小组，设立专项办公室，出台边检提服三年规划措施，推动“三大支柱”建设、“创新边检管理模式”、“建立边检服务长效机制”、“边检勤务信息化”四项重点工程顺利开展。总队投入138万元优先对聂拉木边检站执勤现场设备升级改造，推出出入境旅客分段集中验放、初验关口前移、边民出入境条形码查验、API国际航班信息预检预录等服务措施，提高通关效率，切实为出入境旅客提供方便。召开提高边检服务水平工作座谈会，与140余家旅行社和30名社会监督员共商提高边检服务水平办法。组织40名检查员进行双语（尼语、英语）培训，邀请学院专家进行专题授课，组织三级检查员等级考试前培训和一、二级检查员等级考试，全面提升了边检队伍的专业素质。

【发挥警务合作优势，边境防控更加牢靠】总队充分发挥警务合作领导小组职能作用，在巩固已有成果的基础上不断深化以对尼为主的警务合作机制。积极与尼相关部门开展会谈会晤，就加强打击“藏独”分子、维护双边稳定达成一致共识，有效防止了达赖集团渗透破坏活动。6月份，西藏、新疆、云南三省警务合作会商工作会在拉萨成功召开，完善了区域间情报侦查、防范打击、处置一体化协作制度，加大了合力打击边境犯罪活动力度。8月底，应总队邀请，尼泊尔边境警务代表团一行29人来藏访问交流，进一步推动了双边警务合作向更深层次、更宽领域发展。

【扎实开展“四个专题教育”，保障能力切实提高】总队先后抽调油车50余台次为基层单位补贴执勤用油700余吨，自筹资金90余万元为官兵配发高原特需药品，向基层执勤单位配发17台执勤用车，按照标准下达支队级单位公用经费指标4204万元，机关财务公用经费指标896万元和后勤基地公用经费指标126.5万元，根据2011年重点工作任务，安排专项开支，为全年边境防控任务圆满完成提供了有力保障。基本建设有序推进，全年完成建设投资20568万元，续建及新建项目23个。“十一五”项目基本落成，完成日喀则、山南、林芝支队指挥中心等项目；“十二五”规划开局良好，编制了5个大项137个子项的项目简介书，顺利纳入自治区“十二五”规划总盘子。制定上报《西藏公安边防总队派出所及公寓住房三年规划》，安排派出所建设项目15个，申请投资3389万元；安排基层公寓住房43个，申请投资4272万元。总队自筹资金437万元，重点解决了14个基层单位的取暖难的问题，所有项目现已全部通过竣工验收，并交付使用。

【领导名录】

党委书记、政治委员：欧洛布穷（副军职）
党委副书记、总队长：高万海（副军职）
副总队长：次仁扎巴（正师职）
格　桑（副师职）
王世红（副师职）
邱　敏（副师职）
副政治委员：刘政文（正师职）
司令部参谋长：柯昌明（副师职）
政治部主任：彭瑞明（副师职）
后勤部部长：黄清水（副师职）

西藏公安消防总队

【年度综述】2011年，西藏公安消防部队紧紧围绕“保稳定、促发展、惠民生、强基础”的工作思路，全力推行维稳处突、防火灭火、应急救援三大勤务，以火灾形势的总体平稳、部队的高度安全稳定，为全区社会局势的持续稳定、经济跨越式发展提供了坚实的消防安全保障。2011年，全区共发生火灾249起，死亡10人，受伤7人，直接财产损失529.85万元。全区连续11年无群死群伤火灾。国务院、中央军委授予总队拉萨消防支队布达拉宫大队“布达拉宫模范消防大队”荣誉称号，自治区党委、政府为西藏公安消防总队荣记集体一等功1次，并授予西藏和平解放60周年大庆活动突出贡献奖。

【坚决打赢维稳“三大战役”消防安保攻坚战】全面总结近年来消防安保经验，紧密结合维稳消防工作新形势和消防部队勤务特点，统筹常态和非常态维稳消防工作，指导全区消防部队紧紧抓住重点地市、重点寺庙、边境口岸、生命线工程，创造性落实要害单位、敏感场所、人员密集场所、易燃易爆场所、生命线工程消防安全防范措施，落实“多点灭火、缺水灭火和复杂敏感场所、人员密集场所、易燃易爆场所、交通通讯枢纽及交通运输工具起火”的处置措施，深入开展“五个严查严管和整治”和“六无”争创活动，制定施行西藏消防官兵“十二个不”行为规范（不变质、不涉赌、不涉毒、不涉黄、不涉黑、不赊账、不泄密、不误警、不酗酒、不冲动、不斗殴、不懈怠），严防消防行政行为不当、灭火救援处置不当、部队失控漏管引发不稳定因素，圆满完成了各节庆活动的消防安全保卫任务，特别是西藏和平解放60周年期间社会面“零火灾”，涉庆场所“不冒烟、不起火”，为维护社会局势稳定创造了良好的消防安全环境。

【强力护卫经济社会跨越式发展】科学编制“十二五”消防规划。依据《西藏自治区“十二五”时期国民经济和社会发展规划纲要》，结合西藏城镇空间结构和用地布局形态，突出城镇分布稀疏和西藏消防工作的特点，科学编制实施《西藏自治区“十二五”时期消防工作发展规划》。强力清剿火灾隐患。紧紧依靠党委政府、政府职能部门、社会单位、公安机关和有认知能力的公民“五个主体”，分城区、农牧区、寺庙区、边境口岸区、地震灾区等“五个类区”，分建构筑物、工业设备装置、能源、交通枢纽、文物古建筑、消防设施装备、违法违规行为等“七个专业”清剿火患，深化大排查大整治大宣传大培训大练兵活动，全力构筑社会消防安全“防火墙”。建立完善应急救援体系。自治区政府批准招收500名消防辅警员全部投入执勤备战，全区7地（市）73个县（市、区）全部依托消防部队成立地、县两级综合应急救援队伍，覆盖全区的综合应急救援队伍体系初步建成；积极打造现代化高原消防铁军。深入开展创建铁军中队试点工作和打造铁军比武活动，从难从严设置练兵科目，强化全员训练、实战演练；严格落实“两快”（接警快、调度快）、“三准确”（接警准确、调度准确、联动准确）、“四到位”（内攻到位、供水到位、防护到位、合成到位）34字灭火救援口诀要领，成功处置各类火灾249起，抢险救援208起，抢救被困人员259人，疏散被困人员5624人，抢救财产价值3758.6万元，并圆满完成了“9·18”抗震救灾任务。

【**开展执法规范化建设**】部署开展为期三年的执法规范化建设活动，成功举办首届“全区消防监督业务技能大比武”，修订完善《西藏自治区消防安全责任制办法》、《西藏自治区文物单位消防安全管理办法》和《西藏自治区公安派出所消防监督工作管理办法》，编制出台《公安机关消防监督执法手册》，建成并投入使用社会公众服务平台及消防监督管理系统，实现消防业务执法信息网上录入、执法流程网上管理、执法活动网上监督、执法质量网上考评，提升了监督执法效率。创新消防宣传形式。依据《全民消防安全宣传教育纲要》和西藏消防宣传工作特点，制定实施《西藏自治区全民消防安全宣传教育纲要》（2012-2015年）五年规划和实施意见，充分利用各类消防宣传平台，深化消防宣传“六进”工作，开展各类消防宣传活动2800余次，组织社会单位培训1400余次，培训人数180余万人，人民群众消防安全意识和自防自救能力明显提升。全力投入“强基础惠民生”活动。积极响应自治区党委、政府在全区开展创先争优强基础惠民生活动的决策部署，捐款200万元，派出25名干部组成的5个驻村工作队，深入日喀则地区白朗县东喜乡多巴村、吾久村和仁布县然巴乡卓村、卓达村、玛日村等5个行政村，建强基层组织，维护社会稳定，寻找致富门路，开展感恩教育，创建消防安全示范村，为进驻村解难事办实事120余件。深化警民共建共保和“大走访”爱民实践活动。紧扣发展稳定大局，向社会单位发放《社会单位火灾隐患整改技术服务咨询表》1500余份，向火灾隐患单位提供隐患整改业务咨询和技术服务2800余次，开展走访慰问活动239次，为“9·18”地震灾区捐款60余万元，赠送各类物品价值8.5万余元。

【**加快打造现代化高原公安消防铁军建设步伐**】成功召开总队第二次党员代表大会。全面总结西藏消防总队2006年以来党的建设和部队建设成果，科学规划今后五年消防工作和部队建设的奋斗目标和工作思路，选举产生总队第二届委员会、第二届纪律检查委员会。建强班子队伍。优化支队级党委班子结构，调整充实12个支队级党委班子，提拔任用9名正团职干部、25名副团职干部，选拔31名优秀士兵参加军校学习，吸收48名普通高等学校毕业生充实基层干部队伍；充分发挥审计工作的监督服务职能，严格落实经济责任审计“两个制度”，积极开展干部离任经济责任审计和基建项目委托审计，审计金额24193.45万元,监督总队本级大宗物资采购43项，监督采购总金额3159.93万元。强化基层基础。积极协调自治区发改委和相关职能部门，编制实施总建设规模为80765.18m^2，计划总投资20716.58万元的《西藏公安消防总队“十二五”基础设施建设规划》；争取投资总金额7880.092万元，新建和改造建筑面积80388.07m^2；争取装备器材购置经费4859万余元，购置个人防护装备20154件套、地震救援装备970件套、训练装备2964件套、其它装备4800余件套；投入资金430余万元，建成覆盖全区的三级基础网络，社会公众服务平台、无线同频同播系统、卫星地面站和便携式卫星站、党政专网保密视频会议系统等全部建成投入使用，基层基础建设进一步夯实。

武警西藏森林总队

【**年度综述**】2011年，总队在武警森林指挥部党委、自治区党委的正确领导下，坚持以主题主线重大战略思想为统揽，着力在抓班子带队伍、抓经常打基础、抓中心求作为、抓管理保稳定上下功夫，部队地位作用更加凸显，安全发展基础更加牢固，全面建设发展势头更加强劲。

【**中心任务完成高效圆满**】坚持主动作为，狠抓战备工作、基础训练和灭火专业训练，防火灭火能力有效提升，成功堵截日喀则吉隆镇境外火，有效扑救左贡县普绒村、察隅县控当村森林火灾，为西藏生态安全做出了积极贡献。集中打击乱砍乱伐、非法盗运木材等违规违法行为，全年共执行林政检查勤务326次，出动兵力近6000人次，查处非法运材车辆1500余台，收缴非法木材2800余立方米。林芝支队有效组织千里机动防火大宣传和清山巡护勤务，发放防火宣传单23000余份。狠抓维稳专项训练，官兵掌握处突技能、运用战术手段的水平明显提高。全年累计动用兵力15000余人次，完成4个方向23个重要民生目标守卫、西藏和平解放60周年大庆安保勤务，受到自治区党委、政府高度赞扬。参加了“卫士—11”演习，严密组织军事“三长”集训，通过“两化”训练、建制中队比武活动，有效提高了首长机关指挥能力和基层干部军事技能。

【**部队管理严格正规有序**】坚持依法从严治警方针，狠抓条令条例落实，深化重点问题治理，保持了较好的安全发展势头。总队首次被指挥部表彰为“三无”工作先进单位。坚持党委议管、主官主抓、分管专司、机关合力、部队齐抓，逐级签订《安全管理工作责任状》，广泛开展安全倒计时活动，严格落实安全工作“三个一”措施，认真解决“四个不一致”问题，进一步增强了人人想安全、处处保安全的防范意识。严格落实两个《规定》，加大硬件投入力度，突出精细化管理，组织部队参观见学，进一步规范了部队“四个秩序”；深入开展“条令学习月”活动，严密组织网上队列会操、警容风纪检查，坚持条令学习每周“五个一”，狠抓官兵日常养成，有力促进了部队作风纪律建设。深入开展车辆遵章守纪、枪弹安全检查、“三查一除”和“转变工作作风、密切内部关系”等专项教育整顿活动，倾向性问题和隐患得到有效治理，“四个样子”的要求真正落到实处。扎实开展营区“五防”演练，认真落实一日生活、车辆“五位一体”、枪弹“五控”和“六不出营区”、“营门六道防线”等制度措施，重点、敏感时间段，采取超常措施，确保了部队安全稳定。

【基层建设秩序逐步正规】集中组织政工干部《纲要》培训，扎实组织“《纲要》及《政工条例》学习月”、“学法规、懂法规、守法规、用法规”和“学本子、看片子、练内功”活动，提高了干部骨干按纲抓建能力，纲要培训做法被指挥部转发。林芝支队“一专多能”培训成效明显。认真落实分片包队、蹲点帮建、形势分析、通报讲评、问题整改、检查考评等制度，先后3次专题分析基层建设形势，派出5批常委带队的工作组下基层蹲点帮建，制约部队发展的重点难点问题逐步得到解决。深入开展“双争”评比和创先争优活动，对4个层次26个单位实施分类型评比、分层次竞争，大力表彰先进基层党组织和优秀共产党员，基层建设活力明显增强。严格落实指挥部关于中队要独立开伙、自行运转的指示，及时将拉萨大队二中队搬入教导队，实现所有大（中）队独立居住，基层党支部作用发挥更加明显。林芝支队和昌都中队被评为先进支队和标兵中队。

【后勤保障效益有效提升】坚持保障重点向中心任务聚焦、服务重心向基层一线倾斜，及时完善保障预案，加强应急战备演练，定期维修保养车辆，合理调配经费物资，为灭火作战、维稳执勤提供有力支撑。积极争取地方资助，先后投入300余万元，完成总队警官培训中心设施完善、机关办公楼装修和基层营房修建改造等工程项目。严格资金内控制度，通过网上银行和POS机结算减少现金流动，安装财务室监控系统，有效防范经济风险。狠抓“两业”生产，农副业品种多样，收益良好。拉萨大队蔬菜种植受到了中央电视台、武警总部、指挥部各级领导的好评。美化绿化营区、组织医疗巡诊、安排官兵体检、抓紧病号诊治、配发高原药品，积极协调解决干部住房困难，努力创造拴心留人环境。举办专业人员培训和专业技能比武，为后勤建设储备了技术人才。

【班子建设活力明显增强】坚持以课题研究为牵引，狠抓理论学习，“两个进入”成效明显，全年有16篇研究成果受到上级肯定。认真贯彻民主集中制，大项工作安排、重大任务部署、敏感问题处理，都能坚持集体研究决定，党委议事水平、决策能力有新的提升。通过召开交心通气会和民主生活会，深入开展批评与自我批评，班子团结和谐氛围浓厚。采取专题辅导、问题剖析、公开承诺、整改纠治等方式，集中开展“加强党性修养，锤炼思想作风”专题学习教育整顿，党委思想作风有新的转变。狠抓“七个方面突出问题”专项治理，清退4名机关超占士兵、暂缓下达11名干部提前晋职命令、对两名令位不符的干部落实岗位、清理25张不合格发票，党委公信度和感召力有新的增强。

【领导名录】

总　队　长：谭尔林（大校）
政治委员：唐映慧（大校）
副总队长：张　毅（大校）
　　　　　刘继飞（大校）
　　　　　徐雄光（大校）
　　　　　于永湖（大校）
副政治委员：寇先敏（大校）
　　　　　王　勇（大校）
参　谋　长：焦连营（大校）
政治部主任：张保明（大校）
后勤部部长：孙国大（大校）

西藏公安厅警卫局

【年度综述】2011年，西藏警卫局坚持以警卫勤务为中心，以队伍建设为根本，以部队管理为抓手，以信息化建设为依托，全面加强部队思想政治建设、警卫队伍建设、警卫业务建设、后勤装备建设、基层基础建设和信息化建设，部队执勤能力明显增强，后勤保障能力明显提高，生活工作条件明显改善，队伍凝聚力明显增强，部队彰显出蓬勃生机。

【警卫勤务圆满完成】在公安部警卫局的业务指导下，西藏警卫局牢固树立政治意识、责任意识、大局意识和安全意识，提前策划、未雨绸缪，精心组织、严密实施，在人力、财力、装备严重不足的情况下整合现有力量，按照人尽其才、物尽其用的原则进行科学分工，充分发挥全体官兵的主观能动性，实现了人和物的高效运转。任务期间，全局官兵以高度的政治责任感和饱满的工作热情，连续作战，顽强拼搏，不畏艰辛，充分发扬“老西藏”精神，超负荷工作，高效率运转，为圆满完成各项警卫任务做出了突出贡献，得到了公安部和自治区主要领导的充分肯定和高度评价。一年来，先后完成了西藏和平解放60周年系列庆祝活动安全警卫工作和中共中央政治局常委、国家副主席习近平，中共中央政治局委员、国务院副总理回良玉，全国人大副委员长李建国，全国政协副委员长、统战部部长杜青林，全国政协副主席帕巴拉.格列朗杰，原全国人大副委员长热地，解放军总参谋部参谋长陈炳德赴藏出席庆祝活动并分赴七地市慰问的各项警卫任务496批次（其中：一级警卫任务3批次，二级警卫任务45批次，其他任务448批次），出动警力8969人次，累计执勤125387小时，出动警车1442台次。其中，哲蚌寺警卫组自2008年3月执行警卫任务至今未撤，历时45个月。确保了大、中、小事不出，确保了警卫对象、警卫目标、重大活动的绝对安全，得到了自治区领导的充分肯定和高度评价。

【部队建设稳步发展】在圆满完成各项警卫任务的同时，警卫局坚持“政治建警、文化育警、科技强警、从严治警、从优待警”的方针，着眼全局，服务大局，全面加强了部队建设，警卫环境得到了极大改善。一是加强思想政治建设，实现政治建警。按照“三个紧贴”的要求，警卫局进一步加强部队思想政治工作，教育全局官兵要始终保持昂扬的斗志和坚定的立场，旗帜鲜明地开展反分裂斗争，确保“忠诚奉献、责任荣誉”的警卫核心价值观入脑入心，引导官兵永葆忠诚本色、强化奉献意识、牢记肩负使命、捍卫国家荣誉，筑牢了官兵的“思想防线”、“道德底线”、“法纪红线”。二是加强队伍建设，实现素质强警。警卫局坚持以加强党的先进性建设、能力建设为切入点，进一步强化了局党委的核心领导作用、各党支部的战斗堡垒作用、领导干部的模范带头作用、党员的先锋模范作用。同时，科学拟制干部调整配备计划，着力改善各级领导班子结构；积极推行团职干部选拔“双考”制度，注重选拔优秀年轻干部和专业技术型干部进班子，不断增强各级班子整体效能。三是加强部队管理，实现从严治警。警卫局坚持部队管理正规化、一日生活制度化、日常工作规范化，严格五条禁令、严格部队管理，进一步改变警卫干部精神面貌，提高官兵整体素质，增强官兵工作能力。四是提高保障能力，实现从优待警。在西藏地方财政比较困难的情况下，警卫局积极争取，将警卫业务经费基数从2010年的100万元/年增加到现在的300万元/年，并专项解决了警卫信息化建设经费。同时，加强了警卫车辆等勤务装备建设和机关住宿楼扩建工程建设，极大地改善了部队官兵的学习、工作、生活条件。五是加强信息化建设，实现科技强警。按照公安警卫部队信息化建设的统一要求，警卫局紧密依托公安厅“金盾工程”网，全面加强警卫信息化基础设施、指挥中心和勤务指挥平台建设，实现了警卫工作“指挥控制实时化、警卫执勤可视化、部队管理网络化、机关办公自动化”。同时，在警卫任务中，西藏警卫局全面启用了智能验证系统，为警卫任务的圆满完成提供了强有力的技术支撑。

【警卫形式进一步改进】为进一步改进警卫形式，警卫局在积极向自治区党委、政府和公安厅汇报的同时，结合历年来警卫工作的经验，认真研究、积极探索改进警卫形式的方法和途径。在正确处理好“确保警卫安全与确保政治安全的关系、确保警卫对象安全与确保群众安全的关系、确保警卫活动有序进行与确保不影响群众生产生活秩序的关系”这“三个关系”的前提下，提出改进和加强警卫工作的措施：一是以“疏”为手段，加强交通管控。尽可能地采取滚动控制措施，利用时间差调节勤务，充分掌握交通情况，能不交通管制的尽量不交通管制。二是以“点”为核心，加强住地、现场封控。在加强安全检查、政审背核的基础上，在不同的等级勤务上确定安全区域，分层次封控，既确保安全，又缓和警卫形式。三是以“防”为抓手，有效合理使用警力。采用隐显结合、警便结合、远近结合的方式布控，避免了岗哨林立、戒备森严。四是以“实”为策略，开拓警卫勤务新领域。在执勤手段方面，在总结西藏“六十大庆”使用智能验证成功经验的基础上，全面启用智能验证系统，减少了人为验证带来的不便。五是以“严”为要求，树立西藏警卫新形象。在警卫工作中，警卫局专门强调了执勤纪律，涉及：法律常识、文明用语、执勤态度、执勤方法、保密规定、执勤禁忌等内容。

【维稳防控和驻村工作扎实推进】警卫局坚持以警卫勤务为抓手，以确保安全为目标，按照体制机制不变、总体力量不减、防控力度不降的要求，进一步加强警卫维稳防控工作。通过深入开展维稳意识教育、忠诚卫士主题教育，不断加强部队思想政治建设，使警卫官兵进一步坚定政治立场，提高了警卫官兵的政治敏锐性，做到了思想不麻痹、认识不含糊、行动不迟缓、工作不放松，为圆满完成警卫任务提供了思想保障，确保了警卫勤务安全和部队内部安全。同时，警卫局两个驻村工作队严格按区党委的统一部署积极开展驻村工作，按照建强组织、维护稳定、帮助致富、感恩教育、办好实事五个方面的总要求，深入了解群众所思所想，及时发现存在的问题和困难，想方设法为群众排忧解难，帮助群众脱贫致富。驻村半年来，警卫局累计投入资金80余万元为村民修建了“磨面坊”、“网围栏”、“人畜饮水工程”，引进了“奶牛养殖”等项目，维护了社会稳定，解决了村民困难，帮助村民发家致富。

【领导名录】
局　　长：贾利国（正师职、大校）
政治委员：巴桑扎西（正师职、大校）
副 局 长：蔡　静（副师职、大校）
　　　　　于少辉（副师职、上校）
参 谋 长：刘家明（副师职、上校）
政治部主任：赵伯修（副师职、大校）

自治区人民防空工作

【年度综述】2011年，西藏自治区人防工作严格按照自治区“一个中心、两件大事、四个确保”的要求，开拓进取，真抓实干，统筹兼顾，全面推进，较好完成了各项目标任务，推动了全区人防建设又好又快发展。

【切实加强组织指挥信息化建设力度，不断提高人防应急指挥能力】

一是加强人防基本指挥所建设。积极协调落实拉萨市、日喀则地区、林芝地区人防基本指挥所建设工程列入了西藏自治区“十二五”重点项目，已纳入西藏自治区2012年中央预算内投资（西藏专项）计划一子项目，总投资5000万元。目前，拉萨、日喀则基本指挥所已完成论证立项工作，明年动工建设，林芝基本指挥所已经开工建设，有望于明年完成主体建设，这将有效改善我区人防指挥工程严重不足的现状。

二是加强组织指挥信息化建设。我办高度重视组织指挥和通信人员的业务建设，积极开展应急联络、空情预警接收等训练，完成了多次应急联络、空情预警接收演练，锻炼了队伍，搭建了平台，进一步提高了空情接收、应急通信的保障能力。今年，组织编制了西藏自治区“十二五”人防信息化建设规划，积极协调衔接国家人防办，落实指挥信息化建设资金X万元，为我区人防应急指挥信息化建设提供了资金保障。

三是加强防空警报设施的维护管理。严格落实自治区关于通信警报设备社会化管理的有关规定，与警报设备设点单位签订维护保障合同书，对防空警报设施实行社会化管理。与此同时，进一步加强防空警报建设，定期对防空警报设施进行维护。去年新增警报器X台，防空警报设施完好率达到了100%，音响覆盖率达到了90%以上。今年，成功组织实施了拉萨市、日喀则地区、林芝地区一年一度的警报试鸣工作。

【加强人防工程安全管理，努力促进人防工程可持续发展】为进一步贯彻落实国务院、自治区党委和政府安全生产会议精神，我办立足全局，从预防和遏制各种安全事故入手，加强领导，狠抓整改，实现了全区人防系统内平战结合工程全年无安全责任事故发生。年初，自治区人防办分别与各重点地（市）人防办一把手签定了安全工作目标责任书，明确了责任，把安全工作细化、量化到各级人防部门。对重点部位进行了自查，组织了消防疏散应急演练，进一步增强了安全意识，提高了处置突发事件的能力。今年，开展了自治区人防指挥保障中心（“202”）的安全维护管理工作，为下步进行内部装修、配备指挥设备奠定了基础。

【加强人防宣传教育工作，不断深化宣传教育成果】一是广泛开展人防知识进机关、进学校、进企（事）业、进社区（街道）、进网络的宣传教育活动。

二是充分利用广播、电视、报纸等媒体宣传主渠道作用，向社会各界深入宣传人防知识。

三是精心筹划组织了“全民国防教育日”、“防空警报试鸣日”期间的集中宣传活动，制作宣传展板、发放宣传资料、开展现场咨询。

四是在中学生中开展“三防知识”教育，征订发放中学生人防知识课本5600册，《西藏自治区实施〈中华人民共和国人民防空法〉办法》3000余本，扩大了人民防空教育的普及面。

五是结合“全民国防教育日”、“12·4全国法制宣传日”，进行声势浩大的宣传教育活动，使社会各界进一步加深了对人民防空工作的认识与了解，强化了人民群众的人防意识，营造了全社会关心人防的良好氛围，取得了良好的宣传效果。

【加大执法力度，坚持依法建设与管理人防】在全区人防建设过程中，努力改变过去那种“重建设，轻管理”、“重处罚、轻教育”的状况，不断修订完善人防建设与管理的各项规定，转变工作方式，切实提高依法行政的能力。

一是做好修订完善《西藏自治区实施〈中华人民共和国人民防空法〉办法》的准备工作。

二是深入各地（市）开展人防执法检查。

三是先后制定了《人防行政执法“十二五”工作计划》、《三防教育工作计划》、《宣传教育工作意见》等有关规章制度，规范了行政执法工作，确保人防行政执法做到有章可循、有法可依。

四是严格执行人防“结建”工作的法律法规，全年新增防空地下室1500m^2，收取易地建设费工作有了重大突破。

【编制《西藏自治区“十二五”时期人民防空发展规划》】根据《西藏自治区人民政府办公厅关于进一步做好自治区“十二五”专项规划编制工作的通知》（藏政办发[2011]34号）精神，我办在认真研究论证、反复修改并与自治区发改委相关处室多次衔接的基础上，编制了《西藏自治区“十二五”时期人民防空发展规划》，由自治区人民政府办公厅牵头，召集19家相关单位征求了意见和建议，并已审定通过，已下发各地（市）、区（中）直各单位。

【表彰奖励情况】在成都军区第四次人民防空会议上，陈祖明同志被评为西南战区人防工作十佳主任；咪咪卓嘎和童永徽同志被评为西南战区人民防空先进工作者。

【领导名录】

办党组书记、副主任：杜 建 望
办党组副书记、主任：伊西加措
办党组成员、副主任：季 新 贵

第四篇 经 济

发展和改革、商务

自治区发展和改革工作

【年度综述】2011年，自治区发展和改革委上下坚持以科学发展观为统领，坚定不移走有中国特色、西藏特点的发展路子，坚决贯彻落实中央及自治区的决策部署，深入学习贯彻胡锦涛总书记“七一”重要讲话、中央第五次西藏工作座谈会和习近平副主席西藏和平解放60周年大庆系列重要讲话和自治区第八次党代会精神，狠抓发展，推进改革，为实现“十二五”开门红提供强力支撑。

【狠抓政策研究，引领科学发展】加强规划编审。着力加强重大问题研究，加快推动自治区、地市、部门、援藏规划和边境规划等共计97个规划的编制，其中发展改革委牵头编制的规划有14个。专项规划科学提出了未来五年不同领域行业的发展思路、目标任务，各地各部门规划意识逐步加强，做到科学指导发展。我区“十二五”规划编制荣获全国创新奖，《西藏改革开放30年》一书被国家发展改革委学术委评为年度学术成果二等奖。

注重宏观调控。充分发挥经济运行分析联席会议制度的作用，在深入了解行业经济运行的基础上，结合区内外经济形势，及时对全区经济运行情况进行分析，客观反应经济运行中面临的突出困难和问题，针对性地提出了调控建议，为经济保持平稳较快发展，提供了决策参考。同时抓好保供稳价工作，落实社会救助和保障标准与物价上涨挂钩联动机制，及时兑现了补贴。落实粮食、石油等重要物质储备，及时投放市场，加强电油气运协调调拨，有效确保了物价基本稳定。

加大制度建设。一年来，立足本职，完善制度，先后研究起草并实施了《规划内政府投资项目下放审批权限管理暂行办法》、《预算内基本建设投资项目概算调整管理暂行办法》、《基本建设政府投资项目审查审批办事指南（试行）》、《节能目标责任评价考核暂行办法》、《固定资产节能评估和审查暂行办法》、《西藏自治区涉案财物价格鉴定管理条例》。建立了《基本建设项目审查审批联席会议制度》，起草了《西藏自治区政府投资工程建设黑名单记录管理暂行办法》。这些法规文件出台，对经济管理活动更加科学规范起到了非常重要的推动作用。

【狠抓项目建设，支撑跨越发展】全力以赴抓项目。通过近两年的不懈努力和积极争取，我区“十二五”项目方案提前获得批准。这既是中央庆祝西藏和平解放60周年的最大礼包，也是全区发展改革系统谋划发展全局、落实中央第五次西藏工作座谈会精神的最大成果。项目方案总投资达到3305亿元，“十二五”投资1931亿元，投资规模是西藏和平解放60年来中央总投资的1.2倍，这么大的投入是前所未有的。

聚精会神搞建设。为确保226个项目顺利推进，及早出台了项目方案实施意见、投资计划和前期工作计划，签订了落实责任书，细化分解了工作任务，明确了责任主体、工作内容和完成时间。全年累计落实国家投资281亿元，超额完成了260亿元的年度目标任务。在建项目113个，占226个项目的50%。青藏联网工程已投入试运行、拉萨至贡嘎机场公路建成投入使用，新开工建设5个县通油路，拉日铁路、藏木水电站、旁多水利枢纽、墨脱公路等重大项目进展顺利，部分项目有望提前投入使用。

科学管理促效益。共对全区29个项目进行了稽察，涉及项目总投资近23亿元，包括中央投资、地方财政投资和援藏资金，及时发现问题，落实整改措施，不断提高投资效益和资金安全。我们对拉鲁湿地保护工程一期、工布江达县泉州二桥（援藏项目）等5个不同项目开展了后评价，涉及投资近10亿元，总结项目建设成功经验和不足，为项目建设管理提供了科学依据和有益借鉴。

【狠抓民生改善，确保共享发展】搞好安居工程。按照区党委、政府决策部署，三年安居工程扩面工作开局良好，保障房建设进展顺利。完成6.3万户农牧民安居工程、1000个行政村农村人居环境建设和环境综合整治工程建设任务。配套工程全面推进，新增解决和改善20万农村居民、2.3万农村学校师生安全饮水问题，新建农村户用沼气3.5万座，新增农村公路里程4766公里，新增解决8.9万人用电问题，实现了全区所有乡镇通宽带。完成84处溜索桥改造，惠及6474户4万多群众。建设1.55万套（户）保障性房，为7044户困难群众发放了租赁住房补贴。

加快社会发展。紧紧围绕“三就、两保”和文化大发展大繁荣，加大社会事业投入。全年累计下达教育事业投资7亿元，新、改扩建高校、中小学及附属幼儿园共计260多所，努力促进各级各类教育事业持续快速健康协调发展；累计下达卫生事业投资5亿多元，新、改扩建区地县乡四级卫生机构120多所，各级医疗卫生设施条件得到有效提升。累计下达文化事业投资6亿多元，进一步完善文化基础设施条件，全区基层文化、文物保护、广播电视和新闻出版事业继续蓬勃发展。继续加快就业社保设施改善，自治区人力资源市场和自治区社会保险综合服务中心项目竣工，积极推进基层就业和社保服务设施建设项目试点，加大就业再就业工作力度，全年新增就业2.3万人，新增高校毕业生就业16580人，今年应届西藏籍大学生基本实现全就业，城镇登记失业率控制在3.2%。

抓好灾后重建。今年以来，我区先后遭受不同程度自然灾害，给人民群众的生命财产造成了严重损失。特别是“9·18”地震后我们第一时间派人赶赴灾区了解情况，一方面积极向国家有关部委衔接争取灾后重建资金1亿元，另一方面紧急下拨日喀则和山南地区“9·18”地震灾后恢复民房重建和维修补助资金近3亿元，用于灾区12248户民房重建和维修。协调落实救灾物资，灾区群众得到妥善安置，重建工作有序开展。

【狠抓特色产业，提升发展能力】提升农牧业发展水平。切实加强强农惠农富农政策的落实，安排农牧业投资3.4亿元、水利投资27.9亿元，大力改善农牧业基础设施，提升产业化经营水平，促进农牧业平稳发展。全年粮食总产达到93.7万吨，增长2.7%；全年全区新生仔畜731.15万（头、只、匹），成活率92%；乡镇企业总产值达38.2亿元，同比增长9.1%；多种经营总收入达48亿元，同比增长6.3%。

发展壮大第二产业。随着一批“十一五”产业项目陆续建成投产、电力紧张局面大大缓解和国家的大力扶持，工业经济加快发展。共安排产业扶持资金1.1亿元，实施一批优势矿产、食饮品、藏药、民族手工业、电子信息、服务业平台等产业项目，有力支持中小企业加快发展。全区规模以上工业实现增加值37亿元，同比增长19%，增速同比加快5个百分点。微生物发酵、精细化工等新兴产业填补了我区产业领域空白。

做大做强第三产业。坚持以特色旅游业为龙头，大力发展第三产业，全区商贸、流通、服务业快速发展。实施了古格王朝文化遗址、拉姆拉措、羊卓雍措、热振唐古风等旅游景区建设，优化旅游市场环境，着力解决“三票一车”难求问题，不断优化软硬件条件，全区旅游业实现快速增长，旅游总收入相当于全区生产总值的15.7%，比上年提高1.7个百分点。

【狠抓节能环保，促进生态和谐】着力构建生态安全屏障。落实生态安全屏障保护与建设专项资金3亿元，治理鼠虫毒草害1196万亩，治理沙地33.33万亩，完成植树造林和封山育林70.06万亩，人工种草24.33万亩。对1011万公顷国家重点公益林进行管护，直接增加农牧民收入4.55亿元。全面实施草原生态保护补助奖励机制，落实补助奖励资金20.36亿元。积极推进退牧还草、退耕还林、生态功能区建设、传统能源替代等工程，生态环境得到有效保护。

积极推进节能减排。通过各地市各部门的共同努力，“十一五”节能目标超额完成任务，主要污染物排放得到有效控制，“十二五”节能指标测算工作基本完成。累计发放节能照明产品304万只，实施“一池三改一棚”沼气配套18.5万座，建设了19个县农户秸秆处理窖，推动主要城市出租汽车“油改气”技术改造，推进了城镇垃圾、污水处理场建设。全区化学需氧量、氨氮、二氧化硫、氮氧化物排放量与上年同期基本持平。地区生产总值能耗降低2个百分点。

加强节能环保审查。继续强化了固定资产投资项目环境影响评价和节能评估，坚持环评节能作为项目审批、核准、备案的前置条件和项目设计、施工和竣工验收的重要依据。“两高”行业和产能过剩行业新上项目得到有效控制。截止目前，共办理节能评估和审查298件，审核能源消费6.9万吨标准煤，有效控制各类开发建设活动对环境的不利影响和新增污染物排放量。

【狠抓改革开放，增强市场动力】继续深化改革。坚持改革、增强活力，医药卫生体制改革深入推进，农牧区医疗制度全面建立并不断完善，医疗救助率先在全国实现了城乡一体化和社会全覆盖，全区所有基层医疗机构取消了药品加成，建立了大病补充保险制度，政策性涉农保险推广到全区所有县，全区所有农牧民受益，医疗保障基本框架基本形成。草原生态补偿机制得到全面落实，集体林权制度改革进展顺利，农村综合改革试验区试点启动。事业单位、国有企业改革继续推进，组建成立了西藏银行、西藏航空、西藏商贸集团公司。5100水资源控股有限公司在香港挂牌上市，标志着西藏企业第一次走向了国际资本市场。

努力扩大合作开放。认真落实援藏方针，积极协调各相关部门，编制实施了17个对口援藏省（市）“十二五”对口援藏专项规划、7地（市）对口援藏总体规划编制工作，启动了17家中央企业对口援藏规划编制工作。全年累计落实援藏资金24.66亿元。进一步加强合作开放，落实招商引资项目351个，协议资金369.8亿元，到位资金78.1亿元。进一步加强口岸通关能力建设，对外贸易快速发展，全年进出口总额突破10亿美元。

支持非公经济发展。进一步加大对非公有制经济发展的引导、支持和服务，加大与国家发展改革委汇报衔接力度，争取更多资金扶持非公经济发展。累计为90多户中小企业提供贷款担保3.53亿元。加大产业政策引导，加快项目核准、备案，金融支持政策制定落实，促进非公企业健康发展。全区非公有制经济上缴税收达73.2亿元，增长1倍；从业人员达49.8万人，占全区从业人员的42.4%。

【狠抓强基固本，夯实稳定基础】 打牢维稳基础。坚决贯彻中央、自治区关于反对分裂、维护稳定的系列重要指示精神，全力抓好三个阶段维稳工作，确保机关和周边和谐稳定。进一步加大基层政权基础设施建设投入，积极支持拉萨市做好警务便民服务站和寺庙公共服务基础设施建设，为全区和谐稳定夯实了基础。

夯实基层建设。按照自治区党委统一部署，深入开展了基层建设年活动和创先争优强基惠民活动，为驻点群众办实事、解难事。基层建设年活动中，积极落实资金先后为洛扎县拉隆村解决了水渠、大棚温室、草场围栏、退耕还草、植树造林、青稞良种引进推广等群众十分期盼且急需解决的项目；强基惠民活动中，我们选派了18名优秀干部分赴林芝地区波密县六个村开展工作，进一步加大了驻村工作点扶贫开发工作，积极落实驻村水泥桥和机耕道项目，改善了当地基层基础条件。

优化建设环境。针对工程建设环境存在的突出问题，在深入调研、科学论证基础上，我们出台了《关于优化工程建设环境的指导意见》，协调拉日铁路建设劳务用工、材料运输、机械租赁和建材供应价格，有效缓解了工程建设过程中的矛盾，加强“一站式”服务，切实优化发展软环境。

【领导名录】

委党组书记、副主任：泽西

自治区政府党组成员、区发改委主任：金世洵

委党组成员、副主任：徐建昌、冉仕平、胡新生、马菁林、王念东、孙本拉

委党组成员、纪检组长：罗杰

委党组成员、自治区铁路办主任：永吉

委党组成员、自治区能源办主任：陈新民

副巡视员：次仁多吉、平措、冯祖春

自治区粮食工作

【年度综述】 2011年，自治区粮食局以促农增收、保供稳价、保障粮食安全为目标，继续深化粮食流通体制改革，加强和改善粮食宏观调控，继续推进依法行政、依法管粮，深入开展加强基层建设年活动，各项工作取得了较好成绩。

【切实抓好粮食收购工作，促进农民增收】 一是逐步提高粮食收购价格。综合考虑我区粮食供求形势、青稞供求矛盾突出、青稞价格上涨、国家提高粮食最低收购价格等因素，2011年将青稞最低收购价格从1.70元/公斤提高到1.76元/公斤，提价幅度为3.53%。完善粮食最低收购价执行预案，为稳定价格，保护农民利益提供了保障。

二是切实落实收购政策，认真开展粮食收购。各级粮食部门始终把落实国家和自治区粮食收购政策，抓好粮食收购作为一项重要工作抓紧、抓好、抓实。自治区粮食局及时下发了《关于做好2011年粮食收购工作的通知》，对做好2011年的粮食收购工作进行了安排和部署。指导国有粮食企业带头执行收购政策，积极入市收购，不断提高服务水平，方便农民售粮，为保供稳价奠定粮源基础。积极引导多元市场主体有序开展粮食收购工作，搞活收购市场，增加农民收入。

三是开展收购资格核查，加大收购市场监管力度。严格执行《自治区粮食收购资格审核管理办法（暂行）》规定，严把粮食收购准入门槛，做好《粮食收购许可证》的审核发放工作。继续做好收购资格年检工作，对年检合格并到期的粮食收购企业及时按规定换发新证。截止目前，全区已办理粮食收购许可证的经营者有115户。加大收购市场监管，督促企业有序入市收购，严厉打击扰乱市场秩序的违法行为，切实维护好粮食收购市场秩序，确保粮食收购工作顺利进行。

【粮食调控能力进一步增强，粮食市场保持基本稳定】 一是采取有力措施，保证粮食供应和粮油价格稳定。认真贯彻国家和自治区关于稳定消费价格总水平确保市场粮食供应的有关精神，按照宏观调控需要和市场价格情况，指导各类粮食经营者适时组织粮源充实市场，保证供应，稳定市场预期，维护粮食市场和价格基本稳定。加强粮食产销合作，指导区内国有粮食企业加强与内地产粮省的交流与合作，确保进藏粮源，优化库存，促进粮食总量和品种结构平衡。加大我区“三包”学生粮食供应，截至目前，全区共45家国有粮食企业为577所学校的“三包”学生供应粮食，年供应粮食数量约1800万公斤。

二是健全粮食应急调控机制。指导各地市进一步完善应急工作制度，继续落实应急粮源，2011年昌都地区新增防抗灾救灾粮17.50万公斤，那曲地区新增10万公斤县级应急储备粮，截止2011年9月底，全区已落实地（县）级应急储备粮644.93万公斤。

三是认真做好我区定向销售小麦工作。根据国家粮食局有关精神，指导西藏鼎业制粉有限公司切实做好国家定向销售小麦的组织调运、加工、销售等工作。多方协调，帮助企业解决筹资难问题，确保了小麦定向销售工作的顺利进行，有效落实了粮食调控措施。

四是社会粮食统计和粮食监测、分析能力不断增强。我区连续八年开展了全社会粮食供需平衡调查，顺利完成全区食用植物油及油料供需平衡调查，摸清了我区粮油生产、流通、消费、库存等基本情况，做到了心中有数。目前，调查结果已逐步成为各级政府和粮食部门分析形势，制定调控措施的重要参考依据。

密切关注国内和各地市粮油市场价格变化，进一步加强对粮食市场的监测与分析，扩大监测范围，建立了11个国家粮食市场价格监测点和14个自治区粮食市场价格监测点，提高监测工作的针对性和及时性，指导督促监测点做好价格监测信息采集和上报工作，随时掌握粮油市场的新情况和新动态，努力提高监测水平。加大对全区粮食市场供求形势的分析与预测，及时掌握粮食市场供求、价格走势和变化情况。提高粮食行业服务

"三农"的水平，2011年5月，在拉萨组织召开了全区重点青稞加工、转化用粮和购销企业工作座谈会，全区15户企业参会，通过座谈交流，为青稞供需双方搭建了合作平台，建立了青稞供需信息共享互动机制。

【加强自治区储备粮管理工作】一是自治区储备粮轮换工作有序开展。根据自治区有关部门《关于下达2010年度自治区储备粮轮换计划的通知》精神，认真抓好2010年度自治区储备粮轮换销售和轮入采购等后续工作，确保储备粮食品质良好。编制2011年自治区储备粮轮换计划报有关部门，待计划下达后，切实抓好轮换工作。

二是仓储设施条件进一步改善。抓好我区2400吨自治区储备食用植物油油罐建设项目，目前，建设项目主体工程已基本完成。在自治区财政厅的大力支持下，2011年安排640.84万元用于9个自治区储备粮代储库维修；在自治区发展改革委的大力支持下，安排975万元用于2个国家粮食储备库的改扩建。目前，仓库维修项目工程已基本完成，改扩建项目前期工作正在抓紧准备，这些项目的落实，进一步改善了基层国有粮食企业粮食储存条件。

三是自治区储备粮仓储管理进一步规范。制定出台了《自治区储备粮管理考核奖惩暂行办法》和《自治区储备粮财务管理暂行办法》，加强对各地市粮食局、各代储库自治区储备粮管理工作、自治区储备粮资金和财务执行情况的管理和监督检查，确保各项资金按规定合理使用。按照《自治区储备粮仓储管理办法》的要求，指导自治区储备粮代储库抓好自治区储备粮管理各项规章制度的健全和落实工作，加强自治区储备粮账牌卡薄的管理，严把轮入粮食质量关，加强粮情检测等仓储日常管理工作，做到管理到位、责任到位、措施到位、人员到位。对自治区储备粮管理工作进行全面检查，并认真进行考核，提高管理水平，确保自治区储备粮安全。

【完善改革措施，促进企业发展】一是进一步深化粮食流通体制改革。在2010年调研的基础上，2011年6月，再次在全区范围内深入开展了调研，进一步摸清了全区粮食流通工作情况，深入分析工作中面临的困难和存在的问题，在充分征求自治区有关部门意见，召集各地市粮食局进行认真讨论研究的基础上，代自治区政府草拟了《西藏自治区人民政府关于加强新形势下粮食流通工作的意见》。《意见》在总结自2005年底以来我区推进粮食流通体制改革各项工作取得的成绩的基础上，分析了存在的问题，并从加强粮食宏观调控、加快推进国有粮食企业改革、建立健全粮食市场体系、建立规范有序的粮食流通秩序等方面提出了政策措施建议。这些政策措施对于指导今后一段时期我区粮食流通工作具有积极的作用。此《意见》待报自治区政府研究审定后下发。

二是多方争取，努力解决国有粮食企业"老账"问题。加大协调力度，在国家有关部门和自治区政府及自治区有关部门的大力支持和帮助下，目前，"老账"剥离上划等有关问题正在积极努力解决。

三是加强对国有粮食企业经营管理工作的指导。加强对各地市、县国有粮食企业改革经营工作的指导，及时掌握14家国有粮食企业联系点改革和发展工作情况，对成功做法及时进行学习推广。加大对自治区粮食局直属单位改革发展工作的指导，年初召开了直属单位改革发展工作会议，安排部署全年改革发展和经营管理各项工作任务。进一步健全考核制度，与各单位签订了《直属单位工作目标管理责任书》，并下发了《关于扎实做好2011年直属单位改革发展工作的通知》，指导企业推进改革，加强管理，积极开展经营活动，巩固改革经营成果。截止目前，各单位总体经营状况良好。同时，深入企业调查研究，指导和督促企业进一步加强内部管理，规范财务核算，努力降低成本费用，提高经营管理水平。

自治区商务工作

【年度综述】2011年，全区商务系统以科学发展观为统领，紧紧围绕"一个中心、两件大事、四个确保"，把抓发展、转方式，保稳定、促和谐，增活力、惠民生贯穿始终，凝聚力量，克服困难，扎实工作，消费和进出口双双迈上新台阶，商务事业在科学发展的轨道上实现新跨越。

【城乡消费持续增长，社会消费品零售总额实现新突破】紧紧抓住中央关于转变经济增长方式，扩大内需特别是扩大消费需求的重大战略机遇，认真贯彻落实国家和自治区一系列促进消费增长的政策措施，进一步激活城乡消费市场；不断完善城乡消费市场体系和商品流通网络，城乡消费齐头并进的良好态势进一步巩固；加强市场监测和市场整规，消费环境进一步优化。汽车、住房等消费保持增长态势，旅游、餐饮、休闲等消费进一步增强，特别是旅游人数的增长，为拉动消费发挥了重要作用。2011年社会消费品零售总额突破200亿大关，达到219亿元，同比增长18.2%，消费对经济增长的贡献率进一步提高，投资、消费并驾齐驱拉动经济增长的格局更加巩固，有力保障了全区生产总值保持两位数增长。

【外贸进出口拉动经济增长的能力增强】按照"积极发展边境贸易、壮大自产产品出口、鼓励边民互市贸易、稳定一般贸易"的工作思路，落实促进对外贸易增长的政策措施，加强边贸市场和出口商品基地建设，优化进出口结构，积极转变外贸增长方式，一般贸易、边境贸易双双呈现强劲增长态势。2011年，全区实现进出口总额135861万美元，同比增长62.5%。边境小额贸易进出口额93033万美元，同比增长86.0%，占进出口总额的68.5%。一般贸易进出口额37654万美元，同比增长53.50%，占进出口额的27.72%。全区边民互市贸易额实现5.9亿元,同比增长31.1%。活畜出口48万只（头）。亚东仁青岗边贸市场实现进出口交易总额4611万元，同比增长66.8%。近年来，对外贸易持续快速增长，在西藏经济发展中的地位和作用进一步凸现。

【商务惠民工程扎实推进，改善流通、促进消费作用明显】一是"万村千乡”农家店建设力度加大，农牧区消费环境得到改善。新建和改造“万村千乡”农家店2070家、配送中心40家。新建农家店补贴标准由8000元提高到10000元，对以前年度建设并持续经营1年以上的农家店给予2000元的奖励。率先出台了《西藏“万村千乡市场工程”承办企业管理办法》，农家店建设质量和存活率得到提高。二是家电家具下乡政策进一步完善，惠民作用明显。家电下乡补贴限购数量由每家庭户1台（件）调整为2台（件），家具下乡产品最高限价提高到6000元，农牧民享受财政补贴最高限额提高到1500元，都翻了一番。酥油茶机（电动酥油搅拌机）由自治区财政补贴调整列入中央财政补贴范围，产品最高限价提高到700元。对家电下乡备案销售企业（网点）按照实际兑付补贴产品销售额的2%予以奖励。新政策效应明显，农牧民获得的补贴标准全国最高。2011年累计销售家电家具下乡产品 204549台（件），实现销售金额31762.15万元，兑付补贴资金6929.38万元。拉萨市家电以旧换新试点工作全面启动。三是碘盐推广实现历史性突破。积极落实农牧民食用碘盐补贴政策，加大碘盐配送力度，克服重重困难，将碘盐配送到全区唯一不通公路的墨脱县，攻克了最后一片盲区，实现了农牧区碘盐配送100%全覆盖，农牧区碘盐覆盖率、农牧民碘盐食用率均达到95%以上，持续消除碘缺乏危害成果得到进一步巩固。积极应对和迅速平息了因日本大地震引发的碘盐抢购风波，有效维护了市场秩序，保障了市场供应。四是城镇商贸服务网点建设加快，公共服务水平进一步提高。拉萨市家政服务网络中心改造升级项目通过验收并投入运营，发展加盟企业达300余家。成立了西藏家政服务行业协会。日喀则市家政服务体系建设项目、商务部第二批再生资源回收体系建设项目、集散交易市场和社区绿色回收网点建设扎实推进。加大对早餐示范经营企业的指导、监督力度，为居民提供价廉物美、方便快捷、安全卫生的早餐服务。

【口岸建设有序推进，通关能力不断提升，沿边开放步伐加快】一是口岸规划编制工作扎实推进。《西藏自治区“十二五”口岸发展规划》、《樟木口岸规划》、《吉隆口岸规划》、《吉隆镇镇区总体规划修编（2009-2015年）》通过评审。普兰、日屋口岸规划编制工作全面启动。二是口岸基础设施建设项目有序推进，樟木口岸检查检验综合实验楼、樟木口岸货物查验场等建设项目进展顺利。三是吉隆口岸复关功能建设进程加快，基础设施建设取得了重大突破性进展。由交通部门负责的318国道至吉隆县城的通县油路已经竣工；吉隆县城至吉隆镇、吉隆镇至热索桥公路改造项目已列入自治区“十二五”规划，将于2012年动工建设；由水利部门负责的吉隆镇水电站建设项目已开工建设，将于2012年10月单机发电；由商务部门负责的口岸国门、联检楼、停车场、国际边贸市场一期等基础设施建设项目已开展地勘、建设用地测量、绘制平面布局图和初步技术勘察设计工作，计划2012年上半年开工建设；吉隆镇市政道路、上下水、广场、食宿餐饮等部分配套设施建设已完成。四是加强了对全区重点口岸的管理工作，口岸运行平稳。2011年，全区各口岸出入境人员总计163.03万人次，进出口货运量16.11万吨，进出口货运值13.59亿美元。

【创新引资方式，利用外资水平和规模得到提升】一是利用外资实现新突破。外资工作继续呈现出项目“规模大、质量高、效益好”的特点，外商企业投资额、增资额均创历史新高。全年新增合同利用外资67534.98万美元,同比增长31倍；实际利用外资6459.59万美元，同比增长1.65倍。外资领域进一步拓展，在生物科技、设备制造、广告等行业实现零的突破，进一步体现了“引进大的、压缩小的、淘汰坏的”的思路。二是开发区招商引资取得新成效。2011年新增注册企业172家，新增注册资金22.83亿元，完成税收收入14亿元，工业总量持续增长，产业集群已具雏形。同时，围绕形成外向型产业，建成外向型基地，创出外向型品牌发展思路，放大拉萨国家级经济技术开发区示范效应，积极扶持各地市不断加强各种不同类型园区建设。三是对外经济交流与合作稳步推进。我国援建尼泊尔沙拉公路已竣工，并于12月26日由国家商务部及专家组验收通过；自治区政府援建尼泊尔热索跨境大桥建桥协议已由中尼两国于8月签订。2011年实施政府间国际多双边无偿援助项目4个，项目资金75.1万美元。

【市场监测和整规工作加强，消费环境进一步优化】一是进一步加强副食品储备工作，督促承储企业落实商品储备计划，确保储备商品“储得进、调得出、用得上”，确保市场供应不脱销、不断档。二是加强了全区生活必需品市场运行的监测预警，重点保障了“三大节日”、西藏和平解放60年大庆、国庆节等重要时段的市场供应工作。三是积极开展了生猪屠宰、酒类流通、成品油市场、食盐市场等整规工作，开展了打击侵犯知识产权和制售假冒伪劣商品专项行动。四是积极投入抗震救灾工作，及时赴亚东县就边贸市场受灾、“万村千乡”农家店运行及市场保供情况进行实地调研，就保障灾区生活必需品供应、仁青岗边贸市场恢复重建等提出了一揽子解决方案。

【着眼重点，整体推进，商务科学发展基础不断夯实】一是组织编制了商务史上最为完整、最为系统的商务发展规划体系。以《西藏自治区商务“十二五”发展规划》为总纲，以再生资源回收及利用、成品油分销体系、市场体系建设、二手车及旧货市场、碘盐推广及盐业发展、居民重要生活必需品储备设施建设、物流业发展等分项规划为配套的完整的规划体系初步形成，使整个“十二五”目标明确，奋斗有据。二是政策、资金、项目争取工作取得重大突破。列入国务院批准的《“十二五”支持西藏经济社会发展建设项目规划方案》的226个项目中商务项目5项，中央预算内总投资为7.5亿元，直接用于商务领域的6.8亿元。2011年中央财政下达我区商务领域各项专项资金达21191万元。地方财政安排资金达7500万元，为西藏商务大建设、大发展提供了强有力支撑。三是召开了首次部区合作协议年度会议，签署了《商务部 西藏自治区人民政府关于推动建设吉隆口岸跨境经济合作区备忘录》，吉隆跨境经济合作区前期论证工作全面启动。四是成功组织召开了全国盐业系统对口援藏会议，落实援助资金约600万元。五是指导开发区举办了设立10周年庆典活动，开发区B区建设启动。六是开展了全区城乡市场体系建设大调研，形成了《西藏自治区城乡市场体系建设实施方案》。七是由西藏自治区人民政府和尼泊尔政府共同主办的第十三届中国西藏尼泊尔经贸洽谈会在加德满都成功举办。中尼双方分别有32家和40家企业参展。我区参展商品以种类繁多、质量高、价格低廉等特点，深受尼泊尔客商的欢迎。中尼双方签订进出口贸易合同12份，合同金额1000多万美元；签署合资合作意向3个，金额634万美元，投资项目主要涉及藏药材种植及加工、矿产开发、工程建设等领域。中行西藏分行首次参展，并与尼泊尔银行开展合作洽谈，为我区金融企业"走出去"发展创造了商机，成为此次展会的新亮点。八是按照《西藏自治区人民政府关于商务厅所属11家国有企业整体划转国资委的批复》精神，稳步推进企业移交工作。

【领导名录】
党组书记、副厅长：索朗多吉
党组副书记、厅长：马相村
党组成员、副厅长：帕巴群增、吉桑顿珠、许波（援藏）、周慧
党组成员、纪检组长：王西平
副巡视员：尚进林

财税、金融、保险、证监

自治区财政工作

【年度综述】2011年，西藏自治区实现生产总值605.83亿元，按可比口径计算，比上年增长12.7%。其中：第一产业增加值74.35亿元，增长3.4 %；第二产业增加值209.54亿元，增长18.3%；第三产业增加值321.94亿元，增长11.6%。第一、二、三产业增加值占自治区生产总值比重分别为12.3 %、34.6%和 53.1%。人均生产总值达20,077元，增长11.3%。全社会固定资产投资549.27亿元，比上年增长18.6%，其中民间投资126.79亿元，增长7.4%。全年进出口总额13.59亿美元，比上年增长62.5%。社会消费品零售总额219亿元，比上年增长18.2%。居民消费价格指数为105.0，商品零售价格指数为103.7。

全年完成地方财政收入64.53亿元，按同比口径计算，比上年增长52.0%。一般预算收入54.76亿元，比上年增长49.4%。其中：地方税收收入完成45.83亿元，比上年增长81.32%，非税收入完成8.93亿元，比上年下降21.44%。全年财政总支出773亿元。按同比口径计算，比上年增长37.4%。其中：一般预算支出758亿元，比上年增长37.6%，向地县级转移支付247.25亿元，比上年增长49.78%，其中：一般性转移支付139.31亿元，专项转移支付107.94亿元，有力保障了地县财政基本公共服务水平和全区社会经济的均衡发展。

【加大支持"三农"力度，扎实推进社会主义新农村建设】大力实施农牧民安居工程建设。落实资金10.14亿元，确保了6.39万户、34万农牧民住上了安全适用的房屋，并同步实施抗震加固；落实资金7.43亿元，扎实推进了1000个行政村的农村人居环境建设和环境综合整治工作；落实资金4,000万元，开展农村宅基地确权登记发证工作；建成农村户用沼气3.5万座；推进农村水、电、路、讯、气、广播电视、邮政和优美环境建设"八到农家"工程。

支持改善农牧业基础条件。扩大测土配方施肥范围，落实资金1,250万元，重点保障35个粮食主产县的相关工作；落实资金3.36亿元，在全区23个县推进小型农田水利重点县及专项工程建设；落实资金1.1亿元，开展农机购置补贴工作，从2011年起，将牧业机械全面纳入补贴范围。

稳步推进扶贫开发。落实资金8.14亿元，实施80个整乡推进及698个扶贫开发项目，23.8万农村贫困人口直接受益。落实资金3.35亿元，实施23个农发土地治理项目和33个产业化经营及部门项目。

支持农牧业特色产业发展。落实资金2亿元，扶持农牧业特色产业发展；落实资金2,000万元，支持农牧业产业化龙头企业产品加工；落实资金2,000万元，支持乡镇企业和龙头企业发展；落实资金4,615万元，支持和培育214个农牧民专业合作经济组织。

加大强农惠农补贴力度。落实资金3.48亿元，加大对农作物、牲畜良种补贴和种粮农民补贴力度，提高农民种粮积极性，促进农牧业稳产增收。落实资金5,700万元，培训人员13万人（次），提高农牧民劳动技能，促进农牧区富余劳动力转移就业。继续实施家电家具下乡补贴政策，将家具下乡产品最高限价由3,000元提高到6,000元。落实资金3.6亿元，加快农牧业保险试点步伐，在全区所有县、市、区建立了种植业、养殖业、农房和农机保险。

【保障改善民生，促进社会事业发展】支持教育事业优先发展。落实资金10.78亿元，全面实行了学前至高中阶段教育农牧民子女补助、"三包"和城镇困难家庭子女助学金政策。二类区、三类区、四类区或边境县年生均标准分别达到2,200元、2,300元和2,400元，惠及51.7万多名学生，占在校生总人数的95%。实行了农牧区寄宿制学校交通补助政策和高中阶段免费教育政策。高校师范及农牧林水地矿

类专业免费学生生活补助标准由原来的1,500元提高到2,000元。落实资金3,000万元，改善学前教育基础设施和办学条件。落实资金9.75亿元，大大改善了城乡义务教育基础设施和教学仪器设备条件。中小学生均公用经费标准分别提高至700元和500元。落实“两基”迎国检专项资金1.60亿元，大力改善义务教育薄弱环节，“两基”迎国检顺利通过。落实资金6,265万元，大力支持地、县职业教育建设。落实高校教改及科研项目等专项资金1.85亿元，高等教育办学质量和水平进一步提高。落实高校化解债务资金6,000万元，全区所有高校完成化解债务任务。

支持医疗卫生事业发展。落实资金6.29亿元，将农牧区医疗制度财政补助标准由年人均180元提高到人均260元；落实资金8,105.3万元，将公共卫生服务经费标准从人均27元提高到人均30元；落实资金1.28亿元，对20,200人实施了医疗救助；落实资金1,124.3万元，为16个乡镇卫生院购买了流动医疗车，建立了首家应急流动医院；落实资金4,409.4万元，支持基层医疗卫生技术人员队伍建设和卫生人员培训，落实村医补贴制度，促进城乡卫生事业协调发展；落实资金3,245.2万元，完善医疗商业保险政策，为孕产妇和新生儿购买商业医疗保险，建立了农牧区大病补助医疗保险制度。

支持就业和社会保障。落实资金7.86亿元，保障全区13,885名新增公务员的工资、公用经费等支出需求，将公益性岗位由15,700个增加到20,000个，并提高了在公益性岗位就业的高校毕业生生活补助标准。启动了城镇居民社会养老保险试点工作，新型农村养老保险实现全覆盖。企业职工基本养老金标准从2,165元提高到2,439元，城镇居民基本医疗保险自治区财政补贴从120元提高到160元，城市低保标准由月人均330元调整为360元，农村低保标准由1,300元/年调整为1,450元/年。建立了临时生活救助制度和孤儿基本生活保障制度，社会救助和保障标准与物价挂钩的联动机制初步形成，“道路交通事故社会救助基金”、“法院执行救助”、“刑事被害人救助”、“特殊疑难信访案件救助”、“涉法涉诉当事人救助”等救助制度基本健全。

支持文化事业发展。落实资金3,185万元，全面推进博物馆、图书馆、群艺馆、基层文化馆站免费开放工作。落实资金5,279万元，扎实推进西新工程建设。落实资金3,208万元，支持实施573座寺庙（宗教场所）广播电视进寺庙工程和480个寺庙书屋建设，推动先进文化进寺庙。落实资金1,114万元，加快推进有线电视数字化建设。落实资金1,055万元，改善基层电视转播台设备条件。落实资金8,082万元，支持重点文物和革命文物保护工程。落实资金2,765万元，大力支持非物质文化遗产保护工作。

支持科技发展。落实科学技术研究与开发资金1.5亿元，比上年增加4,000万元，增长36%，支持科技成果转化、新产品研发推广和高新科技项目，实施青稞、马铃薯、饲草和藏药产业、金牦牛工程、金太阳工程等重点科技项目。落实资金7,230万元，支持实施科技富民强县专项行动和现代农业产业技术体系建设，提升农业科技水平。

支持抗救灾及灾后重建工作。“9·18”地震后，自治区财政反应迅速，主动协调，及时制定了支持灾区灾后恢复重建政策措施，按照“急事急办、特事特办”的原则，通过建立财政部门救灾资金拨款“绿色通道”，落实资金5.48亿元，确保了抗震救灾及灾后重建工作有力、有效、有序地进行。

支持保障性安居工程建设。安排住房保障支出55.5亿元，重点支持建设和改造1.55万套保障性住房，为7,044户困难群众发放了租赁住房补贴。

【发挥财政职能，推动经济跨越式发展】支持重点项目建设。2011年，全区财政性基建资金累计到位166.93亿元，比去年增加25.54亿元，增长18.1%。其中：落实资金54.1亿元，支持农村公路、渡口、危桥改造和通达、安保工程建设；落实资金7.55亿元，支持新建廉租房2,000套，公共租赁房1,200套，周转房5,700套，城镇棚户区改造2,985套、国有工矿企业棚户区改造938套、国有林场危旧房改造800套；落实经费6.9亿元，支持交通、水利、民航等重点项目前期工作；落实基建垫款22.98亿元，支持义务教育阶段学校D级危房改造、拉萨柳梧新区世纪大道延伸段工程、拉萨贡嘎机场飞行区改造、救灾物资储备库等重点项目建设及水电发展。落实国家投资2.9亿元，大力支持中小河流域治理，项目建设取得积极进展。落实资金4,719.6万元，开展樟木口岸消防队次级滑坡与林管站电视台变形体等地质灾害治理项目。

支持产业与企业发展。落实旅游发展资金1.2亿元，中小企业发展资金2亿元，产业与企业改革发展资金5亿元，外贸发展资金4,660万元，企业激励资金5,536万元，扶持战略支撑产业，支持企业技术改造，优势特色产业、支柱产业和对外贸易得到快速发展。落实第一批矿产资源调查评价专项资金1.51亿元，支持全区30个重点成矿区及成矿带矿产资源项目基础勘查工作。积极落实各项政策措施，为非公有制经济发展提供政策支持和资金保障。

支持节能环保和生态建设。继续开展高效照明产品推广，完成103万只高效照明产品推广。落实资金5,950万元，加快村村通示范工程项目的实施进度。加快山南浪卡子县、那曲班戈县“金太阳”工程试点实施进度。落实资金2,387万元，实施了六地（市）25个水源地环境保护工程。落实资金23.36亿元，全面实施草原生态保护补助奖励机制。落实资金7.64亿元，进一步健全了森林生态效益补偿机制，全区国家重点公益林管护面积达1.52亿亩。落实资金9,611万元，继续实施天然林保护二期工程。落实重点区域造林资金4.24亿元，退耕还林资金6,199万元，全区退耕还林面积近25万亩。

【着力加大投入，加强基层基础工作】财力进一步向基层和边境倾斜。下达均衡性转移支付43.23亿元、基层政权建设转移支付2.08亿元，基层财政保障能力得以持续改善。按照每个乡镇每年20万元的标准下达专项资金，解决乡镇机关“吃饭难、吃菜难、洗澡难”问题。落实边境地区转移支付资金

2.30亿元，有效促进了边境（远）地区经济社会事业发展和农牧民增收。

全力推进县级后勤服务改革。兑现以奖代补资金3,025万元。

进一步完善农村综合改革政策。下达农村综合改革转移支付资金2.20亿元，根据农牧民人均纯收入增长情况对村干部业绩考核奖励实行动态调整。落实资金4,099万元，建立了乡村人医、兽医基本报酬和奖励机制。

【深化财政改革，完善财政管理体制机制】进一步加大均衡性转移规模。通过对地区成本差异的科学测算，2011年自治区对下均衡性转移支付增量达到18亿元，增量为历年最高。

提高基层政府公共服务和公共管理能力。推进农村综合改革各项工作，建立村级组织工作经费保障机制。落实资金3,791万元，在全区8个县13个行政村开展村级公益事业“一事一议”财政奖补试点。

建立城镇功能建设转移支付制度。自治区财政进一步提升公共服务水平，扩大公共服务保障范围，落实城镇功能建设资金3亿元，支持地（市）所在城镇的美化、绿化、亮化工作。

加大边境地区投入。新增“普惠性”边民补助，对所有边境一、二线乡镇16周岁以上（含）的边民给予补助，建立了全面普惠与突出重点相结合的边民补助机制。同时，进一步加大边境地区专项转移支付力度，加强边境地区维护和管理，改善边境地区民生，促进边境贸易发展。2011年，自治区财政对边境地区的投入总量达到3.78亿元。

扎实推进预算管理制度改革和国库集中支付制度改革。预算编制进一步细化，预算执行动态监控机制不断完善。国库集中支付改革进一步深化，全区已有72个县（区）实施国库集中支付。自治区垂直管理预算单位工资集中支付扩点工作顺利开展，工商、司法、交通等219家单位已全面实行工资集中支付。财税库银横向联网进展顺利。公务卡改革步伐明显加快。

财政监管工作不断加强。年度监督检查人次达到196人，专项检查驻藏中央单位、地方行政事业和企业195家，查处违纪违规资金2.2亿元，财经秩序得到有效维护。政府采购代理业务稳步推进。2011年西藏自治区政府采购规模达136.23亿元，节约率为1.04%。财政投资评审支出管理功能明显增强。完成评审项目309个，审减金额11.41亿元。财政部授权我区代行部分中央财政监督管理职能和“小金库”工作进展顺利。公务用车专项治理工作扎实推进。

财政法规制度不断健全。研究出台了专项资金管理办法、非税收入管理办法、产业与企业改革发展资金管理办法等一系列制度，为依法理财、科学理财、民主理财奠定了重要的制度基础。

税收和地方金融工作稳步推进。落实了西藏自治区进口物资关税返还政策，出台了促进非公有制经济跨越式发展的税收优惠政策。西藏银行组建工作顺利推进。配合财政部制定了驻藏金融机构特殊费用补贴差异化管理办法。

自治区税务工作

【年度综述】2011年，西藏自治区国税系统依法组织税收收入，全面落实税收政策，深入推进依法治税，优化改进纳税服务，创新完善税收征管，切实加强队伍建设，全年税收工作实现了两大历史性突破，一是提供财力保障实现历史性突破，组织税收收入96.63亿元，完成自治区人民政府安排年度计划的170%，比2010年增收45.96亿元，增幅达91%，增幅居全国第一，是2006年的5.2倍，为全区财政收入稳定增长发挥了重要作用；二是服务经济社会实现历史性突破，加大落实结构性减税和其他各项税收优惠政策力度，全年累计为纳税人减负4.7亿元，依法办理出口退税3023万元，比2010年增长14.9%，有力地促进了经济社会发展。对2011年西藏税收工作所取得的成绩，自治区党委书记陈全国、自治区主席白玛赤林、副主席宫蒲光等领导给予了充分肯定。

【领导关心税收工作】2010年1月4日，西藏自治区人民政府下发《关于表彰全区税务系统的决定》，对西藏税务系统多年来的税收工作给予高度肯定，并号召全区各地（市）、各行业、各部门要以全区税务系统为榜样，立足本职，开拓创新，扎实工作，为西藏跨越式发展和长治久安做出新的更大贡献。2011年1月24日，自治区宫蒲光副主席听取了自治区国税局的税收工作汇报，并深入拉萨市国家税务局、拉萨市国家税务局东城分局、拉萨市区三级办税服务厅、自治区国家税务局信息中心机房和直属税务分局等税务机关和基层单位进行工作调研，看望慰问了广大税务干部职工。2011年6月24日，西藏自治区党委张庆黎书记在《西藏自治区国家税务局关于2011年5月份全区税收收入执行情况的通报》上指示：前五个月税收工作做得好，税收收入增幅大。2011年9月15日至16日，西藏自治区政府召开“服务科学发展 共建和谐税收”座谈会，西藏自治区人民政府副主席宫蒲光同志代表自治区人民政府出席会议并做重要讲话。2011年9月30日，西藏自治区政府副主席宫蒲光同志在《自治区国税局关于“服务科学发展共建和谐税收”座谈会情况的报告》上批示：请白主席、吴英杰常务副主席阅示。这次座谈会反映出的意见，对我们加强和改进税务工作、完善税收政策很有价值，请区税务局要认真研究，属政策完善类的意见，要在深入调研、认真探索的基础上，提出建议，属工作服务类的，要切实改进工作，提高服务水平。总之要以此次为契机，促进我区税务工作在现有良好的基础上再上新的台阶。2011年11月26日，西藏自治区党委书记陈全国在《西藏自治区国家税务局2011年10月全区税收收入组织通报》上，对税收工作做作出重要批示：“细化的很好。”对全区各项税收工作给予高度肯定与鼓励。

【税收收入情况】2011年，西藏共组织各项收入97.20亿元，同比增长90.2%，增收46.09亿元，其中税务部门组织收入96.63亿元，同比增长90.7%，增收45.96亿元，在全国36个省市区（含计划单列市）中排列第一位。税收收入94.60亿元，同比增长

90.3%，增收44.90亿元，完成国家税务总局下达计划的184%。其中：国内增值税20.71亿元，同比增长48%，增收6.71亿元；国内消费税1.01亿元，同比增长19.7%，增收1663万元；营业税16.01亿元，同比增长33.8%，增收4.04亿元；内资企业所得税26.91亿元，同比增长1.4倍，增收15.71亿元；外商投资企业和外国企业所得税1.38亿元，同比增长40.9%，增收4006万元；个人所得税20.24亿元，同期增长3.1倍，增收15.29亿元；车辆购置税3.32亿元，同比增长29%，增收7472万元；车船税2971万元，同比增长28.6%，增收661万元；城镇土地使用税5590万元，同比增收5590万元；城市维护建设税2.59亿元，同比增长38.6%，增收7207万元；资源税8140万元，同比增长22.9%，增收1516万元；印花税4031万元，同比增长30.2%，增收936万元；土地增值税3649万元，同比增长1.8倍，增收2348万元。其他收入2.03亿元，同比增长1.1倍，增收1.05亿元，其中：教育费附加1.11亿元，同比增长50%，增收3698万元；耕地占用税2843万元，同比增长1.5倍，增收1696万元；税务部门其他罚没收入484万元，同比增长34.8%，增收125万元；税务行政性收费收入948万元，同比增长14.5%，增收120万元；地方教育附加4906万元，增收4906万元。出口退（免、抵）税3023万元，同比增长14.9%。

【税收收入特点】一是税收收入实现高速增长，宏观税负大幅度提高。2011年税收收入96.60亿元，增幅90.3%，税收收入占生产总值的比重（宏观税负）为15.97%，比2010年提高了5.97个百分点；税收弹性系数为4.7，比2010年提高了1.6个百分点。二是中央级收入占比略高于地方级，地（市）级收入增速显著，中央级收入49.30亿元，同比增长99.3%，增收24.57亿元；地方级收入47.33亿元，同比增长82.4%，增收21.39亿元。三是各产业围绕西藏产业建设发展要求，税收收入持续增收，第三产业税收总量和增速持续高于第二产业，第三产业同比增收39.32亿元,增收贡献率达85.6%。四是非公有制税收继续领跑，税收增收贡献率最高。非公有制经济完成税收76.17亿元，同比增长1.1倍，增收40.29亿元。五是重点行业税收快速增长，支柱作用彰显，租赁商务服务业、批发和零售业、建筑业、金融业、采矿业、制造业、房地产业、信息传输计算机服务业、交通运输仓储邮政业和住宿餐饮业十大行业税收规模均超亿元，共计完成各项税收89.46亿元，占整体收入的92.6%。

【税收收入分析】一是经济持续健康快速发展为税收增长夯实了税源基础，2011年西藏GDP突破600亿元大关，同比增长12.7%，坚实的经济基础为税收收入快速增长提供了有力保障。二是重点项目落实促进税收增长，为支持西藏四个基础体系建设，国务院第161次常务会议审议批准了《“十二五”支持西藏经济社会发展建设项目规划方案》，着力构建交通、能源、通信、水利四大体系，2011年新开工项目80个，复工项目137个，全社会固定资产投资增长较快，拉动建筑业各项税收11.79亿元，同比增长40.2%，增收3.38亿元。三是旅游业保持强劲的发展势头，旅游业的发展拉动交通运输业、住宿和餐饮业、文化体育娱乐业、居民服务和其他服务业税收增速较快。四是市场购销旺盛促进税收增长，城乡市场持续繁荣，商品供应充足，市场价格运行平稳，批发和零售业完成各项税收23.23亿元，同比增长48.8%，增收7.62亿元。五是政策调整带来收入有增有减，1.6升及以下排量的车辆购置税由7.5%恢复10%，税率提高带来政策性增收1700万元，同时由于税率提高，带动汽车消费结构的调整，1.6升以上排量汽车消费数量同比3460辆，税额增收5924万元。新开征的城镇土地使用税和地方教育附加分别入库5590万元和4906万元，净增收入1.05亿元；从2010年7月份起对部分畜产品实施营业税免税政策以及从2011年11月1日起停征虫草、松茸采购环节营业税，减少营业税900万元，2008年10月9日起储蓄利息个人所得税暂停征收，翘尾减收111万元，贯彻落实修改后的个人所得税法，减少个人所得税1300万元，增值税和营业税起征点提高后，减收1000万元。五是一次性增收因素，成为收入快速增长的助推器，2011年西藏一次性因素增加税收30.71亿元，占增收总额的66.8%。

【税收法治】进一步加强税收规范性文件管理，组织学习《税收规范性文件管理办法》和《西藏自治区规范性文件制定和备案规定》，全面清理税收规范性文件并及时向社会公布了我区现行有效和失效废止的税收规范性文件目录。积极开展税收资金安全检查，防止和纠正违反组织收入原则的行为。开展税收执法检查和监察，依法实施内部审计，对发现的税收执法问题、财务管理问题及时整改落实，自觉接受和配合自治区、税务总局等部门的监督检查，提高税收执法和财务管理水平。

【税种管理】认真贯彻落实国家调结构减税和各项税收优惠政策，深入开展税收经济调研，加强跟踪问效和督促检查，力促税收政策落实到位。为增值税一般纳税人办理固定资产进项税额抵扣，充分发挥增值税转型改革政策效应，全年抵扣进项税款2亿多元，为加快经济发展方式转变、促进经济转型升级提供了税收政策支持和服务保障；积极贯彻落实修改后的个人所得税法，个人所得税政策调整后全区近10万人不再缴纳个人所得税，减收个人所得税1.2亿元；经自治区政府批准，先后停征了虫草、松茸等在采购环节的营业税，降低了小规模纳税人和娱乐业的征收率，几项合计约减免税收1100余万元；推进地方税制建设，先后开征了城镇土地使用税、地方教育附加，并开展了资源税改革前期调研工作。为支持小型微利企业和推进非公有制经济发展，经自治区人民政府决定，将增值税、营业税起征点提高至月销售额或营业额2万元，此政策的贯彻执行,使全区4.8万户个体工商户享受到了1.2亿元免税优惠。非公有制经济在土地使用、融资、税收优惠等各方面的大力扶持下，发展迸入快速轨道，全年实现税收76.2亿元，比2010年增收40.3亿元。同时，按照自治区党委政府的指示要求，积极做好支持和促进就业有关税收政策的贯彻和落实工作，明确了我区农牧民参与拉日铁路建设的税收政策，出台支持"9.18"地震灾区税收扶持政策配套办法，全力配合抗震救灾和灾后恢复重建工作。积极推进地方税制建设，搭建了财产行为类税税源管理平台，开征了城镇土地使用税、地方教育附加，积极开展了资源税改革前期调研工作。

【纳税服务】坚持以纳税人需求为导向，着力提高纳税人满意度，不断改进纳税服务。稳步推进纳税服务标准化建设，规范纳税服务内容、优化业务流程。深入开展税收法制教育和"六五"普法工作，不断加强和改进税法宣传工作，深入开展税收宣传月活动。按照"窗口受理、内部流转、限时办结、窗口出件"的要求，合理调配办税服务厅窗口职能、整合审批事项，在拉萨市区推行"同城通办"等纳税服务举措，初步解决纳税人多头跑、多次跑的问题，减轻纳税人办税负担。完成12366纳税服务热线建设和试运行工作。财税库银横向联网系统推广工作力度加大。成功承办全区"服务科学发展共建设和谐税收"座谈会，虚心听取、吸纳纳税人及相关职能部门意见和建议，分层次、分步骤加以改进和落实，并得到了自治区副主席宫蒲光的肯定。

【税收征管】认真贯彻落实"两个减负"，通过积极与自治区物价、公安等部门协调及实地调研，将发票专用章刻制费用由每枚298元降低到每枚最高不超过80元，为全区纳税人节约刻制费用1300多万元；加强税收征管数据采集、分析、利用，通过综合税收征管系统和税控收款机管理系统对纳税人的发票开具数据进行准确采集，在进行数据筛选、分析后，与纳税申报数据进行比对，将开票数大于申报数的数据作为征管风险点下发至各征收单位，有针对性地进行税收管理。规范对已安装税控机具纳税人的发票管理，严格控制其使用手工发票，规范发票使用管理。及时掌握各地征管工作开展情况，对征管工作考评办法进行修订，并从后台对各地征管工作数据进行抽取、分析、比较，征管状况监控分析工作得到了进一步提升。推行车购税电子申报及档案系统。金税三期工程广域网项目建成并投入运行，网络可靠性更高。

【大企业税收管理】建立定点联系大企业制度、落实企业风险管理，提供风险管理服务、安排税收自查和重点检查、督促企业落实《大企业税收风险管理指引》、切实提高数据分析能力。进一步完善定点联系企业的范围，确认有195户定点联系企业（含税务总局定点联系企业44户）。借助综合征管系统的导入接口，并依托信息中心后台数据库提供的申报信息，加大数据分析和利用工作，切实提高大企业防范税收风险的水平。

【国际税收管理】筛选分析66户外资企业（总机构）在2011年度红利分配情况进行重点监控以及来藏提供劳务的非居民企业进行监管，全年实现非居民税收3380万元。做好对外自发情报的搜集和提供。积极开展为走出去企业服务工作，落实促进企业"走出去"的各项税收政策。以税收协定为依托，及时办理《中国居民身份证明》，为境外投资企业提供税收服务，保证各项优惠政策落到实处。为进一步规范我区非居民企业所得税的核定征收工作，制定《非居民企业所得税核定征收管理实施办法》。做好税收协定执行工作，加强协定待遇的审批及备案的后续管理，开展对协定待遇落实情况的汇总及评估，分析并防范执行中存在的潜在风险。

【税务稽查】组织实施税收专项检查和专项整治和区域治理工作，整顿和规范税收秩序。通过多种形式提高稽查人员业务技能和查帐技巧。运用税收综合征管系统数据平台及日常征管资料，开展日常稽查，并查处一批涉税案件。重点开展广告业、办理电子及服装类产品出口退（免）税企业、房地产及建筑安装业、高收入者个人所得税、资本交易项目、矿产品采矿选矿等行业的专项检查，检查纳税人141户，查处有问题纳税人128户，稽查选案准确率91%，结案率99%，查补各项收入3692万元，入库3960万元。继续打击发票违法犯罪等活动，查处违规使用发票纳税人191户，未按规定使用发票462份，查补税款250.3万元。

【信息化建设】做好运维和技术支持工作，确保综合征管系统、财务管理系统、车购税管理系统、人事管理系统、防伪税控、稽核系统、协查系统、货运发票系统和税控收款系统、出口退税等系统运行正常稳定。定期检查机房等重要场所计算机类设备存在的问题和漏洞，发现潜在的风险，及时制定策略、采取措施，将风险降低到最小程度。积极做好金税三期工程广域网项目建设工作。有序开展实施了省级网络与信息安全三期建设。

【领导名录】

党组书记、局长：袁庆杰

党组成员、纪检组长：群培

党组成员、副局长：陈文通、格桑次仁、旺堆、杨承碧、袁继军

党组成员、总经济师：谢学忠

党组成员、总会计师：穷达

党组成员、总审计师：雷纪选

副巡视员：尼玛、成永安

中国人民银行拉萨中心支行

【年度综述】2011年，中国人民银行拉萨中心支行（以下简称人行拉萨中心支行）深入贯彻落实全国、自治区经济工作会议及人民银行总、分行工作会议精神，紧扣地方经济社会发展实际，认真履行央行派出机构职责，全面落实稳健的货币政策和中央赋予西藏的特殊优惠金融政策，加大信贷投放力度，优化信贷结构；加强辖区金融风险监测与分析评估，维护金融稳定；不断改进金融服务，大力提升金融服务水平，为支持我区经济跨越式发展和维护金融稳健运行发挥了积极作用。全年辖区金融业运行平稳，银行存贷款规模继续扩大。截至2011年末，全区金融机构本外币各项存款余额1662.5亿元，比年初增加365.66亿元，增长28.2%，增速比上年同期提高2.11个百分点，高出全国平均增速14.7个百分点；本外币各项贷款余

额首次突破400亿元达到409.05亿元，比年初增加107.23亿元，增长35.53%，同比多增53.75亿元，是上年全年增量的2.01倍，增量和增幅均创历史新高。

【认真贯彻区域货币政策，全力支持地方经济又好又快发展】一是根据国家和自治区产业政策导向，结合西藏实际，细化中央赋予我区的特殊优惠货币政策，出台《关于支持非公有制经济发展的指导意见》等一系列对产业、行业支持的政策和措施，督促和引导辖区银行业金融机构加大信贷投入，支持经济快速发展。二是进一步丰富和完善扶贫贴息贷款政策。在印度"9·18"地震波及我区后，及时协调相关部门研究出台《关于金融支持灾区抗震救灾和恢复重建的通知》，明确提出将灾区群众所有存量贷款和新增贷款全部纳入扶贫贴息贷款范围，扩大了扶贫贴息贷款政策的覆盖面，极大减轻了农牧民负担，为稳定人心、稳定社会和抗震救灾的迅速推进做出了积极贡献。年末全区金融机构扶贫贴息贷款余额21.93亿元，同比增加2.29亿元，增长11.67%。三是积极督促各商业银行区分行加强与各自总行的沟通，争取落实差异化信贷管理办法和单独考核办法，并取得一定进展，为"在藏银行业金融机构吸收存款主要用于服务西藏经济社会发展"奠定了基础。四是编印"十二五"特殊优惠货币政策藏汉两种文字宣传资料，充分运用电视、广播、报纸等媒体，对政策进行广泛宣传，增强政策的透明度，扩大政策的知晓面，为政策有效传导打下了基础。五是密切跟踪国家稳健的货币政策和西藏特殊优惠货币政策执行效果，按季召开金融运行分析会，及时反馈遇到的情况和问题，引导、督促辖区各商业银行机构调整、优化信贷结构，突出信贷支持重点。

【积极改进和完善"三农"金融服务，推动农牧区经济稳步发展】2011年，人行拉萨中心支行针对农牧区金融服务领域存在的问题，积极采取有力措施，引导辖区银行业金融机构不断改进和完善金融服务"三农"工作。一是深入学习领会中央1号文件精神，督促、引导辖区银行业金融机构进一步加大对农牧区的信贷支持力度，提高金融服务水平，推动农牧区经济稳步发展。二是针对我区乡镇的金融机构营业网点建设不平衡问题，提出运用经济刺激手段，疏导、引导银行业金融机构业务向下延伸，在金融服务空白乡镇新建营业网点，进一步扩大了金融服务覆盖面。三是积极配合财政厅研究综合补贴资金管理办法，引导信贷资金更多地向农牧区倾斜，切实增加农牧区有效信贷投入。截至年末，全区金融机构涉农贷款余额78.36亿元，比年初增加22.17亿元，增长39.46%；农牧户小额信用贷款余额47.97亿元，比年初增加7.67亿元，增长19.04%；"钻石、金、银、铜卡"四卡发证数达40.02万张，全年新增1.56万张。

【逐步解决中小企业融资难问题，支持中小企业健康快速发展】2011年，人行拉萨中心支行结合辖区实际，出台一系列政策和措施，加大金融支持中小企业发展力度。一是深入调查研究，及时向区党委、政府呈报《中国人民银行拉萨中心支行关于金融支持中小企业发展情况的报告》，为解决西藏中小企业融资难问题提出了较为客观、全面、系统的政策建议。二是充分结合实际，及时转发《中国人民银行关于进一步加强信贷管理 扎实做好中小企业金融服务工作的通知》等文件，并提出多项有力措施，最大限度地满足我区中小企业的融资需求，充分发挥金融支持中小企业发展的作用。三是认真履行职责，按照《中国人民银行关于开展中小企业信贷政策导向效果评估的通知》等文件要求，进一步加强中小企业信贷管理，提升中小企业信贷政策导向效果。截至年末，全区金融机构中小企业贷款余额117.96亿元，同比增加16.21亿元，增长15.93%。

【积极推进跨境贸易人民币结算，有效促进贸易投资便利化】2011年，人行拉萨中心支行积极探索、加强跨境贸易人民币结算政策宣传力度，引导辖区商业银行做好人民币跨境使用各项工作，稳步推动跨境人民币各项业务，促进贸易投资便利化。一是年初代政府起草报国务院的《关于将西藏辖区对外出口贸易纳入跨境贸易人民币结算试点范围的请示》，7月获批将西藏全区对外出口贸易全部纳入跨境贸易人民币结算试点范围，有力推动了全区跨境贸易人民币结算业务的开展。二是积极宣传跨境贸易人民币结算政策，全年共发放跨境贸易人民币结算政策宣传手册500余份，接待咨询人数达100余人。三是组织辖区各金融机构参加RCPIMS信息报送视频培训，并印发《中国人民银行拉萨中心支行关于转发<中国人民银行关于明确跨境人民币业务相关问题的通知>的通知》等文件，进一步明确相关政策。全年辖区跨境人民币结算业务量明显上升，全区银行累计办理跨境贸易人民币结算业务36.45亿元，较上年增长6.83倍。

【服务与监管并重，外汇管理与服务水平进一步提升】一是认真落实进出口核销期限延长政策，及时出台进口付汇核销、出口收汇核销以及人民币投资管理办法等3项配套制度措施，有力缓解了出口企业收汇难、核销难等问题。二是大力推进外汇管理各项改革措施。支持企业"走出去"，为西藏第一家企业在香港成功上市提供周到细致的服务，确保该企业如期上市。积极支持自治区重点项目建设，及时办理西藏航空和冰川矿泉水公司提出的贸易付汇申请。三是加大对外汇指定银行、涉外企业的查处力度，对辖内外汇指定银行进行了专项检查及回访检查，对两家营业网点分拆结汇问题进行了立案查处，对26家出口逾期未核销企业进行了调查并作出了相应处理。优惠外汇管理政策对稳定西藏社会局势、促进涉外经济快速健康发展发挥了良好作用，全年全区贸易进出口总额13.59亿美元，同比增长62.53%。

【深入推进辖区金融改革发展，金融稳定基础进一步巩固】继续加强对辖区银行业、证券业、保险业等领域金融风险的监测和评估，完善评估方法，重点开展对小额贷款公司、典当行和担保公司运营状况的调查研究和监测评估。持续关注辖区金融机构改革与发展，积极支持国开行西藏分行、西藏银行的设立；持续深入推进区域金融生态环境建设，承办全区金融生态环境建设工作第二次会议，代拟《关于加强西藏自治区金融生态环境建设 推动金融产业发展促进经济增长的意见》呈政府批转全区执行，助推了区域金融生态环境改善。以“两综合、两管理”为抓手，在建立金融管理与服务工作新机制方面开展了一系列探索。2011年，辖区金融组织体系不断健全，金融生态环境总体向好，金融运行保持稳定态势。

【坚持高效便民宗旨，金融服务水平进一步提高】支付清算体系建设渐趋完善。2011年，我区支付清算系统建设取得重大成就，形成了以人民银行和银行业金融机构为主体，中国银联西藏分公司及银联商务西藏分公司为补充的支付服务组织体系；完善了以支票、汇票、本票和银行卡为主体，以电子支付工具为发展方向，适应多种经济活动和居家服务需要的支付工具体系；建立了以现代化支付系统为核心，各商业银行行内系统为基础，票据交换系统和卡基支付系统等并存的支付系统体系，有效支撑起各种支付工具的高效使用以及充分满足不同经济主体的差异性支付需求。全年大小额支付系统共处理业务103.54万笔、金额14359.06亿元，同比分别增长48.97%和62.61%。目前，支付系统已覆盖除墨脱县以外的所有区内县域，为社会各界提供了优质、高效、快捷的账户服务及安全的资金汇划服务。

人民币管理职能进一步加强。为支持西藏地方经济的发展、巩固边防，人行拉萨中心支行创新调拨模式，有效减少中间环节，缩短调运时间，降低风险，提高发行基金在途安全系数。全年共组织完成发行基金调运任务53次，金额166.36亿元，现金净投放52.61亿元，满足了全区特别是农牧区人民群众生产生活合理的现金需求。反假币工作力度进一步加强。承办了自治区反假货币工作会议；为自治区政府代拟了《关于加强我区反假货币工作促进经济社会发展意见的通知》并批转全区执行；大力普及反假货币知识，在各地区、县、乡镇组织开展反假货币宣传活动37次，发放宣传资料5.6万余份，提高群众识假、防假能力水平；向基层农村反假货币宣传网络站（点）发放藏文宣传资料3万余份，对基层反假货币义务宣传人员进行知识培训，进一步完善和强化了反假货币宣传网络体系的构建工作。全年共收缴假币43.16万元，同比下降26.7%，切实维护了人民群众的切身利益。

征信系统建设和运用取得成效。人行拉萨中心支行大力推进我区征信体系建设，不断提升信息质量和利用率。截至年末，企业征信系统共收录全区企事业单位及其它经济组织6229户，个人征信系统收录全区自然人约95万人。征信系统信用信息在我区的运用范围不断扩大，全年企业征信系统累计提供查询7000余次，个人征信系统累计提供查询13.6万余次，为辖区中小企业及个人融资提供了方便、快捷的信用信息服务，进一步促进了辖区金融生态环境建设。

财税库银横向联网系统推广工作取得实效。一是拉萨市区财税库银横向联网系统得到进一步推广应用。年末系统内三方协议签约验证通过的纳税户1260户，比2010年末增加432户。二是林芝、山南与日喀则地区财税库银横向联网系统正式上线运行，为财税库银横向联网系统向其他地区的推广奠定了坚实的基础。三是开展财税库银横向联网系统银行卡刷卡缴税业务的前期准备工作。2011年与自治区国税局进行协商，选择中行西藏分行布设POS机参加我区横向联网系统银行卡刷卡缴税业务的试点工作。西藏自治区财税库银横向联网系统的迅速推广，构建了税款直达财政入库的“高速公路”，大大减少了税款入库的中间环节，方便了纳税人办税，缩短了税款入库时间。

【获奖情况】
先进集体：
1.2011年2月，中国人民银行拉萨中心支行支付结算处、国库处被全国妇联评为“2010年全国巾帼文明示范岗”；
2.2011年4月，中国人民银行拉萨中心支行金融稳定处被中国人民银行、中国人民银行工会工作委员会评为“2006-2010年度中国人民银行‘五五’普法先进单位”；
3.2011年7月，中国人民银行拉萨中心支行支付结算处被中国人民银行、中国人民银行工会工作委员会评为“2007-2010年度支付结算工作先进集体”；
4.2011年11月，中国人民银行拉萨中心支行保卫处被中国人民银行、中国人民银行工会工作委员会评为“‘十一五’期间安全保卫工作先进集体”；
5.2011年12月，中国人民银行拉萨中心支行货币信贷管理处被人总行金融市场司评为“金融支持区域经济发展工作优秀奖”；
先进个人：
1.2011年2月，单曲被全国妇联评为“全国巾帼建功标兵”；
2.2011年6月，崔玉华被中国金融工会全国委员会评为“‘创新金融服务 支持经济发展’建功立业竞赛活动金融服务能手”；
3.2011年9月，阿姆被中国人民银行、中国人民银行工会工作委员会评为“征信工作先进个人”；
4.2011年5月，次仁巴点被中国人民银行评为“节能减排工作先进个人”。

【领导名录】
党委书记、行长：旺堆
党委副书记、副行长：李波
党委委员、副行长：张伟、单曲、李隆仕、洛桑占堆
党委委员、工会主任：王学军
党委委员、纪委书记：赵正英

中国银行业监督管理委员会西藏监管工作

【年度综述】2011年，西藏银监局始终以落实优惠金融政策和贷款新规为抓手，以完善西藏银行业机构体系为突破，以加强农牧区基础金融服务为重点，通过审慎有效监管，促进了西藏银行业的持续稳健运行。截至12月末，全区金融机构各项存款（不含人行的财政存款和各行的代理性财政存款）

余额1492.64亿元，比年初增加332.05亿元，增长28.61%；各项贷款（本外币）余额409.05亿元，比年初增加107.23亿元，增长35.53%；增量存贷比由2010年的22.53%增加到2011年的32.29%；不良贷款余额为7.65亿元，比年初下降4.35亿元，不良贷款率为1.89%。西藏信托所涉及的351万元的历史贷款已全部清理核销；全区搭桥贷款已由17.81亿元降至年末的14.21亿元。

【严守底线，加强指导，不断促进银行业科学稳健发展】2011年，西藏银监局以严守风险底线、创新监管手段、防范各类风险为目标，以积极推动辖内银行把中央赋予西藏的特殊优惠金融政策落到实处为切入点，采取全面贯彻落实贷款新规、实施差别监管、限额以上贷款报备审查、推行银团贷款、化解处置搭桥贷款风险等办法，加强窗口指导和有效监管，实现了银行业可持续发展和安全稳健运行。

【积极履职，多措并举，不断提高监管能力和监管有效性】一是引导各行积极争取差别化管理政策，使在藏分支机构获准执行特殊的信贷准入政策，信贷项目审批走“绿色通道”，执行宽松的信贷规模管理，开办一系列特殊业务，实施特殊的业务激励政策及考核措施等，使中央赋予西藏的特殊优惠金融政策得到有效落实。二是引导各行提升风险防控能力，加大培训力度，补正贷款合同，全面贯彻落实贷款新规。督促各行认真执行案件（风险）信息报送制度，强化防控措施，使风险防控能力得到全面提高。三是扎实开展各项业务监管工作，以规范检查流程、细化检查内容、严格检查取证、严肃检查处理为抓手，全年共组织35个现场检查工作小组，投入1692个工作日，对278家分支机构进行了现场检查，发现问题164个，提出整改意见133条。以准确理解监管指标、加大数据分析深度、扩展分析资料范围、强调风险评价结论为抓手，将大额授信监测起点金额下调为300万元，建立贷款投放月报制度，风险状况定期分析和报告制度，风险防范工作座谈会，有效进行风险预警。以规范行政许可程序、准确掌握行政许可法规、借助电脑网络辅助手段为抓手，首次开发并应用“西藏银监局高管考试系统”，对49名拟任高管人员进行考试，对2名高管、1家机构进行了行政处罚，审批机构设立及变更事项80项，换发金融许可证14张，对33项业务进行备案。

【主动作为，积极参与，不断完善银行业金融机构体系】积极指导推进西藏银行的组建工作，于7月得到国务院同意和中国银监会批准筹建，于12月30日正式核准西藏银行成立和开业，颁发了金融许可证，成功喜圆西藏人民的百年银行梦想；积极推动国家开发银行西藏代表处于2011年7月份升格为分行；指导邮储银行西藏分行建立现代银行的管理框架，推动其规范经营，延伸机构和服务，在县域增设的18个代理网点已开始营运，新增的12个代理网点正在加紧筹建；推动西藏信托改制工作，停顿多年的信托业务重新启动，已开始跨区域开展业务，业务规模有了很大进展；积极推动农发行在藏设立分支机构；积极协调民生银行在西藏发起设立村镇银行，协助民生银行完成对林芝地区的实地调研。

【服务“三农”，支持“小微”，不断推动西藏经济快速发展】一是重点指导和督促农行西藏分行着力推进“三农”事业部制建设，以“四卡”为依托进一步推进农村金融产品和服务方式创新，加大农户到户贷款投放力度，确保了涉农贷款增速高于平均贷款增速，增量和占比均高于上年，农牧业产业化经营龙头企业融资需求得到适时支持，促进了农牧区产业结构调整和农牧民增产增收。二是始终按照国务院关于进一步推进中小企业发展的意见和自治区党委关于促进全区非公经济发展的工作要求，制定了《西藏银行业支持非公有制经济发展的指导意见》，积极指导和推进银行业支持小微企业发展，全面落实小企业贷款“六项机制”，研发了“速贷通”、“成长之路”、“雪域小企业成长贷”、“西藏小企业自助循环贷”等小企业金融产品，不断创新小企业贷款管理机制和服务方式，为小微企业提供了有效信贷支持。

【突出重点，加强联动，不断改善基层基础金融服务】一是积极推进基础金融服务覆盖工作，提出了“六条腿”走路的工作方针，利用监管手段和现行金融优惠政策，督促和引导辖内银行业金融机构将网点和服务向县域、农牧区延伸。二是持续推进网点建设，全年完成设立、迁址、改造的银行网点44个，新建10处自助服务区，新设存取款一体机13台。邮储银行西藏分行已筹建和即将筹建的30个代理网点大部分设立在县域和乡镇。建行西藏分行已完成了在阿里设立二级分行的前期调研、选址工作，中行西藏分行已赴昌都地区进行了设立二级分行的前期调研。三是加大服务产品创新。农行西藏分行针对农牧区及偏远地区开办的特色“惠农”服务项目银行卡POS终端助农取款业务，5月上旬测试成功，并在林芝地区开展乡镇“电话银行”试点和推行工作。

【立足大局，落实措施，不断维护金融机构安全稳定】制定出台了西藏银行业金融机构维护社会稳定工作指导意见30条，建立了西藏银行业金融机构负责人维护社会稳定工作联席会议制度，牵头组织了西藏金融系统100人的“大庆”活动方阵，参加了西藏和平解放60周年系列庆祝活动，督促各行提高维稳意识、健全维稳机制、落实维稳措施、开展维稳巡查，确保了全辖银行业的安全稳定。印度锡金邦6.0级地震波及西藏后，第一时间组织两个工作组赶赴灾区指导银行业抗震救灾，指导协调受灾银行机构迅速恢复营业，慰问看望受灾群众和银行职工，制定了金融帮扶指导意见，为维护社会稳定和支持抗震救灾发挥了积极作用。

【经验体会】一是必须坚守风险底线，夯实推动银行稳健运行的基础，要始终结合西藏实际，采用现场检查与非现场监管手段，注重监测预警与风险提示的有机结合，加强案件防控，坚守风险底线，夯实基础，确保西藏银行业稳健运行。二是必须服务实体经济，抓住推动银行持续发展的关键，要始终按照中央的要求和自治区的部署，紧紧结合西藏实体经济“难贷款”、银行业“贷款难”的实际，督促银行转变营销观念，实施差别化的信贷政策，确保信贷资金投向实体经济，实现银企“双赢”，促进西藏经济跨越式发展。三是必须完善机构体系，激发银行有序竞争的活力。实践证明，邮蓄银行、工商银行、开发银行在藏分支机构的先后设立和地方法人银行机构空白的填补，促进了全辖体系的完善、垄断的打破、竞争的形成和活力的激发。四是必须维护社会稳定，为服务经济发展提供保障，要始终坚持“稳定压倒一切”的工作总方针，健全维稳机制，强化维稳措施，落实维稳责任，以银行业的安全稳定促进全区的安全稳定，使银行业更好地服务西藏经济建设。

【获奖情况】2011年，西藏银监局继续被评为“自治区级文明单位”；荣获中国银监会系统庆祝建党90周年文艺晚会优秀奖；荣获“西藏自治区2011年度信息报送达标单位”；荣获自治区统计局2011年度“部门统计制度实施组织奖”；荣获2011年度谢通门县对口扶贫先进奖。办公室、统计信息处荣获2011年度银监会系统文明单位；监管一处荣获“全国银监系统小微企业金融服务2011年度先进单位”；工会荣获西藏自治区总工会2011年度工会财务会计工作竞赛评比一等奖；团委被评为2011年度中国银监会系统“五四”红旗团委（团支部）；办公室信息督办科、统计处科技信息科被评为2010-2011年度中国银监会系统青年文明号。

【领导名录】

党委书记、局长：扶明高

党委副书记、副局长：杨宝林

党委委员、副局长：宋丽霞、赵霖

党委委员、纪委书记：余文楠

巡视员：尕玛次旺

副巡视员：陈新民

国家开发银行西藏自治区分行

【年度综述】2011年，国家开发银行股份有限公司西藏自治区分行（以下简称“西藏分行”）切实结合西藏特点，找准发展定位、破解发展难题、创新发展思路，以规划先行为突破口，以平台搭建和机制建设为切入点，以项目开发评审为着力点，以风险防范、支持发展为根本要求，认真按照“分行开业筹备和业务发展两推进，两不误。”的总体原则，较好地完成了各项工作任务。

【以代表处升格分行为标志，各项经营指标均创历史最好水平】2011年7月20日，国家开发银行股份有限公司西藏自治区分行揭牌开业暨《西藏自治区人民政府 国家开发银行开发性金融合作备忘录》签字仪式在西藏人民会堂隆重举行，中共中央政治局委员、国务院副总理回良玉出席会议并为国家开发银行股份有限公司西藏自治区分行揭牌。西藏代表处升格为分行，是开行服从国家战略，贯彻落实中央第五次西藏工作会议精神的重要部署，也是代表处完成其历史使命，走向新的发展未来的必然趋势，具有里程碑式的重要意义。以此为契机，西藏分行加大项目开发和风险化解力度，不断夯实业务发展基础，努力确保西藏代表处升格分行开好局、起好步，各项经营指标均创历史最好水平。西藏分行全年完成项目开发85.04亿元，完成规划储备库79.22亿元，完成评审承诺45.21亿元，完成贷款发放5.21亿元；截止目前，存量项目17个，信贷资产总额7.6亿元，较年初增长95.4%；以化解东嘎不良贷款项目为标志，当期本息回收率达到110%，累计本息回收率为100%，不良贷款率由年初的6.4%降为0.17%。

【以开发性金融宣介为抓手，贯彻落实国家宏观经济政策，服务地方经济发展】开发性金融宣介是全面介绍我行定位与作用、发展与改革、历史与使命的重要形式，是赢得政府认同、客户满意、监管部门支持的有效途径。西藏分行在2011年切实开展开发性金融宣介，并取得良好效果。一是自治区党委书记陈全国在西藏分行报送的《2011年国家开发银行与西藏自治区开发性金融合作总结》上批示：“同意小刚同志意见。并感谢开行陈元董事长及其他领导对西藏工作的大力支持。”自治区党委常委、秘书长邓小刚批示：“开行西藏分行在西藏刚成立不久，发展很快，对西藏的发展、民生支持很大，应予以充分肯定。望再接再厉、再创佳绩，所提三条建议可转区政府研。”；二是在分行开业仪式上，白玛赤林主席、陈元董事长分别代表西藏自治区人民政府和国家开发银行签署《西藏自治区人民政府 国家开发银行开发性金融合作备忘录》，为双方进一步加强合作奠定了坚实基础；三是自治区副主席多吉泽仁莅临西藏分行年度工作会议并作了重要讲话，充分体现了自治区人民政府对开行工作的高度重视和殷切期望，为西藏分行下一步服务西藏“十二五”发展指明了方向；四是与拉萨市人民政府签订《开发性金融合作备忘录》，将为拉萨市基础实施、特色产业和基层民生金融发展提供全方位的开发性金融服务，助推拉萨实现跨越式发展。

【以规划先行为统领，努力开创规划引领业务发展新局面】西藏分行坚持以规划先行统领业务发展，并注重规划与项目开发的有效衔接，加强规划成果转化。一是促成陈元董事长亲赴西藏林芝考察调研西藏水利建设，并会同水利部专家学者研讨西藏水利建设融资规划；二是与西藏自治区人民政府签署合作备忘录，以新思路、新途径和新模式提升西藏文化产业发展水平，助推西藏社会主义文化建设；三是联合自治区发改委、国家发改委财金司、宏观研究院和西南财经大学等单位编织《西藏自治区“十二五”系统性融资规划》，为西藏分行在“十二五”期间发挥“两基一支”优势，争取融资主动权奠定了坚实基础；四是为配合西藏世界旅游目的地建设，并将西藏旅游发展规划上升为国家战略规划，与自治区旅游局签署协议，全面参与《西藏自治区“十二五”时期旅游产业发展规划》。

【以重大项目开发评审为主线，在科学发展轨道上推进分行业务跨越式发展】2011年，西藏分行紧紧围绕自治区党委、政府的工作重点和发展目标，加大对自治区重点项目建设和重点领域的开发评审力度，取得新进展，在市场竞争中立于主动。一是配合西藏“战略资源储备基地”建设，合理有序推进西藏矿产资源开发利用，向中国黄金集团西藏华泰龙矿业有限公司甲玛铜矿融资再安排项目发放贷款2.75亿元；二是配合西藏“能源接续地”建设，合理开发利用西藏水电资源，向华能澜沧江上游水电有限公司和国电多布电站规划合作贷款评审承诺2.9亿元，发放贷款1.57亿元，支持其开展澜沧江上游和尼洋河水电建设规划；三是引导开发性金融孵化，培育壮大西藏特色优势产业，通过规划先行、市场建设、制度建设和法人建设支持西藏珠峰冰川矿泉水等特色产业项目，并实现贷款发放1.05亿元；四是主动营销，提升服务，积极培育战略客户，实现向西藏航空发放流动资金贷款0.55亿元。

【以保障和改善民生为出发点和落脚点，加快发展基层民生金融】西藏分行坚持贯彻“转向民生、注重富民”的指导思想，不断加强基层民生金融支持力度，努力探索将基层民生金融作为开发性金融支持西藏经济社会跨越式发展和长治久安的新模式和新途径。一是研究制定《开发性金融支持西藏保障性住房的建议》，并提出建立开发性金融支持保障性住房合作领导小组、搭建融资平台等合理性建议，取得一定的工作成效；二是全年完成西藏大学等5个高校2011年度高校助学贷款发放工作，新增合作高校2所，当年发放金额467.992万元，惠及学生1012人，并完成西藏大学、西藏藏医学院2010年第一批共计45870.26元的本金提前回收工作，实现助学贷款本息回收100%。

【以化解东嘎项目不良贷款为起点，努力确保分行资产健康运行】西藏分行继续扎实推进“三个办法，一个指引”的贯彻落实，强化全面风险管理，积极推动全员培训，全面查找不足，改进业务流程，确保规范操作，着力在资产质量、本息回收、不良化解等方面再下功夫，切实深化信贷管理和风险防控，全力确保信贷资产安全，以化解东嘎项目不良贷款为起点，努力确保分行资产健康运行。一是狠抓风险化解不放松，一直将拉萨东嘎农产品批发市场项目风险化解作为工作的重中之重，积极与各方沟通协调，全力协同拉萨市政府做好项目重组工作，截止目前已实现该项目2500万元本金的全部回收，实现不良贷款风险的完全化解；二是做好本息回收工作，西藏分行严格按照贷后管理相关规定，努力做好本息回收，及时向借款人发送本金和利息回收通知单，并督促借款人按时足额偿还贷款本息；三是强化抵质押物和项目现场监控，及时走访各存量项目现场，并进行贷款资金支付动态监控。

中国工商银行西藏自治区分行

【年度综述】2011年，分行各项贷款余额20亿元，比年初增加15亿元，同业占比由年初的1.72%提高到5.13%，当年增量市场占比15.68%；各项存款余额28亿元，比年初增加7.6亿元，同业占比由年初的1.85%提高到1.95%，当年增量市场占比2.31%。新增存贷比达到198%，存量存贷比达到71%，严格落实了自治区对各金融机构新增存贷比要达到60%的具体要求。继续保持了无不良贷款、无案件、无重大责任事故的良好发展态势。

【坚持以新目标为引领，努力建设符合总行发展愿景、契合西藏实际的新型分行】2011年，按照自治区党委、政府及总行统一工作部署和具体安排，全行统一思想，深入传达贯彻自治区党委、政府及总行指示精神，先后组织召开了党委会、中层干部会和全行干部员工大会。宣讲了指示精神及内涵，客观分析了经营管理工作中的压力与困难，提出了全行发展的目标与措施，确定了以讲政治、谋发展、控风险、抓队伍为主线的系列工作措施，明确要求全行进一步把思想统一到自治区党委、政府及总行指示精神上来，统一到分行党委抓稳定和谋发展两件大事上来，主动适应，自我加压，立足当前，着眼长远，以“管理基础扎实，服务特色显著，人员素质优良、社会形象良好，盈利能力较强”这一新目标为引领，扎实推进分行安全经营和跨越发展。

【坚持以谋发展为硬道理，扎实推进“增点进位”工程】全力推进客户的拓展。针对分行客户总量偏少，我行组织开展了为期一个月的客户调查，研究确定了“四定一挂钩”的方式进行组织推动，即定目标客户、定营销内容、定营销进度、定责任人、实行考核挂钩，并以网点阵地营销为依托，实行公私联动。截止2011年末，我行法人客户、个人客户数分别较年初增长7.84%、51.03%。

全力推进贷款业务发展。中央第五次西藏工作座谈会的召开和自治区十二五发展规划的推出，为西藏今后的发展带来了难得的机遇。为此，我们围绕服务和支持重大基础设施建设、电力能源项目推进、矿产资源开发、旅游优势产业功能升级、中央企业援藏项目建设等重点，积极加大信贷投放力度，实施“五个一批”加强推动，即捕捉信息，适时跟踪一批；收集资料，尽职调查一批；提高效率，审查审批一批；整体联动，投放达成一批；跟进服务，精心维护一批。至2011年末，全行新增贷款投放15亿元，积极助力区域经济发展。

全力推进多产品金融服务。为更好满足客户需求，我们依托工商银行强大的机构网络平台，全力提供现金管理、银企互联等结算类产品服务；依托工商银行强大的资金实力，全力提供项目贷款、流动资金贷款、贸易融资等融资类产品服务；依托工商银行先进的科技平台，全力提供电子银行产品服务；依托工商银行丰富的产品体系，全力提供银行卡等产品服务；依托工商银行专业团队，全力提供投资银行等融智产品服务。

【坚持以控风险为生命线，努力夯实各项管理工作基础】高度重视制度建设。始终坚持“内控先行”、“制度先行”的理念，根据业务发展的需要，以及分行岗位设置的具体情况，及时梳理完善各类规章制度、岗位职责、细化流程，确保各项工作有章可循。

高度重视信用风险和操作风险控制。一是确保各项贷款符合产业政策、信贷政策和风险管理要求，严格落实“三个办法一个指引”等贷款新规，全面加强贷前调查、贷中审查和贷后管理，严格执行委托支付有关规定，切实加强信贷资金监督支付管理，持续保持无不良贷款的良好态势。二是继续坚持操作风险防范。加强各类规章制度和《业务操作指南》的学习应用，采取邀请总行部室领导到我行做辅导讲座等形式，加强《员工违规行为处理规定》的学习，并借助运营风险监督系统，通过网络平台及时查找业务操作流程、风险控制环节和风险点，提高全行员工遵章守纪的自觉性。

高度重视内控案防工作。以总行内控合规工作要求为指导，深化内控案防制度年活动，落实领导责任制和责任追究制，严格执行“4个规定动作和13个自选动作”要求，认真开展内控评价自评工作。并结合内外部监管新要求，不断推动全行内控案防工作向纵深发展，有效遏制各类案件发生。

高度重视声誉风险防范。我行作为中国工商银行在西藏的窗口，全行从全局的高度增强对声誉风险防范的重视，细化各项声誉风险管理措施，切实有效的维护和提升工行在西藏自治区的社会形象。从维护全局利益出发，强化新闻维护意识，时刻注意维护工行的形象和声誉，正确处理新闻采访、新闻投诉处理、声誉风险管理工作，不断提高声誉风险防范工作水平。

【领导名录】

行　长：彭正江

副行长：格桑曲珍、刘永斌

行长助理：李海臣

中国农业银行西藏自治区分行

【年度综述】2011年，农行西藏分行围绕打造优秀大型上市银行总体要求和全行“十二五”规划目标，推进城市业务有效发展，持续深化服务“三农”工作，全面加强基础管理，致力深化内部改革，着力强化风险控制，大力加强党建和队伍建设，各方面工作取得明显成效，全行保持了又好又快发展的良好态势。截至年底，全行各项存款余额突破700亿大关，达7071843万元。各项贷款（不含贴现）余额146亿元。

【大力发展城市业务，提升市场竞争力】一是以提升服务品质为着力点，强化资金组织工作。做好重点客户拓展工作，通过优质服务，促进个人存款平稳发展。开展了金钥匙“春天行动”、“激情仲夏”、“爱在金秋”、“网点服务品质提升年”、“窗口单位创先争优”、建党90周年和西藏和平解放60周年“双庆金融”促服务等活动，深度挖掘储蓄资金，交叉营销个金产品，积极拼抢市场份额，截至12月末，储蓄存款存量及增量市场份额均位于同业之首。在拉萨城区网点实施了营销技能导入，总行“神秘人”对我行暗访检查评分有所提高。编制了《农行西藏分行贵宾客户1+1+N营销服务管理手册》，建立了个人优质客户分层服务管理体系，成功上线并发放金穗借记卡贵宾卡，推出了中职学生资助卡、军人保障卡、退役金专用卡等借记卡业务新产品。重点完成了区分行财富中心、康昂东路支行、城东支行、夺底路分理处4个区级样板网点的转型改造，完成7个地（市）城区的LOGO门牌标识安装。

二是以主动营销为突破口，强化信贷有效投放。先后召开了全区农行信贷工作会议、对公业务会议、零售业务会议以及重点客户和重点业务专项营销工作动员会，进一步完善了营销体制、机制建设。抢抓机遇，突出重点，强化市场营销合力，及时把握信息源头，加强资源储备和营销启动。初步完成《重点项目贷款操作规程》和《小企业雪域成长贷款管理办法》两项新产品相关立项工作，按流程上报总行审批。全面完成全区农行小企业专营机构的建设工作。积极拓展以个人住房贷款为龙头的个人消费贷款业务，区分行营业部和林芝分行于年内挂牌成立了个贷中心。以推陈出新为主渠道，大力发展理财与中间业务。

三是强化信用卡业务营销宣传和客户服务工作，有力推进电子银行业务，积极开展开户“赢”实惠、K宝“赢”优惠、“e市场赢轻松”等营销宣传活动，大力拓展电话银行、手机银行、消息服务、网上银行等电子银行业务，自2011年10月起农行西藏分行电子银行收入市场份额超过建行跃居区内同业第一。并积极推进自助服务终端及转账电话等新业务的上线运行及营销推广，新增取款一体机“无卡（折）存现”功能，不断拓宽我行电子渠道服务范围。

四是加强电子银行体验区建设，全行电子渠道分流率稳步提高，分流率达到39.95%。开展总行布置的中间业务收费项目自查自纠，对6类账户进行部分手续费进行减免。稳步推进“传世之宝”实物黄金业务发展，完成了集中版理财业务的上线，结束了西藏分行无理财产品的历史。

五是本外币一体化经营进程进一步加快。圆满完成阿里分行营业部、普兰支行外汇业务的上线推广，与尼泊尔加德满都银行签订边贸结算账户合作协议，陆续与尼泊尔珠峰银行、尼泊尔全球银行达成初步合作意向，正式开办了边境贸易结算业务，跨境贸易人民币结算业务取得实质性进展，完成西联汇款业务的上线工作。

六是召开代理保险业务“开门红”会议，加强和规范与驻藏保险机构等的合作，有效推进代理保险业务。与西藏证券的合作力度进一步加大，第三方存管业务稳步增长。

七是扎实推进信息化建设。按照总行统一部署，完成了301工程、财务管理系统、开放式基金代销系统三期工程、集中版理财产品销售系统、自助服务终端系统、现金管理系统、企业和个人网银跨行转账一体化改造项目等33个应用系统的推广上线和升级更新工作。成功举办了西藏分行209个营业网点联网开通仪式。

【持续深化服务“三农”工作，提升金融服务水平】农行西藏分行深入学习贯彻总行和自治区有关会议精神，坚持早安排、早部署，研究出台了《关于做好2011年金融服务“三农”工作的意见》。全行围绕自治区关于促进农牧业稳定发展农牧民持续增收的要求，积极支持我区社会主义新农村建设。国务院总理温家宝在总行上报农行西藏分行有关信息上作出重要批示，充分肯定了该行服务“三农”工作。全年累计发放涉农贷款45.71亿元。

一是以小额信用贷款系列产品为依托，继续加大农户到户贷款投放力度。有效支持了农牧民发展生产和增收致富。2011年新评定信用村98个，目前全区共有信贷信用乡（镇）181个、信用村1692个，有效地促进了农牧区的金融生态环境建设。

二是突出重点，大力支持农牧区特色产业发展。积极支持青稞、牦牛、绒山羊、藏猪藏鸡、无公害蔬菜、建筑建材等特色农牧业发展。同自治区财信担保公司合作，积极支持农牧产业化龙头企业和县域中小企业以及乡村旅游、运输、林下资源采集等农牧区小企业发展。完成了全区农业产业化龙头企业在信贷管理系统中的标注和涉农法人客户名单制管理的核定工作。

三是严格把握信贷政策，认真履行公共金融服务职能。继续对持有农牧户贷款证“铜卡”和人均收入1700元以下的农牧户、游牧民定居、地方病搬迁和今年开始实施的农房改造贷款，以及签订了帮扶协议的农业产业化项目实行扶贫利率。制订《农行西藏分行惠农卡发放“财政惠农惠牧直接补贴资金”试点实施方案》，加大金穗惠农卡投放力度。同时，努力克服户籍信息不准确、参保手续不规范等困难，优化业务操作流程，加人了“新农保”业务代理力度，取得了良好的社会效益。

四是探索创新服务方式，加强“三农”风险管理，推动“三农”业务深入发展。积极同自治区妇联、团委、区财信担保公司等合作，创新推出“城乡妇女创业小额担保贴息贷款”产品，在日喀则和山南分行试点开办“农村青年创业贷款”业务，拟推出农牧民农村个人生产经营贷款担保业务。先后批复同意了当雄等七个县支行的农户联保业务，探索推广这一担保方式的可行性。规范农牧户贷款操作水平，促进业务发展。批量采购了全行统一的农牧户贷款运作表和农户贷款借款合同，对农牧户贷款的申请、受理、审批、信用乡镇（村）的评定、贷款台账等进行了统一规范。积极完成了《中国农业银行西藏自治区分行三农信贷政策制度汇编》藏文版编译工作，为基层营业所一级员工规范操作相关信贷业务提供工具书，有效控制和化解全行涉农贷款的潜在风险。

五是立足本职，全力做好地震灾区金融服务工作。在印度锡金“9.18”地震波及西藏部分地方后，农行西藏分行充分认识到做好金融服务工作对抗震救灾的极端重要性。灾害发生后，各级行运营管理、信息技术等部门及受灾县支行立即启动了应急预案，实时监控网络运行情况，加强与当地通讯等部门的协调联络，攻坚克难，在电力供应中断的情况下，启动电力应急预案，利用发电机保障电力供应，在当地同业中第一个恢复营业和提供金融服务。同时，区分行制定下发了《农行西藏分行关于做好地震灾区灾后重建金融服务工作的意见》，确保营业网点正常营业，加大对灾区的信贷支持力度等金融服务工作。

【夯实管理基础，全面提升风险防控能力】一是夯实全面风险管理基础，有效执行风险管理政策制度。在全辖推广并执行了总行关于全面风险管理体系建设，做好信贷资产风险分类，推广应用信用风险报告系统，有效运用操作风险信息管理系统，组织清算中心风险评估、信息科技风险排查和信贷业务专项检查。风险经理和风险主管有效贯彻落实全行统一的风险管理政策、制度和办法，充分发挥风险主管识别、计量、监测、报告和控制风险的作用日益明显。

二是夯实信贷管理基础，规范信贷业务操作流程。认真落实绿色信贷发展策略，切实贯彻限时办结制度，进一步作好信贷作业监督工作，启动了新一轮以“优化流程、规范操作、精准管理、持续改进”为总体要求的信贷精细化管理，对信贷业务操作流程及进度进行全程控制，完善贷后风险防控机制，加强重点领域风险防控。

三是夯实内控合规管理基础，防范合规风险，建立合规管理机制。根据总行统一部署，围绕夯实六项基础工作，制定了全行“基础管理提升年”活动实施方案和公司业务、零售业务、三农业务、信贷管理、风险管理、企业文化及执行力、运营管理、人力资源管理等各专业条线细化方案及考评办法，专门召开动员会议组织开展了“基础管理提升年”活动。

四是夯实运营业务基础管理，继续加强制度建设，积极推广运营业务系统，切实提高运营管控能力和水平。顺利完成33个手工营业所的数据上收工作，“新一代”综合应用系统已覆盖199个对外营业网点。采取有效措施，开展了运营条线“基础管理提升年”活动和“三化三铁”达标工作。

五是做好维护稳定和安全保卫工作。开展了安全保卫工作交叉大检查、安全评估及安全保卫责任制检查等工作，加大安防基础设施建设投入，开展了消防检查、培训和演练等活动。着力抓好“三大节日”、3月敏感期、建党90周年和西藏和平解放60周年期间的安全稳定工作。

【有序推进体制机制改革】一是加强调研，为业务决策提供参考。区分行组织多批工作组，深入100多个基层机构进行综合调研和督导检查，对发现的问题提出了工作意见和整改要求，尽力答复或解决各行在经营管理中遇到的困难和问题。同时专门组织人员深入部分基层网点进行了储蓄存款、负债新业务、个人优质客户系统推广应用、个人贷款、“三农”、小企业金融等业务调研，收集掌握了基层行贯彻落实年初、年中工作会议的相关情况及当前工作中存在的难点困难等第一手信息资料，完成了《西藏农牧区金融信息化建设及非现金结算工作推广问题研究》、《西藏农行三农金融事业部改革进展、障碍及启示》、《关于墨脱县经济金融及社会发展的调研报告》等。同时。详细调查了解基层行干部员工借助编译文件掌握执行上级行政策制度等方面的情况，据此下发了《农行西藏分行关于进一步加强编译工作的意见》。

二是进一步完善绩效考核机制和财务资源配置。专项安排了惠农卡、百强县支行等“三农”战略费用，加大基层费用倾斜。加强固定资产管理，合理统筹配置全行固定资产指标，重点向“三农”营业网点办公场所改造、电子化建设、网点建设项目倾斜，尤其是大力扶持手工网点ABIS系统上线和缺电网点电力设备采购等。

中国银行西藏自治区分行

【基本情况】中国银行西藏区分行成立于1980年，目前，中国银行西藏区分行全辖共有21家分支机构，分布在拉萨、日喀则、山南、林芝四个地（市），其中在拉萨市有14个营业网点。截至2011年末，全行共有员工813人。其中，少数民族447人，占全行员工总数的55%；本科及以上学历400人，占全行员工的49%。

【年度综述】2011年，中国银行西藏区分行存款余额达311.24亿元，较年初增加95.56亿元，加大向区内的信贷投放，新增贷款31.62亿元，贷款余额达到85.03亿元，市场份额提高4.52个百分点，增速和市场份额增幅均居中国银行系统内前列。不良贷款余额及资产不良率较年初大幅下降，其中公司不良贷款降幅居中国银行系统内首位。

【创新步伐不断加快】一是认真落实创新工作规划，先后组织员工“走出去”培训或到内地行跟班实习。二是在抢抓重点客户方面不断拓宽思路，注重在成都及两个开发区抢抓客户。三是大力做好金融产品的原发性、引进性创新，共推出“工商入资E线通”、企业年金托管、保函、福费廷、见证开户、速汇金、商业助学贷款等19个创新产品。四是充分发挥科技“脊梁”作用，配合总行做好蓝图版本升级及相关配合测试工作，完成12项运营业务流程再造和远程集中授权业务。改进了运行监控处理、柜台批量开户、财政代发工资等系统，提高柜台工作效率。

【发展基础更加巩固】2011年，中国银行西藏区分行加快电子渠道拓展，共投放自助设备12台；企业网银、个人网银以及手机银行客户实现倍增。强化业务风险防控，先后对信用卡、柜台操作、贷款合规等重点领域进行了稽核检查。完成分行风险内控部整合组建。全行深入开展“平安中行”创建活动，严格落实消防管理和安全生产措施，配合警方成功堵截一起ATM诈骗案件。加强全行值班和应急管理，完善业务连续性计划。全年没有发生各类案件和重大责任事故。

【整体形象明显提升】全行持续深入开展“我是西藏中行人，我为中行做贡献”主题教育活动，引导全行增强团结意识、发展意识、以人为本意识和大局意识。标准化管理工作深入推进，窗口服务形象显著改善。认真落实基层建设年和创先争优强基惠民活动，得到社会广泛赞誉。多项业务在系统内和同业中排名第一或者有大幅提升。中国银行西藏区分行以良好的形象展示和优异的经营业绩，得到了总行和自治区党委政府领导、广大客户的充分肯定。

【各机构所获荣誉】

区分行营业部：2011年度中国银行业协会文明规范服务百佳示范单位

拉萨市纳金支行：中国银行优秀网点

法律合规部：人民银行拉萨中心支行考核中，获得第一名

【领导名录】

党委书记、行长：李瑞强

党委委员、副行长：贝 西

党委委员、纪委书记：李俊武

党委委员、副行长：惠桂欣

党委委员、副行长：车献峰

党委委员、行长助理：代义刚

总稽核：强巴卓嘎

中国建设银行西藏自治区分行

【年度综述】2011年，西藏区分行在建总行党委的正确领导下，在全行员工共同努力下，坚定不移地推进组织机构改革和业务结构调整，经营管理水平持续增强，各项业务及盈利水平再创历史新高。截止年末，一般性存款余额409亿元，当年新增73.9亿元，增幅22.1%。各项贷款余额114.6亿元，当年新增17.8亿元，增幅18.4%。不良贷款率2.89%，较年初下降3.42个百分点。实现中间业务毛收入6041.3万元，增幅31.8%。实现税前利润8.44亿元，同比增长32.6%。

【严格执行总行信贷政策，信贷结构进一步优化】严格按照总行信贷政策，结合西藏资源优势，严把信贷准入关口，坚持走大思路、大想法、大战略方向，重点抓住大项目、进藏大集团、大公司，严控政府融资平台、房地产贷款等国家重点调控行业客户贷款投放，信贷结构进一步优化。新增贷款主要投向铁路、水电等重点行业和客户，其中向中国铁建、中国中铁发放贷款近20亿元，向藏木电站、旁多水利枢纽工程等水电项目和施工企业发放贷款8.55亿元。

【机构改革深入推进，队伍建设不断加强】进一步完善批发条线、零售条线工作职责，强化条线管理职能，积极调整配套激励约束机制和资源配置政策。改革城区支行管理模式，根据各支行所处的区域特点、客户结构和未来发展趋势对城区支行实行差别化定位。强化中后台服务保障，对城区支行日常事务实行集中管理。与之相配套的有关条线和城区支行的管理办法、营运流程和考核办法已陆续下发施行，新的充满生机和活力的运行体制和考核机制已基本落实到位。优化各级领导班子结构，加大中层领导人员交流力度，形成合理的干部队伍梯

度，全年平级调整15人，提拔使用18人。加强后备人才队伍建设，公示了9名分行副行级后备人选，确定了11名总经理级、39名副总经理级、17名网点型支行行长、11名网点型支行副行长的后备人才，建立了覆盖不同层级的后备人才库。

【基础建设不断加强，服务能力持续提升】稳步推进渠道建设，去年成立了拉萨首家私人银行，山南藏木分理处如期开业，完成江塘纳卡等5个网点的装修改造以及拉萨开发区支行等2个网点购置，对恢复阿里地区分行进行了前期考察，使我行网点布局更趋合理、服务环境更加舒适。大力推动产品创新，成功推出了电子汇票业务、汽车贷款业务，成功运营首笔企业年金业务。客户基础日益坚实，账户数量不断扩大，结算账户8198户，新增880户，增幅12%；AUM值300万以上的个人高端客户 137户，新增28户，增幅25.7%。

【风险内控不断完善，资产质量显著改善】扎实开展“信贷基础管理年”、实施企业内部控制规范等活动，进一步夯实基础，落实案件防控责任制，实施全面风险管理，基础薄弱情况得到改善，审计发现问题逐年减少，经西藏总审计室确认的整改率达到92.67%。加大不良资产处置力度，措施得力，效果明显，当年新增当年处置不良资产4.87亿元，实现超值现金回收1.2亿元，不良贷款率2.89%，较年初下降3.42个百分点。

【党的建设和党风廉政建设全面加强，企业文化结出硕果】组织召开了分行党建工作会议，对全行当前和今后一个时期加强和改进党的建设工作进行了安排部署。推进反腐倡廉制度建设和改革创新，将党风廉政建设责任制的落实情况纳入等级行评定、领导人员关键业绩指标考核，分行党委书记与各部门、各分支行主要负责人签订党风廉政建设责任书。全行上下以庆祝建党90周年系列活动为抓手，以深入开展“创先争优”活动为主线，搭建党建工作与业务发展、机制转型、风险防范相结合的活动平台。深入践行建行“诚实、公正、稳健、创造”的核心价值观，加强工会、团委、退休老干部管理工作，关心关爱员工，积极回馈社会，建设和谐企业文化。2011年，分行荣获总行级“文明单位”及“全国五一劳动奖状”的殊荣。

【获奖情况】

韩文贞 全国“五一劳动奖章”

罗布桑珠 总行2011年度优秀共产党员

王雪梅 总行2011年度建设防风险信息体系先进个人

人力资源部 总行2011年度老干部集体 工作先进集体

人力资源部 张瑰英 总行2011年度“创新金融服务，支持经济发展”建功立业信息安全知识竞赛先进个人

信息技术管理部 李乙林 总行2011年度“创新金融服务，支持经济发展”建功立业信息安全知识竞赛先进个人

信息技术管理部 扎西曲措 总行2011年度“创新金融服务，支持经济发展”建功立业信息安全知识竞赛先进个人

信息技术管理部 张德增 总行2011年度“创新金融服务，支持经济发展”建功立业信息安全知识竞赛先进个人

营运管理部 集体 总行2011年低效自助设备效率提升活动先进集体

营运管理部 但顺林 总行2011年度优秀党务工作者

营运管理部 央宗 总行2011年营运条线“创新金融服务，支持经济发展”建功立业竞赛活动先进集体和个人

营运管理部 坚红兵 总行2011年低效自助设备效率提升活动先进个人

法律合规部 旺加 总行2011年反洗钱工作先进个人

资金结算部 唐军福 总行2011年度“创新金融服务，支持经济发展”建功立业信息安全知识竞赛先进个人

【领导名录】

行长：韩文贞

副行长：严仕成

纪委书记：次仁顿珠

副行长：卢生

副行长：李振宇

副行长：查克健

工会主任：杨培源

巡视员：罗布桑珠

西藏银行股份有限公司

【基本情况】西藏银行从2010年6月开始筹备，经过一年多的时间，于2011年12月30日获得金融许可证和企业法人营业执照，2012年5月22日正式对外营业。

西藏银行是我区首家地方性法人银行，是按照现代企业制度设立的股份制商业银行，经营宗旨是立足西藏、服务西藏、面向全国，致力于提高区内金融服务水平，建立基本覆盖区内城乡的金融服务网络，逐步缓解区内中小企业贷款难问题，改善农牧区金融服务，为农牧区经济发展、农牧民增收提供金融支持，促进西藏实现跨越式发展和长治久安。

西藏银行注册资本金15亿元人民币，由区内外15家股东共同发起组建。自治区投资有限公司作为主发起人持股20%,交通银行作为战略投资者持股20%。自治区国有资产经营公司持股15%，成都银行股份有限公司持股10%，其余11家股东共持股35%。

【年度综述】2011年，西藏银行处于筹备和筹建阶段，主要完成了11家一般发起人的申报工作、业务营运及IT系统建设、办公用房的改造和装修、员工的招聘和培训、组织架构和制度建设、召开创立大会暨第一次股东大会、召开第一届董事会第一次会议、申报开业申请以及办理工商营业执照等工作。

【开展发起人的尽职调查和审计】2011年4月20日，信永中和会计师事务所派出4个工作团队进藏开展工作，对9家候选发起人的近三年财务报表进行了重新审计或复核，5月底完成了候选发起人的审计工作。北京中鹏律师事务所按照要求，从4月18日开始对15家候选发起人进行全面尽职调查，5月底完成了西藏自治区投资有限公司、交

通银行股份有限公司、西藏自治区国有资产经营公司和成都银行股份有限公司的尽职调查工作并出具了法律意见书。

【确定、设计并组织实施西藏银行运作模式和IT系统方案】筹备办在走访人行拉萨中心支行、工行西藏分行和建行西藏分行等单位后，拟定了西藏银行IT系统流程，并与交通银行总行信息技术部进行了沟通和衔接，双方达成一致和共识。5月12日，筹备办到北京与中国银监会信息中心就IT系统构建思路进行了汇报，获得了可以按此思路进行探索的认可。

【选择VI设计公司并确定西藏银行标识】西藏银行VI（企业形象标识）设计工作于2011年5月展开，筹备办采取了包括向全社会广泛征询设计方案和聘请专业VI设计公司等方式，通过反复研究，最终确定东道设计公司设计的整体形象，并已申请国家商标保护。

【选定和装修西藏银行初期办公地点】筹备办在拉萨市区进行多方寻找、比较，于2011年5月下旬确定了自治区质监局综合培训楼作为西藏银行临时营业办公地，并选择自治区建筑勘察设计院为装修改造工程的设计单位。通过招标确定工程中标单位后，7月20日开始装修改造工程，12月25日，工程全部完工并通过各类验收。

【明确筹建报批路径、完善筹建材料准备】2011年5月18日至23日，银监会监管二部风险处杨智敏处长率领工作组赴藏指导西藏银行筹备工作，明确了筹建申请路径，并对筹建申请材料给予了指导。在中国银监会和西藏银监局的具体指导下，筹备办起草了《西藏银行股份有限公司发起人协议》，经过反复的沟通、修改，于2011年6月初定稿。同时，在前期工作的基础上，修改并定稿了包括《组建西藏地方法人银行可行性研究报告》、《西藏地方法人银行筹建方案》等在内共计13项筹建申请材料。

【向银监会报送筹建申请并获批】2011年6月14日，西藏银行筹备办赴京向银监会报送了《关于申请设立西藏地方法人银行的请示》（藏银（筹）字〔2011〕05号）。在西藏和平解放60周年之际，银监会于2011年7月22日下发了《中国银监会关于筹建西藏银行股份有限公司的批复》（银监复〔2011〕274号），正式批准筹建西藏银行，至此西藏银行的组建工作由筹备阶段转入筹建阶段。

【完成员工招聘和培训工作】员工招聘工作从2011年6月正式启动，报名人员达到1300余人，经过层层筛选，最后办了理论培训班开学仪式，在此后的25天时间里，学员们系统学习了商业银行经营和操作的理论知识以及对职场的认知。从10月8日起，筹建办将学员按照业务条线分成两批进行实践培训。部分学员在交通银行四川省分行进行跟班培训，其他学员借助交通银行成熟的网上学习培训系统（E校园）进行学习实践。

【主动汇报，赢得支持】自西藏银行筹备以来，各项工作都得到了中央各部委的大力支持。自治区人民政府副主席、西藏银行筹建领导小组副组长多吉泽仁和自治区政协副主席、西藏银行筹建领导小组副组长白玛才旺多次赴京向银监会、中国人民银行汇报和协调相关工作，明确了有关政策和基本要求，为西藏银行的顺利组建赢得了政策支持。

【11家一般发起人材料送审并获认可】2011年8月18日，筹建办向西藏银监局报送了《关于申报11家发起人的请示》（藏银筹字〔2011〕10号）及相应的11家一般发起人入股西藏银行的申请材料，后又根据要求做了补充和完善。2011年12月16日，西藏银监局下发了《关于同意西藏银行股份有限公司（筹）入股股东资格的批复》（藏银监发〔2011〕233号），同意西藏三利投资有限公司等11家企业投资入股西藏银行股份有限公司（筹）。

【筹建领导小组对筹建工作加强指导】2011年9月8日，自治区人民政府常务副主席，西藏银行筹建领导小组组长郝鹏组织召开筹建领导小组会议，听取筹建办关于筹建情况、股东筛选情况、高管选聘方案、经营用地问题、筹建重要时间节点、开业初期用人方案、营运资金和项目储备、分支机构设立等工作的汇报。会上进一步明确了上述问题，为筹建工作指明了重点和目标。

【组织全体发起人签署发起人协议】2011年10月15日，筹建办组织15家发起人在拉萨共同签署了《西藏银行股份有限公司发起人协议》，标志着15家发起人迈出了成为西藏银行股东的第一步。同时，筹建办组织全体发起人就《西藏银行股份有限公司章程》等重要文件进行了沟通，为召开创立大会做好准备。

【确定董事、高管和监事】西藏银行股东确定后，筹建办围绕公司治理结构作为核心工作展开。根据相关规定和工作流程，确定白玛才旺、张有年等11名同志为西藏银行董事，孙健等5名同志为西藏银行高级管理层，唐泽平等5名同志为西藏银行监事，并在创立大会、董事会和职工代表大会上选举或聘任。

【召开西藏银行创立大会暨第一次股东大会和第一届董事会第一次会议】2011年12月17日，筹建办召开西藏银行创立大会暨第一次股东大会。多吉泽仁副主席出席会议并讲话，白玛才旺副主席主持会议，自治区人民政府副秘书长戴建国及自治区财政厅、国资委、人行拉萨中心支行、西藏银监局等部门的领导以及15家发起人和筹建办负责同志参加了会议。会议审议通过了《西藏银行股份有限公司筹建报告》、《西藏银行股份有限公司章程》等规章制度，选举了董事和监事。

12月17日下午筹建办组织召开了第一届董事会第一次会议。会议由白玛才旺副主席主持。11名董事参加了会议，3名外部监事和外聘律师列席会议。会议选举了白玛才旺为西藏银行董事长，表决通过了刘军为董事会秘书。表决通过了各专业委员会负责人和成员。聘任了孙健同志为西藏银行行长，聘任陈志宏同志为西藏银行副行长，聘任叶刚同志为西藏银行财务部门负责人。

【报送开业申请材料，获得金融许可证和开业批复】筹建办于12月20日向西藏银监局报送了《关于申请西藏银行股份有限公司开业的请示》（藏银（筹）办〔2011〕37号）共13项申请材料，西藏银监局经过审核后，于12月30日下发了《关于同意西藏银行股份有限公司开业的批复》（藏银监复〔2011〕84号），同意西藏银行开业，并核发了《金融许可证》，标志着西藏银行的筹建工作全部结束，正式进入开业准备阶段。

【向工商管理局申请营业执照】在获得《金融许可证》后，筹建办按照要求向自治区工商局报送申请材料，工商局经过审核后，于12月30日办理了《企业法人营业执照》，标志着西藏银行从法律意义上正式成立。营业执照办理后，西藏银行又顺利地办理了《税务登记证》、《组织机构代码证》等证件。

【获得各方的支持和帮助】组建地方性商业银行，对筹建办来说是一个全新的尝试，无任何经验可取，只能在摸索中前进。自组建以来，国务院、各有关部委及自治区党委、政府对筹备、筹建的各项工作给予了高度重视和大力支持。

【中央国务院的亲切关怀】2011年2月16日至17日，温家宝总理、李克强副总理、王岐山副总理分别在《关于西藏自治区组建地方法人银行有关事项的请示》上做出同意的批示。温家宝总理在批示中明确要求“人民银行、银监会要给予具体帮助”，体现了党中央、国务院对组建西藏地方法人银行的重视。国务院领导的批示在组建工作中具有里程碑意义，标志着组建工作在审批层面迈出了至为关键的一步。

【自治区党委、政府高度重视】2011年6月10日，自治区原党委书记张庆黎听取了白玛才旺副主席关于西藏银行筹备工作进展情况的汇报后，作出重要指示：“筹建西藏银行是一件具有历史意义的大事。两个多月来，在中国银监会的大力支持和帮助下，在西藏银监局的具体指导和积极配合下，在筹备组全体成员的共同努力下，西藏银行筹备工作进展顺利，圆满完成了筹备阶段各项工作。在下一步的筹建工作中，要继续加强与中国银监会的沟通，主动请示汇报工作；要严格按照公司法和银行监管法规的要求开展工作，加紧各类申报材料的修改完善，争取在今年7月1日前得到中国银监会的批准筹建，在9月1日前实现挂牌营业，为建党90周年、西藏和平解放60周年献礼”。

自治区党委书记陈全国到西藏工作后，十分关心西藏银行的组建工作，先后做出“这是件大好事，对西藏发展意义重大，要快办、办好，并注意按金融体制的要求运作”、“很好，尽快挂牌营业”、“很好，白玛才旺同志工作成效明显，望再接再厉，为西藏的发展、稳定提供有力的支持”等重要批示，肯定了工作成绩，提出了要求，指明了方向，并督促有关部门给予大力支持；白玛赤林主席、郝鹏常务副主席、多吉泽仁副主席也先后多次做出重要批示，极大地鼓舞了士气，更加坚定了筹建办全体努力工作的信心和决心。

【国家有关部委无私帮助】西藏银行的成功组建，也离不开各有关部委的悉心指导和帮助。自组建以来，中国人民银行、中国银监会、国家财政部及人行拉萨中心支行、西藏银监局等部门积极帮助协调，在股东选择、向国务院行文报批、筹建申请材料的准备以及开业申请等各项工作中都给予了大力支持和无私帮助。

【领导名录】

西藏自治区政协副主席、党委书记、董事长：白玛才旺

党委副书记、行长： 孙健

党委委员、副监事长：唐泽平

党委委员、副行长： 陈志宏

党委委员、副行长： 田伟

副行长、董事会秘书：刘军

副行长：李军

中国人民财产保险股份有限公司西藏分公司

【年度综述】截止2011年12月31日，全区共完成保费收入（含农险）58,548万元，增幅为46.07%，完成全年保费计划（42,400万元）的138.08%，完成实收保费58,239万元，完成全年实收保费计划（不含特险）（42,335万元）的137.57%，同比上升46.75个百分点。截止12月底市场份额达88.72%；综合成本率为105.88%；百元保费现金净流量为29.17元；赔付成本32,095万元，同比增加14,463万元,增长82.03%，赔付率为69.02%，同比上升15.09%。其中：直接赔款26,810万元，同比增加10,238万元，增长61.78%。

【积极推进“四大整改工程”，逐步构建科学规范的运营管理平台】在推进“四大整改工程”中，公司党委、总经理室要求各单位各部门要按照“短期有效，长期有利”的工作原则，切实做到“高度重视、统筹规划、举措坚决、确保实效”，圆满完成各项目标任务。

【坚持效益第一，周密部署“五个重点项目”工作】1.积极推进落实“服务年”活动，努力建设卓越高效的服务与销售体系。按照总公司要求，我公司牢固树立“大营销”、“大服务”的理念，按照市场向一体化原则，持续升级公司服务与销售体系。特别是通过加大开展客户节、高端客户座谈会等各项活动，加强了公司与客户之间的沟通，让广大客户真正了解人保公司，我公司的品牌形象进一步得到提升。2.深入开展“城市学大连、县域学泊头”活动，不断提高竞争能力。我公司营业部认真制定工作方案，在车险部开展了学大连活动、营销部所辖两个服务部开展了学泊头活动。3.积极推广运用赔付率R系统，强化定价管理，持续提升风险识别与控制能力。根据总公司安排，我公司就推广应用车险赔付率R系统，全面建立车险赔付率R监控系统及车险自动报价系统各项

工作进行了周密部署。4.加强出单管理中心建设，强化单证环节风险管控。为进一步强化出单管理，我公司结合西藏实际，要求营业部、办公室要按照公司的总体实施方案，细化制定方案和时间表，责任落实到人，保质保量地完成集中出单工作，确保出单管理中心职能充分发挥；要持续优化出单流程，提高出单效率。5.持续深化人力资源改革，强化用工薪酬管理，有效激发组织活力。根据总公司要求，为充分调动队伍工作积极性和主动性，提高队伍战斗力、凝聚力和向心力，我公司从以下几个方面安排了人力资源配置工作。一要规范用工管理，合理确定人员编制。要按照理赔、销售和后台支持三类人员，合理确定用工编制。在理赔人力资源改革经验基础上，开展销售队伍人力资源改革，通过定岗定责、定量定编、定级定员、考核定薪等“七定”工作，界定业务来源、实施渠道清分，建立保费规模和销售人员的合理配比关系，科学核定人员编制；对后台支持类人员，建立前台和后台人员的合理配比关系，合理控制人员总量。严格人员招录管理，实施用工编制集中管控，上收人员招录权限；严肃用工纪律，建立责任追究机制。要开展规范用工核查工作，不得出现违法违规用工。二要规范薪酬管理，实现有效激励。稳步增加薪酬总量供给，建立薪酬正常增长机制。构建销售、理赔、后台支持三类人员用工成本全景图，通过制度和信息系统约束，实现薪酬管理来源合法化、列支规范化、薪酬显性化、成本明晰化、管理透明化。深化销售队伍薪酬制度改革，全面实施客户经理制，完善销售人员职级管理；加强销售人员薪酬总量集中管控，推行团队计酬的薪酬分配模式；规范薪酬列支，严禁通过手续费和其他费用变通列支薪酬；制定实施分渠道销售人员考核和薪酬办法，强化业绩导向，实施薪酬激励与业绩挂钩，有效激发一线活力。三要深入推进HR系统建设和运用。加强HR系统与用工、薪酬等人力资源管理职能的深度融合，构建人力资源集中管控平台。要实现公司所有用工信息在HR系统完整准确归集，业务系统与HR系统实现对接，未进入HR系统的用工不能获得业务系统的操作权限；自今年1月起，省、地两级本部人员要通过HR系统发放薪酬，7月起所有人员薪酬通过HR系统发放。

【切实做好9·18抗震救灾查勘理赔工作，为党委政府分忧解难】9月18日在印度锡金邦发生的里氏6.8级地震，波及西藏日喀则地区亚东、定结、吉隆、康马等县,其中亚东县受灾最为严重。灾情发生后，人保财险西藏分公司第一时间启动大灾应急预案，公司党委书记、总经理孙国新9月19日亲自带队奔赴亚东重灾区，坐镇指挥公司抗震救灾、查勘理赔、安抚灾区群众工作。9月20日凌晨到达灾区后立即向自治区政府副主席丁业现做了汇报。人保财险西藏分公司工作组简单修整后，8时左右即与自治区党委副书记、政府主席白玛赤林，政府副主席丁业现一道查看受灾群众及倒塌民房，在查看过程中孙国新总经理对地震灾难给当地群众带来的痛苦心感沉重，对地震遇难者家属深表同情，当即研究决定为每位遇难者家属捐赠3万元现金，共捐赠21万元，并于当日12时将现金发放至每位遇难者家属手中。我公司的善举得到白玛赤林主席、丁业现副主席、当地政府和人民群众的高度赞扬。鉴于此次受灾面广、地区分公司理赔人员少、工作量大的实际情况，区公司先后派出6个工作组，深入灾区进行查勘定损指导工作，并由区分公司人员亲自参与定损，第一批现场理赔于10月15日在山南地区举行，我公司为山南地区“三农”保险赔款1,174.83万元；为日喀则分地区15个县农牧民住房保险共计赔付11,385.69万元。人保公司充分发挥“大爱无疆”的高尚情怀，公司党委总经理室成员积极带头为地震灾区捐款，全体员工踊跃献出爱心，捐款总额达12万元以上，已通过地方民政送往灾区，为灾区人民恢复重建尽中国人保西藏分公司员工的一份绵薄之力。

【加大宣传力度与信息报送工作，进一步扩大我公司的社会影响力】2011年公司狠抓对外宣传工作，加大宣传的投入力度，在广播、电视、报纸、网络、LED户外广告、宣传折页等各个方面进行对人保公司宣传。特别是“9·18”亚东地震发生后，我公司随行人员第一时间将人保人在地震受灾现场查勘定损，积极捐款上报至总公司，使总公司第一时间了解相关情况，受到了总公司办公室的表扬。全年在《中国保险报》、《西藏日报》、《拉萨晚报》、《西藏商报》等主流媒体上发表宣传文章59篇，在西藏电视台、拉萨电视台宣传8次，网络宣传15次。

【重大理赔】

2月，昌都地区芒康县一承保车辆发生翻车事故，导致5人死亡，5人重伤。3月赔付，赔偿金额130万元。

3月，阿里地区改则县因雪灾导致养殖业、农房出险，5月赔付，赔款金额272万元。

3月，昌都地区八宿县因雪灾导致养殖业出险，7月赔付，赔款金额103万元。

4月，那曲地区7县、区（安多县、尼玛县、申扎县、双湖地区、聂荣县、班嘎县、那曲县）因雪灾导致养殖业、农房出险，9月赔付，赔款金额2497万元。

5月，西藏天顺路桥有限公司9名员工因雪崩死亡，赔款180万元。

5月，山南地区扎囊县因旱灾导致种植业出险，7月赔付，赔款金额141万元。

5月，山南地区贡嘎县因旱灾导致种植业出险，7月赔付，赔款金额106万元。

5月，昌都地区察雅县因霜冻导致种植业出险，7月赔付，赔款金额170万元。

5月，昌都地区昌都县因雪灾、霜冻、暴雨导致养殖业、种植业、农房出险，7月赔付，赔款100万元。

5月，昌都地区类乌齐县因雪灾、霜冻、暴雨导致养殖业、种植业、农房出险，7月赔付，赔款147万元。

5月，昌都地区芒康县因霜冻导致种植业出险，7月赔付，赔款金额179万元。

7月，拉萨市达孜县因泥石流，冰雹导致养殖业，种植业、农房出险，9月赔付，赔款金额149万元。

7月，拉萨市林周县因雹灾和强降雨导致种植业、养殖业、农房出险，9月赔付，赔款金额250万元。

7月，山南地区加查县因口蹄疫导致养殖业出险，10月赔付，赔款金额177万元。

8月，因西藏林芝天长运务有限责任公司车辆于2010年11月在昌都地区左贡县诺江山发生翻车事故，导致14人死亡，8人受伤，赔偿金额150万元。

9月，因西藏万友亚克国际旅行社有限公司在2010年9月在林芝派龙发生车辆事故，导致5人失踪，赔偿金额120万元。

9月18日，日喀则地区15个市、县（日喀则市、亚东县、定日县、定结县、南木林县、仁布县、萨迦县、谢通门县、吉隆县、岗巴县、江孜县、聂拉木县、康马县、白朗县、拉孜县）因地震导致农房出险，11月赔付，赔款金额1.25亿元。

9月，山南地区洛扎县因地震导致农房出险，10月赔付，赔款金额900万元。

11月，因地震导致康马县2844户农牧民住房受损，向康马县人民政府赔偿469万元；

12月，因西藏林芝地区客运公司于3月在成都前往八一方向发生翻车事故，导致16人死亡29人受伤，赔偿574万元。

【获奖情况】

西藏自治区分公司获得总公司“业务开拓先进单位”称号。

西藏自治区分公司副总经理王再洲获得2011年度总公司“中国人保财险先进工作者”称号。

日喀则分公司总经理索旺获得2011年度总公司“中国人保财险先进工作者”称号。

日喀则分公司理赔分部主任次罗获得2011年度总公司“中国人保财险单项工作先进个人”称号。

营业部总经理普布次仁获得2011年度总公司“中国人保财险单项工作先进个人”称号。

财务会计部总经理助理陈进挺获得2011年度总公司“中国人保财险单项工作先进个人”称号。

理赔中心车险分部胡森获得2011年度总公司“学习先锋个人”称号、“2011年金牌服务明星”称号。

西藏客户服务部95518客服中心组长曾永妍获得2011年度总公司工会“公司先进女职工”称号。

重要客户部获得2011年度总公司“标杆销售团队”称号。

日喀则分公司获得2011年度总公司“中国人保财险先进集体”称号、“业务开拓先进单位”称号。

林芝分公司营业大厅获得总公司“2011年金牌服务示范窗口”称号。

【领导名录】

党委书记、总经理：孙国新

纪委书记、副总经理：杜洪河

党委委员、副总经理：泽旺仁青、赵彬、王再洲、扎西仁青

专家：邵滨海、向华进、彭勇

中国证券监督管理委员会西藏监管工作

【西藏资本市场基本情况】截止目前，辖区内共有10家上市公司，其中9家境内上市公司，1家境外上市公司和1家法人证券公司。9家境内上市公司分别是西藏城投、梅花集团、西藏旅游、西藏发展、西藏天路、珠峰摩托、西藏矿业、西藏药业、奇正药业。9家上市公司中，国有控股3家，为西藏天路、西藏矿业和西藏城投。1家公司被交易所特别处理，为ST珠峰。1家公司于2011年6月份在香港联交所上市：西藏冰川矿泉水股份有限公司。

历年来，辖区上市公司通过首发上市、配股、增发等方式从资本市场募集资金111亿元。截止2011年12月31日，9家上市公司总股本53.11亿股，总市值为685.85亿元。上市公司合计总资产307.16亿元，实现主营业务收入99.46亿元，实现净利润9.53亿元。在香港联交所上市的西藏冰川矿泉水股份有限公司，2011年6月30日挂牌，发行股份4.5亿股，募集资金13亿港元。

辖区有1家证券法人机构（西藏同信证券有限责任公司，简称“西藏同信证券”），1家异地券商营业部（中投证券拉萨林廓西路证券营业部）。西藏同信证券在拉萨和上海设立双总部，有22家营业部，其中3家在西藏。截至2011年10月底，西藏同信证券总资产30.16亿元，净资产6.06亿元，净资本3.66亿元，实现利润0.21亿元，机构投资者开户数为12.64万户，托管客户证券资产191.67亿元，客户交易结算资金20.48亿元，证券交易额2364.18亿元。

【深入开展全国证券期货监管工作会议精神的宣讲】为深入贯彻落实全国证券期货监管工作会议精神，同时充分实现节约监管成本和提高监管效率的有机结合，我局利用对上市公司2010年年报现场检查的时机，对辖区上市公司开展了一对一、面对面地实地宣讲全国证券期货监管工作会议主要精神。宣讲中结合公司实际，分析公司存在问题的根源，找准问题的关键点，提出切合实际的整改要求，督促公司完成整改，化解风险。

【深入贯彻落实中央第五次西藏工作座谈会精神，积极推动西藏辖区资本市场发展，服务地方经济发展】1.推进西藏企业首发上市融资，促进西藏经济社会跨越式发展。一是经过近两年的督导协调，5100公司于6月30日在香港联交所首发上市，公司发行4.5929亿股，募集资金13亿港元。二是完成对西藏海思科药业集团股份有限公司（简称海思科）的上市辅导验收，出具验收报告报送证监会发行部。目前，公司进入首发上市审核阶段。5100公司的上市和海思科的上市辅导验收，将促进西藏资本市场规模进一步壮大，资本市场促进西藏经济社会跨越式发展的作用日益显现。

2.促进西藏上市公司通过资本市场再融资。2011年，我局进一步加大支持促进辖区上市公司利用资本市场融资功能，发展壮大公司的工作力度。在支持西藏旅游和西藏矿业再融资工作中，我局多次向证监会进行沟通汇报，同时加强了与相关单位的沟通协调，以加快2家公司再融资的进度。在证监会的大力支持和自治区政府有力推动下，西藏旅游和西藏矿业的再融资均获证监会审核通过，2家公司通过非公开发行直接融资净额15.04亿元资金，已分别于4月25日和4月26日全部到位。其中，西藏旅游募集资金3.5亿

元，扣除发行费用后募集资金净额3.3亿元；西藏矿业募集资金12.14亿元，扣除发行费用后募集资金净额11.74亿元，是西藏辖区资本市场成立以来的最大一笔直接融资，通过直接融资为公司发展壮大提供了资金支持，起到利用资本市场服务西藏地方经济发展的作用。

3.深入做好资本市场政策宣传工作，挖掘和培育后备上市资源，为西藏辖区资本市场后续发展奠定基础。为深入贯彻落实中央第五次西藏工作座谈会精神，推进西藏企业上市融资，充分发挥资本市场服务地方经济发展的作用，2011年10月14日16日，由中国证监会发行部、西藏证监局、沪深证券交易所共同主办了“推进西藏企业上市工作培训会”。自治区党委、政府和中国证监会党委对会议都非常重视，西藏自治区主席白玛赤林同志专门做出重要批示，证监会刘新华副主席对组织召开此次会议多次做出重要指示。证监会发行部、深圳证券交易所、上海证券交易所等专家就企业发行监管体制和发行审核体制改革、资本市场功能和作用、企业改制上市的理念、规则与实践、中小企业与中国多层次资本市场体系等方面的内容向参会人员进行了深入浅出的讲解和座谈讨论。自治区法制办、金融办、国资委、发改委、工信厅、工商联等25家单位的相关负责人以及自治区56家企业高管共计200余人参加了会议。

4.完善市场主体结构、服务市场投资者。在优化存量的基础上，以开放的态度，良好的市场环境，积极引入区外优质的证券期货经营机构来西藏发展，优化辖区市场结构，填补市场空白，不断拓展市场增量和规模。在各方共同支持、努力下，中投证券拉萨营业部已于11月中旬正式营业。

【多管齐下，进一步提高上市公司质量，夯实基础】1.强化对上市公司的日常监管，提高公司规范运作水平和质量，夯实公司发展基础。根据辖区监管工作实际，我局进一步强化上市公司的日常监管。一是结合公司年报、季报分析及信息披露监管等日常监管和现场检查掌握的情况，对辖区上市公司进行风险分类，对公司风险点进行研判分析，以此确定高风险公司、次风险公司、关注类公司，及应予关注的风险点和问题。集中主要力量，对高风险公司和高风险点采取有效措施，进行督导，及时化解辖区上市公司经营风险。二是持续关注上市公司信息披露情况，审核公司重大临时公告并保持合理质疑，将投资者信访与信息披露监管相结合，督促公司及时、准确、真实、完整、公平地做好信息披露和说明，增强公司的透明度。三是认真做好信息周报、月报的编制，监管日志的填写等基础性工作。四是加强与上海证券交易所和深圳证券交易所的联系，从交易所层面了解公司相关情况，排查风险。五是认真开展公司年报、季报分析和2010年年报现场检查工作。今年上半年，我局结合公司年报分析，对辖区梅花集团、奇正藏药、西藏城投、ST珠峰、西藏发展、西藏药业、西藏天路等7家公司进行了2010年年报现场检查。经查，辖区上市公司在公司治理、内部控制制度建立执行、会计基础和财务处理以及会计师事务所执业质量方面存在的问题65个。对存在的问题，我局以《监管关注函》的形式，要求公司及时进行整改，同时拟对公司整改情况进行回访检查。通过检查，我局充分掌握了辖区上市公司生产经营和规范运作情况，督促公司对存在的问题进行及时有效整改，作到风险前置控制和化解，防控风险扩大化，夯实公司基础，提高公司质量，提高公司的再融资能力。

2.及时对西藏上市公司违规行为和股价异动进行专项核查，促其规范运作。今年3月至5月我局就针对辖区上市公司违规事项进行现场检查，并通过向公司发出《监管提醒函》，并录入资本市场诚信档案。通过检查，督促违规公司及时准确披露相关信息，进一步增强了公司及其高管和实际控制人诚信经营、规范运作的意识。经过对公司股价异动的核查，向公司以及公司董事、监事、高管人员以及实际控制人和相关人员发出明确信息，即我局和自治区打防内幕交易协作机制成员单位，对于证券内幕交易行为将坚决打击，严厉惩处，同时也督促公司进一步完善了内幕信息知情人登记制度，使其信息披露相关制度更加健全。

3.认真开展辖区“解决同业竞争、减少关联交易专项活动”。结合辖区上市公司实际，通过现场检查、约见谈话等措施，督促公司最大限度地减少关联交易，目前，辖区2家存在关联交易公司中，梅花集团已彻底解决关联交易；ST珠峰拟通过重大资产重组解决关联交易问题。

4.推进辖区内部控制规范工作。按照会上市部工作部署，持续开展上市公司内部控制规范相关工作，首先，按照证监会《关于做好上市公司内部控制规范试点有关工作的通知》要求，我局于5月5日，组织开展企业内部控制规范专题培训，辖区9家上市公司和西藏同信证券的董事、监事和高级管理人员、公司控股股东代表和实际控制人约50人参加了培训。培训紧密切合上市公司实际和监管要求，对内部控制实施背景、概念、程序步骤和方案完善等方面进行了全面讲解，并结合经典案例分析，对公司由于内控缺陷所导致的风险失控、经营停滞、退出市场等严重后果进行警示，强调内控规范的重要性和紧迫性。通过此次培训，为进一步做好辖区2家内控试点公司的内控规范试点工作和全面推进其他上市公司内控规范实施工作打下了良好基础。其次，前往2家试点公司，现场了解内控规范实施情况，结合公司实际，提出监管建议，督促公司做好内控试点工作。

【抓住重点，强化措施，督促指导辖区证券公司持续健康规范发展】1.加大现场检查和非现场检查的力度、密度，提高检查质量，促进监管效率的提高。针对西藏同信证券实际和风险易发点，我局制定了相关的检查制度、流程、检查底稿，有针对性地强化现场检查力度，现场检查重点是加强对自有资金使用、经纪业务管理、证券营销行为、业务开展、控股股东运作、财务状况、合规管理、内控制度、资金占用、隔离墙等高风险点的专项检查。

2.以健全信息隔离墙制度为重点，以落实《证券公司信息隔离墙制度指引》为抓手，持续推动西藏同信证券改进和深化合规管理。一是督促同信证券结合公司实际，有针对性地完善并严格执行信息隔离墙制度，切实防范公司内部机构、公司与客户、客户与客户之间的利益冲突和内幕交易；二是强化重点领域和关键环境环节的合规管理；三是督导公司按照规定开展合规管理有效性的评估工作，强化评估的作用，及时发现、改进、完善合规管理机制建设中存在的问题；四是督促公司积极开展合规文化有奖征文活动，切实推进合规文化建设和培育。

3.督促西藏同信证券完善风险监管制度和压力测试机制。一是要求公司在现已建立的风险控制指标动态风险监控体系基础上，按照中国证券业协会公布的《证券公司风险控制指标动态监控指引》的要求，进一步完善以净资本为核心的证券公司风险监管制度；二是推动公司健全指标动态监控系统，优化风险监控功能，提高数据采集分析的及时性、准确性，明确异常情况的报告路径和处理方法，增强动态监控系统的监测、预警和防控功能；三是进一步加大与公司和股东的沟通、协调，建立健全动态的净资本补充机制；四是引导、督促公司按照部里的统一要求，进一步完善压力测试工作；五是综合运用各种措施和手段，结合现场检查和非现场检查，加强对同信证券各项业务和财务风险的动态监测和分析。

4.进一步完善公司法人治理及其运作的有效性。督促公司进一步完善三会运作相关制度，加大规章制度的执行力度，提高总体运行效率。督促公司进一步规范各项业务流程，完善内部管理制度并督促其有效执行。采取有效措施，进一步发挥独立董事的监督制约作用，促其勤勉尽则。鼓励西藏证券探索并规范股权激励等多形式的高管人员激励机制，建立高管人员与公司、公司股东间的共同利益基础，充分调动高管人员的积极性。进一步健全责任追究机制，加强对证券公司高管人员、控股股东及实际控制人的监管。继续加大对董、监事和高管人员的培训力度，促使其规范运作、诚实守信、勤勉尽责。

5.加强西藏证券经纪业务监管，以推进客户适当性管理为核心，推动公司不断提升客户服务和客户管理水平。一是督促西藏证券按照法律法规规定和监管要求，规范执业行为，加强营销管理，切实防范营销活动中的违法违规行为，同时健全内部管理制度、信息技术支持系统和日常检查维护机制；二是推动公司完善客户分类和产品、服务分级办法，提高客户分类的合理性和产品、服务分级的科学性，对客户风险承受能力进行科学评估和分类，不断增强销售产品、提供服务的适当性；三是督促公司健全交易监测和客户回访制度，及时发现、及时处理、及时报告异常交易或其他涉嫌违法违规行为；四是加大客服投入、改进客服方式、实行服务创新，完善客户投诉和纠纷处理机制，主动妥善处理信访投诉，有效、及时化解客户纠纷；五是规范经纪业务，采取有效措施，切实防止以降佣为手段的恶性、低级不正当竞争行为，在我局、协会督促下，辖区各证券经营机构共同签定了佣金自律协议，自觉维护市场秩序。

6.强化证券公司信息技术监管。通过有效措施，督促公司加强信息技术系统的建设和维护，完善IT治理，推动公司加强信息系统的安全保障，提高应急处置能力，提升信息系统对业务管理和风险控制的支持能力，维护信息技术系统安全稳定运行，确保交易安全，维护交易稳定。

7.认真做好2011年度证券公司分类评价工作。我局将此项工作作为全年工作的一项重要内容，在2010年分类评审工作基础上，按照机构部的总体要求，以风险控制为核心、以合规程度为依据、以市场准入和监管措施为手段、以扶优限劣为目标，总结经验，完善制度，细化程序，本着“客观公正、实事求是”的原则，认真组织实施，通过严格的公司自评、派出机构初审、机构部终审三级审核机制，圆满完成了本年度分类评审工作。

8.进一步加强西藏同信证券董事、监事和高管人员的监管。严格按照《证券公司董事、监事和高级管理人员任职资格监管办法》和会机构部的监管要求，进一步做好董事、监事和高管人员的资格核定和年审工作。同时充分利用证券公司高管人员数据库系统，做好董事、监事和高管人员的持续监管工作。

9.督促西藏同信证券规范信息报送与信息披露行为。督促公司以真实、准确、完整地报送、披露信息和有效支持保障经营管理决策为目标，建立健全内部信息管理制度。一是按照证监会要求，督促证券公司按期实施信息公开披露制度，提高财务信息的透明度，同时鼓励公司采取各种形式披露财务报告和重大信息；二是督促公司明确董事会秘书工作职责，使其切实发挥信息报送和披露牵头人作用；三是督促公司明确业务和财务信息审核、传递、报送和披露工作流程及相关部门和人员的责任，从制度上保障公司信息合规、高效、准确流动和披露。

10.按照责任制要求，加强证券服务机构监管，确保中介机构服务质量和公司财务会计信息质量。按照会计师事务所和资产评估机构证券期货相关业务监管责任制的要求，进一步加强对会计师事务所和资产评估机构在我局辖区开展证券期货相关业务的持续动态监管。采取有效方式，在年报审计前适时介入，提供监管意见，明确关注事项和审计责任，并要求上报审计计划和尽职承诺书；年报审计中加强监管，确保审计质量；年报审计后监督落实相关事项，审阅审计工作总结，并形成年报审计汇总报告和持续监管记录。

【加强组织领导和协同配合，进一步完善综合监管协作体系】1.为贯彻落实中央第五次西藏工作座谈会精神，进一步加大与自治区政府、沪深证券交易所的联系协作，共同推进辖区资本市场持续稳定发展。西藏证监局、自治区金融工作办公室、上海证券交易所、深圳证券交易所四方共同签订了《西藏企业上市培育合作备忘录》。为西藏企业上市培育和利用资本市场发展壮大提供了条件和平台，创造了良好的发展环境。

2.为促进西藏自治区非公有制企业和非公有制经济的发展，积极培育后备上市资源，扩大我区资本市场存量，促进辖区资本市场的长远发展，西藏证监局与西藏自治区工商业联合会共同签署了《关于共同促进我区非公有制企业上市融资合作备忘录》此次与工商联签署合作备忘录，是我局继前期与西藏自治区国有资产管理委员会签署《关于国有控股上市公司协作监管备忘录》、与西藏自治区工业与信息化厅签署《关于促进我区中小企业上市融资合作备忘录》之后的又一举措。至此，我局已初步形成与自治区相关职能部门的协作监管、共同促进国有、民营和非公有制企业发展的体系。

【充分发挥西藏打防资本市场内幕交易协作机制，深入开展打击和防控内幕交易各项工作】1.现场检查公司建立和落实内幕信息管理各项制度的情况，有效预防内幕交易行为。今年上半年，我局在对辖区上市公司年报现场检查中，将公司《内幕信息知情人登记制度》的落实情况作为一项重要内容进行检查，通过查阅公司内幕信息知情人登记本、董事会记录、并购重组和对外投资等重大事项的审议过程，掌握各上市公司遵守信息披露相关规定、完善公司内部信息管理制度、规范信息传递流程和内幕信息知情人登记情况，同时将股价异动较为频繁公司列入重点监管对象，定期或不定期地向公司了解信息管理情况，督促公司作好内幕信息管理工作。对存在的问题，现场要求公司立即整改，并以监管关注函的形式向公司明确整改要求和时限。

2.加强与证监会各部门、交易所形成一一对应、三点一线、运转协调的监管网络，继续加强与其他证监局的监管协作，建立监管协作的稳定、长效机制。协作机制的发挥主要在公司信息披露延迟、股价异动、市场热议等方面的核查过程中，今年受诸多因素影响，辖区上市公司股价异动较为频繁，对此我局及时向公司了解情况，要求公司及时、完整、准确地进行信息披露，并前往公司进行专项调查，发挥协作机制中，除电话联系相关证券交易所外，还前往实地向公司信息披露监管责任人了解和反馈情况，并向证监会上市部报告所涉公司股价异动的监管情况，形成信息互通，得到会上市部、沪深证券交易所的帮助支持，进一步提高了股价异动监管的协同性。

3.充分发挥自治区打防内幕交易协作机制。2010年，区政府办公厅转发了我局与区公安厅、纪委（监察厅）、国资委共同会签的《关于依法打击和防控西藏资本市场内幕交易的实施意见》，随后我局即与区公安厅、公司厅经侦总队等成员单位签订《关于打击资本市场内幕交易协作监管备忘录》。今年上半年，为进一步深入打防工作，局领导亲自带队前往自治区政府法制办、金融办、公安厅等打击和防控西藏资本市场内幕交易工作小组成员单位，及时将辖区上市公司监管动态反馈给相关部门，充分发挥工作小组成员单位所承担的打防工作职责。今年3月份，辖区西藏发展由于信息披露不及时、重大对外投资等事项，引发市场热议和股价异动，我局同自治区公安厅经侦总队根据协作机制，相互通报情况，并严格按照职责分工开展相关工作。协作机制的建立和发挥，各协作单位实现了信息共享、核查协作、打防并举，进一步增强了辖区资本市场内幕交易的打防力度。

管理与监督

自治区国有资产管理工作

【年度综述】2011年，西藏自治区国资委系统广大干部职工以科学发展观为指导，以“服务企业、造福人民”为理念，全面贯彻落实全国国有资产监督管理工作会议和全区经济工作会议精神，积极应对国内外复杂多变的形势，坚定信心，抢抓机遇，创新思路，趋利避害，迎难而上，采取有效措施，着力推动企业改革发展，不断加强国有资产监督管理，企业生产经营、项目建设、改善民生、综合治理、维护稳定等各项目标圆满实现。

截至2011年12月31日，全区国有企业资产总额244.5亿元、净资产135.2亿元，同比分别增长20%和15%，国有资产实现保值增值；实现营业收入79.5亿元、利润总额7.9亿元、上缴税金6.9亿元，同比分别增长18%、23%和10%以上。其中，自治区国资委监管企业实现营业收入超过30亿元、利润总额超过5亿元、上缴税金4亿多元，同比分别增长19%、18%和15%。职工年平均收入4.35万元，同比增长15%。

【沉着应对复杂形势，国有经济发展取得新进展】一是国企改革稳步推进。坚持以稳定为前提、以解决历史遗留问题为关键、以维护职工群众切身利益为出发点和落脚点，积极稳妥地推进国有企业改制重组，全区国有企业改制面达到89%。出台《关于我区国有企业改革中国有划拨土地作价出资问题的通知》，进一步明确了国有划拨土地变性的程序和办法。山南地区江南矿业公司上市工作全面启动。拉萨市开展国企改革“回头看”活动，着力巩固提高改制成果。二是重组调整步伐加快。西藏中兴商贸集团挂牌成立，研究制定了扶持商贸企业改革发展的政策措施，商贸企业划转整合工作步伐加快。盛源矿业、高新建材、国际旅游、宇妥藏药等产业集团实体化组建工作积极向前推进。国有资产投资控股公司、能源投资公司组建前期工作扎实开展。那曲藏北金萨公司、工业物资运销公司、西藏火柴厂等10户企业政策性破产工作稳步实施。昌都马查拉煤矿资源整合重组进入实质性阶段。

【牢牢把握发展机遇，规划发展工作开创新局面】一是规划工作进展顺利。成立自治区国资委规划发展委员会，专门负责规划研究编制和重点项目指导协调工作。深入贯彻落实中央和自治区不断发展壮大国有经济、深化国有企业改革、建设特色优势产业大区等一系列决策部署，编制了《西藏自治区“十二五”时期国有企业改革和国有经济发展规划》，明确了“一个目标、六大战略、十项工程”的国有企业改革发展顶层设计和总体规划。印发十项工程实施方案，各项工程扎实推进并初见成效。二是援藏对接工作成效明显。深入贯彻落实中央第五次西藏工作座谈会精神，自治区分管领导丁业现副主席亲率自治区有关部门负责同志赴国务院国资委衔接中央企业援藏事宜，达成7项共识。起草了《国务院国资委西藏自治区政府战略合作协议》，加快制定《中央企业支持西藏经济社会发展中长期合作规划》，认真做好中央企业援藏工作座谈会谋划工作。三是重点项目建设稳步实施。全面启动列入“226项目”中的水泥、矿业等项目前期工作。根据企业发展方向，筛选建设项目16个、总投资28亿多元，积极开展勘察设计和论证工作。申报国家重点产业振兴和技术改造专项资金扶持项目、中小企业发展专项资金项目20个。拉萨饭店改扩建项目如期完工，国旅集团圆满完成西藏和平解放60周年庆祝活动接待任务，受到中央和自治区领导的一致好评。拉萨皮革厂技术改造项目顺利推进。西藏矿业股份有限公司积极引进战略投资者，通过非公发行成功募集资金12.4亿元。西藏汽工贸公司筹措资金1600万元实施林芝八一镇民俗街改造项目。日喀则地区投资2.5亿元的“藏文化主题街”项目奠基开工。那曲地区投资2300万元的人民商场大楼改建主体工程基本完成。

【努力完善机制体制，国资监管工作迈出新步伐】一是继续强化管理。修订完善企业负责人业绩考核与薪酬管理办法，建立“强激励、硬约束”机制，不断提高考核导向性、精准性；开展企业对标工作，进一步强化科学发展、和谐发展理念；加强国有产权管理，进一步规范国有资本经营预算；强化财务监督和统计评价工作；积极开展企业监事会工作。二是推进企业风险防范机制建设。整理编辑涉及国有资产监管方面的法律法规和规范性文件，为依法监管、规范监管、科学监管提供依据；开展软课题研究，加强国资监管制度和法规体系建设；赴内地兄弟省市和国有企业学习考察，开阔视野，拓宽思路，起草了《关于在我区国有企业建立以企业总法律顾问制度为核心的法律顾问制度的意见》。三是着力提高机关效能。按照“数字准、情况明，懂企业、善监管，作风好、效率高”的要求，切实转变机关工作作风，加强机关制度建设，规范机关管理，提高机关效能。进一步强化“大国资、一盘棋”的理念，加大对地（市）国资监管工作的指导和支持力度。推进信息化建设，办公自动化步伐加快。

【切实增强宗旨意识，民生和稳定工作得到新加强】一是努力增加职工收入。牢固树立“以人为本、执政为民”的理念，在盈利基础上逐步提高企业尤其是宾馆饭店职工工资，企业员工收入水平进一步提升。二是切实维护职工利益。深入开展企业民生调研，以户为单位建立职工家庭民生档案，做到底数清、情况明。指导企业积极申报城镇、工矿棚户区改造项目，抓好企业职工廉租住房及租赁住房补贴申报审核工作。切实维护改制企业职工合法权益，一些久而未决的历史遗留问题得到妥善化解。积极开展节日走访慰问、助学、困难职工救助等活动，发放慰问金和助学金共计142万余元。林芝地区充分尊重职工意愿，为易贡茶场112名职工协调办理退休手续。三是全力确保和谐稳定。认真贯彻自治区维护稳定各项决策部署，围绕发展稳定两件大事，组建两套班子，加强组织领导，严格落实维稳责任制，全力确保稳定。教育和引导委系统干部职工深刻认识我区存在的特殊矛盾，深入揭批达赖集团“三性”本质，不断增强广大干部职工政治敏锐性和政治鉴别力。抓好矛盾纠纷排查调处工作，妥善处理职工合理合法诉求，及时消除不稳定因素。加强安全生产隐患排查，强化工作措施，确保生产安全，全年未发生重特大安全事故。四是积极履行社会责任。继承和发扬优良传统，争当履行社会责任的“领头雁”和“排头兵”。西藏矿业建立助学基金。高新集团向亚东地震灾区无偿捐赠水泥2000吨，为重建作出积极贡献。

【获奖情况】

（一）单位受表彰情况

西藏天路股份有限公司被中华全国总工会授予全国五一劳动奖状。

西藏高争建材集团被中华总工会授予“十一五”时期社会主义劳动竞赛先进集体。

西藏矿业发展股份有限公司山南分公司荣获全国工人先锋号。

西藏汽车工业贸易总公司荣获国家和社会保障部、中国企业联合会、中华全国总工会联合表彰全国模范劳动关系和谐企业。

西藏矿业发展股份有限公司生产技术部荣获全国危机矿山接替资源找矿专项先进集体。

自治区国资委荣获2011年度全区安全生产工作先进单位。

西藏天路建筑工业集团、西藏宾馆被自治区党委授予全区先进基层党组织。

西藏宾馆在西藏和平解放六十周年活动中被评为先进集体。

西藏天路股份有限公司、西藏高争建材股份有限公司、西藏矿业山南分公司、西藏高争（集团）昌都地区水泥有限责任公司荣获2011年全区安全生产先进企业。

（二）个人受表彰情况

西藏汽车工业贸易总公司党委书记、总经理普布荣获国务院、中组部表彰全国优秀党务工作者。

西藏矿业发展股份有限公司员工尼拉荣获全国五一巾帼标兵；平措罗布荣获全国五一劳动奖章；欧珠江措荣获全区优秀共产党员。

西藏宾馆客房部副经理拉巴曲珍被国家旅游局评为全国旅游系统劳动模范。

拉萨饭店总经理助理白玛德吉荣获西藏自治区三八红旗手称号。

西藏高争（集团）有限责任公司

唐广顺被评为全区优秀党务工作者。

【领导名录】
党委书记、副主任：次成甲措
主任、党委副书记：余和平
副主任、党委委员：刘来虎、江村、金思宇（援藏）
党委委员、纪检组长：黄永清
副主任、党委委员：田福利、王国新
副巡视员：唐世珍

自治区工业和信息化工作

【年度综述】2011年，全区工信战线深入贯彻落实科学发展观，按照“提升一产，壮大二产，做强三产”的总体要求，调结构、扩总量，转方式、上水平，着力促进工业投资和技术创新，着力加快中小企业和非公有制经济发展，着力强化节能减排和集聚发展，着力推动信息化建设和“两化融合”，工业经济继续保持快速健康发展的良好态势，信息化建设稳步推进，实现了“十二五”良好开局。

2011年，全区实现工业增加值48.93亿元，比上年增长18.1%。工业增加值占全区生产总值的比重达到8.1%，比上年提高0.3个百分点。

【深入调查研究，认真组织编制“十二五”工业和信息化领域发展规划】围绕和谐矿区建设、中小企业发展、工业园区发展、“三定规定”落实、行业人才队伍建设等问题进行了深入调研，形成调研报告10余份。紧密结合我区资源禀赋和产业特点，认真组织编制了《西藏自治区“十二五”时期工业总体发展规划》、《西藏自治区“十二五”时期国民经济和社会发展信息化规划》以及矿产业、建材业、藏药产业、高原生物和绿色食（饮）品产业、民族手工业、工业园区等8个专项规划，并经自治区政府审定下发，这是西藏发展史上第一次全面、系统的编制工业和信息化领域规划，标志着我区工业和信息化工作进入以规划为引领的科学、规范、有序发展的新阶段。

【大力扶持中小企业和非公有制经济发展，努力“壮大二产”】2011年9月，自治区首届非公有制经济发展大会胜利召开，会上，区党委书记陈全国同志提出要放开放宽放胆放手放心发展非公有制经济，区党委、政府下发了我厅参与起草的《关于推进非公有制经济跨越式发展的意见》，标志着西藏非公有制经济进入新的发展阶段。为落实全区非公有制经济发展大会和《西藏自治区人民政府关于贯彻<国务院关于进一步促进中小企业发展的若干意见>的实施意见》（藏政发〔2009〕79号）文件精神，我厅积极申请、合理安排国家和自治区有关扶持中小企业发展的专项资金。2011年度共落实国家中小企业扶持资金4500万元，对38个中小企业进行了扶持。自治区中小企业发展专项资金首批30个项目的7680万元扶持资金也已下拨到位。区内担保公司、小额贷款公司发展良好，并在解决中小企业融资难的问题上开始发挥实质性作用，中小企业服务体系建设工作起步良好。

【统筹工业园区发展，推进产业集聚上规模】2011年，全区工业园区新增入驻工业企业97家，完成工业固定资产投资15亿元，增长29%；实现工业总产值18.34亿元，工业增加值8.3亿元，占全区工业增加值的17%；上缴税金16亿元，增长60%，实现利润8亿元。加快园区基础设施和配套设施建设，提高产业承载能力，园区集约发展水平进一步提升。促进园区科学、有序发展的政策体系逐步建立，正在研究制定《西藏自治区人民政府关于进一步推进工业园区发展的指导意见》（代拟稿），我区工业园区开始进入规范化快速发展阶段。拉萨国家级经济技术开发区被工业和信息化部授予“国家新型工业化产业示范基地（高原绿色食品）”、A区基本建成的基础上B区已正式开工建设，达孜工业园区升格为自治区级园区。格尔木藏青工业园区筹建工作稳步推进，标志着我区在延伸特色资源深加工链条、推动资源优势向经济优势转变方面迈出了步伐。

【狠抓重点项目（资金）管理，夯实工业发展基础】充分发挥重点项目对产业建设的支撑作用。经国家批准，“十二五”时期我区工业和信息化建设项目总投资326.1亿元（其中国家投资11.6亿元），占全区“十二五”总投资的9.9%；规划“十二五”期间工业和信息化建设项目投资125.9亿元，占全区规划“十二五”投资的6.5%。2011年，联合自治区发展改革委上报了37个重点产业振兴和技术改造项目，其中33个项目通过国家批准，中央预算内投资8113万元。会同自治区财政厅下拨了第一批自治区产业与企业改革发展专项资金，向8家企业借款1.9亿元；第二批扶持项目正在实施，已初步梳理出24个项目。

【加强行业管理，推动特色优势产业发展】加强对矿业项目的规范引导，严把行业准入关，狠抓重点矿业工程项目的协调服务，优势矿产业发展速度加快，对工业发展的带动作用十分明显；科学布局区内水泥产能，规范和加强水泥企业质量管理工作，以水泥为代表的建材行业已初具规模，水泥产业对地方基础设施建设的支撑作用不断增强；加强藏药业运行监测，加大对藏药材生产的扶持力度，藏药产业稳步发展，自治区藏药厂等区内藏药企业生产工艺现代化水平持续提升，奇正藏药、西藏药业在金融市场表现良好，企业管理水平明显提高；加强食品工业质量管理和诚信体系建设，认真开展乳品行业项目（企业）审核清理工作，矿泉水、青稞啤酒等特色产品向规模化、品牌化发展，逐步开拓区外市场，高原生物和绿色食（饮）品制造业发展强劲，发展潜力逐步显现；加大民族手工业扶持力度，积极开展民族建筑、雕刻、藏毯编织技能、民族服装制作等方面从业人员的技能培训工作，区内民族手工业制品市场份额逐步增加。

加强工业经济运行监测和协调。认真开展工业经济运行监测和分析工作，积极为区党委、政府提供决策参考；加强煤电油气运等生产要素的综合协调，圆满完成了2011年全区春运工作，认真做好企业治乱减负工作。特别是在国家大力支持下，青藏直流联网工程提前投入运营，今冬明春，我区工业企业首次不用大面积停产错峰、避峰，多年来困扰我区工业发展的能源瓶颈得到有效缓解。

扎实推进节能减排和淘汰落后。积极申报节能减排、资源综合利用、科技成果转化项目，2011年共申请国家相关扶持资金2170万元。以“产能置换”、落实关闭小企业补助资金等方式积极推动水泥行业淘汰落后产能。加强藏毯、牦牛乳业、氆氇、藏香、水泥热耗等行业标准管理。指导工业行业安全生产。

【务实推进信息化建设，促进“两化”深度融合】建立健全自治区信息化领导小组办公室工作机制，研究起草了《西藏自治区信息化促进条例》、《关于加快推进我区工业企业信息化工作的意见》、《自治区信息化专项资金管理办法》。扎实推进电子政务建设，编制完成了西藏自治区电子政务外网（一期）工程可研报告，调整成立了自治区电子政务建设领导小组。积极开展农村综合信息化服务站建设，首批50个试点村的信息服务站建成投入使用，第二期250个试点服务站前期准备工作已完成，“西藏自治区农村综合信息服务网站”平台框架及栏目已通过初步验收，制定下发了《西藏自治区农村综合信息服务站管理办法（试行）》。开展全区软件及信息技术服务企业基础调查工作，初步建立起基本情况数据库和运行监测体系。通过努力已基本具备了计算机信息系统集成资质和信息系统工程监理资质管理工作的条件。努力推动信息产业发展和企业信息化建设，积极向国家申报两化融合、信息化等方面的项目，共申报国家电子信息产业技改专项项目4个、落实资金1000万元，为3家企业申报了物联网发展专项资金。

自治区审计工作

【年度综述】2011年，西藏自治区各级审计机关依法对284个项目（单位）进行审计和审计调查，查出违法违规金额531 599.22万元，审计处理应上缴财政27 890.21万元，提出审计意见和建议529条，向有关部门移送案件线索和处理事项24起，向各级党委政府报送审计信息599篇，出具审计报告和审计调查报告298篇，促进有关部门建立健全规章制度56项。

【财政预算执行审计】 围绕促进健全公共财政预算管理制度、规范预算管理、强化预算约束力、保障财政安全、提高财政资金使用绩效水平，审计厅依法对2010年度自治区本级预算执行和其他财政收支、阿里和昌都两地区财政决算及其他财政收支情况，自治区国家税务局及那曲、昌都两地区税收征管情况进行审计，查出违规调整预算、滞留应缴财政收入、应征未征税金、税收政策执行不规范等违纪违规及管理不规范等问题金额4.86亿元；为配合预算执行审计，对自治区发展改革委、区文物局等8个部门（单位）财政财务收支情况进行审计，查出虚列支出、设置账外账、坐支预算外收支等问题金额3.16亿元。

【固定资产投资审计】 在中央和自治区用于拉动经济增长的重点投资项目和资金进行审计和审计调查中，查出各类违法违规及管理不规范资金3.5亿元，核减工程投资0.4亿元。重点关注财政资金的分配、拨付、管理及使用情况，揭示和反映了预算编制不够细化、资金分配不够透明、滞留隐瞒预算资金、部分政策措施未得到有效执行、政府性投资计划编制滞后等问题，提出了强化预算约束、完善管理机制等建议62条，引起了财政、发展改革和预算执行部门的高度重视，有效促进了积极财政政策的贯彻落实。

【企业审计】 在国有企业审计中，查出违法违规及管理不规范资金15.8亿元，移送案件线索4起，重点揭示了因经营管理不善造成国有资产流失、财务会计信息失真、企业资产负债损益不实等问题，自治区主要领导对审计揭示的问题高度重视，责成有关部门和领导严肃处理，较好地维护了国有资产的安全和保值增值。

【经济责任审计】 审计机关全年共对30名党政领导干部和企业领导人员进行了经济责任审计，查出各类不规范等违法违规资金11.8亿元，其中领导干部负有直接责任的问题金额8.7亿元，移送司法、纪检监察机关案件线索18起，被追究刑事责任2人、降职（级）处分2人。积极推行市县党政领导干部“同步审计”，整合地市审计力量开展异地“交叉审计”，针对领导干部在履行经济责任中存在的突出问题，提出审计意见和建议，为组织人事部门加强干部监督管理和使用提供了重要参考依据。

【民生资金和民生项目审计】 在自治区养老保险基金、农牧区医疗基金、农牧业开发及扶贫专项资金审计调查中，揭示了影响人民群众切身利益的突出问题，促进了自治区相关惠民强农政策的落实。在对7地市本级和38个县“两基”教育经费投入情况审计调查中，及时向自治区人民政府反映了部分地市欠教育经费等问题，促进有关单位及时补足教育经费投入1.2亿元。在全区中小学校舍安全工程、自治区农村人居环境建设和环境综合整治试点工程审计调查中，重点揭示了项目管理和资金使用中存在的问题，引起了各级政府和有关部门的高度重视。

【注重推进法制建设】 制定《西藏自治区政府投资建设项目审计监督办法》、《关于进一步加强全区党政主要领导干部和国有企业领导人员经济责任审计工作的意见》和《关于加强审计查出问题整改工作的意见》，稳步推进审计立法工作；认真贯彻国家审计准则，建立审计项目审理制度，制定《西藏自治区审计厅审计项目审理工作办法》，进一步加强审计质量控制。

【注重绩效审计意识】 现代审计理念正在逐步形成。审计机关在坚持以财政财务收支真实性、合法性审计的基础上，更加关注财政资金的经济效益、社会效益和环境效益，重视加强宏观分析，提升了审计成果的层次和质量。审计厅机关的所有审计项目都贯穿了绩效审计的理念，绩效审计已走出一条由点到线、由线到面、由浅到深的发展之路，尤其是在投资建设

项目审计中，从最初的投资项目建设资金财务收支审计，逐步发展到关注工程建设质量和项目投资效益、环境效益审计。2011年，审计厅机关已对5个重点投资项目进行了审计，不仅查出了规避招投标、转包和违法分包工程等违法违规金额3亿余元，审计决定应上缴财政1亿余元，而且十分注重投资效益和环境保护，查出因决策失误造成损失浪费等问题。

【注重推进信息化建设】 积极实施审计门户网站和审计会商系统的论证和设计工作，并将审计会商系统由“标清”转为“高清”，确定了各种应用设备的具体规格型号及数量，完成了2个建设项目的前期工作。努力探索实践计算机辅助审计方法，先后采集转换了12G的区直单位社保业务数据，并从社保资金的缴存基数、计缴比例、缴存金额、缴存人数、支取方式等多个方面进行审计分析。

【注重财审大格局构建】 积极构建以全部政府性资金为主线，以用款单位为载体，以资金流向为抓手，以资金管理为重点，以资金使用效果为目标，对政府性资金实施全过程、全覆盖、全方位监督的财政审计大格局。审计范围逐步涵盖了预算内和预算外、资金和资产、税收收入和非税收入；审计的组织方式逐步打破了厅机关内部处室和各地（市）界限、专业界限和单兵作战的传统方式；财政审计以“两个报告”为统领，实行滚动计划，使项目之间相互配合、相互衔接、相互补充，审计管理更加科学。

【注重党风廉政建设】 始终牢记“两个务必”，教育引导广大干部职工牢固树立廉政建设为审计“生命线”和“高压线”的意识，驻厅纪检监察室定期不定期地对审计人员在开展审计工作全过程中执行廉政纪律和审计纪律的情况进行回访。认真落实自治区党委和审计署关于切实加强和改进机关作风的有关要求，结合实际深入贯彻落实科学发展观、开展领导干部作风建设年、机关效能建设年和创先争优活动，审计机关“庸、懒、散”和“骄、娇、暮”的问题得到明显解决，“比、学、赶、帮、超”的良好风气逐步形成。

【注重审计队伍建设】 在审计署的大力支持和关心下，厅党组以审计实践需要为出发点，围绕审计“三支队伍”建设目标和培养“四手”要求，采取“区外送培、区内办班、国外考察”相结合的方式，7名县处级审计干部参加审计署组织的国外考察、10余名业务骨干和各级领导干部参加审计署组织的各类培训，尤其是审计署派专家赴藏“以审代培”，全过程的帮助指导财政税务、固定资产投资、经贸企业、农业与资源环保等相关项目的审计工作，使审计队伍的业务能力和综合素质明显提升。在自治区党委政府和组织部门的关心下，我们坚持“五湖四海”、“三个离不开”和以德为先的原则，提拔使用了2名副厅级和4名正处级干部，下步我们将对一批副处级干部进行考察任用，为有能力、有水平的干部发挥才干提供了平台和进一步锻炼的空间。

【领导名录】
党组书记：马国超
厅　　长：拉巴
副 厅 长：李瑞富、孙玉英、
　　　　　甄广川（援藏干部）、次多
纪检组长：张福山
总审计师：周忠祥

自治区统计调查工作

【年度综述】 2011年，自治区统计局、国家统计局西藏调查总队在自治区党委、政府和国家统计局的坚强领导下，带领全区各级统计调查机构和广大统计人员，以科学发展观为指导，以践行“三个提高”为目标，以建设“四大工程”为抓手，以统一规范、改革创新、公开透明为主线，牢固树立统计核心价值观，认真落实各项工作部署，积极推动统计改革与建设，创新思路，开拓进取，较好地完成了各项统计调查任务，为全区经济社会科学发展、跨越式发展提供了优质统计服务。

【突出重点，统计调查工作取得重要成果】 一是第六次人口普查圆满完成。在各级党委、政府的领导和有关部门的配合下，各级普查机构精心组织、认真实施，全面完成了普查登记、数据审核、汇总与评估工作，获取了高质量的普查数据，绘制了主要城镇人口普查地图，如期向社会公开发布了全区人口普查主要数据公报，整理了历次人口普查资料，编印了《2010年西藏自治区第六次人口普查主要数据》，为各级党委、政府掌握人口状况、科学制定发展战略提供了重要依据，普查各项指标得到了国务院人普办、国家统计局和自治区人民政府的充分肯定。二是各项常规统计及专项调查扎实开展。完成了基本单位、GDP、农业、工业、建筑业、批发零售和住宿餐饮业、人口就业、收入消费、市场物价、人民生活、社会科技、企业景气、能源等各行业各领域的常规统计报表任务；开展了组织工作满意度、群众安全感、基层医务人员及医疗卫生服务满意度、非公有制企业（单位）人才资源状况、非工业重点耗能单位能源消费情况、城镇私营企业劳动工资和医药卫生体制改革满意度等多项专项调查；建立了新一轮城乡抽样调查样本轮换网点；试算了城镇低收入居民基本生活费用价格指数；进行了西藏妇女儿童发展纲要（2001-2010年）终期目标和农民工、贫困、退耕还林、退牧还草（林）、主要畜禽等统计监测；配合有关部门开展了全区农村沼气工程调查、全区耕地保护责任目标履行情况检查考核和妇女社会地位调查、节能专项检查、公有房屋调查等工作，获取了丰富的统计信息，全面反映了经济社会发展成果。

【围绕中心，统计调查服务水平全面提升】 一是不断强化“用数据说话、为决策服务”。编印了《新西藏辉煌六十年》工具书，以数据、文字、图表为主要内容，从统计视角充分展示在中国共产党领导下西藏和平解放60年来的辉煌成就；为自治区相关部门宣传和平解放60周年及时提供和审校统计数据，联合西藏人民广播电台推出和平解放60周年系列报道《数字西藏》。高度关注经济社会发展的深层次问题，深入开展课题研究，完成了《西藏全面建设小康社会统计监测报告》、《西藏人才贡献率和人力资本贡献率研究报告》、《西藏经济周期实证研究》、《人力资本投入与西藏经济增长》等课题研究报告，为我区经济社会科学发展、跨越式发展提供了重要的决策建议。二是切实加大统计信息供给力度。在继续编印好《统计年鉴》、《统计月报》、《西部地区主要经济指标》和《领导干部手册》等统计资料的同时，组织编写了《2010社会的进步（西藏篇）》、《2010西藏统计调查课题研究报告》和《西藏自治区第二次全国R&D资源清查主要指标数据（2009）》等统计资料工具书；及时向党委、政府及相关部门提供各类统计数据，定期向社会公开发布统计信息；积极强化对进度统计数据的分析，努力提升分析质量，分析研究资料的采用率不断提高，部分分析文章得到了自治区领导的重要批示。

【锐意创新，统计调查改革取得突破性进展】一是企业一套表改革顺利推进。成立了各级领导小组及办公室，建立了符合西藏实际的工作机制，研究制定了《西藏自治区“三上”企业统计基础工作规范（试行）》，下发了《西藏自治区企业一套表工作实施方案》和《西藏自治区基本单位名录库建设维护与使用管理实施细则》；对全区所有“三上”和房地产企业进行了问卷摸底调查，印发了《致全区“三上”企业负责人的一封信》和《企业一套表统计工作简介》，深入宣传企业一套表工作的意义、目的和任务；采取试点先行、以点带面、分步实施、有序推进的方法，选取了22家企业全面开展试点；召开了企业一套表工作会议，对企业一套表改革进行了全面部署，培训了各级统计调查部门和企业统计人员，为全区企业一套表制度的正式实施奠定了基础。二是文化产业和服务业统计体系建设取得积极成果。深入贯彻落实党的十七届六中全会和自治区党委、政府《关于推动文化大发展大繁荣的决定》精神，研究制订了《西藏自治区文化产业统计方案》，由自治区人民政府办公厅印发全区执行，为我区全面建立文化产业统计制度奠定了基础。根据《国务院办公厅转发统计局关于加强和完善服务业统计工作意见的通知》精神，结合我区实际，通过修订完善，提出了加强和完善服务业统计工作意见，以自治区人民政府办公厅名义予以转发，为全面加强和完善我区服务业统计工作提供了保障。三是各项统计调查方法制度改革稳步推进。加快能源统计制度改革；完善贸易统计调查方法；进行了投入产出试调查，建立地（市）级GDP支出法核算和下算制度；积极推进工业生产者出厂价格改革，规范和完善了流通消费价格统计方法制度。

【强化职能，统计调查影响力不断提高】政府综合统计机构继续加强对部门统计的指导和管理，积极为各部门提供统计业务咨询服务；各部门积极支持配合政府综合统计机构开展统计调查，及时报送部门统计资料，为建立分工明确、资源互补、信息共享的运行机制奠定了坚实基础。进一步强化统计监督管理职责，起草了《西藏自治区部门统计调查项目管理办法（征求意见稿）》、《西藏自治区部门统计工作规范化管理办法（征求意见稿）》，印发了《2011年局、总队统计巡查工作方案》，强化统计执法，规范统计工作行为；深入开展了“中国统计开放日”、“世界统计日”等宣传活动，向社会发放《中华人民共和国统计法》、《统计违法违纪行为处分规定》、《统计行政执法相对人权益告知书》等宣传材料一万余份，加大了统计法律法规知识宣传力度，有效提升了统计调查工作的影响力。

【夯实基础，统计调查保障能力切实增强】统计法制建设稳步推进。《西藏自治区实施〈中华人民共和国统计法〉办法》经过反复论证和多次修改，通过了自治区人民政府专题会和常务会审定以及自治区人大常委会第一次审议等规定程序，为自治区颁布实施《西藏自治区实施〈中华人民共和国统计法〉办法》及出台相关司法解释，大力推进统计法制化建设奠定基础；稳步推进各项统计资料管理的规范化、制度化，制订了《西藏自治区统计资料归档管理制度》；积极进行统计从业资格考试工作，全区共有329名统计人员通过考试获得了统计从业资格，有力地促进了统计人员依法持证上岗工作的开展。统计信息化建设取得新进展。进一步强化网络建设和信息加载管理，及时丰富和更新统计内外网信息内容，努力满足社会各界对统计资料、信息、数据的需求；加强网络的安全运行管理，安装了统计网络审计系统，规范了上网行为，提高了内网安全等级，对县级统计部门通过网络传送统计数据和报表进行了专项安全检查，有效防止了网络泄密事故的发生，确保了统计信息网络的正常运行和源头统计数据的传输安全；积极为各项调查的数据处理、“企业一套表”试运行和投入产出试调查提供技术支持，统计信息自动化的保障能力不断提高。

【两项主题教育活动成效显著】各级统计调查部门深入开展“加强基层建设年”活动和“创先争优强基惠民”活动。驻村工作人员深入调研、广泛走访，察民情、解民意，强化政策宣讲，帮助村“两委”完善各项规章制度，建立长效管理体制，培养村干部、党员和致富能手，积极规划和落实建设项目，为当地经济社会发展出谋划策；组织干部职工捐款、捐物，真正做到为群众办实事、做好事、解难事，使农牧民群众感受到了党和政府的关怀与温暖，驻村工作取得积极成果。自治区领导在色吾村视察加强基层建设年活动时，高度评价了驻村工作组开展的工作和取得的成效，驻山南地区曲松县色吾村工作组被自治区党委、政府评为“全区加强基层建设年活动驻村工作先进集体”。

【统计智力援藏工作有新建树】积极落实国家统计局智力援藏项目，先后在北戴河和林芝举办了西藏统计分析专题培训班和全区统计调查业务骨干培训班。邀请国家统计局和兄弟省市统计调查部门6名素质高、能力强的干部赴藏挂职，选派自治区、地（市）两级统计业务骨干到国家统计局和对口援助省市挂职锻炼，学习借鉴先进的统计工作理念和好的经验、做法，通过传帮带，有效开阔了干部队伍的视野，拓展了思路，提升了能力。

【领导名录】
局长、总队长：刘柏呈
副局长：巴桑、多吉战都
副总队长：王道均、武建华
副巡视员：代永涛
纪检组长：潘其龙

自治区工商行政管理工作

【年度综述】2011年，在自治区党委、政府和国家工商总局的坚强领导下，全区各级工商机关紧扣发展和稳定两件大事，团结拼搏，扎实履职，贯彻“五个更加”，推进富民兴藏，各项工作实现了开门红。全区工商系统有25个单位荣获国家级和区、地级各类先进集体，陈全国书记、白玛赤林主席、周伯华局长等领导同志先后44次作出重要批示，对工商工作给予肯定，提出要求。

【助推经济跨越式发展取得新业绩】服务市场主体加快发展措施有力。实行“零成本”注册，出台了《关于促进个体私营经济加快发展的若干意见》，促进了各类市场主体蓬勃发展。到去年底，全区各类市场主体发展到11.69万户，注册资本（金）681.77亿元，分别增长8.48%、20.52%。特别是非公有制经济呈现强劲发展势头，全年新开业私营企业1432户、个体工商户14009户、外资企业37户,非公有制经济占到全区市场主体的95.4%，上缴税收73.2亿元，吸纳就业49.8万人。拉萨市局深化注册窗口创先争优，荣获“全市支持企业市场主体发展先进集体”。

扶持特色产业和园区经济发展成效显著。大力扶持特色产业发展，全区各类专业市场达326个，从事农牧业、旅游业、民族手工业、藏医药业、矿产业和建筑建材业等产业的企业达到2698户，注册资本193.6亿元。通过“绿色通道”，国家开发银行、阳光财产保险落户西藏，西藏银行、中兴集团、藏东矿业成功组建，华能集团、梅花集团顺利增资，全区注册资金上亿元的大型企业达到110家。办理股权出质登记3.27亿元，登记担保公司8家，提供贷款担保3.53亿元，有效拓宽了企业融资渠道。拉萨经济技术开发区入驻企业424家，达孜工业园53家。那曲地区局定点联系帮扶，加大招商引资，青藏铁路那曲物流中心入驻企业达43家。

推进商标战略实施成果突出。实施商标品牌战略，全力争取总局特殊关怀，“布达拉宫”、“玛吉阿米”、“梅花”荣获中国驰名商标，评审认定“优敏芭古藏香”等8件自治区著名商标。自治区政府召开表彰大会，重奖驰名、著名商标企业。目前，我区共有中国驰名商标9件，自治区著名商标53件，地理标志4件，注册商标总量达2657件，同比增长22.6%。组织山南地区和区藏药厂等8家企业参加第四届中国商标节。山南地区局推进商标战略示范城（区）建设，实施商标战略成果得到了国家工商总局的肯定。

支持农牧区改革发展扎实有效。加大政策扶持，全区登记农牧民专业合作社618户，出资总额5.29亿元，分别增长60.93%、66.10%。培育农牧民经纪人4161户，注册涉农商标1054件，指导农牧民签订订单农业合同440份。查处农资违法案件8件，查扣不合格农资农药12.9吨、农机配件51件。那曲地区局培育发展农牧民专业合作社走在了全区前列，户数占到全区的近三分之一。

非公有制经济党建工作全面推进。严格工作考核，创新组建模式，全区非公经济组织建立党组织161个，党员4240人；多渠道筹集投入党建经费76万元，选派党建指导员73名，发展党员26名，培养入党积极分子61名。区工商局荣获全区非公党建先进单位。拉萨、山南等地市局广泛开展“党员先锋岗”、“党员诚信示范店”争创评选活动。林芝地区局争取地方财政非公党建专项经费3万元。日喀则地区局与地委组织部成立协调领导小组，联合下发了加强非公党建工作的《实施意见》。

【整顿规范市场经济秩序取得新成效】流通环节食品安全监管成效显著。深入开展节日食品、乳制品、食品添加剂、地沟油、瘦肉精等市场专项整治，共检查食品经营户16.9万户次，查获假冒伪劣食品3.16万公斤、不合格食品添加剂266公斤，查处食品违法案件984件。快速检测食品6191组、送检771批次。创建食品安全示范店441家，核发食品流通许可证13118户。日喀则地区局成功捣毁一起非法炼制“地沟油”黑窝点，查缴半成品“地沟油”1980公斤。

竞争执法工作有序开展。狠抓商业流通、医药购销、旅游购物等领域限制竞争或商业贿赂行为，共查处公平交易案件322件，案值218万元。开展“扫黄打非”专项行动，查缴盗版淫秽光盘及反动出版物19959盘（册）、卫星地面接收设施326台、赌博电子游戏机726台。拉萨市局突出旅游行业进行排查整治，查处3起商业贿赂案件。

商标广告执法工作强力推进。联手企业，严厉打击仿冒百威、五粮液、劲酒、红牛、王老吉等知名商标侵权行为，共查处商标违法案件83件。开展虚假违法广告专项整治，严审全区621家广告经营单位，共查处广告违法案件77起；监测广告2112条，责令停止发布42条。

市场主体准入监管全面加强。报请区政府办公厅转发了《关于建立查处取缔无证无照经营行为长效工作机制的意见》、《查处取缔无证无照经营联席会议制度》，共查处无照经营案件879件。严把市场准入关，启动企业信用分类监管，开通“网上年检”自助平台，整顿企业代理等中介机构，查处违章企业56户，虚报注册资本18户，注销企业441户，年检合格率达97.7%。昌都地区局制定《无照经营综合治理方案》，并以行署名义转发执行。

打击传销保持高压态势。针对拉萨、日喀则、山南农牧民到内地参与传销案情，开展了六次摸底排查教育，妥善安抚稳控受害群众。会同公安部门严厉查处了涉案600余人的“富迪健康山南专卖店”传销案件，移交1起网络传销案件。发放传销危害宣传材料4.9万份，播放《揭秘传销》、《黑梦》74次，发布公益短信31.5万条(次)。昌都、林芝地区局编织监管网，构筑打传堡垒，创建“无传销社区、乡镇和学校”。

各类专项市场整治工作扎实开展。开展旅游市场专项整治，查处旅游违法案件47件，查缴过度包装及冒用西藏土特产品720公斤。加强虫草采集和交易市场监管，配合发放采集证33.2万本，劝退禁止无证人员1万多人。查缴不合格塑料袋和违禁餐盒896万个。查扣“家电下乡”假冒伪劣家电16台。同时，深入开展了建筑建材、汽车配件、碘盐等市场专项整治行动。亚东县工商局在“9·18”地震后，组织商户设立便民服务点，稳控物价，得到了广泛赞誉。

【保障民生和法治工商建设取得新成效】消费维权“四个平台”建设扎实推进。推进“一会两站”建设和12315“五进”活动，共建立12315联络站（点）793个。加强流通领域商品质量监管，建立西部五区三省异地消费维权联动工作机制，高效化解消费矛盾纠纷。全年共查处制售假冒伪劣商品案件1054件，查处侵害消费者权益案件2172件，受理消费者申诉举报2058件，为消费者挽回经济损失335.8万元。林芝地区局通过“传帮带”，学习借鉴广东、福建两省工商消费维权经验。

基层建设年和强基惠民活动深入开展。区局加强基层建设年驻居工作组多方筹集资金42.5万元，为嘎玛贡桑北社区群众解决实际困难9项;争取协调立项，现投资3445万元的社区棚户改造项目完成了招投标。围绕强基惠民“五项任务”，全系统抽派115名干部组成21个工作队驻村（居）工作,现申报惠民项目14个，着手解决群众最急需、最紧迫的问题。

法治工商建设迈向更高层次。出台了《行政指导办法》，核审案件1340件，全年无一起行政复议、行政诉讼案件。制定了《领导干部学法制度》，开展了法律知识竞赛，组织了“一月一法一考”法律学习培训78次，干部参学率达95%。开展法制宣传咨询活动381次，发放宣传材料18.2万份。山南地区局实行行政指导教育提示、行政建议、轻微告诫、问题约见、案后规范五项制度。

信息化建设稳步推进。制定了“金信二期”工程方案，投资425万元升级改造了工商信息化综合业务系统，投资386万元建成了全系统安防监控系统。推进数据联网应用，向总局汇总上报市场主体、黑牌企业数据8821条。网络培训业务骨干和信息化管理人员282名。

【领导名录】

党委书记、局长：段襄征

党委委员、副局长：王寿平、晋美次仁、陆万里、江源、郭乃雄

党委委员、纪检组长：尚凤英

自治区质量技术监督工作

【年度综述】2011年，是“十二五”开局之年，同时也是中国共产党成立90周年和西藏和平解放60周年。面对艰巨而繁重的任务，区质监局党委坚决贯彻落实自治区党委、政府和国家质检总局的一系列重大决策部署，真抓实干，较好地完成了各项工作任务，实现了“十二五”开门红。

【质量兴藏取得新进展】稳步开展质量兴地（市）工作。按照自治区政府与质检总局签署的合作备忘录要求，扎实抓好质量兴藏基础工作，加强质量振兴研究，完成《西藏自治区人民政府关于实施质量振兴战略的意见》的起草任务。科学谋划质监事业长远发展，圆满完成全区质监事业发展“十二五”规划编制工作。质量兴地（市）工作取得新进展，各地（市）把开展质量兴地（市）、质量兴县活动作为推进质量兴藏战略的重要抓手，认真谋划、精心部署、加强协调、稳步推进，拉萨、山南、昌都启动质量兴地（市）工作。山南桑日县、乃东县，日喀则江孜县启动质量兴县工作。拉萨市政府安排专项资金用于质量兴市和品牌创建工作，推动“质量兴市、品牌兴业”向纵深发展。

大力实施名牌发展战略。认真贯彻自治区党委、政府关于品牌建设的部署，以消费者认可和市场评价为基础，进一步完善名牌产品评价机制，启动了第二批西藏名牌产品评选工作，33家企业的69种产品参与评选。截止2011年底，完成参选企业及产品的媒体展示、短信及网络投票工作，核查评选工作稳步推进。

加快质量诚信体系建设。进一步加快企业质量建档工作，为229家制造业企业、489家生产加工小作坊建立电子质量档案，为开展企业质量信用评定奠定基础。依据企业动态监管信息，评定质量信用A等企业86家、B等企业23家、C等企业20家、D等企业88家。完善企业“黑名单”制度，开展质量失信企业审查，定期向社会发布质量严重失信“黑名单”企业信息。组织50家重点企业签订“质量诚信公开承诺书”，引导企业依法生产、诚信经营。

【全面加强质量监管】落实企业产品质量全员、全过程、全方位监管措施，产品质量总体水平稳步提升。

严把生产许可准入关。严格发证条件和程序，切实增强源头把关能力。对2家水泥生产企业、8家眼镜验配单位、15家食品生产企业进行生产许可审查，对2家质量不合格企业作出不予许可决定，依法注销8家企业的8个食品生产许可证。开展乳制品企业资格重审，对西藏高原之宝牦牛乳业有限公司和康园食品有限公司进行整改，使2家乳制品企业通过重审并获得生产许可。截止2011年底，西藏41家企业获得工业产品生产许可证，81家食品及食品相关产品生产企业的100个产品获得食品生产许可证。加强生产许可证后监管，对获证企业开展监督检查，对不能持续满足获证条件、不按标准组织生产的企业依法进行查处。加强机动车安检机构监管工作，完成山南地区安检机构的核查发证，日喀则、阿里等地区安检机构的核查发证工作稳步推进。

加强产品质量监督抽查。结合西藏产品特点，以民生产品为重点，科学制定工业产品质量监督抽查计划，监督抽查水平不断提高。全年组织对

日用消费品、建筑材料、农资等535个批次产品进行监督抽查，整体抽查合格率为82.62%，比上年提高6.84个百分点。加大监督抽查后处理力度，建立抽查不合格产品企业档案，加强对产品质量不合格企业监督管理和查处力度。

落实质量状况分析报告制度。定期开展质量状况分析，自治区质监局每半年、各地（市）质监局每季度向党委、政府提交质量状况分析报告，客观全面反映产品质量状况，为党委、政府决策提供科学依据。

深入开展执法打假。按照质检总局和自治区政府的总体部署，结合西藏实际，组织开展了日用消费品、家电下乡产品、农资、汽车轮胎、建材、打击侵犯知识产权和制售假冒伪劣产品等10余项专项执法行动，有力维护了正常的市场经济秩序和消费者的合法权益。全年立案查处案件16起，责令改正102起，当场处罚案件149起。着力打造消费者维权平台，12365举报投诉电话受理各类举报、投诉、咨询977件，处理率达99%。

【食品监管富有成效】始终保持对食品质量违法行为的高压态势，组织开展严厉打击食品非法添加和滥用食品添加剂专项整治行动，“塑化剂”、“瘦肉精”专项检查，大桶饮用水、挂面产品专项整治行动等，有效规范了食品生产加工行为。加强对食品生产重点区域监管，通过召开质量安全形势通报会、企业落实主体责任情况通报会，督促企业建立“三个体系、七项制度”，促进食品质量提升。坚持按月开展食品监督抽查，全年共抽取样品650个，总体合格率达88.92%，与上年持平。加强食品风险监测，对乳制品、肉制品、青稞制品等6类食品进行重点监测，监测样品201个，问题检出率7.96%。

【特种设备继续保持安全平稳态势】落实使用单位安全主体责任，全面开展在用特种设备普查（复查）登记，进一步摸清特种设备底数及安全状况，西藏注册登记特种设备总数达4569台（套）。加强特种设备检验工作，共对2381台特种设备进行了监督检验和定期检验。加强重点工程建设特种设备监管，组织技术人员对拉贡公路、老虎嘴电站、青藏直流输电联网工程、拉日铁路、日喀则和平机场等重点工程特种设备进行检验，检验特种设备200余台（套）。深入开展特种设备安全隐患排查治理，重点对气瓶充装、电梯、起重机械、游乐设施以及学校、大庆活动期间重点场所、重点部门的特种设备进行整治，全年共检查特种设备5000余（台）套，发现并消除重大安全隐患60余处，下达整改通知书1300余份，清理整顿“螺丝”气瓶和其它报废气瓶800余只，对全区87处重大危险源实施了重点监控，保障了特种设备的持续安全运行。加强特种设备作业人员管理，建立了全区特种设备作业人员考核管理平台。

【标准化工作取得新进展】研究起草的《西藏自治区人民政府关于实施标准化发展战略的意见（代拟稿）》，通过自治区政府初审。以高原特色产品为重点，加快地方标准制修订步伐，组织开展了13项地方标准的编制工作，发布地方标准5项，累计发布地方标准53项。深入开展农业标准化工作，启动曲水瓜果蔬菜、日喀则无公害春青稞、山南藏鸡养殖、林芝生猪集约化养殖、八宿县荞麦种植5项国家级农业标准化示范区建设。完成对第六批7个国家级农业标准化示范区项目的实地考核工作，取消了1个国家级和2个自治区级农业标准化示范区项目建设。加强工业标准化工作，对涉及公共安全、消费品安全、节能减排等领域标准执行情况进行监督检查，严厉查处违法生产行为。积极开展标准技术服务，为企业提供标准文本110余份，备案2家企业5个产品标准，认可2家企业4个标签。与中标院共同建立标准信息服务系统平台，为企业提供标准信息。成立西藏自治区农牧业标准化技术委员会、气象标准技术委员会。加强地理标志产品保护工作，地理标志产品藏毯（西藏产区）质量技术要求通过国家审查发布，扎囊氆氇地理标志产品申报和那曲冬虫夏草地方标准制订工作进展顺利，启动了尼木吞柏藏香申报前期准备工作。条码代码工作扎实开展，注册商品条码45家、续展44家，发放组织机构代码证6636份、年检及变更7949份。

【计量工作成效明显】以民生计量为重点，从解决消费者最关心的热点问题为切入点，着力提升计量工作的有效性。集中开展了加油站计量监督检查，完成全区92家加油站防作弊系统改造，启动成品油零售行业诚信计量示范单位评选活动，规范成品油市场秩序。组织开展虫草计量专项整治，对584家虫草经营单位的1440台（件）虫草计量器具进行检定，虫草计量器具受检率达到98%。抓好集贸市场、商场、眼镜制配单位、出租车计价器等计量器具的监管，累计检定各类强检计量器具8486台（件），强检计量器具定检率达到100%，合格率为90%。扎实为重点项目建设提供计量服务，对拉日铁路、那曲至巴青公路改造等重点工程的1159台（套）计量设备进行了检定。积极推进能源计量工作，举办西藏首届能源计量培训班，指导企业建立完善能源计量管理体系，能源计量工作取得新进展。

【认证认可工作稳步推进】完成9家实验室资质认定审查工作，西藏累计50家实验室获得计量认证，其中4家获国家级计量认证、46家获自治区级计量认证。组织西藏建设、交通行业的19家实验室开展检测能力比对，促进实验室检测水平提高，为保障工程建设质量提供技术支撑。加强对强制性认证产品获证企业的监管，加强管理体系认证监管，指导获证企业提高管理水平。建立食品农产品认证监管联动机制，会同农牧、检验检疫等部门对西藏获得有机产品、绿色食品、无公害农产品认证的企业进行监督检查，提高了食品农产品认证监管的有效性。

【加快技术机构建设】立足质监事业长远发展，围绕建设食品检测平台、工业产品检测平台、计量检测平台、特种设备检测平台、标准化信息与服务平台，在调查研究和充分论证基础上，对“十二五”时期西藏质监部门技术机构建设进行科学规划。积极开展能力比对实验，检测能力进一步提升，全年检测样品1400个，同比增长16.7%。积极拓展服务领域，自治区计量所通过标准温度计、呼吸机检测仪、呼出气体酒精含量探测仪检定装置3项计量标准的国家考核，累计建立计量标准16项。探索利用社会资源开展汽车槽车检验工作，特种设备检验业务不断拓宽。加强特检人员培训，帮助各地区培养特种设备检验人员，各地区质监局特种设备检验能力不断增强。成功开通国家标准馆远程信息服务系统，标准化服务水平得到明显提高。加快地区质监局技术机构建设步伐，为六个地区质监局配备2600万元检测设备，2011年11月完成设备验收、安装、调试和人员岗前培训，各地区质监局实验室建设迈上了新台阶。启动自治区质检中心建设，高原特色产品检测中心（林芝）项目前期工作进展顺利。

【对口援藏工作实现新突破】在质检总局的高度重视和强力推动下，全国质检系统援藏工作迈上了新台阶。2011年，国家质检总局先后召开援藏援疆工作视频会议、科技援藏援疆座谈会、援藏援疆工作协调会，就对口援藏援疆工作进行动员、部署。8月25日，国家质检总局党组副书记、副局长杨刚率国家质检总局相关直属单位和17个对口援藏省市质监局进藏，召开全国质检系统对口援藏工作座谈会，会议期间，西藏质监局与中国纤维检验局、中国计量科学研究院、中国标准化研究院和北京、天津、河北、辽宁、吉林、黑龙江、上海、江苏、浙江、安徽、福建、山东、湖北、湖南、广东、重庆、陕西质量技术监督局签订对口援助协议书，协议在“十二五”时期援助西藏质监部门项目33个、干部援藏26人、人才援藏250人次，援助项目折合资金3624.8万元。同时，国家质检总局安排在“十二五”时期，每年投入5000万元支持西藏质监部门检验检测体系建设。

自治区食品药品监管工作

【年度综述】2011年，西藏食品药品监管系统在区党委、政府的正确领导，国家食品药品监管局的亲切关怀和各级卫生部门的直接领导以及相关部门的大力支持下，认真贯彻落实中央和自治区党委、政府的决策部署，紧紧围绕“保民生、促发展”的根本目标，深入开展食品药品安全专项整治，不断强化基础建设，努力提高食品药品安全保障水平，各项工作取得明显成效，有力地推进了西藏食品药品监管事业发展。

【餐饮服务和保健食品、化妆品监管工作有序开展】交接职能。年初，自治区卫生厅与局交接了餐饮服务和保健食品、化妆品监管职能。由于事业编制未到位，局仅承担了餐饮服务许可证、保健食品生产经营卫生许可证的审批工作。按照安排，将餐饮许可的受理、现场审查、日常监管、重大活动保障及重大案件查处工作委托区自治区卫生监督局承担，并与其签订了委托协议书，确保了监管工作不断不乱、顺利开展。目前，昌都、山南、那曲地区食品药品监管局交接了职能，新增68个县食品药品监管局陆续挂牌成立。部分地（市）局结合实际，建立了餐饮服务食品安全协管员制度，加强了基层餐饮服务环节监督。

履行职责。审查了1个保健食品再注册申报资料，对59家餐饮服务单位核发了《餐饮服务许可证》，16家保健食品生产经营企业核发了《卫生许可证》，并进行了跟踪检查。开展了奥露娜牌左旋肉碱银杏胶囊等保健食品专项监督检查，对抽取的172个保健食品样品和110个化妆品样品进行了风险监测结果分析，针对存在的突出问题和潜在风险，制定了监管措施。抽取了餐饮服务环节熟肉制品、非发酵豆制品、食用油等13个品种、1254批次样品，并将检验结果整理分析后上报国家食品药品监管局。推进餐饮服务食品安全百千万示范工程，开展试点单位考核，确定了餐饮服务食品安全示范县、示范街、示范单位，提高了餐饮服务食品安全保障水平。

开展专项整治。推进小餐饮食品安全整规试点工作，确定小餐饮试点单位，对各类小餐饮进行拉网式检查。开展火锅底料、餐巾纸、瘦肉精、酒类、地沟油、学校食堂、违法保健食品清查等专项整治，严厉打击食品非法添加和滥用食品添加剂违法行为。与餐饮服务单位签订食品安全承诺书，张贴食品添加剂宣传资料，督促餐饮服务单位自查自纠，实行使用食品添加剂备案公示制度。重点加强节日、大庆、高考等重点时段餐饮服务环节食品安全监管。一年来，西藏食品药品监管部门共没收销毁货值79万余元过期食品和1438斤食品原料，捣毁非法用地沟油加工食用油窝点1个，没收地沟油2057公斤，进一步规范了餐饮服务食品安全秩序。

【深入推进药品安全专项整治】加强源头监管。按照“标准不降低，程序不简化，时限不延长”的工作要求，认真开展药品、医疗器械注册审评审批工作。共审核审批40个药品注册申请，对2家药物临床试验机构资格认定复核检查申请进行初审，受理2个医疗器械产品注册申请。今年，西藏陆续有7个过渡期注册品种获得了国家药品注册生产批件及药品批准文号。目前，西藏共有154个品种获得了306个国家药品批准文号。

加强药品生产流通监管。本着“监管好生产企业，对全国公众负责；监管好流通市场，对西藏人民负责”的宗旨，切实加强药品生产流通监管。采取企业自查和抽查形式，对药品生产企业执行注册的药品处方情况进行监督检查。认真开展药品生产工艺和处方核查，重点核查基本药物目录品种和常年生产品种，督促企业严格按照注册的生产工艺和处方组织生产。对全区18家生产企业开展原辅料购入管理、半成品储存、质量检验、中药饮片等方面专项检查，加强藏药特殊炮制品监管，有针对性地对11家生产企业开展了12次飞行检查。制定药品生产经营监管工作计划，多次对区内所有药品生产、批发企业开展现场检查。加强特殊药品监管，核准2家企业经营资格，并开展日常巡检和网上监测，防止特殊药品流弊。强化医用氧和医用分子筛制氧设备监管，多次对医用氧生产企业开展现场检查，特别在西藏和平解放60周年大庆期间，专派人员对定点医用氧供应企业开展驻厂监督和抽验，确保了大庆期间医用氧质量安全。对宾馆在用的小型分子筛制氧设备和医疗机构在用的大型分子筛制氧设备进行专项治理。

加大药品抽验力度。以成本价格倒挂的中标基本药物品种、投诉举报较集中等品种为重点，加大了药品抽验力度。对导尿管（包）和一次性输液器等医疗器械产品开展监督抽验。各地（市）食品药品监管局充分运用药品快检车、快筛箱等快检技术，对降糖类、降压类、减肥、人血白蛋白等药品质量进行筛查。截止11月底，自治区食品药品检验所共完成检品1703批，其中：药品检测928批，医疗器械检测103批，保健食品检验58批，化妆品安全风险检测100批，为监管执法提供了可靠依据。

加大稽查力度。加强与卫生、公安等部门协调，初步建立起通畅快捷、打击有力的稽查协作机制。重点开展了非药品冒充药品、查处高风险医疗器械、打击制售假劣药品、侵犯知识产权、集中治理利用互联网发布虚假药品信息非法销售药品等专项行动。一年来，西藏各级食品药品监管部门共查处药品、医疗器械、非药品冒充药品等违法案件51起，处理药品、保健食品协查案件133起，移送公安部门查处案件5起；没收过期失效药品货值5万余元，销毁日常监督查出的和企业自查上报的过期失效药品货值82.3万元；对全区备案的500多家网站进行清查，关闭7家非法发布药品信息、销售药品网站，对2家涉嫌严重违法网站移送公安部门处理。加大药品广告治理力度，充分发挥药品广告监测设备效能，对含有低俗淫秽内容、夸大疗效、非药品冒充药品以及群众投诉举报集中的药品、保健食品广告加大了监测力度。一年来，共审批药品广告120份，异地广告备案25份，审查保健食品广告8份，移送工商部门违法药品广告27个、保健食品广告1份，有效遏制了违法发布广告势头。

加强基本药物质量监管。制定工作任务分解书，将每项工作任务落实到人，并分别与各地（市）食品药品监管局、局机关各处室签订《加强基本药物质量监管2011年度主要工作任务责任书》，明确工作责任。制定《关于加强基本药物质量监督管理的规定》。部分地（市）食品药品监管局积极配合卫生部门，参与合作医疗药品招标采购工作，对投标企业资质进行严格审查，与中标企业签订《药品质量安全承诺书》。深入推进药品电子监管，帮助和指导企业解决扫码、药品核注核销过程中存在的问题，提高企业及监管人员实际操作能力。全区28家药品批发企业全部加入药品电子监管网，运行状况良好。建立了基本药物配送企业、日常监管、国家基本药物配送企业档案和基本数据库。加强药品不良反应监测，对2009年版《国家基本药物目录》中的麻黄碱、地芬尼、氧氟沙星滴耳剂等3个品种和透析器、人工晶体等12个医疗器械产品进行重点监测，对2010年207份病例报告表进行评估。一年来，共收集药品不良反应报告表22份，药物滥用监测调查表83份。提出了《西藏自治区基本药物目录》收载品种标准提高工作实施意见。对《西藏自治区基本用药目录》（样本）中收载的502个藏药和藏医医疗机构制剂品种进行认真核实，并提出了具体意见。

认真做好药品安全专项整治评估自查工作。根据卫生部等六部门联合下发的《关于印发药品安全专项整治工作检查评估实施方案的通知》要求，制定下发了《西藏自治区药品安全专项整治自查自评工作实施方案》。经自治区人民政府同意，由自治区食品药品监管局牵头，组织卫生、公安、工信、工商等部门组成的2个综合评估组，赴拉萨、日喀则、山南、林芝、昌都等5个地（市），先后深入5家药品生产企业、18家药品经营企业、13家医疗机构，采取现场检查、听取汇报、查看资料、召开座谈会、问卷调查、综合评估等方式，对各地（市）、自治区相关部门两年来药品安全专项整治工作进行评估，自治区食品药品监管局获得93.8分。

【积极争取“十二五”重点建设项目】在深入调研基础上，编制了《西藏自治区“十二五”时期食品药品监管事业发展规划》、《自治区、地（市）、县食品药品监管信息建设规划》，草拟了《关于提高公共卫生服务能力的意见》，已分别上报有关部门。通过积极争取，自治区将食品药品安全列入经济社会发展大局，帮助解决了“十一五”全系统基础设施建设项目缺口投资1655万元和未纳入国家投资计划的六地区食品药品检验所实验室改造项目资金1113.6万元。今年4月，国家发改委将自治区食品药品检验所实验业务用房、自治区藏药审评认证中心和自治区药品不良反应监测中心业务用房建设项目列入“十二五”支持西藏重大项目规划，总投资约6500万元。

【积极开展对口受援工作】国家食品药品监管局下发了《关于印发国家食品药品监管局机关和直属单位对口支援新疆西藏工作分工方案的通知》和《关于进一步做好食品药品监督管理系统对口支援新疆西藏工作的通知》，并派出调研组进藏调研对口援藏工作情况。各对口支援省市食品药品监管局组织人员赴藏调研了解各地（市）食品药品监管工作情况和急需解决的问题。今年5月，召开了由各地（市）食品药品监管局局长参加的会议，安排部署对口受援工作。应山东省食品药品监管局邀请，自治区食品药品监管局于11月同日喀则地区食品药品监管局、部分县局领导赴山东对接援藏工作。全系统结合自身实际，认真制定援藏规划，研究受援需求，积极协调衔接援藏工作。目前，北京、江苏、上海、湖北、重庆、天津、浙江、辽宁、河北、山东省食品药品监管局分别与各对口受援单位签订援藏工作意向协议书，在人员培训、办公设备配备、办公业务经费补助等方面达成共识。自2010年援藏工作座谈会以来，国家食品药品监管局为我区下达中央补助地方食品药品监督专项资金6206万元，对口支援省市局援助资金530万元，从多方面给予我区大力支持。为督促落实援藏工作座谈会确定的任务，国家局于2011年9月底在北京召开全国食品药品监管系统对口支援西藏工作推进会，对当前和下一阶段援藏工作进行再安排、再部署。

【领导名录】
局　长：白玛桑布
副局长：周文凯、董寿如、车明凤、路杰

自治区安全生产监管工作

【安全生产形势】2011年，全区共发生各类事故1096起、死亡332人，同比起数增加49起、上升4.7%，死亡人数减少102人、下降23.5%。其中，发生一次性死亡3-9人的较大事故18起、死亡63人，同时起数增加1起、上升5.9%，死亡人数减少7人、下降10.0%；一次性死亡10-29人的重大事故2起、死亡32人，同比减少1起、17人，分别下降33.3%和34.7%。

【安全生产形势主要特点】一是全区安全生产形势持续稳定好转，事故死亡人数大幅下降。是近几年来死亡人数最少的一年，全国排序第二。特别是道路交通和工矿商贸行业（领域）事故死亡人数下降幅度较大，分别为23.2%和64.3%。二是安全生产控制指标总体实施情况较好。各类事故死亡人数占国务院安委会下达控制指标的67.8%。全区除火灾指标外，均控制在国务院下达的指标范围之内。铁路交通、水上交通和农业机械等行业（领域）未发生人员死亡事故，形势很好。全区七地（市）自2005年以来，首次出现没有地（市）突破控制指标的现象。三是全区安全生产总体水平有所提高。亿元GDP生产安全事故死亡率由0.89降到0.58，降幅34.8%；工矿商贸十万就业人员生产安全事故死亡率由3.5降到1.2，降幅65.7%；道路交通万车死亡率由17.2降到12.6，降幅26.7%。

【存在问题和不足】一是事故总量仍然过大，事故起数同比反弹。二是较大事故调查处理和责任追究不及时。三是道路交通安全监管基础薄弱，安全保障能力低。体现在基础设施建设薄弱，安全防护设施、安全监管保障能力建设滞后；监管能力低下，机构不健全，监管力量不足、监管手段落后；营运企业管理滞后，挂靠现象严重，企业安全经营管理水平低；农用机械和拖拉机管理混乱，监管缺失，无证无照现象严重。四是非煤矿山安全监管面临新的挑战。矿山数量、产值将大幅度增加，开采规模扩大，开采方式将趋于多样化。价值企业“小、散、乱、查”，安全投入不到位，技术保障能力弱，开采不规范，从业人员素质不高，安全监管面临新的压力及挑战，形势不容乐观。五是执法监管不严，工作进展不平衡。道路交通、消防火灾、工矿商贸行业（领域）仍然存在影响安全生产的重大隐患没有得到有效治理，非法违法、违章违规现象时有发生，部分企业安全生产管理秩序混乱，从业人员安全培训教育不到位，无证上岗现象屡禁不止。部分地（市）和行业主管部门在打非治违、专项整治和大检查过程中，存在走形式、搞过场，执法监管不严。全区道路交通、消防火灾、工矿商贸行业（领域）企业和单位排查重大隐患排查整改率低，部分重大隐患未列入整改治理计划。

【获奖情况】
1.全国安全生产和监管监察先进个人：顿珠次仁、索朗罗布、赵志军
2.全国“安全生产月”知识竞赛优秀组织奖、全国“安全生产月”好新闻奖：李娟
3.西藏和平解放60周年安保优秀个人：井光富
4.部门统计数据质量奖：局办公室

【领导名录】
党组书记、副局长：李宏
党组副书记、局长：达木拉
党组成员、副局长：付远志、拉增
党组成员、副局长兼总工程师（援藏干部）：孙文德

拉萨海关

【年度综述】2011年，拉萨海关监管进出口货物总值达到13.59亿美元，同比增长了62.53%。全年税收入库7671.16万元，增长43.51%。监管进出口货物16.1万吨，进出境人员15.9万人次，运输工具2.8万辆（架）次，同比分别增长23.6%、24.7%和27.1%。全年减免税款14535.95万元，增长7.19倍，首次突破亿元大关。全年查获各类反动宣传品1112件。办理行政案件39起，案值578.16万元；办理刑事案件5起，案值3570万元，查获毒品大麻脂100.56公斤、穿山甲鳞片5.4公斤、象牙72.25公斤、藏羚羊绒267.7公斤。拉萨海关在业务迅速增长的同时，认真贯彻科学发展观，积极实施“政治立关、业务兴关、管理强关”发展战略，扎实推进现代化一流边关建设，努力推进西藏经济社会跨越式发展。

【抓管理，整体效能上新台阶】加强企业分类管理，认真落实企业“守法便利”原则，实施进出口分类通关改革，全年审核分类通关报关单2917票，占报关单总量的56%，通关效率大幅提高；对关区7个监管场所进行清理整顿，最终保留2个，达标率为100%；对关区内“选择申报，口岸验放”监管模式进行规范和完善，与检验检疫部门“一机两屏”工作模式取得较大进展；立足“管得住、通得快”和规范执法，对聂拉木海关业务流程进行全面梳理和再造，成效显著。“三查合一”工作扎实推进，全年对9家进出口企业开展常规和专项稽查，稽查覆盖率11.4%，有效率66.7%。积极协调，特事特办，圆满完成尼泊尔借道运输物资及我国政府对尼泊尔捐赠物资的监管工作。充分利用关税监控系统、H2000系统对税收征管情况进行监控，实时掌握税收动态。加大归类、审价、原产地审核和减免税管理等工作力度，税收征管工作质量和应收尽收水平不断提高。对重点企业和商品开展风险布控121次，实体布控有效率为5%。尝试性地开展涉税风险的分析监控。对关区减免税业务、减免税货物后续监管情况开展了执法监察。具有“边关特点、西藏特色”的风险管理政治保卫应用系统投入试运行。强化内控机制建设，抓好“制度规范建设”平台的统筹整合，执法、管理风险防控力度不断加大。深化政风行风

建设和纠风工作，开展了“效率低下、刁难卡压”专项治理，通关效率、监管质量、工作作风均得到进一步改进提高。认真部署“六五”普法工作，开展形式多样的法制宣传教育活动。全面清理关区行政审批项目和规范性文件。公文处理、信息宣传、机要档案、政务公开等工作稳步提高；值班资源实现整合，值班力量得到强化；涉密信息系统分级保护工作顺利通过现场测评，走在了全国海关的前列。电子口岸建设稳步推进，技术保障能力不断提升，信息网络系统安全运行。财务管理水平上新台阶，政府采购、资产装备管理工作不断加强。对口支援工作顺利推进，与上海海关建立了支援及合作机制，落实援助资金340万元。日喀则海关业务办公综合楼、狮泉河海关单身职工集体宿舍及亚东监管点业务办公综合楼竣工投入使用。医疗、伙食、交通、接待等后勤服务保障水平不断提升，全年安全无事故。海关学会工作力量得到加强，6篇论文在昆明分会获奖。

【带队伍，素质形象有新进步】贯彻总署党组关于落实“四好”总体要求。深入开展创先争优活动，举办建党90周年和西藏和平解放60周年庆祝活动，组织30名优秀党员、入党积极分子和党务工作者赴延安开展“继承革命传统、弘扬边关精神”主题教育活动；邀请曾在藏工作的海关老同志举办“党在我心中”革命传统教育报告会；评选表彰创先争优活动中涌现出的先进基层党组织和优秀共产党员，1个党支部荣获“全国海关系统先进基层党组织”称号，1名同志荣获“全国海关优秀共产党员”称号。老干部服务管理工作有所创新，组织24名区内外退休人员赴成都、太原疗养。“一救助、三慰问”常态化。干部人事和教育培训工作扎实开展，年内选拔任用干部53人，交流、轮岗干部14人，招录公务员11人，干部队伍结构进一步优化。按照总署的统一部署，完成拉萨海关处级机构“三定”工作，处级机构和领导职数得到了增加。对人才队伍建设情况进行调研，首次从多层面对处级领导干部进行量化考核测评，效果较好。协助总署人教司召开海关系统干部援藏工作会议，进一步完善海关系统干部援藏工作机制，圆满完成第五、六批援藏干部轮换。参加各级各类培训班176期356人次，选派4名科级以下干部到对口支援海关跟班学习，举办“送教上门”培训班。加强学习型党组织建设，进一步完善《拉萨海关党组中心组理论学习制度》，召开2011年党组民主生活会。认真落实《廉政准则》，关区131名党员开展廉洁自查。组织开展反渎职侵权教育和廉政警示教育活动。强化准军事化海关纪律部队建设，全面开展“学军”和“转化”工作，深入开展“内务规范强化月”活动，加强作风养成，队伍精气神得到明显提升。举办“拉萨海关幸福一家人”关区文艺汇演，开展丰富多彩的群众性文体活动，深入挖掘关区文化资源，认真落实“优秀图书进边关”活动，发放购书卡、健身卡、电影卡等，充实干部职工文化生活。狮泉河海关开展以“边关儿女情系阿里，神山圣湖更加美丽”为主题的徒步环保公益活动。总关机关组队参加“吉祥杯”首届区直机关太极拳比赛，获得全区第三名。工、青、妇工作得到了进一步加强。

【保稳定，打私维稳夺新胜利】坚决贯彻落实自治区党委关于维稳工作的决策部署，强化关区内部安保，严格落实门卫制度、24小时值带班制度、值班检查制度、“零报告”制度和巡逻制度，完善维稳应急预案，提高应急处置能力，确保了关区全年平安。充分履行海关在反恐、维稳、反分裂、生态和文化保护等方面的职责，在邮递、快件渠道和口岸一线严厉查缉反动宣传品、淫秽物品、武器弹药、爆炸物品、核生化物品等违禁品，查获违禁藏药14410粒。

“3·22”特大走私毒品案的破获，成功打掉一个由尼泊尔经拉萨到深圳的跨国毒品走私团伙，全国海关禁毒人民战争领导小组发来贺电，自治区党委政府隆重召开成功侦破“3·22”特大毒品走私案表彰大会，授予专案组“集体一等功”。查获“9·07”藏羚羊绒走私案，王松鹤副署长和邓小刚副主席分别作重要批示向拉萨海关表示祝贺。积极履行知识产权海关保护职责，深入开展打击侵犯知识产权和制售假冒伪劣商品专项行动，全年查获侵权案件96起，货值55.78万元，增长18.51%和2.99%。

【促发展，服务经济出新成绩】成立拉萨海关支持西藏航空事业发展领导小组，圆满高效完成西藏航空公司进口3架飞机的减免税审批备案、协调服务、通关监管等工作；为中尼经贸洽谈会暂时出境物资提供上门监管服务，得到自治区政府领导的肯定。通过第24轮中尼边境海关会晤，主动服务配合自治区对尼工作大局，积极回应尼官方和商界对中尼贸易、边境口岸建设等关注的问题，密切联系沟通。积极落实对尼贸易零关税优惠政策。参与自治区“十二五”口岸发展规划的制订，就普兰口岸、吉隆口岸建设开展专题调研，并结合海关职责和口岸实际提出了建设性意见。密切跟踪国家宏观调控政策的落实效果、西藏进出口态势和关区业务发展形势，认真做好统计分析。全年向海关总署、自治区党委政府及有关部门报送分析报告40余篇。开展加强基层建设年和强基惠民活动，全年共派出驻村工作组5批20人次，投入资金103万元，圆满完成各项工作任务。定点扶贫和社会公益事业富有成效，投入扶贫钱物总值60余万元，向自治区红十字会转交侵权物资价值86万元，为金钥匙希望小学捐款1万元，我关被评为自治区“十一五”定点扶贫工作先进单位。（供稿：缪超）

【领导名录】
关长：王文喜
副关长兼缉私局局长：刘江
纪检组长：薛文斌
副关长：旺加、王捍洲
副关长兼政治部主任：王殿兴

西藏出入境检验检疫工作

【强化质量基础】全年共检验检疫进出口货物货值2.8亿美元，比上年增长22.42%；货物通关3086批，货值

2.83亿美元，比上年增长37.03%。检出不合格出境商品5批，货值11万美元。一是加强宣传力度，营造浓厚氛围。在各口岸开展检验检疫法律法规和产品质量知识的宣传，面向消费者开展质量信息咨询、服务活动，召开外贸企业负责人座谈会，通报进出口产品安全质量问题，宣传检验检疫法律法规，开展培训，强化源头监管。强化质量安全宣传，会同质监局等10个部门开展以“建设质量强国，共创美好生活”为主题的质量月活动，积极参与《西藏自治区人民政府关于实施质量振兴战略的意见》起草工作，努力推进我区质量振兴战略的实施。二是实施诚信管理。积极推动外贸企业（商户）树立产品质量第一的思想，与外贸企业签订诚信经营和产品质量安全承诺书，建立不合格产品质量档案，初步建立了进出口产品生产经营单位诚信管理体系和产品质量问题追溯机制。三是建立产品质量安全风险监控体系。以出口苹果、小家电、纺织品等产品为重点监控产品，以樟木口岸为重点监控区域，建立出口产品质量安全风险信息的收集和处置，完善对进出口产品的风险预警和重点敏感产品的风险分析。四是有序推进“双打”活动，有效维护进出口商品质量安全。对重点进出口商品和重点地区进行摸底清查，先后出动专项行动执法人员120余人次，加大对涉及安全卫生的重点进出口产品检验监管和质量安全项目的抽检力度，严厉查处侵犯知识产权及售卖假冒伪劣商品行为。樟木局被总局授予全国质检系统“双打”专项工作先进集体荣誉称号。

【严守安全底线】按照总局“六个严格”的部署和要求，着重突出国门安全、口岸食品安全和出口商品质量安全，科学监管、严密监管，守住了安全底线。一是加强疫情疫病防控，确保国门安全。继续加强出入境人员、交通工具、邮寄物品检疫查验。全年共检疫汽车2.96万辆次，比上年增长9.19%，飞机453架次，增长9.95%，检疫查验行李31.15万件，检疫国际邮包2841件，查验出入境人员14.2万人次，增长20.97%，健康检查383人次，检出监测传染病10例，预防接种52人次，艾滋病监测372人次。进一步加强进出境动植物疫病防控和疫情监测，推行进境植物种苗、水果等农产品检疫准入，实施风险分类监管。截获禁止进境物1084批次，共计3511公斤，截获批次比上年增长48.5%；截获病虫害17批次，8种类，其中检疫性害虫4批次，6种类，非检疫性害虫13批次，1种类，有效维护了高原生态安全和农牧业安全。二是加强口岸卫生监督，确保口岸食品安全。以开展专项活动为抓手，以提升服务行业质量为根本，强化对樟木、普兰、拉萨航空口岸488家口岸从业单位的卫生监督工作，共进行市场卫生监督30次，发放整改通知书41份，整改商户15家；没收过期食品4800件；查处无《健康证》的从业人员68人；建立了覆盖全部口岸辖区的经营户电子档案。全年共体检口岸服务行业从业人员491人次，发放健康证380份，签发口岸服务行业卫生许可证253份。三是严格执法把关，确保进出口商品质量安全。加强食品农产品监管，对拉萨啤酒、5100矿泉水、青稞酒厂、航食公司等企业开展了食品安全宣传工作。顺利地完成了对6大类16个品种出口产品的执法监督抽查；加大口岸查验力度，确保进出口商品安全。全年共查处不合格进出口商品5批次；截获无熏蒸证书木质材料作包装的铜制品40箱，退回进口酥油50公斤，奶粉3箱。

【紧扣发展主题】以服务地方经济发展为己任，紧紧围绕如何更好地服务转型发展，服务区域发展，服务保障和改善民生等问题，综合运用各种措施，积极服务经济社会发展。一是出台六项措施，以实际行动助推扶持我区非公有制经济实现跨越式发展，受到自治区政府领导的高度关注。二是对西藏自治区食品农产品产业结构、产品质量特性等进行充分调研，主持起草了《西藏自治区关于推进出口食品农产品质量安全示范区建设的实施意见》，并牵头组织商务厅、农牧厅等部门成立了安全示范区建设工作领导小组，有序开展了进出口食品农产品质量安全示范区建设前期工作。三是起草上报了《西藏自治区主要出口农产品现状分析》，为自治区党委、政府发展外向型经济决策提供有效参考。四是完成了对“夏木拉”矿泉水的水源地考察，积极帮扶其申请地理标志产品保护。对西藏青稞地理标志产品保护意向提出了建议和指导。全年共签发各类原产地证书24份，货值118.6万美元，其中普惠制原产地证明书20份，一般原产地证2份，亚太贸易协定原产地证书2份。五是以开展为民服务创先争优活动为契机，为农牧民提供技术指导、法律服务、信息咨询，顺利实现了我区松茸首次出口韩国，本地鲜花首次出口尼泊尔。六是主动为我区重大项目重点企业提供便捷服务，及时快捷地完成了区重点扶持企业西藏娃哈哈和冰川矿泉水有限公司进口的食品加工成套设备的检验检疫，并帮助企业就部分残损零部件进行了对外索赔，为企业挽回了经济损失。七是积极配合服务自治区政府工作大局，积极回应尼泊尔官方对中尼贸易逆差问题的关注，完成了尼泊尔柑橘输华风险分析、起草了双边检疫协定，尼方柑橘进口事宜有望得到逐步解决。八是利用自身技术和设备优势服务民生。主动与政府有关部门协作，服务社会委托样品检测工作，共检测样品3902批次，检测项目2万多项，涉及20多个品种，检出不合格商品465批，维护了消费者的安全健康。九是认真落实国家质检总局有关减免检验检疫费的政策，对我区出口活畜禽全额免收检验检疫费，对出口动物源性产品、农副产品减半收费，对出口纺织品、服装减收30%，全年减免相关费用达47万多元。

【探索强检之路】抢抓全系统援助西藏的历史机遇，着力提升检验检疫的履职能力和综合实力，全力以赴推动西藏检验检疫事业跨越式发展。一是抢机遇，有效承接系统援助。顺利承办了全国质检系统对口援藏工作会议，并取得丰硕成果。会上我局同9个对援单位签订援助协议，接受援助资金944万元。2011年，质检总局安排仪器设备专项经费911万元，比2010年预算多安排500万元，并保持每年增长。总局组织系统高级专家西藏行，实施科技援藏。广东、浙江、福建等局实施干部援藏，多方援藏正发挥着重要作用。二是抓科技，技术保障能力得到加强。重点实验室建设步伐加快。积极做好“国家矿泉水检测重点实验室”验收的前期准备工作，技术中心实验室已具备了矿泉水标准中所有项目的检测能力，为下一步国家级矿泉水检测重点实验室验收奠定了坚实的基础。新拓展检测项目27项，检测领域不断拓宽，检测能力不断提升。科研制标工作成绩显著。总局课题，两项已完成并通过验收鉴定，两项已接近尾声；地方标准，一项已完成并通过审查验收，一项制订工作已全面启动，技术路线已优选完成。三是重建设，各项工作整体推进。坚持正确的用人导向和公平公正的选人用人机制，推荐1名副厅级干部得到任用，一批年富力强，工作成绩突出的年轻干部走上领导岗位。注重惩防体系建设，党风廉政和反腐倡廉工作扎实推进，全年无案件发生。深入开展“以质取胜、创优争优”活动，受到自治区创先争优领导小组和区直工委两个检查组的一致好评，区委宣传部要求西藏电视台、广播电台对我局进行了专题采访和广泛宣传报道。“三位一体”综合行政管理体系，绩效考核工作正式启动，内部管理得到加强。

（供稿：郭雄）

【领导名录】

局党组书记、局长：房成利

局党组成员、副局长：丹增卓玛

局党组成员、纪检组长：侯长立

局党组成员、副局长：王富晓、米玛次仁

自治区烟草专卖工作

【基本情况】 西藏自治区烟草专卖局成立于1998年1月，西藏自治区烟草公司组建于1998年1月，实行合署办公。2001年1月，西藏自治区烟草公司完成上划中国烟草总公司。下辖山南、日喀则、林芝、昌都、那曲、阿里等6个地区烟草专卖局（公司），其中，那曲地区烟草专卖局（公司）体制尚未上划。截至年底，公司拥有总资产12.04亿元，其中，固定资产2.52亿元、流动资产7.98亿元，资产负债率为21.09%。共有从业人员716人（不包括那曲地区），其中聘用员工386人。2011年8月，自治区局（公司）被西藏自治区红十字会授予“‘未成年人安全预防与自救’科普活动爱心捐赠单位”称号。

【机构设置】 自治区局（公司）机关设办公室（外事办公室）、综合计划处（经济运行处、科技处）、专卖监督管理处（专卖稽查总队、内部专卖监督管理处）、政策法规与体制改革处、财务管理处、审计处、人事劳资处（与工会合署办公）、纪检监察处、思想政治工作处（与机关党委合署办公）、安全保卫处等10个职能处室，以及营销中心（销售管理处）、经济信息中心、卷烟物流配送中心、机关服务中心等4个专业部门和西藏金叶实业发展有限责任公司1个专业公司。

【专卖管理】 卷烟打假。把“端窝点、断源头、破网络、抓主犯”作为卷烟打假的突出重点，与公安、工商等部门构建联合打假工作机制。全年查处各类涉烟违法案件404起，查获假冒卷烟502万支，案值315万元，上缴罚没款40万元。公安、司法机关依法抓获犯罪嫌疑人24人，刑事拘留6人，判刑3人。

内部专卖监督管理。加强和完善专卖内管长效机制建设，梳理不符合要求的制度和流程，完善8项内管工作流程规范和13项地区局、县网点内管工作流程规范。提高内管队伍运用信息系统开展日常监管的能力，调整内管信息平台监管参数，起草《内管工作实施办法》。加强预警工作，做到同级监管、日常监管、重点监管相结合，及时掌握卷烟经营过程中存在的不规范经营行为。完成内部监管自查、复查工作，对发现的问题要求限期整改。

【经济效益】 2011年，自治区烟草商业系统实现卷烟销售收入同比增长21.97%。实现税利3.52亿元，同比增长6.99%，其中利润1.66亿元，同比增长10.67%。三项费用率为13.19%。

【卷烟经营】 卷烟销售 2011年，自治区烟草商业系统共销售卷烟43.54亿支（8.71万箱），同比增长8.82%，其中，一类烟9.59亿支（1.92万箱），同比增长35.26%；二类烟2.83亿支（0.57万箱），同比增长20.43 %；三类烟13.66亿支（2.73万箱），同比增长9.80%；四类烟12.78亿支（2.56万箱），同比下降4.84%；五类烟4.53亿支（0.91万箱），同比增长0.44%；国外烟（含雪茄烟）0.16亿支（0.03万箱），同比下降25%。本地区销量居前三位的品牌是“云烟”、“白沙”、“天下秀”，销量分别为8.99亿支（1.8万箱）、5.65亿支（1.13万箱）、4.44亿支（0.89万箱）。

工商协同营销 坚持“稍紧平衡”原则，加强与烟草工业企业协调，增加畅销品牌的供应，稳定市场价格。全年先后同湖北中烟、江苏中烟、湖南中烟、福建中烟等召开了精准营销工作座谈会，共同探讨培育知名品牌的方法和措施，确定工商双方培育品牌的机制和方案，对共育品牌中出现的问题加以分析研究。根据“精准信息、精准投放、精细管理”指导思想，1月起，自治区公司按月向工业公司提供订单，工业公司按照订单组织发货，并制定方案，使订单预测越来越贴近市场。

品牌培育 加大品牌培育力度，统一品牌培育组织模式、品牌培育流程模式，加强品牌定位、宣传、维护工作。加强信息共享，将自治区辖区内卷烟的需求信息、库存信息、营销信息、品牌信息、消费者信息及时反馈给工业企业，同时通过国家局工商信息平台，掌握工业企业品牌生产计划、新品培育计划、月度调运计划等信息，实现工商信息的互通与共享，增强快速响应市场的能力。全年28个重点品牌累计销售32亿支（6.4万箱），同比增长36%；实现销售收入19.7亿元，同比增长12%。

卷烟销售网络建设 以订单供货和深度营销两项工作为重点，推进网上订货试点和电子商务工作，提升卷烟营销网络的软实力，把精准营销工作落到实处。把提升客户服务水平放在网建核心位置，重视卷烟销售忠诚服务，保障零售户的正当利益和权利。建立自治区统一的卷烟销售网络，在拉萨

市开展农村网点试点，以“统一呼叫、一次分拣、统一配送、电子结算”为特点的访销配送模式，降低农网配送成本，提高服务农网的水平和效率，农村市场占有率从50%提高到约60%。

物流建设　建立以自治区局（公司）物流配送中心为依托，辐射各地区局（公司），由各地区局（公司）辐射各县、乡的卷烟网点和现代物流体系格局，以提高卷烟销售网点的覆盖率为重点，加快县级卷烟网点的建设。各地区局（公司）重视加强现代物流建设，拉萨市现代物流中心建设基本完成；山南地区公司着眼于网点的延伸、突出县、乡、镇边远地方的建设，以降低网点物流运营成本为切入点，建成营销网点10多个；阿里地区公司全年先后在普兰县、革吉县、札达县、日土县租赁场地，设立县级卷烟批发网点。

【领导名录】

局长、总经理、党委副书记：平措旺扎（2011.12）

党委书记、副局长、副总经理：杨桂选

副局长、副总经理、党委委员：蔡建文

副局长、纪检书记、党委委员：旺啦

副总经理、党委委员、工会主席：乔建民

副局长、党委委员：岳远征（2011.5）

副巡视员：多布拉

农牧业、林业、水利

自治区农牧工作

【年度综述】2011年，全区各级农牧部门在自治区党委、政府的坚强领导下，以科学发展观为统领，认真贯彻落实中央第五次西藏工作座谈会、全国农业工作会议和自治区经济工作会议、农村工作会议精神，坚持走有中国特色、西藏特点的发展路子，紧紧围绕改善农牧民生产生活条件、增加农牧民收入的首要任务，与时俱进，开拓进取，狠抓落实，圆满完成了农牧业各项工作任务，取得了“十二五”农牧业经济的开门红。

【狠抓思路创新，统筹推进全区农牧业各项工作】为深入贯彻落实全区经济工作会议和农村工作会议精神，进一步理清全区农牧业发展思路，明确全年目标任务和对策措施，2011年以来先后组织召开了全区农牧业工作会议、冬虫夏草管理工作电视电话会议、种植业工作现场会、沼气服务体系项目座谈会等会议，对农牧业各项工作进行了全面部署。全区各级农牧部门认真贯彻落实自治区的安排部署，区、地（市）、县层层签订目标责任书，进一步细化工作任务、强化工作措施，深入基层加强对农牧业生产、重大项目建设、防抗灾工作等执行情况的监督检查，及时了解和掌握农牧业生产一线的情况，保障了各项涉农优惠政策和农牧业生产措施的全面落实。

【狠抓生产管理，种植业再获丰收】一是抓农用生产物资的采购调运，落实各类农作物播种面积。2011年，各类农作物播种面积367.96万亩，其中：粮食作物240.03万亩，经济作物74.11万亩，饲料等其它作物53.82万亩。二是抓涉农补贴政策的落实，全年农牧民种粮直补及良种、化肥、农药补贴达20837.27万元。三是狠抓科技推动，认真实施提高粮食单产行动和2011年全区粮食稳定增产行动，全区高产创建示范面积达70万亩，比上年增加20万亩；测土配方施肥示范面积达26万亩，比上年增加6万亩；各级麦类作物良种繁殖基地11.642万亩，油菜作物良种繁殖基地0.2万亩;全区园艺作物标准园创建示范县达到8个；主导品种大田统供率达75%。四是狠抓农业有害生物防治工作，农作物有害生物灾害损失率控制在3%以内。通过以上措施落实，2011年全区粮食总产达93.75万吨，油菜籽总产6.33万吨，蔬菜总产60.07万吨,分别比2010年增长2.7%、9.1%和3.4%。粮食产量连续13年保持在90万吨以上水平，其中青稞产量62.19万吨，比去年增长3.2%。

【狠抓综合措施，畜牧业稳定发展】一是狠抓重大动物疫病防控，坚持预防为主的方针，加强动物免疫工作，强化动物及其产品检疫监管，加大兽药GSP实施和兽药经营、使用环节专项整治力度，推进官方兽医和职业兽医制度和队伍建设，进一步完善了基层动物防疫体系。二是全面推进草原生态保护补助奖励机制工作。通过积极汇报争取，财政部批复我区2011年草原生态保护补助奖励资金200981万元，加上畜牧良种补贴，资金总额达到203941万元。自治区党委、政府高度重视此项工作，成立了高规格的领导小组，召开了电视电话会议，举办了培训班，开展了督促检查，使此项工作得到顺利推进。三是进一步完善牲畜良种补贴政策。在对奶牛进行补贴的基础上，将牦牛种公牛和绵羊、绒山羊种公羊纳入补贴范围，补贴资金从往年的1000万元提高到2011年的3960万元。四是全区第二次草地资源普查工作有序开展，完成了那曲、阿里和日喀则三地市的野外普查工作；全区第三次动物疫病普查工作全面启动；草原资源与生态监测工作圆满完成；草原鼠虫害治理与防火工作扎实有效。五是狠抓冬虫夏草资源采集管理工作，确保了冬虫夏草采集工作秩序井然，全区冬虫夏草产量约45178公斤，产地平均价格比去年同期上涨15%左右，全区冬虫夏草总收入达30亿元以上。六是渔业资源保护工作取得新进展，我区首个国家级水产种质资源保护区即巴松错特有鱼类国家级水产种质资源保护区成立。通过各级农牧部门加强畜牧业生产管理，强化畜牧业防抗灾工作，加大牲畜出栏力度，狠抓动物疫病防控等工作，确保了畜牧业持续健康发展。2011年猪牛羊肉产量27.67万吨、奶类产量31.35万吨、禽蛋产量2540吨，与上年相比分别增长5.2%、3.5%和3.7%。

【强化项目争取和建设，夯实农牧业发展基础】一是全力落实“十二五”规划投资。国务院第161次常务会审议通过的《“十二五”支持西藏国民经济社会发展建设项目规划方案》，已确定我区农牧业16个重点建设项目，国家总投资达344350万元。二是认真做好2011年农牧业重点建设项目。共落实游牧民定居工程、生态安全屏障、农村沼气、特色产业等项目，到位国家投资68716万元，其中中央投资63716万元，自治区财政资金5000万元。各项目建设进展顺利。三是加强项目的督促检查。我厅把2011年确定为项目监督管理年，制定了2011年农牧业项目专项检查和综合检查验收工作方案，切实加大了各地（市）项目建设的监督检查力度。举办了全区农牧业基本建设项目管理培训班，提高了项目建设管理人员的水平和能力。四是《西藏自治区“十二五”时期农牧业发展规划》已经自治区政府印发实施，明确了“十二五”时期促进农牧业发展的指导思想、目标任务、对策措施及重点建设项目。

【坚持科技兴农战略，促进农牧业增产增效】一是加强农牧民培训工作。全年共培训农牧民群众14万人次，进一步提高了农牧民群众的素质。二是农牧业科技服务体系建设深入推进，全区共有10个县（市）列入了农业部基层农技推广体系改革与建设示范县，34个县列入了基层农技推广机构条件建设试点。三是召开了全区沼气服务体系项目座谈会，对进一步加快农村沼气服务体系建设工作进行了安排部署。全年完成“一池三改一棚”沼气配套建设3.5万座，累计建设完成农牧区综合技术服务站（含农村沼气服务网点）358个。四是狠抓农业机械化工作。全年农机购置补贴资金规模达11249万元，全区新购置补贴机具达4.1万台；农机化示范区建设扎实推进，在抓好全区原有19个农机化示范区、点的基础上，在南木林县艾玛乡扶持建立了3000亩马铃薯生产机械化示范区，全区各类农机化专业合作组织达30余个。全年完成机械化耕、播、收面积达570万亩，综合机械化作业水平达53.8%。五是曲水县才纳乡国家现代农业示范区建设工作稳步推进。

【强化扶持和引导，农业产业化经营加快发展】一是抓指导，促进全区农业产业化经营加快发展。西藏自治区特色产业股份有限公司被评为“国家农业产业化重点龙头企业”，11家第三批自治区级农牧业产业化经营龙头企业候选企业通过了评审。二是抓调查，对全区乡镇企业、多种经营、农畜产品加工业、农牧民专业合作组织、休闲农业等进行了摸底调研，起草了《西藏自治区农牧业产业化经营龙头企业考核管理暂行办法》。三是抓协调服务，全年落实农业产业化经营龙头企业和乡镇企业贴息资金达1200多万元，争取到农业部扶持资金60万元，特别是在特色农牧业扶持资金2000万元的基础上再争取200万元，扶持了10家农产品加工和养殖企业发展。四是认真组织了第九届中国国际农产品交易会参展工作，藏北牌牦牛肉产品、藏缘牌“经典西藏”酒等10个产品荣获农交会“金奖”，我区参展企业销售额25万余元，签订订单8笔110余万元，达成意向协议16笔310余万元。五是通过争取国家和自治区专项资金扶持，大力支持农牧民专业合作经济组织发展。全区农牧民专业合作经济组织已达699家，注册的达500多家，入会农牧户5万多户，占我区农牧户总数的10%以上，农牧民组织化程度得到进一步提高。2011年全区乡镇企业总产值达38.2亿元，同比增长9.1%；多种经营总收入达48亿元，同比增长6.7%；自治区级13家农业产业化龙头企业总产值达17.4亿元，同比增长13%。

【狠抓执法监管，农产品质量安全工作深入开展】狠抓农产品质量安全监管工作，深入开展农资打假专项治理行动、动植物检疫监督、市场检疫监管、农畜产品农(兽)残例行监测等工作，确保了农产品质量安全。在全区范围内开展了“瘦肉精”排查工作，通过检测未检出国家禁止生产、销售、使用的瘦肉精等禁用投入品。继续开展蔬菜农药残留例行监测工作，全区畜产品平均合格率在99%以上，农产品平均合格率在97%以上。坚持把无公害农产品产地认定和绿色食品认证工作作为推进农畜产品质量安全建设的重中之重，加快推进农牧业标准化体系建设。全区累计认定无公害农产品生产基地21家，认证无公害农产品91个、地理标志农产品3个，通过绿色食品认证的产品达33个，通过有机食品认证的产品22个，制定农牧业地方标准40项。

【狠抓改革创新，继续保持农牧业经济发展活力】一是认真开展落实和完善草场承包经营责任制工作，年内安排部署了草场承包面积近2亿亩，为草原生态保护补助奖励机制的实施奠定了基础。二是坚持和完善“三个长期不变”的基本政策，认真开展了农村土地承包经营权流转情况调研工作，形成了《全区农村土地承包经营权流转情况调研报告》，掌握了我区农村土地承包经营权流转情况方面的第一手资料。三是认真调研全区贯彻落实强农惠农政策情况，积极参与了《西藏“三农”政策体系研究》工作。四是全力配合区党委农工办，扎实抓好曲水县农村改革试验区工作。

【领导名录】

党组书记、副厅长：朱春生
党组副书记、厅长：坚参
党组成员、副厅长：彭毅龄、兰志明、杜杰、洪雪峰、辛盛鹏
党组成员、纪检组长：周惠云
党组成员、总兽医师：次真
党组成员、总农艺师：高 玲

自治区林业工作

【年度综述】西藏林业系统坚持走有中国特色、西藏特点的发展路子，牢牢把握“西藏是国家重要生态安全屏障”的战略定位，紧紧围绕“发展现代林业、建设生态文明、实现林业又好又快发展”的总体要求和“确保西藏生态环境良好”的大目标，坚持从西藏实际出发，进一步理清工作思路，突出工作重点，强化措施和工作落实，

全区林业工作实现了“十二五”良好开局。2011年，全区完成造林绿化70.06万亩；完成安居木材供应27.33万立方米；到位林业建设资金14.23亿元，同比增长35.78%；实现林业产值9.80亿元，同比增长9.50%；带动农牧民增收8.60亿元，同比增长21.43%。

【造林绿化】2011年，全区完成造林和封山育林70.06万亩。完成育苗4010亩，出圃各类苗木3700余万株。同时，自治区人民政府召开了“全区成片造林现场会暨‘植树造林 绿化高原 优化生态 促进发展’全民行动启动仪式”，对全区造林绿化工作起到了很好的推动和示范作用。

【退耕还林】2011年，全区完成荒山荒地造林6万亩、封育7万亩、低产田改造4.16万亩，实施了后续产业发展、退耕农牧民培训、补植补造等项目；完成了县级自查和省级复查和国家重点核查验收工作。西藏30.6万农牧民继续受益，生态、社会和经济效益良好。

【防沙治沙】2011年，全区完成投资5400万元。在拉萨、山南、日喀则、林芝等地治理沙化土地1.07万公顷，完成了全区“十一五”防沙治沙目标责任终期考核自查工作。

【林木种苗】2011年，全区加大了育苗工作力度，指导各地、市加强种苗余缺调剂工作。全年完成育苗3930亩，出圃各类苗木3000余万株。

【森林资源保护】2011年，编制了全区“十二五”期间年森林采伐限额，年森林采伐限额为210万立方米，及时下达木材生产计划132.27万立方米（森林蓄积量）；下达了2012年度木材生产预计划8万立方米（折合森林蓄积17.78万立方米），全部供应2012年安居工程。2011年审核（审批）征收占用林地36件，占用征收林地面积934.45公顷，未突破年度占用征收林地定额；累计收取森林植被恢复费7737.48万元；编制完成《西藏林地保护利用规划纲要（2010-2020年）》。安居工程木材供应延伸“供需双方直接见面”政策，出台了《西藏自治区农牧民安居工程木材供应管理办法补充规定》，堵塞安居木材供应、运输、分配等环节漏洞；2011年全区安居木材计划需求量48.17万立方米，实际木材供应量为27.33万立方米，供应量减少了20.84万立方米；编制完成了针对资源林政管理方面的突出问题，探求解决问题的路子，形成了《西藏自治区资源林政管理工作一揽子行动方案（初稿）》。

【天然林保护工程】继续对127.7万公顷天然林进行常年有效管护，工程区未发生森林火灾、森林病虫害及乱砍滥伐现象；完成了《天然林资源保护工程二期实施方案》的编制并经自治区政府批准实施，确定了天保二期工程建设内容和投资规模，管护天然林131万公顷，封山育林29万亩，人工造林4万亩，中幼林抚育168万亩，总投资约为12亿元，是一期工程投资的2.6倍。

【森林生态效益补偿基金】下达了2011年全区中央财政森林生态效益补偿基金7.64亿元；会同财政厅向国家林业局和财政部上报了《西藏自治区林业局 财政厅关于恳请提高公益林森林生态效益补偿标准的请示》。全区配备重点公益林管护人员8万余人，管护1011.27万公顷国家重点公益林，增加农牧民收入约4.5亿元。

【生物多样性】完成了察隅慈巴沟、芒康滇金丝猴、类乌齐马鹿3个保护区二期工程建设和雅江中游河谷黑颈鹤国家级自然保护区二期建设及然乌湖湿地保护、麦地卡生态监测站工程；启动了自治区级以上自然保护区地理信息数据库建设；申报白朗县年楚河国家湿地公园1个，完成了巴松错等4处国家森林公园的景观改造；新审批了林芝自然博物馆驯养繁殖国家Ⅱ级重点保护动物猕猴及大绯胸鹦鹉项目，全区野生动物驯养繁育单位由原来的3家增至4家，驯养物种由单一向多种转变。对自治区藏药厂等6家企业实行了“野生动物利用专用标识”管理。

【集体林权制度改革】全区纳入改革试点的集体林地面积36507.3亩，共完成试点勘界确权面积36507.3亩，669个宗地，涉及农户4625户，涉及农牧民19865人。林改试点工作中，确权率为100%；到户率为4.8%；共发生纠纷19起，调解19起，纠纷调解率为100%；发放林权证300本，发证宗地438个，林改试点发证率为100%。集体林权制度改革试点主体改革工作已基本完成。

【森林防火】据统计，2011年，全区共发生林火2起，过火面积约1公顷，受害森林面积0.5公顷，与2010年同期相比，火灾次数、过火面积、受害面积都实现了大幅度下降，并且没有人员伤亡，呈现出“三个大幅度下降”，取得了我区森林防火历史上最好成绩。

【林业有害生物防控】2011年，全区林业有害生物发生面积与2010年基本持平。全年发生面积403.682万亩，其中虫害发生面积214.682万亩，病害发生面积113.5万亩，鼠（兔）害发生面积为75.5万亩。全区防治工作提前布置，各地（市）加强了对林业有害生物发生情况的监测和防治力度。全区共完成防治任务223.58万亩，其中虫害防治面积119.1万亩，病害防治面积60.57万亩，鼠（兔）害防治面积43.91万亩。

【森林和野生动植物保护】严格办案程序和办案要求，坚决打击破坏森林和野生动植物资源的违法犯罪行为。全区共发生林业各类案件108起（行政案件102起、刑事案件6起），查处108起，查处率100%。与2010年同期相比发案率下降25.3%，林业案件发案率已连续两年大幅下降，林业执法得到进一步加强。同时，联合相关部门开展依法查处非法经营野生动物产品及其制品活动，重点清理了拉萨、日喀则、那曲等10个集贸市场、132家商店，收缴藏羚羊等保护动物头角85个、皮2张、象牙制品29个。全区除拉萨市外已按要求实现了野生动物疫病监测信息网络直报系统传报监测信息。组织实施了9个野生动物疫源疫病监测站建设工程并建成6个。

【林业基础工作】第八次全国森林资

源连续清查暨西藏第二次复查工作已完成；开展了珠峰、芒康、工布等保护区资源调查工作和西藏湿地资源调查及青海境内唐北地区西藏实际管辖内550万公顷区域内的湿地调查；开展了“西藏沙棘优良品种选育及综合利用技术推广示范”等多个项目的研究。

【林业宣传】2011年，中央和西藏主要媒体刊播林业新闻报道30多条（次），开展重大主题宣传活动10多场，拍摄了林业专题片《至高利益》，为林业改革发展营造了良好氛围；上报林业信息209条，采用率82%，同比增加10%，在区直部门、全国各省市林业厅局中均名列前茅。编写了《西藏林业工作手册》，编制完成了《中国林业年鉴》、《西藏年鉴》等涉林部分的文字征稿和图片征集等工作。西藏自治区林业局分别被自治区人民政府、国家林业局评为“全区信息工作先进集体”、“全国林业年鉴工作先进集体”。

【林业规划】完成了西藏林业“十二五”发展和林地保护利用等规划，资源林政、营造林、野生动植物保护、自然保护区建设及湿地保护与恢复、森林防火等方面共计30多个项目的前期工作。

自治区水利工作

【年度综述】2011年，落实国家投资34.05亿元，与2010年相比增长47.8%，再创水利年度投资新高。全年建设工程212项。全年共完成投资27.24亿元。旁多水利枢纽工程实现截流；流域面积在200-3000平方公里，总投资20亿元的林周县彭波河、仁布县门曲河等中小河流域治理工程全面启动；16个县级山洪灾害防治非工程措施项目有序开展，丁青县、错那县城区段等重点防洪工程加快建设；无电地区规划项目深入实施，线路延伸步伐加快，吉隆口岸电站顺利开工建设，并在年内开工建设波密县波堆电站；措美县措龙、浪卡子扎嘎、加查冷达3座病险水库除险加固工程如期开工；达孜琼普、尼木县普松等重点灌区与节水增效工程近期陆续开工。解决20万农村居民和2.31万农村学校师生饮水安全问题；新增和改善农牧区3.74万人生产生活用电问题；新增和改善灌溉面积28万亩、灌溉饲草料地0.6万亩；建设三级以上标准县城堤防84.28公里，乡村防洪堤46.89公里；治理和修复水土保持面积2.55万公顷；恢复病险水库库容38.33万立方米。

【水政】草拟《西藏自治区实施〈中华人民共和国水法〉办法》并报西藏自治区人民政府审定。开展《西藏自治区实施〈中华人民共和国水土保持法〉办法》修订前期准备工作。开展了西藏水生态补偿、水价形成机制研究。

【水资源】编制完成西藏自治区水资源管理系统建设实施方案。以拉萨市为试点开展了城市水资源实时监控系统建设项目。积极开展全区河道管理、水土保持执法检查和水资源管理专项执法活动，配合自治区人大完成了“中华世纪环保行”活动。完成仲巴县扎布耶盐湖矿床锂资源开发（一期技改）与固体硼砂开采、西藏绿色饮品发展公司20吨青稞啤酒等15个水资源论证项目，并着手开展了“规划项目水资源论证试点”。

【水利规划和前期工作】“十二五”时期水利发展规划通过自治区人民政府审批，4个重大专题研究和16个专项规划编制完成；拉洛水利枢纽工程及配套灌区项目前期工作成效显著，项目建议书已报国家发改委待批复。《拉萨市澎波灌区工程规划报告》、《尼洋河综合治理与保护规划》通过水利部审查，全年共编制各类规划59个。已经下达的“十二五”规划2批418个项目前期工作进展顺利，其中恰央水库、雅砻水库可研报告已报国家发改委审批，仁多水库正办理可研阶段相关配套文件；流域面积在3000平方公里以上9条河流治理工程已启动可研阶段前期工作，全年共安排审查项目97项，较好地满足了“十二五”规开好局、起好步的需要，也为建立适度超前的水利项目储备机制奠定了基础。

【基本建设】2011年共完成投资27.24亿元。旁多水利枢纽工程实现截流；流域面积在200-3000平方公里，总投资20亿元的林周县彭波河、仁布县门曲河等中小河流域治理工程全面启动；16个县级山洪灾害防治非工程措施项目有序开展，丁青县、错那县城区段等重点防洪工程加快建设；无电地区规划项目深入实施，线路延伸步伐加快，吉隆口岸电站顺利开工建设，并在年内开工建设波密县波堆电站；措美县措龙、浪卡子扎嘎、加查冷达3座病险水库除险加固工程如期开工；达孜琼普、尼木县普松等重点灌区与节水增效工程近期陆续开工。解决20万农村居民和2.31万农村学校师生饮水安全问题；新增和改善农牧区3.74万人生产生活用电问题；新增和改善灌溉面积28万亩、灌溉饲草料地0.6万亩；建设三级以上标准县城堤防84.28公里，乡村防洪堤46.89公里；治理和修复水土保持面积2.55万公顷；恢复病险水库库容38.33万立方米。

【防汛抗旱】完善了西藏自治区防汛抗旱指挥部成员单位职责，签订了防汛抗旱责任书，开展了拉萨和山南异地联合防汛抢险演练。完善了满拉、冲巴、直孔水电站水库防洪调度方案，编制了《山洪灾害防御手册》。对加查县嘎堆电站，墨竹工卡县天仁桥、嘎则大桥等6个重点建设项目进行了防洪影响评价审查及审批。圆满完成林芝工布江达县浪嘎村突发泥石流、拉萨河国道318线大佛岛段洪水、曲水县茶巴拉水库除险等应急抢险任务，以及“9.18”印度锡金邦地震形成的康布玛曲支流曲池普河堰塞湖抢险工作，地震灾区恢复重建方案编制完成，部分项目开始实施。乡村防洪得以加强，浪卡子县普玛江塘岗布沟、白朗县玛乡普西村等乡村堤防相继开工建设。全年共建设乡村标准堤防总长19.79公里，修复乡村堤防9.82公里，受益人口8051人，保护耕地1.11万亩。在抗旱方面，通过去冬以来加强水库蓄水，水库蓄水与去年同期相比增加了20%，加之科学合理调度，春播春灌水源得到有效保障，其中仅满拉、冲巴两座水库就向下游供水5.16亿立方米，作物生长期未出现大的旱情，为农牧业丰收奠定了坚实基础。

【农田水利】全区小型农田水利重点县达到23个。同时，在面上通过“以奖代补”“以奖代投”，再次掀起了“雅江杯”农田水利基本建设竞赛热潮。全年投入小型农田水利基本建设资金3.17亿元，共新建和维修水塘98座、水渠644.65公里、机井69眼、渠系建筑物2839座，维修提灌站4座，完成土石方245万立方米，新增和改善农田灌溉面积15.3万亩、林草灌溉面积6.34万亩，新增粮食产量1530万斤、新增饲草料760万斤。基本实现了“冬春农田水利基本建设总投资较上年增长10%以上，农民投工投劳较上年增长-+3%以上，完成工程量较上年增加10%以上，综合效益各项指标较上年稳定增长”的目标。

【水土保持】2011年，开展了西藏曲水县茶巴朗小流域水土流失综合治理示范工程等水土流失综合治理工程和水土保持监测网络（续建）工程建设，完成建设资金2623万元；同时配合水利部水土保持监测中心完成了全国水土保持监测网络和信息系统建设二期工程（西藏部分）建设，完成建设资金554万元。成立了西藏水土保持规划编制工作领导小组，完成了《西藏水土保持规划编制工作方案》，收集上报了我区自然、社会经济、水土流失等资料，同时积极配合长江委水保局完成了水土保持防治典型模式调研、“三级”区划野外调查等工作。对省道201线然乌至察隅公路改建工程等4个大型生产建设项目进行了监督检查。组织评审水利、能源、公路、市政、矿业等重点建设项目水土保持方案67个，开展了西藏桑日10MWp并网光伏电站工程水土保持设施竣工验收，对矿山、能源、水利、铁路等行业的45个大型生产建设项目下发水土保持补偿费征收通知，全年征收水土保持设施补偿费268万元。

【水利普查】发放藏汉两种文字水利普查宣传资料3274套，制作水利普查标志（徽章）14000枚，培训综合、台账、水保、对象清查、数据处理等专项技术7879人（次）。建立了区、地两级数据处理中心。完成林芝、阿里水土保持专项野外调查，以及绝大多数地（市）水土保持普查室内工作。完成了全区河湖名录编制，圆满完成纳木错容积测量工作。启动了全区水文系统水文站、水位站、雨量站及部分河流河口定位测量工作。对象清查数据审核汇总成果顺利通过国务院水利普查办组织的阶段性验收。

【城乡供水】2011年安排农村饮水安全投资23526万元，建设各类饮水工程1518处，其中管道引水工程858处，筒井455眼，机井160眼，家庭手压井45眼，解决了20万农村居民和2.31万农村学校师生饮水安全问题。

【农村水电】2011年，实施无电地区电力规划建设项目53项，总投资38660.88万元，其中线路延伸工程49项，局域网工程2项，电源点项目2项。完工31个项目，完成投资25658.79万元，项目投产后可解决248个行政村、647个自然村，18787户、93286人的用电问题。2011年落实农村水电维修资金2085.5万元，完成了山南地区古堆电站、日喀则昌龙电站、那曲地区高口水电站、羊秀水电站、西亚尔水电站、额荣水电站等28座农村水电站的维修任务。2011年，通过与水利部水电局沟通，成功举办了“西藏农村水电业务培训班”，培训人数105人。

【建设管理】2011年，出台《西藏自治区水利建设工程施工分包管理规定（试行）》、《关于加强西藏自治区水利工程建设项目勘察（测）设计招标投标管理工作的意见》、《西藏自治区水利工程建设质量与安全监督管理暂行办法》、《〈水利工程项目招标方案报批表〉填报和审核工作须知》、《关于规范收取施工合同履约担保金的函》、《关于规范水利水电建设项目质量保修制的函》、《<西藏水利工程建设项目开工申请表>填表与审核工作须知》等规范性文件，继续强化以项目法人责任制为主的工程建设“四制”落实，积极开展项目法人培训班，规范项目法人组建。坚持公平、公开、公正的原则，严格按照规范程序开展招标投标工作。认真做好项目开工审核工作，共对67个项目的招标方案和开工报告进行了审批。大力开展水利工程建设领域突出问题专项治理和加快转变经济发展方式，2011年进行了三次大检查，派出多个工作组，对全区新开工和复工的重点灌区、水电站、城区防洪、农村饮水、病险水库除险加固等218项工程点进行了拉网式排查。重点对履行项目建设决策、招标投标、合同管理、工程质量与安全、进度等方面进行了专项检查，加大执法力度，通过现场检查、召开座谈会、限期整改等方式，及时纠正部分在建工程出现的质量问题。下发《关于召开2011年水利行业安全生产工作专题会议的通知》、《2011年西藏水利安全生产工作要点》、《关于开展水利行业严厉打击非法违法生产经营建设行为专项行动的通知》等文件，制订具体方案，精心组织，周密部署，狠抓安全生产工作，在水利部2011年度全国水利工程建设管理工作先进集体评选中，荣获2011年度全国安全生产先进集体，在西藏自治区人民政府2011年度安全生产先进单位评选中，水利厅荣获2011年度安全生产先进单位。

【领导名录】

党组书记、副厅长：李文汉

党组副书记、厅长：达娃扎西

党组成员、巡视员：扎西

党组成员、副厅长：骆涛（正厅级）、李克恭、扎西平措、郭永刚、巩同梁、阿松

党组成员、纪检组组长：张健明

交通、邮政、通信、民航

自治区交通运输工作

【年度综述】2011年是“十二五”开局之年。一年来，在西藏自治区党委、人民政府的正确领导下，在交通运输部的关怀支持下，西藏交通运输系统干部职工改革创新、砥砺奋进，交通运输工作成效显著，实现了“开门红”。归纳起来，就是“八个不断提升”。

【狠抓规划落实，交通运输科学谋划能力不断提升】认真贯彻落实中央第五次西藏工作座谈会精神，结合西藏交通运输发展实际，科学谋划、反复酝酿，编制了《西藏自治区“十二五”时期公路交通发展规划》，明确了“十二五”时期西藏交通运输事业发展的指导思想、目标任务和政策措施，规划总投资461.74亿元，是“十一五”的1.78倍。自治区党委、政府多次与交通运输部沟通协调，双方签订了加快推进西藏交通运输发展的会谈纪要。同时，认真做好项目前期工作，落实专人，跟踪审批，一批重大交通项目已纳入交通运输部规划，为西藏交通运输在“十二五”时期实现先行发展奠定了坚实基础。

【狠抓项目建设，交通运输基础承载能力不断提升】加大协调争取力度，落实交通建设项目15个，完成投资85亿元。一是高速公路实现零的突破。2011年7月，全长37.84公里、投资15.9亿元的拉萨至贡嘎机场高速公路建成通车，结束了西藏没有高速公路的历史，为60周年大庆献上了一份厚礼。二是重点公路项目建设如火如荼。国道219线新藏公路区界至日土段、通县油路曲美至岗巴等15个重点项目开工建设，16项续建工程扎实推进，中尼公路大竹卡至日喀则段等一批重点交通项目投入使用。三是农村公路建设稳步推进。建成农村公路项目246个，新增里程4854公里，新增20个乡镇通油路、273个建制村通公路。全面启动了“强基惠民公路通达攻坚行动”，计划用三年时间建设通村公路13385公里，解决669个建制村通公路问题。

【狠抓公路管养，交通运输服务保障能力不断提升】2011年是西藏公路管养事业取得突破性进展的一年。一是管养机构、体制改革进展顺利。西藏自治区公路局升格为副厅级事业单位，经自治区人民政府批准，印发了《西藏自治区公路养护体制改革方案》，公路管养架构更加合理、体制更加顺畅。二是公路通行能力稳步提升。截止去年底，西藏公路通车里程6.31万公里，次高级以上路面8723公里，新改建农村公路8774公里，99.71%的乡镇和86.43%的建制村通公路，通水泥沥青路比重分别为41.35%和12.70%，一个以国省干线为骨架、农村公路为基础的西藏公路网基本形成。三是公路养护水平不断提高。目前，西藏公路设养里程57549公里，其中国省干线11066公里，农村公路46483公里，国省干线油路优良路率65.5%，MQI值71.7，砂土路优良路率54%。完成大中修工程投资3100万元、路网改造工程投资9500万元。公路养护规范化建设不断加快，养护工程质量明显提高。

【狠抓运输管理，交通运输服务管理能力不断提升】着力化解道路运输领域的矛盾和问题，道路运输业实现了平稳较快发展。一是农村客运市场发展活跃。印发了《<关于扶持农村客运发展的意见>实施细则(试行)》，在西藏7个地市15个县开展了扶持农村客运发展试点，开辟农村客运班线20条，建成县级客运站60个，乡级客运站6个，简易停靠点205个。二是道路运输经济增长快速。完成货运总量979万吨，货运周转量27.10亿吨公里；完成客运量3659万人次，客运周转量22.50亿人公里。三是道路运输市场发展稳定。强化“三关一监督”职责，开展源头执法大检查，检查运输企业90家次，整改落实51起，对1家不符合安全生产要求的旅游公司吊销了营运资质，对80%的营运客车安装了动态监管终端，确保了道路运输市场安全稳定发展。

【狠抓科技人才，交通运输可持续发展能力不断提升】坚持实施“科技兴交”、“人才强交”战略，西藏交通科技、人才和信息化工作成效明显。一是交通科技创新不断深入,开展科研项目9个，取得科研成果8项，攻克了高寒地区沥青路面养护技术等一批技术难题。二是人才强交战略稳步实施,制定了《“十二五”西藏交通运输干部职工教育培训规划》和《“十二五”西藏交通运输人才发展规划》，组织750人参加岗位技能培训，选派32名技术骨干赴内地考察学习，2名后备干部赴交通运输部挂职锻炼。三是交通信息化建设有序推进,建成机场高速公路信息发布和监控系统工程以及西藏自治区重点营运车辆动态信息公共服务平台。

【狠抓平安建设，交通运输安全发展能力不断提升】狠抓安全生产不放松，西藏交通运输事业实现了安全发展。一是依法治交深入推进。起草了《西藏自治区治理超限运输管理办法》、《关于拉萨至贡嘎机场高速公路管理的通告》等政府规章和规范性文件，交通行政执法有法可依。二是安全生产形势平稳。继续开展“平安工地”建设活动，严格落实安全生产主体责任，西藏交通运输系统安全生产形势基本稳定。三是应急处置及时有力。完善《西藏交通运输突发事件总体应急预案》，认真组织应急演练，提升应急能力。“9·18”地震发生后，立即启动应急预案，投入

1022万元救灾资金和大量人员机械，仅用4天抢通了亚东灾区所有公路，为抢险救灾提供了有力的交通保障。四是隐患整治卓有成效。以“安全生产年”活动为载体，开展安全生产检查64次，查处安全隐患43处。开展道路运输安全隐患整治，纠正违章经营行为2016次，查处超限车3992台次，卸载超载货物1987吨，立案查处路损案件139起。西藏自治区交通运输厅被中央宣传部、国家安监总局授予“2011年全国安全生产月活动优秀单位”，被自治区人民政府评为“安全生产先进单位”。

【狠抓企业发展，交通运输企业竞争能力不断提升】 出资人认真履行职责，企业继续深化改革，市场竞争力不断提高，西藏交通企业全年完成产值7.29亿元，同比增长15.36%；实现利润1768万元；上缴税金4258万元，同比增长26.49%；职工人均年收入达41292元。

【狠抓创先争优，交通行业自身建设能力不断提升】 西藏交通运输行业将自我完善、自我发展作为交通运输事业不断推进的前提和保障，开展了卓有成效的工作。一是党的建设成绩斐然。大力加强思想政治建设、基层组织建设、干部队伍建设和党风廉政建设，召开专题学习会155场次，邀请讲师团作报告14场次，受教育人数5775人次；4家基层养护单位和4名养路工人被分别授予“全国模范道班”和“全国模范养路工”荣誉称号；提任厅级干部2名，提任调整县处级干部38名；廉政建设方面开展了公路规范化建设专项检查和工程建设领域突出问题专项治理，基本建设财务管理进一步规范，交通运输厅被评为自治区基建财务年度决算二等奖，强化审计监督工作，开展各类审计890多项。二是文明创建硕果累累。组织开展学习“两路”精神活动，集中宣传了鲁海山等新时期西藏高原养路人先进事迹。以庆祝建党90周年及自治区成立60周年系列活动为契机，精心制作西藏交通建设成果展和宣传片，19家媒体进行了报道，4000人次参观了展览。三是强基惠民扎实推进。派出28支工作队驻村开展帮扶工作，为民办实事190余件。交通运输厅工作组在西藏自治区“基层建设年”活动中被评为先进集体。四是交通行业和谐稳定。始终旗帜鲜明开展反分裂斗争，全面推进社会管理综合治理，深入开展矛盾纷纷排查化解，认真接待群众来信来访，全年没有出现过一起涉稳事件。同时，节能减排、群团、劳动人事、宣传信息和老干部等各项工作为西藏交通运输事业发展提供了有力保障。

青藏铁路公司拉萨办事处（拉萨站）

【基本情况】 拉萨站是青藏铁路的终点站，属一等站，按技术作业性质为区段站，按业务性质为客运站。车站图定日均接发列车11列（旅客列车6列、货运列车5列）。站内主要行车设备包括到发线8条，调车线2条，Ⅱ道为正线，集中联锁（计算机TYJL-TR9型）。拉萨西站行车设备包括到发线6条，货物线4条，Ⅱ道为正线，集中联锁（计算机TYJL-TR9型），有鑫达物流专用线1条，车辆段临修线段管线1条。当雄站行车设备包括到发线4条，货物线2条，Ⅱ道为正线。

车站位于拉萨市西南端、拉萨河南岸的柳梧新区，与拉萨市区及布达拉宫隔河相望。既是进入西藏自治区的重要门户和窗口，也是青藏铁路格尔木至拉萨段规模最大的客运站和青藏铁路的标志性工程。拉萨站区总占地面积约50.72公顷。

拉萨办事处2005年12月末成立，拉萨站2006年2月筹备成立，4月1日由格尔木车务段整建制并入拉萨办事处，实行合署办公，一套机构两块牌子。机关设综合办公室（负责党群行政工作办公、劳动人事职能）、安全信息技术统计科（负责安全调度、技术、信息统计、客货运输职能）、计统财务收入科3个职能室，下辖拉萨西站、客运2个车间，客运、售票、运转、货运共15个班组。管辖拉萨至乌玛塘10个站，其中拉萨西站为青藏铁路格尔木至拉萨段规模最大的货运站，管辖里程195公里。年末定员161人，职工172人（含见习本科毕业生），平均年龄35岁。固定资产166054万元。站址位于西藏自治区拉萨市柳吾新区拉萨火车站，邮政编码850000。（张世伟）

【机构编制增设】 3月24日，根据公司《关于拉萨办事处（拉萨站）成立客运车间的批复》，成立客运车间，负责拉萨站运转、调车、客运、售票等工作。9月21日，公司下发《关于拉萨办事处（拉萨站）增加定员的批复》，考虑拉萨西站货物到发量的增加及货5线开通，多元化经营业务逐步开展等因素，拉萨站定员总数调整为161人。（陈玉清）

【运输经营任务】 落实“五位一体”管理制度，加强与公司、路兴等单位的协调，压缩货物装卸作业时间，加快车辆周转。积极开展客货营销力度，召开货主座谈会、参加自治区安全生产月咨询日等活动，广泛宣传铁路运输的优势。通过报纸、网络等媒体大力宣传服务旅客货主举措，深入厂矿企业，协调解决运输困难，大力增运增收。发挥“五彩哈达”旅客服务中心作用，内提素质，外塑形象，提高服务质量，方便旅客出行。至年末发送旅客95.5万人次，完成年计划91万人的105%,比去年同期增加10.9万人；货物发送48万吨，完成年计划39.4万吨的122%，比去年同期增加18.1万吨；收入59127.33万元，完成年计划56000万元的105 %，比去年同期增加10668.15万元。（全明辉）

【车站安全管理】 认真落实新一届部党组、公司有关安全工作指示和要求，以安全大检查活动和安全专项整治为载体,加强安全生产宣传教育，印刷宣传资料1000多册，宣传提纲200余份，组办宣传栏、板报20多块，悬挂宣传横幅、标语10条，编辑《信息简报》100多期，制作拉萨站《“五彩哈达”周报》专刊10期，组成“安全·责任—责任·安全”宣讲小分队，深入车间、班组宣讲3场，全站上下营造安全生产氛围。全面检查安全管理、基础管理、技术管理、职工“两纪一化”、设施设备等工作，严格落实干部包保，干部下现场检查1200人次，解决问题278件。针对1月、7月、8月调图及春运、暑运、重点列车开行、军事运输及西藏60周年大庆物资卸车等阶段重点任务，车站高度重视，精心组织，提前召开专题会议部署，细化方案，责任到人，加强现场作业的检查盯控，强化关键点卡控，落实好各项安全措施，提高服务质量，圆满完成各项任务。截至12月31日，车站实现无责任一般D类及以上铁路交通事故1348天。（全明辉）

【路风管理】年内，按照公司路风工作要点，结合实际安排全站路风工作，全员签订《路风责任承诺书》，每季度召开路风工作会议，以比路风形象为考核标准，加强日常管理，在班务公开栏及候车区域公布每月评选的路风形象者。在售票大厅、候车室内公布路风投诉电话，24小时接听处理投诉电话，工作人员规范服务标志，向社会亮明身份，接受广大媒体及旅客监督。聘请武警部队、新闻媒体、西藏自治区纠风办等10名路风监督员，实施全方位监督。全年，表扬信10封、锦旗3面，无不良投诉。（宗巴）

【“五彩哈达”特色服务】年内，“五彩哈达温馨服务台”按照“突出高原特色、体现服务特点”的工作思路，开展以“诚信服务、热情服务、精细服务、洁净服务和便捷服务”为主要内容的“五彩哈达”特色服务活动，利用好《绿色通道服务卡》，体现“五彩哈达”服务亮点。重点为“老、弱、病、残、孕”等重点旅客提供服务、排忧解难。管理好服务小推车，发挥小推车服务旅客的作用，为旅客提供良好服务，受到旅客广泛赞扬。年内，列车移交高原病旅客103人次，交接重点旅客136人次，均妥善安排和处理。使用绿色通道卡服务3158张，使用小推车服务2.1万次，扶老携幼为旅客排忧解难1562人次，收到旅客表扬信10封，旅客留言簿表扬178条。（张世伟）

【卫生保障】牢固树立“以人为本、保障健康”工作思想，坚持“预防为主、防治结合”和“谁用人、谁保障”原则，突出“安康、安心、安全、塑形”，改善劳动环境，全面落实各项卫生保障措施，增强职工高原自我保护意识和卫生防疫知识，实现职工高原病零死亡、鼠疫零传播、患病旅客得到及时救治的卫生保障目标，确保职工队伍稳定。为进一步加强卫生保障工作，保障职工身体健康，按公司安排组织职工入冬前健康体检164人次，并建立职工健康档案，体检结果全部录入职工健康系统，跟踪管理。严格执行公司有关格拉段职工定期轮换规定，制定《拉萨站2011年职工轮换计划》，对到2年轮换期职工及时轮换，对临时出现身体不适应高原工作条件的职工，及时向公司反应调换，年内轮换职工51人，其中调出26人、调入25人，保证职工身体健康。合理安排职工休假，将职工带薪年休假与疗养结合，先后安排生产一线职工、“双先”、优秀职工代表28批31人次到内地疗休养。（陈玉清）

【接待工作】年内，按照公司安排，车站先后迎接国家发改委、国家财政部、中国科学院、中华全国总工会等领导，中国科协青藏铁路环保科普项目考察组，青海省党政代表团、青海省政协赴藏考察团，中央采访团沿青藏铁路考察组，中、外记者团，全国多家重点网络媒体记者参观考察团，西藏自治区政协、人大、政府视察、检查工作及铁道部领导现场办公等。全年接待220批次1004人次。（张世伟）

【拉萨西站新货运楼建成使用】2010年11月，公司针对西藏经济社会的快速发展，拉萨西站原有的货场规模和服务功能难以满足需求的实际，建设新的货运营业楼，扩能改造货场功能。2011年，拉萨西站新货运营业楼建成并投入使用。货运大楼建筑总面积2431.9平方米，其中营业厅面积463.9平方米，是原来的2.5倍。大厅内设整车货物到达、发送、计划核算，集装箱发送交付，铁路货物运输咨询，货运保价理赔等业务窗口和值班站长窗口，负责业务咨询、意见受理的业务。同时，为丰富货运整体服务功能，大楼内专门设置商务中心、业务洽谈区及服务指南区，提供打印、传真等服务；配备饮水机、报刊架、沙发、货运营业查询系统等服务设施；楼前设有8038平方米停车场，可为货主提供优质、便捷、舒适的环境。（张世伟）

【荣誉】

2011年，车站被全国总工会授予“全国五一巾帼标兵岗”，被全国总工会授予“‘十一五’时期社会主义劳动竞赛先进集体”称号；被西藏自治区安委会、安监局授予2010年度“安全生产先进单位”称号；被铁道部政治部授予“拉萨站五彩哈达温馨服务台全国铁路党内优质品牌”称号；被公司党政工团授予2010年度“先进单位”，公司党委授予“先进党委”称号。（张世伟）

自治区交通综合执法总队

【年度综述】西藏交通综合执法总队在交通运输厅的正确领导下，紧密结合交通执法工作实际，转变工作思路，改善工作作风，与时俱进，开拓创新，团结奉献，扎实工作，强化国道治超工作和交通运输市场动态管理，顺利完成了各项工作，保持了交通行业的稳定。

2011年根据《关于自治区交通运输厅所属事业单位机构编制批复》（藏机编发[2011]16号）精神，2011年2月25日，西藏自治区交通综合执法总队挂牌成立，是隶属自治区交通运输厅行政执法类参照公务员法管理的事业单位，现有在编人员360人。主要职责为:受交通运输厅的委托，依照有关法律法规，负责对全区道路运输市场监督检查，对从事道路运输经营的违法违规行为依法实施行政处罚,负责国道治超检测站、国道沿线车辆的超限治理及参与国道交通事故调查处理等工作。

本着“统一管理、分级负责、重心下移”的原则，西藏交通综合执法总队合理划分各级交通运输、国道治超综合执法机构的管理权限和执法区域，设有拉萨、山南、日喀则、阿里、昌都、林芝、那曲、驻青海格尔木8个交通综合执法支队，为加强交通执法管理的力度，在人口密集，车辆较为集中县设立30个执法大队，在国道109、318、319、219、214设立12个超限监控站开展路政执法工作。交通综合执法总队充分利用超限检测站的地理位置优势，从源头加强道路运输车辆的动态监控，重点治理超限运输车辆和违法违规经营行为，全面监管道路运输市场经营秩序。

【顺利完成了人、财、物的交接，保持了队伍的稳定】按照机构改革方案要求，执法总队在自治区公路局、运管局的大力协助下，顺利实现了各项交接工作。一是实现了拉孜、乃吉沟、安多、芒康等11个国道超限监控站和驻格尔木运管处资产移交工作；二是完成了114名路政人员的划转工作；三是圆满完成了执法总队及下属各支队挂牌工作。

【强化人员培训，整顿队伍纪律，交通执法队伍规范化程度不断提高】针对执法人员文化程度参差不齐，业务不熟、掌握程度不一的现状，总队邀请了公路局和运管局执法经验丰富的相关业务骨干授课，先后举办了4期业务培训班，授课内容涉及运政、路政执法业务、行为规范、职业道德等，全区280名执法人员接受了培训，共投入经费30余万元。培训人员还分期参加了交通运输厅统一安排的执法资格证考试，考试合格率达92.5%。总队先后组织2批次，17人次，到贵阳、昆明等地参加执法培训，学习内地先进经验。按照驻厅纪检组《关于在厅属事业单位机构改革期间严肃纪律的通知》要求，及时召开会议传达精神，并严格执行机构改革的各项政策规定，严肃有关纪律，加强监督检查，增强工作透明度和执行力。全年总队机关和各支队、大队共组织执法人员政治、业务学习387次、13330人次。为下一步全面开展交通综合执法工作奠定了良好的思想基础。

【建章立制，确保内部管理和外部执法机制有效运转】制度建设是新建单位的重要任务，执法总队高度重视，用三个月的时间，基本完成了建章立制工作，保证了队伍的良好风纪和工作活力，提供了制度保障。一是借鉴区内外先进经验，抽调全区精干力量，专门组织起草各项管理和业务的规章制度，先后制定了《执法人员违纪处罚规定》、《总队各科室及支队领导岗位责任》等各项制度近60余项。二是按照国家法律法规规定，结合总队各项执法业务，设计、翻译、印制了各类法律文书、宣传资料。三是完成了收费许可证的审批，收费票据、执法证件的申领和各类印章的审批制作工作。四是总队和各支队相继公布举报电话，接收社会监督，做到了事事有记录、有处理、有反馈。

【广泛开展宣传，提高知名度】执法总队积极开展交通执法宣传工作，把执法依据、治超政策等相关法律法规通过电视、广播、报纸等媒体，宣传车、宣传单、板报等载体向社会和广大客运从业人员广泛宣传，阿里、山南、那曲等支队组织专人驻点辖区所有县、大部分乡镇和各车队、运输公司、客货运场（站）、汽车维修厂等，大力开展“送法上门”、“送政策上门”活动，收到了良好的效果。在全区大力开展宣传期间，共计散发宣传单5万余张，出动宣传车186辆次，媒体报道128次，在各地（市）繁华街道、公众聚集场所共悬挂宣传横幅98条、张贴宣传标语1000多幅（张）。通过大力开展宣传，创造了良好的执法工作环境，较好地树立了交通综合执法总队形象，提升了知名度，达到了预期目的。

【开展各项执法活动，有效保护了公路，维护了道路运输市场经营秩序】执法总队结合我区交通运输市场突出问题，积极开展“道路客运隐患整治专项行动”、“打非专项行动”、“查处取缔无证无照经营活动”等，认真履行交通运输市场监管、运输动态安全监管和保护公路职责。一是加强常规检查，强化对客运车辆的监管，特别是对各类班线客运和旅游客运车辆加强了检查。对“两客一危”车辆实行过往登记和安全告知制度，实时掌握车辆动态，及时排除安全隐患。二是以全区各超限检测站为依托，实行了24小时不间断检查，重点查处非法客运和举报车辆。在整治非法客运活动中，日喀则、林芝、昌都等支队在地委行署的高度重视下，由地委行署领导亲自挂帅，由交通、公安、安监等相关部门领导为成员，成立领导小组，联合制定工作方案和措施，齐抓共管，使辖区内的非法客运行为有效收敛。三是加强同客运站和各旅游车辆公司的沟通与协作，共同治理客运站周边非法客运行为，维护客运秩序。四是加强与运管、公安交警等有关部门的联合整治，共同治理交通运输安全问题。拉萨、那曲等支队针对辖区各县非法客运较多问题，积极与当地县政府、公安部门协调，在通往各县的必经之路上联合设站检查，共同治理非法客运，收效显著。五是规范管理，打击非法出租车。针对市民、游客反映强烈，投诉率较高的出租车拒载、未经乘客同意擅自拼客、不打表等行为，执法总队统一了执法标准，结合各地（市）政府的具体要求，加大了出租车执法力度，形成了24小时不间断执法制度。在拉萨市“六城同创”期间，拉萨支队按照市政府要求，对出租车客运市场进行全面整顿，采取出租车投诉24小时受理，成立应急组及时出勤投诉现场，加大路面稽查力度等措施，使出租车客运服务进一步规范，得到了市政府的好评，为“六城同创”做出了贡献。六是结合《公路保护条例》和交通部《超限检测站管理规定》的颁布实施，强化治理国道超限超载检测站工作，以保护公路为己任，以卸载为治超主要手段，实行24小时作业，将短途治超工作纳入常态化管理，有效保护了国家公路。

2011年全区共出动执法人员38036人次，检查车辆251748台次，查处违法违章34010起，治理非法营运车辆3724台次，暂扣证件2179本次，暂扣车辆995台次；查处假营运证、假资格证138本；纠正超限超载车辆27114台，共卸载货物6204.2吨；全区共受理投诉电话2889次，全区受理来访举报129起，来信投诉43起，其他投诉367起，接到群众咨询电话790起，投诉反馈率达96%，召开协调会议78场次；走访道路运输企业（单位）470户。

【高度重视，积极组织创先争优、基层建设年活动，深入开展强基础惠民

生工作总】队制定了工作方案，成立领导小组，落实人员16名，进驻昌都县三个村和山南加查县一个村。总队投入15余万元启动资金为驻村工作队配备生活、办公等用品，为驻村工作提供资金保障。驻村工作队走村入户，详细掌握各村实际情况，并按照厅强基办要求，制定了四个村的五年发展规划，积极谋划惠民方略。完成了沙贡乡达东村总造价30余万元的农田灌溉水渠的修复工程。三大节日来临之际驻村工作组慰问了特困户、贫困户、残疾人、五保户、孤儿等弱势群体，给他们送去了大米、砖茶、毛毯、被褥等生活用品和慰问金，共计价值8万余元，把党的温暖和关怀传递给每个农牧民，得到了当地政府及人民群众的普遍赞扬，沙贡乡达东村驻村工作队还被评为地区先进工作队，当地村民联名写信要求驻村队不要更换，常住久留。

【积极筹措资金，完善基础设施】执法总队面对基础设施不够完备，执法装备落后，职工工作、生活条件存在诸多困难等问题，积极筹措资金，合理安排经费支出，改善交通执法部门的装备及基础设施，确保了交通执法各项工作的顺利开展。顺利完成了对曲水、安多、乃吉沟、拉孜等6个超限监控站和波密、樟木2个大队、日喀则、阿里支队院内的维修工程；完成了类乌齐、芒康2个监控站部分设施的改造工作；完成了日喀则大竹卡大队水毁工程及日喀则支队街景改造工程；完成了制式服装、执法文书印刷和标牌、地磅、减速带等执法设备政府采购工作；完成了总队办公楼的改建工程。解决了干部职工工作、生活上的实际困难，提高了一线执法人员的工作积极性。

【扎实推进GPS监控平台的建设，加强“两客一危”的监管】执法总队积极落实施工场地，房屋改造资金，并由专人负责在执法总队机关建设完成了卫星导航定位交通运输安全一级监控管理平台（GPS一级监控平台）和8个支队GPS二级监控平台建设。为下一步实现全区“两客一危”动态监管，打下了坚实的基础。

自治区公路管理工作

【年度综述】2011年是“十二五”开局之年，各级交通运输主管部门和公路管理机构，以科学发展观为指导，认真贯彻落实区党委、政府决策部署，在厅党委、交通运输厅的坚强领导下，紧紧围绕“十二五”交通运输中心工作和2011年主要任务，强化各项基础管理，公路养护管理工作取得可喜成效，实现了“十二五”的良好开局。

【体制机制改革取得新成果】全力突破公路养护管理体制性障碍，努力探索建立与公路的基础性、网络性、功能性特点相适应的管理体制和运行机制。

【通行服务能力取得新提升】2011年底，全区公路通车里程达到63108公里，设养里程57549公里，总设养率91.2%。其中：国道设养5604公里（不含设养109线青海境内593公里），设养率100%，省道设养5462公里（2011年新增省道设养里程43公里），设养率86.7%；农村公路设养里程46483公里，设养率90.8%。

2011年，国省公路油路优良路率65.5%，MQI值71.7，砂土路优良路率54.0%；农村公路县道铺装路段优良路率55.0%，砂土路优良路率43.0%，专用公路、乡道、村道优良路率38.15%。

以迎接全国路检为契机，国省公路路面、桥梁、隧道巡查和小修保养工作有效加强。以接养机场高速为标志，高速公路养护管理职能全面履行；以推进农村公路养护质量年活动为抓手，农村公路养护管理水平持续提高。同时，加强公路桥梁和隧道的监管，实现桥梁安全运营。继续实施GBM工程，组织清理路域白色垃圾，不断美化行车环境，路网整体通行服务能力稳步提升。

【工程管理水平取得新提高】全年完成养护大中修工程投资3100万元；路网结构改造工程9500万元（其中危桥改造完成6500万元，改造危桥1247.66延米/44座，公路安保工程完成3000万元，治理安全隐患路段488.82公里）；投资1000万元，实施段道房改建和维修工程13项；投资50万元建设高山道班光伏电站3座；投资9155.6万元完成了44项（国省公路20项，农村公路24项）公路水雪毁灾害恢复工程；完成专项工程投资10034.66万元；投资250万元新建标规路120公里。全力推进亚东“9·18”地震灾后重建工作，重建项目前期工作基本完成。做到了精心组织施工，加强项目管理，严格质量控制，工程管理水平进一步提高。

【应急体系建设取得新进展】提前做好公路应急保通预案，及时储备补充应急物资，预先布置人员机械，加强巡路密度和频度，做到准备充分、未雨绸缪。成功应对墨脱公路雪崩、比如路基坍塌等突发事件，特别是“9·18”亚东地震和2月上旬后藏地区雪灾工作中，公路局充分发挥应急职能，行动迅速，措施果断，人员、机械、物资调集调度科学顺畅，抢险救援工作及时高效，公路应急抢险救援能力和组织领导水平进一步提高，有力保障了公路通行能力和人民群众的生命财产安全，得到了自治区党委、政府、交通运输厅和社会各界的肯定和赞誉。

【依法治路取得新成绩】依法维护路产路权，全年共发生路政案件312起，破案309起，结案307起，破案率99%，结案率98%，发案率同比降低13%；查处超限车辆825台次，卸载货物628吨，办理超限运输手续2.5万台次，收取公路损坏赔（补）偿费552万元。护送国家重点项目大型设备超限运输36台次，依法放行整车合法装载鲜活农产品运输车辆663台次。开展了《公路安全保护条例》宣贯工作，人民群众的爱路护路意识持续增强。抽调10名路政执法人员开展了拉贡机场高速公路路政管理工作，维护了机场高速通行秩序。

自治区交通运输管理（海事）工作

【年度综述】2011年是“十二五”开局之年，是交通运输业加快发展方式转变、发展现代交通运输业的重点时期，自治区交通运输管理（海事）局深入贯彻落实科学发展观，以加快转变发展方式、发展现代交通运输业为主线，以努力推进综合运输体系建设、促进现代物流业发展、提升科技进步和信息化水平、建设资源节约型环境友好型行业、提高安全监管和应急处置能力为重点，着力调整交通运输结构、拓展服务功能、提高发展质量、提升服务水平，不断提高“三个服务”的能力和水平，实现交通运输可持续发展，为国民经济和社会发展提供强有力保障。

【道路运输管理服务水平进一步得到提高】全区运管（海事）机构职能调整后，全区运管干部重新认识所面临的责任和形势，统一思想，改进工作作风，进一步明确“管什么，怎么管”的问题，以新的视角，新的定位，调整和确定发展思路、管理目标、工作重点和政策措施。把工作重心向客货集散地和运输源头延伸，向强化安全监管、优化市场环境和提供公众服务延伸，向统筹城乡运输一体化和促进综合运输延伸，把工作的重心更多地转向提高服务意识，规范行政行为，为广大企业和经营业户提供了良好优质的服务，道路运输管理服务水平进一步得到提高。

【确保了我区道路运输经济稳步增长】在2011年全年道路运输发展和管理中，运管局充分发挥行业管理职能作用，认真贯彻全区交通工作和运管（海事）工作会议精神，以科学发展观扎实推动道路运输发展，2011年全区货运情况：1-9月共完成货运总量764万吨，同比增长2.96%，完成货运周转量195215万吨公里，同比增长2.1%。客运情况：1-9月共完成客运量2689万人，完成客运周转量162475万人公里。截止2011年9月底，客运运力7360辆，货运运力21397辆，约增加3796辆。客运班线353条，其中农村客运班线157条。县级客运覆盖率达到99%，418个乡镇通了客运班车，乡镇客运覆盖率达到56%以上。

【确保了我区道路运输市场的稳定】一是按照交通运输部“建设低碳交通运输体系”的要求，严格执行营运车辆燃料消耗限制标准，进一步做好达标车型的核查工作，确保新增营运车辆符合燃油消耗规定。扎实推进道路运输业节能减排工作取得实效。二是强化对道路运输从业人员培训机构的监管力度，规范道路运输从业人员资格培训机构，加强从业资格培训管理，提高培训质量，加强对道路运输从业人员从业资格培训、考试、发证的管理。继续开展驾校教练员资格的培训、考核、发证工作。三是严格履行“三关一监督”工作职责，进一步落实运输企业安全生产主体责任，继续深化道路运输安全生产专项整治活动，深入各地区和各客运企业组织开展源头执法检查，检查运输企业90家次，查处一般安全生产隐患56起，已整改落实51起，整改率达91%。吊销1家不符合安全生产要求的旅游公司的道路运输经营资质。一定程度上遏制重特大道路运输事故的发生。经营性道路运输安全生产趋于平稳。四是全面推动营运车俩安装卫星定位系统和客运企业建立车辆动态监管平台建设，并将应用情况纳入企业质量信誉考核和车辆年审工作内容，截止9月约有80%的营运客车已安装动态监管终端系统。

2011年，全区运管机构科学合理调配运力，认真做好春运、“五一”、雪顿节等重点时段和节假日旅客运输工作，特别是按照自治区人民政府和交通运输厅的安排和部署，圆满完成了“大庆”期间的运力调配工作。尽最大努力满足群众出行需求。

【推进基础设施建设，加大培育和发展乡村客运市场的力度】全区运管部门紧抓交通大建设、大发展的历史机遇，加强协调，落实投资，严格执行项目公开招投标，有力推进了道路运输基础设施建设。2011年完成了3个地市二级客运站新建、改建任务，4个县级客运站和44个停靠点的建设任务。积极推动农村客运站点的运营工作，日喀则、山南地区农村客运站使用率有了明显提高。初步形成了以自治区级枢纽为主骨架，区域级客货运站场为节点，辐射乡镇、延伸农村、信息联通的道路运输站场服务体系。

按照《西藏自治区人民政府关于扶持农村客运发展的意见》要求，2011年全区运管部门积极协调地方交通主管部门做好宣贯、引导和培育工作，努力落实惠民政策，全力改善农牧区群众出行条件。

【推进水运管理各项工作，促进海事事业发展】针对我区水运事业起步晚，基础设施非常薄弱的实际情况，西藏地方海事局认真做好协调、衔接工作。多次向部海事局汇报我区水运基础设施建设情况，加强沟通衔接工作，积极创造条件，争取建设资金和上级部门的支持。同时，根据交通运输部海事局新的船检机构片区调整要求，积极协调广东海事局，商定我区船舶检验工作。全面贯彻和实施《西藏自治区地方小型船舶检验规定》并在交通运输部海事局统一安排和部署下，在广东海事局的帮助、指导下，我局已于2011年9月正式对西藏的部分船舶进行检验、发证。共对全区符合规定的40艘船舶进行了检验，拟对检验合格的15艘船舶发证。

截止到目前，我区共有76名船员通过了内河五等船员适任证书的文化考试和实操考试。经个人或公司申请，我局已对合格的57名船员核发了《船员服务薄》、《内河船舶船员适任证书》，并逐个建立船员档案，为我区船员管理工作走上规范化管理迈出了一大步。

2011年全区海事机构重点抓好辖区渡口渡船和旅游船舶的安全管理工作，加强与各级政府沟通联系，进一步落实安全管理责任，消除事故隐患，确保水上交通安全形势的持续稳定。乡镇渡船配发了救生衣、救生圈，有效防范水上安全事故的发生。

自治区邮政工作

【年度综述】2011年是“十二五”规划的开局之年，也是西藏邮政深化改革，加快发展的一年。西藏邮政各单位坚持以科学发展观为统领，坚持以发展为第一要务，深化企业改革，强化科学管理，增强核心能力，构建和谐企业，不断推进普遍服务工作，全面完成了各项工作任务，实现了“十二五”良好开局，进一步加快了西藏邮政事业的发展步伐。

【普遍服务工作】各级邮政企业始终把做好普遍服务工作特别是农牧区通信服务作为重要的政治任务，逐步完善乡邮服务功能。2011年，为贯彻落实国务院“关于藏区空白乡镇邮政局所补建工作”的要求，区邮政公司与区发改委协调、接洽，上报了“十二五”期间全区565个空白乡镇网点补建方案；同时，落实了已建成乡邮网点运行费用专项财政补贴400万元。先后两次全方位展开农牧区邮政网点调研工作，对全区农牧区网点数量、通邮情况、投递频次、服务范围、经营情况等基础数据进行全面调查和统计。

为进一步提高农牧区邮政通信邮件投递工作质量，2011年，区邮政公司根据农牧区邮政营业网点基础设施严重短缺情况，集中采购县至乡镇邮件运输汽车43辆，完成了网点办公设施的集中采购、设备运输、下发网点、实地安装等工作，全区乡镇网点服务能力进一步提升。截止到2011年末，全区邮政营业网点202处，设在农牧区乡镇、村的85处，电子化支局网点123处，具备报刊零售功能的199处、电子商务功能的118处、集邮票品销售功能的132处。

【业务发展情况】2011年，全区邮政完成业务总收入15746.86万元，比上年同期增长12.77%。在三大板块业务中，邮务类业务继续实现较快增长，全年实现业务收入6705.6万元，同比增长19.23%；邮政速递物流专业累计完成收入9500万元，同比增长22%；邮政金融业务实现收入1.27亿元，同比增长0.26%。

西藏邮政以调结构促增长，以营销体系建设为抓手，不断强化经营基础管理工作，使企业发展质量、效益、速度以及经济运行指标等全方位实现新突破。

邮政速递物流业务2011年，全区邮政速递物流业务继续保持快速发展，专业公司实现收入4698万元，同比增长37%，现业代理实现收入4802万元，同比增长9.75%，业务总收入超过青海、宁夏、海南，排名全国邮政第28位，业务总收入增幅居全国邮政第4名，完成预算进度排全国邮政第1名。

邮政储蓄业务2011年，全区邮政储蓄自营业务实现收入7631.62万元；个人存款余额达到33.71亿元（其中自营网点16.14亿元），市场占有率基本趋稳；对公存款余额达11.12亿元，同比增长0.19亿元。储蓄存款结构进一步优化。全区活期存款占比达到69.32%，自营网点67.88%。全区国内汇兑发汇金额达到54.06亿元，国际汇兑发汇237.75万美元。

【党建和精神文明建设】一年来，西藏邮政以文明建设促发展，维护了企业和谐稳定，和谐建设有新气象。一是作为西藏和平解放60周年大庆活动一项内容，为纪念这一重大历史事件，自治区人民政府与中国邮政集团公司在庆祝活动当天共同举办了《西藏和平解放60周年》纪念邮票首发仪式。区邮政公司策划并配合集团公司新闻宣传中心组织行业媒体和主流媒体组成联合报道团，进藏宣传报道西藏邮政发展成就，很好的展示了企业形象，取得了一定的宣传效应，为促进我区社会和谐建设起到了间接的助推作用。二是以扎实开展“创先争优”活动为载体，加强学习型党组织和基层党组织建设。坚持以深入开展为民服务创先争优活动为重点，以不断深化党建工作责任制目标管理为抓手，在基层党组织和党员中深入开展“亮标准、亮身份、亮承诺，比技能、比作风、比业绩”活动，促进创先争优活动的深入开展。在邮政窗口、对外服务部门设立“党员责任区”、“党员示范岗”、“党员示范窗口”、“党员先锋邮车”等展示平台。掀起“远学尼玛拉木，近学我区模范”热潮，展示党员的先锋模范形象，激励党员发挥模范带头作用，不断增强基层组织的创造力、凝聚力、战斗力，努力建设高素质党员干部队伍。三是各级邮政单位坚持把加强基层组织建设作为活动的着力点，加强指导，不断增强基层组织开展创先争优活动的自觉性和实际能力。强基固本、加强监督，党风廉政建设和反腐败工作持续推进。围绕邮政企业发展的中心工作，整体推进以完善惩治和预防腐败体系为重点的反腐倡廉建设。签订党风廉政建设责任书，进行领导干部集体廉政谈话，开展“党风廉政宣传教育月”和“小金库”自查活动，教育并提高党员领导干部廉洁自律意识，落实党风廉政建设责任制，切实把邮政企业党风廉政建设和反腐败工作落到实处。四是深入开展全区邮政创先争优强基础惠民生活动。按照区党委的统一安排部署，区邮政公司党组高度重视，积极主动贯彻落实区党委的决策，立即召开动员大会，认真传达学习陈全国书记的重要讲话精神，并对开展创先争优强基础惠民生活动进行了安排部署。从10月起，全区各邮政单位按照各级党委、政府安排部署，积极行动，共派出驻村工作队18个，抽调干部职工62人，分布我区七个地（市）所属18个村，最高海拔5040米，平均海拔4100米。公司党组要求驻村工作队在完成区党委“建强组织、维护稳定、帮助致富、开展教育、办好实事”任务的同时，结合邮政工作实际，对邮政普遍服务及农牧区邮政通信网络建设进行调研，推进农牧区邮政通信工作。

自治区通信业管理工作

【年度综述】2011年，西藏电信行业紧紧围绕促进西藏跨越式发展和长治久安的目标任务，以“服务社会、和谐发展”为宗旨，不断完善农牧区通信网络，不断加强电信基础设施建设，不断规范电信市场秩序，不断提升通信保障能力，不断强化网络与信息安全管理，取得了令人鼓舞的新成绩，实现了“十二五”良好开局。

【全区电信行业持续保持平稳健康快速发展】2011年全区电信业务总量累计完成23.67亿元，同比增长16.52%；电信主营业务收入累计完成24.40亿元，同比增长10.91%；全区电话用户总数达到236.93万户，比上年末净增34.43万户，普及率为81.70%；全区互联网用户数达到135.87万户，普及率为46.85%，其中互联网宽带接入用户数达到12.95万户；电信增加值为9.71亿元，同比增长1.57%。

【全区电信网络基础设施建设不断加强】提前实现了全区“乡乡通宽带”目标任务。截止到2011年底，累计实现651个乡镇通光缆，乡镇通光缆率达到95%；累计实现1417个行政村通宽带，行政村通宽带率达到26.9%；全区光缆线路长度达到4.15万公里，同比增长8.5%，其中长途光缆线路长度达2.4万公里；全区交换机容量达327.5万门，其中移动电话交换机容量达199万门；3G网络已覆盖全区7个地市城区、74个县城城区、631个乡镇、重要景区、拉萨至那曲段铁路沿线。

【通信保障能力不断提升】按照“工作任务不变、维稳力量不减、威慑程度不降”的总体要求，圆满完成了中国共产党成立90周年、西藏和平解放60周年、党的十七届六中全会、自治区第八次党代会等一系列重大活动的通信保障任务。圆满完成了亚东地震应急通信保障任务。圆满完成了各项应急通信、特殊通信、专用通信、无线通信保障任务。得到了自治区党委、政府、工信部等主要领导的充分肯定和赞扬。获得了“大庆活动保障有力单位”荣誉称号。

【电信基础设施共建共享取得阶段性成果】2011年，电信行业加大基础设施共建共享协调力度，建设了西藏电信基础设施共建共享管理系统，出台了《西藏自治区电信基础设施资源共建共享价格指导标准》，促成了西藏联通新建的日阿1200多公里长途光缆线路共享杆路协议的签订。截止到2011年底，全区共建基站10个，共享基站288个；共建铁塔10座，共享铁塔164座；共建传输线路2907线路公里，共享传输10174线路公里；共建杆路1414线路公里，共享杆路9023线路公里；共建管道31公里，共享管道19公里；共享室内分布系统1套。合计节约投资近2亿元。

【网络与信息安全管理不断加强】建立了网络安全事件通报机制，向各电信运营企业通报系统漏洞、木马数据等网络安全事件，有效抑制了网络安全事件的发生。认真核查互联网接入信息，建立了全区IDC机房、上网服务器、本地接入网站域名台账，对未备案网站依法实施了关停，打击了接入服务市场的违规行为，清理了空壳网站788个，空壳主体524个，完成了电信业务经营许可年检工作。开展了打击非法“网络共享”网站及设备产品、非法网络公关、网上“扫黄打非”、侵犯知识产权和制售假冒伪劣产品等专项行动。建立了跨省、跨部门处理违规网站和不良信息的协作机制。

【电信市场秩序更加规范】充分发挥申诉受理中心、电信用户满意指数测评和电信服务质量通告的作用，引导企业自律经营、诚信经营。稳妥推进了固定电话本地网营业区间通话费上限标准下调。进一步规范电信资费协议，开展电信资费网上公示管理工作，有效减少了电信资费套餐数量。认真查处违规经营行为，重点查处在校园及周边通信市场恶性竞争行为。开展了全区电信计费系统性能监测工作和严厉打击通信建设领域非法行为专项行动。加强了码号资源管理，促进了电信资源的合理配置。

【电话用户真实身份登记工作成效显著】积极参与《西藏自治区人大常委会关于实行电话和互联网用户真实身份登记的决定》和《西藏自治区电话用户真实身份登记管理办法》的起草和审议工作，并促成其在去年底前如期出台。同时根据以上法规制订了《西藏自治区电话用户真实身份登记工作方案》，为今年西藏率先在全国依法实行电话用户真实身份登记工作打下了坚实的基础。

【无线电管理工作成效显著】随着无线电业务在经济社会发展中多层面、广覆盖的应用，无线电已成为推进信息化进程的重要载体，无线电管理在经济发展和社会维稳中的作用越来越重要。近十年来，全区无线电管理机构围绕中心任务，狠抓工作落实，取得了显著成绩。队伍不断壮大，制度更加完善，工作更加规范，基础设施和技术设施建设成绩突出，圆满完成了全区7地市监测站建设，目前拥有各类无线电技术设备50余台（套），累计固定资产投资达1.33亿元，无线电管理综合能力明显提升。积极做好维稳无线电专项监测，圆满完成了重大活动和突发事件无线电安全保障工作，为西藏经济社会发展和安全稳定做出了积极贡献。

【各项专项工作成效显著】2011年，编制了《西藏通信业“十二五”发展规划》，制定了《“十二五”通信发展年度工作计划》。促成了《西藏自治区人民政府关于加快通信业发展的意见》的出台。成立了西藏通信发展研究中心。深入开展了基层建设年、强基惠民和定点扶贫活动。建立了地区专用通信站，完成了专用电话二级网一期工程并开通试运行。完成了管局基础设施建设和成立10周年庆祝活动。启动了安全分中心综合机房楼工程建设项目。

【领导名录】

党组书记、局长：青 其

党组成员、副局长：李学林 尼玛多吉

党组成员、专用通信局局长：余官玉

中国电信西藏公司

【年度综述】2011年，中国电信西藏公司各级企业全面落实科学发展观，坚定履行维稳保通政治责任，持续深化体制机制创新，强力实施9大重点专项工作，努力推进全业务有效益规模发展，圆满完成了经营发展各项目标任务，实现了“十二五”的良好开局。

【规模发展取得新成效，市场地位进一步巩固和提升】一是经营收入增长创近年来新高，全业务收入市场份额达到32.2%。二是收入结构进一步优化，固网业务对收入的负拉动较上年有明降低，好易通的风险已基本得到释放。三是移动、宽带实现规模突破，移动市场份额提升2.3个百分点，宽带用户市场份额得到进一步巩固。四是3G重点应用产品全面推广，6大流量型增值产品渗透率达到31.1%，3G手机户均流量达到112.5MB，创新产品收入占移动服务收入比达到31.1%。五是行业信息化应用有效拓展，系统集成项目签约额创下新的记录，移动行业应用拓展实现破题，进一步提升了中国电信服务经济社会信息化的竞争能力和优势，树立了良好的品牌形象。

【服务维系持续强化，客户感知进一步改善】一是强化六大服务管控，推进服务达标。解决了账单优化、服务提醒、账单投送等长期制约客户感知的难点问题；推行“维系一小时”方法，开展了政企团购回头看、零次户和欠费用户激活等专项工作；集中开展宽带服务提升专项工作和宽带满意工程大会战，全面实行“五个一”服务举措，开通了中国电信西藏公司客服微博。二是着力提升渠道效能。实行实体渠道和电子渠道专业化运营管理，积极推进实体渠道体系建设，直销渠道差异化销售能力和运营效能不断增强。终端瓶颈进一步缓解，成功引进了国代级手机终端分销平台。三是全面启动和开展了“为民服务创先争优”主题活动，实现“三争创、三提升、一满意”目标，全业务服务标准达标率达到98.9%，客户维系工作全面完成集团考核指标。

【网络规模健康发展，运行质量进一步优化】一是大力推进通信网络覆盖延伸，实现了网络的规模发展。全面实现了全区5261个行政村“村村通电话”、682个乡（镇）“乡乡通宽带”，使西藏信息化应用达到西部地区平均水平；承担了3536个行政村通电话的重任，占全区行政村总数的67.21%，发挥了全区“村村通电话”中的主导作用；积极推进“村村通宽带”工程。二是持续开展“网络赶超”重点专项工作，保持宽带领先优势，网络接通率、掉话率、MOS值优良比、高速里程掉话比等主要质量指标超越竞争对手。三是全面接应集团“宽带中国·光网城市”战略，投入建设资金2亿元，加快宽带光网络部署，大力实施“光进铜退”工程，切实提高宽带网络覆盖水平和能力。四是IT支撑力度不断加大，重点向经营服务支撑、运维基础能力提升倾斜，资源管理系统初步实现了光进铜退条件下网络资源存量管理和配置确认功能。五是针对性地开展了全区核心骨干网、互联网安全整治、应急保通等专项活动，圆满完成了建党90周年、西藏和平解放60周年、亚东地震抢险救灾等重大通信保障任务，切实加强网络和信息安全管理，落实战备应急通信保障责任。

【精确管理不断深化，价值创造能力进一步提升】持续调整和优化成本费用结构，制定实施推进有效益发展、双规模突破、市场份额提升等一系列特殊激励政策措施，提升运营管理和价值管理水平。优化投资结构，突出投资重点，强化投资集约管理，重点支撑宽带和移动业务的发展。优化项目审批流程，提高市场响应速度，增强了经营单位应对市场的灵活性、针对性和有效性。根据集团公司统一部署，启动和实施了MSS/SSC项目专项工作，各相关部门积极配合集团项目团队，对企业组织架构、业务流程、内控规范、IT支撑进行了全面对标调整和优化完善，在区公司本部和拉萨分公司MSS/SSC系统成功上线试运营的基础上，已进入全面推广实施阶段。坚持互利共赢原则，积极推进基础设施共建共享，累计节约建设资金1700多万元。持续开展网络资源清理整治、闲置资产清理盘活专项工作。规范采购、物流、库存管理，深化价值采购、绿色采购和阳光采购。推进节能减排，促进降本增效，实现了年度电耗、油耗控制指标。围绕企业经营管理关键风险环节和价值提升点，开展了内控自我评估、内控独立评价、内控评审现场审计等工作，全年实现增收节支322.3万元。

【人力资源转型强力推进，企业活力进一步激发】以提高劳动生产率为抓手，制定了全区编制定员标准，实行ABCD用工动态管理机制；重新设计了员工岗位评估办法和职业发展通道，初步实现了从注重行政层级向岗位价值导向的转变；全面梳理西藏公司薪酬福利制度，重新构建了薪酬激励体系，拓宽了员工薪酬增长空间；制定了《员工岗位动态管理办法》，建立起企业和员工双向选择、竞争上岗、能上能下、良性循环的动态用工机制。实施了六岗及以下员工岗位晋升、五岗员工晋升专业四岗的工作，打通了员工职业发展通道；加大劳务派遣制员工转合同制员工的力度,进一步增强了企业凝聚力。顺利完成了援藏换届工作，援藏单位从12个扩大到17个，援藏力度进一步加大。

【深入开展“加强基层建设年”和“创先争优强基惠民”活动，企业党组织战斗力进一步增强】根据自治区统一安排，区公司积极开展“加强基层建设年”活动，与山南地区浪卡子县康萨居委会建立联系点，着力改善当地群众生产生活条件，被山南地委行署评为“先进驻村工作组”。2011年10月以来，全区各级企业按照自治区统一部署，全面启动了为期3年的“创先争优强基惠民”活动，各单位共选拔84名干部员工，组成27个驻村工作队，深入7地市27个村开展工作，帮助建强基层组织、维护社会稳定、寻找致富门路、进行感恩教育、办实事解难事，为推进跨越式发展和长治久安提供坚强支撑。各级企业以“加强基层建设年”和“创先争优强基惠民”活动为契机，着力加强企业党组织建设，充分发挥基层党组织战斗堡垒作用和党员的先锋模范作用；健全完善党风廉政建设和惩防体系，认真落实反腐倡廉工作要点和任务分解，加大重点领域清理整治和监督预防力度；持续开展“天翼飞扬”劳动竞赛活动，强力推进企业全业务经营。深化民主管理，关心关爱员工。全面推进“建四小、创六好”，开展送温暖、献爱心，为员工办实事、办好事，重点解决基层县支局员工吃水用水难、吃饭难、取暖难、洗澡难、入厕难、学习难、活动难、高海拔县支局吃菜难等11个方面的具体困难和问题。举行了"天翼腾飞杯"第三届全区职工运动会，展现了良好的比赛成绩和精神风貌。区公司组织103名干部职工、分三个阶段开展了"百名干部下基层"活动，有针对性地帮助基层单位解决经营发展中的突出问题，整体提升县支局运营能力、促进企业有效益规模发展。

【获奖情况】1月初，中国电信西藏公司网络发展部荣获"全区'十一五'重点建设项目工作突出贡献集体"称号，受到自治区党委、政府联合表彰。

1月下旬，中国电信西藏公司荣获自治区效能建设年"先进集体"荣誉称号。

1月下旬，中国电信西藏公司员工罗布顿珠被授予"西藏自治区'十一五'定点扶贫工作先进个人"荣誉称号。

2月中旬，中国电信拉萨分公司营业员陈瑞被评为2010年度"全国用户满意电信服务明星"。

3月上旬，中国电信西藏公司格桑尼玛被授予"中国电信集团先进财会工作者"荣誉称号。

5月初，西藏电信工会被中华全国总工会授予"社会主义劳动竞赛先进组织单位"荣誉称号。

5月处，中国电信拉萨分公司次仁罗布荣获第七届"西藏青年五四奖章"。

6月中旬，中国电信西藏公司边单晋美荣获中电信集团"档案工作先进个人"称号。

7月下旬,西藏电信工会女职工委员会荣获"全国推进女职工权益保护专项集体合同工作先进单位"称号。

9月下旬，中国电信山南分公司张世江荣获全国"改善基层员工工作生活条件突出贡献者"。

10月初，西藏电信荣获"五五"普法先进单位称号，夏开林同志荣获"五五"普法先进个人称号，收到中国电信集团公司表彰。

11月8日，西藏电信记者站被授予2011年度《人民邮电报》优秀记者站称号。

12月初，中国电信昌都分公司营业部榜上有名，被授予"全国'安康杯'劳动竞赛优胜班组"荣誉称号。

【领导名录】

党组书记、总经理：李晓华

党组成员、纪检组长、工会主席：白勇

党组成员、副总经理：徐永平、卜继周、莫刚、尼玛顿珠

中国移动西藏公司

【年度综述】2011年，中国移动西藏公司在"服务西藏、服务全网，立足长远，兼顾效益"定位的基础上，树立"有价值、可持续"的企业理念，围绕主要运营目标，积极应对市场竞争，认真开展生产经营和网络建设并取得突出成效，为西藏经济发展、社会稳定、民生改善做出积极贡献。

【积极做好市场工作，提升客户服务能力】开展系列营销，取得一定效果。针对农村市场及返程农民工，开展"预存话费零元购机"和"返程客流高峰期地推"两项活动，用户参与达5.8万户，新增客户4万多。在全区范围内开展"全球通积分专项营销"、"喜迎西藏60大庆 情满雪域2011"系列营销、"新春祝福送好礼 畅享移动新生活"全网营销等，参与用户达26万多人次。通过"关、停、并、转"方式清理资费，不断加强资费管理，大力推广以88套餐本地版、商旅版为主线的资费产品。针对农牧区市场推广TD无线座机，以神州行家园卡低资费吸引农村用户，并落实"三网（农村信息网、农村通信网、农信营销网）惠三农"各项惠民政策。推进各项重点信息化项目，包括校讯通、警务通、医保通等，有序推进行业应用和信息化发展进程。加强对分公司服务督导，开展营业厅"一对一"驻点帮扶，开展"创优质服务 赢客户满意"竞赛，努力提升客户满意度和客户服务质量。客户满意度持续改进，标准满意度位列全区第一。热线人工接通率、一次性解决率和客户满意度均达到并稳定在85%以上。

【搞好网络建设和维护，提升网络服务能力】网络覆盖100%的乡镇。一干传输网络川藏线（拉萨-林芝-昌都）、青藏线（拉萨-那曲-安多）两条重要出省传输实现保护备用路由，有效提升一干传输的稳定性、安全性。开展专项工程，提升网络质量。在拉萨业务区成功引入1800M项目。开展机场高速沿线覆盖及拉萨扩容。加快WLAN热点覆盖，推进无线城市建设，有效满足客户需求。充分利用客户资源，通过勤工助学方式，由西藏大学学生协助完成网络信号覆盖和质量调查。同时在拉萨开展基于网络问题收集的有奖活动，鼓励用户积极参与发现网络问题，从用户角度做好网络质量的监督。

全力推进TDSCDMA建设和运营。TDSCDMA是我国自主知识产权的第三代移动通信技术标准。以科学发展观为指导，坚定不移地推动TDSCDMA的发展。积极开展TD网络优化，有效提升客户感知。大力开展TD业务应用，截至年底，全区使用TD业务的用户实现增长达181%。

积极推进南方基地项目，实施网络集中监控管理。2011年6月，网管监控项目进入第三阶段由南方基地进行主监控的试运行阶段。加强与南方基地的协调和沟通，积极查找相关问题，有效推进南方基地项目建设和后续衔接工作。提升应急通信装备的服务能力，全区七辆应急通信车和七辆小型应急电源车完成建设并投入使用。出色完成"两会"及"大庆"重要通信保障，特别是在亚东地震通信抢通和保障工作中，为加快救援和恢复通信做出特殊贡献。通过对现网系统的不断升级改造，有效提升信息安全保障能力。

【加强企业基础管理，提升运营能力和企业价值】2011年6月14日，主要领导完成调整交接。原董事长、总经理戴忠完成在西藏任期去集团赴任，新董事长、总经理卓锋到西藏任职。新班子创新发展思路，改变经营观念，适时提出"有价值、可持续"经营理念，建立有效投资、成本管控和评估体系，初步搭建低成本高效运营体系，有效支撑企业可持续发展。持续推进体系化建设，建立健全基本制度，有效提升基础管理能力。坚持定期召开总经理办公会，强化任务落实与落地。执行财务刚性化预算管理，严格控制非生产性支出。以创先争优活动为载体，增强和提高党组织凝聚力、战斗力。加强党风廉政建设，持续推进惩治和预防腐败体系建设，促

进企业健康发展。充分发挥内部审计的“免疫”和“制动”作用，最大程度降低企业运营风险。坚持“以人为本”理念，加大对艰苦地区员工的关爱力度，做好离退休、内退员工的走访和慰问，并在政策允许的范围解决好离退休、内退人员困难。有序推进EAP项目，加强员工心理疏导，重视员工心理健康。积极送关爱到基层，深入推进班组建设，打造和谐发展环境。

【履行企业社会责任，提升企业形象和美誉度】扎实推进基层建设年活动。以“五个满意”为目标，结合自身优势，做好加强基层建设年活动通信保障各项工作。公司党组在第一时间召集有关分公司业务、网络负责人召开专题会议，对加强基层建设年活动驻点村业务支撑、网络覆盖、客户服务等工作进行专项部署并狠抓落实。主动联系84个区（中）直单位驻村工作组，确认当地移动网络覆盖情况，积极做好通信保障。驻阿里地区普兰县霍尔乡帮仁村工作组在公司党组的大力支持下，认真开展办实事活动。投资58.8万元帮助解决195户牧民用电问题。赠送8吨大货车并提供3万元周转金，解决帮仁村牧民夏季放牧期间的生活必需品及运送问题。向特困户送去大米、清油和砖茶，缓解了当前困难。组织全体职工向帮仁村捐款9.6万多元、捐赠衣物500多件，并全部发放到当地群众手中。在10月11日召开的全区深入开展创先争优强基础惠民生活动动员大会上，中国移动西藏公司驻阿里地区普兰县霍尔乡帮仁村工作组被中共西藏自治区委员会评为加强基层建设年活动先进驻村工作组，受到自治区表彰。

坚决落实电信基础设施共建共享，有效减少重复建设，大力提高资源利用。与区内其他电信运营商共建基站5个，共享基站53个，传输线路共建924.1公里，共享1703.58公里，共享管道1公里。开展垃圾短信监控、拦截工作，有效治理垃圾信息、手机诈骗、涉黄网站等不良行为，积极维护消费者合法权益，努力净化社会发展环境。认真落实绿色行动计划，倡导通信环保时尚新生活。从节水、节电和节约用纸等身边小事入手,大量建设太阳能和风能等绿色环保基站，积极推进绿色行动计划。2011年，公司能源消耗总量较2010年同期下降8%。

积极开展抢险救灾，全力做好“9·18”地震通信保障。2011年9月18日20时40分，印度北部锡金邦发生里氏6.8级强烈地震，震源深度20公里，导致西藏中印边境地区房屋倒塌、人员伤亡。受地震影响，中国移动西藏公司亚东及周边地区多处通信光缆受损，相关通信全部中断。退服基站总数达24个，其中亚东县14个、定结县1个、定日县5个、岗巴县3个、江孜县1个。第一时间启动突发事件应急通信预案，积极部署应急抢险和通信保障工作，率先为当地政府提供应急卫星设备，打通地震发生后第一个电话；迅速在亚东县城开通两台应急通信车，第一时间恢复县城及其周边12个移动基站，为当地政府指挥抢险救灾和居民日常生活提供通信保障，受到自治区领导的高度评价和充分肯定。

民航西藏自治区管理工作

【年度综述】2011年是建党90周年和西藏和平解放60周年的喜庆之年，区局深入贯彻落实民航两级工作会议和自治区党委、政府指示精神，按照年初工作部署，把握重心，顺势而动，主动作为，高效、顺利、圆满地完成了年度工作目标和任务，为西藏的改革开放、社会稳定、经济发展、文化繁荣以及祖国的边防巩固做出了积极贡献。

【安全态势总体平稳】继续深入落实安全责任制；积极开展安全隐患排查、危险品运输专项检查以及货邮专项整治工作；认真落实“应急演练年”工作要求，全方位组织实施“应急演练”活动；全面推进安全管理体系（SMS）建设；组织完成邦达机场安全审计和阿里机场保安审计工作；成都-拉萨航路VHF/ADS—B建成并试运行，多项技术改造项目实施完成；加大鸟害防治和综合治理，完善FOD治理规程，严格不停航施工组织管理，密切军民航沟通协调，确保持续安全；统筹全局，紧紧围绕“三大战役”，坚持下好先手棋、打好主动仗，瞄准敏感时段，强化统筹部署，适时提高安保响应等级，严格安全检查，确保空防安全。“11·22”保障事件发生后，区局坚决贯彻落实李家祥局长重要批示精神，严格按照管理局党委决定，认真开展反思整顿，举一反三，不断强化安全生产岗位责任制，深入开展安全大检查，查找和消除安全隐患，航空安全态势保持平稳，实现了连续保障飞行安全46周年。

【运输生产快速增长】以加大航空公司引进力度，完善西藏航线网络和机场布局为重点，不断提高民航服务西藏的能力和水平。日喀则机场正式通航，区内所有地市均有通航机场的目标初步实现；西藏航空公司作为西藏民航新生力量正式首航，世界首家高原基地航空公司的品牌得以树立，区内没有本土航空公司的历史至此结束，西藏航空事业发展活力进一步激活；厦门航空公司重庆—拉萨航线验证试飞工作圆满完成，于2012年1月开通福州—重庆—拉萨和厦门—重庆—拉萨航线，西藏民航再添生力军；中央第五次西藏工作座谈会、自治区第八次党代会精神进一步落实，北京-拉萨往返定期直达航线正式开通，空中金桥的重要作用进一步凸显。全年，区局共保障飞机安全起降16429架次，完成旅客吞吐量183万人次、货邮吞吐量1.2万吨，同比增长17.6%、18.9%、-17.4%。

其中：拉萨贡嘎机场共保障飞机安全起降13894架次，完成旅客吞吐量158万人次、货邮吞吐量1.13万吨，同比增长18.8%、22%、-17.9%。

【经济收入稳步增长】2011年，区局实现主营业务收入11457.37万元，同比增长14%；其他业务收入1728.15万元，同比增长30%；成本费用64233.85万元，同比增长67%；实现利润（不含亏损补贴收入）-50960.15万元，同比增亏24306.23万元，增亏率91%。全年收到亏损补贴收入88981万元（其中弥补2010年底前累计亏损缺口50755万元，2011年亏损补贴38206万元）。辅业公司实现营业收入8670.47万元，同比增加1707.03万元，增长25%；成本费用7509.05万元，同比增加1879.45万元，增长33%；实现税后利润981.23万元，减少161.81万元，降低14%。

【基础建设成绩显著】“十一五”工程全面完成。共实施完成重点建设项目4个，累计完成投资28.93亿元；“十一五”重点工程决算、审计工作有序开展，邦达机场改扩建工程国家审计工作、日喀则机场改扩建工程竣工决算前期准备工作顺利完成，阿里昆莎机场新建工程竣工决算工作稳步开展。“十二五”规划编制工作进展顺利。《西藏民用航空“十二五”发展规划及2020年远景目标纲要》已报审自治区政府，根据国家发改委《关于印发“十二五”支持西藏经济社会发展建设项目规划方案的通知》，“十二五”期间西藏民航规划建设重点建设项目（含续建）共7个，规划总投资73亿元，“十二五”期间完成投资24亿元。“十二五”规划重点项目全面启动。重点项目前期工作稳步推进，西藏航油配送中心工程子项拉萨铁路接卸油料库开工，主体已经建设完成；林芝米林机场总体规划已取得批复；拉萨贡嘎机场航站区改扩建工程子项运行协调决策及应急指挥系统工程和新建空管中心工程前期工作加快推进；那曲机场新建工程前期论证工作积极推进。其他基础建设项目稳步推进。拉萨贡嘎机场飞行区改造及配套工程子项的飞行区跑道盖被、站坪扩建等改造项目完成；拉萨贡嘎机场贵宾楼、航站区道路改造等大庆项目建成并投产使用；昌都、林芝、阿里助航灯光等工程稳步推进，全年共落实建设资金86975.3万元，下达自筹资金计划843万元。区内机场基础设施更加完善，保障能力进一步增强。

【企业改革持续深入】安全运行监督管理办公室组建成立，安全监管职能进一步加强；部分处室机构设置和岗位进行了合理调整，岗位职责进一步理顺；积极探索稳定短招工队伍的方式方法，公开选拔转录优秀短招工为长招工，企业凝聚力和向心力进一步提升，职工队伍更加稳定；科教培训积极开展，干部队伍管理能力和水平进一步提高。

【服务质量进一步提高】严格落实《民航西藏区局服务质量检查管理办法》，明查和暗访的监督检查工作全面开展；深入探讨研究、解决旅客投诉和反映的焦点问题，服务质量管理由事后处理向事前控制转变，旅客认同度进一步提高；航班延误专项整治工作全面开展，大面积航班延误处置工作稳步提高，后续服务保障工作进一步加强。2011年，区局航班正常率为85%，受理旅客有效投诉“0”起。

【依法行政能力进一步增强】《西藏自治区民用机场保护条例》颁布实施，新闻发布会和群众宣贯活动全面开展；合同事务和审批程序进一步规范；律师事务所与下属辅业公司的常态联系进一步加强；积极开展法律咨询讲座和个人法律事务咨询项目，服务干部群众；依照相关法律法规，委托代理律师及时跟进民事诉讼案件，维护区局合法权益；加强市场监管，联合航协、工商、税务等部门开展航空销售市场联合执法活动，严格票证管理，查处和曝光非法销售机构，维护广大消费者权益；认真办理人大代表、政协委员建议、提案，及时答复社会热点和难点问题。

【圆满完成西藏和平解放60周年大庆保障任务】西藏和平解放60周年大庆重要运输保障任务，规格高，跨度大，要求严，时间长。区内5个机场同时亮相，3个机场重点保障，任务十分艰巨，责任十分重大，区局迅速贯彻落实民航局和管理局关于保障专机的统一部署，精心组织，周密部署，深入一线，靠前指挥；全体干部职工始终秉承绝对服从大局的观念，始终保持昂扬向上的精神面貌、科学严谨的工作态度、统筹兼顾的工作方法，以高度的政治责任感和历史使命感出色地完成了各项保障工作，顺利完成专包机35架次，高质量、高标准地完成了中央代表团乘坐专机、包机和航班的保障任务，充分体现了民航优质高效的服务水平，确保了大庆保障工作的绝对安全,实现了区内重要航空运输工作的新突破与新跨越。保障工作受到了民航局、民航西南地区管理局的表彰通报，被西藏自治区党委、政府授予“在庆祝西藏和平解放60周年活动中保障有力单位”荣誉称号。

【获奖情况】

1. 全国总工会授予民航西藏区局“全国五一劳动奖状”
2. 林芝航站荣获“林芝地区庆祝西藏和平解放60周年活动表彰大会”活动组织先进集体称号
3. 西藏自治区党委、政府授予民航西藏区局“在庆祝西藏和平解放60周年活动中保障有力”荣誉称号，并获得民航局、西南地区管理局表彰通报
4. 林芝航站荣获西藏自治区第五届“全区各族青年团结进步奖”称号
5. 林芝航站荣获民航局精神文明建设指导委员会颁发的第二批全国民航文明单位

【领导名录】

党委书记、副局长：白 珍

局长、党委副书记：李汉成

国土资源、住房建设、旅游

自治区国土资源工作

【土地资源概况】西藏自治区地处祖国西南边陲，幅员辽阔，生态环境独特，自然资源丰富，全区国土面积120多万平方千米，约占全国国土面积的八分之一。全区约有86%的土地分布在海拔4000米以上。主要以牧草地和未利用地居多，耕地和林地较少，其利用方式主要以牧业为主，少部分低海拔河谷地区为农业用地。

【规划修编】国土资源规划体系逐步完善，《西藏自治区土地利用总体规划（2006—2020年）》、《西藏自治区“十二五”时期国土资源规划》、《西藏自治区基础测绘“十二五”规划》已经批准实施。《西藏自治区“十二五”时期地质灾害防治规划》、《西藏自治区“十二五”时期矿山地质环境保护与治理规划》也将报自治区人民政府审批。各地（市）、县（市、区）土地利用总体规划编制工作稳步推进。

【土地利用】国土资源为经济社会发展提供了重要的资源保障和优质服务。立足稳增长、调结构，保障发展，提高资源支撑能力。增加用地指标总量，安排新增建设用地计划指标2.15万亩，比2010年增加了2.14%。2011年，全区出让土地904.58亩，收入1.42亿元。合理配置土地计划指标，核减不合理用地，清理处置闲置用地，盘活批而未用土地，促进存量土地及时开发利用。建立快速审批通道，预（初）审了268个建设项目用地，申请拉日铁路等6个重点项目先行用地，申报了171个建设项目用地，涉及土地2.97万亩（其中，报国务院的6个，涉及土地1.86万亩），已有122个建设项目的9464亩用地获批。第二次土地调查全面完成，成果得到广泛应用，农村集体土地确权登记发证工作进展顺利，全区73个县（市、区）全部签订了合同书，绝大部分地（市）与县（市、区）签订了责任书。3个县已通过检查验收，近期还将对部分县进行验收。通过开展农村集体土地确权登记发证工作，明晰了土地产权，保护了农牧民群众的合法权益，为农村集体土地使用权制度改革提供了重要基础保障，对农村集体土地合理流转发挥了积极作用。

【耕地保护和节约集约用地】依法行政，严格管理，坚持和完善最严格的耕地保护制度，完成了耕地保护目标考评，会同财政、农牧、水利等部门，在对2010年实施的土地整治项目进行检查的基础上，经实地考察安排11个土地整治项目，已有9个项目通过审查。目前，全区耕地面积552.55万亩，基本农田面积稳定在465万亩以上。完善征地补偿制度，提高征地补偿标准，及时足额支付补偿安置费用，确保了被征地农牧民生活水平不降低，长远生计有保障。

【国土资源执法监察】按照中央治理工程建设领域突出问题工作领导小组、国土资源部、自治区政府有关严格建设用地管理的相关规定，强力推进2010年度土地、矿产卫片执法检查，查处违法用地150宗、6618.8亩，除部分国家重点项目用地及欠缴新增建设用地土地有偿使用费的项目外，均进行了整改，处理了5起矿产资源违法开发行为，维护了土地市场的正常秩序，土地和矿产违法违规形势逐步好转。协助国家土地督察成都局在林芝召开了西南四省（区、市）“双保工程”2011年行动推进会，扎实开展山南地区土地管理共建试点工作，保障了经济社会科学发展，维护了正常的土地管理秩序，产生了强烈的社会反响，得到了地方政府和社会各界广泛好评。

【矿产资源勘查】加大地质找矿工作力度，落实项目586个，资金8.13亿元（其中，青藏专项139个，资金4.79亿元），评价出改则县多龙金铜矿1处超大型金铜矿床，墨竹工卡县知布拉和尼木县岗讲2处大型铜矿床，主要矿产新增资源储量：铅锌169万吨、铜828万吨、钼17.7万吨、金6吨（伴生金229吨）、铁矿石25万余吨。已提交12月18日召开的青藏专项（西藏片区）国土资源大调查成果评审会审查的班公湖—怒江成矿带西段等3个项目铜资源量827.47万吨、金285.47吨、银1096.86吨，同时新发现一批钼、钨矿产地，成为西藏片区近年来最耀眼的找矿突破成果之一。稳步推进整装勘查工作，对全国《找矿突破战略行动纲要（2011—2020年）》确定的我区金达铅锌矿、米拉山铜钼矿、尼木铜矿、山南铜多金属矿、多龙铜矿等5个整装勘查区组织编制了实施方案和矿业权设置方案，并下发了《关于做好整装勘查工作的通知》，对整装勘查工作进行全面安排部署。据初步统计，5个整装勘查区总面积约4.15万km^2，已设探矿权176个。矿产资源三项调查取得重要进展。矿业权实地核查成果显著，并应用于矿权管理中，进一步夯实了矿产资源管理基础，受到了国土资源部的表彰；完成了我区铜金等第一批11个矿种的潜力评价工作，取得了西南第一、西部十省区第三的好成绩；矿产资源利用现状调查工作进展顺利。加大矿产资源整合整治力度，整合工作圆满完成，成效明显。严格勘查许可证和采矿许可证的审批发证工作。目前，全区有效探矿权1003个，采矿权225个。矿业权有形市场建设和矿产资源储量管理得到加强，矿业权市场秩序持续好转。

【地质灾害防治与环境保护】应对自然灾害的能力不断提升，开展了地质灾害气象预警预报，成功避让地质灾害9起，避免人员伤亡1460人，避免直接经济损失5060万元。安排了萨嘎县城西侧泥石流灾害治理项目等10处重点地质灾害治理工程，完成了102个地质灾害危险性评估项目，实施了3个矿山地质环境治理项目，审定了11个矿山地质环境保护与恢复治理方案，对保障人民群众生命财产安全和保护生态环境起到了积极作用。组织专家参加亚东抗震救灾和恢复重建工作，完成了受地震灾害影响的其他22个县的地质灾害隐患排查和亚东县12处地质灾害应急勘察工作。地质遗迹保护、地质公园建设和城市地下水动态监测工作取得新进展。

【测绘工作】测绘保障服务能力显著增强。测绘市场秩序持续好转，数字城市建设快速推进，突发事件应急处置地理信息平台建设通过验收，测绘应急和服务经济社会发展的能力显著增强。

【国土资源法制建设】法制建设得到加强。全面清理了规章、规范性文件和行政审批项目，为进一步规范行政行为提供了制度保障。《西藏自治区测绘条例》已于2011年1月1日施行。制定了《西藏自治区国土资源系统开展法制宣传教育第六个五年规划（2011—2015年）》，安排部署了“十二五”全区国土资源系统普法工作。

【信息化建设】信息化建设持续推进，政府信息公开不断加强，地质资料信息服务水平不断提高。

【受援工作】接受全国国土资源系统援藏工作不断推进，通过“送教上门”等方式培训干部360余人次，落实援藏资金2837万元。各对口援藏单位支持力度不断加大，安徽、广东等省厅主要领导莅临我区检查指导援藏工作。

自治区住房城乡建设工作

【年度综述】2011年，是全面实施“十二五”规划的开局之年。在西藏自治区党委、政府的坚强领导下，在住房城乡建设部的有力指导下，西藏各级住房城乡建设部门深入贯彻实践科学发展观，以中央第五次西藏工作座谈会精神为指导，狠抓落实、开拓创新，奋力推进保障性住房建设，全力推动城镇化进程，切实加快建筑业发展，努力确保工程质量安全，各项工作取得了长足进展，为推动西藏经济社会发展做出了积极努力。

【切实加快“十二五”规划编制工作，进一步明确住房城乡建设事业各项目标任务】《西藏自治区“十二五”时期住房城乡建设事业发展规划》已编制完成，经自治区政府常务会议审议批准发布；完成西藏自治区城镇基础设施“十二五”项目规划、保障性住房建设“十二五”项目规划并获国家批准；“十二五”农牧区民房改造工程建设规划、西藏自治区环境卫生专项规划5月份通过专家组评审，“十二五”城镇污水再生利用设施建设规划、“十二五”城镇生活垃圾无害化及环卫设施建设规划年初通过区内专家组评审、4月份通过国家发改委中咨公司专家组评审，“十二五”历史文化名城名镇保护专项规划年初通过专家评审、最终成果已报国家发展改革委；“十二五”周转房建设项目规划、“十二五”城镇和国有工矿棚户区改造项目规划、“十二五”公共租赁住房建设项目规划已编制完成并经政府批准实施；“十二五”时期住房和城乡建设系统法制工作规划、房地产业“十二五”发展规划、建筑业“十二五”发展规划、城乡建设防灾减灾“十二五”规划、建筑节能与科技“十二五”规划、城乡规划编制与修编“十二五”规划等专项规划已进入后期修改完善阶段，年内将出台实施。各专项规划的编制，将为各项事业提供规划指导。

【保障性住房建设有序推进，住房公积金监管工作稳步加强】1.抓协调、明责任，加快落实项目和资金。年初，自治区保障性住房建设管理领导小组年初与各地市行署（政府）分管专员（市长）分别签订了目标管理责任书，各地市行署（政府）也与各县签订了目标责任书，层层明确责任和要求，实行保障性住房建设目标管理，并及时落实项目资金，西藏自治区还于4月份和8月份先后召开保障房建设管理工作部署会和推进会，明确工作任务，落实工作责任。各地市、各有关部门在建设时间紧、任务重、配套压力大的情况下，坚决贯彻西藏自治区党委、政府的重大决策部署，克服困难，迅速行动，加大工作力度，为保障性住房项目建设提供了基础保障。

2.抓开工、促进度，确保保障性住房建设整体推进。2011年，西藏计划新建改造保障性住房1.55万套（其中：新建廉租住房2000套、公共租赁住房1200套、周转房5700套，维修改造周转房1900套、改造城镇棚户区2985户、改造国有工矿棚户区938户），所有项目均全部开工，形成一定的实物量和形象进度，个别县主体工程基本完工；2010年度西藏保障性住房续建项目主体工程全部完工，达到入住条件。

3.抓督查、促落实，切实推动保障性住房建设项目保质保量加快进度。2011年，西藏自治区党委书记陈全国对保障性住房建设管理工作作出了“保障性住房建设也是一项重要的民生工程，在取得已有成绩的基础上，继续抓紧抓好，一是抓尽早开工，二是抓建筑质量，三是抓公平分配”的重要批示，西藏自治区副主席宫蒲光分别于4月14日、8月15日召开推进保障性住房建设工作专题会议，要求各地市、县进一步加快我区保障性住房建设进度。9月27日—28日，自治区保障性住房建设管理工作领导小组分别对拉萨、日喀则、山南、林芝、昌都等地市分管专员（市长）和区国资委进行了约谈，督促进一步加快工作进度、推动保障性住房项目建设。

2011年5月-10月，自治区副主席、自治区保障性住房建设管理领导小组组长宫蒲光同志牵头组成多个督查组，分赴七地市42个县（区）、28个乡（镇），对2010年保障性住房建设管理、质量安全、资金到位等进行全面督促检查。从检查情况看，西藏保障性住房建设项目总体上符合基本建设程序要求，工程质量和安全生产环节监管到位，2011年度项目建设均安排在市政设施条件比较完善的城区，地（市）、县（区）能够克服困难积极落实项目配套资金，各级住房城乡建设部门加强了政策制定和完善工作，能够按照自治区制定的相关政策严格准入规定，出台了当地廉租住房管理实施办法，基本完善了各项程序，按照规定收取了租金，保障房面积未超标，入住情况良好。

4.抓保障、重管理，努力完善我区住房保障体系。一是组织地市编制申报2011年度租赁住房补贴发放计划，发放了3247万元廉租住房补贴，通过租赁补贴方式解决我区城镇低收入家庭7044户约10612人的住房困难问题。二是进一步加大保障性住房建设、管理的有关信息公开力度，严格执行廉租住房分配入住有关政策规定，在保障性住房建设工程项目中实行永久性标牌制度，落实建设项目法人和各方责任主体工程质量终身负责制，加强对保障性住房项目的工程质量和安全生产监管。指导各地市进一步规范和细化保障性住房申请、审核、公示、轮候、入住、退出程序的政策措施。三是积极探索保障性住房与市场开发相结合的模式，加大与国家开发银行、西藏信托投资公司的沟通和联系，积极研究符合我区实际的拓宽房源渠道、吸收社会投资的保障性住房建设管理新途径。

5.抓监管、保安全，充分发挥住房公积金对提高干部职工购建住房支付能力的作用。全区党政机关、事业单位住房公积金覆盖面已经达100%，国有企业住房公积金覆盖面达84%，部分非公经济组织已试点建立了住房公积金制度。全区建立住房公积金账户人数达到14万人，累计归集住房公积金101亿元,累计发放公积金贷款2.8万笔38.6亿元，住房公积金个贷率（个人贷款余额占住房公积金缴存余额的比例）为32.49%，住房公积金使用率（个人提取总额、个人贷款余额与购买国债余额之和占缴存总额的比例）为60.5%。

在抓监管、保安全方面，一是大力加强和改进住房公积金管理服务，严格执行住房公积金支取和贷款计划，加强从业人员培训管理，扎实推进文明行业创建，实现挂牌上岗、亮证服务，促进各级住房公积金管理中心服务工作规范化、标准化，取得较好成效，西藏自治区住房资金管理中心被全国妇联授予“全国巾帼文明岗”荣誉称号。二是实现住房公积金网络监管，提高了住房公积金网络的使用效率。三是认真落实中央第五次西藏工作座谈会明确的任务，从2011年1月起，西藏自治区将党政机关、全额拨款和差额拨款事业单位干部职工住房公积金缴存比例单位缴存部分提高2个百分点，机关事业单位干部职工住房公积金缴存比例为工资总额的10%。按照中央第五次西藏工作座谈会精神和自治区的部署要求，提出从2012年起再将我区住房公积金缴存比例提高2个百分点的政策建议，已经政府第16次常务会议审议原则同意。四是从2011年2月1日起，西藏提高住房公积金个人住房贷款额度、延长贷款年限，全区住房公积金最高贷款额度提高到40万元，贷款年限延长到15年。五是针对西藏干部职工在异地购房住房公积金贷款抵押担保难的问题，由西藏自治区住房资金管理中心分别在西藏民院和成都设立管理部，签订了资金中心、商业银行、担保公司三方协议和地（市）资金管理中心委托协议，使西藏住房公积金管理工作从单一的业务扩面提升到服务扩面。六是通过提高住房公积金使用率、加大住房公积金贷款力度等方式，在利率较低甚至“倒挂”的情况下，也有力地确保了住房公积金保值增值和资金安全。

6.抓房改、促深化，积极推动住房制度改革工作向纵深发展。一是加紧落实我区住房补贴政策。已会同财政厅草拟完成贯彻落实中央第五次西藏工作座谈会逐步安排住房补贴的政策建议。二是严谨细致地完成了省级干部房改工作。

目前，西藏已初步建立具有西藏特点的以“四房三改”（“四房”即廉租住房、周转房、公租房和经济适用住房，“三改”即棚户区改造、周转房维修改造和农村危房改造）为重点、以“三补一金”（“三补”即干部职工住房补贴、廉租住房租赁住房补贴和干部职工租房补助，“一金”即住房公积金）为基础的住房保障体系。

【深入推进城乡规划建设管理，积极稳妥推进城镇建设】1.继续加大规划完善工作，强化规划执法监察。一是完成《西藏自治区城镇体系规划》补充调研和修改完善工作。二是鼓励各级政府充分利用对口援藏等方式，加快城镇控制性详细规划、分区修建性详细规划编制工作，全区已有日喀则市、山南地区泽当镇、林芝地区八一镇以及40个县城开始启动所在地城镇总体规划的修编工作。批准实施《西藏自治区申扎县城市总体规划（2010-2020年）》等县城规划。完成了全区城乡基础设施建设项目规划、农牧区民房改造工程建设规划、城镇污水可再生利用设施建设规划、城镇生活垃圾无害化及环卫设施建设规划、历史文化名城名镇保护专项规划等行业专项规划的编制工作。三是规范建设项目选址意见书核发程序，印制了新一批“一书三证”20万套，以核发“一书三证”为抓手，加强对项目建设执行规划的监管力度，受理申请办理建设项目选址意见书704件。四是进一步加大规划执法检查，拉萨市、山南地区、日喀则地区以城镇总体规划为依据，加大违反规划的处罚力度，对违法建筑采取限期拆除，对未办理建设用地规划许可证、未办理建设工程规划许可证的建设项目，予以规范，切实确保了城镇建设的有序进行。

2.以创建活动为载体，切实加强城镇综合环境建设。积极开展创建自治区园林城镇、创建卫生城镇等活动，加大城镇卫生保洁力度，整顿城镇市容市貌，拉萨市、山南地区还组织开展城镇街景改造工程、沿街建筑美化亮化工程，突出城市个性、体现地方特色。经各级政府的大力帮助和各级住房城乡建设部门及有关部门的共同努力，西藏各城镇特色进一步彰显、个性更加突出。

3.积极稳妥地推进城镇基础设施建设，稳步推进城镇化进程。继续加快城镇基础设施建设步伐，“十一五”期间安排的由各级住房城乡建设部门负责的城镇基础设施续建工程基本完工。“十二五”城镇基础设施重点项目中，拉萨柳梧新区水厂工程可行性研究报告已通过初审，那曲镇水厂进入施工图设计审查阶段、开工准备工作有序进行，昌都镇第二水厂可行性研究报告已上报国家发展改革委审批，那曲镇供暖工程已进入施工图审查阶段、开工准备工作积极推进，拉萨纳金大桥建设进展顺利、将在2012年底前完工通车，拉萨市环城路、日喀则市环城路等32个地市所在地和县城所在地城镇道路建设项目前期工作正在按照建设计划安排和有关程序规定有序开展，拉萨市污水处理厂6月份完工进入试运行阶段，日喀则市、泽当镇、八一镇、那曲镇污水处理厂初步设计通过国家发展改革委审查批复、开工准备工作正抓紧进行，狮泉河镇、亚东、樟木污水处理厂可行性研究报告通过国家发展改革委审查、初步设计工作陆续开展。各地市所在地城镇、部分重点镇还围绕大庆活动，根据上级政府和当地的安排，组织实施了一大批献礼工程，既完善了城镇功能，方便了城镇居民的生产生活，提升了城镇品味，又营造了良好城镇环境，展现了各城镇开放、发展的良好形象。同时，各地市还切实加强城镇供水、供气等安全监管，不断健全城镇综合防灾体系，确保了城镇安全运行。

【市场管理进一步加强，建筑市场秩序整顿规范力度稳步加大】1.加大企业资质准入清出管理，努力提高企业质量。根据国家建筑业企业资质管理规定，严把企业资质准入关，目前，西藏共有建设工程企业1006家，其中西藏本地注册企业742家、区外进藏备案企业264家，西藏本地企业中，有施工企业329家、监理企业32家、造价咨询机构12家、勘察设计企业55家、园林绿化企业32家、城市规划编制企业4家、招标代理机构5家、施工图审查机构1家、农牧民建筑施工队253家；区外进藏备案企业中，有施工企业187家、监理企业22家、造价咨询企业10家、勘察设计企业15家、招标代理机构29家、起重设备检测机构1家。西藏积极探索推进建筑业企业多元化发展、做大做强、调整企业结构工作思路，已形成初步思路，力争在推进资产人员整合、企业兼并重组等方面达成共识，取得进展。2011年全区建筑业实现增加值160.61亿元，比上年增长18.4%。

2.加强市场整顿，努力规范市场主体各方行为。一是制定印发全区建筑工程建筑执法检查工作方案，对全区工程建设项目招标代理机构进行综合抽查，与消防等部门对建筑市场进行了多次专项检查活动，通过检查发现问题，限期整改，切实规范建筑市场各方主体行为，预防各种违法违规行为发生。二是从2011年8月起在全区深入开展整顿规范建筑市场秩序活动，进一步加大对转包和违法分包、质量低劣、人员机具不到位、不履行基本建设程序等违法违规行为进行近5个月的专项整治，在规范市场秩序、净化市场环境等方面取得了阶段性成果。三是加大举报案件查处力度，针对个别工程项目建设中存在的违法违规行为进行了调查处理，共对10家企业、1家建设单位、2名人员进行了不良行为记录和公示。

3.创新管理方式，为建筑市场各方主体提供便捷高效服务。进一步加强和完善建筑市场综合管理平台，将建筑工程领域各类企业信息查询、企业信息审核、企业信息变更、项目备案管理、招标投标管理、中标企业备案管理、工程项目管理、企业诚信管理、违法违规举报、行业统计等全部纳入网上申报，初步建立了为建筑施工企业提供快捷高效服务的政务电子通道，提高了建筑市场各方主体办理行政审批事项的办事效率，受到服务对象的好评。根据国家有关法律法规，从技术上采取措施，对中标企业主要技术人员进行锁定，工程建设完成方自动解锁，有效确保了人员、机具到位，落实了施工现场质量、安全责任，为工程项目建设管理提供了保障，切实强化了建筑市场的动态监管，增强了企业培养专业技术人员的意识和积极性，促进建筑施工企业人员素质逐步提高，对建筑市场秩序的规范有序起到积极作用。

4.加强招投标市场监管，切实规范评标专家库。严格评标专家管理，对全区评标专家库人员档案进行了清理，进一步规范全区评标专家库资料，完善评标专家个人档案，不断规范招投标行为。组织开展了招投标代理机构行为专项治理行动，从规范招投标代理机构行为入手，规范招投标市场秩序，建立工程项目招投标报表制度，及时掌握全区房屋市政工程招投标情况、评标专家情况，为加强房屋市政工程招投标活动监管提供了基础性依据。在全区各级工程交易中心完成招投标项目898项，其中：房屋和市政基础设施完成招投标597项、水利建设项目41项、公路建设项目69项、电力建设工程项目54项、农林牧草16项、文物维修1项、太阳能3项、计算机信息工程18项、工程监理项目18项、其他建设工程项目81项。

【积极引导房地产业健康平稳发展，切实做好住房信息系统建设准备工作】1.强化政策宣传和数据分析，努力推动房地产平稳健康发展。密切关注房地产业市场动态，适时了解房地产企业的动态，重视对西藏房地产开发、销售、存量商品住房、房地产市场价格等数据的收集、整理和分析，努力完善房地产统计报表制度，实时了解房地产业发展动态，分析存在的问题，提出意见和建议。截止2011年底，共有各类房地产业企业97家，全区商品房竣工面积216918平方米，销售面积182292平方米，商品房销售额63052万元，其中：现房销售122243平方米实现销售额45986万元；期房销售60049平方米，实现销售额17066万元。空置商品房608397平方米，其中空置1-3年187821平方米，空置3年以上30055平方米。全区商品住宅均价每平方米约2900元，房地产投资幅度虽有下滑，但价格基本平稳。

2.理顺房屋产权产籍管理机制，规范产权登记办理程序。协调住房城乡建设部，将西藏73个县（市、区）人民政府作为当地房屋权属登记机关，核定房屋权属登记注册号和编码规则，印制了162400本房屋权属证书并发放到各地市，为各地市、县房屋产权产籍登记奠定了坚实基础。组织各地市开展房屋登记审核人员师资培训，对各县（市、区）的房屋登记人员进行了系统的业务培训，为产权产籍登记工作的开展奠定了基础。各地市、县已从规范城镇房屋产权登记入手，对当地房屋进行确权登记，为房屋产权正常流转、抵押担保等提供了方便。

3.积极做好个人住房信息系统建设前期工作，积极争取各方支持。在住房城乡建设部的协调下，确定由成都市城乡房管局和杭州市房管局分别对口支援拉萨市和日喀则市做好个人住房信息系统建设。2011年，年底拉萨市、日喀则市的住房信息管理系统软件已进入测试阶段。积极协调其他地区，着手做好个人住房信息系统建设前期工作。

4、强化房地产行业自律，引导房地产企业履行社会责任。指导房地产协会做好理事会换届选举工作，选举产生协会新一届常务理事会班子成员，引导房地产协会通过举办活动、为会员单位提供高效服务等多种方式，增强房地产企业的凝聚力和向心力，强化房地产行业自律，积极引导房地产企业履行在促进经济发展、维护社会稳定、改善人民生产居住条件等方面的社会责任。

【切实加强建筑质量安全监管，推动住房城乡建设各项事业和谐发展】1.修编完成工程造价标准定额，指导工程建设项目顺利进行，充分发挥投资效益。为确保项目顺利实施，科学确定工程造价，积极争取项目投资，结合西藏经济社会发展现状和建材、人工、物价上涨因素，西藏住房城乡建设厅牵头修编完成了西藏2011版工程造价定额，并发布从2012年初实施。注重加强工程造价信息发布工作，努力为建设工程各方主体提供科学合理的工程计价信息，努力实现资源信息共享。

2.加大施工图审查力度，优化审图程序，从源头上确保工程质量安全。加强勘察设计质量管理工作，建立了设计质量管理制度；扶持日喀则、昌都、阿里等地区成立施工图审查机构，指导优化审查流程、加大施工图审查覆盖面，从设计源头减少质量通病，提高设计质量。仅西藏自治区审图办2011年就完成183项工程施工图审查工作，审查提出违反强制性条文612条，提出建议性意见508条，提出违反设计规范和达不到设计深度意见13900条。

3.组织开展严厉打击非法违法专项行动，规范安全生产事故上报工作。制定了在全区开展严厉打击非法违法建筑施工行为专项行动工作方案，针对我区各项工程建设特点和易发生产安全事故的关键阶段的特点，组织相关人员分赴各地（市）进行监督检查，深入查处非法违法建筑施工行为，取得了一定成效。为全面准确了解和掌握各地建筑工程生产安全事故，从今年3月进一步规范了建筑工程生产安全事故上报程序。

4.全面开展起重设备安全检测工作，加大保障性住房质量安全督查和服务工作。开展了建筑起重设备的备案登记和全面推行起重设备安全检测工作，已检测施工现场各类起重设备105台，其中：检测塔机安全95台、检测门式起重机10台。多次组成督查工作组对各地（市）以保障性安居工程建设为主的在建项目质量管理情况进行了实地监督检查。经检查，各建设单位认真落实责任，各项工程前置审批程序齐全，未发现压缩工期行为；施工单位严格按照法律、法规和工程强制性标准进行施工，未发现一起降低工程质量等违法违规行为，工程质量稳步发展。继续加强对工程参建各方质量行为和实体质量的监督，特别是加大重要部位、关键工序的抽查和抽查频次，发现问题坚决责令整改，确保主体结构的可靠度和安全度。

5.加强建筑施工安全督查，切实落实施工安全生产监管责任。西藏住房城乡建设厅与各地（市）住房城乡建设局签订了《安全生产考核目标责任书》，层层落实安全生产责任。在重大节庆、重要节点和敏感时点前，组织对各地在建项目质量安全进行实地督查检查，进一步强化建筑质量安全监管工作，及时消除各类安全隐患。2011年西藏建筑行业发生3起生产安全事故，死亡3人，占全年控制指标的15%，其中房屋市政工程发生2起生产安全事故、死亡2人，建筑业安全生产形势较为平稳；全区建筑领域未发生火灾事故。同时，指导和配合拉萨市加强神力时代广场安全监管和项目建设对周边环境、周边建筑的影响论证等工作；与各地共同做好冬季施工安全监管工作。

【加大历史文化名城名镇保护力度，积极推进风景名胜区建设】1.积极争取项目和投资，推进历史文化名城名镇保护。在组织编制了西藏历史文化名城名镇保护“十二五”规划的基础上，多方协调，由国家发改委确定投资4000多万元完善昌珠—乃东历史文化名镇基础设施。山南昌珠镇历史文化保护项目的可行性研究工作进展顺利，萨迦镇历史文化名镇总体规划的编制工作正在积极协调，争取年内启动规划编制工作。同时，继续推进拉萨、日喀则保护项目的续建工作。

2.进一步完善风景名胜区申报管理，加快风景名胜区建设。建立了风景名胜区分级管理的机制，建立申报国家级风景名胜区的项目储备库。16处风景名胜区经西藏自治区人民政府第8次常务会审查批准为自治区级风景名胜区，并于9月6日进行授牌，标志着西藏风景名胜事业进入快速健康发展的进程。多方协调，建立了国内知名景区与西藏风景名胜区多对一、一对一等方式，从人才智力、资金物资等方面对口支援西藏雅砻河、纳木错-念青唐古拉山、唐古拉山-怒江源三个国家级风景名胜区建设的帮扶机制，形成了一些意向性帮扶协议。中国城市规划研究院以援藏方式帮助编制念青唐古拉-纳木错国家级风景名胜区总体规划，雅砻河国家级风景名胜区基础设施建设项目已获立项，完成可行性研究报告。

3.着手做好历史文化名村规划和申报工作，努力打造社会主义新农村建设品牌。根据吞达村具有深厚的历史文化底蕴和藏香传统制作工艺保存传承完好，申报历史文化名村的基础条件较好的实际，积极协调拉萨市、尼木县及有关部门，着手做好吞达村历史文化名村资料收集整理、历史文化名村申报资料编写、规划编制等前期工作，得到中国城市规划研究院和有关部门的大力支持，历史文化名村申报工作进展顺利，力争将吞达村打造成为我区第一个历史文化名村，打造社会主义新农村建设的品牌。

自治区旅游工作

【年度综述】2011年，全区旅游系统解放思想，更新观念，以科学发展观为核心，强化政府主导，紧紧围绕“建设重要的世界旅游目的地”的战略目标，齐心协力在旅游基础设施建设、旅游宣传促销、市场主体培育、行业管理、人才队伍建设等方面取得了明显成效，实现了“十二五”开篇的开门红。2011年，全区累计接待国内外游客870万人次，比上年同期增长26.9%。其中：接待入境游客27万人次，同比增长18.6%；接待国内游客843万人次，同比增长27.2%。旅游外汇收入1.3亿美元，同比增长25.1%；国内旅游收入87亿元，同比增长37.6%；实现旅游总收入97亿元，同比增长35.8%。

【旅游行业规模】2011年，全区星级饭店（宾馆）新增12家，达到177家，总床位数达到9万多张；全区新增A级旅游景区16处，达到43处；全区旅游企业达到1363家，固定资产总额突破150亿元；全区旅游经济就业总人数达到24.8万人。旅游业产业规模持续扩大，旅游接待能力显著增强。瑞吉酒店和拉萨饭店的顺利挂牌，填补了西藏五星级酒店空白，旅游接待能力和层次明显提高。

【重大旅游决策】2011年，西藏自治区党委、政府高度重视、十分关心旅游产业发展。陈全国书记多次作出重要批示，指出“西藏旅游业发展势头好、潜力大，应作为支柱产业来抓”，“西藏旅游优势独特并明显，去年情况是好的，做了大量工作，望今年抓住机遇，开阔思路，创新门路，形成产业，成为西藏发展的支柱产业”。白玛赤林主席批示：“去年，旅游局按照自治区‘做强三产’的产业发展要求，落实扶持政策，完善基础设施，狠抓宣传促销，强化市场监管，实现了旅游人数和收入的大幅增长，为全区经济发展、民生改善作出了积极贡献。向全区旅游战线的同志和从业人员表示谢意。望再接再厉，抓住机遇，把相关发展的政策和工作措施切实落到实处，以扎实的作风和卓有成效的工作，促进我区旅游市场大发展，品牌大提升，民生大改善。”充分肯定了西藏旅游业发展所取得的突出成绩。全社会支持旅游发展的力度不断加强，自治区主要领导始终将旅游业作为促进跨越式发展的战略支撑产业，经常批示指导；分管领导高度重视，经常研究，亲自协调敦促，解决重大问题，为加快旅游业发展提劲助力；各地（市）、各部门统一认识，齐抓共管，全区上下形成了领导高度重视、各部门鼎力支持、全社会积极参与的生动局面，为旅游业实现又好又快发展提供了强有力的保障。

【重大旅游活动】1月底，根据区党委组织部编办批复，同意将西藏自治区旅游局质量监督管理所调整为自治区旅游执法总队（正县级），进一步加强了执法机构和干部队伍建设，其主要职能：根据授权监督管理旅游市场秩序和服务质量，负责进行全区旅游市场执法检查，查处旅游经营单位从业人员的违法经营行为，维护旅游者和旅游企业的合法权益，指导全区旅游质量监督等工作。

3月2日，区旅游局加强基层建设年活动工作组一行6人，途中克服低温、缺氧及路面积雪等不利因素，前往联系点阿里地区日土县多玛乡多玛村，并于3月4日安全抵达海拔4630米的联系点，不顾高原反应，立即开展工作。

3月7日下午，区旅游局副局长王松平与西藏航空公司总经理刘琰平一行就西藏航空如何更好地与全区旅游发展形成良好的互动，航线优先设置，以及宣传促销等问题进行了商谈，并达成相关事宜共识。

3月25日上午，由广州广之旅国际旅行社、广东电台羊城交通台联合主办，西藏环球旅行社负责地接的今年首个大型旅游专列“幸福广东 幸福西藏”和谐号抵达拉萨，游客共计360余人。

3月27日下午，自治区旅游局王松平副局长与国航南方基地考察团一行就尽快开通广州—成都—拉萨直达航线及“冬游西藏”合约、包价产品与国航南方基地进行了座谈，并达成了基本共识，双方将全力推进直飞的早日实现，着力深度开发和促进珠三角客源地市场的开发。

3月28日，幸福西藏和谐号专列到达江孜县龙马乡完全小学进行爱心捐赠，共筹集爱心款项及物资价值约15万元。

4月4日-5日，经自治区人民政府批准，2011年全区旅游工作会议召开。自治区人大常委会副主任多吉、自治区人民政府副主席丁业现、自治区政协副主席乔元忠出席大会，自治区旅游发展协调委员会各成员单位的领导，各地（市）分管旅游的副专员（副市长），旅游局局长，星级饭店、旅行社、旅游汽车公司、导游公司和旅游景区负责同志参加了大会。

4月4日，区旅游局对游客网上评选出的2010年度10家“我最喜爱的景区（点）”、10家“我最喜爱的酒店”分别进行了表彰奖励。

4月19日，西藏自治区人大副主任宋善礼、自治区人民政府副秘书长斯郎尼玛、区旅游局巴珠局长等5人应邀参加由国家旅游局、四川省人民政府共同主办的2011中国四川国际文化旅游节。

5月1日，《西藏自治区旅游行政处罚自由裁量权规范细化实用手册》正式执行。

5月6日-7日，全区旅游质监执法工作会议暨旅游执法人员培训班在林芝召开。

5月4日，区旅游局机关全体党、团员100多人与第九批援藏旅游员共同举办了以“唱红歌、展风采让青春之花在高原绽放”为主题的“五四”联欢庆祝活动。

5月11日下午，由自治区旅游局主办、林芝地区协办的“六十巨变 大美西藏”旅游推介会在林芝举行。

5月13日，自治区旅游局加强基层建设年活动驻日土县多玛村工作组结合日土县实际，与日土县旅游局组织开展了为期10天、由32名农牧民参加的旅游从业人员培训班。

5月23日-6月10日，“藏粤一家亲·幸福西藏光明行”慈善公益旅游活动开展，帮助贫困的白内障藏族同胞解除眼疾之苦，主办方从每位游客团费中拨出100元，作为“西藏光明工程幸福基金”捐给“援助西藏发展基金会”。

5月25日，幸福西藏光明行团队游客在拉萨市光明眼科康复诊疗院现场进行了捐助仪式，当场捐款12480元。

6月13日–19日，第二届中国西部旅游产业博览会在重庆开幕。西藏旅游品牌在博览会上备受青睐，西藏雅鲁藏布大峡谷、布达拉宫景区入围中国西部最受公众喜爱的旅游景区。

7月18日下午，参加西藏和平解放60周年庆祝活动中央代表团成员、国家旅游局王志发副局长代表国家旅游局前来自治旅游局莅临检查指导工作。

8月17日，由西藏亚克旅行社接待，湖南省株州市青联、青年企业协会、旅游协会组织的民营企业家旅行团一行27人，在西藏扎囊县进行了题为“阳光普照格桑花”的西藏助学之旅教育善款捐助活动，共募集善款现金50万元。

10月13日，组织了日喀则、阿里等地区共计6人前往澳门参加第四届澳门国际旅游与世界遗产旅游博览会。

10月27日，西藏展团38家参展单位参加2011中国国际旅游交易会，与此同时，举办了“冬游西藏 别具一格”冬游西藏推介活动。

12月10日，由中国文联民间艺术家协会、联合国教科文民间艺术国际组织、中国农业电影电视中心、中国网络电视台共同主办的中国首届《乡土盛典》活动在京隆重举行，西藏林芝地区当选为“最具风情民俗文化旅游目的地”。

【十二五规划执行情况】3月25日下午，区旅游局与国家开发银行在拉萨举行编制西藏自治区旅游产业“十二五”发展规划合作签约仪式。截止2011年底，西藏自治区旅游局已完成《西藏自治区“十二五”时期旅游业发展规划》和《西藏自治区“十二五”时期乡村旅游发展规划》编制工作，配套修编了《“十二五”旅游重点建设项目规划》及《实施方案》。

【旅游合作】3月25日下午，区旅游局与国家开发银行在拉萨举行编制西藏自治区旅游产业“十二五”发展规划合作签约仪式。2011年，西藏自治区旅游局以中央第五次西藏工作座谈会为契机，协调衔接了《国家旅游局 西藏自治区人民政府关于共同加快推进西藏重要世界旅游目的地建设合作协议》的正式签署，为西藏旅游业加快发展争取到了更加强有力的政策支持。

第五次中国（西藏）、尼泊尔旅游联合协调委员会在加德满都圆满召开，解决了双方旅游合作发展中的一些问题，为巩固中尼睦邻友好关系发挥了积极作用。旅游区域合作稳步推进，合作交流领域不断扩大。各地（市）旅游局充分利用对口援藏平台，积极开展同对口援藏省（市）旅游行业的交流合作，取得了良好成效。

【入境旅游】2011年，全区共接待入境游客27.08万人次，同比增长18.6%；旅游外汇收入1.29亿美元，同比增长25.1%。

【出境旅游】据统计，2011年，西藏有组团能力的西藏旅游总公司、西藏国际体育旅游公司、山南国旅等共组织了457人出境旅游。以赴尼泊尔、东南亚游居多。

【国内旅游】2011年，全区共接待国内游客842.68万人次，同比增长27.2%。国内旅游收入88.63亿元，同比增长37.6%。

【红色旅游】6月15日，全国红色旅游工作协调小组在北京召开全国红色旅游工作电视电话会议。西藏山南地区烈士陵园及其负责人柳红梅分别获得全国红色旅游先进集体和先进个人荣誉。

【乡村旅游】2011年，西藏自治区旅游局扶持和鼓励旅游发展优势明显的乡村、牧区，发展农（牧）业观光、休闲度假、民俗体验等旅游业态，形成“吃在农（牧）家、住在农（牧）家、娱在农（牧）家”的乡村旅游模式，以适应日益扩大的短途、小长假、郊游需求。着力推进旅游富民。并把开展“创先争优强基础惠民生”活动同旅游富民工作有机结合起来，帮助驻村点、扶贫点农牧民群众依托资源优势和地理优势发展旅游业，带动农牧业产业化经营，农畜产品加工和民族手工业发展。

【假日旅游】2011年春节黄金周期间（1月22日–28日），全区累计接待游客91450人次，比去年同期增长9%。其中，接待过夜游客46230人次，同比增长10.72%；一日游游客45220人次，同比增长7.27%；实现旅游总收入7037万元，同比增长18.99%。

“十一”黄金周，西藏自治区旅游接待继续了今年以来快速增长的势头，创造了历史同期最好水平。据统计，10月1日–7日，全区累计接待游客43.17万人次，比上年同期增长26.5%。其中，接待过夜游客18.05万人次，接待一日游游客25.12万人次，同比分别增长21.2%和28.9%。实现旅游总收入1.73亿元，同比增长31.6%。

【旅游监督管理】2011年，全区各级旅游行政管理部门采取一系列行之有效的措施，切实加强行业管理，不断提升旅游业管理和服务水平。进一步加大了宣传落实《西藏自治区旅游条例》的力度。旅游产业协调委员会办公室牵头开展联合执法，各相关部门履行职责，积极配合，加大了日常检查频率，强化了专项整治力度，旅游市场秩序得到有效规范，旅游品质显著提高，广大游客对我区旅游环境的满意度不断提升。在游客大幅增长的前提下，全区旅游投诉率同比下降8.6%。

【旅行社管理】2011年，西藏自治区旅游局始终不懈地狠抓入境团队管理，切实加强了《旅藏确认函》的核发工作以及团队运行管理，各旅行社在大是大非面前，讲政治、顾大局，确保了入境团队运行安全。

【导游员管理】2011年，西藏自治区旅游局通过开展“四观两论”教育，进一步加强了从业人员，特别是导游人员的政治素质培养，提高了导游人员的政治责任感和敏锐性，确保了我区全年未出现任何旅游政治事件。区旅游局对2010年度在接待过程中政治敏锐性强、业务水平高，且全年无投诉、业绩好的15名金牌导游员进行了表彰。据统计，截至2011年底，西藏自治区拥有各类语种导游员共计2760人。

【旅游饭店管理】2011年，瑞吉酒店和拉萨饭店被国家旅游局挂牌为五星级酒店，填补了我区五星级酒店空白，使西藏自治区旅游接待能力和层次明显提高。

截至2011年底，西藏自治区旅游局星级评定委员会经过认真审核评定批准，西藏自治区四星级饭店已达到21家，这标志着西藏自治区旅游接待的软硬件设施进一步得到提高。

【旅游安全与应急管理】2011年，西藏自治区旅游局始终把旅游生产安全和政治安全置于各项工作的首位，常抓不懈。以核心景区和旅游热线为重点，进一步规范了团队游览行程，积极消除交通事故隐患。同时，积极主动地配合相关部门，对旅游车辆驾驶员开展了优质服务和安全警示教育，进一步强化了旅游交通、消防、食品卫生等方面的安全检查，制定了应急预案，营造了安全、舒适的旅游环境，确保了我区全年未发生重特大旅游安全事故，有力保障了游客的生命财产安全。

气象、地震、电力、石油

自治区气象工作

【气象服务】2011年，自治区气象系统完善了与水利、农牧、林业、水文、地质、交通等部门的合作机制，与水利部门合作开展了山洪灾害防治县级非工程措施建设；配合地方政府建立了政府主导、多部门联动和全社会共同参与的气象灾害防御机制，组建了应急领导小组和办公室，召开了应急联动协调会，发布了《西藏气象灾害监测预警和信息发布工作实施意见》，开展了自治区级和县级气象灾害防御规划的编制工作；拉萨市无气象主管机构的县成立了防灾减灾机构，那曲地区初步建立了防减灾立体气象保障服务模式；气象信息员由去年的459人增加到947人，县级覆盖率提升到95%，比2010年提高了14个百分点；首次承担中国气象局“精细化要素预报用户支撑环境业务推广应用”试点任务，并以此为契机落实2个1号文件，积极推动西藏现代天气气候业务工作；优化了岗位设置，细化了业务流程，完善了会商制度，加强预报预测新技术新系统的引进与研发，相继首次完成了MOFIS精细化要素系统、MM5中尺度数值预报模式、GRAPES_MESO沙尘模式、动态相似预测系统、极端天气气候事件监测业务系统等在西藏的本地化开发与业务运行；首次制作并发布全区74个县168小时精细化分县要素预报产品和月内重要天气过程预测产品，填补了业务服务空白；加强了孟加拉湾风暴监测预报系统、高原特色要素预报系统等本地特色业务系统的研发并逐步投入业务运行；预报预测能力进一步增强，质量进一步提高，产品进一步精细，气压、含氧量、旅游出行指数等公众服务产品进一步特色化、人性化；改版了电视天气预报节目，丰富了服务内容；气象信息覆盖率、电视天气预报节目收视率和公众满意率明显提高；加强了预报员队伍的培养，举办了“全区预报技能培训班”，召开了“全区预报经验技术交流会”；与自治区总工会、人力资源和社会保障厅联合举办了全区首届气象行业重要天气预报技能竞赛；组建了气象服务中心；开展了旅游登山天气、森林火险气象等级、城市环境空气质量、地质灾害气象等级、公路、铁路、航空三大交通气象监测预报等各类专业气象服务；为机场高速、拉日铁路、旁多水利枢纽等重大工程项目建设，自治区第八次党代会、处突反恐维稳演习、民运会等重要活动提供了气象保障服务；建立了专业服务用户反馈机制，以用户需求为导向不断调整服务产品，提高服务效益；开展了特色农牧业、生态农牧业、农牧业小气候定点和流动观测并提供情报预报服务；开展了以抗旱救灾、水库增水、农业增产增收为主要内容的人工增雨、增雪和防雹作业；首次进行了人工消雨作业，圆满完成了西藏和平解放60周年大庆活动气象保障服务，受到中央代表团团长习近平副主席和副团长回良玉副总理的好评，被自治区评为保障有力单位。中国气象局4位局领导和自治区党委、政府7位领导共给予26次指导、表扬、批示。

【应对气候变化能力建设】开展了气候变化对西藏极端气候事件的影响、气候变化对西藏水资源影响评估的研究和西藏自治区风能资源详查和评价研究；开展了气候影响评价、气候公报、气象干旱监测、土壤墒情监测、产量预报、特色农业等服务；首次利用高分辨率陆地资源卫星数据建立了湖泊面积监测模型，制作发布了2期羊卓雍措湖泊面积监测公报；抓住西藏国家生态安全屏障建设机遇，与财政厅、农牧厅合作，《西藏草原生态卫星遥感监测》项目立项，并已为西藏草原生态保护奖励机制试点工作提供服务，并建立长效机制；与发改委、环保厅联合开展国家发改委2011年度中国清洁发展机制基金赠款项目《西藏自治区2005年省级温室气体清单编制》；启动并完成了《西藏气候》初稿的编写工作，共7篇33章，约80万字，已进入统稿阶段；启动了《藏汉大气科学字典》的编译工作；《西藏县级气候区划》、《西藏气象灾害气候图集》、《西藏太阳能资源区划》、《西藏县级地形地貌及“一江两河”流域气候图集》、《江孜县大蒜与南木林县马铃薯农业气候区划》等论著完成编写，并即将出版；与发改委能源办召开了“西藏气候资源开发利用专题座谈会”，对扎囊县朗赛岭风能发电站项目，林周县、桑日县太阳能光伏发电站项目进行了气候可行性论证；首次开展了“西藏十大天气气候事件”评选工作，提高了气象工作影响力。

【气象业务与现代化建设】实施国家“气象监测与灾害预警工程”和“国家增产千亿斤粮食气象保障工程”，正在新建的15个无人自动气象站进展顺利，我区自动气象站总数即将达到142个；新建了4个土壤水分自动观测站和8个城市热岛效应观测站；那曲新一代天气雷达、陆态网当雄GNSS基准站通讯组网、自动站资料质量控制反馈省级平台、气象资料显示应用平台、西南区域省际共享及显示系统投入业务运行；完成了天气预报会商平台的升级改造；建成了地（市）实景观测和环境监控系统，完成了预报会商业务平台升级改造，建成了上联中央气象台、下联地市及各县局的高清可视会商系统，建成了电视天气预报集约化制作系统，完成了影视演播室升级改造，开展了省级气象服务热线和中国气象频道本地插播业务系统建设；新一代通信系统投入业务运行；在7个地（市）气象局建成了大探中心，增强了气象装备保障能力；加强了气象为农服务“两个体系”建设，气象电子显示屏布设到县。

【科技创新和人才培养】初步完善了有利于科技创新的运行和激励机制；首次主持公益性行业科研专项《青藏高原遥感积雪气候数据集及气候效应分析》；成功申报《基于多源卫星数据藏西北典型湖泊变化研究》、《气候变化背景下西藏阿里地区草地退化机理研究》和《气候变化背景下西藏极端天气气候事件研究》等3项国家自然基金项目；争取科技厅《西藏中部主要农牧区干旱监测预测预警系统》等项目8项；完成了国家部委、中国气象局、自治区科技厅等科研项目14项。开展了《青藏高原多源实测气象数据集》的预研工作；西藏高原大气环境科学研究所纳入中国气象局省所改革示范单位，完成了试点方案的编写、论证工作；与成都高原气象研究所共同组织，云南气象科研所、青海气象科研所参加，联合开展了“西藏南部水汽通道的科学考察”；大力加强业务科技骨干和学科带头人、管理骨干人才、一线高技能人才、基层中青年少数民族气象专业人才“四支队伍”建设，加强职工培训和管理干部交流力度，气象人才队伍整体素质有了显著提高。

【精神文明建设】昌都丁青县气象局、拉萨尼木县气象局获“2009-2010年度全国气象部门文明台站标兵”称号。同时，继续保留2006年度评选的那曲申扎县气象局和2008年度评选的日喀则定日县气象局为“全国气象部门文明台站标兵”荣誉称号。假拉被评为“60位感动西藏人物”；西藏高原大气环境科学研究所信息资料处理室获“2009-2010年度全国青年文明号”，这是西藏气象部门获得的首个“全国青年文明号”单位；12月20日，拉萨市局、昌都局、山南局、区防雷中心4家单位被评为“全国文明单位”；西藏自治区气象局（机关）、阿里地区气象局2个单位通过“全国文明单位”复查，保留“全国文明单位”荣誉称号；1人当选自治区第八届党代表，1人当选自治区八届纪委委员；1单位被共青团中央命名为“全国青年文明号”；3地区气象局受到当地政府表彰。

【重大事件】1月19日，2011年全区气象局长会议在拉萨召开。自治区格桑次仁副主席、中国气象局宇如聪副局长出席会议并做重要讲话。

1月20日，中国气象局副局长宇如聪一行，在区政府副秘书长张有年、区局局长宋善允、日喀则地区副专员同珠等陪同下，到日喀则局检查指导工作并慰问一线职工。

1月14日，2010年全区发生的干旱、强降雨（雪）、暴风雨、大风扬沙、浮尘、极端气温、滑坡、泥石流、雷电、冰雹等天气事件最受关注，被评为西藏十大天气气候事件。

2月，在西藏自治区政府印发的《关于2011年工作要点的通知》中，气象工作作为能力建设被列入政府年度工作要点。

3月29日，自治区副主席格桑次仁在《重要气象信息报告》上作出重要批示，“近期全区气象部门工作同志按照区党委、政府的要求，密切关注天气变化，利用有利时机，对重点粮食生产区实施人工增雪作业，取得了较明显成效。望继续高度关注，及时分析天气变化，强化会商机制，为我区发展生产、防抗灾害工作提供决策依据。”

3月30日，西藏自治区党委书记张庆黎专题就当前天气气候形势和气象服务工作听取了区气象局的汇报，并了解了目前区气象局在防灾减灾、应对气候变化和“十二五”规划编制等方面的工作进展情况。张庆黎表示，将进一步大力支持《西藏自治区气候资源条例》的出台。

5月11日，西藏气象事业发展60年老同志座谈会在北京召开。十届全国人大常委会副委员长热地、原西藏自治区党委第一书记阴法唐、十届全国人大环境与资源保护委员会主任委员毛如柏等老领导、老同志出席会议。编写了《雪域风云路——西藏气象事业发展回忆录》。

6月，全区风能资源数据库共享服务系统建设完毕。

7月7日至14日，中国气象局党组副书记、副局长许小峰携中国气象局办公室、计划财务司、人事司、综合观测司有关人员到西藏自治区气象局进行慰问和调研。西藏自治区人民政府副主席邓小刚和格桑次仁会见赴藏调研气象工作的许小峰一行。

7月14日，区气象台台长假拉同志被评为“60位感动西藏人物”。

7月22日，回良玉副总理在接见西藏气象局书记、局长宋善允时说：“这次活动，你们气象安排的好！”郑国光、许小峰、宇如聪、矫梅燕等中国气象局领导也祝贺西藏大庆气象服务取得成功。

8月，新一代电子政务办公系统集成环境部署完成。

9月，《气候变化背景下西藏阿里地区草地退化机理研究》、《基于多源卫星数据藏西北典型湖泊变化研究》和《气候变化背景下西藏极端天气气候事件研究》三个项目获得国家自然基金项目立项，研究经费达126万元。

10月，西藏“十二五”综合气象观测布局方案编制完成。

11月，全区气象部门创先争优强基惠民工作组全面展开驻村各项工作；自治区人民政府审议西藏气象事业发展第十二个五年规划；自治区第八次党代会首次将气象工作列为惠民政策写入工作报告；自治区人民政府办公厅印发关于加强气象灾害监测预警及信息发布工作的实施意见；西藏气象微博正式开通。

11月4日，中国气象局文明办、国家气象中心和辽宁、安徽、山东等省气象局与西藏自治区气象台、培训中心和山南、日喀则、那曲地区气象局等5单位达成共识，并签订《气象文化对口交流援藏协议书》。

11月24日，自治区政府副主席格桑次仁在区气象局上报的《重要气象报告》（第17期）上做重要批示：“自治区气象局严格按照区党委政府的决策部署，围绕中心，服务大局，本着‘公共气象、安全气象、资源气象’的发展理念，面向民生、面向生产、面向决策，以经济社会发展需求为导向，以防抗气象灾害为重点，多次发布气象灾害监测信息，为防抗灾工作提供了全面服务，为推动西藏跨越式发展和长治久安做出了积极贡献！你们辛苦了，希望你们锐意进取、开拓创新、扎实工作、再立新功！”

11月24日，西藏自治区人民政府正式印发了《西藏自治区“十二五”时期气象事业发展规划》。

11月30日，中国气象局办公室、中国气象报社安排西藏拉萨、山南、林芝、那曲、阿里和日喀则6地（市）气象局的信息宣传骨干赴京学习交流1个月。

12月，《青藏高原遥感积雪气候数据集及气候效应分析》项目通过立项，2012年将到位经费269万元。

12月，中央纪委驻国家局纪检组组长、局党组成员刘实对区局纪检监察审计工作做重要批示：“西藏区局党组及纪检组、监审处高度重视党风廉政建设，特别是制定了效能建设9项基本制度，加强了内部审计，不断提高纪律、作风和廉政建设的科学化水平。望再接再厉，推进西藏气象部门的党风廉政建设不断迈上新台阶。”

12月12日，自治区人民政府办公厅正式出台《今冬明春风雪突发事件应急预案》。（撰稿人：陈慧）

【领导名录】
党组书记、局长：宋善允
党组副书记、纪检组长：拉卓
副局长、党组成员：旦增顿珠、赵一平、王鹏祥、边巴扎西、张晶
巡视员：尼玛丹增
局长助理：郎洪亮

自治区防震减灾工作

【地震监测预报工作】强化震情速报工作，为领导决策提供科学依据。截止2011年12月31日，西藏自治区地震局共监测到发生在西藏境内的地震2259次，每次有影响的地震发生后，西藏自治区地震局都以最快的速度将准确的震情信息向自治区党委、政府汇报，充分发挥好自治区党委、政府领导决策的参谋作用，并按规定要求向社会公布相关震情信息，及时消除群众的恐慌情绪，起到了稳定社会生产和生活秩序的作用。

坚持震情会商制度，加强地震监测分析能力。一是落实周、月及半年会商，2011年共召开会商会59次，为历年之最。二是利用多种分析手段，对监测数据进行科学合理分析，整体工作能力有了较大提高，一批青年预报人员得到锻炼和提高。三是积极与中国地震台网中心及周边省局联席会商，有效地处理了八宿、桑日、尼玛、改则等地震事件和印度锡金6.8级地震的震情趋势会商。

全面落实震情跟踪工作。按照《藏东南震情监视与跟踪工作方案》要求，对各项震情跟踪措施进行了全面落实。先后两次协调专家赴林芝进行宏观异常气体测量和温泉点异常测量，在林芝地震台增设了电磁波前兆观测仪和重力仪，进行短临跟踪，对监测到的数据进行了及时分析处理。做到震情监视、异常落实无遗漏。

【台网运行管理】严格按照技术规范要求，加强台网运行管理制度建设，创新运行维护方法，全年台网技术系统运行率达到97%，有人值守台站仪器运转率达到93.3%，无人值守台站仪器运转率达到86.72%，均创台网建成运行以来的最高水平。由于创新了无人值守台站维护管理方法，2011年台网维修仅出队9次，也是次数最少的一年。

【地震监测台网建设】一是中国地震背景场和藏东藏北台网项目按项目进度要求实施，错那、八宿、江达、申扎地震台均已开工建设。二是陆态网络项目全部站点仪器安装完成，投入观测。其中那曲、察隅、昌都、噶尔、昂仁、仲巴、巴嘎、日土、改则等9个站点已通过国家验收。三是子午线工程地磁（电）项目建设完成，已通过中国地震局验收。四是藏东南地震监测中心项目立项已得到中国地震局批复同意，一号山洞改造和场地平整等工作已经完成。五是昌都地震台优化改造项目进展顺利。

【防震减灾法制建设】2010年年底，《西藏自治区实施〈中华人民共和国防震减灾法〉办法》的修订工作被列入自治区十一届人大2011年立法工作一类件。根据自治区人大和政府关于加强立法工作的意见，西藏自治区地震局与自治区政府法制办共同成立了修法工作领导小组，开展了大量卓有成效的工作，完成了区内立法调研，对《办法》（草案）进行了多次修改。根据立法工作安排，《办法》（草案）将于2012年4月提请自治区人大常委会审议。

【地震安全性评价管理】按照《中华人民共和国防震减灾法》的要求，采用与其他单位合作的方式共同开展了拉日铁路、拉萨市北二环、昌都地区人民医院等14个项目的地震安全性评价工作。

为积极推进西藏自治区地震局地震安全性评价资质注册工作，西藏自治区地震局积极与自治区人力资源和社会保障厅协商，共同下发了《西藏自治区地震安全性评价二级工程师专业技术资格考试办法》，西藏自治区人事考试中心于2011年9月12日举行了西藏自治区首次地震安全性评价二级工程师专业技术资格考试，共有30多人参加了此次考试。

【**抗震设防要求管理**】为切实做好全区抗震设防要求管理工作，西藏自治区地震局向各地市下发了《关于进一步加强全区抗震设防要求管理工作的通知》，各地市地震局结合《通知》精神相继制定了相关工作措施，有力地推进了全区震害防御工作。

2011年3月，自治区农牧民安居工程领导小组办公室组织西藏自治区地震局等相关成员单位，对拉萨市当雄县204户震后安居工程整改重建工作进行了验收，提出了整改意见。

【**防震减灾宣传工作**】大力开展防震减灾知识宣传。利用5.12全国防灾减灾日、7.28唐山大地震纪念日等宣传日在全区开展了形式多样的防震减灾知识宣传工作，在中小学校、企事业单位、社区、部队等开展防震减灾知识讲座；在西藏人民广播电台、西藏日报等媒体开辟宣传专栏；利用党校平台向领导干部培训地震应急知识，防震减灾知识“进机关、进校园、进社区、进农村、进企业”活动开展得有声有色，宣传手段丰富，受教育面广，形成了社会参与、全面防御的良好局面。

成功举办西藏防震减灾60年成就展。2011年是西藏和平解放60周年，伴随着西藏的沧桑巨变，西藏防震减灾事业突飞猛进、跨越发展。为充分展示60年来西藏防震减灾事业所取得的巨大成就，在自治区党委、政府和中国地震局的支持下，西藏自治区地震局于2011年9月在拉萨成功举办了西藏防震减灾60年成就展。展览共展示400余幅图片、13件事物，并配以生动新颖的多媒体互动手段，西藏自治区党委常委、宣传部部长崔玉英，中国地震局副局长修济刚及自治区人大、政协、西藏军区、武警西藏总队等领导同志出席成就展开幕式，并对展览给予很高的评价。从2011年9月16日至9月27日为期12天的展览里，共接待参观者1万余人次。展览取得了良好的社会反响，达到了总结防震减灾事业发展成就，让广大人民群众增进对防震减灾工作的了解和普及防震减灾科普知识的目的。

【**震灾应急救援工作**】1.应急指挥技术系统建设。结合实际，对地震应急预案进行了完善，进一步明确了各部门的职责任务，健全了应急指挥体系，对应急基础数据库进行了更新完善，提高了应对破坏性地震的快速反应和应急处理能力。

2.地震应急现场工作。制定了《西藏自治区地震现场应急工作管理办法》，补充完善了地震应急装备。

3.地震应急救援队伍建设。（1）积极协助武警西藏总队于2011年9月成立了应急救援队，西藏自治区地震专业救援队伍力量得到壮大，极大地提高了地震灾害紧急救援能力。（2）坚持平战结合的原则，西藏自治区地震局每季度至少开展一次应急综合演练。同时，积极指导中小学校、机关企事业单位开展应急疏散演练10多次，推动了地震应急疏散演练规范化、制度化建设。

4.地震应急救援行动。2011年9月18日，印度锡金邦发生M6.8级地震。地震震中距离我国边境最近距离约20公里。此次地震波及我区亚东、岗巴、定结等县。地震发生后，西藏自治区地震局有序、有力、有效地开展了9.18地震应急工作。

自治区电力工业工作

【**电力建设与发展**】2011年，是西藏电网和公司发展史上极具里程碑意义的一年。公司完成电网投资10.60亿元；新开工110kV及以上线路657km、变电容量19.7万kVA；投产110kV及以上线路574km、变电容量45万kVA。一年来，公司认真贯彻落实国家电网公司决策部署，始终将青藏联网工程作为公司头等大事，加强工程建设管理，加快推进建设进度，积极配合协调服务，认真做好后勤保障工作，实现了工程提前一年建成投产。乃琼-多林220千伏输变电工程进展顺利，实现了年度建设里程碑计划。110kV电网结构进一步加强，电网网络结构不断优化，配电网供电能力和安全可靠性不断提高。公司高原坚强智能电网建设迈出了坚实步伐。老虎嘴电站建成投产，西藏全区装机容量突破100万kW。认真研究西藏电网对大规模光伏电站的接纳能力和应对策略，积极为新能源发展提供便利，全年接纳光伏电站4万kW。

大力加强基建标准化建设，积极推广两型三新、两型一化、三通一标等标准化成果应用，加强设计招标、设计评审、设计合同签订等关键环节管控，强化对工程设计全过程管理。认真贯彻国家电网公司《关于进一步提高工程建设安全质量和工艺水平的决定》，认真落实70项要求。充分发挥规划设计指导作用，建立健全工程质量管理体系，大力开展“达标创优”工作，认真开展“三抓一巩固”基建安全主题活动，加大质量监督检查力度，有效预防和控制了建设风险。夺底-朗塘220kV线路工程首次荣获国家电网公司输变电工程项目流动红旗竞赛安全管理流动红旗。

根据《国家电网公司支持西藏电力发展和重大项目若干意见》，滚动修编西藏电网“十二五”发展规划。加强与国家有关部委、国家电网公司和自治区的汇报沟通，认真落实西藏电网“十二五”规划项目，满足建设需要。加快推进前期工作，完成了拉萨220千伏环网工程和格尔木—拉萨（朗塘换流站）直流受端220千伏接入及日喀则—拉萨主网加强工程支持性文件补办工作；完成了“十一五”时期所有电网项目支持性文件的补办工作，前期工作成效显著。稳步推进智能电网全面建设，成立了与发展部合署办公的智能电网办，进一步提升了智能电网建设管理协调能力、控制能力和整体执行力。

【**经营管理**】加强综合计划管控，严肃计划的刚性。充分发挥计划对生产经营组织的指导作用，健全月度计划经营、统计分析和季度管理调控的工作机制，加强计划执行的考核，严肃计划刚性。加强规划、设计、基建全过程管理，严格投资控制和投资管理。深化全面预算管理，强化预算执行分析考核。继续深入推进人财物集约化管理，人力资源管理走上正轨，财务集约化建设通过国家电网验收并获得较高评价，物资管理初显成效，人财物核心资源一体化管理格局基本形成。加强资金和资产管理，加大资金运作力度，全年创收3500万元；积极争取政策，落实财政燃油补贴8.44亿元，抵扣增值税1.7亿元，规范了上网电价。始终坚持依法从严治企，加大审计监察工作力度，顺利完成了国家审计署开展的财务收支审计、“户户通电”审计调查等一系列迎审工作，扎实开展工程建设领域、业扩工程“三指定”、公务用车、“小金库”等专项治理，公司管理进一步规范，经营风险得到有效控制。

【安全生产】2011年，公司切实加强安全工作的组织领导，全面落实各级安全生产责任制；以“三个不发生”为目标，“抓执行、抓过程、建机制”，安全风险管控工作成效显著；以强化“两票三制”执行和落实反事故措施为重点，狠抓生产安全管理和隐患排查整治，安全基础进一步夯实，发电设备、输变电设备的可靠性和电网运行管理水平明显提高。公司系统全年没有发生人身事故、重大及以上电网事故和恶性误操作事故。特别是针对青藏直流工程、藏中220kV骨干环网和9E联合循环机组的投产任务，努力克服技术力量、人员配备和运维经验不足等诸多困难，提早介入，提前安排生产准备工作，圆满完成了直流调试、环网运行和9E燃机投运等任务，顺利接收了青藏联网工程（西藏段）的运行维护工作，确保了电网安全运行，大幅度提高了公司输变电设施以及发电设备的运行维护能力。

【营销工作】2011年，公司认真开展营销整顿工作，对营销队伍、业扩报装、营销基础数据、营销抄核收和95598客户服务规范及标准的执行情况进行检查和治理。加强营销指标管控，对营销各项指标坚持日跟踪、月分析和通报制度，强化过程监督与控制。落实电费回收责任制，加强电费结算协议签订管理，拓展收费渠道，加快电费回收。加强线损管理，查找线损管理漏洞，开展反窃电活动，有效降低管理线损。

规范业扩报装业务，对照供电服务“十项承诺”，结合各单位实际，开展业扩报装全过程的自查，严肃有关纪律，强化了业扩报装环节的过程监控和考核管理。加快营销现代化建设，依托信息化平台，加快用电信息采集系统的建设，2011年已安装完成1470户的专变采集终端，上线率达95%以上。增强优质服务意识，加强95598服务标准规范工作，加强抢修及95598值班力量。圆满完成了“三大”节日、自治区“两会”、三月份敏感期、雪顿节、自治区第八次党代会的电力保障工作。全年共圆满完成各项重要保电任务410次。

【农电工作】2011年，组织完成了“十二五”农网发展规划、农网改造升级工程规划、无电地区电力建设工程规划和农村配电网滚动规划。“十二五”期间，公司供电范围将从目前的32个县延伸到58个县，农网工程规划投资84.74亿元。计划解决和改善13.43万户(其中新增7.24万户)约66.57万人的用电，西藏农牧区供电可靠率和用电质量将得到进一步改善。针对“十一五”户户通电工程管理存在的问题，认真组织制定并下发了《西藏电力有限公司农村电网改造升级工程项目管理办法(试行)》等8项管理办法与规定，规范了工程建设基本程序，明确了管理流程和技术标准。认真做好农网项目建设前期工作，组织完成了班戈县、错那县等12个县的施工设计及审查工作，落实项目可研投资17.9亿元。完成了班戈县、措美县、隆子县、萨迦县施工设计和监理招标工作。顺利完成“十一五”期间“户户通电”工程收尾工作，完成了二期、三期农网及“户户通电”工程项目结算审批工作。

【科技与信息化】积极参与高海拔地区输电线路带电作业试验研究和应用研究，完成750kV、330kV、220kV三个电压等级的零海拔数据和各电压等级塔型资料收集及汇总工作。完成海拔高度3000m及4300m的校验实施方案；完成750kV电压等级在海拔4300m时直线塔高、中相安全距离试验和直线塔底相组合间隙试验；组织开展“掏挖式基础典型施工方法”的研究，完成了掏挖式基础典型施工方法编制。其中“高原冻土旋挖成孔基础典型施工方法”子课题研究，形成了具有高原特点的高原冻土地带旋挖成孔基础施工方法。以节能减排、发展绿色交通、服务西藏环保工作为目标，积极推进电动汽车高原运行特性研究。完成西藏电网24台发电机组励磁系统、20台发电机组调速系统参数实测、12台机组的一次调频试验及PSS的投运工作，完成30条110kV线路参数实测校核，为系统稳定分析及电网日常生产调度提供了计算依据，对确保电网安全稳定运行具有重要意义。完成阿里电网光伏接入系统稳定控制策略研究项目，通过了西藏自治区科技厅组织的成果鉴定，并申请国家发明专利1项。

全面完成SG186建设任务，实现了35个业务系统上线运行。完成西藏至西安灾备中心数据级容灾项目建设。切实加强信息运维管理和安全管理，编制完善6个运维规范管理制度，完成23个业务系统的应急预案编制工作。下大力气深化信息化应用。在国家电网公司的帮助指导下，公司一体化平台统一评价及协同办公、生产管理专业评价通过国家电网公司实用化评价验收。信息化应用的广度和深度不断增强。信息化工作的健康发展和深化应用提升了公司管理水平，为公司生产经营工作的正常有序开展提供了坚强的技术支撑和保障。

中国石油天然气股份有限公司西藏销售分公司

【年度综述】2011年，中石油西藏销售分公司认真落实科学发展观，坚决贯彻集团公司、股份公司和销售分公司的决策部署，积极应对不断变化的内外环境和日益激烈的市场竞争，统一思想，坚定信心，正确判断，从容应对，坚定地走建设高原特色的国际水准销售企业的方向，积极实践“一个目标、两个确保、三场战役”的思路，主动优化物流，主抓做大销售、做强网络、做细管理的工作重点，着力科学营销，着力拓展网络，着力精细管理，着力安全稳定，着力队伍提素，着力加强党建，各项工作发生了深刻的变化，生产经营保持了平稳有序运行，经营指标实现历史性突破。

2011年，公司量效增长明显，全年销售量突破50万吨大关，取得历史新高。

【可持续的能源供应】作为销售企业，生产经营的目的是为了满足社会发展对能源不断增长的需求，推动经济增长与人类社会的共同进步。作为国有重要骨干企业，公司始终将全力保障区内能源安全和市场稳定供应作为首要责任。这种责任不仅体现在要保持良好的经营业绩，还体现在不断加大投资和技术创新，实现一流服务，积极开发清洁能源和新能源，推动自治区能源消费结构不断优化，增强互利合作以获得持续发展。

【保障油品供应】2011年，在集团公司和股份公司、销售公司的正确领导下，在政府部门的大力支持下，以管理体系优化为抓手，以基础设施建设为支撑，开展科学营销、精细化管理，深入开发终端市场，全过程监控销售质量，有效地促进了销售业务健康、持续发展，圆满完成了上级部门下达的年度销售目标，有效地履行了社会责任，确保了当地成品油市场稳定、持续、有序供应。全年购进成品油62万吨，同比增幅24%，其中管输油品14.9万吨，铁路进藏油品11.8万吨，公路运输油品21.5万吨；完成成品油销售56.63万吨，同比增销8.98万吨，增幅18.84%，一举突破年销售50万吨大关，取得了历史性突破，实现了销售受控、质量提高、份额增长、零售提升的总体经营目标。

【公司治理】中国石油西藏销售分公司是中国石油集团公司下属分公司。公司实行总经理负责制。公司依照法律和国家国有资产监督管理机构的要求，构建了决策、执行、监督机构和制度，重大决策实行集体决策、民主决策。公司实施两级行政业务管理，依法对其全资企业、参股企业的资产行使资产受益、重大决策和管理者任免等出资人权力，对国有资产依法进行经营、管理和监督，并承担国有资产保值增值责任。公司纪检监察监督、审计财务监督、职工民主监督等共同保证公司的规范运行。2011年，我们按照集约化、专业化、一体化整体协调发展的方向，完善内部管控，加强风险防范，进一步提升了公司治理水平。

【内部控制与风险管理体系】2011年，公司以完善合规管理体制机制为主题，以全面实施法律风险岗位防控为主线，进一步宣贯现代企业法治理念，深化法律管理、优化职能业务、强化工作基础，进一步明晰了管理职责和管理权限，规范了业务行为和工作程序，深化了风险管理，全面评估经营管理风险，完善风险控制措施，实现从财务报告风险控制向经营风险控制的延伸。强化加油站管理和ERP业务风险管理，权责体系迈出实质性步伐，以财务管理授权设计为切入点，系统地建立了总会计师业务管理权限指引，推动内部控制由流程管理和控制，提升到建立健全公司层面经营管理责任机制，全面深化内控体系建设，全面推进依法治企。

【健康、安全与环境管理体系】健康、安全与环境（Health, Safety & Environment，缩写为“HSE”）管理体系是国内先进的安全管理机制，国内各大知名公司都建立了HSE管理体系。西藏公司2005年建立此套体系通过认证，并持续有效，为西藏公司健康、安全与环保运营夯实了基础。2009年体系推进工作取得新进展，修订完善了新版HSE管理手册、程序文件、作业文件。2010年制定了《西藏销售HSE推进方案》，按照“统筹协调，以点带面，循序渐进，继承创新”的原则，推进西藏公司HSE管理体系建设。2011年HSE管理体系推进工作进入新的阶段，公司全面铺开领导干部“三首制”和“六个一安全行动”，下基层的频率高了，参与安全管理的热情高了，关注员工安全行为的心细了。

公司积极开展“安全事件”上报工作，2011年上报事件130多件，极大地规避不安全行为和安全隐患。大力开展安全生产月活动，并以此为契机进行安全隐患排查、安全生产宣传、安全知识讲解，树立公司安全环保运营形象。同时开展冬季安全大检查和体系内外部审核，对存在的安全隐患进行排查整改，对管理中存在的问题积极纠正，确保西藏公司安全稳定。利用HSE信息平台，及时发布HSE工作进展和安全管理中的好的经验做法，大大丰富了广大干部员工安全知识，同时利用HSE信息，收集各单位基层单位基础数据，及时掌握安全动态，更新安全数据，重新更新危险源100多项、环境因素200多条，应急管理系统全面启动，在系统中录入应急物资、应急演练等200多条，扎实推动了西藏公司健康、安全和环保工作的开展，公司运营安全平稳。

【应急管理体系】在国家应急管理体系建设原则指导下，我们认真贯彻落实《生产安全事故应急预案管理办法》及集团公司应急预案管理有关要求，以风险管理为核心，以基层建设为重点，以系统提高应急能力为着力点，探索应急管理体系建设，完善应急管理“一案三制”体系，使各级应急响应救援预案更加充实，基层现场处置程序更加简明、有效，预案体系不断完善，应急指挥机构、工作机构不断充实，体系制度建设不断加强，按照“统一领导、分工负责、部门联动”的工作机制，结合公司实际，逐级完善公司应急预案1+11（一个总体应急预案，11个专项应急预案）及预案备案工作，加强预案编制指导工作和审核备案工作，加强应急预案体系的建设和培训工作。指导、督促、检查二级单位应急预案的修订、演练和培训等工作，强化应急响应流程，理顺应急工作程序，明确应急职责，提高应急处置能力，开展应急预案备案技术和桌面演练，逐级开展应急演练和培训工作。2011年公司举办各类应急演练7次，重点提高了基层、现场应对突发事件的处置能力。

6月份在七二五油库开展“油品泄漏升级火灾事故”应急反应演练，对演练中存在的问题和不足进行了点评和总结，巩固了员工消防知识,提高了油库的火灾防控能力和突发事件应变能力。2011年11月7日，配合协调举行“高原消防铁军—2011”大型综合应急演练，提高了应急联动能力。进一步增强了各个预案的实用性，提高了应急反应能力、应急救援能力、协同作战能力和应对各种突发事件的综合素质。

公司结合消防应急演练，重新整理、梳理各单位的应急预案，并着重针对沿江、沿河的油库站制定切合实际的应急预案，保证环境不受污染，防止出现危机事件。为防止不合格油品进入公司，从源头上杜绝质量不达标的油品入库，保证油品合格率100%，公司制定了油品质量突发事件应急预案，防止因油品质量导致事件的发生，维护企业信誉。

【重大工程】2011年全年共完成投资14868万元。一是网络开发工作取得了实质性进展，新开改扩建项目35项，续建5项，新增加油站5座，小站变大站3座，加油站迁建、安全隐患整改8座；二是圆满完成了功德林、纳金、机场高速加油站建设，确保了大庆项目如期完成，为大庆献礼；三是大力提升现有设施技术水平，提高环保意识，沿江沿河、保护区加油站做好防渗、防污染的技术处理工作，引入双层油罐复合管线等新材料新设备等，完成西藏首座绿色加油站功德林加油站安全升级改造并投入运营，西藏首座高速路加油站建成投产，西藏首座L-CNG加气站试运行成功；四是大力推进拉萨铁路接卸库的建设，加大铁路专用线、与725库连接管线工程和库区收尾工作的力度和衔接工作，确保明年上半年投入试运营；五是进一步加大信息化建设步伐，完成西藏公司调试指挥系统的建设，为公司调度决策提供了先进、快捷、便利、及时的渠道，同时，油库信息化建设前期工作就绪，预计2012年完成建设并投入使用，信息化程序的提高，将进一步提高公司的管理效率和水平。

【加强安全管理】作为石油销售企业，公司油库站全部处于易燃易爆、高温高压的安全风险之中，安全管理工作尤为重要。公司牢固树立并积极实践“环保优先、安全第一、质量至上、以人为本”的理念，从本质安全出发，加强基础建设，从制度、考核、监理等方面，推动安全工作扎实有效开展。

2011年，公司总经理与所属企业主要负责人分别层层签订了《安全环保责任书》，落实安全环保责任制，明确责任主体、责任目标和事故控制指标，同时结合各阶段实际情况，与各单位签订重点敏感时期责任书，确保了2011年各个时期的安全稳定。在此基础上，二级单位与所属员工签订了《员工安全生产合同》，落实直线责任，将安全责任传递到每个岗位员工，严格落实值班制度和安全信息报送制度，确保了西藏公司2011年度全面安全稳定，得到集团公司的嘉勉。

西藏销售严格落实责任制和属地管理责任，把安全环保作为“天字号”工程来抓。全面推进HSE管理体系规范运作和持续改进。进一步建立和完善了安全监督巡查制度，不断强化基层风险管理，全程建立作业许可、危害与可操作性分析等管理工具，辨识、分析生产运行和工程建设中存在的危害，消除施工作业风险，进一步完善规章制度和操作规程，推行安全行为观察分析，加强“五型班组”建设，全员安全环保风险意识和执行力普遍增强。加强对承包商、承运商的管理，并纳入公司安全范畴，统一标准，统一管理，严格考核，强化属地管理，明确建设方、总包方、施工方、监理方承运商的安全环保责任，确保工程施工和油品运输安全，防止环境事故发生。

环境保护、地矿勘查

自治区环境保护工作

【年度综述】2011年，全区环保系统以科学发展观为统领，以构建西藏生态安全屏障为核心，以环境综合整治为重点，以环境执法监管为关键，全面推进生态环境保护与建设、污染防治和辐射环境管理工作，环保工作在服务全区经济社会发展大局、解决民生环境问题、提升监管能力和水平等方面取得重大进展，为全面推进“十二五”环保工作奠定了坚实基础，实现了开局之年开门红。纵观2011年全区环保工作，可以概括为四个“年”，即丰收之年、发展之年、突破之年、保障之年。

【积极争取环保部支持，努力服务全区经济社会发展大局】一是环保部充分考虑西藏项目投资的特殊性，从全面支持西藏发展的高度出发，破例专门为西藏制定下发了《环境保护部委托西藏自治区环境保护厅审批环境影响评价文件的建设项目目录》，将16个类别98类建设项目全部委托或有条件委托环保厅审批，从政策层面给予了西藏特殊支持。这一政策对减少我区建设项目成本、加快环评审批进度、促进西藏跨越式发展起到了巨大的推动作用。二是经环保部核定，我区全面完成了“十一五”主要污染物总量控制指标。全面开展了国家环境保护“十一五”规划终期考核工作，我区被环保部评定为“优秀”等次。三是国家为我区合理确定了“十二五”主要污染物总量控制指标，与2010年持平。四是积极与自治区发展改革委和环保部沟通衔接，在国务院第161次常务会议批准的《“十二五”支持西藏经济社会发展建设项目规划方案》中，落实

"十二五"生态环境保护类项目27个，规划投资98亿元（其中，由环保厅负责实施的项目有4个，规划投资4亿多元），为构建西藏生态安全屏障，全面推进西藏重点环保工作提供了项目保障。五是环保部在林芝召开了全国环保系统对口援藏工作会议，印发了《全国环保系统"十二五"对口援藏规划》，全面建立了对口援藏工作长效机制，确定"十二五"期间安排西藏环境监管能力建设项目3大类20项，总投资7.49亿元，是"十一五"援藏规划投资的5倍多。

【整体推进，重点突破，扎实推进重点环保工作】一是累计落实投资近32亿元，确保了《西藏生态安全屏障保护与建设规划》确定的3大类10项工程全面实施。组织编制了《西藏生态安全屏障生态监测实施方案》，启动了生态环境监测体系建设。开展了全区地（市）、县级自然保护区核查。开展了芒康滇金丝猴国家级自然保护区和工布自治区级自然保护区的调整工作，工布自然保护区范围和功能区调整已经自治区人民政府批准。继续推进拉鲁湿地国家级自然保护区规范化建设。开展了国家重点生态功能区县域生态环境质量考核工作。积极落实项目资金，在全国率先启动了生态功能保护区建设工作。指导拉萨市和林芝地区积极开展"国家环保模范城市"和"林芝生态地区"创建工作。积极配合相关部门争取各类生态补偿资金近35亿元，其中落实国家重点生态功能区转移支付资金6.92亿元、森林生态效益补偿基金7.64亿元、草原生态保护补助奖励资金20.39亿元，逐步建立了生态环境保护长效机制。二是自治区下发了《西藏自治区人民政府关于加强矿产资源开发环境保护工作的意见》，逐步建立了矿产资源开发项目联动审批、联合执法长效机制。加大了对全区矿产资源开发企业的监管力度，召开全区矿产资源开发环境保护工作专题会议，对自治区人民政府明确关闭的9家和挂牌督办限期整改的19家选矿企业的整改落实工作进行了督促检查。协调环保部审查了《金沙江上游水电规划环境影响报告书》，在保护生态的前提下积极稳妥推进水电资源开发活动。三是以保障饮水安全、消除垃圾污染、改善城乡环境为重点，全面推进全区环境综合整治工作，逐步解决民生环境问题。自治区人民政府批准实施了《西藏自治区城镇饮用水水源地环境保护规划》。组织实施了9个饮用水水源地环境保护工程，积极争取中央和自治区环保专项资金，落实了37个饮用水水源地环境保护项目。组织实施了贡嘎机场－拉萨－林芝区域环境综合整治项目和危废医废处置设施建设项目。落实中央农村环保专项资金2500万元，配合实施了农村人居环境建设和环境综合整治项目。四是严格执行环境影响评价制度，与自治区发展改革委等相关部门共同建立了基本建设项目审查审批联席会议制度。制定了建设项目环境影响评价文件审批管理规定和技术评估管理规定，逐步规范建设项目环评文件审查、审批程序，强化审查、审批行为监督，增强主动服务意识，加快审批进度。及时组织审查了4个专项规划的环境影响报告书，审批了719个建设项目环境影响评价文件，确保了自治区开发建设项目的顺利实施。严格执行建设项目"三同时"制度，加强了拉日铁路、藏木水电站等自治区重大建设项目的环境监督检查，开展了11个建设项目环保专项验收。五是2011年全区化学需氧量、氨氮、二氧化硫、氮氧化物排放量与2010年持平。落实专项资金984万元，启动了重点区域的重金属污染防治工作。全年共征收排污费1044.5万元。逐步规范辐射安全许可管理工作，核发辐射安全许可证25家、延续4家、变更4家、注销2家。审批辐射类建设项目环境影响评价文件25份。开展了2011年西藏自治区辐射事故应急演习。完成了所有废旧放射源的安全收贮。截止2011年底，全区共有密封放射源74枚，其中在用35枚、备用4枚、收贮35枚；共有射线装置810台（套），其中Ⅱ类射线装置7台（套）。全区放射源、射线装置均处于安全监管状态。六是在全区范围内组织开展了整治违法排污企业保障群众健康环保专项行动和环境后督察工作，共出动执法人员2405人次、车辆729台次、检查企业（项目）1117家，对存在环境问题的67家企业（项目）进行调查处理，极大地维护了人民群众的环境权益。依法对日喀则雪莲水泥厂放射源丢失事件和西藏霞钰矿业开发有限公司环境违法行为进行了处罚。全区共接到群众环保举报热线投诉311件，办结率达95%以上。积极配合自治区人大开展了"中华环保世纪行—西藏行"活动。

【科学规划，强化基础，全面提升环保能力和水平】一是自治区人民政府批准实施了《西藏自治区"十二五"时期环境保护和生态建设规划》、《西藏自治区城镇饮用水水源地环境保护规划》、《西藏自治区重金属污染综合防治"十二五"规划》、《西藏纳木错生态环境保护规划》、《西藏自治区"十二五"持久性有机污染物（POPs）污染防治规划》等一批环境保护重要规划，明确了"十二五"重点环境保护工作任务，强化了环保工作措施。组织召开了西藏自治区"十二五"环境保护项目落实会议，与厅相关部门和各地（市）环保局签订了《西藏自治区"十二五"环境保护项目落实责任书》。二是环保部和天津等14个援助省（市）共选派23名业务过硬、作风扎实的环境监测、监察、评估、信息技术人员到自治区和六地（市）环保部门开展技术援藏工作，技术援藏领域不断拓展，受援单位向地（市）延伸。三是各地（市）组建了环境监测站，日喀则、山南、林芝、昌都、阿里地区初步形成了常规监测能力。编制监测报告230份，取得各类监测数据4万余个。自治区环境监测中心站通过了国家计量认证复审。开展了环境应急监测演练活动。实施了环境监测质量管理三年行动计划。《西藏自治区环境质量报告书（2006-2010年）》获环保部"三等奖"。开展了日本福岛地震和印度锡金地震震后空气γ辐射和水源水质监测工作。开展了纪念"6·5"世界环境日等大规模环境宣传教育活动。接待国内媒体记者100多人次、国外来访团组11批，西藏环保外宣影响力进一步增强。四是积极协调环保部落实中央各类环保专项资金1.7亿多元，为推进重点环保工作提供了资金保障。六地区医疗废物集中处置中心项目建设进展顺利，落实了自治区危险废物处置中心建设项目。自治区环境监测业务用房建成并投入使用。五是推进了厅属事业单位机构改革工作。协调环保部在我区举办了环境监察机构负责人、环评从业人员、环评管理人员、辐射环境安全等四期培训班，350余人（次）参加了培训。组建了西藏自治区环境保护工程系列高级专业技术资格评审委员会。召开了首次全区环保系统党风廉政建设工作会议。认真开展基层建设年活动，积极筹措资金170余万元，解决了长期困扰日喀则南木林县甲措乡拉亚村的防洪、通车、农田灌溉等七个方面的问题。按照区党委的统一部署，抽调16名干部职工组成4个驻村工作队，认真组织开展了创先争优强基础惠民生活动。承担了庆祝西藏和平解放60周年活动“生态西藏”专题彩车的制作，彩车及簇拥方队荣获“优秀组织单位奖”。

【获奖情况】

1. 2011年，自治区环境监察总队被人力资源和社会保障部、环保部评为全国环保系统先进集体；
2. 庄红翔同志被人力资源和社会保障部、环保部评为全国环保系统先进工作者；
3. 曾庆铎同志被自治区党委评为全区优秀党务工作者；
4. 黄琼中同志被环保部评为核与辐射安全监管和日本福岛核事故应急工作先进个人；
5. 姜孜同志被环保部评为核与辐射安全监管和日本福岛核事故应急工作先进个人；
6. 胡汉同志被环保部评为核与辐射安全监管和日本福岛核事故应急工作先进个人；
7. 孟玲玲同志被环保部评为核与辐射安全监管和日本福岛核事故应急工作先进个人；
8. 陈歆同志被环保部评为“十一五”环境保护科技工作先进个人。

【领导名录】

党组副书记、厅长：张永泽
党组成员、驻厅纪检组长：肖珍
党组成员、副厅长：张天华、江白、刘舒生、庄红翔
副巡视员：李维星

自治区地质矿产勘查开发工作

【年度综述】2011年，区地勘局紧紧围绕自治区工作主题和经济发展战略，继续坚持“地质主业大发展、关联产业抓重点”的发展思路，按照“十二五”地质勘查部署和总体要求，结合“358”国家地质工作目标第二阶段的具体任务，全力做好地质勘查工作，力促地质经济发展，着力改善民生，全面加强各项管理，做好各项保障，狠抓思想政治建设，保持了队伍和谐稳定，圆满完成了以地质找矿为中心的各项任务，实现了“十二五”良好开局。

【地质找矿取得预期成果】进一步加大项目投入力度，积极承揽和实施各类地质项目102项，完成地质项目投资3.8亿元，是历年来承担国家项目最多的一年。其中：青藏专项37项、中央基金项目3项、油气专项项目1项、自治区专项资金项目3项、局筹资详查项目1项、普查项目2项、预查项目11项、队自筹资金项目1项、国土资源部科研项目5项、区科技厅科研项目2项、合作地质项目8项、社会地质项目28项。

完成主要实物工作量：钻探12万米、槽探6万立方米、浅井259米、硐探2522米、1:5万区域地质调查6614平方千米、1:5万水工环地质调查3.2万平方千米、1:25万水系沉积物测量2万平方千米、1:25万区域重力测量9010平方千米、1:1万地质草测1232平方千米、1:1万土壤测量349平方千米、1:1万岩石（土壤）剖面290千米、1:5千地质草测1630平方千米。

1.青藏专项项目进展顺利。全年共37个项目，成果喜人。区域地质调查项目取得了找矿的新线索。初步划分了测区的地质构造格架及地层单元系统，新发现铬铁矿、铜、金等矿（化）点31处。区域重力项目首战起步良好。2011年地勘局首次承担了此类项目，完成了年度重力数据采集并初步进行了分析，相关成果对基础地质研究及找矿将发挥重要作用。区域化探项目工作成果明显。不同程度发现了矿（化）体，其中15处异常发现具有一定规模的铜、铅、金等多金属矿（化）体。地质矿产远景调查项目提供了重要找矿靶区。新发现了铜、铅、锌、金、磁铁矿等一批矿（化）点，有望提交一批新发现矿产地。矿产资源调查评价项目找矿成效突显，主要为铬铁矿、盐湖、铜矿、高温地热等资源调查评价。

2.积极申报中央地勘基金项目。按照国土资源部和国土资源厅的安排部署，认真参加并做好整装勘查区的地质工作，取得了实质性进展。同时经多方努力，通过立项论证项目10项，第一阶段开始实施6个项目，总经费达6000万元，有力增强了地质找矿资金支持。

3.自治区专项资金项目相继推进。承担了自治区地质勘查资金项目2项。其中，改则县青草山矿区铜矿普查，有望取得新进展。盐湖中硼同位素资源调查项目已完成取样工作，相关研究工作正在进行，该成果将对盐湖资源综合利用具有重要意义。

4.局筹资调查项目重点突出。千方百计筹措1500万元，有重点地设置了详查项目1项、普查项目2 项、预查项目11项。浦桑果铜多金属矿，施工12个钻孔全部见矿，矿体相对稳定，矿体平均品位高，扩大了资源量；纳茸铜多金属矿，施工2个钻孔均见矿，矿床规模有望达到中型。错那县城地热资源评价工作，通过勘探井的施工，打出了地下热水，圈出了热源区，为第二阶段工作奠定了基础。预查项目的开展不同程度发现磁铁矿、铜（金）矿、方铅矿（化）体或找矿线索，为进一步开展工作提供了找矿靶区。

5.积极参与油气和天然气水合物的勘查。通过与区外科研院所合作，发挥自身优势，承担了“羌塘盆地南部边界及性质问题研究”和“羌塘盆地天然气水合物资源勘查1:5万区块地质调查”项目，完成了任务，提出了见解，锻炼了队伍，了解了西藏油气勘查方法技术和工作布局，为今后承担该项目积累了经验，奠定了基础。

6、科研工作有序开展。地勘局参与的“青藏高原地质理论创新与找矿重大突破”项目获得国家科技进步特

等奖。“班怒成矿带西段铜金成矿背景与成矿作用研究”取得重大进展。由地质五队和二队、区调队承担的“西藏班公湖—怒江成矿带西段铜多金属资源调查”等项目报告分别获得由成都地调中心组织的国家级专家评审组的优秀等次。地勘局召开了属地化后的首次科技工作会议及首届青年科技论坛，总结了属地化以来地质科技工作成果，为青年科技工作者发挥和展示才能提供了交流平台，有力推动了地质找矿及地质科研工作的开展。

7.合作勘查项目取得明显进展。驱龙、蒙亚啊、朱诺、拉果错、巴嘎拉东、柯月等矿区，通过深部工程控制，发现了新矿体，增加了资源量，取得了明显的找矿效果。同时通过沙拉岗矿区的外围勘查，发现了新的资源，为延长矿山服务年限奠定了基础。沙拉岗和蒙亚啊矿山开发，已经为地方经济发展和当地农牧民群众增收致富做出了新贡献。

8.积极拓展地质技术服务领域。利用遥感手段协助区国土厅开展矿产卫片执法检查工作，调查了拉萨市城关区、达孜县、堆龙德庆县等县市14个疑似违法点；在亚东地震发生后的第一时间，主动为抗震救灾工作提供该区域地质构造的地质服务；积极参与我区重点工程建设的地质勘查和旱区找水工作。继续开展国家基础地质数据库更新与维护项目，更新维护了西藏矿产地和西藏工作程度数据库；承担了中国地质图书馆《地学文献信息移动服务试验研究》项目，对试验体验和效果进行评价，为下一步完善移动服务打下了基础；同时与北京发展研究中心合作参与了北斗星野外定位服务工作。

9.制定了自治区“十二五”地质勘查规划。按照自治区“十二五”规划编制分工，地勘局承担了全区首个地质勘查规划的编制工作。地质勘查规划的制定，使地质勘查有了依据，为区域经济发展布局及产业结构调整、转变经济发展方式提供了重要依据，更为尽早实现西藏矿产资源战略储备和开发基地建设及全区经济社会发展提供了相应保障。

通过上述工作，共探获铜资源量100万吨以上，盐湖碳酸锂、氯化钾（液）900万吨和铅锌矿资源量30万吨以上，实现了年度目标，地、物、化、遥和科研工作均完成了年度任务。尤其是铜的资源量增加幅度较大。

【经济目标全面完成】认真贯彻落实全区经济工作会议精神，经济责任目标顺利完成。通过驱龙、玉龙铜矿、蒙亚啊铅锌矿、邦布岩金矿等30余个合作项目与合作矿山勘查开发的推进，积极承担工程地质勘查施工、地质灾害防治和人畜饮水打井、其它建设工程、以及4.1万件各类样品的测试分析和以地矿设备等各类物资器材的销售拓展，提高鑫达矿产品储运和地矿物资转运服务功能等，2011年地质经济计划指标在2010年实际完成的基础上，保持了12%的增长速度，全年完成地质经济总量9亿元，实现了“十二五”开门红。

【职工生产生活条件得到极大改善】历时两年，投入资金1.6亿元，总建筑面积5.77万平方米，维修改造面积3.87万平方米，涉及局属5个地质单位的地质科技楼和专职周转房全面竣工。2011年又自筹资金6000万元，加强了地质单位基础设施建设，投入1253万元为地质单位购置了急需的地质设备、仪器，各地质单位亦结合自身实际自筹资金添置了设备，大部分地质单位工作与生活条件得到极大改善。为期两年，总建筑面积5.6万平方米的拉萨地质花园建设全面完成,广大干部职工购置了属于自己的新房。一如既往关心关爱老同志。召开了首次全局离退休工作会议，全面落实老同志“两项待遇”，党政主要领导利用各种机会多次看望老同志。地勘局华阳站新院党支部获“全区先进离退休干部党支部”、拉萨西郊退休党支部书记获“全区离退休干部先进个人”光荣称号。

【精神文明建设大力推进】积极筹措资金，绿化美化居住环境，发扬中华民族传统美德，捐款51.60万元，大力开展了“党在我心中”和加强基层建设活动演讲比赛、唱红歌等一系列喜闻乐见的文体活动，精神文明建设和地质文化建设呈现新气象。在建党90周年之际，地勘局党委对在创先争优活动中涌现出来的一批先进党组织、优秀党务工作者、优秀共产党员进行了表彰。对在工作生活中涌现出来的劳动模范、先进工作者、“五好家庭”进行了表彰，充分发挥了典型引导作用。

【扶贫工作和驻村工作稳步推进】积极响应区党委号召和安排，自觉完成中心工作任务。地勘局积极做好康马县少岗乡的定点扶贫工作。在认真调研的基础上，形成了“十二五”扶贫工作规划，计划实施15个帮扶项目，并着手抓好规划落实工作，为有效推进新一轮扶贫工作奠定了基础。上半年派出的基层建设年驻村工作组，为那曲县达萨乡落实了12个项目，资金达475万元。项目的实施，有效改善了当地群众的生产生活条件，受到了那曲县、那曲地区的高度赞扬和自治区的通报表彰。10月派出的由76名同志组成的19个强基惠民驻村工作队，按照自治区党委和地勘局党委的统一安排部署和工作要求，做了大量前期调研和政策宣讲工作，走村入户率达300%以上。结合当地实际，筛选“短、平、快”项目50余个，并积极向有关部门申报。同时经多次论证，工作队优选了20余个民生项目，累计资金近100万元。地勘局主要领导在百忙中抽时间深入局属19个驻村点开展调研工作，看望村委会干部和工作队，慰问困难群众，与各驻在村和乡共商发展稳定大计。

【领导名录】
党委书记、副局长：李清波
党委委员、副局长：李光荣、苑举斌
党委委员、纪检书记：白玛卫东
副巡视员兼地质二队队长：夏德全

自治区副主席格桑次仁在气象局调研

国家气象局副局长宇如聪来藏慰问

科普宣传

区气象局和政府应急办联合开展应急演练

组织去卡若拉冰川考察

2011年7月18日，中共中央政治局常委、国家副主席、中央军委副主席、中央代表团团长习近平率中央代表团部分成员来到西藏大学新校区，亲切看望各族师生员工。

教育部部长袁贵仁在西藏两基国检验收会上

原自治区党委书记张庆黎参加2011年“六一”儿童节庆祝活动

自治区党委副书记郝鹏在自治区教育工作会议上讲话

厅长 宋和平

表彰先进

贯彻落实中央第五次西藏工作座谈会精神情况汇报会

西藏自治区人民政府接受国家“两基”督导检查总结会议

自治区教工委传达学习自治区第八次党代会精神大会

全区“两基”工作总结表彰大会

全区高校负责人会议

全区年度教育工作会议

推进全区“两基”工作成就奖

西藏“两基”国检验收会

争先创优强基惠民活动

驻村工作队出发仪式

自治区国家语委全体成员会议

专心听讲

2011年7月18日，中共中央政治局常委、国家副主席、中央军委副主席、中央代表团团长习近平率中央代表团部分成员来到西藏大学新校区，听取相关介绍

2011年9月8日，自治区党委书记陈全国同志视察西藏大学，并亲切看望师生员工，代表自治区党委、政府向全区广大教师和教育工作者致以节日的问候

2011年8月20日，第三届中国西藏文化论坛在西藏大学举行

2011年8月29日，北京大学对口支援西藏大学协议签字暨图书设备捐赠仪式

2011年8月29日，新一轮高校团队对口支援西藏大学2011年年度例会在拉萨召开

2011年9月28日，西藏大学与中国藏学研究中心合作共建“西藏社会发展研究中心”签字揭牌仪式举行

自治区主席白玛赤林视察卫生建设项目

自治区卫生厅党组书记卢彦朝向厅系统驻村工作组授旗

自治区卫生厅厅长普布卓玛视察山南地区甲竹林镇卫生信息化建设工作

自治区卫生厅系统传达贯彻自治区第八次党代会精神大会

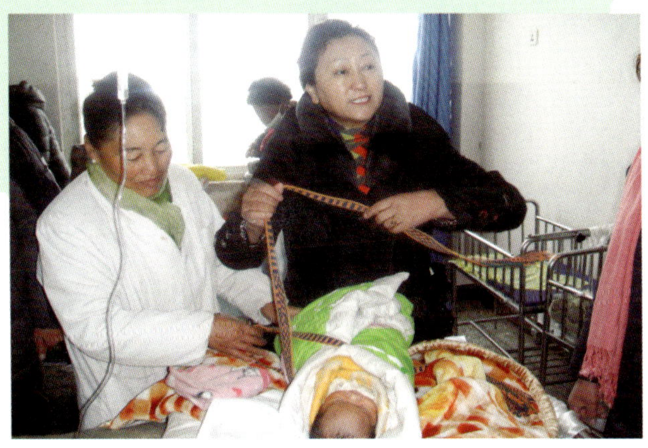

大力加强妇幼卫生保健工作

为乡镇卫生院配备的流动服务车

2011年7月18日，中共中央政治局常委、国家副主席、中央军委副主席、中央代表团团长习近平，中共中央政治局委员、国务院副总理、中央代表团副团长回良玉，全国政协副主席、中央代表团副团长帕巴拉·格列朗杰等领导视察扎什伦布寺。

2011年7月25日，西藏和平解放60周年《伟大历程 辉煌成就》展在拉萨隆重开幕。中共中央政治局常委、国家副主席、中央军委副主席、中央代表团团长习近平，中共中央政治局委员、国务院副总理、中央代表团副团长回良玉，全国人大常委会副委员长、中央代表团副团长热地，全国政协副主席、中央代表团副团长帕巴拉·格列朗杰等领导出席开幕式并剪彩和参观展览

2011年11月7日，自治区党委书记陈全国在区党委常委、宣传部部长崔玉英等领导的陪同下视察西藏博物馆并作出重要指示。

2011年11月7日，自治区党委书记陈全国在区党委常委、宣传部部长崔玉英等领导的陪同下视察西藏博物馆。

2011年11月25日，自治区党委书记陈全国在区党委常委、统战部部长齐扎拉和自治区文化厅党组成员、文物局局长桑布等领导的陪同下视察布达拉宫。

自治区党委常委、宣传部部长崔玉英和自治区副主席甲热·洛桑丹增在区党委宣传部、文化厅、文物局等部门领导的陪同下亲临“中国文化遗产日”拉萨宣传点视察、指导工作。

2011年10月25日，国家投资10.9亿元的西藏“十二五”重点文物保护工程暨敏竹林寺文物保护维修工程开工仪式在敏竹林寺举行

世界遗产单位、全国重点文物保护单位布达拉宫正面图

2011年11月，中华人民共和国国家工商行政管理总局商标局授予布达拉宫为“中国驰名商标”

世界遗产单位扩展项目、全国重点文物保护单位罗布林卡东大门正面图

2011年12月，中央精神文明精神指导导委员会授予罗布林卡管理处为“全国文明单位”

国内外游客井然有序地进入布达拉宫参观

国家人口计生委副主任王培安赴藏调研，自治区副主席德吉陪同

自治区副主席德吉等领导出席全区优生优育工作会议并讲话

委党组副书记、主任玉拉慰问基层建设年驻村工作队

组织“三下乡”活动，为农牧民群众发放“全家福”

“7.11”世界人口日，在拉萨市区人口密集处设立宣传点，大力宣传优生优育、生殖保健科普知识，并免费发放生殖保健药具

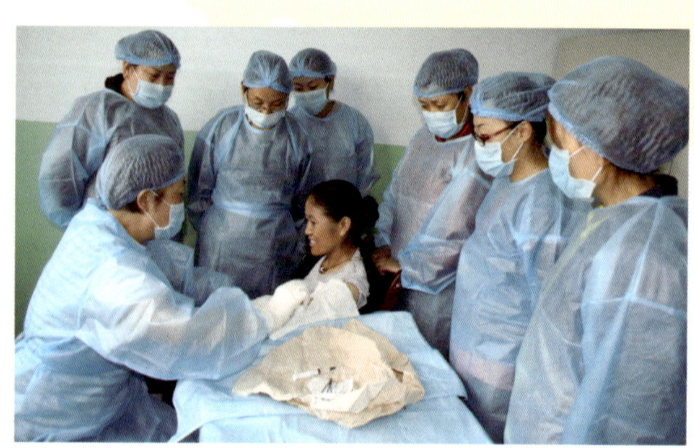

2011年7月份，西南片区皮下埋植避孕技术规范应用培训班在拉萨召开（图为专家现场教学）

区党委书记陈全国到自治区就业局调研就业工作

自治区主席白玛赤林、常务副主席吴英杰等自治区领导出席全区城镇居民社会养老保险试点工作部署暨新型农村社会养老保险试点经验交流会议

区党委副书记、常务副主席吴英杰到自治区人社厅调研

区人力资源社会保障厅积极响应自治区党委、政府的号召，踊跃向基层建设年捐款，厅领导边巴扎西、姚瑞峰带头捐款。

自治区人力资源社会保障厅联合军区总医院走基层、送医药、搞慰问.图为自治区人社厅厅长姚瑞峰、军区总医院院长李素芝受到当地百姓的热烈欢迎。

学习贯彻自治区第八次党代会精神

2011年7月15日，自治区党委常委、自治区常务副主席洛桑江村参加城关区福利院揭牌仪式

北京海淀区党政代表团赴城关区考察

城关区社区卫生服务中心启动仪式

2011年8月13日拉萨市委副书记、市政协主席杨万福参加城关区第八次党代会

2011年8月20日，文化部领导莅临娘热民间艺术团检查指导工作

2011年12月8日，自治区政府办公厅纪检组副组长、监察室主任德吉尼玛莅临城关区检查指导工作

拉萨市委副书记、城关区委书记赤列多吉慰问公安干警

2011年2月23日，市政协副主席、城关区区长谢廷锡慰问环卫工人

市政协副主席、城关区区长谢廷锡慰问公安干警

2011年城关区宣传思想工作会

红歌大家唱活动

自治区主席白玛赤林视察旁多新集镇建设情况

2011年4月7日，自治区党委副书记、自治区常务副主席吴英杰莅临林周县检查指导工作

2011年4月19日，自治区政协副主席乔元忠赴林周县调研农家书屋建设进度

2011年9月18日，拉萨市市长多吉次珠赴林周县边角林乡调研

2011年3月17日，拉萨市常务副书记焦建俊赴林周县调研春耕春播

2011年8月3日，江苏省太仓市党政代表团莅临林周县指导工作

2011年11月2日，拉萨市委常委、宣传部部长宇文雪芹莅临林周县检查工作

2011年3月5日，县委书记钱文辉赴强嘎乡慰问

2011年7月1日，县长次仁顿珠参加学生接送车辆发放仪式

2011年8月25日，林周县旁多水利枢纽工程第一批搬迁群众欢迎仪式

林周县旁多水利枢纽工程施工现场

林周县黑颈鹤自然保护区

自治区人大常委会主任向巴平措在当雄调研

自治区党委常委、拉萨市委书记秦宜智书记看望慰问纳木湖乡牧民群众

羊易地热电站奠基开工仪式

拉萨市委副书记、市长多吉次珠检查安居工程建设情况

拉萨市委副书记、市长多吉次珠检查"两基"迎国检工作

当雄县隆重召开第八次党代会

当雄县隆重召开第十届人民代表大会第五次会议

当雄县政务服务中心和信访服务中心揭牌仪式

当雄县委、县政府

当雄县农行携钻石户帮扶贫困户物资发放仪式

当雄县牧民民族手工艺品合作社产品展示

当雄县羊八井镇举行“3·28”庆祝活动

2011年1月1日，自治区党委书记张庆黎到东嘎村慰问三老人员

"童心向党·健康成长" 庆祝"六·一"国际儿童节

自治区党委常委、拉萨市委书记秦宜智慰问铁路护路队员

自治区党委常委、拉萨市委书记秦宜智，拉萨市市长多吉次珠等领导检查大庆项目

2011年4月1日，拉萨市市长多吉次珠到各乡镇检查指导大庆项目工程进展情况

2011年8月2日，北京市朝阳区代表团赴堆龙德庆县慰问

县委书记于海波看望驻寺工作组人员

县委、县政府领导看望寺庙管委会成员

2011年3月28日，德庆乡昂嘎工作组和群众一起庆祝3·28西藏百万农奴解放纪念日

堆龙德庆县庆祝西藏和平解放60周年活动总结暨表彰大会

堆龙德庆县中小学校消防器材交接仪式暨消防校外辅导员聘任仪式

庆党建党90周年 西藏和平解放60周年专场献礼演出

第十届全国人大常委会副委员长热地率中央代表团视察达孜金叶敬老院看望五保老人

自治区党委常委、组织部部长梁田庚莅临达孜视察

县委书记李忠法

县委书记李忠法“八一”建军节慰问驻军部队

县委副书记、县长阿努次仁

县长阿努次仁慰问驻章多乡恰村工作人员

达孜县相关领导参观辉煌拉萨60年展览

藏历年前慰问贫困户

加强机关作风和行政效能建设提高执行力演讲比赛

县民政局工作人员发放农村低保金

自治区党委常委、自治区常务副主席吴英杰出席米拉山景点牦牛揭幕仪式

自治区党委常委、纪检委书记金书波一行莅临墨竹工卡县指导工作，对和谐矿区建设工作给予肯定

国家农业综合开发办公室农发处李建民处长一行莅临墨竹工卡县检查农业综合开发土地治理项目建设情况

拉萨市长多吉次珠一行视察安居工程建设情况和春耕备耕工作

南京玄武区党政代表团莅临墨竹工卡县考察指导工作

县委书记林涛

县委副书记、县长林生

县基建领导小组联合检查国道沿线安居工程

墨竹工卡县第二届甲玛文化艺术节开幕，区市有关领导出席开幕式

甲玛文化艺术节赛牦牛活动

唐加乡农业机收场景

墨竹工卡县思金拉措湖（财神湖）

自治区党委常务副书记郝鹏亲临江达县检查指导工作

自治区政协副主席白玛才旺亲切看望驻江援江部队、武警官兵、公安政法干警

地委委员、江达县第一书记佘兴宇等县领导观看庆祝西藏解放60周年成就展

县领导听取各乡镇工作汇报

县政府有关领导及相关部门负责人深入县直各校进行安全检查

县委理论学习中心组集中开展学习活动

庆祝建党90周年暨西藏和平解放60周年红歌演唱会

2011年6月29日，江达县举行百米长卷签名活动，祝愿祖国繁荣富强

维稳工作专题会议暨平安创建授牌仪式

举行庆祝西藏解放60周年纪念品发放仪式

新农村建设后干净整洁的村容村貌

县委书记张新成在“三下乡”活动现场

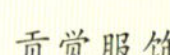
贡觉服饰

贡觉县民族服饰

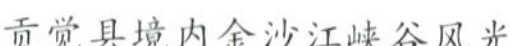
贡觉县境内金沙江峡谷风光

贡觉夜色

贡觉县东风和谐广场

阿旺绵羊

贡觉县马渠河千亩人工林

牧民定居工程——巴拉牧场

深山峡谷中的致富路

领导关怀

安定祥和的生活

县城

日新月异的丁青—丁青琼布商贸中心

干净整洁、环境良好的干部群众生活区

民俗民风

自治区主席白玛赤林深入边坝县检查指导工作

县委书记邓文昌

政府县长王皖岭

边坝县旅游景区三色湖

中国电信援建扎色玛新农村

县城全景

县委书记靳世文

县委副书记、县长次仁卓嘎

把党的关怀送到基层

强基础惠民生活动启动仪式

跳起欢快的锅庄

察雅县新安居工程

中铝公司援建的察雅县敬老院

察雅县城全景

察雅县温室大棚蔬菜基地

中铝援建察雅县的科技培训中心

小康建设示范点、全国文明村（镇）吉塘镇

自治区主席白玛赤林莅临八宿县指导工作

常务副书记刘莎、县长泽仁顿珠下乡调研

实地考察项目建设

农业综合开发

欢歌载舞庆党建

县城全景

新建成的县城广场

验收新楼

新落成的公安局办公大楼

新建成的县电视台办公楼

来古冰川

宗巴村田园风光

自治区人大常委会主任向巴平措在芒康县如美镇调研

自治区党委秘书长、区直机关工委书记王瑞连到芒康县检查指导工作

重庆市合川区党政代表团与芒康县县委、县人民政府召开座谈会暨捐款仪式

重庆市第六批援藏项目开工仪式

昌都地区第二届物资交易会

鲁仁灌区开工典礼

如美水电工程筹建处挂牌仪式

巴渝广场LED数字屏开幕式

藏东珍宝酒业有限公司-达美拥红酒

藏东珍宝酒业有限公司葡萄基地

自治区主席白玛赤林视察菱镁矿开采情况

县委书记卓大林为强基惠民驻村工作队授旗

县长任厚明在尚卡乡视察驻村工作队工作开展情况

创先争优强基惠民活动誓师大会

热查卡村新农村建设

仲确节

中国共产党定日县第八次代表大会

“9·18”地震农牧民住房保险赔款兑现会

2011年度区、地、县三级和谐模范寺庙和爱国守法先进僧尼表彰大会

定日县广播影视进寺庙工程设备发放仪式

自治区三下乡文艺演出团定日慰问演出

自治区三下乡文艺演出团定日慰问演出

日喀则市行政中心落成启动仪式

市委、市政府领导慰问地震遇难家属

慰问地震遇难者家属

日喀则市光伏电站奠基

日喀则市人民政府接受国家“两基”督导检查汇报会

藏香制作

蔬菜大棚

望果节转田

自治区副主席格桑次仁、日喀则地委书记丹增朗杰在南木林县检查工作

县委书记秦维强、县长巴桑多吉考察农业项目建设情况

县委书记秦维强、县长巴桑多吉在藏历年节日期间维稳值班医务人员

县委书记秦维强、常务副县长吴兴安下乡检查指导工作

县长巴桑多吉、副县长米玛与群众亲切交谈

南木林县委工作会议

县长巴桑多吉与村干部交谈，了解村工作开展情况

县长巴桑多吉、副主任肖格桑与乡干部座谈，了解强基惠民活动开展情况

县长巴桑多吉检查乡镇卫生院工作

南木林县强基惠民活动驻村干部整装待发

南木林县城新貌

地委书记丹增朗杰视察江热乡民族手工业加工厂

县委书记张伟视察援藏项目

县委副书记、县长达娃卓玛作工作报告

江孜县庆祝中国共产党成立90周年和西藏和平解放60周年红歌会

中国共产党江孜县第八次代表大会

发放中央代表团慰问品

组织党政代表团在上海考察学习

基层党建示范基地外景

江孜人民欢度节日

江孜精织手工卡垫

江孜老街

日喀则地委书记丹增朗杰视察锡钦村

日喀则地委副书记、行署专员许雪光、常务副专员旺堆一行视察后藏物交会

县委书记顾耀明

县委副书记、县长欧珠罗布

“拉孜堆谐”参加自治区心连心艺术团慰问演出

མཛེས་པའི་ལྷ་རྩེས་ཁྱེད་ལ་བསུ་བ་ཞུ།

美丽的拉孜欢迎您！

美丽的拉孜欢迎您

首届后藏物交会开幕式

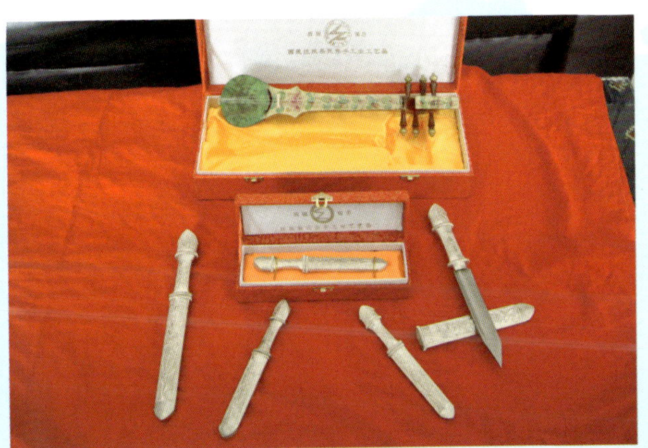

拉孜藏刀·六弦琴

拉孜觉囊寺

拉孜县全景

农业部部长韩长赋在白朗县视察

国家发改委副主任杜鹰在白朗县视察调研

自治区人大常委会主任向巴平措在白朗县调研合影

县委书记李季孝

县委副书记、县长贵桑

白朗藏香

袋装八宝饭

罗布丹增糌粑

农机作业

青稞牛肉方便面生产加工车间

手工艺品

真空包装糌粑

西藏军区总医院院长李素芝在聂拉木县义诊

日喀则地委书记丹增朗杰在聂拉木县调研

县委书记郝斌

县委副书记、县长曲达

县领导为旅客集散中心开工剪彩

县长曲达深入基层走访调研

聂拉木县第八次党代会

大力建设农家书屋，丰富农牧民群众精神文化生活

繁荣的口岸贸易

活羊出口

自治区主席白玛赤林“9·18”地震后在岗巴视察灾情

日喀则地委书记丹增朗杰到岗巴县检查指导工作

日喀则地委副书记行署专员许雪光视察“曲登尼玛”矿泉水厂

县委书记次仁顿珠

县委副书记、县长黄居壁

岗巴县2011年经济工作会议

县委副书记、县长黄居壁检查指导地震灾后重建工作

安居工程实施后的村庄

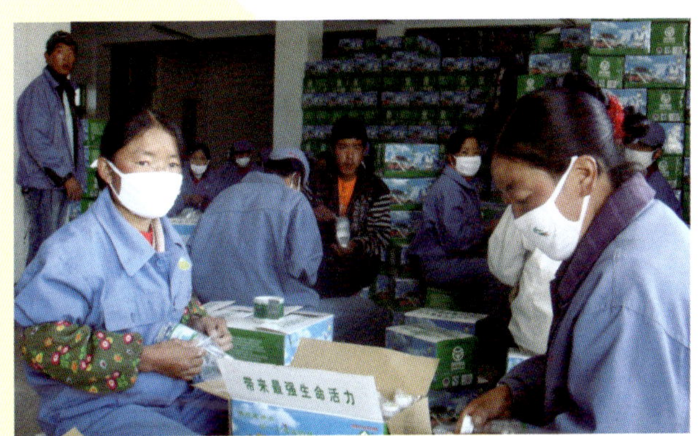

岗巴县特色产业“曲登尼玛”神水包装车间

新农村建设后的村内活动场所

中化集团援藏工作组为岗巴县强基惠民活动捐赠资金

县委副书记、县长边巴扎西向自治区党委常委、纪委书记金书波讲解昂仁县西藏60大庆庆祝活动

地委书记丹增朗杰视察昂仁县矿点

县委书记白平和视察县项目工地

县委书记白平和深入牧民群众家里慰问

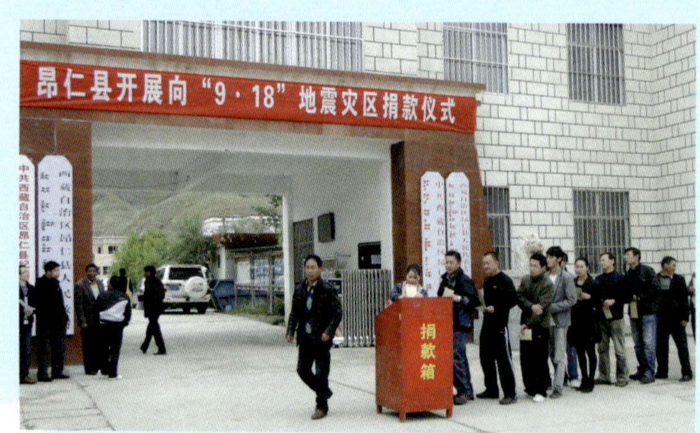

昂仁县干部职工向"9·18"地震灾区捐款

雪村村民领取中央慰问赠品

昂仁县举办以"迎大庆、唱红歌、颂党恩"为主题的红歌会

自治区主席白玛赤林在定结县萨尔乡达纳村实地考察灾情

县委书记丁向晖

县委副书记、县长巴桑次仁

县三套班子组织县直单位及各乡镇党委书记深入各乡镇开展实地调研

中国共产党定结县第八次代表大会第一次全体会议

定结县第十一届人民代表大会第七次会议

2011年底定结县被自治区评为双拥模范县

定结县举办第十四届夏尔巴文化节

自治区党委书记陈全国在亚东视察灾情时,与县委副书记、县长陈小和亲切握手

县委书记纪晓鹏,县委副书记、县长陈小和陪同地委副书记、行署常务副专员闵卫星前往上亚东乡检查指导科技示范园区建设

"9·18"地震发生后,县委书记纪晓鹏(左二),县委副书记、县长陈小和(左三)前往下亚东乡察看灾情

县委书记纪晓鹏(右五),县委副书记、县长陈小和(左三)前往下亚东乡检查指导灾后重建工作

县委书记纪政

县长嘎松美郎慰问值勤公安干警

中国共产党索县第七次代表大会

索县“3·28”百人锅庄舞蹈表演

为群众义务巡诊

索县开展乡、村医生技能培训

政策咨询

怒江峡谷展雄风

自治区副主席宫蒲光在比如检查指导工作

自治区副主席格桑次仁在比如检查指导工作

县卫生服务中心改扩建工程开工典礼

扎实开展两基迎国检工作

全面开展创先争优强基惠民活动

第六届娜秀文化艺术节

那若风景名胜区绿湖景色

那若风景名胜区白湖景色

自治区政府秘书长高扬检查指导强基惠民活动

原地委副书记、行署专员谭永寿在安多县视察工作

县委书记王欢苗

县委副书记、县长旺扎

沈阳市援建的综合办公楼、文化宫、沈阳路

援藏项目—安多县青藏公路综合服务区工程开工奠基

县城全景

欢乐锅庄

冰川

藏羚羊

格拉丹东

牧场

区党委常委、政协党组书记、统战部长公保扎西探访基层群众

区党委常委、政协党组书记、统战部长公保扎西等听取申扎县工作汇报

自治区领导在申扎县调研并听取汇报

自治区副主席宫蒲光检查粮食储备

自治区副主席宫蒲光检查工地

庆祝建党90周年、西藏和平解放60周年

赛马节

赛马节上

查岗遗址

错鄂姆鸟岛

当琼山

地区副专员王纯丁为强基惠民驻村工作队队员献哈达

县委书记扎西次仁

县长肖烟

鞍山市第六批援建巴青县项目启动奠基典礼

鞍山援藏干部慰问老党员

维稳武装力量展示中公安干警方队经过县政府

锅庄舞

新建政府办公大楼

玛如乡赛马节盛况

巴青县县城全景

在建的安居工程项目

自治区主席白玛赤林在申亚乡考察

2011年4月18日，自治区主席白玛赤林在尼玛县考察期间与干部职工合影

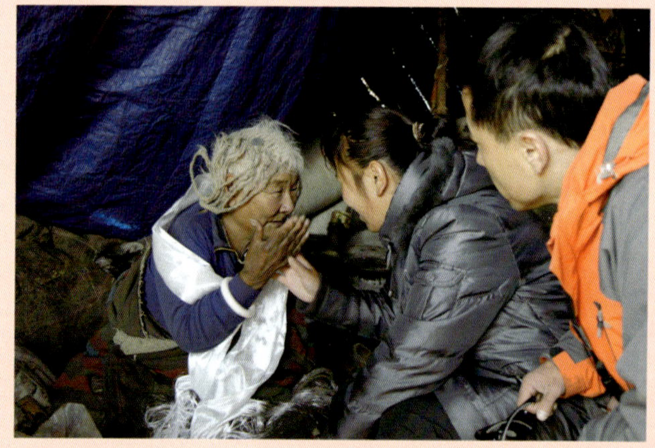

自治区国资委驻村工作队看望慰问群众

尼玛县政府综合办公大楼

尼玛镇第三届畜产品展销会现场

甲谷乡曲米村经济合作组织

尼玛县羌塘保护区巡护大队

尼玛县完小正在进行远程化教育

群众在农家书屋学习

尼玛县那仓部落民族服饰

圣湖当热雍措

自治区主席白玛赤林在双湖特别区检查指导工作

自治区副主席宫蒲光在双湖特别区检查指导工作

书记南培、区长罗布松拉、副区长普布顿珠与援藏干部调研学校工程项目

书记南培与村委会负责人交流

区委书记南培

区长罗布松拉

野牦牛

棕熊

世界第三极陆地冰川——普若岗日冰川

县委书记郑建忠

县委书记郑建忠视察台州路延伸工程建设情况

县长布尼玛深入达孜寺调研

县长布尼玛视察阿扎镇安居工程示范村建设

“穿衣戴帽”行动-夏玛乡小学教室

彩虹下的嘉黎县城

第五篇 社会事业

科技、教育

自治区科技工作

【年度综述】2011年，自治区科技厅在继承“十一五”科技工作中的好思路、好做法，注重工作延续性的基础上，根据新形势、新任务、新要求，抓整体布局，抓重点任务，把加强科技工作统筹布局作为一项重要工作来推进。在决策层面，按照集中力量抓重点、抓特色、抓亮点的工作思路，强化顶层设计，推动科技管理由微观向宏观转变，由项目管理向目标管理转变，加强了区域及学科间的资源集成与布局；在组织层面，紧密围绕“十二五”科技发展规划确定的目标任务，针对重点工作任务和重大科技专项，组建了重大领域专家委员会和领导小组，召开了一系列工作协调会和专家论证会，增强了科技工作整体统筹能力，拓宽了工作思路，促进了“产学研用管”的紧密结合；在落实层面，细化目标任务，实化工作措施，强化执行力，抓人员、抓责任、抓进度、抓措施，建立健全重大专项、平台和基地建设、人才团队培养等重点任务协同推进的项目组织管理和运行机制，确保了各项工作部署落到实处。

全年共安排自治区级应用技术与研发资金1.5亿元，比2010年增长36%。按照保障重点任务、项目适度集中、确保投入效益的原则，共组织安排自治区重点科技计划项目43项。争取国家各类科技计划项目48项，国家投入资金6724万元。各地市安排本级应用技术与研发资金1720万元，安排各类项目72项，争取援藏项目23项，投入资金1219万元。启动了青稞产业、草产业、金牦牛科技工程、金太阳科技工程、生态安全屏障保护与建设和自然科学博物馆6个重大科技专项，进一步整合了科技资源，为实现关键领域的重点突破奠定了坚实基础。

【加强应用基础研究，重点领域关键技术攻关取得新进展】加快解决特色产业发展中的品种选育、资源保护和特色种养殖等关键技术问题。引进农作物新品种、亲本材料215份，配置杂交组合1900多份，对一批优良品种进行了集中展示。加强特色畜禽本品种选育和提纯复壮研究，组建牦牛本品种选育基础母牛1000头，生产细管冻精12000只，组建绒山羊核心群1800只，开展藏鸡繁育、藏猪抗病基因育种研究。加强农作物标准化种植、畜禽集约化养殖、农产品安全、农田和草地生态系统保护以及农畜产品加工关键技术等研究，研究制定农作物高产栽培、畜禽高效养殖、农畜产品深加工等技术规程10项。开展了西藏濒危藏药材人工种植技术研究，建立喜马拉雅紫茉莉、长果婆婆纳、贝母、甘青青蓝等10余种濒危藏药材人工种植技术研究，制定完善SOP规程2套，建立野生抚育与人工种植示范基地500余亩。加强了绿色食（饮）品业、生物产业、矿产业、信息技术等领域关键技术研究，加快了具有自主知识产权的新技术、新工艺、新设备研发。

【加强产业技术创新，特色产业科技支撑能力不断增强】围绕培育战略性支撑产业，选择有优势、有前景的领域，加大技术攻关和培育力度，促进产业技术创新和规模化发展。一是大力扶持区域特色产业。组织实施区域特色鲜明、产业发展优势明显、示范带动效应突出的产业项目，新实施科技富民强县项目10项、农牧业科技成果转化资金项目10项、星火计划项目6项，在种植业结构调整、畜禽高效养殖、绿色食（饮）品开发、特色农畜产品加工等领域形成了特色亮点。二是加强传统藏医药业技术升级。进一步整合藏医药研究力量，加快“藏药产业技术创新联盟工程”建设，开展藏药新剂型、新工艺、新设备研发，开展藏药材质量标准化研究和传统藏药秘方抢救整理，5个藏药丸剂品种实现自动制核工艺，2个品种实现产业化，建成日产200公斤丸剂藏药生产线一条。三是组建技术创新联盟。扶持组建了藏药、绿色食（饮）品、草业3个技术创新联盟，积极推进建立以企业为主体、市场为导向、产学研用结合的产业技术创新机制，有效地促进了技术创新资源的集成和共享，加速了产业技术转移，提升了产业整体竞争力。四是推进旅游业信息化建设。完成西藏旅游景区承载力指标体系建设、景区旅游承载力监测与生态安全预警系统、景区承载力在线调查系统、旅游目的地营销服务平台研发。五是促进牦牛产业上水平。充分整合利用“金牦牛科技工程”取得的研究成果，在那曲、聂荣和当雄等地建立牦牛选育及高效育肥基地，开展了万头牦牛夏季强度育肥、冷季育肥和防掉膘技术示范，发展育肥示范户2000余户，夏季强度育肥平均净增重23公斤，母牛繁殖性能提高35%以上，年均产奶量提高40%。六是加快牧草产业关键技术研究与示范。以“核心农户+整村推进”示范模式，开展优质牧草高效种植和利用示范，在林周、贡嘎等地建成整村推进示范基地9个，示范面积达到2万亩以上，组建核心农户群400户。

【着力改善人民群众生产生活条件，民生科技取得新成效】加强新能源、环境保护、高原医学等民生领域科技进步，加快偏远地区实用技术普及推广力度，着力推动科技成果更多惠及民生。一是加强新能源示范推广力度。认真组织实施无电地区电力建设项目、国家“金太阳示范工程”和“金太阳科技工程”，完成了“山南地区村村通电工程”建设，改扩建光伏电站20座，推广光伏户用系统4785套，发放比亚迪慈善基金会捐赠的光伏户用系统500套，共解决项目区27100人的用电问题。实施新能源进校园行动，在阿里地区札达县建成了校园沼气系统。二是开展生态环境保护与建设关键技术研究。那曲地区生态系统可持续利用关键技术、西藏森林生态系统保护与修复关键技术取得阶段性成果，提出了切实可行的草地和天然林保护与可持续发展措施；醉马草综合防治技术研究取得新进展，中毒牲畜康复率达到92%。三是开展高原重大疾病研究。制定西藏慢性高原病诊断标准，建立了慢性高原病信息资源库，在岗巴和安多建立了慢性高原病监测、干预防治示范基地。开展了急性重症高原病、心脏病、西藏人群痛风等疾病机理及临床治疗研究。四是强化偏远地区实用技术普及推广。结合加强基层建设年活动和创先争优强基惠民活动，加大对偏远地区的项目支持力度，安排太阳能示范推广、种养殖、特色资源开发等短平快项目，有力地支持了自治区强基惠民活动的开展。

【强化科技资源集成效应，科技平台建设加快推进】进一步转变科技平台建设和管理思路，创新运行机制，加快推进重点实验室、工程技术研究中心、科技企业孵化器、科技园区和成果转化基地等科技平台建设。一是推进重点实验室、工程技术研究中心和科技企业孵化器建设。对19家自治区重点实验室和工程技术研究中心进行了绩效评估，对13家科技孵化器在孵企业进行了中期考核，6家企业顺利毕业。建成了“西藏科技型中小企业创业、孵化服务体系”平台，完成《西藏自治区科技产业支撑平台建设项目》和《西藏自治区科技企业孵化器与科技产业园建设项目方案》编制，积极推动在拉萨建设西藏科技企业孵化器与科技产业园。推动有条件的地市建立地市科技企业孵化器。二是以培育示范大户为重点提升农牧业科技成果转化基地层次。继续实施“西藏农牧业科技成果转化示范基地建设”，累计转化新成果22项。在巩固已有成效的基础上，发展奶牛养殖科技示范大户20户，带动养殖散户400余户。巩固发展养猪专业户206户，年繁育仔猪1900多头。发展藏鸡养殖大户60户，带动散户1800余户。麦类作物高产示范面积6000亩，青稞和小麦亩产分别提高54公斤和59公斤。三是认真筹建自治区自然科学博物馆。完成了自治区自然科学博物馆施工设计图优化修改、审查和投标工作，开展了国家保护动物标本采集名录及实施方案编制和申报工作。四是加快日喀则现代农牧业科技示范园区建设。实施青稞标准化种植示范12000亩，平均每亩增产20%以上。开展了17个农作物新品种展示和高产技术集成示范。示范种植优质饲草作物4700多亩，绵羊短期育肥3000只，奶牛高效养殖200头。引进蔬菜新品种20多种，推广新技术5项。五是加强科技信息平台建设。通过整合文献数据资源，建成“西藏科技资源共享平台”。完成了西藏林周县农牧业产业化服务信息系统和藏汉双语农村信息服务平台开发。完成科技部“西藏农村信息服务试点工程”的数据库、电子农务平台和门户网站建设。

【加大科技支持力度，企业自主创新能力不断提升】加大企业创新扶持力度，投入成果转化资金、中小企业创新基金、科技企业孵化器专项资金等3000万元，支持企业开展技术创新和科技成果转化。支持企业与大专院校和科研院所共同承担科研项目，引导建立产业技术创新联盟和企业技术创新平台，加快产业关键共性技术研发，提高产业共性技术储备和转化能力，促进产学研用结合。鼓励引导企业入驻科技园区、科技示范基地，依托科技项目，支持企业建立生产基地和原料供应基地。充分发挥企业科技服务平台作用，积极为企业提供项目孵化、知识产权保护、信息咨询、产品推介、技术合作等多方位科技服务，努力营造企业创新创业的良好环境。按照新的国家高新技术企业认定管理办法，向国家推荐高新技术企业13家。

【优化人才培养和使用机制，科技人才队伍建设步伐加快】坚持人才是第一资源的思想，加快培养创新人才、创新团队和基层一线科技人才队伍。将人才队伍建设与重大科技任务、科技专项同部署、同安排。紧密联系各科研单位、高等院校学科建设和人才培养计划，依托各类科技计划、平台和基地建设，积极探索和建立以科研任务为核心的创新人才和团队培养模式，培养了一批高水平的科技创新人才和创新团队。以项目合作为纽带，加强与国内外科研单位的人才交流合作，采取定向委培、互派人员、短期培训等方式，加快科技人才知识更新，引进急需关键人才。加强中青年科技人才队伍培养，通过自然基金项目，鼓励中青年科技人才在各自学科领域自由开展研究和创新活动。加强科技管理干部队伍建设，培训科技管理干部38人。加强科技特派员培养，新发展农牧民科技特派员500名。加

强对科技特派员组织化引导，通过科技特派员参与科技项目和给予创业科技项目资助等形式，加大培育专业技术协会、科技特派员示范大户力度，以科技特派员为骨干的各类合作组织，在建立科技项目长效机制和增强辐射带动能力方面发挥了重要作用。

【强化区域科技布局，基层科技工作扎实推进】根据各地资源禀赋和产业布局，继续加强对地市科技工作的分类指导，先后组织100多人（次）赴各地（市）开展调研工作，深入了解基层科技需求，帮助基层组织凝练科技项目，解决项目实施过程中的问题。支持引导各地建设各类科技示范园区和成果转化基地，启动了与日喀则行署的厅地科技合作工作会商机制，在尼洋河流域实施的可持续发展实验区项目取得明显成效。各地紧密结合自身实际，加强科技工作总体研究部署，认真组织实施具有区域特色的科技项目，积极争取援藏支持。加强人员交流，深入开展群众喜闻乐见的科技培训和科普宣传活动，为地方经济社会发展做出了积极的贡献。全区共有31个县（市）通过全国县（市）科技进步考核，其中12个县（市）被评为全国科技进步县（市）。

【用好用足援藏政策，科技交流合作空间不断拓展】深入贯彻落实中央第五次西藏工作座谈会精神，充分利用部区会商机制、区院合作协议和对口支援，积极争取政策倾斜和资金、人才、技术等方面的支持。2011年7月，在林芝召开了第二次部区工作会商会议，就推动西藏农牧业科技发展、加快特色优势产业技术进步、推动民生科技发展、加强基地和人才建设等十多项议题达成了全面共识。预计两年内科技部将为我区投入科技经费逾2亿元。以项目合作为纽带，积极与内地科研院所和企业开展合作研究、合作开发和人员交流。各地市也积极抓住科技援藏机遇，开展多种形式的合作交流。加强了在环境保护、新能源、旅游等领域的国际科技交流，扩大了对外开放水平，提升了合作层次。

自治区农牧科学院

【年度综述】2011年，自治区农科院紧紧围绕区党委和政府的中心工作，加强农牧科技创新，加速科技成果转化，加大科技服务力度，加快自身发展步伐，结合深入开展创先争优强基惠民活动，全面推进科技示范推广，全力开展科技兴农惠民活动，全方位为农牧区发展、农牧业增效和农牧民增收提供科技支撑，在“十二五”开局之年，实现了起好步、开好局的目标任务，取得了发展有突破、稳定见实效的双丰收。

【科技创新工作取得新进展】一是以科技项目为抓手，推进事业发展。在国家有关部委和自治区有关部门的大力支持下，全院共组织申报各级各类科技项目190多项，落实各级各类重点科技项目163项，其中：新立115项，接转48项，项目经费达1.2亿多元，比上年度增长28.5%。科研平台建设稳步推进。全院实施新建和续建各类基本建设项目和条件改善项目20项，通过各种渠道，筹集基本建设和条件改善方面的资金4460.03万元。二是以科技创新为突破口，支撑特色农牧业发展。重点加强特色农牧业产业发展关键技术创新。种植各类农作物育种试验材料7933份，种植苗木30万余株；启动实施了自治区财政重大专项“青稞等特色作物种质资源保护与基因技术开发”，在基因测序、功能基因挖掘与利用研究方面迈出了实质性步伐；提交自治区审定新品种9份；加大了牦牛、藏系绵羊、藏猪、藏鸡等特色畜禽本品种选育力度；开展了西藏特色蔬菜良种选育技术攻关。加快推进农牧业特色产业关键技术集成创新，实施科技项目70多项，扎实推进种植业新品种繁育与高产栽培、畜禽良种繁育与高效养殖、优质牧草高产栽培、畜禽重大疫病防控、植物保护综合防治、草原疯草防治、设施园艺作物高效栽培、农产品质量与农牧业环境检测、农牧业生态环境建设等关键技术集成创新。狠抓国家现代农业产业技术体系西藏站点建设。扎实推进青稞、油菜、马铃薯、大宗蔬菜、食用菌、燕麦、牦牛、绒山羊等13个西藏综合试验站的各项工作。三是以科技成果转化为切入点，引领“提升一产”。围绕“提升一产”目标要求，以农牧区为主战场，以科技示范为先导，组织全院科技力量，先后派遣170多名次科技人员，采取建立示范基地、科技特派员进村入户等方式，依托国家和自治区科技、财政、农发等项目的实施，加快推进农牧业科技成果转化。重点实施了自治区重大科技专项“山南农牧科技成果转化示范基地建设”、“日喀则农业科技园区现代农业技术示范”、“金牦牛科技工程—那曲地区牦牛高效繁育技术示范”等，建立持续高效的农牧业科技成果转化示范基地和示范区20个，示范推广了38个农牧业新品种和45项先进实用技术，充分发挥了农牧科技的引领带动作用。实施青稞、小麦、油菜、马铃薯等主要农作物新品种高效栽培技术示范5.8万亩；实施牦牛、绵羊、奶牛、绒山羊、藏猪、藏鸡等特色畜禽本品种选育及高效养殖技术示范9.8万头（只），高效种植优质牧草2.25万亩，完成各类家畜疫病防治11.85万头（只、匹）；实施名特优蔬菜、果树标准化生产技术示范1.35万亩，繁育优质蔬菜瓜果种苗86多万株，应用植物非试管高效快繁技术，快速繁育优质苗木种苗200万株，完成示范推广面积265亩，扶持建设了20余个园艺标准化生产技术示范村。

【科技服务工作成效显著】一是积极开展多项科技服务活动。利用多种渠道、多种形式，创造性地开展了为农服务工作，深受广大基层干群的欢迎。全年向农牧民提供农作物新品种、栽培新技术10多项，推广面积达40000亩，创经济效益近200万元。在检验检测服务方面，完成绿色食品菜籽油、调味油、饲料、肥料、农田土壤等500多份样品近4000多项参数的检验检测和50份大众蔬菜农药残留检测。二是积极开展科技扶贫。落实科技扶贫项目资金606.2万元，针对对口扶贫聂荣县色庆乡，实施了抗灾饲草料基地建设、牦牛良种繁育、牦牛高效育肥、羔羊短期育肥、系列乳品加工销售、牧民科技培训、民生科技牧区综合服务能力建设以及组织建设等6大类12个项目。三是大力开展农牧民科技实用技术培训。承担了自治区人社厅下达的四个地区10个县的8100名培训任务。积极结合科技项目大力开展科技培训，累计培训农牧民11810人次，有力促进了当地牧业经济的发展。同时，加强了农村远程教育和科技信息综合服务，加快推进农牧区科技信息服务体系建设和农业资源与环境研究。

【人才队伍建设步伐加快】进一步加强了人才队伍建设及人才培养。采取有力措施，狠抓人才培训、培养和科技人才队伍建设，赴内地农业院校招聘引进具有硕士学位的12名急需人才，培养在职博士1人，推荐3名专业技术人员报考博士后学位。先后组织科技人员参加各类科技培训120人次，加大对年轻科技人员的培养力度，积极选派科技骨干，参加国家和自治区重大人才建设项目，选派5人参加“西部之光访问学者”、“特殊人才培养”、“专业人才培养”。选派67人参加国家部委、内地农业院校及西藏有关部门及党校培训。

【科技交流与合作进一步拓展】立足区内特色资源优势和区外人才技术优势，采取有力措施，拓展合作范围，深化合作层次，狠抓区内外科技合作与交流工作。一是加大科技援藏争取力度。8月9日，由农业部主办，自治区农科院承办的“十二五”西藏农业科技协作研讨会在拉萨召开。农业部副部长张桃林、自治区人民政府副主席邓小刚亲临会议指导，并作了重要讲话。协作研讨会，把农业科技援藏、加快西藏农业科技进步和农业科技人才培养作为农业援藏的重要任务之一。着重围绕西藏“十二五”农业科技发展和特色产业技术主题，深入研讨全国优势农业科技资源如何进一步支持西藏农牧业科技发展，在此基础上，进一步明确了中央三大农业科研院和全国各省市农科院对口援助的工作内容、合作领域及合作项目，依托合作项目扎实推进西藏农牧科技创新和成果转化，制定全国农业科研单位科技援藏的具体措施与办法，完善合作机制，促使全国农业科技援藏工作制度化、长期化和实效化。通过与中央三大农业科研院和全国各省市农科院签署科技合作协议，拓展了新的合作领域和合作空间，对于加快提升西藏农牧科技创新能力，依靠科技进步推动西藏农牧业和农牧区经济跨越式发展意义重大，影响深远，从而推动了西藏农牧科学院与全国农业科研单位的科技协作工作迈上新台阶。二是深化科技合作。年初，与中国农科院相关12个研究所、中国水产科学研究院在北京签署了科技合作协议，在人才培养、学科设置、科技平台建设、科研项目、科技信息、成果转化等方面开展科技合作与交流；与中国热带农业科学院达成在海南文昌建立南繁基地建设协议。三是加强国际科技合作与交流。全院共30人次出访德国、澳大利亚、捷克、美国、法国、荷兰；共有来自澳大利亚、意大利、巴西、英国、法国等22名专家到访。承担实施多、双边国际科技合作项目3项。

【开展创先争优强基惠民活动取得实效】根据区党委的工作部署和工作要求，扎实开展创先争优强基惠民活动。为开展好创先争优强基惠民活动，自治区农科院驻加查县洛林乡帮新村工作组努力为群众办好事，帮助群众发展生产。针对加查县洛林乡帮新村生产生活特点，充分发挥自治区农科院优势，组织实施了科技培训、农作物新品种示范、家畜改良、农田水利设施建设、植树造林等综合开发项目，在一定程度上提高了当地农牧业综合生产能力。根据基层工作需要，筹资388.29万元，其中，组织全院干部职工捐款9.11万元，院系统自筹落实资金22.6万元，为解决乡村农田灌溉、人畜饮水、生态建设，购置太阳能发电设备等项目争取到资金288.3万元。新建塑料温室大棚10栋，培养蔬菜生产专业户10户，创办了帮新村首个村办面粉加工厂，同农发、水利、林业等部门协调农田水利、林业及实施农业科技项目15个，培训乡干部、科技明白人60余人，发放科普读物500余册。

自治区社会科学院

【年度综述】2011年，自治区社科院不断强化马克思主义理论研究，积极构建社会主义核心价值体系，切实高举藏学研究的旗帜，稳步增强“思想库”和“服务部”综合建设。

【取得一批有分量的研究成果】一是完成或组织国家社科基金《维护西藏地区社会稳定对策研究》、国家民委《3·14以来我国境内藏区分裂主义倾向及其对策研究》及相关重点课题《学者视野下的西藏经济社会发展》等14项。二是围绕深入贯彻中央第五次西藏工作座谈会精神，落实贾庆林主席在今年初有关西藏与相邻省藏区反分裂工作的重要指示，根据区党委主要领导的指示精神，认真组织召开了西部五省区社科院院长联席会暨西藏与相邻省区加强社会管理专题研讨会。三是积极建言区党委宣传部外宣办、自治区创先争优强基础惠民生活动领导小组对英文版《甲玛沟的变迁》、藏汉对照版《西藏的昨天、今天和明天》实施扩大发行，发挥两书分别在对尼泊尔外宣工作和自治区强基惠民活动中的宣传普及和理论引导作用。四是完成和组织进行《恰白·次旦平措学术思想研究》、《科学发展观指导下的西藏经济发展——基于区域与产业》、《西藏蓝皮书——中国西藏发展报告（2011）》、《格萨尔民间艺人独家说唱本》各类课题28项。五是完成和组织各类专著《超越神话的探究者》、译著《甲玛沟的变迁——西藏中部地区农村生活的社会学调查》、编著《记忆中的百年沧桑——西藏名人回忆录 》17本。六是完成日喀则市、江孜县、白朗县、亚东县、南木林县、朗县、波密县等7县市委托的国民经济和社会发展“十二五”规划研究报告、自治区人口计生委《西藏拉萨市流动人口生存发展状况研究》、自治区文联《西藏自治区志·民俗志》课题撰稿10项。七是针对各时期工作任务和重点，在社会科学文献出版社《马克思主义若干重大问题研究》、《马克思主义中国化研究报告》，西藏人民出版社《新中国的西藏60年》等图书和《西藏日报》、《西藏发展论坛》、《调查与研究》、《西藏研究》《中国西藏》、《中国藏学》、《西藏大学学报》、《西藏民间文学》等报刊杂志上发表了传统与现实、基础与应用以及藏汉英多种文笔相结合的学术论文近百余篇，选题范围涉及党的建设、马克思主义理论研究、社会经济、维护稳定与反对分裂、思想文化、年度重点、基础研究、生态建设、法律及教育。八是组织专家参与了区工商局、区教育厅、团区委、安全厅、拉萨市发改委、拉萨市党校、拉萨市城关区卫生局以及林芝、那曲等，宣讲胡锦涛总书记“七一”讲话精神和西藏和平解放60周年成果；开展面向该院及西藏大学的“高原社科论坛”7期；安排50余人次专家学者，接受中央、自治区新闻媒体的采访。召开了根敦群培与恰白·次旦平措学术思想研讨会，得到中国社科院、四川、云南、甘肃、青海社科院以及中国藏学研究中心、四川大学、西北民大、青海民大、青海师大等专家学者的积极响应。先后组织拉萨地区社科界开展了纪念西藏和平解放60周年、庆祝中国共产党成立90周年、纪念辛亥革命100周年、西藏历史研究之口述史等学术研讨会。九是各项对内、对外交流如期完成，主要有：自治区政协副主席、该院院长白玛朗杰同志率团赴台学术交流考察活动；孙勇等五位专家学者赴尼泊尔参加中国西藏文化周活动及向尼泊尔合作院校、研究机构赠书工作；常务副院长苟灵同志率团赴俄罗斯国立大学进行学术交流考察；宗教研究所所长次仁加布研究员，当代西藏研究所所长仲布·次仁多杰研究员，马克思主义理论研究所副所长王春焕副研究员，民族研究所副所长班觉研究员，当代西藏研究所达瓦次仁副研究员，宗教研究所顿珠拉杰研究员，巴桑旺堆研究员，当代所边巴拉姆助理研究员等先后参加了由国务院新闻办、自治区政府、自治区外宣办等组织的巴西、阿根廷、奥地利、波兰、意大利、尼泊尔等国家和台湾地区的中国西藏文化周活动及学术出访活动；加强外教老师与前来我院学习的尼泊尔选修生以及梅戈斯坦等专家在我区考察学习事宜，有计划地接待了台湾东吴大学相关专家学者的考察。

【稳妥推进文化体制改革】按照中央和自治区关于文化体制改革的一系列精神，结合西藏藏文古籍出版社的实际，在不增加现有机构编制的条件下，由原有人员组成第一编辑部，继续保留公益性事业单位性质不变，重点改革机制，增强活力。同时利用有资质的社会力量组成第二编辑部，实行自收自支、自负盈亏、人员聘用的企业化运作，走经营性市场化管理。达到优势互补，统一规划，统一管理，实现扩大图书品种和提高质量的目标。继续执行图书三审制，确保图书的质量和导向性。

【全力完成图书出版工作】“雪域文库”系列丛书整理出版《嘎列文法汇编》、《西藏历代法规选编》、《后藏乃宁寺志》、《萨迦七祖全集》、《藏医药孤本精选》、《藏族格言大观》、《米拉热巴大师传》等；“专家文库”丛书出版了《西藏宗教实践与理论探讨》、《西藏宗教发展源流》等；献礼图书《西藏的昨天、今天和明天》、《学者视野下的西藏发展探讨》和《西藏简明通史精编本》等7种图书及《西藏蓝皮书（2011）》等10余种书籍。

【图书文献收集整理采购进展顺利】加强了藏文古籍的搜集，特别是流散到民间的古籍孤本、手抄本、善本的搜集力度，搜集到《噶举史籍》、《仓央嘉措小传》等具有很高学术价值的古籍原稿。采购藏汉文图书844册；藏文长条书363部；在上海古籍出版社购“敦煌藏文文献”藏文版13册；接收区内外有关单位和个人赠送藏、汉文图书2240册。

【信息化建设稳步推进】完成了《2011年暨“十二五”时期西藏社科院信息化建设工作建议》；结合重大活动、事件和科研活动，及时报导、转发、编辑上传文章，开辟《学习贯彻中央十七届五中全会、区党委七届七次会议精神》、《纪念中国共产党成立90周年、西藏和平解放60周年》、《根敦群培与恰白·次旦平措全国学术研讨会》、《西藏历史研究之口述史学术研讨会》、《“十二五”西藏工作大事记》、《国内社会科学研究动态》、《解读“十二五”规划》等专栏。

【古籍编目整理继续推进】按照全国六省市区第十一次协作会议部署，集中精力完成编纂《西藏分卷》讲唱类工作，着手对收集到的讲唱类条目进行筛选、定稿、翻译500多个条目；完成了《西藏分卷》部分铭刻类的补录和终审工作。

【辅研结合，进展良好】《〈大公报〉清末民国藏事资料选编》现已完成，与中国藏学研究中心合作抢救性保护整理藏文旧公文工作进展顺利；《西藏社会科学院馆藏日喀则地区部分旧公文目录》完成编目、输入、排版等工作；《西藏社会科学院馆藏汉文图书目录索引》（上、下册）已完成45万字；献礼丛书《<西藏研究>创刊至2010年宗教类论文选编》（汉文）、《<西藏研究>创刊至2010年历史类论文选编》（汉文）等如期出版。

【《西藏研究》保质、保量按期完成】《西藏研究》英文版的刊号申请工作顺利进行。

【科研规划、动态分析材料、信息舆情反馈及时】按时完成了《西藏社科院“十二五”时期事业发展规划》；针对我区在各个方面发展的社会问题进行分析、总结，涵盖经济动态方面、社会理论方面、民族发展方面及宗教方面等编发《要情》；结合全院科研进展动态编辑《科研视窗》。

自治区教育工作

【年度综述】2011年，全区教育系统以邓小平理论和“三个代表”重要思想为指导，深入贯彻落实科学发展观，认真贯彻落实中央第五次西藏工作座谈会和习近平副主席出席西藏和平解放60周年庆祝活动时一系列重要讲话精神、贯彻落实全国教育工作会议、自治区教育工作会议精神，以科学发展观统领教育工作全局，开拓创新、锐意进取、扎实工作，教育改革发展取得显著成就，年度目标任务圆满完成，为实现“十二五”发展目标任务打下了坚实基础。

【科学谋划 绘制蓝图】2011年是西藏教育发展史上极为重要的一年。1月17日，自治区党委、政府隆重召开全区教育工作会议，贯彻落实全国教育工作会议精神和《国家中长期教育改革和发展规划纲要（2010-2020）》，全面部署未来十年西藏教育改革和发展工作。2月19日，自治区党委、政府颁发了《关于贯彻〈国家中长期教育改革和发展规划纲要(2010-2020)〉的实施意见》。8月，自治区政府颁布了《西藏自治区“十二五”时期教育事业发展规划》。《规划纲要实施意见》和《教育发展规划》的颁布实施，确定了未来五至十年西藏教育改革发展的指导思想、工作方针、战略目标、战略主题、主要任务及保障措施，进一步确立了自治区优先发展教育的战略地位，明确了各级政府及相关部门在西藏教育改革发展中所承担的职责任务，科学规划了教育改革发展的宏伟蓝图。教育工委、教育厅配套编制印发西藏学前教育、义务教育、职业教育、高等教育、师资队伍建设、教育信息化等11个《实施意见》，7个专项发展规划和7个项目建设规划。为推进西藏教育在新的历史起点上实现新的跨越，提供了坚实的政策支持、丰厚的物质保障、浓厚的社会氛围和坚实的群众基础。

【教育投入】教育经费保障机制不断健全，投入不断增长。积极争取自治区和国家对教育的投入，不断提高经费保障水平。进一步提高学校公用经费标准、学生“三包”和生活补助经费标准。预计年终教育经费较上年同口径数据增幅达29%。增加部分主要面向地、县基层学校，体现教育投入主要面向基层、农牧区的原则。教育基本建设投入力度进一步加大，实施学前幼儿园建设工程、初中改造工程、义务教育教师周转房建设工程、薄弱学校改造工程、特殊学校建设工程等一系列教育项目，落实各级各类学校改造资金约17.8亿元，已下达15.37亿元，学校办学条件进一步改善。中小学校舍安全工程取得重大进展，自治区垫资5.35亿元资金，拆除重建中小学D级危房，2009年校舍排查鉴定中锁定的52万平方米D级危房年前全部消除。目前，全区小学生均校舍建筑面积7.98平方米、初中生均校舍建筑面积12.59平方米，小学生均图书13.95册、初中生均图书16.78册，小学和初中教学仪器设备配齐率分别为79.33%和90.63%。

【教育公平】进一步提高中小学公用经费标准。义务教育和高中阶段教育公办学校生均公用经费标准从秋季学期开始，在原标准上再提高100元，即达到小学500元、初中700元、普通高中700元、中职700元。免费教育进一步扩大范围，从农牧区学前教育、义务教育、高中阶段教育全部实行免费教育。免费范围包括学费、住宿费、教科书费和杂费，除城镇学前教育外，全区基础教育均实现免费教育。“三包”和补助政策再一次提标扩面。2011年自治区连续两次提高“三包”经费及补助标准，覆盖从学前教育、义务教育到高中阶段教育所有农牧民子女和城镇困难家庭子女，年生均标准分别为二类区2200元、三类区2300元、四类区和边境县2400元。“三包”经费投入总量大幅增加，达10.76亿元，“扩面提标”后较上年净增5.52877亿元，年受助学生达51.69万人，覆盖面95%以上。在农牧区中小学实行在校生每生每年100元的交通补助政策。提高师范及农牧林水地矿类相关专业高校学生免费标准，由5100元提高到5600元。

【教师队伍】高度重视教师队伍建设，努力提高师资队伍整体素质。积极开展教师资格认定工作，将认证范围扩大至覆盖区内即将毕业的师范类毕业生。建立健全教师继续教育制度，成立自治区实施“国培计划”工作领导小组。完成教师和教育管理干部国家级培训计划4100余人、自治区级培训1600余人。鼓励符合中小学教师任职资格的大中专毕业生到农牧区基层学校任教，新分配的师范毕业生向农牧区倾斜，完成343名师范毕业生的就业派遣工作及第一批公开考录的853名、第二批公开招录的925名中小学教师的派遣工作。全区教育系统现有教职工46022人，其中在职40912人、离退休5110人。在职教职工中高校3460人、中职740人、普通高中3882人、初中9359人、小学19331人、特校64人、幼儿园1771人，其他事业人员2305人。在职专任教师38866人，中小学后勤临时工7200人。新补充教师学历合格率均为100%，教师队伍整体素质进一步提高。

进一步加强师德建设，认真开展师德教育活动，组织开展“全国教书育人楷模——普琼同志先进事迹”学习宣传活动，走访慰问专家教授和优秀教师，帮助教师解决学习、工作和生活中的实际困难。开展首届高校教学名师评选活动，认定9名教师为自治区高校教学名师，广大教师教书育人的光荣感、责任感和使命感进一步增强。关心基层教师的工作、生活，在教师职称评定上，对农牧区基层学校教师给予适当的优惠政策，积极帮助基层教师解决后顾之忧，稳定教师队伍，完成2010年度教师专业技术职务评审和聘任工作，共有401人申报参评高一级教师职务、通过评审并通过有关部门的资格确认，聘任了274名中小学高级教师，积极组织2011年度教师高级专业技术职务业务考试工作，共计1062人报名参加业务考试。吸收39名退役运动员转任基层学校体育教师。

【教育改革】根据国家关于加快教育改革的要求，结合我区实际，自治区人民政府印发《关于开展教育改革试点工作的通知》，确定了学前教育和学前双语教育改革试点、义务教育均衡发展改革试点、推进素质教育改革试点、中等职业教育改革试点、县域教育综合改革试点、藏医药人才培养模式改革试点、高等学校创新人才培养模式改革试点和招生考试制度改革试点等8个方面的改革试点项目，其中学前教育和学前双语教育改革试点及藏医药人才培养模式改革试点列入国家教育改革试点项目，涉及试点地区、试点县和试点学校或单位55个，高等学校人才培养模式改革试点涉及5所高校17个专业。各试点地区、县和学校（单位）制订教育改革试点实施方案68个，教育改革试点工作有序推进。

【教育科研】教育科研管理部门汇集专家，对经过审批立项的49个西藏自治区“十一五”教育科研课题进行了验收，45项课题通过验收。为推广科研成果，整理筛选出29个涵盖西藏各级各类教育的研究课题，结集出版了《西藏自治区教育科学“十一五”规划课题成果汇编》。适时下发了《西藏自治区教育科学“十二五”规划课题指南》，我区广大教师和教育工作者表现出前所未有的积极性和工作热情，共收到课题申请264项。通过严格把关筛选评定，共有117项课题获得立项。我区推荐的《西藏地区“两基”攻坚现状调查及对策研究报告》获第四届全国教育科学研究优秀成果三等奖。

【德育工作】全区教育系统始终坚持“育人为本、德育为先”，把德育放在学校工作的首要位置，牢牢把握社会主义办学方向，始终坚持党对教育工作的领导，坚持不懈地用中国特色社会主义理论体系武装师生员工，深入推进中国特色社会主义理论体系进教材、进课堂、进头脑，把社会主义核心价值体系融入国民教育的全过程，围绕学生健康成长，不断加强和改进学校德育和思想政治教育，深入开展爱国主义、民族团结和反分裂斗争教育，加强和谐校园建设，从组织领导、基层基础教育载体、制度建设等方面，积极探索和加强学校德育工作和思想政治教育的长效机制。印发《关于进一步加强和改进新形势下中小学校（中等职业学校）党的建设和未成年人思想道德建设的意见》，进一步明确了指导思想、基本原则和目标任务。印发《关于进一步加强全区中小学德育室建设的意见》及《全区中小学开展温馨教室建设工程的实施意见》，明确加强德育室建设的指导思想、基本内容及其使用和管理要求。设计并印制新的德育挂图，发放到每所幼儿园和中小学校。调整加强德育研究会和中职、中学、小学德育中心。建立健全了自治区、地市、县三级关心下一代工作委员会组织。进一步加强青少年校外活动场所建设的督促和管理，拨付2009年和2010年38个项目县国家建设资金1.14亿元，自治区配套资金980万元，启动乡村少年宫建设项目，申报立项23个，投入资金460万元，德育场所建设得到进一步加强。

切实加强高校大学生思想政治教育。印发《关于进一步加强和改进新形势下高校党的建设和大学生思想政治教育工作的意见》，召开高校党委负责人会议，专题部署大学生思想政治教育工作。反分裂斗争教育扎实开展，严密防范达赖集团对高校的渗透。进一步梳理和查找学生思想政治教育工作中的薄弱环节和工作漏洞。积极发展青年学生党员，建立健全高校辅导员规章制度，严格按照规定配备和选聘高校辅导员，加强培养和培训，完善管理与考核，全区高校共有辅导员230名。按照中国科协、教育部有关要求，与西藏科协联合举办2次西藏高校和科技工作者科学道德和学风建设宣讲活动，有力推动我区高校科学道德和学风建设。

不断改进德育工作的方式方法。紧紧围绕庆祝建党90周年和西藏和平解放60周年，大力宣传本地、本校60年来教育所取得的辉煌成就，组织宣讲团到内地西藏班（校）初中、高中和中职班开展“热爱伟大祖国，建设美好西藏”主题宣讲，在内地西藏班和区内中小学校组织开展“庆祝建党90周年和西藏和平解放60周年”征文活动，收到征文1300余篇。在高校组织学习胡锦涛总书记在庆祝清华大学建校100周年大会上的重要讲话和给北京大学第十二届研究生支教团成员回信精神、自治区领导的重要讲话精神，广泛开展爱国主义教育、民族团结教育和反分裂斗争教育，不断加强中小学生日常行为规范教育和行为习惯养成教育，大力宣传在党的领导下我国、我区经济社会发展取得的巨大成就，受到自治区党委政府的充分肯定和社会各界的好评。

【学校安全】高度重视教育维稳工作，按照自治区的总体要求部署，结合全区教育工作实际，对自治区教育系统维护稳定工作（突发事件应急处置工作）领导小组、社会管理综合治理工作领导小组组成人员进行调整充实，印发《西藏自治区教育系统突发事件总体应急预案》，坚持抓发展保稳定，强化稳定压倒一切的责任意识，落实安全稳定工作一岗双责和《领导干部在维稳工作中失职渎职行为责任追究暂行规定》。完善领导体制机制，提高组织保障能力。建立舆情收集、分析、研判工作长效机制。加强反分裂斗争教育和民族团结教育，夯实反分裂斗争的思想基础、组织基础和群众基础。加强学校安全卫生管理及学校安全卫生教育工作，学校安全教育工作进入常态化、科学化。

各地各校始终按照“以人为本、预防为主、安全第一、综合治理”的原则，高度重视学校安全卫生工作，建立健全学校安全卫生工作“一岗双责”制度，认真落实一把手负责制和安全卫生责任追究制。投入专项资金对全区93所初中、285所小学、119所幼儿园配备了校园监控设备、消防设备以及保安人员防护设备，进一步改善校园技防条件。进一步加强学校安全管理落实，强化日常安全卫生教育，加强与卫生疾控部门的联系，强化安全卫生督导检查；努力提高安全卫生突发事件应急处置能力，加大校园医务室建设力度，对建立学校医务室提出明确要求，加强突发灾害应急避险和疏散演练；切实改善农牧区寄宿制学校学生交通出行条件，实行县级初中住校学生统一接送制度和交通补贴制度。确保了教育教学秩序正常、学校和谐安全稳定、教育改革发展事业稳步推进。

【体、艺、卫生】自治区人民政府下发了《关于进一步加强全区学校体育卫生与艺术教育工作的实施意见》，确定了当前和今后一个时期学校体育卫生艺术工作的总体要求和目标，明确了相关工作内容和措施，因时因地组织开展阳光体育运动，重视学校艺术教育工作，明确了高雅艺术进校园活动各相关部门的职责分工。深入开展阳光体育运动，高度重视学校艺术教育，教育厅制订出台了《西藏自治区高雅艺术活动实施方案》，全区大中小学校紧紧围绕“庆祝建党90周年和西藏和平解放60周年”开展了丰富多彩、特色浓郁的文艺活动，尤其是在参加区内各类艺术活动中均获得优异成绩。

【党建工作】切实加强学习型党组织建设，进一步健全理论中心组及干部职工理论学习制度。扎实推进学习型党组织建设各项工作。把基层组织建设工作纳入年度教育工作计划，列入工作日程，与各高校、各地市教育局、中职学校和厅机关党委签订《2011年基层党建工作责任书》，全面督促检查教育系统党建工作。明确工作目标，落实具体措施，与年度教育工作同安排、同部署、同推进、同落实。组织广大党员干部和师生员工学习胡锦涛总书记、习近平副主席等中央领导人重要讲话精神和自治区有关领导重要讲话精神，学习领会有关会议及文件精神，深刻把握精神实质，不断提高广大党员干部和师生员工的理论修养和思想认识，不断用党的最新理论成果武装党员干部头脑。制订《全区教育系统纪念中国共产党成立90周年和西藏和平解放60周年活动方案》，积极组织党员干部职工参加党史知识竞赛，成功举办教育系统“坚定不移跟党走，建设美好新西藏”和厅直属系统“迎大庆、唱红歌、颂党恩”红歌会。对全区教育系统庆祝中国共产党成立90周年暨创先争优活动中涌现出来的30个先进基层党组织、30名优秀共产党员和30名优秀党务工作者，对教育系统西藏和平解放60周年大庆活动9个先进集体和25名先进个人进行了表彰。

2011年，各级教育行政部门共建有党委8个、党总支22个、党支部64个，在职干部职工党员2113人，所占比例为64%；各级各类学校共建有基层党组织1304个（党委21个、党总支233个、党支部1050个），党组织覆盖面达到92%；高等学校均实现了“低年级有党员、高年级有党支部”的党建目标，在校大学生党员比例达14.1%。全年共有17345人申请入党，培养入党积极分子8174人、发展新党员4612人。全区教职工党员总数达17321人，所占比例为42%，专任教师党员比例达45%。

【创先争优、强基惠民】2011年自治区教育工委、教育厅按照自治区的总体部署，制订了《教育厅“创先争优”强基惠民工作实施方案》、《教育厅关于加强基层建设年活动实施方案》，成立领导机构、精心组织、周密安排。制定“十二五”时期和2011年定点扶贫实施方案，确定2011年定点扶贫工作思路和扶贫项目。基层建设年活动选派了三批15名干部，到日喀则白朗县玛乡普西村与当地群众同吃、同住、同劳动，宣传党的方针政策，围绕改善民生，办好事办实事，解难事，落实项目8个，资金728万元，改善了驻村群众的生产生活条件，深得群众拥戴和赞扬。7个强基惠民驻村工作组自10月份进驻后，已完成调研，并开始与自治区相关部门统筹协调，落实各项强基惠民任务。

【教育信息化】以教育信息化促进教育现代化，加强全区教育信息化管理与建设，统筹规划，统一管理，分步实施，注重效益，全区教育信息化进程明显加快。“十一五”期间，全区教育信息化建设取得长足进步，各高校建成了不同规模的校园网，西藏大学建有CERNET西藏自治区主节点；各地中等职业学校建设了计算机网络教室和校园网，全区七地市建设了教师教育技术能力培训中心；建成中国教育电视台学习资源传输系统西藏服务器集成，完成了全区教育系统远程视频会议系统和拉萨332个考场标准化建设；在全区中小学建设计算机教室360间，卫星教学收视点983个，教学光盘播放系统688个，在984所学校建设了教育电视“班班通”；投入390.5万元研发小学各学科150多个多媒体课件，译制制作120多部教学专题片；积极推进教师技能培训，培训中小学教师及技术人员18015人次。根据《西藏自治区教育事业“十二五”发展规划》，制定了《西藏自治区教育信息化发展规划》。

【教材建设】加强中小学教辅材料管理，建立了教辅材料审读推荐制度。加大教材编译力度，完成高中藏语文、思想政治以及“双语”幼儿园语言、艺术等课程35种教材和小学藏语文、数学、科学等20种教辅书的编译工作，对40多种教材进行审查，保证各类教材按时到校、课前到书、人手一册。

【语言文字】进一步推进国家通用语言文字和藏语言文字的发展、使用工作，调整充实了自治区国家语言文字工作委员会，增加了成员单位，明确职责。配合教育发展目标任务及要求，积极推进双语教学，推进国家通用语言文字学习使用工作，积极推广普通话。全区15所学校被授予国家级语言文字规范化示范校，完成了阿里、那曲、昌都、山南四个地区210名少数民族双语教师普通话专项培训，广泛开展“中华诵颂歌献给党”活动，18名中小学学生获全国“校讯通杯”作文大赛奖，90名学生获自治区级奖。举办了第四期自治区级普通话水平测试员任职资格培训班，为各行业培训普通话测试员75名，全区普通话测试专业队伍扩大到252名。新增西藏广电系统和西藏警官高等专科学校两个普通话培训测试站，全区普通话培训测试机构达到16个，2011年8000多人通过普通话培训和等级测试。加强对城市语言文字工作评估的督促和指导，积极推进区域整体达标，积极协调指导拉萨市通过国家城市语言文字评估验收，成功举办全国第十四届推广普通话宣传周闭幕式。

【教育援藏】教育部等国家五部委于2011年8月印发了《关于推进西藏教育跨越式发展的意见》，继续采取“分片、分校负责，定点对口支援，包干落实对口任务”的办法对口支援西藏教育。教育部启动了新一轮高校对口支援工作，确定了北京大学、中国人民大学、北京中医药大学、西北农林科技大学、东北师范大学、中国人民公安大学等27所高校团队对口支援我区6所高校，对口支援高校间开展了大量调研、讲学、教师进修、科研合作、联合培养学生、学术会议、文化交流等活动。从中央财政下拨专项中安排落实676万余元对口支援配套资金，在全国受援地区带了好头，受到教育部的高度评价。教育援藏内容和形式不断调整和丰富，教育援藏力度和成效更加显著，形成了比较完善的教育援藏工作机制。自治区教育受援工作协调领导小组进一步充实调整，增加自治区党委组织部和宣传部为成员单位。

【内地办学】不断优化内地西藏办学招生结构、平衡初中班生源、增加高中散插班学校数量、扩大高中招生规模、丰富内地办学模式，内地办学已成为西藏教育的重要补充形式、人才培养的重要基地和有中国特色、西藏特点的现代教育体系的重要组成部分。全国现有20个省市28所学校开办内地西藏初高中班，有58所内地重点高中、120余所高等学校招收西藏学生，内地西藏班在校生总数近22000人。普通高中招生规模扩大到3000人，内地西藏中职班年招生规模达3000人。按照均衡生源的要求，各地市生源适度分散在各内地西藏初中班，单独计划招收边境班学生40人、较少民族班学生45人，为边境地区经济社会发展提供智力保障。

基础教育

【综述】在全区各级党委政府的高度关心重视、社会各界全力支持、广大教育工作者艰苦努力、不懈奋斗下，圆满完成"两基"迎国检各项任务。进一步规范中小学办学行为，提高课堂教学质量。中小学均按照自治区课程计划开齐课程、开足课时，教育教学管理更加规范，办学水平显著提高。普通高中新课程改革积极稳妥推进，普通高中资源进一步扩大。学前教育和特殊教育得到进一步重视和发展。

【全面实现"两基"目标】2011年9月29日上午，西藏自治区人民政府接受国家"两基"督导检查总结会议在拉萨召开，听取国家检查组督导检查和评估意见。会上，教育部长袁贵仁宣布，西藏自治区全面完成了"两基"攻坚各项工作任务，实现了"两基"目标。由于历史和自然条件的限制，西藏"两基"攻坚任务最重、困难最大。2002年底，全区仅有8个县（区）完成"普九"任务。2003年，国家提出西部地区"两基"攻坚计划后，在党中央、国务院的亲切关怀下，自治区党委、政府对尚未实现"两基"的65个县（市）作出全面规划和部署，团结带领全区各族人民，大力实施"科教兴藏、人才强区"战略，从实际出发，创造性地开展工作，不断完善领导体制、创新工作机制，集全民之智、举全区之力，克服重重困难，2009年全区73个县（市、区）全部实现"两基"目标。"两基"人口覆盖率达到100%。"两基"历史任务的全面完成，成为西藏教育改革发展史上的重要里程碑。

【巩固提高义务教育】合理调整学校布局。2011年全区小学为860所，教学点613个，较2010年分别减少12所、55个。小学在校生294725人，小学入学率达到99.4%，较上年提高0.2个百分点；初中93所，初中在校生136371人，初中入学率达到98.5%，较上年提高0.3个百分点。为进一步规范中小学办学行为，积极推进义务教育均衡发展、义务教育学校标准化建设，分别在林芝、拉萨市城关区召开了全区中小学教育教学管理现场会、义务教育均衡发展现场会，配合国家基础教育质量监测中心认真实施拉萨市城关区等四个县（市、区）的基础教育质量监测工作。通过近两年的"两基"迎国检工作，全区所有中小学校管理力量明显增强，教育管理制度明显完善，学校档案建设明显规范，教育教学质量明显提升。初中在校生辍学率0.83%、小学在校生辍学率0.50%，15周岁人口初等教育完成率97.95%，17周岁人口初级中等教育完成率82.78%。

【高中教育】根据《中共西藏自治区委员会、西藏自治区人民政府关于〈国家中长期教育改革和发展规划纲要（2010-2020年）的实施意见〉》，西藏自治区教育厅出台了《关于普及高中阶段教育的实施意见》，对全区高中阶段教育发展作出了全面规划。按照规划，2011年新建普通高中1所，全区普通高中达到30所，在校生44676人。高中阶段入学率达到63.4%，较上年提高3.3个百分点。普通高中新课程改革积极稳妥推进，教育科研部门收集整理编辑出版了《体验与反思》，对西藏民院附中普通高中新课程改革的经验进行了总结。收集了各地市在普通高中新课程改革过程中取得的成果、经验，编辑整理出版了《探索的足迹》，有力地推动了我区普通高中新课程改革工作。

【学前教育】积极推进学前双语教育。根据《西藏自治区教育事业"十二五"发展规划》，制定了《西藏自治区学前双语教育发展规划》。2011年通过实施农牧区村级幼儿园建设工程，新建、改扩建一大批幼儿园。对农牧区学前两年"双语"教育实行免费教育和生活费补助政策。下发了《西藏自治区城镇幼儿园课程设置指导意见》、《西藏自治区农牧区双语幼儿园（学前班）课程设置指导方案》和《西藏自治区幼儿园收费管理办法》等文件。组织编写并开发农牧区学前双语教育幼儿用书和教学资源软件，语言、艺术、科学与数学、社会与健康四种教材小、中、大班上册和《幼儿汉语300句＋幼儿小故事》光盘于2011年秋季投入使用。新建幼儿园79所，学前教育毛入学率提高到35%，较上年提高10.5个百分点。

【特殊教育】特殊教育得到加强。根据《中共西藏自治区委员会、西藏自治区人民政府关于〈国家中长期教育改革和发展规划纲要（2010-2020年）的实施意见〉》，西藏自治区教育厅出台了《关于加快特殊教育事业发展的意见》，对全区特殊教育事业发展作出了全面规划。目前拉萨、日喀则特殊教育学校已建成招生，山南、那曲、昌都地区特殊教育学校建设已完成所有前期工作并开工建设，2012年将投入使用。

职业教育

【综述】中等职业技术学校基础设施、实习实训设备、"双师型"教师队伍等基础能力建设得到加强。国家级示范中职学校项目建设计划，示范学校引领、示范、辐射、带头作用逐步显现。职业教育加基础教育的办学模式不断完善。大力推进职业教育教学管理制度改革，强化实践能力和职业技能的培养，引导职业学校走灵活开放、特色鲜明、产教结合的办学路子，服务社会、服务经济建设、服务“三农”的能力进一步增强。

【制定规划】职业教育改革发展取得新进展。根据《西藏自治区教育事业“十二五”发展规划》，制定了《西藏自治区中等职业教育发展规划》。

【基础能力建设】通过对职业教育基础能力建设情况的检查摸底和调研，与有关部门配合，加强职业教育基础能力建设工作，落实资金2000万元，购置实验实训仪器设备，加强7所中等职业技术学校专业实训基地。进一步改善了中等职业学校办学条件。日喀则地区职业技术学校、山南地区职业技术学校今年正式进入第一批国家级中等职业教育改革发展示范校建设项目序列。加强县级职教示范校建设，对具有一定办学基础、发展前景好的16个县级职教中心进行重点建设，每个县投入300万元，用于实训基地建设和职教设备采购。16个县共投入资金4848.4万元，目前建设项目进展顺利。

【教学改革】加大畜牧兽医、计算机、电工电子、铁路运输、建筑、旅游等重点专业建设，大力推进教学管理制度改革，强化实践能力和职业技能的培养。我区3所职业院校和拉萨市县级职教中心参加了2011年全国职业院校技能大赛和民族地区职业院校学生才艺展示，各参赛学校均获得了金奖、银奖和优秀组织奖。

【队伍建设】为提高教师队伍的整体素质，优化结构，2011年度分别安排6所中等职业技术学校、西藏职业技术学院及43所县级职教中心的职教专业骨干教师300名，在西藏职业技术学院、西藏大学农牧学院及4个全国重点建设职教师资培训基地进行培训，培训专业为工艺美术、计算机应用技术、植物生产技术、旅游服务与管理、汽车运用与维修、职业技术教育学等，培训期30-60天。

【四大工程】紧紧围绕“国家技能型人才培养培训工程”、“国家农村劳动力转移培训工程”、“农村实用人才培训工程”和“成人继续教育和再就业培训工程”的“四大工程”，加强农牧民培训工作，继续组织实施好农村劳动力转移培训、农村实用技术培训，全年累计完成农村劳动力实用技术培训和职业技能培训人数3万人次。

【教育管理】“全国中等职业学校学生信息管理系统”的应用，提高了我区中等职业教育学籍管理、招生管理、学生资助监管和实习就业等业务的信息化水平。目前，我区系统升级已经完成并全区范围内投入使用，已完成2011年中职学生学籍信息及贫困生资助信息、免学费信息的上报，秋季学籍填报工作进展顺利。

我区从2008年开始启用“中等职业学校专业骨干教师国家级培训管理系统”，通过该系统，已顺利完成了2008年、2009年、2010年的有关下达培训名额、学员报名、资格审查、资格复核、学员录取、培训管理等一系列工作。目前，2011年国家级培训项目的报名工作已通过系统顺利完成。

2011年中等职业教育区内外实际招生12000人，其中内地中职班招生2495人。目前，区内外中职在校生2.5万人，其中内地中职在校生5368人。

高等教育

【综述】进一步明确“具有特殊性的、符合高原特色和民族特色”的办学路子”，积极实施高等教育发展工程。以扩大规模、优化结构、深化改革、提高质量为重点，以提升高等教育服务西藏跨越式发展和长治久安两个大局的能力和水平为核心，加强高等学校基础设施、特色学科、重点学科、优势专业、实验室建设。推进西藏高等教育学科专业结构调整，改革人才培养模式，加强应用型、高水平人才培养。高等教育内涵发展水平进一步提升。

【制定规划】认真学习贯彻党的十七大和十七届五中、六中全会，中央第五次西藏工作座谈会精神和全国教育工作会议精神，按照自治区党委、政府统一部署，为促进自治区高等教育持续健康科学发展，更好地适应西藏经济社会跨越式发展和长治久安对高层次人才的需求，根据《西藏自治区教育事业“十二五”发展规划》，自治区教育工委、教育厅制订了《关于促进高等教育改革和发展的意见》、《西藏自治区高等教育“十二五”发展规划》，使中央精神和自治区的安排部署落实到高等教育发展的具体规划和政策意见中，做到政策落地。

【提高质量】坚持“以提高质量为核心”、“培养大学生会思考能实战”，部署了大学生创新性实验计划项目申报工作。2011年面向全区高校大学生，设立400项大学生创新实验计划，着力培养提高学生的创新精神和实践实战能力。加强高校实践教学基地建设,集中财力投资建设西藏大学、西藏大学农牧学院、西藏民族学院实践教学基地。积极探索人才培养模式创新改革，努力提升高等教育内涵发展水平。

【学科建设】以优化学科专业结构为导向，组织高校开展新增本科专业申报、评审、备案和上报审核工作。2010年度经教育部备案或审批同意设置的高等学校本科专业名单7个，核定西藏自治区高校2011年招生的高职高专教育指导性专业目录（试行）外专业4个、准许招生的公安类专业4个、其他专业60个，核定拉萨师范高等专科学校具有普通高职高专教育类专业招生资格。批准西藏大学藏语言文学为国家重点学科、生态学为国家重点（培养）学科。西藏大学新增博士学位授予单位立项建设工作通过中期检查。目前，全区拥有15个硕士学位授权一级学科、9个二级学科、3个专业硕士学位授权点。

【打造科研平台】利用中央财政1.2亿元高校本科生均拨款奖补资金，启动高校人才培养工程和一批科研教改项目。为加强对我区高校科研、科技工作的指导和管理，完成了自治区高等学校人文社会科学、科学技术研究专家库专家人选遴选工作，建立了专家库，分别由85名和40名专家学者组成。

组织开展了2011年自治区高等学

校人文社会科学研究项目申报和评审工作，立项7项重点项目和14项一般项目。组织完成了2011年度教育部人文社会科学研究项目、哲学社会科学研究后期资助项目、哲学社会科学研究专项任务项目的申报工作。部署完成了教育部2011年新世纪优秀人才支持计划人选推荐工作。

高校科研成果丰硕。西藏大学等高校获得国家社科基金项目、国家科技部项目的数量逐年增加。仅2011年上半年，西藏大学就有6项课题获国家社科基金2011年度立项资助、1项课题获2011年国家科技部“973”计划前期研究专项课题立项资助，“青藏高原的生物多样性与分子进化”入选教育部2010年度“创新团队培育计划项目”。西藏藏医学院的次仁、西藏大学的拉巴次旦入选教育部2010年度“新世纪优秀人才支持计划”，西藏民族学院“西藏珞巴族、门巴族和僜人群体的基因多态性研究”获得教育部2010年度高等学校科学研究优秀成果奖自然科学二等奖。

【招生就业】2011年全区普通高校招收新生9836人，其中研究生317人，本科生5250人，专科生4269人。截至年底，全区有普通高校6所（本科院校3所），在校生3.3万人，高等教育毛入学率达到26.7%。

2011年全区应届高校毕业生12047人，通过机关事业单位公务员及专业技术人员招考、企业招聘、升学、读研、西部志愿者计划、到内地就业、灵活就业等方式实现就业人数为9248人，应届毕业生就业率为74.54%。（撰稿：韩晓悟）

西藏大学

【学校概况】西藏大学是西藏自治区所属的综合性大学，西藏自治区人民政府与教育部共建高校，“211工程”重点建设大学。拉萨校本部现有4个校区，即老校区、新校区、医学院校区、财经学院校区，占地面积1404亩，建筑面积32万平方米。有文学院、理学院、工学院、医学院、艺术学院、旅游与外语学院、政法学院、师范学院、经济与管理学院、财经学院10个学院和1个留学生部，现有民族学、教育学、中国语言文学、生物学、计算机科学与技术5个硕士学位授予点一级学科和教育硕士、艺术硕士2个专业硕士学位授予点。2010年2月学校被国务院学位委员会批准为博士学位授予单位立项建设单位。2011年藏语言文学学科被评为国家级重点学科。有47个本科专业，涵盖经济学、法学、教育学、文学、历史学、理学、工学、医学、管理学、艺术学10个学科门类。教学科研仪器设备总值1.52亿元，图书总藏量80万册。校园网是CERNET西藏主节点。全日制在校生规模9533人，其中，普通本科在校生9129人。有教职工1106人，专任教师763人，其中具有硕士、博士以上学位的教师362人，比例为47.4%；具有正副高级职称的教师267人，比例为35%。有以“长江学者”特聘教授、“国家杰出青年基金”获得者、“国家级教学名师”和“国家级非物质文化遗产藏族唐卡勉唐画派代表性传承人”为代表的国家级、自治区级学科带头人64名，入选教育部“新世纪优秀人才支持计划”7人，初步形成了一支多民族结合、相对稳定、素质较高的师资队伍。有教育部人文社会科学重点研究基地1个——西藏大学·四川大学中国藏学研究所，教育部工程研究中心1个——藏文信息技术中心，教育部重点实验室1个——羊八井宇宙射线实验室，自治区高等学校重点实验室6个。

【学科建设】进一步优化学科结构，凝练出了民族文化学科群和高原科学学科群两大学科群和若干主攻方向。新增博士学位授予单位建设工作顺利通过国务院学位办中期检查；“211工程”项目建设完成85%以上；中国少数民族语言文学（藏语言文学）获批为国家级重点学科，民族学等5个学科获批为硕士学位授予一级学科；启动了“中央支持西藏高校发展专项资金——省级重点学科项目”建设工作；修订完善了《硕士研究生培养方案》；启动了研究生培养基地建设工作。针对西藏经济社会发展需要，合理调整了专业设置，完成了2个新增本科专业的申报工作，满足了人才培养需要。

【师资队伍建设】大力培养和引进高层次人才。制定了《西藏大学高层次人才引进工作实施办法》和《西藏大学珠峰学者培养计划实施办法》，推选出了首批8名西藏大学珠峰学者。认真实施“211工程”创新人才培养计划、“双百”计划、“珠峰学者”支持计划，具有硕士、博士以上学位的教师比例达到45.4%；具有正副教授职称的教师比例达到32.9%。一年来，学校引进特聘教授1人，博士研究生4人、硕士研究生28人；1人获得“国务院政府特殊津贴”，并被确定为2011年中国工程院院士增选有效候选人；1人入选2010年教育部“新世纪优秀人才支持计划”；2人被评为自治区级“教学名师”，2人被评为“宝钢奖”优秀教师，1人被评为自治区“民族团结先进个人”，一支政治合格、师德高尚、业务精湛、结构合理、充满活力的高素质专业化教师队伍正在逐步形成。

【科研工作】申报各类省部级以上科研项目380项，获省部级以上科研项目104项，立项率达到27%，经费达到2017.48万元。《青藏高原极端环境下的植物基因组变异及适应性进化机制研究》获国家自然科学基金重大研究计划立项资助。《藏文软件研发与推广应用》分获国家科技进步二等奖和自治区科技进步一等奖，填补了西藏大学无此奖项的空白。“青藏高原的生物多样性与分子进化”团队被教育部确定为“创新团队培育计划项目”。出版专著、教材、译著33部，发表论文381篇。藏文信息工程研究中心获批为“国家地方联合工程研究中心”。“藏族矿植物颜料制作技艺”被列入第三批国家级非物质文化遗产名录。科研处被教育部评为“十一五”全国高等学校科技管理优秀团队，1人被评为“十一五”全国高等学校科技管理先进个人。在第二届全国民族地区学报（期刊）评选活动中，《西藏大学学报》社会科学版被评为“全国十佳学报”，《藏学研究》栏目被评为“名栏”；藏文版被评为

"全国民族地区民族文字版学报名刊"；自然科学版编辑部被教育部科技司评为"中国高校科技期刊优秀团队"，5位同志获突出贡献奖。积极探索以西藏大学为主体的校校协同、校所协同、校企协同、校地协同、国际合作协同创新机制，做好进入"2011计划"各项准备工作。召开了2011年科研工作会议，全面总结了"十一五"科研工作取得的成绩、谋划部署了"十二五"期间的科研工作。

【教学工作】进一步深化教育教学改革和教学管理。学校以应用型人才培养为核心，以创新创业能力培养为重点，积极探索新的人才培养模式，修订完善了全校本科专业1200余门课程的教学大纲，完善了高端人才和高水平人才培养方案，起草了《关于深化教学改革 提高教学质量的若干意见》。临床医学、建筑学、艺术专业、地勘专业和计算机科学与技术5个项目获西藏自治区高等学校人才培养模式改革试点立项。与西南交通大学联合开展了"1+2+1"整班联合培养交通运输专业本科生工作。建立健全了督导制度、学生评教制度、教学检查制度、教学工作会议制度、青年教师培训制度、听课制度等质量监控体系，建立多层次监管教学环节、多途径监控教学过程、多方面考核教学质量的统合体系，形成保证教学质量的长效机制。充分发挥教学督导员和学生教学信息员的作用，加强对各种评教措施的落实和信息的处理、分析与评价，确保教学目标的实现。开展了青年教师课堂教学比赛活动，19位教师分获一、二、三等奖。2名教师被评为自治区教学名师。制定了《关于进一步加强实践教学的实施意见》，加大实习基地建设，积极推进国家大学生创新性实验计划项目和自治区大学生创新性实验计划项目的实施。成功举办了西藏大学第一届大学生创新论坛，培养学生的创新意识，激发学生的创新潜能，为培养高素质应用型人才搭建平台。组织学生参加了全国大学生电子设计、数学建模等科技创新活动，获得国家级、自治区级奖励近20项。积极开拓市场，强化与各相关部门的沟通与协调，努力挖掘生源，成人招生工作有了较大突破。中央电大西藏学院和继续教育学院共录取新生3171人，比2010年增长23%。各项办学、办班入账资金达到1530万元，为学校和相关学院创收1400余万元。继续教育学院成为教育部50所首批继续教育示范基地之一。

【学生工作】强化学生管理，召开2011年学生工作会议，制定完善《西藏大学学生手册》、《西藏大学学生宿舍管理条例》、《西藏大学家庭经济困难学生资助工作实施办法》、《西藏大学家庭经济困难学生减免学费暂行规定》、《西藏大学家庭经济困难学生认定暂行办法》等相关管理制度，进一步规范学生日常管理。完善奖、贷、助、补、免、勤工助学等学生资助体系。按时发放国家和学校奖学金、国家和社会团体助学金630多万元；投入13万余元设立101个勤工助学岗位，为贫困大学生提供助学服务。评选表彰了一批优秀毕业生、三好学生、优秀学生和特殊嘉奖学生。加强学生助学贷款的组织与管理工作，积极协调国家开发银行为374名学生发放国家助学贷款。积极开展就业政策宣传教育和创业教育，切实加强学生就业指导，积极引导学生转变就业观念。在生涯规划、模拟招聘会、心理健康教育等方面采取积极有效措施，为学生的健康成长和顺利就业打下了坚实的基础。2011届毕业生就业率达到了85.6%。

【受援工作】加强以北京大学为组长单位的新一轮对口支援高校团队的交流互访和协调沟通，分别与北京大学、武汉大学、西南交通大学、中央财经大学、华南师范大学5所对口支援高校签订了对口支援协议，对口支援工作开局良好。接受捐赠图书资料21960册、电脑315台、摄像机5台、价值12万的服务器1台及学生运动服100套。对口支援高校共选派4名援藏干部、10名援藏教师到学校工作；北京大学联合北京中坤投资集团有限公司向我校捐资500万元修建北大—中坤专家楼，校企合作开展对口支援工作开了先例。学校成立了新一轮受援工作领导小组及其办公室，与各学院签订了《西藏大学受援工作目标责任书》，制定了《西藏大学受援工作管理办法》，成功组织召开了新一轮高校团队对口支援西藏大学2011年年度例会，选派了19名教师和干部赴对口支援院校进修学习和挂职锻炼。学校获得教育部"对口支援西部高校工作10周年典型集体"称号。

文化、广电、新闻出版

自治区文化工作

【年度综述】2011年是"十二五"规划的开局之年，又逢中国共产党成立90周年和西藏和平解放60周年。特别是党的十七届六中全会专门研究部署文化改革发展，进一步明确了新的历史时期文化建设走什么样的发展道路和实现什么样的宏伟目标。西藏自治区第八次党代会明确提出了当前和今后一个时期全区文化建设的目标和任务，西藏文化发展大会和区党委、政府《关于推进我区文化大发展大繁荣的决定》提出了实施文化兴区、文化强区、文化富区、文化稳区的战略任务，全区文化建设进入了历史上最好的时期。2011年，在西藏自治区党委政府的坚强领导下，在全区各级文化部门和广大文化工作者的不懈努力下，2011年全区文化建设取得了十分显著的成绩。概括起来有以下五个特点：一是中央和自治区对文化建设的重视程度前所未有。2011年年初，西藏自治区召开了全区文化发展大会，出台了《关于推动文化大发展大繁荣的决定》。10月，党的十七届六中全会作出了《关于深化文化体制改革推动社会主义文化大发展大繁荣若干重大问题的决定》，印发了《国家“十二五”时期文化改革发展规划纲要》。自治区党委书记陈全国、自治区政府主席白玛赤林先后到文化厅系统检查指导工作，对全区文化建设做出了一系列重要指示。全区各地市党委政府积极制定和出台推动文化强地的政策和措施，不断加大对文化工作的领导和支持力度，文化建设在党和政府工作中的地位和作用得到充分体现，文化繁荣发展的政策保障极大加强。二是国家和自治区对文化建设的投入力度前所未有。据统计，去年国家和自治区下达的全区重点文化工作经费达到4.7亿、文物保护经费达到7个亿。全区各地市财政对文化建设的资金配套政策进一步健全，投入数额显著提升，文化繁荣发展的资金保障极大加强。三是重大文化活动的成效和影响力前所未有。成功举办了以庆祝建党90周年、西藏和平解放60周年为主的具有示范性、导向性的一系列文化活动，赢得了社会各界和人民群众的广泛好评，文化工作围绕中心、服务大局的能力得到充分彰显。四是文化事业发展成果前所未有。大批文化设施建设项目得到落实、大量优秀文化产品相继出炉、文化队伍数量大幅提高、文化遗产保护工作大步推进、农牧区文化建设大有成效，西藏文化事业呈现出城乡联动、多点开花、硕果累累的喜人景象，全面推进西藏社会主义文化大发展大繁荣的基础进一步坚实。五是全社会对文化建设的关注度前所未有。中央和全区主流新闻媒体密集关注全区文化建设，先后播发、刊发全区文化建设情况报道200多次。可以说，我区重要新闻栏目、重要刊物“天天讲文化，期期说文化”，文化工作的影响力得到极大提升。全社会日益重视文化工作，大力推进机关、企业、社区、校园、军警营文化建设，人民群众参与文化建设、享受文化建设成果的积极性、主动性得到极大提升，文化繁荣发展的社会环境极大优化。

【推进文化繁荣发展的目标和措施进一步明确】党的十七届六中全会是2011年文化领域和全党全国人民政治生活中的一件具有历史意义的大事。我区各级文化部门采取召开学习会、听取宣讲、组织研讨等多种形式，深入传达和学习全会精神，不断深化对文化建设规律的认识，推动文化改革发展的责任感和紧迫感进一步增强，坚持走中国特色社会主义文化发展道路的文化自觉有效提高，推动社会主义文化大发展大繁荣的文化自信更加坚定，投身文化建设的精神风貌更加昂扬向上。同时，全区各级文化部门始终把学习贯彻六中全会精神与西藏自治区第八次党代会、西藏文化发展大会精神相结合，在联系实际、推动工作上下功夫、做文章，不断解放发展思路、转变发展方式、强化发展措施，形成了许多立足当前、指导长远的工作思路和措施。制定完善了“十二五”文化发展的各项规划和措施。经过两年多来的努力，《西藏自治区“十二五”时期文化发展规划》经2012年西藏自治区政府第1次常务会研究通过并正式批准实施。《“十二五”时期文物保护规划》、《公共文化服务体系建设规划》、《城市公共文化设施建设规划》和《基层文化设施建设规划》的编制工作也全面完成。

【极大提升了文化工作的影响力】扎实做好建党90周年和西藏和平解放60周年各项重大文化活动是去年自治区党委、政府交给全区文化部门的一项重大政治任务。全区广大文化工作者充分发扬“勇于吃苦、团结协作、争创一流”的精神，提早谋划，精心组织，周密安排，圆满、高质地完成了各项文化活动的组织和实施工作。特别是献礼晚会《再唱山歌给党听》、群众游行、彩车展示、中央代表团迎送、焰火晚会、《西藏自治区和平解放60周年成就展》等各项重大文化活动特色浓郁、声势浩大、组织缜密、影响广泛、效果突出，获得了空前成功，得到了中央代表团的高度评价和区党委、政府的隆重表彰。献礼晚会《再唱山歌给党听》在拉萨连续进行了9场公演，仍出现了前所未有的“一票难求”的空前景象。话剧《解放！解放》、新编藏戏《金色家园》相继与观众见面，累计演出10多场，社会反响强烈。拉萨市与援藏省市联手打造推出的《幸福路上60年》、那曲地区推出的《盛世羌塘》、山南地区推出的《魅力山南》、日喀则地区推出的《喜马拉雅风情》等剧目影响广泛。组织专业人员对山南地区克松村农民自编自演的话剧《农奴泪》进行了打造提升，“5·23”期间在拉萨连续演出9场，并在中央电视台戏曲频道播出。据统计，去年西藏各地市和县文化部门组织大型文化活动2338次，参加活动人员达38万人次，观众近145万人次。西藏专业文艺团体下乡演出近600场，观众70余万人次。其中，区直三团送戏下乡185场，各地市艺术团送戏下乡368场，超额完成了下乡演出任务。西藏18支民间艺术团下乡演出856场，观众近85万人次。形成了全区共庆、歌舞升平的美好景象，为建党90周年和西藏和平解放60周年营造了喜庆、热烈、欢快、和谐的文化氛围。

【优秀文化产品丰富多样，精品佳作不断涌现】2011年相继推出了2011年新年音乐会《金色旋律》、“3·28”专题文艺晚会《翻身农奴把歌唱》、建党90周年晚会《心中的歌儿献太阳》、自治区八次党代会专题文艺晚会《心中的颂歌》等舞台艺术作品。编排选送的舞蹈《欢歌起舞》荣获“2011年央视春晚观众最喜爱特别奖”。组织推选的5个优秀节目参加了第九届全国舞蹈大赛，舞蹈《飞快的舞步》荣获创作“二等奖”。西藏昌都地区29名舞蹈演员参与了建党90周年大型文艺晚会《我们的旗帜》的演出。配合中央电视台完成了“心连心”艺术团的广场慰问演出。完成了“国家舞台精品工程”30强扶持项目《魅力西藏》的修改录像和申报工作。话剧《解放！解放！》被选入国家42台扶持项目。启动了优秀文化产品制作项目，将近年来打造的优秀歌舞、话剧、藏戏等6个剧（节）目制成6万张光盘，将在这次会上发放到各地市和县。山南地区原生态歌舞《果谐的春天》参加第六届CCTV全国舞蹈大赛，获“十佳作品奖和优秀编导奖”。西藏那曲地区班戈县果谐《天湖之舞》参加了外交部元旦驻华使节文艺晚会和中央元宵晚会。西藏山南地区、日喀则地区首次创办了投入大、阵容大、影响广的藏历新年电视综艺晚会。去年，全区文化部门累计新创作推出舞台艺术作品近1000个，创历史新高。

【公共文化服务体系建设取得突出成效】“十二五”时期文化建设项目全部落地，涉及6个项目，近600个子项目，总投资达到13亿多元。西藏综合艺术中心等“十二五”重点文化设施建设的前期工作全面启动。西藏那曲、日喀则等部分地区图书馆、群艺馆建设项目的前期工作进入评审阶段。35个县民间艺术团排练场所和543个乡镇综合文化站建设项目的前期工作基本完成。计划近期下达投资5.0512亿元，2012年春即可全面动工。

【公共文化运行保障机制初步建立】联合西藏自治区财政厅，全面启动了图书馆、群艺馆、县综合文化中心、乡镇文化站免费开放工作，争取和落实免费开放经费3000余万元。自治区群艺馆、图书馆开展的“少儿寒假免费艺术辅导班”、“文艺进基层”、“老年人上网培训班”等免费服务活动取得良好成效。新批准成立了17支县民间艺术团，全区县民间艺术团数量达到35支，落实了补助经费700万元。林芝地区基本实现了村村有业余演出队的目标。申请资金1125万元，开展了29个乡镇综合文化站、4个地市群艺馆设备采购和9个县综合文化活动中心维修工作。出台了《自治区政府办公厅关于加强基层文化设施管理和使用的意见》，明确了基层文化设施的职能、职责，规范了管理和使用具体措施。那曲地区文化局加大协调和管理力度，有关县综合文化活动中心挤占、挪用问题得到进一步解决。

【公共文化服务体系建设手段进一步创新】林芝和山南地区入选国家公共文化服务体系建设示范区和示范项目，申请和落实示范建设资金近700万元，开展了示范区和示范项目的创建工作。在林芝地区成功召开了全区基层文化建设现场会，系统总结了近年来我区基层文化建设的成就和经验，全面推广了林芝地区的典型经验，表彰了13家先进集体和14名先进个人。开展了全区群艺馆、县文化馆评估定级工作,林芝、工布江达、安多3个县文化馆被命名为全国“二级馆”，10个群艺馆和文化馆被命名为全国“三级馆”。全面开通了共享工程自治区分中心和西藏图书馆两个藏汉双语网站，结束了西藏自治区分中心没有资源管理、传输平台的历史。启动了全区7地市共享工程分中心和113个乡镇基层点建设。完成了《西藏民间舞蹈资源库》建设和一批数字资源翻译工作。向各地区发放动漫图书、期刊7万余册（本）。配合自治区强基惠民活动，设计制作了6000余套反映新旧西藏对比的展览挂图和80余套展板，已经发放到全区各县乡和驻村工作组。拉萨市启动开展了声势浩大的“幸福拉萨”规范舞学跳活动。邀请青岛、重庆文艺团体优秀歌舞节目和儿童剧，到西藏开展了“春雨工程”大舞台活动，在昌都、拉萨部分县乡演出11场。另外，2011年，西藏各级文化部门和广大援藏干部积极争取对口省市和企业对文化工作的支持和援助，共筹得援藏资金近千万元和价值600余万元的设备。

【优秀传统文化得到有效保护和弘扬】文物保护工作扎实推进。加快了“十一五”22处重点文物维修保护工程的建设进度，已竣工10项，基本峻工12项。以山南地区敏竹林寺维修开工为标志，投资9亿多元的“十二五”44处重点文物保护项目全面启动。西藏全区抢救性文物保护维修工程有效推进。组织开展了冲康庄园、米杰拉章等文物保护单位周边环境整治。克松村第一党支部旧址陈列馆成为自治区爱国主义教育基地。昌都解放委员会办公旧址等革命文物保护维修工程基本完工。萨迦寺等申报世界文化遗产前期准备工作正在进行。第三次全国文物普查工作已全面完成，后续工作按计划正在进行。上海世博会西藏馆恢复重建馆“世博回眸”在西藏博物馆隆重开馆。加大了文物行政执法督查工作，文物安全得到全面加强，安全形势基本平稳。重要文物保护单位接待服务水平不断提升，对外窗口作用全面发挥，布达拉宫、罗布林卡等全区重要文物保护单位全年接待游客300余万人次。西藏文物大展赴河南、湖北展出取得圆满成功。

【非物质文化遗产保护工作效果明显】16个非物质文化遗产项目列入第三批国家级名录，目前西藏自治区国家级项目数达到76个。西藏自治区政府新命名了93名自治区级传承人，目前我区自治区级传承人人数达到227个。自治区藏药厂和江孜卡垫厂成功入选“首批国家级非物质文化遗产生产性保护基地”。评选命名了自治区藏医学院、西藏大学艺术学院等30个首批自治区级非物质文化遗产传习基地。下达了2010年至2011年国家级项目保护经费近3000万元。西藏自治区非物质文化遗产保护中心正式挂牌成立。组织10余个非物质文化遗产项目参加了国际非物质文化遗产节等宣传展示活动。日喀则依托“珠峰文化节”，推出了“后藏踢踏舞歌舞文化周”、“世界非物质文化遗产藏戏文化周”、“非物质文化遗产保护成就展演”3个专题文化周活动，成效显著。整理出版了《青藏高原藏戏研究与保护》、《拉萨朗玛》、《阿里宣舞》等系列丛书和光盘。完成了西藏自治区第四批国家级代表性传承人申报工作，共向国家申报传承人35名。西藏7个县乡被命名为“中国民间文化艺术之乡”，目前西藏共有19个“中国民间文化艺术之乡”。

【古籍普查保护取得实质性进展】协助国家古籍保护中心完成了藏文古籍普查平台软件研发。对拉萨市政协所藏82函历史文献进行了详细的登记造册。对拉萨周边部分古籍收藏单位进行了全面系统的实地抽查。阿里地区全面完成了首次全地区范围的古籍普查工作，共登记2300多函。全区各地市召开了古籍普查动员会议，开展了专题培训班和实地普查工作。完成了第四批国家珍贵古籍名录和全国重点古籍收藏单位申报工作，共申报225函珍贵古籍、4家古籍收藏单位。《西藏珍贵古籍名录图录》出版工作进入尾声。投资60多万元征集了170多部珍贵古籍。

【积极推动文化产业发展】与中国工商银行西藏分行沟通，落实金融支持文化产业相关政策，有望为西藏文化企业发展壮大争取更多的资金支持。研究起草了《西藏文化产业示范基地评选命名管理办法》，开展了西藏第二批自治区级文化产业示范基地的评选。组织西藏文化企业参加了第七届深圳文化产业博览会、北京文化创意产业博览会。其中，在第七届深圳文化产业博览会上，现场交易达到110万元，签订项目投资意向协议3.3亿，商谈意向协议5亿。组织西藏3名优秀唐卡画师、9幅优秀作品参加了第四届青海国际唐卡艺术节。在拉萨成功举办“第二届西藏唐卡艺术展”。大型原生态歌舞《幸福在路上》，从4月开始演出，累计演出近200场，观众近7万人次。大型歌舞《喜马拉雅》向区内外游客演出180场。西藏各地市积极设立文化产业发展资金，认真策划和实施文化产业项目。山南雅砻大观源项目已经完成前期工作，拉萨市和昌都地区正在筹备建设多功能文化产业示范园区和基地。

【加大文化市场监管】先后开展了文化市场政治安全和消防安全隐患大排查、电子游戏场所专项整治等各类专项整治活动近10项。贯彻落实自治区政府主要领导关于清理电子游戏经营场所工作的重要批示，对擅自审批的15家电子游艺场所进行了全面彻底的清查。加强了文化市场法制宣传。完成了自治区网络文化市场远程监控中心建设。重点加大了网络游戏、网络音乐等侵权盗版的检查力度。全区网吧监管软件安装率达99%，在线率达60%。2011年西藏各级文化市场管理部门检查各类文化经营场所1.5万家（次），责令改正违规经营场所近700家（次），停业整顿违法经营场所102家（次），吊销各类文化经营许可证36家，收缴各类非法音像制品37万余盘张。

【文化繁荣发展的动力不断增强】在拉萨组织举办了民族团结培训班、办公室工作人员培训班、共享工程技术人员培训班、国家级传承人培训班等多期专题培训班，受训人员近350人次。在重庆、青岛两地分别举办了“西藏群众文艺创作人员培训班”和“西藏基层文化管理干部培训班”，参训人员近50人。在区外培训文物专业人员近100人。赴西藏各地市对300多名基层古籍普查人员进行了实地培训。全年培训人数累计近1000人次。申请批准单设了非物质文化遗产处、对外文化交流处。完成了区直文化事业单位“三定”工作，为机制改革打下了基础。与自治区有关部门联合下达了《西藏自治区文化事业单位岗位设置指导意见》。拉萨、昌都、阿里等地区以艺术团为试点，积极推进内部机制改革，建立完善竞争激励机制，取得了初步成效。

自治区文物工作

【年度综述】截至2011年12月31日，西藏已调查登记的各类文物点有4277处（古遗址类1379处、古墓葬类516处、古建筑类1543处、石窟寺及石刻类587处、近现代重要史迹及代表性建筑类242处、其他类10处），其中：各级文物保护单位945处（全国重点文物保护单位35处，自治区级文物保护单位224处，市县级文物保护单位686处）。拉萨市、日喀则市和江孜县为国家级历史文化名城；世界文化遗产一处三个点，即：布达拉宫及其扩展项目大昭寺、罗布林卡。

2011年，在自治区党委、政府的高度重视和亲切关怀下，区、地、县三级文物管理机构和区直文博事业单位的建制和人员编制得到进一步增强。西藏自治区文物局由原来的3个副处级内设机构增加到4个正处级，即：办公室（政策法规处）、督察处、文博处（考古管理处）和计划财务审计处。并单设正科级机关后勤服务中心。自治区文物局直属有布达拉宫管理处、罗布林卡管理处、西藏博物馆、自治区文物保护研究所4个正处级和西藏文物鉴定中心（文物进出境审核管理中心、文物信息中心）1个副处级及自治区文物总店1个正科级事业单位。拉萨市、山南和林芝地区设立一套人马三块牌子的正处级文物局，日喀则、昌都、那曲和阿里地区设立副处级文物局。拉萨市和日喀则、山南、昌都、林芝、阿里地区的63个县（市、区）相继成立了文物局，极大地提升了我区文物保护管理的整体实力。截至2011年12月31日，全区有各级文物管理机构73个、博物馆3个、文物科研机构1个、文物总店1个和文物鉴定机构1个。

西藏现有从事文物工作的人员355名，其中藏族占85.1%。具有大专以上学历的233人，占总人数的65.6%。专业技术人员104人（获得文博副研究员以上的15人，文博馆员32人，文博助理馆员以下的57人），占总人数的29.3%。

【文物工作会议】2011年2月23日至24日，全区文物工作会议在拉萨召开。自治区副主席丁业现出席会议并作重要讲话。区党委宣传部副部长、文化厅党组副书记、厅长尼玛次仁主持会议。自治区人民政府副秘书长王维杰、自治区人大教科文卫委员会副主任委员鲁韬、区党委宣传部副部长张晓锋等相关部门的领导出席会议。自治区文物局副局长旦增朗杰作了题为《总结经验 谋划发展 努力开创我区文卫事业新局面》的工作报告，全面总结了“十一五”时期和2010年全区文化遗产工作，明确了“十二五”时期全区文物事业的指导思想和目标任务，安排部署了2011年全区文化遗产工作。会议还表彰了2010年度文物保护、安全、信息、“十一五”文物维修工程、文物普查工作先进集体和先进个人，与各地市文化（文物）局和区直文博单位签订了《2011年度文物安全责任书》。各地市文化文物局局长（书记）、部分县文物局局长和区直文博单位的负责人以及高级职称专业技术人员近200人参加了会议。

【政策研究、法规建设、宣传接待】

1.重要法规的制订情况

2011年，向自治区九届人大常委会申请《西藏自治区布达拉宫保护办法》列入自治区立法规划；同时，为了进一步加强贝叶经的保护和管理工作，依据《西藏自治区文物保护条例》等法规，草拟了《西藏自治区贝叶经保护管理办法》，并初步征求了有关部门的意见和建议。

2.文物普法宣传情况

2011年6月11日，是我国第六个“文化遗产日”。按照国家文物局及自治区文化厅的统一安排，区文物局对全区文物系统开展“文化遗产日”活动进行了专题部署，制定了在全区开展文化遗产日活动的方案。紧紧围绕“文化遗产与美好生活”这一主题，组织布达拉宫管理处、罗布林卡管理处、西藏博物馆、西藏文物总店、西藏文物保护研究所、拉萨市文物局等单位，在拉萨市邮政局临街路段开展“文化遗产日”宣传咨询活动；其他地区、县都举行了相关的活动；全区累计向广大干部群众发放各种宣传资料5万余册（张），向全区手机用户发送了主题短信，宣传范围覆盖全区，进一步提升了全民的文物保护意识。全区各级博物馆于5月18日组织开展了以“博物馆与记忆”为主题的“国际博物馆日”宣传咨询活动，西藏博物馆还组织开展了民间收藏品鉴定工作，为让更多的人们走进博物馆、认知博物馆必将起到积极的促进作用。一年来，区文物局还邀请中央电视台科教频道、《人民日报》、《光明日报》、新华社西藏分社、中央人民广播电台、中国国际广播电台、中国新闻社、西藏电视台专题部等中央和自治区新闻媒体深入拉萨、山南、昌都等地区文物保护单位和施工现场，实地采访报道60年来西藏文化遗产保护成就，进一步扩大了西藏文化遗产工作的影响，增强了全民文化遗产保护意识。

为进一步加大干部队伍的培训力度，提高在职干部的理论水平和业务技能，继续采取“请进来”、“送出去”和挂职锻炼等多种形式，加强人才培养工作，共选派38人次在职干部参加国家文物局和兄弟省市文物局举办的文物专业知识培训，邀请29人次内地文物保护专家进藏，通过开展文物保护、调查等各项业务实践工作锻炼和培养人才，进一步提高了在职干部的整体素质。

平时，全区各级文化部门分别利用节假日和各地物交会、拉萨的雪顿节、日喀则珠峰文化艺术节、山南雅砻文化艺术节、昌都锅庄节、林芝杜鹃花节、那曲羌塘赛马节等时机，在人员流量较多的主要街道设立文物宣传咨询点，向过往的广大干部群众和学生等散发《文物法》宣传单，讲解文物保护的相关知识。同时，还利用自治区寺教办每年举办的“全区寺庙民管会主任培训班”的机会，向学员讲述《中华人民共和国文物保护法》、《西藏自治区文物保护条例》、《西藏自治区文物单位消防安全管理办法》及文物保护管理和安全防范知识。

3.接待服务情况

布达拉宫、罗布林卡和西藏博物馆等我区文物单位作为重要的文化旅游景点，是进藏考察、旅游的重要参观场所，也是展示西藏传统文化魅力、展现西藏文化遗产保护成果的重要场所。一年来，各级文物单位以加强基础设施建设、讲解人员水平、增强服务能力为切入点，不断提高自身的接待服务水平。布达拉宫、西藏博物馆圆满完成了习近平、回良玉、杜青林、热地等党和国家领导人以及中央、国家机关和兄弟省市重要客人2100多人次的接待工作。区直文博单位全年共接待游客和朝佛群众209.7万人次，同比增长14%。其中：布达拉宫115.56万人次，同比增长14.3%，再次突破百万人次；罗布林卡72.88万人次，同比增长5.9%；西藏博物馆20.58万人次，同比增长53.8%，是接待人数最多的一年，体现了免费开放的社会效益。

【文物保护工作】“十一五”重点文物保护维修工程进入全面的“收官战”。大昭寺等14处文物维修保护工程已竣工并完成初验，扎什伦布寺等8处文物保护维修工程在建项目进展顺利。

全区抢救性文物保护维修工程有序展开。唐波切寺等8处抢救性文物保护维修工程已竣工。自治区财政厅已下达冲康庄园等6处文物保护单位应急抢险维修保护工程经费2351万元，已陆续组织实施。

全区革命历史文物保护工程项目进展顺利。昌都解放委员会办公旧址等6处首批以重要历史和革命文物为代表性的“革命历史文物”保护维修工程基本完工；西藏自治区筹备委员会礼堂等6处保护维修工程的前期勘察设计工作已完成。“十二五”重点文物保护规划项目、资金已确定。我区“十二五”重点文物保护工程项目包括：近现代重要史迹及代表性建筑保护、重点文物保护设施建设、部分地市博物馆建设工程，共46个项目，计划总投资达10.9亿元。在此基础上国家文物局同意再追加8亿多元用于我区文物保护维修工程。2011年10月，举行了西藏“十二五”重点文物保护工程暨敏竹林寺保护工程开工仪式，标志着“十二五”重点文物保护工程正式启动。

【博物馆建设力度加大】召开了西藏自治区博物馆工作汇报会，国家文物局原局长单霁翔、自治区人民政府副主席甲热·洛桑丹增和国家文物局副局长宋新潮等领导出席会议并发表了重要讲话。西藏博物馆的建设步伐在加快，博物馆体系正日益健全，社会力量办馆的力度在加大，公共服务能力在加强。

西藏和平解放60周年大庆项目圆满完成。按照自治区大庆办、区党委宣传部、文化厅的安排部署，由文博系统负责和配合的“西藏和平解放60周年成就展”和山南地区克松村第一党支部旧址“历史的变迁-克松村的昨天、今天、明天”展览成功举办；“上海世博-西藏馆”复原重建和展览正式对外开放；大庆期间各项工作受到国家和自治区领导的充分肯定和表扬。

【文物普查工作】西藏第三次全国文物普查工作顺利结束。全区第三次全国文物普查自2007年7月启动以来，共投入资金1517万元，一线普查人员近300人，完成73个县692个乡镇的普查工作，普查区域覆盖率达到98%以上（除藏北无人区外），共调查、登录不可移动文物点4277处，为下一步规划完整的全区文化遗产保护体系奠定了基础，文物普查诸多工作在全国榜上有名，西藏自治区第三次全国文物普查领导小组办公室荣获第三次全国文物普查图片组织奖，西藏自治区第三次全国文物普查资料通过国家文物局的验收并位于前列。

【社会文物管理】依照国家文物法规的相关规定，为扶持我区文物保护施工企业的发展，积极向国家文物局申报我区2家施工单位为文物保护工程施工二级资质，1家勘察设计单位为文物保护工程乙级勘察设计单位资质。同时，进一步加强对西藏收藏家协会和民间文物收藏活动进行规范和业务指导工作，对文物征集工作和丰富馆藏活动给予有力扶持。申请并安排资金5万元，征集文物7件；无偿接受单位或个人捐赠文物128件（套）。接待、鉴定文物收藏人员50人次，鉴定瓷器、玉器、丝织品、钱币等文物300余件。

组织开展了第七批全国重点文物保护单位的推荐补报工作。为进一步加大对拉萨市老城区内具有较高历史、艺术、科学价值的历史建筑的保护力度，按照国家文物局的总体部署，经与拉萨市等有关部门认真研究，报请自治区人民政府同意，向国家文物局补报拉萨市老城区内的冲赛康等7处文物单位作为第七批全国重点文物保护单位。至此，共向国家文物局申报我区拉萨关帝庙、冲赛康等43处文物单位作为第七批全国重点文物保护单位。

【对外交流与合作】在文物外事交流合作工作中，始终坚持“以我为主，于我有利”的外事工作方针，积极探索，充分发挥独特的宣传作用，努力推进我区文物外事工作的发展。2011年，由中央统战部、国家文物局主办，中国文物交流中心、西藏自治区文物局承办的“西藏考古与艺术展”相继在湖北省博物馆、河南省博物院、湖南省博物馆成功展出，累计共有40多万观众参观了展览；同时，派人参加了中央外宣办在希腊举办的“第三届中日西藏发展论坛会”。这些活动展示了西藏悠久的历史和灿烂的文化，展现了国家保护西藏文化遗产的成果。（撰稿：王协锋）

【领导名录】
文化厅党组成员、文物局局长：桑布
文化厅副巡视员、文物局副局长：旦增朗杰
文物局副局长：刘世忠
文物局副局长：曲珍

自治区广播电影电视工作

【基本情况】2011年，全区有省级广播电台1座，开办有藏语广播、藏语康巴话广播、汉语广播、都市生活广播四套广播频率和中国西藏之声网,节目播出语种3种（藏语、汉语、英语、藏语康巴方言）。每天节目播音总量80小时25分钟。全区有省级电视台1座，开办有藏语卫视、汉语卫视和影视文化3个频道，其中2个上星频道，36个自制节目，每天播音65小时30分钟。有地市级广播电视台5座，地市级电视台2座，自办频道各1个。全区广播电视人口综合覆盖率分别达到91.67%和92.8%，较2010年分别提高1.39个百分点。全区有中波广播发射台及转播台27座，广播电视卫星上行站1座，电视转播台78座，调频广播转播台78座。“村村通”广播电视接收站9371座（不包含直播卫星的户户通）。

【西藏百万农奴解放纪念日设立两周年宣传】按照中央“谋长久之策、行固本之举”和“下好先手棋、打好主动仗”的要求，继续保持维护稳定，反对分裂宣传的高压态势，以西藏百万农奴解放纪念日设立两周年为契机，西藏人民广播电台、西藏电视台在《西藏新闻联播》等重点时段的新闻节目中开辟了《崭新的生活——热烈庆祝西藏百万农奴解放纪念日设立两周年》、《铭记历史 珍惜今天 开创未来》等专栏，及时全面报道我区各地各族各界共庆西藏百万农奴解放纪念日设立两周年的新闻。文艺节目先后播出了话剧《农奴泪》（录音剪辑）、文艺晚会《翻身农奴把歌唱》，电影《农奴》、电视纪录片《翻身农奴的后代》。专题节目围绕保稳定、促发展、批达赖，重点播发了《人民日报》、新华社、中央人民广播电台等中央媒体和《西藏日报》刊发的理论文章、纪念文章和社论、评论，用事实、数据和事例驳斥达赖集团所谓“文化灭绝论”、“宗教灭绝论”和“环境破坏论”等种种谎言谬论，极大地保证了宣传效果，正面引导了社会舆论。

【结合形势，认真做好日常工作宣传】1.反对分裂，维护稳定宣传，为引导全区各族干部群众分清是非，站稳立场发挥了积极作用。2011年，西藏广播电视继续保持维护稳定，反对分裂宣传的高压态势，以西藏百万农奴解放纪念日设立两周年为切入点，西藏人民广播电台、西藏电视台的新闻节目开辟了《崭新的生活——热烈庆祝西藏百万农奴解放纪念日设立两周年》、《铭记历史 珍惜今天 开创未来》等专栏。文艺节目先后播出了话剧《农奴泪》（录音剪辑）、文艺晚会《翻身农奴把歌唱》，电影《农奴》、电视纪录片《翻身农奴的后代》。专题节目围绕保稳定、促发展、批达赖，继续开办《新西藏、新发展、新变化、新生活》等专栏，重点播发中央媒体和《西藏日报》刊发的理论文章、纪念文章和社论评论，用事实、数据和事例揭露和驳斥达赖集团所谓“文化灭绝论”、“宗教灭绝论”和“环境破坏论”等种种谎言的实质都是在搞“西藏独立”，引导干部群众认清达赖集团的分裂本质，在思想上筑牢反对分裂、维护稳定的钢铁长城。

2.经济宣传围绕中心，服务大局，为西藏在科学发展轨道上推进经济社会跨越式发展提供了强大精神动力。广播电视经济宣传紧紧围绕区党委政府的中心工作，继续开办《惠民政策暖人心》、《加快经济发展方式转变》、《重点工程巡礼》等专题专栏，新推出了《辉煌“十一五”展望“十二五”》、《从数字看变化》、《迈向新征程》、《重点工程巡礼》等专栏和《回眸“十一五”展望“十二五”》等系列报道，深入宣传了“十二五”规划建设的指导思想、基本要求、发展目标和重点工作，突出报道了区党委、政府经济工作的思路和重大决策部署，大力宣传了中国特色西藏特点的发展路子和“提升一产，壮大二产，做强三产”的经济发展战略及各项建设成就，全面报道了各地各部门贯彻落实科学发展观，着力调整经济结构、加快经济发展方式转变、建设资源节约型环境友好型社会等方面取得的新成就、新亮点。通过宣传，为全区各族人民群众推进西藏经济社会跨越式发展提供了开拓创新、与时俱进、昂扬向上的强大精神动力。

【营造氛围，综艺节目形式新颖，喜庆热烈】2011年，广播电视综艺节目融青春、动感、时尚、喜庆、西藏文化、民族特色为一体，内容精彩纷呈，听众反响热烈。一是文艺晚会凝聚激情，喜庆热烈。春节藏历年期间，西藏人民广播电台制作推出了大型藏语广播文艺晚会《吉祥新西藏》。西藏电视台推出了融西藏民族特色和地域特色的《2011年藏历新年电视联欢晚会》、藏语曲艺晚会《欢笑2011》、综艺庆典电视晚会《辉煌足迹》，展现多民族歌手共颂伟大祖国、同唱民族大团结、赞美新西藏的欢乐景象。节目播出后，受到观众的喜爱和好评。二是特别节目渲染气氛，传递喜悦心情。围绕“我们的节日”这一主题，两台精心组织策划了一系列时尚新颖，内涵丰富，特色鲜明的文艺特别节目。西藏人民广播电台推出了《吉祥藏东》、《新春欢歌》等新年特别节目，传递了各族人民共庆节日的喜悦心情，渲染了节日气氛，营造了浓厚氛围。西藏电视台制作的原生态歌舞特别节目《吉祥晨曲》，相声小品歌曲和少儿节目组成的《新春特辑》、藏语电视剧歌曲欣赏、藏语精典译制剧《射雕英雄传》、室内剧《快乐生活》等特别节目，鲜活生动，形象感人，彰显民族特色，深受广大听众观众喜爱。三是红色题材综艺节目激发爱国热情。在庆祝中国共产党成立90周年和西藏和平解放60周年宣传报道中，西藏两台推出了广播剧《吉吉和她的将军阿爸》，影视剧《亮剑》、《红河谷》、《红旗渠》、《我和我的祖国》、《邓小平的故事》、《激情岁月》、《幸福的风采》等红色题材的综艺节目，用真实的人物和事迹，感人的语言、动听的歌曲激发爱国热情，讴歌时代进步与西藏繁荣。四是地方性节日宣传热烈喜庆。西藏电台、电视台积极做好拉萨雪顿节、那曲赛马节、日喀则珠峰文化节、林芝桃花节、阿里象雄文化节等地方性节日的宣传报道，展示了各地的民俗风情。

【大力强化新闻立台】2011年，西藏广播电视牢牢树立新闻立台的理念，把新闻宣传放在首要位置，从工作布局、资源配置、人才资金、后勤保障等各个方面实施倾斜，启动新一轮节目栏目改革，普遍加强了重大活动、重要事件的现场直播，开办了一大批新闻及新闻类节目栏目，广播电视新闻节目的信息量、针对性、实效性和影响力都明显增强。西藏人民广播电台推出了首个学术性广播藏语节目《西藏讲堂》，开办了《健康教育》、《西藏交通》、《西藏旅游交通》、《开心路路通》等节目，着力打造了《西藏新闻联播》、《新闻早世界》、《政风行风热线》、《圣地西藏》、《阳光美食城》、《歌声传情》、《开心路路通》、《说唱格萨尔》等新老品牌节目。采用现场直播的方式，在拉萨、那曲等地制作了十多期直播节目，得到了广大受众和当地政府的欢迎与喜爱。西藏电视台全面梳理了频道栏目，进行了科学合理编排，完成了《农牧天地》、《飞天旋韵》、《新闻视点》等栏目改版。汉语卫视的特色化栏目《西藏诱惑》已形成了固定的观众群，知名度越来越高。引进播出了10多部优秀电视剧，受到了观众的喜爱。全年收到区内外、国内外听众观众来信3000封（包括电子邮件），热线电话10000多人次，短信70000多条。西藏人民广播电台向中央两台上送稿件242篇，采用224篇，分别比去年增加了8%和11.1%，累计向中央人民广播电台上传藏语和藏语康巴话节目1460小时。西藏电视台全年上送央视新闻500多篇，被采用235篇，比上年增加24%。中国西藏之声网坚持“相互依托、相互促进”发展战略，积极发展新媒体，创新台网互动模式，初步成为集图片、文字、音频、视频于一体的大型综合性涉藏宣传门户网站，被自治区列为全区两大新闻门户网站之一，得到了自治区主要领导的高度重视。

【庆祝建党90周年和西藏和平解放60周年宣传内容形式实现新的创新】庆祝建党90周年和西藏和平解放60周年的宣传报道由于内容形式的创新，实现了良好的宣传效果，得到了自治区党委、政府的充分肯定和社会各界的好评。西藏人民广播电台策划推出的《穿越西藏》联合采访行动、《精彩西藏—纪念西藏和平解放60周年大型系列直播》节目，全国有14家广播电台参与，发布连线报道850余次，播发专稿700多篇。山东东营听众来电说：“《精彩西藏》把最真实、最感人的节目呈现给我们，使我们在千里之外就感受到了西藏的精彩、西藏的大美”。联合中央人民广播电台推出了《精彩西藏—纪念西藏和平解放60周年大型系列直播》节目，参与直播人员100多人，选题涵盖西藏经济社会各个方面，采写的49篇新闻稿件在中央人民广播电台中国之声《新闻和报纸摘要》、《央广新闻》等节目中播出。西藏人民广播电台联合西藏自治区统计局共同制作的《数字西藏60年》系列报道是西藏人民广播电台庆祝中国共产党成立90周年和西藏和平解放60周年宣传的又一新亮点。西藏电视台播出的大型系列报道《走遍西藏看变化》、大型新闻记录片《足迹—再走红色路》、《解放》，4集专题片《西藏放歌》，由于节目表现方式灵活，涵盖内容丰富，节目形式新颖。其中纪录片《解放》在中央电视台中文国际频道播出后，在区内外引起强烈反响。同时西藏电视台译制播出的庆祝西藏和平解放60周年献礼片—《雪域天路》、《一路格桑花》、《烈火红岩》等电视剧和动画片《迪瑞羊和欧力牛》等，也广受观众好评。庆祝大会直播现场，西藏广播电视对庆祝大会并机同步直播，中国西藏之声网声频在线直播、视频转播了庆祝大会盛况，生动传递了西藏人民载歌载舞欢庆西藏和平解放60周年的喜悦之情，创下了直播场次密集度高、记者连线广、邀请嘉宾多、媒体跟进报道深、直播内容涉及最全的新纪录，形成了西藏广播电视直播史上空前的壮观场面。

【“走基层、转作风、改文风”活动全面展开，新闻宣传创新成效显著】2011年8月，在中宣部、国家广电总局等五部门的全面部署下，新闻战线深入地开展“走基层、转作风、改文风”活动。“走转改”是2011年新闻宣传创新的重要举措。西藏各级广播电视按照“走转改”活动的要求，遵循“离中心更近、离基层更近、离热点更近、离民生更近”的新闻宣传工作要求，在办好《来自基层的声音》、《九点走基层》等专栏的基础上，积极组织编辑记者深入基层、走进群众，深入企业、农牧区、社区，深入各行各业、千家万户，深入边关哨所、地震灾区，深刻体察社情民意，反映火热生活，用“走转改”的实践做好日常报道、主题宣传、典型宣传和热点引导工作，持续推出记者深入基层、深入一线的大型采访活动。西藏广播电台和西藏电视台在4个多月的时间里派出30多路报道团队、200多人次记者，开展了《春天的脚步——新春走基层》、《驻村干部的新生活》等大型采访活动，并在重要时段推出了《蹲点日记》、《我在基层当干部》等一批来自一线、鲜活生动、感人至深、温暖人心、服务群众的专题专栏，受到了基层群众和领导干部的一致好评。通过“走转改”活动，西藏广播电视工作者的心灵受到了洗礼、思想得到了升华、作风得到了锤炼，更加自觉地站稳了群众立场、强化了群众视角，善于运用群众语言回应群众关切，采制了一大批接地气、有底气、聚人气的好报道好作品，开创了广电新闻宣传工作新气象。实践证明，“走转改”活动是广电队伍落实科学发展观，体现以人为本的一次重大创新，是引领社会风尚的生动实践，是练队伍、育人才、出精品的必由之路。

【建立健全公共事件应急报道机制】2011年，西藏广播电视不断建立健全突发公共事件应急报道机制，完善报道网络，制定《突发公共事件新闻报道应急实施方案》和《突发公共事件新闻报道应急实施办法》，在第一时间刊播各类动态信息和突发新闻事件，并跟踪做深度报道、专题报道，认真做好各项重大突发公共事件的应急报道工作，充分发挥了广播电视在应对突发公共事件中不可替代的重要作用，确保了广播电视对重大突发事件快速反应、准确把握。

【广播电视节目质量和精品力作显著提升】西藏广播电视节目质量的提高，促进了精品力作的大量涌现。电台高标准、高质量地制作了《金珠多吉和他的爷爷》等藏语广播剧、《天路盛开格桑花》、《圣山》等汉语广播剧。电视台精心制作了《西藏和平解放》等大型文献片，制作了《西藏风情》、《共产党人》等大型系列专题片。西藏音像出版社拍摄制作了高清电视文献片《雪域军魂》，并在中央电视台播出。出版发行了《西藏农牧业实用新技术系列科教片》、《藏语传统儿歌》等10多个音像制品。这些广播电视节目播出后，产生了强烈的社会反响。全年，我区共有116部作品获得国家和省部级奖项。西藏人民广播电台《十一五西藏医疗卫生事业新跨越—让人人病有所医》等54篇广播作品获中国新闻奖等国家级和省部级奖项，《涉藏广播宣传也要坚持以人为本》等10多篇理论文章荣获全国农村广播论文评选二等奖等全国性奖项。西藏电视台《索通大桥垮塌川藏公路再受重创》等52部作品获省部级奖项和中国新闻奖。尼玛卓玛、扎西玉措等15位同志获得全国德艺双馨电视艺术工作者称号、全国优秀新闻工作者称号。

【领导名录】
局党委副书记、局长：张崇银
局党委委员、副局长：唐水江、才旺、刘吉伦、金美多吉、吕松山
局党委委员、局纪检组长：张亮明
副巡视员：格桑旺杰

自治区新闻出版工作

【年度综述】2011年，全区新闻出版系统在自治区党委、政府的坚强领导下，按照高举旗帜、围绕大局、服务人民、改革创新的总要求，牢牢把握正确导向，积极抓住战略机遇，有效应对各种挑战，扎实做好改革、发展、服务、管理各项工作，新闻出版业呈现出持续健康快速发展态势，确保了“十二五”时期新闻出版改革发展实现良好开局。

【把握正确导向，有效服务工作大局】坚持正确的舆论导向和出版方向，以社会主义核心价值体系建设为根本，加强舆论引导，狠抓主题出版，组织推出了一大批精品力作。一是扎实做好重大主题宣传出版工作。以抓好庆祝中国共产党成立90周年和西藏和平解放60周年献礼出版物为重点，组织推出《新中国的西藏60年》、《跨越》等28种献礼图书，其中《西藏的昨天、今天和明天》、《西藏今昔》等图书被中宣部、新闻出版总署列为庆祝建党90周年重点出版物，在全国展示展销；精心部署报纸、期刊、网络等媒体开展新闻报道，安排《新西藏》、《西藏研究》等10种重点期刊以及各类报纸推出大庆专刊专栏专版，倾心打造的一大批精品图书、音像和电子出版物，为“两个大庆活动”营造了热烈、和谐、团结、奋进的舆论氛围。二是切实做好服务自治区党委、政府大局工作。全面贯彻落实自治区党委、政府重大决策部署，全力组织推进跨越式发展和长治久安、实施“十二五”规划、“9·18”地震抗震救灾、深化创先争优强基础惠民生活动等重大主题和事件的宣传报道、舆论引导工作，安排推出了《西藏特色农牧业发展与科技支撑体系研究》、《西藏农牧民专业合作经济组织研究》、《安居乐业在高原》等一大批研究探讨转变经济发展方式、发展特色优势产业、建设社会主义新农村、加强生态环境保护与建设以及解读中央和自治区党委、政府一系列惠民富民政策的优秀

出版物，在推进科学发展、跨越式发展和长治久安中发挥了积极作用。三是认真做好政治性、理论性和公益性出版工作。围绕学习贯彻党的十七届五中全会和区党委七届七次全委会、八次、九次全委（扩大）会议以及区党委扩大会议精神，组织推出《中国共产党在西藏的执政基础研究》、《马克思主义理论在西藏的研究成果》等一批解读中国特色社会主义理论体系、阐释马克思主义“四观、两论”、研究重大理论问题的优秀出版物，主动服务学习型党组织和学习型社会建设，进一步推动了中国特色社会主义理论体系的深入学习和广泛普及。面向“三农”、未成年人和社会大众等群体，安排出版《精彩的瞬间》、《永远的太阳》等一批弘扬社会主义核心价值体系、展现时代精神的精品读物，在社会上产生广泛影响。

【坚持以人为本，着力强化公共服务】始终把满足人民群众精神文化需求作为出发点和落脚点，加快完善新闻出版公共服务体系，有效保障了人民群众基本文化权益。一是以实施文化惠民工程为重点，加快建设更为完善的新闻出版公共服务体系。积极推进农家书屋等各类书屋建设，投入资金6662万元，建成农家书屋3331个，并对工程建设情况进行督查验收，农家书屋建设步伐明显加快、管理水平显著提升；启动寺庙书屋工程建设试点工作，成立自治区农家书屋（寺庙书屋）工程建设领导小组，研究制定《2011年西藏寺庙书屋建设实施方案》，完成480个寺庙书屋建设任务，为在五省藏区全面实施寺庙书屋建设积累了宝贵经验；职工书屋、警营书屋建设有序推进，新建警营书屋3个，职工书屋建管机制进一步完善。大力推进全民阅读工程，组织开展藏历新年图书下乡活动、“4·23”世界读书日系列活动、“六一”优秀少儿图书赠送暨让利展销活动、全民阅读报刊行等活动，向基层群众、学校师生、部队官兵、企业职工免费赠送图书6000多种3万多册，价值60余万元，全民阅读活动形成新高潮。二是以增强服务能力为重点，大力发展藏文出版事业。少数民族新闻出版“东风工程”实施力度进一步加大，“十二五”时期6大类13个重点基础设施建设项目全部列入“东风工程”，项目总投资达2.1亿元，藏语言文字出版迎来新的发展机遇。积极推进国家藏文出版基地建设，在深入调研和广泛论证的基础上，研究制定《组建国家藏文出版基地暨西藏人民出版总社的方案》、《国家藏文出版基地管理体制和运行机制改革方案》，整合各类出版资源，做大做强藏文出版，提高藏文类出版产品生产供给能力，在把我区打造成为立足区内、覆盖周边藏区、辐射全国、影响世界的藏文出版发行中心进程中迈出关键一步。三是以满足人民群众需求为重点，切实保障新闻出版产品有效供给。加强对新闻出版产品创作生产的引导，完成556种年度选题和60种增补选题审定工作，改善民生、服务群众的出版物比重大幅提升。深入挖掘西藏丰富出版资源，加大对藏文古籍、藏文典籍、民间文艺、传统文化等选题的开发力度，推出《天上西藏甲骨千字文》、《如意藤诠注》、《嘛呢全集》等一批体现民族特色、传承优秀传统文化、深受群众欢迎的优秀出版物，新闻出版产品体系更加完善、内容更加丰富。

【推进体制改革，切实增强发展活力】全面贯彻落实全区文化改革发展工作座谈会精神，按照加大力度、加快进度、巩固提高、重点突破、全面推进的要求，积极稳妥有序实施新闻出版体制机制改革，并取得明显成效。一是科学设计改革方案。加强对改革发展全局性问题的研究，在认真学习文件精神、广泛动员、统一思想的基础上，凝聚全系统力量参与到新闻出版体制改革中来，研究制定《关于推进新闻出版体制改革工作方案》，明确了改革的“路线图”、“时间表”和“任务书”。围绕新闻出版总体改革目标，区分不同领域，具体分析研究，分别制定出版、印刷、发行行业改革方案，以及相关配套措施，保证了改革工作有序进行。二是积极稳妥推进改革。继续推进西藏人民出版社、西藏藏文古籍出版社等公益性新闻出版单位内部人事、收入分配、社会保障制度和管理机制改革，建立较为科学的用人制度，决策、执行和监管机制，以及目标管理责任制，事业单位服务能力和水平进一步提升。大力推进经营性新闻出版单位转企改制，巩固发展西藏新华印刷厂股份制改革成果，完善法人治理结构，建立现代企业制度，企业发展活力得到增强；积极推进自治区新华书店体制改革，加快事转企步伐，着力构建以集中配送、连锁经营、电子商务为支撑的市场流通体系，为发行行业发展奠定了坚实基础。全面推进非时政类报刊出版单位体制改革，认真开展摸底调查、机构建设、方案制定及配套政策研究，整体工作进展有序。三是有序发展民营经济。认真贯彻落实全区加强和改进新时期工商联工作暨推进非公有制经济跨越式发展会议精神，按照放心放开放宽放胆放手发展非公有制经济的要求，积极引导和规范个体、私营资本有序参与新闻出版活动，并在政策、资金、项目上给予大力扶持，营造公平竞争的市场环境，拓展了非公有制经济发展空间。重点发展绿色环保、产业带动性强的新闻出版企业，扶持多家企业进入或筹备进入拉萨经济技术开发区等各类产业园区，有力推动了非公有制经济做大做强。

【突出发展主题，加快推进产业建设】2011年，全区新闻出版业总产值预计达到6.94亿元，同比增长12%。一是大力实施项目带动战略。科学编制并精心实施《西藏新闻出版业“十二五”时期发展规划》，明确了“十二五”时期新闻出版业发展的指导思想、基本要求、主要目标、重点任务和保障措施，确定了西藏民族文字出版基地、西藏新闻出版公共综合楼、报刊社信息化采编设备等一批具有带动性、示范性的项目，并加强与新闻出版总署和自治区发展改革、财政等部门的沟通协调，积极争取项目落实，为新闻出版业发展提供了强劲动力。二是大力优化产业结构。继续发展图书、报纸、期刊等纸介质传统出版产业，积极发展数字出版等战略性新兴出版产业，以图书、报纸、期刊、音像、电子、网络、手机等媒体出版和印刷、复制、发行为主的新闻出版产业体系逐步完善，产业发展态势良好。2011年，全区预计出版各类藏汉文图书1010种1600万册，本版图书销售额达到1300万码洋，同比分别增长15.8%、21.5%、8%；出版报纸6700万份15.4万千印张，同比分别增长2%、41%；出版期刊170万册1.13万千印张，同比分别增长5.6%、12.6%；发行图书25万种6000万册，实现图书销售码洋1.4亿元，同比分别增长4%、5%、12%；印刷业总产值达到3.3亿元，同比增长10%。三是大力推进科技创新。加快信息技术、数字技术等高新技术在新闻出版领域的利用步伐，积极改造传统出版产业和生产流程，大力发展数字出版新业态，西藏新华印刷厂技术改造继续推进，数字报纸、手机报逐步推开，西藏日报社、新西藏期刊社、七地市党报社设备购置等一批技术改造项目正式批复，新闻出版业科技创新进程不断加快。四是大力推动新闻出版"走出去"。组团参加埃及开罗国际书展、第21届全国图书交易博览会等大型展会，荣获第21届书博会组织奖，有效增强了我区新闻出版传播力和影响力。以正面宣传西藏为重点，认真做好面向印度、尼泊尔的图书展览展销工作，加快边境口岸书店建设进度，继续办好设在尼泊尔的中国西藏书店，扩大出版物在境外的覆盖面，有效挤压了达赖集团的反动宣传空间。新闻出版系统对口援藏工作取得新进展，成功召开全国新闻出版系统对口援藏工作会议，制定出台《关于进一步加强和完善新闻出版系统对口援藏工作的意见》，明确了"十二五"时期新闻出版总署支援西藏的主要项目和政策措施，对接落实69个援藏意向项目，资金总额达3080万元。

【加强市场监管，全面净化文化环境】以开展"扫黄打非"斗争为重点，始终保持对非法出版活动的高压态势，加大工作力度，完善查处机制，切实维护了文化市场秩序。一是突出重点，严密封堵查缴政治性非法出版物。着眼为"两个大庆活动"营造健康向上的舆论氛围，坚持把查堵"藏独"反动出版物和宣传品作为首要任务，围绕出版、印刷、流通、销售等各个环节，组织专班深入23个县（市、区）开展明查暗访，集中执法力量严厉打击一切非法出版活动，有效防范和严肃惩处传播"藏独"言论的违法犯罪活动，做到了严禁境外流入、严禁境内出版、严禁地下印制、严禁市场销售、严禁网上传播、严禁媒体炒作。1–8月，全区共收缴政治性非法出版物4923件，"藏独"反动出版物和宣传品2828件。二是强化监管，切实净化社会文化环境。定期组织人员清查图书、报纸、期刊、音像制品、电子出版物市场，着力加强网络出版、手机出版等出版活动的管理，日常监管覆盖面进一步扩大，成效更加明显。充分发挥专项行动的集中整治作用，围绕敏感时间节点和重大活动，组织开展了查堵政治性非法出版物专项行动、查处藏语文非法出版物专项行动、打击色情信息和出版物专项行动、整治非法报刊专项行动、侵权盗版及非法出版物集中销毁活动等一系列专项行动，全面落实查处措施，着力实施行业整治，从严查办大案要案，有力震慑了各类违法犯罪行为。1–8月，全区出动执法人员2676人次，检查出版物市场店档摊点1923家次，收缴各类非法出版物349598件，取缔关闭非法店档摊点127家，删除互联网及手机有害信息2030条，查办案件58起，其中全国"扫黄打非"办公室、新闻出版总署等6部门重点挂牌督办的"9·27"批销盗版教辅案成功结案。三是强化协作，大力实施"扫黄打非·珠峰工程"。继续加强与四省藏区的沟通协调，不断完善跨省区联席会议、情况信息交流、涉藏出版物审读、案件督办查办等工作机制，实现了对非法出版物及有害信息的区域化联防联控联打。加强与"护城河"、"南岭"等联防协作工程的交流合作，与"护城河工程"实施领导小组办公室签订合作备忘录，联防协作工程向纵深推进。成功召开2011年"扫黄打非·珠峰工程"座谈会，制定出台《"扫黄打非·珠峰工程"实施方案》，对深入推进"珠峰工程"进行安排部署，在维护意识形态和文化安全方面起到了积极的推动作用。

【创新管理方式，不断优化发展环境】坚持依法行政，积极推动管理思路和管理手段创新，着力加强行业监管和版权管理，新闻出版行政管理能力显著增强。一是转变政府职能，完善管理体制。继续推进基层新闻出版行政部门规范化建设，区、地、县三级新闻出版行政管理机构体系更加完善、职能得到加强，"扫黄打非"与文化市场综合执法的关系进一步明确，党委领导、政府管理、行业自律、企事业单位依法运营的新闻出版行政管理体制逐步健全。在巩固行政管理体制改革"四分开"的基础上，加快转变政府职能，大力推进行政审批制度改革，清理取消行政审批项目32项，简化了审批程序，提高了行政效能。二是加强行业管理，推动新闻出版业有序发展。严格落实出版物重大选题备案制度，认真组织开展选题审定审读工作，出版物导向、内容及编校质量明显提升。加强报刊管理，定期召开报刊审读会，不断完善新闻报刊重大舆情监测、分析通报制度，组织开展报刊记者站专项治理"百日行动"，对区内报刊记者站进行重新登记，注销及暂缓登记记者站4家，有效防止了"四假"案件的发生。加强出版物质量管理，完成2011年春秋两季中小学教材质量抽检工作，开展"3·15"少年儿童读物类出版产品质量监督检测活动，及时召回不合格出版物。认真抓好行业监管基础性工作，顺利完成全区图书、报刊、音像电子、印刷、复制、发行单位年度核验，新闻出版单位管理更加规范。三是创新管理手段，提高管理效能。加强对网络出版、数字出版等新媒体管理，继续推进书号网上实名申领工作，从源头上杜绝了买卖书号、版号、刊号等问题。完善审读机制和信息交流机制，认真做好各类出版物审读工作。1–9月，共审读各地市和一些涉藏省区送审的非法违禁图书24册、光盘81张、期刊3册、网络文章200多篇，为司法机关出具47期审读鉴定书。加大网上信息审读监管力度，根据全区维护稳定工作需要，成立新闻出版网络监管工作领导小组，制定

《互联网出版监管工作实施方案》，全天候开展互联网监管，为自治区维稳部门提供网络监管信息13期，及时封堵了网络违法违规特别是反动信息。四是加强版权管理，提升版权保护水平。在对图书、软件、音像制品市场及印刷复制企业进行日常监管的基础上，组织开展了打击侵犯知识产权和制售假冒伪劣商品专项行动、打击网络侵权盗版专项治理“剑网行动”以及围绕重大活动开展的版权保护行动，严肃查处了各类侵权盗版行为。区、地、县三级政府机关软件正版化调查摸底、专项检查工作顺利完成，集中整改工作积极推进，各类企业使用正版软件范围不断扩大，版权管理再上新台阶。着力优化版权服务，接受著作权登记咨询50余件，完成作品登记6件。加强版权保护宣传教育，开展“4·26”世界知识产权日系列宣传活动，发放著作权法律法规宣传资料1500册、绿书签3000条，张贴宣传海报500余张，营造了良好的版权保护环境。

自治区人民出版社工作

【认真做好图书出版工作，开拓图书出版工作新局面】《新中国的西藏60年》、《安居乐业在高原》、《重走解放军进藏路》、《跨越》、《农奴愤》等13种藏、汉文图书作为献礼图书。

图书出版工作，始终注重发挥自身优势，突出我区特色，充分利用我区文化资源优势，坚持弘扬主旋律和提倡多样化的统一，始终把社会效益放在首位，努力实现社会效益和经济效益的统一，争取多出群众满意喜欢、健康向上、喜闻乐见的精神产品，满足人民群众日益增长的多层次、多样性、多方面的精神文化需求，不断丰富人们的精神世界。截至2011年12月，藏、汉文本版图书发稿486种，见书466种，出版本版书总册数达462万册，33753千印张，藏文版《半月谈》24期，册数达130511册，较好地完成了年初制定的计划。全面完成本年度两季中小学教材553种，全部出版交货，累计出版教材近1255万册，共计71910千印张。通过全社人员的共同努力，销售码洋达1.33亿元，其中教材8300万元，本版图书5212万元（农家书屋图书3472万元，其他图书销售额1740万元），销售收入连续10年保持递增。

2011年西藏人民出版社扎扎实实地做好“农家书屋”、“寺庙书屋”的图书出版工作，努力提高各种“书屋”图书的针对性、实效性。根据广大农牧民群众的生产生活需要，不断增加新品种。精心配备了2011年“农家书屋”3331家，图书品种312种，总册数达3117816册，总码洋为34,715,682元。这些图书中有向广大基层农牧民群众宣传党的路线方针政策及时事政治，如：《西藏四观两论知识读本》、《西藏自治区强农惠民政策手册》等；有宣传各类法律法规，如：《常用法律知识读本》、《法律知识读本——三大诉讼》等；有针对提高我区农牧民经济收入，提供科学指导，如：《农牧区种植、养殖技术手册》、《西藏一年两收实用技术》等。这些图书极大地帮助了农牧民群众掌握法律知识，了解国家政策，帮助农牧民掌握脱贫致富奔小康技能，满足了农牧民多层次、多样性、多方面的精神文化需求。

西藏人民出版社积极响应党和政府建设“寺庙书屋”工程的号召，针对寺庙僧尼精神文化需要，策划编辑出版了《反对分裂教育读本》、《法律知识教育读本》、《伟大祖国》、《正义的声音》等藏文图书。同时配备了2011年寺庙书屋工程480家，出版图书品种182种，总册数达262080册，总码洋达4，130，352元。为推进藏族传统古籍整理图书的出版工作，抢救挖掘、整理藏民族的优秀文化遗产，推出了一系列古籍经典图书，如：《中观光明释论》、《蔡公堂寺历史文化简史》等。

【筹划组建国家藏文出版基地】西藏人民出版社根据西藏地区主要是以少数民族出版物为主的特点和建立西部地区国家少数民族出版基地的任务，正在积极配合区新闻出版局筹划组建国家藏文出版基地。遵循积极稳妥有序的原则，整合西藏人民出版社、西藏藏文古籍出版社、西藏音像出版社、雪域音像电子出版社等四家出版社的藏文出版资源建立国家藏文出版基地。

建立基地后，一是将初步制定相应的体制机制，拟设五个中心：创意策划中心、翻译中心、图书出版中心、数字出版中心、音像电子出版中心。基地硬件由政府投入，主要从事公益性藏文图书出版工作，并形成国家藏文数字出版数据库，在原创和开发策划新选题的基础上，出版各种先进文化成果，吸收和引进翻译国内外优秀文化，并把藏民族的优秀文化翻译成其它文种，加大宣传和推广藏族优秀文化，使国内外读者正确认识西藏，了解西藏，为党和政府中心工作服务。二是将进一步大力弘扬藏民族传统文化的有益价值，大力推进藏民族文化出版内容创新和形式创新，大力推进藏民族文化传播方式和手段创新，拓展藏民族文化交流的深度和广度，进一步实施精品战略和“走出去”战略，充分发挥藏文出版物的宣传优势，广泛开展藏民族优秀传统文化宣传普及活动，满足区内外广大藏族读者的需求，同时逐步占领周边藏文出版物市场，扩大影响力，掌握主动权，增强控制力。打破区域条块分割僵局，整合资源、形成合力、做大文章，有效利用国家对民文出版的优惠政策和扶持资金，集中人力、财力办更大的事。三是将从根本上解决目前藏文出版生产能力不足和供给不足的现实问题，从根本上摆脱目前藏文出版物在全国出版业中所处的落后境地。最大限度地发挥基地功能，满足广大藏文读者日益增长的多层次、多样性、多方面的精神文化需求，努力把优秀藏文出版物提供给全国藏区的广大读者。

【适应时代新要求，应对形势新挑战，在深化体制机制改革中，积极推进公益性事业单位改革】西藏人民出版社结合自身实际以及我区的区情，以服务党和国家大局及构建全社会的公共文化体系作为出发点，从文化体制改革大势着眼，从确立西藏人民出版社历史新定位入手，深刻反思传统思维模式和观念的影响，进一步解放思想，理清思路，大胆构想，缜密求证，坚持以科学发展观为指导，积极主动探索公益性事业单位改革发展之路，制定出改革的初步方案《关于组建西藏人民出版总社（国家藏文出版基地）的方案》，为深化体制改革迈出了重要的一步。

【加快实施人才战略和“走出去”战略，为改革转型后的出版事业发展积蓄力量】未来西藏人民出版社的竞争主要依靠的是人才战略。一方面，坚持以人为本的方针，优化人才结构。西藏人民出版社自2011年6月份开始，委托西藏人民出版社北京编辑发行部在前程无忧网、中华英才网等网站上发布了招聘信息，通过对应聘者进行书面测试、面试，并经区新闻出版局2011年9月26日会议研究决定，引进了四名研究生。通过引进高学历专业人才和在我区招考本科专业人才，形成了适应转型后出版事业要求的合理的人才阶梯队伍。只有这样，出版事业才可能做强做大，才可能真正立于不败之地。另一方面，加快实施“走出去”战略，增进与国际出版界的交流与合作以及版权贸易，更多地参与国际出版合作。

卫生、计划生育、体育

自治区卫生工作

【年度综述】2011年，自治区医疗卫生工作在自治区党委、政府的高度重视和坚强领导下，在卫生部和全国卫生系统以及自治区各相关部门的大力支持和全区医疗卫生人员的共同努力下，提出并实施卫生事业“十二五”发展规划思路和方案，深化医药卫生体制改革和农牧民健康促进行动工作深入推进，医疗保障水平进一步提升，卫生服务面和可及性进一步扩大，服务能力显著增强，人民群众健康素质不断提高，医疗卫生各项事业全面协调发展，为实现“十二五”规划目标开好局、起好步奠定了坚实的基础。

【深化医药卫生体制改革和农牧民健康促进行动扎实推进】一是继续推进农牧区医疗制度建设。全区农牧区医疗制度健康运行，政府补助标准提高到260元，农牧民个人缴费提高到20元，报销补偿最高支付限额提高到不低于5万，并将新增的80元补助经费全部纳入大病统筹基金，提高了大病医疗保障基金比例。继续探索实行即时结报办法和支付方式改革，方便农牧民看病就医和报销补偿。提高儿童先心病保障水平。建立了大病补充医疗保险制度，自治区为全区农牧民人均投入保费10元，共2300万元，农牧民住院费用和特殊病种大额医疗费用超过农牧区医疗报销补偿最高支付限额5万元的部分，由人保财险西藏分公司给予赔付，最高赔付额度为7万元，我区的农牧民医疗保障水平不断提高。

二是全面实施国家基本药物制度。落实《西藏自治区实施国家基本药物制度财政补贴办法》、《西藏自治区政府办基层医疗机构基本药物采购工作实施办法》，编制了《西藏自治区基本用药目录藏药处方集》和《西藏自治区基本用药目录藏药临床应用指南》。从2010年2月28日开始，我区分三批实施国家基本药物制度，全区682个乡（镇）卫生院，2个社区卫生服务中心和3603个村卫生室实施了基本药物制度，取消药品加成，实现了药品零差率销售。据684个基层医疗机构报送的监测评价统计数据显示，与2010年同期相比，基层医疗机构药品销售总额增加6.46%，门（急）诊量上升14.09%，住院量上升10.51%，药品制剂平均销售价格下降15.02%，人均门诊费用下降7.36%，人均住院费用下降9.91%，呈现了“三升三降”的良好局面，减轻了群众用药负担。

三是进一步健全医疗卫生服务体系。医改以来，国家和自治区先后实施了67个县卫生服务中心、213个乡（镇）卫生院、6个地区藏医院、卫生监督机构以及昌都地区精神卫生防治中心等建设项目。自治区第三人民医院新建工程已完成主体建设任务。自治区人民医院门（急）诊楼改扩建竣工即将投入使用。启动了农村急救体系、全科医生临床培养基地建设、食品安全风险监测体系、县级卫生监督所建设和基层医疗卫生服务体系信息化等项目。村卫生室业务用房在纳入村级组织综合活动场所统一规划建设的基础上，拉萨等地（市）实施了提标升级项目。自治区安排资金5000万元，为58个县卫生服务中心和16个边境（远）县和乡（镇）卫生机构配备了基本医疗设备、流动巡回医疗和应急救护车等。

四是进一步加大卫生队伍建设力度。继续采取公招方式为县、乡（镇）卫生机构补充卫生技术人员。组织实施订单定向免费培养农牧区全科医生、基层卫生人员全科医生转岗培训和万名医师支援农牧区卫生工作。进一步落实乡（镇）卫生院公益性技术性岗位和乡村医生补贴。医改以来共完成20777名农牧区卫生人员培训任务。全区乡（镇）卫生院卫生人员达到2810名，平均每乡（镇）为4.07名，乡村医生达5882名，平均每个行政村达到1.1名以上，较2005年底全区乡村医生数增加3430名，增长率达139.89%。

五是积极推进公共卫生服务均等化。与财政厅联合下发了《关于城乡基层医疗卫生机构基本公共卫生服务考核与经费补助的指导意见》，制定了《西藏自治区卫生厅关于提高公共卫生服务能力的意见》，全区基本公共卫生服务经费达到人均30元。计划免疫工作实现9种疫苗预防11种病，接种率保持在90%以上。切实加强鼠疫、碘缺乏病和大骨节病等重点疾病防治。继续保持无脊髓灰质炎状态。完成白内障免费复明手术8417例。大力实施“降消”、“妇幼保健综合项目”和“孕期微营养素补充”等项目，继续实施城乡农牧民孕产妇住院分娩特殊报销补偿政策和生活救助政策，积极开展妇女常见病普查诊治。农牧区妇女孕前和孕早期增补叶酸人数达26531人。完成乳腺癌检查8000例，宫颈癌检查8700例。农牧民健康档案建档率基本实现50%的目标。对近43万名15岁以下学生和儿童实施了乙肝疫苗免疫接种。建设农牧区安居工程卫生厕所82600户。

六是加强公立医院内涵建设。积极开展“医疗质量万里行”、“平安医院”、医院管理年、医疗安全百日专项检查和大型医院巡查活动。优化诊疗流程，加强重症学科、急诊科、护理等重点科室的建设与管理，加强医院感染、医疗质量和临床用药安全管理。开展优质护理服务示范工程，提高临床护理质量。加快医院信息化建设步伐，逐步规范临床检查、诊断治疗和用药行为。探索人事制度改革试点工作，医院整体管理水平、医疗服务水平和质量进一步提高。

【重大疾病防控、卫生应急和妇幼卫生工作成效显著，卫生监督执法稳步推进】重大传染病防治工作稳步开展。继续强化鼠疫监测防控工作，加强全区鼠疫监（检）测和能力建设，对青藏、拉日铁路沿线重点建设项目和鼠疫疫源地区鼠防工作加强了督导检查，全区及时有效处置了多起鼠间鼠疫疫情。艾滋病防治工作逐步规范和加强，哨点监测和实验室能力建设顺利推进。继续开展结核病防治工作，制定了《2011-2015年西藏自治区结核病防治规划》、《2011-2015年西藏自治区耐多药结核病防治规划》，明确了我区“十二五”时期结核病防治工作的目标任务和具体措施，全程督导下的结核病防治策略(DOS)完成率为100%，初治涂阳治愈率为72%。全区共报告法定传染病（乙、丙）两类20种，总发病率和死亡率分别为336.11/10万和1.20/10万，与去年同期相比传染病总发病率下降了4.41%。

【地方病防治工作成绩显著】经过卫生部对我区的考核验收，全区实现基本消除碘缺乏病目标。开展了饮水型地方性氟中毒防治工作，我区病区的中小学生和家庭主妇防治知识知晓率分别为81.4%和76.7%，81.8%的病区村完成改水，已改水病区村改水工程正常使用率为100%，按照规划目标病区村改水率70%，超额完成饮水型地方性氟中毒防治任务。我区539个大骨节病病区村完成五年国家大骨节病防治任务。

【计划免疫工作持续开展】认真落实国家扩大免疫规划工作任务，完成全区4.7万名适龄儿童卡介苗、脊灰、无细胞百白破、麻疹、风疹、腮腺炎、乙肝、流脑、甲肝九种基础免疫接种。为实现我国2012年消除麻疹的目标，针对今年我区麻疹疫情活跃态势和新疆发生的脊髓灰质炎暴发流行态势，认真开展了全区儿童麻疹疫苗强化免疫情况调查和脊髓灰质炎监测工作，召开了全区脊髓灰质炎监测和消除麻疹防治工作会议，调整和充实了脊髓灰质炎监测防治工作领导小组和专家组，制定了《西藏自治区脊髓灰质炎监测及强化免疫工作方案》等一系列措施，开展了脊灰风险评估工作。2011年11月-12月，分别对全区41.34万和56.57万的15岁以下儿童实施了麻疹和两轮脊灰疫苗强化免疫，为与全国同步实现消除麻疹和严防脊灰野病毒输入我区建立了有效免疫屏障。继续加强学校传染病疫情监测防治工作，严格执行疫情报告制度，防止学校传染病疫情暴发流行。

【卫生应急应对能力和水平不断提高】自治区突发公共卫生事件的监测与预警制度不断完善，制定了《西藏自治区自然灾害卫生应急预案》，修改完善了《西藏自治区鼠疫控制应急预案》，完成了自治区突发公共卫生决策指挥系统建设方案，通过卫生部专家论证，即将启动实施。积极有效处置了阿里、日喀则、林芝、拉萨、那曲等地出现的持续大范围强降温和雨雪极端天气以及“9·18”地震灾害卫生应急、医疗救治、传染病疫情防控工作，为保障我区人民群众生命安全和身体健康做出了积极的贡献。全区共报告突发公共卫生事件53起，发病1589例，死亡4例。

【妇幼卫生和城市社区卫生工作深入推进】全区始终以实施“降消项目”和医改妇幼卫生项目为抓手，以落实孕产妇住院分娩奖励补助政策为重点，切实抓好妇女儿童卫生保健工作，保障广大妇女儿童健康权益。制定了《2011年西藏自治区实施“降低孕产妇死亡率消除新生儿破伤风项目”工作方案》。建立了孕产妇急救“绿色通道”和“危急症抢救中心”，大部分县设立急救电话，为农牧民孕产妇住院分娩提供方便、快捷的服务。在部分县采取派驻专家蹲点的形式，帮助指导县级产科工作和培训乡村助产人员。广泛开展了新生儿窒息复苏技术培训。自治区为全区47261名育龄妇女投入人均200元保费，共计945.22万元，实施了“国寿计划生育母婴安康定期寿险”和“国寿计划生育母婴安康特定疾病保险”，为农牧民孕产妇和新生儿死亡家庭给予了赔付。认真贯彻落实农牧区孕产妇住院分娩补助政策，2011年农牧区住院分娩补助人次达23316人次，补助金额达515.44万元。“妇幼保健综合项目”、“中国—意大利加强西藏急救与初级卫生保健”项目顺利推进，有力促进了我区妇幼卫生事业发展。北京天石天力医疗器械中心为我区无偿建立了11个HIV母婴传播阻断筛查工作平台，并进行了人员培训。积极推进基本公共卫生服务工作落实，制定下发了《关于城乡基层医疗卫生机构基本公共卫生服务考核与经费补助的指导意见》(藏卫发[2010]15号)。城市社区卫生工作深入开展，实施了5个社区卫生服务中心建设，完成了4个社区卫生服务中心的设备采购，拉萨市解决了社区卫生机构，并核定了68名人员编制。自治区德吉副主席率卫生厅、拉萨市、日喀则分管领导和社区卫生工作负责人赴成都考察，为深入推进我区城市社区卫生工作开阔了眼界，拓宽了思路，提升了信心。健康教育工

作稳步开展，面向农牧民群众发放藏、汉双语《健康素养66条》3万本，健康教育挂历27040本，孕产妇保健手册39900册以及儿童保健手册135500册，农牧民群众健康意识得到提升。全区医疗卫生系统开展了控烟活动并取得初步成效。

【**食品安全综合协调和卫生监督执法工作深入开展**】制定下发了全区2011年食品安全重点工作计划，积极开展以建筑工地食堂食品安全、学校食堂食品安全、食品非法添加和滥用食品添加剂等为重点内容的专项整治行动，对5地（市）10个县开展了食品安全督导检查工作。强化餐饮消费环节监管，全区组织出动执法人员1580余人次，对3900余户食品生产经营单位、4000余户餐饮经营单位开展了地沟油整治和餐厨废弃物、食品添加剂、餐巾纸、卫生筷、一次性餐盒等专项监督抽查工作。下发了《西藏自治区职业病防治规划（2011—2015）》。积极开展卫生法制宣传工作，加强了《中华人民共和国食品安全法》学习宣传，发放食品安全法宣传单50000张，宣传挂图6000套，有力促进了人民群众食品安全意识，提高了卫生监督人员执法能力和水平。

【**加强医疗服务管理，保障人民群众医疗安全**】各级医疗机构狠抓医疗质量精细化管理，建立健全医疗安全管理制度，严格落实核心医疗制度。不断优化服务流程，改善医院环境，努力提供优质服务。切实加强医务人员医德医风建设，把维护群众利益放在首位，不断提高医患沟通能力，树立“以病人为中心”的核心价值观，切实做到“服务好、质量好、医德好、群众满意”，努力构建和谐医患关系。继续推广优质护理，扩大优质护理服务示范工作。开展抗菌药物专项整治工作，认真实施抗菌药物分级使用及管理制度，努力杜绝抗菌药物不合理使用现象。

加强血液管理工作，协调卫生部分别在南京、杭州召开了对口支援西藏采供血工作会议，确定了江苏省、中国医学科学院、成都输血研究所、安徽省、上海市、浙江省、陕西省、天津和重庆市、福建省对口支援自治区、山南、日喀则、阿里、昌都、林芝等六地（市）血液中心对口支援关系。卫生部医政司于9月在拉萨召开了对口支援西藏采供血工作会议，签订了对口支援我区工作的协议。

在卫生部的大力支持下，自治区人民医院成功获得了儿科ICU、重症医学科、高原病科、内分泌科和神经外科等五个国家重点专科项目，安排国家临床重点专科专项经费2500万元。我区与第三军医大学共同申请承担了急性高原病预警、早期诊断规范化治疗及成果推广的重大专项科研课题，共获得科研资金3000万元。

【**积极推进藏医药事业加快发展**】国家中医药管理局印发了《关于支持西藏藏医药事业发展的意见》（国中医药发[2011]23号），确定了“十二五”时期加强和促进我区藏医药事业发展的九项重点任务和项目，支持我区加快推进藏医药事业发展。全区认真贯彻落实自治区政府《关于促进和扶持藏医药事业发展的意见》，继续在二级以上藏医医院开展“以病人为中心，以发挥特色优势”为主题的藏医医院管理年活动，进一步加强藏医院内涵建设。实施自治区藏医院肝病国家临床重点专科建设项目和索县等11个县级藏医院藏医适宜技术推广能力建设项目。国家投资6600万元的27所藏医医疗机构服务能力建设项目启动实施。藏医药人才培养培训工作得到进一步加强，举办了民族医适宜技术筛选推广项目、藏医全科医师转岗培训，完成了85名农牧区无学历藏医药技术人员中专学历和100名大专学历教育招生工作。“藏医文献整理与适宜技术筛选研究”项目、藏药材人工种植技术研究等藏医药科研项目稳步推进。制定了《藏医医院管理年检查评估细则》及《评估手册》。编写出版了《藏医预防保健常识》、《农牧区常见病多发病藏医药防治手册》、《常用藏药使用指南》等藏医药工具书和普及藏医药读物。订制600套藏医传统医疗器械配发给乡镇卫生院，积极向乡镇卫生院推广藏医适宜技术，自治区藏药厂改制工作进入实质性工作阶段。

自治区人口和计划生育工作

【**年度综述**】2011年，西藏人口和优生优育系统以邓小平理论和“三个代表”重要思想为指导，以科学发展观为统领，以宣传为导向，以优生优育为核心，以服务为重点，以政策为保障，全面推动人口和优生优育工作实现了“十二五”良好开局。

【**不断深化宣传教育工作**】（1）充分发挥宣传教育的先导作用。采取新闻宣传、理论宣传、群众宣传、社会宣传相结合的方式，通过《西藏人口》栏目、电视、报纸和广播，采用制作宣传展板、宣传画册、编译通俗图书等多种形式，利用世界人口日、艾滋病防治日、碘缺乏病防治日等各类纪念日开展宣传教育活动，大力普及优生优育和生殖健康科学知识，引导群众树立科学、文明、进步的婚育观念，增强群众优生优育的自觉性和主动性。据统计，2011年在西藏卫视《农牧天地》栏目播出专题片《西藏人口》47期；在人口理论教育基地举办4期党政干部人口理论教育课程；向基层发放了880套藏汉双语的《建设社会主义新农村新型生育文化工程建设丛书》和1500套“新家庭丛书”；各类宣传活动免费提供避孕节育、优生优育、生殖保健和预防出生缺陷科普知识折页、海报、台历等宣传品131400余张（册）、计生药具及妇科用药31种，总价值约52万元。（2）推进“创建幸福家庭”万里行和“婚育新风进万家”活动。协助中国人口宣教中心开展“创建幸福家庭”万里行西藏站活动，先后在林芝地区工布江达县、林芝县、米林县等地开展了健康倡导、医疗义诊、专家咨询等活动，受益群众达1200多人次，深受群众的好评。与区党委宣传部等13个部门联合部署了“十二五”期间全面推进婚育新风进万家的各项活动，确立拉萨市为第四批全国示范市，并制定了工作方案。

【**全面实施优生优育技术服务**】（1）组织开展西藏出生缺陷状况及干预策

略研究。西藏大学医学院承担该项目后，对全区30个样本县2008、2009两年妊娠满28周以上的25176名产儿进行了抽样调查，形成了《西藏出生缺陷状况及干预策略研究项目报告》。（2）推进国家免费孕前优生健康检查项目试点工作。启动日喀则地区南木林县的国家免费孕前优生健康检查项目试点工作，并将拉萨市达孜县、山南地区琼结县、林芝地区林芝县、昌都地区昌都县、那曲地区班戈县纳入自治区项目试点县。会同财政厅、卫生厅联合下发了《关于开展国家免费孕前优生健康检查项目试点工作方案》。同时，将免费孕前优生健康检查标准由国家的240元提高到300元，并在自治区人民医院检验科设立了“西藏自治区优生优育技术服务检验质量检测指导中心”，为项目的顺利开展提供了经费和质量保障。南木林县试点工作开展以来，进展顺利，接受宣教咨询34000人次，宣传覆盖率达43.02%，优生知识知晓率45.99%，完成建档夫妇1311对，接受全面检查夫妇823对，优生检查人群覆盖率30.74%。（3）做好避孕药具管理供应工作。加强避孕药具管理、发放、使用、推广和跟踪随访。不断完善药具免费发放主渠道，并统计分析不同群体对药具使用需求，及时调整调拨计划，2011年，共计调入药具品种28个，价值315万元。同时，根据基层工作实际需求，将避孕药具使用说明书编译成藏汉两种文字装箱使用。

【开展人口发展战略研究】西藏人口发展战略研究课题由南开大学、北京大学等院校的专家学者组成的课题组承担。课题总报告约6万字，报告紧密结合我区实际，缜密梳理了西藏和平解放60年来人口数量、人口结构、人口素质及人口分布等变动情况，并对未来40年人口发展趋势进行了前瞻研究，提出了比较清晰完整的认可发展战略思路、发展原则、战略目标、战略任务和政策建议。自治区副主席德吉对战略研究报告给予了高度评价，指出：报告具有较强的针对性和前瞻性，对于经济社会发展，具有重要的理论指导意义，课题研究成果将对全面加强人口工作起到重要的指导和推动作用。

【编制“十二五”人口发展规划】在深入调研、分析历史数据和六普数据的基础上，完成了《西藏自治区“十二五”时期人口发展规划》的编制工作。《规划》提出了促进人口长期均衡发展的思路，倡导全面提高人口素质，为经济社会发展提供持久动力；更加注重关注人口结构与分布问题，强调家庭在人口发展中的作用，将人口发展与国土安全和边疆繁荣稳定密切结合；提出了全员人口信息化建设项目、人口发展战略研究项目、农牧区优生优育家庭扶助制度项目、出生缺陷干预项目、服务体系建设项目等五大支撑项目。规划对于“十二五”时期人口发展工作必将起到重要的指导作用。

【继续加强地方法规的修改完善工作】经过多次调查研究，与政府法制办、人力资源和社会保障厅等部门协调沟通，交换意见，反复征求各地市意见，并经委机关各处室、委党组先后多次召开专题会议讨论修改，形成了《关于干部职工计划生育政策有关补充通知》修订稿，为政府法制办的审议和下一步发布奠定了基础。

【认真落实惠民政策】（1）进一步完善和落实“一孩，双女”户困难家庭扶助制度和特殊家庭特别扶助制度，认真做好申报、审核、公示、复核、资格确认、信息录入、资金测算和发放等相关工作。2011年，全区“一孩，双女”户困难家庭扶助制度目标人群数为28644人，退出1568人，新增2244人，所需扶助经费预算合计2062. 36万元；全区特殊家庭特别扶助制度目标人群数为4433人，扶助资金为518. 64万元。积极开展“半边户”家庭奖励扶助对象的资格确认和资金预算申报工作。（2）扎实开展“幸福工程-救助贫困母亲”项目。在拉萨市达孜县，日喀则地区仁布县，山南地区琼结县、桑日县，那曲地区班戈县等地，通过“小额信贷、直接到户、滚动运作、劳动致富”的方式，多方筹资推动幸福工程项目。截止2011年，项目共投入168万元，救助贫困母亲273户，惠及1106人。其中，已有98户实现脱贫，脱贫率达95.6%，有力地推动了家庭致富，培育了家庭致富的能力，取得了良好的社会效益和经济效益。

【扎实推进人口信息化工作】编制了人口信息化建设项目建议书；继续录入全区全员人口信息，并对数据进行实时更新，完成了262万人口的信息采集和录入工作，占总人口的87%；配合中国人发中心完成了全区人口信息化软件开发及前期测试工作；完成了人口数据库现有数据的质量审核工作；完成了西藏自治区及地（市）、县、乡、村级行政区划代码核对和上报工作；完成了与国家人口计生委专网的联通。

【加强流动人口服务管理】顺利启动拉萨市城关区7个社区居委会“西藏自治区城镇社区流动人口计划生育‘市民化服务，属地化管理’试点”项目，修订完善了《西藏自治区流动人口计划生育服务管理办法》，组织编写了《西藏拉萨市流动人口生存发展状况研究》，成功举办了“四川·西藏”两省流动人口计划生育区域协作会。

【加强队伍建设】进一步加大干部队伍教育培训力度，先后举办西南片区皮下埋植避孕技术规范应用培训班、全国第三期流动人口计划生育服务管理市县主任培训班、全区人口计生宣传教育干部培训班和西藏免费孕前优生健康检查项目县技术骨干培训班，参训人员达500余人。（撰稿：张丽群）

【领导名录】
党组书记、副主任：代欣言
党组副书记、主任：玉拉
党组成员、副主任：旦增、卢春山
副巡视员：央宗

自治区疾病预防控制中心

【年度综述】2011年,中心结合全区实际，坚持求真务实、开拓创新的工作发展思路，紧紧围绕“重点疾病重点防治、重点地区重点预防、重点人群重点保护”的原则，扎实有效地落实各项疾病预防控制措施，着力于重大传染病防控、应急处置、疾病监测与检测、大众健康教育与慢病监测工作的推进，在不断加强自身能力建设的同时，进一步强化对全区疾控业务工作的指导和项目的监管力度，努力推动我区疾控事业的发展与进步。实现了综合管理水平、技术服务与项目执行能力的全面提升，各项工作都有了新的突破，为实现西藏跨越式发展和社会局势的长治久安发挥了积极作用。

【**传染病防治工作**】2011年1月1日至12月31日，全区共报告乙丙类传染病20种10081例，通过突发公共卫生事件报告管理信息系统、电话和传真报告突发公共卫生事件50起，涉及全区7地市。其中无甲类传染病，乙类传染病暴发疫情9起（212例）、丙类传染病暴发疫情20起（597例）、其他传染病21起（768例），共发病1577例，无死亡病例报告。2011年突发疫情与2010年同期相比，总突发事件起数下降27.08%，发病数下降17.78%。

按照传染病监测工作要求，按时完成传染病疫情监测日报、周报、年报的编写，定期开展疫情分析，提供预测预警，开展全区疫情网络直报的编码维护与培训工作，确保疫情上报工作的及时性和准确性，及时指导和处置传染病暴发疫情和突发公共卫生事件，有效控制全区传染病疫情。

【**免疫规划工作**】按照《预防接种工作规范》要求，合理制定2011年扩大免疫疫苗需求和分发计划，进一步规范常规疫苗和冷链监测管理、全年全区共发放常规疫苗：卡介苗39400支，A群流脑疫苗78400支，脊灰疫苗223500粒，无细胞百白破疫苗223500支，乙肝疫苗167800支，麻疹风疹联合疫苗55900支，麻疹风疹腮腺炎联合疫苗55900支，A+C群流脑疫苗111900支，冻干甲肝减毒活疫苗55900支。全区常规免疫工作稳步开展，目前正在进行数据的统计汇总工作。同时加强规范化接种门诊的建设与二类疫苗的接种管理，2011年建立规范化二类疫苗接种门诊，配备必要的抢救设备和药品，制定有效的管理制度，规范接种技术，全年共接种狂犬疫苗7125支，流感疫苗1079支，乙肝疫苗1932支。

以“4·25”预防接种宣传周活动为契机，大力宣传麻疹疫苗强化/查漏补种活动。全区召开宣传动员会议9次，报刊宣传96次，广播宣传95次，电视宣传249次，发放宣传手册15000张，发放告家长通知书147500张，张贴宣传画35000张，发放宣传单41000张，悬挂横幅123条，发手机短信250000余条，派出流动宣传车81辆。通过广泛宣传，使群众充分理解强化/查漏补种活动的重要意义，积极参与强化免疫工作。

全区共设立固定接种点978个，入户接种组597个，巡回接种组105个，临时接种点210个。7地（市）报告8月龄-4岁应种儿童总数148173人，实种儿童总数143360人，接种率96.75%。

【**应对新疆脊灰野病毒输入性疫情**】出台了相关文件9份，相关文件的出台在应对脊灰疫情的防控和应急处置等方面起到了积极的指导性作用；同时建议卫生厅重新调整和充实西藏自治区急性弛缓性麻痹（AFP）病例监测领导小组，补充和完善自治区急性弛缓性麻痹（AFP）病例临床诊断专家组。并成功举办了全区AFP监测和消除麻疹工作会议，为进一步做好全区的脊灰防控工作，制定下发了《关于开展2011年西藏脊灰疫苗及麻疹疫苗强化/查漏补种活动的请示》，同时上报中国疾控中心请求给予技术指导，中国疾控中心高度重视此次活动，成立专家组讨论该方案，并指派督导组检查指导全区工作，按照专家组意见，全区制定下发了《西藏自治区卫生厅关于在全区开展脊髓灰质炎和麻疹疫苗强化免疫（查漏补种）活动的通知》，相继开展麻疹疫苗强化/查漏补种活动，全区脊灰疫苗强化免疫活动和麻疹疫苗的查漏补种工作已完成。

同时，根据全区常规免疫和强化免疫及接种率调查数据，AFP监测敏感性及输入风险综合评估后，撰写《西藏自治区关于输入性脊髓灰质炎野病毒风险评估的报告》上报有关部门。同时下发《关于开展脊髓灰质炎野病毒输入性疫情传播风险评估的通知》，并要求各地开展风险评估工作，全区7地（市）于2011年10月完成脊髓灰质炎野病毒输入性疫情传播风险评估工作（拉萨市、阿里地区、那曲地区、日喀则地区和林芝地区判定为高风险、昌都地区和山南地区为中风险地区）。通过开展主动搜索，最大限度地发现AFP病例。

【**脊髓灰质炎疫苗强化免疫接种数据**】为巩固我区维持无脊灰工作成果，防止脊灰野病毒的输入并传播，在自治区卫生厅的统一领导下，我区于2011年3月下发了《关于开展2011年度脊髓灰质炎疫苗和麻疹疫苗强化免疫活动的通知》，于2011年4月5日-10日和5月5日-10日对全区0-3岁儿童开展了两轮脊髓灰质炎疫苗的强化免疫活动。为了确保活动的顺利实施，发放脊灰疫苗368200万粒，全区根据本地实际情况，共设立固定接种点951个，入户巡回接种组525个，临时接种点310个。

2011年两轮强化免疫期间，全区0～3岁儿童应服苗人数为306868人，实际服苗人数297423人，服苗率96.92%。其中4月5日至10日第一轮脊灰强化免疫期间，全区0～3岁儿童应服苗人数为152280人，实际服苗人数147417人，服苗率96.81%。在5月5日至10日第二轮脊灰强化免疫期间，全区0～3岁儿童应服苗人数为154588人，实际服苗人数150006人，服苗率97.04%。两轮强化免疫共对“0”剂次儿童10143人服苗，占应种儿童总数的3.3%。

【**结核病与麻风病防治工作**】自2010年12月1日至2011年11月30日（共12个月），全区共登记报告结核病人3714例，其中初治涂阳肺结核病人821例，复治涂阳肺结核病人159例，涂阴2063例，结核性胸膜炎与肺外结核合计671例。新涂阳肺结核病人发现指标完成率与治疗成功率分别达到了74.6%（821/1100）与76.6%（732/956）。2011年达米恩项目官员3次赴藏对我区部分地市开展结核病项目督导检查工作，为了全区项目工作的顺利实施，进一步加强项目督导检查力度，通过督导与现场培训，提高了项目执行能力和水平。先后派出10次60余人次，对7地市级疾控中心以及所属69个县级疾控中心开展了结核病防治督导活动，完成率为93.8%（76/81=0.938）。与去年同期相比(64/81=0.79)，督导完成率提高了14.8%。

同时，加强了省本级结核病人发现管理工作，规范了耐多药结核病化疗方案，改进了痰结核菌培养技术；起草了《2011-2015年西藏自治区结核病防治规划》以及《2011-2015年西藏自治区耐多药结核病防治规划》。

以不同形式、多举措、多方式开展结核病健康促进活动，加大结核病防治宣传力度，提高防治知识知晓率，提高群众的防病健康意识。发放结核病防治宣传资料7500余份，办宣传展板6块，编印并下发结核病防治知识宣传挂历2万本。针对那曲拉萨高级中学体检发现的41例学生肺结核病人，在全校范围内开展了大量的结核病宣传活动，为遏制疫情的进一步扩散起到积极的作用。安排接收5名基层专业人员在疾控中心结核病麻风病防治所进修学习。

完成了《2011-2015年西藏麻风病防治规划》，及时了解和掌握各地县麻风病防治工作开展情况。全区因症推荐共发现14例新麻风病人，与去年同期相比，病例发现数增加1例，对以上麻风新发和复发病例均实施了MDT治疗。专业人员对江曲医院巡诊50余次，人员 150余人次，按项目要求及时为麻风残疾人员提供了生活费，完成了（日喀则地区定日、谢通门两县）麻风现症病人的访问与线索调查工作的同时，对县级疾控人员现场举办麻风防治培训。利用建立“西藏自治区麻风病网络专报系统”的契机，培养了3名自治区级麻风病网络专报兼职人员。为那曲地区疾控中心1名专业人员提供了麻风病防治信息监测与现场培训平台。参加了国家级培训4期12人次，国家级会议5次8人次。先后举办了4期培训，参训人数150余人次。自治区党委政府时刻关心麻风病人的生活、医疗保障等问题，在今年“世界防治麻风病日”前夕，自治区领导与相关部门负责人前往病区看望麻风病人，并送去了党和政府的温暖，价值28300元的慰问物品与5000元的慰问资金。

【**性病与艾滋病防治工作**】加强地市级性病艾滋病专业人员的培训，提高全区性病艾滋病防治工作人员的能力。全年共举办3期培训、200余人次，同时加大性病艾滋病防治工作的督导力度、规范全区艾滋病防治工作（特别是完善全区艾滋病网络实验室建设、加强检验人员的技术培训），对全区七地市级和部分县级性病艾滋病防治工作进行了督导和现场指导工作，下乡督导达30余人次，天数达100多天，进一步提高性病门诊服务质量，全年皮肤性病门诊共诊治3628人次；其中性病724人次、皮肤病2904人次、检验1658人次，对检查出的病人均提供了及时有效的治疗。

开发制作各类宣传材料10余种（内容涉及MSM\咨询检测、安全套推广等）。以世界艾滋病宣传日、科普一条街、卫生日、禁毒日、基层建设年等活动为契机，大力宣传疾病防治知识，共摆设展板150多，发放宣传材料1.8万余份，宣传海报5000余张，安全套2万余支，共出动流动宣传车6辆；并分别在拉萨中学和拉萨市看守所进行了艾滋病防治知识讲座。

对重点场所从业人员开展艾滋病防治干预工作，建立“雪域阳光”组织，开展了关爱活动。

为了顺利实施和完成艾滋病防治工作任务，根据国家监测方案和相关协议要求，认真开展艾滋病监测（国家级、示范区）哨点工作，进一步加强督导检查，保障监测工作的顺利进行。

【**卫生监测与检验工作**】（1）卫生监测工作　加强沟通、履行职责，继续努力完成中央补助地方儿童口腔综合干预项目在我区的顺利实施，参与“城市创卫”工作的卫生技术指导、督导任务。承担并完成了“两会”、“大庆”、“区党委七届七次全委会”等重大事件的卫生保障工作，对相关场所的环境、空气消毒达3.5万㎡。全年共监测水质样品83份。公共场所环境监测2星级以上宾馆、饭店27家，对客房进行空气微生物检测315份、合格率91.2%，检测客房公共用品1261份、合格率为82.4%。全年共体检1680名从业人员，办理从业人员健康证1680份，未检出阳性患者，合格率为100%。

（2）检验工作　承担全区食品安全风险评估检验监测和日常性检验工作，特别是特殊时期（大庆、两会）承担卫生保障抽样和检验任务，保障活动（饮食卫生安全）顺利进行。加强实验室质量控制和计量认证考核等。全年病毒室共收到检测健康儿童标本150份，其中脊灰阳性5份、肠道阳性1份、疑似AFP1份。检测手足口病标本1份，为CO16阳性。麻疹、风疹血清Ig^M抗体标本9份，其中7份为麻疹阳性、1份风疹阳性、1份阴性。检测甲流标本5份，均为阴性。接受委托检验可疑化学性食物中毒样25份。水样61份、空气92份、疫情标本3份、检测公共场所体检标本897份。食品检测份（6项）、中毒样品25份、饮用水样品39份（663项）等日常样品检验工作。年内专业人员共计15人次，分别参加了国家CDC举办的相关业务培训，业务技能得到了一定程度的提高。

【**预防保健门诊工作**】全年共完成放射透视2682人次，拍胸片4089张，检验肝功4676人次，血常规检测260人次，配发处方10073张，超声检查600人次，完成肌肉注射858人次，皮试332人次，静脉注射986人次，诊治各类疾病4880人次。未发生医疗责任事故和安全事故。

自治区人民医院

【**年度综述**】2011年，自治区人民医院坚持以科学发展观为统领，坚持走质量效益型发展道路，坚持“人民医院为人民”的办院方针，全院上下团结奋战，各项工作有序推进，科学发展势头不减，两个效益十分显著，社会形象持续提升。尤其是在公立医院改革中，紧密结合西藏特点和医院实际，不断完善基础设施，加强内涵建设，增强服务能力，改善服务作风，积极支援基层，服务全区人民，赢得了社会各界的广泛赞誉，充分体现了国有医院的公益性。

【**主要任务指标再创新纪录**】与去年相比，医疗业务量继续稳步增长，门急诊量再创历史新高，急救、抢救任务非常繁重。全年门急诊376520人次（增长12.64%），其中急诊44638人次（增长

3.57%）。留观94821人次（增长9.10%），急救出诊2116人次（增长31.27%），抢救5919人次（增长17.98%）。体检6790人次。入院12590人次（增长1.13%），出院12521人次（增长5.28%），手术4029例。病床使用率102.2%（以编制病床600张计算，增长7.2个百分点），平均住院天数17.9天（比去年延长0.8天）。

【圆满完成大庆医疗卫生保障任务】为了确保圆满完成中国共产党成立90周年和西藏和平解放60周年大庆卫生保障任务，准备了充足的药品，自筹资金上百万元补充更新医疗保健设备、急救培训模拟人、应急供电设备等，派出了由精兵强将20人组成的大庆保健队伍，安排了专用车辆用于大庆保健工作。全院各部门做到了讲政治，顾大局，听从指挥，服从安排。

为了强化培训和演练，提高实战能力和救治水平，举办了大庆医疗卫生保障培训班，举行了“突发事件综合处置”演练，在演练计划严格保密的情况下，所有参与人员做到了快速反应、全力以赴、正确处置，得到了卫生厅及医政处领导的高度评价。还参加了卫生厅组织的应急演练，切实提高了医院的卫生保障服务能力。

大庆期间，医院共承担了4个点的驻会保健任务，驻会医疗组、氧气组齐心协力，保健工作人员严守工作制度和保密纪律，仪表整洁大方，坚守服务岗位，服务周到细致，以高度的责任心圆满完成了大庆保健工作，得到了中央保健局及自治区各级领导充分肯定。

【狠抓医疗质量和医疗安全管理】在医院管理年、医疗质量万里行活动及推行临床路径管理、抗菌药物临床应用专项整治工作中，以服务好、质量好、医德好、群众满意为目标，把建章立制、完善规章、检查落实放到突出位置，持续加强和规范医院内部管理，及时纠正偏差，堵塞漏洞，完善制度，加强落实，改进管理。

在推行临床路径管理方面，于2月份成立了临床路径管理委员会及其办公室，先后派出两批12人赴深圳和山东济宁考察学习，制订了临床路径管理实施方案，于4月份正式启动了该项工作。临床路径管理理念逐步被医护人员及患者接受，实施病例不断增多。截至年底，已经实施310例，涉及15个专业、25个病种，对于进一步规范医疗行为，提高医疗质量，控制医药费用，减轻患者负担，起到了重要作用。

在抗菌药物临床应用专项整治方面，成立了组织领导机构，制定了活动实施方案，召开了活动动员大会，医务部开展了“合理使用抗菌药物”及“临床微生物检验”培训，加强了抗菌药物临床应用的监测和抽查，抗菌药物滥用问题开始得到遏制，处方抽查合格率保持在95%以上。

在医院感染控制方面，坚持做好全院治疗室、空气和物体表面、医务人员手卫生、消毒灭菌剂、无菌物品监测，加强了MRSA病例监控，有效防范了院内感染导致暴发流行。及时正确处理了25例院感病例和10例医务人员锐器伤。对各科分散消毒灭菌进行重点检查指导，对管理较为薄弱的科室反复督导，专门针对全院消毒灭菌工作进行了院长行政查房，进一步明确了各相关科室职责和要求，更新和补充了消毒设施和灭菌设备，全院消毒灭菌工作得到了明显加强。院感办组织开展的院感现患率调查显示，全年现患率降到5.6%，抗菌药物使用率降到49%，医院感染控制效果明显。

日常工作中，特别重视对高风险专业科室的管理，分管院领导和医务部、护理部、院感办等部门坚持巡查督导，或召开现场办公会，或参加科室交接班，或组织病例讨论。认真落实手术安全核查制度，积极推行手术科室手术日，提高了手术间的利用率。首次推出了无假日门诊，雪顿节和国庆节放假期间门诊照常开放，择期手术照常安排，受到群众普遍欢迎。

由于高度重视业务量持续激增带来的压力，医院始终把医疗质量和医疗安全摆在突出位置，本年度医疗纠纷呈现减少趋势。

【持续提高护理服务能力和服务水平】区人民医院是全国“优质护理服务示范工程”重点联系医院之一，也是我区率先开展该项活动的医院，两年多来推出了很多创新举措，更新了服务模式，完善了服务项目，规范了护理服务，提升了服务质量，赢得了患者普遍好评。由于活动成效显著，吸引了区内外多家医院前来考察交流，医院也被卫生部考核为优秀医院，消化内科、骨科一病区被考核为优秀病房，色吉娜等10人被考核为优秀护士。2011年又新增肿瘤科、外三科、内二科为示范病房，示范病房比例达到35.3%。

开展“优质护理服务示范工程”活动以来，业务量激增与临床护理人员短缺的矛盾更加突出。为了切实提高现有护理队伍素质，护理部组织全院护理讲座4次，科室护理讲座23次，与医务部、院感办联合开展专题培训4次，还于护士节前夕举办了“优质护理服务”知识竞赛。全年选派10多名护理人员赴内地进修培训或考察学习，还积极协助全国知名护理专家团在拉萨举办培训班。

在护理质量管理方面，进一步加大了工作力度。将护理检查内容细化分成14类，以便做到规范、有效地开展护理检查，保证护理管理制度和操作规程落到实处。全年组织护士长开展节假日及夜查房100多次，确保了护理质量和护理安全。

【持续加强科教工作】在科研学术方面，科研项目、科研成果的数量和质量都有全面的提高。已经连续4年获得国家自然科学基金支持，“表观遗传修饰PTEN/PI3K/AKT通路调控藏族结合感染免疫的机制研究”获得国家自然科学基金立项资助55万元。“重大慢性高原病早期检测、危险因素及防治策略研究”获得自治区科技重点项目立项，成为该领域第一个国际临床研究注册项目，也是建院以来获得课题经费总额最大的项目，总额将达230万元(3年)。获得自治区自然科学基金项目立项3项。获得自治区科学技术奖二、三等奖各1项。坚持鼓励开展技术创新，全院开展新技术、新业务15项。论文的数量和质量大幅提高，全年在国内外期刊发表论文149篇，同比大幅增长69%。推荐担任中华医学会各专业分会委员8人、青年委员7名；省部级以上专业机构专家5人、国家级期刊编委2人。

在项目合作方面，积极参加北京

阜外医院牵头承担“冠心病医疗结果评价和临床转化研究”课题。与香港中国西藏儿童健康教育基金合作的儿童白内障治疗项目进展顺利，为10名先天性白内障患儿进行了手术治疗。完成了与美国东南亚祈福基金会合作开展的先心病筛查与治疗项目，10年来免费治疗了250名先心病患儿。积极配合区党委统战部、妇联、中国社会工作协会开展先心病治疗项目。与国家海洋局极地办建立了长期合作关系。

在临床教学方面，承担了藏大医学院、西藏民院、藏医学院共8个班级231人及计划外20人的实习任务，安排课间见习60次、1806人次。选派14人承担了藏大医学院9个专业、504个学时的授课任务。对该院参加第二届大学生技能竞赛的7名学生进行了技能培训。2人被西藏大学评为“优秀教师”。

在培训工作方面，科教部组织全院学术讲座12次共450人次，华西远程继续医学教育授课31次共762人次，各科室组织科内讲座182次共2885人次。安排前往中国医科院所属医院进修10人次，前往上海长征医院、长海医院及复旦大学儿科医院、山东青岛眼科医院及临沂市人民医院、北京大学人民医院、四川大学华西医院、中山大学附属一院等进修18人次。组织参加区外培训班和学术会议89人次。

此外，积极支持设在医院的各学术团体开展工作，确保了西藏医学会影像学专业委员会第六届学术年会、西藏医学检验学会第二届检验学术会议的成功召开。

【双向对口支援工作开创新局面】在卫生援藏方面，努力抓住援藏机遇，促进人才培养和学科建设。5月初，与中国医科院在京召开了对口支援工作协调会，自治区副主席德吉、卫生厅党组书记卢彦朝、人民医院院长胡学军及中国医科院院长曹雪涛、医科院所属医院领导出席了会议，双方就加强“十二五”期间对口支援工作进行了全面沟通协调。8月初，中国医科院援藏医疗队抵达人民医院，指导8个受援科室起草了“十二五”业务发展规划，在充分研讨、修改后已经提交中国医科院。10月中旬，中国医科院、北京协和医学院校长曾益新一行18人赴藏考察，双方同意在自治区及国家层面筹建中国医科院高原病研究所，共同打造高原病研究的新平台，目前正在积极申报中。此外，与解放军南京八一医院加强了合作，与上海、重庆等地的多家医院建立了人才培养合作关系。

在支援基层方面，结合“万名医师支援农村卫生工程”，不断加大力度支援基层医疗机构，主动与基层医院建立对口支援关系。医院主要领导3次亲自率队前往山南、日喀则、那曲基层开展调研和医疗设备巡回维修活动，与当地党委、政府进行深入沟通，明确了支援工作的思路、目标及重点。全年共派出“万名医师支援农村卫生工程”医疗队5支共24人。对受援单位无项目解决进修费用的进修人员，一律免费接收，免费提供住宿，并从今年开始每人每月发放生活补助300元。樟木口岸医院作为事关国门形象的基层医院，人民医院尤其重视帮助该院迅速改变落后现状，帮助规范业务管理并重启了外科手术，帮助组织开展居民健康体检，并为137名群众建立了健康档案，还为该院捐赠了价值3万元的设备和器械。此外，在全区重大抢救或重要保健工作中，随时派出专家指导下级医院，为基层医院提供坚强的技术后盾。

在加强基层建设年活动中，院领导亲自参加卫生厅驻贡嘎县甲竹林村工作队，还组派医疗队为当地90名育龄妇女和14名村干部进行了体检，协助工作队为村委会建立健全了规章制度。在创先争优强基惠民活动中，在人力资源严重不足的情况下，仍然挑选精兵强将18人，向边坝、隆子、江孜、聂拉木县各派出了一支驻村工作队，并安排资金为工作队创造和改善工作条件，医院主要领导也亲临工作队驻地，亲切慰问当地困难群众，取得了很好的活动成效。在医院主要领导和分管领导亲自指挥下，在堆龙德庆县乃琼乡3个村开展了“基层健康科普行”活动，并确定其中的加热村为该项活动的示范村。

自治区体育工作

【年度综述】2011年，在自治区党委、政府的坚强领导，全国体育系统的大力援助和社会各界的关心支持下，我区体育事业以科学发展观为统领，以服务全面建设小康社会大局为先导，以庆祝建党90周年和西藏和平解放60周年为动力，以实施《西藏自治区全民健身实施计划（2011—2015年）》为契机，协调发展，全面进步。

【深入贯彻《全民健身条例》，群众体育异彩纷呈】《全民健身条例》执行有力。自治区人民政府将贯彻落实《全民健身条例》写入了政府工作报告和“十二五”经济社会发展规划，列入了地方财政预算。为科学规划我区“十二五”全民健身事业发展，促进各族人民身体健康，按照国务院《全民健身计划（2011—2015年）》要求，结合实际，自治区人民政府制定出台了《西藏自治区全民健身实施计划（2011—2015年）》，各地（市）、县的全民健身实施计划正在制定中。

群众体育活动丰富多彩。为丰富群众体育生活，发展特色体育文化，在各个节庆期间和“全民健身日”开展了形式多样、内容丰富的群体活动。“三大”节日举行了“健身大拜年、体育进万家”主题志愿服务活动和传统马术表演，8月8日举办了首届区直机关太极拳比赛。通过举办太极拳比赛，在全区掀起了练习太极拳、强身健体的热潮。各地（市）、县纷纷组织开展了民族锅庄舞、赛马、响箭、拔河、大众广播操等具有地域特色、群众参与度高的群体活动。

基础设施建设力度加大。在区发展改革委等部门的大力支持下，当雄县等5个“雪炭工程”综合健身馆建成，林芝地区“雪炭工程”中型全民健身活动中心等5个场馆开工建设，召开了全区“雪炭工程”建设工作会议。发放安装全民健身路径器材415套、室内健身器材90套、篮球架160副、乒乓球桌90副，实施1000个行政村的农牧民体育健身工程。同时，建成区体彩中心业务用房，区游泳馆、羊八井高山训练基地改扩建工程等重点项目进展顺利，各地（市）体育基础设施建设得到加强。

全民健身综合服务能力增强。举

办体育传统项目学校、太极拳、第九套广播体操、社会体育指导员等培训班，对有关人员进行了培训，增强了能力。加强拉萨市城关区当巴社区等3个社区体育俱乐部和各单项体育协会、俱乐部、健身辅导站（点）建设，国家体育总局审批青少年俱乐部16所和户外营地1个。

参加全国性群众体育比赛成绩优异。我区健儿在第九届全国少数民族传统体育运动会上共获得39个奖项，成绩超过上届，展示了我区民族传统体育的独特魅力和各族人民的良好精神风貌。参加第二届全国红色运动会、第六届中国·焦作国际太极拳交流大赛、全国老年人门球比赛、第八届全国残疾人运动会和第二届全国智力运动会取得较好成绩。

【努力提高训练竞赛水平，竞技体育实现重大突破】运动队训练管理全面加强。坚持高标准、严要求，在狠抓日常训练的基础上，加强了冬训和集训。完善训练器械设施，加强后勤保障，创新激励机制，强化教练员、裁判员和医务人员的技能培训，提高了综合服务能力和后勤保障水平。与广东、江苏、四川、陕西等省的拳击、武术、柔道、手球等项目队建立了合作培养关系，将男女自由跤、拳击等项目的尖子运动员送到国家队和各兄弟省市进行了代培。

后备人才队伍建设力度加大。制定下发《加强业余体校建设，培养体育后备人才的实施方案》，推进了业余体校加快发展。调研了全区业余体校建设情况，赴青海、甘肃、四川等地学习了业余体校建设经验。帮助并指导业余体校开展招生，提高了生源质量，扩大了招生规模。积极贯彻加强业余体校建设的政策措施，实施“西部青少年体育助训关爱计划”，落实“中华全国体育助训关爱金”，改善了业余体校发展条件。加强业余体校教练员培训，增强了执教能力。业余体校加强学校管理，创新教学方式，提高了办学水平。区体校首次实行“3+2”办学模式，办学规模扩大、层次提升。与西藏民族学院签定联合培养人才协议，全面提升了体校学生和我区优秀运动员的文化素质。

西洛卓玛夺冠创造历史。着眼提高技战术水平，坚持以赛代训，我区运动员参加了一系列全国和世界性比赛，共获得1个世界冠军、1个亚洲青年冠军、4个全国亚军、2个全国季军、2个全国青年冠军、4个全国青年亚军、1个全国青年季军。特别是在2011年世界摔跤锦标赛上，我区选手西洛卓玛奋勇夺取了女子自由式摔跤67公斤级冠军。这是西藏和平解放60年来我区运动员在世界大赛上夺得的首个竞技体育冠军，实现了我区几代体育人的梦想，赢得了国内外的赞誉，受到了自治区党委、政府的表彰，更加坚定了我们大力发展高原特色体育事业的信心，鼓舞了全区各族人民推进经济社会跨越式发展和长治久安的斗志。

全区第二届篮球锦标赛圆满成功。为推广普及篮球运动，提高篮球运动水平，我们成功举办了全区第二届篮球锦标赛。赛事邀请前著名女篮运动员郑海霞参加相关活动，社会反响良好。还举办了第四届U—13青少年足球分区赛。

【积极打造登山新优势，登山运动持续发展】高山救援体系日益完善。为健全高山救援机制，增强高山救援能力，促进登山运动转型，我们组建了区高山救援队。区高山救援队的成立，结束了我国没有官方专业登山救援机构的历史，对于推动我区乃至全国的登山运动健康发展具有重要意义。

登山专业技能不断增强。坚持理论与实践相结合，创新思路、改进方式，积极开展登山训练，提升了登山专业技能。与法国国立登山滑雪学校建立了合作关系，协助国家海洋局对第28次南极内陆考察队队员进行了高山培训和选拔。

攀岩运动进步明显。我区3名攀岩运动员入选国家队，多次代表国家参加世界性比赛并取得优异成绩。在第十九届全国攀岩锦标赛上，夺得男子难度赛和女子攀石赛冠军，这是我区攀岩运动员首次在国内最高水平赛事中夺冠，标志着我区攀岩运动迈入了国内一流水平的行列。

【大力加强市场开发，体育产业成绩斐然】以网点开拓为龙头、强化内部管理为主线、加强培训为手段，积极开展网点形象专项整治，加大技术支持和保障力度，体彩市场快速健康发展，全区体彩销量达到2.41亿元，比去年增加1.02亿元，增幅达73.12%，占全区彩票市场份额的42.2%，销量、增幅、市场份额均创历史新高。区体彩中心共荣获2011年度全国体育彩票销售贡献奖、销售增长奖、市场增长奖和即开型体育彩票销量贡献奖、市场份额贡献奖等5个奖项。

从严格审批手续、完善服务方式入手，加强登山管理和服务，接待98支登山团队949人，为山峰所在地创收690万元。开展执法检查，确保登山安全。为加强与国外登山界的交流，宣传我区山峰资源，学习先进登山理念，赴奥地利、美国学习了登山技术和救援知识，参加了亚洲登山联合会会议，举办了中日登山友好协会成立25周年相关活动。

成功举办第六届拉萨国际半程马拉松挑战赛，4900多名选手参加比赛，赛事影响力进一步扩大、水平进一步提高。

【创新体制机制，政策措施保障到位】调整优化了区体育局局属事业单位机构设置，完成了区社体中心、区体产中心、局后勤服务中心的组建和区体工大队更名为区竞体中心以及区体彩中心内设机构调整工作，成立了体科所，设立了成都体育学院西藏函授站。尤其是体科所的成立，实现了我区体育科研“从无到有”的历史性突破，对于提高我区体育科技水平将起到积极作用。

认真贯彻自治区人民政府《关于进一步做好退役运动员就业安置工作的意见》和相关配套政策措施，在区教育厅、财政厅、人力资源社会保障厅等部门的大力支持下，积极拓展退役运动员就业安置渠道，9人考录为公务员，39人转任小学体育教师，9人选择自主择业。

【密切沟通衔接，体育受援工作扎实推进】进一步健全体育援藏受援工作机制，强化责任措施，密切沟通衔接，加强督促检查，努力争取国家体育总局和各对口援藏省市体育局从项目、器材设施、资金、人才、科技等各方面对我区体育事业给予了大力支持和无私援助。一系列体育援藏政策的落实、一大批体育援藏项目的实施，使我区体育工作得到了进一步加强。

【获奖情况】

1、加强基层建设年活动中，自治区体育局驻村工作组被评为“全区先进驻村工作组”

2、区登山队次仁多吉同志被评为“全国优秀共产党员”和“全区优秀共产党员”

【领导名录】

党组副书记、局长：德吉卓嘎

党组成员、副局长：平措江村、赵光华、朱强、杨战旗、索南措姆

民政、人力资源和社会保障

自治区民政工作

【年度综述】2011年，自治区民政厅充分发挥民政工作职能作用，围绕中心，服务大局，按照年初确定的各项目标、任务，积极探索，开拓创新，真抓实干，圆满完成了各项工作任务。

【灾害救助和防灾减灾工作扎实有效】2011年，全区先后遭受不同程度的雪灾、地震、洪涝、干旱、风雹、山体滑坡等自然灾害，给人民群众的生命财产造成了严重损失。使全区7个地（市）61个县47709户238543人受灾，因灾死亡49人，失踪4人，紧急转移安置5.67万人。共造成3347户13392间民房倒塌，26007户104029间民房受损。农作物受灾面积9048.58公顷，绝收1786.61公顷，因灾死亡牲畜120176头（只、匹）。此外，灾害还造成部分乡村输电线路、公路、通信、水利等公益、公共基础设施损毁。灾害共造成直接经济损失16.53亿元。其中：受印度锡金邦“9·18”地震影响，日喀则、山南两地区的亚东、洛扎等23个县58个乡（镇）20409户10.0377万人受灾，因灾死亡7人，伤病136人，倒塌房屋2808户、11232间，严重损毁房屋3924户、25662间，中度损坏房屋6118户、23546间，轻度损坏9124户、25510间，紧急转移安置受灾群众31034人，直接经济损失13.3亿元。面对灾情，根据自治区党委、政府领导批示精神，一是区民政厅积极开展救灾救济工作，共启动应急响应3次，派出3批次工作组第一时间赶赴灾区察看灾情、慰问受灾群众、指导救灾工作，紧急向地震灾区调拨帐篷5660顶、棉被3万床、棉衣裤0.5万套、棉鞋500双、棉大衣2.6万件，下达应急救灾资金500万元，灾后重建资金9500万元，使受灾群众得到了妥善安置。下达2010年冬令、2011年春荒救助资金8100万元，发放救助卡7.258万张，救助受灾困难群众25万余人，确保了受灾困难群众基本生活。二是积极开展防灾减灾宣传活动。全区共散发宣传单13.2万张，防灾减灾倡议书460份，宣传手册4.7万余册，宣传挂图2.9万余张，制作防灾减灾音像制品35个，制作宣传图片栏589幅，接受社会各界咨询3600余人次。组织了近25所中小学校23000余师生和62家社会单位1600名干部职工以及2000多名群众开展了疏散逃生演练，620个家庭开展了火灾隐患自查。

【城乡社会救助工作稳步开展】一是认真开展城乡居民最低生活保障工作。自2011年1月1日起，城市居民最低生活保障标准由原来每人每月330元提高到360元，农村居民最低生活保障标准由原来每人每年1300元提高到1450元。2011年起实行了城乡低保补助资金提前告知制度，向各地（市）一次性预拨了全年的自治区城乡低保补助资金20720万元。积极开展调研统计工作，对全区农牧区年人均收入低于1300元和1450元的居民进行了核查统计，起草了《关于进一步深化城乡医疗救助制度有关政策措施的通知》和《西藏自治区城乡低收入家庭认定办法》。开展了城乡社会救助工作调研，并形成了专题调研报告。二是认真落实“三大节日”困难群众生活补助一次性发放工作。先后3次向困难群众兑现一次性生活补贴8437.12万元。三是认真开展农牧区五保供养工作。从2011年7月1日起将五保供养补助标准从原来每人每年2000元提高到2200元。落实民政部2010年度彩票公益金“霞光计划”项目资金650万元，在全区建设了13所乡镇敬老院。根据民政部2011年度分配西藏自治区的767万元敬老院改扩建项目资金，编报了17所敬老院建设项目。为加强农村敬老院管理，下发了《实施<农村五保供养机构管理办法>细则》。四是认真开展城乡医疗救助工作。截止目前，累计救助城镇医疗对象1148人，落实救助资金259.79万元，累计救助农村医疗救助对象14344人，落实救助资金2141.11万元。五是认真开展临时救助工作。2011年1月9日，出台了《关于建立健全城乡困难群众临时生活救助制度的意见》（藏政办发[2011]1号），为进一步规范临时救助工作提供了依据。为保障低收入群体基本生活，制定了《西藏自治区社会救助和保障标准与物价上涨挂钩联动机制方案》和《关于进一步做好农村最低生活保障工作的通知》。

【优抚安置工作深入开展】一是优抚工作逐步完善。目前，全区共有各类优抚对象3.5万人，享受定期抚恤金的重点优抚对象4650人，其中“三属”对象2959人，伤残人员1046人，在乡红军老战士1人、在乡老复员军人298人、带病回乡退伍军人230人、参战人员116人，享受临补的8.7万人。

为确保广大优抚对象的生活水平随着国民经济的增长而提高，全区共统筹全民优待金120多万元，向各地（市）下拨优抚对象抚恤金2766万元，下拨优抚对象医疗补助金884万元。扶持优抚对象350户，一部分优抚对象通过发展多种经营，已走上了富裕道路。为加强烈士褒扬工作，全区38处县级烈士陵园维修改造项目列入了《西藏自治区“十二五”时期民政事业发展规划》；二是安置工作有序开展。2010年12月以来，开展了278名退役士兵的档案接收、审查、登记预备役工作，目前已完成安置就业率85%，拟于12月底全面结束。为了加强退役士兵职业教育和技能培训工作，草拟了《西藏自治区退役士兵职业教育和技能培训暂行办法》，争取年内出台；三是军休工作稳步推进。根据民政部下达西藏自治区的2011年军休干部安置去向审定计划，完成了军队退休干部、退休士官31人的审定工作和接收48名军休干部、伤残退伍军人工作，并及时下拨各地市军休人员经费和管理经费8197万元，确保了军休人员各项待遇的落实；四是双拥工作积极开展。据不完全统计，2011年全区共为部队赠送各种慰问品折合人民币600多万元，写慰问信1000多封，文艺演出100多场，走访慰问优抚对象600余户（次），为优抚对象排忧解难100余件，答复来信来访近150余件，“八一”建军节期间全区共慰问部队342个，慰问优抚对象和“三属”、革命伤残军人1530户，召开军政军民座谈会110次；五是成功召开了全区第十次双拥模范城（县）命名表彰大会。

【社会福利事业加快推进】一是西藏儿童福利院搬迁新建项目顺利开工；二是切实做好全区孤儿基本生活补助资金的发放工作；三是举办了全区儿童福利、收养登记、救助管理交流培训班，完成全国儿童福利信息管理系统录入4400余名，为3000余名孤儿发放了儿童福利证；四是全力做好慈善事业。举办了“慈善情暖万家”活动，筹措发放资金16万元；五是全区福利彩票销售大幅上升。全区销售福利彩票突破3亿元，累计筹集公益金1亿余元。

【切实加强城乡基层民主政治建设】一是按照自治区党委、政府的安排部署，召开了全区村（居）组织换届选举工作电视电话会议，经过精心安排和周密部署，圆满完成了全区第七届村（居）民委员会换届选举工作，进一步优化了村（居）委会班子结构，使干部队伍得到了加强，有效促进了基层民主政治建设，为进一步加强基层基础工作，保持全区城乡社会局势稳定和经济发展提供了有力的组织保证；二是成功召开了全区社区建设工作现场推进会。总结交流了十年来全区社区建设的工作经验，分析了存在的问题，对下一步推进社区建设工作进行了安排部署，为全区社区建设工作再上新台阶起到了积极的推动作用；三是修订完善了《西藏自治区实施<中华人民共和国村民委员会组织法>办法》；四是深入开展村务公开民主管理“难点村”治理工作。区民政厅向各地村务公开协调小组办公室下发了《关于进一步做好“难点村”治理工作的通知》，要求抓好回头看和整改措施的落实，确保治理措施落到基层、落到实处，并认真开展督促检查，切实把“难点村”治理工作提高到新的水平。经过三年的治理整顿，全区排查出的165个“难点村”治理整顿工作全部完成，进一步强化了村民民主自治意识，健全和落实了村务公开民主管理制度，加强了基层组织建设；五是积极开展街道社区创先争优活动，全力推进街道社区建设。

【区划地名和地界管理工作全面推进】一是区划调整稳妥有序开展。区民政厅根据民政部的要求，代自治区人民政府起草了《西藏自治区人民政府关于撤地设市撤县设市工作有关情况和意见的函》，提出了“十二五”期间西藏撤地设市、撤县设市初步规划。向自治区人民政府上报了《关于那曲地区尼玛县双湖特别区撤区建县有关问题的请示》。审核上报了仲巴县霍尔巴乡整体搬迁意见和拉萨市林周县旁多乡政府办公地点搬迁事宜，为全区行政区划调整工作奠定了良好基础。二是地名管理工作有序推进。为确保各项普查任务顺利完成，区民政厅组织17个地名普查试点县参加了全国地名普查培训班，并于5月25日至26日在拉萨组织召开了西藏自治区第二次地名普查试点工作会议，与20个试点县签订了《西藏自治区第二次地名普查试点工作保密责任书》。目前4个地区20个边境县第二次地名普查试点工作已全面铺开。三是完成了2011年至2013年全区第三轮县界联检工作的安排部署工作。草拟了全区第三轮县界联检工作任务，对全区第三轮县界联检工作任务进行了安排部署。

【社会组织登记管理工作依法进行】目前，全区共有各类社会组织408家。其中：在民政厅民间组织管理局依法登记的自治区本级社会组织共有208家，拉萨市52家，昌都地区7家，山南地区17家，日喀则地区70家，那曲地区23家，阿里地区21家，林芝地区18家。各类社会组织已遍布全区各地，涉及政治、经济、社会教育、民政、劳动、农牧、科技、文化、体育、卫生、公益慈善、环境保护等社会生活的各个领域。

2011年度，共办理自治区本级社会组织变更登记12件，新成立社会组织7家，《社会团体法人登记证书》遗失补办和旧证换发35件。接待前来咨询成立社会组织筹备情况的152人次。

【深入贯彻实施《老年人权益保障法》，切实维护老年人合法权益】一是认真贯彻落实《西藏自治区实施〈中华人民共和国老年人权益保障法〉办法》，举办了首届拉萨地区老年人维权法律法规知识讲座，认真办理和发放《老年优待证》和《寿星证》300余本；二是搞好“重阳节”慰问活动。

【专项社会事务管理服务水平进一步提高】婚姻登记和收养工作规范运作，殡葬管理服务稳步推进，《西藏自治区政区建制志》通过终审，得到专家和社会各界的好评。

自治区人力资源和社会保障工作

【年度综述】2011年，西藏自治区各

级人力资源和社会保障部门以科学发展观和中央第五次西藏工作座谈会精神为统领，坚持“民生为本、人才优先”的工作主线，进一步加大就业再就业工作力度，加快建设覆盖城乡居民的社会保障体系步伐，不断加强人才队伍建设，稳步推进人事制度改革，积极开展工资收入分配和劳动关系调整工作，不断加强自身建设，努力夯实人力资源社会保障工作基础，西藏自治区人力资源和社会保障工作实现新发展。

【就业再就业工作目标任务全面完成】2011年，城镇新增就业2.3万人，政府提供公职岗位近13000个，共有16580名高校毕业生实现就业，其中，应届高校毕业生实现了全就业，农牧区富余劳动力转移就业86万人次、36万人，实现劳务收入18.5亿元以上，城镇登记失业率控制在3.2%以内，就业形势保持了基本稳定。一是积极的就业政策得到有效落实。西藏自治区继续实施援企稳岗的“三补贴”扶持政策，减轻企业负担，稳定就业岗位，实现了保增长、促就业、保稳定的目标。全年向拉萨饭店等33家困难企业发放社保补贴、岗位补贴、培训补贴1817.4万元，惠及困难企业员工2643人。二是高校毕业生就业工作成效显著。积极探索建立“就业援藏”机制，继续落实促进高校毕业生就业的职业技能培训补贴、生活补贴、鼓励用人单位吸纳高校毕业生就业、引导高校毕业生到区外就业等一系列优惠措施，加强公共就业服务和政策宣传，开辟“高校毕业生就业”专栏，积极开展创业培训进校园活动。2011年，推荐435名高校毕业生参加就业见习，发放见习补贴107万；为吸纳462名高校毕业生就业的19家企业兑现889.6万元奖励资金。通过公开考录、“三支一扶”和市场就业等途径，共有16580名高校毕业生实现了就业，其中应届毕业生中有12322名实现了就业，就业率达99.32%。三是农牧区富余劳动力转移就业工作跨上新台阶。继续以市场为导向，加大农牧民转移就业技能培训力度，初步形成了“服务、培训、维权”三位一体的农牧区劳动力输出工作机制。2011年，人力资源社会保障等有关部门共培训农牧民14.14万人。积极推行和扶持劳务品牌建设，促进农牧民转移就业，全年输出品牌劳务1.15万人次、8750人，实现劳务收入6625万元。四是就业援助工作扎实推进。建立健全零就业家庭登记台账管理制度，动态消除94户“零就业家庭”人员的就业问题。建立了公益性岗位电子管理台账，共帮助298名就业困难人员实现就业。2011年，西藏自治区人民政府购买了第四批4300个公益性岗位，全区公益性岗位总量达2万个，已通过公益性岗位安置就业15037人。五是职业技能培训、就业基本实现“一体化”。整合培训资源，对西藏自治区30家民办培训机构进行专项检查，加强日常监管，提高培训资金使用效益，加强职业培训精细化管理，多渠道、多层次、多形式开展职业技能培训。2011年，共举办各类职业技能培训班500期，培训城镇失业人员、农牧区转移就业劳动力等各类技能人员2.53万人，培训合格率达到90%，培训后就业率达到63%，培训质量明显提升。六是公共就业服务进一步强化。进一步做好职业指导和职业介绍，积极开展劳动用工备案登记工作。坚持每月举办一期小型人力资源洽谈会，使人力资源洽谈会步入常态化轨道，认真组织“民营企业招聘周活动”等各类招聘会22场次。全年分别为3.7万人次、3.4万人次提供了职业指导和职业介绍，职业介绍成功率达53%。

【覆盖城乡居民的社会保障体系全面建立】一是统筹城乡居民的社会保障体系建设取得突破性进展。新农保试点工作全面推进。2011年，兑现全区60周岁及其以上人员基础养老金1.32亿元。城镇居民社会养老保险试点工作全面开展。西藏自治区73个县（市、区）全部列入城镇居民社会养老保险试点范围，在制度层面上实现了人人享有养老保险。二是社会保障政策措施日益完善。审核国有企业职工分流方案，完善解决集体企业职工参加养老保险历史遗留问题的政策。加强对定点医疗服务机构的监管。失业保险制度进一步完善，失业动态监测工作平稳起步。老工伤人员纳入工伤保险统筹管理工作全面完成，共兑现1385名老工伤人员工伤保险待遇3141万元。生育保险工作顺利推进。建立劳动能力鉴定医疗卫生专家库。三是社会保险覆盖面持续扩大。2011年，西藏自治区各项社会保险参保达到191.81万人次，其中：企业职工基本养老保险11.04万人，城镇职工基本医疗保险24.32万人，城镇居民基本医疗保险18.11万人，失业保险10万人，工伤保险10.88万人，生育保险15.46万人，新农保102万人。西藏自治区非公有制经济从业人员参加社会保险达到4.77万人次，同比增长69%。四是待遇水平稳步提高。继续调整企业退休人员基本养老金水平，2011年，西藏自治区企业退休人员月人均基本养老金达到了2439元。在西藏和平解放60周年之际，为1959年3月28日前参加工作的3015名企业离退休人员发放一次性慰问金602万元。扩大发放范围，提高生活补贴标准，人均增发月生活补贴标准为4936.42元。五是基金征缴和监管进一步加强。2011年，共征缴各项社会保险基金22.86亿元，同比增加29.96%。清理回收各项社会保险费6673万元。开展新农保个人账户建立情况和失业保险基金专项检查，规范基金收支工作流程，强化和规范社会保险稽核手段，加强风险控制，完善社会保险基金预算管理，社会保险基金监管不断得到加强。2011年，实地稽核1200家次单位、62400人次的参保情况和缴费基数，清理回收各项社会保险费6673万元。

【人事制度改革稳步推进】一是深入组织学习和贯彻落实《公务员法》及其配套政策法规，认真做好公务员法执行情况检查工作、事业单位参照公务员法管理审批工作和公务员年度统计工作。二是公务员队伍建设得到不断加强。认真贯彻落实《公务员法》，积极开展公务员法执法情况大检查活动。按照公开、平等、竞争、择优的原则，组织8批次公开考录工作，参考人数达5万多人次，共录用机关事业单位公务员（工作人员）近1.6万名。三是公务员培训工作积极推进。制定了《2011—2015年西藏自治区行政机关公务员培训规划》。全年共举办各类培训班8期，培训公务员

447人，其中，国家公务员局对口培训307人，区内培训140人，有效提高了公务员队伍的整体素质。四是事业单位人事制度改革稳慎开展。按照“积极稳妥、先行试点、逐步推开”的工作思路和“先易后难、稳步推进”的原则，在西藏自治区农牧科学院等5个事业单位开展岗位设置管理试点工作，为推进全区事业单位岗位设置管理实施工作奠定了基础。逐步建立事业单位全员聘用合同制和稳步推行事业单位公开招聘制度。五是切实做好军转安置各项工作。认真开展计划分配军转干部岗位培训、双向选择和安置工作，确保了安置任务的圆满完成。同时，认真做好自主择业军转干部管理服务工作，按时足额发放退役金，及时兑现医疗保险待遇和退役金。计划分配军转干部培训安置工作顺利完成，2011年，拟安置到西藏自治区的军转干部共612名，其中，计划分配13名，自主择业599名。认真开展企业军转干部思想教育、解困维稳等工作。

【较为合理有序的工资收入分配格局初步形成】一是逐步建全完善机关事业单位工资福利政策。继续加强与人社部沟通和协调，进一步落实西藏特殊津贴和从优处理折算工龄后涉及的有关待遇政策。审核下达了机关公务员正常晋升级别工资、事业单位正常增加薪级工资和兑现年终一次性奖金增资指标。完成了调整人民法院、人民检察院、纪检监察机关办案人员和审计人员岗位津贴及工作补贴标准工作。做好公务员工资试调查工作。二是进一步深化企业工资制度改革。继续按照国家“两低于”原则对企业增资进行审核。稳步开展企业工资集体协商工作。在试点工作取得成绩的基础上，以国有企业和建立工会的非公企业、私营企业、改制国有控股企业为重点，以规范协商程序和提高协商效果为核心，推进全区企业工资集体协商工作。

【劳动关系调整工作扎实推进】一是劳动关系继续保持和谐稳定。继续开展“春暖行动”，西藏自治区共检查各类用人单位1518户，涉及农牧民工33441人，并督促用人单位与9828名农牧民工补签了劳动合同，农牧民工劳动合同签订率达到80.33%。以维护劳动者合法权益作为工作重点，加强劳动监察政策法规宣传和教育工作，认真组织开展日常检查、农牧民工工资支付情况专项检查、用人单位遵守劳动用工、社会保险法律法规情况专项检查、清理整顿人力资源市场专项行动和整治非法用工打击违法犯罪专项行动，切实维护劳资双方合法权益。深入推进建设领域劳动者维权公告牌制度和建设领域工资保证金制度。积极推进劳动保障监察“两网化”试点工作。开展企业劳动争议预防调解示范工作，督促指导西藏自治区企业建立完善劳动争议调解组织和矛盾排查处理机制。全年共立案962件，结案943件，结案率98%，为劳动者挽回损失5652.6万元。二是外国人在藏就业行为进一步规范。做好外国人在藏就业检查工作，严防外国人违规在藏就业。进一步规范用人单位招用外国人和外国人在藏就业的行为，保障用人单位和外国人在藏就业的合法权益。

【领导名录】

区党委组织部副部长、党组书记、副厅长：边巴扎西

厅党组副书记、厅长：姚瑞峰

厅党组副书记、巡视员：祁维国

厅党组成员、副厅长：蔡宜田、卢海元

厅党组成员、副厅长、自治区公务员局局长：皮大中

厅党组成员、驻厅纪检组组长：达瓦

厅党组成员、副厅长：泽丽、刘莉

副巡视员：郭庆斌

第六篇 地（市）、县（区、市）

拉萨市

拉萨市

【年度综述】2011年，拉萨市全年实现地区生产总值209.32亿元，比上年增长15%，其中：第一产业增加值完成9.69亿元，增长3.5%；第二产业增加值完成69.44亿元，增长20.4%；第三产业增加值完成130.19亿元，增长13.1%；全社会固定资产投资232.93亿元，增长32%；社会消费品零售总额106.14亿元，增长20%；进出口总额有望突破10亿美元，增长21%；地方财政一般预算收入22亿元，增长46.67%；农村居民人均纯收入5753.96元，增长15%；城镇居民人均可支配收入17460元，增长5.4%；城镇登记失业率控制在2.8%以内。三次产业比重由上年的5.1:31.2:63.7调整为4.6:33.2:62.2。

【突出发展现代农业，新农村建设取得新成效】认真落实强农惠农政策，推进林周现代农业示范区建设，编制曲水农村改革试验区规划，落实粮食直补资金1150万元、农机具购置补贴1790万元、农用柴油补贴847万元，新增农机具4467台（套），农机配套率达到1:2.4，耕种收机械化水平分别达到85%、80%、65%。大力发展设施农牧业，新增3000栋日光温室、2000户庭院经济示范户、237栋牲畜暖棚。加强农牧业科技支撑，新增180名科技特派员、20户科技示范户和21个农牧民专业合作社，达孜雪乡优质奶牛生产基地成为“全国科普惠农兴村先进单位”。着力提高农牧业综合生产能力，粮食产量达到17.09万吨，油、蔬菜、肉、奶、蛋产量达到1.34万吨、23万吨、3.45万吨、3.85万吨、764吨，分别增长7.2%、13.3%、3.9%、2.1%、0.5%；大力促进生猪生产，生猪出栏8.42万头，增长5.91%。第一次水利普查稳步推进，墨达灌区竣工并投入使用，旁多水利枢纽工程成功截流，其他重点水利工程完成投资7900万元，改善农田有效灌溉面积3.5万亩；农村饮水安全工程完成投资2308万元，2.15万农牧民、914名师生实现安全饮水；当雄贡塘草场牧区节水灌溉试点工程投入运行，成为全国牧区水利研讨会现场观摩点。加快推进防护林、公益林、绿化林、退耕林工程，全年造林12.98万亩，落实公益林管护费用2232.34万元。建成4090座沼气池，总数达到24637户；农牧民安居工程配套提升8552户，纳木湖204户房屋整改重建全面完成，51312名农牧民受益；投入2.16亿元综合整治88处村容村貌，受益农牧民达到20671人；改扩建公路646.58公里，农村公路通车总里程达到2962.1公里。全面推进农村宅基地登记发证，草场生态保护补助奖励机制逐步建立，集体林权制度改革试点区域确权发证率达到95%。“万村千乡市场工程”升级改造330个农家店，建成9个配送中心，农牧区碘盐实现全覆盖；家电家具下乡工程实现销售额3400万元，兑现补贴650万元。实施156个扶贫农发项目，到位国家资金1.34亿元、增长69.38%，对口帮扶向纵深推进，贫困农牧民生产生活条件进一步改善。加大农牧民培训转移力度，全年培训农牧民3.14万人，劳务输出8.16万人，实现收入6.25亿元，分别增长57%、12.6%、19.3%。

【致力壮大特色工业，发展后劲得到新增强】突出项目带动，加强跟踪服务。金哈达药业等项目竣工投产，5100矿泉水公司在香港联交所成功上市，巨龙矿业、桑海矿业完成整合，销售收入超过5000万元的规模以上企业达到4家，规模以上企业实现销售收入45亿元、工业增加值19亿元，分别增长19%、20%（其中：市属规模以上企业销售收入、工业增加值实现23亿元、9亿元，分别增长30%）。加强银政企合作，争取中小企业发展专项资金8671.6万元，落实本级企业扶持资金3249.86万元，信用担保公司新增注册资本金5000万元，融资担保额达到2250万元。成立园区建设发展领导小组，安排1.08亿元扶持“三园”发展，中石油开发区天然气站建成供气，天知生物、娃哈哈食品、藏泉酒业青稞饮料生产线等竣工投产，华钰矿业、诺迪康药业等开工建设，“一区三园”完成工业增加值5亿元、增长35%，工业销售收入16亿元、增长

42%，工业税收突破1亿元、增长56%，拉萨国家级经济技术开发区成为国家新型工业化产业示范基地，达孜工业园升格为自治区级工业园区。全面完成“质量兴市”年度工作目标，新增玛吉阿米、布达拉宫等2件中国驰名商标，5件自治区著名商标。

【**创新机制促服务，三产发展再创新佳绩**】加强旅游基础设施建设，旅游服务中心项目通过验收，纳木错景区基建项目基本完工，3个乡村旅游配套项目、2个旅游产品研发项目交付使用；瑞吉酒店被授予国家五星级饭店暨金叶级绿色饭店，填补了我市五星级酒店的空白；香格里拉大酒店、圣地天堂洲际大饭店、飞天国际大酒店等项目加快推进；开展“六十巨变、大美西藏”、“冬游西藏、别具一格”旅游宣传推介活动，成功举办第六届纳木错国际徒步大会，加强旅游从业人员培训，规范旅游市场秩序，全年接待游客514万人次、增长24.33%，实现收入51亿元、增长21.11%。肉食品储备库冷链系统改造项目、2个再生资源分拣中心、66个再生资源回收点、19个社区连锁店投入使用，升级改造12个标准化菜市场、二手车市场和家政网络系统，家政服务业加快发展，“农超对接”成效显著，商贸流通业发展水平不断提升。“走出去”参加西博会、旅交会、电博会、京港洽谈会等知名展销节会，依托援藏资源在京举办拉萨商品大集，10天销售1104.9万元，销售额位居国内前三甲；“请进来”举办房展、车展和商品交易会，全年新增3家外资企业，实际利用外资6870万美元、增长5倍。唱响“幸福拉萨、多彩雪顿”主题，成功举办6大类26项丰富多彩的活动，以幸福城市市长论坛、藏茶高峰论坛、甲桑古道徒步游为亮点的2011中国拉萨雪顿节取得圆满成功，获得“节庆中华·传统节庆奖”、“中国十大节庆品牌”、“2011中国节庆产业‘金手指’·中国十大节庆城市”荣誉称号，与中央电视台经济频道联合举办的“幸福从这里出发”活动反响热烈，新华社、人民日报、中央电视台等权威媒体更多地聚焦拉萨、宣传拉萨、推介拉萨，雪顿节的品牌竞争力、影响力、吸引力持续增强，城市的开放度、知名度、美誉度大幅提升。

【**全力办好六十大庆，城市规划建设管理水平得到新提高**】高起点规划，从严落实城市总体规划，土地利用总体规划上报国土资源部，矿产资源总体规划上报自治区政府审批，着手修编东城和柳梧新区控制性详规，制作完成市域影像图，公布施行城市绿地系统规划、生物多样性保护规划，“一书三证”规划许可制度得到严格执行。高效率建设，累计投资达23.9亿元的道路改造、管线入地、绿化亮化、街景改造、民生改善等39个大庆项目如期完工，集中展示了拉萨作为国家历史文化名城、国际旅游城市、百姓幸福感最强城市的良好形象；重点项目建设进展顺利，机场高速公路竣工通车、植树20万株打造绿色景观廊道、青藏直流联网工程、污水处理厂投入试运行，拉日铁路、纳金大桥项目稳步推进，东城、柳梧新区市政道路开工建设，柳东大桥开始勘察设计，投入1981万元的数字城管中心正式启用，城投公司开始运作。高标准管理，大规模开展以市场秩序、交通环境、违章建筑、旅游环境、环境卫生为重点内容的城乡环境综合整治活动，查处违章建筑54897平方米，维修路面14.9万平方米，维修路灯6504盏，新增盲道6638平方米，设置果皮箱2451个，清理垃圾18.2万吨，补栽绿化苗木49.8万余株，完成城市绿化44177平方米，全面清理城市“蜘蛛网”，收回市直机关事业单位小型农场用地，汽车尾气治理成效初显，市容市貌整洁有序，城乡面貌焕然一新，碧水蓝天得到很好保护，生态环境持续改善。

【**倍加关注民生问题，幸福拉萨建设取得新突破**】着眼民生至上、民生优先，全年财政用于民生项目的资金达到27.07亿元、增长73.5%，占到总支出的40%。

12件实事基本完成。修建114个自然村通村公路，建设木材交易市场、再生资源集散市场、农畜产品交易市场、纳金路农贸市场等2件实事进展顺利，建设3000栋日光温室，出台鼓励和扶持高校毕业生自主创业政策，建立突发灾害事故及交通事故医疗救援中心，解决失地农民非农业户口、帮助3000名失地农民实现就业，资助中职学生第三学年生活费，购买53台中小学生接送车辆，建设20个行政村学前班，提高全市教育临时工勤人员待遇，组织45岁以上城镇居民免费体检并同步建立健康档案，建设32处全民健身路径、5个社区篮球场等10件实事全部完成，12个民生项目累计投入达到4.98亿元，更多城乡居民共享发展成果。

【**成功创建全国文明城市**】聚全民之智、举全市之力，着力夯实创建全国文明城市的物质基础、组织基础、思想基础、社会基础和生态基础，文明城市创建工作机制不断完善，文明成果向县城和农牧区持续延伸，群众性精神文明活动广泛开展，城市文明程度进一步提升，各民族和睦相处、和衷共济、和谐发展的局面更加牢固，“团结稳定是福、分裂动乱是祸”的共识深入人心。经过12年的不懈努力，成功摘取第三批“全国文明城市”光荣称号，“六城同创”取得历史性突破，极大激发了全市各族人民发挥首府城市首位度作用、共建幸福拉萨、共谱和谐新篇、共创美好未来的热情和干劲。自治区园林城市、卫生城市创建成果得以巩固发展，国家环保模范城市、国际旅游城市创建工作取得阶段性成效。全国双拥模范城市创建通过国家测评，国防动员、双拥工作在巩固中提高、在改革中发展。

【**公共事业快速发展**】出台教育“十二五”发展规划纲要；“两基”通过国家验收，学龄儿童、初中生入学率分别达到99.79%、100.03%，巩固率达到98.52%、97.64%；“三包”标准提高到生均2200元，幼儿园补贴政策全面落实；普高补贴政策和免费政策惠及每位学生，拉萨第四高级中学、柳梧高中开始招生，高中阶段毛入学率达到81.4%；中等职业教育实现全免费；规范使用通用语言文字，顺利通过国家一类城市通用语言文字评估验收。整合科技资金2109万元推进科技创新，6项科技成果区内领先。成功举办60大庆等一系列重大文艺文化活动，新建2个科普活动站、5个科普示范村、10户科普示范户、3个民间艺术团、115个寺庙书屋和228个农家书屋，面向农牧民放映电影11950场次，广播电视综合人口覆盖率分别达到96.69%、96.44%，爱国歌曲、优秀歌曲继续传唱，东方红电影院重建完工，《拉萨市志》完成第一轮修编，公共文化服务体系不断健全。编制文化文物发展规划和拉萨河文化生态保护规划，加强文化遗产保护，三大寺文物维修工程主体完工；升级完善互联网络在线实名实时监控系统，深入开展“扫黄打非”，文化市场繁荣发展。组团参加全国第七届城市运动会取得良好成绩，群众性文化体育活动得到加强。深化医疗卫生体制改革，加强藏医药公共服务，建成34个村（社区）卫生室、4个县（区）卫生服务中心，基本药品零差率销售实现乡镇全覆盖，公共卫生服务水平得到提升。深化食品药品市场专项整治，严厉打击违法违规经营行为，保障城乡居民饮食用药安全放心。推进人才强市战略，创新人才工作理念，编制出台人才发展规划和公务员培训规划，事业单位岗位设置管理试点工作顺利完成，市人力资源市场项目获批立项，人才工作取得新成效。全面落实老年优待政策，老干部活动中心投入使用，成功举办首届老年人运动会，80岁以上老人领取健康补贴123.48万元，60岁以上老人免费乘坐公交车已达460万人次。第七届村（居）民委员会换届选举全部完成，9个城乡社区服务站交付使用。优先发展公共交通，优化公交线路，城乡居民出行更加方便快捷。邮政、通信、气象、地震、编译、档案、计划生育、妇女儿童、民兵预备役、福利慈善事业等各项工作都取得新成绩。

【社会保障稳步推进】组织开展各类就业服务，动态消除零就业家庭，安置自主择业军转干部261人，全年新增就业5789人，超额完成289人。建立社会救助和保障标准与物价上涨挂钩联动机制，低保标准稳步提高，城乡低保对象每人每年分别增加360元、150元，33464名困难群众领取一次性生活补助金1263.15万元；落实409.2万元五保供养金，集中、分散供养对象年均生活费分别达到3503元、2490元；落实900万元，积极开展医疗救助、临时救助、教育救助、住房救助和流浪乞讨人员救助；落实按比例安置残疾人就业政策，制定促进残疾人事业发展实施办法，兑现落实残疾人生活补贴、居家托养补助、机动轮椅燃油补贴、危房改造补助资金342.21万元；全面推进新型农村社会养老保险，养老保险、医疗保险、生育保险、工伤保险、失业保险分别扩面3100人、5853人、1141人、3400人、812人，第五次调整退休职工养老金，人均月增资231元；492套周转房交付使用，192套廉租住房开工建设，560套公共租赁住房完成收购，1181户棚户区改造任务开始实施，570.08万元的住房租赁补贴发放到户，嘎玛贡桑棚户区改造工作稳步推进，统筹城乡的社会保障体系基本建立。拉萨被评为“百姓幸福感最强城市”，城乡居民的主人翁意识、幸福感不断增强。

【全力维护社会稳定，平安拉萨建设取得新进展】团结和依靠全市各族干部群众，深入推进反分裂斗争，社会局势持续稳定。制定加强和创新社会管理实施方案，排查整治232处社会治安重点地区，加强流动人口服务管理和特殊人群社区关爱工作，强化单位内部安全保卫工作，建立596个群防群治队伍，党政军警民联防联控机制不断健全，社会治安综合治理工作走在全区前列。强力推进打防控一体化建设，建成4个公安检查站、135个便民警务站，实现一村一警、市区视频监控全覆盖，各族人民安全感不断提高。加大铁路护路联防人力、物力、财力投入，689人参与全天候守护、无缝隙巡查，青藏铁路拉萨段实现安全运营。创建和谐矿区，矿群关系日益融洽。安全生产形势明显好转，各类事故死亡人数比去年下降22.47%，占年度控制指标的52.67%。加强涉法涉诉救助，办理法律援助案件406件。加大人民调解、行政调解、司法调解力度，建成315个四级矛盾调处站点，配备634名专兼职工作人员依法按政策解决群众实际问题，筹措823.8万元妥善化解27件信访积案，成功调解686件矛盾纠纷案件，受理群众信访939批次、办结率达到92%，群众合法权益得到切实维护。积极构建和谐劳动关系，严格执行建筑领域工资保证金制度，依规征收农民工工资保证金5679万元，依法及时化解364起劳资纠纷，为劳动者追缴工资等合法收入6971.3万元。平安创建扎实推进，“六五”普法全面启动，法律“七进”有序开展，应急队伍建设得到加强，应急体系初步形成。全面加强和创新寺庙管理，着力强化寺庙公共服务，切实解决僧尼的实际困难，寺庙管理规范化法制化水平明显提升，各族群众的宗教信仰自由得到充分保障。民族团结宣传教育扎实推进，各族人民大团结大发展大繁荣的局面更加牢不可破。

【切实加强自身建设，政府依法行政水平得到新提升】深入开展“基层建设年”、“创先争优强基础惠民生”活动，推动科学发展、促进社会和谐、造福各族人民的能力进一步提高。自觉接受市人大及其常委会的法律监督与工作监督，积极支持市政协履行职能，办理办结人大代表议案建议181件、政协委员提案167件。深入推进法治政府建设，加强政府立法工作，完善规范性文件备案审查机制，两部地方性法规上报人大，办结9件行政复议案件，修订4件政府规章，科学决策、依法行政水平不断提高。全面推行政务公开和政府信息公开，《拉萨政报》复刊，政府网站日均点击量保持在5500人次，市长热线、市长信箱办结492件事项，群众满意率达到92%。创新服务方式，市民服务中心正式运行，东迁大楼投入使用，行政审批效率明显提高。扎实开展“小金库”治理、工程建设领域突出问题整治、扩内需转方式项目监督检查，强化行政问责，严肃查处各类违法违纪案件。加强税收征管，严格非税收入管理，深化国库集中支付制度改革，扩大政府采购范围，加强公务车辆管理，财税科学化精细化管理水平进一步提升。改革开放向深度和广度拓展，新引进项目63个，实际到位资金58亿元、增长25.9%。对外交流合作日益深化，与尼泊尔加德满都市结为友好城市，对外交流中心投入使用，成功接待外宾38批462人次。受援工作深入推进，援藏规划编制完成，市医院医技楼等项目有序建设，党校学员公寓基本建成，北京、江苏援助力度不断加大，自身造血功能得到加强。

拉萨市纪检（监察）工作

【年度综述】2011年，拉萨市各级纪检监察机关和广大纪检监察干部按照市纪委常委会的安排部署，围绕中心，服务大局，突出工作重点，狠抓任务落实，为隆重庆祝中国共产党成立90周年和西藏和平解放60周年、胜利召开拉萨市第八次党代会，推动拉萨经济社会持续快速发展提供了有力保证。

【不断深化机关作风和行政效能建设】截止年底，各窗口单位共受理申报事项68590件，办结率达99.89%，切实提高了行政审批时效，基本实现了群众“进一扇门、办全部事”的愿望，受到干部职工和广大群众的一致好评。

【扎实推进执法纠风和专项治理工作】狠抓工程建设领域突出问题专项治理工作，对全市涉及住房、农牧、水利、交通、城市建设、园林绿化、农业开发项目进行了多次检查，对中央、自治区和拉萨市查找出问题进行了认真整改。会同市财政局、市审计局深入开展了“小金库”专项治理。深入开展公务用车专项治理工作，对全市2638辆公务用车基本信息进行逐一甄别，初步认定了超编、超标车辆。深化行政审批制度改革，对全市行政审批项目进行了集中清理。加强对各类考试各个环节的全程监督，对政府集中采购和市县两级药品、医疗器械统一招标采购工作进行重点监督。

【严肃查处各类违纪违法案件】坚持党要管党、从严治党方针，集中查办领导干部滥用职权、利用职权谋取私利、贪污贿赂、腐化堕落、严重侵害群众利益的案件。2011年，共接受信访举报84件（次），初查核实72件，转立案3件，挽回直接经济损失400余万元。查办案件过程中，对违纪违法人员进行严肃处理，力求做到查处一个，震慑一批，防止同类案件的再次发生；对一些有影响的案件，实行“一案双报告”制度，认真挖掘案件检查过程中发现的深层次问题，建立健全相关管理制度，逐步形成预防腐败的长效机制。不断加强和改进信访工作，畅通群众信访举报途径，对举报反映失实的问题及时予以澄清。

拉萨市宣传思想工作

【全市宣传思想工作会议和全市外宣工作会议召开】2011年3月24日，全市宣传思想工作和外宣工作会议召开。一是表彰了2010年度全市宣传思想工作目标管理责任制考评先进单位。二是市委宣传部与八县（区）签订《2011年宣传思想工作目标管理责任书》。三是市委常委、宣传部部长宇文雪芹讲话，总结了2010年全市宣传思想工作和外宣工作取得的成绩和经验，对2011年全市宣传思想工作和外宣工作作了具体的安排部署。全市宣传文化系统、各市直单位主要负责人、主管领导200余人参加。

【纪念中国共产党成立90周年和西藏和平解放60周年庆祝活动圆满完成】圆满完成了26项宣传文化工作任务，为中国共产党成立90周年、西藏和平解放60周年营造了浓厚氛围，做出了重要贡献。制作完成了八个一的文化产品。大庆主题彩车新颖独特，群众游行方队和民兵方队训练有素，成为了庆祝西藏和平解放60周年大会一道亮丽风景，赢得了各族群众的广泛好评。先后组织干部群众4万余人参加了庆祝西藏和平解放60周年庆祝大会、焰火晚会、中央代表团迎送、中央代表团拉萨分团迎送和“5·23”“升国旗、唱国歌”仪式等一系列庆祝活动。举办“红色歌曲·拉萨唱”活动，高扬了爱国主义主旋律。

【公益性文化事业全面、健康发展】一是公共文化服务网络日趋完善。精心实施了广播电视进寺庙、户户通、农村电影放映、农家书屋、寺庙书屋、乡村综合文化站（室）、文化信息资源共享等文化惠民工程。目前拥有群艺馆1个，文化馆8个，文化站14个，文化室229个；有农家书屋229个，社区书屋17个，寺庙书屋115个；有文化信息资源共享工程省级分中心点1个，县支中心点8个，基层服务点130个；全市共有专业文艺团体1个，业余文艺队伍234个。年内共开展“三下乡”活动、广场文化活动、文艺调演活动等各类文艺演出活动500余场次，观众50余万人次。积极推进有线电视数字化建设，广播电视综合人口覆盖率分别达96.69%和96.44%。全年放映电影11000余场次，观众100余万人次。二是文物保护利用工作进一步加强。全市已普查的文物点有934处。已列入国家级、自治区级、市县级的重点文物保护单位分别达8处、49处、141处。其中市政府今年新公布的市级重点文物保护单位为66处。三是非物质文化遗产保护卓有成效。全市国家级、自治区级、拉萨市级非遗项目分别为19个、42个、63个。国家级、自治区级、拉萨市级传承人分别为14人、23人、63人。四是文化市场在严格监管中健康有序发展。全市现有文化经营单位719家，从业人员10760人。坚持日常监督与集中行动相结合，“堵源”与“截流”相结合，治本与治标相结合，规范秩序与建立长效机制相结合，逐步建立起打、防、控、管一体化的长效工作机制。全年共出动稽查人员3400人次，车辆2100台次，查缴各类政治性非法音像、书刊等出版物18万盘（册），集中销毁走私、盗版光盘和其他侵权盗版物13万盘（册），有效净化了文化市场。

拉萨市人民代表大会常务委员会

【年度综述】2011年，市人大常委会紧紧围绕全市工作重点，进一步加强和改进了立法、监督、代表工作和自身建设。年内，常委会审议地方性法规草案2件；审查备案政府规章和规范性文件3件，清理地方性法规19件；办理全国人大常委会和自治区人大常委会征求意见的法规草案6件。听取专项工作报告15个；检查了5部法律法规的实施情况；协助自治区人大常委会开展各种执法检查、调研10次。组织协调办理九届人大四次会议提交的议案10件，建议、批评和意见164件。依法任免国家机关工作人员50人。

【制定《拉萨市水资源条例》】为切实加强拉萨市水资源管理，解决水资源开发、利用及保护管理等方面存在的问题，市人大常委会通过多方论证、广泛征求区、市水利主管部门及相关部门和专家的意见建议，审议了《拉萨市水资源条例（草案）》。该条例已经拉萨市第九届人大常委会第23次会议通过，并经自治区第九届人大常委会第23次会议批准，于9月1日起正式施行。

【修订《拉萨市市容市貌管理条例》】随着拉萨改革开放不断深入，城市建设进程加快，原《拉萨市市容市貌管理条例》的一些规定已不适应新的发展需要。常委会经过广泛征求意见、反复修改、论证，修订形成了《拉萨市市容环境卫生管理条例（草案）》。该条例已经拉萨市第九届人大常委会第24次会议通过，并经自治区第九届人大常委会第24次会议批准，于12月1日起正式施行。

【围绕经济发展开展监督工作】对《中华人民共和国促进科技成果转化法》和《西藏自治区实施〈中华人民共和国促进科技成果转化法〉办法》贯彻落实情况开展了执法检查，形成了执法检查报告。建议市政府进一步完善科研及科技成果转化体制机制，不断加快科技研发与转化，提高科技贡献率。听取和审议了市政府关于拉萨市2011年上半年国民经济和社会发展计划执行情况的报告。听取和审议了市政府关于拉萨市2010年财政决算及2011年上半年财政预算执行情况的报告、2011年财政预算收支变化情况的报告，作出关于批准拉萨市2010年财政决算的决议、关于同意市人民政府2011年财政预算收支变化情况的决定。听取和审议了市政府关于2010年度拉萨市本级预算执行和其他财政收支情况的审计工作报告，建议审计部门继续加大重点领域、重点部门、重大投资项目、专项资金等方面的审计力度，政府要及时有效地整改审计出的问题，并将处理结果报市人大常委会。听取和审议了市政府关于国家级西藏拉萨经济技术开发区经济运行情况的报告。建议政府切实抓好开发区的各项工作，真正发挥出开发区在西藏经济社会发展中的窗口示范和带动辐射作用，使开发区真正成为拉萨市经济发展新的增长点。听取和审议了市政府关于拉萨市工商行政管理局打击侵犯知识产权和制售假冒伪劣商品专项行动工作报告。建议政府进一步加大打击侵犯知识产权和制售假冒伪劣商品力度，维护公平竞争的市场经济秩序。

【围绕审判、检察开展监督工作】2011年，常委会组织人员多次深入市、县人民法院、检察院实地调研，听取各方意见建议，掌握基本情况。适时听取了“两院”上半年工作报告。常委会对两院继续提高办案质量水平、加强队伍建设、深入推进“社会矛盾化解、社会管理创新、公正廉洁执法”三项重点工作提出了意见和建议。

拉萨市扶贫（农业综合）开发工作

【年度综述】认真贯彻落实中央第五次西藏工作座谈会、中央扶贫开发工作会和区市经济工作会议、农村工作会、第八次党代会精神，正确把握新时期扶贫开发工作面临的新形势、新任务，不断创新和改进工作方式方法，为“十二五”开局之年全市扶贫农发工作开好了头、起好了步。全年共建设扶贫农发项目156项，比2010年多33项，增加27%；投入国家财政资金13454.87万元，比2010年多5511.65万元，增加69.39%。项目国家资金投入首次过亿，创历史新高。投入的加大，全面推进了扶贫农发工作向纵深拓展。

【业务工作成效】年内扶贫农发工作圆满完成了各项目标任务，顺利通过了自治区扶贫办和国家农发办的验收，达到了预期效果，同时也呈现出许多新的亮点。一是贫困人口明显减少。按照1700元的扶贫标准，截止年底农村低收入人口为24889人，1.16万人实现了脱贫，贫困人口减少了35.3%。二是农牧民人均纯收入明显提高。全市农牧民人均纯收入由2010年的5003.44元提高到2011年的6019.14元，增加了1015.7元，同比增长20.3%。三是达孜县“借母畜还仔畜”模式受到国务院扶贫办的充分肯定和自治区扶贫办的表扬，在全区推广。四是墨竹工卡县“互助资金”项目作为贫困村互助社扩大规模、滚动发展、引导贫困群众脱贫的先进模式，也受到国务院扶贫办的表扬，并给予了10万元的奖励资金。五是定点扶贫工作成绩突出，被市委、市政府授予“‘十一五’时期定点扶贫先进集体”荣誉。六是达孜、曲水两县扶贫工作成绩突出，在绩效考评中分别给予100万元的奖励资金。七是“订单式”培训效果明显，准备在全区推广。

【整乡推进扶贫】继“十一五”拉萨市9个乡的整乡推进扶贫工作取得丰硕成果，拉萨市扶贫办又在2011年继续安排了达孜唐嘎乡等10个乡镇的整乡推进项目，共批复49个子项目，投入国家财政资金2456万元。整乡推进扶贫项目优先安排建档立卡贫困户到户帮扶，到户项目率不低于70%，同时整合不低于1000万元的资金。目前已下达32个项目，批复国家投资2170万元，资金已拨到各县（区）。

【“两项制度”有效衔接】“两项制度”有效衔接，即农村最低生活保障制度与扶贫开发政策有效衔接，是扶贫开发工作进入两轮驱动新阶段的必然趋势，也是扶贫开发制度建设的一项重要内容。根据自治区扶贫办总体部署和市委、市政府的安排，拉萨市扶贫办于2010年5月在尼木县开展了农村最低生活保障制度和扶贫开发政策有效衔接试点，于9月10日召开全市“两项制度”有效衔接工作动员暨培训大会并全面铺开。全年识别出全市农牧民人均纯收入低1700元的贫困人口32890人。8-10月，拉萨市扶贫办对人均收入低于1700元、1700－2400元、2400－3000元三个收入阶段的人群进行了摸底调查。11月底，中央扶贫工作会议召开，划定了2300元的全国扶贫线；自治区扶贫开发工作会议相继召开，划定了与全国同标准的2300元的新扶贫线。按照新的扶贫标准，市扶贫办根据全市扶贫农发工作会议安排和与八县（区）签订的责任书，要求各县（区）在2012年5月前完成公选公示和建档立卡工作。

拉萨市审判工作

【年度综述】2011年，全市各级法院受理各类案件6808件，审执结6529件，同比分别上升6.4%和6.3%，综合结案率为95.9%。其中市中院共受理各类案件1964件，审执结1918件，综合结案率为97.7%。全市法院共受理刑事案件491件，同比下降6.6%；审结474件，结案率为96.5%，判处罪犯545人。共受理民商事案件3463件，同比上升2.6%；审结3394件，结案率为98%，同比上升2.9%，标的4.98亿元。共受理行政案件23件，审结 23件，结案率100%，得到市委主要领导肯定和表扬。共受理执行案件1514件，执结1322件，同比分别上升61%和54.2%，执结率87.3%，高出全国平均执结率接近26个百分点，其中当雄、曲水、达孜、墨竹4个基层法院执结率达100%。

【刑事审判职能充分发挥】2011年，全市法院共受理刑事案件491件，同比下降6.6%，审结474件，结案率为96.5%，判处罪犯545人。认真贯彻“旗帜鲜明、针锋相对、掌握主动、争取人心、强基固本”反分裂斗争方针，依法审判、严厉打击煽动分裂国家及为境外非法提供情报等危害国家安全的刑事犯罪。坚持严打方针不动摇，依法审结故意杀人、故意伤害、绑架等严重暴力犯罪、黑恶势力犯罪、“两抢一盗”等多发性犯罪269件，判处十五年以上有期徒刑、无期徒刑、死刑的罪犯50人。审结破坏社会主义市场经济秩序犯罪27件，对我市首例利用POS机套现非法经营案获利数额巨大、情节特别严重的4名罪犯予以严惩。审结贩卖、运输、持有毒品犯罪案件48件。审结原吉庆公司董事长王伟民挪用资金4886万元等职务犯罪案件7件8人。认真抓好大要案审判工作，妥善审理了最高法院督办的张新峰侵犯知识产权案、全区范围内具有较大影响的张进忠合同诈骗案等大要案。认真贯彻落实宽严相济刑事政策，依法对72名罪行较轻、不致再危害社会的罪犯宣告缓刑，对1300名认罪服法、确有悔改表现、接受改造的罪犯依法予以减刑、假释。积极开展重点人员及未成年犯回访帮教工作，充分发挥刑事审判预防犯罪作用。

【民商事审判成效显著】2011年，全市法院共受理民商事案件3463件，同比上升2.6%，审结3394件，结案率为98%，同比上升2.9%，标的4.98亿元。妥善审结借款、买卖、房地产开发经营、建设工程承包、股权转让等合同纠纷案2551件，依法调解我市首例涉及上市公司股份转让系列案，有力维护了公平竞争、诚实守信的市场交易秩序。紧密结合我市“六城同创”及重大项目推进工作，通过召开座谈会、组织法官到项目工地调研、法制讲座等形式，主动为企业提供法律服务，公正审理非公经济发展过程中出现的各类纠纷，依法保护了民营及外资企业合法权益。积极营造和谐稳定的社会环境，认真审理与群众生产生活密切相关的人身权、财产权纠纷等462件，积极为杨盛礼、贺兴友贷款诈骗执行案申请人挽回经济损失5500万元，协调妥善安置涉案企业职工123名。注重保护妇女、儿童、老年人合法权益，精心审理婚姻家庭、遗产继承、赡养纠纷案450件。全力服务新农村建设，妥善审理土地征用补偿、虫草交易、矿产开采、草场承包等涉农案件477件。积极化解行政争议，共受理行政案件23件，审结 23件，结案率100%，得到市委主要领导肯定和表扬。高度重视因城市拆迁、土地征用和社会保障等热点问题引发的群体性行政诉讼，推进建立行政首长出庭应诉制度，行政机关首长出庭、参与案件协调数占审结案件的72%。探索行政诉讼和解机制，对具体行政行为合法但处理细节存在瑕疵的案件，主动提出司法建议，防止矛盾激化，增进了当事人与行政机关之间的理解与信任。

拉萨市检察工作

【年度综述】2011年，拉萨市检察机关始终把维护稳定作为第一责任，深入推进社会矛盾化解和社会管理创新。努力营造“四个环境”，全力筑牢“两个根基”，全面服务大局工作。全年共受理各类刑事案件2450件2959人，批准逮捕617人，审查起诉629人。积极探索控申疏解“三解方案”，引导群众采取非诉手段解决矛盾纠纷，对受理的12件民事申诉案件通过调解实现息诉。深入开展法制宣传，扎实推进“法律七进”。受到了各族群众的由衷喜爱和市委、市政府以及上级检察机关的高度肯定。

参与自治区自然科学博物馆、拉萨纳金大桥等项目的“阳光招投标活动”，为拉萨电业局等单位招投标活动提供行贿档案查询5次，努力保障项目建设的资金、管理和生产安全。依法起诉破坏市场经济秩序犯罪42人，成功办理了由最高人民检察院、全国“扫黄打非”办公室等中央五部委联合挂牌督办的全区首个侵犯著作权案件。围绕惩防体系建设，扎实推进查办和预防职务犯罪，努力营造廉洁高效的政务环境。全年共立案查处各类职务犯罪10人，其中大要案4人，成功起诉了数额特别巨大、影响特别恶劣的自治区司法厅出纳央金贪污案，有力推进了职务犯罪查办工作。全年共受理渎职侵权犯罪案件线索7件7人，立案查处1件1人。积极开展专项预防，加强系统预防，全年共开展预防调查26次，警示教育活动63次，法制讲座8次，受教育人数3700余人次，与《拉萨晚报》联办“检察官说法”栏目，刊登案例69件。

不断加强对侦查活动、刑事立案的监督，发出检察建议、纠正违法通知书7份，要求侦查机关说明不立案理由8件、监督立案3件。强化对审判活动的监督，提出刑事抗诉2件、民事抗诉2件。加强对刑罚执行的监督，依法监督减刑、假释1440件，监督保外就医48件，建议调整减刑幅度226人，取消减刑6人、保外就医1人，纠正错误减刑裁定28次，努力维护司法的公正廉洁。积极做好息诉服判工作，对13件不符合抗诉条件的民事行政申诉案件，耐心细致地做好息诉罢访工作，努力维护司法权威。不断推进量刑建议和检察长列席审判委员会等制度，依法对92%的公诉案件提出量刑建议，列席审判委员会6次，参与12起案件讨论，向前向后延伸了监督环节。

围绕密切党群关系，努力践行"以人为本、执政为民"理念，全力筑牢党的执政根基。全年共接待群众信访27人次，受理举报线索17件，受理控告申诉案件20件，调处各类矛盾纠纷4件，化解信访积案1件。围绕社会关注、群众关切的治安热点问题，严厉打击危害群众生命健康和财产安全的犯罪，依法起诉此类犯罪394人，严厉打击了以雷秀祥故意杀人（焚尸）案和贡嘎、阿旺益西等六人组织、领导、参加黑社会性质组织案为代表的一系列严重暴力犯罪和涉黑案件，妥善处置了以"1·28"虫草诈骗案为社会关注焦点的情况复杂、影响重大的涉众型经济犯罪，有力保障了民生维护了民生。深入开展对口帮扶和创先争优强基惠民活动，全年共自筹28.31万元的资金、物资，协调有关部门落实资金119万元，为驻村建设了一批惠农、富农项目。

围绕检察工作主题，不断强化自身监督，全力筑牢检察工作科学发展的根基。2011年，建立了公诉案件"四色评估"机制，并对公诉人出庭情况进行实地考评，并公示考评结果，有效提高了办案质量。不断强化外部监督，积极探索向人大及其常委会报告工作、重大监督事项报备制度，组织召开与市人大代表座谈会，通过制定"五个一措施"不断完善人民监督员制度。

拉萨市司法行政工作

【法制宣传教育工作】2011年，全市共聘法制副校长115名，其中，市直各学校聘23名，七县一区聘92名；全市共聘法制辅导员132名，其中，市直各学校聘38名，七县一区聘94名。

2011年，全市司法行政系统共开展"三下乡"、"3·15"、"消费者权益保护日"、"安全生产月"、综治宣传月"、"拥军优属"、"9·16西藏平安宣传日"、"民族团结宣传月"等上街集中法制宣传服务活动131场（次），举办针对寺庙管理人员、青少年、综治人员、流动人口、农牧民群众等不同人群的各类法制讲座305场/次，发放宣传资料20万余份（册），受教育人数达4万余人（次）。修订完善了《在全市公民中开展法制宣传教育第六个五年规划》。投入资金34余万元，编制印刷了包括《宪法》、《刑事诉讼法》、《土地管理法》、《治安管理处罚法》等法律宣传册3万余册，录制了《拉萨市"六五"普及法律知识宣传资料之流动人口法律知识宣传专辑》音像光盘三套共300余张，为"六五"普法提供充足的宣传资料。坚持每周在《拉萨晚报》上刊登《公证之窗》和《大家学法》栏目，让广大群众在休闲娱乐的同时，学习法律，增强自身法律意识。

【人民调解工作】2011年，全市共有调解委员会391个，其中，村委会调解委员会231个，居委会调解委员会31个，乡镇调解委员会57个，街道调解委员会8个，企事业调解委员会35个，其他调解委员会29个；共有调解员2416人，其中，村委会调解员1624人，居委会调解员103人，乡镇调解员237人，街道调解员24人，企事业单位调解员309人，其他调解员119人；专职调解员263人，兼职调解员2153人。年内，全市各级人民调解组织共调解各类矛盾纠纷765件，调处成功751件，调解成功率为98%，涉及当事人2310人，协议涉及金额237.97万元。举办人民调解员培训班，对400余名司法助理员和人民调解员进行了培训。健全排查调处信息反馈和统计制度、联席会议制度、大调解工作责任目标的考评机制、责任查究机制。在开展"争当人民调解能手"活动中，通过司法部批准，1人获得"全国人民调解能手"荣誉称号。

【刑释解教人员安置帮教工作】2011年，全市刑释解教人员共计549人（不包括"3·14"事件解教人员），建档率100%。年内，共衔接刑释解教人员21名，以稳定就业形式安置7名刑释解教人员，其余人员也基本实现临时性就业。

【法律服务工作】2011年，全市共有法律援助中心9家，专兼职法律援助工作者26人，"1+1法律援助志愿者律师"4名，分别在堆龙德庆县、城关区、林周县和达孜县开展法律援助服务工作。年内，拉萨市各级法律援助中心共办理法律援助案件406件，其中民事案件359件、刑事案件43件、执行案件3件、行政案件1件；受理法律援助咨询300余人次，代写法律文书50余份。共向中央专项彩票公益金法律援助项目办报送法律援助案件234件，申请资金25.5万元。经对328件法律援助案件进行质量评查，评估90分以上的案件占结案的20%，评估70分以上的占案件总数的80%，无评估不合格案件。

2011年，全市共有律师事务所5家，专职律师22人。年内，五所律师事务所共办理各类案件329件；咨询和代写法律文书845件，担任机关法律顾问10家。年内，新成立三家律师事务所。

全市共有公证处1家，专职公证员7人。年内，阳光公证处共出证7233件，其中，国内经济2669件，国内民事4347件，国内执行28件，涉外民事189件；拒证43件；提供法律咨询15000余人次，涉外公证书发往十多个国家和地区，涉及标的5亿元，公证收入300余万元。

顺利完成2010年度律师事务所、公证处及律师、公证员职称业务评审工作，资格评审中，未发现违规、违纪现象。

【社区矫正试点工作】2011年，全市共有社区服刑人员50人，涉罪类型分别为：盗窃罪23人、故意伤害罪14人、放火罪1人、交通肇事罪3人、拐卖妇女罪1人、强奸罪3人、聚众扰乱罪1人、包庇窝藏罪1人、抢劫罪3人；刑种分别为：缓刑共41人、保外就医2人、管制2人、监外执行5人。

拉萨市审计工作

【年度综述】2011年，市审计局共完成审计项目24个，审计总金额922,016.69万元，查出违规违纪资金19,754.84万元；挽回经济损失9.9万元，核减工程款5.14万元。审计工作在规范全市经济秩序、推动依法行政、促进增收节支、维护群众利益、促进党风廉政建设、保持社会稳定和促进拉萨经济社会科学发展等方面发挥了积极的作用。

【本级预算执行情况及其他财政收支情况审计】2011年，市审计局对拉萨市本级预算执行和其他财政收支情况进行了审计，同时对拉萨市农牧、卫生2个系统及所属7个单位的预算执行情况进行了延伸审计，共完成审计项目3个，较为全面、准确地反映了本级预算执行的情况。提出审计建议10条，被相关单位采纳10条。

【地方政府性债务审计】2011年，市审计局根据中央经济工作会议和十一届全国人大四次会议部署，并按照《国务院办公厅关于做好地方政府性债务审计工作的通知》（国办发明电[2011]6号）和《西藏自治区人民政府办公厅关于做好地方政府性债务审计工作的通知》（藏政办发[2011]20号）的要求和部署，按照“见账、见人、见物、逐笔、逐项审核”的原则，对拉萨市所有涉及地方政府性债务审计范畴的8个县（区）和5个市直单位的91个项目，共77笔债务（含粮食企业政策性挂账）进行了全面审计。为确保审计数据和情况的真实、准确和完整，对每一笔债务，审计人员都依法进行了核实和取证，针对审计中发现的问题，提出审计建议3条，采纳3条。

【“基础教育经费”、“两基迎国检”审计】2011年，市审计局开展了自治区审计厅交办的拉萨市基础教育经费审计调查工作；同时按照拉萨市“两基”迎国检工作的安排，认真开展了七县一区基本普及九年义务教育和基本扫除青壮年文盲经费的审计调查工作。审计组主要对拉萨市“两基”教育经费投入和管理使用情况进行了专项审计调查，重点抽查了市本级及部分县区学校的教育资金、“三包经费”的管理使用情况、“三个增长”等指标和政策落实情况进行了审计调查，并针对存在的未按自治区相关规定，应投未投教育资金问题，提出了审计建议2条。

【行政事业和专项资金审计】2011年，市审计局派出审计组认真开展了对拉萨市民宗局、拉萨晚报社、拉萨市政法委财政收支情况审计和全市养老保险基金专项审计调查项目4个。在对行政事业单位财务收支审计时，坚持“全面审计、突出重点”的方针，把重点放在“收支两条线”的审计监督上，充分发挥审计在国家预算管理和监督中的作用。提出审计建议11条，被相关单位采纳11条。

【企业审计】2011年，根据市政府安排，由市审计局牵头，中介机构参与，先后组织开展了对西藏雅海实业有限公司、拉萨市公交总公司、拉萨市城市建设投资经营有限公司的资产、债权、债务清理审计项目3个和拉萨市审计局组织实施的西藏圣城建设集团有限公司财务收支审计项目1个，共完成审计项目4个。提出审计建议7条，被相关单位采纳7条。

【经济责任审计】2011年，对拉萨市教育局、拉萨市城关区环卫局、拉萨市城关区洁达保洁有限公司、那曲地区嘉黎县等部门的领导干部进行了经济责任审计，共完成审计项目4个，对领导干部的经济责任审计过程中，市审计局拓展审计内容、改进审计方法、完善各项制度、不断探索经济责任审计的新路子，使经济责任审计在领导干部管理和监督中发挥了积极的作用。提出审计建议6条，被相关单位采纳6条。

【固定资产投资审计】2011年，市审计局组织实施了拉萨市国资委办公楼主体建设项目竣工决算审计、拉萨市旅游局新建卓玛拉康及甘丹寺服务站单项工程结算审计和拉萨市八一农场危房改造国家贴息资金审计，共完成审计项目3个，挽回经济损失9.9万元；核减工程款5.14万元。

【农发项目专项资金审计】2011年，对拉萨市城关区一、二、三批面上扶贫项目资金收支情况、拉萨市城关区劳动力转移项目专项资金、拉萨市堆龙德庆县农业综合开发项目资金收支情况及拉萨市墨竹工卡县农业综合开发项目资金收支情况进行了审计，共完成审计项目4个。提出审计建议3条，被相关单位采纳3条。

拉萨市统计调查工作

【年度综述】2011年，围绕中心工作和年初确定的目标任务，市各级统计部门积极努力，以践行“三个提高”为目标，以建设“四大工程”为抓手，以加强统计信息化建设为支撑，以加强统计法制建设为保障，重点做好统计改革、统计基层基础建设和统计服务工作。实现了统计数据质量、统计公信力和统计队伍整体素质的提高，为促进拉萨经济社会跨越式发展和长治久安提供强有力的统计调查保障，确保了今年各项统计调查工作的顺利完成。

【统计调查业务工作圆满完成】首先，圆满完成了2010年统计年报和2011年定期报表的收集、审核、汇总和上报工作。主要有地区生产总值、全社会固定资产投资、建筑业、房地产、工业、农牧业、农村和城镇住户、贸易、物价、劳动工资、成品油、退耕还林、服务业、畜禽检测等报表。其次，在工作中注重年度、季度、月度间的数据衔接。在认真做好各项常规调查的同时，共编印统计研究与报告12期、统计分析60期、统计动态61期，被区局、总队和市委、市政府级采用信息40余（篇），每月都编制印发《拉萨市主要经济指标》小册，及时对月、季度报表主要数据进行统计分析，呈送给相关单位和领导。在相关部门及社会的积极配合下，完成了组织工作满意度、群众安全感、基层医务人员及医疗卫生服务满意度、非公有制企业（单位）人才资源状况、非工业重点耗能单位能源消费情况、城镇私营企业劳动工资和医药卫生体制改革满意度等多项专项调查工作及“两基迎国检”和“六城同创”相关的指标体系的测算工作，及时反映了全市经济发展的走向和趋势，有效提供了预警信息和咨询建议，为党委、政府科学决策提供了重要的参考依据。第三，完成了《拉萨辉煌60年》资料的搜集、整理及编印工作。为庆祝建党90周年和西藏和平解放60周年，从年初就积极组织力量加紧编印《拉萨辉煌60年》，力争通过该书全面反映和展示60年来我市社会经济等各个方面所取得的成绩和历史变迁。第四，对我市《2010年统计年鉴》进行了改版，经济指标更细化健全，力争年鉴更加全面反映拉萨的经济社会生活方方面面。该局队被评为2010年城镇住户样本轮换工作全国先进集体荣誉称号；获得2010年第二次全国R&D资源清查先进单位荣誉称号；获得2010年度全区统计调查工作二等奖；被市委市政府评为2010年度拉萨市创建全国文明城市工作先进单位。

【第六次全国人口普查工作】围绕普查工作中存在的难点问题，积极探索，精心布置，各项工作完成得有声有色。组织完成普查表长、短表的编码工作，组织完成数据处理工作，完成普查数据审核评估工作，完成普查主要数据的汇总发布工作。根据自治区反馈的第六次人口普查数据库，及时完成了主要数据的汇总、整理工作；编印了《2010年拉萨市第六次人口普查主要数据》，完成普查主要数据的汇总发布工作；撰写了《人口与经济社会发展关系研究》、《拉萨市藏族人口现状分析》和《拉萨市人口受教育程度明显上升》三篇专题分析；为各级党委、政府掌握人口状况、科学制定发展战略提供了重要依据。市人口普查办被国务院人普办评为全国第六次人口普查先进集体。

拉萨市工商行政管理工作

【全市市场主体已达39745户】其中，内资企业1221户，注册资金19.7亿元。私营企业2439户，投资人数6187人，雇工人数57419人，注册资金32.7亿元，同比分别增长15.2%、25.2%、35.6%、11.5%。个体工商户36085户，从业人员74805人，注册资金15亿元，同比分别增长11%、15%和26%。

【新增农牧民专业合作社53户】截至年底，共发展农牧民专业合作社115户，出资总额1.7亿元，成员总数6863人。2011年新增53户农牧民专业合作社。

【商标品牌战略稳步实施】全市现有注册商标1498件，全年引导企业申请注册商标299件，注册商标148件，申报推荐全区第六批著名商标12件，指导企业争创驰名商标3件。优敏芭藏香、藏泉等5件获得全区第六批著名商标，玛吉阿米、布达拉宫2件获得中国驰名商标。

【非公党建工作扎实推进】把非公有制经济党组织建设作为“一把手工程”，不断探索和总结开展非公党建工作的新办法、新思路，做到非公经济发展到哪里，党建工作就开展到哪里。年内，设立党建工作联系点32个，选派党建指导员17名、党建联络员12名。登记党员1221名，设立党组织60个。

【强化主体资格审查】2011年，应检内资企业1046户，实检937户，参检率达89.6%。应检私营企业1783户,实检1614户,参检率达90.5%。应验照个体工商户25880户，实验21732户，验照率达83.97%。

【强化食品安全监管】2011年，深入开展食品添加剂、地沟油、瘦肉精等专项整治，查处食品案件32件，案值20余万元。开展食品快速检测，重点对肉类、水发产品、乳制品、调味品等8大类13个品种进行食品快速检测,共检测2178个批次。办理《食品流通许可证》3865户。

【强化执法办案力度】2011年，查处垄断和不正当竞争案件18件。立案查处各类商标违法案件26件，罚没款23万元。捣毁制假窝点2个，没收侵权商品5000余箱，案值43万元。公开销毁侵犯知识产权和假冒伪劣产品9大类63个品种，货值73万元。立案查处广告违法案件17件，罚没款24万元。下发停播通知书14份，责令停止发布违法广告96条，责令限期补办户外广告登记证12件。全年共查处各类违法案件1364件，案值664万元，罚没款198万元。

【强化旅游市场整治工作】2011年，根据全区工商系统旅游市场专项整治工作部署，结合实际，整治了“黑社”、“黑车”、“黑导”、“黑店”和商业贿赂等现象。累计检查旅游经营主体3166户次，取缔无照经营8件，整顿规范旅游经营户19户，查处违法案件5件，案值1.5万元。

【强化消费维权】截至年底，共建立投诉站12个，维权联络点99个，受理申诉、举报电话1704件，案值307万元，为消费者挽回经济损失206万元。

【严厉打击传销规范直销】2011年，制定了《2011年打击传销工作方案》、《关于开展创建无传销乡镇（村）社区校园活动工作方案》。利用多种手段和形式开展宣传活动，广泛宣传打击传销法律法规及知识，深刻揭批传销的欺骗性、危害性，教育群众提高对传销危害的认识，增强防范免疫力。加强与公安部门的密切协作，坚决防范和打击诱骗学生、民工、农牧区群众等特殊群体参与传销的行为。（任磊）

【认真开展“扫黄打非”工作】2011年，积极协助市“扫黄打非”办，全面开展对印刷、复制、刻录行业的治理，开展专项行动20次，查缴非法出版物148张（册），严厉打击制售政治性特别是藏独反动出版物行为。

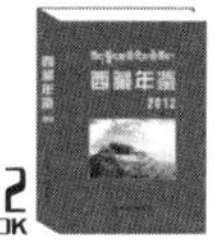

拉萨市食品药品监管工作

【**食品安全工作开展情况**】食品安全综合协调体制机制建设运行情况。拉萨市建立了较为完善的食品安全全程监督管理工作机制，由市农牧局、质监局、工商局、卫生局分别对农产品、食品生产、食品流通、餐饮服务活动实施监督管理。同时，政府还将食品安全具体工作列入年度目标考核内容，确保了工作有安排、有部署、有检查、有落实。

【**药械监管工作开展情况**】加大监督检查力度，杜绝假药在拉萨市流通。

拉萨市水利工作

【**年度综述**】2011年，全市水利工作紧紧围绕经济强区和社会主义新农村建设大局，突出民生水利、安全水利、资源水利和环境水利四大任务，大力加强水利基础设施建设和项目前期工作，扎实推进管理制度创新，狠抓工程建设管理，着力解决水利与农牧业生产之间的现实矛盾，全年累计完成水利投资1.4099亿元。

【**水利基础设施建设**】2011年，新建堤防39.56公里，整治河道4.285公里，堤防配套设施建筑物23处；新建改造主、干、支渠道45.357公里，新建蓄水池2座、水塘1座，渠系建筑物171座，新增和改善灌溉面积2.7177万亩，农牧区水利基础设施保障能力明显增强。

【**农村饮水安全工程建设**】2011年，新建饮水点123处，其中自流引水39处、机井28处、大口井38处，解决2.15万农牧民和农村师生914人的饮水安全问题。

【**防汛抗旱工作**】2011年，认真落实防汛抗旱行政首长责任制，修改补充完善应急预案，重点水库（水电站）安全度汛预案和山洪灾害防治预案，及时争取和调拨防汛抢险物资（编织袋20万条、铁丝20吨、编织铁丝网200张和石料等），成立了检查组赴七县一区检查督促防汛抗旱工作，同时对拉萨河纳金乡嘎巴段至七一农场全长20余公里堤防，进行了拉网式检查，对险工险段进行了加固维修，清理拉萨河左右岸河道周边建筑垃圾、生活垃圾5吨，投入资金12万元。成功应对主汛灾情，确保了汛期堤防无一决口，水库无一垮坝。

【**小型农田水利工程建设**】2011年，完成小型农田水利项目33处（重点县建设除外），其中新建防洪坝1处，改扩建水渠20处，水塘维修5处，机井1眼，新建改扩建小型塘坝5处，灌溉机井1处。新增防渗渠道干支渠道16.87公里，田间渠道3.13公里，加高加固堤防0.015公里，疏浚河道8.5公里，清淤渠道19.11公里，新增蓄水能力1.94万立方米，年新增节水能力2.99万立方米，完成土石方量9.12万立方米，改善灌溉面积2.157万亩。

重点县（尼木县）建设：建设项目14个，其中水渠32.72公里、维修水塘3座、渠系配套建筑物149座。总投资1350万元，其中国家投资650万元，群众投劳600万元，县级财政配套100万元，建成后控灌面积可达1.3万亩。

【**安全生产与监督管理工作**】2011年，加强了对水利工程建设的安全生产管理工作，对在建水利工程的各项手续是否完备和施工现场经常进行排查，对发现的问题及时下达整改通知，落实整改措施，杜绝了事故的发生，确保了施工安全和财产安全。加强了对水利工程建设、设计、施工、监理和农牧民工安全教育和宣传工作，进一步增强了安全意识。

【**水利普查工作**】2011年，水利普查工作启动以来，指导下属县区普查机构选聘普查员和普查指导员422人，组织81人为期10天的市级培训。下发各类清查表21张，发放水利普查宣传图324套，做好了计算机软硬件环境建设，保障普查数据处理工作及时开展。

【**水资源管理**】2011年，水资源管理工作自启动以来，开展了水行政专项执法检查，对城镇排污口、高耗水企业和采砂点进行全面监督和执法检查，通过扎实有效的工作，确保了全市水生态安全。

拉萨市交通运输工作

【**年度综述**】2011年，拉萨市完成交通基础设施投资36385万元。其中，114个自然村公路通达工程投资8700.2万元，19个新建项目里程投资为27684.8万元。

【**公交车安装GPS设备和三语报站系统**】为了提升城市整体形象，加快我市公交发展步伐，提高公交的服务能力和服务水平，为市民提供美观、舒适、便捷的乘车环境，2011年在232辆公交车上安装了GPS智能监控系统，对车辆进行实时监控，以保证车辆发车到站按时准点，另外在此232辆公交车上还安装了三语报站系统（藏、汉、英），使车辆报站更加标准化。

【**组建拉萨市公交集团总公司**】5月6日，多吉次珠市长主持召开市政府专题会议，研究同意组建拉萨公交集团公司，并通过了《关于开展组建拉萨市公交集团总公司相关工作的实施方案》。11月3日，第15次市长办公会议研究通过《拉萨市公共交通集团有限公司组建方案》，明确了公司的名称和性质、主要职能、运营模式及财政补贴等重点事项。

【**自然村公路通达工程开工仪式举行**】6月8日，拉萨市在尼木县普松乡召开自然村公路通达工程建设开工典礼。杨万福主席出席仪式并要求各方精诚团结、共同努力，早日修通修好这些致富路、文明路、幸福路，早日帮助农牧民群众圆世世代代的梦想！

【**中巴退市工作全面完成**】10月20日，四家中巴公司领取了退市奖励金，至此，拉萨市中巴退市工作全面完成。

【**拉萨市公交综合场站建设三年行动计划通过评审**】为解决拉萨市现有公

交基础设施不足的问题，拉萨市编制了《拉萨市公交综合停车场站三年行动计划》，并于7月13日通过评审。此计划结合未来城市发展的规模、趋势以及城市公共交通规划的目标、布局，细化了公交场站设施三年（2011-2013）的建设规模、数量和布局。公交场站包括公交首末站、枢纽站、停车场、保养场、公交停靠站等设施。

【拉萨市帕古乡至彭岗村公路改建工程竣工】拉萨市帕古乡至彭岗村公路改建工程于2008年7月25日开工建设，2009年4月25日完工通车，2011年11月9日竣工。该项目路线起点位于帕古乡，途经帕古乡江热村、拉普村，终点止于彭岗村，路线全长5.04公里，路基宽度6.5米，路面宽度4.5米。桥涵设计荷载采用公路—II级。施工单位为西藏雪域之光市政建筑工程有限责任公司，监理单位为江苏伟信工程咨询有限公司西藏监理部，设计单位为西藏地勘局第二地质大队测绘院。

【拉萨市当雄县G109线至羊八井镇公路改建工程竣工】拉萨市当雄县G109线至羊八井镇公路改建工程于2011年9月28日开工建设，2011年7月5日完工通车，2011年11月15日竣工。该项目路线起点位于G109线K3803+700处，途经羊八井镇，终点位于羊八井地热电厂大门，路线全长6.9公里，全线按现有三级公路标准建设，设计速度30公里/小时，路基宽度7.5米，路面宽度6.5米，桥涵设计荷载采用公路—II级。施工单位为拉萨市公路工程公司，监理单位为江苏伟信工程咨询有限公司，设计单位为西藏远望工程设计有限公司。

【拉萨市墨竹工卡县尼玛江热乡至扎雪乡公路工程竣工】拉萨市墨竹工卡县尼玛江热乡至扎雪乡公路工程2009年6月26日开工建设，2011年7月25日完工通车，2011年11月17日竣工。该项目路线起点位于尼玛江热乡政府所在地，途经邦达村，终点位于扎雪乡，全长21.24公里。全线按四级公路标准建设，设计速度20公里/小时，路基宽度6.5米，路面宽度4.5米，桥涵设计荷载采用公路—II级。施工单位为陕西中业交通建筑公司、拉萨顺通建设工程有限公司、西藏天顺路桥公司，监理单位为大连建筑安装工程有限公司，设计单位为中交通力西藏公路勘察设计工程有限公司。

【拉萨市曲水县聂当乡热堆村道路工程】拉萨市曲水县聂当乡热堆村道路工程2010年10月15日开工建设，2011年11月20日完工通车，2011年11月29日竣工。该项目位于拉萨市曲水县热堆村，由一条主线和三条支线组成，全线按现有四级公路标准建设，全长11.78公里，设计速度30公里/小时，主线和支线铺筑沥青砼路面，支线二、三为天然砂砾结构层，项目总投资758.99万元。施工单位为西藏天润工程建筑有限公司，监理单位为许昌华通路桥监理检测有限公司西藏分公司，设计单位为西藏自治区建筑勘察设计院。

【拉萨市达孜县甘丹寺通往寺管委会公路改建工程】拉萨市达孜县甘丹寺通往寺管委会公路改建工程2010年8月20日开工，2010年11月15日完工通车，2011年12月13日竣工。该项目路线起点位于甘丹寺公路K9+000处，途经章多乡公安派出所、公安消防大队，终点位于驻寺管委会，全长0.911公里，全线按现有四级公路标准建设，设计速度20公里/小时，主线路基宽度5.5米，路面宽度3.5米。支线路基宽度4.5米，路面宽度3米，桥涵设计荷载采用公路—II级。施工单位为绵阳佳成建设有限公司，监理单位为江苏伟信工程咨询有限公司，设计单位为西藏远望工程设计有限公司。

【拉萨市曲水县才纳乡才纳大桥】拉萨市曲水县才纳乡才纳大桥2010年8月15日开工建设，2011年9月5日完工通车，2011年12月15日竣工。该项目位于拉萨市曲水县才纳乡境内，国道318线中尼公路K4647+070处，距拉萨市约37公里，与原有才纳乡油路平顺相接，大桥及接线总长1256米，其中大桥全长368.20米。全线采用三级公路技术标准，设计速度30公里/小时，桥梁宽度采用净7+2*1.25米，引线路基与桥梁同宽，项目总投资3194.96万元。施工中标单位为中铁二局五公司，监理单位为西藏天鹏工程技术咨询有限责任公司，设计单位为江苏省交通科学研究院股份有限公司。

拉萨市邮政工作

【年度综述】2011年，拉萨市邮政局紧紧围绕“调结构、促发展、增效益”的战略目标，全年实现业务收入3469.63万元，较上年增长19.28%；邮政业务总量完成3298.80万元，较上年增长15.88%；全员劳动生产率达17.18万元／人。下辖七个县邮政局、一个邮政支局，全市邮政局所42个，其中自办邮政网点22个、代办邮政网点9个、农牧区邮政网点11个。邮政报刊亭11个，设置邮政信箱信筒71个，全市投递段道30条，农牧区投递段道36条，服务面积达3万平方公里。2011年拉萨市邮政局服务质量用户评价综合满意度为92.75分，列全区邮政系统第一。全年邮政业务（邮务类、代理金融类、代理速递物流类）发展成效显著。其中邮务类（函件、包件、报刊发行、集邮）完成2230.28万元，同比增长12.20%；代理金融类业务收入77.51万元，同比增长10.26%；代理速递物流类业务收入434.05万元，同比增长26.1%。

【农牧区网点建设】拉萨市邮政局始终站在“讲政治、讲大局”的高度，以对党和国家高度负责的精神，着眼于“服务三农”，忠实履行普遍服务义务，全力以赴做好党报党刊的投递工作。投递农牧区、乡、村赠阅报刊种类有：《西藏日报》（藏文版）、《人民日报》（藏文版）、《拉萨晚报》（藏文版）、《高原新农村》、《西藏政报》（藏汉文版）、《半月谈》（藏文版），2011年全年共计投递475.3万份。按照“以城带县、以县带乡、以乡带面”的工作思路，进一步改善乡邮工作条件和硬件设施，全市乡邮网点共57处，新建了当雄县宁仲乡、羊八井镇、乌玛塘乡和墨竹工卡县日多乡四个乡邮网点。乡邮服务工作辐射7县1区的9个镇、48个乡、269个行政村，对县城所在地和附近的乡镇、行政村实行逐日投递班次；对其他乡及行政村实行周1班、周2班、周3班，全市农牧区乡镇通邮率达到100%，村村通邮率达到90%以上。

2010年7月，国家发改委基础产业司在北京主持召开了全国空白乡镇邮政局所补建工作会议，并组织调研小组到西藏开展调研，对全区“十二五”期间空白乡镇邮政局所补建工作提出了要求。根据此次会议精神，按照区邮政公司的安排部署，“十二五”期间拉萨需建设43个乡镇邮政局所，这将作为拉萨市邮政局“十二五”规划的重点工作。

拉萨市国土资源工作

【土地登记发证】2011年，布达拉宫广场搬迁户居民住宅国有土地使用证颁发工作圆满结束。格桑林卡小区业主的第二批土地分割登记工作顺利完成。

【市土地利用总体规划大纲通过专家评审】2011年，《拉萨市土地利用总体规划大纲（2006——2020）》通过专家论证，已呈报上级审批。当雄、尼木、堆龙德庆三县土地利用总体规划编制工作全面启动。

【基准地价更新通过专家验收】2011年，拉萨市城区土地级别调查与基准地价更新工作成果通过专家验收，待市政府审批后公布实施。

【闲置土地清理】2011年，全市闲置土地清理工作取得明显成效，全市共清理闲置土地81宗，面积3720.48亩（248.08公顷）。其中，中心城区55宗，总面积2422.41亩（161.50公顷）；各县26宗，总面积1298.07亩（86.54公顷）。

【农村宅基地确权登记发证工作】7月29日，拉萨市农村宅基地确权登记发证工作专题会议在拉萨召开，各县（区）农村宅基地确权登记发证工作领导小组组长、财政局局长、国土资源规划局局长和业务骨干、市农村宅基地确权登记发证领导小组成员单位负责人共66人参加了会议。会议明确了2011年-2012年拉萨市农村宅基地确权登记发证工作的任务，并对工作进行了详细安排部署。

【矿产资源整合】2011年，矿产资源整合工作任务全面完成并报送验收。一是拉萨市墨竹工卡县邦浦矿区西藏天仁矿业公司整合五洲矿业公司；二是拉萨市墨竹工卡县甲玛矿区巨龙铜业有限公司整合西藏桑海矿业有限公司；三是拉萨市达孜县拉抗俄铜多金属矿矿区西藏地勘局第六地质大队整合西藏地勘局第二地质大队。

【关停整改选矿厂】2011年，根据《西藏自治区人民政府办公厅关于关闭和整改部分选矿厂的通知》精神，市、县两级建设和谐矿区领导小组组织开展全市关闭和整改部分选矿厂工作。

【矿政执法监察】2011年，全市开展矿产资源开发利用年度检查工作。6月9日，市国土资源规划局与市环保局、堆龙德庆县国土资源规划局、环保局和羊达乡政府组成工作组，对羊达乡境内各采石场和河道采砂点进行了专项检查。

【规划执法监察】1月17日，市国土资源规划局开展街景改造工作，对主城区17条道路上涉及违法违章的39处建筑41家单位下发了《违章建筑拆除通知书》，拆除违法违章建筑12处，其中单位6处，部队1处，私人5处，拆除总面积758.8平方米。4月25日，拉萨市违章建筑专项整治行动动员大会在拉萨市政协礼堂召开，会议明确了西藏自治区成立60周年庆祝活动前，必须保质保量完成市域内违章建筑的整治工作。6月9日，市国土资源规划执法监察支队、消防支队和市政市容管委会就集中力量对市区“六路一区域”严重影响城市形象的违法搭建进行整改召开联系会议，并下发会议纪要，要求各单位务必在大庆前完成整改工作。

【城乡规划编制】7月27日下午，城关区人民政府，市住房和城乡建设局、交通运输局、财政局、国土资源规划局、环保局等单位的领导和专家共40人参加了《拉萨市东城新区（纳金片区）控制性详细规划》（修编）、《商务中心区城市设计》和《重要地块修建性详细规划》成果论证会，会议通过了上述规划成果。

拉萨市防震减灾工作

【机构设置】2011年，拉萨市地震局正式成立，副处级建制，核定编制4名，内设1个综合办公室，年内完成组建。

【成立抗震救灾指挥部】2011年4月，成立了由市长任指挥长、分管救灾和地震工作的副市长任副指挥长、全市50余个职能部门负责人为成员的拉萨市抗震救灾指挥部，根据地震应急工作需要下设办公室和15个工作小组，分别负责综合协调和紧急救援等工作。

【出台指导性文件】2011年，制定《拉萨市地震应急预案》，建立健全统一、科学、高效、规范的地震灾害应急指挥、救援和保障体系；出台《拉萨市地震灾情速报实施细则》，建立覆盖全市所有乡镇、县区的灾情速报网，共有灾情速报员97名，确保一旦发生震情能够及时为党委政府开展抗震救灾提供前期的决策信息。

【开展地震应急工作检查】2011年，制定《拉萨市地震应急工作检查方案》，成立由市地震局、市民政局、市发改委、市安监局联合组成的市地震应急工作检查领导小组，对全市部分重点单位和县（区）政府等开展了地震应急工作检查，向市政府提交了客观真实的检查报告，对全市地震应急工作处置能力做到了心中有数。

【参与安居工程验收】2011年，市地震局与民政、国土、农业、林业、安居办等部门对相关县（区）农牧民安居工程进行综合验收，地震局主要对抗震方面进行了验收。

【参与校舍综合防灾检查】2011年，市地震局与教育、住建、气象、水利、国土、消防等部门对本市的中小学校舍进行了综合防灾工作检查。

【开展科普宣传】“5·12”防灾减灾日，市地震局联合区地震局、市教育局等相关单位，在拉萨市实验小学开展防震减灾科普宣传活动，达到了教育孩子、影响家庭、带动社会的良好效果。

【编制时段性地震应急预案】市地震局编制庆祝西藏和平解放六十周年大庆活动期间地震应急预案，确保“大庆”期间一旦发生地震能够全面科学地开展抗震救灾工作。

【开展基础数据统计】为掌握全市民居抗震效果，市地震局与自治区地震局对曲水县、堆龙德庆县、达孜县、城关区的部分乡镇民居修建时间、房屋结构、房屋基础等相关数据进行了抽样统计，对全市民居的抗震程度有了客观的了解。（陈国明）

拉萨市民政工作

【党风廉政建设及机关作风及效能建设】2011年，与八县区民政局、局属各单位签订《拉萨市民政系统党风行风建设责任书》，做到目标任务层层分解落实；市委、市纪委工作组对党风廉政任务完成情况及“三重一大”事项执行情况给予充分肯定。年内建立健全了《拉萨市民政局服务承诺制》、《拉萨市民政局责任追究制》、《拉萨市民政局政务公开制度》等制度，实现了制度管人、制度管事。

【基层党组织建设及强基惠民】按照区、市党委关于创先争优强基惠民的总体部署和具体要求，及时驻村进点，召开深入开展创先争优强基础惠民生活动动员大会；开展以“扶贫济困、爱心捐助”为主题的捐款活动，共筹集捐款资金22410元；前后解决近百万资金保障驻村工作顺利开展。

【维护稳定工作】市民政局党政一把手亲自负总责，围绕西藏和平解放60周年各项庆祝活动，切实抓好各项维稳工作。制定了《社会治安综合治理和平安建设工作计划》、《维稳应急值班制度》等维稳工作制度。完成了青藏铁路护路联防工作任务。利用“9·16”平安西藏宣传日和平安拉萨宣传周等宣传活动，开展了社会救助、基层政权、优抚优待等民政工作法律法规的宣传。

【城镇低保】1月1日起，拉萨市城市低保最低生活保障标准由家庭月人均330元调整为月人均360元；截止12月底，全市共有城市低保对象5253户、10947人，占全市非农业人口的5.1%。全年累计发放城市低保资金3419.32万元，发放一次性生活补贴金808.51万元。

【农村低保】1月1日起，拉萨市农村低保保障线标准由去年的年人均1300元提高到1450元，A、B、C三类年人均补助标准分别由去年的920元、658元、487元提高到1070元、772元、564元；全年新增730户、2495人，停发1358户、3316人，变更581户、636人；取消农村低保“指标”限制，全年累计发放农村低保资金1388万元，发放一次性生活补贴409.28万元。

【五保供养】2011年，1336名五保对象已实现应保尽保，集中供养五保对象年平均生活费3503元，分散供养对象年平均生活费达2490元；全年落实五保供养金409.2万元和一次性生活补助金45.36万元。

【专项救助】2011年，起草上报《拉萨市城乡居民医疗救助实施办法》，为1336个农村五保对象缴纳参合资金19302万元，累计筹集城乡医疗救助资金3476.4万元，其中自治区下拨2600万元；救助城镇困难居民231人，落实救助资金194.1万元；救助农牧区困难群众2259人，落实救助资金744.15万元。落实2010年7名考入区外高校的特困家庭学生教育救助资金3.3万元。

【临时救助】拉萨市城乡临时生活救助制度于1月1日起在拉萨市全面建立。全年累计救助城乡困难群众476户、2490人，落实临时救助资金152.67万元。

【流浪乞讨人员救助】年初，拉萨市政府出台了《拉萨市关于建立流浪乞讨人员救助管理工作长效机制的意见》，明确落实相关部门的责任和任务。积极开展“接送流浪孩子回家”专项行动，加大街头巡查、救助、劝返力度，全年共救助2203人，其中流浪未成年287人，落实救助经费59万余元。

【防灾减灾】2011年，自治区民政厅安排自然灾害救助补助资金1985万元，其中市级补充救灾基金专户331.78万元，市区应急救济和临时救济20万元，下拨各县（区）485万元（含重建资金55万元，因灾倒损房屋重建款90万元），市级政府采购368.22万元（补充救灾物资储备），自治区代储应急救灾物资100万元资金，落实今冬明春生活救助款680万元。积极开展“5·12”全国第三个“防灾减灾日”防灾减灾系列宣传活动。

【接收社会捐赠】印度锡金邦发生6.8级地震后，日喀则、山南地区23个县10万多人受灾，拉萨市紧急调拨100顶帐篷、100床棉被、100件棉大衣，价值35万元。接收抗震救灾捐款累计金额172.838万元，并通过自治区民政厅汇往灾区。

【救灾仓库建设项目】墨竹工卡、尼木、林周、当雄四县救灾物资储备仓库项目总投资536万元，墨竹工卡县已建设完成投入使用。堆龙德庆县、曲水县和达孜县三县救灾物资储备仓库项目的前期审批工作已完成。各县（区）部分易灾乡、村救灾物资储备库项目已向北京、江苏两省市民政部门申请解决建设资金。市级救灾物资储备仓库开工前期准备工作已就绪。

【成功创建双拥模范城】5月11日，召开拉萨市创建全国双拥模范城（县）目标责任书签订会议，与45个市直成员单位、驻市部队签订了《2011年度拉萨市创建全国双拥模范城（县）目标责任书》，确保了双拥创建任务顺利完成。6月23日，召开拉萨市双拥创建工作经验交流会。完成全国、自治区级双拥模范城（县）推荐及申报工作，创建全国双拥模范城工作在“六城同创”中首个通过全国双拥工作考评组的考核验收，拉萨市已连续七次荣获“自治区双拥模范城”，连续六次荣获“全国双拥模范城”。开展

10次军警民共建共保服务一条街活动；在市区主要街道及机场快速通道新启用四个永久性双拥宣传广告位；开展清明节祭扫活动及烈士资料遗物的搜集、整理工作。拉萨烈士陵园红色遗迹项目已由区发改委上报国家发改委审批。

【拥军优属】2011年，为200余名优抚对象审核签定子女减免学费相关资料，确保优抚对象子女切实享受到优抚政策。召开各类军民座谈会10余次，举办联谊、文艺演出等活动5次。“三大节日”、“八一”建军节、西藏和平解放60周年之际，走访慰问21个驻市部队、8个执勤点官兵、32户重点优抚对象，赠送慰问金110万余元。为四个基层部队赠送电脑、打印机等办公用品。做好西安和丹东两市双拥慰问团慰问本籍士兵的接待工作。为参加西藏和平解放60周年大庆的100名女子民兵赠送价值2万元的防晒霜套装。

【拥政爱民】2011年，驻市部队积极参加地方经济建设，为市民修理各种电器和农机500余台（件），打扫卫生出动1000余人（次），清运垃圾100余吨，为群众5000余人（次）免费医疗，收治地方病人1万人（次），医疗免费体检上千万元，参加各种抢险救灾近50余次，抢运各种物资100多吨。驻市部队积极派驻执勤官兵全年执行维稳任务，坚决捍卫拉萨各族人民的幸福生活，为维护拉萨社会稳定做出了突出贡献，赢得了拉萨各族人民的高度赞扬和衷心拥护。

【优抚安置】2011年，共落实各类抚恤和生活补助资金255万余元。10月1日，国家提高伤残抚恤金和定期抚恤金标准。接收军休干部8人，伤病残退休士官1人。“三大节日”、“八一”建军节召开军休人员座谈会，发放购物卡和慰问金180余万元。落实医疗费80余万元，发放工资等经费1935万余元。为41名1959年3月28日之前参加工作的军休人员发放西藏和平解放60周年一次性慰问金8.2万元。2010年—2011年度军休人员体检费26.45万元全部兑现。完成退伍军人报考便民警务站人员名单的核查和上报工作，18人考入基层公安干警及便民警务站。为26名2008年应征入伍义务兵家属发放优待金3.12万元，完成2010年度38名退役士兵安置工作。

【儿童福利事业】拉萨市儿童福利院被市编办确定为正科级事业单位。全年办理儿童福利证926个；孤儿基本生活保障补助由原来每人每月360元增加至每人400元，发放保障补助金396.204万元。举行SOS儿童村建村十周年庆典活动，对SOS儿童村建村十年来的工作及取得的成绩作了回顾和总结，对今后工作进行了安排部署；全年新招收7名孤儿，办理了户口、低保、福利证等手续，为3名孩子落实了就学；全村有181名孤儿，全年接受社会捐赠资金69.13万元。

【老龄事业】为3794名高龄老人发放健康补贴121.98万元，新办《老年优待证》2747本；举办了迎建党90周年暨西藏和平解放60周年拉萨地区老年红歌汇演、首届《老年人权益保障法》知识讲座、老年人维权法律法规知识讲座、老年人保健知识讲座及首届老年人运动会，年内荣获全国老龄系统先进集体。

【养老服务机构项目建设】全年争取敬老院建设资金895万元，实施达孜、曲水、尼木、堆龙德庆四县敬老院项目建设，达孜县金叶敬老院已通过验收并投入使用。拉萨市共有供养农村五保对象的敬老院、福利院43所；起草《拉萨市农村五保供养服务机构管理办法》，已报市政府法制办。

【培训专业养老服务人员】举办首届敬老院、福利院管理服务人员培训班，全市11所县、乡级敬老院、福利院的11名敬老院院长和29名服务人员接受专业培训，起草了《拉萨市农村五保供养服务机构管理办法》，已报市政府法制办。

【村（居）委会换届选举】12月，完成拉萨市第七届225个村（居）委会换届选举工作及19个“难点村”的治理整顿工作。

【城市社区】2011年争取自治区投入150万元，修建了八廓街社区服务中心。在城市街道社区工作者中开展“走千户、访千人”活动。9月28日，全区社区建设工作现场推进会在城关区召开，七地（市）相关人员参观考察。2009年争取福利彩票公益资金150万元、城关区配套736.4万元修建5个社区服务站项目已于年内全部投入使用。

【农村社区】全国农村社区建设试点县达孜县形成了党委和政府领导、民政牵头、有关部门协同、村级组织主办、群众广泛参与的农村社区建设工作新格局。在塔杰乡巴嘎雪社区、主西村社区、德庆镇桑珠林社区、章多乡拉木村社区建立了便民服务站或社区服务中心。

【行政区划】合并冲赛康街道办事处和八廓街道办事处为八廓街道办事处，新成立金珠西路街道办事处，对吉崩岗街道办事处和公德林街道办事处管辖权进行变更,注销了旁多村。

【地名管理】6月3日，召开以市人大代表、政协委员、西藏科学院、西藏大学、自治区测绘局和邮政局的专家、学者、离退休干部参加的地名命名更名征求意见座谈会，对全市242个已建、待建的公交站（台）及43条道路的名称进行规范命名。全年安装道路指示牌72个，制作门牌297块。完成城区各主要路口30个交通指示牌名称审核工作；拉萨市荣获民政部第一批全国地名公共示范市荣誉称号。

【行政区域界线管理】5月6日，召开第三轮行政区域界线联检专题会议，通过《开展第三轮我市县级行政区域界线联合检查工作实施方案》，调整充实拉萨市第三轮县级行政区域界线联合检查工作领导小组成员，堆龙德庆县与城关区已完成行政区域界线联检任务；三次实地协调解决尼木县帕古乡和麻江乡乡界纠纷，向自治区民政厅上报《关于协调解决拉萨市当雄县和那曲地区班戈县、那曲县之间的边界草场资源纠纷的意见》，有效地调解了边界草场纠纷带来的不稳定因素。

【民间组织】2011年，登记民间组织3个，办理变更登记1个，全年检查合格23个。全市现有48家社会组织，各项社会组织良性发展。

【殡葬管理】2011年，办理殡葬事宜11件。

【婚姻登记】2011年，拉萨市办理结婚登记4377对，离婚登记585对，复婚登记27对，补办结婚证436对，出具未婚证明458份、结婚证明606份。

城关区

【基本概况】城关区位于雅鲁藏布江支流拉萨河中下游，东邻达孜县，南与山南地区贡嘎县和扎囊县接壤，西与堆龙德庆县相连，北靠林周县。城关区总面积554平方公里，其中城区面积58平方公里，行政区域东西跨距28公里，南北跨距31公里，现辖4个乡、8个街道办事处、37个居委会、12个村委会。全区总人口50189人，其中城市人口32519人、农村人口14194人。

城关区旅游资源丰富、独特。不仅有闻名于世的布达拉宫、大昭寺、罗布林卡，还有众多的古建筑、摩岩造像、金石匾额、珍贵文物和古遗址，以及绚丽神奇的自然景观，独具神韵的藏戏、藏舞和异彩纷呈、别具一格的风俗民情。城关区矿产资源十分丰富，已发现的主要有铁、石灰石、花岗石、瓷土等十多种，且品位高、储量丰富、易于开采。已开发的有石灰石、花岗石、瓷土资源。

【年度综述】2011年，全区完成地区生产总值45.32亿元，同比增长16.43%，其中第一产业增加值完成0.74亿元，第二产业增加值完成5.62亿元，第三产业增加值完成38.96亿元，分别同比增长2.48%、15.65%、19.45%；人均GDP达到45650元，同比增长16.11%。地方财政一般预算收入一举突破3亿元大关，达到3.4亿元，同比增长33.89%；全社会固定资产投资达到27.15亿元，同比增长21.31%。城镇居民人均可支配收入达到18140元,同比增长7.55%；农牧民人均纯收入达到7890元，同比增长16.17%；城镇登记失业率控制在4.3%以内。三次产业比重调整为1.6:12.4:86。

【国民经济和社会发展】随着城乡一体化进程加快，农牧业结构得到进一步调整优化，农牧业特色产业进一步发展，我区粮、经、饲的比例由2010年的33:57:10调整到2011年的32:58:10。2011年，农村经济总收入实现5.98亿元，同比增长29.93%，完成年计划的110.94%。其中：多种经营和乡镇企业收入完成5.63亿元，同比增长28.11%，完成年计划的112.32%。共完成劳务输出7517人，同比增长17.43%，完成年计划的100.21%。劳务输出收入1.14亿元，同比增长11.76%，完成年计划的100.02%。

全区耕地面积达到22683.31亩，其中粮食播种面积8799亩。蔬菜产量完成5.852万吨，同比增长8.16%，完成年计划的100%；奶类产量完成8050吨，同比增长20.28%，完成年计划的146.36%；肉食产量完成750.1吨，同比减少10.65%，完成年计划的107.16%。

2011年，工业总产值实现1.72亿元，同比增长11.63%，完成年计划的101.18%。其中：民族手工业完成5988万元，同比增长21.77%，完成年计划的100.13%。建筑业总收入完成6.4亿元，同比增长32.02%，完成年计划的121.12%。贸易业销售额完成4031.54万元，同比增长17.96%，完成年计划的100.41%。

【城乡建设和管理】各类项目进展顺利、工程质量良好、项目管理措施到位。全区固定资产投资累计完成27.15亿元，同比增长21.31%，完成年计划的101.04%。建设项目达101个，包括续建项目44个，新建项目57个，已有86个项目完成竣工验收并交付使用。顺利实施城关区二期廉租房、二期周转房、特色园艺产业科技园、社区卫生服务中心、乡村道路、综合文化活动中心、拉鲁小学、白定小学综合教学楼、纪检监察工会业务用房、物价统战民宗业务用房、桑珠颇章古建大院维修等重点项目；抓好藏热小学和蔡村一、二组社会主义新农村两个援藏项目建设；开展嘎玛贡桑自建小区、雄嘎自建小区、江中组失地农民集中搬迁点基础设施建设、西藏特色农畜产品交易市场、城关区法院审判业务办公楼、纳金乡藏热村农贸市场等项目的前期准备工作。

牢牢把握农牧民增收这个主题，加快农业结构调整，进一步改善农牧民生产生活条件，促进农村经济的全面发展。农村经济总收入完成5.98亿元，同比增长29.93%。粮、经、饲比例调整为32:58:10，粮食、蔬菜、肉、奶、蛋产量分别达到2740吨、58520吨、750.1吨、8050吨、15.8吨，同比均有明显增长。进一步加强设施农业的建设力度，建成农业示范科技园区。投资1636.68万元，在四个乡建成400栋蔬菜温室大棚；新发展255户庭院经济项目户。投入1800万元，实施500户农牧民安居工程建设和88户农房改造提升；投入814.46万元，综合实施4处村容村貌环境整治工程，受益农牧民达880人。第一次水利普查工作稳步推进；加快推进公益林、绿化林工程，全年造林7100亩。新建农牧业专业合作组织4个，完成与2家超市的“农超对接”、与3个农贸市场的“农市对接”以及与11所学校的“农校对接”。对口帮扶向纵深推进，投入资金110万元，实施并交付使用17个扶贫项目，贫困农牧民生产生活条件进一步改善。加大农牧民劳动力转移培训力度，全年培训农牧民人数达2000人，特色农牧业、运输业、旅游业、劳务经济等对农牧民增收作用不断增强，全年劳务输出7517人，实现劳务收入达到1.14亿元，分别同比增长17.43%、11.76%。积极推进“万村千乡市场工程”，升级改造30家农家店，农村碘盐实现全覆盖，家电家具下乡工程实现销售额710.41万元，兑现补贴142.34万元。积极抓好防洪抗灾和重大疫情的防治工作，农村“五号病”、“禽流感”等各种疫苗注射率达100%。

【进一步加大固定资产投资规模】2011年实施101个重点建设项目。全面完成城关区廉租房一、二期工程、市民服务中心，500户安居工程，城关区社会福利院，干部职工周转房二期工程，夺底小学，4座古建大院维修改建，4个社区服务中心以及蔡公堂乡、娘热乡办公楼等9个基层政权建设等项目。特色农畜产品交易市场、区法院“五小温馨”工程、区检察院整体搬迁等，其他教育、文化、卫生建设项目得到有力推进。成立嘎玛贡桑小区棚户区工程指挥部，与北京住总集团签订工程改造合作框架性协议，完成前期入户调查、登记统计等基础性工作。全年项目建设得到全面提速提升。

【科教文卫事业发展】2011年教育支出持续增长，超过财政一般预算收入的25%。制定完成城关区教育“十二五”发展规划纲要，“两基”通过国家验收，小学、初中适龄儿童入学率、巩固率均达到100%，高中阶段毛入学率达到85%。教育基础设施建设不断增强，投入资金3345万元，建设教育基础设施类项目6个，完成夺底小学、藏热小学、白定小学、第三幼儿园、维巴村幼儿园等学校硬件建设，配备相关教学仪器设备，城乡办学条件和教育水平继续保持全区领先地位。认真落实国家“两免一补”、家庭困难学生政府资助机制、农村学生寄宿制生活补助等帮困助学机制，全区受惠学生达13708人，是2010年的8倍。幼儿园补贴政策全面落实，继续实施“三包”学校燃料费补贴和早餐奶供应，发放困难家庭子女政府助学资金100万元。规范使用通用语言文字，顺利通过国家一类城市通用语言文字评估验收。新建城关区综合文化馆、13个寺庙书屋、12个农家书屋，面向城乡居民放映电影786场次，广播电视综合人口覆盖率分别达到100%、99.6%。群众性文化体育活动蓬勃开展，建设4处全民健身集中点。进一步加强文物和文化遗产保护，城关区古艺建筑有限公司等3家单位获国家文化产业示范基地称号，编撰完成城关区首部民族传统手工艺宝典。城关区区志完成第一轮修编。深化医疗体制改革，建成7个社区医疗卫生服务中心，公共卫生服务水平得到提升。3791名45岁以上城镇居民免费体检并同步建立健康档案。深化食品药品市场专项整治，严厉打击违法违规经营行为，保障城乡居民饮食用药安全放心。制定和完善突发公共卫生事件应急预案，防控和应急反应能力明显增强，计划生育工作得到进一步加强，孕产妇死亡率和婴幼儿死亡率均在控制指标之内。本地幼儿预防接种率达到99.5%以上，流动人口预防接种率进一步提高。进一步推进人才强区战略，创新人才工作理念，制定公务员培训规划。顺利完成第七届村（居）“两委”班子换届工作。双拥工作不断强化，2011年冬季征兵工作任务超额完成。

【旅游产业发展】以旅游业为代表的第三产业蓬勃发展。2011年接待国内外游客399万人次，同比增长11.01%；实现旅游收入8.28亿元，同比增长26.8%。不断加强旅游基础设施建设，新增酒店2家、家庭旅馆10家，圣地天堂洲际大饭店、香格里拉大酒店落户我区，老城区道路旅游标识牌得到完善，古建大院的开发建设得到有力推进。第三产业实现增加值38.96亿元，同比增长19.45%。房地产业保持平稳健康较快发展，城乡住房条件进一步改善。

【民生事业发展】2011年，城关区积极开展各类就业服务，动态消除零就业家庭，全年新增就业人数303人。建立社会救助和保障标准与物价上涨挂钩联动机制，城乡低保标准提高到360元/月，农村低保重点保障类、特殊保障类、一般保障类标准分别比去年提高16.3%、17.3%、15.8%，7291名困难群众领取生活保障金1952.25万元，落实25万元五保户供养金，63名城市孤寡老人实行集中供养，集中、分散供养对象年均生活费分别达到7200元、2400元；落实129.87万元，积极开展医疗救助、临时救助、住房救助和流浪乞讨人员救助；落实按比例安置残疾人就业政策，兑现落实残疾人生活补贴、机动轮椅燃油补贴、危房改造补助资金。统筹城乡社会保障体系建设，全面推进新型农村社会养老保险，扎实开展城镇居民养老保险试点工作，养老保险、医疗保险、生育保险、工伤保险、失业保险、农村新型养老保险分别达1298人、32290人、1953人、3477人、2072人、6772人，全年征收各类保险基金1656.09万元，发放各类保险金1594.7万元，分别同比增长14.6%、6%、8%、3%、2%、52%。建成560套廉租房、100套周转房并交付使用，第三期150套廉租房开工建设，349.1万元住房租赁补贴发放到户，同比增长35.86%。统计、粮食、档案、人防、妇女儿童、福利慈善事业等各项工作都取得新成绩。

林周县

【年度综述】2011年，林周县经济社会保持了跨越式发展的良好势头，完成县级生产总值9.03亿元。其中，一产实现1.98亿元；二产实现1.89亿元；三产实现5.16亿元,三次产业结构比例为22:21:57。财政收入实现快速增长，完成一般预算收入3720万元，实现社会消费品零售总额4909.42万元，同比2010年分别增长37.27%和23%。农牧民人均纯收入达5526.37元，同比增长20.47%；人口出生率为16.32‰，自增率为12.02‰。

【扎实推进现代农业发展，促进农牧区经济发展】2011年，农作物播种面积17.03万亩，粮油总产1.28亿斤，单产797.86斤，粮经饲比例64.3：11.5：24.2。牲畜存栏数27.71万头（只、匹），牲畜出栏率35.8%。完成青稞标准化种植4万亩、人工种草1.2万亩，建成高效日光温室140栋；新增农牧民专业合作组织6个；组织劳务输出1.05万人，实现收入8675万元。

【坚持扩大项目建设投资，有效夯实发展基础】2011年，建设项目共118项，同比增长36.78%，其中续建项目37项，新建项目81项，完成固定资产投资5.7亿元，同比增长26.7%。基础建设项目投入力度加大，交通基础设施投资在1.8亿元以上；农牧林水项目投资稳定增长，完成投资1.4亿元；工业项目完成投资1.15亿元；总投资1346万元的2个大庆项目如期完工，实施受援项目3个。项目建设与投资的持续增长，有效促进了经济发展的增效提速。重大工程建设协调取得了显著成绩，旁多水利枢纽工程一期173户1132名群众顺利搬迁，确保了旁多水利枢纽工程如期进行。

【持续推进和谐矿区建设，着力发展工业经济】一是以矿业产业为支柱的工业经济实现了增量提速，全年工业总产值3.51亿元，完成工业销售产值1.8亿元，同比增长44%；完成工业税收1356.81万元，占到全县各级税收的32%，同比增长83.3%；完成工业投入2.85亿元，同比增长50.8%。二是建设和谐矿区10项制度全面落实，建立健全企业对矿区公益事业的投入机制、矿区群众工作机制等长效机制，统筹兼顾地方政府、矿山企业、矿区群众的利益。三是卓有成效地开展了矿业经济协调服务工作，投资环境得到改善，矿业经济健康发展，和谐矿区建设取得阶段性成效。大力推进非公有制经济发展，全县各类市场主体达到687户，新增36户，市场经济更加活跃；2011年招商引资到位资金2.11亿元，同比增长33.5%；实现社会消费品零售总额4909.42万元，同比增长23%。

【小城镇和新农村建设】小城镇建设成效显著，一是积极实施县城东扩发展战略，建设新的新政中心，实施第一期37705.3平方米的建设任务。二是以甘曲路、苏州路为重点，着力加强对现有街道、商铺的改造升级，提升县城形象。三是建立权责统一的县城管理体制，重点加强对环境卫生、公共设施、文明秩序、物业服务等内容的管理，使县城发展繁荣有序。四是完善县城功能设施建设，新建日供水1000立方米的水厂1座、投资1498.8万元建设占地38亩的垃圾填埋场，完善宾馆、餐饮等基础设施，健全县城功能。五是总投资2005.87万元的县乡（镇）干部职工周转房建设项目完工。六是进一步提高县城绿化率，营造出良好的人居环境。

2011年林周县安居建设800户，总投资2182万元。全县境内共有2批公路沿线整体改造提升，890户农牧民房屋进行了改造，第一批、第二批改造提升参与户分别为720户、170户，其中外观改造839户，新建两层民房37户，加盖二层14户，大庆前全部竣工。总投资800余万元的松盘乡白定新村“新农村示范点”占地面积21460平方米，建设50户，计划入住248人，已完成全部工程建设，陆续开始入住。

【教育 文化 卫生】优先发展教育，全县学前教育幼儿班13所，含中心幼儿园1所，学前幼儿数1604人，在读人数1046人，入学率65.21%；全县适龄儿童入学率达99.58%，在校学生巩固率达99.75%。初中入学率达98.34%，在校学生巩固率达99.81%。高中阶段入学率98.98%，青壮年文盲率控制在0.05%以内。

为加强全县精神文明建设，满足群众的精神文化需求，最终达到丰富群众精神食粮和青少年思想道德建设目的，2011年林周县创办第一个时政性季刊《林周之窗》，向各乡镇村、学校发放藏文版《拉萨晚报》2640份；加强民族团结等读本1378册；发放图书、期刊、音像制品6000册；法律宣传资料12000余册；完成全县27座寺庙书屋建设任务，加强了45个行政村农家书屋规范化管理。群众民间文艺队伍在政策和资金上得到大力扶持。目前，群众民间文艺演职人员达到500余人，现有藏戏队4支，民间锅庄队10支，业余演出队6支。物质和非物质文化遗产也在县委、县政府的高度重视下得到有效保护，现已设立林周县文物局，对全县各类文物进行了全面普查、建档，旁多水利枢纽工程淹没区文物的野外考古工作也全面结束，顺利迁建文物4个。广播电视“村村通”和“户户通”工程有序推进，现如今全县广播电视综合人口覆盖率达到99%，农村电影放映工作丰富了边缘农牧民业余文化生活，截至目前，全县共放映电影1730场。

全县现有医疗卫生机构29所，县级单位2所，乡卫生院9所，村级卫生院18个。卫生专业技术人员203人，在职干部114人，聘用乡村医生89人。为1093名45岁以上城镇居民进行体检，建立健康档案。农牧区医疗制度综合覆盖率已达到100%，个人筹资率达99.7%。

【旅游】积极开发文物古迹、人文景观与自然景观互补，观光与休闲度假互补的现代旅游，已形成历史文化遗产观光游、自然风光游、民俗风情游等旅游方式，全力配合拉萨市创建具有高原和民族特色的国际旅游城市。2011年林周县确定旅游基础建设项目3个，投资80万元建设南部黑颈鹤观鸟台，投资361万元实施热振国家森林公园游步道建设项目，投资60万元实施热振国家森林公园旅游发展项目已建设完成。

【劳动和社会保障工作】全县医疗保险参保人数3059人，其中参加城镇职工、城镇居民基本医疗保险分别为1935人、1124人；失业人员参保887人；生育保险参保人数1935人；工伤保险参保人数1600人；养老保险参保人数246人；新型农村养老保险参保人数32906人，参保率达87.67%，发放新农保343.6万元。

全县就业再就业培训170人，农牧民转移就业培训200人，职业介绍119人，共组织140人进行职业鉴定，开展高校毕业生就业服务3次，推荐未就业高校毕业培训47人。开发就业再就业岗位110人，全年新增就业人数174人，城镇人口登记失业率控制在3.7%。

扎实开展创建全国双拥模范城市活动，全县享受定补抚恤金的优抚对象9人（烈属5户，伤残军人4人），发放抚恤金58530元；退伍军人600人，三属50人，共发放抚恤定计款83万元；安置5名退役军人。圆满完成2011年征兵工作，19名青年光荣入伍。全县顺利完成45个村民委员会换届选举工作，按照建设社会主义新农村的要求和“生产发展、生活宽裕、乡风文明、村容整洁、管理民主”的目标，积极推进村务公开民主管理工作制度化、规范化建设，保障群众在村级事务中的知情权、参与权、决策权和监督权，保证群众依法行使民主权利，促进林周县经济稳定发展，推动和谐农牧区建设。

【领导名录】
县委书记：钱文辉
县委副书记、人大主任：边巴
县委副书记、县长：次仁顿珠
县政协主席：吕贵声

当雄县

【年度综述】2011年，全县实现地区生产总值6.5亿元，同比增长18.61%，比市政府年初制定的目标任务高出

3.61个百分点，是2008年的1.44倍，年均增长14.6%；全社会固定资产投资8.91亿元，同比增长30.13%，比市政府年初制定的目标任务高出10.13个百分点，是2008年的3.4倍，年均增长80%；地方财政一般预算收入8524万元，同比翻一番，比市政府年初制定的目标任务高出57个百分点，是2008年的5.7倍，年均增长158%；社会消费品零售总额4771.99万元，同比增长44.61%，比年初市政府制定的目标任务高出20个百分点，是2008年的1.2倍，年均增长6.7%；农牧民人均纯收入达到5923.37元，同比增长15.43%，比市政府年初制定的目标任务高出0.05个百分点，是2008年的1.6倍，年均增长20%；实现劳动力转移就业人数4922人，同比增长21.1%，比市政府年初制定的目标任务高出1.1个百分点，是2008年的1.7倍，年均增长23.3%；人口自然增长率为14.97‰，同比下降0.9个千分点。城镇登记失业率控制在3.11%以内，达到目标任务4%以内的要求，同比降低0.69个百分点。三次产业结构由2010年的30.5:31:38.5调整为30.7:29.44:39.86，结构更为合理。

【畜牧业稳步发展，基础地位更加巩固】2011年，各类牲畜存栏47.17万头（只、匹），同比减少19.74%；出栏率46.59%，同比增长4.8%；肉产量9097.12吨，同比增长4.39%；奶产量4753.6吨，同比增长2.11%；绵羊毛产量115.77吨，同比下降0.84%；山羊绒产量11.38吨，同比增长0.53%。积极争取农牧业设施项目，投入资金90万元（县财政配套10万元）完成20栋高寒两用温棚试点建设项目；投入资金600余万元实施牦牛短期育肥项目、纳木湖安居工程畜圈暖棚重建项目、牦牛程序化人工受精技术应用等项目，牧业基础设施得到改善；县财政投入资金46万元推动实施草原生态保护补助奖励机制，完成732.26万亩夏秋草场的承包到户和55万亩的禁牧草场外业测量任务，完成126万绵羊单位的牲畜存栏控制指标，为促进畜牧业生产和生态环境协调发展、缓解草畜矛盾打下了基础。加强动物疫情防控工作，完成牲畜注射582859头（只、匹），防疫密度达到99.99%；加强虫草采挖管理，牧民采挖虫草人数达到47.12万人次，实现经济收入8520万元。引导发展牧民专合组织10个，拓宽了牧民增收渠道；加强牧民就业技能培训，培训牧民群众3560人，超额完成目标任务的256%；同时争取区市科技特派员21名，有力地提高了畜牧业发展的科技含量。

【旅游业繁荣兴旺，支柱产业优势凸显】全年纳木错景区共接待国内外游客43.6万人，实现旅游收入5209万元，同比分别增长22.47%、30.85%；旅游业带动相关产业实现收入1.97亿元，同比增长24.56%。“两区一带”旅游格局逐步形成，旅游强县优势日益凸显。

【项目建设有序开展，拉动经济增长作用明显】按照“四个一批”项目建设要求，积极争取区、市和援藏资金，加大基建项目的投入力度，先后完成干部职工周转房、新赛马场、当曲三组新农村建设等9个续建项目和特警大队、民政救灾物资储备库、自然村公路通达工程等7个新建项目的建设任务；县档案馆、新华书店、乡镇办公用房、乡镇派出所等17个项目正在抓紧实施前期工作；县公、检、法、司及中学供暖工程、纳木湖乡绵羊短期育肥基地建设等项目已经纳入“2011-2012年援藏项目”予以立项。全年共实施项目38个，项目完工率达93.33%。

【招商引资力度加大，工业发展提质增效】2011年共完成招商引资续建项目7个，协议总资金15.15亿，实际到位资金7.55亿元；完成招商新建项目2个，协议总资金13.9亿元，实际到位资金0.77亿元。完成“万村千乡市场工程”新建农家店15家，改造提升8家；完成2个再生资源网点建设和家电家具下乡网点建设任务，家电家具下乡实现销售额297.8万元；完成10个农牧民自产自销产品的农贸市场摊位入点经营统计工作；全县个体工商户达981户，同比增长17.1%，从业人员1761人；成功举办“当吉仁”赛马节物资交流会，参会商户383户，实现成交额1100万元。工业发展取得新突破，实现工业销售产值4.65亿元，同比增长63.17%；工业税收完成0.46亿元，同比增长22.68%；工业增加值1.82亿元，同比增长47.47%；工业投入2.42亿元，同比增长32.66%。

【民生事业加速发展，惠民政策落实到位】一是教育事业保障有力。本级财政配套资金1704.8万元，分别用于“国检”宣传、扫盲、提高教职工待遇、教职工节假日慰问、“三保”资金配套以及各学校附属设施建设。开展扫盲专项工作，发放扫盲教材8075本，先后组织扫盲考试3期，发放脱盲证书175本。全年“三包”经费全额投入到位，经费使用率达到99.89%。小学适龄儿童入学率和巩固率分别达到99.28%和99.59%，与去年同期持平；初中入学率达到98%，与去年同期持平；初中巩固率达到99.29%，同比增长2.29%；青壮年非文盲率为99.2%。通过各方面的努力，今年9月顺利通过国家“两基”验收。二是卫生事业整体推进。应急物资储备、疫情处理、合作医疗、食品药品监督和乡镇卫生院办公设施改善等建设步伐加快；全县7个乡镇卫生院和5个村级卫生室全面执行国家基本药物制度，乡村卫生医疗工作整体推进；县医院住院大楼新建、门诊楼改建和4个村级卫生室建设项目进展顺利；合作医疗经费管理规范和资金使用监督到位，全年合作医疗经费实际到位资金1139.6万元，牧民参合率99.72%。三是文化事业繁荣进步，精神文明建设成效明显。投资168.02万元建设3个乡级文化站、新建4个寺庙书屋；开展各类文艺活动53场次，成功举办庆祝建党90周年和西藏和平解放60周年期间的“红色歌曲拉萨唱”当雄专场、“盛世飞歌、和谐当雄”等大型文艺演出活动，放映电影1224场，发放“户户通”卫星直播接收设备8248套，广播电视覆盖率分别达到96.7%和96.5%，同比增长2.1%和1.2%。县、乡两级财政共投入资金483.43万元，用于群众性精神文明创建工作和文化事业的发展，全县群众性精神文明创建工作呈现出“群众参与面广、认可程度高，传统文化得到保护和弘扬，文化事业稳步发展”的可喜局面。四是社会保障事业稳步推进。全年足额兑现落实920户3622人城乡低保金347.82万元，年前一次性生活补贴96万元。解决原供销社系统32名半脱产人员一次性生活补助41.33万元；缴纳各项社会保险金219.37万元；征缴新型农村社会养老保险基金232.55万元，为3562名60周岁以上老年人发放新农保基础养老金173万元，新农保参保率达到85%以上；投入医疗救助资金68.22万元救助144人；投入资金166.43万元加强防抗灾工作，全县防抗灾能力得到提高。加强劳动力转移就业工作，新增就业人数231人，同比增长36%；实现劳动力转移就业4922人，同比增长21.1%。五是城乡人居环境得到极大改善。投资5985万元524户的交通干道旅游沿线暨村容村貌综合整治工作和投资1405.6万元共5个人居环境点的整治工作均已圆满完成；总概算投资753.15万元共44套2894.22平方米的周转房及其附属设施建设项目已经完成前期工作；总概算投资277.93万元24套1425.36平方米的廉租住房建设项目已动工建设；估算总投资480万元52套3000平方米的公租房建设项目前期工作正在实施；278套16680平方米公租房建设项目正在申报当中。六是水利设施建设扎实推进。县财政投入50万元，完成了《当雄县"十二五"新增及巩固和提高完善农村饮水安全工程实施方案》的编制工作、水利普查清查登记工作和全县中小河流治理项目前期工作；争取各级各类资金1720.68万元，先后完成贡塘草场牧区节水灌溉试点工程、宁中乡拉曲河堤防工程等水利建设项目和羊八井镇连片供水、纳木湖乡重建安居工程等农村饮水安全工程的建设任务，其中贡塘草场牧区节水灌溉试点工程成为全国牧区水利研讨会现场观摩点。七是十二件民生实事工作落实到位。涉及45岁以上城镇居民免费体检、中小学学生接送车辆、县突发事故急救站、全县顶岗教师和后勤服务人员待遇等8件民生实事均按照市委、市政府要求全部落实到位。

【生态环境保护有力，国土资源管理日益规范】积极开展环保项目申报工作，阿热湿地保护区建设项目申报工作进展顺利，5个乡镇的农村环保综合治理项目已经建成2个，并投入使用；全面开展"禁白"工作，没收一次性发泡塑料餐具400余份，销毁塑料袋2000余份；加强环境卫生的管理力度，全年组织大型清扫活动20余次，填埋各类垃圾1500余吨。国土资源管理规范有力，土地管理和行政审批程序日益健全和完善，依法供地工作有力推进；乡镇国土员的设立加强了县乡土地和矿政管理工作的联系，闲置土地清理工作的深入开展，提高了全县土地利用效益；预算资金达599.33万元的羊八井桑巴萨村土地整理项目前期工作进展顺利；农村宅基地确权登记发证工作扎实推进；13家矿业档案的建立、矿产资源动态巡查和矿产储量动态管理机制的建立以及和谐矿区建设力度的加大，推动了矿产资源管理工作的规范化建设。全年共征收草场补偿费12.39万元、土地出让金8748元；羊八井光伏电站、羊易地热电站、宇宙观测站、羊八井温泉度假村等项目用地报件工作和用地衔接工作正按照程序逐步实施。

【民主法制建设得到加强，社会综合治理成效显著】2011年县财政共投入综治维稳资金329万元，推动了社会治安综合治理工作的深入开展。"六五"普法教育深入推进，法律"七进"工作成效明显，法律援助力度加大，便民"一卡通"试点工作全面展开，群众知法懂法守法意识不断提高；综治工作的领导、督察、考核、预警和社会舆情汇集分析等五个机制建设不断完善；铁路护路、寺庙稳定、重点人员管控、社会面防范、重点部位值守、流动人口管理、安全生产、矛盾纠纷排查化解等各方面的责任制落实工作不断强化；统战民宗、社会治安综合治理、信访单独考核、单独奖惩的"1+3"考核体系建立实施；积极助推公安部门实施的"护城河工程"，县境内109国道、当纳公路旅游沿线24个仿真警察、17个公安检查站和4个机动车测速组的投入使用，使全县社会治安综合治理工作的软件、硬件设施迈上了新台阶。全年共创建平安单位27个，接待来访128件345人次，办结率100%；受理劳务纠纷案件9起，办结9起，为132名民工讨回工资133.45万元。排查各类矛盾纠纷83件，调处78件，调处率94%。大力开展道路交通安全专项整治工作，全年交通事故死亡人数与死亡控制指标相比下降38.8%；共开展14次拉网式安全生产检查，集中销毁过期或质量不合格产品37种，全年未发生产品质量和食品药品安全事故。

【"六城同创"成效显著，城乡面貌焕然一新】以"六城同创"工作为契机，投入资金581.5万元，对全县的市场秩序、交通环境、建筑领域、旅游环境、环境卫生等进行全面的综合整治，共拆除违章建筑36处，改善提升旅游沿线公厕5个，养护公路路面80余公里，并对县城主干道沿街28家单位和310家店铺进行了整治；投入资金312万元完成造林绿化2510株，成活率达72%，同比增长300%；2000平方米城镇棚户区改造、111套7770平方米周转房改造以及滨河路市政工程、垃圾转运站建设工程、污水处理场建设、县水厂及管网改造工程、巴贡路市政工程、六乡两镇基础设施建设工程等11个项目正在申报当中。通过以上措施，使当雄城乡建设的硬环境得到进一步改善。

【自身建设不断加强，依法行政水平不断提升】县级财政投入资金38万元深入开展"基层建设年"、"创先争优强基础惠民生"活动。投入资金227万元建成政务服务中心和信访服务大厅，12个对外行政办公单位入驻服务大厅，行政审批、便民服务效率得到提高。扎实开展"小金库"治理、工程建设领域突出问题整治等活动，强化行政问责，加强公务用车管理，严肃查处各类违法违纪案件，行政执法监察力度得到加强。自觉接受县人大及其常委会的法律监督与工作监督，办理办结人大代表建议63件。

尼木县

【年度综述】2011年，全县国内生产总值达到38620万元，增长22.4%。其中一产6981万元、二产13138万元、三产18501万元，三次产业比重由上年的18.7:35.5:45.8调整为18:34:48；完成固定资产投资37827.27万元，增长27.4%；农牧民人均纯收入达到5598.93元，增长21.5%；财政收入完成1483万元、增长28.5%；城镇居民可支配收入16293.67元，增长13.3%。

曲水县

【年度综述】2011年，全县实现地区生产总值56050万元，完成年度目标任务的100.91%，增长28.85%。其中：一产增加值9350万元，完成年度目标任务的100%，增长6.25%；二产增加值35440万元，完成年度目标任务的101.45%，增长37.36%；三产增加值11260万元，完成年度目标任务的100.02%，增长26.52%，三次产业结构调整为16:63:21。全社会固定资产投资完成77235万元，完成目标任务的102.16%，增长22.6%。预计完成本级财政收入2850万元，比去年增加了576万元，增长25%，完成年初预算的101.79%。农牧民人均纯收入达到5725元，增长17.08%，完成年度计划的100.26%，其中现金收入为3425元，增长14.82%，完成年度计划的100.44%。完成全社会消费品零售总额10880万元，增长21.5%。全县个体工商户694家，从业人数达1347人，注册资金1152.03万元。2011年全县共接待国内外游客1万余人次，增长20%，实现旅游总收入575万元，增长25.55%，完成年度计划的100%。

堆龙德庆县

【基本县情】堆龙德庆县位于西藏自治区首府拉萨市西南方，距市中心12公里，属典型的城郊结合部。全县总面积2704.25平方公里，下辖五乡两镇，34个行政村，总人口4.6万多人。青藏公路、拉贡公路、青藏铁路穿县而过，青藏铁路客运站、货运站位于县柳梧乡和乃琼镇，柳梧新区和拉萨市国家级经济技术开发区位于县柳梧乡和东嘎镇、乃琼镇。

【年度综述】2011年，全县实现地区生产总值12.9亿元，是2006年的2.28倍，年均增长17.92%。人均GDP达到2.7万元，高于全区平均水平。财税收入实现双突破，财政一般预算收入达到1.46亿元，是2006年的3.85倍，年均增长31%，公共财政保障能力显著提高；税收完成2.1亿元，是2006年的4.9倍，年均增长37.43%，经济总量实现了大跨越。

【农牧业基础进一步夯实】2011年，农牧民人均纯收入达6234.03元，是2006年的2倍。农林牧渔业总产值完成2.03亿元；粮经饲比例由2006年的57:32:11调整为2011年的58:28:14。基础设施条件得到进一步改善，特色农牧业开发、整乡推进、土地治理、小型农田水利、农牧业科技推广服务体系等重大基础设施建设加快推进。特色产业快速发展，产业实力不断增强，特色农牧业区域化布局初步构建，乃琼镇岗德林蔬菜基地商品交易展示中心、羊达乡无公害蔬菜生产基地一期工程完成建设，以优质蔬菜、瓜果、花卉为主的优势农产品示范基地不断发展壮大，优质粮油菜、优质饲草、黄牛短期育肥、奶牛养殖、半细毛羊养殖等农业开发、产业扶贫项目向偏远乡镇扩展，德庆乡、马乡、古荣乡初步形成了以种养业为主的特色农牧业产业带，产业规模化、效益化明显。坚持把发展龙头企业、加快推进农业产业化经营作为实现农牧业跨越式发展、增加农牧民收入的重要环节，积极引导县内企业向农业产业化和农畜产品加工转移，大力培育和扶持专业合作社，提高农牧民组织化程度，2011年，专业合作组织发展到21家，发展市级农牧业产业化龙头企业4家。一批自治区级“一产上水平”的示范乡、村、户不断培育壮大，累计完成一户一棚建设7827户，发展庭院经济2500户，农牧民收入渠道向多方面拓宽。农牧业政策扶持力度进一步加大，支农惠农补贴范围和标准不断扩大，累计兑现农机具购置补贴、柴油补贴、生猪出栏补贴、粮食直补等各项补贴620.96万元，农机“三项作业率”达到85%以上。草原生态补偿机制初步建立，牲畜出栏率大幅提高，达到39%。农牧民群众充分享受到了改革发展的巨大成果。

【工业强县步伐持续加快】2011年，全县完成工业总产值8.5亿元，是2006年的4倍；完成工业企业销售收入7.19亿元；完成工业增加值2.51亿元；实现工业税收0.65亿元;工业企业吸纳从业人员2675人。特色工业体系日臻完善。坚持把培育支柱产业作为经济发展的战略重点，努力探索走有中国特色、西藏特点的新型工业化道路，初步形成了以优势矿产业、新型建材业、特色农产品加工业、民族手工业、包装业、藏医药业为主的特色工业体系，产业规模化、效益化显著，呈现出产销两旺的喜人局面。2011年，各类工业企业达到59家，规模以上企业达16家，销售收入超亿元的工业企业2家，利税超千万元的工业企业7家。招商引资工作取得重大突破。认真完善并严格落实招商引资优惠政策，按照“外引内联并举、大小项目并重”的原则，加强与区内外的互助合作，建立利益共享机制。利用以商招商、网络招商、小分队招商和亲情招商，引进了一批技术含量高、综合效益好、带动就业能力强的大项目，经济发展后劲显著增强。2011年，堆龙德庆县工业园区入住企业达34家，实现主营业务收入1.05亿元、税收800余万元。

【第三产业迅猛发展】2011年，实现社会消费品零售总额3.4亿元。商贸流通业快速发展。认真贯彻实施中央和区市制定的一揽子扩大内需、刺激消费的政策措施，以结构调整为主线，大力开拓城乡市场，加快推进商贸流通业现代化步伐。城乡市场体系建设得到加强，“万村千乡”市场工程建设扎实推进，农家店覆盖全县所有乡镇、遍布34个行政村。和平路、109国道、团结路、东嘎路等沿街商业建设加快，商贸服务业快速发展，连锁经营、物流配送、特许经营等现代流通方式以及超市、便民店、服务网点等新型流通业蓬勃发展，吃、住、娱、购条件进一步改善，浓郁的商业文化氛围逐渐形成，消费拉动经济增长的能力有效增强。2011年末，全县共有各类商户809家。旅游业蓬勃发展。堆龙德庆县旅游业十二五整体规划顺利完成，德庆旅游服务中心、邱桑温泉配套设施等项目的实施，进一步完善了旅游硬件设施，桑木民俗旅游、觉木龙藏戏等乡村旅游资源得以开发利用，旅游接待能力显著提高，特色旅游、生态旅游、文化旅游不断发展壮大。2011年，全县旅游景点共接待国内外游客37.93万人次，实现旅游收入1220.9万元。

【社会各项事业取得新进步，群众得到更多实惠】坚持统筹城乡经济社会发展，紧紧围绕学有所教、劳有所得、病有所医、老有所养、住有所居的目标，不断加大对社会事业的投入力度，进一步缩小城乡基本公共服务差距，切实保障和改善民生。

教育事业快速发展。“教育优先发展战略”得到贯彻落实，本级财政对教育事业的经费投入逐年增长，2011年落实教育经费2281万元。“两基”成果得到巩固提高。小学适龄儿童入学率、初中入学率分别达到99.85%和99.6%以上，巩固率分别为99.8%和99.2%，辍学率控制在1.9%以内，全县青壮年文盲率控制在0.7%之内。学前教育日显规模，各类资源得到有效整合，县中心幼儿园完成改扩建，各中心小学学前教育稳步推进，初步形成了以县中心幼儿园为主，乡镇中心小学、完小和教学点为支撑的学前教育网络。职业教育稳步开展，服务经济社会的能力不断增强。同时，紧紧抓住集中办学的有利时机，进一步加强基础能力建设，不断加快学校布局调整，办学条件得到极大改善，学校面貌发生巨大变化，实现了教育的均衡发展。县中学、丰台小学及德庆乡、柳梧等乡中心小学完成改扩建，校园绿化、道路硬化、给排水等附属设施进一步完善。师资队伍不断壮大，中、小学教师学历合格率分别达98.56%和97.5%。教育公平和教育质量不断提高，“三包”政策及学生营养改善计划得到落实，适龄青少年受教育的权利得到保障，外来务工子女全部实现就近入学。教育改革不断深化，素质教育扎实推进，“送教下乡”活动广泛开展，教育信息化建设步伐加快。2011年，举全县之力，顺利通过‘两基’国家评估验收，获评‘全区“两基”国检工作先进集体’称号。

卫生事业健康发展。认真落实医药卫生体制改革，加强公共卫生和医疗基础设施建设，着力提高医疗质量和服务水平，大力推进各项卫生事业健康发展。医疗卫生服务体系进一步健全，基本公共卫生服务均等化水平明显提高。完成了6个乡镇卫生院、8个村卫生室标准化建设，加快实施了县疾控中心、县人民医院整体搬迁等一批重点项目建设。每千人拥有病床数和卫生技术人员达到1.35张和1.14名。农牧区医疗制度健康运行，基本医疗保障水平不断提高，新型合作医疗参合率达99.9%。积极推进国家基本药物制度的实施，实现基层医疗机构增补药品502个品种，常用药物配备达到80种以上，乡镇卫生院均设立藏医药房、配备藏医技术人员，农村藏医药使用率达50%，医疗设备利用率达85%以上。突发公共卫生事件应急工作机制不断健全，疾病预防控制能力进一步增强，传染病发病率由2006年的267.05/10万下降到2011年46.51/10万，“九苗”接种率达到98.18%，儿童计划免疫“五苗”接种率保持在95%以上。依法规范妇幼保健工作，努力提高妇幼卫生服务能力和水平，住院分娩率由2006年的70%上升到2011年的89.7%，婴儿死亡率由2006年的53.7‰下降到2011年的22.5‰。

文化事业繁荣发展。党的十七大提出的“推动社会主义文化大发展大繁荣、兴起社会主义文化建设新高潮”战略，为加快文化发展创造了有利的政策环境。文化建设与经济建设、城市建设、旅游产业实现互融，文化对经济社会发展的推动作用日益显现。文化事业投入不断加大，公共文化服务网络日益完善，服务体系建设扎实推进。重点实施了乡镇综合文化站及农家书屋、寺庙书屋建设，实现了村村有书屋的目标，初步构架起了覆盖县、乡、村三级公共文化服务网络。大力实施广播电视“户户通”、“村村通”、“舍舍通”工程及农村电影放映工程。到2011年末，全县共有“村村通”广播电视台站55座，广播电视“户户通”11420套；室内电影放映室12间，放映点104个。大力开展各类群众性文化活动，群众文化活动如火如荼，公共文化服务内容不断充实，形式不断拓宽，群众文化生活需求得到进一步满足。依托各类节庆、庆典组织开展“原生态歌舞”比赛、“红色歌曲·拉萨唱”等系列活动，成功举办中国共产党建党90周年暨西藏和平解放60周年系列文艺汇演，广泛开展“三下乡”活动和群众性文体活动，活动内容丰富多彩、气氛喜庆祥和，深受群众欢迎。先进文化进寺庙工作走在全区前列。县志首轮编纂发行工作全面完成。文化传承保护力度日益加大，民族优秀文化得到有效继承和弘扬，成功申报国家级非物质文化遗产1项、自治区级4项、市级和县级各6项，确定国家级和自治区级非物质文化遗产传承人各2名,觉木龙藏戏队成为全区为数不多的非物质文化培训传承基地。

社会保障体系进一步完善。全面贯彻实施积极的就业政策，大力开发有利于扩大就业的劳动密集型产业，不断增加岗位，扩大就业范围。成功举办了“堆龙德庆县2011年人力资源洽谈会”。全县新增就业人数1701人，农村劳动力向非农产业转移400人，城镇登记失业率为0.4%。失业保险参保598人，职业介绍成功1301人，就业再就业技能培训604人。劳务输出9580人，实现劳务输出收入7090.6万元。并不断加大城镇“3545”人员、进城务工人员等困难群体的就业援助，“零”就业家庭保持动态清零。鼓励和引导大学生自主创业，面向企业、面向农牧区、面向基层就业，困难高校毕业生就业率达到100%。社会保险工作稳步推进，养老保险退休金发放率、失业保险参保率均达到100%。同时，广泛开展双拥共建活动，军政军民关系得到巩固和发展，连续七次获得“全国双拥模范县”、八次获得“全区双拥模范县”荣誉称号。

民生建设取得新进展。以改善民生为出发点和落脚点，着眼于解决群

众最关心、最直接的热点和难点等问题入手，始终致力于强基础、惠民生各项工作。2011年本级财政投入资金1000多万元，实施了40余项为民办实事项目，项目涉及水、电、路等基础设施建设。第一批农村饮水安全工程共解决11个村组、841户、2900人的饮水安全问题。扶贫工作稳步开展，整乡推进项目顺利完成，有效衔接2787人脱贫致富。

坚持改革开放不动摇，扩大开放合作取得新实效。始终坚持把改革开放作为加快发展的强大动力，全面深化和统筹推进各项改革事业，加强对外经济交流与合作，不断拓展对外开放领域，推动经济和各项事业快速发展。农牧综合改革继续推行，非公有制经济进一步发展。积极开展对口受援工作，尤其是中央第五次西藏工作座谈会召开以来，对口受援工作格局发生了深刻变化，资金支持力度前所未有，人才培养、民生项目遍地开花。2011年，北京市援助资金累计达7000多万元，实施了基础设施、市政道路、设施农牧业、工业园区规划等一系列涉及面广、带动性强、群众认可的民生项目。受援方式由资金型、项目型、输血型向人才型、落户型、造血型转变。

达孜县

【**年度综述**】2011年，全县实现国内生产总值（GDP）6.02亿元，同比增长20%，其中：一产达到9000万元，同比增长2.27%；二产达到2.79亿元，同比增长20.26%；三产达到2.33亿元，同比增长25.27%；实现财政总收入2.73亿元，同比增长46%；实现地方财政一般预算收入2870万元，同比增长76.5%；实现税收6700万元，同比增长60%；实现农牧民人均纯收入5847.29元，同比增长20%；完成全社会固定资产投资8.2亿元，同比增长52.1%。各项经济指标均创新高。

【**农牧业生产形势良好**】2011年，共落实农作物播种面积6.93万亩，其中落实粮食播种面积4.53万亩，经济作物1.38万亩，饲草作物1.02万亩。实现粮食作物产量2.32万吨，油菜0.16万吨，蔬菜2.48万吨。全县牲畜总存栏11.81万头（只、匹），牲畜出栏4.19万头（只、匹），出栏率达到35%以上。实现牛、羊、猪肉类产量0.293万吨，蛋类产量131.3吨，奶类产量0.472万吨。各项指标全部完成目标任务。

2011年，实现工业总产值3.6亿元，同比增长44%，超额完成目标任务；实现工业销售8.4亿元，同比增长83.7%；实现工业增加值2.76亿元，同比增长58.9%；实现工业税收6014万元，同比增长61%；实现工业投入4.5亿元，同比增长56%。2011年7月22日，江苏·拉萨展销中心等总投资累计达到4.3亿元的10个重点项目集中开工，拉开了达孜工业园区大建设、大发展的帷幕。

【**招商引资再创新佳绩**】2011年，新签约企业24家，协议资金14.34亿元，同比增长26%；实际到位资金3.23亿元，同比增长41.2%，其中已注册企业13家，注册资本1个多亿。在以上新引进企业中，有8家企业正式开工建设，协议总投资3.38亿元。同时，积极做好招商项目信息工作，掌握在手的项目信息有40个，把握较好和重点推进的项目有12个。

【**人居环境得到新改善**】2011年，在全县范围内大规模开展以市场秩序、交通环境、违章建筑、旅游环境、环境卫生为重点内容的城乡环境综合整治活动。完成了318国道沿线广告标牌的翻新和更换；完成了商户占道经营行为的清理；完成了农牧民安居工程、人居环境和村容村貌整治项目、318国道沿线安居工程整体改造提升项目的建设任务；完成重点区域造林任务8700.9亩，完成防护林面积6500亩，完成荒山荒地造林任务5000亩，植树造林成活率达到85%。

【**援藏工作硕果累累**】援藏力度持续加大。一年来，共引进各类援藏项目7个，争取援藏资金5964.72万元。其中：工业园区建设档次、水平、规模进一步提升，成为首个区级工业园区，得到了中共中央政治局委员、书记处书记、中央组织部部长李源潮的高度认可；江苏·拉萨展销中心项目的建设，不仅是江苏、拉萨优特产品拓展西藏市场的重要领地和江苏、拉萨两地企业对外展示的窗口，而且也是江苏、拉萨两地交流合作的重要平台；镇江公园的建设，为广大群众提供了一个集休闲、娱乐、健身为一体的活动场所；318国道改造工程，使县城面貌焕然一新；镇江市委书记许津荣、市长刘捍东亲率企业家代表团赴藏，开创了企业援藏的新模式。

【**社保民政事业不断提升**】2011年养老保险参保人数177人（扩面25人），完成全年目标任务的250%，共收缴基本养老保险金1510329元，征缴率100%。城镇职工医疗保险参保人数1355人（扩面205人），完成全面目标任务118%，共收缴职工医疗保险金1088139元，征缴率100%，待遇支付992283元，待遇支付率100%。城镇居民医疗保险参保人数达535人（扩面53人），完成全面目标任务的107%，共收缴个人和县级配套保险金32930元，征缴率100%，待遇支付32683元，待遇支付率100%。失业保险参保人数达536人，完成全年目标任务的111%，基金征缴815532元，征缴率为100%。工伤参保人数达803人，完成全年目标任务的134%，征缴基金179985元，征缴率为100%。生育保险参保人数达1182人（扩面74人），完成全年目标任务的118%，征缴基金236400元，征缴率为100%，待遇支付126402元，支付率为100%。

【**教育事业全面提高**】优先发展教育事业，本年度共投入资金2509万元，新建校舍8941平方米，实施了雪乡青少年活动中心，章多乡完小综合办公楼、学生宿舍及塑胶跑道，塔杰乡完小师生宿舍及学生食堂，县完小学生食堂及教工宿舍，县中学及章多乡完小附属工程等项目，办学条件进一步改善。同时，积极推进教育体制改革和创新，加强教研教改力度，教育教学质量有了明显提高，学校德育工作得到切实加强，基础教育得到了普及和巩固。截至目前，普及义务教育适龄儿童入学率和巩固率分别达到99.85%和99%，全县中小学毕业率均为100%。年生均“三包”经费从去年的1800元，提高到了今年的2200元。师资队伍建设进一步强化，教师学历合格率达到100%。高标准、高质量顺利通过“两基”迎“国检”工作，达孜教育事业步入新的历史时期。职业教育稳步推进，办学体制进一步优化，逐步形成了校企合作、半工半读等办学模式。

【领导名录】
县长：阿努次仁
常务副县长：薛军民
副县长：普布顿珠、卜兴荣、陈建平、张尚福、白珍、陈立、次旺多杰

墨竹工卡县

【年度综述】2011年，全县地区生产总值突破10亿元，达到10.34亿元，同比增长21.65%；全县财政累计支出42387万元，同比增长60%，财政一般预算收入完成9768万元，同比增长52.63%；全县税收突破2亿元，达到2.33亿元，同比增长126.21 %；社会消费品零售总额达到7400万元，同比增长20.33%；农牧民人均纯收入达到6220.01元，同比增长28.11%，其中现金收入达到3856.41元。三次产业结构调整为18:67:15。城镇登记失业率控制在4 %以内，人口自然增长率稳定在13.06‰。

【经济发展】突出发展现代农牧业，新农村建设成效显著。巩固粮食安全，强化农田渠系建设，全年播种面积7.84万亩，其中粮食作物5.52万亩，经济作物1.54万亩，饲草料作物0.78万亩，粮经饲比例调整为70：20：10。大力发展设施农牧业，新增高效日光温室104栋、新增育苗面积864.3亩。强化农牧业科技支撑，新增科技特派员28名，达到62名。提高农牧民组织化程度，新增4个合作组织。提高农机化水平，新增各类农机具500台（套）。土地卫片执法检查工作顺利完成，防抗灾和动物疫病防治工作有序开展，草场生态保护补助奖励机制工作全面实施。全年粮食产量2.21万吨、油菜产量0.24万吨、蔬菜产量0.15万吨；年末牲畜存栏达21.76万头（只、匹），出栏率达35%，奶肉产量分别达0.23万吨和0.67万吨。加快推进生态建设，全年造林2.34万亩，落实公益林管护费用772.22万元；开展禁白工作6次，累计收取生态恢复保证金303.532万元。建成438座沼气池，总数达到3875户；完成了982户的安居提升改造和10个点的村容村貌整治；实施了投资104.45万元的墨工干渠田间工程水保及环保工程，解决了18个点200人的安全用水、280人的用电问题，广播电视覆盖率达98.5%，全县8个乡（镇）全部实现通油路、40个村通公路。认真落实强农惠农政策，落实粮食直补资金159.87万元，农机具购置补贴217万元，农用柴油补贴64.2万元。“万村千乡市场工程”新增18个农家店，建成1个配送中心；家具下乡工程实现销售额115.47万元，兑现补贴近28.87万元；汽车、摩托车下乡工程实现销售额近1228.53 万元，兑现补贴116.23万元。实施14个农发扶贫续建项目，使310户1552名群众脱贫。加大农牧民转移就业力度，完成农牧民技能培训3500人，转移技能培训477人，劳务输出27993人次，实现收入12973.95万元（其中虫草收入5360.3万元）。

加快资源开发利用，二三产业发展迅速。紧紧围绕“做大做强矿产业”的发展思路，不断推进和谐矿区建设，初步完成华泰龙矿区二期工程规划设计，顺利完成邦铺矿区搬迁安置前期工作，成立工作组扎实推进巨龙矿区搬迁安置前期工作。2011年实现工业总产值7.38亿元，同比增长62%；实现工业销售产值7.15亿元，同比增长69%；实现工业增加值3.92亿元，同比增长56%。全县涉矿企业吸纳本地农牧民就业366人，上缴税收1.63亿元，占全县税收总额的70%。以建设“旅游名县”为目标，以打造“四大景区”为抓手，以项目建设为载体，着手编制了《甲玛景区霍尔康庄园前期规划》、《思金拉措景区可研报告》，完成了霍尔康庄园项目可研立项、规划设计和房屋拆迁、土地平整、项目招投标工作，完善了甲玛景区基础设施。以建党90周年、西藏和平解放60周年和雪顿节为契机，成功举办了2011年拉萨雪顿节“首届甲桑古道徒步游”活动和“第二届甲玛松赞文化艺术节”。全年接待游客46.9万人次，同比增长28.49%；旅游收入实现868.6万元，同比增长20.75%，旅游从业人员达到540人。

【基础设施建设和管理】坚持项目带动促发展，突出重点，大力推进项目前期、建设和管理工作，全社会固定资产投资完成12.8亿元，同比增长21.9%。实施了法院审判用房、检察院技侦楼、龙达新村、自然村公路通达等工程，落实了借母畜还仔畜、奶牛养殖、牦牛养殖、优质油菜生产基地建设、低产田改造等农牧业项目，完成了国道沿线安居工程改造提升、格桑村委会改造、县城广告牌更换等14个大庆项目，落实了涉及基层组织、新农村、新区建设、景区建设、农业基础设施建设等方面12个援藏项目，使全县城市基础建设进一步加强，城乡公共服务能力进一步提高。

【社会事业】围绕“两基”迎国检工作，全面发展教育事业。全年政府对教育投入占到了地方财政收入的21.9%；全县中、小学入学率分别达99.02%和99.32%，巩固率分别达99.76%和99.89%；农村学前幼儿入园率达42%，县镇学前幼儿入园率达87%；文盲率控制在1%以下。医疗卫生服务能力全面提升，农牧区医疗筹资率达99.97%，“两网”建设成果得到巩固加强，现有53个药品“两网”点；儿童“四病”管理率达100%。建成24座寺庙书屋、为40个农家书屋配齐了设备和书籍，修建了机关小区健身活动场，申报了多个非物质文化遗产保护项目，开展了10座大型寺庙文物古籍普查工作，完成了2194场电影放映，开展了“红色歌曲县区行”等丰富多彩的大庆活动，文化、广电事业得到了全面加强。国防教育和国防动员工作有序开展，妇儿工委、电信、气象、邮政、工商、统计等工作均取得了新成绩。

【民生建设】全面落实了拉萨市“十二件民生项目”和县“十件实事”。全年财政用于民生项目的资金达到

8050万元，占到地方财政收入的82.4%。十件实事基本完成。投入178.32万元（含援藏资金56.8万元），开展了贫困家庭子女入学救助工作。投资1015.61万元，完成了工卡镇工卡村25户、卡东小组19户的改造工程。投资120万元，修建了卡东街边公园。投资1147.86万元，实施了318国道沿线10个村（点）的绿化、硬化、亮化工程。投资49.54万元，建成了4个村级综合文化活动室。投资近7万元，建设了28个行政村村级广播站。投资63.79万元，为40个村委会配电脑、打印机、复印机，实现了办公自动化。投入11万元，为村医统一发放交通补贴，进一步方便了村级医务人员为广大农牧民群众出诊就医。在五保集中供养区市补助每人每天6元的基础上，将县级补贴提高至每人每天7元。投入432.64万元，为日多乡、扎西岗乡修建了综合服务楼。

再次调整城乡低保标准，城镇低保由月人均330元调整为360元，农村低保由年人均1300元调整为1450元，全年发放农村低保金221.97万元，城镇低保金56.4万元；3385名城乡低保对象领取一次性补贴、生活补助共计73.24万元。落实114.2万元五保供养金，集中供养五保老人生活费达到了每人每年4745元；为620名农村低保家庭和特困家庭中的残疾人发放补贴资金37.2万元；兑现2010年度高龄老人健康补贴14.21万元；发放孤儿基本生活保障金65.28万元；落实118.92万元，积极开展医疗救助、临时救助。强化社会保险体系建设，全县城镇职工基本养老保险、新农保、城镇职工基本医疗保险、城镇职工生育保险、企事业单位工伤保险及机关、企事业单位失业保险等均超额完成既定目标任务。建成县城周转房96套，4个乡镇周转房各12套，13户贫困户入住廉租住房、11.322万元的住房租赁补贴已发放到户，统筹城乡的社会保障体系基本建立。双拥工作成效显著，首次荣获西藏自治区“双拥模范县”荣誉称号。

【自身建设】在区市21个驻村工作队的基础上，抽调76名干部成立19个工作队，扎实开展创先争优强基础惠民生活动，实现了全覆盖。自觉接受县人大及其常委会的监督，办理办结人大代表意见、建议114件，答复率100%。修改完善虫草采集、矿产资源开发等暂行办法，深入推进法治政府建设。制定墨竹工卡县深化政务公开、加强政务服务实施方案，为政务公开和政务服务工作提供指导。加强预防和治理腐败力度，深化纠正和查处“小金库”治理成果，严格执行政府统一采购制度，全年开展政府统一采购51宗，涉及资金1320.31万元，节约资金162.81万元。着力提高服务意识和办事效率，进一步改善了招商引资环境，全年引进项目11个，到位资金9亿元。受援工作深入开展，全年落实援藏项目资金6419.1万元，促进了日多乡等乡（镇）与南京市六合区雄州街道等乡（镇）、街道结对共建；组织4批52名干部到南京参观学习和挂职锻炼，干部职工整体素质和办事效率不断提高。顺利完成了第七届村委会换届选举工作，对全县8个难点村进行了深入治理，基层组织建设取得显著成效，民主自治机制更加完善。

昌 都 地 区

昌都地区

【年度综述】2011年，全地区生产总值完成76.3亿元，同比增长13.8%，其中第一、第二、第三产业增加值分别达到15.6亿元、28亿元和32.7亿元，同比分别增长3.9%、6.5%和26.9%；地方财政总财力突破40亿元，预计达到41亿元，地方财政一般预算收入完成3.5亿元，同比增长12 %；实现税收4.03亿元，同比增长52.7%；农牧民人均纯收入达到4100元，同比增长12 %；城镇居民可支配收入达到13620元，同比增长7%。乡镇企业预计实现产值1.75亿元，多种经营收入达到7.64亿元，同比分别增长5%和8%。

【农牧林业生产平稳发展】全地区农牧业总产值预计完成24.76亿元，同比增长4.5%。完成农作物播种面积79.46万亩，其中粮食作物播种面积65.88万亩，经济作物8.08万亩，饲草料5.5万亩；粮食总产量预计达到17万吨，蔬菜产量预计达到8800万斤；肉、奶产量预计分别达到8万吨；劳务输出预计达到27万人（次），实现收入4.5亿元。切实加强重大动物疫病防控工作，共注苗969万头（只）。狠抓虫草采集交易管理工作，虫草产量达到16100公斤，销售收入突破13亿元。林业工作深入开展，生态环境保护力度不断加大，完成重点区域造林5.62万亩，高原生态安全屏障建设4.92万亩，四旁义务植树6120亩，封山育林10.3万亩；核桃基地建设完成苗木种植75.65万株。

【新农村建设扎实推进】扎实推进农牧民安居工程建设，认真抓好农村人居环境建设和环境综合整治等工作。预计完成农牧民安居工程10624户，61847名群众喜迁新居。完成农村人居环境建设和环境综合整治154个村。农牧区水、电、路等基础设施配套建设不断加强。新增5.95万人安全饮水和2.85万人用电，完成3个乡公路通畅和65个建制村公路通达，完成55个溜索改桥项目。完成2011年直播卫星“户户通”建设6412户，对全地区7万余套直播卫星接收机进行了两次升级，为农牧民群众维修接收机3200余台（次），地区所在地有线数字电视用户覆盖预计可达10000户。切实加强扶贫农发工作，扶贫工作由原来的以基础设施建设为主的扶贫方式转变为到户扶持为主的扶贫开发方式上来。截止目前，共到位扶贫项目105个，国家投资到位9588.72万元，完成年初目标任务的159.81%。面上扶贫项目开工建设22个，整乡推进项目开工建设48个，900户贫困户安居工程建设已基本完成。

【基础建设顺利实施】全地区预计完成固定资产投资62亿元，同比增长6.8%。农牧区基础设施建设方面，农村沼气工程、防护林建设、人工种草与天然草地改良工程稳步推进，农村饮水安全工程、贡觉县热曲河水电站、左贡县城区防洪堤二期工程将于年底完工。国道及农村公路建设方面，川藏公路G318线海通沟兵站至东达山段油路正在实施路面工程，业拉山至八宿西段油路建设基本完工，S303线夏雅至洛隆段已完成投资3400万元，续建的45条农村公路完工23条，新建的79条农村公路已下达投资批复。城镇基础设施建设方面，地区医疗废物处置设施主体完工，八宿、芒康等县生活垃圾卫生填埋场或已完工或正在加紧建设，昌都镇澜沧江大桥、八宿县冷曲河市政桥加紧建设，昌都镇达因卡城中村改造正在协调贷款具体事宜，昌都镇水厂改建工程已完工，地区客运站正进行主体施工，第二水厂科研报告已报国家发改委审查审批；地区检察院内周转房通过竣工验收，行署院内周转房1号楼完成主体工程、2号楼正在进行主体施工，昌都县廉租住房完成前期工作，八宿、察雅廉租住房完成招标，2011年安排的879套周转房完成前期工作，150套公租房正在开展施工图设计。社会事业基础设施建设方面，D级危房改造、查漏补缺项目预计年内完成，双语幼儿园、地区中等职业学校、地区教师培训基地正在开展前期工作；新建乡镇文化站30个，农家书屋822个，广播电视人口综合覆盖率分别达到91.42%、91.63%。昌都、江达卫生服务中心正在组织招标，丁青、左贡、洛隆卫生服务中心完成主体工程，地区人民医院精神卫生防治中心已完工，芒康麻风病院和2010年安排的乡镇卫生院项目进入收尾阶段，地区卫生监督所业务用房完成前期工作；地区救助保护中心、5县社会福利院开工，地区救灾物资储备仓库完成招标，地区老年护理院完成前期工作，然乌湖旅游景区建设于近期招标，波罗峡谷旅游景区即将完工；地区人力资源市场项目完成主体工程，贡觉、丁青、芒康人力资源和社会保障综合服务中心科研项目报自治区审批。

【产业建设有序推进】水电开发方面，金沙江上游藏川段规划、环评工作基本结束，叶巴滩、拉哇、苏洼龙已经国家发改委审批同意开展前期工作，苏洼龙水电站左岸施工道路建设已经地区核准备案，昌波、巴塘、波罗已完成预可研待国家水规总院审查；澜沧江上游西藏段水电开发流域规划工作已具备审查条件，如美电站已开展可研工作，古水电站预可研审查会近期召开，觉巴电站进坝道路开工建设，果多电站进场施工道路、导流洞等开工建设；怒江一级支流玉曲河开发前期工作顺利，卡尼电站及县城供电规划已经地区批准开展前期工作。矿产开发方面，玉龙铜矿继续处置一期工程遗留问题，同时开展二期前期工作；中铝藏东矿产资源开发有限公司筹建工作全面启动；卡玛多菱镁矿尚处建设阶段；煤炭资源整合工作完成。建筑建材产业方面，昌都水泥厂和芒康水泥厂项目积极推进。以旅游业为主的第三产业方面，以"重走茶马古道、品位魅力昌都"为主题，以提升"香格里拉、茶马古道"旅游品牌为核心，切实加快旅游发展，预计共接待海内外游客48万人次，实现旅游总收入3.2亿元；继续推进"万村千乡市场工程"建设，完善农牧区流通体系，加强市场运行监测和市场整顿，鼓励优势资源、自产产品的出口，建设和改造"万村千乡"农家店260家、配送中心5个。实现社会消费品零售总额17.8亿元，同比增长14.7%。

【社会事业全面进步】一是优先发展教育事业。坚持教育优先发展，办学条件不断完善，教育质量稳步提高，适龄儿童入学率和初中入学率进一步巩固，全地区小学在校生达到65418人，小学适龄儿童入学率为99.01%；初中在校生达到33667人，初中入学率达到94.50%，"两基"基本通过国家验收。二是积极推动文化事业大发展大繁荣。着力提高文化发展能力，完善文化发展条件，改善文化发展环境，增强文化发展动力，加快文化发展步伐，召开会议出台了《贯彻意见》，文化影响力进一步扩大，文物保护工作力度不断加大，文化市场管理工作不断加强。三是加快发展医疗卫生事业。城乡医疗卫生服务体系进一步完善，累计为农牧民群众报销医疗费57.2万人次、1.46亿元，公共卫生服务能力继续加强。四是加强科技工作。切实加强各类科技项目申报工作，认真组织实施重点科技项目，实施自治区级科技项目5个，地区级科技项目9个。积极开展科技特派员选派工作，新选聘农牧民科技特派员50名，全地区科技特派员达到447名，其中农牧民科技特派员303名。科技援藏工作不断加强，科普宣传工作力度加大。五是加强社会保障工作。城乡社会保障体系建设取得新进展，开发就业岗位3153个，实现城镇新增就业3662人，城镇登记失业率控制在3%以内；新型农村社会养老保险实现全覆盖，城镇居民社会养老保险工作全面启动，共落实城乡低保资金7723万元；不断健全和完善社会救助体系，扎实做好社会救助工作。

【改革力度不断加大】一是继续深化农牧区综合改革，进一步完善和落实草场承包经营责任制，稳步推进集体林权制度改革，深入推进医药卫生体制改革，加大商业涉农保险推广力度。草场承包工作顺利开展，及时组织召开了昌都地区草场承包暨启动草原生态保护补助奖励机制工作会议，对草场承包和草原生态保护补助奖励机制工作进行了全面的安排部署，按照长期、到户的原则，进一步推行草原家庭承包制，深入实施草原生态保护补助奖励机制，切实落实草场生产经营、保护与建设的责任，促进了农牧区可持续发展。二是全面贯彻《中共西藏自治区党委 西藏自治区人民政府关于加强和改进新时期工商联工作的实施意见》，牢固树立服务意识，支持非公有制经济发展。进一步完善有关招商引资政策，加大招商引资工作力度，共引进签约招商引资项目39个，协议资金18.3亿元，实际到位3.2亿元。认真落实中小企业发展专项资金补助政策，积极支持中小企业技术改造和技术进步，为昌都蓝天运输公司争取专项资金120万元。目前，全地区登记的内资企业423户，注册资金18.66亿元；个体工商户12068户，从业人员31626人，注册资金6.08亿元，同期相比分别增长8.94%、7.25%和21.89%；私营企业319家，雇工人数4551人，注册资金5.73亿元，分别增长13.93%、13.2%、15.44%。

【援藏工作不断深化】认真贯彻中央第五次西藏工作座谈会精神，严格执行国家发改委、财政部关于进一步加强和完善援藏工作有关文件及《西藏自治区人民政府关于进一步加强和完善对口支援西藏经济社会发展工作的实施意见》，切实加强与两市六企的沟通和协调，目前两市六企业"十二五"援藏规划已经全部完成。同时，加快推进援藏项目前期工作，2011年的援藏项目将于年底前全部完成招投标工作。预计全地区将落实援藏资金投入1.3亿元。

【社会局势持续稳定】继续坚持"讲策略、手不软、抓重点、落实到位"的维稳工作原则，发扬连续作战的优良作风，深入持久地开展反分裂斗争，坚持教育与打击、治标与治本有机结合，严密防范和严厉打击达赖集团的各种分裂破坏活动，确保了社会大局稳定。一是加强社会面管控，紧紧依靠各级党政组织、各族干部群众和各维稳专门力量，加强重点单位、要害部位和重要民生目标的巡逻守护,抓好重大敏感节点加强维稳备勤，夺取了维稳"第一战役"、"第二战役"胜利及"第三战役"的阶段性胜利。二是严格落实寺庙属地管理原则，不断巩固和深化寺庙法制宣传教育工作，建立健全寺庙管理长效机制，积极创建平安和谐寺庙，切实维护宗教领域稳定，加强和创新寺庙管理工作全面启动实施，各项工作有序开展。三是始终坚持"提前介入、主动出击、化解矛盾、重在防范"的工作原则，稳妥处理各类人民内部矛盾，严防群体性事件发生。信访突出问题和矛盾纠纷排查调处工作在地委、行署的坚强领导下，按照属地管理原则，各县、各相关部门狠抓落实，做到早安排、早部署、早排查、早调处，信访突出问题和矛盾纠纷较往年相比，矛盾纠纷的数量明显减少，调处的力度明显加大，解决问题的成效更加明显。2011年，地区联席办（信访局）共办理（接待）群众来信来访110批（件），已办结90件。四是加强社会治安综合治理，严厉打击各类刑事犯罪活动，深入开展治爆缉枪等专项行动和"严打整治"专项斗争。2011年，全地区立刑事案件171起，破159起，破案率93%，有力地打击了不法分子的嚣张气焰，社会治安状况进一步好转，人民群众安全感明显提高。五是加强基层基础工作。根据自治区安排，认真组织参与深化创先争优强基础惠民生活动，从地、县、乡（镇）三级党政机关、企事业单位及中直单位选派5381多名干部组成工作队，从2011年10月起进驻全地区1042个行政村和居委会，连续3年开展驻村（居委会）工作，建强基层组织、做好维稳工作、帮助群众致富、进行感党恩教育、为群众办实事解难事。六是加强安全生产工作，突出抓好道路交通、消防、建筑施工、危险化学品、矿山等领域的安全生产工作，进一步落实安全生产责任制，杜绝重特大安全事故的发生。2011年共发生安全生产事故8起，死亡39人。七是积极完善各类预案，切实做好各类突发事件的应急处理工作，应急处置水平进一步提高。

【领导名录】
地委副书记、行署专员：吾金平措
地委副书记、行署常务副专员：许成仓
行署副专员：扎西成培、李志勇、洛松德青、江拥洛追、吕天明、戴正明、杨树海（重庆第六批援藏领队）
行署副专员、芒康县委书记：永吉

昌都地区外事工作

【年度综述】据统计，截止2011年11月30日，进出昌都地区的外籍游客12批计42人，来昌旅游的港澳台同胞9批计32人，劝返非法人境游客28人。

【涉外项目管理】进一步贯彻落实全区涉外管理工作会议精神，始终坚持“以我为主、为我所用、于我有利、政治无害”的原则，从有利于国家安全，扩大开放，加强合作，促进发展，加强管理，搞好服务。健全完善《涉外外管控方案》和《涉外项目管理预定》，强化涉外项目、外籍专家及其中方雇员的管理，主动协调公安、安全、项目主管部做好项目外籍专家、中方雇员在昌安全管控，确保了涉外项目安全、顺利开展，发挥了较好作用。

【因公出国（境）的管理与服务】截止2011年11月30日，上报审批办理地区因公出国（境）团组17批，计33人次，安排地级领导干部出访2人。

【外事宣传】为加大对外事工作的宣传力度，在区外办的指导下，创办了《昌都外事通讯》，旨在力求让各县、地（中、区）直单位部门领导及时了解掌握党和国家对外工作的方针、政策、原则和区、地党委政府对外事工作的决策部署及工作要求，熟悉遵守外事工作纪律，熟悉掌握外国人（境外人员）来藏特别是进入非开放地区的有关规定与要求，熟悉掌握涉外项目特别是非政府组织项目的有关规定、原则，熟悉了解因公出国（境）有关政策规定、纪律要求及办理手续流程，熟悉了解对外礼宾、礼节、礼仪和部分国家民族习俗与风情；开展昌都外事工作研究，广纳意见建议，促进地区外事工作发展。创刊以来，得到了区、地两级领导的充分肯定，受到了各部门单位的一致好评。

【信息报送】截止2011年12月30日，共上报《外事信息》54期、《外事工作简报》45期。

【项目建设】在地委、行署的高度重视关心下，在上级业务主管部门和地区有关部门的支持帮助下，昌都地区外事活动综合业务用房已列入昌都地区2011年国家基本建设投资项目计划。目前，已通过自治区发改委项目评审，初步设计已报待批。

昌都地区民族宗教工作

【民族工作】研究制定《深入开展民族团结进步创建活动的实施意见》、《昌都地区民族团结进步创建活动（试点）2010-2013年实施方案》及《昌都地区民族团结进步创建活动（试点）成员单位工作职责任务分解》，确定了自治区级创建试点单位1个，地区级创建试点单位1个，县级创建试点单位11个。指导帮助试点单位制定了《民族团结进步创建活动（试点）单位工作规划》13个。以“民族团结宣传月”活动为契机，在全地区深入开展了党的民族理论、民族政策、民族基本知识及法律法规教育，及时排查调处影响民族团结的矛盾纠纷。

民族团结宣传教育活动期间，全地区共悬挂宣传横幅85余条、举办宣传专栏13个、发放民族团结宣传要点材料15400份、民族宗教法规620册、通过信息平台发送民族团结宣传口号16条、新闻媒体宣传报道3条新闻。

【宗教工作】寺庙法制宣传教育工作得到深入开展。地县统战民宗部门及各驻寺工作组深入组织开展了以“爱国传统教育”、“辉煌成就教育”和“法制宣传教育”以及揭批达赖“三性”教育等为主要内容的法制宣传教育工作。期间，地区统战民宗部门共向各县发放各类宣传教育读本近3000册，并组织了地区政协副主席当曲·仁青久乃带队的宣讲工作组深入到左贡、丁青、类乌齐等相关县、相关寺庙开展宣讲工作，各方面反映很好。

宗教佛事活动审批管理严谨有序。按照宗教活动开展坚决做到依法审批，依法审批的宗教活动坚决做到从严管理的要求，严把宗教活动审批关，严守两条底线，对非传统的、搞新花样的一律不批。规范属地管理，严格落实各县涉宗部门、宗教活动的相关乡镇、相关寺庙以及相关僧尼在宗教活动开展上的管理责任，宗教活动开展安全有序。年初以来地区统战民宗部门还积极协调昌都县统战民宗部门，共同参与了强巴林寺“酥油花灯节”、“吉确”及”萨嘎达瓦”节期间举办的宗教活动的安全防范工作。

【佛协工作】10月，昌都地区佛教协会第五届代表会议在昌都召开。会议上产生第五届理事会理事61人，常务理事21人，正副会长7人，秘书长1人。宗洛·向巴克珠当选为会长，当曲·仁青久乃、杰珠·嘎玛白旦久美、嘎玛米久、洛松江村、孜珠·登增伟色当选为副会长。赤列群培为秘书长。

昌都地区区域协作事务工作

【年度综述】2011年，全地区共储备项目41个，全地区共引进签约招商引资项目39个，实际到位资金3.2177亿元，协议投资额达18.3031亿元，以上39个项目属于新建项目，招商企业共完成税收766万元。

【“三江”水资源开发工作】积极协调开发业主、勘测设计单位和地方政府关系，有力推动了地区水电资源开发工作向纵深发展。一是积极参加国家、自治区、地区和昌都地区的相关会议。先后参加了国家发改委、水规总院组织召开的扎曲果多水电站、玉曲河四电站（碧土、扎拉、中波、轰动水电站）、怒江四电站（怒江桥、同卡、罗拉、俄米水电站）、澜沧江如美电站等审查会议；自治区人民政府、发改委、能源办组织召开的水电开发工作协调会、座谈会议；昌都地区组织召开了“三江”水资源开发协调会、专题会；协作办组织召开的水电站开发座谈会、协调会议等。每次会议都积极做好会议组织、接待服务工作；二是加大宣传教育力度，努力营造良好的投资建设环境。为了让“三江”水资源开发沿江地区的群众了解水电资源开发的意义、目的、任务，印制了藏汉双语的《水电资源开发的意义和作用》宣传册，分发到项目区的所有群众中;为帮助项目业主、勘测设计单位和外来施工人员了解当地民风民俗，使开发业主、勘测设计单位了解昌都当地的风土人情，尊重民族风土习惯，创建和谐、有序的施工建设环境，组织人员印制了《昌都地区民风民俗》宣传材料，发放给各业主、勘测设计院及施工单位。三是积极协调解决业主、勘测设计单位的实际困难。四是加强信息沟通，协调处理好与项目业主、勘测设计单位的业务关系。为加强联系、建立长效联系机制，使沟通进一步顺畅，及时了解“三江”水资源开发进展情况，收集了各业主、勘测设计院、相关县及地区有关部门的联系方式，并制作了《昌都地区“三江”水资源开发人员通讯录》。为加强交流，推动工作，及时通报“三江”开发进展情况，专门下发了《关于上报工作进展情况的通知》，要求每周、每月至少通报一次工作进展情况，对于有利于促进工作，值得借鉴的，及时予以采用、转发，进一步调动了业主积极性，有效推动了“三江”水资源开发工作的开展。

昌都地区农牧民安居工程建设工作

【年度综述】2011年，昌都地区农牧民安居工程建设工作，本着“巩固好、完善好、再提高”的目标要求，扎实推进以安居乐业为突破口的社会主义新农村建设。通过全地区上下的共同努力和团结奋斗，农牧民安居工程及农村人居环境建设和环境综合整治工作健康有序进展，并取得了显著成效。

【工程建设完成情况】（一）农牧民安居工程建设。2011年，地区共实施完成农牧民安居工程建设10624户，其中：贫困户安居900户，游牧民定居1010户，农房改造8714户；完成总建筑面积195.58万平方米（其中新建123.51万平方米，改扩建72.07万平方米）；受益人口61847人，人均住房面积达到31.6平方米，当年入住率达到95%以上；通过建设，又有一大批农牧民群众喜迁新居，过上了安居乐业、幸福安康的新生活，体现了新农村、新农民、新面貌。

全年农牧民安居工程建设，完成总投资56539.8万元，其中：完成自治区补助16621万元（含抗震设防加固补助），地、县两级配套2124.8万元，援藏投入976万元，银行贷款1012万元，群众自筹（含投物投劳折资）35806万元（占总投资的63.33%）。

（二）农村人居环境建设和环境综合整治工程建设。2011年，全地区共实施完成154个行政村的农村人居环境建设和环境综合整治工程（村庄道路、太阳能路灯等“十大工程”内容），总体质量上达到合格以上标准；通过建设和整治，农村居住环境和农牧民群众生产生活条件进一步改善，村容村貌明显改观并整体提升。全年“农村环境建设和整治”工程建设，完成总投资16381.05万元，其中：完成自治区补助11161.69万元，地区配套2642.64万元，县级配套1136.72万元，群众投劳（折资）1440万元。

昌都地区藏语委办（编译局）

【加强业务工作，提高业务水平，坚持抓好业务学习和量化目标责任制，努力推动藏语文和翻译工作再上新台阶】1.为充分挖掘藏语文和翻译工作在推动发展、维护稳定中的潜力，发挥其特点和优势，加强业务工作，很抓业务学习，坚持不懈地抓好业务量化目标责任制，通过量化考核，进一步增强业务人员的学习自觉性和主动性，调动每个人的工作积极性，增强责任意识，努力提高整体业务水平，确保各项（翻译）工作落到实处，为昌都地区的发展稳定提供有力的支撑和保障。

2.坚持抓好藏语言文字的规范管理工作。6月14日至17日，由编译局局长带队，深入丁青、类乌齐两县编译室、有关乡（镇）村开展调研；9月21日至9月28日，由自治区藏语委办副主任、编译局副局长谢俐为组长的工作组一行五人，在地区编译局负责人的陪同下，先后深入八宿、左贡、芒康、昌都四个县，对有关乡镇基层藏语文翻译社会效益情况进行了调研。

【坚持开展不断加强社会治安综合治理工作】认真贯彻落实“旗帜鲜明、针锋相对、主动治理、强基固本”的方针，重视和加强社会治安综合治理工作，坚持抓好社会治安综合治理目标责任制，强化管理措施，注重预防为主，坚持群防群治、综合治理，为保持社会稳定，促进经济发展，共建和谐家园起到了积极的保障作用。坚持开展反分裂、维护民族团结教育，教育干部职工牢固树立“团结稳定是福、分裂动乱是祸”思想，以实际行动维护安定团结的政治局面，以改革创新精神推动昌都地区经济社会更好、更快、更大发展，为人民群众共享改革发展成果提供坚强有力的社会治安环境。

昌都地区公安工作

【维护稳定方面】昌都地区公安机关认真贯彻落实区党委、政府、地委、行署关于维护社会稳定工作的要求和部署，以“3·10”、“3·14”、“3·28”等敏感日和中国共产党建党90周年、西藏和平解放60周年大庆安保工作为中心，紧紧围绕“谋长久之策、行固本之举”，以“反分裂、保稳定、促发展”为主题，以情报、防控、处置三大关键环节为重点，按照“打击防范两手抓、两手都要硬”的方针，统筹全局、真抓实干，切实提高维护国家安全和社会稳定的能力，做到思想上的弦绷得紧而又紧、对策准备细而又细、领导责任严而又严、工作力度强而又强、措施到位实之又实，狠抓情报信息搜集研判、社会面管控、寺庙管理、重点人员管控、矛盾纠纷排查调处、应急处突等维稳措施的落实，严厉打击各类分裂破坏活动，为昌都和谐稳定和长治久安作出了重要贡献。

【严打整治方面】昌都地区公安机关坚持强化日常破案打击和适时组织专项行动相结合，保持对各类违法犯罪的严打高压态势，打击整体效能和攻坚克难水平明显提升，有效遏制了刑事案件的高发势头。全年共破获各类刑事案件253起，抓获犯罪嫌疑人392名。以命案侦破为龙头，严厉打击各类严重刑事犯罪。地县公安机关严格落实以“一长双责制”为核心的《侦破命案工作机制》，以实现“破案率高、办案质量高、发案数低”为目标，精心组织，科学安排，周密部署，全警动员，全力以赴开展侦破命案工作，相继破获了一批现行命案，攻克了一批命案积案，抓获了一批命案逃犯。全年共破获各类命案42起。严厉打击“两抢一盗”等多发性侵财犯罪。地县公安机关以打团伙、打系列、打流窜为重点，进一步提高对多发性侵财犯罪主动进攻、精确打击、深度打击的能力，全力维护广大人民群众的切身利益，全年共破获“两抢一盗”案件79起，打掉盗窃团伙3个，挽回经济损失折合人民币120余万元。深入开展禁毒和整顿规范市场经济秩序工作。全年共破获毒品案件6起，抓获犯罪嫌疑人11名，查获海洛因27.09千克、冰毒0.11千克、K粉0.47克、麻古4粒；共破获经济案件2起，抓获犯罪嫌疑人4人，涉案金额600余万元。严厉查处治安案件，全年共查处治安案件371起，查处违法人员604人、查处单位1家。深入开展治爆缉枪专项行动，地县公安机关将治爆缉枪与维护社会稳定工作有机结合起来，充分发挥业务优势，广泛收集枪支线索。通过卓有成效的工作，消除了一大批枪支隐患，堵塞了治安防范漏洞，全年共收缴各类非法枪支259支。

【社会管理方面】昌都地区公安机关深入开展户口核对、人口信息录入及户籍纠错工作，全面准确掌握人口基础信息。全年共补办、补漏、更改项目错误、新生婴儿上户等51855人，办理农转非492人，非迁非户口348人，共办理二代证52497张；全面加强流动暂住人口管理，全年昌都地区流动人口量达60余万人次；交警部门大力开展道路交通安全宣传“五进”活动，进一步增强了交通参与者的交通安全意识，同时加强交通执勤执法管理，积极查处各类交通违法违章行为；公安消防部门适时开展消防安全大检查，重点加强对党政机关、要害部位、旅馆以及公共娱乐服务场所等部门的安全整治力度，及时排除隐患，确保了“两个杜绝，一个减少”目标的实现；公安治安管理部门会同宣传、文化、工商等部门对辖区音像制品、计算机软件销售、出租和销售影碟场所进行检查，打击政治性非法出版活动，收缴反动宣传品，扫除淫秽色情等文化垃圾，有效治理各类侵权盗版行为，保护知识产权，推动文化市场健康有序发展，全年共收缴盗版光盘2854张、淫秽光盘1909张、违禁歌曲光盘95张、淫秽书刊160余册；公安出入境管理部门本着严格审查、文明公正、热情服务的原则，认真落实境外人员住宿登记申报和出境人员受理审核工作，加强对涉外宾馆旅店和涉外人员的管理，严肃查处外国人非法居留，有效杜绝了涉外事件的发生。

昌都地区司法工作

【法制宣传工作】2011年全地区共开展各类形式的法律宣传活动900余场次，举办各类法制讲座及培训118场次，发放宣传资料70万余份、法律书籍3100余册，受教育群众达51万人次，496座寺庙僧尼法制教育覆盖面达100%。

【法律服务工作】1.8月12日至14日，司法处组织了法律援助管理信息系统业务技能培训，地县法律援助机构共13人参加了培训。

2.地县法律援助机构全年共办理法律援助案件48件，代写法律文书260份，解答法律咨询440人次，受援人达700余人。其中，地区法援科办理案件10起，为群众提供法律咨询80人次，代写法律文书62份，提供信访案件法律意见4次，提供工伤行政诉讼法律意见1次。

3.为进一步规范公证工作，加强公证质量管理，不断提高公证质量和公证工作社会公信力，按照区司法厅《关于在全区范围内开展公证质量评查活动的实施方案》的通知精神，从2011年8月开始，昌都地区开展了公证质量评查活动。

4.公证处全年共办理各类公证733件，其中，国内经济类公证115件，国内民事公证615件，涉外公证3件，拒办不真实、不合法公证事项70件，为公民和各类经济组织避免经济损失1000万余元，结合办证过程解答各类法律咨询80余人次，代写公证文书76件。

5.律师事务所全年代理各类案件41件，其中刑事案件9件，民事案件32件；代写法律文书37份，接待群众法律咨询47人次。

【基层工作】1.8月15日至8月20日，开展了昌都地区《人民调解法》第一期乡镇司法助理员培训。此次培训由地区司法处牵头，昌都地区中级人民法院协助，对全地区11县乡镇司法助理员、人民调解员共66人进行了培训。2.全年全地区共开展《人民调解法》宣传活动50余场次；调解各类纠纷

1264件，涉及当事人3326人，调解成功1231件，成功率达到了97.4%；达成书面协议580件，达成口头协议701件，各项协议涉及金额67.4万元；防止民转刑案件45件，防止群体性上访案件15件。

【劳教工作】全年对收容的单亲劳教人员和问题劳教人员个别教育1900次，在劳教人员中开展马克思主义“四观”和社会主义荣辱观教育340课时，法律教育240课时；文化知识教育200课时。全年举办劳教人员亲属亲情感化为主要内容的帮扶教育8次，召开人员思想动态分析会15次，回收包教民警个别谈话3000余份。为在所表现好、交通条件允许、处于开放式和半开放式管理等级的劳教人员放假3人次，批准亲属同居10人次，亲情共餐60人次，拨打亲情电话160人次，对所内劳教人员进行心理咨询30余人次，接受心理咨询的学员人数达到了总人数的95%，与地区妇联、城关镇、劳动和社会保障局、地区司法处等单位的领导签订了帮教协议书20余份。

【安置帮教工作】1.10月10日至12月8日，在地区劳动和社会保障局的大力协助下，对在教30名学员和11县22名刑释解教人员开展了摩托车修理与汽车驾驶培训。期间，摩托车培训2期，每期30天，汽车驾驶一期60天。2.全年对全地区近5年来的刑释解教人员进行了摸底排查，共摸排出近500名释解人员。

昌都地区发展改革工作

【经济发展迅速，质量明显改善】2011年地区生产总值完成75.4亿元，同比增长10.2%(现价)，其中：第一产业16.37亿元，同比增长3.2%；第二产业29.2亿元，同比增长7.9%；第三产业29.83亿元，同比增长16.4%。全地区财政一般预算收入完成3.5亿元，同比增长12%；城镇居民可支配收入实现13829元，同比增长8.7%。社会消费品零售总额17.95亿元，同比增长18.5%。居民消费价格指数104.6，商品零售价格指数103.4。城镇登记失业率控制在3%以内，较年初计划降低了1个百分点。

【新农村建设稳步推进，“三农”工作进一步加强】农牧业经济稳步发展。2011年全地区农牧业总产值完成25.68亿元，同比增长8.4%。粮食总产量达到17.46万吨，较去年增产0.9万吨，增长5.4%；肉类产量达到8.3万吨，较去年增产0.33万吨，增长4.1%。

农牧民增收效果明显。通过积极拓宽农牧民增收渠道，有力地促进了农牧民增收。全地区各县、各行业共培训农牧民群众2万人次，实现劳务输出27万人次，同比增长7%；农牧民实现劳务收入4.5亿元，同比增长8%。全年全地区乡镇企业总产值完成1.75亿元，同比增长5%；多种经营收入达到7.64亿元，同比增长8%。农牧民人均纯收入达到4332元（其中现金收入3277元），同比增长18.3%。

农牧区基础条件进一步改善。2011年安排的10624户农牧民安居工程和154个行政村的环境综合整治工程全部完工；2010年第二批安排的农村沼气工程，完成575户和4个网点建设；完成363个农村饮水安全工程建设，解决5.95万人的饮水安全，农牧民安全饮水人口达到47万人；建成贡觉县热曲河水电站等一批农村水电工程，人口用电水平达到52.8%,同比增加0.7个百分点。新建农村公路284公里，农村公路里程达到8835公里，解决137个乡镇1036个行政村的出行难问题（其中30个建制村通村公路正在修建中，有28个建制村实现季节性通车），乡通畅率将达到24.6%；建制村通畅率达到8.3%，建制村通达率达到90.9%。行政村通讯综合覆盖率达到82%，同比提高7个百分点。

【投资落实情况良好，固定资产投资再上新台阶】全年地区共落实到位国家和自治区各类投资项目资金39亿元，同比增长5%。全地区固定资产投资完成62亿元，完成年度计划的103%，同比增长6.8%。其中：完成国家和自治区投资43.8亿元，完成援藏投资1.3亿元，完成社会投资16.9亿元。

【培育区域特色经济，推进产业发展】农牧业特色产业项目全面推进。落实芒康县葡萄种植基地、左贡县阿旺绵羊短期育肥基地、江达县农业有害生物预警和控制区域站、农产品安全检验检测站四个项目投资2000余万元。芒康九龙牦牛和八宿藏系绵羊扩繁场建设全部完工。

有色金属产业基地稳步推进。玉龙铜矿一期工程遗留环保问题基本得到处理，二期工程建设即将实施；中铝藏东矿产资源开发有限公司筹建工作全面启动；卡玛多菱镁矿第一期工程建设基本完成；地区煤炭、铁矿、铅锌矿资源整合方案确定，并成立了相应的开发企业。

国家“西电东送”能源接续基地建设全面启动。金沙江上游藏川段水电开发流域规划于9月通过国家环保部审查，首批开发建设的叶巴滩、拉哇、苏洼龙三个梯级电站的工程预可研已经国家发展改革委批复，正式转入工程可研阶段，苏洼龙水电站左岸施工道路建设已经地区核准备案，昌波、巴塘、波罗三个梯级电站的工程预可研完成，等待国家水规总院审查。澜沧江上游西藏段水电规划报告和环评规划已具备审查条件，如美水电站筹建处4月正式挂牌成立，项目预可研报告已通过水规总院咨询，并报国家发展改革委和能源局审批，已启动可研编制工作；果多、觉巴水电站的可研编制工作基本完成；古水、觉巴水电站预可研报告已通过审查，4月觉巴水电站进场公路正式开工；12月自治区水利厅、环保厅在拉萨组织召开了果多水电站“三通一平”等工程环保及水保报告评审会议。怒江干流各梯级电站预可研勘察设计工作已全面展开。完成同卡、怒江桥、罗拉、俄米地勘50%的工作量，地形测绘95%的工作量，水文资料70%的工作量；完成《怒江支流水力资源普查报告》的编制工作。怒江一级支流玉曲河段碧土水电站预可研报告通过审查；扎拉水电站预可研报告（咨询稿）已报水规总院审查；中波、轰东水电站外业工作完成，完成中波水电站正常蓄水位方案选择分析专题报告和《澜沧江上游（西藏段）、玉曲河输电系统规划设计报告》编制工作，《西藏玉曲河流域梯级电站场区交通方案规划》通过审查。

地区水泥厂建设已经自治区同意。自治区工信厅等五部门已经同意昌都地区建设昌都和芒康两座年生产能力各60万吨水泥厂，目前昌都水泥厂正在开展项目前期工作，水泥厂的选址、征地和可行性研究工作正在有序推进；芒康县水泥厂正在组建项目法人和起草公司章程等筹备事宜。

【加强市场监管，物价基本稳定】一是围绕关注“民生”，着力规范价费秩序。组织开展了涉农价格与强农、惠农收费政策落实情况专项检查工作，先后开展了医药卫生服务价格、教育收费、商品房销售明码标价、食用盐价格、蔬菜生产流通、成品油及液化气价格等涉及民生问题的专项价格检查，规范收费秩序，维护企业和消费者的合法权益。二是加强收费管理，大力开展清费治乱减负工作。在全地区范围内开展了2010年度《收费许可证》的审验及换证工作，注销了消防支队等3个单位的《收费许可证》,取消了工商、税务等四个部门的8项收费，新增了广播电影电视中心的7项收费，行政事业性收费总额为11544.92万元。

【经济社会协调发展，社会事业全面进步】教育方面。完成地区教育系统D级危房改造面积9.2万平方米和查漏补缺项目，地区第三高级中学和八宿等3县幼儿园正在进行主体工程施工，配合完成了“两基”迎国检的目标任务。

文化、文物方面。2010年安排的30个乡镇文化站已建成交付使用，广播电视户户通和寺庙“舍舍通”工程已完成设备购置安装，全地区广播、电视人口综合覆盖率分别达到了91.42%和91.63%。

卫生方面。丁青、左贡、洛隆三县卫生服务中心，正在进行主体工程施工；地区人民医院精神卫生防治中心、芒康麻风病院和2010年安排的31个乡镇卫生院已完工。

民政方面。地区未成年人救助保护中心、地区残疾人综合服务设施和5县社会福利院已开工建设，地区救灾物资储备仓库正在进行主体工程施工。

旅游方面。完成了波罗峡谷、怒江峡谷、芒康盐井三个旅游景区建设；全地区共接待各类游客45万人次，同比增长22.6%；实现旅游收入3亿元，同比增长23.1%。

其他社会事业。地区人力资源市场，已完工并交付使用。

【构建和谐昌都，生态环境保护初见成效】全年落实西藏生态安全屏障保护与建设规划（2008-2030年）各类投资10395万元。新建八宿、江达、左贡、昌都四县防护林2100公顷；实施了丁青、八宿、昌都、察雅、江达、昌都五县鼠毒草害防治工程，治理鼠害321万亩，治理虫害120万亩；完成了丁青、昌都、八宿、察雅、江达、贡觉、边坝、左贡、芒康九县人工种草与天然草地改良工程，灌溉人工草场1.5万亩，旱作人工草地3万亩；丁青、昌都、类乌齐三县天然草地退牧还草工程，完成休牧80万亩，草地补播24万亩。至此，全地区累计落实西藏生态安全屏障保护与建设规划（2008-2030年）各类投资28352万元。完成了八宿、芒康两县县城生活垃圾卫生填埋场工程建设，解决了这两个县城及周边居民生活垃圾处置问题。

【地区“十二五”规划编制工作按时完成】2011年4月，完成了地区“十二五”规划编制工作。

昌都地区粮食工作

【努力做好粮食购销工作，确保粮食市场供应和粮食价格稳定】2011年，全地区国有粮食部门从区内外组织采购粮油420万公斤（其中：大米240万公斤，面粉110万公斤，青稞58万公斤，清油12万斤）；市场销售粮油527万公斤（其中：大米310万公斤，面粉120万公斤，青稞75万公斤，糌粑4万公斤，清油18万斤）；商品粮油库存约819万公斤（含自治区储备粮及地区级应急储备粮）。

【增强粮食宏观调控能力，认真落实地区救灾应急粮食采购工作】一是按照《昌都地区粮食应急预案》、《昌都地区粮食应急工作实施办法》等制度要求，不断完善和充实地、县粮食应急预案，及时了解全地区及区内外有关粮食供求信息，跟踪粮油市场动态变化情况，分析预测市场行情，提供预警信息，不断加强粮食市场信息服务体系建设。二是在2011年3月份，按照地委、行署对开展防抗灾物资采购的指示精神，积极组织开展了应急粮食采购工作，并于5月30日完成了17.5万公斤的应急粮食采购工作（其中大米10万公斤，糌粑5万公斤，熟青稞2.5万公斤）。且已通过了地区民政局抽查验收，分布在地区及各县库点。

到2011年12月，全地区地区级救灾应急粮储备规模由210万公斤增加到了227.75万公斤，地区级救灾应急粮食储备规模的进一步增强，对于进一步应对突发事件和自然灾害，提供了物质保障。

【积极推进企业内部改革，转换企业经营机制，努力提高企业经济效益】地区粮食企业在推进企业改革中，按照建立现代化企业要求，进一步解放思想，转变观念，不断深化企业内部制度改革，建立健全岗位、职责、效益紧密结合的内部运行机制，努力提高企业经济效益。2011年，地区粮油商贸中心为进一步提高职工的积极性，解决企业职工收入低和后顾之忧问题，每月为职工增加了100元的工资，并在原养老金缴费的基数上按单位和个人承担的比例又提高了500、600元缴费比例，极大地提高了企业职工的积极性。

2011年粮油商贸中心总经济目标为600万元，已完成540万元，实现利润60万元；粮油综合加工厂总经济目标为80万元，已完成 70万元，实现利润1.8万元。

【加强党建扶贫工作，夯实基层基础工作，切实解决群众实际困难，不断密切党群干群关系】共选派9名政治可靠、工作能力强的干部开展驻乡进村入户工作。切实为基层群众解决生产生活实际困难。2011年，局机关资助资金2.6万元，帮助八宿县拉根乡2个特困户用于安居房建设；局系统内全体干部职工捐助粮食4450斤、捐赠衣物112件，为该乡缺粮及困难群众解决生活困难问题，同时还为驻村扶贫点吉达、林卡、恩达乡各捐赠一台电脑。通过开展"百千万工程"和党建扶贫工作，加强了基层基础建设工作，进一步密切了党群干群关系，夯实了反分裂斗争的群众基础。

昌都地区商务工作

【年度综述】2011年，全地区实现社会消费品零售总额183996万元，比上年同期增长18.5%。农村实现社会消费品零售总额47315.1万元，同比增长23.1%；城镇实现社会消费品零售总额136680.9万元，同比增长17.1%。

【家电家具下乡工作稳步推进】1–12月，全地区家电销售13572台，销售金额2758.4万元，兑付补贴资金516.05万元；家具销售75579件，销售金额5065.62万元，兑付补贴资金1512.76万元。

【加强市场运行监测和市场整顿，促进安全消费】为切实履行好商务部门"保障供应、稳定市场、平抑物价"的工作职能。据不完全统计，2011年，全地区商务系统共出动执法人员502余人次，检查各类市场和商户3216余户，检查各类商品103余个品种，查获各类伪劣过期食品和酒类价值10.02万元。

【加快碘盐推广步伐，切实提高农牧区碘盐覆盖率】积极落实农牧民食用碘盐财政补贴政策，认真开展碘盐推广工作。地区盐务管理局加大行业指导，自治区盐业总公司昌都分公司多措并举，特别是"3·17"抢购碘盐期间，责成昌都盐业分公司向市场紧急投放碘盐近100吨，有效应对了抢购碘盐异常波动，保障了碘盐市场正常供应，促进了农牧区推广碘盐工作。2011年，共向农牧民销售调运碘盐3362吨，完成全年计划的100%。

【进一步加强对市场运行的监测和调控，切实做好保障供应、稳定市场、平抑物价工作】一是突出保障重点，落实生活必需品应急预案，进一步完善充实生活必需品市场、成品油、液化气市场供应应急预案，重点保障粮油肉菜等重要民生商品和成品油、液化气等能源物资的供应。二是根据自治区商务厅《关于开展全区成品油市场专项整治工作的通知》（藏商发贸字〔2011〕36号）的要求，为加强全地区成品油市场监督管理，维护成品油市场正常经营秩序，严厉打击无证照经营、缺斤少两、掺杂使假、偷税、逃税和严重安全隐患等违法违规行为，商务局高度重视此项工作，成立了昌都地区区成品油市场整治领导小组，并由行署批转了《昌都地区成品油市场秩序专项整治方案》，在全地区开展了专项整治活动，有力的打击了不法行为，规范了我区的成品油市场秩序。三是严格落实副食品储备工作，保证了冻猪肉50吨、冻牛肉50吨、边销茶250吨、白糖100吨的国家、自治区级副食品储备，加强对承储企业的监督与管理，建立责任制，督促企业建立储备物资轮换机制，形成"丰时收储、歉时投放"的收储投放制度，切实保障实储到位。四是积极开展节日期间食品安全市场整治，全地区商务部门会同工商、药监、质监、动检、防疫、公安等部门多次开展声势浩大的食品安全综合整治检查活动，重点对肉制品、水产品、酒、饮料、奶制品、调味品、粮食、食用油、边销茶、碘盐、蔬菜、水果等进行检查，严厉打击各种违章经营行为，维护了市场秩序。五是开展打击侵犯知识产权和制售假冒伪劣商品专项行动和酒类流通领域专项整治工作，按照商务部、商务厅有关专项行动的文件要求，认真开展专项整治，特别是开展了严厉打击假冒伪劣产品酒类产品专项集中整治行动和"诚信兴商宣传月"活动，建立了酒类流通备案登记制度。六是按照《生猪屠宰管理条例》和《生猪屠宰管理条例实施办法》，认真做好生猪屠宰监管工作，严厉打击私屠滥宰和病死猪、病害猪肉交易等违法行为，建立了生猪屠宰信息报送制度，确保肉品质量安全。

昌都地区财政工作

【年度综述】2011年，全地区总财力突破40亿元，达到41.1亿元，比年初预算增加10.3亿元，增长33%。地方财政一般预算收入完成3.5亿元，比上年增加4000万元，增长12%。新增边坝县财政收入过千万元县。至此，11县财政收入全部过千万元，丁青县财政收入过三千万元，昌都县过四千万元。一般预算支出完成41.1亿元，比上年增加12亿元，增长43%。用于"三农"、教育、医疗卫生、社会保障和就业、公共安全等各项重点支出比重达到74%，支出结构进一步优化，重点支出得到有效保障。

【贯彻强农惠农政策，助推社会主义新农村建设】一是改善农牧民生产生活条件。落实资金1.9亿元，确保了10624户、6万农牧民群众住上安全适用的新房。落实资金1.5亿元，扎实推进了154个行政村的农村人居环境建设和环境综合整治工作；落实资金1018万元，建成农村户用沼气2678座；落实资金1.2亿元，完成了55个溜索改桥项目。二是夯实农牧业基础地位。落实资金1938万元，实施3个农发土地治理项目和4个产业化经营项目；落实资金2030万元，加大农机购置补贴力度，并将牧业机械全面纳入补贴范围；落实补贴资金7324万元，在全地区范围开展种植业、养殖业、农房、农机保险工作。三是助推农牧民持续稳定增收。落实扶贫资金6840万元，实施13个整乡推进及150个扶贫开发项目，惠及3.8万农村贫困人口，加快农牧民脱贫致富步伐。全年落实粮食直补、农资综合补贴、化肥补贴等各项政策补贴资金5184万元、农牧业特色产业发展资金600万元，政策促增收、产业带增收的作用明显增强。落实专项资金295万元，支持和培育12个农牧民专业合作经济组织，进一步提高了农牧民参与市场的组织化程度。落实农牧民技能培训资金689万元，培训农牧民1.3万人次，农牧民增收致富的能力不断提升。2011年，农牧民人均纯收入达到4100元，同比增长12%。四是激发农牧民消费潜力。支持新建、改造"万村千乡"农家店260家、配送中心5个。新建农家店补贴标准由每家8000元提高到10000元。积极落实家电家具下乡补贴政策，全年落实补贴资金360万元。家电下乡补贴限购数量由限购1台调整为2台，家具下乡产品最高限价提高到6000元，购买家具的农牧民享受财政补贴最高限额提高到1500元。

【**千方百计保民生，各项社会事业取得进步**】一是推动教育优先发展。落实资金2.3亿元，全面实行了学前至高中阶段教育农牧民子女补助、“三包”政策和城镇困难家庭子女助学金政策。落实资金1032万元，实行了高中阶段免费教育政策和农牧区寄宿制学校交通补助政策。从2011年起，中小学生均公用经费标准分别提高至700元和500元。地区本级安排教育投入5851.8万元，确保地区顺利通过“两基”迎国检国家验收。二是加大医疗卫生事业投入。安排资金4617万元，农牧区医疗制度人均补助标准由180元提高到260元。落实资金1314万元，人均公共卫生服务经费标准由27元提高到30元。三是实行更加积极的就业政策。落实资金1213万元，2617名高校毕业生和就业困难群体实现就业，应届高校毕业生基本实现全就业。全年开发就业岗位3153个，实现城镇新增就业3662人，城镇登记失业率控制在3%以内。四是大幅提高社会保障水平。城镇居民社会养老保险试点工作正式启动，新型农村养老保险实现全覆盖。企业职工基本养老金从2165元提高到2439元。城镇居民基本医疗保险补贴由160元提高到220元。建立了城乡居民大额医疗补充商业保险和孕产妇、新生儿商业医疗保险制度。全年落实城乡低保资金7723万元，使城乡低保标准分别提高到360元和1450元。落实资金649万元，建立了孤儿基本生活保障制度及社会救助和保障标准与物价上涨挂钩联动机制。落实资金3333万元，对城乡特困群众实施了医疗救助。落实资金778万元，为城乡低保对象、国有企业离退休人员、优抚对象、五保户发放一次性生活补助。落实资金240万元，为“59.3.28”之前参加工作的离退休人员发放西藏和平解放60周年大庆一次性慰问金。五是推进保障性安居工程。全年落实资金1.7亿元，重点支持376套廉租房和980套周转房建设。六是加强各种自然灾害预防和处置保障力度。全年落实1450万元，对救灾应急物资储备实行政府采购。七是促进文化大发展大繁荣。落实资金435万元，全面推进图书馆、群艺馆、基层文化馆站免费开放工作。落实资金570余万元，全力保障各项大型文艺活动经费。筹措垫付资金1878万元，积极支持加强和创新寺庙管理工作，按照寺庙“九有”要求，先进文化进寺庙步伐明显加快。落实资金680万元，加快推进有线电视数字化建设。落实资金260万元，改善电视转播台设备条件。落实资金152万元，支持重点文物和革命文物保护工程。落实资金210万元，支持非物质文化遗产保护工作。八是支持科技事业发展。全年科技事业支出1277万元，扎实推进科技研发推广工作，支持实施科技富民强县专项行动和现代农业产业技术体系建设。

【**多措并举促和谐，公共安全保障水平得到提高**】一是加大支持政法系统执法能力建设。落实资金7740万元，加大办案（业务）经费保障力度，显著改善政法系统装备条件。二是促进社会管理创新。落实资金996万元，支持组建治安辅警员和消防辅警员队伍。积极筹措资金支持昌都镇和各县便民警务站建设。三是保障重大节庆活动安保经费。地区本级落实资金412万元，全力保障了建党90周年和西藏和平解放60周年各项庆祝活动和谐圆满完成。四是推进基层基础工作。落实资金1.87亿元，全力保障创先争优强基惠民活动全面深入推进；落实资金2760万元，大力支持乡镇“小食堂、小澡堂、小温室”建设；地区本级安排加强村级组织建设资金220万元，村级组织工作经费较过去平均提高4000元。

【**生态环境保护取得新进展**】落实资金8023.4万元，在全地区范围全面推行草原生态保护补助奖励机制；落实资金1.4亿元，加大森林生态效益补偿力度；落实资金7556万元、3471万元，继续实施天然林保护工程和退耕还林保护工程；安排资金3446万元，大力推进重点区域造林工程。

【**财政监管职能得到有效发挥**】对18个地直单位和11县支农惠农等专项资金进行了检查。查处各类问题资金1982万元，规范纠正1945万元，收缴上交财政专户37万元，财经秩序得到进一步好转。为了规范会计行业工作，积极落实财政部《会计行业中长期人才发展规划》的要求和昌都地区《会计行业中长期人才发展规划》实施方案，举办了会计电算化培训班，参训人数180人。政府采购规模和范围不断拓展，全年采购资金8570万元，节约资金323万元，节约率达到3.7%。财政投资评审工作稳步推进。2011年，审核基本建设预结算项目和竣工决算评审项目42项，送审投资1.28亿元，审定投资1.17亿元，节约财政基本建设资金1100万元，财政投资评审支出管理功能明显增强。

昌都地区税务工作

【**年度综述**】2011年，昌都地区国税系统共组织入库各项税收收入40268万元，与去年同期相比增收13900万元，增长52.7%，完成区局计划30000万元的134.2%。其中：税收收入38382万元，同比增收12859万元，增长50.4%；其他收入1886万元，同比增收1041万元，增长1.2倍。

【**积极推进依法治税，进一步提高税收法制水平**】（一）抓住重点，深入开展税收专项检查工作。昌都地区国家税务局根据区局专项检查工作的统一安排和部署，制定了科学合理的检查计划，先由企业自查，后由税务机关抽查和重点检查，全面、深入、有效地开展了税收专项检查工作，并取得了一定成效。截止11月底，共检查纳税人35户（其中企业自查户数26户，自查问题户数4户，正在实施检查户数1户），查补各项收入104.54万元，其中：税款63.55万元、滞纳金10.76万元、罚款30.23万元。

（二）积极组织，认真开展重点税源企业自查工作。2011年，昌都地区国家税务局完成了所属26家重点税源企业的税收自查工作的辅导，并督促所属自查企业按时报送相关资料，同时对企业自查中反映的问题及时协调解决，对企业自查查出的应缴未缴税款，及时要求企业按属地原则入库。全地区26家重点税源企业通过自查，共查补税款69672.33万元、滞纳金9116.14万元。

（三）深入开展矿产品行业税收调查工作。2011年，昌都地区国家税务局在全地区范围内对从事探矿、采矿、选矿、经销矿产品的单位和个人进行了税收调查。从调查结果看，采矿、选矿、探矿、筹备的企业共有30家，其中2户注销，11户投入生产，6户属于筹备阶段，11户还处于探矿阶段。在对其调查的过程中该局同步进行了税法宣传，有效地威慑了偷税行为，遏制了偷逃税款的违法犯罪活动。

（四）加大打击发票违法犯罪工作力度。截止2011年11月底，共检查纳税户11户，查处发票违法案件共8起，查处非法发票36份，其中增值税专用发票24份、交通运输发票2份、商业零售发票1份、饮食服务发票2份、其他发票7份，涉税金额225.63万元，查补税款共计40.18万元，滞纳金5.46万元，罚款19.23万元。有效地打击了利用发票进行违法经营活动的行为。

（五）认真开展移送涉嫌犯罪案件专项自查工作。为了提高稽查办案质量，降低执法风险，昌都地区国家税务局抽调各科人员成立移送涉嫌犯罪案件专项自查小组，对2008年以来的稽查案件开展排查，同时在2011年2月接受了由公安、检察、监察、商务等部门组成的行政执法机关移送涉嫌犯罪案件专项监督活动工作组的检查，通过检查，工作组充分肯定了该局在行政执法工作上所取得的成绩。

（六）拓展案源，查深查透协查和举报案件。截止年底，该局无委托协查案件，受托协查案件共3起，其中：纸质协查案件2起，通过《税务通用异地信息协作平台协查子系统V3.1版》受托协查案件1起。协查查补收入63.62万元，其中：税费40.53万元、滞纳金5.46万元、罚款17.63万元，协查、举报案件按期回复率均达到100%。

【优化纳税服务，努力构建和谐的税收征纳关系】（一）2011年，共计发放税收宣传资料1000余份，拓展服务方式，公开预约服务电话，坚持做到“一次性”办结涉税事宜，切实为纳税人提供便捷的纳税服务；大力开展评比活动。昌都地区国家税务局在办税服务厅窗口岗位广泛开展争做服务之星和服务标兵等活动，设立党员示范岗，努力营造赶超争先氛围，充分调动干部职工的工作积极性，进一步提高窗口人员对纳税服务的认识，真正树立起以“纳税人为主体、服务纳税人”的观念。

（二）狠抓重点，办税服务质量和效率进一步提高。一是深入推进减负工作。昌都地区国家税务局积极为纳税人和基层税务机关减负，成立了由分管局长任组长，相关科室负责人为成员的“两个减负”工作领导小组，取消、简并了部分业务报表，有效缓解了基层税务机关报送业务资料工作的压力，大力推行“一窗式”服务、延时服务、预约服务、提醒服务等措施，缩短纳税人的办税时间，简化办税流程，最大限度地方便纳税人；二是有序开展新版发票管理工作。该局简化发票领购程序，方便纳税人领购发票，使发票销售数量直线上升，有效发挥了发票在税源监控中的积极作用。同时由于兑奖工作及时到位，做到了同城通兑，消费者索要发票意识不断增强；三是强化代开发票管理工作。设立专人代开发票岗位，进一步规范岗位职责，理顺代开程序，逐步规范了代开发票管理工作，切实提高了对此项工作的监管力度。2011年4月份启用通用机打代开发票以来，共代开发票676份。通过办税服务大厅全体工作人员的不断努力，2011年度喜获国家级“巾帼文明岗”荣誉称号。

人民银行昌都地区中心支行工作

【年度综述】截至2011年末，昌都金融机构各项存款余额达101.51亿元，较年初增加25.88亿元，增长34.21%;各项贷款余额为21.2亿元，较年初增加0.34亿元，增长1.61%。

【加大“三农”信贷支持力度，促进农牧区经济发展】充分发挥信贷支农支牧作用，促进农牧民增产增收。一是积极发放涉农贷款。截至2011年末，涉农贷款余额达12.02亿元，同比增加38.64%，在各项贷款余额中的占比为56.7%。全地区共发放《农牧户贷款证》（含钻石卡）76506本，发证面95.74%，使用率达96.19%。小额信用贷款余额7.21亿元，较年初增加1亿元，增长16.1%，基本满足了农牧民群众生产、生活方面的合理资金需求。二是扎实推进信用乡（镇）、村的评定工作。截至2011年底，已评定信用乡（镇）17个、信用村228个，对改善农牧区信用环境、促进昌都地区小额信贷工作持续、健康发展起到了积极作用。三是大力推进信贷扶贫工作，加大扶贫贷款投入力度。截至12月末，扶贫贴息贷款余额2.68亿元，较年初增加0.84亿元，增长45.32%。四是大力支持农牧业产业化经营和特色农牧业，调配好支农支牧信贷资金，对农牧业产业化龙头企业在信贷需求上优先安排，合理确定授信额度。五是积极发放农牧民安居工程贷款，支持农牧民安居乐业。截至2011年末，昌都地区农牧民安居工程贷款余额1272万元,实有贷款户数13137户。

【完善中小企业金融服务，促进特色优势产业可持续性发展】一是进一步完善中小企业金融服务，加大对辖区中小企业发展的融资支持，通过速贷通、小企业简式贷款等金融产品，为中小企业提供了快捷、方便的金融服务。截至2011年末，昌都地区中小企业贷款余额3.74亿元，为中小企业发展提供了有力的资金支持。二是重点支持特色优势产业发展，促进资源优势向产业优势转变，在防范风险的前提下，大力支持具有广阔市场前景和竞争力的特色产业。截至2011年末，昌都各银行业金融机构对特色产业贷款余额为1.17亿元，有力地支持了矿产、高原特色生物产业、建筑、建材、藏医药等特色经济发展。

农行昌都分行工作

【年度综述】2011年，农行昌都分行以科学发展观为统领，以业务发展为中心，以强基础、控风险为目标，真抓实干，在全行上下的共同努力下，各项工作取得了一定成效。截止2011年12月末，各项存款余额584292万元，较年初增加126632万元，增长27.67%，其中：对公存款余额430287万元，较年初增加97345万元，增长29.24%；储蓄存款余额154005万元，较年初增加29278万元，增长23.47%。全年累计发放各项贷款100478万元，累计收回各项贷款79134万元；各项贷款余额131272万元，较年初增加21344万元，增长19.42%。各项存款市场份额63.49%，较年初增长0.19个百分点。各项贷款市场份额61.92%，较年初增长9.23个百分点。

2011年，被地区安居办授予“2010年度农牧民安居工程建设工作先进单位”；被地区人力资源和社会保障局授予“2010年新型农村社会养老保险工作先进单位”；分行营业部被中华妇女联合会授予“巾帼文明岗”。

【服务“三农”】服务“三农”是农业银行永恒的主题。2011年，按照总分行的要求，坚定不移地实施县域蓝海市场战略，加大涉农贷款投放力度，积极支持农牧民发展农牧业生产和农牧民安居工程建设，实现“三农”业务稳健发展。截止12月末，累计发放涉农贷款85265万元，累计收回62773万元，涉农贷款余额109202万元，较年初增加22492万元，增长25.93%。其中，全行累计发放“四卡”（钻、金、银、铜）贷款37521万元，累计收回27530万元，“四卡”贷款余额72126万元。卡发放面和使用率分别达到95.74%和96.19%。

扩大金融服务覆盖面。制定了《农行昌都分行营业所流动服务管理暂行办法》，对全区空白金融网点乡（镇）开展了流动金融服务工作。截止12月31日，全辖累计流动服务达326次，服务金融机构空白乡镇63个。

扎实做好民生领域工作。截止12月末，全行已开设新农保专用账户29户，个人缴存账户1464户，个人领取账户34668户，当年发放资金3041万元，新农保代理业务有序开展。

昌都地区工业和信息化工作

【年度综述】2011年1–9月份，全地区工业（中小企业）、民族手工业、通信行业经济运行良好。

1.全地区1–9月份累计完成乡及乡以上工业总产值4.4亿元，完成年度计划55%，同比增长0.7%。主要产品产量：发电量累计完成2.7亿千瓦时，完成年度计划60%，同比增长8%；啤酒生产累计完成21040千升，完成年度计划77%，同比增长8%；水泥产量累计完成96600吨，同比下降2.3%；藏药生产累计完成29.3吨，同比增长15%。

2.全地区1–9月份中小企业（非公有制经济）总产值达14577.9万元，增加值达7329万元，营业总收入达12412万元，利润总额达415.35万元，上缴税金达4650万元。

3.民族手工业1–9月份从业户数约8311户，从业人数约18364人。总收入达5980万元，同比增长8%；总产值6650万元，同比增长11%；利润3260万元，同比增长10%。

4.通信行业1–9月份各项指标完成情况：①全地区电信行业市场经营收入完成5198.57万元，比去年同期增长19%；电信用户总数达到55821户，完成全年指标进度的65.96%。②移动通信行业19月份市场营业收入完成10400万元，比去年同期增长20%，客户数达到15.5万户，完成全年指标进度的72%。

昌都地区行署国资监管工作

【监管企业经济运行情况】国资委监管企业经济运行态势良好，发展平稳。各监管企业积极采取各项措施，努力扩大市场，挖掘潜力，经济运行得到了平稳发展。1–12月份七家监管企业资产总额达31624万元，比上年同期增长7.6%；负债总额22222万元，比上年同期增长9.7%；所有者权益9402万元，比上年同期增长3.1%。实现营业收入5765万元，比上年同期增长26%；实现利润总额345万元，比上年同期增长225.5%；已上缴税金262万元，比上年同期增长20.7%；在岗职工工资总额1121万元，比上年同期增长8.7%。

【国企改革情况】国企改革工作稳步推进。积极推动并加强了地区圣洁自水公司二期改造项目工程建设，更好地保障昌都城镇饮用水的供给和安全。目前该工程已顺利完工并投入使用。积极协调配合开展好国家建设昌都二类客运枢纽中心建设，前期工作已经完成，为做大做强地区客运公司打下基础。主动协调和争取建设昌都货运枢纽中心项目工作，积极督促昌都蓝天运输公司的参与，承担地区货运物流业务，积极提升企业多元化经营能力。积极开展了马查拉煤矿参与地区的煤炭能源资源整合重组工作。同时，根据行署专员办公会议纪要精神，专门成立领导机构，抽调专门人员组成工作组对邦达工贸公司改革发展情况进行了专题调研、摸清家底的基础上，帮助企业进一步理清了改革发展思路，合理处置闲置资产，为企业的发展减轻了负担。按照行业体制改革精神，积极协调、配合地区粮食局、水利局的行业体制改革工作。

【完善现代企业制度】现代企业制度和法人治理结构得到完善，实行规范化运作。不断完善企业分配制度、人事制度、劳动用工制度，完善企业经营业绩考核和薪酬分配制度。同时，为进一步促进地区监管企业领导人员廉洁从业、规范决策范围、提高决策水平、防范决策风险、保证国有企业科学发展，在企业凡属重大决策、重要人事任免、重大项目安排和大额度资金运作方面，按照决策范围、规范决策程序、强化监督检查和责任追究方面做到遵章守纪、民主决策、务实高效，地区国资委根据区国资委转发中办、国办《关于进一步推进国有企业贯彻落实“三重一大”决策制度的意见》的通知精神，制定了行署国资委关于“三重一大”制度的实施办法，已下发企业执行。认真强化企业月报统计工作，及时查找和分析存在的问题，积极深入企业开展督促检查，不断加强调查研究，针对存在的问题，加强监管，依法履职，确保了国有企业各项工作良好发展。

昌都地区统计调查工作

【全年国民经济运行平稳，经济指标呈增长态势】2011年，全地区经济运行呈现出工交生产、固定资产投资稳步增长，消费市场持续活跃、社会消费品零售总额、旅游业快速增长、财政收支稳定增长、金融运行稳健、市场价格平稳运行等特点，整个国民经济继续保持平稳、较快的增长势头。

全地区生产总值75.4亿元，比去年同期增长10.2%。其中：第一产业完成增加值16.37亿元，比去年同期增长3.2%；第二产业完成增加值29.20亿元，比去年同期增长7.9%；第三产业完成增加值29.83亿元，比去年同期增长16.4%。农林牧渔业总产值25.68亿元，比上年同期增长8.4%。乡及乡以上工业实现总产值8.45亿元，比上年同期增长10.9%。规模以上工业企业实现总产值3.96亿元，比上年同期增长22.1%。固定资产投资完成62亿元，比上年同期增长6.8%。社会消费品零售总额17.95亿元，比上年同期增长18.5%。财政一般预算收入累计完成35412万元，同比增长12.9 %。居民消费价格总水平上涨4.6%。城镇居民人均可支配收入达到13829元，比上年同期增长8.6%。农牧民人均纯收入完成4332元，比上年同期增长18.3%。人均现金收入3277元，比上年同期增长22.4 %，占人均纯收入的75.6%。金融机构存款余额101.51亿元，比上年同期增长34.2%。

【统计信息化建设步伐进一步加快】坚持把加快统计信息化建设步伐作为全面提升统计调查工作效能的重要支撑。一是购置信息化装备，培养技术人才，积极为人口普查、专项调查和各项统计报表数据处理任务的完成提供硬件和技术支持。二是切实加强网络安全工作。强化计算机病毒防治及黑客防范措施，强化统计网络安全意识，提高安全技术水平，做好网络管理、灾难恢复和数据备份工作，杜绝安全事故的发生。三是积极创建文件信息收发平台，申请建立了党政网，确定了保密管理、网络安全和信息安全责任人，明确了工作规则、收发程序，为公文的方便、快捷、高效收发创造了条件，提供了保障。四是不断完善机关信息化建设工作机制，进一步建立健全了设备购置、检修、维护和信息安全防范制度，确保了信息化建设有章可循、有据可依。

【认真做好“三上”企业一套表的前期准备工作】“三上”企业一套表制度将在2011年年报和2012年定报时在全国同步实施，报表将由企业通过互联网向统一平台报送。为实施企业一套表制度，推进统计方法制度改革，局、队及时收看由国家统计局办公室召开的2011年“企业一套表”软件网络视频直播培训会，初步学习与掌握“三上”企业一套表的各项制度，并于9月5日开始对17家“三上”企业通过发放《全区“三上”企业统计工作情况调查问卷》的形式开展了调查，通过调查了解了全地区“三上”企业的统计人员、设备情况，收集了企业对政府统计工作的宝贵建议。局、队在今后的统计工作中，根据企业提出的宝贵建议，在布置统计报表时加强统计报表讲解工作，在不泄漏企业商业机密的情况下公布企业需要的数据。

昌都地区安全生产监管工作

【年度综述】2011年，共发生各类安全事故8起，比上年增长14%，其中：交通事故7起，火灾事故1起。死亡39人，比上年上升39%。亿元GDP生产安全事故死亡人数率0.52；工矿商贸领域未发生安全生产事故；道路交通万车死亡率16.3。

【安全生产隐患排查治理】按照“企业抓自检自查，部门搞专项排查，政府抓综合检查，联合执法找隐患、企业搞整改、政府抓督办”的工作思路，扎实组织开展了重要节庆、重点时段的安全生产隐患排查治理大检查，排除了一大批安全生产隐患,有力地促进了全地区安全生产基础工作。据统计，全地区在开展安全生产隐患排查治理行动中，各县各单位共组成105个检查组，出动检查人员1307人（次），现场检查427次，共排查各类企业、单位和建设工地3271家（个），排查出一般隐患968处，已整改871处，整改率为98%。

【安全生产专项行动】一是道路交通安全专项整治。以开展道路客运安全专项整治和“三超一疲劳”及无证驾驶、酒后驾驶专项整治为着力点，依法查处违法行为388起，处罚136人，警告教育467人，拘留酒后驾驶9人，查处拖拉机违法载人10起，查处严重超载99起。集中检查道路运输经营相关企业87家，取缔不合格维修点2家。二是加强危化品安全监管。一年来，地、县安监、商务、公安消防、工商等部门联合7次组织检查各加油站、加气站安全生产工作。地区商务部门联合公安、工商、质监、消防、安监等部门，认真组织开展了成品油市场经营秩序整顿工作。三是切实抓好矿山安全监管。严格按照上级有关工作部署和要求，切实加大工作力度，督促各矿山企业不断增强安全意识，落实安全责任，加大安全投入，消除安全隐患，实现安全开采、合法经营，坚决杜绝各类矿山安全生产事故的发生。由地区安监局牵头，组织相关单位深入玉龙铜业股份有限公司、昌都昂青矿山有限公司、类乌齐县翔晨镁业有限公司、西藏熙坤矿业和昌都县磊利公司等企业开展安全生产督查工作，就雨季汛期加强矿山安全生产隐患排查，尾矿库或储液池坝体安全、企业安全状况初步评估等工作进行了专项检查。四是火灾隐患排查整治。紧密结合消防安全“五大”活动（大排查、大整治、大宣传、大培训、大练兵）和“清剿火患”战役，公安消防、安监、工商组成的联合检查组，积极开展对学校、医院、公众娱乐场所及人员密集场所、易燃易爆场所、寺庙、在建工地、重大火灾隐患排查整治活动，全年共组织火灾隐患联合检查200余次，检查单位500余家，发现火灾隐患150处，整改148处。行署、昌都县共计投入200余万元专项经费，对两家重大火灾隐患单位进行整改。五是其他方面。地区行署组织开展了一次工艺品制作、金银加工、木工制作、车床及铁器加工等小作坊安全生产检查工作，消除了一大批安全隐患。同时，认真组织开展了教育"两基"迎国检安全督导工作。

据不完全统计，在打非专项行动中，地、县两级共实施行政处罚142次，关闭非法生产经营建设企业10家，安全生产"打非"专项行动取得了较好的成效。

昌都地区烟草专卖工作

【基本情况】昌都地区烟草专卖局（公司）体制于2003年6月上划，归属西藏自治区烟草专卖局（公司）管理。昌都烟草体制上划前为地区烟草经销公司，于1998年9月成立，隶属原地区贸易局，后隶属原地区经贸委管理。2004年10月18日昌都地区烟草专卖局（公司）正式挂牌，现下设6个科室，3个专业部门，共有职工78人，其中聘用职工49人。

【经济效益】2011年，局（公司）积极扩销一、二、三类卷烟，高度重视四、五类卷烟的有效供应，进一步优化和提升了销售结构。全年累计完成各类卷烟销售52512万支，同比减少5%；实现销售总额2.14亿元（不含税），同比增长了6%；实现利润164万元，同比减少57%；实现税利2291万元，同比增加3 %；资产负债率为25 %，同比增加16%。

【专卖管理】牢固树立长期作战的思想，始终把提高辖区内市场净化率作为工作重点，拓宽情报信息渠道为突破口，进一步加强与公安、工商等部门的协作，多次开展卷烟打假行动，确保市场协调、稳定、健康发展。2011年，昌都地区共查获各类卷烟案件6起，罚没卷烟2221.1条，案值50714元，上缴罚没款13395元。

【公益事业】积极参与公益活动，开展了"小包裹、大爱心"捐赠活动。春节、藏历新年组织帮扶活动，慰问孤寡老人和困难群众。"六一"为社会儿童福利院提供了价值7000多元的学习文具，年底为儿童福利院提供60000元资金援助，改善孤儿们的生活学习环境。为体现烟草人的爱心，为定点扶贫村昌都县妥坝乡珠古村贫困户和五保户援助90000元资金，用以改善他们的生活，用实际行动为弱势群体送去了烟草人的温暖。

昌都地区农牧工作

【农牧民人均纯收入保持两位数增长】地区各级党委、政府及农牧部门紧抓首要任务不放松，加强领导，精心组织、积极配合，以农牧业增产增效、特色产业开发、非农产业发展及劳动力转移为主要内容的增收渠道不断拓宽，收入稳步增长。重点通过政策增收、劳务输出、虫草采集、多种经营、参与特色产业开发等途径，农牧民人均纯收入预计达到4332元，比上年增长18.3%。

【种植业获得丰收】全地区完成农作物总播种面积53443.47公顷，其中粮食作物45106.67公顷，经济作物5888.3公顷，饲草料作物1900.8公顷。粮经饲比例为84.1:11.1:4.6。粮食总产量达到17.5万吨，油菜籽达到4361.4吨，分别比上年增5.4%、5.1%。

【畜牧业生产保持平稳】全地区2011年底牲畜存栏345.2万头（只、匹），新生各类仔畜123.1万头（只、匹），成活118.3万头（只、匹），成活率达到96%。成畜死亡6.08万头（只、匹），死亡率控制在1.8%以下。全年出栏牲畜112.6万头（只），出栏率达到30.6%。肉、奶预计达到8.3万吨和8.1万吨，分别比上年增长4.5%、2.5%。

【农牧业产业化健康发展】近年来，我地区坚持把大力发展龙头企业、加快推进农牧业产业化经营，作为实现农牧业跨越式发展、增加农牧民收入的重要环节，引导乡镇企业工作重心向农业产业化和农畜产品加工转移，涌现出了一批具有一定发展前景和竞争实力的（如日通藏药厂、芒康绿野食品有限公司、洛隆糌粑加工厂等）农牧业产业化经营龙头企业。全地区乡镇企业实现产值达到1.75亿元，多种经营收入达到7.64亿元，分别比上年增长5%、8%。

昌都地区林业工作

【营林生产】全年完成昌都城镇周边造林1919.5亩，妥坝沟火烧迹地造林绿化6300亩，妥昌公路绿色通道建设补植补造42公里，累计植树39.6万株，直播山杏、山毛桃种子400斤，修补网围栏3428米，铺设引水渠1050米，造林地树苗发芽率90%以上。全年育苗340亩。

【林业重点工程】2011年，全地区林业工程建设稳步推进。天然林保护、退耕还林、自然保护区建设、森林生态效益补偿基金、重点区域造林、核桃基地建设、昌都镇城区绿化等重点工程建设，坚持按规划设计、按设计施工、按标准检查验收，严把作业设计、种苗、栽植抚育管护关，保证了工程建设顺利进行。

天保工程 对工程区120万公顷天然林实行了常年管护，强化了对2715名农牧民管护员的日常管理，切实将管护责任落实到山头、地块、人头，工程区内未发生森林火灾、森林病虫害及乱砍滥伐现象；组织开展了天保三县中幼林抚育项目地区级自查，协助国家林业局规划院完成了2010年中幼林抚育项目的检查验收；完成公益林建设任务（封山育林）5万亩；累计拨付建设资金2026万元。

重点区域造林 按照《2011年重点区域造林绿化作业设计说明书》的要求，完成重点区域造林56186亩，拨付工程款3440万元；使用苗木842万株，完成怒江山嘎玛沟山地造林1800亩，安装Φ50钢管3520米、PUCΦ50钢管1050米。

退耕还林 配合自治区林业调查规划研究院，完成2003年度退耕还林工程核查，保存面积26152.8亩，保存率为99.7%，保存合格面积14317.6亩，占总面积的54.6%；保存基本合格面积为11489.7亩，占总面积的1.3%，损失面积61.7亩，占总面积的0.2%.组织实施了昌都县、类乌齐县、丁青县、八宿县、江达县、左贡县2011年巩固退耕还林成果任务；完成退耕还林荒山荒地造林2010年度任务21200亩。

森林生态效益补偿基金项目 组织实施了集体管护、家庭管护、联村管护等多种管护模式的探索，聘用森林管护人员16863人（户），拨付管护资金1.29亿元。集体管护、家庭管护、联村管护等多种管护模式逐渐形成，并取得较好成绩，像洛隆县集体管护模式、类乌齐县个体模式初现成效，得到了区、地领导和林农的肯定。同时，各县结合森林资源管护实际，积极组织开展了以资源管理、护林防火、造林技术等知识为主的管护员知识培训，不同程度地提高了管护员的知识水平，全地区管护工作逐步迈向科学化、规范化轨道。实现了今年全地区无森林火灾的突破。

自然保护区建设 完成芒康滇金丝猴、类乌齐马鹿国家级自然保护区二期项目及八宿县然乌湖湿地自然保护区项目招投标工作，完成芒康滇金丝猴国家级自然保护区功能区划调整。完成国家级自然保护区评估工作，芒康滇金丝猴、类乌齐马鹿国家级自然保护区均评定为良；按照自治区、地区确定的野生候鸟疫病防控工作安排，认真执行了疫情应急机制，落实了各项防控措施，地、县及各监测点坚持做到了日报告、零报告，保证了疫病防控工作的顺利开展。

昌都镇城区绿化工程 按照地委、行署“春有花、夏秋有果、冬有色”的总体要求，全年补植补栽各类绿化树种300余株，补植草坪800多平方米，整形修枝各类树种500余株，增加当地农牧民群众现金收入10余万元。

核桃基地建设 察雅、芒康、洛隆三县核桃基地示范项目建设累计完成32159.15亩，同时组织开展了核桃基地建设管理办法、资金管理办法和种苗管理办法的起草完善工作。

【西藏生态安全屏障保护与建设规划】严格按照规划设计，继续突出“三江流域”，国道214、317、318等生态地位重要地段和生态脆弱区域林草植被的恢复，突出了水源涵养和保持水土等生态功能，完成高原生态安全屏障防护林建设49220亩，拨付工程款2461万元。

【森林防火】进一步加大森林防火工作力度。地、县森林防火工作坚持24小时值班，并从2010年2月份开始实行每日零报告制度，确保政令信息畅通。地、县林业部门累计派出工作组305次1860余人，前往基层第一线组织安排部署森林防火工作，督促检查各项森林防火工作措施的落实。地、县林业部门在有关部门的配合下，认真组织开展了隐患大排除活动，大力开展森林防火宣传教育活动，共出动车辆280台次、1756人次，挂宣传横幅38幅，张贴标语16720条，发放宣传单115080张（册）、宣传画26000张、森林防火挂历500个、订永久性宣传牌340个，召开群众大会592次，受教育干部群众187802余人。争取上级业务部门的资金支持200万，购置必要的扑火工具一万多件发放到各县。全年全地区无森林火灾事故发生。

【林政、森林公安管理】林政、森林公安依法加强了对现有林地和森林资源的管理，下达了2011年度全地区木材生产计划44.9489万立方米，占“十二五”期间年森林采伐限额的63.40%，其中：商品材采伐计划1.3333万立方米，林区非商品材采伐自用材12.0367万立方米，薪炭材31.5789万立方米。严格执行农牧民安居工程户均15 m^3的限额采伐指标，下发了2011年度10624户农牧民人居环境建设木材供应计划；全年共办理家具店经营（加工）许可证21件，办证率100%；办理人居环境建设木材加工许可证25件，办证率68%，取缔非法加工8家。围绕违法占用林地（湿地）、毁林开垦、超限额采伐、盗伐滥伐林木、非法收购经营加工和非法运输木材、非法倒卖或印制林业票证、乱捕滥猎和非法收购倒卖国家重点保护野生动物及其产品、乱采滥挖野生植物，在自然保护区内非法采沙、采石、采矿等各类破坏森林资源的行为，组织开展了“夏季攻势”和“亮剑行动”专项行动。组织公安和林政10人及森林武警12人，对昌都县嘎玛乡及面达乡进行突击巡查，清查处理沿途堆积的非法木材两处。全年全地区共受理查处森林行政案件49起，罚款4万余元、收缴非法木材119立方米，处理违法犯罪人员156人次。取缔无证加工点3处，惩治乱砍滥伐10余人。打掉不合格木材加工点9处，其中无证经营点4处，违规加工点4处，非法加工柏木的1处，新增木材检查站卡2处（嘎玛乡擦拉、面达乡德登）。组织开展了非法经营虎豹产品、象牙及其制品等野生动物制品大检查活动。完成了穿山甲、蛇类等药用原材料的登记造册工作，实施了加强红豆杉等珍稀植物管理工作执行情况的报告制度。

【森工企业】地区林业有限责任公司进一步挖潜力、抓管理、增效益，大力发展第三产业，努力扩大公司的经营规模，不断增强企业的经营活力，理顺管理体制。新建石油液化气加汽站一个，新建厂部苗圃50亩，完成昌都县拉多乡造林地补植补造50万株，完成每户中央补助1万元的254户林场危旧房改造工作，新建昌林家具车间和林业洗车站。全年完成总收入2767万元，上交国家税金485万元，上交育林费61万元，实现年利润20万元。

坚持以种为本、以质为先的林木种苗培育原则，组织实施了逐步由一般的苗木培育向培育新品种、多品种，乡土树种转变，向抗逆性的苗木转变，由数量保障型向良种效益型转变，提高了人工造林绿化良种、壮苗的使用率和基地供苗率。2011年全地区共计出圃各类苗木603.96万株。

昌都地区水利工作

【农村安全饮水工程】2011年，共完成78748人的村个人饮水工程和4658人农村学校师生的饮水点建设，完成投资8996万元，解决8.3万人的饮水安全问题。

【水电能源建设】续建江达县果通

坝、芒康县鲁仁和类乌齐县甲桑卡乡灌区工程，累计完成投资2834.23万元，年内完成投资2057.58万元；控灌面积改善和新增7300亩，累计完成投资2168.8万元，年内完成1334.87万元。新建左贡县中林卡若巴等4个灌区配套及节水工程，总投资2759.28万元。续建和新增草场灌区工程6984亩，改善灌溉面积17540亩，累计总投资2718万元，年内全面完工。新建左贡、洛隆农田水利重点县和八宿县邦达、左贡县美玉牧区水利试点工程，总投资2004.1万元，年内完成1351万元。续建贡觉县热曲河、江达县邓科、察雅县宗沙、八宿县永乡、贡觉县康泊、芒康县曲登乡登巴、八宿县林卡乡布则和林卡乡泥巴水电站等8座，装机规模4782KW，总投资15250.22万元，解决了8乡57村3652户24965人的用电问题。维修了边坝及洛隆一级电站和八宿县然乌电站，总投资2630.4万元，年内完成投资608.96万元。

【无电地区电源点建设】2011年，分别为艰苦边远的左贡县中林卡和东坝、芒康县戈波二级、通古、曲登和格朗西、贡觉县则巴和罗麦、洛隆乡中亦和加玉桥、边坝县金岭和拉孜、丁青县巴达等新建了水电站总投资8011.27万元，年内完成投资8732万元，解决了31个行政村3192户19276人的用电问题。

【江河防洪工程】续建了左贡县二期防洪堤、洛隆县城区防洪堤等2项工程，累计完成投资2608.13万元，年内完成2267.57万元。新建了丁青县、贡觉县、八宿县、察雅县二期、芒康县二期等5项防洪堤工程，建设堤长11.88km，总投资4697.78万元。新建了类乌齐县桑多镇脚曲河防洪堤治理工程和协曲河丁青县当雄乡河段防洪堤、阿比河左贡县田妥坝河段防洪堤，总共堤长6.27公里，总投资1702.57万元。

【水土保持工作】一是建设完成了昌都县洛坝沟小流域监测点土建工程。二是续建了江达县岗托小流域综合治理及生态修复工程，总投资200万元。三是完成了11县的水蚀、冻融单元的普查工作。

【项目前期工作】紧紧抓住中央第五次西藏工作座谈会精神和中央1号文件精神，始终把前期工作摆在首要突出位置，认真抓好落实工作。全地区“十二五”规划中，共安排196个前期项目，截止目前，完成批概项目14个，批复概算9585.8万元，已完成审查意见待批概项目39个，预计工程总投资108712万元。

【水利援藏】重庆市水利局选派了2名水利技术骨干援助我地区水利工作，在水利工作思路创新、制度建设、规划设计、建设管理、人才培养、技术服务等方面发挥了积极的作用。

【农牧民增收】全年为农牧民群众增加现金收入1300余万元。

昌都地区交通运输工作

【项目建设工作有序开展】1.国道。2011年国道续建项目共5项（分别为：国道214线昌都至邦达机场段公路整治改建工程，国道214线类乌齐至昌都段，国道318线业拉山至八宿段公路整治改建工程，国道317线岗托至江达段公路整治改建工程，国道318线海通沟兵站至东达山段公路整治改建工程），总投资24.8598亿元，截止目前已完成投资20.7638亿元，占总投资的83.52%。

2011年新建国道318线嘎玛沟至八宿段水毁修复工程，总投资2.0亿元，截止目前已完成投资1.9亿元，占总投资的95%。

2.省道。续建项目，省道303线帕通至加玉段公路，总投资0.4026亿元，当年完成600万元，工程已完工并于2011年6月30日进行了交工验收。

新建项目，省道303线夏雅至洛隆段公路改建，建设里程183公里，总投资9.07亿元（工可批复），截止目前，完成投资2700万元。其中：夏雅至莫坡拉山段54公里，采用三级油路标准建设，莫坡拉山至马利段63公里，采用四级油路标准建设。总投资4.95亿元，工程已于2011年8月开工建设，预计2013年建成并投入使用。马利至洛隆段公路改建，四级油路，建设里程66公里，总投资4.12亿元，工程已于2011年9月开工建设，预计2013年建成并投入使用。

3.通县油路。通县油路续建项目1个，即：青贡公路，总投资1.2293亿元，已于2011年11月19日交工验收，当年完成投资680万元。

4.农村公路。（1）续建项目。2011年全地区农村公路续建项目为44个，批复投资31615.39万元（其中：重点项目20个，总投资22068.55万元；一般项目24个，总投资9546.84万元）。截止11月底已完成投资23162.33万元（其中：重点项目完成15691.45万元，一般项目完成7470.88万元），占批复投资的73.26%。已完工项目26个，剩余18个项目计划于2011年底前完工8个，2012年完工9个，2013年完工1个。

（2）新建项目。2011年昌都地区农村公路建设项目共计79个，计划总投资33113万元，其中：重点项目10个，计划投资16400万元；一般项目69个，计划投资16713万元。

由于2011年是“十二五”计划开局之年，交通运输厅下达项目批复较晚，10个重点项目中，截止目前，交通运输厅已批复8个，批复投资11747.76万元，批复里程210.66公里，可解决2个乡的通畅、9个建制村的通达，改善1个乡的通达条件。已批复的8个项目已陆续开工建设，批复总投资11747.76万元，已完成投资2936.94万元，占批复投资的25%。其余2个重点项目有望于近期下达批复，计划今年完成招投标工作。一般项目69个中，截止目前已批复67个，批复总投资15409.692万元，批复里程782.055公里。已完成投资9660.93万元，占批复投资的63%。可解决54个建制村、23个自然村通达和1个乡通畅。到2011年底，乡（镇）通畅34个，通畅率达到24.6%，建制村通畅94个，通畅率达到8.2%；建制村通达1006个，通达率达到88.09%。

5.客运站场。续建项目，昌都地区国家公路运输枢纽——昌都汽车客运站，总投资3990.02万元，截止目前累计完成投资2600万元，占总投资的65.2%，计划于2012年6月完工。

2011年新开工建设的县级客运站

（贡觉县客运站、边坝县客运站、洛隆县客运站）总投资417万元，现已完工。

【公路养护质量稳步提升，服务保障能力不断增强】1.小修保养。2011年1月至11月，省道公路共备路面材料23780立方米，修补土路698410平方米，清理边沟220900米，疏通涵洞106道/138次，维修涵洞37道，整修路肩1004平方米，铺路面材料28130平方米，清理遗留坍方4860立方米，打冰除雪1425立方米，清理流沙487.4立方米，新挖边沟3150米，修补路基缺口21处/900立方米。

2.积极实施道房和养护大中修等工程。自治区公路局批复了洛隆公路段省道303线夏贡拉山道班和302线嘎德拉山道班新建工程，总投资215.8268万元。目前正在进行招投标工作。养护大中修、水毁恢复、危桥改建工程，总投资2477.5445万元，已于2011年9月20日开始动工修建。

3.切实做好公路抢险保通工作。为确保地区交通运输局管辖的省道公路安全畅通，针对雨（雪）期公路灾害易发的实际情况。一是局和洛隆养护段分别成立了抢险保通领导小组，加强辖区内的抢险保通工作的组织领导；二是进一步完善抢险保通工作预案，同时切实做好应对公路突发事件、公路水（雪）毁抢险保通等应急工作，保障了公路快速恢复通行的能力。三是养护段加大对辖区内的道路、危桥、险涵的巡查和实地监控管理力度，发现安全隐患，及时采取措施排除，确保了道路安全畅通。

【加强路政、运政执法工作力度】路政部门积极开展路查路巡工作。2011年1月至11月共路查路巡15842多公里，查获超限超载车辆797台次，共收回公路路产损失赔（补）偿费计106609.00元。开通绿色通道267车次，卸载吨位130吨，组织开展路政法制宣传、安全生产宣传等活动16批次，共发放各类宣传资料2513余份，悬挂宣传条幅32条。

交通运政管理部门和昌都交通综合执法支队在公安交警部门的配合下，积极开展客运市场、货物运输的整治和管理工作，客货运市场秩序得到进一步规范。一是开展了对昌都城区及十一县“黑车”清理登记工作，切实维护交通运输市场秩序，使客运站、客运车辆、货运车辆得到有效监管。二是根据地委、行署领导的批示和公安第084、207、252期信息精神，地区交通运输局高度重视，会同昌都交通综合执法支队等部门，对出租客运行业非法运营的部分“黑车”进行整治。共出动稽查人员105人次，检查过往客、货运输车辆2510辆，查处违章违规车辆9辆。

2011年1月至11月共完成进出藏货运量86.1794万吨，货物周转量47308.4162万吨公里，完成客运量488.9753万人次，旅客周转量9272.5101万人公里。

昌都地区公路管理工作

【年度综述】2011年，根据自治区机编委批复，按照交通厅、公路局机构改革实施方案精神，公路分局接养丁青、盐井、桑多三个公路段，目前管养国道317线岗托至昌都到丁青嘎洛卡598.14公里、国道214线隔界河至芒康县嘎托镇119.03公里、邦达岔路口至昌都171.01公里、类乌齐至多普玛113.759公里，共计养护里程1108.94公里，其中：油路779.94公里，砂土路329公里。全线设5个独立区级公路养护段，养护工区（道班）47个，养桥所1个，守桥班3个，左贡、白马设管理退休人员留守点各1个，江达、昌都子女食宿点2个。分局机关设办公室、政工人事科（纪律检查委员会）、公路科、路政管理科、财务科、机料科、退休人员管理科、工会共8个职能科室。全局有在册职工1927人，其中：在职职工709名，长期临时工44人，公益性岗位94人，退休人员1080名（其中内地代管人员214人）。

【认真抓好公路全面养护和抢险保通工作，确保公路安全畅通】一如既往地做好公路的日常性、预防性养护工作，努力提升公路服务能力。继续做好桥梁、涵洞的正常养护工作，加强了桥梁定期检查、日常巡查和对检查结果的记录工作，将桥涵养护和检查工作纳入小修保养的正常养护范围，并在危险路段设立明显的警示标志，保证过往司旅人员的安全。

【认真抓好路政管理工作】2011年的路政管理工作将重点放在加大《公路法》、《超限运输车辆行驶公路的管理规定》和《西藏自治区公路管理条例》的宣传力度。完成了金沙江检测站、类乌齐检测站移交给路政执法支队的工作。三段移交过来之后，各单位都能按照路政管理要求，扎实开展工作，狠抓了公路红线控制、非公路标牌整治、清理公路两侧的建筑垃圾和生活污染垃圾，充分发挥效能。在人手紧张的情况下，按要求坚持上路，不辞辛劳地巡查在公路第一线。对巡查中发现的问题能及时做好记录并妥善处理，重大问题能及时向上级汇报，保障了公路畅通，维护了路容路貌。

昌都地区邮政工作

【年度综述】2011年，全地区完成邮政业务收入1986万元，完成区公司年定计划的105.24%，同比增长18%。完成收支差额2334万元，完成年计划的98.15%,同比下降2.26%。

【代理金融业务】累计实现收入1050.14万元，占总收入的 52.8%，成为带动整体业务发展的支柱业务。围绕“固定费率，分档计费”新办法，依托“增余额、促增长、调比例”三大重点强化营销，全年实现储蓄收入781.68万元，净增储蓄余额4170万元，完成储蓄余额3.55亿元，活期比重达到69.8%，储蓄余额增长创历史最好水平，其中小额质押贷款收入41.5万元，居全区之首；汇兑业务收入完成268.45万元，较去年增长8.33%。一年来，各单位以增长余额规模为目标，广泛开展了各种专项营销活动，采取灵活方式开展业务宣传。强化方案支撑，严格风险防控，邮储发展方式进一步转变，发展结构进一步优化，业务规模、经营效益和自主发展余额能力实现同步提升。

【函件业务】累计完成业务收入140.24万元，完成年计划的103.12%。贺卡完成74.66万元，占函件收入的53.24%。

【分销业务】累计实现业务收入6.39万元，占年计划的27.78%。第一次尝试通过各种方式的宣传、促销，锻炼队伍、健全制度、规范流程，总结经验为来年分销业务发展奠定了坚实基础。

【电子商务业务】2011年的代售航空票务和邮乐卡销售等新型业务发展良好，代理航空票务实现“零”突破，实现销售362张，完成计划的181%，实现业务收入1.82万元；邮乐卡销售33.3万元，完成全年计划的111%，实现业务收入1.67万元。新业务的加速发展，收入结构的更趋合理，形成了以代收费、短信等为重点支撑，票务等为补充的业务结构模式，推动专业实现良好发展。短信完成35.5万元，较去年增长42.6%。

【报刊发行业务】全年实现报刊发行收入192.52万元，完成年计划的116.68%，同比增长32.7%。

【集邮业务】累计实现收入250.6万元，完成年计划的125.3%，提前两个月完成全年收入计划，同比增长41.79%。

【包裹业务】在全局的统筹调控下，通过开展军营包裹等揽收活动，全年完成70.7万元，同比增长22.89%。

【代理速递物流】全年完成138.31万元。积极推进“思乡月”项目，坚持正向激励，加快高效业务发展，提前两个月完成全年预算目标，累计完成结算收入54.23万元，同比增长139.06%。快递包裹完成12万元，物流业务主要受取消整车运输和调结构影响仅完成39万元。

【机要通信】不以追求经济效益为目标，而是以安全为主、以服务党政军和服务全地区社会局势和谐稳定为目的，全年完成14.89万元，完成任务计划的106.36%，较去年增长12.72%。

中国电信昌都分公司工作

【年度综述】截止2011年底，昌都分公司合并经营收入7922万元，比去年同期增长2.7%。其中固网累计收入5211万元，比去年同期增长-18.2%；移动业务累计收入2711万元，比去年同期增长63.6%。2011年，固定电话在网用户数达到25112户，有线宽带在网用户数达到15588户，移动业务在网用户数达到57172户，无线宽带套餐在网用户数达到2402户。

【网络建设维护】通过实施光进铜退工程、无线网络优化、网络资源清理整合利用、乡通村通及应急网的重点建设工作，巩固网络优势，优化资源，推进网络转型，使基础网络运营能力得到大幅度提升。

截止2011年底，共计29个项目实施了项目经理制管理制度，其中ICT项目23个，维护项目6个。完成三县47个点位乡通视频会议和全区366个全球眼点位基础信息收集，全地区乡、镇、村初步通信网络覆盖基础资料收集和大部分大客户网络基础资料的收集归档工作。下发4期传输分局月沟通会议通报，解决相关协调、明确问题共计6项。进一步明确了各县（支）局机务人员日常维护、支撑工作内容，增强了机务岗位人员对维护支撑工作的重要性认识。共计组织6期应急演练（下发6期通报），同时协调传输分局顺利完成了行署交办的贡觉县特殊事件应急保通任务，受到了地方政府的一致好评。各县（支）局上报的支撑需求共计38项，其中23项已得到解决，11项做了相应的回复，4项正在协调落实当中；对县（支）局一对一帮扶工作初步深入地区维护人员日常工作职责，进一步推进“大运维”工作理念，以维护就是服务、维护就是经营的理念，加强网络运行维护和业务支撑工作。全面落实维护规程，开展“传输防阻断、交换防瘫痪、数据防拥塞、电源防掉电”网络四防专项工作。实施机房整治计划，消防安全隐患，先急后缓实施末梢线路整治，持续提升客户感知。

【经营服务】通过实施移动宽带规模发展、乡通视频、重点县份额赶超、客户维系挽留、营业厅形象再造、全员体验式消费等重点工作，进一步加大线上外呼并借助存费赠机活动提升3G用户存量净增数，3G手机用户活跃率63.34%（区公司目标值62.55）。积极承接区公司对流量先锋队的工作部署，按照第一阶段工作要求落地实施，3G用户存量净增数661户（6月全区排名第一）。完成昌都地区各县办公自动化平台上线工作。并且加强了业务发展、流失预警、服务维系等综合防控措施。首次开展天翼俱乐部会员活动，开展“把美丽送给最爱的Woman”俱乐部活动，活动开展过程中充分利用外部力量，尽量减少内部客户经理工作量的方式推广。活动形式新颖，客户感知较好。活动期参与用户559户。一季度虽然恰逢节日放长假，但通过活动策划、准备、实施，均按照既定进度顺利完成。顺利启动运营机场VIP室，截止6月接待会员133人，散客87人，共接待220人。客户感知较好。二是开展实名身份登记制工作，分公司高度重视，统一认识，将实名工作纳入维护稳定工作的重要性和必要性中，建立常态化监督机制。仅第一期补登6745用户，按照既定要求完成99%；第二期1368个用户，完成补登工作100%。实名制纳入日关注监督机制，新装实名实现100%。

昌都地区移动分公司工作

【年度综述】2011年，致力于新市场的开拓，狠抓市场份额、狠抓收入增长、狠抓增值业务与行业信息化，取得了较好的成绩。

【市场方面】1.网络覆盖的加强，延伸了覆盖范围和人口，使更多的潜在客户变为真实客户，农村市场进一步得到发展，县级客户市场份额在逐步提高。

2.手机终端捆绑、话费赠送活动

在很大程度上满足了客户的需求，分月划扣更是增加了客户的在网粘性，同时也拉动了增值业务的发展。

2011年，昌都移动分公司完成运营收入15240.8万元，全网客户总数15.89万户。

【网络方面】网络是企业的生命线，用户是企业的根本。2011昌都网络运维工作是以打造“客户满意的网络”为工作目标。在网络维护中密切注意网络运行动态，加强网络建设质量和维护优化为主的管理方式。进一步提升网络的安全生产运行，提倡节约资源，提高利用率，做到了维护工作的主动性和预防性。完成了本年度维护工作和建设工作。

网络建设截止2011年12月份2G基站数达到440个，增长65个,载频数达到2003个，增长524个；TD基站数达到31个，增长31个,载频数达到223个，增长223个；GSM网络覆盖达到58%的行政村。

昌都地区国土资源工作

【地籍管理】加强地籍管理，保护土地使用者的合法权益。完成了29宗用地的初始、变更登记，登记面积193.64公顷；办理土地抵押登记40宗，面积7898.13平方米。

【建设用地管理】积极争取用地指标，确保建设项目用地。编制了昌都地区2011年度用地计划，上报自治区国土资源厅审核。严格建设项目用地预审管理，积极为建设项目用地提供服务。完成了11县和地（中、区）直单位、企业的基础设施、服务设施、周转房、廉租住房、公共租赁房、城市供排水管网、物资储备库、防洪堤、公路、书店、档案馆、基层政权等420个项目的用地初审，为“十二五”期间全地区基本建设项目，奠定了良好的用地基础；根据用地单位的实际情况，对地区16个单位建设用地进行了审查，并提出处理意见上报行署审批。

组织实施了芒康县嘎托河流域土地综合开发项目，土地平整和沟、渠、路的修建全面展开，预计年底完工。完成八宿县拉根乡、林卡乡土地开发整理项目可行性研究报告的编制审查。

【土地评估】准确掌握土地利用现状，聘请专业调查队伍，完成了昌都县“一点三翼”35.32平方公里土地调查，为科学编制各项建设规划，提供了详实、可靠的数据和图件资料，为今后土地征用、报批奠定了基础，为政府土地供应提供了决策依据。

聘请具有A级资质的四川省维益土地评估咨询有限责任公司，开展了昌都县城区土地级别与基准地价更新，江达县、八宿县土地级别与基准地价编制工作。从2011年4月1日至8月底，完成了昌都县城区20.59平方公里、八宿县城区2.31平方公里、江达县城区1.54平方公里的土地定级与基准地价更新编制成果，经地区相关部门听证会、行署2011年度第五次专员办公会议审查修改后，9月9日，通过了自治区国土资源厅专家组的评审验收。

【矿产资源开发秩序整顿和规范】积极推进全地区煤炭资源整合工作，制定出台了《地区煤炭资源整合实施方案》，由黑龙江龙煤公司、西藏昌都通达矿业公司两家企业为主体，分两个片对12个煤矿点进行整合。制定出台了地区行署整合与两家主体企业《关于昌都地区第一片区、第二片区煤炭资源整合协议》，9月29日上午，地委、行署举行协议签字仪式。

【探矿权、采矿权管理】完成了辖区内各矿点探矿权、采矿权的登记备案工作，共登记备案129个矿权，初步建立了探矿权、采矿权的数据库。制定出台了《昌都地区非金属矿开采秩序专项整治行动方案》，组织开展了专项行动。

【执法监察】认真组织开展土地矿产卫片执法检查，成立了昌都地区土地矿产卫片执法检查工作领导小组，举办地区和11县相关人员参加的土地矿产卫片执法检查工作视频培训班2期，完成了11县土地矿产卫片图斑的实地踏勘、内业核查及《土地矿产卫片图斑核查情况登记卡》的填写、录入、上报工作。经核查：2010年度土地矿产卫片执法检查的任务及范围，涵盖全地区除类乌齐县以外的10县，共102个图斑，面积935.5亩。土地卫片核查情况：①本年批准本年建设图斑共83宗，占地835.70亩，涉及耕地面积220.10亩。经过各县实地调查核实以及对图斑的拆分、合并，本年批准本年建设图斑中合法用地共有49宗，面积562.85亩，涉及耕地面积141.65亩；其他实地伪变化17宗，面积178.25亩；军事用地7宗，占地面积78亩，涉及耕地面积30.80亩；违法用地1宗，面积16.6亩（洛隆县），涉及耕地16.6亩，为边报边用违法用地，用地手续已于2011年6月30日上报。②往年批准当年建设用地16宗，面积93.3亩，均未占用耕地。③疑似新增建设用地1宗，位于江达县境内，用地面积6.5亩，属实地伪变化。2010年矿产卫片图斑涉及全地区共2宗，2宗都属合法用地。土地矿产卫片执法检查工作的开展，有效遏制了违法用地、违法勘查开采矿产资源行为，进一步规范了土地、矿产资源管理秩序，促进了保护耕地和节约集约利用土地，促进了矿产资源的合理开发利用。

昌都地区住房和建设工作

【住房保障】廉租住房 2010年安排在昌都、江达、贡觉、芒康4县的300套廉租房，建筑面积18000m²，投资3184万元，其中自治区投资3060万元，各县自筹124万元，目前除昌都县廉租房项目纳入昌都镇新一轮旧城改造尚未开工外，其余三县已完成主体正在内外墙装修，计划在11月底竣工。2011年自治区已下达给昌都、八宿、察雅3县的廉租房任务376套，面积22560m²，投资4174万元，除昌都县廉租房项目纳入昌都镇新一轮旧城改造尚未开工外，其余三县已开工建设，正在进行基础施工。

完成昌都镇第二、二批廉租房的分房摇号工作，安排符合条件的239户867人入住。目前，全地区已建成1434套廉租房，已安排三批共入住739户2679人，入住率达46.65%。第四批入住对象正在申请和入户调查之中。

2010年全地区符合廉租住房保障对象的家庭1497户2434人，共申报租赁住房补贴657.18万元，目前各县的补贴资金已下达，地直单位的补贴资金发放工作正在与地区财政协商之中。2011年全地区共向自治区申报符合廉租住房保障对象家庭1636户2806人，申报补贴资金757.62万元，目前正在审批当中。

干部职工周转房 完成2009年1685套县、乡干部职工周转房建设任务，总建筑面积103120m²，总投资16483.86万元，其中自治区投资16349万元，各县自筹134.86万元；2010年安排在地直机关和昌都等6县的1148套干部职工周转房，建筑面积82670m²，总投资14101.2万元，其中自治区投资14053.9万元，各县自筹47.3万元，目前已完成投资9405.47万元，占总投资的74%；2011年自治区安排的1080套周转房，建筑面积79560m²，投资14718.6万元，分别安排在地直机关和八宿等五个县建设，项目已于10月8日前全部开工建设。

公共租赁住房 自治区安排在昌都镇建设公共租赁住房150套，建筑面积9000m²，投资1665万元（含地区配套333万元），现已开工建设。

城镇和国有工矿棚户区改造 自治区安排给昌都地区的城镇棚户区改造项目156户，面积11700 m²，投资312万元，该项目已经地区研究纳入昌都镇新一轮旧城改造中实施，即将组织实施。国有工矿棚户区改造共382户，改造面积28650 m²，投资573万元，分别安排在蓝天运输公司、昌运集团、马查拉煤矿、圣洁自来水公司、昌都高争水泥厂五个国有企业，10月8日前已全部开工建设，其中安排在蓝天运输公司的120户现已基本完工。

周转房维修改造 全地区共安排周转房维修改造250套，现已全部开工建设，目前已有180套完成改造任务。

【城乡规划与建设】规划“一书两证” 审查核发规划“一书两证”327件，建筑面积87万余平方米，指导昌都县办理民房翻建规划审批手续18份。

项目初步审查 配合项目申报，对全地区111个申报国家、自治区投资项目选址进行了初步审查，并出具选址初审意见。

项目前期工作 根据自治区住建厅关于开展2011年全区城镇基础设施建设项目前期工作预审的通知要求，组织对昌都镇第二水厂、贡觉县阿嘎路等10个项目可行性报告进行了审查并出具审查意见；完成昌都镇第二水厂、昌都镇沿山路等2012年城市基础设施建设项目的前期申报工作，对2012年计划新建垃圾填埋场项目选址进行了核查。

规委会工作 全年共组织召开规委会议3次，审查果多电站柴维集镇新址建设规划、消防支队周转房项目、昌都镇新区规划、地委组织部办公业务用房、地区工商局3个工商所项目建设规划等，并出具了规划处理意见。

城建档案 共完成建设工程档案资料19项，目前共归档46册。

城建报表 完成2011年度各县城及村镇报表保送，并协助完成了昌都污水处理厂相关资料的报送。

【建筑市场管理】市场准入 按照自治区住建厅的规定，在西藏建设网注册并办理入昌资质续备案手续的各类建筑业企业113家，其中施工企业81家，监理企业13家，招标代理13家，设计单位6家。

项目报建 全年共办理限额以上项目报建手续43项，总建筑面积143316.90m²，总投资32794.01万元；

施工许可 共审查核发施工许可证34项，总建筑面积132383.72m²，总投资3972948.46万元。

工程履约保证金 地管项目全年应缴存工程履约保证金1500万元，实际缴存399万元，缴存率为26.6%。

招投标监管 全年共监督公开招标项目64项，总投资35663.66万元，其中：房屋和市政工程项目47项，建筑面积125682.38m²，投资26376.67万元；交通项目16项，投资9009.33万元；水利项目1项，投资277.66万元。

双拖欠清欠 共受理双拖欠群众上访5起，涉及项目5个，涉及4个县和1个区直单位，拖欠资金170.9万元，其中拖欠工程款141.99万元，拖欠民工工资28.91万元，已兑付民工工资19.61万元，剩余9.3万元已协调解决，工程竣工后兑付。

建筑技能培训 全年共培训农牧民工660人。

【工程质量和安全生产监管】质量监督办理工程质量监督手续77项，其中续建项目45项，建筑面积284282.24m²，投资59804.86万元，2011年新建项目32项，建筑面积135854m²，总投资25840.11万元。目前续建项目已竣工验收21项，建筑面积132181.10m²，投资41601.93万元。

造价管理 全年共编制并发布了昌都地区建筑材料指导价格信息2期，并对昌都地材及外购材料进行了询价。

安全生产许可 共审核办理建筑业企业安全生产许可证76份，其中区外企业72份，当地农牧民施工企业4份。

【房地产业管理和住房公积金监管】房地产业管理 审核注册物业管理公司2家（昌都地区圣城物业管理公司、昌都地区粮油商贸中心物业管理部）；完成昌都县经济适用房、地区客运公司商品房的面积测算，发放商品房预售许可证2个。

房屋权属登记 共发放房屋所有权证54本，房屋面积35771.52m²，权利价值14175.17万元，其中初始登记12本，转移登记20本，变更登记22本；审核办理房屋抵押登记30户，发放他项权证30本，抵押房屋面积51227.31m²，权利价值28797.05万元，贷款金额22689万元。

住房公积金归集管理 1–9月份，全地区共归集住房公积金2.2亿元，审核发放住房公积金个人贷款266笔7034万元，支取个人住房公积金6252万元。

截至9月底，共有54家企业新建了住房公积金制度，缴存职工2628人；全地区住房公积金累计归集7亿元，支取1.2亿元，发放个人贷款1259笔1.4亿元，目前账面余额6.4亿元。

昌都地区旅游工作

【年度综述】据统计，截止11月底，昌都地区共接待海内外游客46.67万人次，实现旅游总收入30984万元，分别比上年同期增长32%，已超额完成全年工作目标任务。

【旅游规划建设工作取得明显成效】坚持"旅游要发展、规划要先行"的原则，按照"十一五"全地区旅游基础设施建设项目的部署，切实加大旅游基础设施建设力度，使昌都地区旅游景区点基础设施建设有了明显的改观。

1.旅游发展规划修编工作进展顺利

（1）根据昌都地区旅游发展态势，邀请专家对昌都地区主要景区点进行了调研，对《昌都地区旅游发展总体规划》进行修编，使其更好地指导昌都地区旅游的发展，截止2011年底已完成修编的初审工作。

（2）根据全地区旅游发展的需要，着手编制江达、类乌齐、左贡三县的旅游发展总体规划，目前已完成规划的初审工作。

2."十一五"配套设施完成情况

（1）古盐田、波罗峡谷、怒江峡谷旅游景区基础设施建设整合项目，总资金1409万元，完成工程总体进度约为85%。已完工的项目有：三条国道上的旅游标识牌、旅游高炮宣传牌、5块入藏旅游导示牌、13个旅游厕所、沿318国道共7个观景台（停车场）、芒康县7个景区标志建设；正在建设的项目有；江妗岗托游客接待中心、游步道、观景台，芒康县214国道观景台、停车场，芒康县古盐田景区乡村旅游配套项目，预计2011年年底全部完工。

（2）芒康、昌都、江达、八宿4个特色乡村旅游配套设施建设项目（190万元）已全部完工。

（3）昌都地区旅游综合服务中心项目（530万元）由新建改为置换改造工程，改造方案已报审待批。

（4）旅游纪念品研发基地项目（209万元）正在实施当中。

3.旅游A级景区评定工作

完成了古盐田、然乌湖两个景区4A和三色湖3A的申报，12个2A景区的初评。

【加强旅游富民工作，进一步扩大并规范乡村旅游示范点建设成果，努力增加农牧民收入】2011年坚持发展乡村旅游与新农村建设相结合，相继实施了民俗特色村建设、"藏家乐"、"游客之家"等项目，以及旅游纪念品的开发促销等，引导农牧民群众参与旅游服务，创造就业增收，推动新农村建设取得了很好的成效。在2010年的基础上，又扶持发展了38家乡村旅游示范户，解决农牧民新增就业约800多人，人均增加收入1200元以上，带动450户、1300多人参与旅游服务。提升了昌都旅游的接待能力，形成了以旅助农、城乡互动的旅游产业发展新格局，乡村旅游基本形成一定的接待条件，产业经济已经开始起步，初步呈现出良好的市场前景。在2011年自治区旅游富民表彰大会上，昌都地区从事乡村旅游的示范户被评为全区旅游致富能手。

昌都地区气象工作

【加强气象预报服务工作，不断提高预报准确率】2011年，昌都地区气象局向地委、行署和相关部门汇报重要气象6期，中期天气预报30期，长期预报10期，发放昌都气象科技9期，决策气象服务信息4期，各类节庆和高考、中考预报10期，为川藏铁路调研提供了完整的气象资料。

【气象为农服务工作不断深入】地区气象局紧紧围绕不断发挥气象在"三农"工作中的积极作用，成立了气象为农服务工作领导小组，研究制定了气象为农服务工作细化方案，积极探索为农服务模式。研究制定了农牧业气象服务周年方案。农牧业气候资源区划及农牧业气象灾害风险区划与评估等科研工作不断深入，精细化天气预报业务流程、重大气象灾害监测制度进一步完善。初步完成了2个县级、1个乡镇级气象信息服务站（农网服务站）和1个县气象灾害应急准备认证的前期筹备工作，气象为农服务对象信息库、服务产品库和产品公开目录建设有序进行，气象信息员（农网信息员）队伍的充实调整和优化取得了阶段性成果，队伍整体素质不断提高，气象信息渠道不断拓展，气象灾害防御工作和接收传播气象灾害预警信息的制度不断完善。县级气象灾害防御规划编制工作得到地区发改委高度重视，地区发改委制定下发了《关于联合编制〈西藏昌都地区气象灾害防御规划〉的通知》（昌发改农经[2011]191号），成立了规划编制领导小组，作出了安排部署，提出了具体要求。按照自治区气象局统一部署和要求，专门挑选骨干力量组成工作组，全力全面开展资料数据收集整理研究工作，11月完成了《丁青县气象灾害防御规划》初稿。昌都农牧经济信息网建设一如既往地得到地委、行署的高度重视和关心支持，该网运行正常，信息量不断增大，点击率不断提高，据不完全统计，已发布普通信息约2000余条，重要信息约100余条，农牧新闻500余条，农牧科技800余条，市场行情、政策法规400余条，商务信息60余条，特色产业信息70余条，气象服务400余次，电脑知识200余条，网站点击率累计约13000多人次。农经网"信息高速路、致富连心桥"的作用得到充分发挥。

【气象科技服务工作成效明显】根据2011年人影工作计划和各县实际，落实2011年人工影响天气经费948224元（其中：人工防雹经费787974元，人影应急经费160250元）。

昌都地区地震工作

【监测、防御、救援，"三大体系"建设工作稳步推进】地震局按照科学规划、全面监测、重点覆盖的原则，梳理上报"十二五"规划项目，加强防震减灾基础性项目。包括：地区应急指挥中心，地区城市遥测台网、察雅、左贡等五县地震监测台站，昌都镇地下活动隐伏断层探测规划等项目申报。在项目申报过程中，加大调研规划力度，摸清地震监测台站选址实际情况，地震局领导严格把关，按照相关法律法规及工作实际需要确定拟申报项目，确保项目建设最大效益地促进地震工作开展，充分利用先进的地震遥感监测技术和快速反应平台，提高地震灾害预报、监测精度和科学决策能力，提高对破坏性地震灾害的预防和救援效能，为地震快速预报监测、信息交换提供有力支撑，服务于社会、服务于群众。

认真做好昌都地区地震台办公综合楼和江达县、八宿县地震监测台建设项目踏勘选择、规划及各项工程建设工作。

加强建设工程抗震设防管理。严格按照《昌都地区建设工程抗震设防要求和工程场地地震安全性评价管理规定》（昌署办发[2008]115号）文件规定，对地区人民医院院内建筑群、八宿县加油站等建设项目进行了抗震设防核查。对左贡县卫生服务中心项目建设工程场地和左贡县玉曲河4个梯级电站进行了地震安全性评价工作。

组织昌都地区职业技术学校和地区实验小学全校师生快速、有序、安全开展地震应急演练，地区地震局领导和干部全程参与，详细指导演练工作，针对演练中存在的不足，规范指导了地震应急逃生方法、措施。为增强学校师生防震减灾知识和意识，提高地震应急自救能力，进一步在全地区宣传普及防震减灾工作奠定了基础。

结合工作实际，相继制定出台《昌都地区地震灾情速报工作实施细则》、《昌都地区地震应急工作检查办法》，及时更新修订完善了《昌都地区破坏性地震应急预案》，地震依法行政工作制度基础得到强化。

昌都地区电力工作

【年度综述】2011年，昌都电力公司完成售电量1.39亿千瓦时，同比增长8.75%；完成售电收入6587.83万元，同比增长9.08%；应收电费顺利实现结零目标；电压合格率为97.6%，城市供电可靠率为99.3%；综合线损率10.26%。

【电网安全可靠运行，供电服务稳步提升】2011年，昌都电力公司集中力量夯实安全生产管理基础，积极应对技改大修任务繁重、恶劣天气频发、重大节庆日集中、保电要求高等情况，科学合理组织电力生产，充分利用夏季供需矛盾趋缓的时机，安排设备消缺、隐患治理、机组检修、技改大修等工作，努力提高机组利用率、供电能力和电网的保障能力。加强电网安全监管，加大线路运行维护力度，强化客户供用电安全管理与服务。将重大节日、敏感时段及建党90周年和西藏和平解放60周年大庆保电工作作为重要的政治任务和中心工作来抓，加强指挥协调，健全工作机制，制定并落实保电工作方案和应急预案，圆满完成了全年重要节日、重大活动和特殊敏感时期的保电任务。全年共安排重要保电工作20余次，派出现场保电人员140人次，外围工作人员86人次，出动应急电源车12台次，其它车辆18台次，安排投入78人次对重要供电线路和配电设施进行全面检查，及时消除了影响安全供电的隐患，未发生一起保电场所停电事故，为昌都人民交上了一份满意的答卷。

始终坚持“四个服务”宗旨，规范供电服务，明确供电信息发布、电费催收、故障抢修等工作程序和服务流程，深入开展供电服务效能监察和营销整顿工作，为强化管理、降低风险提供了可靠保障。认真落实国家电网公司新“三个十条”，以“塑文化、强队伍、铸品质”供电服务提升工程为载体，认真践行“你用电，我用心”理念，真诚服务于广大电力客户、服务于昌都经济社会发展，客户满意率达到99%。随着昌都地区经济社会不断发展电力供应需求不断递增，面对电网负荷屡创新高、来水下降带来的缺电矛盾和安全隐患，提前谋划制定预案，严格按照有序用电方案，统筹加强科学调度、实施有序供电、避峰用电、让电于民，千方百计保障了昌都经济社会发展和居民的用电需求，并积极宣传、汇报与沟通，得到了地方政府、社会各界的广泛理解与支持，最大限度地减小了缺电影响，为昌都地区发展稳定提供了有力支撑，树立了讲政治、顾大局、负责任、受尊敬的良好形象，得到了西藏电力有限公司、昌都地委行署的肯定，塑造了“国家电网”在藏东地区的良好品牌形象。

【项目建设顺利推进】2011年，昌都电力公司顺利通过了昌都、察雅两县“户户通电”工程项目法人验收；周转房工程已顺利通过竣工验收，职工住房条件得到改善，住房紧张现状得以缓解；顺利完成昌都电厂厂房屋顶改造及溢流坝6孔闸门改造工作；全面完成昌都110千伏中心变电站技改工作；昌都电厂技改工作也按照2011年计划节点顺利完成，实现下闸蓄水发电，缓解了昌都电网的供电紧张局面。

昌都地区环境保护工作

【总量减排工程】按照2011年自治区下达的主要污染物总量减排目标任务要求，以及“强化减排项目建设”的思路安排，环境保护局认真分解任务、落实责任，积极研究措施，全力推进管理减排、工程减排、结构减排“三大减排举措”，污染物总量减排工作有序开展。

【环保“民生”工程】全年，完成建设项目环保“三同时”检查200余家次，督促项目单位污染防治设施正常运行。截至目前，共审批建设项目700余个，“三同时”执行率达到100%。进一步提高了环境行政处罚工作的透明度，对常见的违反“环评”审批、三同时、限期治理、违规设置排污口等4种违法行为，以及不正常使用、超标排污和拒缴排污费等3种违法行为，分别设定罚款额度裁量公式，实施“阳光”处罚，更好地体现“罚过相当”的法律原则。

加强水污染防治，确保人民群众饮水安全。水污染防治工作，特别是饮用水源保护工作是当前环保工作重中之重。根据《中华人民共和国环境影响评价法》、《中华人民共和国水污染防治法》有关规定，认真履行部门职责，切实开展饮用水源地保护工作。年内开展了全地区城镇饮用水水源地基础环境状况调查和评估工作，对新、改扩建项目严格要求做好水污染防治工作。对全地区饮用水源进行了重新划定饮用水源保护区，加强对水源地日常巡查执法，会同有关乡镇和部门清查、整治和取缔二级饮用水源的排污口，使水源地的生态环境得到有效的改善。

加大排污收费的征收力度。为推进环境执法工作，达到强化环境执法目的，克服人员少、排污单位和个体户比较分散等困难，采取强化内部管理，实行分片包干的方式进行收费，在收费过程中，监理人员严格按照《国家环保法》的要求，稳定基数，扩大收费面。截止目前，共催缴排污费60余万元，征收企事业单位及个体排污户数约600余家。

【环境管理】1. 加强建设项目管理，有效控制新增污染。全面贯彻执行《环评法》和《建设项目环境保护管理条例》，在项目建设管理上，执行分类管理，把好企业环保准入关。坚持战略环评制度，落实产业规划、区域发展规划、流域规划环境影响评价。大力发展循环经济，从源头上控制新污染。合理选址，严格审批，引导企业选择优良工艺和设备，促进污染治理技术进步。严格执行建设项目环境保护“三同时”制度，有效防治环境污染。

2. 执行排污申报、排污许可和排污费征收制度。按照《环保法》、《排污费征收使用管理条例》规定，环境保护局执行排放污染物申报登记管理规定，实施排污费征收和“收支两条线”管理，努力做到征收的合法性、完整性和准确性。

3. 深入开展环保专项行动，严厉查处环境违法行为。以环境综合整治为重点，妥善解决民生问题，扎实推进污染减排工作。一是开展了全地区涉重金属、危废产生单位清理、自查、检查工作。对未签定危险废物转移联单的单位提出明确要求，并督促企业及时与有处置资质单位签定合同。出动检查人员32人次，检查相关企业7家；二是开展了重点行业企业环境风险与化学品环境违法专项检查。为严查重点行业企业环境风险与化学品环境违法行为，防止污染事故发生，保障人民群众的生命财产安全，维护社会安定，对地区制药企业进行了专项检查；三是开展了放射源专项检查。按照自治区环保厅对放射源的统一要求，对辖区内的涉辐企业进行专项检查，要求企业建立应急管理制度，加强应急演练，确保放射源的安全。共收回上缴放射源1枚，初步建立了放射源管理资料档案及台账。

4. 加强环境安全监管。一是加强环境污染事故应急预警机制建设。制定和完善了环保部门的《应急预案》、《应急监测预案》，促进重点企业完善自身《应急预案》，严格执行污染事故报告制度，确保污染事故得到及时处理，将损害减到最低；二是加大对放射性同位素与射线装置的监管力度，对涉源单位进行了调查摸底，督促办理环评审批、验收手续，指导企业做好换发《辐射安全许可证》工作；三是加大对企业的巡查力度，坚持对重点污染源企业的巡察，严格执法，严查环境违法行为。

昌都地区科技工作

【以项目建设为抓手，为昌都经济社会发展提供科技支撑】2011年，昌都地区实施自治区重点科研项目五个，总投资615万元。即：一、八宿县人工种草与天然草地改良项目，投入资金185万元；二、八宿县绵羊改良技术集成示范项目，投入资金80万元；三、芒康县徐中大蒜生产基地建设项目，投入资金60万元；四、芒康县富民强县科技项目，投入资金240万元；五、江达县先根生产加工项目，投入资金50万元。实施地区重点科技项目9个，总投资220万元。

【加强交流与合作，科技援藏工作力度逐年加强】自全国第三次科技援藏工作座谈会召开以来，对口支援昌都地区的天津市、重庆市按照中央关于西藏工作的总体要求，积极安排援藏项目，落实各项援藏措施，以项目为依托，通过资金、技术、人才、物资等多种方式，加大科技援藏力度，为昌都地区民族团结、社会进步和经济发展等方面起到了积极的促进作用。2011年，争取天津市科委续建项目1个，投入资金100万元。同时注重对外交流工作，先后派人到内蒙、上海、重庆、天津等地参观学习，并和重庆市涪陵区科委签订了合作协议。

【深入基层，服务群众，积极开展科技扶贫工作】以科技扶贫为重点，着力改善扶贫点群众生产生活条件，不断提高自我发展能力，一年来，地区科技局“百千万”工作队和“强基惠民”工作队分别由县级干部带队在边坝县热玉乡开展定点帮扶工作，深入村、户开展调研，解决实际问题，落实扶贫项目1项，投入资金30万元，在边坝县热玉乡建设大棚温室，并以建成的蔬菜大棚为基地，协同边坝县科技局对农牧民群众进行蔬菜种植、病虫害防治等实用技术培训，培训当地农牧民26名，为提高农牧民技能，起到了科技示范作用。集体捐款捐物2次，折合金额1万余元。

昌都地区教育体育工作

【开展学习培训，切实提高工作水平】为普及国检知识，地区教育局先后编印了《昌都地区迎接国家“两基”督导检查工作手册》、《“两基”国检基本知识问答》和《昌都地区“两基”迎国检工作手册》，翻印了《西藏自治区“两基”迎国检相关文件选编》、《西藏自治区“两基”迎国检知识读本》，分发到各县、各成员单位，用于指导各县、各单位开展“两基”迎国检工作。地区国检办组织人员对各县主要领导、地区“两基”迎国检成员单位主要负责人及相关工作人员、地区教育局直属学校和各县中学校长、教育局机关人员、各县国检办人员近360余人进行了“两基”迎国检知识培训。各县根据自身实际，先后开展了两轮共计2500余人次的县级培训。

【开展校园文化建设，突出迎检特色】制订了《昌都地区关于“两基”迎国检要充分展示和体现民族与地方特色的工作方案》。各县、各乡镇及学校调动广大师生员工的积极性、主动性和创造性，立足民族特点、地域特点和学校特点，充分挖掘历史文化资源，从校舍装饰、校园文化建设、学校体育文化艺术活动、师生着装等方面着手，积极营造特色鲜明、亮点突出的校园文化。各学校对校园内的宣传栏、宣传标语、黑板报和文化长廊等进行了更新，对教室、办公室、学生宿舍等进行了重新布置。

【强化督导检查，确保整改落实到位】全年地县督导机构派出90多个工作组，对各级政府职责履行、学校管理等进行了30次专项督导检查。建立了“两基”迎国检专报制度和工作通报制度，2011年，地县国检办就“两基”工作开展情况形成专报528期、下发通报90期。

【加大投入，突出管理，促进全地区教育事业快速发展】2011年，全地区义务教育阶段学校共有538所。小学正常适龄儿童64988人，小学在校生65418人，在校适龄儿童64345人,小学适龄儿童入学率达到99.01%；初中正常适龄少年35626人，初中在校生33667人，初中入学率达到94.50%。高中在校生5267人,职业中专在册学生达到5304人，高中阶段入学率达到33.23%。全地区有幼儿园15所（含民办幼儿园2所），在园幼儿1901人。青壮年文盲率下降到0.64%。

【提高经费保障水平，不断改善办学条件】全年实施D级危房改造工程面积109051平方米，重建122486万平方米校舍，包括120所学校。实施边坝县小学校舍安全工程、八宿县幼儿园建设、农村薄弱学校改造工程、地区三高建设和地区实验小学校庆建设等重大项目，争取“两基”迎国检义务教育阶段专项改善经费3030万元。2011年，地区财政安排了500万元迎国检专项经费。各县在财政投入教育20%之外，安排了30至200万元不等的迎国检专项经费，用于完善学校设施设备。同时，通过争取援藏资金、干部职工捐款、设立扫盲专项经费、发动社会捐赠、成员单位捐资帮助对口学校等形式，多渠道筹措经费，切实解决学校和教育发展中的突出困难。

昌都地区卫生工作

【医药卫生体制改革】深入开展医药卫生体制改革工作。根据国务院的统一安排和《中共西藏自治区委员会、西藏自治区人民政府关于深化医药卫生体制改革的意见》（藏党发[2009]12号文件）精神，按照自治区卫生厅2011年5月17日召开的2011年全区卫生部门医改工作会议的具体安排部署，为了把全地区医药卫生体制改革深入、有序、健康地开展下去，地区卫生局于6月26日召开了昌都地区卫生部门2011年医改工作会议，全面安排部署2011年医改工作任务。

【农牧区医疗管理】农牧民全部享受了农牧区医疗待遇，其中参加集资的人数为570257人，占农牧民总人数的95%。2011年，国家、自治区、地、县四级调配资金为11081.72万元，人均达到260元，为农牧民报销医药费用8797.35万元，其中：家庭账户支出2262.08万元，大病统筹支出6535.27万元。

【疾病预防控制】截止10月底，全地区共报告法定传染病14种1494例，总发病率227.27/10万，无死亡病例。其中：乙类9种1415例，丙类5种79例，与去年同期相比上升25.44%（其中乙类上升35.41%，丙类下降45.89%）。

【卫生基础设施建设】截止目前，昌都、丁青、江达、左贡、洛隆5县卫生服务中心改扩建项目除昌都县未实施外，其余4县均完成主体，项目总投资6965万元；八宿县卫生服务中心改扩建项目已完成可研，待自治区审批，项目总投资1240万元；地区卫生监督所业务用房改扩建项目前期工作已完成，项目总投资690万元；昌都地区11县31个乡镇卫生院改扩建项目（续建）中已完工的有19所，完成投资653万元；正在组织施工的有6所，项目总投资203万元；主体工程已完成的有9所，完成投资381万元；未完工的有3所。芒康县麻风病院新建项目工程已完成，项目总投资245万元。

【妇幼保健】2011年，昌都地区农牧民孕产妇住院分娩补助人数为7527人，发放补助金额为301万元。为提高人口素质和加大出生缺陷干预措施的落实，中央财政安排专项资金，对计划怀孕的农牧民孕产妇免费增补叶酸片，预防新生儿神经管缺陷，全地区每月上报增补叶酸预防神经管缺陷项目情况，共发放叶酸量5952份，应投服人数1844人，实际投服1818人。2011年，全地区孕产妇住院分娩率为52.14%，与2010年47.4%相比上升了4.74个百分点，孕产妇死亡率106.44/10万，与2010年119.74/10万相比下降了13.3/10万，婴儿死亡率7.91‰，与2010年的9.04‰相比下降了1.13个千分点。

【医院管理】1.完成2011年医师资格考试工作。自《执业医师法》颁布实施以来，医生行医就必须取得《执业医师资格证》，每年的执业医师资格考试工作是医政工作的重点之一。2011年3月1日-3月30日启动网上报名，4月1日至4月14日为现场资格审核，2011年网报人数为485人，经现场审核通过322人，经上报自治区卫生厅最终审核通过299人。7月2日-3日参加实践技能考试人数267人，考试合格人数224人，通过率84%。9月17日-18日为医学综合笔试时间，参加笔试人数为220人。

2.白内障复明工作。经自治区卫生厅与赛瓦基金会协商，于今年4月在左贡县、八宿县卫生服务中心集中组织贫困白内障患者施行复明手术，计划250例。两院积极筹备，精心实施，现已完成139例手术，目前该项工作已于今年4月份完成网报工作。

【卫生队伍建设】按照自治区要求，共下达培训资金169.05万元，用于培训乡村医生，各县卫生局结合本地实际开展了培训工作，共培训人员1651人，通过培训，使乡村医生掌握了简单的诊疗技能，提高了服务水平。通过各方努力，加强医务人员培养工作，各县通过援藏或其它方式派30人参加了各类培训进修，地区人民医院完成业务教学50学时，接受县卫生服务中心和各乡医技人员培训48人次，接受各大专院校实习生11人，完成院外进修5人次。

昌都地区文化工作

【公共文化服务】4月23日，昌都地区举行2011年“世界读书日”活动启动仪式。即日起，昌都地区图书馆电子阅览室、图书阅览室、报刊阅览室免费向广大读者开放。

2011年，昌都地区11县综合文化活动中心、23个乡镇文化站全部免费向群众开放。

全年地区民族歌舞团演出50余场，观众达5万余人；昌都、丁青、芒康三县民间艺术团演出150余场，观众达10万余人。地区举办了春节联欢晚会、藏历年晚会和“庆祝中国共产党建党90周年和西藏和平解放60周年——‘红色经典·嘹亮藏东’红歌演唱会”。9月7日至10月22日，昌都地委副书记黄力军同志率领昌都地区民族歌舞团先后赴成都、长沙、上海、苏州、常州、天津、驻马店、武汉、深圳等9地，巡演12场，募得基金款近215万元、照明设备2万套，价值40万元，圆满完成了昌都地区“文化与光明发展基金”筹募巡回演出任务。

【文化遗产保护】加大古籍普查力度，对左贡、芒康、丁青、类乌齐、八宿5县进行了普查督导。加强文物法律法规的宣传工作，利用“三大节日”、“法制宣传月”等特定宣传日认真开展宣传工作，大力宣传《中华人民共和国文物保护法》、《西藏自治区消防安全条例》等法律、法规，共发放宣传手册3500余份，宣传单13000余张，展出图片200张，接待咨询人员1300余人（次）。配合中央电视台国际频道《走遍中国》栏目摄制组，完成了《走进昌都》文物序列拍摄工作。落实文物安全责任，加强文物安全保护工作，与地区十一县签订了《文物安全责任书》，将文物安全工作纳入到《昌都地区精神文明建设综合考核目标》。积极做好文物点维修保护项目管理工作，地区烈士陵园、丁青县烈士陵园、芒康县囊巴郎则拉康已全部竣工，昌都县嘎玛丹萨寺和八宿县桑珠德钦林寺分别完成了工程总量的75%和95%。加大文物安全设施投入力度，投入资金23万元，对昌都寺等重要文物点实施了安防设施建设。加强文物保护规划工作，注重文物本体保护，对昌都县强巴林寺、察雅县烟多寺、左贡县邓达古民宅、贡觉县达律王府等4处重要文物点进行了维修保护设计工作。确定自治区财政专项投资项目共9个，分别为昌都县强巴林寺、帕巴拉夏宫、加热夏宫、类乌齐县查杰玛大殿、宗洛寺、察雅县仁达摩崖造像、芒康县盐井古盐田、昌都县卡若遗址、小恩达遗址等。认真落实文物“四有”工作，组织11县文物部门完成了辖区内的第五批自治区级文物保护单位记录档案编写工作及保护范围和建设控制地带划分工作。

【文化市场管理】4月22日，“昌都地区‘绿书签行动2011’集中销毁侵权盗版及非法出版物活动现场会”在地区图书馆召开。5月25日，昌都地区文化局（新闻出版局）召开了“电子游艺娱乐赌博机统一销毁日活动现场会”。现场会销毁大型彩金单挑机12台、麻将机30台。8月8日，昌都地区召开了“扫黄打非”工作电视电话会议，总结上半年工作，安排下半年工作。2011年会同地区公安、工商、消防、电信等部门，开展文化市场专项治理行动30余次，进行文化市场及出版物市场检查100余次，共出动检查人员1300余人（次），检查歌舞娱乐场所、朗玛厅、酒吧等500余家（次）；检查互联网上网服务营业场所160余家（次）；检查音像出版物市场、书报刊摊店150余个（次）；检查印刷复制企业40余家（次）。查缴淫秽色情出版物3000余盘（张）；政治性非法出版物20余盘（张）；盗版图书30余本（册）；赌博机80余台，取缔游戏厅3家。

昌都地区广电工作

【“户户通”工程】1.根据自治区广电局的安排，协调了6412户直播卫星“户户通”建设项目，总投资320.6万元。根据各县农牧区通电及“户户通”建设的实际情况，制定了分配方案。

2.加强日常维修服务工作，确保用户的正常收视。全年为农牧民群众维修直播卫星接收机3200余台（次）。

3.巩固和完善已建广播电视“村村通”工程成果，对“村村通”站设备进行了维护，部分设备进行了更新，确保了“村村通”站的正常运行。

4.对全地区7万余套直播卫星接收机进行了两次升级，确保了老百姓正常收听收看节目。

5.对各乡（镇）机关干部职工及学校老师直播卫星需求情况进行统计。

2011年，昌都地区广播电视综合覆盖率分别达到了91.42%和91.63%。

【西新工程】1.对察雅、八宿两县广播电视发射设备进行了更新，总投资30万元。援建的察雅、八宿两县广播电视转播台综合机房、发射塔等建设项目顺利竣工，总投资820万元。

2.更新了地区调频台转播设备，总投资30万元。

3.完成了地区实验台扩建工程，总投资1600万元。

目前，各广播转播台做到了节目的“三满”播出。

【电影发行放映】2011年向各县新配备了37台数字电影放映设备，目前，全地区93个放映站均配备了数字电影放映设备，标志着农牧区电影放映进入数字时代。

2011年为各县发行胶片电影117部、下载数字电影350部。全年共放映影片26290场，其中数字电影放映15800场，观众达2103200人次，基本达到了平均一村一月看到一场电影的目标。

【有线数字电视工程】1.地区所在地数字电视二期工程全面启动。

2.完成了贡觉县城所在地有线数字电视工程建设任务，总投资近500万元。

3.积极为拟建数字电视的县做好技术服务和衔接工作。

【移动电视工程】通过近一年的试运行，地区移动多媒体数字广播电视各项数据指标均通过了广电总局的检测，符合运行要求。同时，把移动多媒体数字广播电视纳入了安全播出管理范畴，规范了操作规程，健全了防护措施。

【“十二五”广电项目衔接情况】本年度，经过多次与区广电局洽谈与衔接，初步确定了“十二五”广电部分建设项目，包括“村村通”项目、广播电视进寺庙项目、广播电视少数民族语言译制设备、地县广播电视基础建设、“西新工程”电视转播台配置转播中央电视节目备用发射机项目、昌都地区乡（镇）级干部职工广播电视“户户通”项目，共计资金4103万元。

昌都地区民政工作

【年度综述】2011年，昌都地区共落实民政资金15179.6万元（不含各县安排资金），其中落实城乡低保资金6560.48万元（落实城镇低保资金1744.46万元，落实农村低保资金4816.02万元）；落实城乡低保户、五保户一次性生活补助资金1752.684万元；落实贫困学生就学救助金31.1万元；落实五保供养资金913.88万元；落实城乡医疗救助资金782.47万元；落实救灾资金1029万元；落实无军籍职工和军休干部经费268.422万元；落实优抚对象医疗补助金49万元，全地区优抚对象医疗补助资金累计达396万元；落实抚恤经费586万元，落实“三大节日”和“八一”建军节慰问经费165.8979万元；落实寿星老人健康补贴费211.6万元；落实流浪乞讨人员救助资金54万元；落实孤儿基本生活费596.16万元；落实民政项目资金2157.39万元；落实强基惠民经费22万元。截止去年年底，各种福利彩票销售额达1733.29万元。

【切实抓好城乡低保政策的落实与资金兑现工作】对全地区年人均收入在1450元以下的农村低保人口进行了深入细致的调查核实工作。调查核实显示：全地区农牧区家庭年人均收入在1450元以下的贫困人120000人，占农牧区总人口的20.6%，需新增农村低保人口核定基数56474人，已上报地区行署和自治区民政厅，并要求增加低保基数。从2011年1月1日起，城镇低保标准从320元/月提高到350元/月；农村低保标准由现行的年人均1300元提高为1450元，其中重点保障对象从920元/年提高到1070元/年，特殊保障对象从658元/年提高到772元/年，一般保障对象从487元/年提高到564元/年。2011年，共落实城乡低保资金3284.46万元，解决了69198人的生活困难问题。

【进一步加大自然灾害救助工作力度】2011年，全地区农作物受灾面积达461.66公顷，成灾面积达286.87公顷，绝收面积123.51公顷，倒塌房屋107间，损坏房屋416间，因灾死亡大牲畜578头（只），受灾人口14611人，因灾死亡2人，因灾伤病5人，紧急安置转移1233人，直接经济损失361.19万元（农业经济损失271.82万元），灾情发生后，立即组织人员赴灾区查看灾情，并妥善安置受灾群众。目前，共落实救灾资金342万元，及时有效地解决了14611名受灾群众的生产生活问题。

人力资源和社会保障工作

【就业再就业工作】2011年，全地区累计开发各类就业岗位3153个，完成自治区下达目标任务的107.43%；实现城镇新增就业3662人，完成自治区下达目标任务的107.39%；城镇登记失业率控制在3%以内；实现农牧民转移就业13.97万人次，完成自治区下达目标任务的102.72%；实现收入达2.66亿元，完成自治区下达目标任务的101.52%；举办城镇失业人员和高校毕业生培训班30期，培训1320人，完成自治区下达目标任务的101.53%；举办农牧民转移就业培训38期，培训2136人，完成自治区下达目标任务的115.46%；开展职业介绍3734人次，职介成功1786人，分别完成自治区下达目标任务的113.15%、105.05%；开展职业指导4509人次，完成自治区下达目标任务的100.20%；开展了客房服务、中式烹调师、汽车修理、公路养护、驾驶员、计算机操作、电工等7个工种的职业技能鉴定（工人技术等级考核）工作，对649人进行职业鉴定考核，完成自治区下达目标任务的216.33%。同时，对50名农牧民开展了专项职业能力考核，完成自治区下达目标任务的100%。

【社会保险工作】2011年，全地区各项社会保险参保总人数达41.85万人，其中城镇职工基本养老保险0.71万人，新型农村社会养老保险32.60万人，城镇居民社会养老保险0.29万人，城镇职工基本医疗保险2.75万人，城镇居民基本医疗保险1.58万人，失业保险1.05万人，工伤保险1万人，生育保险1.87万人。完成各类社会保险基金收入28765.48万元，比上年度增加了8641.59万元。2011年，各项社会保险待遇支出17135.10万元，比上年度增加了4671.97万元。新农保基础养老金从去年每人每月55元提高到90元。为全地区2083名符合增资条件的退休职工完成人均增资230元/月；向符合条件的退休工人分别兑现一次性生活补贴116.04万元和体检费50.24万元；发放新农保基础养老金4034.51万元；发放城镇居民社会养老保险基础养老金18.72万元；进一步降低基本医疗保险住院医疗费用报销起付线，提高住院费用报销比例、年度最高支付限额，将门诊特殊病种由原来的15种增加到20种，城镇居民医疗保险财政补助标准从去年每人每年180元提高到220元，切实减轻了医疗保险参保人员个人负担。兑现纳入工伤保险统筹的188名老工伤人员工伤保险待遇573万元。

【人事人才工作】紧紧围绕“人才强地”战略，人力资源开发工作迈上新台阶，人事制度改革不断深化拓展。一是人才队伍建设进一步加强。顺利完成2043名高校毕业生公开考录和分配派遣工作，考录人数比2010年度增加了近1倍。根据创先争优强基惠民活动需要，先后分配1000余名新录用人员充实到驻村工作队，切实加强了基层工作力量。选派专人赴内地高校引进紧缺专业技术人才60名。选派9名专业技术骨干赴内地参加特殊培养。完成59名拟晋升高级专业技术职务资格人员的审核推荐、考察聘任工作，完成290名中级专业技术人员材料的申报、审核、推荐、资格确认及486名中级专业技术人员的初（续）聘工作。完成高中级专业技术人才数据库更新工作。完成557名专业技术人员参加全国外语等级考试、全区业务考试和全国经济资格考试。突出对专业技术人员业绩和综合素质的考核，逐步实现考核的科学化、制度化和规范化。进一步规范了全地区专业技术人员退休工作程序，全年审批39名高中级专业技术人员退休。全年共组织649人参加职业技能鉴定（工人技术等级考核），538人取得职业资格证书。对50名农牧民开展了专项职业能力考核。二是行政机关公务员队伍管理日益规范。严把公务员入口关，认真做好公务员登记、统计工作，2011年，全地区行政机关登记公务员5427人。进一步规范考核程序，严格考核标准，认真开展公务员考核工作，及时兑现考核结果。制定出台了《昌都地区行政机关公务员培训规划（2011-2015年）》，会同地委组织部出台了《昌都地区公务员辞职辞退管理办法（试行）》，进一步加强了行政机关公务员培训和公务员日常管理工作。三是稳步推进事业单位人事制度改革。按照自治区的统一部署和《昌都地区事业单位岗位设置管理工作实施意见》，坚持“先入轨，后完善”的原则，继续扎实开展地区人民医院、地区第一高级中学、昌都县三个单位的事业单位岗位设置试点工作。四是军转安置工作有效开展。认真贯彻落实军转干部的相关政策与待遇，完成312名自主择业军转干部的退役金核定调整工作。开展了自主择业军转干部医疗保险和工资测算工作，共对16名住院患者报销医疗费用14.86万元。认真做好自主择业军转干部管理服务和企业军转干部解困帮扶工作。

【劳动维权工作】2011年，共检查用人单位3677家，涉及农牧民工22375人，对检查中发现的问题进行了及时整改；设立劳动者维权公告牌103块，涉及劳动者2788人；受理劳动争议案件147起，结案140起，结案率达95%，追回民工工资816.83万元；各类企业劳动合同签订率达到80%以上，有力地维护了劳动者的合法权益。2011年，共开展法律法规政策宣传50余次，发放宣传资料4万余份，解答政策咨询1800余人次。积极做好工资福利工作。完成了2011年全地区工资统计、公务员工资以及企业薪酬调查工作，完成企业在岗职工工资、企业实行特殊工时制度等情况的调查工作以及特殊岗位津贴、补贴兑现工作，完成了昌都地区机关、事业单位工作人员工资正常晋升审核、审批工作。启动了我地区已建工会企业工资集体协商工作，全地区已建工会组织的企业41家，已开展工资集体协商的企业33家，覆盖率达到了80.5%。

昌都县

【年度综述】2011年，昌都县完成地方生产总值250036万元，同比增长18.4%，保持了快速增长势头。第一产业完成22469万元，同比增长5.9%；第二产业完成105327万元，同比增长12.4%；第三产业完成122240万元，同比增长27.1%。全社会固定资产投资完成18.2亿元，其中县管项目完成投资3.5亿元，完成民间社会投资11340万元。全年财政收入完成4518万元，同比增长14.8%。

全县农村经济总收入完成68793万元，农牧民人均纯收入5099.79元，增幅为13.2%，其中现金收入3577元，占人均纯收入的70.14%。完成农牧民劳务输出57273人次，收入达8076.24万元，同比增长11.04%。乡镇企业收入完成5385万元（其中县办企业完成收入3165万元），同比增长7.7%，实现利润1545万元；多种经营实现收入20704万元，同比增长10.4%；民族手工业收入完成2906万元，同比增长12.9%，实现利润1744万元。

【农牧业基础地位进一步巩固】认真落实各项支农惠农政策，加大农牧业综合开发力度，进一步提高农牧业综合生产水平和效益。2011年，全县农作物总播种面积8.16万亩，其中：粮食作物6.93万亩，总产量3622.49万斤；经济作物1.03万亩，总产量4100.63万斤；饲料作物0.65万亩，总产量1471.8万斤。粮经饲比例调整为80：12：8，种植业结构逐步趋于合理。兑现2010年良种繁育补贴资金157500元、粮食作物直接补贴1028617.7元，落实2010年、2011年农业机械购置补贴资金250万元，补贴购置机具451台（套），进一步调动了种粮农民的积极性，提高了生产效率。做好政策性涉农保险工作，2011年共收保费31.18万元，覆盖15个乡镇，共14574户77749人，落实涉农保险理赔307万元，为农牧业发展和农牧民增收提供了保障。

农业生产保持了良好发展态势。组织开展了低产田改造、积造农家肥等工作，共完成低产田改造0.88万亩，积造农家肥12.13万吨，订购化肥730万吨，为促进农业增产增收奠定了良好基础。建设标准化生产和高产创建田18000亩，其中冬小麦2000亩，春青稞16000亩；落实一级种子田1680亩、二级种子田3000亩，均已通过自治区验收。建设测土配方施肥示范区8000亩，平均亩产达425公斤。冬小麦播种面积4253亩,因田间管理到位，喜获丰收。加强农业科技推广，完成机耕2.65万亩，机播3.1万亩，共举办农牧业生产培训23期，参训人员达3312人，进一步提高了农牧业的科技含量。

牧业生产健康稳步发展。认真做好饲草料储备供应和防抗灾工作，为易灾乡镇提供应急饲料14万斤，开展了牲畜暖棚维修、加固等工作，加强了接羔育幼、仔畜饲养管理，千方百计提高幼畜成活率，降低成畜死亡率。2011年，成活仔畜114773头（只、匹），成活率达95%以上，成畜死亡6848头（只、匹）,死亡率控制在1.75%以内；牲畜综合出栏率达到31.84%，完成昌都镇牦牛上市3000头；实现年末牲畜存栏382909头（只、匹）。严格按照“六不漏”的要求，加大了高致病性禽流感的防控力度，顺利完成了疫苗注射工作，群体免疫率达90%以上，注苗率达100%。认真开展草场承包工作，草场承包面积576.4万亩，分解到7个乡、52个行政村。

农牧业特色产业项目建设稳步推

进。采取以国家投资带动群众投资等方式，有效整合资源和资金，发挥项目的最大综合效益，促进农牧业产业结构调整和农牧民增收。2011年已完成的农牧业特色产业项目有：2009年阿旺绵羊繁育及育肥基地项目、2009年人工饲草和草种繁育基地项目、2009年天然草原退牧还草工程项目、昌都县农产品质量安全检测站项目、2010年农村户用沼气建设项目，均已通过上级验收。其中，2009年天然草原退牧还草工程项目总投资3360万元，在面达、拉多、妥坝3个乡完成禁牧围栏60万亩、休牧围栏60万亩、草地补播36万亩；2010年农村户用沼气建设项目为新建项目，总投资551.04万元，新建户用沼气池1312户。

农业扶贫开发工作顺利实施。抓好2010-2011年扶贫项目建设工作，2010年批建的面上扶贫项目共5个，总投资670万元，其中国家投资562万元；2011年面上扶贫项目2个，总投资189万元，其中国家投资161万元，均已完成建设内容。认真抓好2011年卡若镇、日通乡整乡推进扶贫开发项目，包括5个子项目，国家总投资490万元，已全面完成建设。农发产业化项目昌都县40栋蔬菜温室新建项目获批，国家总投资130万元，2011年9月开工建设，已于2012年2月全部完工。

【新农村建设扎实推进】2011年地区下达的农牧民安居工程建设指标为：民房1511户，投资2665.8万元（包括国家补助资金1608.1万元，地、县财政各配套151.1万元，抗震加固设防补助755.5万元）；村级组织及基础设施配套建设项目14个，投资1506.4万元。按照新农村建设总体要求及区、地农牧民安居工程建设工作会议精神，遵循“统筹规划、整体推进、分类指导、科学设计、综合配套、突出特色”的原则，切实加强组织领导，做好群众政策宣传，引导农牧民群众积极开展安居工程建设。15个乡镇1511户安居工程建设已全部完工，完成建筑面积257660m²，资金兑付达100%，受益群众7555人；14个人居环境建设和环境综合整治工程全面完成，通过地区验收，连续六年被评为地区安居工程建设先进县。

【农村道路交通、农田水利基础设施建设切实加强】农村公路建设成绩显著。2009年芒达乡夺冲村（玉格村）公路、面达乡扎格村公路、埃西乡卧热卡公路三个项目已完工并通过验收；2011年农村公路建设项目11个，建设总里程109公里，总投资1957.17万元，现已完成7个项目的建设任务并通过验收，极大地改善了农牧民出行条件。高度重视道路交通安全工作，先后38次开展道路安全隐患专项排查、治理工作。

水利建设扎实开展。坚持把改善农牧民生产生活条件作为水利工作的出发点和落脚点，积极改善农牧区饮水、灌溉设施条件。2011年，水利部门共维修水渠114条，修复水毁工程12处，加固水塘5座，完成清淤10.3公里，土石方开挖634立方米，水泥158吨，群众投劳300个工日，为农业保灌增收奠定了基础。加强小型农田水利项目建设，2011年的4个“民办公助”小型农田水利工程已全部竣工。加强安全饮水工程建设，2011年第一批安全饮水工程共45个点，总投资884万元，已完成建设任务，解决了13个乡镇1392户8912人、39241头（只、匹）牲畜和埃西乡、面达乡、俄洛乡1086名完小师生的饮用水问题。

【重点项目建设扎实推进】澜沧江一级支流扎曲河上的果多水电站工程预可研报告已经自治区批复，工程可行性研究报告已完成并上报自治区核准，库区实物指标调查已完成并上报移民大纲和移民报告，筹备期工程中的进场施工道路、导流洞、左岸绕坝公路和下游临时桥梁全面开工建设。抓紧做好学校D级危房改造项目。根据“两基”迎国检的要求，县财政、教育、发改、住建等部门各司其职，认真组织实施，确保如期完成任务。D级危房改造项目涉及全县18所学校，总投资3089万元。

【教育“两基”顺利通过国检】2011年是全区“两基”国检年，县委、县府高度重视，把“两基”迎国检当做首要政治任务，以重振昌都县教育为目标，以抓好学生巩固率为基础，以提高教学质量为重点，切实加大财政保障力度，认真研究部署，精心组织实施，狠抓措施落实，全力以赴做好迎国检各项工作。10月，在全县上下的积极努力下，“两基”工作顺利通过了自治区教育督导团的验收。

切实加大教育经费保障力度。坚决贯彻教育优先发展战略，在县财政20%教育配套资金787万元的基础上，县委、县府先后追加50万元、150万元共计200万元教育专项资金，还号召全县干部职工为“两基”迎国检捐款50余万元。不含县直各部门为学校捐助的现金和物资，2011年全县投入教育的资金达到1042万元。

【文化、卫生等社会事业协调发展】文化事业取得新进展。抓好硬件建设，修建了俄洛、嘎玛和妥坝三个乡级文化站，已竣工投入使用。加大非物质文化遗产的保护和管理力度，认真做好重点文物的维修和保护工作。在嘎玛乡试点建立了“嘎玛嘎赤唐卡”和“嘎玛银器工艺制作技艺”传习所两个农牧区群众文化基地，定期开展传习活动，努力打造文化品牌。做好强巴林寺等文物保护工作，县文化局荣获2011年“昌都地区第三次全国文物普查先进集体”。着力提高文艺队伍创作水平，2011年8月，县民间艺术团荣获“西藏自治区基层文化建设现场会先进集体”；9月，县民间艺术团在第九届全国少数民族运动会上表演的“藏东热巴”获金奖；12月，面达乡彩袖舞代表地区入选西藏电视台2012年藏历新年晚会表演节目。积极组织开展建党90周年和西藏和平解放60周年大庆文艺活动，分赴拉萨和重庆参加表演和全国性红歌赛，唱出了藏东儿女的新风采。

卫生体制改革稳步推进。2011年，从大病统筹医疗资金中报销医疗费3576人次、1053万元，为一大批农牧民群众减轻了医疗负担，较好地缓解了农牧民群众因病致贫、因病返贫的现象。严格执行基本药物集中招标采购，全年招标药品115种，总金额114万元。加强基础设施建设，改扩建芒达乡卫生院和妥坝乡卫生院，新建日通乡卫生院，总投资133万元，已全部完工。扎实开展鼠疫防控、传染病防治和强化免疫工作，深入打击食品非法添加。

社会救助工作取得新成绩。做好城乡低保工作，累计发放低保资金735.7万元，受益群众2028户、7105人。大力提高五保供养水平，为299名五保老人发放生活补助65.7万元。扎实开展灾害救助工作，共拨发救灾款物97.5万元，慰问款物8.9万元。有效推进城乡医疗救助和临时救助，支出医疗救助金91.2万元，救助187人次，发放临时救助款17.42万元，涉及106户、636人次，保障了困难群众的基本生活。积极开展节庆慰问活动。

社会保障工作扎实开展。抓好就业再就业工作，安排就业231人、续聘236人，城镇登记失业率控制在4%以内。认真做好城镇职工社会保险工作，2011年共征缴养老保险、医疗保险等各项社会保险费1039.256万元，城镇职工医疗费用报销125人、47.92万元，城镇居民医疗费用报销197人、83.14万元。扎实做好新型农村养老保险工作，参保率达到80.21%，收缴保费350万元。全面做好劳动监察工作，查处工资拖欠案件23起，涉及民工501人、金额189万元，有力维护了劳动者的合法权益。

【财税服务水平不断提升】继续贯彻积极的财政政策，坚持“统筹兼顾、保证重点、压缩一般”的原则，进一步调整优化财政支出结构，切实加大对“三农”、教育、卫生的投入力度。2011年，县财政落实农牧区“三老”人员生活补贴171万元，“一孩双女户”补贴117万元，五保户供养60.9万元，农村最低生活保障453万元；兑现家电家具下乡补贴378万元；兑现粮食直补、综合补贴资金203万元；兑现村干部基本报酬330.7万元，村级组织工作经费174万元，农村基层党组织保障经费56万元；落实新农保试点补贴资金75.3万元，涉农保险补贴资金124.7万元。落实“三包”及助学金经费1775万元，教学点燃料费4.05万元。落实农牧民免费医疗资金1821万元，农村特困群众医疗救助54.2万元，老年人健康补贴70.6万元。

【市政管理进一步加强】有效整治了“小广告”泛滥、商贩摊位杂乱无序、机动车乱停乱放和违章建筑失控等问题。为迎接建党90周年和西藏和平解放60周年大庆，充分展现昌都镇文明城市的良好精神风貌，县委、县府积极组织开展了昌都镇环境卫生整治工作，确保了大庆期间城市环境整洁卫生。还认真开展了“争当昌都好市民”宣传活动，增强了广大市民的文明卫生意识和对昌都城市的认知度。在地委、行署的支持下，县府制定的《昌都镇环境卫生整治工作方案》由行署印发昌都镇各地（中、区）直单位、驻昌部队和企业执行，每周五作为昌都镇各单位环境卫生整治日，接受昌都县卫生检查的长效机制正在逐步建立和完善，昌都镇环境卫生状况不断向好。加大资金投入，用于购置洒水车、垃圾车等环卫设备，进一步提高了环卫工作水平。在地区财政支持下，还大幅提高了一线环卫清洁工的工资待遇。

【生态文明建设积极推进】林业工作不断加强。认真开展森林防火工作，不断加大林政管理力度。实施森林生态效益补偿基金项目，补偿资金2267.92万元。加大森林资源培育力度，全县造林绿化活动不断深入，2011年累计完成重点区域造林4000亩、生态安全屏障项目建设10000亩、封山育林10000亩、义务植树600亩、育苗20亩。制定选聘办法，明确奖惩措施，共聘管护人员3020名，推动了护林工作。

环境执法稳步开展。强化对建设项目环保执行情况的检查，加强环境保护宣传工作。加强建设项目环评工作，从源头上把好环保准入关。着力解决好群众关注、投诉的家禽养殖污染、生活噪音干扰、乱倒垃圾等环境问题。

国土执法扎实推进。切实加强耕地保护，广泛宣传政策法规，加大执法检查力度。目前全县耕地保有量为91820.4亩，基本农田保护面积仍控制在9万亩的红线范围之内。认真做好建设项目征地管理工作，积极服务“两基”迎国检工作。加强矿产资源管理，妥善做好地质灾害防治工作。扎实做好农村宅基地确权登记发证工作。

【领导名录】

县委书记（副厅级）：刘金洪

县委副书记、县长：齐 飞

江达县

【年度综述】江达县生产总值达到9.4亿元，同比增长13%；一、二、三产分别达到4.04亿元、3.89亿元、1.47亿元，同比增长43%、41%、16%；农牧民人均纯收入4158元，同比增长5.9%。

【投资规模持续扩大，重点项目进展顺利】固定资产投资完成4.07亿元，同比增长39%，其中民间投资6950万元，占总投资的17%。全县新续建项目开工88项，其中新建70项、续建18项。2010年天然草场退牧还草工程、人工种草与天然草地改良工程、2010年第一批农村沼气建设项目、波罗乡迹地更新、公益林建设以及机关周转房等建设项目圆满完工并逐步发挥效益。国道317线黑色路面整治改造工程、生达乡生斯线（A标）、娘西乡萨帮线、德登乡嘎荣线等新建项目正有序推进，汪布顶汪查线及由地区交通运输局组织实施的岩比、汪布顶通乡公路及邓柯乡色日村公路建设进展顺利。5个小型农田水利“民办公助”项目、2011年农村安全饮水工程和岗托镇供水项目完工并通过验收。城镇化建设步伐进一步加快，完成2镇11乡规划。政府办公大楼和江达镇新桥等市政项目建设抓紧实施。完成邓柯电站、果通坝灌区、岗托电站、矮西沟小流域综合治理、第三期农网建设与改造终验工作，汪布顶电站正式开工。

【三农（牧）工作扎实推进，生态经济效益初显】农牧业总产值完成36132万元。粮食总产量达到2520万斤，蔬菜产量达到390万斤，全年新生仔畜177849头（只、匹），牲畜年末存栏532603头（只、匹），综合出栏164499头（只），综合出栏率为30.8%。肉产量达到13250.13吨，奶产量达到8717.2吨；劳务输出达到24015万人次，实现收入3428.71万元。以安居工程为突破口的社会主义新农村建设成效明显，高度重视特困户群体建房问题，实施了100户特困户建设，补助资金提高到4.5万元，1160户农牧民群众喜迁新居，同步实施总投资1236.7万元、建筑面积116433平方米的抗震加固建设，完成农村人居环境建设和环境综合整治14个村。新增和改善608户和321名学生的安全饮水。落实扶贫、农发资金1139.193万元、项目14个。完成重点区域造林、高原生态安全屏障防护林、封山育林共计9000万亩。

【财税工作成效明显，金融形势保持稳定】地方财政收入完成1785万元，同比增长13%；全年财政支出3.03亿元，同比增长60%。

【商贸旅游日益兴盛，市场秩序持续规范】不断完善市场体系，加大市场监管，刺激消费需求，城乡消费保持了同步增长的良好态势。万村千乡市场工程深入实施，认真落实家电、农机、汽车、摩托车下乡政策，消费热点进一步巩固。实现消费品批发、零售额9584万元，改造升级农家店26家。完成了岗托民俗特色村验收结尾工作，317国道旅游厕所项目全部竣工，完成了吉荣峡谷2A级景区申报工作，完成对津江宾馆、交通宾馆三星级申报工作与初评检查工作。

【民生事业不断发展，公共服务能力逐步增强】坚持教育优先发展，办学条件不断改善，教学质量稳步提高，适龄儿童入学率和初中入学率进一步巩固，“两基”基本通过国家验收。城乡医疗卫生服务体系进一步完善，合作医疗人均提高到269元，大病统筹资金报销10360人次499.3万元，家庭账户基金报销8455人次70.1万元，公共卫生服务能力继续加强。城乡社会保障体系建设取得新进展，政府购买公益性岗位实现就业35人，职业介绍70人，城镇登记失业率控制在4%以内。落实城镇低保金52.7万元，落实农村低保金411.9万元，落实补助资金48万元，为五保户发放供养金114万元，一次性生活补贴10.3万元，全面落实908名寿星老人补贴，推进县城社会福利中心和民政救灾储备仓库项目建设。

【社会局势趋稳向好，人民群众安全感普遍增强】始终把维护稳定、守好西藏东大门作为压倒一切的首要政治任务。严格按照《宗教事务条例》和江达县结合自身实际制定的“八严禁、七不准、五必须”等规章制度，认真落实寺庙属地管理责任，实行县统战民宗干部包片包乡干部包寺庙。全年共受理刑事案件10起，破10起，破案率为100%，抓获犯罪嫌疑人15人，收缴各类枪支35支，子弹100发。深入开展平安创建活动，分三批对全县46个单位、13个乡镇、95个村（居）、9869个家庭开展平安创建工作。不断夯实基层基础工作，创先争优强基惠民活动及加强和创新寺庙管理活动扎实推进，政府不等不靠，为每个寺管会垫支1.5万元至2万元，为每个驻村工作队垫支1万元，先行为驻村驻寺人员购置生活必需品和桌椅等办公用品，确保了驻村工作队、寺管会人员能够顺利进驻并安心工作，通过扎实落实各项措施，努力工作，党群、干群关系更加密切。

贡觉县

【年度综述】全县地方生产总值35562.3万元，同比增长15%。其中：一产7466万元，同比增长5%；二产8867.3万元，同比增长13.8%；三产19229万元，同比增长20%；三产比例为21：25：54。农牧民人均收入2928元，同比增长14.7%，其中现金收入2025元。财政收入1260万元，同比增收17.2%。

【农业】2011年全县总播种面积6.42万亩，其中粮食播种面积5.29万亩，粮食产量达到2689万斤，增长0.59%；油菜播种面积0.6万亩，产量106万斤；蔬菜0.1万亩，产量480万斤。劳务输出46099人次，实现收入5253万元。

【牧业】全县年内新生各类仔畜97002头（只、匹），成活94383头（只、匹），成活率97.3%。全县牲畜出栏84336头（只），出栏率29.82%。完成草场承包外业测量工作，草场承包到户面积581.279万亩。加强牲畜疫病防治工作，注射各类牲畜242168头（只），免疫率达100%。

【林业】一是加强植树造林工作力度，种植苹果、核桃等经济林木20000万株；重点区域造林3500亩、生态安全屏障防护林体系建设2000亩、中幼林抚育3600亩。二是加大县城绿化工作，种植适宜县城气候的柳树147棵，县城公共绿化面积建设3826.46平方米，有力地亮化、绿化、美化了县城环境。三是加强林政执法工作，关停28家非法木材带锯点，整顿了木材流通领域秩序。

【工业、交通业】全县工业总产值780万元，同比增长10.01%。客运量5.2万人次，同比增长4%；货运量3.97万吨，同比增长1.8%。

【非公有制经济快速发展】一是全县市场主体发育良好，全县市场主体户数达到509户，注册资金5862.78万元，同比分别增长13%、116%。其中：个体工商户发展到480户，注册资金2454.78万元，从业人员1078人，同比分别增长12%、23%、8%。私营企业发展到14户，注册资金708万元，从业人员129人，同比分别增长8%、55%、3%。内资企业发展到15户，注册资金2800万元，同比分别增长25%、833%。二是招商引资工作获得突破，全年引进项目2个，分别是投资350万元的平安汽车销售维修中心和注册资金1000万元的贡觉县京祥水利开发有限责任公司。家源液化气站建成投入使用。三是家电家具下乡成绩显著，前九个月共销售各类家具家电1042套（台），销售金额291.5932万元，财政补贴资金72.1479万元。“万村千乡”市场工程建设成效显现，年内完成15个“农家店”的挂牌改造工作。四是商业显现繁荣，社会商品零售额5680.5万元，同比增长37%。其中批发零售贸易额4938.5万元，同比增长41%；住宿餐饮零售额562万元，同比增长16.6%，其它180万元，同比增长5.3%。

【基础设施建设】全年共建设项目46个，其中新建设项目34个（援藏项目4个），续建项目12个，总投资24289.15万元，累计完成固定资产投资16585.98万元。实施的主要项目有阿嘎路二期工程、热曲河电站、木协乡康泊水电站、统战民宗综合楼、贡青公路养护段住宿楼、客运站、社会福利院、五保户集中供养安居苑、敬老院、藏香糌粑加工厂等。

【安居工程】实施安居工程建设608户，总投资1281.15万元；实施人居环境和综合整治村14个，总投资1371.45万元。

【教育、文化、卫生、通讯】教育：一是县财政投入教育经费726.8万元，保障“两基”迎国检工作正常开展。二是积极争取上级投资改善办学条件，投资280万元对克日乡中心小学进行改造，投资2274万元对8所学校D级危房改造。三是改善教师办公条件，投资120余万元为各学校配备桌椅板凳、床、消毒柜、灭火器等。四是做好老师职称申报、评聘工作，为14名老师初评了中级职称，为46名教师评聘了初级职称，为78名教师续聘了初级职称。五是教学质量稳中有升，16名学生考入内地中职班（其中罗麦、克日实现了零的突破），13名学生升入内地西藏初中班，2人升入内地西藏高中班。

文化：扎实推进全县基层文化基础设施建设。一是投资426万元，完成有线数字电视改造工程。二是完成县文化资源共享工程县支中心建设，安装30台计算机终端，能同时容纳25人上网学习阅览。三是完成臭洛、相皮、哈加三乡综合文化站工程建设。四是县财政解决17.4万元，完成29个“农家书屋”建设，配备了各类书籍1500册；完成7个“寺庙书屋”建设，配备各类图书1200册。五是为相皮、阿旺、沙东通电的15个村委会发放574套卫星电视地面接收设备。六是扎实推进农村电影“2131”工程，加大数字电影放映工作力度，共放映电影750场次，观看群众达1.2万元余人次。七是加强新闻报道工作，年内上报各类新闻素材45条，昌都地区电视台采用28条，采用率达到62%。八是加强扫黄打非工作，年内查处查缴政治性非法盗版翻印出版物120余张，盗版淫秽光盘28张，进一步净化了全县文化市场。九是完成第三次全国文物普查第三阶段工作，审查通过全县各类文物点47处；投资5万元，对卓珍寺、加然寺、俄然寺等寺庙进行文物保护工作。十是及时将西藏和平解放60周年中央代表团赠送的7040份纪念品发放到农牧民和城镇居民手中。

卫生：一是扎实推进农牧民群众新型医疗制度，年内农牧民群众自愿参加筹资29354人，筹资金额587080元。为农牧民群众在大病统筹基金中补偿医疗费用2079人次、5559953元，为117名孕产妇报销医疗费用1046680元。二是认真做好儿童免疫工作，儿童糖丸强化接种1813人，接种率为97.5%。三是加强食品药品市场监管工作，查收并销毁过期食品37种、价值6300元，过期药品21种、价值953.5元。四是兑现“一孩双女”对象和“特扶”对象资金315600元。五是县财政解决10万元专项经费，开展了农牧民健康档案建立工作，年内建档8100份。六是藏医药事业得到发展，年内种植藏木香等藏药6亩，采集藏药2500公斤，加工藏药950公斤，为农牧民群众发放常用藏药650多斤，各种贵重藏药8178包。七是积极落实计划生育工作措施，切实加强优生优育、妇幼保健等知识宣传，全县年内人口自然增长率为7.93‰。八是县财政解决115.6万元，购买X光机、胃镜、彩超以及病床等医疗设备，大大改善了医院医疗条件。

通讯：一是移动贡觉县分公司累计运营收入达到1015万元，新增移动用户2000户，用户总数达到8591户；新增基站5个，基站总数达到39个。二是贡觉县电信局业务收入200万元，新增宽带用户120户，发展天翼用户500户。三是中国联通公司首次将业务拓展至贡觉，开始在贡觉县发展通讯业务，由此贡觉县通讯市场形成中国移动、中国联通、中国电信三家竞争的良好局面。

【社会保障】一是新型农村社会养老保险工作扎实推进，全县农牧民群众参保人数达到20923人，农牧民群众参保率达到89%。二是社会保险工作走上良性循环、科学有序发展轨道，收缴城镇职工基本养老保险、失业保险、医疗保险、工伤保险、生育保险等五大保险8032684.76万元。三是就业再就业工作有新进展，共解决困难就业人员125人，城镇登记失业率为4%。农牧区劳动力转移就业人数达到11600人次，实现收入2155万元。四是年内发放救济粮29万斤，城镇低保金587136元、农村低保金2583716元，五保户补贴资金83400元，妥善解决了低收入群众的生活问题。五是加强对特困群众的医疗救助工作，为230名特困群众医疗救助34.43万元。

类乌齐县

【县域概况】类乌齐在藏语里是“大山”的意思，位于昌都地区东北部，与青海省玉树州囊谦县交界，属以牧为主、农林副并举的经济类型县，幅员面积6147平方公里，平均海拔4500米，年平均气温2.6℃左右。县城所在地海拔3840米，地处国道317线和214线汇合处，距昌都105公里，距拉萨市947公里。全县辖2镇8乡，82个村（居）委会，总人口49090人。

【自然资源】全县有“六多”资源优势：旅游资源多、草场资源多、牦牛资源多、水资源多、矿产资源多、森林资源多。类乌齐县是古代“茶马古道”的必经之路，有着国家级重点文物保护单位“查杰玛”大殿、在藏区久负盛名的伊日温泉、西藏野生马鹿养殖场长毛岭国家级马鹿自然保护区。全县草场面积509万亩。牦牛存栏20万头，乳、肉、毛品质优良。格曲河、紫曲河、吉曲河三大水系流经全县各乡镇，年平均流量为23亿立方米，水能资源蕴藏丰富。境内铅锌矿、磷镁矿、锡矿、铜矿等矿藏储量丰富，开发潜力大。全县森林资源丰富，森林面积127万亩。

【经济发展】全县地方生产总值完成42846万元，同比增长13.1%；社会消费品零售总额达1800万元，同比增长44%；年末金融机构存款余额达到22692万元；完成固定资产投资

21255.47万元，同比增长45%；农牧民人均年纯收入达到4629元，增长16.1%；地方财政一般预算收入完成1563.62万元，增长14%。

【社会事业】农牧民安居工程建设取得阶段性成效，全年共计实施农牧民安居工程900户，建筑面积25.7万平方米，受益人口5580人。教育投入加大，办学条件得到进一步改善。文体广电事业蓬勃发展，广播、电视人口覆盖率分别达到70%和75%。社会保障制度逐步完善，养老保险、失业保险在职职工参保率均达100%，基本养老保险发放率100%。基础设施建设步伐明显加快，全年交通完成投资5603.35万元。机动车通达率达到98%，乡通电话率已达到100%，城镇化水平达到19%。医疗卫生基础设施不断完善，初步形成县乡两级卫生服务网络，农牧民参加农村合作医疗率达到100%。社会局势总体稳定。坚持做到了“五个到位”，即：宣传教育到位，排查调处到位，防范体系到位，寺庙管控到位，集中治理到位，全年未发生一起影响稳定的群体性事件。

【援藏工作】“十二五”期间，重庆市加大了对口支援力度，对口支援全县援藏资金总计11225.5万元，实施了新村建设工程、民生工程和农牧民安居工程；解决了县城风貌改造、县城水厂改造、群众活动场所、县城环境卫生整治等群众关注的热点、难点问题；加强了教育、文化、学校、医院建设，改造了农牧民技能培训中心；实施了县城、重点镇天网工程和治安巡逻平台建设工程。乡镇实施了“五有”工程（有支柱产业、有民生项目、有办公阵地、有职工食堂、有交通工具）、村居实施了“五百”工程（打100口惠民井、装100部电话、送100台电脑、配100台电视、送100部摩托车）、农牧区实施了“万家惠民”工程（送10000份糌粑、大米、大茶到所有农户）。

丁青县

【年度综述】2011年，全县生产总值完成7.3亿元，同比增长15.7%,其中第一、二、三产业分别完成3.45亿元、1.45亿元、2.4亿元，同比分别增长6.8%、41.7%、16.8%。农牧民人均纯收入达到4445元，同比增长15%；城镇居民人均可支配收入12680元，同比增长7.4 %;固定资产投资4.53亿元，同比增长36.67%；完成工业总产值963万元，同比增长45.8%；完成社会消费品零售总额16428万元，同比增长21.8%。地方财政一般预算收入达3016万元，同比增长15%。

【农牧业生产平稳发展】2011年全县农牧业总产值完成2.48亿元，同比增长0.08%。狠抓惠农强农政策落实力度，完成上级下达丁青县农机具购置补贴400万元（其中：2010年资金100万元、2011年资金300万元）。全县农作物播种面积7990公顷，其中：粮食作物6902公顷、经济作物787公顷、饲草料作物300公顷，粮食总产量达到2.47万吨。认真抓好重大动物疫病防治工作，层层签订了目标责任书，建立了分级分片包干责任制，下拨防控经费3万元，确保了“五个强制、三个统一、六个不漏”，全县新生仔畜成活率达95%，成畜死亡率控制在1.8%以内，牲畜出栏87946头（只），出栏率达29%。肉、奶产量分别达5853.45吨和5561.3吨。加强农牧业基础设施建设，全年完成中低产田改造0.8亩，维修水渠120条、水塘10座，新修水渠2条、水塘2座，新增灌溉面积0.05万亩，人工种草面积达到0.75万亩，草地围栏面积突破11.1140万亩。加大劳务输出力度，着力增加农牧民收入，全年完成劳务输出1.4万人次，实现劳务收入1200余万元。

【新农村建设扎实推进】2011年共实施完成农牧民安居工程1100户，受益人口7624人。实施农村人居环境建设和环境综合整治试点14个村，受益人口1986户、11916人。农牧区水、电、路、讯、视、邮等基础设施配套建设不断加强。投资309.78万元实施了觉恩灌区卡龙、瓦格一组干渠工程及当堆乡洛河二组水渠建设，投入1000万元完成了43个自然村的农村安全饮水工程，有效解决了1005户、8998人及11294（只、匹）牲畜的安全饮水问题；投入254.68万元开展了巴达电站线路延伸工程；全年开工建设农村公路项目7个，总建设里程118.73公里，完成投资2700.14万元，解决了7个行政村和1个自然村的通达问题。截止目前，全县13个乡（镇）全部通车，行政村通车50个，占行政村总数的79.36%，全县公路通车里程达1053.24公里，覆盖人口53179人；全县电视覆盖率为88.98%，广播覆盖率为86.77%，；有线电视覆盖县城及丁青镇、协雄乡。乡镇电视覆盖率为78%，广播覆盖率为65%，户户通达51.5%；新建农村户用沼气550户；实现了乡乡通邮目标。

【固定资产投资落实有力】2011年全县共完成固定资产45331万元，同比增长36.67%，共41个项目，其中国家和自治区资金13883万元，地区配套资金110万元，县财政投资345万元，援藏资金投资2876万元，社会投资19117万元，企业自筹资金9000万元。集中实施了虫草交易中心、商贸中心、卫生服务中心改扩建、行政许可服务大楼、廊通地质灾害搬迁暨新农村建设示范点、县城集中供热等一大批重点工程建设项目，除当堆公路、商贸中心、县农牧民技能培训及行政审批中心和县卫生服务中心改扩建4个项目在建外，其他37个项目均已完工。

【社会事业全面进步】以“两基”迎国检为契机，着眼长远发展抓教育。投入2015.88万元实施了7402平方米的学校D级危房改造。在确保县财政收入20%、582.4万元投入教育经费的基础上，专项安排80万元用于“两基”迎国检，举全县之力合力攻坚，圆满完成了“两基”迎国检任务。大力推进卫生硬件设施建设和体制改革，实施了投资近2000万元的县卫生服务中心改扩建项目，巴达乡、当堆乡卫生院新建和尺牍镇卫生院改扩建工程。强化社会保障工作力度，深入开展新农保试点工作，基本养老保险费和城镇职工基本医疗保险费征缴率达到97%，城镇居民基本医疗保险费征缴率达到98.45%，新型农村社会养老保险参保率达到92.69%，养老金发放率达到

100%，切实做到“应保尽保”。完成了1100户、投资1.5亿元的安居工程及抗震加固任务，和14个行政村的人居环境综合整治试点工程。

【援藏工作不断深化】实施了投资1000多万元的第一期集中供热项目，现已投产运营，使丁青县成为全区首个集中供热县城。投资2600万元的农牧民技能培训及行政服务中心大楼，预计2012年年底交付使用。整合援藏资金876万元、县财政配套及群众投入资金共计2200万元，实施了协雄乡郎通村地质灾害搬迁暨新农村示范点建设，当年竣工并投入使用。多方协调争取计划援藏资金为县政府、文化、卫生部门改善了交通工具。

【加强基层党建】建立了乡镇干部每人每年1万元公务经费保障制度，投入520万元实施了11个乡镇包括“三小”项目在内的标准化乡（镇）建设，援藏资金每年投入100万元用于基层党建工作，县财政调剂400万元为13个乡镇配备了13辆公务用车，并力争用3年时间加强基层工作力量、改善基层干部工作和交通条件。先后选派33名干部参加“百千万工程”，选派135名干部会同自治区、地区下派的67名干部组成64支“强基惠民”工作队驻村开展工作，同时选派89名得力干部赴昌都和类乌齐县协助开展工作。

【社会局势持续稳定】积极构筑“乡乡有组织、村村有队伍、户户有人看”的治安防控体系，切实加强了对重点部位、重点区域、重要目标、要害部门、复杂场所的安全保卫，实现了全县“大事、中事、小事”都不出的目标任务，取得了维护社会稳定工作的阶段性胜利。深入贯彻区党委、地委关于加强和创新寺庙管理工作的一系列决策部署和重大举措，96名政治可靠、作风过硬、经验丰富的寺管会干部顺利进驻全县21座寺庙，寺庙管理的长效机制进一步健全。

察雅县

【年度综述】2011年，地方生产总值52381万元，同比增长15.6%，完成全社会固定资产投资21162.15万元，全年财政收入完成1300万元，同比增长15.5%，农牧民人均纯收入4103.05元（其中现金收入2872.14元），增长14.6%。

1.农牧业生产。全年完成总播种面积5.402万亩，其中粮食播种面积4.582万亩，实现粮食产量2651.2万斤；牲畜年末存栏35.8万头（只、匹），完成畜肉产量9000吨，同比增长12.41%；奶类产量7000吨，同比增长19.86%。农业科技推广力度加大。全县种子精选、包衣达170多万斤，施用化肥640吨，人工影响天气作业107次，新增农机具56台套，牲畜疫病防治注射39.5万头（只）；牲畜疫病防治体系进一步健全，仔畜成活率、牲畜存栏率、出栏率和商品率不断提高。加强草场和农田水利基本建设。维修、清淤水渠754条，水塘418座，改造低产田0.5万亩。在宗沙、香堆等4乡镇建设人工饲草料基地8400亩，实施鼠害防治工程30万亩和人工灌溉草场工程4500亩。加大农牧业产业结构调整力度。按照“稳定牧业、改善农业、搞好果业、多种经营、科学发展”的思路，调整粮、饲、果、蔬种植比。以卡贡、吉塘等乡镇为主的经济林木、水果和蔬菜基地；以宗沙、察拉等乡为主的优质绵羊和牦牛繁育基地；以香堆、荣周等乡镇为主的优质青稞、油菜种植基地基本建成，初见成效。大力培育农牧民专业合作组织。以“种养殖协会”和“运输协会”为代表的农牧民专业合作组织在吉塘、卡贡等乡镇相继出现；以“建筑施工协会”为代表的农民专业组织在香堆、荣周、烟多等乡镇诞生。

2.项目建设。2011年，全县共续建和新开工建设项目73项，其中续建工程27项，新开工36项。累计完成项目投资21162.15万元。

3.援藏资金、招商引资。与中国铝业公司签订新一轮援藏协议，落实5年援藏资金6千万元。到位资金700万元，香堆反季节蔬菜基地、县政府信息化工程、市政环卫基础设施建设等一批项目已开工建设。与拉萨华宇等公司签约招商项目3个，总投资达4400万元。

【社会事业发展状况】各项社会事业稳步发展，经济社会发展水平和人民生活水平同步提高，增强了区域经济社会发展的竞争力和凝聚力。

1.教育。以“两基”迎国检为重点，大力发展教育事业。加大教育投入，控辍保学，加强师资培训，大力推进新教改，努力改善办学条件。进一步完善“三包”经费管理制度，增强广大家长送子女上学的积极性。全县小学在校生6230人，初中在校生为3042人。完成了基本普及九年制义务教育，基本扫除青壮年文盲的任务，通过了“国检”。

2.医疗卫生事业。全县13个乡（镇）已建立卫生院，县卫生服务中心进行了改扩建，县乡村三级医疗服务网络基本建成。农牧区医疗核报管理制度全面实施。免疫接种、计划生育、优生优育、公共健康知识宣传等医疗健康服务水平不断提高。药品招标采购、食品药品卫生监管等专项治理工作力度不断加强。有效地保护了人民的生命健康。

3.文化。大力实施“2131”工程，乡镇文化站等一批基层文化设施相继建成并投入使用，为丰富干部群众的精神文化生活创造了有利的物质条件和活动平台。

4.农牧民安居工程。按照“经济、安全、适用”的要求，从组织领导、技术支持、资金落实、人员保障、实施方案、工作制度和责任追究等方面，致力于强化安居工程建设。全年共完成安居工程建设893户，完成沼气池建设2335户。结合安居工程和沼气工程建设，狠抓配套设施建设，进一步丰富“乐业”内涵，巩固“安居”成果，着力解决好水、电、路、视、讯、邮等问题，使安居工程真正成为民心工程、德政工程、长效工程，扎实推进社会主义新农村建设。

5.社会保障和就业：初步建立了惠及全民的社会保障体系，城镇低保和农牧区特困群众生活救助政策得到落实，养老金社会发放率达到100%，新型农村社会养老保险试点工作稳步推进，参保人数达19595人，参保率达80%。积极探索和建立促进高校毕业、城镇新增劳动力、农牧区转移劳动力就业，大力开发公益性岗位，重点援助“零就业”家庭，城镇登记失业率控制在4%以内。

八宿县

【年度综述】据统计，2011年全县地方生产总值预计实现3.6亿元，同比增长14.3%，其中：第一产业完成1.2亿元，同比增长37.38%；第二产业完成0.8亿元，同比增长0.4%；第三产业完成1.6亿元，同比增长8.1%；地方财政收入预计完成1472万元，完成年度计划的100.89%，同比增长12%，税收收入500万元，非税收922万元，银行存款20449万元，银行贷款7317万元；农牧民人均纯收入预计达3807元（其中现金收入2672元），同比增长5.24%；社会消费品零售总额达到8750万元。全社会固定资产投资预计完成3亿元，人口自然增长率控制在13‰以内，商品零售价格指数控制在104以内；城镇登记失业率控制在4%以内。

【强化“三农”工作落实，新农村建设稳步推进】（一）农牧业生产有序推进。全年农牧业生产总产值预计完成17360万元，同比增长31.49%，其中农业总产值6540万元，林业总产值235万元，牧业总产值9855万元，农林牧渔服务业730万元。全年完成农作物总播种面积5.63万亩，（其中：粮食作物播种面积4.2万亩，包括荞麦播种面积0.62万亩、油料作物播种面积0.25万亩、蔬菜种植面积0.13万亩、其他农作物种植面积0.43万亩）。经济作物0.5万亩，种植饲草料0.37万亩。选种109.8万斤，推广农作物高产稳产田5500亩，良种覆盖率达31%；化肥施用量达750吨，积造农家肥8300吨；机耕面积达到1.68万亩，机播面积达到1.6万亩，粮食总产量预计达2240万斤（含玉米、大豆、荞麦等），油料作物总产量预计达49.06万斤；完成接羔育犊93436头（只、匹），成活率达97.5%；重大动物疫病、常规病预防注苗率达100%，成畜死亡率控制在1.1%；肉、奶产量分别达到5189.13吨、5273.72吨，同比增长0.01%、1.16%。储备抗灾饲草1300万斤，饲料15万斤；新建棚圈1240间，维修棚圈11025间；添置暖垫5421件，维修暖垫12045件。

（二）新农村建设进展顺利。全年完成安居工程建设892户，完成抗震加固892户，累计投入资金4237.3万元，其中国家投资1378.6万元，地县配套178.4万元，农行信贷130万元，群众自筹2550.3万元。县级财政配套121.5万元，全面完成了14个村的人居环境和环境综合整治及相关配套设施建设，累计投入资金1512.14万元；28个点的人畜饮水已建成投入使用；续建的6条和今年新建的6条通村公路建设项目已全部竣工；覆盖全县14个乡镇的农业技术服务、畜牧业技术、农机维修、文广设施设备维修、农村沼气维修与运行等农村公共服务水平逐步提高。农牧区水、电、路、邮等基础设施和综合配套附属设施建设得到加强，恢复和改造农家店22家，完成了14家安居工程农家店建设任务，为当地群众生产生活提供了便捷服务、缓解了就业压力、拓展了增收渠道，新农村建设进展顺利。

充分挖掘农牧业生产、劳务输出、虫草及林下资源采集、政策性收入四个渠道的增收潜力，通过加强农牧民技能培训、转变群众思想观念、强化政策宣传力度等举措，增加群众收入。农牧民群众增收与去年相比增长16%。全年累计完成乡镇企业产值1215万元，多种经营收入达3410万元，农牧业产业化经营龙头企业实现产值270万元，牧民专业合作化组织实现产值360万元，完成劳务输出13600余人次，收入达2448余万元，群众采集虫草735公斤，直接收入达到2352万元。全县累计销售家电1426台，累计销售额达256万余元，兑现补贴资金51万元，销售家具676件，兑现补贴资金49万元。

（三）特色产业不断壮大。坚持“特色产业本地化、本地产业亮点化”的工作思路，继续结合地方特色和资源优势，重点建设了河谷地带荞麦生产及加工基地、邦达草原生态建设、藏东特色旅游、草原育肥和藏系绵羊改良等具有八宿特色的农牧业项目。积极扩大经济作物种植面积的同时，继续采取“公司+基地+农户”的运行模式，抓好荞麦加工厂的生产运营，对收购的特色农产品进行深加工，荞麦生产及加工基地项目累计完成投资400多万元，全年荞麦播种面积达6200亩，种植蔬菜1500亩，完成河谷地带特色经济林木核桃树补植2.86万株；邦达草原人工种草、草场承包、综合治理等工作进展顺利，全年投入资金110万元，完成人工种草5500亩；投入资金150万元，完成鼠害治理30万亩；投入资金188.8万元，建成藏系绵羊扩繁场5000平方米；投资12万元，建成绵羊改良技术集成示范项目业务用房120平方米；草原生态保护补助奖励机制初显成效；全年新建并投入使用沼气285户；投资1261.91万元加大了然乌拉姆玉措湖、多拉神山游步道、国道沿线旅游厕所、业拉山观景台、旅游特色村等农牧民旅游开发项目和旅游基础设施的建设与培育，旅游业发展初见成效，全年共接待游客8.9万余人次，预计实现旅游总收入1168余万元，与去年相比分别增长133.7%、135.3%。

（四）扶贫农发、民政、林业、水利、国土工作稳步推进

扶贫农发方面。坚持“瞄准对象、突出重点”的工作原则，把改善农牧区生产生活条件、增加农牧民群众收入、保障和改善民生作为出发点和落脚点，重点开展了“两项制度衔接”；1700元以下低收入户建档2197户11336人，扶贫项目开复工项目10个，国家投资741万元；农业综合开发项目及产业化项目开复工4个，国家投资1363万元，现已全部完成。卡瓦白庆乡、吉达乡等乡镇涉及农发扶贫的项目建设，林卡乡整乡推进、夏里水渠、拥乡温室大棚等扶贫项目进入实施阶段。

民政方面。坚持“联系到乡、工作到村、帮扶到户”的工作原则，加强政策宣传和群众引导，完善救助帮扶机制，落实专项救助。全年累计落实60户136人城镇低保对象生活补助资金50.79万元；落实农村低保资金418.22万元，落实11位优抚对象补助6.089万元；为143名五保户按照新标准落实五保供养资金32.89万元，为1191户4386人发放最低生活保障金418.22万元；累计向各乡镇下发救灾资金29万元。依法开展救助39人，落实社会救助资金15120元。落实城乡困

难群众医疗救助220人次，落实医疗救助资金36.54万元。兑现涉农商业保险金463万元。社会救助体系进一步完善。积极应对3月份全县发生的雪灾，向受灾严重的郭庆乡发放油饼8吨、秸秆35吨，向益青乡发放青稞皮4吨。从地区调运8万斤麦皮到郭庆乡备用，并为然乌镇安排了5万斤饲草备用资金。发放抗灾药品价值约6余万元。为37户贫困户调运发放粮食1.27万斤。积极应对3月份以来的地震小震群，向乡镇和县中小学和部分县直机关发放救灾帐篷158顶，储备了25万元的救灾物资。

林业方面。继续坚持将生态环境、保护作为植树造林、森林保护、植被恢复、土地开发、农田水利开发等工作的重要前提，切实细化林业工作措施，加强植树造林、防沙治沙、湿地保护等工作力度。全年共完成重点区域造林绿化1796.9亩，完成四旁义务植树造林500亩，完成补植补造1263亩，完成生态安全屏障建设与防护林体系工程2942.6亩，防沙治沙工程封沙育林1419.6亩，苗圃培育各类树苗30亩。经济林木种植达2195亩，公益林实施总面积为3418920亩，累计投入森林生态效益补偿资金1025.68万元；然乌湿地保护项目已完成前期工作，正在组织实施过程中。森林防火、生态保护、动植物资源保护等工作初见成效。

水利方面。全年累计投入80万元维修资金，组织群众维修清淤水渠108条（长2.3万米）、维修加固水塘60座、新修水渠3条。拉根乡麦通、绕村水渠、白马镇沙漠通水渠维修全面竣工，第二批小型农田草场灌溉工程已全部竣工投入使用。总投资240.1万元的牧区节水灌溉集中乡示范项目预计11月中旬可全部完工。完成了然乌电站、县二级电站的维修工作。在落实防汛抗旱方面，投入65万元对全县范围内的水利设施进行了汛前检查、维修，并做了一些城乡抗旱供水和防汛排涝工作。完成了2个涉及水利灌溉、县城防洪项目前期申报工作，预计今年开工建设。投入20万元准备的防汛抗旱物资已全部到位。

国土资源方面。全年全县耕地保有量49114.6亩，其中基本农田面积保持40000亩；全年共完成7个乡镇学校D级危房改造、8个学校教学用房与153户39930平方米游牧民定居工程用地审批工作；完成了县域内军事用地土地登记发证工作，完成了220余户国有土地确权登记发证的外业调查工作，开展了各乡镇宅基地的统计调查工作，完成了850户农村宅基地确权登记；向群众兑现了邦昌公路建设砂石材料款70.91万余元，兑现临时占用草地补偿32万元；完成了23处土地矿产卫片疑似违法用地图斑的核查自查工作，充实了土地执法力量，强化了土地执法的动态巡查工作；加强了汛期地质灾害巡查力度，确立了38处地质灾害隐患点，建立健全了地质灾害监测、巡查、应急机制，发放地质灾害科普宣教资料1200余份、防灾和避灾明白卡1000余份；县域内探矿权登记备案、煤炭资源整合等工作进展顺利，完成了县城土地定级与基准地价编制工作。年内无违法用地、违法批地现象。

【社会事业突出重点难点，注重协调发展】教育方面。县中学在中考中，被录取到内地西藏高中班14人，排名居昌都地区各县之首；县小学升学考试中16人被内地西藏初中班录取。截至目前，全县各级各类学校共有27所，初中在校生2339人，入学率为95.43%；小学在校生4680人，小学适龄儿童入学率为98.78%。现有专任教师412人。

农牧区医疗卫生方面。全年累计培训乡镇医生76人次，村医89人次，县乡两级门诊就诊人数达119428人次，建立农牧区居民健康档案10300份。完成基础免疫疫苗接种830人，强化免疫疫苗接种630人，适龄儿童计划免疫接种率达91%以上。全县农牧区医疗管理覆盖率达100%，享受免费医疗的农牧民总人口人均0.8元的办公经费兑现率达100%，共为全县农牧民群众及学生门诊减免6.2余人次，减免资金230余万元；共为全县农牧民群众报销医药费1525人次367万元。食品药品监管力度进一步加大，累计开展大规模联合检查28次。投资64万元的郭庆乡、邦达镇卫生院改扩建工程已全部竣工，农村医疗卫生服务水平逐步提高。

基层文化方面。全县广播电视综合覆盖率达90%以上，全年累计开展设施设备维修20余次，维修设施设备132台套，设施设备完好使用率达90%。新建办公楼和住宿楼已建成投入使用，还新建了1个高65米广播电视发射塔提高信号覆盖面。全县共建成农家书屋26个，为群众配置书籍39000余册，配备书柜、桌椅等设施价值12.57万余元，为部分村委会配备了共享文化信息电脑7部，发放音像制品光盘1165张。县城文化活动中心配备安装了书架143个，部分配套设备已安装完毕。全年开展网吧、舞厅、酒吧等文化市场整顿检查4次。申报了拉根红色遗址保护（总投资300万元）、多拉神山茶马古道旅游景点文物保护项目（总投资2000余万元），深入各乡镇、村全面开展了文物保护非遗古籍登记工作。

就业和社会保障方面。全年共举办各类职业技能培训5期，完成就业再就业培训120余人次，完成农牧民转移就业培训160人次，协调安排公益性岗位51个，签订岗位合同153份，帮助150人实现再就业。养老、失业、城镇职工医疗、工伤、生育保险参保率均为100%；新型农村养老保险参保缴费人数达17145人，参保率达80%以上；全县参加各类保险人数达21901名；为3177名60周岁以上老人发放了基础养老金209万元；参加城镇职工居民医疗保险人数达1660名，征缴医疗保险金418.69万元。农民工合法权益得到保障，督促补签劳动合同285份，设置农民工维权公告牌8个，受理劳动争议案件10起，妥善解决6起，涉及金额38万余元，开展劳动相关法律法规宣传4次，发放藏汉文宣传资料1520份。

民宗方面。全年累计开展下乡指导工作计117次，部门领导到相关现场开展调查督导工作12次；经地区相关部门审核批准实施寺庙维修、改建、扩建工程20个；开展全县大规模驻点驻寺活动17次；向全县22座寺庙、4名活佛、684名僧尼颁发了宗教活动场所证、法人代表证、活佛证、宗教教职人员证，进一步创新了寺庙管理工作，强化了民宗工作。

对口援藏方面。积极与武钢集团公司沟通衔接，全年争取援藏资金

1160万元，组织实施的县医院干部职工周转房援藏项目已建成并投入使用。邦达镇小城镇建设、白马镇日吉村和邦达镇邦达村村容村貌整治、白马镇乃然村村级活动场所等援藏项目正在实施过程中。

财税金融方面。全年财政一般预算收入完成1472万元，同比增长12%；税收完成500万元，同比增长13%。全县银行存款余额20449万元，贷款余额7317万元。

邮电通讯方面。邮政预计可完成业务总量65余万元，同比增长13%；电信公司预计可完成业务总量390余万元，同比增长154%；移动公司预计可完成业务总量335万元，同比增长25%。

非公有制经济方面。个体工商户达到726户，从业人数1612人，注册资金4979.01万元，分别比去年同期增长12.2%、15.1%、100%。私营企业达到19户，雇用234人，注册资金2379万元，同比分别增长18.75 %、15.84%、6.49%。农牧民专业合作社4家，农牧民成员253人，出资额375.6万元，注册商标11枚。

【投资与项目建设组织有序、进展顺利】全年自治区下达的投资批复项目有30个大项、46个小项，总投资达20206.25万元。八宿县开复工48个（其中：续建项目7个，新开工项目41个），依法开展招投标项目18个，正在申报的项目5个，预计投资4838万元。50套3000平方米的廉租房已全面开工建设，140套周转房已竣工24套（经地区批准2010年提前建成），其余116套正组织实施；用于小城镇建设、村民活动场所建设和村容村貌整治的3个援藏项目（总投资754.64万元）已全部竣工；6个村村通公路续建项目已全部完工，今年的8条通村公路，除白马镇萨漠村通村公路和郭庆乡觉美通村公路受投资批复下达时间晚、当地施工条件和气候因素影响，不能按期完工之外，其余六条今年可全部完工；涉及7所学校，总投资2086万元的10980平方米的D级危房改造项目全面组织实施，然乌镇中心小学、县小学今年可竣工验收，其余可全部完成主体工程建设；投资440万元的县青少年活动中心，已完成主体工程建设；总投资566万元的林卡乡校舍改扩建已全面组织实施；投资380万元的校舍安全工程，预计2011年可全部完工；投资477.36万元的乡镇学校查漏补缺建设项目，然乌、吉达、夏里等部分学校2011年可竣工验收。全年共核发“一书三证”31份，（其中：建设项目28份，补办个人住宅规划3份），发放项目施工许可证26个，开展项目监管检查12次，施工企业安全生产执法检查9次，通过采取一系列措施，确保了全县项目建设的顺利实施。2010年全县储备项目135个，总投资36亿元，今年已完成项目申报前期工作的7个大项（33个小项），总投资达2.5亿元。

【宗教管理】寺庙法制宣传登记审核在编僧尼700名，严格落实了县级领导包乡镇、乡镇领导包村、村领导包寺庙工作责任制，层层签订《八宿县维护社会局势稳定目标责任书》，强化了寺庙管理，确保了宗教领域绝对稳定。

【社会治安管理】全年发生各类刑事案件9起，侦破8起，抓捕犯罪嫌疑人27名，有力的打击了犯罪分子嚣张气焰，维护了人民群众生命财产安全。

【安全生产】继续坚持设置县城、然乌、邦达交通检查卡、点，共检查过往车辆8392台次，开展违规车辆集中整治699次，查处违规车辆52台，全年开展各类安全检查80余次，排查整治安全隐患276处。

【领导名录】
县委常务副书记：刘莎
县长：泽仁顿珠

左贡县

【基本情况】左贡县位于西藏东南部，北靠察雅，东依芒康，南接云南德钦，西与察隅、八宿相连，318、214国道交汇贯穿全境，具有承东启西、联结南北的区位之便，是历代商贾由茶马古道进出西藏的必经之地。平均海拔3700米，最高海拔5434米，山岳景观多。全县幅员面积1.17万平方公里，森林面积253518公顷，森林覆盖率36.99%，草地面积1243.98万亩，耕地面积4.01万亩。全县辖3镇7乡，128个村（居）委会，342个自然村，总人口45852人。2011年农牧民人均纯收入达到3692.55元。

【年度综述】全县地方生产总值完成4.735亿元，同比增长16%；农牧民人均纯收入达到4051元，其中：现金收入2835元，分别增长13%和18%。总财力达到1.8亿元，地方财政一般预算收入完成1239万元，实现税收781万元，同比增长36%。

【投资规模持续扩大，重点项目进展顺利】固定资产投资完成2.34亿元，同比增长25.7%；72个项目按时开复工，完成48个续建和新建项目，下林卡公路、卫生服务中心改扩建、周转房建设有序推进。美玉俄龙新农村建设、中小学和统战民宗公务用车、网络建设等一批援藏项目圆满完成，完成援藏投资790万元。怒江、澜沧江、玉曲河水资源开发前期工作进展明显。

【“三农”工作扎实推进，生态经济效益初显】农牧业总产值完成3.6亿元，同比增长12%；粮食产量达到1.6万吨；劳务输出13485人/次，实现收入5071万元；765户群众喜迁新居，农村人居环境综合整治完成14个；新开工建设13条农村公路；解决4466人饮水问题；新增和改善农牧民用电629户3774人；行政村通讯率78%；实施了美玉乡饲草基地建设，改善草场灌溉面积5000亩；实施了55个“民办公助”项目和18个小型农田水利建设；草场承包和草原生态补奖机制有序开展。完成重点区域造林、高原生态安全屏障防护林9286.7亩，提高了护林员劳务补助，实施了2365亩核桃基地。帮扶成效明显，346户1684人实现了脱贫。

【商贸旅游日益兴盛，市场秩序持续规范】社会消费品零售总额8077万元，同比增长31%。加大市场供应和物价监管，严厉打击各种扰乱市场秩序的不良行为。建设和改造“万村千乡”农家店12家、配送中心2个。积极参加昌都地区第二届物资交易会，搞活了市场流通。家电、家具下乡活动深入开展，发放补贴125万元。接待国内外游客5万余人/次，实现收入400万余元，分别增长6.2%和21%；梅里雪山（北坡）被列入自治区级风景名胜区。

【民生事业不断发展，公共服务能力逐步增强】坚持教育优先发展、优先部署、优先投入、优先落实，办学条件不断改善，教学质量稳步提高，适龄儿童入学率和初中入学率进一步巩固，“两基”基本通过国家验收。城乡医疗卫生服务体系进一步完善，认真执行现行农牧区医疗制度，农牧民参加率达85 %；空军总医院加大了医疗援助力度，免费提供医疗器械、培训医技人员。积极落实就业再就业优惠政策，认真开展城镇失业人员、农牧民转移就业培训。农牧民转移就业培训171人、实现就业119人；城镇职工和新型农村养老、医疗、失业、工伤、生育五大保险覆盖范围进一步扩大，累计参保1.8万人/次。城镇、农村低保、五保户标准逐步提高；选举产生第七届村（居）委会主任128名。按时发放困难群众住房补贴。完成东坝等3个乡镇文化站建设，对广播电视进行了升级改造，成功申报地县级文物保护单位8处、自治区级2处。加大了各项支农惠农政策落实情况督促检查，共兑现支农惠农资金4492万元，落实了各项惠民政策。

芒康县

【年度综述】按照自治区“一产上水平、二产抓重点、三产大发展”的发展思路，2011年通过大力实施“1397工程”，保持了经济发展良好势头：国民生产总值完成8.7亿元，同比增长15%，其中第一产业完成2.01亿元、第二产业完成3.34亿元、第三产业完成3.35亿元，一、二、三产比为23.1:38.4:38.5，结构更趋合理；完成财政收入2027万元，同比增长30.77%；完成财政收入2027万元（其中税收收入1612万元）；农牧民人均纯收入达4350元（其中现金收入3049元），同比分别增长15.2%和28.92%；固定资产投资完成8.8亿元，同比增长129%；完成劳务输出3.6万人次，实现劳务收入7340万元；社会商品零售总额完成18458万元，同比增长25%。全年物价稳控工作进展良好，市场秩序稳定。

【农牧业】2011年，全县农牧业总产值突破3.24亿元，全年粮食产量26275.5吨，蔬菜产量8639.8吨，肉类产量9961.9吨，奶产量8767吨，同比均有所增长。全县农作物播种面积10.37万亩，其中粮食作物播种面积8.66万亩，秋收作物播种面积7.54亩。全年牲畜出栏167431头（只、匹），出栏率32%；新生仔畜175867头（只、匹），仔畜成活170591头（只、匹），成活率为97%；成畜死亡5793（只、匹），成畜死亡率控制在1.1%以内。全年完成重大动物疫病免疫。同时，加大了竹巴龙、盐井两个公路检疫站车辆消毒5680车（次）、蔬菜监督230车（次），因手续不全或证件不足退回生猪140头，有效控制外疫的侵入。草场承包改革工作稳步推进，曲登、嘎托、索多西、戈波等10个乡（镇）草场承包工作顺利完成，牧区10486户77017人直接受益。

【农牧特色产业】农牧业特色产业发展规模不断壮大，形成了以达美拥葡萄酒、索多西辣椒及林下资源加工为品牌的2家龙头企业，索多西辣椒、黑山羊养殖、盐井葡萄酒、林下资源加工制造等产业链条初步形成；藏东珍宝酒业有限公司、绿野食品有限公司两家龙头企业实力明显增强，产值超过1955万元；南部、中部7个乡（镇）蔬菜、花椒、大蒜和黑山羊、藏鸡养殖基地、农牧企业产业化水平持续提升，总产值达到7069万元；成功举办了“昌都地区第二届物资交流会”，签署协议资金7.2亿元，订单3352万元，活跃了农牧区经济，丰富了农牧区市场。

【基础设施】2011年，全县基础设施建设方面共涉及项目107个，其中新建94个，续建项目13个；完成了1056户安居工程建设任务，为87户特困户建成了新房，农村人居环境建设和环境综合整治工程建设14个行政村，每村投资107.6万元，共计1506.4万元，为小城镇建设注入了新的活力；解决了6412人的安全饮水问题，让1262户7990人用上了电；新修乡村公路40余公里，维修吊桥4座，缓解了农牧民群众“出行难”问题；县财政安排120余万元资金，妥善安置失地群众，得到了群众的广泛好评；顺利完成了2011年续建和新建的农发扶贫项目，受益群众达6952户34760人；稳定解决了农牧区相对贫困的676户3483人的温饱问题；总投资2304.91万元、建筑面积14620平方米的城镇“两房”（50套廉租房和166套周转房）建设顺利完工并投入使用；总投资556.91万元的特警大队建设顺利完工并投入使用；国道318线海东段整治改建、戈波乡电站、艰苦偏远地区供电、农村饮水安全、溜索改吊桥等项目顺利实施，使全县农牧区基础设施条件得到了明显改善；县城建设步伐进一步加快，给排水工程，县城亮化、美化、绿化等项目的实施，不但提升了城市的功能和形象，也使城市体量不断增大，“藏东区域性中心城市”建设已具雏形。

【乡村公路建设】全年乡村公路、桥梁项目共5个，总投资2304.03万元，完成了嘎托镇普拉桥建设、竹巴龙乡道路硬化、曲登乡桥梁建设、纳西乡加达大桥建设、木许乡大桥及乡道硬化。全年养护乡村公路412.932公里，乡村公路优良率达40%以上。改造县乡公路危险弯道21个，并设置了警示牌，清理排水沟达345公里。

【水利水电建设】完成批复410万元、20公里的水渠建设，工程受益2416人；完成批复投资422.1万元的曲登水电站线路延伸工程，工程受益121户；完成批复投资633万元、23个安全饮水点的2011年第一批农村饮水安全项目，受益芒康县徐中、索多西、宗西、洛尼4乡、1236户6412人（含学生330人）、35735头（只、匹）牲畜的饮用水问题；完成批复投资1192.49万元的鲁仁灌溉区工程，库存6000立方米、饮水流量0.24立方米/秒、灌溉亩积8000亩（其中改善耕地1850亩、新增林地4566亩、草地1584亩）；完成批复投资653.43万元的戈波二级水电站线路延伸工程，新建10Kv线路49.5Km、0.4Kv线路14.17 Km及配套设施，受益戈波乡275户的用电问题；完成批复投资689.48万元的通古水电站线路延伸工程，新建10Kv线路46.1Km、0.4Kv线路22.86Km及配套设施，受益戈波乡397户的用电问题；完成批复投资222.32万元的登巴电站工程项目，电站装机为100Kw。以水能开发为重点，加大人力、财力、物力投入力度，成功协调解决了觉巴电站进场、如美电站勘探等引发的5起矛盾纠纷，为下一步水能资源开发奠定了良好基础。

【林业工作】年内共完成封山育林1万亩、育苗40亩、义务植树720亩，成活率达到了85%以上。认真开展了“亮剑”等林区严打整治工作，共出动人员200余人（次），出动车次100台（次），行程达2000余公里。加强了朱巴龙、盐井两个出省木材检查站和38个林区管护卡站的管理工作；继续实行远山设卡、近山承包管护，明确各森林管护人员的工作职责，落实管护面积596991公顷；完成全县2011年生态公益林建设封山育林4万余亩，补植林中空地3305.0亩，栽植川西云杉苗木363550.0株；全面开展了退耕还林的补植、补造工作，实施中幼龄抚育8万亩；完成了2011年度全县2500亩的重点区域造林绿化工程，种植川西云杉苗木319515株。对2010年6000亩的水土保持林进行了补植，栽植川西云杉苗木255607株；年内共在如美、曲孜卡、纳西等六个乡（镇）种植核桃267160株；滇金丝猴国家级自然保护区二期基础设施建设已在筹建及招投标中；做好了莽措湖、尼果、红拉山自然保护区及朱巴龙、盐井两个出省木材检查站共5个疫情监测点的野生候鸟疫病防控工作，特别是对莽措湖野生候鸟疫病的防控及监测工作。

【教育】全县现有各类学校74所，其中初级中学2所，乡完小26所，教学点45个，县中心幼儿园1所，中小学在校生11904人教师655人。芒康县始终坚持教育优先发展战略，将本级财政收入的25%用于教育事业发展，全年教育项目总投资6295.93万元，极大地改善了学校硬件设施；同时狠抓控辍保学、师资队伍建设和教学管理工作，全县中、小学入学率分别达到92.85%、99.3%，顺利通过了“国检”，并取得了内地西藏高中班招生全地区第二名的好成绩。

【卫生】卫生事业健康发展，投资1940万元建成了卫生服务中心住院楼、藏药厂制剂楼，并购置了CT诊疗机等医疗设备，切实改善了医疗卫生硬件设施，加大了藏药研发力度；建成投资200万元的麻风康复医院，并总投入26万元用于修建前往麻风康复医院的道路；全县60个行政村共配备村医120名；全县2011年出生人口1018人，出生率12.1‰，死亡人数561人，死亡率6.7‰，人口自然增长率控制在5.57‰；全年完成计划生育免费技术服务988人次，发放避孕药具4341人次；全年农牧区合作医疗参合率达到98%以上，报销金额1447.8万元，解决了群众的“看病难”问题；全县常住人口基础免疫总接种率达94%；为全县51032名农牧民群众创建了居民健康档案，并全部进行了体检；开展卫生执法检查活动20余次，查处总价值达76472元的过期、伪劣食品、药品、化妆品等，并全部进行了没收销毁处理；县卫生服务中心全年总诊病人近2万人次，门诊达15445人次。

【文化】文化事业全面推进。年内民间艺术团共收集整理民族民间歌舞5首，新创节目5个，演出58场次，圆满完成了庆祝西藏和平解放60周年弦子舞和服饰演出、昌都地区第二届物资交易会开、闭幕式文艺演出；在重庆市的援助下，投资85万元在巴渝广场安装了LED数字屏，着力打造广场文化，丰富群众文化生活；年内完成8000余户“户户通”工程，对全县境内所建“村村通”站台进行了维护维修；“2131”工程不断加快，共放映电影4100余场次；深化乡（镇）新闻报道工作，为16个乡（镇）配发了小型摄影机、对通讯员进行了集中培训，切实加大了新闻宣传工作力度。

【旅游】遵循“旅游发展、规划先行”的理念，做好了旅游宣传、景区（点）基础设施建设、旅行社运作等前期工作，成功引入国家和企业投资3000余万元，努力打造盐井4A级景区和国道214、318线景观大道，全县旅游软硬件设施得到了不断完善。全年共接待国内外游客27万余人次，旅游收入达3000余万元（其中55家藏家乐接待游客7000余人次，实现收入40余万元）。成功举办了“昌都地区第二届物资交流会”，签署协议资金7.2亿元，订单3352万元，活跃了农牧区经济，丰富了农牧区市场。

【民生】社会保障成效显著。全年共发放60周岁以上人员养老金350余万元，涉及人数7151人，全县16个乡（镇）16-59周岁适龄参保人数为49575人，新型农村养老保险入保率达到了88%，城镇居民基本医疗保险、工伤保险等社会保险做到了应保尽保；全年完成就业培训148人，城镇失业人员再就业126人，城镇失业率控制在4%以内；农牧民转移就业13428人次，实现就业收入2498.98万元；年内救助各类人员120人，救助资金58万余元；年内发放孤儿基本生活补助111人，共计479520余元；年内发放农村低保资金636.25万元，发放五保户供养经费、寿星老人健康补贴、军烈属及“八一”、“三大节日”慰问金共计100余万元。军政、军民关系更加融洽，荣获了自治区级“双拥模范县”荣誉称号。

【受援工作】第六批重庆市援藏干部按照“历练自我、丰富人生、尽我所能、服务高原”的工作目标，认真落实对口援藏工作，积极加强渝芒两地之间的交流互动。编制并经国家发改委批准了重庆市“十二五”对口支援芒康项目12个，援助资金1.8亿。本轮三年援助芒康项目7个，援助资金6900万元，其中，500万元的援助物资华硕笔记本电脑已发放到全县70%以上的干部职工手中；6个援藏项目前期准备就绪；争取到位计划外援藏资金476万元，其中为县城广场配备了LED电子显示屏；援藏林建设、援藏义诊、援藏志书编撰等各项援藏工作有序推进。

【社会局势稳定】始终坚持把维护稳定作为第一责任摆在首位，按照“三大战役”的总体要求，全县党政军警民，严格落实各项维稳措施，强化社会面管控，全年刑事案件立46起破45起，另破积案10起，抓获在逃人员17名，收缴枪支43支，社会治安得到进一步加强；为创新社会管理，推进“便民服务”网格化，芒康县切实推进了12个便民警务站的建立；进一步强化寺庙法制宣传教育，依法加强对宗教领域的管理，确保了宗教领域的稳定；加大矛盾纠纷排查调处和信访工作，全年调处矛盾纠纷和热点问题55起，基本消除了重大矛盾纠纷隐患；安全生产工作持续向好，全年共发生安全生产事故2起、死亡3人，同比均下降50%；多方筹措资金600余万元，改善了驻军和公安干警的住训条件，凝聚了人心，形成了合力，确保了芒康社会局势持续稳定，人民群众的幸福感和安全感明显增强。

【基层组织建设】坚持把基层组织建设和干部队伍建设作为重点，以开展“百千万工程”、创先争优强基惠民活动为契机，顺利完成了县、乡党委换届和村（居）两委换届工作。通过财政补贴和整合护林资金，在全县362个村民小组中增配村组干部800余人，同时让每家每户都参与到护林员工作中，扩大了农牧民受益面；多方筹措资金300余万元改善乡（镇）干部生活、工作条件；加强和创新社会管理工作进展顺利，280名干部顺利进驻县内61个村（居）和左贡县，163名干部平稳进驻寺庙开展工作，驻村、驻寺为民办实事、办好事等帮扶慰问活动有序进行，进一步拉近了群众与党和政府的距离，密切了干群关系，形成了全县上下凝心聚力、共谋发展的良好局面。

洛隆县

【基本概况】洛隆县位于青藏高原东部、昌都地区西南部、念青唐古拉山脉东南端、怒江流域上段，全境为高原山地，山高谷深，峰壑纵横，河流密布，地形复杂多样，南高北低，呈扇形向东南倾斜，山峰、河流、草原、森林相间并存。县境东邻八宿县，南同波密县接壤，西与边坝县毗邻，北靠丁青、类乌齐两县，东西最大距离127公里，南北最大距离95公里。平均海拔3200米， 相对高差2500米。

洛隆县境内主要山脉有念青唐古拉山脉、主峰海拔5488米。各个山峰长年积雪不化，银装素裹，连绵起伏。洛隆县年平均气温5.1℃,最高气温（7月份）平均气温14.5℃。年日照数在2500小时以上，无霜期在120天左右，年平均降雨量439.7毫米，降雨期集中在6至8月份。年平均相对湿度为50-55%。太阳辐射年总量为670.6焦耳/厘米。境内主要河流有怒江、惹曲、玛曲、卓玛朗错河、达曲等，总河长1142公里。怒江在境内长达100多公里。全县河流年径流总量27亿立方米。主要有干旱、大风、山洪、暴雨、冰雹、霜冻、雪灾等。其中干旱、霜冻、雪灾发生频率较高，平均三年一遇。

洛隆县主要矿产资源有金、铜、铅、铁、锌、汞、砷锡、寒水石、大理石等。其中加玉桥大理石矿床，长10公里、厚1公里，矿体质地细腻、致密，以白色，深色块状为主，彩色占20%的白色矿体适用于建筑装饰和电工材料，可与四川宝兴县大理石媲美。

野生动物资源主要有獐子、野牛、熊、鹿、豹、猴、岩羊、盘羊、狼、狐狸、猞狸、雪鸡等几十种，世界稀有珍禽——贝母鸡栖息于县境高寒地带。

洛隆县是以藏族为主的少数民族聚居区。县境内居住有藏、汉、回、苗、白、土家、纳西、珞巴、普米、怒共10个民族。藏族占99%。

边坝县

【年度综述】2011年，边坝县经济保持了快速发展的良好势头，地方生产总值完成31400万元，同比增长9%。农牧民人均纯收入预计完成4044元（其中现金收入预计完成2808元），同比增长14.43%。财政收入完成1076万元，同比增长12%。社会消费品零售总额完成12000万元，同比增长20%；完成货运总量17000吨，同比增长5%。

【突出“三农”工作，扎实推进新农村建设】安居工程和人居环境整治 加大安居工程及其配套建设力度。一是完成投资4033.71万元768户的安居工程建设任务。二是农牧民安居工程抗震设防（加固）完成投资384万元，采购抗震设防（加固）物资7大类13种1213吨，价值378.37万元。三是农村人居环境建设和综合整治工程（14个村）完成投资1615.33万元，全部按时竣工投入使用。

农牧业 利用农闲有利时机，组织群众在春播前维修水渠83条，总长45250米，水塘23座。改造中低产田面积6000亩，订购化肥650吨，囤积农家肥10.3万吨，调运良种9.77万斤，群众自筹种子170万斤，确保了春播工作的顺利开展。全县总播种面积52991.4亩，春播面积52941.4亩，其中：粮食作物播种面积45691.4亩，占春播总播种面积的86.3%；经济作物播种面积5350亩（油菜播种面积4100亩），占春播总播种面积的10%；青饲料播种面积1950亩，占总播种面积3.7%。完成农作物总产量2719.11万斤，其中:粮食产量2150万斤，平均粮食单产达到470.5斤。农业技术承包面积35000亩，机耕面积10200亩，机播面积16000亩，机收面积17000亩。农牧业科技培训400人次。年末牲畜实际存栏数225508头（只、匹）。完成出栏数为64668头

（只、匹）。新生仔畜57873头（只、匹），实际成活54980头（只、匹），成活率达95%。维修和新修棚圈4986座，其中新建241座，维修2563座。

林业　完成重点区域造林4000亩，成活率达85%以上；完成退耕还林工程补植1246亩，成活率、保存率达85%以上；完成四旁义务植树500亩，封山育林10000亩；全县无森林火灾发生；完成野生动物疫源疫病监测工作，同时无疫源疫病的发生。

水利　2011年新建项目3个（拉孜电站线路延伸工程、金岭电站线路延伸工程，2011年农村安全饮水工程），投资1643.65万元；续建项目2个（边坝县一级电站技术改造工程、2010年农村饮水安全工程），投资1123.56万元，各项目正有序开展。

群众增收　一是积极引导农牧民群众有序开展林下资源采集，下发虫草采集证13000本，全县虫草达到4090斤。二是全面落实各项支农惠农政策，落实种粮补贴资金43.95万元，农资综合补贴43.95万元，落实农机具购置国家补贴资金150万元。三是统筹安排部署森林生态效益补偿基金项目，兑现2011上半年管护资金763.47万元，发放退耕还林补助资金184万元。

基础设施建设方面　社会固定资产投资完成1.6亿元，极大地带动了经济的发展。2011年新建项目主要有边坝县完全小学、边坝镇小学、拉孜乡小学、马秀乡小学、沙丁乡小学、尼木乡小学、边坝县特警大队、金岭乡电站线路延伸工程、拉孜乡电站线路延伸工程等18项；完成农村公路建设项目6个（含桥梁1座），总投资1003.51万元。续建项目有2010年边坝县第二批人饮工程、2010年边坝县干部职工周转房工程、2010年沼气工程等6项工程。

中国电信集团公司援建项目主要有：边坝县科教文化中心、拉孜乡巴东新村建设、热玉乡小城镇建设等7项工程，总投资1750万元，各项工程全部竣工并投入使用。

扶贫开发　全县实际脱贫526户2320人，脱贫巩固率达到了98%以上。扶贫项目10个，竣工8个，同时发放中国电信集团援助边坝县大骨节病大米200吨。落实“两项制度”，协助区编译局、区卫生厅、地区司法处、科技局等对口单位做好定点扶贫开发工作。

国土　全年耕地保有量为57567.2亩，基本农田面积56000亩，完成地区下达的耕地和基本农田保护任务。认真执行土地利用整体规划、土地利用年度计划，年内无农用地、耕地转为建设用地情况，也不存在开展耕地占补平衡和耕地开垦费收支管理工作；进一步建立和完善土地执法监察管理制度，规范建设用地申报审批程序，大力开展土地执法监察工作，全年没有违法用地、违法批地现象发生。

【统筹兼顾，竭心尽力，推动民生事业和谐发展】教育学前双语教育完成368人，完成率达33.42%，义务教育阶段小学生平均到位率为84.47%，比去年提高11.12%；内地西藏初中班招生考试267人，占2010年初中毕业生的43.69%；初中学生平均到位率为54.26%，比去年提高19.31%；共有309人被昌都地区职业学校录取，升学率为57.11%；考入内地中职班学生为18人，指标完成率为112.5%。同时，县中学成立小学部，由县中学集中管理，共有学生74人。

卫生　完成新农合5817户33745人，达到全覆盖。完成新型农牧区医疗制度大病统筹基金报销137.71万元，报销或直接减免人数为273人次；采购药品356种100.58万元，政府采购率达到了100%。完成草卡、边坝、拉孜、马秀、尼木5乡（镇）、村各类常见疾病的健康检查工作，此次检查覆盖2222户，9926位农牧民，并完成了健康体检的建档工作。把农牧民医疗各项经费按规定纳入年度财政预算，认真兑现全县享受免费医疗人均0.8元的办公经费26996元，配套率、兑现率均达到了100%。兑现农牧民人均4.6元的村医公共卫生服务奖励补助配套资金155227元，配套率达100%；适龄儿童计划免疫接种率达到了90%以上，未发生计划免疫针对的传染病流行或暴发。

社会民生　高度重视民生和社会保障体系工作，全县实现就业再就业90人次。城镇登记失业率控制在4.0%以内；完成就业再就业培训60人次，合格率达到90%以上；开展职业介绍190人，职业介绍成功90人。完成农牧区劳动力转移就业11000人次，完成年度目标任务，实现就业收入1970万元。新型农村养老保险业务全县应参保人数32305人，实际参保人数15704。征收职工医疗保险费419.67万元，达到了100%，城镇居民基本医疗保险收缴率达100%，失业保险费收缴率达到100%，工伤保险费收缴率达到100%，生育保险费收缴率达到100%。兑现农村低保、城镇低保、五保供养、医疗救助、双拥、节日慰问、残疾人和社会弱势群体等资金共计712.45万元。

文化事业　以建党90周年和西藏和平解放60周年为主旋律，进一步净化文化市场，引导文化市场健康有序发展。截止目前，共开展文化市场专项检查19次，共出动检查人员90人次。对已建成运行的26家农家书屋进行了书籍补充，丰富了藏语书种类。同时积极引导各农家书屋开展“全民读书日”、“送书进农户”等活动，正确引导农牧民群众尤其是青少年读书的乐趣，营造良好的读书氛围，切实发挥农家书屋应有的作用。2011年，共开展“三下乡”活动4次，免费发放图书、杂志、宣传资料共1500余份，向群众赠送宣传画、伟人画像300余张，赠送边坝锅庄等影碟300张，丰富了农牧民群众的文化娱乐生活。

山 南 地 区

山南地区

【年度综述】2011年以来，在自治区党委、政府的坚强领导下，山南地区各级各部门始终坚持以科学发展观为统领，深入贯彻落实党中央、国务院和区党委、政府的决策部署，紧紧围绕自治区“提升一产、壮大二产、做强三产”的要求和地区“四基地一核心”的发展定位，全力以赴保增长、调结构、上水平、促和谐，扎实有效推进各项工作，地区经济社会发展取得了显著成绩，实现了“十二五”经济社会发展的良好开局。

【立足“十二五”开局，部署早、行动快，抓住关键，突破重点，整体推进，发展稳定各项事业朝着既定航向破浪前进】一是突出科学发展主题。始终坚持科学发展、跨越式发展和长治久安的主题，修改完善了地区“十二五”规划，科学提出了“十二五”时期的发展思路、发展定位、发展目标和战略举措；牢牢抓住国家、自治区确定“十二五”规划项目的有利时机，积极主动汇报，加强项目衔接，将在“十二五”期间实施140个项目，完成投资271亿元；坚决贯彻党中央、国务院和区党委、政府的决策部署，出台了《加快水利改革发展的实施意见》等促进发展的政策措施，有力促进了地区经济社会科学发展；适时召开地区经济工作会议、季度经济运行分析会议，把握形势变化，认真分析问题，积极有效应对，确保各项工作时序推进、经济社会科学发展。

二是突出转变方式主线。始终坚持扭住转变发展方式这条主线，按照“四基地一核心”发展定位，大力实施产业发展战略，不断巩固提升“二三一”产业格局。围绕“提升一产”，以增加科技含量为支撑，以提升产业效益为根本，加快优质青稞、优质油菜、无公害蔬菜、饲草种植、黄牛改良、禽类养殖、生猪养殖“七大基地”建设，切实提高一产发展水平。围绕“壮大二产”，坚定不移地实施“工业强地”战略，加快培育能源产业、矿产业、建材业、藏医药业、民族手工业等具有山南特色的支柱产业，加速工业化进程，扩大工业经济总量。围绕“做强三产”，坚持以市场化、产业化、社会化为方向，大力发展旅游产业、文化产业、现代服务业，促进第三产业扩大规模、拓宽领域、提升水平。

三是突出发展稳定重点。始终坚持“一个中心，两件大事”，正确理解、科学把握加快发展与维护稳定的辩证关系，以发展求稳定，以稳定促发展。坚持把发展作为第一要务，围绕地区经济社会跨越式发展，破解了一批发展难题，积极探索科学发展的长效机制。大力实施投资拉动战略，实施了一批事关长远发展的重点产业、重大基础设施、重要民生工程等建设项目。大力推进城乡建设，社会主义新农村建设稳步推进，城镇形象和品位不断提升。坚持把稳定作为第一责任，紧紧围绕建党90周年、西藏和平解放60周年等敏感时段，团结带领全地区各族干部群众，下好先手棋，打好主动仗，全面确保了社会局势持续稳定。

四是突出改善民生目标。始终坚持把保障和改善民生作为一切工作的出发点和落脚点，顺应人民过上更好生活的新期待，做到发展为了人民、发展依靠人民、发展成果由人民共享，从而更好地凝聚民心、集中民智、汇聚民力，为推动经济社会又好又快发展打下坚实基础。更加注重民富，实施了一系列促增收、帮民富的措施，千方百计提高城乡居民收入水平。更加注重民生，着力解决了一批衣食住行、就业保障、教育文化、医疗卫生等与群众生活息息相关的困难和问题，不断满足人们多样化、多层次的公共服务需求。更加注重民心，启动了地区“十二五”时期“十大民心工程”，投入更多的人力、财力、物力保障和改善民生，切实提高各族群众的幸福指数。

五是突出政府服务职能。始终坚持把转变政府职能作为加强政府自身建设的首要任务，正确处理管理与服务的关系，使政府管理职能更多向服务职能转变。牢固树立服务发展、服务基层、服务群众的意识，加大公共财政向基层、向民生领域倾斜力度，不断优化发展环境，公共服务职能得到充分发挥。深入贯彻依法行政纲要，继续深化行政执法体制改革，大力推进科学、民主决策，进一步完善了重大事项集体决策、专家咨询、风险评估、社会公示、群众监督等制度，政府依法行政能力进一步加强。

【全地区呈现出经济快速发展、社会和谐稳定、民生持续改善的大好局面，发展稳定各项事业亮点纷呈，成效显著】一是综合实力有了新提升。预计全年完成地区生产总值62.7亿元，同比增长18.2%，其中，一、二、三产增加值分别完成4.2亿元、30.4亿元、28.1亿元，同比分别增长5.5%、23.2%、15.2%，三次产业比例调整为6.7:48.5:44.8，“二三一”格局进一步巩固提升。预计完成固定资产投资65亿元，同比增长18.1%。地方财政一般预算收入预计达到4.6亿元，同比增长15%。社会消费品零售总额预计完成22.28亿元，同比增长21.9%。全地区农牧民人均纯收入预计达到4900元，同比增长13.2%，经济社会保持了跨越式发展的良好势头。

二是产业发展有了新加快。农牧业丰产丰收。粮经饲比例由2010年的57:22:21调整为56:23:21，预计全年粮食总产15.01万吨，油菜总产1.3万吨，比上年略有增长；仔畜成活率95.2%，成畜死亡率0.97%；预计全年改良黄牛4.5万头、养殖禽类220万只、养殖生猪6万头、种植无公害蔬菜1.81万亩、种植饲草9.37万亩，农牧业产业化水平不断提高。工业经济快速发展。华新二期、华钰二期等一批工业项目建成投产，预计实现工业总产值12.5亿元，现价同比增长7.8%，税收过1000万元的企业有8家，其中今年新增1家。预计全年接待国内外游客110万人次，创收3.6亿元，分别增长19%、33%；交通运输、商贸餐饮、金融保险、邮政通信等现代服务业发展迅速。

三是投资消费有了新增长。浪洛油路、藏木电站、江北灌区等一大批国家投资的重点项目建设有序推进，预计全年完成国家投资41.7亿元；无锡尚德光伏电站等一批招商引资项目加紧实施，预计完成招商引资超过7亿元；体育场改造升级、湖北大道延伸等一批援藏项目正在建设，预计完成援藏投资2.6亿元；在安居工程、农村人居环境整治工程等项目的带动下，预计完成民间投资13.7亿元。全面落实扩大消费、促进增长的一系列惠民政策，家电家具下乡继续走在全区前列，“万村千乡市场工程”、“双百市场工程”和“新网工程”、“标准化菜市场示范工程”顺利实施，农家店覆盖所有行政村，地、县物资交流会有序开展，预计全年完成社会消费品零售总额22.28亿元，同比增长21.9%。

四是城乡面貌有了新改善。新农村建设全面推进，完成安居工程整修1.61万户，实施了168个行政村农村人居环境建设和62个重点村的综合整治工程，实施了10条重点农村公路油路项目，新建饮水点111处、新增安全饮水2.8万人，新建户用沼气6075户，植树造林14.49万亩，工程封育3.7万亩，农牧区面貌极大改善。城镇品位不断提升，围绕建设高原生态宜居城市，实施了雅砻河综合整治、体育场改造升级、魅力山南风貌整治、英雄路等主干道改造、为民办实事8条道路建设等市政工程，清运生活垃圾3.65万吨，清淤下水道50.6公里，清除小广告9万余条，推进城市管理托管运行，实施了县城功能提升项目，城镇服务功能明显增强。

五是财税金融有了新发展。加大财源建设力度，加强非税收入征管，财政收入稳中有升，预计地区财政一般预算收入继续保持两位数的增长，财政收入中税收收入比重达70%以上，财政增长结构优化；财政支出保障有力，全年预计完成财政支出28.58亿元，基本实现了保发展、保稳定、保民生的要求。税收收入稳步增长，华新水泥、华钰选矿等一批企业成为地区财税收入的新动力，预计完成税收收入7亿元以上，同比增长10.8%。金融稳健运行，截至8月底，全辖金融机构本外币存款余额83.31亿元，较年初增加11.63亿元，增长16.23%；各项贷款余额22.22亿元，较年初增加3.12亿元，增长16.35%，金融支持地方经济发展的力度不断加大。

六是民生事业有了新推进。社会事业快速发展，顺利通过了教育“两基”国家检查验收，基础教育继续走在全区前列；积极推进医药卫生体制改革，农牧区卫生人才队伍建设不断加强，基本实现“一村一医”目标；开展群众文化活动1800余次，话剧《农奴泪》在全区反响巨大，投入1000万元推进数字电视工程，广播、电视覆盖率分别达83.98%、92.59%；加大科技推广应用，实施农牧、林业等科技示范项目19个。积极开展就业工作，城镇登记失业率控制在3%以内；社会保障能力明显增强，全地区社会保险参保人数超过8万人，新农保参保人数17.86万人，全面启动城镇居民养老保险。人均收入低于1700元的扶贫户和低保户减少1万人。投入1.4亿元建设周转房、廉租房、公租房和棚户区改造项目。全面启动“十二五”时期“十大民心工程”。安全生产形势明显好转，双拥工作扎实推进，藏语文工作取得新成绩，残疾人事业健康发展，生态环境保护与建设不断加强。

七是改革开放有了新步伐。继续推进集体林权制度改革，全面实施草原生态保护奖励机制；深化国有企业改革，完成了9县10家县属国有企业改革工作；完善公共财政管理体制，113个单位纳入地区财政国库集中支付，全面实施民生资金落实“一折通”和乡财县管工作，积极探索村财乡管机制；继续深化行政管理体制改革；积极开展事业单位改革；基本完成了矿产资源整合工作，全面启动农村宅基地确权登记工作。积极探索招商引资新办法、新举措，认真落实招商引资优惠政策，全年招商引资到位资金7亿元以上，超额完成全年目标任务。加强边贸市场建设和管理，预计完成边民互市贸易总额3200万元；加大农畜产品、自产产品出口力度，预计对外贸易总额突破1000万美元；加大受援工作力度，组成地区党政代表团赴湖南、湖北、安徽三省回访并协调衔接受援工作，实施受援项目140个，到位资金7.62亿元，受援工作不断深化；非公有制经济加快发展，登记注册个体工商户1.07万户、私营企业391户，分别增长5%、27%。

八是维护稳定有了新局面。深入开展反分裂斗争，认真贯彻落实中央、区党委决策部署，紧紧围绕“三大节日”、“3·10”、“3·14”、“3·28”、建党90周年和西藏和平解放60周年系列庆祝活动等敏感时段和节点，下好先手棋，打好主动仗，健全机制，夯实基础，确保了社会局势持续稳定。全面贯彻党的宗教工作基本方针和政策，认真开展创新和加强寺庙管理工作，继续深化寺庙法制宣传教育，积极引导宗教与社会主义社会相适应；加强民族团结教育，巩固平等、团结、互助、和谐的社会主义民族关系。创新社会管理方式，广泛开展群众性平安创建活动，深入开展社会管理综合治理，加强人民内部矛盾纠纷排查调处，畅通信访渠道，最大限度增加和谐因素、减少不和谐因素。

九是政府建设有了新变化。强化政府履职，认真贯彻中央、区党委的决策部署，紧紧围绕“一个中心、两件大事”，正确处理发展与稳定的关系，各级政府依法履职、推动发展的能力不断提高。转变政府职能，推进了政务公开，简化了办事程序，政府机关运行机制和管理方式规范有序、公开透明、便民高效，行政效能进一步提高。推进依法行政，深入贯彻国务院《全面推进依法行政实施纲要》，加强了政府规范性文件的管理，开展了土地违规等重点领域的执法工作，法治政府建设步伐不断加快。提升政府服务，全面开展了“创先争优”、“基层建设年”、“创先争优强基础惠民生”等活动，大力整顿规范市场经济秩序，政府服务群众、服务发展的水平不断提高。严格行政问责，继续实行经济社会发展综合指标考评机制，确保了政令畅通；全面落实廉政建设责任制，从源头上预防和治理腐败。

【领导名录】
地委副书记、行署副专员：赵宪忠
地委委员、行署副专员：薛长学
地委委员、行署副专员：张健（安徽省援藏干部总领队）
地委委员、行署副专员：胡中海（湖北省援藏干部总领队）
行署副专员：尹振海、乔增楼、桑布、宇飞、嘎玛旦巴、云丹、普布顿珠、格桑、黄金城、纪世德
行署秘书长：雷进昌
行署副秘书长：尼玛次仁（正县级）

中共山南地区委员会

【年度综述】2011年，中共山南地委在党中央的亲切关怀下，在区党委的坚强领导下，在全国人民特别是"三省一公司"的大力支持下，深入学习贯彻中央第五次西藏工作座谈会、党的十七届六中全会、胡锦涛总书记"七一"重要讲话、习近平副主席在出席西藏和平解放60周年庆祝活动时的一系列重要讲话和区党委七届八次、九次全委（扩大）会议、自治区第八次党代会、陈全国书记在山南调研时的重要讲话精神，按照"四基地一核心"的发展定位，团结带领全地区各族干部群众，抢抓宝贵机遇，合力大干快上，各项工作有序有效推进。

【突出科学发展，实现了经济平稳较快增长】按照年初经济工作会议"保增长、调结构、上水平、促和谐"总体要求，扎实有效推进各项工作，实现了"十二五"经济社会发展"开门红"。全年完成地区生产总值63.1亿元，同比增长13.6%；全社会固定资产投资65.1亿元，同比增长18.3%；社会消费品零售总额22亿元，同比增长20.4%；地方财政一般预算收入4.66亿元，同比增长16.5%；农牧民人均纯收入达到5060元，同比增长16.9%。

（一）突出抓好特色产业，发展成效显著。三次产业结构比例调整为7:45.2:47.8。特色农牧业丰产丰收。粮经饲比例由2010年的57:22:21调整为56:23:21，全地区粮食产量达15.01万吨，油菜产量达1.3万吨；完成黄牛改良4.5万头，禽类养殖220万只，生猪养殖6万头。工业经济快速发展。规模以上工业企业完成产值12亿元。华新二期、华钰二期等一批工业项目建成投产；地区工业园区升级自治区工业园区报批工作正在进行；海思科药业上市工作已获国家证监会初审通过，江南矿业上市申报工作有序推进。旅游业高速增长。全年接待国内外游客110万人次，创收3.6亿元，分别增长19%、33%。

（二）坚持三驾马车拉动，发展活力增强。投资拉动强劲。全地区新建、续建项目750个，全社会固定资产投资65.1亿元，同比增长18.3%，实施了藏木电站、浪洛油路等一批重大项目。消费能力提升。社会消费品零售总额22亿元，同比增长20.4%。家电下乡继续走在全区前列，新建农家店232家，实现所有行政村全覆盖。出口势头向好。完成边民互市贸易总额3200万元，同比增长11.9%；对外贸易总额突破1000万美元，同比增长16.3%。

（三）大力推进改革开放，发展动力十足。大力加强招商引资，制定完善了招商引资办法，加大招商引资力度，全年招商引资到位资金8.8亿元以上，同比增长45.6%。加大受援工作力度，全年实施受援项目42个，到位资金2.8亿元。放手发展非公有制经济，截止2011年底，全地区登记注册私营企业410户，同比增长32%；全地区个体工商户10673户，同比增长3.9%。2011年全地区非公有制经济单位占市场主体的比重达到95.9%，上缴税收5.07亿元，占全地区税收总额的70.4%，直接带动就业4.4万余人。

【突出"十大民心"工程，促进了民生持续改善】着力解决群众最直接、最关心、最现实的利益问题，大力发展各项社会事业，确保各族群众共享改革发展成果。

（一）"十大民心工程"全面启动。大力推进山南"十二五"时期以"卫生质量提升、教育强基、科技引领、就业创业、产业富民、民生水利、城镇功能提升、扶贫帮困、小康推进、基层基础"为主要内容的"十大民心"工程。2011年投入资金9200万元，实施了城镇功能提升市政道路建设工程。社会事业全面发展。"两基"工作顺利通过了国家检查验收；科技事业稳步推进；卫生事业基本实现"一村一医"目标；文化事业蓬勃发展，歌舞《欢歌起舞》、《吉祥鼓韵》分别参加央视春晚和元宵晚会，话剧《农奴泪》在区内外演出反响较大，广播、电视覆盖率分别达到83.98%、92.59%，新建农家书屋228家、寺庙书屋66家，实现了所有行政村农家书屋全覆盖的目标。投入资金1.6亿元开展扶贫工作，人均收入低于1700元的扶贫户和低保户减少1.33万人。新增就业2600人，城镇登记失业率控制在3%以内，城乡社保参保人数24.1万人，新农保参保率达到92%。投入1.4亿元建设周转房、廉租房、公租房和棚户区改造项目。

（二）新农村建设扎实推进。完成安居工程建设任务1.61万户。实施了168个行政村人居环境建设和62个重点村综合整治。实施了10条重点农村公路油路项目，新建饮水点111个、新增安全饮水2.8万人，新建户用沼气6075户，完成劳务输出7万人次，培训农牧民3.5万余人次，实现劳务创收3.3亿元，农牧民生产生活条件不断改善。聘请中国农科院专家编制《山南地区"十二五"时期社会主义新农村建设规划》，指导新农村建设科学、有序推进。

（三）抗震救灾工作进展顺利。"9·18"地震发生后，地委、行署高度重视，及时组成工作组第一时间深入灾区开展救灾工作，先后投入资金1071万元用于抗震救灾。为支持灾区建设，全地区广大干部群众踊跃捐款432万元。目前恢复重建工作有序进行，群众生产生活得到了有效保障。

【突出打好"三大战役"，维护了社会局势稳定】牢固树立稳定压倒一切的思想，全面贯彻落实中央、区党委关于做好维稳工作的一系列决策部署，狠抓维稳措施落实，夺取了"三大战役"的全面胜利，实现了大事中

事小事都不出的工作目标。

（一）以严密防范和深入揭批为重点深入开展反分裂斗争。认真贯彻中央、区党委关于反分裂斗争的各项决策部署，继续严密防范，加强边境管控，深入开展反分裂斗争。今年查获偷越国（边）境案2起，查获嫌疑人16人。结合建党90周年和西藏和平解放60周年活动，广泛开展民族团结宣传教育和民族团结进步创建活动，深入揭批达赖反动本质，进一步坚定了广大干部群众跟党走的信心和决心。

（二）以寺庙“六建“工作为重点加强和创新寺庙管理。在全区率先启动了寺庙长效机制建设，稳步推进寺庙“六建”工作，提前完成了全地区214座寺庙管理委员会挂牌工作，建立寺管会90个，选派837名干部进驻寺庙开展工作，基本配齐了寺庙管理委员会班子，实现了寺庙管理委员会全覆盖，表彰了一批和谐寺庙和先进僧尼。目前，全地区加强和创新寺庙管理工作有序开展，僧尼情绪平稳，对加强和创新寺庙管理工作，特别是对和谐模范寺庙暨爱国守法先进僧尼创建评选活动真心拥护，积极响应；各寺庙管理委员会班子迅速进入角色，积极履行职责，扎实推进寺庙“六建”工作；各寺庙和谐稳定，未出现任何风波，地区加强和创新寺庙管理各项工作取得了阶段性成效。

（三）以完善地、县、乡、村四级管理体制为重点加强和创新社会管理。建立了地、县、乡三级流动人口服务管理体系，建立健全了地、县、乡、村四级矛盾排查调处网络。截至目前，排查调处矛盾纠纷489件，调处成功率为100%。

【突出基层基础，提高了党组织的执政能力】重点加强了党的思想理论、领导班子和基层基础等工作，进一步提高了各级党组织的执政能力。

（一）以思想理论建设为抓手，推动经济社会大发展。结合全地区各族人民精神风貌和未来经济社会发展需要，提出了爱国、感恩、勤劳、团结、开放、创新的“山南精神”，一年一变样、三年大变样、五年变大样的“山南速度”，经济大发展、民生大改善、社会大和谐、民族大团结的“山南效益”，凝聚全社会力量，推动经济社会大发展。推进学习型党组织建设，完善了地委理论学习中心组学习制度，明确一个月至少开展1次中心组学习，一季度开展1次法律知识讲座。2011年开展理论中心组学习16次，开展报告会、讲座4场。及时修改完善了地区“十二五”规划，制定了“六个模范区”建设规划及实施意见等，有力推动了经济社会发展。

（二）以党委换届为契机加强领导班子建设。重视关心边境高寒县干部，重视使用年轻干部、妇女干部和基层干部，加大干部交流力度，选优配强领导班子。2011年共调整提拔县级领导干部173名，其中从边境高寒县提任到腹心县11名，从地直单位或腹心县提任到边境高寒县18名，从边境高寒县交流到腹心县或地直单位19名，从乡（镇）党政正职提拔16名。地区县、乡党委换届工作圆满完成，产生新一届县委班子成员152名，乡（镇）党委班子成员464名，领导班子结构进一步优化，领导经济发展和维护社会稳定的能力不断增强。

（三）以创先争优强基础惠民生活动夯实基层基础工作。创先争优活动开展以来，全地区各级党组织和广大党员累计为群众办实事2975件，投入资金8044万元；加强基层建设年活动中，争取到为民办实事项目1153个、资金1.04亿元。2011年10月份以来，按照区党委的统一部署，深入开展了创先争优强基础惠民生活动，目前各级工作队累计为民办实事700余件，投入资金360余万元，并结合山南实际，创新开展了创建“十星模范村”（爱党爱国星、民族团结星、勤劳致富星、特色经济星、民主管理星、重教尚文星、环境美化星、遵纪守法星、平安和谐星、先锋堡垒星）和以增强农牧民群众主人翁意识、市场经济意识、科学理财意识为主题的“强化创业意识”活动，取得了初步成效，加强了基层基础工作。

山南地区纪委、监察工作

【年度综述】2011年，全地区各级党政组织及纪检监察机关在区纪委、监察厅及地委、行署的坚强领导下，认真贯彻落实十七届中央纪委六次全会、自治区第八次党代会、七届区纪委七次全会精神，坚持以人为本，执政为民，紧紧围绕中心，服务大局，狠抓反腐倡廉建设工作，取得了一定成效。

【扎实开展了基层建设年活动和创先争优强基惠民活动，密切了党群干群关系，夯实了基层基础】按照区党委、地委的决策部署，高质量完成了基层建设年活动，及时启动了创先争优强基惠民活动，全地区554个驻村工作队按时进点开展工作，自治区为每个工作队落实10万元办实事经费，地区财政从有限财力中拿出3000万元为民办实事，得到了区党委的肯定。陈全国书记对取得的成绩多次作出批示，并专程到山南检查指导活动开展情况，对表现突出的驻村工作队队长予以破格提拔使用，有力地激发了全地区各级驻村干部的积极性和主动性。活动开展半年来，各驻村工作队共为群众办实事2867件，投资5000多万元，申报项目800余个，涉及资金2亿多，活动成效明显。

【惩防体系建设有序推进，教育、制度、监督工作扎实开展】完成了区党委验收组对山南地区惩防体系建设的阶段性验收工作，惩防体系框架逐步建成。教育方面，开展了以学习贯彻《廉政准则》为重点的党风廉政宣传教育，党员干部对“52个不准”的理解认识有所提高，遵守执行规定的自觉性明显增强。制度方面，完成了2010-2011年党风廉政建设责任制验收，签订了2012-2014年党风廉政建设责任书。各县、各单位立足自身实际，制定出台了一系列规章制度，并在实践中认真贯彻执行，以制度管人、管事、管权、管钱的体制机制雏形已显。监督方面，按照其美仁增书记到地区纪委调研时的重要讲话精神，地区纪委监察局大力实施了“五大监督工程”，着力解决了当前全地区党员干部中存在的五个方面突出问题，取得明显成效。去年，共立案查处党员干部违纪违规22件，给予党纪政纪处分22人，对部分案件进行了剖析通报，严肃了党纪政纪；监督建设工程招投标229项，废除18家企业投标资格；监督土地招标出让3宗9亩，拍价450万元；对政府采购、公车拍卖、各种考试等开展了监督，促进了权力的规范运行，维护了公平正义。

【专项治理工作成效明显，源头预防腐败领域不断拓宽】开展了政风行风集中评议工作，优化了投资环境，促进了经济发展。继续开展了工程建设专项治理和扩大内需政策落实情况监督检查工作，查处了四川煜坤实业有限公司用假资质参与投标的案件，对相关人员进行了诫勉谈话，将相关公司列入了“黑名单”。开展了公务用车专项治理，完成了摸底调查和数据统计，目前正在着手清理超标超编车辆。开展了“小金库”专项治理，完成了85家单位治理工作的复查，对3个县和29个单位进行了抽查，目前全地区预算单位全部采取了国库集中支付，从源头上杜绝了“小金库”的现象，“小金库”治理办公室工作人员获得了全国先进个人奖。开展了行政审批制度改革专项治理工作，全面清理并建议保留审批项目300多项。开展了加快水利改革发展工作的监督检查，抽查了琼结等县水利改革发展工作，对近年来实施的日玛岗水库、农村安全饮水、雅砻河灌区防洪排涝等工程进行了检查，保障了项目资金安全。

【农牧区基层党风廉政建设工作扎实推进，基层党员干部廉洁意识明显提高】纪检、监察、财政联合下发了关于加强乡镇财务管理的意见，督促县乡落实了“明白卡”发放、民生资金专用存折办理、支农惠农政策上墙等工作，真正让农牧民群众知晓了惠从何来，惠在何处。以换届为契机，积极组织开展村级“三资”清理工作，理清了村级财务状况，对昌珠镇昌珠居委会干部侵占、挪用群众征地补偿费问题进行了查处。加强了乡（镇）村（居）纪检干部配备工作，83个乡镇配备了纪委书记，大部分村党支部设立纪检委员。地区及隆子县在全区农牧区党风廉政建设电视电话会上就农牧区基层党风廉政建设工作进行了经验交流。

【领导名录】
地委委员、纪委书记：党宗莲
纪委副书记、监察局局长：王胜祝
纪委副书记：扎西占堆、林彰良、白玛卓玛

山南地区组织工作

【坚持优化结构、提升执政能力，领导班子和干部队伍建设得到新加强】一是着力选优配强领导班子。以县乡党委换届为契机，坚持德才兼备、以德为先，严格标准和程序，重视培养选拔年轻干部、妇女干部，积极推进干部交流，平职调整县级干部77人，提拔134人，其中提拔妇女干部22人、占总数的16.4%，提拔35岁以下年轻干部36人、占总数的26.9%，调整后县级干部平均年龄为45.6岁，比调整前下降了1.7岁；高度重视乡镇领导班子建设，扎实推进结构性交流、培养性交流和关怀性交流，坚持党政正职重点交流配备、顺应需求优先交流配备、软弱班子强力交流配备，平职调整253人，提任206人，把19名副县级后备干部充实到乡镇党政主要领导岗位，从地直单位和腹心县选派3名优秀年轻干部到错那县乡镇任职。换届后乡镇党委班子实际配备474人，大专以上学历有312人，35岁以下干部281人，分别比调整前增加13.8%、16.3%，领导班子结构进一步优化，活力进一步增强。加强重点部门领导力量，扎实做好寺庙管理委员会领导班子成员选配工作，将273名干部选拔充实进寺管会班子中。

二是进一步深化干部人事制度改革。继续推行竞争性选人用人机制，指导乃东县完成副科级职位竞争上岗工作；对地县空缺的主要领导职位召开副县级以上干部大会，进行民主推荐；规范干部选拔任用工作程序，拟定了《山南地区科级干部选拔任用工作流程》；加强后备干部队伍建设，调整充实正县级后备干部221名，副县级后备干部340名，各县、各单位也加强了后备干部队伍建设；认真落实“5个严禁、17个不准和5个一律”的换届纪律要求，严格执行干部选拔任用工作四项监督制度、领导干部报告个人有关事项规定和党政领导干部经济责任审计规定，防止各种不正之风，选人用人工作公信度和满意度不断提高。

三是强化干部教育管理。加强思想政治建设，突出理想信念教育，干部的党性意识进一步增强；加强培训，投入培训经费500多万元，通过参加上级部门调训、举办培训班、选派干部赴对口援藏省市挂职锻炼和业务进修等多种形式，培训各级各类干部4196人次；加强干部日常监督管理，严格要求，严格教育，认真受理举报案件，严肃休（事）假纪律，干部的综合素质和能力得到较大提升。

四是认真做好援藏干部工作。在认真做好教育管理服务工作的同时，严格执行《对口支援西藏干部管理办法》，确保在岗率，不断将援藏工作引向深入。

【坚持突出重点、夯实基层基础，党的基层组织建设迈上新台阶】一是深化创先争优活动。以基层建设年和强基础惠民生活动为抓手，围绕建党90周年和西藏和平解放60周年、百万农奴解放纪念日等节点，丰富活动形式，积极引导各级党组织和广大党员公开承诺践诺，作出承诺36103件，兑现承诺33684件，投入资金553万元，为群众解决突出问题和困难1254件；采取上评下议、互促整改的方式，对创先争优活动进行广泛点评，增强了活动的实效性；选派2016名干部，组建504个工作队，驻村开展工作，为基层谋发展、理思路、建机制、强党建，受到群众的欢迎。

二是狠抓农牧区基层党组织建设。坚持“书记抓、抓书记”，落实“一把手”抓党建工作责任制，深化“三级联创”活动，实行领导干部联乡包村制度，通过建立领导干部联系点、单位包村驻点，实现全地区82个乡镇和1个办事处、554个行政村全覆盖；充实基层工作力量，从地县直机关选派优秀年轻干部到乡村居任职，向基层安置高校毕业生1099名，其中大学生村官58名；扎实做好村居“两委”换届工作，推选55名大学生村官、301名致富带头人进入班子，其中8名大学生村官担任村党支部书记或村委会主任；继续推行村居党支部书记和村居委会主任“一肩挑”、村居“两委”班子成员交叉任职及妇委会、团支部书记进村居“两委”班子，村居党支部领导核心地位进一步强化；全力落实“一定三有”政策，不断推进“三公开”制度，积极推行“四议两公开”工作法，大力实施“强乡带村”工程，集中整顿转化后进村居党组织59个。

三是统筹其他领域党建工作。大力推进机关、企事业单位、中小学校等领域党建工作，重点在国有企业开展“四强四优”活动，在非公有制经济组织中开展“党员示范店”创建活动，同时不断强化党建带团建、带妇建、带工建工作，扩大了党建工作覆盖面，基层党组织的创造力、凝聚力、战斗力进一步增强。

四是加强党员队伍建设。坚持标准，严格条件，全年新发展党员2336名，其中农牧民党员1815名，截止目前，全地区党员数达到30203人，占总人口数的8.88%，党员队伍不断壮大，活力进一步增强；激励关怀帮扶党员，及时兑现“三老”人员补贴55.98万元，慰问“三老”人员和党员540人，发放慰问金21.75万元，为102名农牧民党员发放表彰奖励、创业帮扶、救助救济资金30.04万元，有效增强了党员的荣誉感、自豪感、归属感；深化“五带头三培养”活动，并充分发挥农村党员干部现代远程教育平台作用，强化党性意识培养，增强党员的致富带富本领，党员的先锋模范作用进一步发挥；大力宣传先进典型，“七一”期间隆重表彰57个先进基层党组织、58名优秀共产党员和43名优秀党务工作者。

【坚持探索创新、注重培引并举，人才工作开创新局面】一是科学谋划人才工作。立足人才队伍现状，着眼于促进山南科学发展、社会和谐稳定，制定了地区“十二五”和中长期人才发展规划，确立了人才工作指导方针和目标任务，提出了推进措施。

二是有力保障人才工作。健全领导体制和工作运行机制，成立了人才工作领导协调小组，明确了成员单位职责，建立人才工作专项经费，形成了抓人才工作的合力。

三是大力推进人才工作。统筹“六支人才”队伍建设，注重培养使用好现有人才，投入152.4万元，先后实施“一把手工程”，选派56名人才管理者赴清华大学参加培训，切实提高领导干部抓人才工作的水平和能力；实施“领军人才培养开发工程”，从农牧、医疗卫生、公安、建筑等领域选派5名优秀专业技术人员赴湖北省深造，培养具有一定权威性的专家。同时，积极实施“招才引智工程”，引进21名紧缺专业人才，进一步缓解了一些领域人才紧缺现状。此外，“产业+基地+人才”工程、“人才智力援助”工程、“人才工作基础”工程正在积极推进中。

山南地区宣传思想工作

【年度综述】2011年，全地区宣传思想文化战线，在地委、行署的坚强领导下，在区党委宣传部高度重视和有力指导下，按照全区文化发展大会和全区宣传部长工作会议的部署和要求，围绕壮大和巩固主流思想舆论，围绕推动社会主义文化大发展大繁荣，围绕加强和发展基层基础工作，围绕开创对外宣传工作新局面，切实推进维护意识形态安全防控体系建设，为促进山南经济跨越式发展和社会长治久安提供强大的思想保证、舆论支持、精神动力和文化条件。

【围绕构建和谐社会，精神文明创建更具体】2011年，山南地委宣传部，深入贯彻落实科学发展观，继续开展社会主义核心价值体系建设和公民思想道德建设及未成年人思想道德建设，进一步提高公民文明素质和城乡文明程度。

一是积极推进社会主义核心价值体系建设。深入探索把社会主义核心价值体系融入、转化到精神文明创建中的有效途径，以打造学习型机关为重点，认真梳理、充分挖掘各县各部门推进社会主义核心价值体系建设的有效载体和形式，总结实践活动中的好经验好做法，推动社会主义核心价值体系学习教育在各行各业广泛、深入持久开展。

二是加强公民基本道德规范的教育和实践。深入贯彻《公民道德建设实施纲要》，大力倡导健康文明的生活理念和行为方式，继续深入开展“学礼仪、讲文明、树新风”活动；广泛开展文明礼仪教育，普及文明礼仪知识，提升公民文明素质，倡导文明新风尚。开展“60位感动西藏人物”推荐评选活动。坚持面向基层，发动广大干部群众积极推荐，共向自治区推荐了15位“感动西藏人物”候选人。山南地区荣获全区第二届“见义勇为道德模范”的尼玛扎西，2011年又荣获全国第二届“见义勇为道德模范”提名奖。

三是深化“我们的节日”主题活动。广泛开展群众性优秀传统文化教育和传统美德教育活动。在春节期间开展了“红红火火过大年”活动。通过开展文艺演出、传统体育竞技等活动，大力倡导社会主义荣辱观，在全地区上下提倡破除封建迷信、移风易俗等风尚，积极开展文化惠民活动、访贫问苦活动，倡导诚信经营，文明过节，营造文明健康、温馨和谐的节日气氛。

四是开展“网吧护绿专项行动”。壮大网吧义务监督员队伍，选定了“绿色网吧”的建设地址，加强网吧整治监管，坚决取缔“黑网吧”和变相经营网吧，整治违规接纳未成年人行为。切实加强校园周边环境治理，共出动执法人员 36人次，检查网吧、游戏厅等娱乐场所350家次，不断优化学校周边秩序和社会文化环境。

五是组织2011年“四下乡”活动。联合文化、卫生、农牧、科技局等相关单位继续深入“四下乡”活动。在启动仪式当天，向活动地拉玉乡赠送了6台电视机，为农牧民群众发放了有关农牧技术、致富知识、法律常识的书籍、资料近百种、12400余份、普法光碟1500盘。义务诊治376人次，赠送了价值11000元的药物和价值38000元的化肥、兽药和农资。承担首场演出任务的乃东县民间艺术团为拉玉乡的农牧民群众献上了一台精彩的文艺演出。各职能部门相继持续开展了“四下乡”活动，变“四下乡”为“常下乡”。

六是扎实推进未成年人思想道德建设工作，努力创造有利于未成年人健康成长的社会环境。积极构建学校、家庭、社会三位一体的工作网络，深入开展“做一个有道德的人”主题活动。以和谐校园建设为切入点，依托学校德育室、活动室、网络中心、图书室等活动场所，开展丰富多彩的主题活动。加大环境整治力度，营造有利于未成年人健康成长的良好社会氛围。深入开展日常行为规范养成教育周活动。各学校把开学第一周定为“中小学生日常行为规范养成教育周”，各校通过晨会、班会、升旗仪式等形式，对休息一个假期的学生进行日常行为规范养成教育化训练，进一步强化良好的文明行为习惯，使学生尽快适应了学校生活。积极开展优秀童谣传唱活动。以“六一”国际儿童节为契机，发放《中华是我家》童谣集，组织地区各小学和幼儿园广泛开展优秀童谣传唱活动。进一步满足少年儿童的精神文化需求，使他们在传唱童谣中陶冶情操，快乐成长，做有道德的人。积极开展“童心向党”歌咏活动。为庆祝中国共产党成立90周年和西藏和平解放60周年，制定下发了《山南地区“童心向党”歌咏活动方案》。经过一个多月的学唱，5月16日，由选拔出的三支代表队共同参加的“歌咏活动”在地区实验学校举行。一首首振奋人心的爱国歌曲表达了师生心向党、跟党走的高尚情感和远大志向，唱出了祝福党的生日、赞美幸福生活的美好心声，展示了当代少年儿童朝气蓬勃、积极向上的精神风貌。

七是开展公民道德实践活动。为热烈庆祝中国共产党成立90周年、西藏和平解放60周年制作的“我们的生活充满阳光”光盘发放1382套。编辑、制作、印发了藏汉文《山南地区文明礼仪手册》30700册。开展“我们的节日”、道德模范宣传、“弘扬和培育民族精神月”和“公民道德宣传日”活动。

八是推动群众性精神文明创建工作再上新台阶。从改善环境面貌、社会风气入手，深入推进文明村镇、十星级文明户和文明单位创建评选活动，在去年表彰的基础上推荐12个自治区级文明村镇、120户“十星级文明户”和12家文明单位。为进一步巩固创建成果，推动示范点自身建设，切实发挥示范点的示范带头作用，地区文明办责成各县、各相关单位对所辖的2009年中央和自治区文明委分别表彰第二批国家级和自治区级文明单位、文明县城、文明乡镇（村）等进行集中自查。各县成立了由文明委或地（中、区）直相关单位负责同志分别担任组长，文明办主任、其他成员单位负责人任副组长的复查验收工作领导小组，采取查看会议记录、查看有关精神文明创建工作的文件、各项制度，以召开座谈会、个别走访、问卷抽查，实地查看等程序进行。对未能发挥示范带头作用的示范点或示范作用不明显的单位和部门，限期进行整改。

九是积极协助开展助学活动和“绿色电脑进西部活动”。根据自治区文明办下发的《关于做好资助2011级贫困大学生申报推荐工作的通知》的要求，文明办本着“公平、公正、公开”的原则，精心组织实施，按照个人申请、乡村证明、学校推荐、文明办、教育局初审的程序，向自治区文明办推荐了15名2011年考入重点大学的贫困大学生。最终有12名贫困大学生受助。协助开展“绿色电脑进西部活动”。2011年8月初，由中央文明办、国家教委向山南地区赠送的380台电脑，按照自治区文明办的要求和既定分配方案，把这批电脑全部送到了文明村镇和基层文明学校。这一举措，受到了农牧区群众和学校师生的热烈欢迎，进一步丰富了基层群众的业余文化生活，满足了中小学生特别是农牧区青少年的精神文化需求。

山南地区政法工作

【维稳工作情况】2011年，围绕打赢“三大战役”，认真组织开展维护稳定工作。根据地委和地区维稳一线指挥部的统一安排，山南地区政法委及时充实地区维稳一线指挥部办公室工作人员，并将地区维稳办工作任务与地区维稳一线指挥部办公室工作整合在一起，进一步加大对全地区维稳工作的组织指导和督查落实力度。一是强化社会面防控。认真落实“环拉萨护城河工程”和“环山南安全工程”，建立了五级防控机制，严格落实重点人员目标管理责任制和“四级”管控责任制，层层签订了《维稳防控责任书》，深入开展社会治安混乱地区、突出治安问题排查整治工作，全面加强单位内部安全保卫，严厉打击了一批影响人民群众安全感的刑事犯罪，确保了社会大局总体平稳。二是深入推进“平安和谐寺庙”建设。依法加强对寺庙和僧尼的监管，严格落实寺庙管理各项规章制度和寺内外安防措施，深入开展寺庙法制宣传教育，确保了宗教领域不出问题。三是扎实做好大庆安保工作。组织制定了《西藏和平解放60周年庆祝活动山南地区安全保卫总体方案》、《迎送中央代表团警卫方案》、《中央代表团分团赴山南活动线路警卫方案》等10余个具体工作方案，切实做到了“一活动一方案”，并组织各级政法部门和相关单位全力投入，认真落实各项安保措施，有效消除了影响大庆活动安全各类隐患，圆满完成了各项安保任务。四是切实加大边境防控工作力度。协调边境四县政法机关和边防管理部门严格按照实战要求，坚持“军管线、警控点、民管片”原则，强化通外山口、通道、便道的设卡、巡逻、堵截工作，切实加大二线检查工作力度，严查、严管进出边境地区的各类车辆、人员和物品，有效防止了不法分子潜入潜出从事违法犯罪活动，维护了边境地区和谐安宁。五是强化情报信息搜集分析研判。健全和完善了情报信息综合判研机制，坚持每日一会商、一周一研判、重要敌情随时研判的战时机制，紧盯敌情形势走向，密切关注社情舆论，牢牢掌握了对敌斗争的主动权。2011年以来，共收集整理维稳情报信息296条，召开情报信息研判会议26次，为维稳工作决策部署提供了有力依据。六是开展社会稳定风险评估。起草并以地办、行办名义印发了《关于开展重大事项社会稳定风险评估的实施意见》，进一步配套完善社会稳定风险评估工作的工作方案、实施细则、考核办法和评定办法，以“雅砻大观源”项目为示范，认真组织开展了重大事项社会稳定风险评估，为全地区风险评估工作的开展和探索积累了经验。此项工作在全区走在了前面，自治区维稳办专门印发各地（市）借鉴学习。

【综治平安工作】山南地区政法委切实把政法“三项重点工作”作为深化平安山南建设的重要载体，加大宣传力度，扎实开展各项工作，推动“三项重点工作”不断深化，平安山南创建取得实实在在的效果。召开了山南地区“十一五”期间综治平安建设工作总结表彰大会，对琼结县、乃东县、地办、地区公安处等15个先进集体、99个先进个人进行了表彰。2011年全地区综治工作名列全区第二名，受到区党委、政府的表彰。目前，各级党委、政府共授牌命名平安县10个（其中自治区级5个，国家级1个）、平安乡镇75个、平安单位249个、平安学校134个、平安寺庙105座（其中自治区试点寺庙4个）、平安村403个、平安家庭40583个。在深化矛盾纠纷排调方面。健全了四级矛盾纠纷排查调处网络，切实加强了涉法涉诉信访工作，促进矛盾纠纷排查化解工作在“三位一体”的轨道上运行。在强化社会管理创新方面。进一步完善了平安志愿者培养使用管理体系，不断发展壮大平安志愿者组织，深入开展社会救助、矛盾调处、权益维护、青少年教育、维稳巡逻等专项志愿服务。进一步加强了对“两新”组织的服务管理，建立健全“两新”组织内部安全稳定法人责任制，切实提高“两新”组织的维稳工作能力。进一步加强了流动人口服务和管理工作。地、县、乡三级共建立流动人口服务管理工作领导小组95个，流动人口服务管理工作站点54个，12县共配备流动人口协管员172名。各级部门、各企事业单位均成立了流动人口服务管理工作领导小组，明确了专抓工作人员（联络员）。在促进公正廉洁执法方面。扎实有序开展“百万案件”评查活动，通过组织召开执法监督巡视员、特邀执法监督员座谈会，进一步加强和规范党委政法委执法监督工作。全年共协调、督办重特大或群众反映强烈的案件7件12人，受理涉法涉诉信访案件14件21人，息诉13件20人，正在办理1件1人，确保了法律效果、社会效果和政治效果的有机统一。在强化舆论引导宣传方面。充分把握建党90周年和西藏和平解放60周年系列庆祝活动的有利时机，不断拓宽宣传渠道、丰富宣传内容、创新宣传载体，加强和改进政法综治宣传工作。充分利用山南电视台、山南报、山南网开办专栏，深入开展揭批达赖集团活动，制作大型平安宣传广告、发送手机短信、在公交车和三轮车上张贴宣传标语，广泛宣传综治、平安建设和法律法规，进一步提高了公众对社会治安综合治理和平安建设的关注率、知晓率、参与率。

山南地区扶贫农发工作

【扶贫农发工作开展情况】2011年，该地区严格按照项目设计和批复要求，重点对2010年度扶贫开发、农业综合开发续建项目的质量与建设进度实施全程监管。2010年全地区扶贫开发国家投资8230万元（安居工程4224万元），农业综合开发国家投资6370万元，截至7月，建设任务全部完成。7月中旬和9月底，“两大开发”项目分别通过地区初验和自治区终验。

2011年，全地区共争取扶贫开发、农业综合开发项目国家投资16320.5万元，其中扶贫开发国家投资6023.5万元，主要包括：安居工程、整乡推进、面上扶贫、连片开发、劳动力转移、“雨露计划”等项目，农业综合开发五个开发区争取国家投资10297万元。其中：扶贫开发整乡推进、面上扶贫、连片开发、劳动力转移项目国家投资比2010年增加487.5万元，农业综合开发增加3927万元。项目区群众通过参与项目建设增加收入3890万元，受益群众达58600人，人均增收650元。减少贫困人口13337人。

【扶贫开发工作】一是贫困户安居工程扎实推进。2011年全地区扶贫开发共安排贫困户安居工程900户，国家投资1530万元。目前已完成建设任务的80%以上。

二是始终瞄准一个目标，扶贫项目与“两项制度衔接”成效显著。科学发展观的核心是以人为本，贯穿到扶贫开发工作中，就是以广大贫困农牧民为本，瞄准稳步提高贫困农牧民收入这个目标。2011年，扶贫开发共落实整乡推进和面上扶贫项目、连片开发、劳动力转移项目113个、落实国家投资4493.5万元。整乡推进扶贫开发。10个整乡推进乡镇落实项目36个；面上扶贫开发。落实项目64个，其中到户项目55个；连片开发。错那县连片开发共实施7个项目，其中到户项目4个；劳动力转移项目。实施劳动力转移项目5个。

三是借助“雨露计划”平台，加大培训力度。一年来，农发办高度重视培训工作，始终将人才培训作为扶贫开发的重要组成部分，纳入重要议事日程，常抓不懈，并取得实效。2011年继续与地区妇联、工会、职业技术学校、团地委等部门联合举办汽车驾驶、竹器编织、蔬菜种植、餐饮服务、卡垫、氆氇编织等培训，培训班于3月15日起陆续开班，共培训1986人，实现就业1688人，就业率达到85%以上。

【农业综合开发工作】一是稳步推进高标准农田建设、继续实施中低产田改造。2011年，全地区高标准农田建设任务为1.5万亩。其中乃东县1万亩、贡嘎县0.5万亩。截止目前，乃东县高标准农田建设任务已基本完成，贡嘎县完成建设任务的80%；四个开发区中低产田改造总规模为5.2万亩，其中：低产田改造3.8万亩，草场建设1.4万亩。目前已完成土地平整2.168万亩，完成率达80.79%。客土改良2万亩，完成率达78%。修建机耕道37公里,完成率达85%，水利项目已完成建设任务的95%。

二是产业化经营项目有序推进。2011年，自治区扶贫办批复山南地区农发产业化经营项目三个：隆子县290万公斤奶源基地新建项目、贡嘎县220头优质奶牛养殖项目、贡嘎县2500亩红土豆种植项目。目前，三个项目按照实施方案正在有序进行，已完成全年任务的75%。

三是黄牛改良工作力度加大。截

止10月31日，已发放验证冻精34700支、超优冻精70300支，发放率分别达到99.26%和102.57%；新生犊牛33097头，其中公犊牛18887头，母犊牛14210头，成活数28265头，成活率85.4%。已冻配黄牛45067头，占年初下达任务的100.1%，淘汰母畜3725头，去势公牛5714头。

同时，经过地县两级政府和扶贫部门的共同努力，浪卡子县成功列入国家农业综合开发县。农业综合开发2012年项目可研、初步设计已报自治区审查通过，项目总投资9830万元。

山南地区政治协商工作

【重大事项】2011年11月27日至29日召开了九届六次全委会，大会听取了地委书记、人大工委主任其美仁增代表地委发表的重要讲话及行署副专员普布顿珠代表行署所作的山南地区经济运行情况通报和下一步工作打算；审议通过了地委副书记、地区政协党组书记、主席格桑仁青所作的九届山南地区委员会常务委员会工作报告，地区政协党组副书记、副主席马正玉所作的第九届山南地区委员会常务委员会提案工作情况报告以及提案审查情况报告；会议专题传达学习了自治区第八次党代会精神，在各讨论组认真学习了党的十七届六中全会精神；审议通过了政协第九届六次会议政治决议、常务委员会工作报告决议和提案工作情况报告决议；听取了地区教育局、民宗局、文化局、工商联、乃东县政协、隆子县人民医院、贡嘎县统战部、曲松县罗布萨镇8个单位及委员的交流发言。会议号召，地区各级政协组织和各族各界人士，要紧密团结在胡锦涛同志为总书记的党中央周围，在中国特色社会主义理论体系的指引下，在中共山南地委的领导和自治区政协的指导下，满腔热情地关注民生，积极认真地参与国是，尽职尽责地履行职能，为不断开创人民政协工作新局面，全面建设小康山南做出新贡献。

【深化学习教育】地区政协始终把加强学习作为提高政协委员和机关干部职工履职能力的首要任务，紧密结合实际，从多个层面、多种渠道、多项内容，坚持不懈地抓好各项学习活动，进一步统一全体委员和机关干部职工的思想认识，全面增强委员和机关干部职工的综合素质，不断提高委员和干部职工的履职能力。在学习过程中，地区政协坚持政治学习与理论学习相结合；学习政协知识与学习科学知识相结合；把开展形势教育同开展马克思主义“四观”、“两论”教育相结合；把广泛深入的学习同实践科学发展观、开展“创先争优强基惠民活动”相结合，同全面推进政协各项具体工作相结合，力求增强学习的针对性、实效性。积极探索履职尽责的新途径、新方法、新举措，有效提升了履职尽责的能力和水平。

【服务科学发展】2011年，政协常委会按照“尽职而不越位、帮忙而不添乱、切实而不表面”的原则，坚持“有为才有位”的思想理念，围绕中心、服务大局，始终把推动科学发展作为履行职能的第一要务。坚持山南地区“保稳定、促发展、惠民生、强基础、扩开放”的经济工作总原则，始终围绕“四基地一核心”发展定位和“两圈两带”发展格局，按照把山南建设成科学发展、和谐稳定、民生改善、民族团结、生态美好、改革开放模范区的要求，通过提案建议、视察调研、召开座谈会等形式，积极建睿智之言、献管用之策，为助推山南地区科学发展发挥积极作用，加快群众致富奔小康步伐。

【加强提案办理】地区政协坚持“围绕中心、服务大局、提高质量、注重实效”的原则，不断加强提案工作的领导，以推进提案办理为重点，切实抓好提案的征集、审查、立案、交办，特别是跟踪督办工作。政协山南地区九届六次会议共收到201件委员提案，其中立案110件，内容涉及农牧林水、国土、环保、工业、交通、科技、教育、卫生、人力资源和社会保障以及统战民宗等各个方面。2011年3月8日，在地委、行署的重视下，地区政协召开提案交办会议，安排部署政协委员提案办理工作。6月份中共中央办公厅、国务院办公厅印发了《关于进一步加强人民政协提案办理工作的意见》的通知，地区政协结合实际，在总结山南地区提案办理工作经验和不足的基础上，研究起草了《山南地区政协贯彻落实中央提案办理工作的通知》，提出了加强和改进意见，进一步推进了山南地区提案办理工作。

【组建县级政协】地区政协高度关注山南地区组建县级政协机构工作，先后多次以提案、建议案、大会发言等形式在全国政协会议和自治区政协会议上进行了反映和争取，2011年区党委决定在全区未设立县级政协组织的43个县建立政协机构，其中山南地区有11个县。为了确保顺利完成神圣任务，地委高度重视，地区政协积极主动，多次召开专题会议贯彻落实上级指示精神，研究部署组建县级政协机构工作。于3月下旬在泽当举办了县级政协机构组建工作培训班，起草了《山南地区11县组建县级政协工作指导意见》呈报地委转发，协助地委组织部、统战部做好各县政协委员提名推荐、确定工作。4月中旬，地区政协主要领导和办公室主要负责人先后深入11县开展检查指导工作，在加强指导的基础上，对县政协成立进展情况进行督导，并对存在的具体问题提出了整改意见。5月份，对各县组建县政协的组建方案、机构设置、委员结构、界别设置等方面进行了认真的初审把关，并报请自治区组建县级政协机构工作领导小组审核，到7月中旬全地区组建县级政协机构各项工作圆满完成。

【领导名录】

主席：边巴

副主席：顿珠、克珠、马正玉、张世清、王怀亭、索朗旺堆、格桑多布杰

秘书长：文明元

山南地区法院工作

【加强刑事审判工作，依法惩处刑事犯罪，维护国家安全和社会稳定】两级法院始终以确保国家安全和社会稳定，以确保国家、集体和广大人民群

众的生命财产安全为己任，依法严厉惩处各类刑事犯罪。一年来，两级法院共受理各类刑事案件88件（含旧存3件），审结83件，结案率为94.32%，与去年同期相比收案数增加11件，结案率下降0.48个百分点。其中，审理“两抢一盗”案件37件84人，故意杀人、伤害、强奸等犯罪案件16件21人。对34名情节轻微、社会危害不大的犯罪分子适用缓刑、管制和免于刑事处罚。积极开展未成年人犯罪的预防和教育挽救工作，对7名未成年罪犯判处三年以上五年以下有期徒刑、拘役、缓刑或免予刑事处罚，社会效果良好。

【**加强民商事审判工作，充分发挥民商事审判独有优势，促进山南地区经济社会又好又快发展**】两级法院不断创新民事审判工作方式，提高民事审判工作质量和效率，积极发挥民事司法的服务、调节和保障作用。2011年，两级法院共受理各类民商事案件327件（含旧存43件），审结312件，结案率为95.42%，与去年同期相比收案数减少66件，结案率略有上升。已结案件中，调解228件，调解率为73.31%。各县法院80%以上案件适用简易程序审结。车载流动法庭巡回办案112件、调处矛盾纠纷7起、指导基层组织调解民间纠纷3起，行车里程3万多公里。依法减、免、缓交诉讼费共计26793元。

【**加大执行工作力度，维护司法权威**】不断改进执行工作方法、创新工作思路、规范执行行为，全面落实司法为民措施，努力破解执行难问题。2011年，两级法院共受理各类执行案件87件（含旧存16件），申请标的2564.88万元。执结78件，结案标的384.39万元，未结9件，未结标的2080.49万元，案件执结率为89.63%，与去年同期相比收案数下降44件，执结率上升了6.43个百分点。为5个案件的当事人发放执行救助金52386元，有效缓解了社会矛盾。

【**立案信访工作**】两级法院始终把群众利益、群众需求摆在第一位，实行立案、信访接待、诉讼引导、案件查询、材料接转、答疑解惑等“一站式”服务。基层法院继续大力推行案件繁简分流措施，对农牧区、社区的简易民事纠纷，采取先审后立、先调后立、即收即调即执的做法，使案件审理更加简化，更加高效，更加便民，不断提升服务意识，提高服务水平。2011年，两级法院立案准确率达到98%以上，诉讼费收费入库率达到100%，接待群众来访316件517人，排查矛盾纠纷17起，诉前调解案件51件，处理群体性事件5件，最大限度地避免了上访和群体性事件的发生。

【**社会治安综合治理工作**】一是两级法院党组书记、院长与部门负责人、部门负责人与干警层层签订综治目标管理责任书，形成一级抓一级、层层抓落实、全员上阵、人人参与的好局面。

二是院党组定期听取综治工作专题汇报，专题安排部署综治工作。

三是中院安排一名副县级干部、3名综合素质高、工作能力强的干警专门负责综治维稳和法制宣传工作，加强了综治维稳工作力量。

四是对照综治考核验收标准，全面排查整治涉稳隐患和维稳敏感热点问题，对办公区、生活区和周边环境进行彻查，及时发现和消除不安全隐患。

五是高度重视庭审安全防范工作，未发生任何脱逃及庭审安全事件。

六是根据上级安排部署，积极开展了社会治安突出问题和重点区域的集中整治工作，重点结合三项重点工作，以创新社会管理为切入点，采取有力措施，有效防止了敌对分子悬挂反动横幅、散播反动传单、造谣生事及实施破坏活动；切实加强了管控区范围内流动人口和刑事解教人员的管理和服务，确保法院周边安全、和谐、稳定的社会治安环境。

七是积极参加“法制宣传月”、“平安建设宣传周”、“9·16法制宣传日”等法制宣传活动，并利用公开宣判、巡回办案、担任法制副校长等机会，积极参加“法律七进”活动，实现了普法工作与审判工作的有机结合。2011年，共开展法制宣传158次，发放宣传资料9000余份，法制授课5次，法律咨询560人次，10000余群众受到教育。

【**基层基础建设**】两级法院紧紧抓住“十二五”规划和全国新一轮援藏机遇，按照全区法院系统实施“天平基层基础工程”的总体要求，着力解决影响和制约基层基础建设的突出问题，为服务于审判中心工作提供了坚实的物质保障和组织保障。一方面以人民法庭建设和“温馨工程”为重点，通过与相关部门积极协调、沟通和衔接，确定山南地区两级法院“十二五”项目国家计划投资为13319万元，拟建乡镇派出法庭33个；两级法院温馨工程项目已完成选址、规划审批、土地申报、土地预审、可研究性报告、平面图设计等前期准备工作；通过与对口援助法院多次衔接和洽谈，到位援藏资金600余万元。另一方面，通过与组织人事部门沟通协调，批准了两级法院内设机构设置及级别，其中中院增设和分设4个正科级内设机构，乃东县法院设立10个正科级内设机构，贡嘎县、加查县人民法院各设立7个、其他县法院各设立6个副科级内设机构。中院增加12名科级领导职数，乃东县人民法院增加2名院领导职数、20名科级领导职数，贡嘎县、加查县人民法院各增加8名副科级职数，措美县、错那县、浪卡子县人民法院各增加6名副科级领导职数，其他各县人民法院各增加7名副科级领导职数，同意12个基层人民法庭各设立副科级领导职数各2名。

【**领导名录**】
党组书记、院长：索朗扎西
党组副书记、常务副院长：李世蓉
党组副书记、副院长：罗布顿珠、扎桑、周清平

山南地区检察工作

【**强化主题抓根本**】把检察法律监督置于党的领导和人大监督之下。山南检察机关坚持把接受党的领导和人大监督作为正确履行检察职责、加强自身建设的重要保障，认真贯彻落实西藏自治区人大常委会作出的《关于加强检察机关法律监督工作的决定》，

全面构建党委领导、人大监督、社会各界支持和检察机关严格履行职责的法律监督工作格局。坚持重大事项报告制度，主动向党委和人大报告重要工作部署和工作事项，每年向党委、人大专题报告法律监督工作开展情况，邀请人大代表参加检察机关的重大会议和执法检查活动，通过组织检察开放日、召开座谈会等方式虚心听取代表建议并及时整改。坚持监督与支持并重，完善与公安、法院、司法等单位的沟通配合机制，通过联席会议、联合执法、专项行动等方式，推动了检察机关法律监督工作的有效开展。

【认真履行批捕起诉职能，严厉打击刑事犯罪】共受理提请批准逮捕案件83件142人（2011年1月至10月），经审查，批准逮捕76件118人，其中批准决定逮捕职务犯罪上提一级案件6件7人；不批准逮捕7件24人；受理未成年人犯罪案件7件14人，批准逮捕6件10人，不批准逮捕1件4人；共受理移送审查起诉案件83件130人，经审查，提起公诉73件129人，不起诉7件7人，受理上诉案件10件22人。在工作中，一是完善宽严相济刑事政策工作机制，坚持把排查、预防和化解矛盾纠纷贯穿于执法办案各个环节，推行不批捕、不起诉释法说理制度，对轻微犯罪依法从宽处理。二是贯彻“教育、感化、挽救”方针和“教育为主、惩罚为辅”原则，加强涉罪未成年人教育挽救和预防犯罪工作。三是密切与公安机关、公诉部门联系，做好捕诉衔接。对作出批准或决定逮捕的案件，向公安机关发出《要求提供法庭证据意见书》，引导公安机关侦查取证。四是深入基层县院对审查逮捕、立案监督、侦查监督、公诉等工作情况进行了调研，提出了对策和建议。形成《2003年至2010年办理职务犯罪案件情况调研报告》、《2003年至2010年办理死刑犯罪基本情况分析》、《2003年以来办理危害国家安全犯罪案件情况分析》等调研材料13份。

【认真查办贪污贿赂案件，促进反腐倡廉建设】地县两级检察机关反贪部门初查案件5件6人，其中涉及涉农款物管理、农村合作医疗等“惠民涉农”领域贪污贿赂犯罪案件3件3人，工程建设领域贪污贿赂1件2人，金融领域1件1人，立案侦查5件6人；涉案人员中科级干部2人，高级农艺师1人，村级干部1人，国企负责人1人；案值均为贪污5万元以上大案，其中10万元以上大案3件，100万元以上特大案1件；侦查终结5件6人，移送审查起诉5件6人，提起公诉4件5人，经审理，法院已作有罪判决4人。通过办案，为国家挽回经济损失108.87万元。在工作中，一是突出办案重点，认真查办重点领域和行业的贪污贿赂犯罪案件，努力实现三个效果的有机统一。二是对惠民涉农领域贪污贿赂犯罪案件进行了调研，形成了调研报告，提出了指导性的意见。三是结合办案抓预防，做到办理一案，警示一片，教育一面。针对涉案单位财务、资金管理方面存在的突出问题，向涉案单位发出检察建议3件次，涉案单位采纳了检察机关建议，采取措施进行了整改。

【认真查办渎职侵权犯罪案件，推动反渎职侵权工作开展】受理渎职侵权案件线索2件，初查2件，立案侦查玩忽职守案1件1人。研究制定了《山南检察机关反渎职侵权部门开展严肃查办危害民生民利渎职侵权犯罪专项工作的贯彻意见》、《山南检察分院关于加强和改进反渎职侵权工作的意见》，根据中办发【2011】37号文件要求，制定了《关于加大惩治和预防渎职侵权违法犯罪工作制度》，并下发各个成员单位及各县院，就做好反渎工作提出了指导性的意见。

【开展预防职务犯罪工作，推动预防工作创新发展】地县两级院坚持专业化预防和社会化预防相结合，综合运用预防调查、预防咨询、预防检察建议等措施，开展预防工作。与地区水利局、石油山南分公司、华新水泥山南分公司等单位建立了预防工作联系制度，携手开展预防工作。按照上级院部署，积极开展预防职务犯罪工作质量大检查活动，形成调查报告2份。与地区工商、质检等监管部门联手开展食品安全监管环节职务犯罪预防调查工作，形成了《分院关于开展食品安全监管环节职务犯罪预防工作分析材料》。总结2006年以来地区职务犯罪发生特点和规律，形成了《2006年至2010年预防职务犯罪年度综合报告》。建立了行贿犯罪档案查询系统，录入职务犯罪信息7条。按照自治区检察院统一部署，在泽当成功举办了“全国反渎职侵权职务犯罪巡展·山南展区”活动，共有81个单位965人参观展览；积极搭建预防法制宣传平台，共开展预防宣传55场次，接待预防咨询28人次，出动警力260余人次，发放藏汉宣传资料5000余份，深入企业、学校上法制课2次，达到了较好的预防宣传效果。结合查办职务犯罪案件实际，形成职务犯罪案件分析材料7份，提出预防检察建议10份，引起当地党委、人大、政府领导高度重视并作出批示8次。

山南地区公安工作

【深入开展反分裂斗争】地县两级公安机关紧紧围绕全国“两会”和各敏感节点以及西藏和平解放60周年大庆安保工作，制定完善处突预案和各项安保工作方案，建立健全联勤联防机制；加强情报信息搜集、分析、研判、查证核实和反馈报告；加强重点地区、重点目标安全保卫；突出抓好重点人员管控和教育转化；加强寺庙阵地控制和僧尼管控；加强防范煽动非法聚集专项管控；加强大庆安保演练等维稳措施落实，圆满完成了庆祝西藏和平解放60周年等一系列重大活动安全保卫工作，确保了社会大局持续稳定。

【严厉打击各类刑事犯罪活动】地县两级公安机关刑侦部门深入贯彻落实全区和地区刑事侦查工作会议精神，把提高破案率、保护人民群众合法权益作为刑侦工作的重要突破点，以“严打整治”、“打黑除恶”、“命案侦破”和“打拐”等专项行动为龙头，根据山南地区刑事犯罪特点，审时度势，制定工作措施，适时调整工作重心，充分发挥惩治犯罪的职能作用，及时破获了“1·04”系列盗窃案，“1·07”杀人案，“1·18”故意伤害致人死亡案，“1·14”、“2·04”特大诈骗案，“富迪健康科技山南分店”传销案，“8·09”团伙犯罪案，“8·21”杀人案等一批大要案件，有力地打击了犯罪分子的嚣张气焰，维护了山南社会局势的稳定，群众安全感不断提升。

【各项治安管理工作】一是认真查处治安案件。二是做好户籍管理，全面推进人口管理信息系统建设。三是切实做好流动人口、暂住人员登记管理。四是加强民爆物品和枪支弹药管理。五是扎实开展治安专项清查行动。2011年以来，各县公安局、处属各相关警种紧密结合本地治安状况，先后组织开展了专项大清查、大排查、大整治、大搜查等清网专项行动，重点加强了对歌舞娱乐场所、旅馆业、洗浴场所、流动人口、道路交通、民爆物品等的清查整治。通过两级公安机关持续的清查专项行动，集中整治了一大批突出治安问题和治安乱点，及时消除了一批治安隐患。六是深入推进网上追逃专项督察“清网行动”。全地区共抓获本地区网上在逃人员9名，抓获外地网上在逃人员4名，网上追逃专项工作走在了全区前列，受到上级部门通报表彰。

【公安行政管理和服务】交警部门一是强化交通安全知识宣传力度，共开展各类交通安全宣传活动180余场次，发放宣传资料约55000余份，制作交通安全宣传图板97块，展出交通事故图片展550场次，悬挂宣传横幅650条，播放警示教育光碟190次。二是加强道路交通管理力度，促进道路秩序良好。两级公安交警部门采取在重点路段设卡限速和流动巡逻相结合的勤务方式，严格依法查处客运车辆超员、机动车超速、货车违法载人、酒后驾驶、疲劳驾驶、无牌无证等严重交通违法行为，加强对事故多发危险路段和时段的巡查管控，确保行车安全。三是强化学校周边、省道和旅游线路的交通巡逻检查整治力度。消防部门首先认真组织开展“清剿火患”战役专项行动，加大对重点单位、场所尤其是易燃易爆场所安全隐患的排查整治力度，及时消除火灾隐患，共检查单位2764家次，罚款41.31万元。其次积极开展宣传活动，共开展形式多样的消防宣传活动126次，举办社会培训65场次，发放宣传资料3万余份，受教育群众约30万人。最后，认真做好灭火救援各项准备工作，全年全地区未发生较大、重大及特大火灾事故，火灾形势总体平稳。监管部门进一步落实监所安全责任制，认真组织开展监管场所被监管人员非正常死亡问题专项整治工作，及时发现和堵塞安全管理漏洞，坚决防止在押人员自杀、自残或刑讯逼供等事件的发生，确保了监所安全。

【三项建设和三项重点工作】（一）切实抓好“三项重点工作”暨“三项建设”工作。地县两级公安机关以“三项重点工作”暨“三项建设”为载体，切实加大公安信息化建设、矛盾纠纷排查化解、创新社会管理体制机制、规范执法规范化建设力度，人民群众满意度进一步提高，执法公信力和社会形象进一步好转，和谐警民关系建设进一步推进。

（二）认真组织开展“大走访”开门评警活动。2011年以来，地县两级公安机关按照上级公安机关的要求，高度重视，精心组织，将各项公安工作与“大走访”开门评警活动有机结合，立足于开展化解矛盾，构建和谐警民关系。全年共召开警民座谈会110次，走访群众6785户，为生活困难群众捐赠慰问金40000余元，为洛扎等地震灾区捐款56060元。

（三）扎实开展“发扬传统、坚定信念、执法为民”主题教育活动。地县两级公安机关以主题教育活动为契机，按照“人人参与、正面教育、注重实践、群众路线、务求实效”的原则要求，进一步增强对中国特色社会主义的政治认同、理论认同、感情认同，坚定不移地维护国家安全、维护祖国统一和反对分裂，进一步提高执法办案、化解矛盾、管理社会、服务群众的水平，实现了学习工作相互促进、相互提高、共同进步。

（四）加强基层基础建设年活动。两级公安机关深入贯彻落实自治区党委政府、公安部以及地委行署、公安厅关于加强基层基础建设的一系列文件精神，全面实施“基础实施大建设、公安民警大培训、社会管理大创新”三大战略，对基础设施建设、警务保障、维稳力量建设等制约全地区公安工作和队伍建设科学发展的实际问题和困难进行了深入调研，坚持利用好现有的优势资源，有重点地集中解决当前遇到的突出问题和困难，进一步提升基层公安机关的综合实力和维稳能力，同时着眼长远规划，增强基层公安工作发展后劲，为全地区公安工作整体实现跨越式发展夯实基础。

（五）大力加强公安信息化建设，两级公安机关按照全国公安科技信息化及对口援藏工作会议、全国公安机关推进信息化应用工作会议精神的要求，一是大力推进全区政法应急系统等项目建设；二是积极开展山南地区公安机关信息化建设规划工作；三是圆满完成地县两级公安机关看守所监控系统平台统一改造工作；四是完成对山南公安综合信息网的改造升级工作。

山南地区司法工作

【普法依法治理工作】2011年是全国“六五”普法工作的开局之年，也是山南地区“六五”普法的启动年。在地委、行署的高度重视和上级业务部门的正确指导，在地区法制宣传教育工作领导小组的直接领导下，坚持用科学发展的理念及方式方法，研究、谋划并推进普法依法治理工作。一是制定了《山南地区“五五”普法先进集体和先进个人表彰方案》，申报了3个全国先进集体和2个全国先进个人，8个自治区先进集体和5个先进个人。二是深入开展各类宣传活动，通过以“打击传销”为主题的集中法制宣传活动、综治宣传月、“平安山南”等宣传活动。同时编制了各种“六五”普法宣传资料。2011年全地区共开展各类法制宣传293次，发放藏汉文宣传资料8万多份（册），张贴宣传标语、图片4560条（张），悬挂横幅301条，接受法制宣传教育人数达18万人（次）。

【基层人民调解工作】围绕以人为本、科学发展的思路，坚持预防为主的工作方针，努力化解基层人民矛盾纠纷，维护人民群众的合法权益。一是切实加强对“争当人民调解能手”

活动的组织领导，根据区司法厅统一部署，及时制定下发了《山南地区“争当调解能手”活动实施方案的通知》，并于4月8日上午在扎囊县吉汝乡召开了全地区“争当人民调解能手”动员部署大会，拉开了山南地区“争当人民调解能手”活动的序幕。二是针对新形势对人民调解工作提出的新要求和当前基层司法行政工作的实际，根据《山南地区2011年人民调解员培训方案》，于9月20日至22日，举办了一期山南地区2011年基层司法行政业务骨干培训班，参训人员共60余人。此次培训工作进展顺利，成效显著，得到参训人员的一致好评。三是加大了《人民调解法》的宣传力度，投入10万元经费编印了《人民调解法》藏（汉）文本20000册，并及时发放十二县司法局，为深入贯彻落实开展好《人民调解法》奠定了基础。四是与地区综治委、地区国资委、地区人社局、地区工会联合发文《关于在全地区企事业单位中建立健全人民调解组织的通知》，进一步加强全地区企事业单位人民调解组织的建设工作。五是积极向区司法厅推荐乃东县人民调解员仁增旺扎同志参加全国优秀人民调解员和调解能手竞选活动。

【法律援助和法律服务工作】充分发挥法律援助工作职能，依法保障困难群众的合法权益。一是按照年初工作计划，在原“148”法律服务专线的基础上，积极与电信、移动部门联系，于5月开通了“12348”法律援助服务电话。做到专人值守，处理及时，保证服务质量，及时向广大群众和社会组织提供便捷、高效的法律咨询。制作了《法律援助便民卡》，凡是持有《城市居民最低生活保障领取证》、《农村居民最低生活保障金领取证》、《农村五保供养证》的人员，持便民卡均可免于经济审查，直接获得法律援助。二是加强法律援助队伍建设，提高法律援助服务能力。2011年全地区共有21名法律援助工作人员审批通过了《法律援助工作工作者证》的年度考核，15名基层法律援助工作人员申请了《法律援助工作工作者证》，4名同志获得了律师职业证。乃东、扎囊、贡嘎、琼结等地的工作者开始能够独立办案。据统计：2011年，全地面向广大农牧民群众宣传法律26次，设立法律咨询点26个，解答法律咨询50余人次，播放影像带9盘，发放藏、汉文宣传资料24000余份。截止9月20日，全地区受理法院指派法律援助4件（刑事），受理当事人申请的法律援助20件（刑事8件、民事12件），接待来电来访咨询72件，接待来访当事人309人（次）。2011年山南地区司法处法律援助中心同乃东县司法局利用法律援助方式，依法成功调解了一起因安全事故致人死亡的案件，此案件的成功调解，避免了群众上访事件的发生。

山南地区发展和改革工作

【年度综述】2011年，全地区实现生产总值63.37亿元，同比增长13.6%（按可比价计算，下同），其中，第一产业实现增加值4.39亿元，增长4.6%；第二产业实现增加值29.36亿元，增长13.9%；第三产业实现增加值29.62亿元，增长14.7%；人均生产总值达到18363元，增长12.4%，；三次产业比重由2010年的7.5:46.5:46调整为6.9:46.3:46.8。

【农林牧渔业】2011年，全年实现农林牧渔业总产值7.83亿元，其中农业产值3.74亿元，牧业产值3.22亿元。粮经饲比例由2010年的57:22:21调整为55:23:22。粮食产量达到14.56万吨，同比增长1.6%；油菜籽产量达到1.22万吨，增长3.2%；年末牲畜存栏头数188.03万头（只、匹），较上年减少11万头（只），出栏率达34.9%；改良黄牛5.48万头，养殖禽类223.6万只、生猪6.25万头；肉类总产量2.37万吨，增长13.4%；奶类总产量4.52万吨，增长4.3%；羊毛产量1451.6吨，增长4.5%。

【工业和建筑业】2011年，完成工业总产值12.93亿元，实现增加值7.66亿元，同比增长1%。其中规模以上工业完成总产值11.71亿元，增长4.1%。按轻重工业分，重工业完成产值11.03亿元，增长2.6%；轻工业完成产值0.68亿元，增长41.7%。按控股类型分，股份制企业完成产值8.88亿元，增长2.6%；国有企业完成产值2.83亿元，下降4.4%。主要产品产量：水泥79.51万吨，增长6.8%；中成药产量48.8吨，增长4.5%；自来水供应量401万立方米，增长7.5%；铬矿石11.49万吨，增长6.7%；发电量5.23亿千瓦小时，下降9.1%。

全地区建筑业实现增加值21.7亿元，同比增长20.2%。

【固定资产投资】2011年，完成全社会固定资产投资65.14亿元，同比增长18.4%。其中：国家投资完成42.13亿元，增长17.7%；援藏投资完成2.83亿元，增长4.14倍；招商引资完成8.82亿元，增长26.9%；民间投资完成11.36亿元，下降3.2%。全地区83.3%的县、45.1%的乡镇、16.4%的行政村实现了通油路，80%的家庭、89%的人口用上了电，6.28万户28.2万农牧民住进了安全适用的房屋，解决了5.98万户25.74万人的饮水安全问题，100%的建制村通了电话，92.7%的乡镇、86%的建制村通邮，互联网已广泛进入单位和家庭，新增和改善灌溉面积28.7万亩，其中新增和改善耕地灌溉面积10万亩。

【国内贸易和对外经济】城乡市场繁荣，消费持续增长。社会消费品零售总额完成21.8亿元，同比增长19.4%，按地域分，城镇零售额完成16.76亿元，增长19.7%；农村零售额完成5.04亿元，增长18.4%。按行业分，批发零售业完成19.04亿元，增长19.4%；餐饮业完成2.37亿元，增长19.7%；住宿业完成0.4亿元，增长14.2%。

全年完成进出口总额1002万美元，增长16.5%，其中，出口642万美元，增长71.7%；进口360万美元，下降25.9%。

【财政、旅游】全地区地方财政一般预算收入完成4.95亿元，同比增长23.6%。其中税收收入完成3.79亿元，增长19.5%，占地方财政收入的76.7%。四大主体税种呈现三增一降势头，营业税完成1.72亿元，增长33%；增值税完成0.69亿元，增长23.3%；企业所得税完成0.72亿元，增长66.9%；个人所得税完成0.11亿元，下降75.7%。全地区财政总支出37.95亿元，增长33%。其中一般公共服务支出8.71亿元，增长41.4%。

全地区共接待国内外游客114.83万人次，同比增长24%，其中接待海外过夜旅游者0.99万人次，减少23%；国内过夜旅游者61.23万人次，增长32%；接待一日游游客52.61万人次，增长16%。实现旅游总收入3.6亿元，增长33%。其中国内旅游收入3.39亿元，增长36%；旅游外汇收入268.91万美元，减少9%。

【人民生活和社会保障】全地区城镇居民实现人均可支配收入为15185元，同比增长7.1%；农牧民人均纯收入为5183元，增长19.7%。全年实现劳务输出8.1万人，劳务收入达到3.91亿元。年末全地区参加基本养老保险的职工人数6755人，发放养老保险金4959万元。参加失业保险人数为9830人。城镇职工与居民参加基本医疗保险分别为24375人、13968人。以免费医疗为基础的农牧区医疗制度全面建立，农牧民免费医疗标准提高到180元/人。全地区共有3681人次的城镇居民得到政府最低生活保障救济，发放低保救济金1131万元；28897人次的农村居民得到政府最低生活保障救济，发放低保救济金2189万元。年末全地区各类收养性福利单位床位1088张，收养各类人员891人。

【强化项目推进，经济社会发展的支撑能力进一步增强】一是项目前期工作卓有成效。把2011年作为项目前期年，不断强化部门联动和沟通衔接，全力推进项目前期工作。对上，行署与自治区人民政府签订了《西藏自治区“十二五”规划项目落实责任书》；对下，行署与各县各部门签订了《2012年计划项目及“十二五”规划项目前期工作责任书》，实行了项目前期工作责任制。2012年计划项目前期工作159个，总投资54亿元，目前，已完成项目前期工作136个，总投资21.6亿元，完成率达86%。加查、大沽、街需电站前期工作进展顺利，在地委、行署的高度重视和主要领导亲自衔接下，又将巴玉、冷达两座电站列入了自治区“十二五”总盘子，目前前期工作已启动。二是项目建设顺利推进。全年共完成社会固定资产投资项目757个，完成投资65.14亿元。其中：国家投资项目629个，总投资142.2亿元，计划完成41.7亿元，实际完成投资42.13亿元；招商引资项目27个，总投资15.73亿元，计划完成7亿元，实际完成投资8.82亿元；援藏投资项目53个，总投资47.73亿元，计划完成2.6亿元，实际完成投资2.83亿元；民间投资项目 48个，总投资12.31亿元，计划完成13.7亿元，实际完成投资11.36亿元。藏木电站、机场改扩建、加桑公路、江北灌区等一批支撑经济社会快速发展的重点项目顺利推进。三是项目管理不断加强。严格执行《山南地区基本建设项目管理暂行办法》，根据《关于进一步加强和改进政府投资项目前期工作意见》（藏政办发[2010]10号）文件要求，成立了山南地区工程项目评审中心，严格审批权限。组成督察组开展基本建设项目和援藏项目专项检查和稽察，确保了项目进度和质量。

【领导名录】
书记：平措旺堆
副书记、主任：张福臣

山南地区商务工作

【深入推进“万村千乡市场工程”】加大建设和改造农牧区流通网络力度，扩大“农家店”覆盖范围，重点提高配送率和建设质量，改善农牧区消费环境。地区经济工作任务分解新建农家店50家，因地区实施人居环境改造工程和区商务厅追加建设任务，现已新建232家，5个农村商品配送中心年底前完成。年底，全地区农家店将达到737个，行政村和乡镇覆盖率将双双实现100%，年销售总额达4422万元，营业面积22110平方米，从业人员884人，商品配送率达到50%。

【加大家电家具下乡惠民工作力度，拉动农牧区消费】2011年7月份，该局会同财政部门又集中印发了第二套“山南地区家电家具下乡产品购物薄”，该政策将带动全地区7万多户农牧民家庭再购买12类的家电家具下乡产品1台（件），全年家电家具下乡产品销售额将有望突破3000万元，直接拉动农牧区各类消费1亿元。

【加快推进农畜产品交易市场升级改造】对批发市场冷链、质量安全可追溯系统和检测、安全监控、信息、结算、废弃物处理中心等准公益性建设或改造项目给予资金补助。对经营性基础设施进行标准化改造升级后的农贸市场给予资金支持。通过市场升级改造，逐步完善农牧区消费环境，确保农牧民消费安全放心。

【加强农资现代物流设施建设】继续推进农牧业生产资料连锁经营，以西农集团山南分公司和“万村千乡市场工程”承办企业为龙头，重点培育县级农资流通企业和个体经营户，积极推进以经营农机配件、种子、化肥、农药为主的农机农资农家店建设，在各县建设农资物流配送中心。

【积极推进“农超对接工程”和农产品专业合作社建设】9月中旬，全区“农超对接”培训会在我地区举办，此举为我地区开展“农超对接”工作奠定了良好的基础。积极探索支持大型连锁超市、农产品流通企业与农产品专业合作社建设鲜活农产品直采基地，培育自有品牌，促进产销衔接。对符合条件的承办企业和农产品专业合作社新建并验收合格的项目给予资金支持。

发展农牧区展会活动，搭建农牧区消费平台。地区雅砻物资文化交流节等各县传统物交会、文化节、边贸会大多集中在8至12月期间，因此，年底农牧区消费将呈现季节性井喷，社会消费品零售总额将大幅增长，因此，建议设立山南地区会展业发展奖励基金，积极鼓励各县、各部门及重点流通企业组织召开各类经贸活动，搭建农牧区消费平台，方便农牧民销售农畜产品，购买日用消费品。

【抓紧、抓好商务重点项目，拉动商贸流通领域投资性消费】按照地委、行署对“十二五”政府投资项目的总体部署和指示精神，该局将会同各县商务局建立"十二五"商务项目储备库，制订项目规划实施表，建立项目前期工作定期报告制度和项目前期工作考评奖惩制度，进一步加强对待批待建项目的跟踪管理，争取项目及时落地，发挥效益。申报外贸、边贸领域项目6个，项目投资约1200万元。申报内贸领域项目24个，项目总投资约18000万元。

【研究政策，制定规划，为消费品市场科学发展提供指导】把握湖北省商务厅商务援藏契机，抓紧做好全地区城乡商业网点发展规划的编审工作，积极研究制定符合我地区城乡商业网点发展实际的配套政策，推动机场、铁路、公路物流，泽当中心商务区、城镇社区和农牧区市场建设快速协调发展。

【领导名录】

党组书记、副局长：措扎西

党组副书记、局长：陆书基

党组成员、副局长：白玉平、付再军（援藏）、美扎西

党组成员、调研员：旺久

山南地区财政工作

【年度概况】2011年，全地区财政收入完成53216万元，其中：一般预算收入完成49455万元，为年度预算的106.22%，比上年增加9450万元，同比增长23.62%。一般预算收入中，地区级完成22037万元，为年度预算数的101.32%，比上年增加3124万元，增长16.52%；县级完成27418万元，为年度预算数的113.04%，比上年增加6326万元，增长29.99%。财政收入过千万元的县达6个，其中贡嘎、乃东、桑日、加查四县均在4,000万元以上，隆子县突破3000万元，增速最快，达到181.55%，其余各县财政收入均达到600万元以上。全地区财政支出完成385,259万元，其中一般预算支出完成379,473万元，比上年增加94,210万元，同比增长33.03%。一般预算支出中，地区级完成136,230万元，比上年增加30,881万元，增长29.31%；县级完成243,243万元，比上年增加63,329万元，增长35.2%。一般预算收支相抵，全年实现财政收支平衡。

【构建和谐山南，社会主义新农村建设深入推进】2011年，共落实农林水专项资金76373万元，较上年增长24.87%。一是以农村人居环境综合整治为突破口，大力改善农牧民生产生活条件。落实资金11353万元，确保了10104户、4.55万农牧民住上了安全适应的房屋；落实资金200万元，实施了农牧民安居工程抗震加固；落实资金17260万元，扎实推进了168个行政村并重点对68个相对集中、布局合理的行政村进行了人居环境综合整治工作，农牧区面貌进一步改善；落实资金1798万元，帮助9·18地震灾后民房恢复重建2146户，妥善安排了受灾群众的生活，加快灾后重建工作；落实资金508.41万元，开展了村级公益事业建设"一事一议"项目试点工作。二是以增加农牧民收入为出发点，全面落实各项支农惠农政策。2011年，地区各级财政部门紧紧围绕地委、行署提出的农牧民增收目标，全面落实各项支农、惠农政策，努力为增加农牧民群众收入提供政策和资金支持。全年共落实各项政策补贴68184万元，人均补贴达到2309.25元，切实减轻了农牧民负担、增加了农牧民收入。落实扶贫资金8,491万元，实施96个整乡推进和面上扶贫开发项目，不断加快农牧民脱贫致富步伐。落实农牧业特色产业发展资金700万元，落实专项资金1170万元，支持和培育49个农牧民专业合作经济组织，进一步提高农牧民参与市场的组织化程度。落实农牧民技能培训资金238万元，培训农牧民1.3万人（次），不断提升农牧民致富能力。落实资金300万元，通过扶持乡镇经济实体，实现农村劳动力转移和农牧民增收。三是以促进农牧业增效为着力点，不断夯实农牧区基础设施。落实资金9,365万元，实施5个县的农业综合开发土地治理和产业化项目；落实资金4,365万元，用于小型农田水利建设。落实资金4,260万元，加大农机具购置、生产资料补贴力度，并将牧业机械全面纳入补贴范围；落实资金450万元，用于农业新品种、新技术、标准化生产的示范推广；落实资金533万元，全面开展涉农保险、农牧民人身意外伤害保险和农用机动车辆保险工作，落实农牧业防抗灾资金150万元，不断提高农牧民抵御风险的能力；落实资金226万元，专项用于加查县动物疫病疫情补助，有效控制了病情蔓延。四是以农牧区和谐发展为目的，全力推进基层基础工作。落实资金6854万元，全力保障创先争优强基惠民活动全面深入推进；落实基层政权建设资金2549万元，重点解决乡镇"小食堂、小澡堂、小温室"建设；落实资金1360万元，建设了83个乡镇视频会议系统。

【支持和改善民生，重点支出得到有力保障】2011年，通过调整和优化财政支出结构，不断加大以民生为重点的社会事业投入。全年教科文卫和社保支出达到143837万元，较上年增长20.96%。一是教育、文化、卫生、科技等各项社会事业发展的资金需求得到应保尽保。落实资金1350万元，全面实行了"三包"政策和城镇困难家庭子女助学金政策。实行了高中阶段免费教育政策和农牧区寄宿制学校交通补助政策。落实资金5504万元，改善了城乡义务教育基础设施和教学仪器设备条件；安排落实"两基"迎国检专项资金600万元，"两基"攻坚顺利通过国家验收；落实资金7981万元，全面推进群艺馆、民间艺术团、农家书屋、广播电视进寺庙工程以及寺庙书屋建设、文物保护等，大力促进文化大发展；落实资金8155万元，农牧区医疗制度人均补助标准由180元提高到260元；落实资金743.2万元，人均公共卫生服务经费标准由27元提高到30元；落实资金1218万元，干部职工体检人均补助标准由700元提高到800元；落实资金367万元，大力支持科技富民强县专项行动和现代农业产业技术体系建设，农牧业科技水平进一步提高。二是社会保障水平和就业再就业能力得到大幅度提高。全年社会保障和就业支出达到23624万元，比上年增长14%。城镇居民社会养老保险试点工作正式启动，新型农村养老保险实现全覆盖。建立了孤儿基本生活保障制度及社会救助和保障标准与物价上涨挂钩联动机制。落实资金

2080万元，对城乡特困群众实施了医疗救助；落实资金1124万元，为城乡低保对象、国有企业离退休人员、优抚对象、五保户发放一次性生活补助；落实救灾资金3318万元，专项用于救灾物资储备和困难群众生活补助。就业和再就业工作也取得一定成效，落实资金3652万元，帮助高校毕业生和就业困难群体实现就业，继续支持公益性岗位安置，实现就业1630人。三是扎实推进保障性住房工程和“十大民心工程”。全年共落实资金2032万元，重点支持建设和改造了1858套保障性住房。根据建设“六个模范区”目标要求，地区财政以“民生改善模范区建设”为抓手，积极谋划，努力作为，大力实施“十大民心工程”，全面推进社会事业发展。2011年共落实为民办实事资金9183万元，主要用于市政道路建设、绿化、教育、基础设施及人居环境整治等项目，较大的改变了泽当城区面貌。

【支持经济跨越式发展和社会长治久安】2011年，地区各级财政以扩大投资、拉动消费、扶持企业、产业发展和确保社会局势稳定为重点，全力促进经济社会实现跨越式发展和长治久安。一是支持政府公共投资，促进投资快速增长。积极争取基本建设资金143147万元，涉及156个项目，安排项目前期经费7500万元，有效支持了重点项目的争取和保障了重点项目的前期工作。落实资金23627万元，大力支持城乡公路建设与养护。二是积极扶持优势产业、特色产业发展，促进经济结构调整。地区财政通过综合运用预算、税收、贴息、政府采购等财政政策手段，充分利用财政资金的杠杆作用，整合落实资金15695万元，支持旅游业、特色农牧业、文化、科技等产业加快发展。三是提高居民消费能力，增强消费拉动增长的作用。通过落实城乡低保标准、企业退休职工基本养老金标准、提前兑现行政事业单位年终奖金等多种途径扩大城乡居民消费；通过落实“家电家具下乡”、“摩托车下乡”财政补贴政策和加快推进“万村千乡市场工程”等方式挖掘农牧区消费潜力；通过加大对社会保障、就业、医疗卫生、教育、保障性住房建设的支持力度，稳定城乡居民的消费预期。四是支持公共安全保障能力建设，维护社会长治久安。2011年，全地区公共安全支出达到23576万元，比上年增长23.55%，在改善政法系统装备条件、保障办案（业务）经费、消防业务经费、公安边防业务经费、大庆安保经费等方面给予了及时足额的资金保障。落实专项资金3,010万元，在加大巡边、护边补助力度的同时，对边境一、二线乡镇所有16周岁以上的边民给予补助。五是积极支持生态建设和环境保护，促进经济社会可持续发展。落实资金3195万元，全面推行草原生态保护补助奖励机制和加大森林生态效益补偿力度；落实水源污染防治、退耕还林粮食折现补贴、防沙治沙项目、野生动物肇事补偿、防汛抗旱补助、水土保持等资金5265万元，促进生态环境保护和可持续发展。

【领导名录】
党组书记、副局长：李世平
党组副书记、局长：吾金
党组成员、副局长：冯玉婷、李文武、郑伟、索朗达杰
副调研员：昂旺列西、查果

山南地区税务工作

【年度综述】2011年，在自治区国家税务局的正确领导下，在山南地委、行署的大力支持下，山南地区国税局紧紧围绕“十二五”税收工作指导方针，坚持服从服务于西藏经济社会发展稳定大局，以组织税收收入为中心，不断提升科学管理，继续优化纳税服务，有力推进队伍建设，为全西藏、全山南地区经济平稳较快发展做出了新的贡献。

【收入持续稳健增长】2011年全地区共组织各项税收收入72422万元，比去年同期增长13%，增收8305万元，超额完成了全年税收任务。全地区中央级税收收入完成36169万元，同比增收1862万元，增长5%，占税收收入的比重为50%；自治区级税收收入完成1733万元，同比增收457万元，增长36%，占税收收入的比重为2%。其主要原因为：一是2011年纳税上千万重点企业共缴纳各项税收39227万元，占总体税收的比重为54%，税额同比增收8847万元，增长29%；二是各县局税收增势迅猛；县局税收收入占全地区总收入比重由28%上升到41%，其中：桑日县国税局入库税收10068万元，是山南地区首个税收破亿县，也是自治区第四个税收收入破亿县；隆子县国税局入库税收6,768万元，同比增长2.4倍。这些新变化的出现，标志着山南地区已拥有税收大县、强县，税源布局将更加合理，税源基础也更加牢固。这不仅为山南地区的税收事业添砖加瓦，也为西藏自治区的税收事业注入了新的力量。

【依法治税，加强征管，推进信息化管税】一是全面贯彻落实结构性减税政策和各项税收优惠政策，2011年全地区共减免各项税收788万元。认真贯彻落实国务院、自治区党委、政府关于支持小型微利企业和推进非公有制经济跨越式发展的各项税收政策，将增值税、营业税起征点提高至月销售额或营业额2万元等有关税收政策落实到位。据测算，提高增值税、营业税起征点后全地区近96%的个体工商户享受到免税优惠，5600户个体工商户将不再缴税，年减收税收780万元。二是以整顿和规范税收秩序为目标，坚持以查促管、以查促收，认真开展税务稽查，2011年共查补各项税款1171万元，同时加强发票管理，加大有奖发票的宣传力度，提高了消费者索取发票的积极性。扎实做好税控收款推广应用工作，为417户纳税人安装了431台税控收款机，增强了税源监控力度，全年因超定额开票，补缴税款300余万元。通过企业所得税汇算清缴工作，加强对纳税人的纳税辅导和纳税监控，2011年共入库企业所得税18,164万元，同比增长47%。三是全地区推广使用POS机刷卡缴税业务，提高了纳税人办税效率。

【强化纳税服务，全面进行税法宣传】一是大力优化纳税服务。完善了“值班服务制”，落实首问责任制，积极推行全程服务、预约服务、提醒

服务、延时服务等举措，开展“一站式”、“一窗式”、“绿色通道”等服务，制作青年文明号服务卡、税收服务评议卡等便民卡片。进一步整合窗口功能，明晰岗位责任，配备骨干力量。充分利用纳税人电子信息“一户式”查询功能，减少了纳税人办税需报送的部分资料。管局工作人员入驻大厅，避免了纳税人多头跑、来回跑现象，成功推行了财税库银横向联网缴税业务，受到纳税人的广泛好评。二是围绕“税收·发展·民生”这一主题，广泛开展税收宣传，开展了送税法进农村、进企业、进校园、税企联谊赛、税收宣传志愿者等一系列活动，与各新闻媒体合作，通过媒体滚动播放税法宣传动漫、宣传口号及专题宣传片，发送税宣短信共20余万条，拓宽了税法宣传的形式与内容，取得了较好的宣传效果。

【强化人才，以廉护税】 一是扎实推进学习型机关建设。推出“业务考试”制度，全面提升干部职工的业务知识和综合素质。二是加强党风廉政建设。根据我地区税务系统基层党风廉政建设工作实际，制定了《山南地区国家税务局2011-2012年党风廉政建设责任书》，将责任层层下达，明确任务，形成一级抓一级，层层抓落实的格局。认真组织好干部廉政教育学习，开展“拒腐防变每月一课”教育学习活动，制定内控机制建设、完善内部风险控制工作规程。印制了《山南地区国家税务局机关内部风险控制工作规程》，发到每个干部手中，切实提高我局税务干部职工的自身素质。三是积极贯彻落实自治区“强基础、惠民生、创先争优”活动，抽派工作人员入驻山南地区浪卡子县工布学乡色康、甘扎、曲增3个行政村。驻村干部从小事做起、从点滴做起，结合实际，力求活动亮点突出，切实为农牧民群众扎扎实实做实事，办好事。

【领导名录】

党组书记、局长：冯留性

党组成员、副局长：王维林、次仁曲珍、平措坚赞

党组成员、纪检组组长：卢彦豪

党组成员、总经济师：达瓦次仁

党组成员、总会计师：德吉卓嘎

人民银行山南地区中心支行工作

【年度综述】2011年，山南辖内金融运行总体平稳。截至2011年12月底，辖内本外币存款余额为96.03亿元，较年初增加24.36亿元，增长33.98%，各项贷款余额为20.37亿元，较年初增加1.27亿元，增长6.65%。

【加强金融统计研究，为上级行提供决策依据】认真开展金融研究和分析工作。充分发挥贴近基层、信息资源较为丰富的优势，畅通信息沟通、反映渠道，加大调查研究力度，及时向上级行反映经济、金融运行中的热点、难点问题，全年共完成调研报告40余篇，完成专题调研报告17篇。通过开展金融统计执法检查，进一步规范了金融统计工作。行领导还带头下县、下乡，走村串户，及时了解农牧区、农牧民、农村工作实际情况，并安排部署相关工作。

【加强金融风险防范，切实维护金融稳定】积极推进金融稳定协调机制建设，加强金融机构开业管理和执行人民银行政策评价。认真研究特殊优惠货币政策对区域金融稳定的影响和金融产业发展与区域金融稳定的关系。严密监测山南地区金融风险状况，不断扩大监测分析范围。继续关注农行、建行、中行、邮储银行深化改革的最新动态，及时反映改革中出现的新情况、新问题。

【加大征信管理力度，提高信用服务质量】一是在充分调研的基础上将琼结县确定为农牧区信用体系建设试点县，大力推进农牧区信用体系建设试点工作。二是认真开展征信宣传，先后深入隆子县、曲松县、桑日县开展征信宣传活动。三是认真开展征信现场检查。四是按规定开展贷款年审工作。继续做好中小企业信用信息建档工作，认真开展非银行信息采集工作和企业、个人信用报告的查询工作。五是成功组织召开了2011年征信业务培训暨交流会，人行拉萨中心支行旺堆行长对此专门作了批示。

【认真开展外汇管理工作，维护良好的外汇市场秩序】严格按照属地管理原则，积极开展外汇管理工作。严格按照进出口外汇业务操作规程办理各项业务。认真审核境内、境外个人提供的材料，做好咨询答疑工作。对中国银行股份有限公司山南地区支行、泽当饭店和雅砻河大酒店外币代兑点进行了业务合规性和内控制度的现场检查。

【规范业务操作，提升国库业务水平】一是认真履行“严把关口、为国管库”职责，强化国库监管，提高服务质量。二是及时、准确地对预算收入的收纳、划分、报解、入库和库款的支拨、退付进行办理。三是加强财税库的沟通与联系。对山南地区“民生资金”直补工作开展情况进行调查。11月4日，山南地区财、税、库、银横向联网系统正式上线运行。四是进一步强化了自查和监管力度，认真开展现场检查。五是认真开展国债宣传工作，加强对国债发行、兑付网点的监督指导工作。1月到12月，我地区共发售各类凭证式国债3740.4万元，兑付587万元。

【做好发行基金调拨与现金供应，加大反假工作力度】一是认真办理发行基金调拨工作，开展人民币流通状况监测，采取有力措施加强旺季和非常时期现金供应工作。二是加强发行库安全管理工作，在辖区率先签订了代保管库安全管理责任书。三是认真开展反假货币工作。把反假宣传和服务的重心下沉到广大农牧区，先后在错那、加查、昌珠镇等地开展了“送反假货币知识下基层”主题实践活动。并配合加查县和曲松县公安局成功破获一起假币案件，共没收假币21900元。

【加强支付结算工作，提升服务水平】认真组织开展同城票据交换，切实加强各业务系统的运行管理。做好人民币银行结算账户核准和专用存款

账户取现业务审批，认真开展账户年检工作。年内对辖内3家商业银行开展了账户管理现场监督检查工作，对其中2家商业银行依法给予了行政处罚。协同地区公安处开展了“天网2011”打击银行卡犯罪专项行动，并积极推广其他非现金支付工具。截至12月底，山南全区共办理各类非现金支付结算业务200余万笔，金额近50亿元。

建行山南分行工作

【主要指标完成情况】（一）负债情况：截止到2011年11月30日，负债规模为87,117万元，较年初下降20,872万元，降幅为19.32%。其中；储蓄存款为27,053万元，较年初增加2054万元，涨幅为8.22%；企业存款为60,064万元，较年初下降22,927万元，下降了27.63%。

（二）资产情况：截止到2011年11月30日，贷款规模为50289万元，较年初增加13929万元，增长率为38.31%。其中公司类贷款35201万元，比年初新增16182万元；机构贷款11822万元，比年初减少306万元，下降了2.52%；个人贷款3264万元，比年初下降1947万元。全行不良贷款为635万元，不良贷款与年初持平,主要是因公司类不良贷款减少90万元，个人类不良贷款增长90万元所致。按照贷款五级分类形态划分不良率为1.26%。其中；公司类不良贷款为401万元，不良率为0.85%，个人类不良贷款为234万元，不良率为7.17%。公司类贷款实收率为97.58%。

（三）电子银行、信用卡及收单商户情况：截止11月末，签约个人网银客户617户，完成计划任务850户的72.59%；手机银行签约客户为254户，完成计划任务330户的76.97%；手机短信签约客户为961户，完成计划任务1500户的64.07%；电子银行帐务性交易量比为17.53%。截止11月末，新办信用卡98张，完成计划任务170张的57.64%。截止11月末，收单商户新增4家。

（四）中间业务收入：中间业务收入146.25万元，其中以收单结算收入为主，实现收入53.82万元。

（五）经营效益：截止2011年11月30日，实现利润142.30万元，比去年减少285.56万元。

【财务管理水平有所提高】在抓基础工作中把加强财务管理作为重要抓手，通过开源节流把有限的财务资源发挥最大效益。规范财务开支，规定报帐时限，规范财务报帐制度，使财务管理的真实性、时效性有了明显提高。有计划地实施“管、控、压”等手段，使财务资源实现有计划地调整，使管理水平有一定的提高。

【合理布局营业网点，为西藏分行业务战略转型迈出了尝试性的步伐】在区分行党委的关心和各部门的大力支持下，撤并搬迁乃东路分理处的工作于2011年4月份正式启动。经过山南分行员工5个月的共同努力，山南藏木分理处于9月28日正式对外营业，成功实现了乃东路分理处的撤并和藏木分理处的设立工作。设立藏木分理处工作受到区分行党委的高度重视，期间分行党委书记、行长韩文贞同志多次召开专题会议研究解决藏木分理处的设立问题，在人、财、物方面给予了山南分行大力支持。区分行党委委员、纪委书记次仁顿珠同志，党委委员、副行长卢生，李振宇同志曾专程前往加查县了解网点装修情况，卢生副行长代表区分行党委参加了藏木分理处的开业典礼。藏木分理处的成功设立，结束了建行西藏分行在县域无营业网点的历史，起到了合理布局网点的作用，将为西藏分行业务战略转型迈出了实际性步伐。该网点的设立将会大力提升山南分行的竞争能力和盈利能力，推动山南分行尽快实现追赶型发展，缩小与其他地区分行的差距。

人保财险山南分公司工作

【年度综述】2011年，在市场主体增加、竞争日益加剧的情况下，人保财险山南分公司紧紧围绕西藏人保新时期发展战略目标，按照“盈利性、成长性、规范性”的要求，认真贯彻全区保监工作会议和保险工作会议精神，在区分公司党委、总经理室的关心指导下，在山南地委、行署以及人行山南中心支行的大力支持下，发扬西藏人保“团结，奋进，忠诚，奉献”的精神，上下同心，在市场环境中掌握主动权，打好主动仗，扎实有效的推进稳定黄金客户和各险种的展业工作，为全面完成全年工作任务打下了坚实的基础。

【工作完成情况】2011年初，区公司下达全年工作任务计划后，该公司综合分析2010年业务发展情况，结合山南地区保险市场变化趋势，制定周密的工作计划，组织实施全员展业，将任务进行分解，通过强有力的措施和日常监督，有效保证了计划的落实。按时保质完成保费计划任务，市场份额达到93%以上，实现了业务稳步发展的预期目标。

2011年共承担各类风险责任20.48亿元，已决保险赔款件数1805件，赔款总额为1172.36万元，结案率为96%，赔付率为54.24%，上缴税594.71万元。政策性保险赔付共计20613874.35元，其中政策性农业保险赔付18372114.95元，仅“9·18”地震及加查县“7·30”疫情已支付保险赔款1170万元；农牧民人身意外伤害险赔付1912500元，农牧民大病补充医疗保险共赔付232132.75元，城镇职工大病补充医疗保险共赔付97126.65元。

从政策性保险试点（2009年）工作开始以来截止2011年底，因各种自然灾害和意外事故累计赔付2985.13万元，其中政策性农业保险累计赔付2620.21万元（2009年423万元、2010年360万元、2011年18372114.95元），农牧民人身意外伤害保险赔偿332万元（2010年141万元、2011年191万元），农牧民大病补充医疗保险（2011年试行）共赔付232132.75元，城镇职工大病补充医疗保险共赔付97126.65元。

【继续执行低于人保财险全国统一费率的优惠政策】在中央第五次西藏工作座谈会上温家宝总理提出“人保财险西藏分公司继续执行低于该公司全

国统一费率的优惠政策”。为使温总理的指示精神真正落到实处，人保财险西藏分公司积极与总公司和保监委协调，将机动车辆保险费率在全国同行业标准费率基础上整体下浮10%；针对我地区的特殊情况，我司也多次与保监委、总公司协调，对非车险业务进行让利经营：政策性农业保险费率在全国标准费率的基础上下浮50%，农牧民人身意外伤害保险费率在全国标准费率的基础上下浮80%。我司所实行的费率优惠政策充分体现了“人民保险为人民”的服务宗旨和国有保险公司惠利于民，胸怀人民的大爱风尚。今后，我司将继续执行该政策，以支持和促进山南地区社会经济的发展。

【全面提高优质文明服务，切实做到“多一份微笑、多一句问候、多一次解释、多一份关心、多一点谅解”】承保部门在2011年的工作中从提高全员的优质文明服务入手，狠抓服务质量，服务态度；每周一、三、五由承保中心负责人召集营销人员进行晨会，晨会中对一周的工作提出计划，了解与客户之间存在的沟通问题，并制定出相应的措施。通过持之以恒的晨会制度，员工的凝聚力、向心力、战斗力显著提高，大服务的观念深入人心。

【领导名录】
总经理：阳传清
副总经理：格桑玉珍
总经理助理：张晓阳

中国人寿山南分公司工作

【年度综述】2011年，山南分公司实现新单保费收入共计522万元，比去年同期保费增长84%。其中个险渠道首年期交233.88万元，完成率91.7%，十年期保费完成167.04万元，完成率104.4%，短期险保费29.81万元，完成率80.5%，团队举绩率100%；团险渠道完成短期险保费113.11万元，完成率75.4%，增长率193.2%；银保渠道完成保费175万元，完成率87.5%，其中期交保费172万，增长率140%。1-12月短险共计理赔28.35万元，短险赔付比19.8%。

【个险渠道】（1）根据区公司个险部年初安排，打破以往传统开门红时间观念，作到早安排，早布署。山南分公司个险部从2010年11月底就开始着手抓基础工作，抓业务员出勤管理、活动量管理，做到“提前启动，方案科学，决策民主”。

（2）利用区分公司总裁峰会的召开为契机，个险部积极组织营销伙伴拜访、积累高端客户。山南分公司三位营销伙伴参与高峰会，成功邀请高端客户9位，签单85万元，回收38万元，为开门红业绩打下良好基础。

（3）成功运作“1.8”个险产说会，现场签单45.5万元，回收30余万元，举绩率85%以上，做到了新人伙伴人人开单的前期目标。个险在1月开门红期间，仅用了半个月时间完成保费达70余万元。

（4）山南个险部在积极开发学生教育保险市场中，大胆创新，积极思考，成功于5月底召开了大型“关爱孩子，呵护成长，少儿教育保险理财说明会”，现场签单32万元，回收保费20万元，回收率63%。

【团险渠道】（1）团险部加大对建设局和交通局的公关力度，牢牢抓住建工险市场，在与当地人保公司、安邦公司的同业竞争中占据主导地位，共完成建工险保费60多万元。

（2）对山南地区公安处、移动公司、消防支队做了拜访，对于购买我公司的意外险基本达成共识，为2012年的工作开展奠定了良好的基础。

（3）加大了对山南地区组织部的拜访力度，积极探索为村干部量身定制专门的意外险和养老险保障方案，双方目前正积极洽谈中。

（4）积极探索针对单位团体员工的汇缴件业务。充分利用团体单位庞大的客户资源，逐步推进员工汇缴件业务。今年上半年成功对山南地区养护段职工做了承保，保费在8万元左右。

【银保渠道】（1）山南银保部首先抓好了团队增员及组织架构建立的基础工作，从年初只有一名客户经理成功增员五人，现已经形成一名职场经理，两个小组，两名预备客户经理主管的团队架构。

（2）成功召开与山南农行的业务启动大会，会上双方领导分别就银保合作进行了宣导及安排，将今年代理中国人寿保险业务纳入到农行各县级支行的绩效考核中，截止12月底，农行共实现保费113.8万元。

（3）山南分公司银保部5月中旬与中行山南分行联合召开“纪念西藏和平解放60周年中行VIP客户答谢会”，共邀请客户80余人，成功利用答谢会的形式启动了2011年代理保险业务。

（4）山南银保重点抓好与山南邮政的合作，在完善兼业代理手续后，抢抓时间，快速实现了“邮保通”系统的上线使用。9月18日，山南邮政与我公司共同召开了大型“迎国庆山南邮政VIP客户答谢暨理财说明会”，共邀请客户100余人，现场签单45万，取得了良好的效果。同时，山南银保经过大量的工作取得了山南邮政领导的认同，统一为151名邮政员工集体投保鸿富险种，共实现期交保费61万元。

（5）山南银保积极展开工作，1-9月为当地四家银行共完善保险兼业代理手续共25家网点，实现了山南地区12个县级银行网点的全覆盖，目前山南地区四家银行共计27个网点全部办理了兼业手续，为2012年银保工作打下了坚实的基础。

【公司运营及内部管理】1、运营全员努力为业务部门提供有力后援保障，确保柜面日常工作正常有序进行。新契约岗共计完成新单受理扫描合同400余件，意外险合同90件，各类卡式保单录入复核350件；保全岗完成生存给付及退保、撤单各项保全业务70份；理赔岗完成理赔案件15件，其中理赔调查案件7件；客户面访20余件。

2、多管齐下有效防范风险。组织公司全体员工学习内控手册和运营管理制度，掌握反洗钱相关要求。按时按质完成区公司要求的理赔、生调件，严格审核意外险的承保，按区公司要求对于超过20万的意外险严格审核投保单位的资质，询问既往承保记录有无重大安全事故，并现场勘查安全作业情况。

3、加强柜面管理制度建设。定期召开部门工作会议，及时安排和部署工作，自查工作中存在的问题;强化员工培训，提升员工素质利用空闲时间组织部门所有人员学习，包括服务礼仪、各岗位事务操作手册等，全面提升柜面人员的综合素质和业务技能。

4、加强公司品牌宣传，积极投入当地公益事业。2011年，山南分公司分别在电视台、广播、报纸等新闻媒体上做好广告宣传工作，积极宣传中国人寿品牌，在山南当地群众中扩大了公司影响，营造了良好的社会氛围。9月，山南分公司接受“中国保险报”主编于华的专题采访。于主编通过一周的时间在山南分公司深入了解、采访，在2011年9月29日的《中国保险报》对中国人寿山南分公司进行了题为《叩开藏文化发源地的大门》--记国寿山南藏族营销团队整版的采访报道，积极宣传了山南分公司，在全国保险界中树立了良好的形象。

5、山南地区分公司积极参评山南地区“青年文明号”先进单位，目前已经通过地区“青年文明号”评审小组的验收，被光荣地授予了山南地区“青年文明号”单位。2011年，中共中国人寿山南地区党支部被总公司评为“先进基层党组织”荣誉称号。山南分公司被评为西藏分公司“青年文明号单位”。同时，山南分公司积极参与西藏分公司组织的各项活动，分别荣获第二届职工文艺汇演一等奖，第一届职工运动会优秀组织奖、“我爱西藏，我爱国寿”主题演讲比赛优秀组织奖。

【领导名录】
副总经理：梁建海
总经理助理：邓亮

山南地区工业和信息化工作

【内设机构】根据《山南地区行署办公室转发关于印发西藏山南地区工业和信息化局主要职责内设机构和人员编制规定的通知》（山行办发[2010]38号），山南地区工业和信息化局内设5科1室，分别是：产业规划科、运行监测协调科、中小企业科（非公有制经济办公室）、工业科（节能与综合利用科）、信息化科（无线电管理科）、办公室。

【干部职工状况】截止2011年底，实有干部职工25人，其中：局领导4人，正科级干部7人，主任科员1人，副科级干部6人，副主任科员2人，科员1人，工勤人员4人。干部队伍中，具有研究生学历1人，本科学历12人，大专学历5人，中专学历1人。党员24人。

【职能职责】1、将地区发展与改革委员会有关工业行业管理职责划入地区工业和信息化局（工业产业政策及规划的拟订与组织实施；工业经济管理；矿产工业、建材工业、食品药品工业行业管理；工业企业技术进步、中小企业发展、资源综合利用与节能减排、民爆行业管理等职责）。

2、将地区行署办公室信息化管理、无线电管理办公室职责划入地区工业和信息化局。

3、将原地区乡镇企业管理局指导民族手工业发展职责划入地区工业和信息化局。

4、将原地区非公有制经济发展局职责划入地区工业和信息化局。

5、推进信息化和工业化融合，推进高新技术与传统工业改造结合，推进军民结合、寓军于民，促进特色产业发展。推进全地区信息化建设。

【主要职责】1、贯彻执行国家、自治区工业和信息化发展的方针、政策，贯彻实施有关工业和信息化法律法规和规章；拟订并组织实施地区工业和信息化发展规划；推进信息化和工业化融合。

2、提出优化工业产业布局、结构的政策建议，指导协调工业园区（工业开发区）的建议和发展；指导行业质量管理工作；负责工业行业对内招商引资工作。

3、监测、分析地区工业运行态势，统计并发布相关信息，进行预测预警和信息引导；协调解决行业发展中的有关问题并提出政策建议，负责工业应急管理、产业安全和国防动员有关工作。

4、负责提出工业和信息化固定资产投资规模和方向，研究提出国家、自治区对口部门和地区用于工业和信息财政性建设资金安排的建议；按国家、自治区和地区行署规定权限审核、核准工业和信息化固定资产投资项目。

5、推进工业体制改革和管理创新，提高行业综合素质和核心竞争力；指导工业行业技术创新和技术进步，以先进适用技术改造提升传统产业；组织实施自治区、地区有关科技专项，推进相关科研成果产业化，推动软件业、信息服务业和新兴产业发展；承担装备制造业组织协调的责任，指导引进先进技术装备的消化创新。

6、组织实施工业的能源节约和资源综合利用、清洁生产促进政策、参与拟订工业能源节约和综合利用、清洁生产促进规划，组织协调相关示范工程和新产品、新技术、新设备、新材料的推广应用。承担指导相关行业加强安全生产管理的职责。

7、负责中小企业发展的宏观指导，会同有关部门拟订促进中小企业发展和非公有制经济发展的相关政策和措施，协调解决有关重大问题。承担指导民族手工业发展的职责。

8、承担有色、化工（不含炼油、煤制燃料和燃料乙醇）、建材、轻工、民爆、食品、医药等工业的行业管理工作。

9、统筹推进地区信息化工作，组织、协调信息化建设中的有关问题，促进各种信息资金的融合，指导协调电子政务发展，推动跨行业、跨部门的互联互通和重要信息资源的开发利用和共享。

10、统一配置和管理地区无线电频谱资源，依法监督管理无线电台（站）；协调处理军地间无线电管理相关事宜；负责无线电监测、检测、干扰查处，协调处理电磁干扰事宜，维护空中电波秩序，依法组织实施无线电管制。

11、承担相关信息安全管理的责任。统一配置和管理地区无线电频谱资源，依法监督管理无线电台

（站）；协调处理军地间无线电管理相关事宜；负责无线电监测、检测、干扰查处，协调处理电磁干扰事宜，维护空中电波秩序，依法组织实施无线电管制。

12、承办行署交办的其他事项。

山南地区安监工作

【年度综述】2011年，全地区安全生产形势总体稳定，并在第一季度实现了“零死亡”的良好开局。全年全地区共发生各类安全生产事故267起、死亡29人、受伤198人、直接经济损失126.2万元，死亡人数占我地区今年死亡控制指标的52.7%。与去年同期相比，事故起数上升100%，死亡人数下降44%，受伤人数上升161%，直接经济损失上升114%。其中：道路交通事故244起，死亡29人，受伤198人，直接经济损失123.3万元。死亡人数占我地区今年道路交通事故死亡控制指标的63%。与去年同期相比，事故起数上升110%，死亡人数下降42%，受伤人数上升164%，直接经济损失上升173%；火灾事故23起，无人员伤亡，直接经济损失2.7万元。与去年同期相比，事故起数上升53%，受伤人数下降100%，直接经济损失下降80%。

【统领全局，周密部署】为及早部署全年安全生产工作，该局在1月24日召开了全地区安全生产工作会议，传达全国安全生产工作会议精神，总结2011年安全生产各项工作并兑现奖惩，安排部署了今年各项工作。4月12日再次召开全地区安全生产工作会议，传达全区安全生产工作会议精神，对全年工作再动员、再安排、再部署。结合地区安全生产工作实际和今年控制指标，明确提出了“坚决杜绝重特大事故、严密防范较大事故、尽量减少一般事故，坚决把死亡控制指标控制在自治区下达的范围以内”的全年目标。在每个季度、每个月、每个重要时段、每个重要节点都及时下发文件并转发国家、自治区有关文件，督促各县各部门结合各自实际和分管领域落实各项措施，形成了全地区安全生产工作横向到边、纵向到底的工作格局。

【突出重点，深化整治】针对安全生产工作重点和薄弱环节，坚持把专项整治工作与日常安全监管、隐患排查治理和提高重点行业（领域）安全管理水平相结合，明确安全生产任务和工作重点，严格落实责任，先后开展了水上交通安全专项整治、道路交通客运隐患整治专项行动、非煤矿山企业安全生产专项检查、建筑施工安全专项检查、危险化学品和烟花爆竹隐患专项治理行动、消防安全大检查、旅游安全专项检查等8项专项行动和严厉打击非法违法生产经营建设行为专项行动，针对第三季度初事故多发、频发的不利局面，及时开展了安全生产百日专项整治行动。共开展检查70余次，查处各行各类违法违规行为和安全隐患1.6万余处，处理违法行为4.8万余人次，下发整改责令733份，处罚决定56份，责令停产停业整顿13处，罚款38.36万余元，取缔渡口3处，销毁不具备安全性能的渡运工具30艘。

【落实责任，严格督查】根据自治区安委会下达的安全生产控制指标，与各县人民政府和相关单位签订了2011年度安全生产责任书，把安全生产指标和责任分解到各县、各部门。督促各县认真落实安全生产责任制，严格执行行政首长负责制，把安全生产工作纳入重要议事日程，从人、财、物等方面为安全生产工作提供了有力保障；督促各相关部门严格履行监管职责，加强安全生产监管监察体系建设，进一步强化行业管理；督促各生产经营单位认真落实主体责任，强化安全意识，自觉履行安全生产责任和义务，完善安全管理体系和规章制度，加大从业人员安全生产培训教育。

为加大对安全生产责任落实的督查，我们全面落实督导职责，加大督促检查和明查暗访力度，先后对泽当镇区、12县和部分重点行业（领域）进行了6次联合大检查和16次专项督察，对一些好的监管做法在全地区进行了推广，对发现的问题及时进行通报并督促整改。严格执行“一票否决”制，落实安全生产问责制度。

山南地区国资管理工作

【国资监管工作不断加强】一是进一步贯彻落实国有资产监管的法律法规政策。为进一步贯彻落实国有资产监管法规政策，适应加强国有资产监管需要，今年以来,我委从健全和完善国资监管制度入手，落实责任，强化监管，坚持以制度管人、管事、管资产相结合，在认真贯彻落实已出台的国有资产监管法规的同时，结合所监管企业的实际，加快国有资产监管制度建设，为国有资产的依法监管提供了依据和准则。

二是进一步加强国有产权管理。为了依法履行出资人职责，加强国有资本收益的管理，维护国有资产所有者的合法权益，促进经济结构调整，进一步深化国有企业改革，根据《山南地区国有企业国有资本收益收缴管理暂行办法》(山行办发［2009］39号)文件的规定，按照2010年度地区国资工作会议精神，地直各监管企业的国有资本收益收缴工作从2010年起开始全面执行，参股企业待成熟后予以推广。今年预计收缴国有资本收益金近2000万元。为解决企业在实际生产经营过程中面临的资金周转困难的问题，经行署批准，我委从国有资本收益金中给监管企业累计借款1700万元，帮助企业度过了难关。

三是经营业绩考核工作进一步完善。根据《山南地区行署国资委监管企业负责人经营业绩考核办法》，按照公开、公正、公平的考核原则，对2010年监管企业法人代表进行了经营业绩考核，在年初的地区国资监管工作会议上对2010年度经营指标完成的监管企业进行了表彰；参照各直管企业近三年来利润、净资产收益率、销售收入、成本费用利润率等四项主要经济指标的完成情况，科学制定2011年度国资委直管企业经济指标。并与各直管企业签订了目标责任书；在认真做好企业月报统计工作基础上，对全地区企业国有资产进行了统计，2010年纳入统计范围的企业户数为40户。截至2010年底，企业资产总额为123，924.6万元，比上年同期119，750.7万元，增长了3.5%；负债总额43，104万元，比上年同期46，704.1万元，减少了8.8%；所有者权益总额80，820.6万元，比上年同期73，046.6万元，增长了10.6%。国有资本保值增值率为114.37%；资产负债率为34.78%。为了解和掌握企业国有资产分布和营运情况、制定国有资产监管政策提供了基本依据；对我地区被纳入自治区三十强的（江南矿业有限责任公司、建筑建材工业总公司、长盛路桥公司）3家国有企业和行业五强的（泽当饭店、自来水总公司）2家国有企业，自2011年5月起正式启报了《自治区三十强国有企业和行业五强国有企业基本情况表》的汇总上报工作。

四是监事会工作进一步加强。依据《监事会工作条例》，积极探讨监事会工作职责与范围，监督检查的方式、内容、手段、措施，多途径、主动参与企业重大的经营决策；以资产和财务监督为核心，采取日常监督与年度监督结合的方法，努力做到监督检查与为企业服务并重，积极开展对企业的监督检查，5月份对国有监管企业的监事会进行了一次调研，并将调研报告上报自治区国资委。

【加快国有企业改革步伐 】一是江南矿业公司IPO上市各项工作已全面启动，并按照上市工作的相关程序有序进行。公司通过与上市中介机构对接洽谈，选定了公司上市的保荐券商、法律顾问、审计机构、财务顾问、评估机构。各中介机构根据第一阶段的初步尽职调查情况形成改制方案，并对在调查中发现的问题提出改进意见和建议。已确定了2011年6月30日为改制基准日，中介机构开始对公司进行审计评估工作，对改制方案的可行性进行推敲，先后与中介机构召开8次协调会，协调解决改制上市面临的各种问题，目前审计、评估机构的《审计报告》和《评估报告》初稿已基本完成，《改制方案》也已基本成型。按照当前的工作进度，拟待《审计报告》和《评估报告》定稿之后，形成成熟的《改制方案》上报行署研究实施，争取年底前完成股份公司挂牌。

二是完成长盛公司兼并地区兴业水泥厂和地区运输公司工作。2010年由地区长盛公司兼并地区兴业水泥厂和地区运输公司的改革工作，由于受历史遗留等众多因素影响，到工商部门办理注册更名手续迟迟未完成，今年通过我委和长盛公司同多方协调，现已顺利完成注册变更手续，兼并工作圆满完成。

三是积极配合完成矿产资源整合工作。根据全区矿产资源整合工作要求，经行署研究决定将雅砻工矿公司的矿产资源全部剥离给江南矿业公司，我委积极配合，并做了大量工作，目前有关移交事宜已基本完成。

四是山南宾馆改制工作正在筹备当中。根据地委、行署安排，我委积极参与对山南宾馆的改制工作，在经过仔细调研的基础上，掌握了大量的第一手资料，目前正在根据调研情况制定改制方案，争取年底前形成成熟的改制方案，报行署研究批准。

五是指导桑日县贸易公司完成改革工作。2010年我委在对九县十一家县属国有企业进行调研的基础上，完成了十家企业的改革工作。目前仅剩桑日县贸易公司的改革工作还在进行当中。

山南地区审计工作

【基本概况】2011年，山南地区审计局定编44名，其中：行政编制38名，事业编制3名，后勤事业编制3名。局领导职数5名（含副县级总审计师1名）；内设行政机构科级领导职数18名，事业单位科级职数2名。实有在职干部职工38人。内设9个行政机构和1个事业机构，均为正科级建制，分别为：办公室、法规科、财政金融审计科、行政事业审计科、社会保障审计科、经济责任审计科、固定资产投资审计科、经贸外资审计科、农业与资源环保审计科；1个事业机构：审计信息中心，为全额拨款的事业单位。

【审计成果】2011年，山南地区审计局完成项目18个；完成年度计划的86%，审计完结12个项目、75个单位的审计及审计调查，查出违规资金6002.7万元，应上缴地区国库资金240万元，上缴县国库资金515.6万元，调账处理金额270.9万元，归还原渠道资金65.96万元，补足配套资金14.8万元，少缴基金收入21.32万元，未及时将基金收入转入地区财政专户859.45万元，未及时到位新农保补贴资金60.23万元。提出审计建议44条。撰写审计综合报告24篇、信息88篇，被领导批示以及地委、行署和新闻单位采用22篇（次），较好地发挥了审计“免疫系统”功能。

【经济责任审计】重点对地直机关2名党政领导干部的经济责任审计，查出违规资金8.7万元，上缴地区财政国库资金8.7万元，提出审计建议5条。

【专项资金审计】完结了对5个单位的审计和22个单位的审计调查，查出违规资金1357.52万元，上缴地县两级国库资金173.2万元，归还原渠道资金26.5万元，提出审计建议11条。

【财政审计】完结2个县2010年度县级财政决算及其他财政收支情况审计，查出违规资金4490万元，上缴地县两级国库291.85万元，提出审计建议10条。

【固定资产投资审计】完结2个项目的固定资产投资审计，查出审减资金21.77万元，罚款2万元，提出审计建议7条。

山南地区工商行政管理工作

【围绕中心，强化服务，在促进经济跨越式发展上有新作为】1、畅通准入服务渠道，拓展登记服务触角，前移登记服务阵地，助推市场主体快速发展。截止目前，全地区登记注册内资企业547户，注册资本98171.30万元，同比增长2%和4%；私营企业410户，雇工人数9131人，注册资金161572.21万元，同比增长32%、20%和40%；个体工商户10673户，注册资金28049.7万元，从业人员35689人，同比增长4%、6%和2%。

2、打通农村发展渠道。制定了《山南地区工商局关于进一步加快发展农牧民专业合作社实施意见》，运用登记职能，进一步降低市场准入门槛，减免费用，简便手续，引导农民以入股、合作等方式组建农村合作经济组织，设立农村合作企业，努力减少市场风险。有效开展“红盾护农保春耕”专项执法行动，严厉打击制售假冒伪劣农资等坑农害农行为。截止目前，全地区农牧民经纪人达到487人，经纪业务量697.9万元；登记注册农牧民专业合作社56户，出资总额5120.4万元；检查农资市场经营主体470户，查扣各类不合格农资产品818袋（个）。

3、疏通品牌建设渠道。重点实施了昌果土豆、扎囊氆氇地理标志商标申报工作。在全苏州会议上，代表行署签署了《苏州共识》，向全社会作出尊重保护知识产权的公开承诺。参加了第四届中国商标节。截止去年底，全地区新申请注册商标12件，已有注册商标148件，全区著名商标4件，落户山南全国驰名商标3件。

【规范履职，依法行政，在市场监管上有新进展】1、加强依法行政能力建设。

2、全力开展食品安全监管。截止去年底，共查处假冒伪劣食品案件68件，取缔无照食品经营户45户，检测各类食品640余批次，合格率98%以上；办理《食品流通许可证》665户，创建“农村食品安全示范店”71户；查扣不符合安全标准的乳制品、酒及调味品、非法添加剂等共5173.54公斤，下架不合格食品909公斤，销毁不合格食品321公斤。

3、强力推行专项监管。一是深入开展扫黄打非工作。二是会同地区军分区、公安处查处07式军服及使用“军服”、“军需”、“军用”等字样招揽顾客的经营行为。三是会同公安处、文化局联合对辖区范围内休闲娱乐场所开展禁毒宣传工作。四是加大学校及其周边市场监管力度。四是加强广告监管工作。五是开展旅游市场专项整治。

【倾力推进消费维权工作】进一步推进12315“四个平台”建设，努力扩大12315进商场、进企业、进社区、进乡村、进学校的覆盖面，畅通消费者申诉举报渠道。截止去年底，在一些重点乡、村成立了4个红盾维权站和12315投诉站，并投资8万元作为全地区50个“一会两站”的业务经费。共受理消费者申（投）诉、咨询、举报674件，为消费者挽回直接经济损失5.83万元。

【基层建设年活动有效开展】根据基层建设年活动联系点乃东县颇章乡布麦村实际情况，成立基层建设年活动领导小组长期驻村。同时，按照地委的统一要求，积极派驻工作组到驻村点开展强基惠民活动。

【打击传销和禁止参与传销工作有新成效】去年二月，通过12315举报发现“富迪健康山南专卖店”从事传销活动，在自治区工商局和地委、行署的统一领导下，协同公安部门进行查处，依据职能进行集中摸底排查并积极开展声势浩大的宣传教育活动。

【打击侵犯知识产权和“傍名牌”专项行动有新战果】积极开展了打击“傍名牌”和制售假冒伪劣商品专项行动，重点整治了化妆品、日用品、服装、家电、名酒等领域，严厉查处了侵犯驰（著）名商标、地理标志、涉外注册商标专用权的违法行为和“傍名牌”等不正当竞争行为。

【获得荣誉】

山南地区消协被国家消费者协会评为国家级先进集体。

【领导名录】

党组书记、副局长：石勇
党组副书记、局长：陈国平
调研员：张瑞萍
副局长：杨武、巴桑次仁、李进福
副调研员：莫嘎、李红兵

山南地区质监工作

【服务“主题”和“主线”，促进发展】在地委、行署的高度重视和大力支持下，该局牵头组织，全地区大质量工作机制形成。启动了质量兴地和乃东县质量兴县活动，同时，强力推进桑日县质量兴县（试点）工作，质量兴地和兴县活动分别有近20个单位参与。一是组织成员单位开展了产品质量、工程质量、服务质量和环境质量四方面调研，完成质量兴地活动方案，明确了围绕龙头企业强质量建设、标杆工程强项目建设、星级服务强形象建设、一流环境强人文建设的质量兴地活动内容。二是组织成员单位开展联席会议2次，开展产品质量及两大安全检查1次，赴2县3镇，26人次参与。三是桑日县质量兴县（试点）工作发展势头强劲，以服务华新水泥（西藏）有限公司发展为标志的桑日县工业园区产业链迈上新台阶；以全力确保沃卡河一级水电站和液化石油气站设备安全为要务，确保设备安全工作势头良好；以绿色、无公害为目标的藏猪养殖、早熟土豆、无公害蔬菜、优质青稞、优质油菜种植5个富农项目技术开发和标准示范带动取得新突破。在抓好质量兴地、兴县工作的同时，启动了质量兴企工作。组织雅砻水泥有限责任公司、西藏金珠雅砻藏药有限责任公司和潇湘建设开发有限公司等12家企业参与质量兴企业活动，通过质量兴企树立行业典范。2011年，组织12家企业召开动员会并宣誓、与12家企业签订了质量安全承诺书、12家企业发布了质量信誉联合公告；开展了党员一对一帮扶和质企文化共建活动；组织各行业共50多家生产加工单位赴兴企业观摩学习。

【抓住民生，为人民群众健康安全服务】（1）开展执法打假为民。在日常巡查（监察）基础上，开展了农资护农、家电家具下乡产品、实验室、大庆安全、重点工程建材等每月一个主题的执法打假专项行动。日常巡查（监察）出动人员680人（次）。其中，食品安全巡查出动260人次，巡查生产加工单位600余家；特种设备安全监察出动240人次，监察设备2400余台次；质量及其它巡查180人次，巡查生产加工企业（小作坊）和店铺等530家次。对监管对象巡查100%覆盖，特别是对两大安全的巡查频次达到每月1次。日常巡查中，整改问题共计420项，100%整改。其中，取缔2家食品小作坊，报废2台土锅炉。在专项执法打假中，出动人员200人次，查处伪劣产品货值35万元

（农资4.5万元、鞭炮2.5万元、家电家具产品4万元、建材3万元、手机8万元、酒5万元、面粉8万元），查处的10箱假冒名酒、1200袋劣质面粉、300余部假冒名牌手机、实验室伪造数据和气站充装超期未检气瓶等案子得到很好的反响。在6月初启动的"迎两大盛典、保两大安全、攻坚两个月"专项行动中，12县政府共同出击，展开了一场声势浩大的攻坚战，2800人次参与活动中，对每家食品生产加工和特种设备使用单位进行地毯式检查，确保大庆零隐患。（2）开展监督抽查护民。对大众消费的糌粑、挂面、糕点、纯净水、牦牛肉干等8种102组食品进行了自治区级监督抽查，合格92组，合格率为91.08%。对水泥、预制砖、建筑外窗等12种120组工业产品监督抽查，合格112组，合格率为93.33%（其中，国家监督抽查12组，全部合格；自治区监督抽查65组，合格60组；地区监督抽查43组，合格40组）。食品和工业产品监督抽查合格率同比增加2.70%和4.13%。特别是针对全地区大庆献礼工程和重点工程建材，开展了专项抽检，抽检样品105组，合格100组，合格率为95.23%。（3）开展设备检验惠民。检定加油机、地中衡、实验室等各类计量器具690台（套、支），对泽当、贡嘎、加查等大型集贸市场、地区50余家土特产店、标准化示范区农户共540余只称进行了免费检定。检验特种设备400台次。气瓶检验10000余只，涉及全地区18家液化气站，8400家液化气瓶用户。

山南地区烟草专卖工作

【**基本情况**】山南地区烟草专卖局、西藏自治区烟草公司山南地区公司组建于1998年1月，2004年4月国家局批复同意山南烟草体制上划，2004年7月正式上划。共有办公室、人事劳资科、财务科、专卖监督管理科、内部监督管理科、综合管理科、安全保卫科、营销中心、物流中心、信息中心十个职能科室，营销中心下辖隆子县卷烟配送中心、泽当镇卷烟零售门市及贡嘎、加查、洛扎、浪卡子、隆子6个县直属网点。共有从业人员95人。

【**经济运行态势良好**】2011年1–12月累计销售卷烟47353万支。实现销售收入23269万元，同比增长17.53%。实现单箱销售收入24569.72元，同比增加3684.7元/箱。卷烟毛利3754万元，同期增长15.19%，卷烟毛利率16%；卷烟经营累计实现利税2596万元，同期增加24.39%。其中，实现利润543万元，同比减少2.69%；实现税金2053万元，同比增加524万元，增幅34.27%。

【**卷烟市场管理取得新突破**】打假破网取得新成果。通过加强城区出租房的排查和监控，深入开展针对名烟名酒店、物流货运打假破网专项整治，同时，与地区相关部门联合开展市场全面整治工作，卷烟打假打私取得了显著成效。2011年1–12月份，卷烟打假共出动车辆87台次，出动人员680多人次，查处各类违法案件42起，立案17起，结案16起，查扣各类违法卷烟60.68万支，总涉案价值达17.30546万元，其中查扣假冒卷烟9.992万支，价值达6.37696万元，查扣真品卷烟50.688万支，价值达10.9385万元，上缴地区财政罚没款1.78727万元。打假出动700余人次，刑事拘留1人。有效打击了违法分子的嚣张气焰，维护了正常的卷烟市场秩序，目前我地区卷烟市场净化率达90%以上，卷烟市场占有了率达95%以上。

【**积极履行社会责任，做好扶贫帮困工作**】2011年，投入8万余元为基层建设年活动联系点浪卡子县工布学乡苏格村购买饲料；投入5万元为加查县崔久乡两户特困户修建安居房；组织党员、积极分子为苏格村困难党员捐款，为地区实验学校农民工子女捐款购买慰问品、学习用具；为革命老区和贫困地区儿童捐款购买爱心包裹；为受印度地震影响的洛扎县灾区捐款帮助灾区群众恢复生产生活。捐赠合计20余万元。

【**领导名录**】
党组书记、副局长、副经理：曲吉
党组副书记、局长、经理、：袁金平
党组成员、副局长：梁培喜
党组成员、纪检组：拉巴次仁

山南地区农牧工作

【**粮油产量实现较大增幅**】2011年，落实播种面积45.68万亩（粮食播种面积25.8万亩，与上年持平；经济作物播种面积10.8万亩，较上年增0.51万亩；饲草作物9.08万亩，较上年调减0.21万亩），种植业结构由2010年的57:22:21调整为2011年的56:23:21。较好地完成了地区确定的种植业结构调整指标。粮食产量达到15.01万吨（其中青稞产量达到7万吨），较上年增长3.7%；油菜产量达到1.3万吨，较上年增长10.2%；蔬菜产量达到3.65万吨。

【**牧业生产形势保持平稳**】通过加大牲畜暖棚圈建设力度、积极开展畜牧业防抗灾、狠抓春秋季牲畜强化免疫、以及狠抓疫情处置等工作的落实。牲畜年末存栏数185.86万头只，成畜死亡率控制在0.97%以内，幼畜成活率达到94%；牲畜出栏68.23万头只，牲畜出栏率达到35.9%；适龄母畜达到48%，牲畜总增率达到31%。肉类产量达到2.4万吨、奶产量达到4.52万吨、禽蛋产量达到1934.37吨、毛绒产量达到1701.91吨。

【**农业产业化经营突破上年水平**】全年乡镇企业实现产值（现价）63928万元，同比增长8.5%；营业收入55642万元，同比增长5.6%；增加值28345万元，同比增长7.5%；上缴税金4158万元，同比增长4.8%。利润总额13298万元，同比增长6.6%；多种经营总收入98592万元，同比增长7.4%；纯收入61885万元，同比增长6.9%。今年完成农牧业基本建设投资2.01亿元。全地区种植优质青稞13.45万亩、优质油菜8.87万亩、无公害蔬菜1.81万亩、饲草9.37万亩，改良黄牛4.55万头、养殖禽类228.56万只、养殖生猪5.06万头，短期育肥羊20万只、牛2万头。完成2010年农村户用沼气4463户；落实农机购置国家补贴资金1799.7万元，带动农机合作社、农机协会、农牧民投入资金4803.77万元，新增我地区各类农业机械7628台套。

【农畜产品质量安全监管力度加大】按照区地两级食品安全和农资打假工作的有关要求，配合相关部门加大了农资监管和农畜产品质量安全检查执法力度，组织农资打假9次，出动人员47人次。保证了农产品食品安全，切实保护了广大农牧民的合法权益。山南地区查处违反《动物防疫法》案件3起，罚没收入1.2万元；累计屠宰检疫生猪7773头、牛3194头，检验冻肉冻杂173吨，犬403条，禽类7665只，产品0.36吨，牛羊1.3万头只；检疫入境生猪1908头。农药蔬菜残留检测，抽取样本440份，农药残留超标10份，合格率为97.73%。

【科技支撑能力进一步加强】地区农业技术推广中心、地区畜牧兽医总站技术服务人员陆续进点开展工作，蹲点指导农牧业生产。并严格坚持“引创结合、重点突破、夯实基础、支撑发展”的方针和突出特色、突出实用、突出转化、突出创新、突出服务的要求，紧紧抓住农闲时节，围绕春秋季农牧业生产实际，以实用技术为重点，开展了以动物疫病防治、农牧民科技特派员、土壤处理、无公害蔬菜栽培、农家肥积造、乡村兽医、农机具使用与维护等为主的农牧民技术培训，举办各类培训班86期，培训乡镇干部、专业技术人员、农牧民群众达14388人次。农机化水平不断提高，机耕、机播、机收面积分别达到33.42万亩、24.9万亩和21.07万亩。农业科研有了新进展。引进新品种、新本材料26份，配置杂交组合301份；从高代的后代材料中鉴定筛选出优良品系279份；对2006青24春青稞、W34-04和W30-06冬小麦展示和示范，面积达到120亩。山冬8号（原代号W34-04）、山冬9号（原代号W30-06）并通过了自治区新品种审定。

山南地区林业工作

【植树造林，改善生态】2011年，山南地区林业局按照坚持“建设生态西藏，确保生态环境良好”这一主线，做到‘两个结合’即林业生态保护建设与农牧民增收相结合、与林业产业发展相结合”的要求，早计划、早安排、早落实，在“造、管、护”上出台新举措，切实提高造林成活率、保存率，全面完成项目造林任务。今年全年计划完成造林14.49万亩，工程封育3.7万亩。目前已完成造林14.34万亩（其中：重点区域生态公益林58907.5亩，拉萨周边造林20000亩，高原生态安全屏障防护林建设15832.5亩，防沙治沙建设29660亩，退耕还林荒山造林完成15000亩，义务植树3000亩，全国防沙治沙试验示范区建设1000亩)完成全年造林任务的98.9%，工程封育完成3.7万亩。今年林业项目资金达1.8亿元，实际完成投资1.6亿元。

【绿化美化，建设亮点】按照地委、行署提出的“城郊森林化、城区园林化、单位花园化”的目标要求，今年以泽当镇为中心，狠抓城镇园林绿化建设工作，取得显著成绩。目前，全地区绿化工作实现了公共绿地、单位附属绿地、居住区绿地等绿化全方位推进。城区绿化完成6.5万平方米（其中雅砻二期绿化工程6000平方米，三湘大道绿化19300平方米，英雄路绿化完成4600平方米，雅砻剧院周边绿化3100平方米，体育场绿化完成32000平方米），贡布日山山体绿化完成1200亩。我局还积极主动地帮助各单位开展院内绿化工作，派出了技术人员到各单位帮助规划设计，并为大部分单位提供绿化所需的苗木和技术指导，地（区、中直）各单位院内、院前绿化工作目前已基本完成。我局还实施了贡嘎机场入口景观绿化工程，完成了民族路、贡布路、格桑路、安徽大道、雅砻河两岸、湖南路、香曲东西路等绿化补植补造61594株；修剪行道树达500多株，绿篱25783平方米。对各绿化带及行道树盘内清理杂草37426平方米。一个点、线、面相结合，总体布局合理、功能齐全、统一完善的城市绿化体系已初步形成，美化了城镇，改善了人居环境，提高了居民生活水准，有效改善了生态环境质量，提升了泽当镇整体形象。

【发动群众，义务植树】全地区在认真贯彻全民义务植树《决议》和《实施办法》的基础上，紧紧围绕着义务植树是公民的法定义务这一主题,积极推进义务植树活动基地化建设。全地区共计完成义务植树3000亩，参加义务植树人数达4万余人，完成全年任务的100%。其中仅地直、区直、中直各单位和驻军、武警共105个单位5500余人在贡布日山参加义务植树活动。

【建设苗圃，保障供苗】加强地县苗圃建设，鼓励扶持个体苗圃发展。今年全地区苗圃总面积达到3580亩，完成育苗2720亩。全地区建成50亩以上规模的苗圃11个，年出圃各类苗木能力达到300余万株。

【依法治林，落实补偿】一是加强了林地管理工作。强化《西藏自治区林地管理办法》等林地管理相关法规的宣传，搞好林地档案建设与管理。今年重点对加查县洛林乡帮布岩金矿尾矿库预征占用林地74.51亩和隆子县曲松电站建设工程征占用林地0.084亩的审核申报工作。二是严格森林采伐限额管理，继续做好原生植被（包括天然林、灌木林）保护工作，全年地区林业行政案件共有3起，行政处罚3人（次），罚款2500元，查处率100%。三是进一步规范生态效益补偿管理。认真开展重点公益林管护及生态效益补偿基金项目的落实和管理工作，全地区公益林总面积1315.7193万亩，公益林管护人员达5000余人，人均管护面积为2000至2500亩，已落实管护资金1973万余元。四是开展了第八次全国森林资源连续清查西藏第二次复查工作，经地、县林业局的大力支持和配合下，国家林业局中南院工程师和科室工作人员，完成540个样地外业调查工作。五是完成了集体林权制度改革试点总结巩固工作。六是配合农牧、水利部门认真落实巩固退耕还林成果后续发展项目，落实资金647万元。六是正在开展落实中央森林生态效益补偿资金自查工作。

【预防为主，防病治虫】进一步加强了林业有害生物的防治和造林苗木检验检疫工作。重点开展了沿江各县防护林病虫害预防监测和除治工作，完成防治近10万亩。加强了隆子林区发现的杜娟锈病、松叶枯黄等病，落实防治资金108万元。同时加大了造林苗木检验检疫工作，有效防止了林业有害生物传播。

【加强宣传，保护动物】一是狠抓野生动物保护工作，加强宣传教育。认真开展了2010年野生动物肇事补偿工作，共计需兑现肇事补偿资金748.39万元，目前县级财政承担的108.04万元已全部拨付到位，地区财政承担的224.52万元补偿资金已全部拨付给各县。已将所有相关材料上报自治区林业局，待自治区相关资金拨付后一并兑现至受害农牧民群众手中；二是做好去冬今春野生动物疫源疫病监测工作，安排监测人员，严格制度，加强巡察，未发现野生动物异常死亡情况；三是开展了雅江中游河谷黑颈鹤国家级自然保护区山南监测站建设，完成投资40万元，主要采购了野外监测设备和监测站办公设备；四是加大执法力度，严肃查处和坚决制止无证运输木材和野生动植物及其产品的犯罪行为。

山南地区水利工作

【年度综述】2011年，山南地区水利局加大重点水利工程建设力度、科学编制和调整水利规划、加强水利建设管理指导，改善农牧民群众生产生活条件，水利事业呈现出发展加快、民生改善、管理加强、服务提升的良好态势，全年落实和完成国家投资2.96亿元，续建10个项目，新开工建设19个项目。

【水利规划计划工作】水利规划积极推进。山南地区“十二五”水利规划全面完成；列入自治区水利发展“十二五”规划骨干项目乃东县雅砻水库所有前置条件全面完成；卓于水库已完成项目建设方案，正在开展可行性研究工作。水利前期工作进展顺利。水利部门按照“抓好在建项目、争取批复项目、尽快上报规划项目、积极储备后续项目”的原则，采取“领导紧抓、部门紧盯、上下互动、责任到人”的工作方法，积极争取项目前期工作经费2100万元，完成并开展灌区工程、城镇防洪工程、病险水库除险加固工程、水源工程、牧区水利、中小河流治理等8大类56项水利工程的前期工作，估算总投资14亿元。

【农村水利建设】2011年通过实施农村饮水安全工程建设，实际解决农牧区2.8万人、11.4万头（只、匹）牲畜的饮水安全问题，顺利完成了地委、行署承诺为民办实事“八到农家”的目标任务；江北灌区多颇章子灌区东、西干渠和昌果子灌区东西干渠工程、江北灌区松卡子灌区、雅砻灌区多诺干渠、翻身沟子灌区等8个灌区工程全面完成建设任务，项目的完工加快推进了山南地区工程性缺水项目建设进程，提高了水资源时空调控水平；规划内的第一批9座病险水库除险加固任务如期完成，第二批病险水库除险加固任务顺利开展；以小农重点县建设为核心，加快农田水利基本建设，全年完成土石方量34.47万立方米、修复水毁工程87处、新修渠道总长144.88公里、维修清淤渠道总长548公里、疏浚河道总长53.75公里、新修水池（塘）32座、新打机井14眼，新增和恢复改善灌溉面积7.07万亩。

【防汛抗旱】2011年山南地区投入345万元防汛抗旱资金，购置防汛铁丝138吨，防汛编织袋48万条，管材7800米，旱地龙355箱，各类抗旱设备29台（套），有效解决防汛抗旱物资利用问题。在旱期，通过水利工程的合理调度和科学用水，保证了粮食及农牧物的丰产丰收。在汛期，通过有效制定各类度汛预案、抢险救灾方案、避险计划，汛前险工险段应急处理，汛期安全生产施工等措施，确保了水库、堤防、电站、水闸等水利工程设施安全度汛，确保了人民群众生命财产安全。

【水利工程管理】2011年，山南地区水利部门工程管理力度进一步加大，把建管并重的理念贯穿于水利工作的全过程，以建设“精品工程、放心工程、德政工程、廉政工程”为目标，全面推行水利工程建设项目“五制”，整顿和规范水利建设市场秩序，强化工程资金管理，规范各参建单位行为，加大稽查和质量监督检查力度，不断健全完善质量安全控制体系、安全生产监管体系，层层落实责任，有效防止安全事故的发生。

【水利管理能力建设】水利依法行政进程不断加快。深入开展《中华人民共和国水土保持法》、《中华人民共和国防洪法》等法律法规的宣传活动，加大执法监督检查，规范河道采砂、取水许可等水事行为，维护正常的水事秩序。积极开展水土保持监督执法检查，加大开发建设项目监督管理，规范水行政事项的审批，有力促进依法行政工作。水利工程管理体制改革深入推进。加快农民用水户协会的建设工作，进一步指导和规范农民用水协会的管理。出台《加快山南地区水利改革发展实施意见》，明确“十二五”乃至2020年水利改革发展的指导思想、基本原则和目标任务，建立今后10年水利投入稳定增长机制，提出加强水利行业能力建设的有力保障。

山南地区交通运输工作

【以强势攻坚为统揽，重点公路建设掀起新高潮】2011年，山南地区交通运输局面对任务重、时间紧、压力大等困难，始终坚持强势攻坚，强力推进，精心组织专业技术人员集中破解工程技术难题，上足上够施工人员机械，全力保障施工进度，各重点公路项目建设均取得重大进展。加桑公路新改建工程现已实现毛路初通，为2012年7月全线达到设计标准，实现工程交竣工奠定了坚实基础；浪卡子至洛扎油路改建工程实现全面开工，路基工程扎实推进；汀汀拉至勒边防公路改建工程得到错那县委、县政府和边防部队的大力支持和密切配合，实现全面开工。随着重点公路建设加快进度，我地区干线公路建设不断推进，公路主骨架网更趋合理，交通对经济社会的承载能力明显增强。

【以通畅工程为重点，农村公路建设取得新成果】在完成全地区所有乡镇、行政村通公路（通达工程）的历史使命后，2011年全地区掀起了实施通畅工程的高潮。县、乡党委、政府高度重视农村公路建设，积极主动为农村公路建设创造条件，排解困难；农牧民群众以各种方式积极投身农村公路建设，群策群力，投工投劳，极大地推动农村公路建设顺利进行；地、县两级交通运输部门成立督查指导组，抽调工程技术人员，深入工程一线，对工程进度、质量、安全等方面进行监督和指导。同时编写了《农村公路建设管理办法》和《农村公路养护管理细则》，并与各县人民政府签订养护管理责任书，这些措施有力地促进了农村公路建设。截止2011年年底，全地区有38个乡镇、91个行政村实现了通油路（水泥路），通畅率达到46.3%、16.4%，远高于全区平均水平。

【以农村客运为抓手，综合运输体系实现新突破】紧紧抓住农村客运发展的重大机遇，认真落实自治区人民政府《扶持农村客运发展的意见》精神，积极开辟新增客运线路。全年开通客运班线41条，其中新开农村客运班线6条，建成农村客运停靠点11个，投入资金112万元；完成公路旅客运输量208.58万人次、22450.77万人公里，同比增长6%、12%；完成公路货物运输量143.42万吨、19282.10万吨公里，同比增长20%、16%；地区长途客运总站成功启用，2011年度发送旅客27万人次，日发客运班次87次。城市配送、小件快运初具规模，城镇生活的便捷性进一步显现。

【以做大做强为目标，交通企业自我发展能力得到新提升】按照“立足资源、面向市场、适应需求”的原则，加快产业结构调整升级，实现产业结构的不断优化，坚持做强主业，努力建设精品公路工程；坚持做精副业，严格工作标准，规范企业行为，努力营造良好的发展环境，物业管理、驾校培训、车辆检测工作水平进一步提高，在做大做强的道路上迈出了坚实的步伐。企业干部职工的生产生活条件进一步改善。全年交通企业完成产值5000万元，利税447万元，职工收入达到4.5万元，同比增长11%、9%、7%。

【以安全保畅为核心，交通安全发展环境得到新改善】一是认真开展隐患排查治理、“百日安全督查专项行动”和“平安工地”建设活动，强化了安全生产管理和监督。强化道路运输、水上运输和工程建设安全监管。二是抓好公路在建项目工程的安全生产管理，最大限度降低公路施工重大伤亡事故。三是加大对渡口、船舶巡查的力度，深化水上交通安全治理活动。检查渡口26次，检查渡船70余只，下发海事整改建议书8次。四是积极维护行业稳定。及时足额发放燃油补贴，农村客运、城市公交和出租车经营者和谐运营，没有发生重大群体性上访事件。严厉打击非法运营行为，对市民和乘客反映强烈的主要地段进行了集中整治，有力维护了客运市场秩序。

【领导名录】
局党组书记、副局长：洛桑扎西
局党组副书记、局长：田云松

中国电信山南分公司

【年度综述】2011年，山南分公司在山南地委、行署以及区电信公司的正确领导下，坚持以“科学发展 规模转型 精确管理 提升价值”为指针，围绕发展与转型两大主题，全面贯彻区公司工作安排，不断优化资源配置、大力开展机制创新、深入推进企业转型，各项工作取得了明显成效。全年业务收入完成年计划的100.39%。收入结构随着转增、互联网、资源出租等非语音业务的快速发展发生了明显的改变，非语音收入占主营收入比重达到了47%。累计用户数到达5.4万户。荣获山南地区2011年度综合工作先进单位、工信系统先进企业等荣誉称号。

【主要工作】（一）以双规模发展为主线的经营效益持续稳定增长。2011年，山南电信坚持移动业务中高端切入、有效益规模发展的原则，组织开展了“智领3G翼起来”、“5·17电信日促销”、“奋战90天”等营销活动，突出宣传政企团购业务网内话费优惠等卖点，大力推广易通卡超值业务，接应落实“天翼惠农”活动，用户发展完成全年预算的102%；移动业务市场份额达到15%。

（二）客户服务水平进一步提升。2011年来，我们坚持做好投诉工作及旬、月、季分析通报工作，深入开展全业务客户服务标准达标活动，制定《服务质量考核办法》，完善投诉处理、回访、服务考核、服务满意度调查等工作流程及服务模板，实施了“五个一工程”，建立了切合公司工作实际的投诉处理、三级回访、服务满意度调查等服务标准和服务规范，促使客户综合满意率全部达标。

（三）以信息化建设为主导的网维网建支撑保障能力不断提升。网络建设、维护工作以支撑前端经营发展为切入点，开展末梢线路整治工作，加速信息化应用项目建设，有效管控资本性支出，持续提升后端支撑响应能力。完成地区市话电缆交接箱和用户线的整治分别完成95%和90%，更换末梢线路2650户，整治分线盒159个；清理宽带资源，释放已占但实际未用的宽带端口，满足新装客户需求；实施党政军以及用户电话的线路整改及三线交越综合治理工程，从源头排除安全隐患。

（四）持续抓好维稳安防工作。组织制定了应急处置预案，明确了安全防范工作的指导思想、使用范围、应急救援指挥机构以及突发事件处理办法和流程；成立了安全护卫队，具体负责重要敏感日期两院生产生活区的巡逻、巡视；严格落实安全生产责任制、维稳值班责任制，强化安全生产教育和行车安全教育，定期开展安全生产大检查，及时排查安全隐患，提高了安全防范保障度。

（五）综合治理工作取得较大进展。2011年初，山南分公司深入剖析导致2010年综合治理评比全地区排名倒数第一的原因，找出存在的问题和不足，提出针对性的整改举措。在此基础上，我们加强与乃东县综治办、乃东县公安局、地区综治办、地区政法委的沟通、联络，认真学习借鉴优秀综治单位的经验和做法，强化各项举措的接应和落地，促使综治工作取得新进展。2011年，我分公司获得了“2011年度综合治理工作先进单位”、“2011年度山南地区工信系统先进企业”等荣誉称号。

（六）强化团队协作能力和行为规范。进一步加强部门之间、上下级之间的沟通协调，注重细节，强化执行，提高效率，上下联动，形成合力，确保决策执行的统一性、一致性、有效性。深入开展理想信念、职业道德、纪律作风教育，强力推行员工基本行为规范，着力开展企业新文化建设，营造和谐稳定的企业文化氛围，增强企业凝聚力和员工归属感。

（七）深入开展反腐倡廉教育，进一步抓好领导干部廉洁自律工作。反腐倡廉建设，教育是基础。2011年，我们坚持把反腐倡廉教育融入到员工教育培训工作之中，加强中国特色社会主义理论体系和党性党风党纪教育，引导广大党员干部讲党性、重品行、做表率。一是严禁领导干部违反规定收送现金、有价证券、支付凭证和收受干股等行为。二是严禁领导干部利用和操纵招投标项目，为本人或特定关系人谋取私利。严格实行先由责任部门商谈，再到分管领导组织相关部门商谈确定最低价格，报经总经理审核批准后签订合同书的流程。有效遏制了内部操纵等情况，使得工程建设更加透明。三是严禁领导干部相互请托，违反规定为对方的特定关系人再就业、投资入股、经商办企业等方面提供便利，谋取不正当利益。四是为全体中层管理干部上党课，集中讲解了预防贪污腐败的举措，从思想上让大家谨记“拿人手软，吃人嘴短”，做到廉洁从业。

（八）接应工作安排，落实好强基惠民工作。以“基层建设年”活动的开展为契机，认真对待驻村联系点群众反映的民生问题，力所能及的帮助群众解决一些实际困难；积极接应“创先争优 强基础 惠民生”工作安排，选派12名员工到驻村工作点开展驻村工作。

中国移动山南分公司工作

【**主要KPI指标完成情况**】1、运营收入达到9218万元，完成年计划的98%；客户市场份额达到56%。2、集团客户收入达到3774万元，完成年计划的103.37%，完成率全区排名第一，同比增长10.16%。其中集团信息化收入达到85万元，完成计划84.93%，同比增长57.25%。

【**深入营销，促进市场发展**】1、客户市场份额稳中有升。通过保存量争增量，利用营销活动、劳动竞赛、离网挽留等措施有效提升了新增客户质量，降低了离网率。2、针对各类短板指标，于5月及时启动了“年中”劳动竞赛，成立了竞赛活动推广、宣传与保障小组，使活动顺利有效开展。3、充分利用媒体、户外广告、驻点式推广，针对目标市场，深入推广TD产品。4、渠道发展成效显著。电子渠道业务占比、实体渠道活跃度等都达到目标值。

【**集团客户市场进一步巩固**】1、积极开展“走进集团”、“辞旧迎新、网龄送礼”、“集团关键人和联系人维系方案”、“集团客户预存话费送终端活动”、“月圆中秋，移动相伴、共建联谊会、“校讯通杯”中小学生作文大赛颁奖仪式等营销和维系活动，进一步稳定了集团核心成员，达到保有集团客户和扩大集团客户市场份额目的。2、启动集团客户驻点服务工作，执行首席客户经理制度。制定《集团驻点服务细则》，将驻点服务规范化和制度化。同时，将42家重点集团分配给三位首席客户经理，由首席客户经理定期拜访党政军警重要集团单位领导，巩固与客户关系，加强集团维系力度。3、该公司通过公关、驻点服务，推广军信通业务，有力地促进了部队市场的稳定和收入的增长。4、根据集团业务内审要求，分公司及时制定整改提升方案，细化责任到人，限期完成，逐步完善集团业务管理，掌握准确集团数据。

【**提升网络基础质量，加强网络建设、维护管理、网络支撑能力**】1、按照上级批复计划，完成了2010年边际网二期、2010年村通三期以及2010年电源整治二期等工程；新建13个基站、3个直放站，扩容24个站，完成基站电源整治11个站。预计2012年，山南分公司将新建67个基站，村级网络覆盖达90%以上，用户感知度提升10%，重点覆盖浪卡子县、洛扎县、错那县等村级网络。2、加大网络投诉处理，提升网络客户满意度。一是成立投诉处理小组，专人负责接待投诉、处理投诉以及反馈投诉结果，确保了投诉及时有效处理；二是针对网络弱覆盖投诉，及时启动了优化工程，对各点网络弱覆盖问题进行分析，及时利用工程建设和优化工程解决；针对网络质量投诉，现场根据投诉内容进行核实处理，加大降低基站退服率。3、狠抓代维公司基础管理，从严落实考核评分制度，加大代维督巡系统的巡查，加大故障隐患的整治力度，定期组织考试、应急演练等，从主动维护向预防性维护转变。

【**强化内部管理，夯实综合支撑**】1、加强党风廉政建设，落实党风廉政建设目标责任制，层层签订《党风廉政责任书》；围绕创先争优活动的开展，创建学习型党组织；以卓锋总经理在分公司调研期间提出的“认认真真抓队伍，转变作风，激发干部员工活力”为主题，召开专题党委民主生活会，解决实际问题，提升班子凝聚力和工作实效。2、提升内控管理,全面落实萨班斯法案，规范流程，规避经营风险；进一步提升资产精细化管理水平，按照区公司要求，及时启动资产盘点工作。3、加强安全生产和维稳工作，落实安全检查制度，同时，与各指定专营店和网络代维商签订安全责任书，明确安全要求，落实防范措施，较好地完成了节假日、敏感日、建党90周年和西藏和平解放60周年大庆的安全任务。

山南地区国土资源工作

【亮点纷呈，重点工作有新突破】一是农村宅基地确权登记发证进展顺利。根据自治区工作方案的部署，我地区及时成立领导小组，制定工作实施方案，召开动员部署会议，行署与各县政府签定了工作责任书。在扎囊县扎塘镇和浪卡子县浪卡子镇开展试点工作，通过以会代训方式培训全系统50多名学员。组织工作队进村入户，采取座谈会、宣讲会和挂彩旗、贴横幅、发传单等形式，营造良好的社会舆论和工作氛围。积极争取项目经费列入财政预算，首批开展的浪卡子、扎囊、桑日、乃东等八县按年度任务，将30%（212.18万元）项目费用及时拨付专业队伍。协助配合专业队伍，完成浪卡子、扎囊、桑日、乃东四县调查工作，隆子、琼结、措美、洛扎四县已进点开展调查，确权登记宅基地2.5万余宗，其中浪卡子县确权登记工作已通过自治区验收，首次实现了我地区历史上农牧民群众土地特别是宅基地的权益保障。

二是矿产资源整合工作圆满成功。在行署统一部署和地区相关部门及曲松县密切协作下，以曲松县铬铁矿区为重点，按照先重点后铺开的工作原则和政府引导、企业为主的工作方式，多次召开行署办公会和领导小组会议、整合工作会议等，使涉及企业逐步从思想、行动上配合整合进程，及时按市场原则开展矿业权评估，组织江南矿业公司与拉萨矿业、雅砻工矿、康达矿业、自治区地勘局第二地质大队等六家企业进行数轮谈判磋商，按期达成整合协议并支付70%的矿业权补偿费，圆满完成地区矿产资源整合工作，奠定了“壮大二产”的基础，得到了地委、行署充分肯定。

三是泽当城区违规建房清理整治取得阶段成效。清理违法违规建房是历史遗留问题，涉及面广，工作难度大。根据地委、行署的统一安排，及时成立了领导小组，制定了工作方案，从去年8月开始对泽当城区528户违规建房户进行集中申报、登记和查处，深入开展面积测量、地籍调查、规划审查、土地评估、稳定风险评估等基础工作。严格遵照有关法规，本着“教育为主、整治为辅”、“先易后难、先干部后群众”和“既要解决弱势群体的实际住房需求，又要打击以营利为目的的投机炒房、炒地行为”的原则，从妥善处理历史遗留问题和预防产生新的问题出发，加大土地管理、城镇规划法规宣传力度，有序推进清理整治工作。率先处理了建房手续不全的27户，补交罚款和出让金89万元；有效查处78宗擅自买卖土地行为，解除了土地交易合同；采取联合执法、土地储备等多种措施，制止了违规建房的蔓延势头；开展重大事项稳定风险评估，安抚户主情绪，消除各种顾虑，加快了处置步伐，取得了积极进展。同时，为进一步规范我地区城镇规划区内的村（居）民建房行为，联合地区八部门出台了《山南地区城镇规划区内村（居）民建房管理的意见（暂行）》，明确了城镇规划区内村（居）民建房的原则、条件、标准、审批程序和监督职责等，有力推进了土地管理和城镇规划管理。

【监管严格，资源保护有新成效】一是耕地保护持续推进。坚持和完善最严格的耕地保护制度，行署与各县政府签订《耕地保护目标责任书》。严格建设用地计划指标管理，2250亩计划指标（其中农用地转用1500亩）既得到较好使用，又做到了不突破。联合地区监察局、农牧局、审计局、统计局开展20062010年耕地保护目标责任考核，督促各级政府及部门落实耕地保护共同责任。争取并实施了隆子县色杰学等土地开发项目，争取立项了洛扎县扎日村、曲松县曲松村、琼结县堆巴村等3个土地开发项目。联合地区农牧局对乃东、贡嘎、扎囊、措美、洛扎等县土地开发整理项目进行验收，开发整理土地达4859.60亩。严守我地区71.60万亩基本农田和95.96万亩耕地红线，在自治区开展的“十一五”及2010年耕地保护目标责任考核中，被自治区政府评为全区第一。

二是资源监管持续规范。认真组织开展2010年度土地矿产卫片执法检查工作，对涉及的23宗违法用地、2处违法采矿点进行实地核查，除桑日县4宗违法用地和已进入整改的加查县2宗违法用地外，其它违法违规情况均已整改到位。巩固矿业秩序整治成果，积极配合青藏专项山南项目区工作，查处西藏千山矿业有限责任公司以采代探行为，依法给予企业警告处分并罚款7万元，没收矿石147.4吨、矿粉4.7吨，对运至内地的103吨矿石按价折算现金后缴入国库。加强矿政规范管理，大力征缴矿产资源补偿费874.32万元（其中征缴往年欠款459.04万元），为历年之最。资源监管工作形成了政府主导、国土牵头、部门联动、上下协调的格局。

三是执法监察持续有力。深入推进与国家土地督察成都局的“共建”试点工作，出台了国土资源执法联动、土地差别化管理、协管员设置等一批新制度，成功组织召开了第三次联席会议。加强国土资源法规宣传，制定实施“六五”普法规划，开展了有声有色的“4·22”世界地球日、“5·12”防灾减灾日、“6·25”全国土地日、“12·4”法制宣传日等宣传活动。通过“12336”国土资源违法线索举报电话、不定期的国土资源执法巡查和接待群众来信来访，发现并有效调处2起土地矿业权纠纷。

【领导名录】
党组书记、副局长：白玛仁增
党组副书记、局长：渠伟
党组成员、副局长、
调研员：普多·阿吅次仁
党组成员、副局长：张先传（援藏干部）
副调研员：查斯

山南地区住房和建设工作

【宜居城乡建设取得新突破】一是城乡规划编制与管理工作进一步加强。泽当镇总规修编工作已完成地形图修测；加查县县城总体规划修编工作基本完成；措美县总体规划完成初设；琼结县对县城、工业园区、三个乡乡区及五个景区组织开展了现状地形图测绘；扎囊、桑日、乃东、洛扎等县县城测绘、总规修编和调整工作正有序开展。加强城乡规划管理工作，地县两级规划部门全年完成131个新（改、扩）建工程项目的设计方案审查；严把“一书三证”关，地县两级规划部门全年核发321件用地规划许可证（含补办），506件建设项目选址意见书，311件工程规划许可证，16件规划设计条件。开展规划法制宣传，全年共开展规划宣传22次，其中地区规划局组织人员深入泽当镇3个居委会、6个片区、9个退休支部进行规划知识讲解，向居民们宣传了规划区内民房新建、改建、扩建的相关政策，提高了居民依规办事意识。二是城镇基础设施建设进一步加快。2011年全地区城镇基础设施建设步伐进一步加快。其中仅地区住建局就办理新开工项目191个，计划总投资97408万元，同比增长53.6%。地区所在地顺利完成了雅砻河流域综合整治三四期工程、“魅力山南”风貌整治工程、三湘大道和英雄路改扩建工程及2011年度为民办实事工程等一大批民生项目、大庆项目和援藏项目。加查县实施仲巴街改造等道路工程、荆州广场等景观工程和给排水等配套设施建设，实现了市政基础设施建设跨越性发展。琼结县实施县城水源净化工程，极大改善了县城群众饮水水质。曲松县投资500万元对县城整体功能进行了全面提升。桑日县、措美县浪卡子县、错那县重点实施城镇市政道路、供排水管网工程、垃圾处理厂等建设工程，取得良好的社会效益和经济效益。

【建筑市场管理取得新进】一是严格执行建设工程项目招投标制度。地区住建局结合工作实际，研究制定了《地区住建局城维费建设项目施工招标评标合理定价评审抽取办法》，以2011年城维费工程项目为试点采取抽签的方式进行招投标，进一步规范了我地区建设工程招投标行为，保障国家投资合理流向，提高了投资效益。2011年，地区建设工程交易中心共完成招投标196项，投资总额12.32亿元，同比增长92.5%，总建筑面积38.31万平方米，其中公开招标项目178项，邀请招标项目11项，直接发包7项，招投标率基本达到100%，全年没有发生招投标投诉现象。二是强化了建筑工程质量监督管理。积极推进工程质量监管方式的转变，将实体质量监督转化为项目实施过程和各方主体责任落实的监管。2011年，地区质量安全监督站累计受监工程160项，发出施工现场整改通知38份，停工通知2份，工程质量安全通报1份，全地区没有出现重大的工程主体结构和使用功能的质量事故，建设工程质量稳步提升。三是侧重了建筑工程检测管理。2011年，地区建设工程质量监督检测中心共完成建筑用砂实验195组、卵石实验190组，1组不合格；完成水泥实验192组、钢筋试件（含焊接）实验1770组，30组不合格；完成混凝土试验1120组，33组不合格；完成砌墙砖试验56组，2组不合格；完成铝合金试验55组，8组不合格；完成土工密实度检测130个点，25个点不合格；完成混凝土无损检测40组，均合格。凡是材料检测结果不合格或达不到相关国家标准的，及时通知相关部门和单位，并报送工程质量监督单位备案，跟踪整改落实全过程；积极做好现场检测工作。现场检测123组地基承载力，71组不合格；继续实行见证取样和送样制度，确保了建筑材料实际合格率。

【下属单位发展再上新台阶】一是地区自来水总公司效益稳步增长。2011年度地区自来水总公司总产值首次突破1亿元。其中供水主业收入807万元（含政府补贴128万元），市政公司完成产值3448.9万元，管网所完成产值1090万元，房地产公司完成产值4737.5万元，上缴税收310万元，供水主业利润同比基本持平，市政、工程建设等副业方面实现利润225万元。二是地区建筑规划设计院整体实力不断提高。2011年地区建筑规划设计院共完成20余项单体工程初步设计，130余项施工图设计，承接30余项监理任务，完成总产值1400万元，上缴税收137万，实现利润约200万元。在完成设计、监理服务的基础上，积极拓宽服务领域，作为代建单位，在地区部分政府投资项目中试点实行代建制，2011年累计管理代建政府性投资工程项目4个，总投资24450万元。三是雅砻风景名胜区管理局正式划归我局，进一步拓展住建系统的业务范围。2011年，为进一步理顺风景名胜管理机构关系，经行署批准，雅砻风景名胜区管理局并入地区住建局统一管理，进一步拓展了住建系统的业务范围。雅砻风景名胜区是国家级风景名胜区，涉及贡嘎、扎囊、乃东、琼结、桑日、曲松、加查七县。为加大风景名胜区资源保护和景区景点基础设施建设，该局牵头申报雅砻风景区“十二五”建设项目和昌珠历史文化名镇项目两项，拟申报投资7000万元。目前项目前期工作基本完成。2011年，雅砻风景名胜区管理局还被评为“国家风景旅游景区文明单位”。

山南地区科学技术工作

【出台山南科技“十二·五”发展规划】在总结“十一五”科技发展规划经验基础上，该局认真组织编写了山南科技“十二五”发展规划，聘请湖北省科技厅科技信息研究院专家论证，在山南地区科技工作会议讨论通过了《山南地区“十二五”科技发展规划》、《山南地区科技奖励实施细则》，会议还表彰了2010年度全地区科技工作先进集体先进个人。

【实施科技项目带动工程，促进区域经济平稳较快发展】1、积极筛选一批符合国家产业政策，具有高科技含量的科技项目，报送到上级科技部门，使更多的项目被列入国家、自治区等计划项目盘子。向国家科技部申报了“加查县核桃产业开发”、“隆子县奶源基地建设”二个科技富民强县专项行动计划项目，这两个项目计划投资共650万元；向自治区科技厅申报了隆子县黄牛种源基地建设及乳制品加工、养蜂技术成果转化示范、“山冬七号”优质冬小麦新品种农业科技成果转化三个科技项目，项目总投资350万元。

2、认真组织实施、管理好项目。今年我局共实施科技项目19个，项目资金1060万元。

【地院合作项目】2011年是全地区实

施地院合作项目的第三年，重点是对贡嘎县的养鸡科技成果转化、乃东县的养牛科技成果转化、琼结县的仔猪养殖成果转化项目进行成果巩固。该项目今年投资390万元，其中贡嘎90万元、乃东150万元。贡嘎养鸡通过推广应用成熟、先进的选种选配、优化饲养管理、疫病防治等技术，改变了传统的饲养管理模式，提高了各项生产性能。藏鸡雏鸡成活率由85.1%提高到95.6%，提高了10.5%；育成率由85.4%，提高到98%，提高了12.6%；产蛋率由70%提高到80.3%，提高了10.3%。拉萨白鸡雏鸡成活率达到了91.5%、育成率93.4%、产蛋率90%左右。项目区养殖藏鸡和拉萨白鸡14万羽，实现效益573.87万元。

乃东养牛：通过对项目区奶牛养殖示范户进行技术服务后，加快了传统饲喂模式向优化饲喂模式的进程，示范户奶牛日奶产量由6.73千克增加到8.92千克，提高了32.54%；乳脂率由2.89%增加到3.15%，提高了0.26%；乳蛋白率由2.94%提高到3.17，提高了0.23%；受胎率提高了5.2%，牦牛成活率提高了9.8%，秸秆有效利用率提高了25%以上。项目区通过增加牛奶日产量、进行酸奶加工、“长草短喂、精粗配合”饲喂技术的推广应用等，实现经济效益319.14万元，科技投入与产出比1:4.26。

琼结养猪：繁育场现存栏195头母猪，全年共繁育仔猪2882头，实际存活2666头。在下水乡、琼结镇培育200户养猪专业户，向农户提供仔猪1278头。该项目带动周边乡镇1000户农户从事养猪业，全县养殖规模达到4000头，年出栏商品猪2000头，实现年产值532万元，实现年利润152万元，养猪户年纯收入为1520元。

【富民强县项目】1.昌果“红土豆”种植技术推广与产业开发项目，2011年实施，项目国家投资180万元。今年种植面积5000亩，其中基地种植面积1500亩。昌果“红土豆”种植技术推广与产业开发建设项目，实现了促进农民增收、壮大县域支柱产业、财政实力民“富”县“强”的目标。

2.是浪卡子县良种牦牛繁育技术示范项目，2010-2011年实施，项目国家投资130万元。该项目从帕里牦牛产区选购良种牦牛102头，选购牦牛冻精4500支，组建基础母牦牛3300头，建立牦牛繁育点1处、兽医防疫点4处，饲料加工点3处，完成人工种草3500亩，培训基层技术人员和科技特派员60人、农牧民985人。现已引进种公牛110头、母牦牛88头，完成了饲草建设基地。三是对乃东县现代奶源基地建设项目和琼结县规模标准化养猪技术示范与推广两个富民强县项目的迎验工作进行了督促检查。

3.科技三项经费项目。2011年，实施了15个科技三项经费项目，资金达250万元。主要实施了养蜂技术示范、科技信息平台建设、微水发电机安装调试及试运行、高山柳人工育苗栽培技术研究、濒危藏药材栽培试验研究及新型藏药研制开发、门隅野猪人工驯化扩繁示范基地建设等。

4.科技特派员创业示范户培育项目。山南地区科技局按照科技特派员管理办法，综合考虑科技特派员的致富带动能力、技术水平、科技成果示范推广成效等实际，积极试行“绩效考核、动态管理、扶优扶强”的管理模式，精心筛选16名农牧民科技特派员创业示范户，与相关县科技局、农牧民科技特派员签订《科技特派员创业示范户培育项目任务书》，投入培育资金110万元，邀请内地、自治区和地区科研推广专家，对创业示范户和当地群众开展相关技能知识培训，取得了良好的科技特派员创业示范效应。

【领导名录】

局党组副书记、局长：晋美

局党组成员、副局长：肖宗新、巴桑次仁、李斗林（援藏干部）

局调研员：索朗顿珠

山南地区教育体育工作

【年度综述】截止2011年底，全地区共有各级各类学校317所（比上学年增加19所），其中，中等职业技术学校1所，高级中学2所，初级中学15所，完全小学98所（比上学年减少3所），教学点150个（比上学年减少15个），幼儿园（包括民办幼儿园和学前点）51所（比上学年增加38所）。在校学生总数57869人（比上学年减少4674人），其中，高中在校生（含职校）9060人（比上学年减少1447人），初中在校生15260人（比上学年减少923人），小学在校生28027人（比上学年减少836人），在学前班和幼儿园就读儿童5522人（比上学年增加1444人）。农牧区学前两年儿童毛入园率为58.28%（比上学年提高19.28个百分点），城镇学前三年儿童毛入园率达80%（比上学年提高13个百分点）。小学适龄儿童入学率达到99.8%（比上学年提高0.1个百分点），辍学率控制在0.02%（比上学年下降0.2个百分点）；初中入学率达到99.5%（比上学年提高0.2个百分点），辍学率控制在0.24%；高中阶段入学率为72%（比上学年提高2个百分点），青壮年非文盲率达到99.3%，（比上学年提高0.2个百分点）。全地区共有中小学教职工4440人，小学、初中、高中专任教师学历合格率分别达到97%、98%、98%；小学专任教师专科学历以上比例达到81%，初中专任教师本科学历以上比例达到79%，高中阶段专任教师中有硕士研究生16人，初中阶段专任教师中有硕士研究生17人。

【以科学发展为目标，全面推进各类教育均衡发展】一是积极推进学前双语教育。根据国家教育工作会议关于推进农村学前教育项目和改革试点的要求，全面启动了山南地区国家学前教育改革试点项目，实施了乃东县索珠乡完小等8所乡镇完小附设幼儿园推进工程。对全地区学前教育情况进行了全面的摸底调查，制定出台了《山南地区国家学前双语教育试点规划》和《山南地区农村“双语”幼儿园（学前班）课程设置方案》。充分利用农牧区闲置校舍，开设学前班222个，入班人数达到3205人。组织地区实验幼儿园管理人员和骨干教师开展了送教下县活动，对各县幼儿园办班进行了实地培训。认真落实幼儿教师继续教育工作，在新分配的教师中选派了85名教师参加了学前双语教育培训。成功召开了全地区学前教育研讨会，为规范幼儿园办学行为和推进学前教育健康发展打下了良好基础。

二是推进义务教育均衡发展。认真落实“以县为主”的教育管理体制和农村义务教育经费保障机制。扎实推进义务教育学校标准化建设，按照“两基”迎国检工作要求，切实抓好了学生控辍保学、剩余D级危房消除、学校管理、教育培训、资料汇编等各项工作。均衡配置中小学教师、设备、图书、校舍等资源，进一步加大了边境高寒县和薄弱学校的改造力度，在经费投入、学校建设、教师配置、优惠政策落实等方面实行向偏远县乡和薄弱学校倾斜政策，有效缩小了县域、校际之间办学条件和教育资源的差距，义务教育均衡发展得到了进一步体现。

三是加快普及高中教育。全面开展了普及高中阶段教育水平的摸底调查工作。按照尽量满足初中毕业生接受高中阶段教育的需求，积极做好了地区第三高级中学的新建筹备工作。认真落实《山南地区普通高中新课程改革实施方案》，大力推进教学方式和学习方式变革，切实加强了各类考试情况的分析，认真组织开展了中小学教师赛课、观摩活动。组织高中教师积极参加新一轮课改培训。进一步加强对学生的理想、心理、学业等多方面的指导，有效提高了高中阶段学生的综合素质。

四是大力发展职业教育。坚持把发展职业教育作为提升“两基”水平和巩固“两基”成果的重要抓手，结合各县实际，因地制宜地发展职业教育。认真做好628名内地西藏班中职学生的招生工作，超额完成了自治区下达的597名生源的招生任务。根据对各县职教中心建设的情况摸底，对职教中心建设进行了具体规划。确定了曲松和贡嘎两县的职教中心项目，并且贡嘎被批准成为国家级职教中心项目。充分利用各县职教中心和实训基地，进一步加强了中职学生汽车维修、烹饪、种养殖等方面的技能培养。在各县专门选派了20名学员在地区职业技术学校开办了传统绘画班。组织28名学生参加了西藏自治区首届职业院校技能大赛，并取得了两个一等奖、一个二等奖、一个三等奖和集体“精神文明奖”荣誉称号。围绕国家提出的实用技术培训、引导性培训、职业技能培训、新生农牧民培训等“四大工程”组织开展农牧民培训5475人次。利用第十一届“燎原科普之冬”活动开展农牧民各级各类培训人数达14500人次。

五是高度重视特殊教育。认真做好了地区特殊教育学校建设的前期准备工作。专门派人考察学习了湖南长沙特殊教育学校和拉萨特殊学校的管理、办校条件、师资配备、教材及课程设置等方面的经验，并对全地区残疾青少年进行了专项摸底调查。研究制定了《山南地区特殊教育学校师资培训方案》，对30名招录的特校教师分别送往湖南长沙特校和拉萨特校接受了为期一年的专业培训。

【以队伍建设为切入点，全面提高师资队伍素质】坚持把加强教师队伍建设作为教育事业发展最重要的基础工作来抓。高度重视教师的职业责任、职业道德、职业纪律教育，进一步完善和规范教师行为，引导教师严格遵守职业道德和行为规范。在认真落实好《山南地区教师师德建设意见》、《教师违反师德规定的处理办法》、《严禁教育系统公职人员参与赌博的规定》及《关于进一步规范中小学教职工行为的相关规定》等各类文件精神的基础上。2011年，出台了《山南地区教师“十要”、“十不准”标准》的规定。向自治区高职评审会推荐上报高级职称参评人选30人，任命中级职务230名，批准初级资格291名，地直初级任命46人。组织全地区中小学校长参加了地区中小学校长管理现场培训会。选派了96名中小学校长和骨干教师到区内外参加了各类培训，并积极组织各县选派教师近100人参加了各类培训。组织320名教师参加了全国教师教育技术能力培训。在地区举办了34场各级各类培训，培训人数达1530人。组织100名小学教师在地区职业技术学校开设了为期3个月的小学数学、计算机业务培训班。组织地区一高9名教师到湖南参加了新课程改革培训，选派了6名体育教练员到湖北培训。完成了全地区中小学双语教师“十一五”期间师资培训总结及“十二五”我地区双语师资培训规划的数据统计上报工作。完成了近800名离退休教师的基本情况摸底调查汇总上报工作。开展了2011年地区师资需求情况调查。在教师节前夕，成功召开了教育系统高级教师（专家）座谈会，并做好了边境高寒县教师慰问工作。结合地区“十大民心”工程的实施，出台了《山南地区关于对高寒偏远学校教师实行伙食补贴的决定》及《山南地区关于对高寒边远地区发放特殊补助津贴的实施方案》，落实了全地区中小学校级领导班子岗位津贴，为维护教师权益、解决教师后顾之忧、稳定教师队伍、激励教师建功立业和促进全地区教育改革与发展提供了坚强保证。

【以资金投入为保障，全面改善学校办学条件】2011年，地区教育事业全年下达预算指标数50425.90万元，其中“三包”经费及奖学金11213.40万元。积极协调地区财政落实了2008年至2010年地方本级财政对教育的投入，确保了地县两级财政投入全部到位。地区本级财政对教育投入达3782万元，其中，解决高寒边境县教工宿舍、学生宿舍阳光走廊建设82万元；硬件建设配套2480万元；添置中小学理化生教室设备160万元；解决地直学校红外监控报警设备306万元；地直学校教职工住房公积金703万元。进一步加强了项目工程建设。2011年，我地区共开工建设59个教育项目，建设总投资16394万元。根据“两基”国检提出的全面消除D级危房的要求，结合自治区教育厅《关于尽快开展全区D级危房改造项目的紧急通知》文件精神，投入4023万元完成了17所中小学D级危房改造项目，使中小学办学条件得到了进一步改善。另外，全面完成了地区特殊教育学校项目、五所初级中学改扩建项目、乡村两级学前双语教育项目、边远艰苦农村学校教师宿舍项目和地区一高改扩建项目等前期工作。

山南地区职业技术学校工作

【加强教师队伍建设】2011年，山南地区职业技术学校坚持把加强师资队伍建设放在重要位置，根据职业教育发展的需要，把教师的培养和培训工作纳入队伍建设规划，着力打造一支高素质的职教师资队伍。一是鼓励教师通过自学、自考、考研，提高学历。二是关注青年教师的成长，加强青年教师的选拔、管理和培养，采取切实有效的措施促进青年教师快速健康成长。三是加强教师的培训工作力度。

【狠抓学校教学工作，全面提高教育教学质量】该校本着“教学是中心，质量是生命”的理念，坚持科学管理，狠抓教育教学工作。一是认真贯彻落实党的教育方针。严格执行国家课程计划，及时制定教学计划，合理安排课程，扎实完成了教学目标和教学任务。二是规范教学秩序，强化教学常规管理。我校本着“严谨治学，精细管理”的原则，严格执行教学“六认真”，教务处和教研室对教学过程的每个环节加强督导检查，开展过程评估，为教师的年度业绩考核提供详实、可靠的依据；三是树立质量意识，切实提高教学质量。积极发挥教师的专长，结合课堂教学的特点，充分利用多媒体教室等教学场所和教学资源，切实提高教育教学质量。四是强化教学理念，开展了“教育质量月”活动。校教务处、教研室在今年四月以“教育质量月”为契机，积极开展了公开课、集体备课、教师书法大赛、教学设计大赛、学生作文大赛等一系列活动；加强校本教材的研究和编撰，积极鼓励和支持教师撰写教育教学论文，组织各学科组进行讲、听、评课，实现了资源共享、优势互补，为全面提高教育教学质量奠定了基础。五是切实加强毕业班的教学管理工作。教务处召开了3次毕业班教师会议，研究制定教学方案和复习对策；组织毕业班学生进行了两次月考和一次答题卡训练，确保了毕业班工作的圆满完成。六是扎实做好首届村医培训工作。教务处积极与地区卫生局协调，认真做好了首届村医培训班的结业考试及实习等工作，为全区实现“一村一医”的目标做出了积极的贡献，也为下一次开办村医培训积累了经验。

【突出德育工作重点，狠抓师生的政治思想建设】2011年，德育工作仍然坚持“育人为本，德育为先”的教育原则，始终围绕“为谁培养人，培养什么人，如何培养人”这一根本问题，将德育工作放在学校教育的首要位置，予以抓紧抓好。一是继续加强以“反对分裂，维护祖国统一，民族团结”为主题的爱国主义教育工作。利用建党九十周年、西藏和平解放60周年和“西藏百万农奴翻身纪念日”等纪念日，进一步加强了《党章》、西藏区情、“四观”、“两论”和“三个离不开”等思想教育，引导师生树立正确的祖国观、民族观、宗教观和文化观，增强了教书育人、管理育人、服务育人、环境育人的自觉性和责任感。二是通过开展“开学第一堂思想政治教育课”、主题讲座、升国旗、国旗下讲话、观看爱国主义影片、悬挂横幅、作讲座、出板报等形式，进一步增强德育教育工作的针对性和实效性。本学期共播放爱国主义影片4部，开展形势教育2次，出主题板报3期。三是加强法制宣传教育活动，在法制副校长的协助下，组织学生开展了法律知识竞赛；并协同团地委开展了以“青春与法同行，法律伴我成长”为主题的讲座，帮助学生树立正确的法制观念，不断推进学校法制建设工作。四是开展养成教育、感恩教育、诚信教育等宣传教育活动，认真学习贯彻了张庆黎书记致全区中小学生的一封信精神，观看了德育教育影片《让世界充满爱》，使学生的思想道德情操得到了升华，促进学生形成正确的道德观念、人生观和价值观。

【加强学生管理工作力度，确保学校各项工作正常有序开展】2011年上半年，继续以加强学生良好的品德习惯、学习习惯、生活习惯和心理培养为重点，重视学生各方面的检查、指导、矫正、评估和行为跟踪管理。一是严格按照《西藏自治区大、中专学校学生违纪处罚规定》等制度，规范和约束学生的学习、生活习惯，严格做好“一日八项”检查评比和文明班级、文明宿舍的评比活动，不断增强学生的纪律意识，促进学生养成良好的行为习惯。二是切实加强学校网络管理和信息监控工作，严禁学生进入网吧、电玩城等场所，高度重视网上舆论舆情的发展态势，密切注意和防止不良信息传播，及时发现、封堵、删除网上的有害信息，防止因管理不善而造成的不良影响，为学生创造绿色、安全的网络环境。三是继续加强了校纪校风的整治工作。学工处不定期抽专人检查了学生的仪容、穿着，将着不规范校服、奇装异服的学生和留长发、染发、戴耳钉的学生都进行教育，同时加大了对管制刀具的收缴力度，减少了伤害事件的发生，使学生的精神面貌得到了进一步加强。

【开展各类培训，全面促进职业教育的发展】本着“提高工作效率、改进工作作风，切实为‘三农’服务”的原则,有条不紊的开展了各项工作,顺利完成了今年上半年的各项培训任务。一是继续加强了汽车驾驶培训、卡垫编制、传统绘画等传统专业的培训力度；二是认真做好了该地区中小学教师的培训工作。今年上半年，培训部先后组织开展了中小学班主任培训班、小学教师业务培训班和学前教育师资培训班，为全地区中学校培训各类师资261人。三是进一步加大了对外联系力度，完善实训基地建设和使用力度，加大各专业学生的实践机会，不断提高他们的操作技能；四是开展实用技能人才培训工作，培养更多的农牧民青年，使他们回家能致富，出去能就业。五是联系地区发改委、教体局、农发办、科技局、劳动局、交通局等相关单位，积极争取培训项目，举办农牧民科技特派员培训班等各类培训班，切实落实了职业教育服务山南经济的政策。

山南地区
广播电影电视工作

【宣传引导及时有力】始终坚持正面宣传为主、团结鼓劲的方针和“贴近实际、贴近生活、贴近群众”的原则，充分发挥“主渠道、主阵地、主力军”的职能作用，对内造势大力度，对外扬名大手笔，在服务工作大局中实现了新的价值。深入宣传了党的十七届六中全会、中央第五次西藏工作座谈会精神和区党委政府、地委行署重要会议、重要政策、重大工作部署情况；圆满完成了纪念建党90周年、庆祝西藏和平解放60周年、创先争优强基惠民和基层建设年等重大活动的宣传任务；深度报道了各级党委政府深入开展创先争优强基惠民活动，精心制作了一系列为广大农牧民群众办好事、解难事等生动鲜活、感人至深的节目、栏目；广泛开展了以社会主义核心价值体系为主的爱国主义教育、民族团结进步教育和以揭批达赖集团为主的反分裂斗争宣传教育，牢牢掌握了话语权和主动权。地区广播电视台全年上报自治区两台新闻300余条，采制播出新闻2000余条，各县上传地区广播电视台新闻900余条。全年舆论宣传引导有力，极大地振奋了士气、凝聚了力量，为全地区“十二五”开局之年起好步、开好局营造了良好的舆论氛围。

【节目栏目创新创优】围绕庆祝建党90周年、西藏和平解放60周年等重大活动，精心组织策划，强化创作引导，摄制并播出了《守望青稞地》、《短短六十年 跨越上千年》、《新闻特写强基惠民暖人心》、《大山里的文化赤子》、《小石材 大市场》、《辉煌十一五》等优秀作品，产生了强烈的社会反响，有力唱响了时代主旋律。自办栏目《政法纵横》、《山南旅游》、《今日农牧》、《科技之窗》等一批新老品牌节目，已形成了固定观众听众群体，知名度越来越高。

【扩大广播电视有效覆盖】按照巩固成果、扩大范围、提高标准、改善服务的要求，进一步完善城乡广播影视公共服务体系，保障人民基本文化权益。因地制宜采取有效措施，积极实施了广播电视村村通工程、西新工程，进一步扩大了广播电视的有效覆盖。全年发放卫星直播设备8498套，全地区直播卫星用户达到61529户；完成了敏珠林寺、昌珠寺的广播电视“舍舍通”覆盖，为昌珠寺配备了数字电影放映设备；提升了有线电视维护服务水平和收视质量，新增有线电视用户400余户。截止到2011年底，全地区广播电视综合人口覆盖率分别达到86.17%、93.95%，较2010年分别提高2个百分点。

【积极推进农牧区电影放映工作】改善了农牧区电影放映条件，为3个县配备了流动放映车，为76个基层放映队配备了发电机，为27个基层放映队发放了数字放映设备，使全地区电影放映设备实现全数字化。全年农牧区公益性电影放映场次达到2.36万场，超额完成了核定任务的5%，进一步巩固了平均每个行政村每月放映3.5场次的农牧区电影放映成果。

【领导名录】

局党组书记、副局长：索朗多吉

局党组副书记、局长：王霞

局党组成员、副局长：格桑德吉、杜亮（援藏）、雷进

山南地区卫生工作（人口计生）

【基本概况】山南地区卫生局（委）定编27名，其中：行政编制21名，事业编制4名，后勤事业编制2个。内设8个行政机构和2个事业机构，均为正科级建制，分别为：办公室（政工人事科）、卫生监督管理科、疾病预防控制科（山南地区爱国卫生运动委员会办公室）、卫生应急办公室（山南地区突发公共卫生事件应急指挥中心）、基层妇幼保健与社区卫生科、医政科（山南地区医学会、藏医药管理科）、财务科（农牧区医疗管理科）、发展规划与信息科（流动人口计划生育服务管理科）；2个事业机构：科学技术服务中心（计划生育协会办公室）、卫生人才培训中心（山南地区红十字会），为全额拨款的事业单位。下属2个科级事业单位，分别为地区妇保院和地区疾控中心。

【深化医药卫生体制改革】（一）2011年3月30日召开山南地区2011年卫生和人口计生工作会议，会议部署了卫生（计生）2011年各项工作任务。

（二）继续完善农牧区免费医疗制度建设。全地区农牧区医疗制度健康运行，政府补助提高到260元，农牧民个人缴费提高到20元，报销补偿最高支付限额提高到不低于5万，并将新增的80元补助经费全部纳入大病统筹基金，提高了大病医疗保障基金比例。2011年全地区共有291494人参加了农牧区医疗个人筹资，农牧区医疗基金总量为8737.23万元（包括个人筹资部分）。

（三）全面实施国家基本药物制度。2011年在全区七地（市）中率先完成国家基本药物集中招标采购工作。全地区从2010年12月1日起实行乡镇以下医疗机构药品零差率。同时从2012年1月1日起，统一和规范了县、乡村的藏药制剂的供药和价格。

（四）扎实推进城乡卫生服务体系建设。

1、积极开展县卫生服务中心标准化建设。全地区除琼结县外，8个县卫生服务中心标准化正在建设中，3个县已完成建设。

2、24个乡（镇）卫生院开展了乡（镇）卫生院规范化建设试点工作。

3、168个村卫生室配备了简易的医疗设备，投资达134.4万元。

（五）进一步加强农牧区卫生人才队伍建设

2010年9月与地区职业学校联合对155个无村医行政村的新学员进行为期3年的培训，并于2011年7月实现了我地区一村一医目标。2011年全年培训人次达832人次。

（六）开展了县卫生综合目标考评与乡（镇）卫生院规范化建设。2011年度县级卫生综合目标进行交叉考核验收。根据考核总体情况，评选出2011年度县级卫生综合目标考评工作先进单位。

【公共卫生工作取得成效】（一）、积极组织地区疾控中心12名专业人员分两组深入乡、村及学校开展春季传染病防控工作和鼠疫防控工作全面督导，全年各种传染病发病总数1669例，总发病率为507.30/十万，无甲类传染病，乙、丙类传染病共计16种。

（二）加强了突发公共卫生事件报告的管理工作和不明原因肺炎、流感等监测。进一步提高传染病疫情信息网络直报和信息报告质量。

（三）完成了我地区提高新生儿乙肝疫苗首针及时接种率全区综合示

范项目的落实和督导工作，通过督导检查各县医院和地直各医院住院分娩首针乙肝疫苗接种率达100%，在家出生的婴儿接种率70%。完成了消灭脊灰强化免疫第一轮和第二轮疫苗接种工作，接种率达95%以上；

（四）紧紧围绕我地区“两基”迎国检工作的有关文件要求，会同有关部门先后深入到贡嘎、扎囊、乃东、琼结和地直各学校开展地区级督导评估工作，圆满完成了工作任务。

（五）完成了国家、自治区对我地区结核病、艾滋病督导评估工作。

（六）进一步加强鼠疫防控工作，完成了四个县的保护性灭獭工作和全地区鼠疫监测工作。地区卫生局组织地区疾控中心专业人员，成立两个督导组于2月17日开始对12个县的鼠疫防控、冬春季呼吸道传染病防治等工作进行了一次全面督导检查。

【妇幼卫生工作有新突破】（一）连续下文强化县、乡、村等党政组织参与双降工作，层层签订责任书，有效促进了妇幼保健工作，取得了“双降一升”的成绩。

（二）2011年孕产妇住院分娩率66.12%，孕产妇死亡率201.25/十万，婴幼儿死亡率为40.25‰。并将“双降一升”和医德医风工作列入地委、行署的年终综合考评内容。

【医政工作稳步推进】（一）召开地区基层卫生工作会议，专题安排2011年乡镇卫生院规范化建设试点工作，

（二）根据各县各单位上报的计划需求，引进27名援藏医疗队员，圆满完成8个月援藏任务。争取到三省援藏资金150万元。并于6月份由行署分管领导带队赴湖北、湖南、安徽三省回访和衔接援藏工作。

【人口计生工作全面有序推进】一是进一步加大人口计生事业经费、流动人口计划生育事业经费投入，实现了人均12元的目标；二是进一步完善和规范流动人口计划生育服务和管理工作；三是据统计人口出生性别比保持在正常范围内，人口数量稳步增长；四是人口信息数据录入率达到95%；五是人口计生惠民政策温暖农牧民心，顺利完成了“两项”扶助制度和2010年度资金发放以及2011年度目标人群资格确认工作；六是进一步夯实人口计生和优生优育科普知识宣传教育工作共开展各类宣传活动60余次，发放各种宣传品12万(册张),发放各种避孕药具5万余人次、折合人民币17余万元；七是“幸福工程救助贫困母亲”项目扎实运作；八是顺利通过自治区计生协会幸福工程办公室验收组的验收。

山南地区人民医院工作

【年度综述】2011年，山南地区人民医院着力推进科学管理，切实提升服务能力，大力加强领导班子、干部队伍和人才队伍建设，努力建设群众满意医院。较好地完成了各项工作任务。

【出色完成年度目标任务】1、全年门（急）诊量为76849人次，比去年同期增加7.3%。其中：门诊病人62534人次，日均门诊量为209人次，比去年同期增加5%；急诊12897人次，日平均急诊量35人次，比去年增加6.2%；出院病人4417人次，比去年同期增加7%；手术病人982台次，比去年同期增加95台次。

2、病床使用率76.3%，比去年同期提高9%。病床周转次19次，比去年同期增加1次。出院病人平均住院日14.9天。

3、全院危重病人抢救成功率76%，住院死亡率0.95%院内感染发生率＜8%，重大医疗差错和事故发生率为0，年内无住院孕产妇死亡。住院病人满意率为96%，门诊病人满意率为90%。

4、全年护理住院病人63687人次，危重病人护理14955人次，静脉输液91049人次，护理表格书写合格率93%，住院病人对护理工作的问卷调查满意率达95%，护理差错事故发生率0，护理投诉及纠纷为0。

【全力做好各项医疗救治工作】在狠抓日常医疗工作的同时，全力做好各类突发事件伤员救治和各类专项医疗工作。一是医院上下全力救治“2.09”加查境内交通事故伤员。事故发生后，医院立即启动《山南地区人民医院突发公卫事件应急预案》，及时成立救治领导小组和专家小组，全力投入到救治工作中，特别是在外科全体同志的不懈努力下，经过一个多月的抢救治疗，实现了零死亡，并妥善安排伤员及家属的生活；二是为做好普九验收工作，应乃东县政府要求，对乃东县学龄儿童开展了残疾筛查、评定残疾等级工作。共筛查52名学生，对35名学龄儿童进行了残疾鉴定工作；三是按照卫生局的安排，接收15名县医院骨干医师在我院为期一年的进修培训，接收18名乡镇卫生院专技人员在我院见习培训，同时接收37名医学院学生在我院临床实习；四是圆满完成了庆祝西藏和平解放60周年中央代表团及对口援藏省（市）代表团在我地区活动期间的保健任务。五是协助北京同仁医院开展“同心共铸中国心--西藏山南行”活动。在此项活动中，我院免费检查、诊治患者360余名，筛选出21例先心病患儿，并将16人准备送往北京同仁医院实施免费手术。五是保质保量地完成了小考、中考、高考和征兵体检工作任务，共体检4468人次。

【领导名录】

院党委书记、副院长：李虹

院党委副书记、院长：班巴

院党委委员、副院长：加永桑丁、陈伟

院纪检委书记：尼玛次仁

山南地区藏医院工作

【以突出藏医药特色优势为抓手，不断满足人民群众日益增长的医疗健康需求】山南地区藏医院作为全地区唯一一家集藏医医疗、预防、保健、康复、教学、科研、文化和生产藏药于一体，集聚民族特色，融藏医与现代医学精髓为一体的综合性民族医院，始终坚持以秉承藏医传统与现代科技相结合的办院思路，围绕“以病人为中心、以发挥藏医药特色优势”医院管理年主题，一是将“以病人为中心，发挥藏医药特色优势”作为一切工作的出发点和落脚点贯穿医院发展的始终，将其列入医院“十二五”发展规划中；二是依托外治专病优势，

承担国家级课题研究项目。鉴于该院藏医外治技术在全区居于领先优势，“十二五”期间国家级藏医适宜技术推广项目之全区十个项目全部由本院承担。截至目前已完成了适宜技术推广项目总方案、具体方案制定工作，文本课件制作、PPT课件制作以及相关培训等整个项目三分之二工作。三是加强了藏医药研究所力量，年内由院研究所牵头，承担国家、自治区、地区藏医药相关临床教材编辑整理工作，截至目前先后编辑、整理出版了全区《藏医三基训练》、国家基本藏药目录之藏药配方、国家基本藏药目录之临床应用指南、图文并茂形式藏医外治实践指南、国家级项目之十项藏医适宜技术临床应用指南、全地区藏医基本护理临床操作指南等教材。四是藏医外治专科作为国家级“十一五”重点专科建设项目目前已完成全部建设内容，并于今年8月底通过了国家验收，得到了检查组各位领导、专家的好评。“十一五”重点专科专病建设项目在全区范围内只有三家，根据此次评审情况，本院位居全国前列。五是为充分发挥藏医药特色优势，一方面今年我院试行了以医院外治科为核心，推行藏医适宜技术推广应用奖励机制，具体方面，院里将医院外治技术激励权限下放到医院外治科，由医院外治科负责对各临床科室到本科进行藏医特殊疗法的患者次数进行统计，并按统计结果分配相应奖金，经过不到一年试行，对进一步挖掘和促进藏医药适宜技术方面起到巨大的推进作用，据统计通过类似激励措施的实施，仅2011年在以医院外治科为核心，各临床科室的积极配合参与下，新增外治技术达10余种；另一方面，我院今年重点狠抓了医院卡擦尔室建设工作，将原先的医院藏药房改造成为医院卡擦尔室，不仅扩大了卡擦尔室的空间规模，同时对其进行集聚藏医特色室内装修，完善配备了相关设施设备，加强了卡擦尔室的人员力量，使其成为了又一个独具藏医药特色优势亮点窗口。

【以项目建设工作为突破口，为实现“十二五”发展目标奠定坚实的基础】2011年是制定“十二五”发展宏伟蓝图的关键之年，也是作为一个地区、一个部门能否抓住有利的政策时机，制定切合自身实际“十二五”发展规划重要一年，为此，该院党委院部对此高度重视，将2011年确定为项目编制年。根据中央、自治区出台的一系列扶持和促进藏医药事业发展优惠政策，尤其针对《山南地区行署办公室关于转发地区关于进一步贯彻落实〈西藏自治区人民政府关于进一步扶持和促进藏医药事业发展的意见〉的实施意见》山行办发〔2011〕7号文件精神，为不失时机，抢抓机遇，认真贯彻落实中央、自治区和地区关于扶持和促进藏医药事业发展意见精神，该院结合自身发展实际，专门成立了由扎西次仁院长为组长的山南地区藏医医院“十二五”藏医药事业发展项目领导小组，一是制定了《山南地区藏医医院“十二五”发展规划纲要》和《西藏山南地区藏医医院认真贯彻落实中央自治区、地区“关于扶持和促进藏医药事业发展意见”的具体实施方案》，并由院领导及相关科室负责人等组成的专家组对该方案进行多次研究讨论，目前方案已成册。该方案内容涉及项目共计13项，预计总投资3510万元，全部按照山行发【2011】07号文件精神，申请地区行署解决；二是结合医院发展实际，提出了“1234”总体发展目标。即：一提升、二优化、三健全、四增加。其中“一提升”即：“十二五”末，力争使医院的等级由现在的二级藏医医院提升至三级藏医医院，努力使医院创建成为全区七地市藏医医院中的首个三级藏医医院；“二优化”即：优化人才结构，优化专业结构；“三健全”即：健全医药研发体系，健全医疗服务体系、健全藏药生产体系；“四增加”即：增加全院规模、增加建筑面积、增加床位总数、增加人员编制。三是收购医院隔壁藏南实业有限公司资产事宜，2011年有了实质性的进展。尤其，在地区行署及各有关部门的高度重视和大力支持下，专门为此成立了由行署分管领导为组长、各有关部门负责人组成的领导小组。截至目前，在双方的共同努力下，已完成了资产评估等前期大半工作，目前就资产价格、公司所属人员安置等方面还未达成最终共识，正在等待地区行署批复。四是医院拟将实施的“十二五”期间重点项目之“藏医医技及综合特色楼建设项目”，在地区行署和各有关部门的大力支持下，已被列为了该地区“十二五”卫生重点项目，截至目前已被地区发改委立项，并通过了自治区发改委初审，有望明年年初动工。该项目总建筑面积7000平米，总投资2430万元，全部由国家投资。

【以医药质量为核心，强化药事管理】一方面积极争取到自治区中小企业发展专项资金251万元，将原先的炮制车间改造成了第二制剂车间。这样大大增强了药厂的生产能力和生产水平，极大缓解市场供需矛盾。另一方面积极争取到地区科技局三项经费14万元，开展了内科新药“血脂康散”和“木布德吉”的等新药临床研究工作，先后新申报了18个制剂准字号，以此进一步拓展、拓宽藏药生产规模及品种，不断满足全地区十二县、83个乡镇基层藏医医疗机构及区内外用户临床藏药用药需求。全年医院制剂室或雍布拉康藏药厂生产了197个品种的药品，比去年同期增加8.9%，产量达到33吨，比去年同期增加44.7%，平均每天生产100多公斤。主要满足医院及全地区十二个县83各乡镇藏医临床用药需求，此外还销往拉萨、日喀则、那曲以及北京藏医医院等区外部分藏医医疗机构中。年销售收入达到967万元，比去年同期增12.7%，利润349万元，比去年同期增22%，上缴税金148万元，比去年同期增加55.8%。全年发药处方达163339张，比去年同期增加16.7%，其中藏药处方占80%，医院临床藏药用药量90%以上。

山南地区民政工作

【救灾减灾工作取得新进步】2011年，山南地区发生了洪涝、雹灾、雪灾、地震等多种自然灾害，给农牧民群众的生命财产造成了严重损失。受灾群众2.5万人次，其中紧急转移安置灾民287人；因灾受损民房7128间，倒塌33间；因灾死亡牲畜1983头

（只），受灾农田7741.5亩，直接经济损失3839.7万元。灾情就是命令，“9·18”地震发生后，立即启用救灾应急资金270万元，下拨重建资金744.9万元、落实转移安置资金56万元；组织全地区开展向9.18地震灾区捐款活动，接收捐款432.5万元，并及时下拨到洛扎、错那、浪卡子、隆子四县灾区。另外，下拨倒塌民房灾后重建及补助资金341万元，下拨去冬今春受灾群众生活救助款1200万元。七个县救灾仓库建设顺利竣工并交付使用，补充采购各类救灾储备物资总价值537.3万元。组织全地区开展“5.12防灾减灾日”宣传活动，发放各类资料30余种6万余份。各项救灾工作扎实有序开展，灾民生活权益得到切实有效保障。

【社会救助工作迈出新步伐】一是自2011年1月起，严格执行城乡居民最低生活保障最新标准，将家庭月人均纯收入低于350元以下的城市居民、年人均纯收入低于1450元以下的农村居民全部纳入了保障范围，实行动态管理，做到应保尽保。实行城乡低保补助资金提前预算制度。全地区城市低保对象3681人，年初一次性预拨低保补助资金1131万元；农村低保对象28897人，年初一次性预拨低保补助资金2188.6万元。认真落实“三大节日”困难群众一次性生活补助发放工作，兑现城市、农村困难群众一次性生活补助资金分别为260.3万元和577.9万元。二是积极探索建立城乡一体的医疗救助制度，研究制定了《山南地区城乡医疗救助制度实施办法（试行）》，简化救助程序，完善工作制度，规范操作规程，加大监督力度。2011年，全地区累计医疗救助4918人次，落实救助资金926.54万元，其中城镇、农村医疗救助分别为66人次和4852人次，落实救助资金分别达59.94万元和866.6万元。三是2011年五保供养补助标准从原来的年人均2000元提高到2200元。全地区五保供养对象2947人，有集中供养服务场所49所，总床位1020张，现实际入住823人，入住率达到81%，集中供养率达到28%。全年兑现五保对象供养补助资金648.34万元，发放五保老人“三大节日”一次性生活补助资金29.47万元。四是积极开展高校特困生救助工作。经自治区民政厅审核，我地区符合救助条件的高校特困生共165名，下拨落实救助资金76.8万元。社会救助体系逐步完善，各类困难群众的生活水平有了进一步提高。

【优抚安置及双拥工作再上新水平】积极帮助优抚对象解决困难，先后发放“三大节日”优抚对象一次性生活补助资金38.2万元，下拨抚恤补助资金360万元，优抚对象医疗补助资金119万元。年内接收安置退役士兵及转业士官81人，下拨军休经费602.2万元，落实干部津贴补贴39万元；完成了113名60周岁以上农村退伍士兵信息采集上报工作。组织开展“三大节日”慰问活动，发放慰问金20.6万元；协助召开了党政军警民座谈会，发放慰问金2万元。山南烈士陵园声光电工程及烈士信息采集录入工作基本完成，全年接待瞻仰人员9786人次。优抚安置工作扎实推进、双拥工作成效明显，军民关系更加紧密。

【换届选举工作展现新面貌】圆满完成全地区12个县554个村（居）的换届选举工作，进一步优化了村（居）两委班子结构，推进了农牧区基层民主政治建设，提高了农牧民民主法制意识。在村（居）换届中，地区落实工作经费15万元，培训工作人员300余期1万余人次，发放选举资料手册3500本，岗前培训手册3500本，选民登记册650本，选民登记公告2900张，发放宣传资料2.9万份，张贴标语1.1万条，办墙报741期，通过报纸宣传63篇，广播宣传41次，播放电视新闻16条。

【专项事务管理跨上新台阶】一是流浪乞讨人员救助管理工作得到加强。通过多种途径广泛开展政策宣传，实施主动救助与自愿救助相结合，集中救助与零散救助相补充，探索与流出地互救的联救机制。全地区救助流浪乞讨人员306人，其中直接返乡81人，共落实救助资金7万余元，下拨12县救助资金30万元。二是地名普查工作取得突破性进展。在隆子县加玉乡开展实地培训的基础上，首批在错那、洛扎、浪卡子、隆子四县全面铺开地名普查工作，落实普查经费40万元，完成地名摸底调查、资料收集、目录登记以及地名数据填写建档等工作，圆满完成了第二次全区地名普查试点任务。三是婚姻及收养登记不断规范。广泛开展婚姻法宣传工作，规范登记流程，健全档案管理，完成了区地两级民政婚姻登记信息系统的联网任务；全年办理收养登记手续8例。

【社会福利事业获得新进展】完成了全地区福利设施的调查统计工作，目前共有福利设施12个。地区福利彩票销售管理站正式挂牌成立，年内实现各类电脑型、即开型福利彩票销售总额1650万元。全地区60周岁以上老年人2.8万人，全年发放80周岁以上寿星老人健康补贴1.4万元，办理老年优待证56本，开展了“重阳节”敬老爱老宣传活动，慰问百岁老人3人。福利事业健康发展，社会特殊人群幸福感不断提升。

山南地区人力资源和社会保障工作

【就业形势保持总体稳定】一是扎实做好就业再就业工作。认真落实自治区党委、政府关于就业再就业一系列政策措施，帮助城镇就业困难人员特别是零就业家庭解决就业为重点，强化目标任务责任制考核，加强公共就业服务管理，全地区就业形势总体良好。2011年，全地区新增就业2861人，同比增长19%；消除零就业家庭165户175人，确保了零就业家庭实现动态消除；免费职业指导3829人；免费职业介绍2868人；职业介绍成功1926人；开发就业岗位3882个，同比增长57%；全地区城镇登记失业人员1194人，城镇登记失业率控制在2.8%以内，全面完成各项目标任务。

二是大力开展技能培训及职业技能鉴定工作。把农牧民建筑施工技能培训作为促进就业工作、提高农牧民增收致富的重要途径，委托部分企业进行“订单式”、“联合式”、“意向式”的培训，提高了培训质量。各县人社部门立足本县优势和特色产业，合理安排技能培训项目，取得了良好成效。

全地区全年培训农牧民11397人（包括建筑施工培训1748人），培训城镇失业人员1288名，完成全年目标任务的107%。培训后实现就业983人，就业率达76%，对参加职业技能培训的300名农牧民进行了职业能力考核工作，对390名酒店服务人员、浴足保健人员进行了职业技能鉴定工作。

三是积极推进农牧民转移就业。充分发挥人社部门在主导、推进农牧民劳务输出工作中的职能作用，通过建立目标任务责任制、强化技能培训、着力打造劳务品牌等措施，进一步拓宽劳务输出渠道，推动劳务输出实现跨省化，促进劳务输出工作多层次、广渠道开展。全年劳务输出达8.1万人，其中向青海玉树灾区输出劳动力416人，完成全年目标任务的103%，实现劳务创收3.91亿元，完成全年目标任务的106%。

四是全力促进高校毕业生就业。加强对高校毕业生就业优惠政策的宣传、落实，委托强基惠民活动驻村工作队发放和宣传《自治区、山南地区高校毕业生就业政策》宣传册，扩大了高就业政策信息覆盖面，多渠道收集、发布就业信息，举办高校毕业生专场招聘会，推荐就业310多人，达成意向性协议240人，培训未就业高校毕业生100人，为未就业高校毕业生办理求职登记1330人次；对见习高校毕业生发放生活补助每人每月950元，推荐110名高校毕业生到已认定的14家就业见习基地见习，高校毕业生就业工作取得新突破。

【社会保障体系逐步完善】一是社会保障制度实现全覆盖。继2010年新农保制度实现全覆盖后，又开展了城镇居民社会养老保险、寺庙僧尼社会养老保险、医疗保险工作，这些政策措施，标志着覆盖全地区城乡居民社会保障体系全面建立，从政策制度层面实现了应保全保。

二是大力加强五大保险的参保缴费工作。全地区五大社会保险参保人数达到81343人，征缴保险费15962万元，其中：参加基本养老保险6500人、征缴保险费4300万元；参加城镇职工基本医疗保险23786人、征缴保险费9150万元；参加城镇居民基本医疗保险14430人、征缴保险费355万元；参加生育保险17726人、征缴保险费400万元；参加工伤保险9071人（含企业61名老工伤人员）、征缴保险费400万元；参加失业保险9830人、征缴保险费1357万元。各项保险均完成全年目标任务，部分险种超额完成目标任务。

三是新农保试点工作取得显著成效。在认真总结新农保试点工作的基础上，地县人社部门在各级党委、政府部门的高度重视和关心支持下，广大农牧民群众积极参与，投入了大量的人力物力，创新工作方式、采取有效措施，取得了良好效果。2011年全地区参加新型农村养老保险人数16.0992万人，征缴保险费1483.75万元，参保率为92%；累计为全地区2.76万名60周岁以上农牧区老人发放基础养老金1409.59万元，发放率达100%，新农保工作走在全区前列。

四是稳步提高社会保险待遇。进一步提高医疗、失业、生育等保险保障水平，保证社会保险待遇及时足额支付和发放。为1755名退休人员发放基本养老金4943万元；为35名退休病故职工发放丧葬补助金和一次性抚恤金共计165万元，支付一次性个人账户36万元；支出城镇职工基本医疗保险金4480万元；支出城镇居民医疗保险金303万元；支出工伤保险金4万元；支出生育保险金190万元；支出失业保险金203万元（含向13家企业发放补贴资金122.42万元）。按照政策为1754名统筹内退休职工进行了调资审核工作，补发123万元，人均增资233.75元；向1766名统筹内退休人员及时发放了购物券折合金额106万元；为1902名统筹内退休职工发放了西藏和平解放60周年丝绸棉被纪念品。

五是认真开展工伤调查认定和劳动能力鉴定工作。制定了《山南地区国有企业老工伤人员等纳入工伤保险统筹管理工作实施方案》，成立了由人社、财政等相关单位为成员的国有企业老工伤人员工伤保险统筹管理领导小组，完成老工伤认定96人，为82人重新进行劳动能力鉴定，并建立了个人档案。妥善处理了江南矿业27名农民工基本养老保险问题。

乃东县

【年度综述】按照“提升一产，壮大二产，做强三产”的经济发展战略，狠抓结构调整、项目建设和招商引资，经济发展保持高位增长，经济结构快中调优，经济增长的内生动力不断增强。2011年，乃东县实现生产总值27.76亿元，同比增长15.8%；财政收入突破4000万元大关达到4235万元，同比增长32.76%，其中税收占财政收入比重达91.55%，可用财力增速超历史最好水平；清欠历年财政债务3819万元，落实农牧区“三老”人员生活补贴120万元，兑现47个村（居）委会运转经费96万元。基础设施建设成效显著，完成固定资产投资3.55亿元，同比增长65%。招商引资实现历史性突破，工业发展势头强劲，华新水泥、藏源集团等企业相继落户乃东，完成招商引资协议投资2.85亿元，是计划任务的3.56倍。特色农牧业进一步发展，产业调整力度加大，优质粮油、奶牛饲草、禽类养殖、蔬菜大棚等“四大”特色基地建设不断提升，效益持续提高，粮经饲结构达到60:19:21，黄牛改良率达到69.3%，禽类养殖总量达163万只，城市蔬菜供应率达51%。旅游发展形势良好，雍布拉康被评为“西藏最具魅力的旅游景点”之一，中央4套以“寻找藏文化起源”为主题对乃东旅游进行了系列宣传，目前全县旅游从业人员385人、人均年收入5000元，县政府被评为全区“旅游富民先进单位”。

【民生改善成效显著】始终把改善民生作为工作的出发点和落脚点，大力改善城乡基础设施条件。社会主义新农村建设稳步推进，全县90%的农牧民住上了安全适用的新房，完成了14处村（居）人居环境综合整治，投资2155万元实施了昌珠镇环形公路、村道硬化工程。农牧民生活水平大幅提高，全年实现农牧民人均纯收入6010元，同比增长13.2%，首次突破6000元大关。农牧区生产生活条件明显改观，投资7588万元，完成了雅砻灌区、江北灌区等6个水利设施配套项目，改善了灌溉面积

1.2万亩，解决了2588人、1.17万头（只）牲畜的安全饮水问题，水利普查清查阶段性工作在全国参加了交流。城镇基础设施大幅度改善，投资2960万元实施了泽当、结莎居委会和泽当南片区老城区道路硬化、亮化、绿化和给排水工程，投资1916万元建设了5.4余万平方米周转房、廉租房，城镇居民住房和出行条件极大改善；投资493.5万元在7乡（镇）实施了“三小”工程，有效改善了乡（镇）机关的基础设施、保障了乡镇机关的正常运行，乡镇干部职工的工作生活条件进一步改善。生态建设和环境保护成效明显，投资1135万元，完成植树造林1.21万亩、砂生槐采种基地2000亩、封山育林1万亩、防沙治沙1000亩，新增造林面积7700亩。

【社会事业全面进步】教育事业蓬勃发展，办学条件极大改善，投资2700万元基本完成了全县中小学D级危房改造，初中、小学入学率分别达101.9%、99.9%，15~50岁非文盲率达99.75%，积极发展乡村学前教育，大力加强教师队伍建设和学校精细化管理，出资121.96万元资助552名非义务阶段贫困学生，内涵式发展取得新成效，教育水平继续在全区保持领先地位，高水平通过了“两基”验收，正在向“教育强县”目标迈进，县政府被自治区评为2011年度“两基”工作先进集体。科技拉动作用明显，紧紧围绕特色产业和种养植基地开展科技培训，全年培训农牧民4000余人（次），全县农牧业科技贡献率超过40%。大力开展文化“三下乡”活动，克松村民自编、自导、自演的话剧《农奴泪》在全国取得巨大反响，泽当“华吼”等非物质文化遗产市场化步伐加快。进一步推进农牧区医疗制度改革，农牧区医疗制度覆盖率达100%、农牧民参合率达97%、孕产妇住院分娩率达82.9%。覆盖城乡的社保体系初步建立，全年实现城镇就业210人，城镇登记失业率控制在1%以内，全县新农保参保率达93.7%，城镇养老、医疗、失业等五大保险征缴率达100%，落实城乡低保、孤儿基本生活费、五保供养金、寿星老人健康补贴、城乡群众医疗救助金等共计694.6万元，做到了应保尽保；双拥工作深入开展，再次荣获自治区“双拥模范县”称号；建立了地区首个泽当社区“一门式”服务站，划分了泽当社区城市辖区，社区公共服务水平不断提高，圆满完成了“村居两委”换届选举。

扎囊县

【年度综述】2011年，扎囊县经济发展保持了速度快、运行好、效益好、结构优的态势。一是全年预计实现国民经济生产总值33080万元，同比增长18.78%。其中：第一产业、第二产业、第三产业增加值分别为5560万元、12060万元，15460万元，同比增长分别为10.09%、21.66%、19.97%。二是全年农林牧渔业预计实现总产值7206.64万元，同比增长6.9%，其中：农业产值、林业产值、牧业产值和农林牧渔服务业产值分别为3291.94万元、180.16万元、3414.54万元和320万元，同比增长4.5%、5.8%、9.2%和8.5%。三是种植业结构更加合理，粮经饲比例从2010年的60:27:13调整到56:25:19，全年粮食总产量达2.12万吨，同比增长0.95%。四是全年地方财政收入预计达到820万元，同比增加180万元，增长28.13%，完成计划数的111.4%，其中：税收收入587万元，占总收入71.58%，非税收收入233万元，占总收入的28.42%。五是全年财政支出预计完成20588万元，比上年增长31.8%。

【坚持投资消费双拉动】投资和消费分别实现了10.84%和33.59%的增长。大力刺激城乡消费，投资和消费共同拉动经济增长的格局得到巩固和发展。一是进一步加大国家、自治区、地区和湖南省株洲市援藏项目投资落实力度，全方位、多渠道扩大投资。2011年，全县基本建设项目共53个，其中，国家投资项目43个，民间项目5个，招商项目2个，援藏项目3个。完成社会固定资产投资31700万元，同比增长10.84%，其中：完成国家投资19200万元；完成招商投资1500万元；完成援藏投资1000万元；完成民间投资（含农牧户固定资产投资）10000万元。二是城乡消费持续活跃，社会消费品零售总额3500万元，同比增长33.59%，县城和农牧区消费市场呈现同步增长的良好态势。积极推动“家电、家具、农机和摩托车下乡”，扩大实施范围，全年共兑现补贴资金186.38万元，有力地刺激了消费的较快增长。“万村千乡”市场工程扎实推进，全年发展农家店14家，全县目前共有“万村千乡”市场工程标准化农家店79个，乡镇村覆盖率达100%。碘盐推广工作扎实推进，发放碘盐248.8吨，超额完成0.8吨，碘盐覆盖率达到100%。

【加大项目监管，各类项目建设进展顺利】2011年，扎囊县认真做好各类项目的前期工作，积极组织实施和管理，项目工作稳步推进。一是水利项目成效显著。建设投资完成2914.11万元。重点开展了小型农田水利重点县项目建设、农牧区饮水安全工程、水利重点项目续建等工作，保障了农业的健康发展。二是交通项目全面推进。道路交通建设项目工作共投资2937.43万元，建设了乃东县多颇章乡至我县桑耶镇柏油公路、扎其乡宗嘎村水泥公路、扎唐镇白仲桥等工程项目，改善了全县道路交通的通行能力。三是农发（扶贫）项目进展顺利。扎其乡扎其沟农发项目区，农发存量和增量资金项目总投资2982万元，受益群众达4170人；面上扶贫阿扎乡犏牛养殖及人工种草等3个项目涉及国家财政投资160万元，入户扶持两个乡镇贫困群众共203户，1087人。四是林业项目稳步推进。总投资2891.11万元，开展了重点区域生态公益林建设、防护林建设、防沙治沙、退耕还林等项目，完成造林绿化及防沙治沙任务6.97万亩。

【二产三产大发展】民族手工业经济和旅游发展取得新突破。一是我们继续加大了对民族手工业园区的扶持力度，强化服务措施，积极推进我县产业由“三、二、一”向“二、三、一”转变的发展战略。投资300万元新建了民族手工业园区厂房。全年民族手工业实现产值达到3150万元（不包括普通生产户），盛世藏绒科技开发有限公司实现工业产值1800万元，同比增长20%；二是将旅游业作为全县的重点产业、支柱产业和先导产业来抓，累计投入1213.95万元，开展了朗塞岭庄园旅游公路建设、全县旅游发展规划编制、景区景点的基础设施改善、旅游业从业人员培训等工作，推动了旅游业的快速发展。同时，阿扎景区已被自治区旅游局批准为2A级景区，加上已被国家评为4A级的桑耶景区和3A级的敏珠林景区，极大地提高了扎囊县旅游业的吸引力和竞争力。全年，该县共接待游客28.9万人（次），实现旅游收入2967万元，同比增长18%和20%。三是非公有制经济发展迅速，扎囊县拥有私营企业9家，个体工商户677户，从业人员达到1500余人，阳光氆氇厂、盛世藏绒科技开发有限公司等非公有制企业通过国家一系列优惠政策刺激，发展迅速，带动了县域经济发展，繁荣了城乡市场。

【切实改善农牧民生产生活条件】努力实现安居乐业。该县高度重视“三农”工作，加大了资金向农牧区倾斜力度。一是以安居工程为突破口的新农村建设扎实推进。全年投入资金830.4万元，完成民房改造和贫困户建房共812户，完成194户新建户“抗震加固”任务，兑现加固补助97万元，使农牧民群众的居住状况得到极大改善。二是认真实施《西藏自治区2011—2015年农村人居环境综合整治工作实施方案》，投资3200万元对我县20个村（居）委会进行了人居环境综合整治工程，进一步改善了农村人居环境。三是以基层建设年和创先争优活动为契机，千方百计解决农牧民群众迫切需要解决的困难和问题。活动开展以来，共为民办实事140余件，投入资金720余万元。四是维修沼气556户、更换灶具1600户，并投资20万元建设了综合服务网点5个，薪柴替代工程发挥了最大作用；五是改扩建农村公路4条，新修桥梁一座，受益农牧民群众近2000人，全县5个乡镇的公路畅通率和62个村（居）委会的公路通达率均达100%。六是扎实推进“一事一议”农村公益项目建设，累计投资400万元，有效改善了项目点的人居环境。

充分发挥政府作用，农牧民人均纯收入实现13%的增长。通过农牧业增产增效、特色产业开发、劳动力转移、科技推广等多项措施，完善和巩固农牧民增收长效机制。农牧民人均纯收入达到4610元，实现现金收入2766元，同比分别增加530元和236元，分别增长13%和9.33%。一是我们围绕基地建设，大力发展特色农牧业，在县范围内共遴选科技示范户1000户，建立了以优质油菜藏油5号基地、黄牛改良为主的优质奶源基地、禽类养殖基地等10个基地，并为农牧民群众发放了技术入户手册、技术指导手册等，提高了特色农牧业发展的能力，增加农牧民群众收入。二是借助建筑市场、交通运输、民族手工业、旅游产业、餐饮服务等行业，强化组织领导，千方百计抓劳务输出，成绩显著。全年劳务输出11229人，创收5261万元，比目标任务数分别增长2.1%、2%，人均创收4605元。

【教育事业取得突出成效】全县共有各级各类学校31所，其中：初级中学兼职业高中部1所，完全小学7所，村级教学点19所，幼儿园4所。全县共有在校生5381人，其中：中学1888人（含职业高中部127人），初中阶段入学率达100%，在校生辍学率控制在1.4%以内；小学2856人，入学率100%，在校生辍学率为0；学前教育在校生637人，完全实现了学前两年入园目标。全县共有中小学在职教职工400人，“三包生”4560人。2011年9月，全县教育事业以优异的成绩迎接了“国检”验收，得到了国家督导检查组各位领导的高度评价，树立了全区教育的一面旗帜。

【医疗卫生服务水平进一步提升】一是继续加大了对医疗卫生基础设施建设力度，通过国家和援藏项目共投资1916万元，新建了卫生综合办公大楼、医院标准化住院部、医技楼等一批卫生基础设施建设项目。二是大力开展新型农牧区合作医疗工作，参保率达到99.96%，并进一步完善了农牧医疗补偿制度，调整补偿幅度和范围，加大了大病医疗补偿力度。三是健全了乡村医生的管理和培训制度和一村一医制度，进一步落实乡村医生待遇。四是通过加强公共卫生九项制度，积极建立农牧民健康档案制度，共免费体检并建立健康档案人数达1.9万余人，电子信息化管理人数达1万余人，走在了全区前列。人口和优生优育工作取得新进展。食品药品监管工作得到加强。

【文化广播电视事业扎实推进】2011年，全县已建立广播电视收转站22座、单收站2座、村级局部有线网络5个；全县广播和电视人口覆盖率分别达到89%和98%，行政村100%通广播电视；县级文化信息资源共享室1处；全县拥有数字放映机6部，电影放映点98个，年放映场次1600场。全县已建设62座农家书屋，建设寺庙书屋7座，极大地丰富了全县干部职工、农牧民群众和僧尼的文化娱乐生活。扎囊“果谐”，先后两次登上中央电视台的舞台，使之成为具有民族特色的文化品牌。

【高度重视社会保障工作】一是全县参加基本养老保险、城镇职工医疗保险、城镇居民医疗保险、生育保险、失业保险、工伤保险等险种累计达4611人，征收保费869.17万元，参保率和征缴率均达100%。二是新型农村社会养老保险工作扎实推进中，全县共有15767人参保缴费，缴纳保费164.15万元，参保率达90%。三是为全县3849名60周岁以上老人办理了“基础养老金领取存折”,建立了新农保个人档案，实现了一人一档。四是财政共为全县农牧户办理惠民资金专用存折7260个，存入补贴资金150万元。五是人社、农发、农牧、水利等部门积极开展农牧业实用技术、劳务技能、民族手工业编制技术等培训，共培训农牧民群众1万余人（次）。六是完成了寺庙僧尼参加养老保险和医疗保险工作，分别有240名和244名僧尼参加两险，共缴纳保费3.83万元。

【高度重视各项社会救援助工作】2011年，全县城镇低保对象188户，270人，发放城镇低保资金113.4万元；农村五保对象共327户，337人，发放农村五保户资金67.4万元；农村

最低生活保障对象1051户，4190人，发放农村低保资金271.94万元；实施困难群众城乡医疗救助1305人（次），救助资金180.8万元；优抚对象医疗救助1人（次），救助资金0.5万元；兑现农村低保一次性生活补助资金41.9万元；为270名城镇低保户发放购物卡共17.55万元；为全县1751户5430人受灾群众解决口粮69万余斤，折款138万；积极开展为洛扎地震灾区募捐活动，募集资金33.5万余元。

贡嘎县

【年度综述】2011年，贡嘎县生产总值完成57716万元，同比增长17.3%；财政收入完成4630万元，同比增长15.1%；税收收入2515万元，同比增长9.9%；社会消费品零售总额完成4123万元，同比增长24.8%；固定资产投资完成83324万元，同比增长86.7%；农牧民人均纯收入完成5356元，同比增长21.2%。一、二、三产产值分别完成4768万元、22694万元、30254万元，产值比例为8:39:53。一产方面，累计投入支农资金710万元，农牧基础设施明显改善，预计生产粮食2.87万吨、肉类2335.3吨、奶类3667吨；共种植昌果红土豆3000亩，创收480万元；养殖肉鸭、藏鸡、拉萨白鸡共计33.5万只，创收127.5万元；建成温室大棚168座，创收230万元；种植青饲玉米4958亩，改良黄牛6630头。二产方面，民族手工业稳步发展，产值5715.8万元；石材业大力发展，陇巴、刘琼等石材加工效益明显；成功组建祥瑞投资有限公司，江南矿业上市工作有序推进；三产方面，甲竹林仓储物流区项目、森布日现代农牧科技示范区项目前期工作已启动；依托开发雅鲁藏布旅游区，旅游创收590万元。

【民生改善取得新进展】2011年，累计筹集经费4373万元，“两基”迎国检工作扎实开展，小学、初中入学率分别达98.81%、100%，受到了国家“两基”督导检查团高度评价；医疗卫生资金2226万元，各项医疗政策得以落实；农家书屋、寺庙书屋分别建成18家、7家，极大地丰富了群众和僧尼业余生活；以新农保为主的社保制度覆盖城乡，特别是寺庙僧尼养老保险工作的正式启动，社保覆盖范围进一步扩大；通过举办技能培训班和开发公益性岗位105个，就业率达85%；植树造林完成良好，共植树15572.7亩、防沙治沙7000亩、退耕还林3772.5亩。2011年，共实施各类项目55项,涉及水利、教育、卫生、基层政权、市政工程等，累计完成投资76721万元，同比增长71.8%。2841户安居工程完成率100%，12个行政村人居环境和综合整治工程圆满完成；大力推进新能源建设，全县沼气覆盖率90%；完成投资219万元，新建6个饮水点，共解决2190人安全饮水问题；积极加强农村公路建设，新增黑色路面12.8公里。

【和谐建设呈现新景象】突出抓好维稳机构建立、维稳方案细化、排查化解矛盾纠纷、加强情报信息研判分析，社会局势持续稳定，建党90周年、西藏和平解放60周年和自治区第八次党代会安保任务圆满完成；通过加大治安管理、调解民事纠纷、强化道路交通及建设领域安全隐患排查等，创新社会管理工作扎实推进；依法管理寺庙，共组建寺管会14个、选派寺管会干部109人，寺庙创新管理工作有序推进。同时，大力开展“六建”工作和“六个一、九个有”活动，表彰了一批和谐寺庙、先进僧尼和民族团结进步先进集体、个人。

【强基惠民迈出新步伐】通过选派优秀干部162人，组建41个工作队，已制定41个行政村（居）的发展计划、目标任务，共整理完善规章制度40余项、搜集热点、难点问题210条、上报地区可行性报告60余个，办实事、办好事共58件，强基惠民活动纵深推进，基层组织战斗堡垒和先锋模范作用发挥明显，为基层维稳、党建、经济工作的有效开展夯实了基础。

【援藏工作揭开新篇章】以“爱心100”助学活动、“天浴工程”、“金哈达援助计划”为主的民生援藏稳步推进，以机场综合体工程成功献礼60大庆的援藏项目圆满完成，以挂职锻炼为主的人才援藏工作顺利实施。援藏工作正不断向多领域纵深推进。

【迎送工作圆满完成】西藏和平解放60周年庆祝活动（以下简称大庆）是全区各族人民群众政治生活中的一件大事、喜事和盛事，也是显著提升贡嘎县形象和知名度的契机。贡嘎县严格按照自治区和地区大庆的总体部署，本着“隆重、热烈、务实、节俭、安全、和谐”的宗旨，确保大庆迎送任务圆满完成，立足贡嘎县的实际，确定了“10+2+1”主题，即“10个主题活动”、开展“2个工程”、完成“1个迎送接待任务”和“100-1=0”的安保任务，确保大庆安保万无一失。贡嘎县委、政府精心组织，把工作的重点转移到做好大庆各项活动上，凝全县之心，举全县之力，一切服务于大庆，一切服从于大庆，发动和组织全县广大干部群众积极参与大庆各项活动，以高度的政治责任感和历史使命感，强力推进大庆各项工作，赢得了中央代表团、自治区、地区各级领导的充分肯定和高度评价，实现了“西藏第一印象、雪域印象第一”的工作目标，圆满完成了自治区和地区交给贡嘎县的光荣使命。

【领导名录】

县委书记：夏文斌

县委副书记、县长：尼玛扎西（副地级）

县委副书记、人大主任：仓决

县委常务副书记：李贤荣

桑日县

【年度综述】2011年，全县经济总量持续增长，实现生产总值5.5亿元，同比增长39%；工业经济稳步提升,实现工业增加值2.4亿元，同比增长38%；消费对经济增长拉动作用明显,实现社会消费品零售总额3810万元，同比增长23%；固定资产投资保持高速增长，实现全社会固定资产投资7.3亿元，同比增长86%；地方财政持续增收,实现财政总收入4225万元，同比增长83.7%；税收首次突破亿元大关，实现税收总收入1.0068亿元，同比增长

118.5%；城乡居民生活水平持续提高,农牧民人均纯收入达5500元，同比增长19%。

【招商引资再创新佳绩】以成功举办山南地区招商引资现场观摩会为契机，全面提升桑日县招商引资影响力；以壮大本级税收、优化县域经济结构、提升县域形象为着力点，全年共落实招商引资资金5.7亿元；以总部经济、农特产品流通、木本经济等新兴产业为新的突破口，成功引进山南华一投资、西藏华隆工贸，桑日华兴投资、桑日创华投资、桑日隆兴投资、山南南疆投资、山南正和投资8家企业；农特产品产业化顺利起步，已注册“雪域香猪”、“藏中牦牛”、“雅江鱼”、“藏韵鸡蛋”、“康颗尔糌粑”五个商标，目前已有企业表示对其有意向投资。

【城乡面貌发生新变化】随着物价监管中心、周转房、廉租房、县城文化资源共享室的建成，政务中心的建设，档案馆的启动，县城用水管网的改造，使县城城市功能得到进一步完善，县城品位进一步提升，开启了桑日县城建设新时代。与此同时，新农村建设继续保持良好发展势头，乡容乡貌、镇容镇貌、村容村貌整治，乡镇干部职工周转房的建设，乡镇机关“三小”（小温室、小食堂、小澡堂）工程的实施，白堆乡、绒乡文化活动中心的建成，乡村人居环境大为改善。

【社会事业迈上新台阶】全年本级财政投入资金751.2万元，强力助推教育发展。进一步健全城乡保障体系，新型农村社会养老保险参保人数达到9800人，占适龄参保人数的90%以上；全年发放低保资金117.2万元，全县1345名城镇和农村困难人口受益；全县15313名农牧民参加农村合作医疗，参合率达98.43%，全年落实农牧区医疗资金253.2万元；认真贯彻计划生育方针政策，全面落实奖励扶助救助制度，努力提高服务水平，2011年该县婴儿死亡2例，死亡率10.7‰，孕产妇住院分娩率78.92%。全县城镇新增就业112人，城镇登记失业人员控制在3%以内，保持了“零就业家庭”动态清零。广播电视“户户通”工程已开通5000户，广播、电视人口覆盖率分别达到93%和97%；全县42个行政村全部建成农家书屋，5家寺庙建成寺庙书屋；广场文化参与人数累计2000余人次；投入40余万元制作了《神奇的桑日》歌碟。大力开展“平安桑日”创建活动，不断加强社会治安综合治理，人民群众幸福感显著提升。

【自然环境得到新改善】全年完成重点区域造林1956亩、防护林2000亩、防沙治沙400亩、封山育林5000亩，共植树44.42万株，成活率达到90%以上。制定并实施了《桑日县护林员管理办法》，严厉打击破坏森林和野生动物资源的违法犯罪活动。各种生态节能措施不断推广，年内新建成沼气池670座，太阳灶推广率达到99%以上，在村容村貌整治工程中安装太阳能路灯 334个，引导群众养成低碳节能的生活方式。加大对县城、交通主干线等部位的环境保护力度，全年开展禁白整治活动32次，严格控制新污染源的产生。严把土地审核和审批关，强化地籍管理，保证土地资源合理开发和利用。扎实做好重点企业节能减排。全县干部群众树立了尊重和爱护自然的理念，生态环境进一步改善，可持续发展能力明显提升。

【受援工作迈上新台阶】根据援藏项目符合公益性、基础性和可行性的要求，岳阳市第六批援藏工作队在深入调查研究、广泛征求干部群众意见的基础上，确定了城区自来水管网改造项目，旨在改善县城给水管网老化，压力不足，渗漏严重的问题；县政务中心项目，旨在改善县党政会议室容量小、功能不完善的现状；群众休闲广场项目，旨在提升县城品味，丰富干部群众业余文化生活；新农村建设项目和庭院经济项目，旨在培植新的农牧业经济增长点，帮助农牧民增收致富。五个援藏项目总投资2870万元。

【领导名录】
书　记：余良勇
副书记、人大主任：李战英
副书记、县长：索朗曲巴

琼结县

【年度综述】2011年，琼结县完成生产总值18515万元，同比增长17%；本级财政收入完成818万元，同比增长26.2%；实现固定资产投资27042万元，同比增长26.1%；农牧民人均纯收入达到4970元，同比增长18.9%；社会消费品零售总额达1920万元，同比增长20.8%，实现劳务输出6115人次，同比增长23.1%，实现劳务收入4747.8万元，同比增长10%。

【“三农”工作取得新进展】2011年全县在全面落实惠农政策，稳定粮食生产的基础上，不断调整优化农牧业产业结构，农牧经济整体水平进一步提高。粮经饲比例由2010年的60：26：14调整到2011年的56：26 ：18。粮食作物播种面积达到1.53万亩、经济作物播种面积达到0.71万亩、饲草作物播种面积达到0.49万亩。粮食作物总产量达到2211万斤，经济作物总产量达到1931万斤。在做好农业发展的同时，坚持以市场为导向，大力发展特色农牧业,实施黄牛改良3607头，藏鸡养殖15.7万只，生猪出栏达到8325头，短期育肥8000只，年牲畜出栏率达到34.6%。完成植树造林7503亩（其中人工造林503亩，封山育林7000亩），森林覆盖率达到17.64%。新农村建设工作扎实推进，投资2850万元，实施了雅砻灌区翻身子灌区配套与节水改造工程；投资2700万元，实施了县城排洪除涝工程；投资116.2万元，实施了农村饮水安全工程3处，解决了农牧区846人的饮水安全问题；投资798万元，建设了加麻乡至金珠村公路、琼结镇白日居委会公路；投资300万元，实施了拉玉乡德庆村、堆巴村和加麻乡白松村农村综合环境整治工程。全县农村生产生活条件进一步改善，农业综合生产能力显著提高。

【重点项目建设扎实推进】2011年，新开工建设及复工建设项目40个，社会固定资产投资预计完成27043万元，比2010年增加5603万元。主要实施了加麻乡白松村砂石公路、县城垃圾填埋场、县卫生服务中心大楼、下水乡桑珠康桥、下水乡派出所等建设项目。招商引资完成6704万元，比2010年增长341.9%。总投资1.32亿元的湖北大冶有色金属集团控股公司与雅拉香布合作建设的10万吨优质矿泉水项目一期工程已基本完成；已与中国风电集团签订了总投资20亿元的光伏合作意向协议；已与湖北奥星粮油公司签订了总投资2.5亿元的油菜籽开发项目意向合作协议；与山东省济南市藏仁堂养生保健有限公司签订了养生保健项目意向性协议；总投资600万元的金藏元农业科技开发有限公司后续生产线建设项目；总投资1000万元的湖北金朝阳粉末材料有限公司设立琼结县罗布日粉末新型材料科技有限公司。

【工业经济平稳发展，第三产业发展明显增强】2011年，调整完善了工业园区规划，并将其纳入《山南地区工业发展规划》，适度提高园区供地标准，规范工业用地出让行为，最大限度的用活各类建设用地，加快推进园区电力、给水、通讯等基础设施建设，逐步完善园区功能。目前，园区已有4家企业入驻，全年实现工业增加值7.50万元，同比增长22.2%，实现乡镇企业产值3479万元，同比增长5.5%。第三产业得到长足发展，与西南交通大学合作完成了《琼结县旅游总体规划》的初审工作，加大了旅游资源综合开发力度，投资317.5万元实施了青瓦达孜游步道工程，投资81.6万元实施了琼结县旅游门亭工程。县内各旅游景区全年共接待国内外游客9.35万人次，同比增长4.2%，实现旅游收入35.12万元，同比增长14%，实现第三产业增加值9550万元，同比增长15.6%。

【受援工作进展顺利】2011年，全县共实施援藏项目8个，投入援藏资金3080万元。一是琼结县县城整体功能提升工程，投入援藏资金1340万元；二是琼结县2个村新农村建设项目，投入援藏资金700万元；三是琼结县机关食堂建设工程，投入援藏资金320万元；四是琼结县三乡一镇运转保障项目和三乡建设规划及部分中心村建设规划项目，投入援藏资金180万元；五是维稳基层建设、基础党建、人才培训和应急资金项目，投入援藏资金200万元；六是琼结县特色产业基地建设，投入援藏资金200万元；七是琼结县人民医院设备配置项目，投入援藏资金100万元；八是完小教学点给水工程，投入援藏资金40万元。

【各项社会事业全面发展】投资2161万元，实施了廉租房建设项目和县直机关周转房建设项目，共修建廉租房36套、周转房122套，有效缓解了困难群众和干部职工住房难的问题。巩固了“两基”成果，降低了辍学率，全县适龄儿童入学率、在校生巩固率均达到100%，加速了教育信息化建设，初步实现了现代化远程教育，各学校办学条件进一步改善；为全县3874户农牧民家庭16770名农牧民群众建立了医疗帐户，农牧民参合率达100%；大力实施广播电视“村村通”工程、“西新工程”和电视进万家工程，广播电视覆盖率均达到了98%，下水乡久河卓舞应邀参加了中央电视台2011年元宵晚会，被评为观众最喜爱的节目；着力完善城乡特困群众生活和医疗救助制度，全年为1665名农村低保对象发放低保资金122万元，为108名城镇低保对象发放低保资金33.6万元，为203名五保户老人发展供养资金44.66万元，为188名群众发放城乡医疗救助资金32.64万元。农牧区60岁以上老人“老有所养”的问题得到了根本解决。统计、审计、民政、妇女儿童和国防动员等各项工作均取得新成绩。

【领导名录】

县委书记：王建军

县委副书记、县长：中达娃

县委副书记、人大主任：吾根单增

政协主席：李长安

曲松县

【年度综述】2011年，曲松县生产总值完成3.88亿元，比上年增长12.38%；农牧民人均纯收入达到4841元，比上年增长13.7%；县级财政收入完成1930万元，比上年减少28.4%（受矿产资源整合影响，2011年度财政收入未完成地区计划）；社会消费品零售总额达到2315万元，比上年增长21.2%；固定资产投资完成2.88亿元，比上年增长20%；城镇登记失业率控制在4%以内。

【项目建设成效显著】2011年，实施农牧、交通、林业、市政、水利、新农村建设等各类项目88个，总投资达2.74亿元。堆随油路、行政综合服务楼、县级卫生服务中心、县城垃圾填埋场、拉加里王宫修缮、贡康沙灌区等过千万项目进展顺利。招商引资成果丰硕。2011年，曲松县招商引进资金2037万元，比上年增长50%。投资500万元、养殖规模10万只的藏鸡养殖基地已投产。湖北劲牌公司来山南投资事宜也正在跟踪洽谈中。河北新奥集团投资2亿余元的20兆瓦光伏电站和索朗维斯科技公司30兆瓦光伏电站项目也已签订投资意向书。援藏工作深入推进。以柯东海书记为首的湖北省黄石市第二批援藏工作队始终秉承“快乐援藏、奉献援藏、科学援藏”的理念，积极带领曲松干部群众开拓思路，更新观念，制定完成了三年援藏项目规划，确定了三年任务两年完成的目标，明确了投资总额3280万元的援藏项目和资金，为曲松经济社会发展注入了活力，援藏工作纵深发展。

【旅游业基础工作扎实】曲松县大力宣传和挖掘拉加里古都文化，投资25万元在县城交通主干道设立了大型广告牌，投资16万元制作了旅游宣传画册和光碟，争取资金40万元制定了《曲松县旅游产业发展规划》，旅游基础工作扎实推进。劳务经济发展良好。城乡居民创业性收入、资产性收入不断上升。2011年，曲松县劳务输出完成4120人，增长11.7%，实现收入3500.25万元，增长38.9%，人均创收8495.8元，增长30.9%。非公经济加快发展。私营企业由原来的7家增至11家，增长36%，注册资金达到1039.5万元，从业人员193人；农牧专业合作社由原来的2家增至3家，增长33%，注册资金达到2005.5万元，从业人员102人；个体工商户由原来的370户增至416户，增长11%，注册资金达到396.68万元，从业人员610人。罗布沙村村委会在泽当投资1230万元，新建了薪宝公寓，本年度完成投资670万元，兴办了首个在泽当以民间投资为主的村级经济实体。康达矿业公司成功转型，自2008年以来，积极研发新产品，谋求新发展，投入资金6200多万元，完成了产品注册、科技研发、技术改造、厂房建设、设备购置等工作，以康达公司为龙头的曲松工业正在形成。矿产资源整合工作稳步推进。曲松县政府多方协调，争取资金1195.65万元注入江南矿业，增加了曲松县在江南矿业中的资产；根据工矿用地的具体要求，出让了以前行政划拨取得使用权的江南矿业有限责任公司土地26宗，总价达1960万元。着力培植新的财源。投入200万元组建了政府投资融资平台曲松县方圆投资有限公司，并与华新水泥西藏有限公司签订了合资经营西藏华新建材有限公司的协议；投入215万元在泽当镇民族南路购置土地，拟建设商住房。

【城乡环境建设亮点纷呈，城市品位进一步彰显】以建设“生态、人文、宜居、魅力”新曲松为目标，加快推进城镇化建设。县城环境整治力度不断加大，投入资金3783.98万元，实施了“洁绿亮美”创建工程、“魅力山南和美曲松”风貌整治工程、机关大院整治工程,建设了下洛环形水泥路、垃圾填埋场，城市面貌大为改善，市政设施日益齐备。农牧业基础设施条件明显改善，投入资金3016.07万元实施了曲松河治理工程、堆随河堤治理工程、贡康沙灌渠工程、修建了县城防洪堤，改善灌溉面积7800多亩；投资130万元改造中低产田5000多亩，农田水利基本建设不断加强，农牧业综合生产能力不断提高。投资293万元，修建人饮工程12点，解决了675户2790人的饮水问题。以安居工程为主的新农村建设扎实推进，投入资金872.9万元，完成了1196户农牧民安居任务。投资761.46万元，完成了10个行政村的人居环境综合整治工作，村容村貌变化巨大。投资380万元，建设农村沼气池1000个，农牧区清洁能源建设和薪柴替代工程进展顺利。环境保护工作不断加强，注重环境保护与建设，实施了以交通主干道、县乡所在地、公益林区为主的环境保护工程，努力打造曲松“绿色长廊”，投资150余万，栽种苗木3.9万株，建成绿色通道60公里，绿化率达93.7%；投资1200万元，实施了3.3万亩人工造林和生态保护工程，生态环境保护力度不断加大。

【各项社会事业协调发展，人民福祉进一步增多】始终把保障和改善民生作为一切工作的出发点和落脚点。公共服务水平不断提高，强化资金保障，改善办学质量，“两基”迎国检工作顺利通过验收；设立教育奖励基金扶持农牧民子女上大学，首批募集资金达到117万元；三级医疗卫生服务网络不断健全，农牧区医疗服务覆盖率达到100%，孕产妇死亡率为零，食品药品监管成效明显；投资60万元新建农家书屋21个；广播电视覆盖率均达到93.5%；组建民间艺术团并完成了演员招募工作；红色歌谣传唱活动反响巨大。民生保障水平不断提高，城乡参保人数6758人，新型农村养老保险工作全面启动；开发安置公益性岗位68个，新增就业人员107名，城镇登记失业率控制在4%以内；享受城镇低保87户125人，农村低保588户1400人，发放城乡低保住房补助13.77万元，城镇居民最低生活保障制度有效落实。群众热点难点问题有效解决，曲松县委、县政府安排专项资金1300万元（不包括教育配套资金和支农资金）为民办实事、解决群众热点难点问题20多件；2011年初确定的“九大民生工程”和15条重点解决类意见，通过争取项目、政府投入，已全部落实。投资2600万元，建设堆随、古龙、柏林、卓麦沙、玛巴、色末等7条公路和龙二组、加娃、查仓等4座桥梁，总里程达38.7公里，解决了历年人代会上有关代表提出的群众出行难问题。坚持经费向偏远农牧区倾斜，着力改善农牧区群众生产生活条件。2011年，曲松县政府投入700多万元，为农牧区群众建设暖棚、饲草库，帮助群众购买饲草加工设备，帮助群众建房，着力解决农牧区群众生产生活，是历年来对偏远农牧区投资力度最大的一年。强农惠农政策全面落实，落实支农资金350万元，落实农村税费改革、森林生态效益补偿、野生动物破坏补偿等惠农资金380万元。

【领导名录】
县委书记：柯东海（第六批援藏干部）
县委副书记、县长：索朗格桑
县委副书记、人大主任：次仁多布庆

措美县

【年度综述】2011年，措美县GDP达到15052万元，增长17.9%，其中第一产业增加值1903万元，增长5.7%；第二产业增加值5846万元，增长20.4%；第三产业增加值7303万元，增长19.5%。财政收入完成627万元，比上年增长15%；全社会固定资产投资完成20223万元，比上年增长23.2%；社会消费品零售总额完成2740万元，比上年增长19.4%；农牧民人均纯收入4279元，比上年增长18.2%；税收收入565万元，比上年同期增长34.5%；劳务输出4073人，实现劳务创收1966万元，人均创收4804元，经济总量再上新台阶。

【农牧业工作开展情况】2011年该县围绕农业增产、牧业增效、农牧民增收的目标，认真落实上级的各项支农惠农政策，加大对农牧业的投入，大力推进农牧业结构调整，农牧区经济运行水平进一步提升。2011年全县农林牧渔业总值达到3295万元，同比增长8.7%。去年全县农作物播种面积14807亩，其中粮食作物播种面积10290亩，经济作物播种面积3006亩，青饲料种植面积1510亩，粮经饲比例调整为69.5:20.3:10.2，有力促进种植业结构调整；完成重点区域造林1070亩，完成了上级下达任务的106.9%；去年全县粮食产量达到2962吨，同比增长0.6%；油菜籽产量228吨，同比增长4.9%；蔬菜产量1077吨，同比增长5.5%；加强良种良法推广，集中建立32亩“青稞320”示范田，提高科技对农业生产的贡献率；“三秋”工作圆满完成，秋收工作做到颗粒归仓，完成秋翻面积6477亩，秋播面积1170亩，完成计划的100%。去年我县新生仔畜8.5万余头（只、匹），成活7.4万余头（只、匹），成活率达到97.2%；全县肉类总产量1745吨，同比增长76.4%；奶类产量3532吨，同比增长2.3%；毛类产量190吨，同比增长1.9%；重大动物疫病防控工作取得明显成效，春秋两季对“W”病、禽流感、猪蓝耳病等重大疫病的免疫率均达到了100%；黄牛改良按照“区分重点、集中连片、整村推进”的原则，对原有的11个黄改点进行了整合优化，并再增加了两个黄改点，使我县黄改点达到了13个，目前已完成冻配1510头，复配370头，完成地区任务的100.7%。扎实开展草场承包暨草原生态保护补助奖励机制工作，目前我县已完成草场承包地块确定、面积分解、公告公示等前期工作，全县涉及草场面积124.5万亩，1469户5469人，整个工作严格按照区、地、县实施方案的要求正在有条不紊地开展。

【项目建设工作开展情况】2011年，该县在建项目共有63个，总投资24328万元，累计完成投资20223万元，比去年同期增长23.2%。其中：国家投资项目44个，本年计划投资13605万元，累计完成投资11594万元；援藏项目14个，本年计划总投资4342万元，累计完成投资2248万元；招商引资项目2个，本年计划总投资1584万元，累计完成投资1584万元；民间投资项目3个，本年计划总投资4797万元，累计完成投资4797万元。随着措美县卫生服务中心、措龙水库除险加固、县综合服务中心、农牧民安居工程等一批重大产业项目和重点基础设施工程的顺利实施，制约我县经济发展的瓶颈得到了有效缓解，城乡面貌也有了很大改善。

【特色产业发展情况】紧紧围绕发展特色产业促进农牧民增收的要求，把特色产业作为优势产业，全力打造特色产业品牌。2011年，该县以古堆藏獒养殖基地为依托，加强了犬类疾病防控和源种保护，强化科学养殖和品牌意识，促进了藏獒养殖产业又好又快发展。投入160万元进行了景区旅游基础设施建设，通过积极争取哲古景区被评为国家AA级旅游景区和第一批“自治区级风景名胜区”，2010年全县共接待游客1.4万余人次，实现旅游收入30万元；旅游业的发展带动了该县其他服务产业的发展，该县共注册登记私营企业、农牧民专业合作社和个体工商户452户，同比增长10.1%，注册资金达到2260万元，同比增长8.9%。9月份，县藏医院作为全地区唯一的一个县级藏医院正式挂牌成立，标志着该县藏医药事业迈上了一个新的台阶，为进一步推动全县藏医药事业发展搭建了一个更宽、更广、更大的平台；成立了矿产开发管理联合执法组，严厉打击了偷盗采矿等非法行为，规范了矿山企业的排污等生产秩序；目前该县共有6家探矿企业，1家采矿企业进行锑矿的勘察、详查工作，通过深入开展整顿和规范矿产资源开发秩序，促进了矿业经济快速、健康、协调、可持续发展。

【民生工作开展情况】2011年该县纳入城乡低保对象共1530人，落实低保资金140余万元，农牧区低保扩面工作正在进行；全年落实农村五保供养资金28.16万元及一次性补助12800元；及时下拨自然灾害救济补助资金25.4万元；2011年，该县共有5860人参加新型农村养老保险，缴费50万余元，全县城镇居民养老保险和寺庙僧尼社会保险工作全面启动并且有序开展；全县失业保险、医疗保险制度以及大病统筹医疗保险制度、工伤保险制度、生育保险制度、最低生活保障制度进一步完善，零就业家庭和“3545”人员的就业问题逐步得到解决；该县严格落实各项支农惠农政策，确保各项支农惠农资金足额、及时发放到农牧民群众手中，2011年共落实农机具购置补贴100万元，家具家电下乡补贴22万元；全年落实农牧区税费改革资金112万元；投入资金635.5万元修建水渠、日光温室大棚、暖圈和家庭旅馆项目，改善了贫困户生产、生活条件；农牧区安全饮水工程共投资337万元，建成了8个人饮点，丁那嘎沟水源地保护工程也已通过自治区初步审查，全年投入损毁公路修复资金80万元，保证了县境内主要交通道路的畅通无阻；去年该县完成农牧民安居工程建设372户，其中新建172户，整修200户，完成了包括卓德村、恰杂村等在内的8个村人居环境综合整治，进一步改善了农牧区环境面貌；农村宅基地确权登记已完成3900余户的户外测量任务，发证工作进展顺利，切实维护了农牧民群众的合法权益；全县“基层建设年”活动达到了16个行政村全覆盖，取得显著成效，县政府共投入办实事资金110万元，各驻村工作组累计办实事636件，解决资金864.7万元，落实项目55个，得到农牧民群众的一致认可。

【援藏工作开展情况】援藏工作严格按照援藏规划，认真组织实施，取得了显著成效。2011年，安徽省安排援藏资金5200万元，援藏项目24个，涵盖了基础设施建设和新农村建设等各个方面，在一定程度上缓解了制约该县经济发展的瓶颈，通过积极努力，第四批援藏工作队又争取到了黄山、芜湖两市的援藏项目，其中，由黄山市投资380万元援建的措美镇政务中心项目已完成40%，由芜湖市投资420万元援建的措美镇完小教学楼工程已完成招投标。在引进项目的同时，对于人才的培养也得到进一步关注，2011年，共有10名干部赴安徽省进行挂职培训，通过挂职使得干部得到极大的锻炼，开阔了视野，提升了工作能力。通过创新对口援助方式，促成了援藏干部所在区县的乡镇与措美县四个乡镇的结对帮扶，2011年9月，黄山区甘棠镇率先与该县措美镇缔结友好乡镇，甘棠镇代表团向措美镇援助了30万元资金。2011年，措美县受援力度得到进一步加大，受援领域也得到进一步拓宽，极大的促进了措美经济社会的发展。

【领导名录】

县委书记：熊言松（安徽省黄山市援藏）

县委副书记、政府县长：次旺

县委副书记、人大主任：罗布扎西

洛扎县

【年度综述】2011年，洛扎县生产总值完成2.2223亿元，同比增长23.2%，地方财政收入达到761万元，同比增长18.5%；社会固定资产投资累计完成2.7685亿元，同比增长65.9%；农民人均纯收入达到5002元，同比增长20.2%；社会消费品零售总额达到4063万元，同比增长19.1%；税收收入首次突破900万元大关，同比增长100%，对财政贡献率达59.7%。实现了"十二五"良好开局。

【"三农"工作成效不断提高】农田水利基础设施进一步改善，全年共完成投资3137.19万元，新增水渠58.6公里，新建水塘7座，有效改善农田灌溉面积0.7万亩，改善草地灌溉面积0.5万亩。农牧业机械化推广工作不断深入，足额落实了160万元农机具购置补贴，购置各类补贴农机具1079台（套）。进一步扩大经济作物和饲草种植面积，全年农作物播种面积为30371.31亩，粮经饲比例进一步优化为75：18：7。2011年，全县粮食总产量9437吨，油菜籽总产量771.61吨。以黄牛改良工程为抓手，牲畜品种改良不断深入。全年共完成冻配1517头，超额完成16.7%，新生仔畜25091头（匹、只），成活率96%，牲畜出栏率为28.1%，肉类产量达到872.56吨，奶类产量达到2828.28吨。

【农牧民群众收入显著增加】全县辖区内的日最低劳动工资由35元提高至45元；全年共落实各项惠农强农资金4357万元；项目带动群众增收1700余万元，全年将3200万元的项目建设交由农牧民群众实施，占项目总投资（不含浪洛油路5000万元）的17.6%；全年共组织各类培训8次，参加培训的农牧民群众500余人次，完成劳务输出5380人，实现创收2100万元；及时成立了由政府主要领导担任组长的浪洛油路建设协调领导小组，积极与油路建设项目中心及施工方协商，帮助洛扎群众通过参与油路建设实现增收。

【新农村建设稳步推进】全年共投入1407.6万元实施了207户安居工程新增户建设工作。围绕"八到农家"工程，着手开展了色村委会、木村委会等7个村委会的环境综合整治和人居环境建设工作。此外，建设沼气池187座，发放太阳能用电器164台，农村新能源使用正在逐步推广。农村市场经济更加繁荣。认真落实非公经济发展各项政策措施，新建"万村千乡百信超市5家，家电家具下乡销售总量达1704台（件），销售总额达113.49万元，落实补贴26.73万元。

【重点项目建设不断推进】2011年，该县围绕市政、交通、能源等基础设施，重点针对已列入"十二五"规划编制的项目，进一步加大了与区地两级项目部门的衔接力度。目前，共有40个项目已初步列入区、地"十二五"规划项目库，总投资达21.9亿元，同时，总投资达6830万元的县党政机关综合业务用房、拉康镇基础设施等5个项目被列入自治区2011年第一批重点建设项目，目前已完成全部前期工作。全年共实施了洛浪油路、曲措灌区、县城防洪堤、县保障性住房等63个项目，其中续建11个，新建52个，一批关系群众切身利益的项目建成并投入使用，基层基础设施条件进一步改善。

【自我发展能力不断提升】特色产品加工上，该县争取到了总投资2400万元的洛扎县油豌种植基地建设、清油和粉丝加工厂改扩建、拉普温泉开发等"兴边富民"特色产业项目，同时，结合我县产业发展实际，及时成立了洛扎县兴边富民特色产业开发项目领导小组，并制定了2012年、2013年种植业结构调整计划。为帮助中小企业发展，设立了每年25万元的中小企业发展扶持资金，制定了《洛扎县中小企业发展专项资金管理办法》。旅游开发上，通过狠抓宣传促销和市场拓展工作，扩大了全县旅游知名度，卡久景区被评为自治区级风景名录；通过大力引导和鼓励群众参与旅游服务，在景区发展了27户家庭旅馆，帮助农牧民群众增收48.8万元；全年共接待游客14.9万人次，创收602万元，分别同比增长61%和62%。招商引资上，立足资源优势，积极与西藏山南能源开发有限公司和藏南春酒业合作，招商引资额达到了1500万元，招商引资工作取得新进展。

【基础民生保障不断提高】2011年，全县科、教、文、卫等事业取得长足发展，人民福祉进一步增多。教育上，"两基"工作扎实有效，适龄儿童入学率、巩固率和升学率均保持在100%，顺利通过了地区"两基"迎国检验收，并被列为山南地区唯一免检县。累计投入987万元，实施了青少年活动中心、拉康完小曲奥图书馆、生格完小教职工宿舍楼等项目，教学条件得到进一步改善。文化上，基层文化阵地更加巩固，2011年县财政投入230万元，先后实施了文化信息资源共享、广播电视收转站改扩建、农家书屋、数字电影放映等多项文化惠民工程。基层文化更加繁荣，全年送戏下乡62场(次)，巡回放映电影2146场（次），新建农家书屋19个，实现了全县26个村（居）委会全覆盖。文物和非物质文化遗产保护工作更加深入，投资546万元的塞卡古托寺C、D区维修工程顺利完成，"鲁古拉姆"藏戏等5项非物质文化遗产项目被列入自治区级非物质文化遗产名录，"拉康俗人羌姆"被列入国家级非物质文化遗产名录。卫生上，卫生基础设施环境进一步改善，投资1460万元的县级卫生服务中心标准化建设项目顺利竣工并通过验收；农牧区医疗管理制度进一步巩固，群众合作医疗参与率达100%，全年共为642人次的农牧民住院患者报销住院医疗费用共计174万元，切实减轻了农牧民群众的就医负担。社会保障上，农村城镇医疗救助对象实现全覆盖，为86名城乡低保对象、寿星老人、五保户和城乡困难群众患病人发放医疗救助金15.6万元；低收入人群基本生活得到保障，将年人均纯收入在1450元以下的2347名农牧民群众纳入到农村低保对象中，全年共为1070户1705人农村低保对象发放低保金138.9万元,为190户210人城镇低保对象发放低保金57.5万元，为174名五保老人发生活保障金34.8万元；建立了失地农民基本生活保障制

度，设立了每年20万元的失地农民基本生活保障金，2011年10月初兑现了首批失地农民基本生活保障金8万余元，惠及130户423名失地农民；城镇养老保险有序开展，全县养老保险缴费率达100%；全县参加新农保群众达11681人（含60岁以上），占登记参保人数的99.6%，缴纳费用110万元，发放基础养老金127.7万元。

【生态环境保护不断深入】围绕碧水蓝天建设，该县狠抓了生态屏障建设和环保工作。大力开展植树造林工作。全年落实资金298万元，完成了重点区域生态公益林建设6561亩，成活率达90%。同时，完成义务植树6.6万株，封山育林5000亩。强化森林资源保护工作。2011年的安居工程建设中，全县共使用替代建材108.7吨，节约木材1025.4立方米。加大执法检查力度。制定印发了《洛扎县环境综合整治活动实施方案》，环保、住建、旅游等部门针对公路沿线、城区环境、农村环境、旅游景区等重点区域，大力开展了“禁白”工作等环境综合整治工作。2011年全县未发生无证开采、乱采滥挖等破坏环境现象，生态环境保护良好。

【社会管控力度不断加大】紧紧围绕“三大节日”、全国“两会”、“3·14”和“3·28”、“萨嘎达瓦”宗教节日和区八次党代会等敏感时段，全力落实各项维稳措施，社会治安综合治理和边境防控工作扎实推进。2011年全县共开展法制宣传25次，发放宣传册5860份，共排查矛盾纠纷36起，调处成功率达100%；开展安全生产专项监督检查活动88次，排查和治理各类安全隐患260多处，由于措施得力，监管到位，有效遏制了各类安全生产事故，实现了零死亡的目标；破获了偷越边境案件6起，截获越境人员30人。同时，为进一步巩固边境工作基础，共投入700余万元用于各种边境基础设施建设，并为边境群众落实各类边境补贴935万元。

【领导名录】
县委书记：蒋明浩
县委副书记、政府县长：央中卓嘎
县委副书记、人大主任：尼玛扎西

加查县

【年度综述】2011年，加查县生产总值完成5.65亿元，同比增长22%；社会固定资产投资完成14.42亿元，同比减少9%（主要受藏木电站投资下滑影响）；县级财政收入完成4733万元，同比增长15%；社会消费品零售总额完成1.2亿元，同比增长27%；农牧民人均纯收入达到5900元，同比增长19%。

【全力发展农牧区经济】农业生产稳步推进，全年总播种面积2015.35公顷（含复种面积348.67公顷），良种推广种植面积达500公顷，种植商品玉米145.86公顷；蔬菜产量达2047.8吨，饲草料产量达2540.99吨。牧业发展上，继续加大牲畜出栏力度，出栏率达29.3%。大力实施牲畜品种改良工程，完成黄牛冻配1202头。妥善处置冷达乡突发牛O型口蹄疫疫情，无害化处理牲畜1829头;秋季巩固疫苗完成免疫注射牲畜7.85万头（只），免疫率达100%。林业产业发展步伐加快。完成义务植树1401亩，零星工程造林1017亩，封山育林5000亩，火烧迹地更新1000亩，造林地成活率达90%以上;种植核桃7.2万株，全县核桃树产业现有规模为10812亩29.56万株；苗圃基地规模发展到142亩32万株，年收入达93.6万元。2011年，加查县继续落实各项支农惠农政策，通过民生资金“一折通”兑现各项惠民资金646.5万元，鼓励农牧民积极参与项目建设，实现创收4858.62万元。组织开展农牧民技能培训24期1251人，为促进农牧区经济发展提供了新的动力。

【突出结构优化，重点发展二三产业】2011年，全县生产总值完成5.56亿元，其中：一、二、三产业增加值分别为0.45亿元、4.08亿元、1.12亿元，三次产业结构调整为8:72:20，二、三产业结构更趋合理。二产方面：企业进驻步伐加快，完成与湖北稻花香酒厂合作。围绕藏木电站、加桑公路等建设重点，大力推进砂石料、水泥制品等建筑建材业发展，实现工业企业产值335万元，同比增长15.88%。加大对农牧民施工队等民营建筑企业的扶持力度，2011年度，全县建筑公司、农牧民专业合作社及农牧民施工队数量分别达到4家、7家、10家，注册资金3600多万元。三产方面：着力打造“千年核桃之乡、宗教朝湖圣地”旅游品牌，累计接待游客2.53万人次，旅游创收658.8万元，分别增长62.18%、60.26%。启动县汽车客运站，18台准载客营运车辆全年输送旅客1.41万人次。以二、三产业发展壮大为契机，实现劳务输出4945人，创收1945.46万元，分别增长29.86%、2.28%，切实优化了经济结构，提升了发展质量。

【突出项目带动，全力拓宽投资渠道】全年固定资产投资建设项目52个（含藏木水电站），总投资115.48亿元（藏木水电站投资83.87亿元），预计年内完成固定资产投资14.42亿元（藏木水电站完成投资10亿元）。其中国家投资项目45个，完成投资13.31亿元；援藏投资项目2个，完成投资642万元；招商引资项目2个，完成投资4900万元；民间投资项目4个，完成投资5600万元。启动和实施了加查江北灌区（核桃产业基地）、朗加公路改建工程、青少年活动中心、卫生服务中心等一批以农田水利、交通能源、公共服务为重点的基础设施和产业项目，统筹做好了农网改造升级（主电网户户通电）工程、神湖油路、洛林油路、加查江南灌区、小型农田水利重点县建设、小型水库除险加固和崔久乡山洪灾害治理等工程项目前期工作。在抓好投资拉动增长的同时，全面落实各项扩大内需的政策措施。预计，全县社会消费品零售总额达到1.2亿元，增长27%。大力推行“家电家具下乡”活动和“万村千乡”市场工程，改造和新建41户农家店和1家商品配送中心，商贸流通网络不断完善。继续实施碘盐普及推广，完成碘盐下乡108吨，碘盐使用覆盖面达100%。成功举办第二十六届物资文化交流会，参会商户954个，上市品种2400余种，交易金额达3375万元。非公有制经济蓬勃发展，全年新注册个体工商户429户，注册商标发展到7

件，城乡消费市场繁荣活跃，协调拉动县域经济平稳较快增长。

【突出基础建设，全力推进城乡一体化进程】在城市建设上，完成《加查县城市总体规划》修编工作，合理确定了加查县的发展方向、规模和布局。投入2834万元（其中援藏投资1200万元）启动实施县政务中心，城区行政服务功能进一步完善市场机制；投入1800万元改造和新建7条市政道路，跟进实施主干街道四化工程，市容市貌得到明显改观；投入50万元实施城区供水管网改造工程。在农牧区建设上，完成小农水专项投资213万元，有重点地维修损坏的水渠、水塘、堤防等水利设施，改善蓄水能力4100立方米，改善灌溉面积0.88万亩。新建农牧民安居房290户，户通水、户通电率分别达到85.8%、67.7%，调频广播、电视覆盖率分别达到70%、98.5%，行政村移动信号覆盖、村村通邮率均达到90%以上，新建沼气池738座，实施27个行政村人居环境建设和环境综合整治工程，3个援藏新村建设步伐加快，农牧区生产生活条件显著改善。

【突出民生改善，积极发展社会事业】“两基”工作顺利通过验收，“控辍保学”责任制有效落实，全县小学适龄儿童入学率和在校生巩固率均达到100%，初中毛入学率达到101.8%。全年投入1942万元改善农牧区学校基础设施条件，本级投入823.2万元用于改善办学条件、提高教师待遇；大力实施核桃产业基地和黄牛改良等科技成果转换项目，发展科技特派员16名，培养科技明白人44名；扎实推进基本药物制度改革，不断完善农牧区医疗卫生制度，参加农牧区合作医疗群众达18780人，参合率100%。提高住院分娩奖励标准，农牧区住院分娩率达80.4%；全面推进基层文化建设，新建成56个农家书屋和5个寺庙书屋。积极开展文化信息资源共享工程，放映电影1870场次，完成3790套广播电视直播设备和143座“村村通”站点的检修维护，“户户通”工程已基本实现通电区域全覆盖。文化遗产保护工作全面铺开，县文艺宣传队已被正式纳入全区民间艺术团；就业再就业稳步推进，全县城镇登记失业率基本控制在3%以内；社会保障体系逐步健全，新农保试点工作取得阶段性成果，登记适龄参保人数12362人，实际参缴率达93.4%。投入114万元新建了民政救灾仓库；扶贫工作有序开展，通过实施两项制度有效衔接，共识别低收入贫困群体880户3102人；生态保护与建设协调发展，全年完成义务植树和工程造林2418亩，封山育林5000亩，火烧迹地更新1000亩，造林地成活率达96%。

【领导名录】
县委书记：邵利民
县委副书记、县长：贡觉多吉（藏）
县委副书记、人大主任：邓世杰（藏）
县委常务副书记：高杰（援藏）

隆子县

【年度综述】2011年，隆子县生产总值完成44117万元，按可比价计算，增长13.6%。本级财政收入突破3000万大关，达到3097万元，增长181.5%。固定资产投资完成48960万元，增长9.2%。社会消费品零售总额完成4765万元，增长23.9%；农牧民人均纯收入实现4750元，增长20.6%。税收完成6768万元。

【农牧区经济稳步发展】本级财政安排支农资金150万元。粮、经、饲比例调整为59:22:19。良种推广2.5万亩，高产创建3万亩。调运种子64.1万斤、化肥909吨。积造农家肥8万吨。落实粮食直补、综合补贴113万元，农机具购置补贴140万元。预计粮食总产16706.06吨，增长1.73%；油料总产960.16吨，增长3.6%。新生仔畜75016头（只），成活率95.5%。春秋两季牲畜免疫率均达100%。成畜死亡1859头（只），死亡率0.8%。牲畜出栏71087头（只、匹），出栏率31.5%。安排防抗灾资金50万元，各级储备抗灾饲草料1438.3万斤，建立防抗灾饲草料基地500亩。草场承包工作有序推进。农业综合开发完成投资849.1万元。6个农牧业项目完成投资1250万元。小型农田水利基本建设完成投资215万元。项目建设带动增收3230.5万元。组织劳务输出5230人，创收3424万元。采集虫草1353.6斤，带动增收5414万元。公路养护带动增收161万元。组织技能培训4297人。全年接待各类游客1.4万人次，带动增收223.46万元，分别增长244.8%和179%。

【项目建设成效明显】实施项目61个，当年竣工49个，完成固定资产投资48960万元，其中国家投资23623万元、招商引资10372万元、民间投资13195万元、援藏投资1770万元。完成投资1894万元，2921户农牧民乔迁新居，完成投资3766.8万元，实施30个行政村的农村人居环境建设和环境综合整治项目，完成国家投资567.86万元，新增安全饮水人口4090人，投入资金288万元实施了边久林电站线路延伸、加玉电站维修项目，新增用电人口2200多人，三林乡实现全乡通电；投入资金32万元改造800户农牧民家庭卫生厕所。列麦至加玉油路、樟木萨路提质改造、加玉莫嘎公路、乡镇“三小建设”、卫生服务中心、隆子河治理县城段工程、救灾物资储备库、列麦和热荣公安派出所等项目竣工投入使用。总投资362万元的三林乡边久林桥、加玉乡余古堆堤防维修项目开工建设。

【特色产业效益提升】完成冻配6705头，超额完成行署下达的任务。新生犏牛5303头，成活率97%。投入350万元在新巴建立奶牛繁育基地。实施人工种草1.8万亩。出售改良牛1742头，创收376.7万元。2009年华钰公司完成二期改扩建，通过设备磨合，2011年选矿厂产能大幅提升，全县工业总产值成27179万元，增长27%，其中规模以上企业（华钰公司）完成产值26789万元，增长24.5%，当年上缴税收5100万元，占全县税收的76%。销售家电家具下乡产品7249台（件），交易总额464.25万元，政府补贴金额达109.49万元。推广点烟187.84吨。新建1家县级配送中心，新建和改造农家店74家。总投资700万元的扎日乡旅游接待站开工建设，扎日风景区被评为第一批自治区级风景名胜区。全县个体工商户发展到845户，从业人员1088人，注册资金3072.5万元。组织开展21次食品药品安全检查活动，净化市场环境。

【社会事业长足发展】本级财政预算安排教育投入299.2万元（不含教育住房公积金差额部分）。安排“两基”迎国检专项经费89.2万元。争取资金2733万元，彻底消除D级危房。认真落实“三包”政策。小学适龄儿童入学率100%、初中适龄青少年毛入学率99.7%。顺利通过“两基”迎国检，被评为全区“两基”工作先进单位。湖南常德考察团举行“情系隆子九子爱心助学活动”捐赠仪式，向隆子县捐赠20万元助学金，用于资助品学兼优、家庭贫困的学生。完成电影放映1879场，观众达42万人次。在18个行政村建立文化信息资源共享工程基层点。开展3次“扫黄打非”专项行动。基本药物目录制度实现全覆盖。落实大病统筹补偿、农牧区“一孩双女”、特殊子女家庭扶助等资金612.22万元。实施农牧区计划生育免费技术服务2470例，免费金额9.77万元。培训乡村医生150人次。

【人民生活持续改善】镇居民兑现基础养老金1.14万元。建设廉租房24套、周转房110套。落实周转房小区征地费46万元。投入资金52万元维修旧周转房。开立民生资金专用存折9083本。落实惠农政策资金3000余万元。总投资698万元的8个扶贫开发项目进展顺利。

【生态环境持续转好】开展重点区域环境综合整治，加强矿产资源勘查和开发环境监管。责令4个环保手续不全的施工项目依法补办手续。工程项目。完成投资460万元，建设户用沼气1075座，受益农牧民3000多人，建设6个沼气服务网点。县财政预算安全农村能源建设配套及维修经费20万元。投资1833万元为无电区农牧民配备1255套户用光伏控逆蓄一体机照明系统。投入资金406.9万元，实施隆子镇色杰雪十地开发项目，新增耕地495亩。完成投资1098.5万元，实施生态造林17055亩，其中重点区域造林6084亩，总体成活率在85%以上。实施义务植树820亩、封山育林5000亩、育苗120亩。落实退耕还林补助资金168.45万元，兑现森林生态效益补偿管护资金692.2万元。

【发展环境更加优化】截止2011年11月19日，纪检监察部门受理信访5件，结案4件，为4名干部职工澄清了事实。安全专项经费30万元，圆满完成村两委换届选举工作。深入开展双拥工作，被评为“全国双拥模范县”。解决22万元启动资金，寺管会顺利挂牌。扎实推进社会治安综合治理，大力开展平安创建工作，开展法制宣传活动30场次，侦结各类刑事案件9起，查处治安案件16起，群众安全感和满意度明显提升。解决劳资纠纷14起，挽回经济损失48万元。各级人民调解组织调处人民内部矛盾纠纷18件。承办法律援助案件6件。宣传贯彻《信访条例》，引导群众依法合理反映诉求，妥善处理群众来信来访13件。圆满解决以老农保为主的5个遗留问题，兑现各类资金466.34万元。层层签订并落实安全生产目标责任书，组建县级综合应急救援大队，深入开展安全生产宣传，大力排查整治安全隐患。全年发生道路交通事故4起，死亡1人，安全生产死亡人数控制在地区下达的指标以内，安全生产形势持续好转。

【领导名录】

县委书记：李育智

县委副书记、县长：洛桑平措

县委副书记、人大主任：格桑龙点

县委常务副书记：高军

错那县

【年度综述】2011年，错那县完成国内生产总值20602万元，增长17.4%；社会固定资产投资完成25160万元，同比增长39.1%；本级财政收入全年完成财政收入607万元，同比增长19%；社会消费品零售总额全年完成3673万元，同比增长23.8%；农牧民人均纯收入达到4269元，同比增长22.7%。

【以产业发展为重点，加快经济建设步伐】在第一产业方面，2011年，全县粮食总产量达到4091.32吨，增长1.55%；油菜籽产量达到329.99吨；肉类产量达到1034.97吨，同比增长14.19%；奶产量达到1993.66吨，同比增长7.39%。在第二产业方面，2011年，错那县进一步发展特色产业，全年投入资金340多万元提高勒布茶叶种植和加工、荞麦加工的能力。勒布高峰茶场茶田规模达到308.1亩，茶叶加工厂房规模达到599.6平方米。天麻试种面扩大到900平方米，投入资金5万余元。完成了对勒布蕨菜产品的商标注册和包装、广告宣传的设计。对木碗加工技术进行了改进，实现了由粗加工到细加工、精加工的转变。勒布野猪杂交繁殖示范基地和觉拉乡藏鸡养殖示范点建设进一步推进。在第三产业方面，通过市场化运作，搞好旅游景区开发和建设，提升旅游业的整体带动力，进一步做好全县旅游规划、建设和推进，全年到该县旅游的游客达11500人次，实现旅游收入达到402.5万元，是2010年旅游收入的2倍。

【以项目建设为重点，着力完善社会基础设施】2011年，该县共开工建设新建、续建项目52个，总投资达26975万元，比去年同期增长42.16%。这些项目的实施，进一步缓解全县基础设施建设严重滞后的“瓶颈”制约，为推进全县经济社会发展创造良好的条件。同时，近年来县委、县政府通过开源节流，多方筹措资金在泽当黄金地段购买土地6.9亩，开工建设了老干部活动中心和错那驻泽当办事处，总投资达1000多万元。

【以安居乐业为重点，推动新农村建设稳步前进】该县积极争取国家投资、援藏资金和相关单位扶助资金，继续加强安居工程建设，不断改善农牧区人居环境，切实推动新农村建设。2011年，共完成了750户安居工程建设任务，其中新建500户，整修250户，落实补助资金622.6万元。同时，在8个行政村开展了农村人居环境建设和环境综合整治，为改善农牧区生活条件，区地有关部门先后为该县解决了“村村通”光伏设备2723套，有效解决了觉拉、卡达两乡无电问题，惠及2493户6729人。共完成沼气池建设624户，产气率为65%。移动、电信通村率达到83%，全县覆盖率达80%，已在全县6个乡镇设立邮政服务网点，乡镇通邮率达到100%，行政村通邮率达到70%。

【以改善民生为重点，促进社会事业协调发展】2011年，错那县通过不断完善各项措施，更加注重保障和改善民生，切实解决人民群众最关心、最直接、最现实的利益问题。教育事业进一步发展。全力做好“两基”迎国检各项工作，全县迎国检工作先后通过地区模拟国检和自治区预检。县人民政府荣获自治区“两基”工作先进集体荣誉称号；全县适龄儿童入学率和巩固率均保持在100%；完成了D级危房改造以及中学体育场建设项目，有效改善教育基础条件。卫生事业进一步发展。继续推进农牧区合作医疗制度改革，加强合作医疗费用管理，发挥好乡镇卫生院的作用，实现农牧民群众有病能治、治病有药，买得起药，看得起病；继续大力开展实施“降消”工作，进一步提高新法接生和住院分娩率，有效降低“两个死亡率”；加强卫生基础设施建设，新建县卫生综合服务楼、修建觉拉乡中心卫生院，改善医疗条件。文化事业进一步发展。全面完成了“村村通”建设任务，扩大有线电视覆盖范围，广播电视服务质量进一步提高。进一步加大对非物质文化遗产保护和传承，培养传承人10名；为全县24个农家书屋配发书架192套，发放价值48万元书籍，同时继续实施农村电影“2131”、农家书屋、农民体育健身等工程项目，推动文化繁荣发展；就业和社会保障进一步发展。切实加强农村养老保险金收缴工作，参加新型农村养老保险5741人，征缴保险费69.33万元，为60岁以上1351人发放基础养老金89.166万元；为城镇居民、农村低保对象发放最低生活保障金193万元。社会救助事业进一步发展。着力推进社会救助体系建设，抓好灾害救济、城乡低保、医疗救助工作。投资130万元，在县城建成了敬老院。全力推进了城乡养老、失业、医疗、工伤和生育五大社会保险。加强廉租住房建设，管理好廉租房分配工作。进一步扩大社会保险覆盖范围，妥善安置好弱势群体的生产生活，帮助他们解决最基本的生活问题；投资113万元新建县救灾仓库，提高了应急救灾能力。基层建设年活动扎实有效开展。按照自治区关于做好基层建设年活动有关要求，结合实际，在自治区和地区下派的5个工作组的基础上，该县派出10个工作组，进驻15个行政村。驻村工作组在充分调研的基础上为群众办实事228件，解决资金936万元。

民族团结工作扎实推进，军民鱼水关系进一步深化。2011年，该县分别荣获国家、自治区“双拥模范县”荣誉称号。

【领导名录】
县委书记：许华
人大主任：拉次
县长：罗布占堆
常务副书记：刘圣育

浪卡子县

【年度综述】2011年，浪卡子县级生产总值完成27160万元，同比增长16.5%；固定资产投资预计完成37888万元，同比增长44.4%；财政收入实际完成837万元，同比增长22.9%；社会消费品零售总额预计完成5360万元，同比增长17.8%；农牧民人均纯收入预计完成4472元，同比增长29.2%。全年实现粮食产量6691吨，油菜产量640吨。2011年末牲畜存栏376599头（只、匹），出栏113883头（只、匹）；适龄母畜199590头（只、匹），占牲畜总数的54%；新生仔畜成活率达到92.4%；成畜死亡率控制在1.2%以内；实现肉、奶、毛产量2622吨、7200吨、306吨。

【狠抓关键，突出一产，强基固本】全年完成农作物播种面积3.86万亩，实现粮食产量6691吨，油菜产量640吨。投资460万元的沼气试点项目在我县成功应用，安排农村科技特派员25名，指导农牧业生产。提高牧业比重。年末牲畜存栏376599头（只、匹），出栏113883头（只、匹）；适龄母畜199590头（只、匹），占牲畜总数的54%；新生仔畜成活率达到92.4%；成畜死亡率控制在1.2%以内；实现肉、奶、毛产量2622吨、7200吨、306吨；增加牦牛比重，实现13%以上的增长率；黄牛改良完成任务的100.29%；重大动物疫病防控免疫率达100%。继续加大农田水利设施建设，水利普查工作全面启动，加大水源地保护监管工作。安排防灾救灾资金，储备各类物资，做到了有备无患。各类优惠政策落实到位：兑现野生动物肇事补贴85万元；继续落实家电家具下乡、农机具补贴和“万村千乡市场”工程，兑现补贴资金241万元，采购家电家具、农机具1742台（件、套）和新增销售网点15处；草场承包经营责任制在全县大力推广，安排工作经费，成立组织机构，制定工作方案，落实工作责任。经过努力，春夏草场划界定桩，基本达到了草场“管、建、用”相结合和“责、权、利”相统一的目的。

按照“防抗灾饲草、农机化示范、标准化养殖、生态保护”的标准，加大了朗杰塘开发力度，得到地委行署的肯定，被定为“山南地区朗杰塘高原生态畜牧业示范园区”。

【争取投资，改善基层基础条件】2011年，固定资产投资增长44.4%。在投资的有力保障下，全县的基础设施建设进一步改善，为经济社会发展注入了强大的动力。下索、查布村光伏电站投入使用，全县电网覆盖率达到100%。卡热乡油路开工建设，标志着全县乡村公路等工程全面启动；加大乡村公路养护力度，兑现养护资金265万元。着力改善全县干部职工住房难问题，建成县乡周转房98套；顺利实施老干部活动中心项目。着力改善办学条件，推行教学点闲置校舍用于学前“双语”教育，改扩建了14所完小。着力缓解看病难问题，新建4座卫生院。县城功能进一步提升，马鞍山路、后勤服务中心项目相继开工。建设人畜饮水、防洪坝、提灌站等，逐步推进水利设施网状化发展。进一步加强了生态保护，造林绿化1627亩、管护灌木林80万亩。扶贫农发工作稳步推进，实施了打隆镇土地治理、借畜还畜等一批重大项目，由点向面扩展、由量向质深入。

【创新工作思路，谋求发展路子】以“打造‘自治区级旅游强县’”为目标，制定了《浪卡子县关于加快发展旅游产业的意见》，对旅游产业发展提出了明确的要求和规划。一是安排70万元，修编全县旅游总体规划，突出景区建设，指导旅游发展，明确发展方向；二是以提升羊湖旅游品质为宗旨，制定旅游宣传图册，加大旅游宣传。羊湖旅游在中国国际旅游交易会、西藏山南旅游安徽合肥推介会、地区旅游研讨会上得到了全面推介，而且在中文国际频道边疆行《远方的家》栏目作了专题报道。三是加强景区管理，设置旅游产品销售摊点，杜绝尾随兜售。全年共接待国内外游客34.7万人次，其中国外游客3万人次。

本着“科学管理、重点扶持、特色优先、合理引导”的原则，安排产业发展扶持资金312万元，有力支持了“一乡一品”的产业发展，促使特色产业长足发展。加大张达民族手工业合作社、阿扎金银器加工协会、卡龙甜奶渣加工协会等的发展，实现年产值430余万元。

【新农村建设不断深入】依照“安居才能乐业、安居才能安心”的目标，推进安居工程建设，“十一五”期间完成了6567户，投资26521.7万元；去年完成531户安居工程。投入资金3585.9万元，其中援藏资金1230万元，建设了农家书屋、道路硬化亮化等10类工程，完成率70%以上。争取150万元，针对全县7549户农牧民群众住房进行确权登记，划线定桩，规范管理，并顺利通过了自治区验收。

【拓展渠道增收】通过项目建设、产业带动、劳务输出等途径，有力促进了农牧民增收。项目建设增收。按照要求，在保证项目质量的前提下，将项目总投资的15%以上交于农牧民群众建设。特色产业增收。以特色产业建设为龙头，带动群众参与生产，扩大生产规模，提高产品质量，拓展销售渠道，增加企业收益，提高从业人员收入。惠民政策增收。加大税费改革等支农惠农政策宣传力度，办理了9451个独立家庭户民生资金专用账户，所涉及的惠农资金全部转入家庭账户，实现了“一卡通”。劳务输出增收。成立县劳务输出组织机构，指导富余劳动力科学择业、合理就业，督促与用人单位签订合同，避免了劳资、安全等方面纠纷的发生。全年劳务输出人次、创收分别完成了计划的133%和148%。

【发展社会福利事业】从广大群众最迫切、最现实的需求着手，有效改善了群众的生产生活条件。建立社会救助体系。加强对困难家庭、困难学生、病残群众的救助，保障社会弱势群体的基本生活。拨付各类补助、救助资金144万元。进一步扩大城乡低保覆盖面，将全县农村贫困人口全部纳入农村低保范围，城镇低收入人口实现应保尽保，适当提高城乡最低生活保障标准。兑现农村低保、城镇低保、医疗救助和“五保”生活保障金368.8万元，受益3696人。建立健全社会保障体系。深入开展新型农村社会养老保险工作，参保群众17968人，参保率达89%以上，征缴基金195.36万元，征缴率100%；发放基础养老金263.73万元，发放率100%。参加其它保险3584人次，征缴基金773.08万元，征缴率为100%；兑现其它各类保险金190.78万元，兑现率为100%，受益2788人。兑现“9·18”地震救灾资金73.96万元。

【强基惠民活动稳步推进】按照区地党委、政府的安排部署，县委领导、政府参与创先争优强基础惠民生活动，在全县范围内全面铺开，区、地、县安排驻村工作队98个、干部398人，县成立活动领导小组及办公室，指导协调强基惠民活动。驻村干部与群众面对面促膝交谈，了解农牧区发展现状，掌握基础材料，编写工作简报，脚踏实地的推进驻村工作。心贴心增进感情，驻村干部与群众同吃同住同劳动，密切了关系，增进了友谊，落实工作责任，强化基层基础建设，使强基惠民活动真正成为深入民心、体察民情的民心工程。实打实解决问题，驻村干部走村串户，化解邻里矛盾、调处各类纠纷，搜集整理涉及农牧、水利等各类民生项目，积极上报，尽力衔接。

【促进教育、医疗、文化事业】办人民满意教育，2011年顺利通过了国家“两基”工作评估验收。确保在校生5658人，学前、小学、初中入学率分别为68.7%、100%、99.3%，巩固率达100%；促进学生德、智、体、美全面发展。创新“学校+公司”的职业办学模式，培养绘画、木工、卡垫编织等技能人员。

改善基层医疗条件，安排85万余元，配置了县乡医疗设备和办公设施。建立了98个村级卫生室，配齐了医疗设备，配备了102名医务人员，基本满足了农牧民的就医需求。合作医疗参保率达99.9%，覆盖率100%，有效缓解了农牧民看病贵的问题。扩大特殊人群疫苗接种面，有效防止了鼠疫、结核、乙肝等传染病发生。落实孕妇住院分娩补助政策，孕妇住院分娩率50.5%，全额报销住院分娩费用62.4万元。

丰富群众精神文化生活，县民间艺术团编排了《欢迎你到羊卓来》等群众喜闻乐见的文艺节目，深入农牧区演出51场。推广“农家书屋、寺庙书屋”工程，配备各类图书25万余册，方便了群众借书、看书。落实大庆慰问品，发放了西藏和平解放60周年纪念品9146份，发放率达100%，覆盖面达100%。

日喀则地区

日喀则地区

【年度综述】2011年，日喀则地区实现生产总值103.91亿元，按可比价计算同比增长12.8%；全社会固定资产投资完成79.7亿元，同比增长29.83%；地方财政一般预算收入完成4.42亿元（含拉日铁路税收），同比增长31.94%；农牧民人均纯收入达4473.33元，同比增长19.29%；城镇居民人均可支配收入达16361元，同比增长11.3%；社会消费品零售总额达40.88亿元，同比增长16.8%；居民消费价格总水平（CPI）比上年同期上涨2.4%。

【以农牧业为主的第一产业结构不断优化，农牧业发展水平得到较大提升】依托企业在白朗县实施了现代化农机示范县建设，提高了农业生产效率；在地区相继召开了3个全区涉农工作现场会，示范带动效应明显；推广"公司+协会+牧户"模式，引入培强生态肉业有限公司，盘活了畜产品资源，拓宽了"岗巴羊"的生产、加工、销售渠道，提升了"岗巴羊"的经济效益。全年实现农牧林渔业总产值30.5亿元，同比增长3.9%。

【以新能源为主的第二产业蓬勃发展，太阳能、沼气得到有效利用】率先在日喀则市开辟了经济开发区、光伏产业园，成功引进超日国策、江西塞维、国电龙源等光伏电站项目，园区经济效益明显。深入开展矿产资源勘探开发清查专项行动，矿业秩序稳步好转；矿业对财政贡献率大幅提升，全年采矿业实现税收1.7亿元。国有企业经济运行逐步趋好，全年实现工业总产值9.11亿元，同比增长29%。

【以旅游业和边境贸易为主的第三产业强劲突破，带动效益明显增强】旅游景区条件不断完善，宣传促销力度持续加大，文化与旅游进一步融合，全年接待国内外游客134.7万人次，实现总收入10.75亿元，同比分别增长21.7%和25.5%。边境贸易日趋活跃，对外贸易进出口总额实现11950万美元，同比增长118.9%。启动了城镇土地清查办证工作，大片土地得以盘活。实施了日喀则市区街景改造和市政道路改建工程，城市面貌大为改观。放手发展非公经济，各类市场主体发展到2.1万多户，注册资金42亿多元。"万村千乡市场工程"农家店发展到400家，消费品市场供需两旺。项目落实力度进一步加大，拉日铁路及配套工程建设顺利推进，完成全社会固定资产投资79.7亿元，同比增长29.8%。以珠峰文化旅游节为平台，招商引资签约项目13个，合同金额达36亿元。充分发挥援藏优势，积极参加"中国哈尔滨国际经济贸易洽谈会"和各类旅游推介会，引进项目28个，协议资金超过40亿元。落实援藏项目183个、资金5.8亿元，为地区经济社会发展注入了活力。

【以民生为重点的社会事业快速发展，人民群众得到更多实惠】顺利通过国家"两基"督导验收，小学适龄儿童、初中入学率达到98.55%、93.9%，青壮年文盲率控制在1%以下。10个县卫生服务中心抓紧建设，38个中心乡镇卫生院基本建成，"一村一卫生室"目标全面实现。开展了以红歌演唱为重点的文艺活动，为庆祝中国共产党建党90周年、西藏和平解放60周年和第9届珠峰文化旅游节"三项活动"营造了浓厚氛围。日喀则广播电视台综合广播正式开播，全地区广播电视人口综合覆盖率分别达到94.34%、92.32%。社会保险覆盖范围进一步扩大，实现了应保尽保。实施了一批民生项目，14209户农牧民迁入新居，解决了57个行政村通畅和217个行政村通达问题，建成了1806套廉租房、周转房、公租房，干部群众的生产生活条件得到显著改善。完成各类造林12.43万亩，环境保护与建设进一步加强。

【以保护灾区群众生命财产安全为首要任务的抗震抢险救灾取得阶段性胜利】"9·18"地震发生后，中央、自治区和地区各级各部门迅速行动，组织广大军警民全力以赴抗震抢险救灾，共调运价值2290万元的救灾物资，下达19214.67万元的各类救灾资金，转移安置灾民3.1万人，有效降低了灾害损失，保障了灾区群众生命财产安全。

【领导名录】
专员：许雪光
常务副专员：李耀东(黑龙江援藏）、闵卫星（上海援藏）、旺堆
副专员：张雪喜、欧珠卓玛、索朗罗布、郝斌、刘永颇、普布桑珠、巴桑、嘎玛洛穷、白珍

日喀则地区统一战线工作

【年度综述】2011年，自治区党委统战部狠抓统一战线各领域工作，在推动民族团结进步上做出了新努力，在促进社会发展稳定上作出了新贡献。

【提升自身建设能力】一是基层统战部门自身建设取得重大突破。地委专门下发了由我部起草的《日喀则地委关于加强统战民宗工作的意见》（日党发〔2011〕1号）和《中共日喀则地委、日喀则地区行署关于贯彻〈建立健全藏传佛教寺庙管理长效机制实施意见〉的意见》（日党发〔2011〕3号）文件，对全地区统战民宗工作提出了更高要求，对统战民宗部门干部队伍建设和业务经费等提供了保障措施，有力地促进了基层统战部门自身建设，基层统战民宗部门的干部队伍建设

得到加强，业务经费得到大幅度提高，办公条件、设备得到较大改善。二是地委统战部机关建设不断推进。投资150万元的院落改造工程、投资24万元的街景改造工程、投资273万元的职工周转房竣工并交付使用，投资250万的“爱国人士之家”也已经立项并批复。公文运转进一步规范、办事程序进一步完善、行政效率得到不断提高。

【狠抓统战联络工作】一是广泛开展送温暖活动。在重大节日、纪念日来临之际，看望爱国统战人士、宗教界人士，送去慰问金、慰问品，使他们切实感受到党和政府的关怀和温暖。二是及时召开座谈会。在春节、藏历新年、西藏百万农奴解放纪念日等重要节庆期间，统战部门分别召开爱国统战人士、非公有制经济代表人士、宗教界人士等各族各界代表参加的座谈会，加强联系沟通,了解他们的愿望，提出希望要求。三是关心党外人士的政治生活。做好人士安排和待遇申报工作，认真落实党外人士生活补贴，建立党外后备干部人才库。四是加强党外人士培训。今年，地委统战部看望慰问党外人士60余人次，召开各族各界党外人士座谈会4次，向党外代表人士、定居藏胞、宗教界人士发放慰问金累计达20多万元。

【狠抓国外藏胞工作】一是抓接待服务。积极改善接待环境，提高服务质量，做到了热情接待、文明服务，尽全力为国外藏胞出行提供方便，向入境藏胞及时讲解相关政策和旅途中注意事项，定期深入归国定居藏胞家中，开展交心谈心活动，倾听意见建议，尽力解决他们的实际困难。二是抓对外宣传。通过开展座谈会、发放《中国西藏》等形式，积极向回国探访藏胞宣传家乡发展变化和党的惠民富民政策。三是抓藏胞管理。严格藏胞申报入境审批，加强回国探访藏胞的管理，严格落实“属地管理”责任制，确保不出任何意外。

【狠抓工商联工作】一是认真开展非公有制经济调研工作。2011年，完成了民营企业参与光彩事业统计，非公经济行业分布统计等10多项统计工作。

二是做好会员发展工作。目前，全地区登记注册非公企业有639家、个体工商户发展到1.78万户，上亿元规模企业有4家，上千万规模企业有11家；地区工商联会员发展到543个，其中企业会员194个、个体会员349人。

三是深入开展光彩事业。截止目前，非公企业和个体工商户共吸纳就业人员6万余人，地区工商联组织民营企业赞助第九届珠峰文化节，赞助物资折合人民币120.3万元，有12名非公经济人士被自治区工商联评选为“中国特色社会主义事业建设者”。四是加强非公有制企业党组织建设，2011年组织新建4家企业党组织，目前已建立非公企业党组织10家，党员人数162人。五是加大对非公企业的引导、支持。尽力为非公企业提供政策、融资、管理等服务，向区工商联申报了11个非公经济项目，为促进国民经济发展和社会和谐稳定注入了新鲜血液。

【认真做好宗教领域维稳工作】一是认真研究部署宗教领域维稳工作。多次召开会议，研究部署宗教领域维稳工作，成立并三次调整充实地区维稳一线指挥部寺庙组，专门下设办公室，及时研究下发了《关于做好寺庙维护稳定工作的意见》等各类文件73份。扎实做好情报信息工作，全年共编发《寺庙维稳简报》181期。二是深入开展“两项教育”。认真制定《2011年日喀则地区寺庙法制宣传教育实施方案》，明确寺庙法制宣传教育内容、范围、时间、要求，按照“一寺一策、因寺施教”的方法狠抓宣传教育，确保人员、时间、内容、效果四落实。

【扎实推动藏传佛教寺庙正常秩序建设】一是落实平安和谐寺庙建设。与各（县）市签订了《平安和谐寺庙创建目标责任书》，落实“属地管理、分级负责”原则，推行扎寺等爱国爱教寺庙的先进民主管理经验，为创建平安和谐寺庙打下坚实的基础。二是建立健全藏传佛教寺庙管理长效机制。根据日党发〔2011〕3号对建立健全藏传佛教寺庙管理长效机制提出详细的要求，联合地区民宗局、行办督查科深入各县市开展专项督促检查，确保各项措施落实。三是加强和创新寺庙管理。及时制定《日喀则地区关于加强和创新寺庙管理工作实施方案》，经地委研究通过后下发至各县市并督促落实。成立了地区加强和创新寺庙管理工作领导小组，目前，寺庙“六建”工作稳步推进。同时，成立了地县（市）两级宗教工作领导小组，下设办公室、巡查组，配备了领导班子，对18个县市民宗局长全部高配为副县级，并初步完成了寺管会、特派员办公场所选址规划。

【积极落实“四个对待”政策】一是逐步解决了部分寺庙通路、通电、通水、通讯、通广播影视问题和僧尼的低保、五保、医保、养老等社会保障问题，及时向有关部门反映寺庙文物保护抢救工作，实施了寺庙书屋建设工程，开展了为僧尼办实事、做好事、解难事活动。二是积极协助配合了中央统战部同心工程组织的“同心共铸中国心西藏行”专家团在我地区救治救助工作。

日喀则地区政法工作

【维护社会稳定】全地区政法机关高度重视维稳工作，重点围绕3月敏感期、西藏和平解放60周年和建党90周年庆典活动、国庆和自治区党代会等敏感节点，切实打好维护稳定的“三大战役”，狠抓阶段性维稳防控措施落实，健全常态下维稳管理长效机制，有效维护国家安全、社会稳定和边境安宁，取得了反分裂斗争的又一阶段性重大胜利。

【边境安全管控】全地区各级各部门严格按照“军管线、警管点、民管片”的工作要求和“一线堵、二线查、三线控”的防控机制，科学调整兵力部署，采取全面防和重点控、一线防和二线控、定点防和机动控、昼夜防与夜间控相结合的办法，切实加大边境一线设卡堵截力度。在边境口岸、边境通道、通外山口设立一线检查点72处，全年共审查非法出入境案件86件250人。先后100余次就边境维稳、打击跨国犯罪等事宜进行联系磋商，成功粉碎了达赖集团在中尼边境实施闯关、“和平挺进”的图谋。

【社会面动态管控】全地区政法机关与驻军部队、武警官兵密切配合，不断完善党政军警民联防联动机制，实行总体上严密布防和重点敏感时段高度戒备相结合，采取严防死守重点要害部位、部署重兵驻守重点地区、加大宗教领导工作力度、强化寺庙管理、加强重点目标防控和重点人员管控、加强通信网络管制等工作措施，切实加大了对社会全面的动态防控工作力度。2011年度，公安、武警、治保人员对全地区205处重点要害部位进行了安全守护；以天网工程建设为契机，依托城市视频监控体系，对日喀则市重点部位和目标实行24小时视频监控；采取武警部队分片负责，公安机关指导工作，社会力量参与的方式，建立了社会面立体防控体系，并组织开展了实兵演练和特种装备车辆拉动演练；要害部门开展督导检查，对地直单位、各县市敏感日期间的值班备勤工作进行了检查通报，帮助基层及时发现隐患、漏洞，及时进行查补整改，确保了敏感节点和重大节庆日期间全地区的持续稳定和绝对安全。

【情报搜集】以“早防范、早化解、早稳控”为目标，坚持专群公密结合，健全了以地区维稳一线指挥部、地区维稳办为平台的情报信息研判共享机制，强化了维稳情报信息收集研判和国家安全人民防线建设工作，拓宽了情报信息收集渠道，提高了情报信息研判水平，为上级决策和公安机关精确打击提供了信息支撑。地区维稳办共召开情报分析会23次，收集、整理、上报情报信息422条，核查各类线索75条，形成《情报信息交流专刊》23期；建立了地、县、乡三级国家安全人民防线领导小组123个，共有成员786名，初步形成了“纵向到底、横向到边”的国家安全人民防线；删除、封堵网上有害信息437条，发出案件线索通报42条，协查线索9条，掌握网上重点人员26人、重点虚拟身份5人。

【社会管理综合治理】全地区签订综治目标管理责任书，地、县、乡、村、户和机关、企事业单位、社会团体、寺庙、村居《综治目标管理责任书》签订率为100%；深入推进平安创建活动，全地区“平安县”创建率达100%。共有自治区级平安县5个、地区级平安县18个、县级平安乡镇181个、平安村1217个、平安单位534个、平安小区10个、平安学校203个、平安寺庙221座、平安矿区2个；坚持综治工作齐抓共管，全地区建立健全治保组织、调解组织、基层公安派出所和基层司法所，不断充实保安人员、义务消防队、民兵组织及应急处突组织；在行业、系统组建了内部安全保卫组织，建立完善护院队、护寺队、护校队和护路队；加强和完善基层政法综治机构，目前共建成乡镇综治维稳信访中心99个；全地区综治委、纪委、监察、组织、人社等部门充分发挥“五部委”联席会议机制的作用，地委政法委先后4次组织召开“五部委”联席会议，积极推动综治检查考核工作，严格落实“一票否决”制，严格责任追究。

【案件协调】2011年，地委政法委执法督察室共协调重大疑难案件9件，转办、督办案件8件。共受理涉法涉诉信访案件27件109人，办结26件108人，涉案标的约151万余元，协调参与兑现拖欠民工工资及其他费用15万余元。

日喀则地区党校（行政学校）工作

【坚持创新，进一步提升教学能力与水平】在师资队伍建设上，对教师的理论学习常抓不懈，确保队伍的政治素养与理论水平不断提高；强化教师的业务能力提升，认真执行教师授课计划，实行集体备课及试讲，开展评教评学，制定和落实了教师基本课时量制度；通过地委组织部，新分配1名应届毕业研究生来校任教；先后选派9名（其中一名在中央党校读研）教师前往中央党校、山东省委党校、自治区党委党校、上海浦东新区党校等处进修。教学内容上，在传统的政治理论课程基础上，新增了法律知识、国际国内形势分析、社会主义核心价值理念、当前西藏反分裂斗争形势与任务、领导科学、干部保健知识、国防知识、公务员通用能力等课程。教学方法上，在采取案例分析式、专题研讨式、互动式、体验式教学、现场教学、菜单式教学的同时，有多个专题课程外请了地区宣传部、农牧局、人民医院等部门的专家学者来授课，提升了授课层次与水平。在教学手段上，多媒体授课得到普遍广泛应用，中央党校远程网、西部远程网、互联网的作用得到充分发挥；学员管理工作进一步强化。

【努力抓好科研党的哲学社会研究工作】组织安排全体教师在抓好教学、宣讲任务的同时，围绕建党90周年、西藏和平解放60周年、辛亥革命100周年等专题，撰写理论文章。《统筹处理好我区经济社会发展中的重要关系》、《党的民族理论和政策在西藏的伟大实践》、《试论中国西部的可持续发展》等5篇在《西藏日报》、《西藏发展论坛》、《新西藏》上发表；《浅析和平解放以来西藏教育事业的发展》、《浅析中国共产党在西藏执政的光辉实践》等3篇在区党委宣传部、党校系统组织的纪念建党90周年及西藏和平解放60周年理论研讨会上入选并作大会交流。

日喀则地区外事工作

【拓宽对外交往渠道，“请进来、走出去”工作取得了突出进展】1.认真做好礼宾接待工作。2011年在地区有关部门的大力配合下，协助自治区外办成功接待了8个国家10批82人，先后接待了英国驻华使馆一秘、瑞典外交部亚太司司长、德国社民党青年政治家代表团等党宾国宾以及新闻记者团。

2.加大了“走出去”工作的力度

2011年，日喀则地区因公出国团组22批46人，其3个地厅级、10个县处级、5个科级，前往斯里兰卡、德国、英国、意大利、尼泊尔、香港等国家和地区，在境外逗留时间最长的为21天，最短为5天。

【坚持维护国家主权及安全，切实加

强边界涉外管理工作】日喀则地区处于反分裂前沿阵地、是边境大地区，边境线长、点多、面广。为此，该办始终把加强边界涉外管理工作作为一项重要工作来抓，实行了主要领导亲自抓，分管领导具体抓，形成了层层有人问、层层有人抓的良好工作局面。

1.按照自治区维稳一线指挥部和地区指挥部的要求，积极配合相关部门做好维稳边控工作，为地区的稳定局势做了积极的贡献。

2.加强对边境管理的调研，收集边境一线和境外信息，做到及时、准确地报送信息，及时掌握边境地区动态，为地委、行署和区外办对外工作决策发挥参谋和助手作用。2011年，为避免越境采挖虫草，该办在人员少、经费短缺的情况下，组成两个工作队行驶里程8000多公里前往相关县开展调研并对边民进行宣传教育。

3、进一步了解并管理好边境贸易、对外通道、过牧、界桩完损等边境事务，积极协调各有关部门、及边境县建立健全涉边信息报送机制，加强对边境地区人员的宣传、教育和管理，为维护好边境地区的安全稳定从源头上有效地做好了疏导和规范工作。

4.2011年9月18日晚亚东县发生地震，该办在第一时间组成工作组赶赴亚东，了解反蚕工作开展情况并将情况及时上报了上级部门。

5.吉隆县采伐木材事宜事件中该办在第一时间专门成立工作组，多次前往吉隆县进行调研核实并将相关情况及时上报了上级有关部门，为上级部门提供了决策依据。

6.该办积极协助自治区外办相关处室在日喀则地区筹备召开了全区2009-2010年援尼工作总结会议，区党委主要领导及区外办主要领导亲临会议并在会上做了重要的讲话；会议总结并充分肯定了该办在2009年和2010年对尼北部10个县的物资援助取得的工作成绩，并安排了下一步的工作计划。会议的筹备情况事宜得到了上级部门的充分肯定和认可。

7.为认真落实2011年援尼工作方案，工作人员多次深入相关援尼边境县开展调研，并指导参与相关县与尼进行会晤及押运物资工作，圆满地完成了今年援尼工作任务。

8.本着以邻为伴、与邻为善的原则，巩固和发展与周边国家的睦邻友好合作关系，增进双方和多边的相互了解和友谊，积极协助区外办成功接待了尼驻拉萨总领事对吉隆、仲巴及亚东的公务访问。

地委政策研究室（地委农村工作办公室）

【倾心服务，认真撰写各类文稿】围绕“出精品”，深入思考，转变文风。为确保各类文稿质量，我们在人员少、抽调人员多和下乡调研、文稿起草任务重的情况下，集中力量，加班加点，逐个突破，在文稿的思路上、语言上、文风上狠下功夫，尽力确保写出的文稿实用、管用。全年共起草了重要文件、领导讲话、调研报告、汇报材料、理论文章、方案、总结、致辞等各类文稿70多篇，审改、把关各类文稿260多篇，200多万字。同时，完成了地区工作会议、地委（扩大）会议、经济运行分析会议、农村工作会议等重要会议和“三项”活动、援藏四省市两企业代表团、强基惠民、维稳一线指挥部、地区首届边境贸易会议、“9·18”抗震救灾、云南旅游考察等大量文稿的撰写任务。

【诚心谋事，深入开展调查研究】本着“超前、客观、实效”的原则，深入开展调查研究，努力为地委决策提供依据。2011年以来，陪同地委丹增朗杰书记先后深入地直、区（中）直35个单位和18个县市、部分企业，开展调研，掌握实情，提出建议，形成了《地委调研组赴地直部门调研情况报告》、《地委调研组深入各县市开展调研情况报告》等调研报告，完善了“抓住一个优势，运用两种手段，打造三个经济带”的区域经济发展思路，较好地促进了工作。同时，组织人员，深入农村牧区，围绕农牧区经济社会发展中的薄弱环节，开展调查研究，形成了《地区农牧业产业化经营情况》、《地区牧区经济社会发展情况》、《地区农牧业农牧区工作发展情况》、《地区农牧业科技推广和社会化服务体系建设情况》等调研报告，并制定了《“十二五”时期农牧业结构调整的指导意见》，提出了“三农”工作发展思路、目标和任务。通过调研，还制定了《推进拉孜县加快建设日喀则西部中心的意见》和《打造发展稳定先行区的实施意见》，提出了发展稳定的具体举措。一年来，我们始终保持以谋划地区发展稳定为大局，尽心竭力出主意，为领导决策提供了客观依据。

【细心收集，提供决策咨询】围绕领导的决策咨询，我们创办了《日喀则政研通讯》，密切关注并及时收集中央、自治区政策走向和领导重要言论，以及区内外经济社会发展动态，为领导决策提供快捷的信息服务。一年来，共编发《日喀则政研通讯》8期，30多万字，提供各类信息220余条。同时，还收集整理编发《农村工作简报》10期，其中自治区农工办采用信息5条；收集整理编印各县市、涉农成员单位2011年度农村工作总结资料20余万字。为领导从不同角度掌握上情、了解下情，做好决策起到了积极作用。

【精心编辑，出色办好党刊】本着“宣传援藏政策、展示援藏成就、交流援藏经验、讴歌援藏人物、沟通援藏信息、搭建援藏平台”，创办了《援藏日喀则》。组稿、修改、编辑、出版了《日喀则调研》4期，达到了“服务领导决策、指导工作实践、反映研究成果、促进对外交流”的目的。全年，向援藏四省市、两企业和自治区领导、厅局部门、兄弟地市以及我地区各县市、各部门发放刊物5000余份，有力地扩大了地区的对外宣传，提升了地区的知名度和美誉度。

日喀则地区工会工作

【年度综述】2011年，全地区新成立工会组织38个，发展会员3223名，其中农民工会员1972名。

【提高困难职工、困难农民工会员对改革发展成果的共享程度，进一步开展好工会帮扶工作】2011年，进一步加强了对企业困难职工电子档案、大重病职工的救助档案的动态管理。2011年的三大节日“送温暖”活动中，全地区共计慰问困难职工871户、各级劳模3名、农民工2人，共发放慰问资金70.04万元，其中政府解决了50.04万元,工会自筹了20万元。地区各级工会还在五一、建党九十周年等节日前夕，结合实际认真开展好慰问困难职工等工作；10月开展的送医送药活动中，出资3.5万元，前往拉日铁路等单位开展了2011年的送医送药活动，对近300名职工、农民工开展了义诊、送药活动。二是继续抓好就业等培训工作。出资10.83万元，组织31名国有企业困难职工子女及农民工会员开展了烹饪等方面技术的培训；组织9名农民工会员参加了自治区总工会开展的木工雕刻技术培训；投入资金21万多元，支持各县总工会组织385名农民工开展农机使用、安居工程项目管理、民用建筑、蔬菜种植、石材加工、酥油花制作、藏土鸡养殖及木工、画匠等方面的农村实用技术培训。三是开展好“金秋助学”等助学活动。为企业困难职工家庭2010年顺利升学的65名学生落实了“金秋助学”资金14.1万元。及时上报了今年顺利升学的38名企业困难职工子女的“金秋助学”申报资料及收集整理了268名农民工会员家庭子女的相关资料。四是筹措并落实了103.6万元的生活救助、大病救助等专项资金。五是开展好对特殊困难职工、农民工的帮扶救助工作。为8名特困职工、农民工解决危房维修款、医疗费、生活困难补助等51000元；为受灾严重的亚东、康马、岗巴、定结、吉隆等县争取并及时下拨了112万元农民工会员、职工抗震救灾及生活困难救助资金。六是认真开展好献爱心、扶贫联系点、强基惠民等工作。及时发动全体干部职工及本地的退休人员为地震灾区捐款4590元。为扶贫联系点萨迦县赛乡村民解决了3.5万元的项目资金。为认真开展好基层组织建设年活动，与地区工信局联合为驻村联系点落实了7个项目，解决了84.23万元资金。10月份以来，又认真开展好驻白朗县嘎东镇白雪村的强基惠民工作。七是进一步加强了干部职工的疗（休）养工作，2011年共组织了13名干部职工赴拉萨疗（休）养，补助资金6500元。69名干部职工赴海南疗（休）养，共补助资金6.94万元。

日喀则地区检察工作

【年度综述】2011年，日喀则地区两级检察机关始终坚持快捕快诉、从重从严的方针，重点打击影响人民群众安全的黑恶势力犯罪、严重暴力犯罪和以抢夺、盗窃等多发性、易发性侵财犯罪以及侵害农牧民利益、影响农牧区稳定的刑事犯罪，切实维护了地区社会局势和谐稳定。

受理案件情况。一年来（2010年10月26日—2011年10月25日，下同），两级检察机关共依法批准逮捕各类刑事犯罪案件152件217人，同比分别上升了25.8%和10.8%，批捕审结率为100%。依法提起公诉151件216人，同期相比件数上升6.3%人数下降1.8%，审结率为72.5%；案件批捕、公诉准确率均保持100%。

案件类别。受理提请批准逮捕危害公共安全类犯罪17件18人，同期相比分别上升41.7%和50%；侵犯公民人身权利、民主权利类犯罪39件45人，同期相比件数上升44.49%、人数上升45.29%；侵犯财产类犯罪84件113人，同期相比件数上升32.8%、人数下降11.79%；妨害社会管理秩序类犯罪10件20人，同期相比件数下降28%、人数上升11.9%。

案件罪名。盗窃67件89人，分别上升109.4%和56.1%；故意伤害30件35人，分别上升42.9%和52.2%；抢劫10件17人，分别下降50%和70.2%；交通肇事15件15人，同期相比件数人数均上升36.4%。

案件特点。从民族结构看，藏族190人，占犯罪嫌疑人总数的83%，汉族26人，占犯罪嫌疑人总数的11.4%，其他民族5人，占犯罪嫌疑人总数的3.7%；从年龄结构看，16-17岁12人，占犯罪嫌疑人总数的5.2%，18-24岁75人，占犯罪嫌疑人总数的32.8%，25岁以上142人，占犯罪嫌疑人总数的62%；从职业特点看，农民101人，占犯罪嫌疑人总数的44.1%，个体劳动者53人，占犯罪嫌疑人总数的12.7%，无业人员17人，占犯罪嫌疑人总数的12.6%，其他人员46人，占犯罪嫌疑人总数的20.1%。

【标本兼治、惩防并举，查办和预防职务犯罪取得新进步】两级检察机关准确把握推进党风廉政建设和反腐败斗争的总体要求和主要任务，把查办和预防职务犯罪工作摆在更加突出位置来抓，进一步加强侦查对策研究，提高发现线索能力、收集固定证据能力、审讯突破能力和预防犯罪能力。

受理案件情况。共依法受理贪污贿赂案件线索7件7人，同期相比件数和人数均下降36.4%；初查8件8人（其中去年积案1件1人），初查率达100%；立案4件4人，同期相持平；侦查终结6件6人，同期相比件数和人数均上升100%；批准逮捕2件2人；移送审查起诉3件3人，移送不起诉3件3人；涉案总值达289.67余万元，挽回经济损失195.42余万元。共受理渎职犯罪案件线索6件；正在初查5件5人，初查率达83.3%，立案2件2人，依法作出不起诉决定2件2人。

案件特点分析。从办案数量上分析。共立案贪污贿赂和职务犯罪案件6件6人，立案件数和人数均上升100%，立案数上升的主要原因：一是地委和分院党组高度重视查办和预防职务犯罪工作，两级检察机关结合深入开展重点工程建设领域突出问题专项治理工作，进一步加大了办案工作力度，确保了查办职务犯罪工作顺利开展；二是在拓宽案源渠道上狠下功夫。加强与重点部门、重点行业联系协调，加大举报宣传力度，鼓励广大干部、职工和人民群众参与到反腐倡廉建设中来，形成了强大的工作合力，有效促进了查办和预防职务犯罪工作；三是个别案件属跨年度侦查案件，客观上增加了办案数量。从立案案件性质分析。立案侦查6件6人中，受贿案1件1人，挪用公款2件2人，贪污1件1人，玩忽职守2件2人。从社会危害性分析。涉及农牧民安居工程建设领域2件2人，教育系统采购领域1件1人，城市建设领域1件1人，交通领域1件1人，行政人员玩忽职守2件2人。涉及个人巨额财产来源不明1件1人。

由此可见，工程建设、公共采购、交通等领域仍是滋生腐败的重要土壤。从犯罪嫌疑人身份分析。立案侦查6件6人中，副处级干部1件1人，正科级干部1件1人，副科级干部1件1人，科员1件1人，一般工作人员2件2人，4名男性，2名女性。从犯罪嫌疑人身份分析，国家机关工作人员依然是职务犯罪主体，身份呈多样化趋势，且女性犯罪比例上升。

预防职务犯罪工作。始终立足检察职能，结合执法办案，围绕重大工程建设、国家投资项目等，积极开展预防调研、对策分析和法制宣传工作。一是为加快推进惩治和预防职务犯罪，促进党风廉政建设再上新台阶，投资30余万元修建了占地120平方米的警示教育基地，并分批邀请地区15个预防职务犯罪成员单位干部和在地委党校培训的新任副处级领导干部参观警示教育基地，播放警示教育宣传片12次，受教育人数达520人次。

日喀则地区发展改革工作

【年度综述】2011年，日喀则地区实现生产总值103.91亿元，同比增长12.8%；全社会固定资产投资完成79.7亿元，同比增长29.83%；地方财政一般预算收入完成4.42亿元，同比增长31.94%；农牧民人均纯收入达4473.33元，同比增长19.29%；城镇居民人均可支配收入达16361元，同比增长11.3%；社会消费品零售总额达40.88亿元，同比增长16.8%；居民消费价格总水平（CPI）比上年同期上涨2.4%。

农牧业保持平稳发展。2011年农经口完成投资12.5亿元。全地区实现农林牧渔业总产值30.5亿元，同比增长3.9%。农作物播种面积128.68万亩，粮油总产预计达到38.11万吨；牲畜年末存栏预计达545.36万头（只），牲畜出栏率达39.6%。完成各类造林12.4万亩，质量和效益好于往年。

工业总产值实现增长。2011年实现工业总产值9.11亿元，实现增加值4.86亿元，比上年增长27.7%，其中规模以上工业产值完成2.99亿元,同比增长29%。全年规模以上工业企业主要工业产品产量为：水泥15.33万吨，下降2.69%；发电量15914.04万千瓦时，下降12.29%；自来水产量1200.4万立方米，下降3.46%;矿泉水2534.29吨，增长30.75%；地毯（含卡垫）6000平方米，增长13.8%。乡镇企业和多种经营保持了较快增长。

第三产业蓬勃发展。2011年共接待国内外游客134.7万人次，同比增长22%。旅游总收入预计达10.75亿元，同比增长26%。交通运输、邮电通信保持了良好的发展态势。消费品市场供需两旺。住宿和餐饮业继续强劲发展，住宿和餐饮业营业额实现7.9亿元，同比增长12.6%。对外贸易增长较快，地区对外贸易进出口总额达1.2亿美元，同比增长118 %。

固定资产投资快速增长。2011年全社会固定资产投资完成79.7亿元，同比增长29.82%。其中国家投资完成58亿元，同比增长26%；援藏投资完成4.9亿元；招商引资完成6.7亿元；社会投资完成10.1亿元。

社会民生事业继续全面推进。全地区社会事业固定资产投资累计43644万元，与去年基本持平。教育投入力度进一步加大，教育基础设施不断改善，实施了4所高级中学、71所D级危房改造、7所中小学校舍安全工程，并顺利通过了“两基”国检。医疗卫生服务体系进一步完善，10个县卫生服务中心、日喀则市城北社区卫生服务中心和38个中心乡镇卫生院等项目相继实施。“一村一卫生室”在安居工程村级组织活动场所中全部配套建设。深入推进了医药卫生体制改革工作，与各县市签订了医改目标责任书，完成了医药卫生体制改革中期评估报告。文化、旅游、民政等社会事业不断发展。

【宏观调控能力不断增强】1.突出规划方案编制工作，为宏观经济调控打好基础。在推进发展改革工作中，我们始终把规划编制作为重中之重。进一步加大了编制各类、各项规划工作，积极协调各县市、各行业部门，加大业务协调工作，集思广益，重点推进了《西藏日喀则地区国民经济和社会发展第十二个五年规划纲要》为主，包含边境建设、国民经济动员、寺管会等系列规划、方案的编制工作。

2.经济运行分析监控能力得到增强。进一步加强了对经济运行的监控、分析，加大了调研力度，准确把握了全地区经济运行脉搏，做好了经济运行分析并及时提出对策及建议，为地委、行署领导当好了参谋助手。按时完成了各季度经济运行分析通报工作。健全统计和经济运行工作机制，并将经济运行中的一些焦点问题及时上报自治区发改委和地委、行署，争取上级部门的指导和帮助。

3.市场价格监管工作进一步加强。该委多次组织专项工作组对涉农、教育、卫生等领域进行了价格监督检查，清理整顿了涉农、教育、卫生等领域存在的收费问题。进一步建立健全了价格和收费公示制度。全地区共查处各类价格违法案件387件，退还用户12.38万元，受理各类价格举报460件，立案查处370件，受理12358价格咨询268次，回复率100%，有效规范了市场价格和收费。该委及时组派物价工作组前往发生自然灾害地区开展工作，有力确保了灾区物价平稳。

【新一轮援藏项目开局顺利，招商引资成效显著】2011年，日喀则地区计划实施项目131个，计划投资5.8亿元。全年共实施各类援藏项目198个，累计完成投资6.1亿元以上。全地区共签约招商引资项目11个，协议资金17.9亿元，到位资金8.7亿元。目前，投资2.2亿元的10mWP光伏太阳能电站、投资2.5亿元的后藏文化主体街等一批招商引资项目已开工建设。力诺集团光伏电站二期工程、珠峰冰川矿泉水二期工程等招商引资重点项目前期工作正在有序推进。

【全力做好支持拉日铁路建设工作】拉日铁路工程建设进入全面施工阶段，协调服务工作任务重、难度大。始终紧紧围绕服务铁路建设这一中心任务，加大力度，强化措施，扎实工作，切实做好了支持拉日铁路建设协调服务工作，为拉日铁路建设营造了良好环境。完成划拨征地补偿资金1亿元，拆迁补偿资金0.49亿元。为及时高效推进征地拆迁工作，结合实际，积极采取灵活、有效的方法及措施，编制了《日喀则地区征地拆迁补偿管理办法》；签定了拉日铁路建设征地拆迁责任状；邀请自治区铁路办、拉日铁路总指挥部的有关技术人员，对各县市支铁办及相关单位人员，进行了征地拆迁培训和指导，提高了征地拆迁工作人员的业务水平和实际操作能力。

日喀则地区商务工作

【年度综述】2011年，日喀则地区外贸直接进出口总额实现11950.08万美元，同比增长118.87%；其中：出口实现9600.3万美元（自产产品出口达到3533.97万美元），进口实现2349.78万美元。中印乃堆拉边贸市场自5月2日开关至11月30日闭关共计交易123天，实现交易额4611.25万元，同比增长66.8%。

【不断加强国内贸易市场建设管理工作，保民生、保供应、保稳定、规范秩序的能力不断增强】1.做大做强会展业

（1）积极组织相关企业参加“中国哈尔滨国际经济贸易洽谈会”“中国国际投资贸易洽谈会”、“上海迎春博览会”等国内外知名展会，扩大了我地区的知名度和影响力。成功举办第九届珠峰文化节物交会，成交金额达595.797万元,比上一届增长29.65%。

（2）为利用好国内外两个市场，活跃城乡市场经济，2011年12月10日至26日分别在拉孜和日喀则市举办了日喀则地区后藏首届农畜产品暨边贸物资交易会，参展商品涉及农畜产品、民族手工艺品等1200余种。拉孜片区交易会参展商户达325家，共完成参展交易额1236.4万元，招商引资项目2个，落实资金700万元，日喀则片区交易会参展商户356户，参展交易额1500万元。

（3）不断加大招商引资力度。圆满筹备珠峰文化节招商引资洽谈会，全年招商引资引进项目28个，协议资金40.8亿元，到位资金4.3亿元。

2.不断加快国内贸易市场建设步伐

（1）继续扎实推进“万村千乡市场工程”，不断改善农牧区消费环境。地县两级商务部门与承办企业联手扎实开展“万村千乡市场工程”，共新建和改造农家店520家、配送中心8家，在制度上加强经营管理，确保农家店存活率95%以上。

（2）积极与自治区商务厅、区发改委申报衔接，完成了日喀则市科技路蔬菜批发市场改造项目，保障了城镇居民食品消费安全。为解决好与人民群众密切相关的菜篮子问题。该局还将未完成标准化菜市场升级改造的八县一镇列入到下一批项目并积极争取获批，同时完成了三县一镇农贸市场建设前期工作。

（3）加强商务项目工作。认真落实、积极申报再生资源回收网点建设和分拣加工中心及集散市场、宏达物流仓储中心、圣福肉联冷库、日喀则市互惠互利冷链升级改造、日喀则市旺加福果蔬保鲜库、地区国际经贸交流中心等6个项目，总投资达9605万元。

（4）加大全地区成品油市场建设、整顿、监管工作。对全地区十二五油气站建设进行整体规划定位，完善油气站布局。对地区成品油市场进行专项整治，依法规范成品油经营企业的经营行为，推进全地区成品油市场的稳定有序运行。该地区全年销售成品油80069.71吨，同比增长23.76%，其中汽油24751.87吨，柴油55317.84吨，销售液化气2420.24吨。

3.商务惠民工程扎实推进

2010年，全地区商贸流通业快速发展，城乡市场供应充足，社会消费增长加快，实现社会消费品零售总额41.89亿元，同比增长16.8%。

（1）大力推进“家电家具下乡”工作，努力扩大农村消费。加强政策宣传，引入奖惩机制，加强对中标企业的监督管理。全年销售家电家具下乡产品56726台，累计销售金额为9580.34万元，累计兑现补贴资金2112.35万元，在全区家电家具销售排行第二名。

（2）精心组织做好家政服务体系建设在我地区的试点工作，推进服务业态升级。为方便市民，提高生活质量，经过积极争取，使国家补贴达1100万元的家政服务体系建设试点项目落户日喀则地区。

（3）持续提高碘盐人口覆盖率，努力消除碘缺乏危害。继续加强普及碘盐、消除碘缺乏危害的健康宣传教育，狠抓落实，全年共配送碘盐3531.75吨，超额完成目标任务，推广率达100%。

（4）市场整规得到加强，消费环境得以优化。严厉打击哄抬物价、囤积居奇、肆意抄作等扰乱市场行为，尤其是针对“9·18地震”对亚东等受灾边境县加大了对扰乱市场行为的预防和打击力度；继续加强生猪屠宰市场管理，保障肉食品供应安全；积极联合相关单位开展为期8个月的打击私屠滥宰强化肉品卫生安全专项治理工作。

日喀则地区财政工作

【年度综述】2011年，日喀则地区一般预算收入完成4.01亿元（不含拉日铁路建设项目税收收入4096万元），同比增收0.66亿元，增长19.7%，完成年初预算3.76亿元的107%，完成考核目标3.81亿元的105%。地方收入首次迈上4亿元大关。从分级情况看：地区本级一般预算收入完成1.43亿元（不含拉日铁路建设项目征收收入4096万元），同比增收1696万元，增长13%，完成年初预算1.41亿元的101%，完成考核目标1.43亿元的100%；县（市）级一般预算收入完成2.58亿元，同比增收4843万元，增长23%，完成年初预算2.35亿元的110%，完成考核目标2.38亿元的108%。

地区财政局认真贯彻落实中央和自治区厉行节约的相关规定，严格控制一般性支出，加大重点支出力度，强化收支均衡工作。2011年，全地区可供财力达58.75亿元，同比增加17.5亿元,增长43%。一般预算支出完成57.64亿元，同比增支17.77亿元，增长45%。从分级情况看：地区本级一般预算支出完成11.56亿元，同比增支2.43亿元，增长27%。县（市）级一般预算支出完成46.08亿元，同比增支15.34亿元，增长50%。年终滚存结余1.1亿元（其中结转下年使用数8672万元）。在确保应保尽保的同时，实现了收支平衡，略有结余的目标，地方财力调控进一步显现，财政保障和调控能力、服务意识明显增强。

【确保重点支出，促进社会各项事业稳步发展】1.加快推进民生保障建设力度

地区财政坚持把做好民生工作作为财政工作的重中之重，本着“民生为先、民生为重”的原则，不断加大了对民生资金的投入力度。2011年财政部门落实民生资金31.1亿元(不含“9.18”地震资金)，其中：自治区投入27.85亿元、地本级配套1.76亿元、县市承担1.48亿元，同比增加10.57亿元，增长42.87%。

“三农”投入方面：财政部门落实“三农”资金20.2亿元，同比增加1.62亿元，增长8.72%。一是落实种粮直补、农资综合补贴、农业机械购置补贴等资金9751万元，切实保护粮食综合生产能力，保障农民利益和粮食安全发挥了积极作用。二是落实农牧民特色产业资金和农牧民专业合作组织等资金2603万元，积极培育和发展组建农牧民专业合作组织41个，同时，推动农牧民特色产业发展。三是落实中央森林生态效益补偿资金、草原生态保护补助奖励资金、重点陆生野生动物造成公民人身伤害和财产损失补偿资金4.27亿元，为构建高原生态安全屏障提供了资金保障。四是落实财政扶贫、农业综合开发、小型农田水利等资金7.85亿元，推进了财政扶贫、农业综合开发、小型农田水利建设等方面工作的有序开展。五是落实农牧民技能培训等资金7039万元，增加了农牧民技能培训次数，提高农牧民劳动技能，促进农牧区富余劳动力转移。六是落实涉农及农用车辆保险资金7385万元，增强农牧民抵御自然灾害的能力。七是落实白朗县现代化农机示范县建设项目资金514万元,推进县(市)现代化农机运用步伐。八是落实农牧民安居工程建设资金2.52亿元(含地区配套1480万元)，完成了农牧民安居工程和抗震加固工程户数14625户任务。九是落实农村人居环境建设和环境综合整治试点资金2.76亿元，确保18个县（市）148个乡（镇）、252个行政村（含边境村49个）的工作有序开展。十是落实家电家具下乡补贴资金970万元。

社会保障投入方面：财政部门落实社会保障资金5.98亿元，同比增加1.78亿元，增长42.38%。一是落实五保户资金及价格临时补贴、孤儿生活补助等资金3334万元，切实保障了全地区2185名五保户人员和853名孤儿的基本生活。二是落实新型农村社会养老保险金和城乡医疗救助等资金3.68亿元，有效地缓解农牧民老有所养及群众看病难、看病贵的问题。三是落实我地区城镇最低生活保障和农村最低生活保障资金1.29亿元，确保了低保人群的基本生活。四是落实公益性岗位和就业资金6790万元,解决公益性岗位3250个。

教育投入方面：财政部门落实教育“三包”等资金4.9亿元，同比去年增加2.28亿元，增长119.3%。一是落实教育“三包”资金2.45亿元，进一步提高了教育“三包”政策的保障能力。二是落实高中阶段免费教育及定额调标等资金共计2.45亿元，提高困难学生资助政策的保障能力。

2.加快推进社会公共事业发展力度

2011年地区财政加大对科教文卫、公共安全的投入力度，落实资金21.46亿元，同比增加4.06亿元，增长23%，有力地支持我地区社会各项事业的发展和社会和谐稳定。一是落实教科文卫资金17.6亿元（不含教育“三包”经费），其中地、县两级财政安排教育“两基”迎国检专项经费2037万元，为优先发展教育事业和促进文化产业发展提供了强有力的资金保障。二是落实公共安全资金3.86亿元，不断提高公共安全的保障能力。三是落实“三项”活动经费1271万元和基层建设年活动经费、三级党委换届经费13万元。四是地区财政积极配合和支持日喀则市规划区内土地全面清查和农村宅基地确权登记工作，并确保了专项资金的及时落实。

3.加快推进公共基础设施建设力度

一是自治区财政厅下达基建项目投资资金19.61亿元(含预算内基建资金1.13亿元)，共109个项目；地本级下拨项目资金(含跨年项目)12.63亿元，其中：拨付当年项目资金5.81亿元，占当年指标28.03%，拨付跨年项目资金7.46亿元。主要用于基础设施等项目建设。二是地市两级财政整合城市主体功能建设资金5150万元，主要用于日喀则市城市街景改造项目建设。三是财政部门安排项目前期经费7662万元，其中：自治区财政厅投入有偿经费6362万元、地本级配套1300万元，为做好“十二五”规划项目前期工作提供了资金保障。四是落实保障性住房建设资金1.87亿元，其中自治区下拨0.84亿元、地县配套2293万元，确保了保障性住房的顺利实施。

4.全力支持中小企业产业发展工作

地区财政安排中小企业发展、边贸发展等专项资金4610万元，其中：自治区财政厅投入3360万元、本级配套1250万元，为促进地区产业发展奠定了有力的资金保障。一是大力支持中小企业发展，不断提高企业产品质量和市场竞争能力,优化产业和产品结构。本级年初安排企业发展激励资金和中小企业发展专项资金共计1100万元，凡符合条件的企业将按照企业发展激励资金的相关条款及时足额核拨企业。二是财政部门安排边境贸易发展资金2790万元，其中：自治区投入2640万元，已全部落实。三是全地区有6个公有制企业享受到企业发展专项资金共计720万元，有利于增强企业结构调整和优化升级。

日喀则地区国税工作

【坚持依法行政，推进税收法治建设】深入贯彻落实依法行政工作会议精神。坚持组织收入原则，依法组织收入，加强税收分析，开展税收资金安全检查。做好规范性文件清理工作。开展税收专项检查和重点税源企业自查，检查93户，查补收入817万元；查处56起发票违法案件（1起虚开增值税专用发票案件），查补收入82万元；受理查结举报案件7起，查补收入87万元。落实执法责任过错追究制度，对系统内21人次经济处罚4200元。制定《依法行政投诉处理办法》，规范税收执法行为。聘请常年法律顾问，进一步健全法律服务和法律援助机制。

【落实税收政策，发挥税收调控作用】一是做好新开征税种征收工作。1月1日起开征城镇土地使用税，181户

纳税人缴纳税款644万元。5月1日起开征地方教育附加，实现收入433万元。二是落实优惠政策。10753户纳税人享受税收优惠政策，减免税金达4886万元。其中落实“9·18”地震灾后恢复重建税收优惠政策为223户纳税人减免税金27万元。自11月1日落实推进非公有制经济跨越式发展有关税收优惠政策以来，新增3428户免税户，月免税（不含个人所得税）100多万元，未达起征点户已达8679户。积极落实农牧民参与拉日铁路建设税收优惠政策，为774名农牧民减免税金155万元。此外，新认定增值税一般纳税人11户，我地区增值税一般纳税人增至56户。顺利完成了年所得12万元以上个人所得税自行申报工作。295人次履行了自行申报义务，比2010年增加30人，实现个人所得税收入1430万元。

【优化纳税服务，落实两个减负要求】自1月起，向部分具备条件的主管税务机关下放了增值税一般纳税人资格认定权限及专用发票百万元（不含一百万元）的最高开票限额的审批权限。梳理办税流程，简并办税手续，将93项涉税审批事项简并为64项，有效解决纳税人多头办税的问题。继续开展办税服务厅标准化建设，投入40多万元，增设LED显示屏、叫号机等设备，改善办税环境。加强税收宣传。由行署领导发表署名文章拉开第20个税收宣传月活动序幕。与日喀则电视台联合制作了两期专题片，以访谈形式重点宣传税控收款机、新版发票、促进非公有制经济跨越式发展税收政策等内容。通过日喀则报、国税门户网、短信平台、座谈会、法制宣传日等载体，开展税收宣传。

【抓好基础工作，提高征收管理质效】推广应用税控收款机，702户纳税人安装了税控收款机，为209家纳税人购进税控收款机抵免税款近5万元。做好有奖发票推行及奖金兑付工作，使用有奖发票255万份，通过办税服务厅为3194人次兑付奖金13万元。做好纳税人登记和户籍管理，彻底解决了施工企业游离于征管系统的问题。提升“双定”工作质量，严格落实十户一档的要求。做好业务系统的推广应用，截止年底，安装增值税发票企业开票系统32户，机动车发票管理系统9户，完成了9个县局增值税防伪税控系统的推广应用。做好“税务代开普通发票”、“财税库银横向联网（TIPS）”、“城镇土地使用税”和“企业清算所得税申报”功能模块的应用。率先完成“金税三期”广域网项目。扎实推进财税库银横向联网工作。

2011年，全地区税收收入实现了5.46亿元，首次突破5亿元大关，同比增长46.8%，增收1.74亿元。重点税源表现突出，采矿行业税收达到1.7亿元，建筑行业税收实现1.4亿元。县域经济得到充分发展，日喀则市、江孜、拉孜、聂拉木、仲巴、白朗、谢通门等七个县市税收均突破千万，谢通门县税收达到1.5亿元，成为日喀则地区首个税收过亿元县和全区四个过亿元县之一。

中国农业银行股份有限公司日喀则分行

【基本情况】农行作为全地区服务“三农”半径最长、面积最广的商业银行，长期以来担积极支持农牧区地方经济发展、农牧民增收致富，为农牧区的发展作了大量卓有成效的工作。农行日喀则分行辖属19个县级支行，1个营业部，85个营业所，3个分理处;共108个经营网点为全地区“三农”服务，全行现有在职员工781人，县及县以下员工600人(其中:营业所员工294人)，全行76%的人力资源摆布充实到县域支行服务“三农”上。

【年度综述】2011年，农行日喀则分行涉农贷款为130759万元，较年初增加19758万元,增长17.8%，占全部贷款的82.38%。农牧户到户贷款为120305万元；农牧民安居工程贷款达27752万元；扶贫贷款余额40293万元，比年初增加1471万元，增长3.79%；中小企业贷款6589万元，乡镇企业贷款2905万元。新培育小企业13个。新发放惠农卡5252张，惠农卡余额达9944万元。发放农牧户贷款证95610张，贷款余额90421万元。贷款证发证面达99.54%，使用率达96.19%。累计评定信用乡34个，占全地区乡镇总数的19.21%，评定信用镇5个、评定信用村387个，占全地区行政村总数的22.26%。

中国银行股份有限公司日喀则地区分行

【基本情况】中国银行日喀则地区分行始建于1987年9月，2011年正式升格为二级分行，现有在岗员工125人，在岗员工平均年龄33岁，营业网点5个（含樟木、亚东2个口岸支行），资产规模达39亿。主营个人金融业务（包括本外币个人存款服务、消费信贷、个人投资理财、银行卡、汇款及外汇结算、个人电子银行与网上银行服务等）、企业金融业务（包括本外币企业存款业务、国内支付结算、国际结算、企业理财业务、金融机构业务、企业电子银行与网上银行服务等）和资金业务（包括外汇买卖、外汇金融衍生产品、个人理财产品、人民币资金交易等）。

【年度综述】2011年，日喀则地区分行经营利润呈现快速增长势头，去年净利润较上年增长45%，是地区分行建行以来实现利润最多的一年。全行人民币存款总量突破30亿元大关，较上年新增6.2亿元，创日喀则地区分行历史新高。其中，公司存款余额为25.7亿元，新增4.9亿元，储蓄存款余额6.1亿元，新增1.3亿元；人民币各项贷款余额达3亿元，其中零售贷款余额2.2亿元，新增2278万元。

日喀则地区分行积极支持日喀则地区大、中、小微企业发展，紧紧抓住国家西部大开发的历史机遇，全面贯彻落实科学发展观，整体经营结构不断优化，主动控制风险管理能力和内控控制能力持续增强，全行成本收入比远低于中总行控制水平；结合西藏经济特点适时调整风险政策，进一步整合全行贷后管理职能，内外部检查发现问题整改率达到100%，全年没有发生各类案件和责任事故。

日喀则地区国资监管工作

【国有资产总量平稳增长】2011年，日喀则地区行署国资委系统认真贯彻落实“保增长、保民生、保稳定”的总体目标和部署，努力克服金融危机、原材料价格上涨等国内外不利因素的影响，生产经营保持较好的势头。2011年，15家地直国有企业（其中：日喀则地区行署国资委监管企业10家）实现收入16071万元，实现利润211万元，上缴税金2168万元。日喀则地区行署国资委监管企业实现收入13491万元，实现利润502万元，实现税金2001万元。截止到目前，15家地直国有企业资产总额为62288万元，负债总额为25770万元，所有者权益总额为36518万元，资产负债率为41.37%。其中：日喀则地区行署国资委监管企业资产总额为40166万元，负债总额为20375万元，所有者权益为19791万元，资产负债率为50.73%。国有资本保值增值率达110%。

【国有企业改革发展强力推进】一是深化产权改革，优势骨干企业发展活力增强。以规范企业内部控制制度为重点，强化外派监事会工作，加快推进委属企业建立现代企业制度，健全和完善企业法人治理结构，增强企业发展活力。积极与西藏高新建材集团、地区鸿达建设工程有限责任公司等战略投资者协调磋商，加快与我地区优势骨干企业合资合作，促进我地区建材、客运、旅游服务业等优势产业不断发展壮大。

二是创新工作思路，国有企业改革不断深化。以企业内部经营机制改革为突破口，全力推进山东大厦、日喀则国际旅行社和地区建筑公司改革工作。建立国有企业内部经营机制改革目标责任制，加强与企业主管局的沟通协调，研究解决企业在改制过程中存在的重点难点问题，不断加大督促检查力度，确保了今年国资监管暨国企改革工作会议上提出的“2011年我地区国有企业改制面达到100%”目标任务的全面完成。

三是统筹国有企业发展，重点项目建设扎实推进。地区汽车客运总站项目开工并一期工程已于年底前竣工。“藏文化主题街”项目于2011年9月19日破土动工。西藏日喀则高新雪莲水泥有限公司2000T/D熟料新型干法水泥生产线新建工程前期准备工作基本就绪，“三通一平”开工仪式顺利举行。

【国有资产监督管理体系逐步完善】一是健全产权监管体系，企业产权管理进一步规范。协调地区国土局对地区20家国有企业土地进行了评估，协调地区财政局、旅游局等相关部门，完成了对山东大厦拟处置实物资产的清理、评估和公开处置，杜绝了国有资产流失。完成了10户企业国有产权登记工作。明确了企业国有资产的产权归属，为加强企业国有资产监管提供了依据。

二是完善考核激励体系，企业经营业绩责任进一步落实。制定了《日喀则地区行署国资委监管企业经营业绩管理（暂行）办法》，进一步完善了企业经营业绩考核体系。坚持年度考核与任期考核相结合、结果考核与过程评价相统一、业绩考核与奖惩相挂钩的原则，首次将职工收入纳入考核范围，使考核内容更加全面，更加具体。

三是加强监督检查力度，国有资本实现保值增值。采取专项检查和日常监督相结合的方式，加强对国有企业产权转让、重大投资、担保及资产损失处理等重大事项的监管工作。监事会进一步加强了对企业日常经营管理活动的监督检查，对企业在经营管理、财务行为、国有资产权益维护等方面存在的问题提出了针对性建议，风险防范和预警作用得到进一步发挥。

四是理顺监管体制，国资监管大格局初步形成。根据行署授权，2011年6月起，地区藏域工贸进出口有限责任公司正式移交行署国资委监管，进一步理顺了国资监管关系，为实现地区行业部门管理国有企业逐步划归行署国资委监管奠定了基础。

日喀则地区工业和信息化工作

【认真开展工业经济运行监测工作】建立健全全地区工业经济运行监测体系，对规模以上和规模以下企业进行了运行监管，完善了全地区工业经济运行月分析制度，采取有效措施和办法，形成多层次、宽范围、自下而上、反应快速的工业经济运行监测网络，工业经济运行监测趋于科学化、规范化，为地区宏观调控决策提供科学依据。

【信息化建设稳步推进】2011年，建立健全地区信息化协调机制，出台了《关于深入打击互联网及移动多媒体传播淫秽色情专项整治行动工作方案》，正加快实施通信村村通、边防通信、移动广覆盖等通信基础工程，完成10个县61个农村综合信息服务站建设；加快推进电子政务建设，协调推进旅游、教育、医疗卫生、社会保障等领域信息化建设，建立健全企业信息网站。同时，加强信息网络安全监管。

【中小企业管理】该局把做好中小企业和非公有制经济发展服务工作，作为推动全地区工业发展的抓手。认真开展民族手工业、中小企业发展情况调研，理清发展思路和工作方向；着力优化发展环境。

（一）积极为企业走出去搭建平台。协调我地区中小企业与山东省经济和信息化委员会组织的经贸考察团在藏白酒、农畜产品、民族手工业等发展方面深入对接。

（二）深入开展中小企业品牌创建活动。为提升企业形象和整体水平，全年推荐4家企业为自治区级龙头工业企业。

（三）着力解决企业融资难的问题。积极推进企业担保体系建设，研究制订了《日喀则地区信用担保公司组建方案（征求意见稿）》；民间资本注入资本组建担保公司工作顺利推进。

（四）大力扶持特色优势产业发展。该局把扶持特色优势产业发展作为“壮大二产”的重点工作来抓，加快培育战略支撑产业和特色优势产业。2011年共争取特色优势产业扶持项目36个，扶持了33家企业技术改造升级。

（五）大力加强企业人才培训。全年协调19家企业对诚信标准体系建设、企业上市、企业管理等内容进行培训30余人次；选派16家企业负责人、财务总监共计24人，到拉萨接受企业上市培训，取得了良好效果。

日喀则地区审计工作

【审计成果】2011年，地区审计局共完成对87个单位的审计及审计调查，查处违规资金13175万元。审计决定处理处罚应上缴财政2617万元（其中，罚没87万元）；应归还原渠道资金4194万元；应调账处理金额1211万元。出具审计报告及调查报告56篇，向地委组织部提交经济责任审计结果报告11篇，向有关部门和被审计单位提出审计建议76条，向上级有关部门报送审计信息96期，移送纪检监察等部门处理事项13件，涉及人员2人，涉及金额8304万元。被审计单位落实审计决定已上缴财政193万元（其中，罚没4万元）；已调账处理金额1178万元。纪检部门处理移送案件11件，并给予党政纪处分2人，移送司法机关立案审查并追究刑事责任1人。

【财政审计】围绕审计机关财政审计“永恒”的主题，为推动规范预算管理，优化支出结构，提高财政绩效，完善公共财政体系，维护财政安全，完成对仲巴县和吉隆县相关年度财政决算及其他财政财务收支的审计。审计查出未按规定缴纳财政收入、隐瞒截留财政收入、违规改变资金用途、虚报冒领等违规资金1891万元。

【经济责任审计】按照“全面推进、突出重点、健全制度、规范管理、提高质量、深化发展”的工作要求，完成对11名县级领导干部的任期经济责任审计。审计查出违规金额9908万元，其中，应负主管责任金额9386万元；应负直接责任金额522万元。并对发现的重大违法违纪案件线索，依法进行了移送处理。

【固定资产投资审计】日喀则地区审计局突破投资审计零的局面，通过优化审计人员知识结构和审计资源的科学整合，顺利实施日喀则地区工信局综合楼装饰项目竣工决算审计。通过审计，揭露了被审计单位擅自在项目施工中更改设计、扩大项目投资等问题，核减了工程投资1万元。与此同时，在地委行署和审计厅的大力支持下，顺利实施了对审计局办公楼的装饰改扩建项目。从工程的招投标到正式施工，再到工程竣工决算，审计局固定资产投资审计科进行了全程的跟踪审计，通过最终的竣工决算审计，成功核减工程投资225887.11元，为本局节省了投资。

【企业审计】组织实施了对地区国际旅行社相关年度财务收支情况审计。审计坚持以“摸家底、揭隐患、促发展”为目标，重点关注了政府及主管部门在促进企业经营管理中的措施及落实情况，以及管理不善导致国有资产流失等问题。为促进增强自主创新能力和转变企业发展方式，提高企业自身市场竞争力和抗风险能力，提出了科学的审计建议。

【专项（民生）资金审计与审计调查】（1）积极完成统一组织实施的项目。根据上级统一要求，完成对日喀则地区债务发生起始年1997年、1998年、2002年和2007年至2010年等7个年度政府性债务情况和普通高中债务情况审计；完成对我地区2010年至2011年6月底养老保险基金管理、使用情况专项审计调查；完成对2008年至2010年度日喀则地区基础教育经费投入保障及管理使用情况专项审计调查。通过审计，揭露了存在的问题，分析了问题产生的原因，提出了相应的化解措施。审计结果，引起了行署领导和被审计单位的高度重视，及时采取了有效措施，认真制定了整改方案。

（2）完成相关县（市）2010年度农发项目资金、扶贫项目资金、农牧业建设项目资金等民生资金审计，审计专项资金总额达30460万元。审计中，着力检查资金管理和政策执行情况，关注资金使用效益和政策执行效果，及时向有关部门反映专项资金管理、使用中存在的问题，促使相关部门严格按照法定权限和程序行使权力、履行职责，从而维护人民群众的利益，促进社会和谐稳定。

（3）及时部署抗震救灾审计工作，我地区亚东、定结和岗巴发生地震灾情后，审计局积极响应地委、行署号召，提前介入抗震救灾工作，及时成立了日喀则地区审计局抗震救灾审计领导小组，负责对整个抗震救灾资金及物资的筹集、管理、分配和使用情况进行全程跟踪审计。

日喀则地区统计调查工作

【年度综述】2011年，日喀则地区实现生产总值103.91亿元，按可比价计算，比上年增长12.8%。其中第一产业实现增加值22.56亿元，同比增长3.2%；第二产业实现增加值32.06亿元，同比增长32.6%；第三产业实现增加值49.29亿元，同比增长7.5%。完成全社会固定资产投资79.7亿元，比上年增长29.8%，实现社会消费品零售总额40.88亿元，比上年增长16.8%，实现对外贸易进出口总额11950.08万美元，比上年增长1.2倍，完成地方财政收入4.42亿元，比上年增长31.9%，城镇居民可支配收入16361元，比上年增长11.3%，农牧民人均纯收入4473.33元，比上年增长19.3%。居民消费价格指数累计上涨4.8%。

【统计方法制度改革扎实推进】第一，基本单位名录库进一步更新完善。认真贯彻落实《全国统计系统基本单位名录库建设维护与使用管理暂行办法，按照《系统基本单位名录更新制度》要求，积极与编办，民政、国税、工商、质监等部门沟通联系，对第二次经济普查后全地区范围内新增，注销和变更的基本单位进行了及时的更新完善，到2011年底，全地区基层单位名录库共入库法人单位3583家。

第二，“企业一套表”改革工作

正式启动。一是成立了“企业一套表”改革工作和督察工作领导小组及办公室；二是结合地区实际，制定了“企业一套表”改革和督导检查工作方案；三是对51家联网直报企业统计人员进行了专门培训；四是开展了以联网直报为主要内容的“企业一套表”改革宣传活动，让“三上企业”明白责任和义务，独立上报统计数据。

第三，统计制度方法建设年活动取得实效。一是扎实推进了统计“四大工程”建设；二是健全完善了GDP下算和农牧人均收入核实认定制度；三是编制核定了新基期年新的规格品。权数和定期规格品调查替换方案；四是顺利完成了城镇住户和农村住户调查样本轮换，实现了新老样本户的平稳衔接。2011年，全地区确定城镇调查样本100户，农村调查样本400户。

日喀则地区工商行政管理工作

【**年度综述**】2011年，日喀则地区各类市场主体发展到21269户，同比增长11.16%。其中，内资企业1408户，同比增长19.02%；个体工商户19736户，同比增长10.39 %；农牧民专业合作社发展到125户，同比增长71.23 %。全地区各类市场主体注册资本（金）42.02亿元，同比增长31.83%。其中，内资企业注册资本达20.13亿元，同比增长44.27%；个体工商户出资总额5.4亿元，同比增长9.65%；农民专业合作社出资总额1.02亿元，同比增长32.51%。

【**全力实施商标品牌战略**】根据自治区工商局相关文件精神，结合实际，充分发挥职能作用，积极宣传农畜产品地理标志与商标注册有关知识，开展上门行政指导服务50余次，下达商标行政建议书26份。同时，全面推行商标行政指导“六书二卡”制度，建立健全农畜产品商标专用权保护工作机制。对具有地方特色的农畜产品，在基层工商局（所）负责具体培育和保护的基础上，加大对工作落实的挂牌督办力度，对部分富有特色、形成规模、有知名度的特色农畜产品，有重点、有计划地申请为著名商标或地理标志商标。2011年，向自治区商标评审委员会推荐了“江洛康萨酒”、“宗山奶制品”、“康帕”、“吉彩”、“神猴”5件注册商标为第六届全区著名商标，其中，“康帕”和“神猴”2件已被评为第六届全区著名商标。“联嘎姆糌粑”、“岗巴羊”、“卓木鲑鱼”3件商标申请地理标志有关基础工作已完成。目前，全地区有效商标141件，其中，全区著名商标9件，地理标志证明商标1件，涉农牧商标41件，2011年新申请商标27件、新注册21件。

【**全力服务社会主义新农村建设**】制定了《关于进一步深化服务社会主义新农村建设工作的意见》，有效实施打假护农、经纪活农、合同帮农等农牧区民生工程，采取设立绿色通道、推行零距离服务、零费用注册等措施，促进农牧区各类市场主体健康发展。截止目前，农牧区个体工商户发展到5644户，注册资金8446万元，从业人员13588人，与去年同期相比分别增长14.09%、18.06%和9%；私营企业发展到852户，注册资金154635万元，雇工人数25767人，同比分别增长33.33%、26.52%、29.37%；登记注册农牧民专业合作社125家，出资总额10166.37万元，社员15627人，同比分别增长71.23%、32.51%、15.88%；农牧区经纪人发展到965户，经纪业务量为7984.48万元。加强下乡商品市场监管力度，惠农政策得到进一步落实，结合工商职能，制定了《家电、汽车、摩托车、农机具等重要产品经营者进货查验六项制度》。积极开展红盾护农行动，建立和完善了农资经营主体准入和退出机制、农资商品质量监测制度等,形成了较为完善的农资市场长效监管体系。截止目前，全地区工商系统共检查农资经营户466户（次），查获过期农资价值3426元。狠抓农牧区消费维权工作，目前，共设立农牧区12315维权联络站（点）183个，调处涉农纠纷46件，为消费者挽回经济损失0.96万元。继续把推行《农牧区土地承包经营权转包（出租）合同》、《农畜产品订单合同》示范文本推广工作作为服务农村工作的重要举措，深入开展“五个一”帮扶活动。2011年以来，全地区共签订《农牧区土地承包经营权转包（出租）合同》67份，《农畜产品订单合同》31份，合同总款项283.5万元。

【**积极支持壮大特色优势产业**】根据地区优化发展环境工作会议精神，为进一步扶持和促进特色优势产业发展上规模、上档次、上水平，认真履行工商职能，深入调研，撰写了《日喀则地区工商局支持特色优势产业发展调研报告》，制定了《日喀则地区工商系统支持特色优势产业发展意见》。采取有效措施，推进优势农牧业（优质青稞、岗巴羊等）、矿产业、民族手工业、特色旅游业、口岸边贸业等重点产业市场主体的发展。

【**坚定不移加大监管执法力度，维护市场秩序取得新成效**】根据市场监管工作的需要，制定了《日喀则地区工商行政管理局企业信用分类监管实施办法（试行）》、《日喀则地区工商行政管理局个体工商户信用分类监管暂行办法》，《日喀则地区工商行政管理局市场监管长效机制汇编》、《日喀则地区工商行政管理局关于推行网格化监管的意见》及实施方案等十几项市场监管办法和意见，促进市场监管长效机制的基本形成。2011年共查处各类违法违章案件805起，案值106.52万元，罚没款36.91万元。流通环节食品安全监管力度进一步加大。不断规范执法行为、提升执法效能、改革监管方式，严格落实《流通环节食品安全监督管理办法》和《食品流通许可证管理办法》，建立完善日喀则地区食品监管“四项制度”、工商所食品安全监管工作规范，深入落实食品安全区域监管责任机制，建立了一把手负总责、分管领导具体协调、相关部门协作联动、辖区工商局（所）属地监管、执法人员“分工包片”的食品安全监管机制。2011年以来，全系统开展流通环节食品安全专项整治37次，查处流通领域食品案件100起，案值7.26万元。全面建立了以“经济户口”为基础的食品经营单位登记台帐，突出信用分类监管，提高市场巡查频率，推行食品经营量化考核，严把食品经营主体和食品质量市场准入关，制定了《食品检测计划和食品检测“两书一票”制度》，逐步实现食品安全动态监管机制。截止目前，共审核发放食品流通许可证2543份，快检食品1085个批次，送检食品93个批次。加大节日市场食品安全监管工作，加强食品添加剂、“瘦肉精”、“地沟油”、燕窝、农村食品及学校周边食品市场等专项执法检查。共查获假冒伪劣食品1.83万公斤，过期食品添加剂185.5公斤、过期乳粉111.3公斤、“地沟油”和非正规来源油2040公斤。加强食品安全示范店创建工作，制定了《日喀则地区工商局流通环节“农牧区食品安全示范店”创建工作实施方案》，全地区共创建食品安全示范店96家。

日喀则地区质量技术监督工作

【年度综述】2011年，地区质量技术监督局党组始终以全区质监工作会议精神为指导，以《2011年度全区质监工作任务分解》为统揽，结合形势、围绕重点，统筹兼顾、科学部署，团结和带领干部职工攻艰克难，真抓实干，确保了质量技术监督工作平稳推进。

【保安全，切实创造社会和谐安全的良好环境】严格实施风险预警保安全。为避免地区系统性、行业性和区域性的质量风险。一是认真总结分析了历年产品质量状况，注重整体把握地区产品质量安全态势、监管重点及方式；二是依据日常巡查情况、监督抽查及风险监测数据，实施月、季产品质量及特种设备安全风险研判，明确下一个周期监管的重点，做到有的放矢；三是依据区外产品质量风险动态，做到提前重点监管、重点防范。针对2011年“塑化剂”问题，局党组以敏锐的直觉，部署人力提前介入，提早防范，开展了监督检查，并将果味饮料、糕点等食品纳入风险监测范围，抽样13种成品和1种食品添加剂送自治区进出口检验检疫局检验，经检验100%合格；四是强化突发事件应急处置，积极督促食监科、特设科结合地情，完善了地区食品和特种设备突发事件应急处置预案，进一步增强了保障食品和特种设备安全的针对性。

严格实施准入制度保安全。持续发挥产品生产许可、强制性产品认证、质量管理体系认证等准入制度对产品质量安全的监督保障作用。一是帮扶地区1家方便食品生产企业获得了食品生产许可证。并根据食品生产许可审查通则（2010版）和相关产品的审查细则，组织对地区8家获得食品及食品相关产品生产许可证的企业进行了生产条件核查；二是帮助地区2家机动车检测机构解决问题，完善条件，有望在年底通过计量认证；三是积极帮助地区4家通过质量管理体系认证企业，不断完善生产条件，督促企业严格按照管理体系标准进行管理。并对未获证的企业进行宣传，鼓励有条件的企业进行管理体系及产品认证。同时，协助地区建筑、食品、环境、水利等6家实验室完善条件，提升实验室管理和检验检测水平。目前，1家水利检测机构已基本完善条件，将于近期提交认证申请；四是依据《西藏自治区工业产品生产许可证后续监督管理办法》，对地区7家获证工业企业进行监督检查。积极督促和帮助1家验配眼镜店完善条件，提出生产许可申请。

严格生产过程监管保安全。以强化落实《日喀则地区工业生产企业和食品加工生产企业全过程监管通用要求》为重点，坚持以月巡查为基础的监督查检方式，先后8次组织各业务科室深入地区规模企业，对企业的原料进厂、企业生产设备运转、生产流程、实验室等进行现场监督检查，进一步指导督促企业完善了条件，落实了原材料进厂验收制度，保证产品质量。

严格食品监管保安全。一是扎实开展日常巡查工作。以日喀则市区为重点区域、以肉制品、乳制品、酒类、饮料、酥油、糌粑、面条、粉条、豆制品、糕点和饮用水等食品为重点产品，以原料进厂查验、生产过程控制和出厂检验为重点环节，加大检查频次，严肃执法，严格整治，切实做到“四个必须”和“五个不放过”；二是深入开展食品安全整顿工作。为确保全年特别是重要时期的食品安全，先后制定了《关于集中开展2011年重大节庆活动期间“两大安全”专项检查工作的方案》、《日喀则地区质量技术监督局关于开展严厉打击食品非法添加和滥用食品添加剂专项整治工作方案》、《日喀则地区质量技术监督局关于开展西藏和平解放60周年及日喀则地区珠峰文化节系列庆祝活动期间食品生产加工环节质量安全保障工作方案》、《关于进一步加强西藏和平解放60周年大庆期间食品安全监管工作的方案》等，主要领导亲自负责，分管领导各负其责，监管人员迅速联动，深入开展各项专项整治；三是全面深入开展打击食品非法添加专项整治。按照“执法必严，违法必究”的原则，同40户相关企业和小作坊签订了《食品生产企业（小作坊）食品添加剂使用承诺书》，督促食品生产加工企业和小作坊认真落实进货查验制度、索证索票制度和台账记录制度，切实规范了食品添加剂的使用；四是大力开展大桶水和挂面专项整治。依据地区的大桶水和挂面抽检合格率偏低的因素，把依法查处与积极帮扶统一起来，严格整治，积极帮扶，切实解决了大桶水、挂面生产企业存在的问题；五是深入开展问题乳粉整治工作。抓源头、严排查，杜绝了使用问题乳粉加工生产食品的行为。六是深入研究食品小作坊现状。为切实监管好食品小作坊，防止出现监管空白，对日喀则市105家食品加工小作坊进行了普查调研，形成了《日喀则地区食品加工小作坊调研分析报告》，提出了4个主要问题和6个方面的对策和建议，为地区食品安全委员会和区局相关部门提供了决策依据。

严格特种设备监管保安全。一是全面做好维稳工作，在“三大节日”、“两会”、“西藏和平解放60周年”、“建党90周年”等重大节日重要活动期间，全面开展安全检查，确保了重点行业、重点设备、人员密集区设备的安全运行；二是认真开展各项专项整治工作。狠抓液化石油气钢瓶检验工作，在同市区内9家液化石油气充装单位、1家钢瓶检测站分别签订了2011年度《液化石油气安全充装责任书》和《液化石油气钢瓶安全检验检测责任书》的基础上，采取分组行动、突击检查、巡查、抽查等方式，加大对充装单位的监察频率，加大对钢瓶检测站检验情况的抽查力度，规范了液化石油气钢瓶安全充装行为。开展特种设备收售市场安全检查，对29家液化石油气钢瓶销售点和废旧品回收站进行了专项检查，有效避免了不符合安全要求已报废或翻新特种设备流入市场。深化起重机专项整治，通过近两年的集中整治，全地区起重机使用已得到规范，基本消除使用“土制设备”的违法行为；三是强化特种设备技术检验工作。在区局特种设备监督检验所的大力支持下，严格按照检验规程，共计检验锅炉40台、起重机37台、压力容器100余台、电梯79台，全面完成了18个县（市）27家石油液化气站首次检验工作；四是严厉查处违规使用行为。加大对特种设备违法、违规行为的查处力度，在检查中及时查处3起违规安装、使用锅炉和起重机的违规行为，处理1起违规使用特种设备的举报案件，防范了安全事故的发生。1月份至12月份，共出动执法人员300余人次，检查设备400余台次，查处违法、违规使用行为5起，消除安全隐患10余起，下发《特种设备安全监察指令书》55份，《特种设备安全监察意见通知》73份，培训特种设备安全管理人员50余人次。

严格监督抽查保安全。认真贯彻落实区局监督抽检和风险监测计划，结合地情，扎实开展工业产品和食品的监督抽查，切实做到监督抽查全覆盖、风险监测查重点的目标。截止12月份，食品风险监测共抽取样品74个，合格71个，不合格3个，合格率95.9%，食品监督抽查抽取样品111个，合格96个，不合格15个，合格率86.5%。对抽检不合格的食品生产企业和小作坊，采取果断措施，依法从严查处，依法对1家食品生产企业立案查处，责令7家食品生产加工企业和小作坊停产整顿、2家食品小作坊退出市场；工业产品监督抽查预应力混凝土电杆、验配眼镜、藏式家具、内墙涂料、外墙涂料、金银饰品、水泥、加气砖、建筑墙体预制砖、页岩砖、建筑外窗等产品及涉及民生的汽油、复混肥、尿素、磷酸铵等15种产品、65个批次样品，合格率为85.5%。针对不合格产品生产企业，下达《质量技术监督责令改正通知书》，加大了对产品不合格企业的处理力度。

严格执法打假保安全。一是切实做好12365投诉举报工作。全年接到群众咨询50余次，投诉举报案件3起，受理3起，处理案件3起；二是扎实做好执法监督检查工作。各业务科室相互相支持、全力配合，扎实开展了食品、农资、家电、家俱、计量器、特种设备执法监督检查，1月份至12月份执法检查产品121类（种）、商户84家（次）；三是积极开展执法打假工作。以农资、家电、烟花爆竹、建材、家具、家电、轮胎、纸巾产品、验配眼镜、儿童玩具等产品进行了专项执法打假。

日喀则地区农牧工作

【**种植业创历史最好成绩**】2011年，日喀则地区共落实播种面积128.68万亩，其中粮食作物76.83万亩（青稞64.84万亩），经济作物34.42万亩（蔬菜19.23万亩），饲草料作物17.43万亩，粮经饲三元比例60:26:14。粮油总产38.94万吨，比上年增加1.72万吨，其中粮食总产36万吨（含青稞29.09万吨），比上年增加1.38万吨，油菜总产2.94万吨，比上年增加0.33万吨；蔬菜产量达32.68万吨，比上年增加2.56万吨；饲草料产量15.96万吨，比上年增加2.66万吨。

【**畜牧业稳步发展**】新生仔畜成活197万头(只)，成活率达93%，与上年基本持平；成畜死亡13万头（只、匹），死亡率为2.2%，比上年提高0.075个百分点；出栏率达37.05%。肉产量4.52万吨，比上年增长0.24%；奶产量达8.2万吨，与上年基本持平。完成短期育肥90万个绵羊单位（含活羊出口22万只），总收入28060万元，纯利润4974.5万元。

【**农牧业项目建设进展顺利**】新建了有西藏生态屏障安全保护与建设工程、农牧业特色产业基地、畜禽良种工程、植保工程、草原防火专项等15项，总投资2.8亿元，其中国家投资2.18亿元。已完成农村户用沼气、农产品质检体系、农技推广体系、青稞生产基地、游牧民定居、“三配套”、人工种草与天然草地改良等2012年度11项65个农牧业基本建设项目前期工作，总投资1.78亿元。

【**农牧业产业化经营加快发展**】完成乡镇企业总产值7.90亿元，同比增长11%；多种经营实现总收入11亿元，同比增长5%；规模以上乡镇企业增速保持在6%；新增地区级农业产业化经营龙头企业2家，至此产业化经营龙头企业已达到13家，实现产值2.3亿元，同比增长8.1%；新增经合组织15家，各类经济合作组织达到118家，参与农户达9367户，幅射带动农牧民26836人。

日喀则地区水利工作

【**水利基础设施建设明显加快**】2011年，地区水利局开复工水利项目42项，累计完成水利固定资产投资4亿元。新开工建设吉隆口岸电站、年楚河二期防洪等一批重点水利项目，新建日喀则市前进灌区、江孜卡堆南北干渠等续建配套与节水改造工程，实施了城区防洪、病险水库除险加固、中小河流治理等一批重要水利工程。解决18县市200个行政村3.6万人的饮水安全问题，修建四级以上标准堤防45.4公里，续建配套和节水改造干渠111.7公里，新增和改善灌溉面积19.4万亩，新增和改善农牧区用电人口2.1万人，农牧区水利基础设施保障能力明显增强，民生水利建设步伐明显加快。

【**水利抗灾减灾工作取得阶段性胜利**】认真落实防汛抗旱行政首长责任制，修改补充防汛抗旱、重点水库、水电站安全度汛预案和山洪灾害防治预案，及时争取和调拨防汛抢险物资，成功应对主汛灾情，确保了汛期堤防无一决口，水库无一垮坝，重要城镇和乡村无一受淹，防汛抢险工作取得了新成果。“9·18”地震和“2·7”雪灾后，该局立即启动防抗灾应急预案，先后组成6个工作组下派技术员50多人次，奔赴灾区蹲点参与抢险救灾。截至目前，累计投入抗震救灾物资和灾区水毁设施修复资金1215万元，确保了灾区群众有水吃、有电用、农田灌溉有保证。

【农田水利基本建设开创新局面】全面加大了农田水利基础设施建设，采取多种渠道争取国家和社会资金投入农田水利基本建设。全年共争取小型农田水利项目22个，完成4个小型农田重点县申报工作，完成农田水利基本建设资金达到8015万元，争取国家和自治区补助资金2909万元。国家和地方资金的注入，小型农田水利基本建设得到快速发展，为保证全地区粮食生产安全作出了积极贡献。

日喀则地区公路管理工作

【基本情况】日喀则公路管理分局属自治区交通厅公路管理局直接领导的公路管理专业机构，建制为正处级事业单位，管养G318线中尼公路西藏拉萨西郊东嘎村(K4648+030)至日喀则地区聂拉木县樟木镇(K5373+060)，“两桥一隧”（K37+880至K49+187），以及G219线叶拉公路（K1847至K2140）共计1029.337公里公路。分局下辖曲水、日喀则、拉孜、聂拉木、卡嘎五个公路管理段，现有公路养护管理干部职工1264人，其中在职职工549人（正式干部73人、固定工人122人、合同制工人354人）、长期临时工158人；（汉族75人、藏族470人、其他少数民族4人；）、退（离）休职工557人。全局在职职工研究生1人、本科31人、大专110人、中专22人、高中以下385人。

【公路养护生产工作】按照标准化养护的要求，一是狠抓公路的预防性、及时性和全面养护工作，全面贯彻养护技术状况评定标准和预防性养护理念，提高养护决策科学化水平，科学处治早期病害，全方位、多层次地开展预防性养护工作，不断深化精细化养护、规范化作业理念，按照精修细养、勤修细护的工作要求，明确工作标准，细化养护指标。二是按照公路水（雪）毁预防和公路抢险保通工作要求，制定、完善了日常公路水(雪)毁预防及公路抢险保通应急处治预案，建立健全24小时值班和信息及时上报制度，灾情发生后通过电话或传真的方式在第一时间进行信息快报，保证了信息的通畅；同时督促保通队伍以高速有效的行动清理水（雪）毁坍方、泥石流等。各公路段结合本单位实际情况，科学安全地实施了抢险保通工作，确保了公路的安全畅通。三是严格按照《公路管理局公路养护工程建设项目管理办法》要求，组织工程技术人员对实施的公路养护大中修工程进行野外测量及内业设计工作，为更好地完成大中修工程设计工作奠定了良好的基础。为了保质保量按期完成工程项目，严格按照《工程建设项目管理办法》进行招投标等项目管理，根据中标通知书签订《施工承包合同》，确定双方责任，严格按规范要求，狠抓工程质量，使每项工程达到合格要求以上。四是根据养管路段的地形特点，量力而行的安排和落实各项安保工程项目，并保质保量按期交付使用，有效地降低交通事故发生率，树立了公路养护系统的良好形象。五是充分认识公路养护中环境保护的重要性，切实加强公路沿线环保工作，并将清理公路沿线白色垃圾等环保工作纳入公路养护责任体系，把责任落实到具体岗位和个人，确保了公路两侧环境美观、整洁、卫生。

【路政管理工作】一是加强素质建设。积极组织举办分局路政培训班，鼓励执法人员参加各类培训和学历考试，进一步提高路政人员执法水平与综合业务素质。二是加强队伍作风建设，保证政务公开，加大透明、监督工作力度，通过开展形式多样的廉政教育和法制宣传教育，进一步提高执法人员廉政、勤政、优政服务水平，保证了各项工作的有序推进。三是不断加大宣传力度，积极拓展宣传渠道和宣传形式，逐步由宽度转变到深度，同时加强横向协调，严格公路控制区管理，加大对违法违章行为的打击力度，不断优化路域环境，保障公路安全畅通。四是加强制度建设，明确行为规范，严密工作流程，建立健全工作岗位责任体系，完善执法管理、监督约束机制，不断提高执法水平。五是按照《行政许可法》的相关规定，坚持高效、便民的原则，恪守程序，依法开展行政许可工作。六是建立“治超”工作的长效机制，强化源头管理，严格规范执法行为，严厉打击超限超载车辆，努力构建和谐治超环境，巩固治超成果。

日喀则地区国土资源工作

【年度综述】2011年，是中国共产党成立90周年暨西藏和平解放60周年，日喀则地区国土资源局以科学发展观为指导，始终坚持了“二手抓”的工作方式，确保国土资源业务工作取得了较好的成效，切实在社会经济宏观调控方面履行了国土资源管理部门资源供给保障和服务职能。

【认真开展地政管理工作，保障经济发展】1.坚守耕地“红线”，确保地区耕地总量动态平衡。始终贯彻“十分珍惜、合理利用每寸土地，切实保护耕地”的基本国策，狠抓耕地保护各项工作。已向自治区国土厅上报了6个土地开发整理项目，即：日喀则市曲美乡、江孜县日星乡、白朗县嘎东镇马义村、聂拉木县乃龙乡喀斯、仁布县切瓦乡和江孜县日朗乡土地开发整理项目。其中江孜县日星乡土地整理开发项目和白朗县嘎东镇马义村土地整理开发项目已经立项，共投资326.14万元，整理土地815.86亩，新增耕地643.86亩，为全地区耕地总量动态平衡奠定了基础。

2.坚持节约集约用地，注重重点项目用地，合理有序地供给土地资源。地区共向自治区上报了11个县（市）36个建设用地报件，总面积2730.75亩。其中单独选址项目用地报件7个，面积为2073.48亩；29个城镇（村）建设用地批次，面积为657.27亩。

工作中严格遵守经营性用地和工

业用地审查报批规定，继续全面落实经营性用地招标拍卖挂牌有偿出让制度，全面推进工业用地最低价标准。截至12月上旬，全地区采取招拍挂方式出让9宗土地，成交价款为293.705万元。

3.有序开展农村宅基地确权登记发证工作。

4.认真开展土地登记规范化和土地权属争议调处工作，整顿规范土地登记。

5.认真开展日喀则市区规划区内土地清查及储备工作。按照《日喀则市规划区内用地清查及土地储备专项工作实施方案》总体要求和统一部署，地、市两级土地清查组紧紧围绕土地清查工作任务,从2011年5月开始,组成13个清查组对市规划区内的各类宗地进行了全面清查。

【依法做好矿权管理工作，有效保护和合理开发利用矿产资源】1.认真贯彻落实矿产资源勘查开发协调会精神，指导矿业工作健康稳步发展。

2.依法进行矿业权日常管理工作。2011年探矿权注册登记和非金属矿采矿权审批发证工作中认真登记注册探矿权,坚决杜绝越权审批行为，严把矿产资源勘查注册登记关和矿产资源开采项目的立项、采矿权的审批。通过严格审查矿业权人的资质条件、投入、矿产资源开发利用方案和遵守法律法规有关规定条款，对不符合规定和违反法律法规规定的勘查和采矿项目不予以登记备案。截至目前，到我局登记备案的勘查点为53个，受理非金属采矿权28个（由于未实行统一配号，因此未办理采矿许可证）。

3.依法征收矿产资源补偿费及采矿权使用费。严格按照《矿产资源补偿费征收管理规定》，依法征收矿产资源补偿费。通过对矿山企业加大监督、检查力度，把调查了解各矿山企业矿产资源的开采和销售情况作为日常工作的一项主要任务长抓不懈，依据掌握到的开采和销售情况计征矿产资源补偿费。共征收2010年度矿产资源补偿费558.87万元。

日喀则地区气象工作

【气候评价】2011年，日喀则地区范围内冬季气温正常偏高，部分站点气温纪录突破历史极值。年降水总量各地基本正常，降水时空分布不均，降水相对集中在7～8月，雨季开始期正常偏早，冬季沿江一线基本无降水。年内出现了大风、雪灾、洪涝、冰雹、雷电等灾害性天气，并造成滑坡、泥石流等次生或衍生地质灾害，对农牧业生产、交通运输等造成了一定的影响。

气温　年平均气温各地在0.6～7.2℃之间，属正常偏高。其中拉孜、定日、江孜12月份平均气温突破历史极值，分别达到2.5℃、-3.0℃、-0.6℃，属明显暖冬。

降水　日喀则地区年降水量在253毫米～395毫米之间。冬春季全地区降水总量正常偏少，降水时空分布不均，南部边缘地区出现了暴雪天气过程。进入汛期，初夏降水量除了南部边缘正常偏少，其它各地偏多；盛夏降水量除了日喀则8月份偏少，其它各地正常或偏多，降水时段集中，短时强降水过程频繁。9月份由于受南部云系影响，26日～27日聂拉木过程降水量达124.5毫米，樟木过程降水量达80.8毫米。

日照　全地区日照时数在2524～3408小时之间，与历年同期相比定日偏多，江孜正常，其他地区偏少。

大风　大风日数西部和南部正常偏多，其余各地基本正常。西部和南部边缘出现了11～19天的大风天气。

【主要气象灾害】大风灾害　3月19日～21日，受大风天气影响，南木林县东北部索金、芒热、拉布普、仁堆、普当等乡的22户居民房屋、帐篷及家具被损坏，并造成7头（只）牲畜死亡，直接经济损失97350元。雪灾　2月16日08时至17日08时，帕里出现了降水量25.1毫米的暴雪，积雪深度达30厘米，导致日亚公路段受阻；帕里镇断电一天一夜。截止2月17日18时，聂拉木县波绒乡夏嘎村186头牦牛在返回途中因风雪较大而大部分走散失踪，门布乡100只羊被冻死；亚来乡64只羊及1头牦牛死亡；县城停电超过24小时；318国道通拉山至樟木由于积雪深度过大且伴有大风无法铲除导致交通中断。3月27日，南木林县普降大雪，大部分乡（镇)平均积雪深度达25～30厘米，使该县牲畜放养、吃草等问题受到严重影响，大雪导致芒热乡吉欧村8只牲畜死亡，经济损失2800元。

洪涝　6月25日17时至22时，连续几日的强降雨天气导致聂拉木县门布乡西木村发生泥石流，淹没农田10亩，毁坏水渠130米，造成两户农户的青稞绝收。6月30日下午，江孜县藏改乡因突降冰雹发生泥石流，以楚古村为主的3个村受灾较为严重。7月15日晚上11时左右，南木林县艾玛乡范围内普降暴雨，导致艾玛主北干渠水量急剧增加并夹杂泥沙，冲毁山巴村巴金夏热防洪坝400米，山巴主北干渠填埋370米，夏噶村主北干渠填埋470米，恰热村主北干渠填埋500米，冲毁恰热村渡槽（北干渠）2处共37米，冲毁夏噶村水坝4处共677米，道路被冲毁2公里受损较为严重，耕地被水淹没共529.7亩，雨水冲刷房屋墙基造成危房4间，冲走绵羊2只。直接经济损失达253800元。7月16日08时～17日08时，南木林县城出现了大到暴雨。全县受灾695户3941人，农作物毁坏面积3495.23亩（其中：轻微受灾1808.43亩，严重受灾1590亩，绝收4.8亩，永久性毁灭92亩），房屋进水3户10间268平方米，损坏畜圈338平方米，冲毁人畜桥9座、水磨房1间，冲毁水渠17处1100米、进水口7处，冲毁房屋堤坝1577米、退耕还林围栏180米，填埋干渠1340米，冲毁乡村公路11处850米、渡槽2处37米，牲畜死亡3头（只）。7月17日下午，由于连日强降雨聂拉木县樟木镇出现不同程度的裂缝，最大裂缝长约10米，宽1厘米。7月19日10时左右，连续几天的强降雨致使南木林县拉布普乡白村尼龙其布山发生山体滑坡，滑坡面积约1000平方米。7月20日03时左右，日喀则地区西北部山区出现短时强降水天气，导致市区内出现轻微内涝现象。7月24日20时，江孜县热龙乡白沙村局部出现了暴雨天气，暴雨一直持续

20多分钟，导致发生泥石流，造成白沙村14户84人的27.67亩耕地被毁。9月26日20时至27日09时，聂拉木县降水量达到了120毫米，318国道樟木一线发生泥石流灾害，导致全县430亩青稞被淹没，扎西岗村4座温室倒塌，电线杆4个被断倒、损坏，1户牧民被困山顶，冲堆村4户低层房屋积水严重。

冰雹灾害　7月25日晚上20点左右，边雄乡甲瓦、甲根、塔玛、扎西岗、孔布林、普巴、奴林、林等八个行政村发生历史罕见的冰雹灾害，冰雹持续20分钟，使农作物遭到严重的破坏，受灾面积达10885.06亩，其中绝收7689.56亩，严重3195.5亩。7月18日6点50分至7点05分左右，江孜县金嘎乡秋参村因下冰雹，导致该村62.84亩农田受严重灾害，其中绝收30%的农田。

雷电灾害　6月24日凌晨四点左右，定日县附近的加措乡果热村出现雷击现象，致使180多只羊遭雷击死亡，同时牧羊人也遭雷击丧命；由于这一天气现象出现时间为晚上，牲畜归圈，人处于睡眠状态，因此人与牲畜全部都处于密集状态；雷击现象的出现，致使全部丧命。同日21时40分拉孜县城遭受严重雷击;据了解,此次雷击使县城大部分用户电视机、电视闭路设备、网络场所交换机等烧坏，县城停电十几个小时。

日喀则地区职业技术学校

【加强教学管理，促教学及培训工作上新台阶】1.切实抓好常规教学，牢固树立教育质量意识。学校加大了对备课、上课、作业、教学日志和听课记录等各个环节的检查力度，对检查发现的问题，均根据学校规定予以了严肃处理。每个学期在学生评教活动中征求到学生对任课教师的意见、建议，我们都本着治病救人的原则，对问题较严重的教师进行了意见反馈，起到了一定的效果。

2.切实开展公开课教学。一年来，学校组织实施了六次全校性公开课，部分教研组还组织了组内公开课，通过课后讲评，达到了查找问题、共同进步、共同提高的教学目的。

3.组织学生参加各项技能大赛。为使中职生更好地掌握专业实际操作技能，2011年，我们组织护理和汽修这两个专业的部分学生参加了自治区级和国家级的技能大赛。由于事先对参赛的重要性认识不足，组织工作和强化训练等方面做得不是很到位，导致比赛成绩不理想。通过比赛，我们找到了自己的差距和不足，明确了下一步努力的方向。

4.扎实开展课外兴趣小组活动。为充分发挥和挖掘学生的兴趣爱好，一年来，我们共开设了医学基护、藏汉书法、实用英语等13个课外兴趣小组，制定了详细的教学计划，规定了统一的上课时间和地点，这为学生掌握一技之长和丰富学生课余文化生活提供了较好的平台。

5.切实开展相关培训工作。一年来，我们受地区教育局和卫生局的委托，先后培训了三支一扶学前教师、小学校长、农牧民实用技术、新村医等2000余人次。同时我们还选派部分专业骨干教师赴内地进行短期集中培训，加大对我校师资队伍的整体培训力度。

【做好新生招录功过及实习就业工作，提高学校知名度】1.认真开展招生宣传和新生录取工作。2011年，学校组织了四个招生宣传组分赴各县市进行宣传，指导考生填报志愿，后经该校录取并实际报到的新生共1093人。通过招生宣传，扩大了影响，提高了我校的知名度。

2.扎实推进高考工作。2011年，该校高考报名人数为1019人，从录取情况看，普通高考学生上线53人，上线率为23%，对口高职共录取185人。这些成绩的取得，是和全体任课老师的辛勤付出分不开的。

3.切实推进实习实训及就业工作。在指导就业方面，我们积极与相关部门协调，初步达成了职业技能培训证书和景点导游证的考取及发放事宜；在推荐就业方面，该校与上海援藏公寓、鸿达汽车检测公司、珠穆朗玛宾馆等用人单位密切联系，积极做好校中职毕业生的推荐就业工作，并取得了一定的成效；在实习实训方面，该校在西藏神猴药业有限责任公司建立了校实习实训基地，并举行了挂牌仪式，积极推进校企合作办学进程。

日喀则地区广电工作

【新闻宣传方面】2011年，日喀则地区广电局围绕建党90周年、西藏和平解放60周年和第九届珠峰文化旅游节及各项主题活动，进一步强化宣传工作的针对性，在提高节目质量上狠下功夫，圆满完成了各项宣传报道任务。在《日喀则新闻联播》共推出《沧桑巨变话今昔》、《珠峰党旗红》、《深入开展加强基层建设年》、《喜迎建党90周年 西藏和平解放60周年》、《庆祝西藏百万农奴解放纪念日设立两周年》、《创先争优》、《四联两发挥》、《创城进行时》等多个主题报道，围绕街景改造、民生工程等重点工作推出了一系列报道，共播出系列报道100余期。还制作播出《加强基层建设年活动快讯》、《创先争优活动快讯》、《民族区域自治法知识》等字版类新闻共计260余条。共编播电视专题节目即《珠峰漫话》33期，策划播出《爱国歌曲大家唱》、《八一军旗飘》、《援藏巡礼》等节目，取得了良好的收视效果,为全地区经济建设和社会发展营造了良好的舆论氛围。

【媒体建设方面】一是新建日喀则广播电台。在黑龙江省援藏工作队的大力支持下，经国家广电总局批准，2011年5月23日，日喀则广播电视台综合广播启动试播（频率为95.0兆赫）。试播两个月后，对节目进行了改进和提高，于7月20日实现正式开播，总体情况良好。目前，日喀则广播电台的自办节目有《日喀则新闻联播》（藏、汉语）、《生活百事通》（藏语）、《车行天下》、《九零五空中剧场》、《雅江音乐风》、《小朋友的故事会》等。二是大力实施有线电视数字化工程建设。我局于2010年下半年启动有线电视数字化工程建设，经过一年多的建设，已完成了日喀则市区有线电视数字化前端设备的招标、采购、安装调试等任务。2011年12月18日，日喀则广播电视台完成了有线数广播电视数字化前端核心平台建设，并实现了与自治区有线电视网络中心数字电视信号接通。

【西新工程方面】为保证已建全地区各台（站）的“三满”播出，组织技术员深入各乡、村，强化巡查指导，狠抓设备的维护维修，确保了“三满”播出。同时，积极配合自治区广电局做好的江孜试验台和萨迦试验台新建项目，我地区空中反渗透能力得到进一步加强。

【广播电视“户户通”方面】2011年，农牧区广播电视综合覆盖率达94.58%和92.50%，比去年分别增加了0.5个百分点。

【农村电影放映及城镇影院发展方面】2011年，全地区完成农村电影放映任务31528场，累计观众达519万人（次）。还开展了第二个“百万农奴解放纪念日”、庆祝建党90周年和西藏和平解放60周年影片放映活动和大型音乐舞蹈史诗《复兴之路》的放映活动。先后深入到农牧区、学校、驻军部队和寺庙等地，放映《西藏今昔》、《八月一日》、《红河谷》、《建国伟业》等优秀国产影片共1258场，观众人数达11万多人次。通过组织观看，使广大干部群众受到了广泛的爱国主义教育。

【广播影视重大项目建设方面】一是由黑龙江省援藏工作队投资1500万元的日喀则广播电视台综合办公楼项目于7月29日开工；二是由上海第六批援藏联络组投资350万元的地区有线广播电视数字化机顶盒项目完成招投标工作；三是由国家投资510万元的日喀则广播电台项目正在进行选址等前期工作；四是狠抓拉孜等3个县的广播电视发射塔新建项目和11个县广播影视中心项目的前期工作。

日喀则地区民政工作

【防震减灾】自然灾害基本情况

2011年，日喀则地区相继发生地震、洪涝、山体滑坡、泥石流、风雹、病虫害、低温冷冻和雪灾等灾害，230622人受灾，因灾死亡9人，因灾伤病142人，需紧急转移安置31269人，农作物受灾面积8.71千公顷，其中成灾面积7.21千公顷，绝收面积1.5千公顷，倒塌民房1302户11321间，损坏房屋75534间，因灾死亡牲畜17836头（只），直接经济损失222806.8万元。

抗震救灾情况

2011年9月18日，受印度锡金邦里氏6.8级地震影响，该地区亚东等15个县、114个乡（镇）、598个村（居），20409户、100375人受灾，因灾死亡7人；倒塌房屋1243户，损坏房屋19167户（其中：严重受损3924户、中度受损6118户，轻度受损9124户），转移安置灾民31000人，造成直接经济损失218101万元，给当地人民生命财产造成重大损失。

截至10月31日，该局共向地震灾区调拨帐篷5071顶、棉大衣31676件，藏被1173床、棉被31076床、藏毛毯1000床、绒衣裤2000套、棉衣1170件、毛皮鞋2300双、雨鞋100双、胶鞋353双、矿泉水3150箱、糌粑15吨、其它食品900箱、塑料薄膜150卷、彩条布200卷、药品42箱、食用油240箱、各种酒类485箱，有力保障了灾区物资的需要。截止10月31日，该局共接收社会捐款5663112.1元，各类物资折合人民币2759600元。

【第七届村（居）委会换届选举工作】根据《西藏自治区党委办公厅、人民政府办公厅印发〈关于做好全区村（社区）党组织和第七届村（居）民委员会换届选举工作〉的意见》（藏党办发〔2011〕13号）和地委〔2011〕70号文件精神，我地区第七届村（居）委会换届选举工作从2011年5月28日启动，至11月20日结束。为确保换届选举工作的顺利开展，采取了五项措施。一是成立换届选举工作机构。成立了地、县（市）、乡镇换届选举工作领导小组，领导小组成员共计375人，其中地级干部3人，县级105人，科级267人。二是培训业务骨干。首次用藏汉两种文字编印了3500册《村（居）委会换届选举工作规程》发放到基层干部手中，对70余名县（市）级检查指导组成员进行了专题培训，举办专题讲座19次，以会代训221次，现场观摩18次，培训骨干17846人次。三是宣传。选举期间，全地区共播放电视新闻94条，利用广播宣传208次，报纸宣传365篇，张贴标语6905条，悬挂横幅1889条，印发宣传材料近10万份，办墙报1926期，编写简报127期。四是严格依法监督，畅通信访渠道。在选举过程中，认真落实有关信访回复工作，认真指导、督促各县（市），及时受理、及时处理、及时答复对群众来信来访工作，共收到群众来信478件，对反映的问题，做到逐件核实，件件有回复，把问题化解在基层，解决在萌芽状态，依法维护农牧民群众的民主权利。五是建立健全制度，规范基层工作程序。进一步完善了内容合法、程序民主，具有针对性和可操作性的《村居民代表会议制度》、《村务公开和民主管理制度》、《村居民自治章程》、《村规民约》等规章制度。据统计，选举完成后全地区共有1642个村民委员会，31个居民委员会，共产生新一届村（居）委会班子成员7000余人，年龄结构比上届下降了3岁；妇女干部比上届提高了8.8个百分点；大学生“村官”比上届提高了2.5百分点；书记、主任“一肩挑”比上届提高了2.8个百分点；交叉任职比上届提高了7.3个百分点。

【救济与救助】城乡低保

2011年，全地区有城市低保对象10395人，全年累计发放低保金2935.2万元；有农村低保67151人，全年累计发放低保金5522.5万元。“三大节日”期间，为81461名城乡低保、农村五保户、农村困难僧尼下达一次性生活补助2185.13万元。按照《西藏自治区人民政府办公厅关于进一步开展农牧民低收入群众核查工作的通知》（藏政办发〔2010〕305号）、《西藏自治区人民政府办公厅关于进一步做好农村最低生活保障工作的通知》（藏政办发〔2011〕81号）精神，地区民政局对年人均收入在1450元以下的农牧区低收入人员基本情况开展了调查统计，较准确地掌握了农村低保数据，为下一步农村低保扩面、打破指标限制、真正实现动态管理下的应保尽保奠定了基础。经核实，全地区应纳入农村低保范围的总数为161300人，占农业人口的25.9%，其中：已保67151人，占农业人口的10.6%；应保未保94149人，占农业人口的14.8 %。同时，完成全地区民政系统内网和城乡低保信息网络系统安装调试工作，为建立方便、快捷的低保信息通道创造了条件。

城乡医疗和教育救助

根据以往医疗救助受益面窄、使用率低的实际情况，由地区民政局牵头，联合财政、卫生、人力资源和社会保障局制定出台了《日喀则地区医疗救助管理暂行办法》，进一步完善了社会救助体系。2011年，全地区城乡医疗救助金总收入8030.53万元，累计救助9140人，救助人数与上年同期相比增加22.4%，累计救助资金支出1008.94万元，资金使用率与上年相比提高119%，年救助标准最高限额由30000元提高到60000元。根据有关规定，地区民政局首次为4名患者实施了大病救助，兑现医疗救助金16.28 万元。同时，积极开展城乡低保家庭高校学生资助工作，为2010年考入区外普通高校的130名困难家庭学生发放教育救助资金61万元，有效缓解了城乡低保子女上学难问题。

流浪乞讨人员救助管理工作

认真落实日署办发〔2010〕70号《日喀则地区流浪乞讨人员救助管理工作意见》，与各县市签订了2011年度流浪乞讨人员救助管理工作目标责任书，建立了从源头控制外流乞讨的长效机制。大庆等不同敏感时期，地区民政局多次协同日喀则市民政局、市城管等部门对市区街头流浪乞讨人员进行了大规模清理，耐心劝导，护送返乡。截止目前，全年共救助646人，下拨救助管理工作经费100万元。在财政部门的支持下，地区救助站新增床位70张，安装了门窗防盗栏，修建了公厕，改善了救助环境和基础条件。

日喀则地区人力资源和社会保障工作

【积极进取，稳步推进，就业再就业局势进一步稳定】（一）加大劳务输出，推动就业。一是加大组织化程度。全年实现劳务输出36.68万人次、17.82万人，收入6.28亿元。二是做好劳务品牌推广。对特色品牌投入资金86.54万元。三是抓住拉日铁路建设机遇。农牧民转移就业11440人，机械设备投入1871台，农牧民创收3257万元。

（二）开展技能培训，提升就业。全地区人社系统开办各类技能培训班109期，涉及工种37个，共培训4483人。

（三）深化职业介绍，帮助就业。在职介中心登记求职8750人，职业指导5810人，职业介绍3900人，职业介绍成功2225人。全地区新增城镇就业3560人，城镇登记失业率控制在2.7%以内。

（四）做好高校毕业生服务，推荐就业。通过积极协调，及时开发450个高校毕业生公益性岗位，困难高校毕业生得到安置。二是安排就业见习。为提高广大高校毕业生就业技能，及时安排146名高校毕业生见习基地见习。

（五）加强职业技能鉴定，保障就业。全年职业技能鉴定620人（其中:农牧民免费职业技能鉴定350人，机关企事业工人技术等级鉴定270人）。

（六）做好公益性岗位管理，稳定就业。通过行署转发了《日喀则地区公益性岗位管理细则（试行）》，从根本上解决了我地区公益性岗位人员管理无据可依的问题。

【完善制度，提高待遇，社会保障体系建设实现新突破】2011年，地区人力资源和社会保障系统以开展城镇居民社会养老保险和寺庙僧尼参加社会保险工作为重点，统筹推进其它社会保险工作，社会保险覆盖面进一步扩大，统筹城乡的社会保障体系基本建立。同时，加强社会保险基金监管，确保了各项基金安全运行，社会保险的保障与支撑能力得到增强。

【注重维权，惩防并举，劳动关系更加和谐稳定】一是进一步完善劳动关系协调机制。以构建和谐劳动关系为主线，深入贯彻劳动合同“一法两条例”，提高企业劳动合同签订率，鉴证劳动合同1932人。扎实推进和谐劳动关系创建工作，提高用人单位劳动用工备案率，发放612份询问通知书，420家用人单位办理了劳动用工备案手续。不断加大宣传力度，营造维护劳动者合法权益的良好氛围，开展劳动保障法律法规宣传108次，发放宣传资料5万余份。

二是进一步提高劳动纠纷调处能力。认真落实劳动人事争议调解仲裁法的实施力度，强化调解仲裁队伍建设，进一步加大办案力度，建立案件处理快速反应机制，提高调解仲裁结果的权威性和公信力，切实维护当事人的合法权益。受理劳动争议案件457件（其中：仲裁调解87件，仲裁裁决9件，庭外调解361件）、人事争议案件1件，结案率达100%，涉及劳动者 3199人，为劳动者追回工资1410.30万元。

三是进一步加强监察执法工作力度。坚持依法行政，认真受理和查处举报投诉案件，积极开展各项监察活动。受理各类举报、投诉案件228件，立案191件，结案率100%，涉及劳动者2132人，帮劳动者追回拖欠工资1068.01万元。集中开展劳动保障监督检查239次，检查用人单位2655家，责令整改48家。

日喀则市

【年度综述】2011年，日喀则市地方生产总值实现37.51亿元,同比增长13.6%；全口径财政收入1.07亿元，增长84%；工业总产值17605.82万元，增长34.7 %；固定资产投资完成11.82亿元，增长56%；批零贸易达10.08亿元，增长13%；农牧民人均纯收入达6999元,同比增长18.61%。

【农牧业生产提质增效】加大农牧业科技培训和推广应用，良种补贴、农资综合补贴等惠农政策落到实处。特色产业不断壮大，粮油总产稳中有

升，连年保持丰收。特别是2011年粮油总产达到7.46万吨，国务院授予日喀则市“国家粮食生产先进单位”，并奖励1000万元奖金。严密防控重大动物疫病，年末牲畜存栏达33.76万头（只、匹），新生仔畜成活12.01万头（只、匹），成活率93.2%。牲畜出栏18.43万头（只、匹），增长12.03%，草原生态保护补助奖励机制政策稳步实施。积极争取农牧业特色产业项目，大力推进农牧业产业化经营，培育和发展1家市级龙头企业，新增5个农牧民专业合作社。

【新农村建设进展顺利】以安居工程为突破口的社会主义新农村建设成效显著，1636户，10760人搬进了新居，完成4个村级活动场所、23个人居环境建设项目建设；解决了5个乡24个行政村通畅和42个行政村的通达问题，实现全市所有乡道通畅和行政村通达；“万村千乡”、“家电家具下乡”带动了城乡经济发展。同时，加快农牧区基础设施建设，前进、解放灌区等水利骨干项目有序推进，改善灌溉面积5.9万亩；全年植树造林6750.2亩，育苗150亩，完成22500亩的防沙治沙项目；完成年楚河两岸、德庆格桑普彰湿地保护区前期工作；农牧民劳务技能培训291人，劳务输出6万人次，实现劳务收入1.1亿元；完成7个扶贫项目和1个农业综合开发项目。

【园区建设启动顺利】2011年，日喀则市依托援藏优势，结合实际制定出台“三不六零”政策，实行组团招商。先后引进山东力诺30兆瓦和超日国策10兆瓦光伏发电项目等落户我市经济技术开发区。科技农业精品示范园总投资3000万元，其中投资1090万元的一期工程完成，二期工程已全面启动。项目建成后，将成为科技培训、新品实验、精品展示、休闲观光的基地。农业精品示范园已基本完成130座基础大棚的建设。

【城市建设突飞猛进】2011年日喀则市严格执行《日喀则市城市总体规划（2009-2020）》，着手编制南部新城区控制性详细规划；整合资金4.22亿元，完成了4条市政道路、7条主城区街景改造、11条道路的城市供排水管网铺设和10座简易公厕、市区停车场建设，城市功能进一步完善；市行政中心落成启用，增加了地标性建筑；加强城市管理，实行街路卫生责任承包，制定奖惩措施，获得国家文明城市提名奖；完成1200户棚户区改造项目的测量、选址等前期工作。完成了第二次土地调查及规划区内10870宗土地清查，进一步规范市区土地审批程序，盘活了土地市场，增加了土地收益。

【社会事业继续发展】加大科技普及宣传，指派特派员辅导大棚温室种植技术，配合做好科技园饲草种植4000亩、引进红枣新品种6个、培育树苗600株，完成投资200.96万元的雅江源晶粉丝加工等科技项目6个。加大教育投入，落实国家投资和自筹资金6391万元（其中援藏投资100万元），实施校舍建设项目、配备办公用品和体育健身器材等，改善办学条件，顺利通过了“两基”国家验收。重视文化广播事业发展，组织群众开展形式多样的文艺文娱活动，丰富了群众的业余文化生活；认真组织开展文明单位、文明乡（办）、文明村（居）、文明家庭的创建活动；继续加大“农家书屋”项目覆盖面；扎实开展文物保护普查工作，建立文物保护数据库，积极申报德勒藏香等两项非物质文化遗产。抓好医疗卫生工作，实现了农村合作医疗全覆盖，卫生服务中心项目开工建设，流动人口和计划生育工作有序推进，完成了碘盐人口的覆盖目标年度任务。全力提高保障水平，兑现发放区地市三级财政投入民生资金达15944.3万元；实现城镇就业520人，累计购买公益性岗位308人；医疗保险实现全市全覆盖，参合率达99.67%；城市低保、农村低保标准再次提高，为278名城乡特困群众解决救助金68.12万元、为19名重点大学贫困生解决救助金9万元、为19名伤残人员发放抚恤金17.91万元；完成182套的廉租房、210套乡镇周转房和104套县级周转房工程的建设。

【服务业稳步推进】改造科技路菜市场，认真实施“万村千乡市场工程”，升级改造43个农家店；家电家具、汽车摩托车下乡等惠民政策全面落实，建成55个销售网点，兑现补贴323.53万元。纳唐、恩贡、帕索等5个景区旅游项目顺利得到审批，并投入200万元配套基础设施建设。全年共接待国内外游客66万人次，旅游总收入达28700万元，同比增长32.28%。成功举办首届后藏物资交流会，交易额达到1500多万元；全年招商引资协议资金20亿元，实际到位6亿多元。

【领导名录】

地委委员、市委书记：王希静（援藏）
市委副书记、人大常委会主任：扎西次仁
市委副书记、市长：桑珠次仁
（2011年5月任职）
市委常委、政协主席：欧珠平措

南木林县

【年度综述】2011年，全县实现GDP 5.23亿元，同比增长9.4%；地方财政一般预算收入918万元，同比增长13.5%；农村经济总收入3.28亿元，同比增长8%；农牧民人均纯收入3228.04元，同比增长10.2%；粮油总产量4611万斤，比去年增长32万斤；人口自然增长率控制在10‰以内。

【加大产业培植力度，大力推进高原特色产业基地县建设】围绕“建设高原特色产业基地县”发展目标，重点加强了以艾玛土豆和大棚蔬菜为主的高原特色种植业、以牛羊和藏鸡为主的畜牧养殖业、矿产开发业、建筑建材业和劳务输出业扶持力度，做到项目围绕产业规划，资金随着产业配套，大力推进了各项产业的发展步伐。一是特色种植业。投资分别为100万元的农牧业综合技术推广体系项目和土壤肥力监测站项目建成使用，治理改良土地10363亩，建设二级种子田5000亩，有效提高粮食亩产量。在确保粮食生产稳定的基础上，加快了特色种植产业发展，规划实施了5万亩土豆标准化生产项目，建设1000吨土豆恒温保鲜库项目，土豆产业链条得以延伸；努力提高机械化生产水平，在全县配发37台土豆播收机，提高了土豆生产效率；推广土豆标准化生产，实施测土配方施肥5000亩，标准化高产田1万亩，脱毒种薯试验田1000亩。2011年，土豆种植面积4万亩，总产量达到2.15亿斤，实现收入6308万元。大力推进蔬菜大棚建设，聘请2名寿光农技师长年驻县指导建设、生产，并且在经营管理模式上进行了大力改进，实行集中管理，统一经营，群众参与，充分调动了各方面的创业积极性。2011年共投资400万元，建成山巴村和白玛当村蔬菜大棚63个，并已全部投入使用，效益初步显现。二是畜牧养殖业。以加强牧草基地建设为基础，在增加区域载畜量的同时，加大良种繁育和短期育肥力度，2011年，共建设人工牧草基地1.2万亩，实施短期育肥近4.55万个绵羊单位，建设黄改点30个,完成人工冻配3019头。牲畜存栏量40.8万头（只），出售27810个绵羊单位，销售总收入468万元，纯收入333万元；以建设藏鸡养殖基地为带动，引导群众参与特色养殖发展，投资80万元的鲁古东村藏鸡养殖厂，已进入运营阶段，实行“公司+基地+农户”的经营模式，通过政府扶持、市场引导，逐步做大做强藏鸡养殖产业；投资700万元的艾玛乡藏猪养殖场主体已经完工，引进藏香猪161头；投资2000万元的牛羊宰杀线正在积极推进当中。三是矿产开发业。2011年，进入该县实施作业的矿产勘探单位有10家，涉及15个乡镇探矿点19个。进一步加强了对矿藏探采的领导和指导，成立了县矿产资源勘查开发领导小组，与各勘探单位签订了《矿山地质环境恢复责任书》。积极学习借鉴成功经验，组团赴区内工矿强县（市）进行学习考察，并聘请专业律师作为矿产开发业的法律顾问。加大对矿产探采工作的支持力度，投资200万元配套建设了通往土布加普桑果多金属矿点和南木林镇吉隆矿点的道路项目，通过经常到矿点关心探矿人员的生产生活，帮助解决工作中的困难和问题，有力促进了探矿进度，其中土布加普桑果多金属矿开发项目已报行署审批。四是建筑建材业。完成全县43家小型建筑队建筑资质提升工作，部分建筑队已由分包工程走向承揽工程；以石材开发为主的建材业加工技艺逐步提高，由先前石块粗加工转变为目前的规整条石、方石等不同规格的产品生产，年产值突破1000万元，比去年增长了20%。五是劳务输出业。以加强群众就业技能培训为重点，今年以来，共实施群众就业技能培训近6000人，输出富余劳动力3.7万余人次，实现收入10843万元。

【加强县城建设，提高发展带动能力】一是高起点规划。聘请山东省建筑规划设计院专家，按照“完善县城功能，提升县城容纳力和整体形象”的设计理念，形成了“一轴、两心、五片区”的总体规划布局，以人民路为中轴，形成四横两纵的交通网络，四横就是鲁定路、湘河北路、南艾路、甲岗南路，两纵就是西环路、人民路，对这六条主干道进行扩建、硬化、亮化及道路两边绿化。以县完小和甘典曲果寺下雪堆、雪麦村为南北两个中心，在县完小周围建设文化馆、图书馆等文化娱乐设施，形成文娱中心；对现雪堆、雪麦村进行搬迁改造，建设群众文化广场和群众文化艺术中心，为传统手工艺制作和传统节庆活动及特色产品展示提供一个交流平台。“五片区”主要包括文教区、办公区、商业区、工业区和住宅区：县城东部县一中周边为文教区；湘河北路以北、鲁定路以南建设办公区；以现雪堆、雪麦村为中心，在鲁定路以南区域建设商业区；建设以现粮食公司仓储基地为中心的工业区；建设以县二中周围区域为中心的集中住宅区。二是高水平建设。投入30万元，新建水冲式公厕4个；投资30万元，在城区主要路段安装了太阳能路灯47盏；投资70万元，完成县甲岗一支路的硬化；投入资金310万元，实施了城区段湘河两岸道路建设及防洪、绿化、亮化等工程，有效提高了防洪标准，提升了县城形象，方便了群众生产生活；加大县城绿化工程建设力度，2011年，在县城主要街道两侧和学校共栽植大规格柳树1万余株，有效改善了居民生活环境。一批功能性项目已上马实施，截止目前，投资540万元的农业产业化服务中心项目基本框架已基本建成，明年上半年有望建成投入使用，将成为全县农产品检疫检验、良种推广、生产资料供应和农业技术培训的主要场所，为全县农业产业化发展提供全程服务；群众文化艺术中心及民俗一条街建设项目正在紧张推进，雪堆村、雪麦村搬迁工作已全面展开，搬迁群众新的住宅区已经划定，各项拆迁赔偿已全部落实，拆迁工作进展顺利，2011年底将全部完成，明年初项目开工建设；集中居住区、工业仓储运输区项目初步设计和可行性研究、一书三证、土地预审、环境评价等前置手续已经完成，招投标工作正在积极筹划当中，项目全部完成后，将进一步完善城市综合服务功能，增强县城吸引力和容纳力。三是高效能管理。建立了住建、工商、公安等部门联动及全民参与的长效管理机制，进一步加大城市综合治理力度，实行单位、工商户门前“三包责任制”，负责门前绿化、卫生、公共设施的管理和维护；今年初起用了县客运站，规范了运输车辆管理，实现了良好的交通秩序；健全环卫清洁制度，组建了城区清洁队，坚持每天打扫城区卫生、清理垃圾箱，保证了县城卫生清洁；经常性地开展城市意识和社会公德教育，群众文明素质和自我管理能力得到进一步提高。

【统筹兼顾，全面加快社会主义新农村建设】坚持把建设社会主义新农村作为解决“三农”问题的总抓手，大力发展农村经济，拓宽群众致富渠道，不断提高群众生产生活条件。一是大力推进“安居工程”建设。2011年共实施农牧民安居工程1447户，截止目前，已全部完工。结合投资2545万元实施的农村人居环境建设及环境综合整治项目，大力推进农村规划建设力度，进一步解决了部分村私搭乱建、交通不畅、村容不整的问题。在实施“安居工程”的基础上，注重抓新农村示范点建设，今年投资200万元，实施了山巴村新农村示范点建设，设立农村社区事务受理服务站、警务室、图书室、卫生室、农资超市等，进一步完善村级公共服务体系，让广大群众真正享受到改革发展成果。以此为引导，逐步推广实施新农村社区建设，让更多的群众享受到良好的公共服务。二是大力加强农村

交通、农田水利等基础设施建设。投资2460万元，实施了7条农村公路建设，已完成里程数119公里，其中4条已投入使用，其余3条预计明年7月份竣工，进一步解决了部分群众出行难的问题；全县第一条通乡油路（艾玛乡通乡油路）已完成勘测设计，初步预算投资1600万元。认真开展水利普查工作，落实普查经费100万元（其中县级财政投入22万元），完成普查对象清查表的填写、清查数据网络在线录入、汇总及县级审查工作；投资1141万元的卡孜乡聂仓水渠和索金乡德布金水渠已完成80%的建设任务，投资351万元的土布加乡夏久河河首道治理工程已全面完工。重点县水利建设项目全面开工，共完成投资880万元，建设水塘6座、水渠15条。重点水利项目前期工作扎实推进，其中湘河流域综合规划项目规划报告已经完成并通过审查，湘河水库项目可研阶段地质勘测等外业工作已经完成，湘河灌区项目《可行性研究报告》正在积极编制；芒热乡山洪治理工程和拉布普乡草场灌溉工程初步设计工作已经完成。投资543万元完成了2010年第二批农村饮水安全工程建设，5430人受益。农牧区农田水利基础实施巩固率和修复率达到97%以上。三是加强农牧业生产服务网点建设。全县146个行政村，每村配备一名兽医和一名农业生产技术员，建立固定的服务场所，保证了群众在农牧业生产中遇到问题能够及时得到解决。四是大力培植和发展符合区域特点的优势产业。在南木林镇、艾玛乡、卡孜乡、秋木乡等区域实施了万亩瓜菜示范基地、五万亩艾玛土豆特色产业标准化生产、特色养殖等项目，充分发挥此区域交通便利、土地肥沃、水浇条件好、产业基础好的优势，认真学习、借鉴区内外产业发展经验，大力促进土豆、蔬菜、养殖等产业发展；在普桑果、苦确普、吉隆等村，充分发挥矿藏丰富的优势，加大对探矿、采矿的支持力度，近两年内有望实现正式开采，为当地群众创造更多的就业机会，早日致富奔小康。五是大力发展合作经济组织。采取政府指导、群众参与的方式，依托当地产业发展，积极组建土豆运销协会、石材运销协会、劳务输出协会等，大大提高了农牧业生产的组织化程度，提高了市场竞争力。六是大力促进生态文明建设。始终把生态建设作为一项重点工作，今年以来共完成各类绿化造林1万余亩，并在南木林镇、卡孜、秋木、多角等7个乡镇30个村开展了绿化造林工作，进一步优化了群众生活环境。

【加大投入，保障和改善民生】坚持项目和资金向民生领域倾斜，积极争取各方面的惠民资金，严格落实各项惠民政策，努力促进社会事业公共服务均等化。一是教育方面。注重做好“控辍保学”工作，使小学适龄儿童入学率达到了100%，初中入学率达到了99.4%，2011年9月份，顺利通过了国家“两基”督导检查。投资762万元对县一中教职工宿舍及部分乡镇完小进行了改扩建；投资2800万元完成了县综合高中附属工程；投资230万元新建了仁堆乡金德希望小学。大力发展职业教育，落实援藏资金100万元，实施了县职教中心扩建项目，建设瓜菜、养殖示范基地和学生实习基地。注重发展幼儿教育，援藏投资100万元的县幼儿园扩建、提升项目，将于明年初开工建设。二是卫生方面。农牧区医疗体制改革深入推进，为17个乡镇农牧民家庭账户划拨合作医疗基金723万元，合作医疗参合户数11017户，参合人数76509人，户参率和人参与率分别达到100%和98%。完善基础设施建设，投资262万元完成了县卫生服务中心各项附属工程，投资64万元完成了达孜和甲措中心卫生院改扩建。积极开展了巡回医疗，完成了11个乡镇农牧民健康体检和建档工作。加强卫生服务体系建设，在每个行政村配备了2名村医。完善医疗市场的管理，杜绝了乱收费现象；建立健全卫生突发事件应急机制，加强了地方病、鼠疫等重大传染病的监测和预防。三是广电文化方面。投资22万元新建了县电视台演播厅，落实援藏资金50万元，对全县有线电视线路进行了升级改造。大力推进广播电视“户户通”和电影“2131”工程，2011年以来，为群众发放“户户通”直播卫星接收设备9324套，放映电影近2808场。农家书屋覆盖146个行政村和10个寺庙。在多角乡专门建设了湘巴藏戏传习室，使非物质文化遗产得到了更好地保护和传承。2011年7月份，组织全县干部群众6000多名，圆满完成了建党90周年暨西藏和平解放60周年大型庆祝活动，宣传群众、教育群众、引导群众效果明显，进一步激发了全县干部群众谋发展、创和谐的热情和动力。四是改善群众生产生活条件方面。认真开展城乡低保、城乡医疗救助、农村五保供养、社会福利、残疾人保障、自然灾害救助等具体工作，落实各类保障金、救助金1000多万元，有效保障了弱势群体的基本生活。同时，鼓励社会各类资金支持民生事业，2011年，潍坊市坊子区委、区政府与该县签订了三年的支援协议，每年向艾玛乡捐助不少于20万元的教育、卫生等物资。今年价值50万元的棉被、图书、医疗器械等捐助物资已经落实到位。

【扎实推进，狠抓重点项目建设】把项目的争取和建设作为援藏工作的重点突出抓紧抓好，为充分调动各级干部争取项目和落实项目的积极性，先后出台了《南木林招商引资办法及优惠政策》、《关于鼓励单位、企业和个人领办项目的意见》、《关于县级领导包靠重点项目的意见》等，在全县营造了参与项目、推动项目、促进发展的生动局面。

在项目建设的具体工作中，统筹国家投资、援藏资金、社会资金、民间资金等各方面资源，围绕全县主导产业，着眼重点项目进行争取、引导和配备，以援藏资金为引擎，大力实施基础性设施项目建设，创建良好的发展环境，为大项目、大工程的争取创造条件，吸引社会资金、民间资金来县投资创业。像雅江北岸综合生态开发区项目，规划开发面积80平方公里，建设4万亩牧草基地、4万亩林网、4万亩土豆种植基地、牛羊加工生产线和生态观光旅游设施，计划总投资1.59亿元，其中涉及县里投资仅700万元，主要用于开发区林网、道路、供水设施等基础性工程建设上，其余均为争取国家配套或吸引社会资金、民间资金来投资，落实资金600万元，修通了80公里的园区主干道和生产路，栽植杨树、柳树12万株，整理2万亩土地，进行了水利配套，完成了7000亩牧草种植任务；引入西藏海天农牧开发有限公司、西藏浩鸾农业开发有限公司、西藏藏能实业开发有限公司、艾玛农工贸开发有限公司等四家企业到开发区建基地、办工厂，藏猪养殖、牛羊宰杀、农产品深加工等一批招商引资项目已开始实施。其中藏猪养殖项目投资700万元，目前，主体工程基本完工，部分已投入使用；牛羊宰杀项目投资2000万元，项目完成后将形成年宰杀牦牛1万头、羊10万只的屠宰加工生产能力，目前，项目已开工建设；农产品深加工项目投资1200万元，项目建成后，将有效解决农产品“卖难”问题，目前，投资方已进场施工。在县职教中心扩建项目上，通过完善基础设施，邀请自治区及相关部门领导前来检查指导，以良好的教学环境和发展前景，争取到了他们的热切关注和大力支持，2011年国家配套的建设资金200万元已经到位。通过这种模式，争取、吸引了一大批项目和资金，大力推动了全县经济社会发展步伐。

江孜县

【年度综述】2011年，江孜县生产总值达到10.9亿元，比上年增长12.9%；完成固定资产投资4.57亿元；农牧民人均纯收入达到6479元，比去年增长16%；其中人均现金收入达4212元，占人均纯收入的65.5%；财政收入完成1655万元，比去年增长13.6%，其中税收达到1207万元，比去年增长32.3%，首次突破一千万元大关。

【三次产业协调发展，经济结构逐步优化】大力扶持特色优势产业发展，积极发展民族手工业、旅游经济和劳务经济，一、二、三产业增加值分别实现2.26亿元、1.68亿元、7.01亿元，比去年分别增长4.1%、21%、14 %。坚持农牧业基础地位不动摇，全县粮油总产达到13346万斤，比去年增加524万斤，奶渣、酥油等畜产品总产量达3968万斤。加快转变经济发展方式，着重抓好特色经济，使农业产业化龙头企业和民族手工业得到健康发展，经济效益显著增加。以旅游业为主导的第三产业发展迅猛，以宗山历史文化陈列馆、卡若拉冰川等旅游景点的开发为标志，开发了五个新的旅游景点并实施联票制的前期工作，大幅度挖掘了旅游业的发展潜力，三次产业结构不断优化，生产能力显著增强。全年接待旅游总人数达15万人次，实现旅游总收入1650万元。

【投资消费双拉动，经济增长动力更加强劲】2011年完成固定资产投资4.57亿元，共有开复工项目66个，其中国家投资2.06亿元，援藏投资7365万元。随着固定资产投资规模的不断扩大，一批工程项目相继建设完成，为县域经济实现快速健康发展提供了重要驱动力。交通方面主要有重孜乡至纳如乡油路正式通车、龙马乡至日朗乡朗如村公路及其他9条农村公路工程，共完成投资6695万元。水利方面主要有卡卡干渠收尾工程，完成投资2983万元，卡堆乡南北干渠节水改造与修建配套工程1651万元。扶贫开发项目完成投资544万元。年堆乡等农业综合开发土地治理项目共累计完成投资1140万元。城镇建设方面有历史老街拉则段基础设施改造工程、英雄路街景改造工程、达玛场改扩建工程，同时，政府整合财政资金1000万元完成了以玉妥新村、国防路、上海中路、宗江路、步行街等为主的县城整治工程。援藏项目有英雄路、宗山广场综合整治工程、亚无塘综合示范工程、四乡节水水渠工程等19个项目，累计投资7365万元。完成科技基础性项目投资75万元。完成县城总体修编规划（2011—2020年），已经自治区人民政府批准。2011年，新建职工周转房232套，工程总投资2368万元，新建廉租房40套，总投资339万元，用于解决干部职工和城镇居民住房困难。城乡消费增幅明显，社会消费品零售总额达到3.2亿元，比去年增加16%，旅游、餐饮、休闲等消费快速增长。加强“万村千乡”市场工程农家店建设，新建和改造农家店56家，实现销售额788万元，家电家具下乡销售总额1471万元，发放财政补贴192万元。

【扎实推进安居乐业，农牧民生产生活条件持续改善】坚持统筹发展，整合财力和资源，切实改善农牧民生产生活条件，增加农牧民收入。完成农牧民安居工程建设任务1862户，完成投资3187万元，竣工23个行政村人居环境整治项目，完成投资2283万元，另外，上海市第六批援藏江孜小组援助贫困户安居工程建设共138户，援藏投入资金480.1万元。安居工程建设受益人数达到了9913人，占全县农业人口的18.01%。大力实施“八到农家”工程，目前，行政村通公路率达92.7%，通电率达98.6%，通水率达87.6%，通邮率达100%，广播电视覆盖率达98.5%，移动网络覆盖率达98%。继续实施农村人畜饮水工程，完成投资237万元。同时县城供水工程全部到户，保障了城镇居民的饮水问题。继续对日朗搬迁村实施道路硬化、美化，进行土地整治及植树造林，使搬迁户搬得起、稳得住、过得好。千方百计增加农牧民收入，兑现粮食直补、综合补贴、成品油等涉农补贴358万元，兑现涉农保险98万元，兑现农村税费改革及农村综合服务资金820万元，兑现农牧民科技特派员生活补贴30.2万元。

【强化民生事业为先，公共服务水平大幅提升】教育事业全面发展。教育事业迈入巩固提高，全面发展的新阶段。巩固和提高“两基”成果，继续做好“控辍保学”。2011年9月，该县“两基”工作与区、地同步通过了国检。继续加大教育投入，由国家投资建设的江孜高级中学顺利招生，极大地提高了高中办学条件。完成由国家投资的小学改扩建工程，不断改善办学条件。本级财政安排教育配套资金416万元，占本级财政收入的25%，另外安排了50万元专款用于“两基”迎国检。

公共卫生服务体系建设有所加强。年初为全县18个乡（除江孜镇）发放了流动卫生服务车；江热、年堆、龙马、卡堆等四个乡镇卫生院配套业务用房相继竣工使用。进一步加强县乡村三级医疗卫生队伍建设。实施农牧民健康体检。县乡村三级医疗机构共派出培训医务人员达149人，其中，第六批援藏小组从县医院先后派出28名医务人员到上海培训。另外，按照上级关于每个行政村配备两名村医的要求，共有157名新增村医通过资格审核，进入到村医队伍中。目前全县共有304名村医，达到了每个行政村配备两名村医的要求。同时加大了疾病预防控制体系建设，应对公共卫生事件能力增强。去年的传染病防控工作重点以学校传染病防治工作为主，我们采取了严密监控措施，尽快控制传播途径，治愈259例。治疗和预防先后投入资金13万元，结核病防治工作取得较大进展，结核病得到有效控制。

文化建设进一步加强。2011年，初步建成了农家书屋127个，完成全县13座寺庙书屋书籍配发工作。进一步加强县新华书店建设与管理，全年共引进图书80余种、1.6万本。在抓好文物安全管理工作的基础上，国家投资2000多万元的宗山抗英遗址保护工程全面实施。大力开展非物质遗产保护工作，建立健全了非物质文化遗产县级保护名录。江孜“达玛节”、重孜“达果美果”、卡堆藏戏等十一个传统文化节目也已被列入县级非物质文化遗产保护名录。系统制作了江孜传统乔迁、婚庆说唱集。扎实抓好全县文化古籍普查工作。认真收集整理上报了县白居寺、热龙寺的藏文古籍典藏情况。广泛开展丰富多彩的文体活动。成功承办了“江孜县喜迎建党90周年专场文艺演出”、“江孜县庆祝西藏和平解放60周年红歌会”、“日喀则地区第九届珠峰文化节民俗风情江孜县主题展示日”、“中国文联采风慰问团赴江孜县慰问演出”等大型文艺汇演。

就业和社会保障水平大幅提升。全年完成农牧民富余劳动力劳务输出24644人次，收入达到8346万元。全年共计实现城镇就业再就业51人。安排新生分配59人，新增加公益性岗位40人，其中政府首次举办了公开招聘乡镇及机关驾驶员20名。社会保障体系进一步健全，参加基本养老保险人员433人，全年统筹金额为410.6万元，征缴养老保险基金404万元。全县参加失业保险人员1294人，全年统筹金额为209.2万元，征缴失业保险基金205.2万元。全县参加工伤保险人员1366人,全年统筹金额为42.1万元,征缴工伤保险基金37.8万元。全县参加生育保险人员1819人，征缴生育保险基金43.1万元。民政救助工作有序发展，城镇低保对象611户、840人，全年共落实城镇低保资金325.3万元，农牧民低保对象为1796户、3592人，全年共落实农村低保资金343.9万元，城乡医疗救助561人次，金额114万元，落实优抚、残疾人、僧尼低保、五保资金等民政救助资金222.7万元。

【加强生态环境建设，可持续发展能力进一步增强】生态环境建设成效显著，可持续发展能力进一步增强。加大野生动植物保护力度，落实野生动物肇事补偿基金167.6万元，落实生态效益补偿基金236.3万元。继续搞好水土保持和地质灾害防治工作。重点区域造林建设项目圆满完成，完成造林1000亩，共植树8.2万株，完成周边造林1175亩，共植树8.8万株。认真落实矿产资源开发、重点项目建设环境保护政策，饮用水水源环境保护不断加强，农牧区环境保护得到重视，环境综合整治有效推进。严格执行环境影响评价制度。依法管理土地，实现了保增长、保红线的目标。

【领导名录】

县委书记：张伟（援藏）

县委副书记、人大常委会主任：王成功（2011年6月1日任职）

县委副书记、县长：达娃卓玛

县委常委、政协主席：巴旺（2011年6月1日任职）

定日县

【年度综述】2011年，全县预计完成地区生产总值4.1亿元，与去年实际完成额同比增长14%；全县财政总财力为37321万元，同比增长80.50%；实现地方一般收入2325万元，超预算1.97%，超收了244万元，同比增长11.98%。农牧民人均纯收入预计达到3061.3元，同比增长10%，其中现金收入预计占人均纯收入的65%左右。

【三农工作取得新进展】（一）积极推进种植业结构调整。在稳定提高粮食生产能力的基础上，加大了农牧业结构调整力度，加快发展经济作物和饲草料作物，提高种植业经济效益。今年全县共完成农作物播种面积10.205万亩，其中，粮食作物7.6574万亩，占实播面积的75%；油料作物0.814万亩，占实播面积的8%；蔬菜面积0.7106万亩，占实播面积的7%；饲草料作物1.023万亩，占实播面积的10%，粮、经、饲三元种植比例更趋合理，达到75:15:10。落实二级种子田建设0.5万亩，在协格尔镇、长所乡、扎西宗乡、措果乡、曲洛乡5个乡镇实施了青稞标准化示范建设2万亩。落实测土配方施肥示范田建设6500亩。狠抓良种推广，良种农作物推广面积达6.7622万亩，占实播面积的66.26%。预计今年全县粮油总产量将达到5465.164万斤。

（二）加快发展以畜牧业为主的养殖业。2011年，该县以畜牧规模化、标准化养殖为方向，制定了县畜牧养殖业的优惠政策，引导广大养殖户走标准化集约化生产的路子，实现了肉、蛋、奶产量的全面提升。2011年，全县共有牧民户数677户，占总户数6.78%。草场总面积1332.6318万亩，可利用草场面积1207.339万亩。人工种草面积1.5578万亩。载畜量34万头（只、匹）。牲畜年末存栏预计数42.215万头（只、匹），牲畜出栏预计20.2527万头（只），出栏率达44.6%。肉产量1217吨，奶产量3004吨，禽蛋产量14吨。

牲畜改良。完成黄牛本交500余头，冻配200头、绵羊本交3000余只。

重大疫病防控。进一步加强了对村级动物防疫员的培训管理，防疫体系进一步完善，坚决杜绝了外疫传入，实现了对猪流感、猪蓝耳病、口蹄疫、鸡新城疫、禽流感、狂犬病等重大疫病的全面免疫和防控;实现了重大动物疫情力争不发生、确保不扩散的目标。牲畜“春防”共完成“W”病疫苗注射417676头（只），三、四联苗注射14400只，出败4000只，布病100000头，大肠杆菌37500头，羊链球菌6000只，小反刍兽疫11万只，高致病禽流感疫苗注射3000羽，防疫密度达97%，318国道及边境沿线达到

100%。秋防工作共完成"W"病疫苗注射牛羊应免数435908头（只），实际免疫数422576头（只），防疫密度达97%，禽流感应免4339只，实际免疫4175只，免疫密度为96.2%，318国道及边境沿线达到100%。

畜牧业防抗灾工作。进一步充实和完善了县乡村三级防抗灾组织领导机构，多方筹措调运和落实防抗灾饲草料195吨。

（三）大力开展劳务输出。县委、政府立足2011年本县项目多的机遇，紧抓"民生为本"这一工作主线，结合农牧区富余劳动力较多的特点，以开展各项技能培训为载体，以提高劳务输出质量为重点，强化劳务输出前技能培训，加大劳务输出力度。通过举办各种职业技能技术培训，扩大了城镇、农牧区剩余劳动力转移力度，拓展了就业再就业、创业渠道。通过举办：乡村人民调解员培训班、餐饮服务员技能培训班、建筑技能培训班、农技培训班、藏鸡养殖培训班、大棚温室技能培训班、农牧民驾驶员培训班、奶牛养殖培训班、农牧民安全生产生活技能培训班、藏式绘画技术培训班，累计培训农牧民778人，投入培训经费39万余元，成功实现就业再就业、创业540余人。全县劳务输出预计47850人次，预计实现劳务总收入5571.33万元，同比增长12%，纯收入3442.46万元，同比增长10%。

（四）着力保障和改善民生。一是结合2011年"9·18"地震灾害实际，切实加大重建家园工作力度。二是投入资金扶持养殖业等，增加了农牧民收入，改善了农牧民生产生活条件，增强了自我发展能力。三是严格按照地区今年下达765 户的目标，多方筹措资金，积极开展安居工程建设工作。目前，已全部完工，（其中：兴边富民124户，农房改造391户，游牧民定居195户，相对贫困户55户），4603名农牧民群众住上了安全舒适的住房。四是抓好了农田和草场水利设施建设，对水毁水渠、库塘、堤坝进行了维修加固。认真落实把资金向农牧区倾斜政策，实施23个村的人居环境建设项目，乡村村容村貌得到了改变。

（五）加大实用技术推广力度，提高科技贡献率。加大了农业机械化科技化力度，立足于增加产品科技含量，加大了科技普及、实用技术的运用，生产效率不断提高。完成了各类农牧业技能培训13258人次，其中：农业培训10712人，牧业培训2546人，骨干培训达到234人，培训科技特派员43人。建立健全了农机服务组织，完成机耕6.9686万亩，机播6.7344万亩，机收6.3万亩，分别占农作物播种面积的68.29%、65.99%、61.73%。

（六）加大生态环境保护与建设力度。一是认真开展植树造林活动。今年我县完成造林任务4400亩，其中重点区域工程造林3000亩，拉萨及周边地区造林工程1000亩，义务植树400亩。共组织动用群众劳力12000人次，拨付造林民工工资54万元，为参与造林群众增加收入52万余元。二是加强了对珠峰自然保护区的环境保护与建设工作。严格执行薪木禁伐制度，保护了现有森林资源。三是大力宣传《野生动物保护法》，群众环保意识得到了增强。抓好野生动物肇事补偿登记统计工作。四是严格落实生态效益补偿金，及时足额发放2010年生态补偿金5192325.00元，加强国家重点公益林管护工作，使重点公益林得到有效保护，同时增加了群众收入。

（七）旅游业发展迅速。紧紧依托旅游资源优势，积极鼓励和引导农牧民参与旅游业，增加农牧民收入。首先，县委、政府在珠峰沿线以家庭旅馆为突破口，积极引导富余劳动力就业，带动农牧民脱贫致富，依托珠峰旅游区，组织农牧民为旅游者和登山队服务。其次，引导有经营能力的农牧户带头发展家庭旅游等，农牧民充分利用区位优势，开办茶馆、藏餐馆和家庭旅馆。2011年，进入珠峰核心区旅游人数达7.14万人，其中外宾1.87万人。目前全县实现旅游总收入达3748.5万元，与去年相比游客人数增长20.8%，收入增长15.1%，农牧民参与旅游收入达1326万元，与去年相比增加29%，其中农牧民家庭旅馆收入510万元。

【项目建设成效明显】（一）完成上级指标情况。根据地委、行署及地区发改委与该县签订的《2011年固定资产投资目标责任书》的要求，全县狠抓落实，2011年已实施国家投资项目76个，总投资18078.23万元（其中续建项目17个，本年度完成固定资产投资15562.15万元），超额完成目标责任书要求的9477万元。

（二）重点项目情况。2011年，该县重点基建项目7个，均已通过地区终验，其中续建项目5个，物价综合楼项目等总投资585万元。新建项目2个（法院业务用房项目，检察院业务用房项目），共计投资1051.99万元。

【领导名录】
县委书记：蒋仁辉（援藏）
县委副书记、人大常委会主任：卓嘎
县委副书记、县长：顿珠

萨迦县

【年度综述】2011年，全县国内生产总值预计达到37800万元，比上年增长15%；人均生产总值预计达到7398元，比上年增长12%以上；农村经济总收入达到21990万元，比上年增长15.7%；农牧民人均收入达到3545元，其中现金收入达到1949元，比上年增长15%；全社会固定资产投资达到2.54亿元，比上年增长55%；地方财政一般预算收入完成750万元，比上年增长25%；社会消费品零售总额达到4950万元，比上年增长10%，各项税收完成750万元，比上年增长34%;全年完成乡镇企业总收入298万元;完成多种经营总收入5247.11万元，实现了"十二五"开门红。

【农村经济稳步发展，农牧民生产生活条件持续改善】2011年，全县粮油总产量达到6076万斤，比上年增产702万斤，完成播种面积11.38万亩，粮、经、饲比例达60:31:9，种植业结构调整效益显著，全县共有161座大棚温室，年蔬菜产量达到3911万斤。进一步落实农机购置补贴，完成机耕9.2万亩、机播8.2万亩，种植业生产机械化水平大幅提高。完成二级种子田建设4500亩，青稞标准化生产基地25000亩，油菜良种繁育基地3000亩，测土配方施肥9500亩，农作物良种推广面积达到8.1万亩。全县适龄母畜21.23万头（只、匹），受胎16.65万头（只、匹），受胎率达78.4%，新生仔畜15.97万头（只、匹），成活15.54万头（只、匹），成活率达97.3%，死亡1580头（只、匹），死亡率控制在0.43%以下。共出栏牲畜15.9万头（只、匹），出栏率为43.28%，比2010年增长0.26%，年末牲畜存栏率达36.2万头（只、匹）。牲畜疫病免疫密度达到98%以上。全年完成了1105户农牧民安居工程及防震加固任务和13个行政村的农村人居环境建设和环境综合整治试点工作。实施了农村户用沼气项目2500户，2万多名农牧民用上了清洁的沼气能源。实施了雄玛乡农业综合开发土地治理项目，新增灌溉面积900亩，改善灌溉面积0.76万亩，改良土壤0.24万亩，增加农田林网保护面积0.58万亩，新增机耕面积0.59万亩，扩大良种种植面积0.6万亩，年新增粮油68万公斤。进一步加大实施扶贫、整乡推进、劳动力转移等项目，切实改善群众生活。全年共维修堤坝18处；清淤水塘210座、水渠215条；新建8座防洪堤，维修1座水塘，新建1座水塘，完成农村饮水安全工程21处，解决了1237户、6886人的安全饮水问题；全年共发放防汛铁丝49吨，农田引水管80根，编织袋22600个，有力控制汛情的蔓延和扩大。共储备饲草饲料2438.72万斤，切实提高农牧业防抗灾能力。另外，全年全县肉产量达到2450.1吨，奶产量2317吨，绵羊毛产量143.32吨，山羊绒产量7.6吨，禽蛋、禽肉产量分别达到72.23吨、2.5吨，切实改善了农牧民群众的生产生活条件。

【特色优势产业发展成效显著，农牧民群众收入不断增加】全年共实现劳务输出29243人次，实现劳务收入8057万元，其中政府组织输出5195人次，能人带动输出1895人次。全年共开采吉定查嘎石灰石7.8万吨，实现总收入431.4万元，项目区群众收入117.7万元，人均增收470元；开采查荣页岩1268立方米，实现收入19.7万元，项目区群众人均收入2853.85元；虫草采集7.68公斤,实现总收入46.8万元。完成育肥出栏10.03万只（绵羊单位），实现总收入4052.12万元，其中纯收入1303.93万元，农牧民人均增收284元。全年共接待游客12.07万人次，销售萨迦唐卡2736幅，销售八思巴真丝哈达423条，实现旅游业总收入1166余万元。

【基础设施建设步伐加快，经济社会发展条件明显改善】全年开复工项目58个，全社会固定资产投资完成2.54亿元。其中复工项目有14个，总投资达7910.69万元，开工项目有44个，总投资达17502.9万元。实施了扎西岗乡初卡至查吾沙石公路等交通项目，新增通车里程104公里。实施了东那灌区节水改造一期工程、县城二期防洪堤工程等水利项目，对县城和周边村庄起到了巨大的保护作用。实施了种羊场、油菜良种繁育基地建设等农牧业项目，切实增产增收。同时，援藏投资力度不断加大，共实施了6个援藏项目，总投资达7401万元，新农村建设项目、萨迦寺周边环境整治项目顺利完工，雄麦乡麻仔塘查玛饮水灌溉工程、萨迦镇饮水工程、雄玛乡防洪堤工程、县旅游服务中心建设项目进展顺利。

随着基础设施条件的改善，招商引资工作也取得了显著成绩，全年招商引资协议资金达2亿元，“万村千乡”市场工程完成5个农家店，完成地区下达指标的100％。

【社会事业全面进步，公共服务得到不断加强】社会事业全面发展。全面消除各学校D级危房，努力改善办学条件，积极推进学前教育，认真落实教育“三包”政策，加大“控辍保学”力度，使全县中小学入学率分别达到99.42%、100%，巩固率均达到100%，并顺利通过了“两基”国检。全年共发放农牧民、企业困难职工大学生救助金60.46万元，有效的解决了贫困大学生上学难问题。以“新农村建设科技示范县”为契机，在自治区科技厅的大力帮扶下，全年科技项目累计实现收入300余万元，农牧区科技普及率达到81%，科技对“三农”贡献率达到42%；进一步加大对农牧民科学种养殖技能的培训，共培训科技特派员54名，开展各类科技使用培训40场次，2.5万人次；开展各类科普宣传活动45场次，受教育群众达3万人次。继续深化医药卫生体制改革，大力实施“农牧民健康促进行动”，共为30631名农牧民群众建立了健康档案；全县107个行政村均设有村级医务室，村卫生员总数达214名。全年参加农牧区新型合作医疗人数达45800人，参合率达100%。僧尼合作医疗参合率达到100%。全县人口出生率为14.99‰，人口死亡率控制在6.16‰以下，人口自然增长率控制在7‰以内，综合节育率达86.05%；食品药品卫生监督检查覆盖率达90%以上；碘盐推广总量为252.65吨，覆盖率达到100%。

困难群众生活得到妥善安置。全年共落实农村居民最低生活保障对象1894户、5253人最低生活保障金395.4万元，兑现一次性生活补贴104万元；落实城镇居民最低生活保障对象276户、432人最低生活保障金53.1万元，兑现一次性生活补贴14万元；落实33名僧尼低保金2.9万元；为30名困难大学生兑现高校救助金13.5万元；为110户农牧民困难群众发放了农村医疗救助资金22万元；为5户困难群众发放了城镇居民医疗救助资金2.8万元；落实了101名五保户供养费及一次性生活补贴共计22.22万元；同时，扎实开展了老年人权益保障工作，为251名寿星老人发放了健康补贴8.1万元；受灾群众生活得到妥善安置，共安排口粮款60万元，累计解决了998户、4996人次受灾群众生活困难问题，全年未出现一户因灾返贫及缺粮现象。共投入资金15.7万元用于“9.18”地震灾后恢复重建及慰问，切实保障灾区人民的正常生产生活。积极开展“送温暖、献爱心”活动，全年共收到社会各界募捐资金29.87万元。

各项惠农政策资金落实到位。全年共兑现农村公共服务资金155万元、粮食直补资金116万元、农资综合补贴116万元、农村税费改革资金421万元、农机具购置补贴100万元以及油价补贴16万元。同时，积极做好家电家具下乡宣传工作，共兑现购买家电家具补贴资金40万元。

社会保障体系进一步健全。社会保险参保总人数达到3280人。新型农村养老保险全面覆盖，全县适龄参保人数为27621人，参保人数共有25237人，参保率达到91%；60岁以上参保人数为3340人，参保率达到100%，完成年初地区下达任务的100%。城镇居民养老保险参保人数为276人。努力扩大就业、再就业，全年共培训各类技能人才452人次，共开发公益性岗位35人。建成了120套机关周转房，为98户、153人发放了住房租赁补贴41.31万元。制定了民工最低日工资50元标准，采取有效措施，完善各项机制，从根源上预防和治理民工工资拖欠问题。劳动合同签订率达到100%，妥善处理信访劳资纠纷24起，追回民工工资355.95万元，涉及务工人员258人。

生态环境保护建设取得新突破。全年共完成义务植树500亩，完成重点区域造林800亩，完成周边造林2203亩，完成封育2500亩，全县林木成活率平均达到95%以上。狠抓“绿色通道”这一亮点工程，共修建机井13座、蓄水池15座、引水管道15条，平整土地7500亩,造林面积1.6万亩，封育1.5万亩，挖坑71万个，植树71万株，完成重点区域造林任务的100%。发放生态效益补偿金252万元，发放野生动物肇事补偿金1.1万元，切实改善了全县生态环境。积极落实草场承包暨草原生态补助奖励机制，全县共有可利用草场面积837.95万亩，已落实草场承包面积654.97万亩，占总面积的78%。

农牧区文化事业繁荣发展、文化遗产保护有力。积极传播先进思想、先进文化，引导群众树立崇尚科学文化的风尚，农牧区文化进一步繁荣发展，保护和发展优秀传统文化，加强非物质文化遗产开发利用、文物保护工作力度进一步加大。一是“西新工程”、“户户通”、农村电影放映工程等文化事业建设扎实推进，全年共建设59家农（牧）家书屋，覆盖率达100%；二是萨迦“索”和扯休乡“强竿踏许”被评为自治区级非物质文化遗产；萨迦面具制作技艺、拉东夏巴贡戏剧等4个项目已申报自治区级非物质文化遗产保护项目；三是创办了“萨迦电视台”，制作了“萨迦县建党90周年、西藏和平解放60周年、迎接县第八次党代会电视专题片”；四是积极参加第九届日喀则珠峰文化旅游节各项活动，大力开展了送电影、送书籍、送文艺等文化“三下乡”活动；五是及时发放了党中央捐赠的西藏和平解放60周年各类纪念品，使党的关怀惠及到广大干部群众。

创先争优强基础惠民生活动扎实有序开展。深入开展创先争优强基础惠民生活动，全县共有107个驻村工作队，其中县工作队80个，共安排了292名干部职工驻村。为县每个驻村工作队安排了生活补助金5000元，共计40万元，确保活动取得实效。

拉孜县

【**年度综述**】2011年，拉孜县紧紧围绕建设西部中心这个目标，依托区位综合优势，认真落实“一产调结构，二产抓特色，三产以文促商”的经济发展战略，团结带领全县各族人民坚定不移抓发展、齐心协力保稳定、千方百计惠民生，圆满完成了县人大十一届四次会议确定的各项目标任务，经济社会各项事业取得了新进步。2011年，县级生产总值预计达到4.56亿元，同比增长14%；财政一般预算收入完成880万元，同比增长14%；基金收入达12万元，实现了零的突破；农牧民人均纯收入实现4251.39元，同比增长13.9%。实现了“十二五”开门红。

【**农村经济稳定发展**】抓早、抓快、抓实农牧业生产，重视和加强农牧业防抗灾和疫病防治工作，大力实施农业综合开发项目、积极改善农牧业生产条件，农牧业实现大丰收，农林牧渔总产值预计达到23883.95万元、同比增长8.4%，粮油总产量达到8200.92万斤、创历史新高，牲畜死亡率仅1.65%、成畜出栏率28.5%、肉类和奶类产量分别达到1786.92吨和1751.53吨、年末牲畜存栏35.13万头（只、匹）。稳步推进“一产调结构”，实施了农业科技示范园改扩建和无公害蔬菜生产示范基地及人工饲草基地项目，蔬菜瓜果产业持续发展，产量达到26541.99吨，实现产值5398.8万元。积极推进农牧业生产技术服务体系建设，实施了农牧科技推广综合服务站和农作物品种区域试验站等项目。农牧区合作经济组织继续发展，新增农牧民专业合作组织1个，全县农牧民专业合作组织增至5个，成员人数达到1034人。劳务经济加快发展，组织劳务输出17878人，实现收入6754.27万元，同比增长14.6%。预计，全年农村经济总收入达到29185.79万元，同比增长16.4%。

【**二三产业加快发展**】按照“五放”要求，积极推动市场经营主体发展，二三产业经营主体发展迅猛，旅游文化产业公司顺利注册。年内新增各类企业和个体工商户92家，总数达到627家，注册资金总计5457万元，从业人员2124名，实有注册资金100万元以上达8家。其中，从事工业的48家，从事服务业的263家，分别占总数的7.7%、42%。全年，预计实现工业总产值578万元、同比增长34%，预计实现第三产业总产值31479.36万元、同比增长13.5%。

【**投资消费强劲增长**】抓前期、抓衔接、抓建管，项目争取与建设取得了新进展。基本确定了“十二五”国家投资项目138个、计划投资20.4亿元，明确了第六批援藏投资项目16类55项、计划投资1.1亿元。实施了拉孜高中、县城市政道路、行政村通达、乡镇机关改造等共55个项目，完成固定资产投资2.99亿元、同比增长32.7%，其中援藏项目16个、投资4456万元。继续落实“家电家具下乡”补贴政策、兑付补贴资金369.73万元，新建“万乡千村市场工程”农家店31家、行政村农家店覆盖率达到76.53%，积极开展净化消费市场活动，促进了城乡消费，社会消费品零售总额达到9154.3万元，同比增长14.5%。

【**民生持续改善**】投资近3000万元实施了部分小学危房改造和1所小学新建及县中学附属设施改造工程，严格落实教育“三包”政策，初中、小学入学率分别达97%和100%，初中升学率达到85%，全县中职学校、大学在读生分别达98名和120名，“两基”成果继续得到巩固提高。新增幼儿园17所，在园幼儿1016人，入园率达

40%，学前教育加速推进。深入实施农牧民健康促进行动方案，在乡镇建立了国家基本药物制度，农牧区合作医疗补助标准提高到了每人每年260元，农牧民合作医疗参合率达到97.26%、基本实现全覆盖，合作医疗最高支付额提高到了5万元，免疫接种覆盖率达到97.3%，对36702名农牧民进行免费体检并建立健康档案、建档率74%，补充各级医护人员129名、培训医护人员348人次。新建拉孜县综合文化活动中心，开通拉孜县门户网站，顺利完成“村村通”、“户户通”工程、广播电视覆盖率达到100%，新建38个行政村农家书屋、实现农家书屋全覆盖，公益文化进一步发展。投入8745.47万元实施农牧民安居工程1381户、7036名农牧民住房条件得到改善。第一批廉租房投入使用，第二批廉租房开工建设，城镇低收入居民住房难问题加快解决。投入2074万元实施人居环境综合整治项目，15个行政村的人居环境得到改善。投入756万元实施农村饮水安全项目35个，解决了9205人、54996头（只、匹）牲畜的饮水安全问题。完成了杰村至久娃村、彭措林村至谢曲村和那嘎村公路建设，新开工建设拉孜镇康列村至锡钦乡荣白村公路等3条乡村道路，新增通公路里程45.1公里，建制村通公路率达87.8%，出行难问题不断解决。率先在西藏实施首座风光互补微型电站示范工程，又解决了25户138人的基本用电问题。投入2417万元实施整乡推进、到户扶贫等专项扶贫开发工程，筹集资金728.24万元对扎西岗乡苏村进行了整村扶贫搬迁，扶贫工作取得新进展。基本建立以社会保险为主、社会救助为辅的社会保障体系，城镇职工参加“五险”人数达4783名、支付各类保险金48.33万元，城镇居民参加养老保险人数为120人、参保率达63.4%，农牧民参加新型农村养老保险人数达25824人、参保率73%、发放养老金230.9万元，落实城乡低保资金558.42万元、五保供养金32.93万元，筹集发放各类救助资金103.37万元，社会保障水平得到新提高。高度重视劳动就业问题，培训农牧民521人次，解决了67名农村低保户和零就业家庭人员的就业问题，城镇失业率控制在3.0%以内，受理拖欠农民工工资案件26起、追讨农民工工资122.22万元。

【生态建设与环境保护继续加强】继续实施造林工程，全年共造林9350亩。继续巩固退耕还林成果，落实补助补贴353.17万元。坚持和完善森林生态效益补偿机制，落实补偿金200.3万元。继续加强公益林管护，落实相关工资补助249.63万元。继续实施薪柴替代工程，新建农村户用沼气池820座。全面启动草原生态保护补助奖励机制，基本完成草场承包到户联户工作，兑现纯牧户生产资料补贴32.5万元。实施了县城水源地环境保护项目，饮用水源地保护工作取得新成果。加强矿业领域环境治理，关闭1家选矿厂，规范管理矿产勘探。

【改革开放深入推进】推动地委行署出台了《关于推进拉孜县加快建设日喀则西部中心的意见》，日喀则西部中心的定位更加清晰、目标更加明确，为经济社会发展争取了政策支持。农村综合体制改革进一步深化。医疗卫生体制改革稳步推进。国有土地使用权挂牌出让试点初步成功。成功承办首届后藏物资交流会，交易额达到1236.4万元。招商引资步伐加快，签订合作意向书2个、协议资金700万元、到位资金170万元。强化城市管理，组建了城管队，出台了城管法规。拉孜手工业产品走出国门，首次亮相中尼经贸洽谈会。接待国内外游客34690人次、实现收入300万元，同比分别增长15%和12%。

【领导名录】
县委书记：顾耀明
县委副书记、人大常委会主任：次仁欧珠
县委副书记、代理县长：欧珠罗布（2011年6月任职）

昂仁县

【年度综述】2011年，全县完成生产总值41012万元，同比增长14.7%；完成全社会固定资产投资3.9亿元，同比增长25.8%；地方财政收入达到690万元，同比增长14.8%；农牧民人均收入达到3311元，同比增长22.3%。农牧业生产取得重大突破，粮油总产量达到3820万斤，比08年历史最高时期增产20万斤。草原生态保护奖励机制落实进展顺利，落实草场承包2753万亩，禁牧290万亩，实现政策性增收5779万元（实际到位3028万元）。

【农牧业生产迈上新台阶】积极调整农牧业结构，粮食生产保持稳定，农牧业综合能力进一步提高。全县农作物播种面积7.46万亩，其中良种推广面积6.4万亩，占播种面积的94.57%。粮、经、饲比例调整为79.49：12.2：8.31。粮油总产量实现新突破，预计达3819.8万斤，比08年历史最高时期增产19.5万斤，增长0.51%。坚持做大做强、突出特色，重点发展畜牧业。全年，新生仔畜20.29万头（只、匹），成活18.19万头（只、匹）；年末，各类牲畜预计总存栏70.32万头（只、匹），出栏28.73万头（只、匹）。畜牧业占农业总产值的比重为34.81%。积极开展草原生态保护奖励机制各项工作。目前，已完成草场承包1039.8万亩，其中农区634.43万亩，牧区405.37万亩。

【基础设施建设步伐加快】积极争取国家投资，扩大社会投资，落实援藏资金，投资规模不断扩大。扎实做好项目前期工作，加强项目建设和管理，基础设施条件明显改善。全年，完成县物价局、县城道路改造、城区防洪工程等项目投资共计32000万元，一批涉及民意、惠及民生的项目已初见成效。

【矿产开发成效显著】按照抓大限小、整合做强的原则，进一步规范矿业开发秩序。通过积极协调，投资1.8亿元的嘎日选矿厂项目已基本建成，2012年上半年即将投产见效。中胜矿业勘探工作进入实查阶段，手续报批工作已经启动。成立了矿产资源勘查开发领导小组，多次召开矿产资源开发管理协调会，完善了矿业综合开发管理体制。

【农牧民收入持续提高】2011年，农牧民人均收入达到3310.57元，比去年增长14.9%。消费品零售总额预计达7954万元。举办各类技能、劳务培训班14期，培训总人数为252人次。同时加大全县劳务输出力度，劳务输出人次为27520人，劳务收入为4829万元。认真落实家电、家具下乡政策，今年完成销售产品196件，销售金额14.56万元，发放补贴资金2.6万元。2011年，新增“万村千乡”市场工程10家及人居环境综合整治试点“万村千乡”市场工程23家、配送中心1家。目前，全县“万村千乡”市场工程覆盖率达28%。

【民生保障得到增强】坚持把项目建设作为改善民生的重要抓手，借助政策机遇，狠抓外力推动，一批惠民生、暖民心的项目得到实施。社会主义新农村建设发生新的变化，年内完成农牧民安居工程1376户，累计完成6697户，占全县总户数的65.6%；实施农村人居环境整治工程23个。年内新增公路通车里程38公里，总里程达1585公里，综合交通运输网络初步形成。投资1861万元对8所学校进行了改造和扩建，新建1所青少年校外活动中心、1所县实验幼儿园，极大地改善了我县办学条件，顺利通过了国家“两基”验收。完成“村村通”站点建设224座，覆盖185个行政村和39个自然村。新型农村合作医疗覆盖率达100%，新型农村社会养老保险覆盖率达100%。

【生态保护与建设长效机制形成】2011年，兑现2010年中央森林生态效益补偿基金209.99万元，退耕还林资金76.62万元。共植树5965亩，同时，完成人工种草5200亩。投资3780万元实施退牧还草工程，禁牧70万亩、休牧60万亩，有效保护了我县重要的生态区域。桑桑湿地保护与恢复项目各项工作也顺利开展。广泛开展环境宣传教育，饮用水水源地环境保护、环境综合整治、矿山地质环境治理与保护不断加强。

【对外开放步伐加快】精心组织，积极参加日喀则第九届珠峰文化旅游节，民俗风情表演充分展示了昂仁发展繁荣的新风貌，手工业特色产品在5天内实现销售额8万余元，昂仁手工业特色产品成为最受欢迎的物交会产品。

【非公有制经济较快发展】认真完善落实优惠政策，不断优化政府服务，促进了非公有制经济快速发展。2011年，在我县工商局登记注册的个体工商户396户，从业人员702人，注册资金402.29万元；私营企业13户，雇工人数416人，注册资金990万元；内资企业15家，注册资本1089万元；农牧民专业合作社一家，成员30人，注册资金15万元。非公有制经济为解决就业、促进发展做出了较大贡献。

【对口援助力度加大】山东淄博市第六批援藏分组，在2011年充分调研的基础下，2012年各项工作开展顺利。已开工市政道路改造工程、江嘎村地震危房改造工程、“六心”工程党员服务中心建设项目、实验幼儿园等援藏硬件项目10个，总投资3850万元，部分项目已完工，部分项目正在实施中。

【领导名录】
县委书记：白平和（援藏）
县委副书记、人大常委会主任：旺多
县委副书记、县长：边巴扎西
（2011年6月任职）

谢通门县

【年度综述】2011年，谢通门县生产总值完成5.65亿元，同比增长22.3%；县级财政收入完成5601万元，同比增长51.5%；固定资产投资完成1.69亿元；实现乡镇企业营业收入594万元，多种经营收入完成6253万元；实现社会消费品零售总额3907万元；实现矿业产值3.6亿元；农牧民人均年收入实现4349元，同比增长21.99%；劳务输出完成17200人次，创收2997.7万元。

【农牧基础产业大幅增长】一是狠抓农业生产，全县农作物实播面积6.09万亩，粮经饲三元比例调整为61.6:28.4:10；治理坡地面积2000亩，改造中低产田1.5万亩，农作物良种推广4.1万亩，机耕、机播面积分别达到6万亩、3.7万亩，建设良种繁育基地5500亩，建设“3414”田间肥效试验田8亩，配方肥示范7600亩，粮食丰收，粮油总产达3195万斤，同比增长11.44%。二是狠抓畜牧业工作，完成黄牛冻配310头，各类重大疫病防治免疫率达到100%，实施草畜平衡面积1134万亩，禁牧83万亩，夏秋草场面积划分695万亩，向2553户牧户兑现牧户生产资料综合补贴128万元。三是认真落实强农惠农政策。如实兑现各项涉农补贴，落实支农惠农资金139万元，在10个乡镇实施了两批农机购置补贴，共购置农机具1146台（部、套）。四是加快推进特色农牧业发展，投资1050万元的达那答乡果蔬示范基地已完成10座大棚及部分配套设施建设，3座大棚草莓试种成功并完成商标注册；藏土鸡繁育基地附属工程基本完成，投资353.7万元建设的绵羊短期育肥项目成效突出，育肥出售2万只，年销售总收入430万元。五是扎实开展防抗灾工作，本级财政投入125.5万元农牧业防抗灾资金，用于购买540吨饲料等防抗灾物资，落实防汛资金140万元，加强了防汛物资储备。六是加强农牧业基础设施建设。实施了人工种草与天然草地改良、农业技术推广站、优质马铃薯基地、农村沼气等农牧项目；实施了陈则河防洪堤、卡嘎镇夏角村高无期水渠等水利项目；达那答乡查巴灌区节水改造工程、通门乡绒河干渠工程、列多水电站等重点水利项目前期工作进展顺利，明年有望实施；完成了本级财政投入450.6万元的25个小型项目及上级支农资金投入的4个小农项目相关前期工作；投入资金275万元，修建了16个饮水点，解决了2500人的饮水问题，争取到2011年度农村饮水安全工程项目资金498万元，明年完工可解决5000余人安全饮水问题。

【商务、旅游工作重点突出】一是认真贯彻落实好家电家具下乡惠民政策，家电家具销售281.5万元，落实补贴资金56.3万元。二是积极推进“万村千乡”市场工程。完成商品零售总额3907.6万元，“万村千乡”市场工程农家店新增23家，乡镇覆盖率达94.7%，行政村覆盖率达55%。三是加强民族手工业工作。动员和组织农牧民群众积极参加地区第九届珠峰文化旅游节物资交易会，展销了70多种特色农畜产品以及民族手工艺品，实现销售收入39万元；积极组织藏刀、皮具等工艺产品参加哈洽会，实现销售收入3.8万元；藏毯编织业再次运行上轨，招收编织工20人。四是大力推进旅游开发工作。制定了以“一山一水两寺”为主、农业观光为辅的《谢通门县“一山一水两寺”旅游开发项目实施方案》，印制了5000份旅游景点宣传画册，宣传光碟正积极准备；扎西坚白寺、达那土旦寺和索布溶洞国家IA级旅游景点申报通过地区评审，卡嘎温泉、日嘉寺等国家级旅游景点申报工作进展顺利；初步完成投资3000万元左右的卡嘎温泉改造项目设计工作。

【项目建设工作成效显著】召开县首届项目工作会议，加强项目协调和争取，共开展各类项目82个，总投资4亿元。列入投资计划项目2个，投资440万元；正在进行前期或开工前准备项目27个，总投资2.6亿元；施工项目20个，总投资9180万元；完工项目33个，投资4644万元。其中本级财政投资项目达6201.9万元。物价监管基础设施、4乡卫生院附属工程、荣玛乡文化站、18乡完善工程等一批重点项目完工投入使用；县城垃圾填埋场、县审判大楼、档案馆建设项目前期工作顺利，计划2012年实施；初步完成达那答乡小城镇建设的规划设计。

【道路交通建设扎实推进】一是狠抓道路基础设施建设。完成东列路岔口至那当乡荣村公路工程，公路总里程44公里，总投资813万元；县财政投入322万元实施的11条公路项目完工待验收；完成了娘热乡卡嘎村至果祥村以及仁钦则乡拉岗村、夏美村、罗林村两条公路项目的招投标及开工前交桩工作，总投资1430万元，新修公路里程75公里。二是狠抓道路交通安全工作。出台《道路交通安全实施方案》，在日谢公路建设全程24小时监控系统，在达那答、春哲、达木夏三乡定点设卡，对日谢公路、县城至达木夏公路、县城至春哲乡公路实行流动打击；继续加强车辆超限超载治理工作，充分发挥超限超载地磅站作用，加大对超限超载行为的监测和处罚力度。三是加强乡村公路养护。全年共投入养护资金231万元，对达孜路、谢青路、东列路及谢彭路四条公路主线365公里进行了养护；继续推行将乡村公路养护任务承包给农牧民群众的好做法，使用民工2.12万余人次，增加群众收入44万元。

【国土和资源管理工作有效加强】一是加强了建设用地的管理。积极做好项目建设用地报批工作，完成了全县6起建设项目用地报批手续。二是积极做好农村宅基地确权登记发证工作。完成卡嘎、塔定、通门、荣玛、达那普五个乡镇和仁钦则两个村的全部外业工作，测绘面积4.9865平方公里。涉及3060户1.6万人。三是狠抓土地执法检查工作。圆满完成了4个违法图斑的调查工作，涉及面积16.5亩，现已上报地区国土局，进入农用地转用审批手续阶段；完成了本年度县内3起疑似违法违规用地案件的调查核实工作，涉及面积8770平方米；继续执行动态巡查制度，对达那答乡顶嘎村未批先建占用一般耕地案件进行了合理处置。四是加强土地开发整理工作。积极推进达木夏乡琼达村土地开发整理项目，总投资501万元，总规模1037亩，实施后将净增耕地799亩；塔定乡久若村搬迁旧址土地开发项目可行性报告已上报地区国土局，项目投入240万元，完成后将净增200余亩耕地。五是加强矿山企业管理。召开县首届矿产资源勘查开发管理工作协调会，与乡镇、企业签订了目标责任书，进一步明确了各方职责，和谐矿区建设有效推进。

【群众增收多管齐下】县财政、农牧、民政、科技、劳动等部门认真贯彻落实支农强农惠农政策，本级财政投入3300万元，改善农牧民的生产生活条件，促进了群众增收；坚持县内项目使用当地农民工达到60%以上、安居工程、小型项目全部承包给当地施工队的政策导向，促进了农牧民增收；积极向矿山、温泉、达那答蔬菜园区组织用工，提高了群众收入；加大农牧民技能培训，提高就业技能，搜集整理用工信息并向外出务工者公开，增加劳务输出，提高群众收入，今年预计完成劳务输出16750人次，创收2919万元。同时，加大劳动监察力度，有效调解劳资纠纷，保障务工群众利益。

【绿色环保通门建设成效突出】全年完成植树造林10300亩，其中重点区域造林2000亩、拉萨及周边造林工程2000亩、拉萨及周边地区封育2000亩、退耕还林荒山荒地造林3000亩、退耕还林荒山荒地封育900亩、绿色通道补植补造35公里，成活率达82%。完成村庄绿化造林3535株，成活率70%。深入推进集体林权制度改革，加强林木管理，强化林政执法，兑现退耕还林补助资金240万元。认真签订护林员劳务合同，兑现中央森林生态效益补偿基金269万元。加强环保监察，全程跟踪5家矿业公司的整改工作，下发停业整顿通知1份；协同成都勘查设计院对县城驻地饮用水水源保护点进行勘查、设计，确保饮用水水质安全。

【援援工作倾斜民心】一是着力推进了项目援藏工作。共确定了第四批援藏资金2500万元，重点投向农牧民安居工程、藏土鸡繁育养殖基地等14个民心工程。多次进京争取小农水等项目，待批项目资金达到3000多万元。二是着力加强了两地经贸合作。组织该县11名县处级领导及部分科级干部组成党政考察团赴黑龙江省开展了为期半月的考察学习，协调该县参加哈洽会，强化了与内地的经贸合作。三是着力深化藏汉民族情谊。投入50万元开展扶贫助学项目和“援藏情”广场文化项目，走访慰问了一批贫困群众，增进了民族情谊。

【民生事业扎实有效】本级财政安排民生资金3300万元，重点投向农牧区农田水利基础设施、防抗灾物资储备、道路交通建设等，进一步夯实了发展基础；狠抓农牧民安居工程建设，实施农牧民安居工程1367户，总投资2565万元（其中本级财政补贴150户300万元）；完成10个村人居环境综合整治工作，总投资606万元；集硬化、绿化、美化、亮化和休闲娱乐为一体的达那答乡75户安居工程示范项目完成了规划、设计、道路建设及部分配套建设。

【扶贫社保工作全面推进】一是扎实抓好整乡推进工作。实施了通门乡贫困户生产资料扶持、拉旺孜村温泉开发等4个项目，顺利通过区、地扶贫办验收；仁钦则乡整乡推进扶贫工作顺利启动，2011年完成了生产资料扶持、短期育肥、夏麦村水塘建设等项目。二是加强城乡居民生活保障工作。确定城市最低生活保障人口213人，累计发放低保资金87万元。确定农村低保对象4754人，2011年补助资金预算指标366万元。三是五大保险应保尽保。全县参加养老保险职工200人，失业保险705人，工伤保险708人，居民基本医疗保险773人，职工医疗保险1308人。初步完成全县“新农保”的统筹测算工作。四是发扬“一方有难、八方支援”精神，组织干部职工为“9·18”地震受灾区捐款26万多元。

【教育事业健康发展】一是合理安排部署，加大宣传力度，加强督促检查，有序推进“两基”迎国检工作，各项指标达到“国检”标准，圆满完成迎“国检”工作任务。二是加强管理，教育质量稳步提高。2011年，初中升学考试内地西藏高中班录取24人，重点高中上线49人，普通高中上线261人；内地西藏初中班录取7人，小学、初中毕业率均为100%，小学毕业班整班移交率为100%。三是中小学校硬件基础进一步改善。全年涉及教育工程资金1134万元，其中本级财政投入142万元，完成了4所学校危房改造、5所学校硬化项目以及青少年活动中心、达木夏乡完小学生宿舍项目续建工程，县完小完善项目、3所幼儿园项目已获批复立项。四是学校设施设备不断改善。向区电教馆争取到5套多媒体教室设备；投入240余万元，为各校配发财务专用笔记本、白板教学设备以及办公、教学、生活设备。中小学校教育信息化工作取得实效，自治区教育信息化现场会在我县进行观摩交流。五是平安校园建设得以加强。通过开展校园环境整治、安全大检查、健康教育、德育教育和传染病预防等工作，为广大师生营造良好的学习生活环境。

【文化、广电事业蓬勃发展】实现全县95个行政村农家书屋全覆盖。开展援藏情广场文化活动，丰富干部职工业余生活；庆祝西藏和平解放60周年活动异彩纷呈，成功举办“5.23”广场红歌会；借助第九届珠峰文化节，宣传推介我县旅游、矿产、手工艺、民俗文化等特色资源，提高通门知名度。继续实施“2131”工程，累计播放电影1830场次，观看人数达32万人次。

【医疗卫生工作有序发展】一是扎实推进“降消”项目，组织9个乡镇卫生院妇幼计生专干进行培训，193名农牧民孕产妇享受住院分娩专项补助。二是扎实开展疾病预防和新型农牧区合作医疗工作。免疫规划接种率进一步提高，结核病、艾滋病、地方病防治工作有效推进。全县实际参加合作医疗人数4.2万人，参合率达97.93%。三是加大食品安全卫生监督检查力度，开展专项检查14次，查处违规食品43公斤、过期药品30盒，办理健康证201本、卫生许可证84张。四是加强卫生服务规范管理和农牧民健康档案建设工作。县卫生服务中心污水处理厂、供氧系统工程完工投入使用，措布西等六乡卫生院通过规范化验收；开展农牧民健康体检及建档2.1万人/份，建档率50.13%。

【科技工作力度不断加大】对46名科技特派员进行了培训，兑现了农牧民科技特派员补助23万元；与地区职业技术学校签订定向培训协议，计划三年内培训兽医方面的专门人才30人；开展各类科普宣传29场次，发放科普资料1250份，受益群众6500人；加强科技项目争取，共争取包括藏土鸡繁育生产示范基地在内的项目5个，总投资574万元。

【水利普查工作稳步推进】严格按照上级部署安排，认真落实各项工作措施，水利普查工作顺利推进。完成了农田水利基础设施及灌区、农村供水、河湖取水口、地表水资源、入河湖排污口等清查工作，占水利普查总任务的70%。

白朗县

【年度综述】2011年，全县生产总值预计完成5亿元，完成年度目标的101%，同比增长14.4%；全县财政收入预计达到950万元，完成年度目标的130.3%，同比增长48%；税收首次突破千万元大关，完成年度目标的156.25%，同比增长71.82%；农牧民人均纯收入预计达到5200元，同比增长17.88%，创历史最高水平；全社会固定资产投资完成2.91亿元（不含拉日铁路），完成地区下达任务的9倍以上，同比增长43%；基础设施建设明显加强，启动实施了“十大建设项目百日会战活动”，一批涉及交通、水利、教育、科技、文化、卫生的重大项目相续高标准、高质量的竣工。

【农牧经济增长加快】全县农牧业产业化初具规模，特色农牧业加快发展，区域特色经济格局进一步形成。全县粮油实播面积12.74万亩，粮经饲种植比例为62:21:17；粮油总产突破历史新高，达到8700万斤；畜牧业生产继续保持较好的发展态势，全县牲畜出栏率达35.24%，仔畜成活率达93%，成畜死亡率控制在0.64%；短期育肥完成5.8万个绵羊单位，牲畜疫病防治密度达到100%。

【主导产业全面提升】一是蔬菜产业进一步做强。2011年，投入资金1300万元，实施了示范园综合改造提升工程；引进并成功试种了12个新品种，成功举办“白朗县第一届蔬菜采摘节”，进一步打响了“天域绿”品牌。2011年，全县蔬菜大棚总数达5312座，蔬菜产量达到5154万斤，总收入达到4639万元，人均增收1297元，占全县农牧民人均纯收入的24.9%；二是青稞产业进一步做优。推广绿色青稞8500亩，推动青稞生产由无公害向绿色有机发展；大力培育龙头企业，协调投资2400多万元，实施了康桑农产品发展有限公司改造提升工程，以及帮助旺达食品加工有限公司研发“青稞牛肉方便面”，并成功试运营等，进一步提高了我县青稞加工转换能力；三是畜牧业进一步做大。实施奶牛繁育基地等项目，不断优化了畜群畜种结构；大力推广种草养畜，全县优质饲草种植面积达2.3万亩；积极推进畜禽小区试点工作，实现了畜牧生产的稳步顺利推进。四是传统民族手工业进一步做精。通过发展“能人经济”，恰珠编织、奥博藏香、旺丹卡垫、东喜藏被等企业在规模及生产能力上有一定突破，传统民族手工业激发出新的活力。

【群众生产生活显著改善】以安居工程为突破口的社会主义新农村建设成效明显，完成12个人居环境建设，1103户农牧民群众乔迁安居新房；城乡社会保障体系建设取得新进展，2.5万人纳入新型农村养老保险，参保率为94%，全年发放基础性养老金229.43万元。落实农村低保906户，共计2917人，兑现资金224.51万元；完成劳务输出2.1万人次，劳务收入达3822万元，城镇失业率控制在3%以内；新建嘎东、强堆、杜琼3条通乡（镇）水泥公路及贵热村水泥公路，全县公路通达率达到95.5%；实施了人饮安全工程，解决了2134人的安全饮水问题；新阶段扶贫开发工作深入推进，农发工作始终走在全地区前列；认真落实中央扩大内需政策，兑现“家电家具下乡”补贴41.6万元；完成植树造林1005亩，生态环境建设得到不断加强；实现了乡乡通宽带、乡乡通邮政、村村通电话，农牧民生产生活水平明显提高。

【社会事业健康协调发展】落实教育体制改革和教育“三包”政策，“两基”攻坚顺利通过国家检查验收，全面实现“两基”工作目标；“科教兴县”战略深入实施，全年科技培训达24700人次；积极开展文化下乡活动，实施“农家书屋”和“户户通”直播卫星工程，丰富了群众精神文化生活；深入推进城乡医药卫生体制改革，农牧民免费医疗制度进一步完善；实施了日江公路县城段综合整治工程，完成县城路段两侧牌匾、摊位摆放、城市生活垃圾整治工作。以“迎新春、整市容”为主题的文明创建活动深入开展，公民思想道德素质和城乡文明程度进一步提高。

【抗震救灾工作全面展开】受“9·18”印度锡金邦地震影响，我县共有7个乡（镇）207户农牧民群众1449人受灾。地震发生后，县委、政府高度重视，迅速启动应急预案，第一时间赶赴受灾现场指挥救灾、妥善转移安置受灾群众，及时发放应急物资，确保了受灾群众正常的生产生活秩序。目前，该县灾后恢复重建工作正在井然有序的进行中，明年8月底可全面完成灾后恢复重建工作。

【社会局势保持持续稳定】坚决贯彻落实中央关于反分裂斗争的方针，围绕西藏和平解放60周年、建党90周年庆祝活动，广泛开展民族团结教育。深入揭批达赖集团的反动本质，依法加强对宗教事务的管理。进一步健全了党政军警民联防联控的维稳格局，完善了社会治安防控体系。圆满完成了维稳“三大战役”，平安白朗建设取得重大进展。

【行政效能得到明显提高】及时办理县人大代表建议意见，并将2011年9月作为县人大代表“建议意见集中办理月”，办结率为100%，满意率达90%以上，提高了建议意见办理水平。廉政建设和反腐败斗争深入推进，行风建设取得新成效。联合区、地部门，共计派出240人，入驻11个乡（镇）111个行政村，“创先争优强基惠民”和“创新寺庙管理”等工作扎实进行，公务员队伍和专业技术人才队伍建设进一步加强。

仁布县

【年度综述】2011年，全县生产总值突破2亿元大关，预计达20120万元，同比增长13%，其中第一、二、三产业分别达5837.2万元、4626.4万元、9656.4万元，同比分别增长4.54%、19.42%、15.64%；财政一般预算收入预计达574万元，完成全年预算的126%，同比增长47%；社会消费品零售总额预计达3720万元，同比增加2395.42万元；农牧民人均收入预计达3110元，同比增长13%。

【着力抓措施落实，农牧经济平稳发展】按照“一产上水平”和“农业稳县”的要求，认真落实各项支农惠农政策。一是农业保持合理的产业结构，粮油产量大幅度提高。2011年财政用于农林水事务投入达1222万元，进一步改善了农村基础设施建设。2011年粮油总产达1894.07万斤，比去年增加134.14万斤；蔬菜1616.7万斤；饲草362.47万斤。二是牧业稳步发展。2011年继续从畜群改良、牲畜防疫和防抗灾准备工作上下功夫，促使牧业健康、稳定、持续发展。全年牲畜总数控制在173082头（只、匹），新生仔畜成活43859头（只、匹），成活率98.9%，成畜死亡3603头（只、匹），死亡率控制在1.7%，共出售短期育肥1500头（只）。该县草原生态补助奖励机制工作开展顺利，目前已圆满完成了草场承包划界、描图、草场承包到户和197户纯牧户综合性生产资料补贴发放等工作。

【着力抓政府扶持，特色产业稳步推进】按照“一乡一业”、“一村一品”的发展模式，政府重点扶持了仁布县达热瓦青稞酒厂、玉器雕刻厂和石材加工厂等非公企业，突出抓好了康雄乡藏鸡养殖、康雄、普松乡酥油花加工等多种经营。今年，达热瓦青稞酒厂总产值达12031万元，营业收入达7594万元，实现利润达1507万元；玉器雕刻厂总产值达130万元，营业收入达40万元，实现利润达3万元；康雄乡藏鸡养殖年销售藏鸡蛋3万多枚，创收6万多元。

【着力优化发展环境，第三产业快速发展】按照“旅游富县”的发展战略，该县致力于加快商贸流通和特色旅游发展，积极做好了新城区的规划工作，并确定了长远发展蓝图。突出“四点一线”的旅游规划，以开发区为桥头堡，形成了听江嘎尔藏戏、游强钦寺、感悟勇则绿神湖、泡查巴温泉的精品旅游线路，并不断向周边辐射。目前，核心景点中的江嘎尔藏戏已列入世界非物质文化遗产，勇则绿神湖前期开发已列入“十二五”规划。同时，充分发挥了318国道穿境而过的交通优势、地缘优势，大力发展旅游餐饮业，形成了以开发区为中心的特色餐饮消费带，为三产注入了新活力。

【着力抓重点项目建设，不断增强发展后劲】按照“项目活县”发展战略和“项目建设年”要求，该县“全民搞招商”工作进展有序，并制定一系列优惠政策，紧紧抓住中央第五次西藏工作座谈会确定的方针政策和大兴安岭地区、省地税局援助的历史机遇，在哈洽会期间成功签约了招商引资项目6个，涉及资金12500万元，其中吉玉集团已落户该县。同时，还与内地企业界签订了总额为2.8亿元的投资意向书。2011年，该县项目建设成果显著，建设项目共64个，总投资27443.95万元，是去年的2.73倍。

【着力抓社会主义新农村建设，不断改善农牧区面貌】以农牧民安居工程为切入点，认真总结和推广近年来安居工程建设工作中的好经验、好做法，积极引导和充分调动农牧民群众参与安居工程建设的积极性，切实抓好了水、电、路、讯、气、广播电视、邮政等基础设施综合配套建设。按照区、地两级提出的“提前完成‘十二五’计划”的目标要求，2011年完成了498户安居工程、10个人居环境综合整治工程建设和区党委、政府下达的抗震加固建设任务。

【着力抓生态环境保护，推动人与自然协调发展】按照“生态立县”发展战略，进一步推进了有利于资源节约和环境保护的生产模式、消费模式和城乡建设模式，大大提高了可持续发展能力。2011年，该县林业工作继续以“绿色仁布”为主题，积极扩大植树造林工作，完成工程造林1550亩、拉萨周边造林600余亩，成活率达90%以上，累计投资110万余元；不断加大城镇绿化、美化工程，完成17个村容村貌整治绿化工作，总投入85万元，切实提高了全县绿化率。大力实施农村薪材替代工程，继续大力推广使用沼气、太阳能等清洁能源，减少农牧民对传统能源的依赖，今年沼气工程建设任务500户，已完成450户，完成90%，剩余部分均在开工建设当中；我县的供电系统已成功并入了藏中电网，农网升级改造工程、110KV变电站前期工作有序开展。

【着力抓民生保障，促进全社会和谐发展】教育事业积极推进。该县全面贯彻党的教育方针，坚持教育优先发展战略，认真贯彻落实各项教育政策，不断加强教师队伍建设，教育服务意识显著提高。全县小学适龄儿童入学率和初中入学率保持在100%和99.5%，巩固率均达到了100%。今年“两基”攻坚和巩固成果顺利通过了国家验收。

公共卫生体系进一步完善。进一步巩固和完善了农牧区医疗制度，建立起了一套完整的“覆盖全县、全民受益、刷卡就诊、无需垫付、联合救助”的农牧区基本医疗保障制度，加快推进医疗保障制度建设，坚持把人民的健康作为改善民生的重要目标，农牧区医疗管理覆盖率达100%，群众自愿集资4942户、31436人，集资率达99.9%，家庭账户计算机建账率达100%，村医覆盖率达100%，68个行政村成立了卫生室，93%的行政村实现了小病不出村，强化免疫苗接种率达98%以上，麻疹查漏补种率达100%，全面消除免疫空白区。

社会保障水平不断提高。我们把社会保障作为改善民生的根本，不断完善社会保障体系，有效保障了城乡居民的基本生活，养老、失业、医疗三大保险稳步推进。发放城镇低保、农村低保、城乡医疗救助、五保户、自然灾害、救灾救济、抚恤优抚各类补助资金595.11万元，累计落实12540人次；发放农村新型养老保险资金503800元。坚持生活扶贫与生产扶贫并重，以“造血式”扶贫为主，加快了查巴乡整乡推进工作进程。

文化事业蓬勃发展。按照“文化强县”发展战略，积极发展文化广电事业，努力推进文化与经济融合发展，围绕建党90周年和西藏和平解放60周年等重大庆典活动，该县也隆重举办了第二届江嘎尔藏戏文化节，既促进了经济文化的大发展，又大大提高了仁布的知名度。自年初县电视自办台《仁布新闻》栏目开播以来，共播放新闻255条，向日喀则电视台报送新闻190条，其中选播31条。继续组织实施“西新工程”、广播电视“村村通”工程、农村电影“2131”工程等三项工程，通过户户通工程的实施，全县广播、电视混合覆盖率分别达96.1%、98.3%，极大丰富了农牧民群众的精神文化需求。2011年共完成了40个行政村农家书屋建设任务，实现了“村村有农家书屋”的目标。同时，通过实施“六个一”达标工程，我县共修建村级文化广场16座，并对7个行政村配备、安装了广播和卫星接收机设备，推动了“文化小康示范村、小康示范户”建设。

就业工作取得积极进展。紧紧抓住拉日铁路建设和仁布新区建设的有利机遇，不断完善市场就业机制，改善就业结构，做好就业培训和指导工作，努力转变劳动者就业观念，加大困难群众的就业援助，及时帮助零就业家庭和困难群体就业，坚持走劳务输出由“体能”向“技能”转变的路子，进一步增强农牧民增收致富能力。全年共开展引导性培训、石材加工、玉器雕刻、酥油花制作等方面培训4期，参加培训400余人。全县新增城镇就业人口125人，城镇登记失业率控制在3.6%以内。2011年劳务输出15447人次，创造收入3355.38万元（其中，拉日铁路建设劳力输出800人，机械输出140辆，共创收1500万元）。

【着力抓受援工作的衔接，推进援藏工作向纵深发展】全力配合，主动协助，积极参与，第四批援藏项目建设前期工作已基本完成，仁布县广电大楼、安居示范小区、滨河景观大道等工程正在有序建设中，总投资达2342万元。该县在积极协调有关部门主动做好项目的建设和管理工作，确保项目工期、质量和效益的同时，坚持以改善民生为重点，以解决制约发展瓶颈为突破，以开发优势资源、优势产业为载体，借助援藏优势，努力争取援助资金，促进该县发展。

康马县

【年度综述】2011年，全县生产总值21759.42万元，同比增长3.15%；地方财政收入达394万元，同比增长21.23%；农牧民人均纯收入达到4678元，同比增长12.63%。

【“三农”工作稳步推进】康马县委、县政府始终坚持从全县实际出发，毫不动摇地加大结构调整力度，突出抓好农牧业生态化、产业化，促进低效农牧业向高效农牧业转变，生产型农牧业向经营型农牧业转变，计划农牧业向市场农牧业转变，传统农牧业向现代农牧业转变，促进了农牧业增效、农牧民增收、农牧区经济升级。优化了农牧业种植结构。按照“一产上水平”的要求，进一步扩大“嘎姆古日”青稞、优质饲草料等具有特色的高附加值经济作物种植面积，不断优化农牧业产业结构，粮经饲三元比例由69.69:19.41:10.90调整为69.69:19.40:10.91。2011年，全县农作物播种面积4.71万亩，其中：粮食播种面积3.28万亩，经济作物播种面积0.91万亩，饲草种植面积0.51万亩。粮油总产量达到2478.37万斤，同比增产132.45万斤，其中粮食产量2300.78万斤，油菜产量177.59万斤，蔬菜产量570.04万斤，饲草料产量418.49万斤。落实兑现农用拖拉机146台，兑现补贴资金278.78万元，有效提高了农牧业的机械化程度。全年农业收入达到2034.18万元。狠抓了畜牧业生产。通过实施草场承包和草原生态保护奖励机制，2011年完成了对草场的承包、划界、到户、数字统计等工作。目前，全县草场总面积为873.78万亩，可利用草场面积为732.56万亩，占草场总面积的84%（其中：冬春草场面积334.12万亩，夏秋草场面积382.89万亩），可用草场面积已全部承包到户。年末牲畜存栏达到22万头（只、匹），牲畜出栏9.22万头（只）新生仔畜成活数达96161头(只、匹)，成活率87.14%；成畜牲畜死亡数1665头(只、匹)，死亡率0.7%；完成绵羊短期育肥21036只，出售上市9450只，总收入350.6万元，纯收入209.9万元；完成人工种草7500亩；全年肉产量1432.17吨，奶产量2939.18吨，绵羊毛产量108.03吨，山羊绒产量6.33吨，禽肉产量5.64吨，禽蛋16.04吨。2011年全县牧业收入达到3182.87万元。强化了非农产业经营。围绕农牧业产业化建设，通过开展各类技术培训，提高了农牧民的劳动技能，发展了以运输、建筑、加工、商品流通、民族手工业、采集为重点的一批专业户，有力促进了多种经营的发展，有效增加了农牧民收入。全县多种经营总收入达到3615万元，同比增长8.27%；加强了劳务输出技能培训和劳务输出工作力度，共完成各种技术培训6期，培训429人次，劳务输出达到26401人次，实现收入3509.3万元。完善了石材开发有关政策，改善了精细石材加工设备，全年石材产业实现收入368.48万元。农田基础设施建设成效显著。积极组织群众对水塘、水渠、防洪堤坝等基础设施进行修复、清淤、加高、加固、引水、蓄水。2011年全县清淤水渠256条，清淤水塘98座，水库水塘蓄水919万立方。治理坡耕地0.17万亩，改造低产田0.81万亩。为农牧民准备防汛抗旱石料9615立方米，铁丝7吨，编制袋5000条等物资。环境保护工作扎实推进。全县实际完成工程造林233.2亩、义务植树300亩、封山育林600亩，对往年造林区补植500亩，绿色通道补栽22亩。涉及人居环境整治项目共植树3400株。

【项目建设取得明显进展】全县开复工项目22个，总投资6533.18万元，其中续建项目为5个，新建项目17个，投资完成5467.18万元。全县农牧民安居工程共安排了356户，现已全部修建完成，10家万村千乡农家店、10件农村人居环境建设和环境综合治理配套工程已初步完成。所有这些项目的实施，极大改善了城乡面貌以及农牧民群众的人居环境，增加了群众的现金收入。

【社会各项事业全面发展】继续加大“控辍保学”工作力度，使适龄儿童入学率达100%，狠抓学前“双语”教育试点工作，适龄儿童学前教育由去年的40余人增加至今年的73人。积极筹备“两基”迎国检工作，召开专题部署会8次，开展自查10余次，迎接上级预检3次。卫生事业稳步发展。个人筹资人数达到39.33万元；医疗资金累计支出259.34万元。全县共发生传染病4种70例，发病率0.32%。认真开展国土工作。按照有关规定共完成公安业务用房、林都路、档案馆等2011年实施的所有项目的征地、前期预审、征地补偿兑现等工作，并在全区第一个高质量的完成了农村宅基地确权登记发证工作。科技工作成效显著。发放《科技基本常识》、《未成年人保护法》等刊物资料8500多份，已立项的落实科技项目6个，举办科技培训班20余期，参训人数达22000人次。打牢旅游发展基础。重点完成了对拟开发景点的历史背景、开发潜力的摸底调查，初步形成康马县旅游事业的发展思路、目标以及方法和步骤，确定了在204省道的乃宁曲德寺、少岗朗通庄园、萨玛达乡冲巴湖分主次的开发计划。文化事业平稳发展。加强农家书屋建设，先后在11个行政村建起了符合上级要求的农家书屋，每家书屋可供借阅图书近460种。加强了对非物质文化遗产保护工作。加强了康马的宣传力度，先后向上级部门报送新闻198篇，采纳148篇，采用率75%，开展文化市场大检查12次，成功举办了庆祝西藏和平解放60周年、建党90周年等文艺汇演活动，民间艺术团共演出23场，放映影片2380场，观众达26189人次。为了提高广播电视覆盖率，修建各类台站43座，农村广播电视覆盖率分别达到82.8%、97.2%。

【社会保障工作扎实推进】就业再就业和社会保障体系建设不断加快，城镇低保制度得到较好落实。全县新增就业人数150人。核定城镇职工基本医疗保险参保人数1077人，征收保险金634.81万元，城镇居民基本医疗保险参保人数380人，征收保险金2.11万元；生育保险参保人数874人，征收保险金19.54万元；养老保险参保人数94人，征收保险金90.83万元；失业保险参保人数460人，征收保险金42.17万元；工伤保险参保人数477人，征收保险金14.53万元。新型农村社会养老保险试点工作有序推进，全年共有参保数7293人，其中包括适龄参保人数5726人，60周岁及以上老年人数1567人。农牧区困难群众生活救助制度基本建立，1778名困难群众被纳入救助范围，其中五保户37人、特困僧人22人、农保户1722人，共落实救助资金184.32万元。节日期间慰问农村低保、五保、优抚对象2.2万元。组织干部职工向基层建设年和9·18地震灾区进行慈善捐款共计75.12万元。

【抗震救灾各项工作进展顺利】受印度锡金邦地震的影响，全县农牧民房屋倒塌的38户146间，房屋受损的有2806户共8403间，为确保各受灾户有房住、有饭吃、不受冻，全县及时下拨救灾专项资金30万元，组织人员及时购买急需物资并及时发放到灾民手中。面对此次灾情，该县做到了及时深入灾区、及时汇报灾情、及时更新数据、及时救治伤员，确保了受灾群众人心安定，治安良好。在这次抗震救灾工作中，全县投入帐篷151顶，发放藏被29床，棉被50床，投入人力1156人，物力3.32万元。

【援藏工作取得突破性进展】黑龙江省第四批援藏工作队康马工作组结合康马县的实际和长远发展需求，提出2011至2013年将实施农牧民安居工程、康马县林都路建设、康马县县城社区服务中心、康马县民政服务中心建设、康马县中心小学改扩建、康马县民族手工业加工厂、康马县青少年活动中心、康马县少岗乡进村桥梁建设、康马县少岗乡土地灌溉、康马县新建日光温室、康马县医疗设备购置、康马县党建工程、康马县教育卫生农牧专业技术人才培训13个援建项目，预计总投资2528万元。目前，第一批建设的安居工程基本完成；市政道路林都路主体工程结束，计划2012年4月份验收。县城社区服务中心已于2011年9月开工建设；县民政服务中心、少岗乡土地灌溉、少岗乡进村桥梁建设、乡镇中心小学改扩建等项目已完成立项、选址、初步设计等前期工作，计划于2012年年底前完成建设任务。

定结县

【年度综述】2011年，全县生产总值预计实现20231万元，同比增长12%；一、二、三产业比重调整为25:18:57；固定资产投资完成9683万元，同比增长25%；地方财政税收达415万元，同比增长24.62%；工业总产值达到495万元，同比增长10%；农村经济总量达到7691.22万元，同比增长7.27%；农牧民人均纯收入达到3202.9元，同比增长10%；全县社会消费品零售总额达3990.8万元同比增长8.23%；边境贸易总额完成1300万元，其中出口额为818.94万元，进口额为481.06万元。

【农牧业生产稳中求进】粮油总产达到1395.35万斤，同比增长6.17%。粮、经、饲三元结构比例调整为70: 16:14，基本实现了三元结构的合理化；继续加大农作物和经济作物良种推广力度，喜马拉雅19号和藏青320良种种植面积达6000亩，拉孜小油菜和艾玛岗土豆等优良品种的良种覆盖率达22%，在很大程度上提高了我县经济作物的单位面积产量；年末牲畜存栏控制在23.12万头（只/匹），出栏9.33万头（只/匹），出栏率29.38%，全年新生仔畜69012头（只/匹），成活56978头（只/匹），成活率82.6%，受雪灾严重影响，全年成畜死亡11149头（只/匹），2011年度，全县牲畜商品率达35%，总收入达1500万元，创收340万元。短期育肥3646个绵羊单位，每只净收入80元；针对全县灾情频发的现状，调整充实了县防抗灾领导小组，储备以饲草料、青油、糌粑为主的防抗灾物资8225吨，在抗灾工作中发挥了积极作用。

【项目建设全面推进】2011年实施开复工项目50个，总投资1.8708亿元，完成项目投资9683万元，同比增长25%；完成了县卫生服务中心改扩建、琼孜乡卫生院改扩建、农村用户沼气、藏系绵羊育肥基地、民宗统战业务用房、物价监管业务用房、江嘎镇文化站、日屋镇德吉村水渠建设等一大批关系国计民生的项目。

县城垃圾填埋场、党政机关综合楼、乡镇机关业务用房、陈塘镇边贸市场等22个项目的前期工作顺利做完，计划总投资8711万元。

【特色产业成效显著】完成投资238万元的藏系绵羊育肥项目建设，依托“岗巴羊”区位品牌优势，引进种羊150只，修建暖圈66处，全年育肥羊出栏1.7万余只，纯收入达153万元；投资252万元在江嘎开展优质蔬菜种植项目，蔬菜产量205.9吨，自给率达25%，蔬菜种植面积和产量稳步提高，实现收入82.36万元；陈塘藏香猪养殖不断扩大，已达1861头，出栏403头，创收约35万元；日屋犏牛繁育基地辐射带动了各乡镇，壮大了牧业生产实力；鸡爪谷酒、竹制品及木雕产品的知名度不断提升，培育了定结的品牌。

陈塘药材、经济林、藏香猪，确布乡藏鸡蛋、香料、人生果，日屋犏牛，琼孜乡牧村毛纺产品，萨尔乡库金村白绒山羊等“一乡一品”特色产业初具规模、初见成效。

【新农村面貌不断改善】以实施农牧民安居工程为切入点，着力解决水、电、路、讯等基础设施建设。全年完成农牧民安居工程371户，完成村容村貌环境整治14处，修建水塘1座、改扩建水塘13座，水渠节水改造11处；实施荣孔新村整村推进，引导群众移风易俗；完成1000户农村沼气项目，农牧民生活质量得到进一步改善；完善乡村公路养护及维修，通达问题改善，截止2011年底，全县乡镇通达率达100%，行政村通达率达88%，基本形成公路网建设，同时针对日屋至陈塘公路地质灾害频发，交通安全隐患大的问题，政府出资220万元增设了警示标志牌和防护设施，有效保证了群众出行安全。

【民生保障更加有力】覆盖城乡的社会保障体系基本建立，新型农村社会养老保险有力推动，参保率达93%；新农合制度管理和保障能力进一步提高，参合率达97.65%，共筹得新农合资金509.05万元；共受理劳动争议案件9件，办结9件，涉案金额64.5万元。

充分利用415.7万元农机购置补贴资金，引导农牧民购置各类农业机械3100台（套），农业机械化水平不断提高。发放低保资金406.35万元，发放“五保户”供养资金28.8万元；解决92.45万元贫困户口粮资金。不断加大环境卫生整治力度，县容县貌得到了较大改观。大力实施小型农田水利工程、修复水毁防洪堤坝等建设项目，切实满足了群众生产生活所需。实施整乡推进项目7个，完成投资250万元，面上扶贫项目3个，完成投资194万元，使123户647人脱贫，“结对帮扶”定点单位兑现资金50.17万元，全部发放到群众手中；积极争取区地两级定点扶贫资金，全年共接收自治区团委、自治区残联、人行自治区分行、自治区通信管理局、地区农牧局五家定点扶贫单位各种项目资金、各类捐款捐物及其他帮扶共折合人民币263.385万元；对全县农民工最低工资标准进行了适当上调，进一步保障了其基本权益。与此同时，为城乡低保户、五保户、重点优抚对象、残疾人员发放了89.51万元的一次性生活补助资金，为全县38户46人低收入家庭发放住房补贴12.42万元，开工建设廉租房40套，困难群众生活得到妥善安排。落实家电下乡财政补贴200万元，兑现农村税费改革资金276.1万元；积极开展创先争优强基础惠民生活动，除区、地组派21个工作队外，该县共组派49个工作队157名干部进驻49个行政村，与群众同吃、同住、同学习、同劳动，为群众出谋划策、排忧解难，寻找致富门路，进行感党恩教育，为群众办实事办好事，进一步密切了党群干群关系。

【生态建设力度加大】2011年，全县完成各类造林11353亩，超额完成了地区下达的造林指标；开展退耕还林自验9601.9亩，成活率75%以上；实施重点公益林保护226.5万亩。严格执行各项补助金发放标准，共兑现各乡镇退耕还林补助和生态补偿金898.03万元，极大促进了退耕还林和生态林建设的积极性。增强森林防火意识，加大执法力度，严禁在湿地放牧、砍伐爬地松和采挖草皮等人为破坏活动，天然生态植被得到有效保护，使该县的生态环境进一步改善。

【抗震救灾有序推进】9月18日受印度锡金邦6.8级地震影响，该县10个乡镇不同程度受灾，整体灾情十分严重，受灾人数达18301人，占全县总人口92.96%；受灾户数3709户，占全县总户数的82.18%，公共基础设施不同程度损坏，据统计经济损失达2.06亿元。对此，全县上下齐动员，共努力，确保受灾群众有饭吃，有衣穿，有干净水喝，有临时住处，有病能治疗。同时采取帐篷安置、公房和借用私房安置、搭建简易住房以及对部分中度受损房屋进行拆二固一、投亲靠友等方式，确保所有灾区群众顺利安全过冬。积极与上级相关部门协调沟通，争取灾后重建项目和资金，与各乡镇签订了群众安置和灾后重建目标责任书，成立了灾后重建领导小组，出台了房屋维修加固和恢复重建工作实施方案，灾后重建工作扎实有序推进。

【社会事业协调发展】教育方面，一是加强了师资队伍建设，教育教学质量取得了明显提高；二是加强“三包”经费监督管理，做到日清月结、公开透明；三是强化控辍保学，小学适龄儿童入学率达到99.8%，中学生入学率达到99.7%；四是做好两基迎“国检”各项工作，顺利通过国家验收；五是争取到806万元的危房改造工程项目、440万元的青少年活动场所建设项目，投入30多万元改善办学条件和学校基础设施建设。卫生方面，积极开展健康体检和建档立卡工作，全年共组织医务人员开展健康咨询、巡回医疗37次，覆盖全县70个行政村。另外，县卫生院改扩建工作已经完工，为有效保障人民群众生命健康起到了积极作用。文化广电事业方面，组织开展“5·23”广场红歌演唱会，紧紧围绕中国共产党成立90周年、西藏和平解放60周年和第十四届夏尔巴文化节等重大庆典活动，精心组织策划文艺汇演，不断丰富干部群众的业余文化生活。加强了民族民间文化的保护、传承和开发，对列为国家级非物质文化遗产——夏尔巴歌舞进行了重新编排，投入40万元重新维修加固自治区级文化遗产——强木石窟。在长春援藏干部的积极努力下，成立了定结县宝风剪纸艺术基地，丰富了文化援藏内涵。同时，不断加大对外宣传力度，邀请自治区《在西藏》栏目组、日喀则地区电视台《珠峰漫话》和新闻组制作相关专题，邀请西藏日报社、日喀则报社记者撰写相关报道，多渠道、多角度宣传定结。

【领导名录】

县委书记：丁向晖（援藏）

县委副书记、人大主任：尼玛琼拉

县委副书记、县长：巴桑次仁

（2011年6月任职）

仲巴县

【年度综述】2011年，全县生产总值和牧民人均收入分别达到3.65亿元和4652.66元，分别增长9.2%和21.12%；地方一般财政收入1040万元，增长25%；三大产业结构比例调整为40:20:40。

以特色畜牧业为着力点，带动一产上水平。突出结构调整这条主线，牲畜品种不断优化，牧业发展方式得到较大改进，牧区流通市场培育初见成效，牧民经纪人培养效果明显，牧业经济持续健康发展，畜牧支柱产业地位得到巩固。2011年全县牲畜出栏32.6万头（只、匹），新生仔畜30.13万头（只、匹），成活27.17万头（只、匹），成活率达90%。成畜死亡2.79万头（只、匹），死亡率控制在3.5%。

以优势矿产业为切入点，实现二产抓重点。加强对矿产开采的监督管理，完善工作机制，理顺利益分配关系，创造有利于矿业发展的环境，加快资源优势向经济优势转变。2011年完成5588吨锂、8.30万吨硼矿、1467吨原盐的开采，对财政贡献收入672万元。

以旅游边贸业为出发点，加快三产大发展。“以雅江源头我家乡”为主题，以民俗文化为主线。着力发展以219国道沿线为重点的旅游服务业，辐射带动周边经济快速发展，积极培育家庭旅馆、餐饮服务行业，切实增加群众收入。2011年接待国内外游客4万人次，创收190万元，加大边贸基础设施建设，建立健全边贸工作机制，加强与尼的沟通协作，大力发展边境贸易，扎实推进“兴边富民”行动。2011年实现边贸出口额达6000万元。

以非公有制经济为侧重点，为发展注入新活力。认真贯彻落实中央促进非公有制经济和中小企业发展的政策措施，消除体制障碍，强化服务意识，积极鼓励、支持和引导非公有制经济发展，营造了良好发展环境。一年来，完成非公有制经济收入可观，多种经济收入达到1640万元；积极开展“家电家具下乡”活动，全面实施“万村千乡市场工程”，实现社会消费品零售总额24万元；各类经济合作组织发展到16户，从业人员达到50人次，注册资金达到230万元。

以金融业为落脚点，为经济建设做后盾。认真落实刺激增长等一系列措施，加强经济监测预警，发挥投资财政金融调控作用。2011年，各类存贷款余额分别达到18705万元和2919万元；邮政、通信网络覆盖面进一步扩大，服务质量进一步提高。

【城乡建设有序推进】以项目建设为支撑，积极争取国家投资，增强发展后劲。全县累计完成了市政建设、县城幼儿园、青少年活动中心、牧民安居工程、宝钢宾馆等一批重点项目的建设，全社会固定资产投资达1.1046亿元。切实做好受援工作，顺利实施了总投资2000多万元的宝钢大道扩建、宝钢宾馆、欢迎牌楼等援藏项目，实现了项目建设的重大突破，有效缓解了“瓶颈”制约，城乡面貌焕然一新。

【社会事业全面进步】始终坚持教育先行的发展战略，控辍保学工作常抓不懈，“两基”攻坚成果得到进一步巩固，“普九”顺利通过验收。积极推进义务教育阶段“三包”经费保障机制，年生均达到2400元，受益学生3849人。办学规模逐步扩大，结构不断优化，水平不断提高。小学生适龄儿童入学率达到99.6%，初中入学率达到100%，全县青壮年文盲下降到0.65%，向内地西藏班输送学生3人，向区内高中输送学生21人。科技示范项目成效明显，宝钢援建温室成效显著，深入实施科技下乡活动，实现科技指导直接到户，技术要领直接到人，选派的10名科技特派员深受基层欢迎。广播电视户户通、农村电影放映工程扎实推进，基层文化设施建设和对外文化交流成效显著，该县优秀文艺节目在珠峰文化节上获得金奖。扎东寺保护维修工程进展顺利。农村医疗卫生服务体系进一步完善，累计投资504万元，13个乡镇卫生院已建成并投入使用，医疗服务水平进一步提高。

【民生工程明显改善】2011年，全县累计投资1089万元，完成500户牧民安居工程建设。不断加大扶持救助力度，健全社会保障和社会救助体系，城乡低保标准提高为370元；牧民最低生活保障标准提高为1450元。“五保户”供养人员达到138人，人均供养标准达到1070元。

【综治工作纵深发展】近年来，以“点、线、面”相结合和“打、防、控”为一体的维稳长效机制初步建立。边境防控扎实有效。加强维稳专门力量建设，打牢干部群众维稳思想防线，落实边境管控机制，深化“双拥”创建活动，支持国防建设，提高党政军警民群策群防水平，严密防范和打击一切分裂破坏活动，实现边境的有效管控。社会管理不断加强。落实“严打整治”方针，完善基层社会管理和突发公共事件应急工作机制，深入开展工程、食品安全排查和矛盾纠纷化解工作。依法加强对宗教事务和僧尼的管理，坚持不懈地开展寺庙爱国主义和法制宣传教育，稳步推进“平安仲巴”创建活动。

亚东县

【年度综述】2011年，全县生产总值完成27212万元，比上年增长15.1%；农牧民人均纯收入达到4662元，比上年增长16.5%；全年完成社会固定资产投资16382万元；完成财政一般预算收入989万元，比上年增长41.7%；社会消费品零售总额达到5800万元，比上年增长4.4%；教育、卫生等各项社会事业稳步发展，社会局势更加和谐稳定。

【多措并举，经济实现平稳较快增长】狠抓农牧业生产，巩固发展基础。实施了“两个经济区”战略，调整优化粮、经、饲比例，粮、经、饲比例由2010年的46:21:33调整为2011年的44:21:35；蔬菜种植面积达2559亩，改良种牛20000余头。加强农田水利建设，先后组织农牧民群众新修水塘3个、农用桥梁5座，维修水塘3个、支渠15条。加强牲畜疫病防治，确保疫苗注射率达100%。加强农牧业基础设施建设，投入资金2179万元，新建大棚380座、暖棚圈179座，人工种草24000亩。启动草场承包到户工作，完成草场承包142万亩，使群众年均可增加收入781元。开展农牧民实用技能培训，共培训人员7353人次，增强了农牧民学科技、用科技的意识。加强防抗灾体系建设，投入资金150万元，新建了帕里镇、吉汝乡救灾仓库，县乡两级组建防抗灾机构8个、人员达112人，提高了防抗灾能力。以上措施的落实，进一步夯实了发展农牧产业的软硬件基础，优化了产业结构，巩固了农牧产业的基础地位。

狠抓基础设施建设，发展后劲不断增强。认真贯彻落实中央、自治区、地区产业投资政策，在用足、用活政策上下功夫，在深入挖掘项目上抓落实，确保了项目前期工作适时跟进，投资得以尽快落实，项目得以如期开工，早日投入使用。一年来，围绕交通、能源、产业发展、市政建设、民生事业、边贸发展及维护社会稳定等，继续推进了亚东县二级电站、局域网建设、县廉租房一期工程、亚东县卫生服务中心、亚东县垃圾填埋场、二期防洪工程、康布流域治理二期工程、帕里镇政权建设、亚东县边防大队、民宗统战业务楼、物价局基础设施等项目，启动实施了下司马镇滨河步行街、县委党校办公楼等项目。项目的建成投入使用，有效改善了基础设施现状，带动了经济增长，彰显了项目的支撑和带动作用。

强化财源税源管理，提高财政资金使用效益。针对财源收入来源单一、税基狭窄、自我保障能力弱小的特点，加强机关单位商品房管理，狠抓农电公司、振兴实业有限公司上海花园大酒店、康布温泉、东申酒店的监管，确保日常税收的应缴尽缴，应收尽收，有效保证了地方财政一般预算收入的稳步增长。在保障财政一般预算收入增长的基础上，本着量入为出，量财办事的原则，优化支出结构，发挥每一分资金的使用效率，自我保障水平得到不断提高。2011年完成地方财政一般预算收入989万元，比2010年增长41.7%。可利用财力的增长，为热点难点问题的解决提供了资金保障。

注重深化改革，发展水平得到提升。该县始终把深化各个领域的改革，加快发展步伐作为推动经济发展，提高发展水平和质量的重要工作来抓。一是在贯彻落实农牧区“三个长期不变”政策的基础上，按照上级部署，在部分乡镇开展草场承包到户工作，工作进展顺利，切实把草场的所有权、管理权、使用权，落实到户。二是探索实施水资源管理机制，成立城镇及乡村用水协会，保护现有的水资源。三是稳妥推进企业改革。加快了供销社、林场、农电公司等国有企业的改革，为全面推向市场奠定坚实的基础。四是加快配套制度建设。落实“收支两条线”规定，执行财政国库集中收付。探索完善工程招投标、经营性土地使用权出让等制度。五是推进党政机关机构改革。以政府机构改革为契机，组建了后勤服务中心，推进了政府采购、医疗保险、财政体系、政务公开等各项改革。进一步提高机关工作效能，提升服务水平，更好地服务群众。六是成功举办首届亚东国际边贸旅游文化节和亚东边贸促进洽谈会，对宣传亚东、提升亚东知名度发挥了作用。

发展边贸和旅游，边贸富县、旅游强县战略有序推进。针对乃堆拉边贸通道恢复开通，仁青岗边贸市场投入使用，边境互市贸易量直线上升，交易人员逐渐增多，市场异常红火的实际，及时启动并实施了“边贸富县、旅游强县”战略，逐年增加投入，改进服务，优化管理，完善旅游发展规划，有效带动了商业等相关产业的发展，群众从中得到了实惠。2011年仁青岗边境互市贸易额突破5555万元大关，其中进口4408万元，出口1149万元。

加强环境保护，生态建设迈出新步伐。以天然林保护为重点，狠抓封山育林、植树造林、森林防火、野生动物保护等工作，着力打击偷伐、偷猎行为。组织全县军警民义务植树4000株，引种经济林2000株；完成迹地更新和重点区域造林18424亩；兑现生态补偿金1220万元。

加强市政建设管理，城镇服务水平得到提升。针对县城可利用土地资源稀少、城镇发展空间不足、布局不合理、城镇服务功能有待改进的实际，科学编制了《亚东县城总体规划》、《帕里小城镇规划》、《亚东县口岸中长期发展规划》。在具体操作中，以规划为准绳，以实际需要为根本，狠抓审批关、监督关、执行关，确保了城镇建设有序推进、科学发展。注重市镇软硬件环境建设，制定出台了《亚东县市政管理办法》；在下司马镇投入资金近3000万元，实施下司马镇前后街改造及给排水和电照、农贸市场、商户广告牌更换、自来水入户、购买垃圾清运车、垃圾桶等项目；在帕里镇投入资金3000多万元，实施帕里镇过境路及巷道硬化、活动广场、给排水、农贸市场、垃圾填埋场等项目；市政设施的健全，完善了市政功能，提升了服务水平，发挥了小城镇辐射带动作用。

提升产业结构，努力打造亚东特色品牌。依托优势资源，在扩大规模、提高效益、增强带动力上下功夫，进一步提升亚东特色优势产业，努力打造亚东特色品牌。多方整合资金，加大对亚东木耳基地建设的投入力度，扩大生产规模，以“基地+农户”的形式，吸纳群众参与，带动群众增收。同时，与上海海洋大学签订产学合作框架协议，依托其在水产、食品产业等学科处于全国优势地位的实际情况，建立长效合作机制，努力把亚东鱼产业做大做强。加大宣传力度，提高康布温泉等旅游景点的知名度；组织人员积极参与各类洽谈会、展览会，借助拉萨雪顿节、日喀则珠峰文化节、帕里望果节等大力宣传亚东旅游资源，提升知名度和美誉度。制作旅游景点标识牌，改造康布温泉现有的设施，提高接待能力。加强与上级部门的汇报、衔接，力争早日完成国家级帕里牦牛资源保护工作，彰显帕里牦牛的优势，累计争取资金近400万元，实施原种场建设、人工种草等项目，改善畜群结构，提高适龄母畜比例。利用亚东南部（下司马镇、下亚东乡、上亚东乡）气候和传统种植习惯等优势，开展以蔬菜为主的瓜果、药材、经济林种植。采取本地技术+外来技术相结合的方式，在保证藏白酒酿制的手工程序不变，产品质量品质不变的前提下，引进资金，设备实现流水作业，扩大生产规模。邀请技术人员对农牧民群众进行竹编加工培训，为开发高端竹编加工业奠定技术基础。充分发挥林下资源加工厂的作用，制定林下资源采集办法，实现科学采集、有序采挖，实现可持续性利用，杜绝了越境采挖，涉外事件发生，确保了边境地区的安宁。

优化经济发展环境，加大招商引资工作力度。按照地委关于建立亚东县经济特区的要求，县委、县政府带领全县干部群众坚持实施优势资源转换战略，以经济建设为中心，解放思想，加大招商引资工作力度，拓宽招商引资领域，努力改善投资环境，制定了《亚东县经济特区的实施方案》，成立亚东县人民政府经济特区协调小组，各项工作正扎实有效推进。2011年，县委、县政府积极组织参加第九届日喀则珠峰文化旅游节、帕里望果节等招商引资洽谈会，均取得了较好的洽谈效果，有力地提升了亚东的知名度。

【统筹协调，促进各项社会事业全面发展】优先发展教育。加强师资队伍建设，共引进33名教育工作者，极大地改善了师资队伍结构，优化了年龄和知识结构；按照要求，共落实教育“三包”经费676万元，有效减轻了群众负担；争取资金1529万元，新建项目10个，师生的教学条件和学习环境得到完善；教学质量大幅度提高，共向内地西藏班输送学生66名；至2011年底，全县适龄儿童入学率达99.96%，巩固率达100%。

大力发展卫生事业。该县通过加强医疗卫生机构的软硬件环境建设，推广农牧区合作医疗制度，组织人员参与培训，提高工作技能和水平等方式，有效推进了卫生事业的发展。实施了县卫生服务中心、乡（镇）卫生院等项目；招聘乡（镇）卫生所医务人员12名；有10615人参加了新农合，新农合覆盖率达100%，集资率达97.6%，落实三级合作医疗经费775万元；疾病预防控制及突发公共卫生事件处置工作扎实开展；落实“一孩双女”补助费28万元；县财政逐年加大对卫生事业的投入力度，提高了31名乡（镇）医务人员的工资待遇；计生工作进展顺利，人口自然增长率控制在10‰以内。

文化事业稳步发展。不断推进村级文化设施建设，建立了一批乡(镇)文化活动站，充分发挥现有文化馆（站）的作用，不断加强对先进文化的宣传，积极开展“三下乡”活动，丰富了全县各族群众和驻军官兵的精神文化生活。注重对亚东战略地位重要性的宣传，2011年，获得了“‘中国十大边疆重镇’最具战略地位边疆名城”荣誉称号。认真总结抗震救灾工作，形成了具有亚东特色的抗震救灾精神。

广电工作迈上新台阶。实施“户户通”工程、“西新”工程、电影“2131”工程、有线电视安装与强化服务工程，使广播、电视人口覆盖率均达到了96%；培训相关技术人员，确保天天通，长期通；共放映电影9830场，观看人数达36万余人次，丰富了群众的文化生活，把党的声音及时准确地送到了千家万户。

加强社会保障体系建设。一直以来，把就业放在各项工作的首位，安排就业岗位148个，148人实现就业，城镇登记失业率控制在3%以内；城镇职工基本养老保险制度得到不断完善，核定失业保险参统单位21家，参统职工458人，共征缴失业保险金68万元，征缴养老保险金214万元；新农保和城镇居民养老保险工作全面铺开，有6722人被纳入覆盖范围（其中农牧户口4662人，城镇户口2060人），发放基础养老金43万元；城镇低保和农村低保工作有序开展，基本实现了应保尽保的目标；扶贫开发工作扎实有效，投入资金1000余万元，实施项目25个，4100余人从中受益。双拥共建共保工作有序推进。

吉隆县

【年度综述】2011年，全县生产总值预计完成25041.46万元，同比增长18.57%；人均GDP预计达到17170.5元，同比增长8.2%；农牧民人均纯收入预计达到3588元，同比增长17.2%；财政总收入预计完成13580万元，同比增长15.32%；地方财政一般预算收入完成356万元，同比增长12%；固定资产投资预计完成36974万元。

【社会经济全面发展，经济实力不断增强】经济总体上发展平稳，三产比重由2010年的20:24:56调整为18:23:59，经济结构进一步优化，第三产业在经济中的比重日益增加，人民生活水平有了明显改善。

1.农牧业发展迈出新步伐。我县坚持把改善农牧民生产生活条件、增加农牧民收入作为首要任务，优化调整农牧种养结构，狠抓良种推广和畜种改良，依托喜马拉雅特色产业园区，辐射带动农牧民增收。

一是农业产业结构优化。粮经饲比例由2010年的66：26：8调整到2011年的66：27：7，在继续保持粮食综合生产能力的前提下，不断扩大经济作物种植面积，全县农作物播种面积18303.59亩，其中粮食作物播种面积12329.74亩，经济作物4696.09亩，饲草饲料作物1277.84亩，粮食总产量达到920万斤。狠抓蔬菜种植管理，提高了本地蔬菜的供给率；规划和启动建设了喜马拉雅特色产业园区，引种人参30万株、茶叶70亩、生姜4亩，玉米300亩，茶叶预计出苗60余万株，生姜和玉米产值分别达到20000元/亩和5000元/亩。加强虫草采集管理，共采集虫草130公斤，群众实现收入988万元。

二是畜牧业发展良好。突出抓好牲畜疫病防控、品种改良和防抗灾工作，全县年末牲畜存栏预计141690头（只、匹），预计出栏83000头（只、匹），出栏率达到42%；全年新生仔畜71756头（只、匹），仔畜成活率92.1%；适龄母畜90164头（只、匹），繁殖成活率75%；全年短期育肥出栏4360个绵羊单位，总收入达到196万元；大力发展庭院养殖业，养殖生猪363头、鸡6980只；加大建设白绒山羊改良期，白绒山羊总数达到6800只；在折巴乡桑旦林村、卡门巴村组建了农牧业专业经济合作社，共帮扶21户贫困户进行绵羊、生猪养殖；冷链物流园已形成订单支持,以屠宰、肉类加工、冷鲜配送为主的产业链初步形成；草原生态保护补助奖励机制工作进展顺利，全县草场测量、牲畜清点和草场划分等前期工作已圆满完成。

三是农田水利设施不断完善。改造中低产田1000亩，治理坡耕地500亩，维修水渠167条，水塘52座，解决了农田和草场灌溉用水紧张问题。

2.项目建设取得新成果。实施项目拉动战略，不断改善全县基础设施条件。共落实国家投资36974万元，实际完成固定资产投资25374万元。通县油路、廉租房、吉隆镇物价基础设施、统战民宗办公楼、萨勒卫生院、姆拉山至拉比村公路、热索友谊桥等10个续建项目进展顺利，通县油路、热索友谊桥等项目即将完工并投入使用；口岸电站、县法院、检察院技侦楼、县青少年活动中心、3个乡镇完小改造、恰芒布公路、康比村至汝村公路、郭巴村公路、扎龙村公路、卫生服务中心、冷链物流园、民政救灾仓库、商务服务中心、县客运站、农村综合服务站、县周转房、折巴派出所等26个新建项目已动工建设；县城垃圾填埋场、口岸公安分局、宗嘎灌渠、县级政权业务用房已完成前置手续办理工作；广播影视中心、县城排水、县农贸市场、县看守所等18个项目已列入2012年自治区项目建设计划，项目总投资约60150万元。

3.特色产业取得新突破。紧抓旅游发展不放松，始终坚持规划先行，编制完成了《西藏自治区佩枯措、番尼古道、吉隆沟风景区策划》，修改完善了《吉隆县旅游发展总体规划》和《佩枯措、番尼古道、吉隆沟风景区修建性详细规划》；以“2011旅游建设年”活动为契机，不断加强旅游基础设施建设，加大了农牧民家庭旅馆的改造扶持力度；以“走出去、请进来”的促销模式，正式推出吉隆旅游政务网，加强与腾讯网站和西藏畅游网的链接，以节庆活动为平台，通过新闻媒体、广告牌、旅游标识等方式进行多层次全方位的宣传推介，不断提升吉隆旅游知名度，吸引了第一批外国游客来吉隆旅游，全年接待旅游人数10136人次，旅游收入237万元，创下历年新高。千方百计拓内需、扩内需，万村千乡市场工程顺利实施，市场经济秩序不断规范，实现社会消费品零售总额5000万元，同比增长8.5%；边贸日益强大，活羊出口101953只，完成边贸总额8205.65万元，其中出口额6927.2万元，进口额1578.45万元。

4.口岸建设取得新进展。加快完善吉隆口岸功能，积极配合、协助自治区商务厅和相关部门做好吉隆口岸规划、吉隆镇城镇规划修改工作。扎实开展边贸基础性工作，积极引导双方边民参与贸易活动，积极开展口岸项目的征集、筛选、论证和推介工作，口岸液化气站、口岸商务服务中心、萨勒公路等口岸在建项目进展顺利；吉隆国际边贸市场第一期工程、口岸一线联检大楼热索桥旅检现场工程、国门和停车场及热索查验区基础实施已完成规划，即将开工建设。吉隆县域珠峰自然保护区功能分区的调整申报工作已经完成，正待国务院批准。

5.生态建设取得新成绩。突出兴林强县主旨，深入开展植树造林和林政管理，完成重点工程造林1032亩，城镇绿化美化造林3490株，引种庭院经济林5000余株；依法查处涉林案件10件；积极应对"3.12"尼方森林火灾，有效防止了火势蔓延我境，确保了森林资源的安全。深入开展人居环境综合整治，人工种草1330平方米，庭院绿化4500株。严格执行国家森林生态效益补偿标准和自治区野生动物肇事补偿规定，兑现生态效益补偿金579.735万元，野生动物肇事损失补偿金847363元。立足地质灾害评估，积极开展防治工作，建立专业防控和群测群防相结合的监测网络，深入排查"9·18"地质灾害隐患点，确保了人民群众生命财产的安全。

【全力以赴控边维稳，社会局势持续稳定】集中围绕打赢"三大战役"、圆满完成"四大任务"的总体要求，调整充实维稳一线指挥部，细化工作方案和应急预案，深入开展边境防控、全面加强社会面管控、深化寺庙管理和社会治安综合治理，有力维护了全县社会局势持续稳定。

1.全力维护边境稳定。继续坚持边境防控工作"四个不变"原则，深入实施"爱民固边"战略，建立完善军警民联防机制，加强内幕性、实战性情报信息的搜集研判，把握边境防控的主动权；科学调整警力部署，强化边境巡逻和设卡堵截，认真开展"封边、控边"工作；建立和完善会晤长效机制，强化与尼泊尔邻国军警的会晤与合作，顺利完成援尼物资交接，成功接待尼泊尔驻拉萨总领事，维护了中尼睦邻友好关系；严密防范和严厉打击非法出入境活动，防止不法分子潜入潜出，积极做好达赖敌对势力闯关的处突准备工作，确保了边境稳定。党政军警与尼方会晤共13次，搜集、整合情报信息共146条，共召开情报分析会8次，参加边境设卡、巡逻维稳人员达2300余人次，共查处非法入境人员14人。

2.突出抓好寺庙管理。深入推进寺庙"三项教育"，教育引导寺庙僧尼继承和发扬爱国爱教的优良传统；广泛开展平安寺庙创建活动，建立健全藏传佛教寺庙管理长效机制，完成了10座寺庙"四证"发放工作，进一步规范了宗教活动秩序和对宗教从业人员的管理，严格控制宗教活动规模；精心谋划、及时出台"三大战役"寺庙维稳工作方案，严格落实寺庙维稳工作职责，确保了寺庙维稳岗上有人、人不离岗；大力推进社会公共服务进寺庙，将15户僧尼住房纳入安居工程建设，37名僧尼全部列入低保范围。

3.着力加强社会面管控。以各敏感期、敏感节点和重大节庆活动为重点，狠抓群防群治队伍建设，建立健全军警民共保安全机制，周密部署，狠抓落实，加强重点部位、要害部门的安全防范工作；切实掌握社会治安动态，严厉打击各类刑事治安犯罪活动，全力确保社会治安大局平稳。公安机关受理各类刑事案件4起，破获3起，受理盗窃案4起，受理治安案件17起；县人民法院受理刑事案件2件，审结2件，结案率100%，共受理各类诉讼案件17件，结案率100%，受理各类执行案件5件，执结4件，执结率80%，依法妥善处理民商事案件16件，结案率93.75%，维护了人民群众根本利益；县人民检察院共受理刑事案件4件4人，审查批准逮捕3件3人，决定批准逮捕3件3人，依法审查起诉2件2人，作出不起诉决定2件2人。全力推进社会矛盾纠纷排查化解工作，调解民间矛盾纠纷31起，调解成功率达100%。切实做好信访工作，共受理人民群众来信16人次，接待来访62人次，有力促进了信访维稳工作的规范运行，全年未发生越级上访事件。加大外来流动人员、暂住人口和公共娱乐场的检查清理，共清查外来人口1951人次，清查场所400余家。狠抓安全生产，落实安全生产责任，深化重点行业和领域的安全专项整治，全年发生轻微交通事故60起，调解60起，纠正交通违章30余起，警告10人，拘留2人；抓好安全隐患排查，同时加强义务消防人员培训，全年没有发生任何火灾事故；规范食品、药品监督管理，深入开展大规模的食品安全专项整治，共检查商户80家，检查餐饮业41家，检查学校食堂6家，下达卫生监督整改意见书、责令整改3家餐饮业。

【始终坚持以民为本，民生条件大幅改善】1.人居环境明显改善。坚持"易改则改、易迁则迁"原则，科学分配安居工程建设指标，按要求完成了288户安居工程建设任务，使1440名群众生活居住条件得到明显改善；按照农村人居环境综合整治试点工作重点放在"两线一区"的要求，完成了冲堆、乃村、乃龙、桑旦林等10个试点行政村的人居环境综合整治、2010年7个试点村的农村人居环境建设和环境综合整治项目续建任务，试点村实现了四清和一通一化，村容村貌发生了根本变化。

2.社会保障体系更加完善。牢牢把握服务发展、保障民生这条主线，统筹抓好就业再就业工作，全县实现劳务输出6730人次，收入1186.42万元；实现就业再就业121人；开发公益性岗位86个；城镇登记失业率控制在3.6%以内；开展各类就业技能培训9

次，培训农牧民群众370人次，投入培训经费69万元；落实社会保障制度，不断完善城乡社会保障体系，扎实做好各项社会保险工作，全县各类社会保险参保人数达到7960人，征集各类社会保险基金7344208.59元，其中基本养老保险参保5575人，基本医疗保险参保1258人，失业保险参保297人，工伤保险参保308人，生育保险参保678人；医疗报销54人次，共计326672元，发放基础养老金450008元；不断加大劳动保障监督执法力度，提高劳动争议仲裁效率，规范劳资纠纷调处程序，共受理举报投诉案件5件，结案5件，为273名农牧民工追回被拖欠工资、运费共计70多万元。抓住以民为本、为民解困主线，建立了以救灾救济、城乡居民最低生活保障、城乡医疗救助、五保供养为主体，专项救助为辅助的综合性、多次层、城乡一体化的新型社会救助体系，切实保障了城乡困难群众的基本生活，全县享受城市居民最低生活保障对象148人，发放低保金55.152万元，享受农村低保1970人，累计发放农村低保金148.932万元，城乡医疗救助154人，发放救助金1.3313万元，农村医疗救助2104人，发放补助金13.35万元。五保供养实现了“应保尽保”和“按标施保”，确认五保对象74户75人，发放慰问金1.5万元。积极开展抗震救灾工作，帮助灾区群众恢复生产，转移安置受灾群众426人，本级财政投入资金38.5万元用于抗震救灾，目前，灾区群众转移安置工作基本结束，灾后重建工作全面启动。

3.社会各项事业加快发展。坚持教育优先的原则，切实做好“控辍保学”工作，“两基”迎国检工作顺利通过自治区验收；建立健全了各种财务规章制度，完善了“三包”经费管理和使用办法；继续加大改善中小学校容校貌建设的力度，教育基础设施项目有效推进；组织开展了县域内校际实地学习交流，教育教学质量得到全面提升。新型农村合作医疗制度不断完善，提高了农牧民受惠水平，全县参合农牧民达2539户12901人，参合率达99%，覆盖率达100%，医疗补偿8926人次，补偿金额1793879.80万元；认真开展计免预防接种工作；积极开展农牧民独生子女父母养老特殊扶助；切实做好“一孩、双女”户困难家庭扶助工作；启动实施了“降消项目”；加大流动人口计划生育管控力度；加强宣传优生优育工作。文化、广电事业奋发进取，全县41个行政村的“农家书屋”全部投入使用；农牧区“2131”工程进一步深入，共放映1120场次，观众达114400人次。借助“三下乡”等活动，举行形式多样、内容精彩的节目，展示吉隆民间文化艺术。组建“同甲啦”农牧民艺术团，参加第九届“珠峰文化节”，使我县知名度大幅提升。深入开展建党90周年和西藏和平解放60周年爱国主义宣传教育，积极组织文艺活动和开展群众文艺展演活动，走访慰问老干部143人次，送去慰问金和慰问物资共计64800元。

【领导名录】
县委书记：孙立君（援藏）
县委副书记、人大常委会主任：李东亮
县委副书记、县长：扎多

聂拉木县

【年度综述】2011年，全县实现生产总值3.7亿元，同比增长11%，其中一、二、三产业分别增长4%、28.7%、8%；财政收入1103万元，同比增长15.9%；人均国内生产总值达19985元，同比增长1.42%；农牧民人均收入达5189.71元，同比增长18%。

【深化农业结构调整，切实做好新农村工作】1.农牧业综合生产能力稳定提高。认真实施提高粮食单产行动计划，依靠科技，优化品种，加大投入，在保护和稳定粮食生产能力的基础上，始终以农牧民增收为中心，突出抓好结构调整工作，农牧业结构进一步优化。全县农作物播种面积23529亩。其中：粮食播种面积16229亩，经济作物播种面积5646亩，饲草料播种面积1654亩。粮、经、饲比例由2010年的74:18:8调整为69:24:7。加大良种引进和播种面积，引进320良种青稞2000亩,拉孜油菜800亩。优质品种和蔬菜、油菜等经济作物种植面积均有所增加，特色农作物优势进一步凸显。积极推行围栏放牧、轮牧休牧等措施，投资150万元种植4500亩披碱草和3000亩苜蓿草。引进、扩大优质奶牛养殖规模，投资42.2万元从日喀则市、南木林等地引进奶牛87头和投资12.4万元从吉隆引进白绒山羊200只在各乡镇选择具备一定条件的农户进行改良养殖，起到了很好的效果。加大疫病防治力度，牲畜五号病、高致病禽流感、出血性败血病防治注射，防疫注射密度达到100%。年末牲畜存栏17万头（只、匹），繁殖成活率75%，出栏率41.63%，肉类总产261.2万斤，比去年增加1.39个百分点。草原生态补助奖励机制和草原承包到户工作扎实推进，兑现452户牧民生产资料补助金22.6万元。

2.积极推动农牧业特色产业建设。认真抓好农牧业特色产业项目建设，结合全县实际，立足区域优势，不断加大农牧业科技普及面，切实增加农牧民收入。总投资935.4万元的人工种草、良种推广、农村综合服务站、防抗灾饲草基地、500座农村户用沼气和藏系绵羊育肥基地等项目建成。加大活羊出口力度，全年出口活羊4万只，实现收入1600万元。

3.农牧区基础设施建设步伐加快。随着农牧区基础设施投入力度的进一步加大，全县农牧区基础设施建设扎实推进。投资409万元的门曲电站线路延伸项目和波绒乡白玛曲林微型电站已完工投入使用。投资735.5万元的县城防洪堤工程已完成总工程量的70%。投资508万元的门布乡小型农田水利设施项目正在建设中。投资406万元的亚来乡通布水库改扩建项目，投资5000万元的琐作乡甲本灌区工程，估算投资2000万元的两座冰湖治理工程和估算投资750万元的樟木城市供水改造工程均在申报自治区水利厅审查中。投资250万元新建6处安全饮水，解决332户2142人和6003头牲畜的安全饮水问题。全年共完成水渠维修156条4.8公里，维修水塘36座，扩建水塘3座，危险河道治理3处。加大农牧区交通条件的改善，投资377.58万元的普日村至加本村公路和投资850.3万元的波绒乡通乡油路已建成通过验收。投资266.9万元的318国道至岗嘎村公路硬化，投资114.6万元的波绒乡下玛线交叉口至色龙村公路，投资40.5万元的门布乡古措村至阿门线岔口公路，投资179.61万元的聂拉木县客运站项目正在建设中。

4.扎实推进安居工程建设。按照“统筹规划、整体推进、分类指导、科学设计、综合配套、突出特色”的总体要求，切实将农牧民安居工程建设作为构建“富庶、稳定、开放、和谐”聂拉木的重要抓手和社会主义新农村建设的突破口、切入点。投资1100.52万元新建安居工程326户，本级财政投入资金117万元对樟木镇立新居委会、乃龙乡乃龙村、门布乡孔措村3座村级活动场所进行新建和维修，投资1058.1万元对10个人居环境进行了综合整治。筹资60万元对亚来乡土隆村实施整村搬迁。同时，加大对贫困户特别是流浪乞讨人员的重点扶持，投资175万元实施了荒地开发、低产田改造，机井灌溉等短、平、快到户项目，有效解决贫困群众生产生活问题。

5.以增加农牧民收入为中心，切实做好劳务输出工作。以增加群众收入为出发点和落脚点，继续把劳务输出作为农牧民增收的主要渠道，鼓励和扶持农民施工队，参与市场竞争，参与工程建设；不断完善主要领导亲自抓，分管领导具体抓，劳动部门协调抓的劳务输出机制。在工程建设中，凡是当地群众能建的，全部安排给当地群众，为增加群众的现金收入创造条件。2011年，全县劳务输出达20450人次，创收3545万元，超额完成了年初既定的目标任务。

6.积极推进强基惠民工作。按照区党委、地委对活动的具体安排，区、地、县44个驻村工作队已全部进点，实现了驻村全覆盖。截止目前，各驻村队共为民办实事40余件，累计投入资金60余万元。申报50万以下项目106个，涉及水电、农牧、交通、村经济集体、党员扶贫项目、贫困户扶贫项目等方面，这些项目的实施将进一步改善农牧区的生活条件。

【推进基础设施建设，努力扩大投资】树立项目是全县经济生命线的思想，健全项目管理机制，成立了项目建设与协调领导小组。2011年，共组织实施项目44个，完成投资2.3亿元。县城—樟木垃圾填埋场、县周转房、县卫生服务中心等一大批重点工程进展顺利。县重点区域造林、巴曲电站维修、县救灾储备仓库等6项工程交付使用。援藏投资2300万元的聂拉木旅客集散中心和投资300万元的宗塔蔬菜基地项目已动工实施，县学前双语学校、县就业技能综合培训中心已完成招投标，明年开春即可动工。县新农村示范村建设、两座寺庙维修、旅游纪念品加工厂也已立项，正在做初步设计和概算。

【以提高服务水平为重点，加大招商引资】全县各级各部门进一步强化项目首位意识，紧盯国家产业投资方向、投资政策和投资重点，形成了全县上下抓项目、促发展的良好氛围和工作合力，从提高服务水平入手，积极改善投资软硬环境，为投资者创造优美舒适的投资环境。2011年共成功签订招商引资合作项目2项，分别为投资2000万元的樟木口岸物流中心建设项目和投资1100万元的亚来乡矿泉水开发项目，明年有望开工建设。樟木口岸进出口货物查验场、检验检疫局综合检测试验楼、口岸边检信息处理和指挥中心项目目前已完成报建工作，正在招投标中。德庆塘旅游综合开发项目、西夏邦玛峰旅游开发项目和圣神湖旅游景点开发项目正在广泛招商中。

【强化税收征管，狠抓财源建设】按照《中华人民共和国土地管理法》有关规定，做到全县土地统一管理，严格按程序审批土地，坚决制止乱批建设用地行为。2011年，完成土地收入68.8万元，全额兑现农牧民群众征地补偿费22.96万元。认真贯彻国家积极的财政政策，深化财政改革，加强财政监管，狠抓财政收入，从严控制支出。在抓好项目、边贸等传统税收的同时，加大对骨干企业的扶持力度。同时，积极实施旅游纪念品开发工作，加强希峰及公安外事收入管理，制定激励机制，拓宽税收来源。

【实施特色带动，培育壮大优势产业】充分利用丰富独特的自然、人文景观，依托丰富的旅游资源，加快旅游基础设施建设，投资1000万元的夏尔巴民俗度假村宾馆即将开工，投资260万元的樟木雪布岗徒步游、巴热比斯一日游、德庆塘开发等项目正在申报，县旅行社、樟木立新边境乡村游正在做前期工作，县旅游网站即将建成。全县累计接待游客6.9万人次，实现旅游收入698.2万元。加大藏医藏药业政策、资金扶持力度，投入50万元对藏药厂药材种植合作组织进行扶持。预计全年藏医藏药业可实现产值2550万元。坚持把扩大改革开放作为促进县域经济发展的重中之重，在抓好硬件建设的基础上，对边贸情况进行调研，增加出口货物种类，扩大市场份额，促进对外经济贸易健康发展。全年实现进出口货物16.1万吨，贸易总额达10.01亿美元，分别增长24.8%和84.68%，再创历史新高。

【整体推进，协调发展，社会事业全面进步】1.科教工作方面。积极采取扶贫控辍、管理控辍和依法控辍等多种措施，控辍保学力度进一步加大。全面优化教师队伍，积极推进素质教育，教育教学质量明显提高。注重改善乡镇办学条件，优化资源配置，城乡教育得到均衡发展。加大资金投入力度，积极推进“两基”迎“国检”工作，“国检”顺利通过验收。全县中、小学适龄儿童入学巩固率分别达到95.5%和100%。

2.文化广电工作方面。依法加大了对文化娱乐场所的管理，集中开展了“扫黄打非”工作。深入挖掘和弘扬聂拉木旅游文化，丰富和发展夏尔巴民族舞蹈等特色文化，目前我县共建立1个自治区级非物质文化遗产名录，19个县级非物质文化遗产名录，“夏尔巴民俗文化”、“乃龙甲谐”正在申报国家级和区级非物质文化遗产。全县44个行政村已全部建成农家书屋，解决了农牧区群众看书难、借书难的问题。抓好“户户通”建设，确保全县59个站（点）正常运转，广播电视混合覆盖率达100%。全年在5乡2镇放映电影达1120场（次），观众4万余人次。

3.卫生工作方面。积极推进卫生软、硬件建设，完善疾病防控体系、卫生救治体系和卫生执法监督体系，加大医务人员培训。计划生育与人口工作扎实有效，人口出生率15.5‰，死亡率4.4‰，自然增长率11.2‰。

4.城市建设和生态环境保护与建设工作方面。加快县城和樟木镇总体规划修编工作，加大环境卫生清运、保洁力度，规范整顿出租车市场和劳务市场,成立了出租车公司。积极研究垃圾填埋场运营管理模式，争取明年元月开始启用。完善市政设施，改造硬化口岸分支路段。制定详细的城市管理办法，充实城管队伍，对县城和口岸实施全方位的管理。扎实抓好地质灾害的防治工作，总投资3584万元的第二期滑坡治理项目即将开工。坚持以保护为主,建设与合理开发并重的原则，采取限额采伐、封山育林等措施，依法加大对天然林资源的保护力度。积极做好绿化、美化工作，规划、建设好318国道沿线、乃龙至门布段的绿化造林工程。今年完成重点区域生态公益林建设造林1500亩，门布乡门卡麦完成造林1500亩，义务植树107亩、种苗试种10余亩，兑现2010年生态效益补偿金336.6万元。

5.劳动和社会保障工作方面。认真做好养老保险、失业保险和医疗保险工作，扎实推进新型农村养老保险工作。全县养老保险参统人数235人，征缴保险费252万元；失业保险参统人数336人，共征缴保险费48万元；医疗保险参统人数1066人，共征缴保险费625万元，全方位、广覆盖、宽领域的劳动保障体系初步建立。新型农村养老保险适龄参保人达7651人，实际参保7275人，参保率达95%。全年发放养老保险金68万元。发放城镇低保150万元，农村低保158.5万元，医疗救助金36.9万元。加大对贫困户特别是流浪乞讨人员重点扶持，今年政府投入175万元解决贫困群众生产生活问题。

萨嘎县

【**年度综述**】2011年，全县生产总值实现18953万元，同比增长8.2%；农牧民人均纯收入达到3492.07元，同比增长21.22%；地方财政收入完成408万元，同比增长16.57%；完成税收收入330.8万元，同比增长18.1%；社会消费品零售总额实现5557万元，同比增长24.2%。国民经济呈现良好发展态势，社会事业全面进步，社会局势持续稳定。

【**毫不动摇抓“三农”工作，新农村建设呈现新面貌**】2011年，全县落实农作物播种面积7142.05亩，粮、经、饲三元种植比例调整为77：14：9。加大青稞良种推广力度，投资10万元在旦嘎、夏如推广种植1000亩喜马拉雅19号藏青稞品种，群众反映良好，实现粮食产量273.94万斤，同比增长8%。牲畜出栏率达到46.7%，同比增长7.3%；下大力气落实草原生态保护补助奖励机制工作，为牧户发放生产资料补贴133.65万元；良种推广工作成效显著，实现粮食产量273.94万斤，同比增长8%。完成了283户安居工程和9个村的人居环境综合整治任务，解决了1100人的安全饮水问题，开工建设了3条乡村公路，维修了加达电站和达孜电站。积极开展职业技能培训和农牧民转移就业培训，实现劳务输出4260人次，总收入达692万元，同比分别增长10%和24.2%。扶贫开发工作成效明显，全年有275户1161人完成了脱贫任务，贫困人口下降23%，（按人均收入1700元标准计算）。全县扶贫工作得到了自治区的充分肯定，并获得100万元项目奖励资金。全县邮政通邮率达到100%，覆盖全县所有乡（镇）村；电信手机、电话用户达438户，信号覆盖全县所有乡镇、80%的村；移动手机用户达到5896户，信号覆盖全县所有乡镇、30%的村，正在新建基站4个。

【**全力以赴抓项目投资，基本建设实现新突破**】完成了“十二五”规划编制工作，有63个项目列入地区“十二五”规划发改口盘子，总投资3.28亿元。全年实施项目39个，总投资9829.43万元，完成投资7119.29万元。开工实施了县党政综合业务用房、县卫生服务中心改扩建工程，建设并完成了县统战民宗业务用房、物价监管基础设施、旦嘎乡完小改扩建工程等一批基层政权和民生项目，如角电站等重点项目取得重大进展，全县经济社会发展后劲不断增强。认真落实项目“五制”，严格执行项目拨款程序，加强各环节的监督管理，确保工程质量和建设进度。重视国企改革工作，经过深入调研和多次研究，完成了县农电公司改革，县粮食公司改革稳步推进，国企改革工作取得重大突破。

【**突出重点抓驿站建设，发展环境得到新改善**】以打造旅游服务驿站为目标，完成了县城总体规划，加快市政基础设施建设，提升城镇功能，大力发展旅游服务业。全年共接待国内外游客4.9万人次，实现旅游收入357万元，同比分别增长4.2%和7.2%。以优化经济社会发展环境为目标，开展了县城环境卫生综合整治工作，对水价、电价、卫生费收取标准进行了调整，实行同城同价，个体私营经济加快发展。全年社会消费品零售总额达到5557万元，同比增长24.2%。大力开展招商引资工作，引进一家水泥制品厂落户我县，基本落实了旅游服务酒店招商引资项目。以搞活商贸流通为目标，县财政投入80万元，开展了流通领域农牧民专业合作组织试点工作；扎实推进“万村千乡”市场工程和家电、家具下乡工程，农牧民群众的买难卖难问题得到有效缓解。以扩大开放为目标，加快发展边境贸易，全年出口活羊10.15万只，边贸出口额达8245.52万元，同比增长58.7%。多次组织人员深入尼泊尔进行调研，积极与尼方进行会晤并完成了援尼物资交接工作。加快发展个体私营经济，促进县域经济协调发展。截止目前，我县个体工商户已发展到505户，注册资金1560万元，从业人员1067人，同比分别增长16%、11%、16%；全县登记注册内资企业34家，注册资金5298万元，同比分别增长183.3%和18.6%。

【**不遗余力抓民生改善，社会事业迈上新台阶**】教育事业加快发展，设立教育奖励基金，实行奖励机制，通过了两基“国检”验收，“控辍保学”工作成效显著，全县小学适龄儿童入学率为99.53%，初中毛入学率为

103.76%。加快推进医药卫生体制改革，积极推行药品零差价制度。充实基层医疗机构力量，加快“一村一卫生室”建设步伐。新型农牧区医疗制度覆盖全县农牧民，参合率达到100%。弘扬时代主旋律，大力发展社会主义先进文化，重点开展了庆祝建党90周年及西藏和平解放60周年庆祝活动，圆满完成了该县“甲谐”方队赴自治区、地区的参演工作。深入开展科技、文化、卫生、法律“四下乡”活动。关注困难群众生活，全年发放城镇低收入家庭廉租住房租赁住房补贴13.5万元，认真落实城镇低保和农村低保各项政策。新型农牧区养老保险覆盖率达到90%，城镇居民社会养老保险覆盖率达到78%，发放养老金52万元，新增就业人口71人，全年发放城镇低保金103.42万元、农村低保金126万元。积极开展救灾救济工作，全年发放各类救助资金及补助资金386万元，报销医疗救助资金18.59万元，切实解决了特困群众和弱势群体的实际困难。金融运行形势良好，2011年，全县金融机构各项存款余额达到17681万元，同比增长35.4%，贷款余额4096万元，同比增长32.9%。

岗巴县

【年度综述】2011年，全县国内生产总值实现15345万元，同比增长11.2%；其中第一产业2632万元，同比增长9.4%；第二产业2717万元，同比增长10.1%；第三产业9996万元，同比增长12.01%；全社会固定资产投资总额44381.41万元，同比增长41%；各职能项目部门争取全社会固定资产总额为14381.41万元，同比增长14%。

农牧业稳步增长。全县粮油总产量为700.66万斤，其中青稞649万斤，油菜51.66万斤；蔬菜产量201.2万斤。上半年全县牲畜存栏数为260800头（只、匹），全县新生仔畜73780头（只、匹），存活数为68616头（只、匹），存活率为93%。成畜死亡数为1335，死亡率0.7%。

农牧区经济快速发展。2011年，全县农村经济总收入为4445万元，同比增长12.5%，其中：第一产业收入3443.2万元，第二产业收入304.2万元，第三产业收入697.6万元，分别比去年增长12.5%、3%、11%，农牧区人均收入4141.02元，同比增长15%，其中：现金收入2310元，占总收入的60%。全县农牧业生产总产值为3816.33万元，同比增长12%。其中：农业产值1432.51万元，畜牧业产值2383.82万元，同比增长6.68%、10.46%。乡镇企业产值62万元，多种经营总收入1418.61万元，同比增长15.23%、14.03%。

财税收入持续增长。1-11月全县一般预算收入为383万元，较去年同期229万元增加154万元，增长67.25%。

【加快以安居乐业为突破口的社会主义新农村建设】加快种植业结构调整步伐。2011年全县农作物播种面积为22502亩，其中，粮食作物13577亩，经济作物播种面积4465亩，饲草饲料作物4460亩（不含项目所种饲草），粮、经、饲种植比列为60:20:20。农作物良种化面积达到100%，双脱工作完成率100%。

切实落实好国家、自治区各项强农惠农政策。2011年免费发放农药9.8吨，价值达30万元，免费调运和半价出售化肥147吨。按动力机械45%、拖车10%的比例对农机购置户进行补贴，补贴金额为90万元。发放牧民生产资料综合补贴93.1万元。

努力改善农牧民生产生活条件。2011年，全县水毁修复率达到100%。完成低产田改造2525亩，治理坡耕地500亩，积造农家肥每亩2500公斤，使农牧业基础设施建设得到了进一步的加强。

大力实施9个村的农村人居环境建设和环境综合整治工作，该项目总投资达到845.68万元（其中自治区691.24万元，地区154.44万元），村庄内部脏乱差的局面得到了根本上的整治。

2011年，全县完成农牧民安居工程建设206户。继续推进扶贫开发与兴边富民行动，全年共实施扶贫项目4个，总投资230万元；实施兴边富民工程4个，总投资181万元。

完善农牧业服务体系。加快农业机械化程度步伐，农用机械数量大幅度增加，农机作业面积明显增加，2011年完成机耕面积5000亩，机播面积5000亩。科技承包面积高达13577亩，占总播种面积的60%。继续实施“万村千乡市场工程”，为农畜产品走向市场、农牧区商品流通提供交易平台，选了9家人居环境农家店，每家扶持8000元的百货。向上级申报构建县农贸市场并完成了前期工作。

【坚持项目拉动，基础设施建设成效显著】为夯实经济发展基础，促进全县经济较快增长，全县狠抓项目储备、申报、重大项目建设推进和项目工作管理，项目工作取得新突破。

通过国家、援藏、招商引资等多渠道积极争取项目资金，使县域经济发展后劲进一步增强，基础设施建设取得显著成效。2011年全县共开、复工建设项目53个，总投资达44381.41万元（包括曲岗公路指标30000万元），同比增长14%；完成投资10244.81万元，占总投资的72%；其中中化援藏项目11个，已完成投资810万元。

建设实施了2条农村公路，总投资349.0421万元。

坚持以防洪为重点，完成投资909万元修建岗巴县城区段防洪堤工程。进一步加强中小河流治理，开工建设总投资736.78万元的直克乡多加河防洪工程，治理防洪堤长5.808km。储备防汛铁丝网10吨，编织袋10000条、水泵3台、柴油发电机2台，提高了应对防汛抗旱突发事件能力。

实施农村安全饮水工程。2011年完成农村安全饮水工程3处，将解决3个乡镇、3个行政村、2个学校、264户、1200人、15334头（只、匹）牲畜的饮水安全问题，完成投资112万元；岗巴县2011年农村饮水安全工程的实施方案得到了地区发改委的批复，总投资110万元，将解决1500人的饮水安全问题，工程已于8月25日开工，现已完成总工程量的30%。

【加大扶持力度，努力做大做强特色产业】积极推进岗巴羊产业化经营。成立了岗巴羊农民养羊专业合作社，与拉萨多家餐饮企业签订销售合同、扩建岗巴羊畜产品销售中心、与地区培强肉业联手，建立岗巴羊肉类加工企业，成功申请国家农产品地理标志，初步形成“基地+专业合作社+农户”产销一体化的经营模式。完成育肥60000只，销售59600万只，实现销售收入2682万元，纯收入536.4万元。累计种植各类饲草10770亩，新增饲草3000万斤以上。

继续加大对曲登尼玛矿泉水厂的扶持力度。2011年，在县委、县政府的积极努力下，通过招商引资与政府扶持进一步扩大产能打造“曲登尼玛”高端天然饮用矿泉水品牌。全面进军国内国际市场，“十二五”争取实现在中小板上市。

积极推进民族手工业发展。以岗巴镇门德村卡垫编制厂建设为动力，引导民族手工业从家庭式作业向规模化、市场化发展。做好“岗姆冲”卡垫的开发和非物质文化遗产保护申报工作，增加编制花色品种，依托亚东边境口岸开放市场，走出一条振兴该县民族手工业之路。

积极推销宣传岗巴旅游休闲产业。依托日喀则—亚东—岗巴一定结旅游线路，以“曲登尼玛观湖游”为重点，积极申报自治区级“曲登尼玛风景名胜区”，围绕“农牧区亲身体验游”和“人文自然景观生态游”两条主线，争取建立以曲登尼玛寺、乃甲切木石窟、岗巴宗山和喜马拉雅山脉雪景及龙中和孔玛两个温泉保健洗浴五大景点的旅游线路。2011年从地区旅游局争取资金10万元扶持2家家庭旅馆，并以完成落实。同时，由西藏希圣传媒有限公司制造设计，完成了岗巴宗山、曲登尼玛、乃甲切木石窟的景点标示牌，前期工作基本完成并已上报，曲登尼玛旅游景点已注册为自治区旅游风景区。

【统筹兼顾，大力发展社会事业】始终坚持科教兴县战略不动摇。树立教育为“兴岗巴之本”的理念，把素质教育作为战略主题，把合理配置教育资源作为工作重点，积极推进义务教育均衡发展，中小学入学率、巩固率和毕业率均为100%，农牧区学前两年幼儿受教育率达到48.96%，城镇学前三年儿童受教育率达到100%；文盲率下降0.6%以下，全县教师学历合格率为100%。进一步加强基础设施建设，加大项目规划、争取和投资力度，2011年争取和完成教育项目投资1489万元。以迎“国检”工作为中心，狠抓教育教学质量，全面推行基础教育新课程改革，2011年该县145人参加中考，全部被各级各类学校录取，升学率达到100%。其中，重点高中录取30人，录取率达到20.69%。加强教师队伍建设，截止目前，该县共有76名教师和管理人员参加了上级部门组织的学习培训，14名教师通过全国教育技术等级考试，13人获得中级职称，6人完成中级职称申报工作，43人报名参加教育部组织的全国中小学教师教育技术能力考试，23名教师报名参加中初级职称考试。严格“三包”经费管理，坚持教育经费阳光操作。2011年，全县共下拨“三包”经费2771977元，其中学生校服及装备费465757元，中学782970元，小学1523250元。

继续巩固和完善农牧区合作医疗制度。2011年全县农村合作医疗参保人数为9243人，共筹资18.48万元，参保率达到100%。全县报销人数达29487人次，报销金额总计149万余元。

促进文化事业快速发展。为推动全县文化事业繁荣发展，让其他县市真正了解岗巴经济社会发展和各项工作开展情况，累计向日喀则电视台报送稿件136条，采用73条；向西藏人民广播电台传送新闻稿件72条，采用23条。发放安装广播电视直播卫星接收器共计1700多套。全年放映共电影571场次，平均每村每月放映1.52场，观看人数合计达到55889人次。为庆祝中国共产党成立90周年和西藏和平解放60周年，面向全县农牧民和中小学生发映各类爱国主义和民族团结教育影片56场次，观众人次5600人次。

【以人为本，努力改善人民群众生活】一是进一步扩大社会保险的覆盖面。截止2011年11月，参加养老保险179（包括公益性岗位85名）人员、城镇职工医疗保险人员729人、城镇居民医疗保险人员548人、失业保险人员303人、工伤保险人员312人、生育保险人员541人，保费征缴率均达到100%。截止目前，全县新型农村社会养老保险参保人数4772人，2名重残人员，参保率达到87.28%以上。

二是把就业作为民生之本，坚持培训促就业。坚持以创业带动就业，完善社保政策，提供就业培训、增加就业岗位、完善就业服务体系，抓好就业援助、就业见习、就业服务等环节，加大基层公益性就业岗位开发安置力度，积极扩大劳动就业容量，不断优化和改善就业和创业环境。实现劳务输出总人次达12155人，总人数达1812人，总收入达1758.464万元。组织城镇失业人员和农牧民青年技能培训107人。全年共落实大学生公益性岗位3人。加强劳动执法监察，做好劳动争议处理，2011年共受理劳动争议案件26件，涉及劳动者201人，结案26件。

三是高度重视困难群众生活安排。全县核定农村低保对象1132人，救助发放标准从2010年的A类人均每年920元，B类人均每年658元，C类人均每年487元提高到2011年的A类人均每年1070元、B类人均每年772元、C类人均每年564元，实施医疗救助78人，救助资金9.3458万元。对全县范围内的低保和边远贫困户以现金形式发放上半年农保资金，共发放资金42.8748万元。

严格收入核算、动态管理、应保尽保、差额补助。全县城市低保对象164人，城镇居民最低生活保障标准由月人均330元提高为月人均360元，每月提高30元，其中实施医疗救助5人，救助资金2.0394万元。

为3名寿星老人发放补助资金10100元，为残疾人发放危房改造资金23800元。新建县社会福利院投资共200万元，占地2500平方米，已完成总工程建设的70%左右，福利院的建成使老年人老有所养，感受到祖国大家庭的温暖和党的关怀。优抚实体经济项目龙中乡塔杰温泉投资20万元。县级救灾仓库投资105万元，得到批复并以完成招标等工作。积极争取岗巴县昌龙乡敬老院项目，该项目总投资84万元。

【加强生态环境保护，努力推进生态岗巴建设】加强生态保护。重点实施天然草地保护、退牧还草工程和鼠虫毒草害示范工程，进行科学禁牧、休牧、划区轮牧和草场补播等建设，推进鼠害草地、虫害草地和毒草害草地等的综合治理；推进重要湿地保护工程，以县城湿地保护为示范，对全县境内的重要湿地采取围栏保护和植被恢复等必要的措施；以小水电代燃料、农村沼气建设和太阳能应用为重点，推行农牧区传统能源替代工程，力争农牧民家庭生活能源薪草替代率达到20%以上。

注重生态建设。积极实施封区育草、草场补播、防沙治沙工程，建立人工种草、草种繁育基地，深入各村逐户发放2010年生态效益补偿资金，总金额为83.2万元，提高了群众护林积极性。大力开展水土流失治理工程，采用封禁修复、水土保持种草，综合运用农业耕作措施，开展小流域综合治理和湖泊治理；以乃玛山坡绿化和县城周边林建设的成功经验为依托，广泛开展植树造林活动。

防治自然灾害。以农牧业防抗灾体系建设和地质灾害防治为重点，提高沿河流域防洪抗旱能力。加强自然灾害监测、预防和救援工作体系建设，利用多种方式，增强农牧区防抗灾能力。受9月18日印度锡金邦里氏6.8级地震波及，岗巴县人民群众生命财产遭受较大损失：2人受轻伤，2290人被迫紧急转移，1457户居民住房受损（其中重度受损266户、中度受损474户、轻度受损717户），7748人受灾，占全县总人口的72.9%。直接经济损失达3963.44万元。地震发生后，该县立即启动抗震救灾应急预案，当即安排人员组织学生、群众疏散进入空旷处避难，迅速上报震情，随即发布地震震源及震级信息，及时收治转移受伤人员，转移安置灾民，做好了维护社会稳定工作。

【领导名录】

县委书记：次仁顿珠

县委副书记、人大主任：多布杰

县委副书记、县长：黄居壁

那 曲 地 区

那曲地区

【年度综述】2011年全地区生产总值预计完成58.03亿元，同比增长9.7%。其中：第一产业增加值10.54亿元；第二产业增加值13.38亿元；第三产业增加值34.11亿元。地方财政一般预算收入完成2.4亿元，同比增长20.4%。税收收入完成3.87亿元，同比增长66%。农牧民人均纯收入达4860.4元，同比增长19.1%。金融机构各项存款余额完成79.2亿元，比年初增长52.07%；各项贷款余额达17.08亿元，比年初增长3%。

【狠抓基础设施建设，发展瓶颈制约进一步缓解】经过多次修改完善和沟通衔接，基本确定了那曲地区“十二五”规划项目方案，列入自治区“十二五”规划盘子的项目共120项，五年规划投资257.24亿元。2011年，完成固定资产投资43.02亿元，同比增长7.4%。

重点项目建设进展顺利。那曲镇迎宾路延伸工程和那曲镇环城南路至通站路市政工程已竣工并投入使用；地区拉萨路街景整治工程、地区赛马场应急工程、安多县特警大队、聂荣县检察院技侦业务用房、地区中级人民法院及3个县级法院审判业务用房以及那曲地区医疗废物处置设施建设等项目已基本完工；国道317线那曲至巴青段油路工程、农村公路三期工程、农村饮水安全工程、地县两级职工周转房、无电地区电力建设与主电网扩网等项目进展顺利；那班油路和那嘉油路开工建设；那曲镇次曲河二期工程、安多县二期防洪堤工程、嘉黎县荣多水电站线路延伸工程、农产品冷链物流基础设施等项目前期工作已经完成；农村建制村通达工程、特殊教育学校以及7县烈士陵园和廉租房等项目已完成招投标工作。援藏项目进展顺利。通过与浙江、辽宁两省和中央五大企业积极沟通、协调以及在拉萨召开论证审查会，完成了《那曲地区对口支援“十二五”总体规划》和《浙江、辽宁省对口援藏“十二五”规划》的修编和上报工作。全年预计完成援藏投资2.01亿元，那曲镇浙江小区、辽宁小区、地区浙江中学、地区赛马场二期工程、地区人民医院住院急救中心及院内改造工程、那曲109国道迎宾门楼、那曲县乡镇党员活动中心、比如县宁波路改造工程、安多县青藏公路综合服务区、嘉黎县台州路延伸工程等项目顺利实施。

项目管理制度体系进一步健全。先后制定出台了《那曲地区基本建设项目工作联席会议制度》、《提高工程建设质量的意见》和《那曲地区工程质量检查建议手册》等文件，编制发放了《那曲地区基本建设项目审批流程》小册。为进一步加强项目前期工作，制定出台了《关于加强项目前期工作的意见》，召开了那曲地区安排部署“十二五”规划项目前期工作会议。

【狠抓产业建设，自我发展能力进一步增强】第一产业稳步发展。全年实现农牧业总产值14.96亿元。2011年底，全地区各类牲畜存栏640万头（只、匹），同比减少16.85万头（只、匹）；各类仔畜成活179.21万头（只、匹），成活率为87.86%，同比下降了2.89个百分点；各类成畜死亡11.83万头（只、匹），死亡率为1.8%，同比上升了0.34个百分点。畜产品产量稳中有升，肉产量7.78万吨，奶产量5万吨，分别同比增长3.32%、4.17%。农作物播种面积达73626亩，“粮、经、饲”比例从去年的0.77:0.12:0.11调整到0.78:0.12:0.1，种植业结构进一步合理。牲畜暖季出栏42.93万头（只），暖季上市29.32万头（只），分别同比增长5.08%、4.42%。不断加大牲畜疫病防治和动植物卫生检疫监督工作力度，确保了农牧业生产和畜产品质量安全。《娘亚牛本品种选育技术推广》项目已成功立项，落实经费234万元。2011年度自治区重点科技工程“金牦牛”项目顺利落户我地，总投资600万元。藏北草地生态观测站建设项目已完成环评、灾评报告及土地租赁等前期工作。科技特派员工作进展顺利，落实补助经费76万元，完成了今年新增科技特派员50名的任务。那曲县申报“牦牛之乡”并获中国特产之乡组委会认定。那曲镇23村牦牛养殖科技示范基地荣获2011年全国农村科普示范基地称号。

第二产业基本稳定。工业发展稳中有升，增加值达1.62亿元，同比增长5.19%；建筑业发展成效显著，增加值达14.85亿元，同比增长17.41%；民族手工业稳定发展，目前我地民族手工业5家，总资产达3989.7万元，从业人员338人，2011年底，企业总产值达3500万元，实现利润500万元。

第三产业快速发展。旅游经济呈现较快增长态势，累计接待海内外游客39.6余万人次，同比增长19.85%，实现旅游综合收入6000余万元，同比增长4.2%。成功举办了“世界旅游精品-羌塘草原可可西里自驾远征行”启动仪式暨“百辆越野车放飞羌塘草原”、“会师珠峰大本营世纪行”旅游宣传推介活动。成功举办了那曲地区第三届羌塘“普古曲姆”暨旅游形象大使选拔赛。投资2700多万元的那曲县古露镇卓玛圣谷、罗玛镇、嘉黎县阿扎镇1村的乡村旅游点和地区游客综合服务中心等项目进展顺利。全地区通讯业务量完成7625万元。邮政业务收入完成1470万元，同比增长12.47%。

【狠抓社会民生建设，公共服务能力不断提高】一是社会主义新农村建设扎实推进。截至9月份，完成投资38885.45万元，建成农牧民安居工程11686户，受益人口47661人。完成抗震加固11686户，受益人口47661人。

安居示范村建设项目进展顺利。农村安全饮水项目已到位资金3460万元，建设管道饮水1012处、保暖井437眼，目前已完成工程总量的85%。农村公路建设进展顺利，续建和新建的18个通达项目以及7个农村公路项目有望年底竣工。碘盐推广力度进一步加大，尼玛、班戈、申扎、双湖、安多5县已基本消除碘缺乏病。农牧民群众实现持续增收。共落实化肥、牲畜良种补贴及农机具补贴等惠民资金345.33万元；实现劳务输出4.65万人次，收入达6900万元；采集虫草2万公斤，参与采集虫草群众人均增收1.3万元；成功举办2011年羌塘恰青赛马艺术旅游节，实现交易总额416.63万元；农牧民合作经济组织发展到259家，已登记注册186家，资产达1.03亿元，参与群众达40611人，辐射带动9334户，参与群众人均增收2573元。

二是社会保障能力不断提高。就业再就业工作成效明显。办理高效毕业生求职登记15名，职业指导2500人次，职业介绍2400人次，实现就业再就业1712人，登记城镇失业人员348人，城镇登记失业率为3.4%。养老、失业、医疗、工伤、生育五大保险运行良好。新农保参保人员达125160人，收缴保险费800多万元，发放新农保基础养老金1950万元。广泛开展社会救助工作，将12832户、42510人纳入城乡最低生活保障范围，全年兑现低保及一次性生活补助资金共5145.42万元。大力开展城乡医疗救助，全年共实施医疗救助1281人次、报销医疗救助资金272.39万元。社会福利服务水平进一步提升，投资200万元新建了索县、安多两县社会福利院。保障性住房建设稳步推进，851户老城区改造工程项目进展顺利，100套公租房、1078套城镇棚户区改造和班戈、尼玛以及地区集中修建的廉租房项目已开工建设。扶贫农发工作扎实推进，太阳能项目、蔬菜大棚、经济合作组织、牲畜扶持、石材加工厂、奶制品加工、人畜简易桥、溜索改吊桥等扶贫开发项目以及安多县肉羊屠宰加工、那曲县牦牛肉分割加工扩建等农业综合开发项目已开工建设，总投资15954.15万元，并取得初步成效，预计实现3029户、14165人脱贫，脱贫率达15%，返贫控制在1010户、4721人。

三是教育、文化、卫生事业蓬勃发展。教育方面，顺利完成“两基”迎国检预检工作，“两基”成果进一步巩固，全地区小学适龄儿童入学率和初中入学率分别达到99.05%和93.54%。预计完成教育投资0.9亿元，2010年和2011年校舍安全工程、地区职业技术学校改扩建、“两基”攻坚初级中学完善、义务教育D级危房改造、4县青少年校外活动场所、农牧区学前教育以及地区特殊教育学校等项目进展顺利。文化方面，文化下乡活动广泛开展，举办各类文艺演出314场（次），放映电影13280场（次）。投资133万余元，制作并免费发放了以“美丽祖国”、“幸福羌塘”、“民族大团结万岁”、“如歌岁月”为主题的宣传墙贴画、宣传光盘等优秀文化产品。加快基层文艺队建设，共建立地、县、乡、村文艺团队18个。组织245名群众演员，圆满完成了自治区庆祝西藏和平解放60周年活动参加演出任务。文物普查保护工作进展顺利，尼玛县文部寺、索县赞丹寺、那曲孝登寺固件维修项目的前期工作已完成。新闻报道工作成绩显著，完成了大型电视系列报道《辉煌六十年》的采制工作。电视专题片《永恒的纳木错》在“党的光辉照四方”全国电视节目分析表彰活动中荣获一等奖。持续不断地开展了“扫黄打非”等文化市场专项整治行动，文化市场健康、有序、繁荣发展预计完成文化事业投资450万元，申扎县雄梅镇、塔尔玛乡文化站、双湖及申扎县文化活动中心等项目进展顺利。地区图书馆、地区综合博物馆、地区群艺馆改造等项目已完成前期工作。卫生方面，农牧区医疗制度运行逐步规范，县、乡、村农牧民医疗制度覆盖率均达到100%。基层医疗队伍建设力度不断加大，共举办培训班60多期、培训人员1300人次。疾病控制工作成效显著，突出抓好了麻疹、艾滋病、结核病等传染病以及碘缺乏病、鼠疫、大骨节病等地方病的防治。积极开展卫生监督工作，确保了广大人民群众的饮食用药安全。落实农牧区“一孩、双女”困难家庭扶助对象4322人、特别扶助对象983人，争取扶助资金426.62万元。全年完成卫生事业投资0.44亿元，7县卫生服务中心改扩建、地区藏医院、24所中心乡镇卫生院和9所普通乡镇卫生院改扩建等项目进展顺利。

四是市场体系进一步完善。完成了200个农家店和3个商品配送中心建设任务。家电家具下乡工作有条不紊开展，销售网点达28家，共出售家电家具89296台，兑现补贴1967.81万元。商品贸易繁荣发展，社会消费品零售总额达11.02亿元。市场经济秩序进一步规范，积极开展市场价格调控和监管，居民消费价格指数稳定在103.5左右。商标战略实施进展顺利，大力扶持企业、个体工商户、农牧民专业合作经济组织参与商标注册，目前该地已注册商标15件，正在注册商标19件。

五是防抗灾工作有效开展。及时召开防抗灾工作会议，严格落实责任，层层签订了2011年防抗灾工作目标管理责任书。9月18日，组派东、中、西三个工作组对各县（区）防抗灾工作准备情况进行了大检查，及时发现和整改了存在的问题。并于10月20日召开专题会议，对全地区今冬明春防抗灾工作进行全面安排部署。今年入夏以来，该地降水量普遍高于以往，各县（区）均不同程度受灾，有的县（区）出现了20年一遇的强降水天气。洪涝灾情发生后，地委、行署及时给索县、比如县各划拨防汛经费100万元，并给比如县调拨帐篷50顶，同时结合其他县（区）实际情况，动用了应急准备金；落实自然灾害救助补助资金980万元、重建家园资金51万元，帮助灾民维修建房76户、安置灾民2757人次，救助灾民9万人次。投资1273.69万元，新建了9县县级救灾物资储备库。

【狠抓改革开放，经济发展活力进一步增强】国有企业稳步发展，采用全资、合资、联营等方式，不断创新经营模式，进一步促进国营企业健康发展。粮食部门成功吸引社会资金近9000万元，建设综合经营设施，为企业的改革发展注入了新的活力，实现纯利润204万元。招商引资成绩喜人，积极参加“西博会”、“浙洽会”、“厦交会”和中国·西安国内旅游交易会等知名展会，大力开展宣传推介与招商引资工作，新引进企业25家，涉及制革、食品加工、藏药材生产、光伏发电、商贸物流、矿泉水生产、牛羊肉加工等领域，注册资金达2亿多元，预计实现全口径税收1亿元。西铁物流有限公司筹备组建工作进展顺利，已与自治区盐业总公司签订了《项目合作意向书》。国有资产监管工作扎实推进，建立健全了财务报表监测体系，全面完成了国有产权登记工作。大力发展个体私营经济，我地共有私营企业111家，从业人员2298人，注册资金3.64亿元；个体工商户10252户，从业人员20063人，注册资金1.49亿元。

【狠抓生态文明建设，可持续发展能力进一步增强】安多、聂荣和班戈三县草原生态保护补助奖励机制试点工作顺利通过自治区的验收，共兑现资金10722.91万元；成功召开了全地区草原生态保护补助奖励机制工作现场会，11个县（区）全面启动此项工作。农村人居环境建设和环境综合整治工作进展顺利，区、地两级实际到位资金10961.28万元，132个行政村已全面开工建设，基建部分完工率达60%以上。自然保护区项目建设进展顺利，羌塘国家级自然保护区二期工程顺利通过了自治区验收，昂孜错—玛尔下错湿地保护与恢复项目正在实施建设中。森林生态效益补偿项目顺利实施，到位管护费2220万元。退耕还林工程深入实施，兑现补助资金29.33万元。巩固退耕还林成果专项规划全面启动，总投资1603.6万元。造林绿化工作成效显著，投资178.75万元完成重点区域造林绿化1618亩；积极开展高原耐寒植物选种育苗工作，在东三县和嘉黎县试种樟子松等耐寒、耐旱苗木18300株。积极开展草原“三害”防治工作，共完成灭虫面积19.5万亩，灭治效果达到95%以上，完成灭鼠面积3万余亩，灭治效果达到80%以上。投资124万元实施了比如、嘉黎、双湖、尼玛、安多5个县（区）基层森林派出所。

人大那曲地区工委工作

【积极为出席自治区九届人大会议的代表服务】西藏自治区第九届人民代表大会第四次会议于2011年1月10日至16日在拉萨召开。人大工委按照会议要求，及时组织代表参加会议，并在会议期间，积极作好各项服务工作，为代表履职提供了后勤保障。会上，那曲代表团参会的56名自治区人大代表以“三个代表”重要思想和科学发展观为指导，结合各自实际涌跃发言，畅谈“十一五”我区国民经济和社会发展取得的巨大成就，展望“十二五”该地区的宏伟蓝图。据统计，这次会议那曲代表团共提出议案、建议、批评和意见共45条，其中代表团意见建议1条、代表议案1件、代表联名提出建议3条。

【努力做好行政后勤保障工作】一是工委通过各种渠道筹措资金，特别是在地区行署及有关部门的大力支持下，保证了正常经费开支，为执法检查、立法调研、主题教育等活动提供了经费保障，确保各项工作扎实稳步推进。二是随着财务管理制度的不断完善，对财务工作提出了新的更高要求，在加强财务管理和会计监督工作上狠下了功夫，不断适应新形势下的财务管理体系，做到了理好财、管好财，确保了专款专用和收支平衡。

【认真作好代表视察和培训工作】在自治区人大常委会的安排和地委、援藏兄弟省市的关怀下，组织部分基层人大代表先后赴广东、浙江、广西、新疆、内蒙、江西、北京、湖南、湖北、格尔木等地参加学习培训和实地考察，认真指导各县开展代表视察活动。通过学习交流，吸收了兄弟城市和地区的先进经验，调动了该地人大工作人员的积极性，提高了各级人大的工作水平和工作能力，有力推动了该地人大工作的有效开展。

【积极指导各县人大开展工作】按照新时期人大工作的要求，对各县人大工作开展情况进行认真调研，找准了该地人大工作存在的问题和困难，指出了努力的方向；认真对基层人大业务工作进行指导；认真审阅各县人大报送的材料，对各县的好做法和好经验，以人大信息形式进行交流，不断开创人大工作新局面。

政协那曲地区委员会

【全体委员会会议】九届五次会议2011年10月26日至30日在那曲地区举行。政协第九届那曲地区委员会第五次会议应出席委员158名，实到116人。那曲地区政协副主席索朗加泽主持开幕会。会议听取并审议了政协第九届那曲地区委员会常务委员会工作报告；听取并审议了政协第九届那曲地区委员会关于九届四次会议以来提案工作情况的报告；听取并讨论了那曲地区行署领导所做的关于该地区经济社会发展情况通报；增补部分常务委员和副主席；审议通过政协第九届那曲地区委员会第五次会议各项决议。会议安排7县政协及部分政协委员作了大会交流发言。会议传达学习了胡锦涛同志“七一”重要讲话、习近平同志在西藏和平解放60周年庆祝大会上的一系列重要讲话。九届五次会议期间共收到委员提案78件，经提案审查委员会初步审查，共立案54件。地委、人大、行署、军分区主要领导应邀出席大会开幕式和闭幕式。

【常务委员会会议】第九次常委会议2011年11月22日在那曲举行。那曲地委副书记、政协党组书记、主席江措拉姆主持会议。会议审议通过了政协第九届那曲地区委员会常务委员会第九次会议议程；审议并通过了第九届那曲地区委员会第五次会议议程（草案）；审议和通过了政协第九届那曲地区委员会常务委员会工作报告（草案）及报告人建议名单；审议和通过了政协第九届那曲地区委员会关于九届四次会议以来提案工作情况的报告（草案）及报告人建议名单；审议通过了关于同意珠巨请求辞去九届政协副主席、常委、委员的报告，同意珠巨辞去九届政协副主席、常委和委员职务；审议并通过了关于免去斯塔多吉等15名九届政协委员职务的决定和关于同意增补才仁桑珠、扎南为地区九届政协委员的决定。

第十次会议 2011年10月28日在那曲召开。会议审议通过了政协那曲地区委员会第五次会议政治决议（草案）、关于常委会工作报告的决议（草案）；关于提案工作报告的决议草案；听取并审议了地委组织部领导所作的增选常委、副主席候选人名单（草案）；审议并通过了《选举办法》（草案）。

第十一次会议 2011年10月30日在那曲召开。会议根据那托秘书长提名，审议通过了九届政协副秘书长名单，朱洪镇、丹增欧珠、次仁玉珍、孟令合当选为九届政协副秘书长。地委副书记、政协党组书记、主席江措拉姆主席作重要讲话。

【专门委员会工作】提案委员会通过召开提案交（督）办会、制定提案工作规章制度、编发提案汇编等形式，进一步调动了委员提升提案质量的积极性，加快了提案办理向制度化、规范化、程序化迈进的进程，提案在促进该地经济社会发展和局势稳定中发挥的作用越来越明显。地区政协九届四次会议共收到委员提案95件，经审查立案62件，其中，重点提案4件；33件作为意见、建议处理。截止2011年10月，已办理答复完毕。从总体上看，提案质量较往年有所提高，委员所提意见建议切实中肯，符合实际，受到了办理单位的热烈欢迎，些意见建议已进入相关部门的决策。

政协那曲地区委员会第五次会议共收到提案78件。按照《中国人民政治协商会议西藏自治区委员会提案工作条例》的有关规定和在本次大会上下发的《提案须知》要求，提案委员会对收到的提案进行了初步审查，共立案54件，占提案总数的69%。其中，经济建设和社会稳定类的1件，占立案总数的1.85%；基础设施建设类的20件，占立案总数的37%；草场建设和环境保护类的5件，占立案总数的9.25%；统一战线和民族宗教类的3件，占立案总数的5.5%；教、科、文、卫类的14件，占立案总数的25.9%；农牧业生产和群众生活类的6件，占立案总数的11.1%；民主法制建设类的2件，占立案总数的3.7%；其它类的3件，占立案总数的5.5%。经审查未立案的24件提案将作为委员意见建议转交有关部门办理。

文史民族宗教法制委员会 地区政协高度重视文史资料在“存史、资政、团结、育人”等方面的特殊作用，大力开展文史资料征集、整理工作，文史资料工作成效显著，《那曲地区文史资料第十九辑》详细收集整理出版了那曲地区113座寺庙的历史、文化、图片等珍贵资料，完善了一届到六届《政协组织史》一书并收集整理了六届到九届政协那曲地区委员会组织史和《藏文书法字帖》这两本书有望今年年底出版发行。

那曲地区政法委工作

【年度综述】2011年，共开展法制宣传教育活动300余场次，出动宣传车148台次，悬挂横幅256条，张贴、分发各种藏汉双语宣传材料65万余份，宣传册9.4万余本，图片3.8万余张，平安建设宣传光碟2000余张，设立法律咨询点38处，法律、法规咨询8.1万余人次，受教育群众达40多万人次，综治工作氛围得到进一步营造，社会效果进一步凸显。

【基本情况】2011年，共排查各类矛盾纠纷1319件，已调处1115件，调解成功率达84.5%。2011年，共建自治区级平安县8个，覆盖面达72.72%；地区级平安县11个，覆盖面达100%；平安乡（镇）112个，覆盖面达98.25%；平安村（居）1162个，覆盖面达98%；平安学校164个，覆盖面达97%；平安单位1516个，覆盖面达100%；平安寺庙124个，覆盖面达50.41%，平安医院49个，覆盖面达79%，平安边界36个，覆盖面达64.3%，平安市场59个，覆盖面达88.1%。

截至2011年，共组建群防群治组织1731个，16415人，治保会1425个5458人，调委会1409个4923人，综治领导小组876个，5111人。

2011年，先后有2000余人（政法干警、武警、民兵和护路队员）和310余台车辆（其中包括140台警用摩托车和护路队员私有汽车和摩托车）参与铁路安保中，总投入的人次约为30余万，总巡线里程达500余万公里，共排查处理涉铁各类隐患30多起（主要是防护栏倒塌和损坏），制止牛羊上道70余起，制止人员上道10起，建立铁路沿线治安信息员25名，协助公安机关破案1起，沿线护路各设卡点共检查登记车辆1.25万余台次，人员2万余人，检查清理“三无”人员20人。地区护路办组织开展巡线督导230余次，行程近6万余公里，两县护路办和涉铁有关部门督导次数达3000余次，里程达90余万公里。同时，地委、行署拨付100余万元资金，在青藏铁路那曲县段新建10个岗亭（目前已建成8个岗亭），拨付17万元的护路队员体检专项经费；各级党委、政府投入169万余元改善护路队员生活、工作条件；地县护路办协调地县卫生机构争取到价值5万余元的医疗设备和常用药品，在沿线营区建立3个医务室，招录3名医护人员，为护路队员及沿线群众诊疗5000余次；建立沿线6个施工队档案12份；青藏铁路那曲段9个营区成立了志愿消防队，配发了92个灭火器。

2011年，共出动人员60人次、车辆20台次，查处乱停乱放在餐饮娱乐场所的车辆8辆，违规车辆3辆，收缴警灯警报器17个、老式警用牌照3副，当场纠正或要求限期整改外观标志不规范警车30辆，注册登记警车105辆，进一步规范了警车、警灯警报器的使用。

2011年，地委政法委共接待群众来信来访50余人次，受理案件3起，涉法涉诉信访积案化解率达到100%；组织召开案件协调会10次，研究重大疑难案件8起；切实加强我地录入中央政法委涉法涉诉信息库3起案件的督办，将责任具体到单位、人头，经过扎实有效工作，现已全部化解。

中共那曲地委宣传工作

【净化文化市场环境，确保意识形态领域安全】2011年3月15至4月15日，在全地区深入开展了为期一个月的清理整顿文化市场专项行动。地区清理整顿文化市场专项行动领导小组制定了切实可行的工作方案，编发了《那曲地区清理整顿文化市场专项行动辅助宣讲资料》，将清理整顿行动分为安排部署、宣传教育、调查摸底、集中清理整顿、总结验收5个阶段，以维护意识形态安全为主线，以维护那曲社会稳定为出发点和落脚点，周密部署，迅速行动，有序推进。坚持宣传教育引导先行，边宣传教育，边调查摸底，边清理整顿，先后出动执法车辆80余台次，执法人员300余人次。在此次专项行动中，累计依法查缴各类非法出版物27319件，其中反宣品20000余件；清除反动低俗歌曲1363首；依法查缴私自安装卫星广播电视地面接收设备255个；依法取缔12处外省寺庙在那曲非法设立的念经联系场所。

【全力以赴，做好重大庆祝活动的相关工作】一是开展了各类丰富多彩的庆祝活动。围绕重要时间节点，把建党90周年和西藏和平解放60周年庆祝内容融入到各类节庆活动中，先后于1月28日、3月25日、3月28日、4月5日、5月22日开展了以“和谐羌塘、迎春颂歌”为主题的军警民文艺晚会，在安多县赛马场举办了第三个“西藏百万农奴解放纪念日”群众性文艺活动、地区举行了西藏百万农奴解放纪念日升国旗仪式、在地区烈士陵园举行了对革命先烈的悼念活动、在聂荣县尼玛乡隆重举行庆祝西藏和平解放60周年文艺演出暨群众性文化产品发放仪式，突出了庆祝建党90周年和西藏和平解放60周年这一主题，在全社会进一步唱响共产党好、社会主义好、改革开放好、人民军队好、各族群众好、伟大祖国好的主旋律。另外组织引导各县（区）、地（中）直各单位结合各自实际，开展了升国旗仪式等各类庆祝建党90周年和西藏和平解放60周年的比赛竞赛活动290余场次，参与群众30余万人次。广泛吸引基层牧民群众的参与，让活动热在基层，抒发藏北各族儿女对党、对祖国、对社会主义新西藏的无限深情。

二是制作发放优秀文化产品。为营造热烈祥和的节日氛围，积极培育健康向上的群众性文化活动，那曲地区投资200多万元，设计制作了《美丽的祖国》、《民族大团结万岁》、《幸福羌塘》宣传画和《幸福羌塘》、《岁月如歌》光盘12万套，发放给基层乡镇、学校、寺庙、道班工人、农牧民群众。

三是认真完成了“大庆办”的日常工作。大庆期间地委宣传部认真履行工作职责，按照区大庆办和地委、行署的工作安排，承办了大庆办各类文件的起草和上报下达工作，同时联系、协调相关工作，为圆满顺利完成那曲地区参加西藏和平解放60周年庆典活动各项工作取得良好的进展打下了坚实的基础。

四是积极组织，参与了自治区庆祝西藏和平解放60周年庆祝活动。按照《那曲地区关于参加西藏和平解放60周年庆祝活动方案》和《那曲地区关于参加西藏和平解放60周年庆祝活动群众游行方队的工作方案》，由地委宣传部总负责，在各县（区）的大力配合下，成功参加了自治区的大庆活动。共发放大庆礼品高压锅15821箱、旅行壶3816个、手提灯82717个，太阳能电视680套，蚕丝被2337床、领导画像447件133200幅、贺幛11个、贺匾1个。

五是较好地完成了那曲地区迎送中央代表团的宣传报道和节日氛围营造工作。期间制定了《那曲地区迎送中央代表团宣传报道和营造氛围工作方案》和《那曲地区迎送中央代表团活动地委宣传部具体任务分解表》，明确了具体工作，将任务落实到人，并及时召开新闻记者协调会，对每个考察点的拍摄工作明确到人。

【突出重点，形成声势，做好各类宣传报道工作】一是做好协助上级媒体开展采访报道工作。地委宣传部累计接待外来媒体40多家、155人次。采访内容涉及西藏和平解放60周年经济社会发展、基础设施、道路交通、教育、卫生、农牧民安居工程和经济合作组织、牧民生活、野生动物保护等方面。

二是做好加强基层建设年暨主题教育“回头看”活动的宣传报道。那曲电视台制作播出有关新闻80余条，那曲报刊登有关新闻90余条，那曲新闻网刊登、更新有关新闻90余条，发送《那曲新闻—手机报》有关新闻60余条。

三是扎实做好赛马艺术旅游节的相关宣传报道工作。认真制定了《宣传报道和节日氛围营造工作方案》、《新闻宣传报道工作方案》、《记者接待工作方案》等并将细化分解任务，落实责任，圆满完成了各项宣传报道工作任务。地委宣传部共邀请区内外媒体6家20人次。2011年赛马节新闻刊播达158条。

四是推出了范围广泛、影响巨大的系列报道。全地各主流新闻媒体紧紧围绕中国共产党成立90周年、西藏和平解放60周年和“十二五”开局之年的大事、喜事，开展了一系列范围广、影响大的宣传报道。

五是切实做好创先争优强基惠民活动的宣传报道工作。为全方位、多角度地宣传报道创先争优强基惠民活动，大力营造浓厚的舆论氛围，形成强大的舆论声势，地委宣传部早安排、早部署。

六是对外宣传工作取得新突破。充实和完善了外宣采访点，在那曲县罗玛镇建立牧民经济合作组织生活变化外宣点，在罗玛镇十四村建立环境保护外宣点，在那曲镇附近牧民度假村和地区群艺馆格萨尔说唱艺术团建立文化外宣点。加强了那曲新闻网建设力度，年初在全地区范围内下发了《关于向西藏那曲新闻网提供新闻稿件的通知》，网站的更新速度、更新内容、访问明显有所提高，新增了主题教育“回头看”暨加强基层建设年等栏目，并对网站进行了升级补丁。认真做好那曲地区新闻发布中心建设前期准备工作，在自治区外宣办的大力支持下，已将那曲地区新闻发布中心建设项目列入十二五规划中，目前，选址工作已开始进行，项目可行性报告正在撰写。拓展了《那曲新闻》手机短信业务，手机短信业务不断成熟发展，截止目前，已经发送短信500多条。成功开通了那曲地委门户网。

那曲地区外事工作

【认真总结“十一五”外事工作，安

排部署“十二五”外事工作】为贯彻落实自治区外事工作会议精神，2011年9月6日至8日在地区党政会议中心召开那曲地区外事工作会议，会议传达了自治区外事工作会议精神，总结了“十一五”地区外事工作总结，全面部署了“十二五”地区外事工作。

【提高因公出国（境）管理与服务水平】据统计，2011年那曲地区因公出访共13批23人次，出访国家主要以英国、德国、香港、澳大利亚、新西兰等国为主。出访以培训、公务访问、考察学习为主要内容。为使地委、行署及时了解出访情况，地区外办以《出国动态》的形式随时上报地区干部职工出国（境）情况。

【实施“走出去”战略迈出实质性步伐】经西藏自治区外事工作领导小组办公室批准，地委委员、地区行署常务副专员嘎玛泽登同志率团一行6人考察团于9月13日至22日赴澳大利亚、新西兰执行为期10天的考察学习任务。此次出访考察是进一步贯彻落实中央第五次西藏工作座谈会精神，实施“走出去”战略的具体体现，对加强对外经济贸易、文化、技术等将起到引路作用。

【深入动员，积极开展加强基层建设年和创先争优强基础惠民生活动】（一）选派外事办副书记、主任次仁嘎玛同志带队的工作组驻巴青县贡日乡扎实开展加强基层建设年暨主题教育活动回头看工作。驻乡工作组认真开展宣讲工作的同时，以群众所需为出发点和落脚点，多方筹措资金解决群众生产生活中的困难。在基层建设暨主题教育回头看活动中，与县直、地县相关部门积极协调，争取资金。给贡日乡及3村争取到计划投资148万元的一座钢架桥梁及两座砼盖板涵的建设项目；投资约30万元，完成了贡日乡村部分的引水工程及水井钻探工程；通过积极主动为3村解决了修路资金5万余元，由3村自行出劳动力进行修路等方式，帮助3村修建通往北部草场的两条路（一条是通过隆野拉山口去北部草场的路，一条是通过嘎日拉山口去北部草场的路）；意向解决太阳能照明设备近150套（总价值约77万元）。

（二）由办党组书记范科创同志、副主任永才同志带队，经过紧张的筹备，及时深入巴青县扎色镇11村、12村开展强基础惠民生活动，积极深入牧民家中了解群众所思、所想和所盼，倾听群众最关心、最直接、最需要解决的现实问题。

那曲地区藏语委（编译局）工作

【年度综述】2011年，地区编译局承担了60万字左右的翻译任务，这些译文基本达到了实效性与准确性，及时把党的路线方针政策和地委、行署的重大决策部署传达到了广大基层农牧民群众中，为促进两个文明建设和社会局势稳定等方面发挥出了翻译工作不可替代的重要作用。

【规范社会用字，树立城市形象】开展了规模较大的社会用字大检查工作。检查人员不顾疲劳，认真仔细地对每个商户的匾牌进行了检查，并对存在问题的商户提出了限期整改的要求。特别是借城市改造实施的契机，为规范门面改造中的浙江路、拉萨路的社会用字，专门组织人员对门面改造中的各商品房户主和各广告店发放了《关于进一步规范制作招牌及社会用字的通知》，使那曲镇浙江路、拉萨路的社会用字逐步走向规范化、标准化，对美化、净化市容，树立我地的良好形象起到了积极的作用。

那曲地区扶贫（农发）工作

【年度综述】2011年，地区扶贫系统坚持以开发式扶贫方针为指导，认真落实专项扶贫、行业扶贫、社会扶贫“三位一体”大扶贫战略，为推进全地区经济发展、维护社会稳定发挥了重要的作用，实现了“十二五”和新十年扶贫开发纲要的良好开局。一是贫困状况有所缓解。年人均收入低于1700元以下的扶持对象脱贫3609户、16539人，超额完成579户、2372人，返贫控制702户、3144人，超额完成308户、1577人。二是更多贫困群众建立长效增收机制。通过项目搭台、技能培训，更多的贫困群众有了稳定增收渠道，直接受益群众3万多人，人均增收2260元。三是到户帮扶力度大幅增加。按照到户帮扶率60%以上的要求，扶贫开发紧紧围绕建档立卡户，落实帮扶到户项目，下达项目到户率占总数的60%以上，贫困户直接受益面大幅增加。四是基础设施进一步改善。实施溜索改吊桥项目11个，维修乡村道路2000多公里，新建人畜简易桥60多座。

【突出抓好项目建设】围绕民生改善、基础设施、产业发展、生态保护等领域，申报扶贫农发项目140多个，申报总投资1.6亿多元，实际批复落实136个，总投资15954.15万元。其中落实贫困户安居工程、整乡推进、面上扶贫、劳动力转移、扶贫培训等扶贫开发项目132个，总投资14267.15万元（国家投资12802.98万元、群众自筹1464.17万元）；落实农发产业经营、土地治理项目4个，总投资1837万元（中央财政及自治区财政1323万元，群众投劳折资或企业自筹514万元）

【着力落实各项到户帮扶专项扶贫工作】扶贫开发以到户帮扶为核心，建机制、惠民生、富群众，重点开展了六项工作。一是推进扶贫开发和低保“两项制度”有效衔接。全地区共识别出人均纯收入低于1700元的扶贫户、扶贫低保户93774人，建成了扶贫对象的系统性信息平台。二是努力改善贫困群众生产生活条件。完成贫困户安居工程800户，4000多名贫困群众住上了安全适用住房；实施溜索改桥项目11座，改善了3个县9个乡镇24个居民村委会5000多人的出行条件。三是千方百计增强贫困地区及群众自我发展能力。面向最贫困的13个乡（镇）实施太阳能照明、牲畜扶持、经济合作组织、组建牧民运输队、家电及汽车、摩托车维修、乡村道路维修、蔬菜大棚等项目48个，130多个村受益，受益群众3900户、1.3万人；实施石材加工厂、贫困经济实体、牧业基础设施、人畜简易桥、奶制品加工、组建牧民施工队等面上扶贫项目59个，帮扶群众约7000人；推进“雨露计划”覆盖面，为1230名贫困群众举办汽车、摩托车修理、餐饮服务、施工建筑、汽车驾驶等培训，基本转移就业。四是服务好新一轮定点扶贫。按照区党委定点扶贫工作会议要求和地委、行署定点扶贫工作部署，与地委组织部共同协调91家区（中）直、地（中）直机关企事业单位开展定点扶贫工作。区地两级帮扶单位累计派遣领导干部102人次，落实项目6个，投资745万元，捐款捐物资472万元。专项扶贫、行业扶贫、社会扶贫“三位一体”的工作格局基本形成。五是认真开展专项调研。开展高寒棚圈、产业开发、集中连片开发、高原牧区扶贫现状等专项调研，深入检查项目建设质量、工程进度，使项目建设更加规范、合理，保证了国家投资的最大效益。六是加强宣传工作。印发《中国农村扶贫开发纲要（2011—2020年）》（以下简称新纲要）、胡锦涛、温家宝、回良玉同志在中央扶贫开发工作会议上的讲话、以及自治区陈全国书记、白玛赤林主席在全区扶贫开发工作会议上的讲话、自治区格桑次仁副主席及自治区扶贫农发办党组书记王建同志在新纲要学习会议上的发言，大力宣传扶贫开发政策。在庆祝西藏和平解放60周年和那曲赛马节期间，积极参与展板宣传，展示了该地过去十年在贫困户安居工程、整乡推进、溜索改桥、产业开发等方面取得的巨大成绩，努力营造全社会关注民生、扶贫济困的良好氛围。

【提升农业综合开发水平】不断加大土地治理力度，加快农业产业化经营步伐，不断提高农牧业综合生产能力。一是加大土地治理力度。完成草场（原）建设16.8万亩，草场围栏60万米，新建牲畜棚圈230座，以畜换草25万公斤，人才培训2000人次。二是扩大产业化项目建设。完成安多县20万只肉羊屠宰加工和那曲县75万公斤牦牛肉分割加工扩建项目，解决当地农牧民就业人数200人，年增收入4000元，直接带动牧户1500多户，受益牧户收入总额达90万元。

那曲地区审判工作

【年度综述】截止12月15日，两级法院共受理各类案件3392件。其中，诉讼案件1989件，诉讼外调解1179件，处理非诉矛盾纠纷224件。审执结诉讼案1919件，结案率96.48%。其中中院共受理各类案件144件，审结138件，结案率95.83%。

【认真做好刑事审判工作】截止12月15日，那曲地区两级法院共受理各类刑事案件186件320人，审结185件319人，审结率为99.46%。其中中院受理各类刑事案件23件34人，审结23件34人，审结率为100%。共判处被告人192名，其中判处10年以上有期徒刑的28人，执行死刑1人，还对藐视法庭、在法院干警奋力拦阻下仍故意杀人的五名被告人进行了公判，有力地震慑了犯罪。

【认真做好民商事审判工作】截止12月15日，两级法院共受理民商事纠纷案件1264件，审结1236件，审结率为97.78%，结案标的达7092.06万元，已结案件中调解结案785件，调解率达62.1%。其中中院共受理民事案件96件，审结93件，审结率为96.88%，结案标的达3867.91万元，调解结案11件，调解率达11.83%。

【加大行政案件协调力度】截止12月15日，两级法院共受理行政案件3件，为中院受理，审结3件，审结率100%。

【完善执行联动机制】截止12月15日，两级法院共受理各类执行案件523件，执结482件，执结率92.16%，执结标的达1993.32万元；其中中院受理各类执行案件10件，执结7件，执结率为70%。执结案件中自动履行114件，和解112件，强制执行199件。

【强化审判监督职能】截止12月15日，中院共受理各类再审案件4件，结案4件；办理减刑假释案件6件，已结6件。对民事、刑事、行政、立案共计64件案件进行了案件质量评查，案件总数为147件，抽查率为43.5%。

【切实做好立案信访工作】截止12月15日，两级法院立案庭诉前调解案件1179件，申诉案件6件；办理当事人减、免、缓交诉讼费460件226554元；接待来信来访899人次，化解涉诉信访案件3件，做到了案案有交待、件件有着落。

那曲地区公安工作

【加强主动治理和综合治理】2011年，那曲地区公安机关大力加强街面防控、卡点堵控、青藏铁路沿线防控、视频监控、单位内部防控、虚拟社会防控等“六网”防控建设，进一步巩固和完善了“上有天网、下有巡防”的社会面防控格局，实现对社会治安的全天候、全方位、动态化掌控，提升了驾驭社会治安局势的能力。全年，各检查站检查车辆74万余台次、人员148万余人次、查处各类交通违法行为16571起，劝返2782人；处特警支队出动警力5643余人次、车辆687余台次，开展社会面巡逻工作；交通管理部门查处交通违法行为1154起；消防部门检查各类场所534家，发现火灾隐患242处、督促整改197处。

【加强主动进攻和持续打击】全地区公安机关突出“打防结合、整治兼顾”的方针，始终保持对各类违法犯罪活动主动进攻和持续打击的高压态势，相继开展了社会治安重点地区排查整治、“春季攻势”、严打专项整治等专项整治行动，确保了打击整治效果。全年，立各类刑事案件254起、破191起，破案率75.9%；受理、查处治安案件1472起，查处违法人员3043人。值得一提的是，在“清网行动”中，该地区共抓获网上在逃人员33人，其中行动前19人、行动后14人，抓获外地逃犯7人（含2名命案逃犯），取得了行动前清网率65.5%、排名全区第四的好成绩。

【加强重大活动安保措施】地区各级公安机关扎实开展西藏和平解放60周

年大庆、赛马节安保和自治区第八次党代会等重大节庆、重大庆典、重要会议和各个敏感时段维稳防控和安保工作，实现了“大事没出、中事没出、小事也没出”的目标，确保了中央代表团那曲分团的绝对安全，确保了那曲地区各族各界群众祥和有序地参与各项庆祝活动，不断积累了重大活动的安保工作经验。

【**加强社会管理创新工作**】全地区公安机关坚持把服务经济社会跨越式发展和方便人民群众工作生活作为推进“三项重点工作”和“三项建设”、改革公安行政管理工作的主要方向，坚持整体推进、重点突破，不断推动“三项重点工作”和“三项建设”向纵深发展，切实提高该地区公安机关服务经济社会跨越式发展的能力和水平。全年，那曲地区各级公安机关共选派81名民警，分赴8个县（区）、37个乡镇、58个村开展驻村工作；建设便民警务站92个；11个县（区）新建292个监控点、改扩建64个监控点、整合改造130个监控点，计划投资2800余万元。

【**加强队伍建设和管理**】全地区公安机关坚持“以人为本、严管厚爱”的治警育警理念，积极构建“教育、培训、监督”的队伍建设和管理工作格局，全面加强了公安领导班子建设。全年，全地区共提拔使用了102名民警；召开全体民警专题学习会40余次、民警座谈会2次，开辟学习专栏18期，参学人数6200余人次，撰写心得体会600余份；紧密结合维稳工作和实战需要，按级别、分层次开展了3批全警“大练兵”活动，探索警务实战训练新模式；为576名民警进行执法勤务机构人民警察警员职务套改；新入警民警238人、工人95名；派出105人次赴公安部和浙江、辽宁等内地公安机关学习培训；顺利举行了公安民警执法资格等级考试，全地区752名民警参加了相应警种专业科目考试。

那曲地区司法行政工作

【**履职尽责,服务大局，充分履行司法行政职责职能**】1.普法依法治理工作。全地区各级普法工作机构以加强基层建设年暨中国特色社会主义主题教育“回头看”活动、“送法下乡”、“法律七进”“法制县创建”、“百村百讲”等法制宣传活动为契机，通过送法下乡、举办乡（镇）、村（居）流动法制培训班、观摩庭审、举办法制讲座、设立宣传展板、散发宣传资料、出动宣传车、利用广播电视宣传和手机法制短信群发等各种有效途径，大力开展法制宣传教育活动。共开展法制宣传教育活动870余场次，印制、发放各种藏汉文法制宣传材料10余万份，解答法律咨询1000余人次，受教育群众达42万余人次。同时，积极筹划和实施“五五”普法总结验收、表彰以及“六五”普法规划制定等各项普法工作，普法依法治理工作成效显著。

2.人民调解工作。全地区各级人民调解组织坚持以推进人民调解工作制度化、规范化、法制化建设为抓手，以“化解矛盾纠纷，促进社会和谐稳定”为根本，以“争当人民调解能手”活动为载体，大力宣传《人民调解法》，把人民调解工作纳入到了党委、政府重要工作议事日程中，纳入到了社会治安综合治理、维护社会稳定的重要工作中，纳入到了促进经济社会发展、保障和改善民生提供服务工作中来谋划和实施。今年以来，共受理各类矛盾纠纷1081件，已调处1081件，调处率100%，调解成功1001件，调解成功率达92.6%。人民调解工作真正做到了为群众解难、为公安减压、为法院解困、为政府分忧。

3.刑释解教人员安置帮教工作。全地区司法行政系统认真落实刑释解教人员安置帮教责任，强化刑释解教人员安置帮教工作措施，特别是将各敏感时段作为严格管控期，对所辖区范围内刑释解教人员不断进行认真彻底的摸底排查；建立和完善刑释解教人员帮教安置各类工作台帐，规范、健全刑释解教人员档案，切实做到帮教工作落实到位。对思想情绪不稳定、生活无着落的刑释解教人员及时进行管控、帮教和救助。对危安刑释解教人员，积极协同和配合相关部门，对其进行重点监控，做到了严防死守，紧盯不放，形成了纵向以地、县、乡镇、村居为主，横向以地中直有关部门为主的安置帮教网络，实现了帮教网络进一步健全，工作职责进一步明确，工作制度进一步完善，规范化管理不断细化。同时，认真开展对刑释解教人员的帮扶和救助工作，嘉黎县司法局自筹2500元资金慰问生活困难的救助刑释解教人员。聂荣县司法局向三大寺清退生活困难人员发放300元救助金。那曲县司法局在积极争取县委、县府和卫生局的大力支持下，为辖区内生活生产困难的解除劳教人员解决5000元创业资金，并帮助其母亲免费看病就医。2011年，那曲地区顺利召开了2011年度第一次刑释解教人员安置帮教会议，研究部署2011年刑释解教人员安置帮教各项事宜。那曲地区新增刑释解教人员74人，撤帮31人，现实有刑释解教人员670人（其中刑满释放人员566人、解除劳教人员104人），已全部建立个人档案，建档率100%，并全部列入帮教对象，帮教率100%。相比“十五末”，那曲地区刑释解教人员增加了1倍多，然而，刑释解教人员重新犯罪只有8人，重新犯罪率控制在1.2%，远低于3%的重新犯罪率控制线。

4.法律服务工作。全地区司法行政系统法律服务部门紧紧围绕维护社会稳定和促进经济社会发展的大局，始终坚持“为经济建设服务、为社会服务、为群众服务、为基层服务”的方针，切实加强公证、法律援助、律师队伍建设，积极提供便捷和优质高效的律师、公证、法律援助等法律服务，依法维护了人民群众的合法权益，努力了化解人民内部矛盾纠纷。

武警西藏总队那曲地区支队

【**履行职责使命取得新成绩**】坚持抓中心、议中心不放松，确保了目标的绝对安全和任务的圆满完成。认真贯彻藏区维稳工作会议精神和新修订的《战备工作规定》、《处置突发事件规定》，严格落实总队“七长”培训精神，认真研判维稳形势，科学谋划、周密部署，圆满完成了维稳以及赛马节安保、虫草采挖备勤等为标志的各类重大临时勤务。严格落实执勤八项制度，灵活运用“三个载体”，全力落实“四全”责任制，精心构筑“四防一体化”安全屏障，深入开展执勤隐患排查治理，严密组织勤务专项治理整顿，正规了执勤秩序。坚持“急用先训、实用多训、基础常训”原则，积极开展冬训，狠抓了单兵专业、分队、新兵训练，严密组织狙击手、反恐专业、训练尖子和教练员培训，扎实开展勤训轮换集训和专勤专训，认真参加总部“卫士—11”演习，部队训练水平得到明显提升，并在总队比武中取得了较好成绩。

【基层全面建设取得新发展】认真贯彻落实《纲要》，在抓好“一个班子、三支队伍、四项经常、四个基本”上下功夫、使长劲，推动了基层建设全面发展。组织干部进行《纲要》、应知应会常识和党务知识培训，积极参加总队《纲要》网上集训，狠抓“三个条例”的学习，强化了各级按纲抓建意识。按照“三个一遍”要求，区分先进、中间、后进三个层次，调整充实基层主官10名，建立健全了组织；以“创先争优”活动为抓手，开展“一诺三评”，充分发挥了党组织的先进性和党员的模范作用；利用蹲点帮建、实地检查等时机，面对面为基层干部传招法、理思路，党支部“三个能力”明显增强。坚持周四夜校和“中队长、指导员”活动，教方法、传经验，夯实了干部的“六个基本功”。坚持把风气建设向基层延伸、向部队拓展，真心实意为官兵办实事、解难题，营造了公平公正的浓厚氛围。支队被武警部队表彰为“基层建设先进单位”，被总队表彰为“先进支队”。

【依法从严治警取得新加强】按照“秩序正规、纪律严明、内部和谐、安全稳定”的要求，加强部队管理教育。坚持把学条令、抓教育、严法纪作为经常性工作常抓不懈，严密组织条令法规学习月活动，官兵的条令意识、安全意识明显增强。紧盯“人车枪弹酒、水火电毒密、小散远直差”修订完善《支队车辆管理规定》、修订下发《干部管理规定》、《士官管理实施细则》、《基层中队营房规范化管理办法》等规范性文件；广泛开展安全知识宣传和保密教育，落实安全风险评估机制，每季召开一次安全工作讲评会，认真组织驾驶员队伍教育整顿、密切内部关系教育整顿、警容风纪专项整治等活动，确保了部队安全稳定。以落实条令条例规章制度为重心，成立正规化建设领导小组，细化基层、机关《落实正规化管理规定实施细则》，规范机关单身宿舍、办公室，统一基层官兵养成、内务设置和各类库室，部队正规化建设水平得到巩固和提升。支队被武警部队表彰为连续5年“预防事故案件工作先进单位”。

【警政警民关系取得新面貌】坚持“双重领导、双重保障”原则，把维护民族团结作为忠实履行使命的长久之策、固本之策，常抓不懈。主动向地方党委、政府请示汇报工作，争取了地方党委、政府和用兵单位对部队建设的支持。开展民族宗教政策、民俗风情、高原环保专题教育，官兵自觉尊重民族风俗习惯和宗教信仰。坚持为民做好事、办实事，广泛开展扶贫帮困、整治环境、捐资助学、构建“平安那曲、和谐那曲”、保护驻地生态环境、“警民共建青藏铁路文明线”、“定点挂钩帮扶强基惠民活动”以及武警爱民学校等为主要内容的“三促一保”活动，警民关系空前和谐。支队被自治区、西藏军区表彰为“拥政爱民模范集体”。

那曲地区发展和改革工作

【年度综述】2011年，实现全地区生产总值58.03亿元，同比增长9.7%（按可比价计算）；农牧业总产值14.96亿元，同比增长8.25%；固定资产投资43.02亿元，同比增长7.4%；地方财政收入2.4亿元，同比增长20.4%；农牧民人均纯收入4860.4元，同比增长19.1%；城镇居民人均可支配收入15996元，同比增长9.39%；社会消费品零售总额10.49亿元，同比增长11.3%；居民消费价格指数稳定在104.1左右；城镇登记失业率控制在2.47%以内；人口自然增长率控制在12‰以内，全地区总人口约45.6万人。

【加强重点项目推进，发展基础更加稳固】农牧林水及生态方面：完成投资10.25亿元，开工建设了农村饮水安全工程、农村公路、天然草原退牧还草、县乡水电站、农牧业防灾减灾气象科技支撑体系、农业综合工程等。交通能源方面：完成投资18.62亿元，新开工了那曲至嘉黎县油路和那曲至班戈油路、农村公路、无电地区电力建设、藏中电网延伸工程等。社会发展事业方面：完成投资3.43亿元，开工建设了小学规范化建设、农村学前教育推进工程、地区特殊教育学校、县级卫生服务中心、藏医院、赛马场应急工程等。城市基础设施方面：完成投资2.34亿元，开工建设了那曲通站路延伸工程、拉萨路街景整治工程、县级市政路建设、那曲镇城镇基础设施工程设备购置等。政权建设方面：完成投资1.85亿元，开工建设了乡镇派出所、地县检察院技侦业务用房、地县法院审判业务用房、地县特警大队基础设施等。经贸流通方面：完成投资0.19亿元，开工建设了比如、那曲两县农贸市场等项目。改善办公生活条件方面：完成投资1.73亿元，开工建设了地县两级廉租房、干部职工周转房、地（县）直机关办公业务用房等。其他项目完成投资0.11亿元。

【重点项目前期工作稳步推进】2011年初，由地区发改委编制，经地区行署批准下发了《关于印发那曲地区2011年第一批重点项目前期工作计划的通知》安排了48个项目的前期工作任务，计划总投资88亿元。截止目前，完成前期工作并已落实投资的项目17个，初步设计已经完成，待审查的项目14个，完成前期工作的项目占到了65%。另外，草原监理检测体系、拉萨那曲第二高级中学、双湖区卫生服务中心、那曲地区图书馆、地区群艺馆、索县供水工程、班戈县德庆镇基础设施、安多县帕拉镇基础设施、嘉黎等三县城市生活垃圾填埋场等17个项目前期工作即将完成。另外，部分项目建设单位通过与上级业务部门的衔接汇报，额外争取到了53个项目的前期工作任务，这部分项目计划投资达11.69亿元。目前，已有19个项目完成前期工作，主要项目有防护林体系建设、那曲次曲河二期、那曲恩尼乡草场灌溉改造工程、聂荣县防洪堤、整乡推进项目、特殊教育学校、那曲地区社会福利中心、申扎尼玛两县农贸市场等。

【加强项目服务水平和监管力度，项目管理体系更加完善】截止目前，入库项目248项，总投资达547亿元，其中，农牧林水及生态建设项目23项，总投资150亿元；交通项目7项，总投资187亿元；能源项目6项，总投资40亿元；邮政通信项目2项，由自治区行业部门统一负责；工业项目3项，总投资17亿元；经贸流通项目16项，总投资4.7亿元；社会发展项目19项，总投资49亿元；城市基础设施建设项目60项，总投资66亿元；加强政权建设项目31项，总投资14.9亿元；更新改造项目4项，总投资2.1亿元；改善办公生活条件项目6项，总投资15.5亿元。

【加强服务协调，受援工作成效更加显著】积极协调各方关系，配合相关部门，主动做好援藏项目的各项管理和服务工作，努力提高服务质量，为援藏项目建设提供良好的外部环境，推动受援工作深入开展。

【加强改善民生，社会事业发展更加全面】不断加大社会事业基础设施投入力度，着重做好立项、审批、拨款等服务工作。教育事业方面：落实总投资约1.97亿元，其中，续建项目0.9亿元，新建项目1.07亿元，全年完成总投资约1.2亿元。主要实施了：2010年校舍安全工程，地区职业技术学校改扩建和“两基”攻坚初级中学完善项目，义务教育阶段D级危房改造项目，四县青少年校外活动场所，2011年中小学校舍安全工程，农牧区学前教育和地区特殊教育学校等项目。文化事业方面：落实国家投资续建项目1110万元，全年完成总投资约550万元。主要实施了：申扎县雄梅镇、塔尔玛乡文化站，双湖及申扎县文化活动中心等项目。另外，正在争取81个乡镇综合文化站建设项目，总投资约为7006万元，预计近期资金到位。卫生事业方面：落实国家投资1.59亿元，其中，续建项目落实国家投资0.28亿元，新建项目落实国家投资1.31亿元，完成投资0.9亿元。主要实施了：7县卫生服务中心改扩建，地区藏医院，24所中心乡镇卫生院和9所普通乡镇卫生院改扩建等项目。旅游业方面：落实国家投资2700多万元，主要实施了：新建那曲县古露镇卓玛圣谷，罗玛镇、嘉黎县阿扎镇一村的乡村旅游点和地区游客综合服务中心等项目。劳动和社会保障、民政事业方面：分别落实国家投资870万元和1320万元。主要实施了：地区劳动保险和人力市场综合大楼，那曲县人力资源市场，安多、索县社会福利院，巴青、申扎等8县救灾物资储备仓库等项目。

那曲地区商务工作

【市场运行情况】社会消费稳步增长，全年社会消费品零售总额达11.23亿元，与上年同比增长12%，超额完成年度的计划任务。

1.保障市场供应，有效平抑物价。一是坚持做好每日监测，随时跟踪掌握市场供求状况和商品供应情况，特别是春节、藏历年期间生活必需品和成品油的日监测，主要涉及蔬菜、粮油、禽蛋、水果和成品油（液化气）购、销、存，为政府较好调控市场，满足人民群众日益增长的物质生活需要奠定了良好基础。二是积极围绕食品安全，不但及时上报生猪屠宰月监测报表，而且还根据上级业务部门要求对我地生猪屠宰市场进行了检查，尤其是“瘦肉精”问题。通过认真调研和总结，形成了《那曲地区“十一五”期间那曲地区生猪屠宰行业管理工作总结》、《那曲地区2011年流通领域猪肉质量安全检测情况汇报》、《关于我地生猪定点屠宰企业落实质量安全管理制度情况的汇报》、《那曲地区检查生猪定点屠宰企业落实质量安全情况汇报》等多篇有价值的报告并上报相关部门。三是会同物价等部门实行更为严格的临时价格干预措施，加强市场监测和监管，建立长效机制，有效平抑了物价，应对了诸如象碘盐抢购类似的市场风波，防止了生活必需品价格过快上涨；四是加强了地、县两极生活必需品，副食品应急储备，确保了关键时刻拿得出，用得上，较好实现了“储、管、用、调”的四位一体。

2.积极做好酒类通流备案前期工作。为配合国家食品安全一揽子计划，从2011年5月27日开始在那曲电视台连续10天滚动播出了《酒类流通管理办法公告》并印制酒类流通备案登记通知书、备案登记表600余份，下发各酒类经营流通单位，为规范酒类流通追根溯源市场管理，确保一店一证，合法经营，起到了积极作用。在酒类经营者的积极配合下，截至目前仅据那曲镇的统计，已办理酒类流通备案登记53户。对经多次催促仍未备案登记的5户会同工商、质监、工信、公安、食药监等单位，制定了行动方案，开展多次联合执法，出动执法车辆6辆/3次，执法人员21人次进行了处罚。另外巴青县备案登记工作已经结束，办理酒类流通备案登记37户，效果良好。

3.加强生猪定点屠宰企业的管理。上报了那曲地区益民生猪屠宰有限公司和瑞能屠宰有限责任公司两个标准化改造项目。

【继续推进“家电家具下乡”工作】截止目前家电累计销售5946件/台，累计销售额1204.99万元，累计补贴资金228.32万元，家具累计销售25028件/台，累计销售额8219.14万元，累计补贴资金1839.61万元。

那曲地区财政工作

【以强化目标管理为中心，财政收入实现新突破】2011年，那曲地区一般预算收入完成22906万元，为预算数的103%，比去年同期增加3000万元，增长15%；一般预算收入中，地区本级完成12170万元，同比增加3315万元，增长37%；县级完成10736万元，同比增加315万元，增长4%。从收入结构看，税收收入完成17180万元，同比增加4532万元，增长36%，占一般预算收入的比重为75%；非税收入完成5726万元，同比减收1532万元，下降27%，占一般预算收入的比重为25%。

【以优化支出结构为基础，和谐社会建设有新保障】2011年，地区一般预算支出完成334846万元，比2010年增加78175万元，增长30%。其中：地区本级完成 106975万元，同比增加18981万元，增长22%；县级完成227871万元，同比增加59198万元，增长35%。从财政支出预算执行情况看，地区一般预算支出结构持续优化，重点支出保障有力。

【全力支持“三农”发展】2011年，自治区支农下达指标数86492.74万元（包括安居工程和人居环境建设资金），到位资金86492.74万元，到位率100%，较2010年增加45001.32万元，增长108.5%。全年下达草原生态保护奖励机制资金9718.4万元，下达“两粮”补贴资金173.1万元，下达农牧民技能培训经费447万元，下达涉农商业保险319.1万元，下达陆生野生动物人身伤害和财产损失补偿资金337.54万元。

【重点保障安居工程建设】2011年1–12月，自治区及本级安居工程专项资金到位22625.65万元，兑现资金22625.65万元(含抗震加固资金6607万元)，兑现率100%；共完成12925户安居工程建设（含抗震）任务，受益人口67243人。

【社会事业发展得到有力保障】2011年，地区本级财政教育配套资金达到1771万元，比上年增长18%。农牧民子女义务教育阶段全部纳入“三包”，“三包”面逐步扩大到学前教育和高中阶段教育；提高了学前教育、义务教育阶段和普高中“三包”经费标准，年人均标准统一提高到2000元；提高了教职工和学生公用经费标准，中小学、中职教职工和教体局事业职工年人均公用经费标准分别提高到3800元、4500元和7000元，学生年人均公用经费标准统一提高到600元。

【大力支持医疗卫生事业发展】2011年，新型农村合作医疗自治区补助资金9785.5万元，地区本级投入资金113.4万元，农牧区医疗制度人均补助标准由180元提高到260元；投入基本公共卫生服务资金942.2万元，人均公共卫生服务经费标准由27元提高到30元；药品零差价销售补贴，自治区到位资金236.5万元，地区本级投入资金29.6万元，确保了广大农牧民群众都能吃得起放心药；累计拨付资金3834万元，用于基层医疗基础设施建设。

【民生保障水平大幅提高】从2011年1月1日起，城镇居民最低生活保障标准由原来的月人均340元提高到370元（全区标准为月人均360元）；农村居民最低生活保障标准由年人均1300元提高到1450元（具体补助标准为：重点保障对象补助标准由920元调整为1070元；特殊保障对象补助标准由658元调整为772元；一般保障对象补助标准由487元调整为564元）；农村五保户供养标准由年人均2000元提高到2200元。2011年，落实农村最低生活保障资金2194.65万元，城市居民最低生活保障资金2107.25万元，保障了全地区35028名农村困难群众、6974名城镇困难居民的基本生活；落实新型农村社会养老保险基础养老金2054.1万元，为30161名农村60岁以上老年人发放了养老金。

【实行更加积极的就业政策】2011年，共拨付就业专项资金2265.85万元，其中：职业培训和职业介绍补贴217.49万元，中央补助就业专项资金416万元，公益性岗位补助和社会保险补贴1632.36万元。以促进高校毕业生、下岗失业人员、零就业家庭成员为重点的就业扶持政策体系进一步完善。

那曲地区税务工作

【年度综述】2011年，全地共完成国税总收入38782万元，同比增收15409万元，增长66%；其中，税收收入37049万元，同比增收14360万元，增长63%；其他收入1733万元，同比增收1049万元，增长153%。完成年度计划的149%。规模已超过2001年全年税收总量近10倍，税收收入同比增长66%，增幅比“十一五”期间的平均水平25%提高了41个百分点，实现了“十二五”开门红。收入与GDP之间的弹性系数约为4.7，国税收入增长快于经济发展的态势明显，国税收入占GDP的比重约为6.6%，比“十一五”末年提高了1.9个百分点。

【税收政策全面落实】全地区国税系统紧紧围绕“保增长、扩内需、调结构、惠民生”的工作大局，认真扎实抓好各项政策的贯彻执行，积极推动产业结构调整和经济企稳回升，有效发挥了税收政策的调节和促进作用。2011年，全地区共兑现各项税收优惠124.76万元，有力地支持了地方经济和强势群体的发展壮大。

【信息管税不断加强】税收信息化是实现税收管理科学化、精细化的重要组成部分。截至2011年11月，地区税务系统投入运行的税务系统广域网节点数为10个，形成了县局–地区–区局的三级广域网。目前已配备各类网络设备37台，配备各类电脑207台，投入使用网络安全产品4件。已推广使用的业务系统有30多套，在《综合征管系统》中登记的纳税户4078户，2011年累计处理入库税金共计34635万元；已纳税《增值税防伪税控系统》管理的一般纳税人35户，2011年累计认证增值税专用发票4594份，进项税额1.08亿元。随着信息化建设的不断深入，信息管税理念已渗透到税收征管工作的各个环节。

【纳税服务优质高效】全地区税务机关把深化纳税服务作为共建和谐税收的重要举措，从更新理念、夯实基础、丰富内容、创新方法等多个方面，继续加强和改进纳税服务工作。一是规范办税服务厅标准化建设，完善了各类标识，规范设置了办税区、资料取阅区、填单区、等候休息区、银行收款区五大功能区域，按实际需要配备了排队叫号机、自助查询机、LED显示屏、服务质量评价器、花草树木等硬件设施，使办税厅布局更加合理、功能更加齐全、环境更加舒适。二是进一步优化办税服务，将原发票管理、纳税申报窗口整合成综合服务类窗口，任何窗口均可办理纳税申报、报税、认证、发票领购、代开、涉税文书受理等事项，“一站式”服务更加便捷。大力宣传推广POS机刷卡缴税业务。三是开通了税企交流QQ群，通过网络途径向企业传送最新税收政策，为企业提供涉税咨询服务，广泛征求企业意见和建议。同时，各管理局还多次为企业财务人员举办税法知识讲座与培训，免费提供政策讲解服务，极大地和谐了征纳关系，降低了征纳成本。四是积极开展税法宣传。紧扣“税收·发展·民生”主题，因地制宜，开展“送税法进机关、企业、市场、学校”活动、走进税收宣传教育基地、播放税宣动漫短片、发送税宣短信、开展税企座谈会对企业集中培训辅导、举办税法知识竞赛等系列宣传活动。五是结合“创先争优活动”及2011年那曲地区民主评议政风、行风工作的开展，在办税厅窗口设置“党员示范岗”，同时制定示范岗评定方法、服务承诺，提高了办税人员责任心，在征纳双方架起了“连心桥”。

中国人民银行
那曲地区中心支行

【年度综述】截至10月末，辖区金融机构人民币各项存款余额69.80亿元，比年初上升17.71亿元，上升34.00%。人民币各项贷款余额17.41亿元，比年初增加0.90亿元，增长5.45%。其中三农贷款余额达到11.54亿元，较年初增加1.68亿元，增长17.04%，占整个贷款余额的66.28%。信贷投向继续体现金融服务“三农”、支持农牧区经济发展的宗旨。

【体现工作重点，稳步推进金融服务“三农”工作】督促辖区金融机构积极加大农村信用体系建设力度，扩大金融对“三农”的信贷资金投放，提升金融对“三农”服务水平。一是以小额信贷为依托，积极做好信用乡（镇）村评定工作和“四卡”贷款的发放工作。截至10月末，辖区涉农贷款余额达到11.53亿元，其中“四卡”贷款余额为9.74亿元，占整个涉农贷款的84.45%，共评定信用乡（镇）29个、信用村329个，共发放《农牧户贷款证》72，063张，发证面达到99.48%，使用率97.98%。二是以农牧民安居工程为重点，继续配合政府有关部门做好安居工程贷款的配套贷款发放，促进农牧民实现定居，逐步实现安居乐业。截止10月底，安居工程贷款余额达6887万元。三是积极发挥扶贫贴息政策的功能，对符合条件的积极发放扶贫贷款，支持农牧业产业化发展和农牧民脱贫致富。10月末，扶贫贴息贷款余额达2.83亿元，其中重点扶持县、乡扶贫贴息贷款余额为1.40亿元。四是大力扶持农牧民经济合作组织发展壮大。辖区各金融机构优化业务流程，丰富担保方式，切实加大农牧民经济合作组织信贷资金投放力度，对农牧民经济合作组织贷款发放力度和覆盖面进一步扩大。至9月末，金融机构共为54家农牧民经济合作组织累计发放经营性贷款1127万元，有力支持了农牧民增收致富和农牧区经济社会跨越式发展。

【积极支持重点项目的建设】截止第三季末，重点项目贷款余额达2.75亿元，重点支持了国立和区立的重点项目以及青藏铁路修建工程。

【积极发挥消费信贷对经济发展的拉动作用】截止三季末，消费信贷余额达16.92亿元。

【积极做好中小企业融资工作】截止10月末，辖区中小企业贷款余额达2049万元，涉及11家企业。

中国农业银行
那曲地区分行

【年度综述】2011年，农行那曲地区分行按照年初既定工作目标，开展了许多卓有成效的工作，较好地完成了各项工作任务。一是存款较年初有所增长，资金成本结构进一步优化。截止2011年12月底，全行各项存款余额45亿元，较年初增加10亿元，资金成本结构进一步优化。二是各项贷款尤其是涉农贷款大幅度增长，12月底，涉农贷款余额达11亿元，较年初增加1.3亿元，涉农贷款占全行贷款总额的80.35%；共计发放四卡72215本，较年初增加674本，发卡面占全地区农牧总户数的99.3%，使用率达97.99%。三是清收委托资产见成效，至12月底，我行累计清收委托不良资产本息268万元。四是综合竞争力有了较大提升。全行存贷款年平均市场份额在继续稳居地区同业第一。五是改革不断深化，内控得到加强。组织开展了信贷基本制度检查、案件专项治理、领导作风建设等活动，加强了内外部检查发现问题的整改工作，全年未发生各类刑事案件和治安灾害事故。八是党建和队伍建设得到加强。通过采取中层干部公开竞聘和岗位落地等多种有力措施，干部员工队伍的思想政治素质和业务素质不断提高，凝聚力和战斗力明显增强。

人保财险那曲支公司

【年度综述】2011年，人保财险那曲支公司共完成保费收入1805.55万元，创造了历史最高水平，比去年同期增长7.66%。其中企财险36.22万元，同比增长46.7%；责任险收入166.9万元，同比增长166.57%；商业车险645.92万元，同比负增长0.45%；意外险42.9万元，同比负增长23.76%；交强险893.44万元，同比增长4.54%；健康险20.17万元，同比负增长33.98%。2011年，公司共承担社会保险责任26.56亿元，共支付赔款3014.93万元，其中为农牧民支付农险赔款2480万元。

【规范管理，理顺程序】以健全完善各项管理制度为出发点和落脚点，先后实施和推行了《中国人民财产保险股份有限公司那曲支公司销售团队和销售人员管理实施办法》、《印章管理办法》、《应收保费管理规定》，明确了各岗位、各工种的职责权限，推进了经营管理的制度化和规范化运行。随着我公司车险新系统完成，公司为了加强内部管理，提高理赔/客户服务中心的工作效率，根据《中国人民财产保险有限公司三个中心操作指务中心岗位职责、工作流程及相关制度规范进行了调整、优化和完善，使各岗位能充分发挥其重要作用，使公司各项工作的顺利实施更近一步。

【**坚持以市场需求为导向，注重新产品开发**】立足那曲地区实际，确定以车险为主，人身意外险、工程责任险、企财险等为辅，重点做好农险推广的发展主线。各县区安排专人负责，实行统保，增强服务质量，扩大影响，辐射每一个角落。

【**满足用户需求，拓宽市场空间**】2011年，人保财险那曲支公司在积极完成分公司经营计划指挥标的基础上，市场空间有了更加广阔的拓展。2011年经营形势总体上看还是不错的，但与目标还有一定距离，集中表现在：一是刚起步的农险日见成熟，但它毕竟涉及面广，还需要一定的时间推广，地区老百姓对这一品牌还不是很熟悉，所以还需要时间去宣传和推广；二是风险管控力度应进一步加大。所有管理干部、员工必须学习，猎取更多的知识，提高基本素质，需向先进的兄弟公司学习，把先进的经验和成功的做法应用到实际工作中，为公司改革稳定和发展做出更大的贡献。

【**获奖情况**】公司在2011年获得人保财险西藏分公司对那曲支公司的业务肯定，荣获：2011年度“保费利润率”优胜单位、2011年度“综合成本率”优胜单位、2011年度“综合经营管理”优胜单位、2011年度“应收保费管理”优胜单位，均为一等奖。

那曲地区国有资产监督管理工作

【**年度综述**】2011年，那曲地区国资委9家直接监管企业实现资产总额22545万元，与上年同期的增加5908万元，同比增长36%；负债总额15183万元，与上年同期增加4928万元，同比增长48%；实现所有者权益7362万元，与上年同期相比增加980万元，同比增长15%。

【**政策性破产企业进展情况**】牧工商公司自启动破产以来，历经多年，现破产终结报告已起草完毕，将待下一次清算组会议时审议，通过后将提交中级人民法院裁定终结破产；那曲地区羊绒分梳厂设备卖给李永红，但设备欠款拖欠一年多，多次催缴无果，以向法院提出起诉；励富矿业租赁地区羊绒分梳厂场地，从2009年起便未缴纳租金，导致破产事宜不能完全结束，现正在积极追讨中。那曲地区羊绒分梳厂位于那曲桥头资产正在联系圣光拍卖公司进行拍卖。

【**国有企业改制工作稳步实施**】那曲饭店、圣峰公司、江源公司、色尼公司、唐盛公司、综合市场和物资局7家企业大多存在主业相同、产业相近，规模不大、效益低下，资产资源分散的现象，为彻底解决这一发展难题，调整优化好国有经济布局和结构，同时响应自治区国资委“全力实施企业集团化工程、做大做强国有企业”的号召，结合国有企业发展现状，那曲地区国资委提出按照“主业相同、产业相近、行业相关、优势互补”的原则，整合现有企业业务和资源，组建市场商场、商品房租赁与物业管理、餐饮宾馆和旅游娱乐三种类型的大企业。按照此思路要求，制定了《关于深入贯彻落实国有经济发展年活动全力开展我地国有企业改革的实施意见》（初稿），具体改制意见仍在进一步协商中。

【**切实加强国资监管力度**】1、完善财务报表监测体系。不断建全专项财务报告制度，完善报表数据的分析利用。目前已经建立委属企业（定期报送报表）→国资委（按要求汇总分析上报）→自治区国资委的定期报告制度，形成每月有月报、每季有分析、年度有年报。

2、依法依规，全面完成地区国有产权登记工作。截止六月底，那曲地区国有企业已办理产权登记的企业有34家，变更企业法人4家，办理产权注销的企业有4家。

那曲地区审计工作

【**年度综述**】2011年，那曲地区审计局依法对18个项目(单位)进行了审计和审计调查，查违法违规金额2873万元(不含现场审计已结束的教育两基迎国检、基础教育经费、申扎县离任经济责任审计等项目)，应上缴地区财政违规资金99万元，移送纪检监察机关案件线索4件，提出审计意见和建议27条。

【**开展政府性债务审计，促进防范债务风险，维护国家经济安全**】根据审计署、自治区审计厅的统一安排和部署，制定了《那曲地区政府性债务审计实施方案》，3月13日召开了各县区财政局长和地区财政局相关业务科室负责人会议，对政府性债务审计进行了安排部署。5月中旬此项审计任务已结束，截至2010年末那曲地区政府性债务余额14635.93万元(不含粮食企业政策性挂账10876.46万元，供销企业政策性挂账2481.92万元)，其中政府负有偿还责任的债务14488.93万元，政府负有担保责任的债务147万元。通过开展政府性债务审计，全面摸清了政府债务规模和结构，分析了偿债风险和责任，促进加强政府性债务管理，有效防范和化解潜在的财政金融风险。

【**开展民生资金和民生项目审计，促进各项惠民政策的落实，维护人民群众利益**】按照“关注民生、维护稳定、促进和谐"的要求，对“两基”迎国检财政地方性收入20%投入教育到位情况进行审计调查，共对地区财政局、地区教体局、那曲县、安多县、聂荣县、班戈县进行了审计调查，发现2008年至2010年地区财政欠拨财配资金856.80万元，安多县欠拨财配资金58.74万元，班戈县欠拨财配资金2.20万元等问题；对教育局2008年至2010年度基础教育经费投入保障、管理及使用情况进行了审计调查，发现虚列支出4729.55万元、账账、账表不符743.17万元、私存私放普九奖等款项13万元、往来款长期挂账、违反规定扩大开支范围提高开支标准等问题；对那曲县科技富民强县专项行动计划项目、索县2009年赤多乡溜索改吊桥项目、嘉黎县2009年措多乡溜索改吊桥项目等3个项目资金进行了审计，未发现违规问题。

【开展领导干部经济责任审计，促进干部监督管理科学规范】共对12名党政领导干部进行任中或离任经济责任审计，查出违规改变资金用途、帐外资产等违法违规金额1154万元。通过开展经济责任审计，为促进依法行政，科学理财，规范管理，提高财政资金使用效益，推进党风廉政建设发挥了积极作用。

【开展预算执行审计，促进财政资金合理有效使用】对地区科技局、地区环保局、地区交警支队3个单位进行预算执行审计，在审计中发现虚报、冒领项目资金；未按规定办理项目审批手续、隐瞒上缴财政收入、挪用项目资金、坐收坐支排污费等问题，移送纪检监察机关案件线索4件。在推进了依法理财，规范预算管理等方面发挥了积极作用。

【开展企业资产负债损益审计，促进企业转变发展方式】坚持以“摸家底、揭隐患、促发展”为目标，对那曲饭店进行审计，发现虚列资产、成本核算不规范、未按规定取得原始凭证等问题，促进了企业增强自主创新能力和转变发展方式，提高了企业的竞争力和抗风险能力。

那曲地区统计调查队工作

【抓重点工作，圆满完成各项统计调查任务】2011年，那曲地区统计局较好的完成了2011年GDP核算、农牧业、劳动工资、工业、交通、批发零售和住宿餐饮业、服务业企业调查、建筑业、投资、价格、农村住户、农民工监测调查、畜禽监测调查、城镇住户调查、退耕还林还草监测等专业的月报、季报、年报工作。认真有序地开展地区行署交办的农牧民人均纯收入的专项调查工作。根据地区行署的工作安排，目前顺利完成了那曲地区尼玛县、申扎县、双湖区、索县、嘉黎县农牧民人均纯收入入户登记调查工作，为准确掌握我地农牧民的实际收入状况和生产生活水平，提供了第一手资料。

【全面提升统计服务水平】围绕中心，深入调研。在局队人员中积极推行“三三”工作制，即：三分之一时间整理报表，三分之一时间开展调研，三分之一时间撰写分析。着重围绕各级领导关心和社会关注的“热点、难点”问题，组织开展专题分析研究。局队充分发挥统计调查的优势，不断强化统计服务理念，在反映经济社会情况最直接、最全面、最准确的问题上下功夫，对统计数据进行收集整理和深入分析，为各级党委、政府决策发挥参谋服务作用。一是为政府提供统计简报、统计信息85条；统计分析15篇；提供数据服务1000多次。二是为了解掌握该地区部分商品的价格涨幅，局队组织业务员每周对那曲镇部分重点商品进行采价，并每周三及时上报《那曲地区粮食及部分商品价格监测表》。及时准确的提供了价格统计调查的各项调查数据，有力发挥了统计调查在社会经济发展中的作用。

【认真做好第六次人口普查后续工作】抽调业务骨干15名参加普查数据扫描、校对和数据编审工作。在数据编审工作中，集中各县（区）业务骨干对重复登记人口进行核实修改，对短表主要汇总数据进行全面的评估和分析，认真把好数据质量关，妥善做好普查资料的保管和存储工作。通过各级普查数据处理人员的共同努力，圆满完成了第六次人口普查的后续工作。8月6日至16日，又完成了人口普查地理信息系统数据绘图工作。

那曲地区工商管理工作

【年度综述】2011年，那曲地区工商局共查办各类违法违章案件513件，案值84.97万元。个体工商户应验照9992户，已验照9333户，验照率为93.4%；应年检企业315户，已年检276户，企业年检率为87.6%。共受理消费者投诉122起，为消费挽回经济损失8.91万元。

【从廉洁从政出发，深入开展党风廉政和反腐倡廉工作】认真开展“双风险”防范管理工作。在“双风险”排查工作中，走访群众230人，企业8家，个体工商户876户。发送“双风险”排查征求意见表192份。在行政审批权、行政执法权、队伍管理权等方面，查找出廉政风险点和监管风险点69个。其中，一级风险26个，二级风险13个，三级风险30个。

【深化窗口服务内涵，拓展窗口服务外延】不断创新登记服务的方式方法，简化登记程序，实行延时服务、预约服务，主动跟进，引导扶持个私经济发展。认真落实国家在准入、收费等方面的优惠政策，促进就业再就业。截至目前，该地共有内资企业312户，注册资金61506万元；私营企业119户，从业人员2352人，注册资金37793.2万元；个体工商户10003户，注册资金14883.76万元，从业人员19764人。

【深化农牧区服务体制，促进农牧区经济发展】截止年底，全地区注册登记具有法人资格的农牧民专业合作组织达194户，成员总数17628人，成员出资额9072.11万元；农牧区经纪人已发展744户，经纪业务量24810.61万元。

【抓好食品安全重头戏，食品消费有保障】2011年，重点对粮食类及其制品、肉类及其制品、豆制品、烹调佐料、方便食品、糖果蜜饯、酒及饮料、蔬菜类、乳制品等79个食品品种219个批次进行重点抽样抽检。开展了对“地沟油”、“瘦肉精”、不合格纸巾纸产品和校园周边市场等的专项监督检查，共检查食品经营户4128户，查处食品案件26件，罚没款1.86万元，没收过期、“三无”食品140余种，价值10.9万元。三是在确保主体资格合法有效的基础上，全面推行食品经营者自律制度，监督食品经营者落实进货查验、购销台帐和索证索票制度，健全食品安全可追溯体系。

那曲地区质量技术监督工作

【食品安全监管工作】一是严厉打击食品生产加工环节违法添加非食用物质和滥用食品添加剂行为。二是摸清底数，以建立企业及小作坊电子质量档案为载体，进一步完善企业档案，做到了一企一档。截至目前，已建立61家食品加工企业（小作坊）档案；同时，积极配合稽查队在全国质监系统的执法快速打假反应系统网上录入企业（小作坊）电子信息61家，并每月按规定录入相应的执法检查企业（小作坊）信息，全年共录入371条执法检查信息。三是加大监督抽查和后处理工作力度。每月定期对酸奶、青油、纯净水等重点食品进行抽样送区质检所检验，目前共送检61批次产品，133个样品，合格率为81.2%。其中：青油送检7批次、14个样品，合格率100%；糌粑抽样5批次，10个样品，合格率100%；风干肉送检1批次，3个样品，合格率100%；酸奶送检18批次，36个样品，合格率94.4%；糕点送检9批次，16个样品，合格率93.7%；纯净水14批次，42个样品，合格率62.3%；挂面抽样7批次，12个样品，合格率60%。同时，对存在问题产品的食品加工企业（小作坊）负责人进行教育，对其他问题较轻的6家小作坊下发了整改通知书，整改后再次对4家小作坊的产品进行了复检，结果均为合格。

【特种设备安全监察工作】全年共检查特种设备使用单位25家，电梯12部，锅炉30台，液化石油气充装站6家，并验收了2部电梯。

【稽查和执法打假成效显著】2011年，稽查队共出动执法人员165人次，检查生产销售场所121家。受理举报投诉4起，挽回经济损失3100元；查获“三无”纸质品5箱、过期化妆品15瓶、无“3C”电视、饮水机7台、过期内墙涂料及油漆65桶、三无木地板1件、过期消泡剂（添加剂）12箱；向有关企业下达责令改正通知书10份；组织开展专项检查、专项整治活动15项。

那曲地区安监工作

【年度综述】1-12月份，那曲地区共发生各类生产安全事故71起，死亡49人，与去年同期的64起48人相比，分别上升10.9%和上升2.1%。其中死亡49人，占全地区死亡人数控制指标（65人）的75.4%，严格控制在66.67%进度以内。一次死亡3-9人的较大事故共发生3起，死亡10人，与去年同期的1起6人相比，分别上升200%和66.7%，没有发生死亡10人以上重大事故。

【加强对非煤矿山、烟花爆竹、公共聚集场所、道路交通、危险化学品、民爆器材、建筑施工、特种设备等专项安全整治】安全整治中，重点治理道路交通事故隐患路段和车辆，依法取缔非法载客营运；危险化学品安全整治中，按照“五整顿、两关闭”要求，通过开展安全生产许可证审核发放，加大危险化学品安全监管检查，共下发127份整改意见书；非煤矿山安全整治中，下达整改指令书28份；道路交通安全整治中，该地公安机关共出动路面警力40800人次、警车6829辆次，检查过往车辆653706辆次，查处交通违法行为14791起，行政拘留10人，警告1907人；烟花爆竹专项整治中，按“严格条件，规范经营，控制总量”的要求重点做好许可证的发放工作；公共聚集场所安全整治中，重点是对娱乐场所、大型商场、宾馆酒店等要害部位进行检查。截至目前，共检查社会单位176家，发现火灾隐患或违法行为102处，当场整改95处，责令限期整改7处；建筑施工安全整治中，重点检查在建工程存在的隐患，共检查建筑施工现场86处，发现隐患258起，当场整改42起，责令限期整改216起。通过深化专项整治工作，取得了较大成果，消除了大量隐患、增强了生产经营单位安全生产意识、提高了自身的威信、推动了安全工作的开展、达到了安全生产的目的。

【严厉打击各类非法违法生产经营建设行为，维护正常的安全生产秩序】先后深入11县（区）和地区所在地，检查生产经营单位142家。其中：危险化学品和烟花爆竹经营单位53家、炸药库及存储点7家、非煤矿山3家（2家采矿企业、1家探矿企业）、建筑施工工地31处、人员密集场所38家、公安交警设卡站10家。查出问题和隐患212处，现场整改157处，现场整改率达74%。限期整改55处，目前已有31处整改完毕，总体整改率达89%。依法停业整顿9家，取缔非法生产经营单位2家。

那曲地区农牧工作

【畜牧业生产总体情况】全地区2011年牲畜总头数为623.75万头（只、匹），同比减少33.1万头（只、匹）；各类牲畜死亡118324头（只、匹），死亡率1.8%，与去年同期相比上升了0.34百分点。主要畜产品中，肉类产量为7.22万吨，奶类产量4.79万吨，毛绒产量4599.08吨，畜产品产量同比持平。牲畜出栏率达34%。各类牲畜应生2534168头（只、匹），已生2039613头（只、匹），成活1792072头（只、匹），成活率为87.86%，与去年相比下降了2.89个百分点。粮食作物产量为1万吨。农牧业总产值14.23亿元，同比增长5%。

【种植业生产总体情况】一是全地区共完成农作物总播种面积达到73626.35亩，粮食播种面积57481.7亩，其中青稞种植面积达到了53054.8亩、小麦1186.65亩（嘉黎县冬小麦种植）、豆类3240.25亩；油菜种植面积达到375亩；蔬菜种植面积达到3811亩，马铃薯种植面积达到48亩、元根种植面积达到4560亩；青饲料种植面积达到7350.65亩。二是狠抓农用物资调运和积造农家肥工作。共调运春播化肥100吨（二铵50吨、尿素50吨），农家肥用量达到4.34万吨，用种量达279.98万斤。

【乡镇企业和多种经营工作方面】2011年，专业合作经济组织产值达9125万元，同比增加225万元，增长了2.53%；多种经营收入达36040万元，同比增加了1940万元，增长了5.69%；

农牧民劳务输出人数达4.65万人(次)，同比增加了500人(次)，增长了1.08%；农牧民劳务输出收入达6900万元，同比增加了200万元，增长了2.98%。

【通过加大暖季出栏促增收】2011年全地区暖季牲畜出栏总数为352802头（只），同比减少54952头（只），降低了13.47%。牲畜暖季上市总数为240858头（只），同比减少54171头（只），降低了16.08%。上市部分预计增加农牧民现金收入33449.4万元。

【通过举办畜产品展销会促增收】为了加大牲畜出栏，促进牧民增收，2011年8月10日--16日在那曲地区赛马场举办了恰青赛马艺术节畜产品展销会，累计实现交易金额416万余元。同时，举办了那曲地区第六届畜产品展销会，实现交易金额3.05亿元以上，同比增加0.67亿元，为农牧民人均增收达755.26元。为我地加大牲畜出栏力度，增加农牧民收入起到了良好的促进作用。

【农牧业续建、新建项目情况】2011年续建和新建项目开复工项目共有11大类71个子项目，包括退牧还草工程、游牧民定居四配套工程、农村沼气建设、人工饲草料和草籽繁育基地、特色产业、生态安全屏障保护与建设等项目，项目总投资65644.73万元，其中国家投资40916.71万元，地方配套24728.02万元。通过这些项目的实施，极大地改善了牧区基础设施条件和牧民的生产、生活条件，提高了草原畜牧业抵御自然灾害的能力，调动了牧民的生产积极性，坚定了牧民对畜牧业生产的信心，推动了牧区经济的发展。

那曲地区林业工作

【自然保护区建设和野生动植物及湿地保护工作成效显著】自然保护区建设稳步推进。2011年，顺利通过了自治区林业局对羌塘国家级自然保护区二期工程建设的验收。完成了羌塘、色林错两个国家级自然保护区基础设施建设情况评估总结，编制了羌塘、色林错两个国家级自然保护区十年建设规划。

湿地保护区建设力度进一步加大。2011年到位昂孜错—玛尔下错湿地保护与恢复项目资金1149万元，目前项目正在建设中；完成了总投资额为2986.35万元的嘉黎县麦地卡湿地保护与恢复工程项目设计评审，目前正在等待资金和概算批复。

野生动物保护工作力度不断加强。一是加大对偷盗猎等违法犯罪行为的打击力度。集中开展了“高原二号”、“涉枪涉爆会战”、“夏季攻势”、“亮剑行动”等打击偷盗猎违法犯罪专项行动。全年共计开展市场巡查70余次，野外巡逻112次，出动车辆190车次，出动警力512人次，行程达6万多公里。共破获各类案件8起，抓获犯罪嫌疑人16名。二是野生动物疫源疫病监测站建设进展顺利。投资268万元完成了嘉黎县麦地卡野生动物疫源疫病监测站的建设；完成了双湖野生动物疫源疫病监测站建设项目申报审批工作，项目总投资97万元，目前正在建设中。三是野生动物保护及自然保护区建设规划调查研究进一步加强。积极配合国家林业局工作组对尼玛、双湖两县（区）野生动物肇事补偿工作兑现等情况进行了全面的调研。配合北京林业大学研究人员对羌塘高原荒漠生态系统开展了调研。完成了唐古拉以北湿地资源的调查工作。四是认真贯彻落实野生动物肇事补偿制度，有效降低了广大农牧民群众的财产损失。完成了全地区11县（区）2010年度野生动物肇事补偿资金的统计及核实工作，补偿资金总额1583.95万元。落实2009年度野生动物肇事补偿资金1324.26万元，已全部发放至受损群众手中。

【天然林保护工作扎实有效】森林生态效益补偿项目顺利实施。2011年下拨森林生态效益管护资金2220万元，继续使项目实施区域4700多名农牧民管护人员，实现年人均增收现金5000多元。自2005年开始实施该项目以来，有效管护公益林面积达到823.58万亩，累计下拨管护费8457.17万元。

强化资源林政管理工作。一是加强沟通协调，积极为安居工程建设服务。组织专门人员，加强了同林芝地区林业部门的沟通协调，及时向各县（区）发布各类木材价格信息，全年顺利完成安居工程木材供应20236立方米。二是加大木材市场监管力度，进一步规范市场行为。协调地直相关部门，加大木材市场清理整顿力度，全年规范化组建木材市场4个，集中搬迁木材经营加工店50个，审核换发木材加工许可证100本。进一步强化了规范经营意识和安全生产意识，坚决杜绝了木材市场的火险隐患。三是顺利完成了嘉黎、比如、索县、巴青等四县森林资源第八次清查工作。四是加强林政执法人员管理，完成了全地区56名林政执法人员执法资格审核。

森林防火工作组织有力。一是坚持“预防为主，积极消灭”的防火方针，认真贯彻落实《森林防火条例》和森林草原防火电视电话会议精神，强化责任和工作措施的落实，在重要森林防火时期，及时向有林县下发森林防火通知，对重点时期森林防火工作做出再部署、再要求、再督促落实，严防松懈、轻战心理。二是进一步夯实了森林防火物资储备，为比如、索县、嘉黎、巴青等四县新配发了一批防火物资，包括对讲机20部、发电机2台、防火服100套、GPS5个、强光手电50个、风水灭火机10台、油锯20把、砍刀200个、水桶100个、卫星电话2部、灭火水枪100只。三是加大森林防火宣传力度，充分利用“5.12”防灾减灾日、安全生产月咨询日等有利时机，集中开展了2次森林（草原）防火专题宣传活动，发放各类宣传图片、资料1000余份，发放防火扑克牌30副，张贴森林防火宣传标语20余条，进一步推进了全社会参与森林防火工作的责任意识和社会意识。

【造林绿化工作稳步推进】重点区域造林绿化稳步实施。全年投入资金178.75万元，完成重点区域造林绿化1500亩。该工程自实施以来，累计投入建设资金685.78万元，完成造林绿化8499.8亩。工程实施区域生态环境进一步得以改善。

退耕还林工程不断深入。一是紧紧围绕“大地增绿、农民增收”的总体目标，认真落实相关政策，2011年兑现退耕还林补助资金29.33万元，该工程自实施以来累计兑现补助资金786.24万元。二是扎实推进退耕还林成果巩固。按照林业“十二五”发展规划，2011年投入首批项目建设资金128.2万元启动实施了巩固退耕还林成果专项规划，项目总投资1603.6万元，其中国家投资1182.59万元，群众投劳折资421.01万元。项目主要改造中低产田1942亩，人工种植饲草1028.9亩，新建牛棚16471平方米，猪舍189平方米；同时开展了农田水利基础设施配套建设、原有退耕地补植补造、退耕农牧民培训等工作。三是顺利通过了国家对2003年度退耕还林工程的验收，通过验收退耕还林面积3871.3亩。

造林绿化试验工作探索新思路。2011年该地积极探索高寒造林试验新模式，加大同辽宁省固沙造林研究所的合作，引进樟子松等耐寒、耐旱苗木18300株，在地区高寒造林试验基地及巴青、索县、比如、嘉黎县进行了试种。同时，投资27.4万元，进一步规范建设了高寒造林试验基地，完成了林业生态园绿化带铺设、路面硬化等基础设施建设。

【“三农”工作取得实效】一是积极开展了节日慰问及对口帮扶工作，在“三大”节日来临之际，安排专门经费对困难职工进行了慰问走访。并投入经费20000元，对口帮扶了申扎县马跃乡6村困难农牧民群众，解决了该村14户贫困户三个月的口粮。二是该局紧密结合主题教育下乡，深入开展扶贫帮困活动，共筹集资金60000元，解决了索县嘎木乡部分群众的生产生活困难。三是在林业重点工程建设中，我局始终坚持让当地农牧民参与林业建设，在提高农牧民参与生态保护与建设积极性的同时，进一步促进了农牧民的增收。通过实施森林生态效益补偿、退耕还林、重点区域造林试验、野生动物肇事补偿、安居工程木材调配等工程，实现农牧民增加收入5147.01万元，其中：森林生态效益管护费2470.9万元，退耕还林政策补助29.33万元，野保员补助94.08万元，重点区域造林178.75万元，野生动物肇事补偿1583.95万元，安居工程木材降低成本790万元。

那曲地区水利工作

【年度综述】2011年，那曲地区续建项目6项，项目总投资9902.35万元。开工建设无电地区电力建设与线路延伸工程12项，项目总投资：10766.55万元。计划及新开工项目15项，项目总投资：26999.373万元。

【加快推进工程建设】（1）继续做好续建项目建设。续建比如县白嘎水电站、双湖巴岭乡水电站、申扎县城区防洪工程、嘉黎县措色湖饲草料基地灌溉、班嘎县普保镇牧区水利试点工程、10个县第二批农村饮水安全项目。目前，除双湖巴岭乡水电站正在开展前期工作，其余续建工程进展顺利。其中：

——白嘎水电站总投资1849.91万元，2008年8月开工建设，2011年5月试运行发电，2011年9月14日进行了合同完工验收并移交比如县人民政府。

——申扎县防洪堤工程总投资788.44万元，防洪堤长3.65公里，梯道6处，涵洞1道，排水涵5道。该项目于今年5月份开工，目前工程形象进度为98%。

——2010年第二批农村饮水安全工程于今年5月份复工，工程总投资3882万元，解决10县，3361人和900名农村学校师生的饮水安全问题，预计10月底前全部完工。

——嘉黎县措色湖草场灌溉工程总投资329万元，灌溉面积4155亩，大坝1座，砼干渠3382米，支渠4390米，斗渠25条长11270米。目前工程形象进度为85%，计划在10月25日前完工。

——班嘎县普保镇牧区水利试点工程，总投资290万元，灌溉面积2900亩，目前，已完成总工程量的90%，预计10月底全部完工。

（2）加快实施线路延伸及城网改造工程。开工建设比如县夏曲镇、嘉黎县局域网、申扎甲岗电站线路等12处线路延伸及城网改造工程，目前工程进展顺利，预计年底前全部完工。其中：

——比如县羊秀水电站线路延伸工程投资2299.38万元，35KV线路35.33公里，10KV线路129.92公里，0.4KV低压线路76.52公里变压器71台、下户线760户等配套设施。该项目于今年5月份开工，目前工程形象进度为90%。

——比如县白嘎电站线路延伸工程投资1154万元，以白嘎水电站为电源点延伸35KV输电线路18.105公里，升压站1座（630KVA），10KV线路39.789公里，0.4KV低压线路47.435公里，10KV配电变压器27台，低压进户工程750户。该项目于今年5月份开工，目前工程形象进度为95%，基本完工。

——比如县城网改造工程投资699.57万元，拆除10KV改造线路5.566公里，新建10KV架空主干绝缘线路4.318公里，新建10KV架空分支绝缘线路0.987公里，拆除0.4KV低压架空线路3.935公里，新增0.4KV架空线路4.505公里，新立15M砼杆84根，新立10M砼杆107根;新建开闭所1座；新建箱式变电站4台；新装高供低计量装置13套，新建电缆检查井3座。该项目于今年5月份开工，目前工程形象进度为35%。该项目进度滞后是由于设计与县城规划存在较大的冲突，目前正在施工阶段。

——比如县扎拉水电站线路延伸工程投资526万元，10KV输电线路42.571公里，0.4KV低压线路12.284公里，10KV配电变压器16台，低压进户工程306户。该项目于今年5月份开工建设，目前工程形象进度为95%，基本完工。

——比如县夏曲镇线路延伸工程投资76.58万元，新增10KV输电线路3.22公里，拆除10KV线路1.54公里，改造10KV线路1.54公里,新增低压线路0.80公里，新增变压器1台。该项目于今年5月份开工，工程已完工。

——比如县夏曲卡电站线路延伸工程,投资279万元，新增10KV线路16.46公里,0.4KV低压线路长11.179公里，变压器8台、进户工程342户等配套设施,工程已完工。

——巴青县满塔水电站线路延伸工程投资66.54万元，10KV线路31.76公里，0.4KV低压线路15.27公里，变压器7台、下户线220户等配套设施。该项目于今年5月份开工，目前工程进度为90%，基本完工。

——巴青县高口水电站线路延伸工程投资421.89万元，10KV线路3.45公里，0.4KV低压线路3.10公里，变压器一台、下户线22户等配套设施。该项目今年5月份开工建设，目前工程进度为90%，基本完工。

——巴青县雅安水电站线路延伸工程投资409.86万元，10KV线路31.76公里，0.4KV低压线路15.27公里，变压器7台、下户线220户等配套设施。该项目今年5月份开工，目前工程进度为95%，基本完工。

——申扎甲岗水电站线路延伸工程投资1252.04万元，35KV线路22.90公里，变压器20台、下户线315户等配套设施。项目今年5月份开工，形象进度为99%，已基本完工。

——嘉黎县局域网工程投资2718.52万元，35KV线路42.73公里，10KV线路158.78公里，升压站1座，变压器50台、下户线595户等配套设施。该项目于今年5月份开工，目前工程形象进度为85%。

——嘉黎县措多水电站线路延伸工程投资866.27万元，10KV线路83.04公里，0.4KV低压线路9.01公里，0.22HV低压线路8.83公里，以及变压器23台、下户线587户等配套设施。该项目于今年5月份开工，目前工程形象进度为85%。

（3）加快城镇防洪堤建设。着手开工建设那曲地区次曲河二期、尼玛县城二期、聂荣县、班嘎县、安多县二期5处城区防洪工程，年底前做好开工前准备工作。其中：

——那曲地区次曲河二期防洪堤，总投资2643万元，堤长8.238公里，2级堤防，防洪标准50年一遇；尼玛县城二期防洪堤，总投资985.73万元，堤长2.89公里，3级堤防，防洪标准30年一遇；

——聂荣县城区防洪堤，总投资985.73万元，堤长2.89公里，3级堤防，防洪标准30年一遇；班嘎县城区防洪堤，总投资774.01万元，堤长1.92公里，4级堤防，防洪标准20年一遇；

——安多县二期防洪堤，总投资782.17万元，堤长3.0公里，3级堤防，防洪标准30年一遇；

——尼玛县城二期防洪堤，总投资1899.6万元，堤长2.7175公里，3级堤防，防洪标准30年一遇。

目前，以上项目资金已到位，正在进行招投标工作，预计近期开工建设。

（4）加大中小河流治理项目建设力度。2011年开工建设5处中小河流治理项目。其中：

——安多县玛青曲河道治理工程总投资631万元，新建防洪堤总长3.318公里，河道疏浚0.74公里，交通桥1座。该项目于今年开工后进展顺利，目前工程形象进度为100%，基本完工。

——索县西昌乡防洪工程，投资493.02万元，于8月16日完成了招投标工作，并开工建设，目前正在施工阶段，进展顺利。

——嘎木乡防洪堤工程总投资354.08万元，自治区水利厅已下达审查意见，待自治区财政厅下达资金；

——那曲县色雄乡防洪堤工程总投资82.2万元，自治区已下达补助资金41万元，正在准备实施工作；

——比如县茶曲乡热登寺防洪堤工程136.9万元，自治区已下达补助资金68万元，正在准备实施工作。

【加快发展民生水利】（1）农村饮水安全项目，工程总投资12119.313万元，规划解决98531人的饮水安全问题，建设管道引水1012处、保暖井437眼，分布于11个县（区）、1449个村，到位资金3460万元。目前到位资金工程进展顺利，已完成总工程量的90%。（2）推进牧区水利建设。开工建设嘉黎县忠义乡、比如县白嘎乡、尼玛县文部、巴青布朗塘4大灌区，目前正在开展前期工作，力争尽快开工建设；新开工建设那曲县恩尼乡、申扎县塔尔玛5村、班戈县门当乡3处草场灌溉工程，目前已完成前期工作，待资金到位后开工建设。

那曲地区交通运输工作

【公路交通基础设施建设】2011年，省道301线那曲供加至班戈德保镇公路改建工程。该工程主干线全长170.328Km，按照三级公路标准设计实施（路基宽7.5m，路面宽6.5m,设计速度30km/h）；支线有5段，共计长17.216Km,按照四级公路标准设计实施（路基宽4.5m,路面宽3.5m,设计速度20km/h）；该工程为西藏自治区“十二五”重点项目之一，建设工期24个月，分四个标段实施，项目法人为那曲地区交通运输局项目管理中心，工程总投资4.9亿元。

【省道305线（那曲至嘉黎）公路改建工程】该工程全长193Km，按照三级公路标准设计实施（路基宽7.5m，路面宽6.5m,设计速度30km/h），该工程为西藏自治区“十二五”重点项目，建设工期36个月，分六个标段实施，截至目前六个标段均已进入各施工场所，并做好了施工前的准备工作，有些标段已经开展了附属工程的施工。该工程项目法人为中铁二局，工程总投资8.34亿元。截止2011年10月底，路基工程已完成65%。

【G317线巴（夏）那改建工程】该工程全长256公里，按照三级公路标准设计实施。经过两年来各参建单位的通力协作，全线路基基本成型并完成转序，同时完成路面水稳层铺筑206公里，完成沥青油面铺筑194公里，完成工程总投资的80%。（对于全线存在的施工质量和不良地质等问题已上报交运厅，有待解决）

【农村公路建设】2011年，全地区农村公路建设实施项目79个，总投资达55228.84万元。其中：2010年续建项目2个，投资1329.67万元，目前已完工，实现农牧民增收约78.35万元；2011年建设项目77个，投资53899.17万元，其中：通畅项目（通乡油路）2个，投资9560万元，通达项目（通村公路）59个，投资39302.17万元，其他项目16个，投资5037万元。

【养护和路政管理】狠抓公路养护，着力改观公路现状。干线和农村公路养护在去年的基础上进一步明确了交通主管部门和乡（镇）、村各级工作职能，严格按照年初下达的目标任务，并落实了养护责任制，各县（区）政府严格按照养护要求，认真落实养护工作。国省干线疏通涵洞61次/46道、备路面料22286立方米、铺路面料22286平方米、修补土路32825平方米、清理边沟93751米、清理塌方975/立方米、整修路肩7074平方米、整修边坡11271平方米、新挖边沟4995米、清扫路面96735平方米、修补路基缺口7175立方米/33处。农村公路疏通涵洞254次/2234道、维修涵洞234412道、备路面料1129082立方米、铺路面料573967.6平方米、修补土路168667平方米、清理流沙104163立方米、清理边沟262567米、清理塌方128390.5立方米、整修路肩3437平方米、整修边坡273平方米。

【运输管理】全年公司完成客运量160350人次，同比增长10%，创收1611万元，同比增长15%，其中，客运收入1200万元，同比增长20%，上缴利税112万元，同比增加50%，实现利润170万元，同比增长49%。下属公路公司截止目前公司累计完成工程量约4000万元，上缴利税312万元。

那曲地区邮政工作

【年度综述】2011年，全地区邮政完成业务总收入1486.16万元，完成年度计划的101.1%，同比增长13.68%。其中：完成主营业务收入1456.54万元，占总收入的98.01%，其它业务收入累计完成29.62万元；完成通信成本费用3938.23万元，完成年预算的100%。收支差额实现-2435.69万元，完成年预算的100%。全员劳动生产率达到8.95万元/人，同比增长8.22%；全年，安全生产无事故。二级干线完成邮运总里程47万公里。

【邮政通信建设】一是5月按照区信息技术局IC、POS改造升级工程的统一安排，对我地16台POS机进行了升级改造；二是根据地区基础设施建设指挥部供暖组要求，完成了本局建筑物图纸的搜集、提供工作；完成了本年度基建维修项目合同申报前期工作；完成了电池房改造、邮运分局仓储中心、双湖职工周转房建设工作；完成了火车站网点、雁石坪、夏曲卡三个乡邮网点地面硬化工作及嘉黎、申扎两县局维修工程，同时地区局“四进工程”正在设计当中。原酒店、地区营业大厅改造工程仍在施工当中。

中国移动西藏公司那曲分公司

【努力打造精品网络，确保企业生命线】那曲分公司以村通工程为切入点，按照网络实现扁平管理的思路，坚持“网络就是企业的生命线”这一核心理念，抓了网络建设、优化、维护这三大重点工作，有效处理好了“建、优、维”三者的关系，确保了“三项”工作有序、有效、有力并进，为分公司挖掘市场奠定了坚实基础。

【不断加强基础管理工作，切实提高执行力】2011年，分公司通过整章建制，建立企业文化传播平台，全力落实SOX法案各项要求、着力推进“绿色行动计划”，打造低碳工作等举措，规范了内部管理，丰富了企业文化内容，强化了全员风险意识，降低了能耗损失，最终提高了基础管理水平。

【不断推进文明建设工作，增强团队凝聚力】分公司将精神文明建设工作作为一项重要工作来抓，在全体员工的不懈努力下，精神文明建设工作取得了显著成绩，分别获得了“全国三八红旗集体”、集团公司“职工之家”、自治区人民政府、西藏军区授予的“自治区双拥模范单位”、4个县级青年文明号、4个地区级文明号等荣誉称号。通过开展以上工作，强化了队伍建设，提升了团队的向心力、凝聚力。

【落实关爱、勇担责任，开创内外关系新局面】2011年，分公司继续推进艰苦地区员工关爱工程，一是为安多县安装锅炉取暖试点工程和地区周转房配置热水器。二是严格履行集体合同，维护女职工身心健康权益。三是在绩效和外出学习交流上对基层员工给予相应的政策倾斜。四是员工自发为困难同事捐出1天的工资，共计款11075元，为地区红十字会捐款3000元，为当木江乡13村村民捐款18430余元。

【安全生产，常抓不懈，让隐患无处藏身】2011年，对机房、营业厅、办公楼等重要部门更换了消防设施，加大了对关键部位的监控力度，对存在隐患部位加大了检查和整改力度。同时，加强内部安全生产教育，全年分公司未发生任何一起安全事故，员工队伍稳定，各项工作正常开展。为此，分公司也获得了区公司2011年“安全生产、综合治理”先进集体。

那曲地区国土资源工作

【主动服务，土地管理能力进一步提升】2011年，那曲地区国土资源局向区国土资源厅呈报了那曲县2011年第一批、第二批城市建设用地农用地转用及征收土地的审核意见。为建设新那曲（那曲基础设施建设）、因城市规划调整拆迁置换的加油站，国家特殊用地及军事用地、公共设施项目建设用地办理了农用地转用手续，征收集体草场近280亩。为“十二五”期间国家投资的那曲及各县的基础设施、交通、水利、公益设施项目出具了30余份建设用地初审意见及土地利用现状图，使我地项目能及时得到了国家立项并投资建设。按照特事特办的原则，为305省道那曲至嘉黎县公路建设项目办理了“先行用地”手续。对改变土地用途、破产企业拍卖的土地、原划拨供地的4家土地使用权人办理了出让手续。为地区地直机关企事业单位提供建设用地近3万平方米，其中一宗为出让用地818平方米。对已建房且符合那曲城市新规划的72户历史遗留问题依法进行了处理。面积达19800平方米。

【依法登记，积极开展地籍管理规范化建设】2011年，共完成各类拆迁户土地核查82宗，注销拆迁户土地证33宗。完成土地登记280宗，登记面积202146.23平方米，其中：初始登记

134宗，登记面积119529.70平方米；城镇国有土地变更登记93宗，登记面积59286.66平方米；土地抵押登记53宗，登记面积23329.87平方米，抵押金额450.40万元。利用全区开展土地登记规范化和权属纠纷调处大检查之机，完成地籍档案整理归档2000余卷。提供土地档案公开查询服务100余次。出具城镇土地利用现状成果图100余份、农村土地利用现状成果图20余份。

【先易后难，有序推进农村宅基地确权登记发证工作】已完成那曲县、聂荣县、巴青县和嘉黎县共计15个乡镇，208个村，18000余宗农村宅基地确权登记和大约25平方公里的地籍测量工作。那曲地区10个县（双湖特别区行政区划归属于尼玛县），有9个县已签订了《合同书》，仅那曲县没有完成《合同书》的签订工作。

【多措并举，矿业开发秩序进一步规范】一是矿政管理工作逐渐规范。切实加强矿产资源勘查开发管理，认真做好采矿权申请登记、变更、延续或注销工作。二是加强矿业秩序整治工作。切实加大专项整治和打击力度，严厉打击无证勘查开采、乱采滥挖等各类违法行为，全地区矿业开发秩序明显好转。三是地质环境治理项目进展顺利。投资1650万元，由西藏水文工程公司承担的那曲县县城周边地质环境治理项目和那曲地区尼玛县玉龙砂金矿地质环境治理项目进展顺利，各项项目建设任务已基本完工。该局于今年10月和11月对该项目进行了初验。目前，已向区国土资源厅递交了验收报告。委托中国科学、水利部成都地质灾害与环境研究所，完成了那曲县那木切矿山迹地景观恢复工程编制规划工作。积极衔接2012年矿山地质环境治理项目及地质灾害治理项目的相关工作。

【加强监管，防范和遏制国土资源违法行为】针对卫星监测显示的2010年度该地发生变化的91个图斑（其中本年度批准本年度建设图斑70个，涉及土地面积1520.8亩；疑似新增建设用地图斑9个，涉及土地面积48.8亩；“往年批而未用当年实地已建设”地块图斑9个，涉及土地面积102.9亩；军事用地图斑3个）进行了逐一核查。经查实，2010年该地发生违法用地图斑51个，涉及土地面积1293亩，违法用地实际用途为交通运输用地43个、公共管理与公共服务用地5个、住宅用地1个，空闲地1个，工业用地1个。

那曲地区住房和城乡建设工作

【重点项目稳步推进】2011年，那曲地区住房和城乡建设局采取落实项目责任制，制定项目进度计划、倒排工期和定期对项目进展进行汇报，及时调查解决困难等措施，确保了“迎大庆”各项建设任务顺利完工。

一是拉萨路街景整治工程全长2550米，整治内容包括外墙、女儿墙、门面、店面招牌的改造，更换窗及幕墙等，整治工程经费通过地区财政补助以及相关单位、企业、个体按比例出资的方式共同筹措，总投资为18422596.64元，其中地区财政补贴14165215.64元，相关单位、企业、个人筹资4257381元。工程于5月10日陆续开工，7月1日完成了所有建设任务。

二是那曲镇迎宾路延伸段工程总投资4500万元（其中地方财政配套1500万元，自治区交通厅配套3000万元），建设内容包括：新建双向四车道砼路面2.609公里（一级公路），新建预应力钢筋砼4孔30米T型梁大桥一座，桥长126.6米，沿线穿越部队的输油管道两处，兰西拉光缆一处。该工程于2010年7月17日正式开工建设，2011年7月20日完成了所有建设任务。

三是地区赛马场是该地独具藏北民族特色的一张“城市名片”，也是该地地标性建筑，赛马场应急工程的实施对于宣传该地形象、提升城镇品位具有十分重要的意义。赛马场应急工程总投资932.9607万元，具体建设内容为镂空围墙3335.23米及三处大门、场区道路6米宽道路764米、4米宽道路515米及停车场4320平方米。工程于5月19日全面开工，7月底完成所有建设任务并投入使用。

四是那曲镇环城南路至通站路市政工程是连接环城南路与通站路的主要城市道路，是提升城市道路通达能力，完善那曲镇“七纵七横”道路骨架及地区赛马场功能的重要工程。工程规模1.092公里，建设内容为市政道路及其配套设施，工程直接费用经财政评审为12372555.3元（含路灯费用425000.00元）。该工程于6月8日开工，8月8日完成全部建设内容并投入使用。

【双清欠工作成效显著】2011年协调解决拖欠民工工资7起，完成清欠近40万元。

【严格执法，强化工程项目施工质量监督管理力度】2011年，该局直接受理监督工程项目36个，总投资34073.24万元，总建筑面积138720.88平方米，其中新建项目13个（总投资10109.94万元），跨年项目23个（总投资23963.30万元）。确保了建设行业的质量安全。通过强化监督检查，建筑质量和安全生产管理水平得到进一步提高。

【公积金管理不断完善】一是加强信息化管理力度，提高公积金管理准确性。按实名更正户名并录入身份证号，将一人多户情况进行合并，提高了公积金管理准确性。二是加强核缴力度，提高公积金缴存量。对全地区所有公积金缴存账户进行全面审核，并按照自治区管理委员会要求，从2011年元月份将公积金缴交比率提升至核定工资10%，目前，在册的公积金缴交单位130个，人数16368人，其中封存55户，正常缴交人数16423人。三是加大公积金支取和委托贷款业务，最大限度满足该地广大干部职工购房需求。

那曲地区气象工作

【基础业务工作扎实有效推进】那曲地区气象局注重对一线业务人员工作技能的全面培养和业务绩效的综合考核，不断强化其对做好基础业务工作重要性、必要性和长期性的认识，进而提升业务知识水平和综合业务技能，适应现代气象业务体系建设的需求。一是按照《规范》要求，圆满完成了全国全区优秀测报员气象探测记录的审查，并协同区局观测与网络处开展了业务大检查；二是组织业务技能测试四次，参与测试人员200多人（次），基本掌握了全地区业务人员的知识技能水平；三是积极督导基层县局落实业务管理年的工作任务，推进业务管理工作上水平；四是组织开展了汛期气象服务工作自检自查工作、编制了那曲达仁机场自动气象站建站方案并报机场建设指挥部审定；五是探空和测风施放高度先后三次创历史新高，最终定格在9月9日上午（探空施放高度为64224米，测风施放高度为57941米，终止气压点为0.1hpa）；六是启动六个新型自动气象站建设前期站址勘选、土地征用，设备看护等前期准备工作。六是组织开展了无人自动气象站运行维护维修培训班，尽全力提高基层一线技术人员自动气象站维护维修能力和水平。

【**气象科研工作稳步推进**】2011年地区气象局科研工作主要表现在以下几个方面：一是按照区局的统一安排，成立了专门工作机构，负责资料收集、校录、整理和文本的编撰等，圆满完成《西藏自治区那曲县级气象灾害防御规划》的编制工作；二是《构建农牧区气象科普新型体系推动气象科普能力建设》获区局立项；三是《那曲地区决策气象服务远程视频会商（灾害应急会议）系统》完成9县（区）设备采购、安装和调试；四是气象科普宣传和学术交流有序推进，先后组织和参与了世界气象日、全国防灾减灾宣传日、全国科技宣传周等主题宣传活动，积极为干部职工和农牧民群众宣讲气象科普知识、常见灾害科学应急避险常识、气象法律法规等；五是向11县（区）和相关单位赠送《那曲地区常见灾害科学应急避险手册》21900册。

那曲电力公司

【**年度综述**】2011年，公司完成发电量1968.52万千瓦时，同比下降52.64%，完成年度计划指标（1969万千瓦时）的99%，主要受查龙电厂设备技改影响；完成售电量7428.19万千瓦时，同比增长14.60%，完成年度计划指标（7257万千瓦时）的102.35%；综合线损率13.77%，同比降低0.11个百分点，高于区公司年度考核指标（13.50%）0.27个百分点。应收电费4969.49万元，实收电费4904.47万元，电费回收率98.70%；应收电费余额68.90万元；全年实现营业收入5447.51万元，完成年度预算的101%（区公司年初指标为5395.61万元，比预算增加51.90万元）。截至到2011年底，公司资产总额为65361.84万元；资产负债率100%。

2011年，小型基建总投资1852万元（包括去年续建项目）。现已完成职工周转房二期工程（投资计划1138万元）、职工周转房配套工程（150万元）以及安多营业网点建设工程（130万元）；受区公司委托建设管理，完成了青藏直流±400kV线路那曲、安多巡检站工程，并通过竣工验收；由江苏省电力公司投资援建的职工活动中心工程待区公司计划批复后，今年将建成投入使用。

2011年，大修项目共9项，电网项目2项，水利设施维修3项，二次系统2项，防汛物资1项，特种设备检验1项，均已完成，完成率100%。

2011年，技改项目共13项，除那曲地调至35kV中心变第二路由通讯接入项目、职工周转房交换机建设项目由区调度中心负责延期至2012年外，其余11项均已完成。

那曲地区环保工作

【**年度综述**】2011年，那曲地区环保局以保持和改善环境质量、增强可持续发展能力、保障群众健康为目标，紧紧围绕推动科学发展、促进社会和谐这一主题，大力加强生态文明建设。以构建藏北高原生态安全屏障为核心，努力实施科学发展促进战略和生态安全保障战略。严格环境执法监管，各项环保工作取得顺利进展，为建设小康那曲、平安那曲、和谐那曲、生态那曲提供环境保障的支撑。

【**切实加强环境综合整治**】截止年底，共组织那曲地区干部职工和环卫工人、学生进行了6次集中清扫活动，清除了周边草场10吨以上的白色垃圾，投入人员600余人次，车辆20辆，并为各居委会协调解决了10个垃圾箱，农牧区生产生活环境得到明显改善。三是加强主要交通道路沿线和旅游景点区（点）环境治理。会同相关单位对317国道环境进行检查10次，蹲点40多天，共出动人员60人次，车辆15车次。

【**督促317国道工程环保整治**】5月10日至6月9日，会同相关单位组成巴夏联合工作组进驻夏曲镇，对国道317油路工程那曲至巴青段沿线环保整治工作进行了为期40天的督导。据统计，沿线5个施工单位从5月13日开始，投入了各种机械约48台，人员250人左右，认真进行环保恢复整治。

【**认真做好S301、S305线环境检查工作**】下半年，根据基本建设环境保护工作要求，会同相关单位对省道S301、S305项目工程有关环保问题进行专项检查10余次，并按环评要求指定沙石料场，确保了工程进度。

【**重点对申扎县查藏错东铜多金属矿及选矿厂进行环保检查**】7月底，区、地两级环保及相关单位组成的工作组，对申扎县巴扎乡查藏错东铜多金属矿及选矿厂环境保护措施整改落实情况进行了专项检查。

【**深入开展对西藏华夏矿业公司蒙亚啊选矿厂尾矿环境污染调查**】8月中旬，位于嘉黎县境内的西藏华夏矿业公司蒙亚啊铅锌选矿厂在试运行过程中，尾矿输送管道出现多处爆箍现象，致使少量尾矿泄露，疑似对当地的草场和水源造成污染。接到嘉黎县环保局报告后，局领导高度重视，立刻将有关情况向自治区环保厅作了书面报告，并请求尽快派专家抵达事件现场调查取证。8月22日，由环保厅带队的区、地、县、乡四级工作组，对华夏矿业公司蒙亚啊铅锌选矿厂有关情况进行了现场调查，自治区环境监测站对尾矿坝下游水体进行了取样。

现场检查中，自治区环境监察总队认为该公司选矿厂有关环保设施建设不达标，尾矿输送管道局部确实出现了爆箍现象，并对周围生态环境有一定损害，根据后来的水质化验结果，并未造成严重的不可控的后果，拟对该公司作出限期整改的处理意见。

那曲地区教育工作

【年度综述】2011年全地区小学适龄儿童入学率和初中入学率分别达到99.05%和93.54%，全地区共有各级各类学校218所，其中：完全小学127所，初级小学21所，教学点31个、幼儿园23所，民办中学1所，初级中学12所、高级中学2所，中等职业技术学校1所。在校学生80974人，其中：小学在校生53844人、初中在校生21159人、高中在校生3119人、职业学校在校生1319人、幼儿园在园人数1533人。共有教职工5159人。

【圆满完成迎“国检”任务】9月18日至9月28日，全区的“两基”工作通过了国家的评估验收，10月23日至11月1日，自治区“两基”督导检查组对那曲地区的“两基”工作进行了评估验收，“两基”工作圆满通过了自治区“两基”督导检查组的检查。

【加快学校规范化建设，努力改善学校办学条件】2011年，落实到《中小学校舍安全工程》、《全区义务教育阶段学校D级危房改造》和《七县青少年校外活动场所》、《农村义务教育薄弱学校改造》《那曲地区特殊教育学校建设》等67所中小学建设项目，涉及资金共计16155.56万元。其中2010年续建项目9个，总投资1516.2万元，今年新建项目58个，总投资14639.36万元。

【招生考试各项工作有序进行】2011年，全地区参加高考的考生人数有1252人，2011年该地高考成绩拉萨那曲高级中学的上线率是66%，地区高级中学的上线率是31%，育英民办中学上线率58%。全地区参加中考人数共3158人，6月20日至6月22日开考，录取率100%。上半年教育技术水平考试报考人数675人，下半年教育技术水平报考人数为534人。春季自学考试，考试报名总人数为25人，报考科次20次。秋季自学考试报名总人数为27人，报考科次23次。2011年全国成人招生统一考试人数为1680人。

那曲地区科学技术工作

【农牧业科技管理工作取得长足进步】2011年，那曲地区农牧科技管理工作不断加大申报国家、自治区科技计划项目力度，以成果转化、科技示范带动为工作重点，不断提升农牧业科技含量。全年组织重点申报国家及自治区重点科研项目3项，获得项目资金700余万，全年落实地区科技三项经费60万元，组织实施了一批涉及星火、成果转化及科技示范项目，通过这些科研项目开展，不断带动了我地农牧业发展，提高了该地畜牧业科技含量。

【科协工作得到扎实推进】2011年，地区科协扎实落实全国“科普惠农兴村计划”项目，组织11县（区）积极申报，通过收集资料、核对评优，申报了农村科普示范基地建设3个、农村科普带头人2人，经区科协、财政厅审核，中国科协、财政部审批通过，那曲镇23村牦牛养殖科技示范基地荣获2011年全国农村科普示范基地，奖励资金20万元。索县亚拉镇第二居委会尼珠等两名获2011年全国农村科普带头人先进个人，各获奖金5万元。

【大力发挥科技优势，确保基层工作扎实开展】向广大牧民群众发放了有关种草、牲畜疫病防治、科学养畜等科普书籍2500余册。并派出两名技术精湛的科技人员，为广大牧民群众义务维修风能、太阳能光伏家用套灯97台（件），投入维修太阳能所需酸、碱性电水及零配件等价值共计人民币10800余元。并发挥自身优势，想方设法，多方筹措资金近10万元，为牧户解决太阳能光伏家用套灯69套，目前各项工作正在积极落实中；二是投入价值共计人民币9000余元的诱饵、防护用品、灭鼠用具等，群众劳务投入达896人次，灭鼠面积共计达3万余亩，灭鼠率达80%以上，有效的遏制了草原鼠害，防止了草场退化，促进了畜牧业生产，保护了生态环境。三是出台了《关于比如县羊秀乡瓦宁村至友自然村公路工程的批复》，总投资33.9785万元，由于工作突出，最终获得自治区“基层建设年先进集体”；四是抽调12名局骨干人员，下村常驻尼玛县申亚乡各村开展基层工作，投入资金达20万元，通过各项工作，不断夯实、强化基层基础。

那曲地区广播影视工作

【新闻宣传报道工作再上新台阶】2011年，那曲电视台、各县（区）广播电视转播台始终坚持“三贴近”原则，唱响主旋律、打好主动仗。结合中国共产党成立90周年和西藏和平解放60周年庆典活动，制定了关于采制西藏和平解放六十周年大型电视系列报道《辉煌六十年》的方案，并组织业务骨干，深入十一县（区）开展了西藏和平解放六十周年大型电视系列报道《辉煌六十年》的采制工作，经过精心制作在那曲台中播出；完成了大庆献礼曲目《援藏大哥》的拍摄、光盘制作工作；完成了《藏北经典牧歌》唱片的MTV拍摄工作。在赛马节期间，精心组织人员，全方位、多角度地宣传报道了赛马节盛况。在“党的光辉照四方”全国电视节目评析表彰活动中，电视专题片《永恒的纳木措》荣获一等奖。根据地委主要领导指示精神和地区强基办的安排，由地区电视台领导带队，组织精干记者，深入十一县（区）开展大型电视系列报道《创先争优、强基惠民》，为该地强基惠民活动的深入开展营造了良好的舆论氛围。值得一提的是，那曲电视台根据事业发展需要，成立了新闻中心，实行了绩效工资奖励制度，职工工作积极性、主动性、创造性得到了进一步调动和激发。2011年，那曲电视台共制作播出藏汉语新闻5060条，送区台播出藏汉语新闻446条，新闻制作播出条数均为历年来最高；民生类新闻也逐渐增多，《那曲新闻》观赏性得到了进一步提高。同时，各县（区）进一步加大了对电视宣传工作的重视力度，不断加大投入，电视宣传工作取得了显著成绩。2011年，各县（区）共在《那曲新闻》中播出新闻920条。部分县还积极创新宣传形式，充分发挥广播覆盖面广的优势，在每天上下班各利用半个小时播放广播，及时传达党和国家的方针政策以及有关法律法规知识，丰富了广大干部群众的精神文化生活。

【广播影视公共服务能力进一步提高】继续以保障和改善民生，切实维护广大群众享受广播影视文化权益为出发点和落脚点，扎实推进基础设施建设。按照自治区广电局的要求，完成了2008—2010年广播电视“村村通”、“户户通”已建未公示站点统计、核实上报工作；完成了“十二五”期间广播电视“户户通”建设规划、“十二五”期间11县（区）乡镇一级国家单位的“户户通”建设规划、20户以下通电自然村“户户通”建设规划的上报工作。统计上报了该地安多、聂荣、巴青三县北部920个未通电偏远自然村“村村通”广播电视太阳能单收站列入“十二五”期间的建设计划。2011年底，该地广播电视覆盖率分别达到83.06%和87.57%。全地区地各级电影放映部门围绕中国共产党成立90周年、西藏和平解放60周年庆祝活动，深入开展爱国主义影片、优秀影片展映和放映活动。在全区广电系统爱国主义教育影片巡回展映活动中，该地组织的电影放映队在日喀则、山南、林芝和拉萨四个地（市）15个放映点上累计放映电影30场、播放红色歌曲（MP4）30次、幻灯片宣传标语20条，吸引观众1万余人次。电影放映发行和拷贝工作得到进一步加强，发往各县（区）新的胶片电影28个节目53个拷贝。为方便该地基层放映对转载数字电影节目，建立了数字电影节目管理中心（平台），已下载授权的公益片、故事片、科教片等电影节目近1000部，其中藏汉双语影片200部。积极争取自治区电影公司的支持，落实了26套农村数字电影放映设备，该地71支基层电影放映队已全部实现电影放映数字化，并为每个放映队配备了发电机，确保了电影放映活动正常开展。2011年，全地区71支电影放映队在1232个放映点上累计放映电影19200场（次），观看人数达103万人次，每村每月看到1.33场电影。

【有线数字电视整体转换工作取得较大进展】2011年1月7日正式建成那曲地区所在地有线数字电视核心平台，3月18日向用户传输信号，5月20日正式开通试运行，6月1日通过了初验。数字电视的开通，进一步丰富了那曲镇干部群众的精神文化生活。到2011年底，已发放数字电视机顶盒4500余台。与此同时，还完成了有线数字电视二期工程项目报送工作。

【卫星地面接收设施、“网络共享”网站及设备产品专项整治行动取得明显成效】在地区清理整顿文化市场专项行动领导小组的统一领导下，在各驻乡、驻村工作组的密切配合下，3月15日至4月15日，在全地区范围内认真组织开展非法销售、私自安装卫星广播电视地面接收设施专项整治行动，依法查缴卫星接收天线108面、卫星接收机76台、高频头151个。根据自治区的统一安排，认真组织开展了打击非法“网络共享”网站及设备产品专项治理行动，切实维护了卫星电视广播地面接收设施正常接收秩序，维护了国家政治安全、信息安全和文化安全。同时，按照国家信息安全等级保护制的相关要求，对信息安全等级保护定级进行了进一步的规范。

那曲地区卫生（人口计生）工作

【卫生部门医改工作取得的显著成绩】一是农牧区医疗制度建设加快推进，健康运行。全地区继续保持农牧区医疗制度100%的覆盖面。政府免费医疗补助标准提高到人均260元，农牧民个人缴费提高到20元，据统计2011年全地区基金筹资总额10811.4万元，支出总额近8179.33万元，基金使用率为75.65%，其中住院补偿率为67.76%。积极探索建立农牧区医疗即时结报办法，方便农牧民群众看病就医和报销补偿。地、县（区）政府及卫生、监察、审计、财政等部门进一步加强了农牧区医疗管理，特别是基金监管，加大了农牧区医疗相关政策等培训力度。二是进一步加强国家基本药物制度实施工作。积极实施《西藏自治区基本用药增补目录》，目前，所有乡（镇）医疗机构实施了国家基本药物制度。2011年所有乡镇都得到了药品零差价销售补贴平均1.8万元。三是医疗卫生服务体系和人员培训进一步健全。2011年自治区投入专项经费218.87万元，用于农牧区卫生技术人员培训。全地区共完成各级各类农牧区卫生技术人员培训达60多期、1300多人次，其中乡（镇）和村级卫生人员培训达1244人次。四是基本公共卫生服务均等化取得新进展。2011年该地人均基本公共卫生服务经费达到30元；开展农牧区妇女孕前和孕早期增补叶酸，大力实施“降消”项目，孕产妇住院率达到70%。全面完成了15岁以下目标儿童乙肝疫苗补种；积极实施了农牧区改水、改厕工作。进一步加强重点传染病、地方病和学校传染病防控工作。五是公立医院内部管理不断加强。双湖区卫生局和地直医疗单位进一步加强内部管理，探索公立医院改革试点，进一步优化诊疗流程，加强临床护理和学科建设，加快医院信息化建设，规范医院临床检查、诊断治疗和用药行为。

【农牧区卫生工作和妇幼保健工作得到不断加强】1.2011年，那曲地区农牧民总人口有407484人，参加个人筹资的人口有399589人（包括民政代缴的五保户、特困户个人筹资10元的人口），个人筹资覆盖率为98.06%。农牧区免费医疗基金筹资总额为10811.4万元。农牧民住院补偿是23727人次，总费用是6614.25万元，住院补偿总额是4506.41万元；门诊补偿人次是531311人次，门诊补偿总额是2521.94万元，住院分娩补偿人次4690人，补偿金额781.11万元，补偿率97.65%。

2.积极开展妇幼保健工作。严格执行"降消"项目和"母子保健一揽子项目"为中心，全面落实农牧区孕产妇住院分娩补助政策。以"三网监测"为重点，强化孕产妇、儿童系统保健管理工作。为3672位住院分娩的孕产妇发放了住院分娩补助146.88万元，住院分娩率70%以上，比2010年提高了近10个百分点。

3.开展医疗卫生技术服务下乡活动。在卫生"三下乡"活动的基础上，局党组成员建立工作联系点，局领导带领各下属单位及相关县（区）和部门深入基层，走村入户，调查了解农牧区医疗卫生、医改、计生、药监工作落实情况以及存在的问题。2011年该局从当地四家医疗机构选派医疗队，对乡村医生进行技术指导及业务培训，进一步提高乡村医生的技术水平，管理能力和服务能力。

4.落实村卫生室的设备购置和发放工作。该局积极协助财政等有关部门组织人员验收、配送2011年当地农村人居环境建设项目中安排的132个村卫生室12种医疗设备的工作任务。

5.组织协调先心病筛查工作。2011年，那曲地区共对那曲地区各中小学及那曲县罗玛镇14村的4000多名儿童进行了为期三天的心脏病普查，经筛查疑似先心病儿童216名，确诊的先心病45名，对确诊的先心病儿童将分批到北京武警总医院接受免费手术治疗。

【人口和优生优育工作得到全面加强】地区人口计生系统在各级党委、政府的领导下，在上级业务部门的大力支持下，认真贯彻落实该区人口和优生优育"三为主"、"三结合"的工作方针。一是扎实推进免费技术服务工作，免费服务报销率达100%，对自愿接受避孕节育措施的农牧民提供免费随访率达10%，免费孕前优生优育健康体检率达20%，项目县前期工作已基本完成。二是共完成"一孩、双女"扶助对象4322名，特别扶助对象983名及700名新增对象和989名退出对象的网上变更工作，共发放资金426.624万元。经全面调查统计，最终将符合条件的10名"半边户"列入扶助对象。三是计生协会工作顺利推进，完成了聂荣县色庆乡双新工作项目，取得了很好的成绩，得到了上级业务部门的好评，启动了那曲县油恰乡新一轮双新项目工作。四是流动人口计划生育属地化管理市民化服务的工作进程得到了加快。班戈县"幸福工程"救助贫困母亲项目第一轮受助金22500元按时、足额发放到了5名保吉乡的受助贫困母亲手里，在一定程度上增加了受助母亲的现金收入，改善了其生活条件。五是积极协调各部门，及时安排部署，要求对2011年录入的全员人口信息进行更新，到目前为止，该地已完成全员人口信息的88%网上登录工作。

【藏医药事业得到传承和发展】完成了8县1地藏医院的硬件建设。地区藏医院整体搬迁项目已基本完成，有望2011年年8月份竣工交付。地区藏医院在2011年全区医院评审年活动中获得优良成绩，在医院内涵建设与文化建设上取得显著成效。

按照《关于2011年度藏医师承和确有专长人员出师考试有关事宜的通知》的有关文件要求，在完成审核上报的基础上，2011年那曲地区有70余人报名参加了藏医师承和确有专长人员出师考试。

积极开展了地区基层藏医药全科医师人才培养，对12名藏医进行全科医师（转岗）培训，同时对从事医疗一线具有一定藏文基础的10名藏医进行三年专业培训。组织地区9所藏医院（8个县级藏医院、1个地区藏医院）参加自治区藏医院能力建设项目。对107个乡镇卫生院分配了藏医医疗器械。为了交流各县（区）藏医药管理经验，相互学习，取长补短，地区各县开展了藏医药工作交叉、交流学习考察，受益匪浅。

【卫生受援工作取得丰硕成果】在地区卫生局第六批援藏干部的积极努力下，浙江卫生厅落实资金70万元用于地区妇保院购置设备，辽宁卫生厅落实资金48万元为地区妇保院购置X光机等设备；援助卫生局160万元用于培训县、乡、村卫生、计生技术服务与管理人员；浙江省落实资金1220万元，用于地区人民医院住院部改造、干部病房和第二住院部建设，其中20万元用于人才培训；辽宁省落实资金5000万元，用于藏医院搬迁新建工程；辽宁省落实资金300万元，用于地区人民医院道路硬化建设；援藏资金共计落实了6798万元。

【积极开展项目衔接协调工作】根据地区行署相关会议精神和要求，地区卫生局多次与自治区上级业务部门、地区发改委衔接协调，确定了总投资为7500多万元"十二五支持西藏经济发展规划"的卫生项目。2011年，完成了嘉黎、比如、聂荣、尼玛、那曲五个县卫生服务中心标准化建设改扩建项目的前期工作，总投资9109万元；五县项目已全面开工，年底已完成基础部分建设。同时，积极协助各县做好10个县卫生监督所和11个县（区）急救能力建设项目的相关前期工作，力争此项目资金如期下达，并开工建设。

【创先争优，强基惠民，维护稳定各项工作有序推进】下半年，抽调18名干部职工驻村开展"创先争优、强基层、惠民生"活动，筹措了10多万元，购买了常用药品为村民服务，同时为了落实"解决基层群众看病难问题"，投入16万元为比如镇18个行政村的新招录村医举办了为期两个月的培训班，目前已在各村上岗。卫生系统共抽调了106名干部职工和医护人员，分赴聂荣5个村，巴青9个村，比如23个村，组成37个驻村工作队开展工作。

那曲地区人力资源和社会保障工作

【就业再就业服务工作开局喜人】2011年，实现就业再就业1671人，完成全年目标任务的101.3%；职业介绍1272人次，完成全年目标任务的115.6%；城镇登记失业率为2.4%。

【服务基层、改善民生，社会保障体系建设成效明显】医疗保险工作扎实开展。一是核定城镇职工医疗保险968家、23958人.，征收保险金11668.94万元、总支出6968.78万元；二是核定城镇居民基本医疗保险498家、19683人，征收保险金610.63万元、总支出790.91万元；三是加快城镇居民医保卡及手册制作与发放，加大对26家定点医疗机构及零售药店的监督检查，对违规运作的1家药店下令限期整改。

养老、工伤、生育保险核定征缴稳中有升。一是核定养老保险375家、6375人，核定保险金5300万元，同比往年增加了570万元，实际征收5901万元、支出5696万元；二是核定工伤保险356家、10982人，核定保险金342万元，同比往年增加了45万元，实际征收270万元、支出242万元；三是核定生育保险760家、17658人，核定保险金452万元，同比往年增加了66万元，实际征收413万元、支出226万元；四是圆满完成了1895名离退休老工人的增资审核、审批及发放，切实做到了企业退休工人养老金按时足额发放；及时做好了企业退休工人一次性生活补助金、体检费及病故退休工人抚恤金的发放。新型农村社会养老保险稳步推进。全年新农保收入2754万元，兑现60周岁群众31537人的基础养老金1880万元。同时，设立了新农保收入、支出过渡户和财政专户，加强了基金管理力度。

城镇居民社会养老保险试点工作顺利启动。加强城镇居民的宣传引导工作，着眼城乡同步发展、低起步、全覆盖，真正把惠民生的政策宣传到位，力争做好城镇居民社会养老保险的各项工作。截至2011年底，全地区城镇人口11741人，其中60岁及以上的1018人、16–59周岁（不含在校学生）城镇应参保人口10723人。

【事业单位改革取得新进展】在认真总结地区事业单位岗位设置试点管理工作的基础上，加大事业单位编制数、在岗人员数、等级核查和等级晋升审核力度，加强了职称聘任管理，严把聘任条件关，严格聘任程序，建立聘任关系，完善任期考核，促进聘任管理规范化、制度化，有力推进了事业单位岗位设置试点管理工作。

【人力资源调配工作扎实有效】科学合理完成了2011年高校毕业生需求统计及1529名高校毕业生分配工作。做好了2010年度33名军转安置干部服务管理，组织召开了2011年军转干部座谈会，核定、调整、发放了382名自主择业军转干部退役金，确保了补发津贴按时足额发放。做好了2011年安置到该地的42名自主择业干部的查档、审核退役金、录入数据库和办理相关手续等工作，完成了38名退伍军人的安置工作。加强了军转干部医疗保险报销、网络培训等工作。同时，按政策落实工龄人员20名，此外，加强档案管理，提高服务效能，对出入档案进行严格登记并建立了电子检索和登记，转出档案309本。

那曲县

【年度综述】2011年，全县国民生产总值达78019.6万元，同比增长9.8%。第一产业完成20234.4万元，同比增长3.3%；第二产业完成18161.6万元，同比下降2.2%；第三产业完成39623.6万元，同比增长23.8%。财政收入完成30436万元，同比增长26.88%，其中本级财政收入达1645万元，同比下降34.2%。农牧民人均收入达到4956元，同比增长14.62%，其中现金收入3717元，同比增长14.62%。

【牧业经济实现可持续发展】一是坚持以牧业为主，进一步加大牲畜出栏和草场建设力度，按照“以草定畜、增草增畜、草畜平衡”的原则，通过政府和市场的双重引导，不断加大牲畜出栏力度，调整牲畜养殖结构，减少草场承载压力，提高牲畜产值。强化牲畜重大疫情防控工作，免疫密度达到100%，全年未发生一起重大疫情，幼畜存活率达到87.4%，成畜死亡率控制在1.09%，牲畜累计出栏31.91万头（只、匹），出栏率达到34.08%，存栏87.79万头（只、匹），较2010年减少5.8万头（只、匹），牲畜结构得到进一步的调整。截至目前，农牧民经济合作组织已达到73家，其中注册登记的有43家，年销售额达到4450余万元，促进农牧民人均增收500余元。

【继续抓好以农牧民安居工程为突破口的社会主义新农村建设，着力改善牧区基础条件】2011年，全县2525户安居工程建设已全部安排落实，各乡镇的安居房在乡镇政府的大力支持下已陆续完成，更多的农牧民群众搬进了新居。在实施安居工程的同时，以迎大庆开展国道109沿线611户的村容村貌整治工作为契机，不断丰富安居工程建设内容，积极探索适合那曲县实际的新农村建设路子，深化安居工程建设内涵，为以后那曲县更好的开展安居工程建设奠定了坚实的基础。

【不断加强基础设施建设，破解发展“瓶颈”制约】积极改善基层交通条件，以农村公路建设为代表的基层交通建设工作是进一步改善农牧民出行条件和推动农牧区经济发展的重要举措。2011年，在上级有关部门和援藏省市的大力支持和帮助下，全县农村公路建设总投资达2400余万元，新修乡村公路120公里，养护公路里程达228公里。新建人畜简易桥52座，总长度达到527米，进一步改善了全县农村道路交通状况。特别是援藏省市结合那曲县实际，针对农牧民出行难而国家投资又不能完全满足需求的实际情况，投资49.8万元在边远农牧区新建34座人畜简易桥，切实解决了全县部分农牧民群众出行难的问题。

【以人为本，关注民生，促进社会事业协调发展】社会保障工作扎实推进。积极开展以社会救济、优抚安置和社会互助等为主要内容的社会保障事业建设，全力推动民生工作再上新台阶。发放城镇第一、二季度低保金315.1万元，发放农村第一、二季度低保金227.89万元。积极开展城乡医疗救助、临时救济、帮扶和农村五保户供养等工作，兑现各类救助资金25.2万元，发放慰问款187.86万元。同时，投入资金518万元，积极开展母牛借畜还畜、人畜简易桥、农牧民技能培训扶贫项目，为22名贫困大学生发放补助资金4.7万元。

防抗灾工作扎实开展。针对2011年异常的气候情况，在吸取以往抗灾经验的基础上，超前部署、提前谋划，进一步完善了《防抗灾工作方案》和《突发性自然灾害应对预案》，建立了县、乡、村三级灾害信息员队伍。按照“粮食不出县、燃料不出乡”的原则，购买了价值133.95万元的各类储备粮发放到乡镇。2011年结合气候实际，按照地区要求，全力以赴做好各项工作，确保牧业经济持续增长。全年，共落实防抗灾口粮青稞538.36万公斤、面粉305.85万公斤、大米282.86万公斤，有效解决了7350户特困、严重困难户灾期无口粮问题；同时，及时购置并发放饲料100吨、玉米45万斤、精饲料40万斤，财政支付应急资金90万元。

【领导名录】
县委书记：占仁义（援藏）
县委副书记、县长：扎　南

嘉黎县

【年度综述】2011年，县地方生产总值3.8488亿元，比上年增加1.023769亿元，增长36.2%。地方财政收入2565万元，同比增长30%。全社会固定资产投资完成1.7711亿元，同比增长32.1%；社会消费品零售总额9846.7万元，同比增长6.2%；农牧民人均纯收入达到5616.85元，同比增长16.9%。各项存款余额达到2.754亿元，比上年增加8368万元，贷款余额达到1.22亿元，比上年增加2975万元。较好地完成年初确定的各项工作任务，实现了“十二五”规划的良好开局。

【突出抓好“三农”工作，新农村建设步伐加快】一是农牧业经济保持平稳发展。2011年，农作物总播种面积341.35公顷（其中，小麦79.11公顷，青稞195.87公顷），播种面积与预计产量与去年基本持平。全县各类牲畜预计存栏21.52万头只匹，畜群结合构进一步优化。重视和加强了防抗灾工作，全县共组建县乡两级防抗灾领导小组9组294人、乡镇转牧草场调剂小组76组459人、乡镇抗灾小组96组789人、突击队211组1481人，储备饲草料622.44万斤，粮食853.7公斤，燃料286.4袋，人畜药品价值约74.28万元。牲畜疫病防治工作成效显著，疫苗注射率达到100%。截止9月，各类牲畜死亡968头（只匹），死亡率仅为0.44%，比去年同期降低0.23个百分点；各类仔畜已生27902头（只匹），成活27500头（只匹），成活率达到98.56%，比去年同期提高了0.72个百分点。二是农牧民生产生活条件持续改善。认真按照安居工程示范村建设“树立典型，以点带面，整体推进”的工作思路，做到“三结合”，抓示范点与面上全面发动推开相结合、政府引导扶持与群众积极参与相结合、示范村建设与发展经济相结合，基本完成年初确定的742户安居工程建设任务，投入90多万元资金建设了阿扎镇2村安居工程示范村。在去年试点建成8个人居环境整治项目的基础上，2011年按照整乡推进的思路，在绒多乡、措多乡、阿扎镇12个行政村开展了此项工作并全部按要求完成。加快推进农牧区环境卫生整治工作，着力解决农牧环境卫生“脏、乱、差”现象，农牧民的精神文明素质得到提升。三是农牧民收入继续保持大幅度增长。金融服务三农力度进一步加大，涉农贷款达到1.02亿元，比上年增加了1851万元。着力规范虫草采集和交易管理。在县十届人大五次会议上，通过出台了《嘉黎县虫草采集管理暂行办法》，加大矛盾纠纷排查调处力度，共调处纠纷10起，有力地维护了虫草采集秩序，2011年虫草产量达到2799.3公斤。全面落实各种强农惠农政策，及时兑现各种惠民补贴。强化劳动技能培训，共在驾驶、厨艺等方面培训280人次以上。认真抓好劳务输出工作，实现劳务输出3600余人次，劳务收入达到600多万元。加大牲畜出栏力度，全年出栏率达到30%以上，5-10月全县共实现牲畜出栏40201（只）、上市36075头（只）。大力扶持农牧民专业经济合作组织，2011年新增了绒多乡1村和措多乡15村两个采石厂，带动了农牧民增收。

【突出抓好项目建设工作，增强经济社会发展后劲】紧紧抓住国家投资和援藏投资力度不断加大的有利时机，提出了开展“项目建设推进年”活动，切实抓好项目建设工作，共开工各类工程施工项目45个，其中，新建项目29个，续建项目11个，改扩建5个，内容涉及教育、交通、城镇基础设施、卫生、文化等方面，主要项目包括那嘉油路，台州路延长线工程，援藏公寓工程，综合办公楼工程，卫生服务中心改扩建，青少年活动中心等，全县固定资产投资完成1.7亿余元。在加强项目争取工作的同时，不断强化项目服务工作，执行重大项目定期汇报制度，及时研究解决项目推进中遇到工程用电、劳务纠纷、群企矛盾等问题，从资金、政策、人力等方面向重点项目倾斜，想方设法，多管齐下，各有关单位对项目建设中遇到的实际问题，采取一事一议、特事特办的方法，用最快的程序、最高的效率、最好的服务，加快推进重大项目建设；着力规范建设领域行为，完善《嘉黎县项目管理办法》，出台《嘉黎县项目监察暂行办法》，严格项目招标、建设、验收关口。坚持例行的月检查通报制度，及时查处整改工程建设中存在的质量问题，建立了建筑领域黑名单制度，5家施工企业被列入该县黑名单库。通过加强组织领导，加大前期投入，注重协调沟通，坚持科学谋划，重视和加强了项目前期工作，提升了该县项目落地的效率、质量和水平。

【突出抓好产业培育工作，夯实经济社会发展基础】始终坚持把产业培育作为经济社会发展的重要抓手，强化产业培育工作。以开发娘亚牛和藏猪为重点，加强了种畜场和牦牛育肥基地建设，多次对娘亚牛进行科学的肉质检测，为下一步的产业化规模化发展奠定了基础。藏猪占畜牧业的比重逐步提高，藏猪存栏量逐步增加，青钢菌、松茸等林下资源也得到一定程度的开发。坚持保护与开发并重的原则，以“群众增收、地方发展、企业增效”为目的，不断规范矿业开发工作。2010年以来，组织专题调研组就群众反映强烈的矿业开发协议资金未及时落实等问题进行了深入调研，在广泛听取各方意见和建议的基础上，主动与矿业公司协商谈判，2011年4月，重新签订了矿业开发协议，落实了原协议中未兑现的资金，维护了群众利益。在新协议签订后，为平衡绒多乡各行政村的利益，召集绒多乡11个行政村负责人和群众代表在县上进行了3天的思想教育和艰苦谈判，签订了《绒多乡各村利益分配协议》，稳定了群众，为和谐矿区建设奠定了基础。针对华夏公司在选矿厂试生产过程中存在的尾矿库渗漏、管道漏水等环境问题进行了停产整治。加快藏医药业的发展步伐。申请并实施完成了自治区级科研项目一个，藏药厂软硬件建设基本完成，藏药生产达到6000多公斤，比上年增加近两千公斤，增长50%，拉萨、日喀则的藏药销售点正常营业，"神山"藏药的品牌效应逐渐提高。继续积极实施万村千乡市场工程，在2镇5乡申报实施了全县24个农家店和1个配送中心建设工程，继续加强原有"万村千乡"店的管理，严厉打击假冒伪劣，规范各种经营行为。同时，旅游业等产业也良性迈步。

【突出抓好惠民利民工程，保障和改善民生】以实施"民生改善落实年"为契机，着力在改善民生上下苦功夫、下真功夫，年初确定的42项民生内容已大部分完成。基础设施进一步完善。维修绒多乡1座危桥，全县其余33座危桥改造维修前期工作全部完成，对509公里的农村公路实施了养护。绒多乡政府所在地及周边村民175户，1317人的生活用水问题得到解决。争取小农资金40万元对忠义乡部分农田水利老化渠道进行了维修。实施了措多乡线路延伸工程，解决措多乡587户、2951人的生活生产用电问题。实施县城供电管网改造工程，解决县城、阿扎镇、嘉黎镇641户、3518人的生活生产用电问题。扶贫农发项目总投资达到1125万元，减少贫困人口233户、1088人。123个村级活动场所设备配备到位。行政村通信覆盖率达到95%。强农惠民政策落实力度进一步加大。结合实际，争取公益性岗位53个。城乡医疗救助标准提高，五大保险覆盖面进一步扩大。60岁以上新型农村养老保险基本实现全覆盖。严格贯彻劳动保障法，建立拖欠农民工工资保证金制度，调处劳资纠纷15起，为65位民工追讨工资62万元。两项制度衔接工作稳步推进，城乡低保基本做到"动态管理、应保尽保"，五大保险面进一步扩大，低收入群体参保、续保缴费问题得到解决。退耕还林补助、野生动物肇事补偿、良种补贴、占地补偿等资金及时兑现落实。各项社会事业协调发展。学前教育加快发展。投入15万元专项资金，扎实推进"两基"迎国检工作，各项指标基本达到验收标准。投入422.79万余元的学校穿衣戴帽工程全部按时完工，育人环境大大优化。61名中学毕业生考上重点高中，11名小学毕业生圆梦内地西藏班。农牧区个人集资覆盖率达到96%，医疗补助标准提高到每年180元，麻疹、水痘、风疹、手足口病等疾病防治扎实有效，麻疹接种率达到97.4%。乡村医生培训力度明显加大，为乡村卫生院配备了价值20万元的医疗器械，投资1000多万元的县卫生服务中心改建基本完成，改善了基层医疗条件。食品药品的监管力度进一步加大。实施25个"行政村"和6座寺庙"牧家书屋"项目，各项目点的书籍、报刊全部发放到位。成功举办亚吉赛马艺术节，县业余文艺宣传队组建完成，组织各类文艺活动20场次。开展"扫黄打非"专项行动12次，收缴非法光盘248张（盘），净化了文化市场。农牧区电影放映达到2266场（次），"村村通"实现全覆盖，"户户通"覆盖率达到47%。

【突出抓好援藏帮扶工程，援藏工作向纵深发展】对口援助的浙江温州、台州两市第六批援藏干部，做了大量卓有成效的工作。帮助理清发展思路，提出了开展"四个活动年"的总体工作部署。第六批援藏干部2011年计划投入3300多万元，实施六大类20个项目，已开工项目4个，总投资1500多万元。

比如县

【年度综述】2011年，比如县按照自治区"一产上水平、二产抓重点、三产大发展"的经济发展战略和县"1136"发展思路，以"强化七种意识，抢抓发展机遇，狠抓七个重点，推动工作落实"为载体，深化措施、落实责任，确保"十二五"经济社会发展开局良好，在推动生态比如、平安比如、小康比如、和谐比如建设方面发出新步伐。

【抓产业，强支撑，夯实经济发展的产业基础】2011年全县完成生产总值49972.58万元，其中：第一产业增加值15482.3万元，第二产业增加值11204.5万元，第三产业增加值23285.78万元。三次产业结构进一步优化。农牧民人均纯收入达到6413元，比上年增长24.07%；全年财政收入预计达到661万元，比上年增长22%。

不断加强农牧业基础地位，推动一产上水平。农牧业是比如经济社会发展的基础，是人民群众赖以生存的根本。比如县始终把加强农牧业基础地位作为"三农"工作的重中之重，采取稳定牧区基本政策、加强农田水利建设、突出产业项目建设、加大农牧业投入、加强畜种改良和生态保护、建设防减灾体系、加强疾病防治、加大牲畜出栏力度等措施，改善农牧业基础条件，加强农牧业基础地位，增加农牧业收入。全县完成种植面积2.49万亩，其中粮食种植面积1.88万亩，蔬菜种植面积0.40万亩，饲草种植面积0.21万亩。全县牲畜已生40593头（只、匹），成活39353头（只、匹），成活率为96.95%；各类成畜死亡1793头（只、匹），死亡率0.61%。疫苗注射工作有序开展，接种W号病疫苗266690头（只），布病疫苗63400头（只），牛出败疫苗3901头（只），炭疽疫苗5706头（只），肉毒梭菌疫苗32194头（只），三联疫苗2126头（只）。

【抓服务，惠民生，推动社会事业协调发展】（一）坚持教育优先发展。认真落实《国家中长期教育发展规划》，把教育事业摆在更加突出的位置。加大教育投入，加强师资力量配备，改善办学条件，稳步提高教学质量。积极发展农牧区学前教育，突出抓好农牧区义务教育，加快发展职业教育。

（二）积极发展农牧区医疗卫生

事业。切实抓好乡村医疗基础设施建设，进一步深化医药卫生体制改革，加强医疗卫生队伍建设，规范完善新型农牧区合作医疗制度，逐步扩大城镇医疗保险覆盖面，力争使新型农牧区合作医疗覆盖率达100%。建立完善重大疾病防控体系，提高突发公共卫生事件应急处置能力，加强食品药品安全教育及市场监管，保障群众健康素质。人口及育龄妇女信息采集、地方病和传染病防治等工作顺利开展。“降消”政策和妇幼保健工作得到认真落实，计生服务工作不断强化，人口素质得到提升。

（三）加快发展文化事业，促进文化大繁荣。县财政3年预算90万元用于村级文化室相关配套设施建设，充分发挥村文化室作用。组建民间文化艺术团，积极开展文化展演，丰富了群众性精神文明创建活动，激发群众参与文化活动的热情。继续实施广播电视“村村通”工程、“西新工程”和“2131”工程。以中国共产党建党90周年、西藏和平解放60周年各项庆祝活动，举办第六届娜秀民间文化艺术节等重大活动为契机，丰富群众文化生活，激发群众的热爱祖国、热爱西藏、热爱家乡和建设家乡的感情。加强文化生态保护区建设，认真做好良曲至香曲自治区级文化生态保护区规划前期工作。建立健全完善文物保护机制，加大文物保护工作力度。

（四）建立健全社会保障体系。加强政府对就业再就业工作的引导，认真做好高校毕业生、退伍军人、残疾人的就业工作，积极开发公益岗位，解决零就业家庭、“3545”人员的就业困难。加强劳动合同管理，落实国家对农民工的相关政策，依法维护劳动者权益。建立健全6大保险制度，扩大社会保险覆盖率，提升统筹层次，提高保障水平。大力推进新型农村社会养老保险试点工作，力争使参保率达到80%以上，到2012年实现全覆盖。加快城乡救助体系建设，妥善安排好五保户、困难户、优抚户和受灾群众的基本生活。完善城乡低保制度，建立动态管理机制，做到了应保尽保。加大扶贫开发工作力度，加强扶贫项目建设，加快保障性住房建设，切实保证生活困难群体的生产生活。

（五）做好特定人群的服务与管理工作。认真做好农民工、流动人口、寺庙僧尼及流散僧尼的服务与管理工作，加强计生服务与管理，做好工商服务与管理，加强水电供应和服务，尽量满足人民群众的生产生活需求。

（六）抓好对老干部的服务工作。老干部是该县经济建设和社会发展的宝贵财富，曾经为比如的发展与稳定作出积极的贡献，在积极组织老干部发挥余热参与比如经济社会建设的同时，县财政预算20万元创造条件帮助老干部外出考察、休养，真正实现老有所乐。

（七）不断提高落实惠民政策的服务水平。在落实合作医疗报销、良种补贴、草原生态保护补助奖励机制、退耕还林、野生动肇事补偿、牲畜出栏补贴等强农惠民政策时，进一步完善了措施，使服务更加到位、操作更加简便、效果更加明显。

【抓生态，利长远，增强可持续发展能力】（一）抓好西藏生态安全屏障工程的实施。西藏生态安全屏障工程是党中央、国务院决定在青藏高原实施的一项重点生态工程，是我国坚持环境保护基本国策、走可持续发展道路、履行环境保护国际义务的具体体现；是我国应对全球气候变暖，促进西藏各类生态系统恢复，维护生态功能，保障国家生态安全的重大措施；是改善西藏农牧区生产生活条件，促进广大农牧民增收，保障西藏经济社会又好又快发展的现实需要；是党中央对西藏自治区的历史重托，是造福西藏各族人民的重大民生工程，是一项功在当代、利在千秋、惠及全人类的丰功伟业。《西藏生态安全屏障保护与建设实施方案》已获国务院批准，进入实施阶段，要积极介入，争取项目早日落地。

（二）抓好草原生态补偿机制的实施。草原生态补偿机制是一项重要的民生工程，涉及到广大牧民群众的切身利益，该县将进一步完善草场承包责任制实施方案作为全年工作的重中之重，抓好以草定畜工作，科学确定草畜平衡点，促进草畜平衡，及时将补偿资金落实到群众手中。大力实施绿化工程，重点做好退耕还林、退牧还草等生态工程，5月份顺利通过国家对退耕还林项目的检查验收。投资70万元在羊秀乡索雄村封山育林10000亩；投资75万元在白嘎等五个乡镇开展高原安全生态屏障建设1500亩，完成义务植树50亩。加强天然草场植被的恢复与建设。继续加强环境执法，做好重点工程的环境评估及监管，坚决禁止乱采、乱堆沙石土方行为，加大白色垃圾治理力度，县城生活垃圾填埋场建设项目已经获得审批。继续以“优美乡镇”建设为抓手，积极推进生态村建设。抓好野生动物保护工作，建立健全野生动植物保护体系，坚决打击狩猎、偷猎分子。

（三）以移风易俗为重点，改变生活方式，树立新风正气。从“大处着眼、小处着手、易出着力”，解决脏、乱、差的问题。2011年该县已完成12个村的人居环境建设和环境整治工作。以培养科学的生活方式为主攻方向，鼓励和提倡薪柴替代，强力推进改水、改厕、改灶、改圈，切实提高农牧民生活质量。以培养良好的生活习惯为突破口，促使村民不乱倒垃圾、不乱堆乱放、不乱搭乱建，改变农牧区环境状况，树立新农村建设的外在形象。

【领导名录】
县委书记：喻昌（2010年8月到任）
县委副书记、政府县长：杨赤卫（藏族）

聂荣县

【基本情况】聂荣县地处西藏北部、唐古拉山南麓。面积14540平方公里。其中可利用草场面积1800万亩。县人民政府驻聂荣镇。

该县地处藏北南羌塘高原太湖盆区，地势西北高东南低。平均海拔在4700米左右。境内山峦起伏，沟垒纵横，西北部一些山峰常年积雪，中部和南部的山峰相对高差大，低山丘陵与谷地错落相间。属高原亚寒带半干旱季风气候区。

县境内主要野生动植物有藏羚

羊、野驴、野山羊、黄羊、盘羊、岩羊、马鹿、狗熊、樟子、旱獭、水獭、高原兔、狐狸、拾俐、雪鸡、马鸡、野鸽、黄鸭、灰鸭、黑颈鹤、天鹅、乌鸦、秃鹫、虫草、贝母、大黄、雪莲花等。已发现的矿产资源主要有铅、锌、煤、花岗岩等。

安多县

【年度综述】2011年，安多县委、政府班子团结带领全县各族人民深入贯彻落实科学发展观，艰苦奋斗，开拓创新，锐意进取，积极应对来自国际、国内和区内的各种不稳定因素的挑战，保持了经济平稳较快发展的良好态势，为经济社会实现可持续发展奠定了坚实的基础。2011年，全县国民生产总值预计达到43159.68万元，同比增长10.93%；农牧民人均纯收入预计达到4620.11元，同比增长15.67%；地方财政一般预算收入累计达到1557万元，同比增长18.1%。

【新农村建设成效显著】2011年，投资2323.8万元完成1254户安居工程建设；投资1147.53万元实施12个人居环境建设点项目；建成涉及13个乡镇，受益人口达4740人的农村饮水安全工程；投资631万元建设完成3.318公里玛青曲河道治理工程；投资2130.24万元完成扎仁镇、多玛乡等村道公路的建设工程，截止2011年底，全县乡村公路通达里程达1087.48公里；共组织833人次进行技能培训，劳务输出8196人次，劳务输出收入达1191.8万元，多种经营收入完成1783万元；通讯综合覆盖率达40%；全县通邮率达100%，实现了村村通邮。

【农牧业基础进一步巩固】截止2011年年底，牲畜存栏数93.45万头（只、匹），牲畜出栏率达35.36%，畜产品商品率达76.9%。肉类产量完成11511.81吨，奶产量6406.84吨，毛绒产量完成699.61吨；全年共进行市场检疫共75次，各类苗接种注射工作均达到100%，办理产地检疫证15本，办理动物防疫合格证5家；扎实开展防抗灾工作及防减灾体系建设：一是2011年该县财政预算50万专项经费主要用于防抗灾工作，并顺利完成2011年农牧业政策保险款投保共92.31万元。二是加强防抗灾物资储备。该县共完成了保留抗灾天然草场7148块，围栏草场4182块，干饲草料储备8538.52吨，燃料储备513万袋。三是强化灾情监测值班工作，实行24小时值班制度及“日询问”制和“零报告”制；截止2011年年底，共投入290余万元用于扶持农牧民专业合作经济组织资金，截止目前，该县共发展、培育、整合农牧民专业合作经济组织19家，主要经营范围包括短期育肥、草场流转、畜产品加工销售等，资产达到1086.98万元，入社户数1443户，人数4659人。全年实现销售收入297.33万元，纯收入达到210.19万元，入社人员人均增收175元。

【非公经济不断发展】大力实施“万村千乡市场工程”，去年该县定点完成30家的农家店选址、店面改造和挂牌工作。2011年全县个体工商户达到500多家、从业人员1200多人，注册资金达1000多万元；实有内资企业8户，注册资金934万元；实有私营企业6户，雇佣工人141人，注册资金392万元。

【社会民生全面改善】教育方面：2011年，完成小学巩固率99.48%，小学入学率99.39%，初中巩固率为98.91%，初中入学率为95.62%，顺利通过自治区“两基”复查验收，积极争取并投入资金1806.5万元改善学校办学条件。文化方面：全县50个农家书屋项目点和8个寺庙书屋全部落实到位。累计开展“三下乡”活动40余次，受益人数达27000余人次。电影放映场次1895场，观众51054人次，超出全年计划的18.44%。广播电视综合人口覆盖率达86.75%和86.23%。卫生方面：投资167万元用于改善村级卫生院医疗设施水平，2011年该县参加合作医疗人数为34150人，参合率达98%。全县人口自然增长率控制在11‰以内。社会保障方面：进一步加强就业和社会保障工作，落实各项就业再就业优惠政策，城镇登记失业率控制在4%以内；16至59岁新农村养老保险参保率达到15%以上。2011年总投资2744万元完成了21个扶贫项目建设，通过大量卓有成效的工作，该县被评为“全国扶贫先进县”。

【领导名录】
县委书记：王欢苗（援）
县委副书记、县长：旺扎

申扎县

【年度综述】2011年，全县国内生产总值预计完成2.64亿元，增长12.2%，其中一产产值预计达到0.49亿元，增长9.07%；二产产值预计达到0.57亿元，增长12.78%；三产产值预计达到1.58亿元，增长13%。全县财政收入完成587万元，增长12.35%；各项税收预计完成230.33万元，同比增长39%；农牧民人均纯收入3480元，增长15.42%；金融机构存贷余额预计分别达1.52亿元和0.53亿元。

【特色产业发展】一是牧业产业化建设取得新进展。2011年投入扶持资金162万元，继续培育和发展农牧民专业合作经济组织，那曲地区农牧民专业合作经济组织现场会在该县顺利召开，获得了那曲地区农牧民专业合作经济组织先进县的荣誉称号。在原有专合组织14家，已注册6家的基础上，又新注册2家，牧业产业化建设、规模化经营、组织化发展的步伐稳步提升。二是加大矿产资源开发力度，做大做强第二产业，为县域经济发展和扩大税源提供新的支撑点。成功与山西利虎玻璃有限公司就雄梅舍索铜矿矿产开发进行合作，并妥善处理原雄梅舍索铜矿的遗留问题。加大招商引资力度，鼓励有实力、有信誉的企业到申扎投资兴业，去年在该县从事地质勘探工作的企业达18家，矿业正在逐步成为该县的主导产业和有力财源。三是继续探索建筑建材业的发展道路。扶持壮大扶贫砂石厂，利用城市建设的有利时机，培育和建设建筑建材市场，提高建筑服务水平和质量。四是藏药开发销售和“西梦达”羊毛被扩大销售发展稳步推进。五是加快旅游项目规划工作。以巴扎服饰被列入国家级非物质文化遗产名录为抓手，规划色林措及鸟岛等重要景点的三条旅游线路。

【城乡面貌发展】一是城市形象和功能逐步改善。紧紧抓住年初自治区“十二五”规划和专项规划还在不断修订完善中，立足县域经济社会发展需要，超前谋划和布局，充分运用各项有利条件和资源，积极沟通跟进，该县“十二五”项目规划盘子不断增大。2011年，以县城防洪堤、中信南路、第二完小、后勤服务楼和综合文化活动中心等为主的提升城市形象和功能的几大项目开工建设，城市功能日趋完善。二是新牧区建设稳步推进。继续加强以安居工程为突破口的新牧区建设，建成农牧民安居工程和抗震加固636户，受益人数达2890人。完成12个行政村的人居环境与环境综合整治项目建设。大力实施饮水安全工程，新建47眼保暖井，受益群众2900余人；养护农村公路里程1700公里；甲岗电站线路延伸1座寺庙、6个村315户。乡镇通光缆率100%，宽带用户436户，移动用户3700户，电信用户2700户；新建农家店12家。三是乡镇“三化”工作取得新突破，乡镇政权机关建设不断加强，乡镇功能和服务水平有效提升。

【社会事业发展】一是教育事业不断加强，始终坚持优先发展教育战略，不断加大资金筹措力度，政府对教育经费投入达到了县财政收入的26%。教育“两基”迎“国检”工作在各相关单位和部门的通力协作下，高标准通过了地区预检。进一步完善教育基础设施建设和管理体制机制，投资近2000万元新建了第二完全小学，投资400余万元修建了县青少年活动中心，各学校“校园文化建设”工程顺利完成，教育基础建设进一步得到巩固和发展，师资力量和教学资源更加优化。二是医疗卫生事业全面发展。加强牧区合作医疗体制建设，全县合作医疗参合率达到99.93%，切实提高牧民群众医疗保障水平。不断完善重大疾病防控体系，提高突发公共卫生事件应急处置能力。继续畅通与“四家医院”的绿色通道，通过绿色通道转往上级医院的群众达141人，牧民群众大病救治难、救治贵的问题得到有效缓解。落实各项医疗优惠政策，加大计生工作宣传力度，全年住院分娩产妇227人，住院分娩率达75.67%。人口自然增长率控制在10‰以内。加强医疗人才队伍建设和设施建设。三是就业和社会保障机制初步建立。新增就业43人，城镇登记失业率为95%。农牧民劳务输出746人次。五大保险运行良好，新农保参保人数达4646人，参保率达到55.2%，城镇居民社会养老保险工作顺利启动。及时足额落实各项社会保障资金，牧民群众的基本生产生活得到有效保障。继续做好扶贫工作，雄梅镇第一年整乡推进扶贫开发项目稳妥推进，各类扶贫工作有序铺开，扶贫标准从2009年的家庭年人均纯收入1700元提高到现在的2300元，扶持受益面进一步扩大。四是交通事业取得新进展。去年，在完成通乡公路日常维护和抢险保通工作的基础上，实施完成了以申马公路中修工程、买巴藏布钢架桥维修工程、申扎9村与塔尔玛乡4村钢架桥新建工程等交通项目建设。

【文化事业发展】2011年，申扎县深入贯彻落实党的十七届六中全会精神，坚持以政府为主导，乡镇为依托，巩固发展牧区文化阵地，下大力气抓好乡文化站、村文化室、牧家书屋、广播电视“村村通”和“户户通”、乡村电影放映等文化惠民工程，编排群众喜闻乐见的文艺节目进乡驻村进行演出。成功举办申扎县第三届甲岗山赛马艺术节暨物资交流会，认真开展了建党90周年、西藏和平解放60周年纪念等庆祝活动，举办了“七月的赞礼”知识竞赛、演讲比赛、歌咏比赛等活动。通过举办一系列关于“纪念建党90周年、西藏和平解放60周年”的活动，不仅展示了该县广大干部职工良好的精神风貌，展现申扎未来发展的美好前景，同时更有力地促进了该县广大干部职工以更加饱满的热情投入工作，以更加务实的态度对待工作，以更加扎实的作风做好工作，在自己的工作岗位上积极进取，大步前进。

全面推进地方志编修工作，投资近100万元保障修志工作正常开展，指派专人负责，多方收集历史资料，聘请有关专家经4次复审和1次终审后顺利完成《申扎县志》编修工作，成为羌塘第一部志书，走在了全那曲地区的前列。成立了县文学联合会，成为全区第二和全地区第一个文联县。

【生态保护与建设】始终坚持环保优先，开发与保护并重的原则，自然保护区建设和湿地保护工程稳步实施。草原生态保护补助奖励机制工作全面启动，草畜平衡逐步推进，落实牧民生产资料综合补贴175.8万元。去年年底，自治区通过了对2007年退牧还草网围栏检查验收，相关饲料粮补贴将尽快从自治区逐级下拨至群众手中。野生动物保护措施得力，去年已落实2009年度野生动物肇事补偿资金81.67万元。矿产资源开发、项目建设环境保护不断规范，饮用水源环境保护和水土保持不断加强，群众环保意识不断提升，环境综合整治有效推进。

【领导名录】
县委书记：李富忠
县委副书记、县长：杨赤卫（1月离职）
县委副书记、县长：龙措（1月任职）

索县

【年度综述】2011年全县生产总值实现3.75亿元；三次产业比例调整优化为21:26:53；社会固定资产投资累计完成4.41亿元；地方财政收入达到912万元；金融机构各项存款余额达2.6亿元；农牧民人均纯收入达3964元，在那曲11个县区中处于中等偏下水平。全县牲畜存栏数为19.33万头（只、匹），畜群结构中牛:羊:马比例为74:23:3；农作物总播种面积2574公顷，粮食产量达到6228吨。

【农、牧、林产业稳步提升】县政府加大政策扶持和资金投入，全面落实粮食直补、良种补贴等支农惠农政策，积极进行农牧业结构调整，加快牲畜出栏，农牧业结构进一步优化，粮、经、饲比例调整为75:7:18，牛、羊、马比例调整为74:23:3。全县农作物播种面积2574公顷，农作物总产量

7910吨。虫草产量2700公斤。各类牲畜存栏19.33万头（只、匹），比去年增加0.3%、0.9%.-5.57%，畜群结构日趋合理。牲畜疫苗注射率达100%。2011年共兑现退耕还林补助46万元，835.8亩退耕地顺利通过国家验收，1164.2亩通过自治区验收。全县护林人员达1468人，发放管护费824.22万元。义务植树造林5000多株，涉林案件大幅减少。

【基础设施建设步伐加快】2011年争取国家投资1.35亿元，援藏资金1000万元。除安居工程外，开工建设项目34个，其中新建19个、续建7个、改建8个，对经济的拉动作用明显。认真执行项目招投标规定，严格落实项目“五制”，加学公路、嘎美乡那拉桥和嘎美18村桥等工程开工建设，项目进展顺利。

【对口援藏成效显著】大连援藏团队积极争取那曲地区发改委领导的支持，一部分已报批的计划内项目进展较快。其中，索县县城总体规划、城市设计进展顺利，预计2012年4月前完成；新建援藏公寓工程，完成“十坊街”一期工程建设；藏医院、生态园等工程已开工建设；“十坊街”二期设计工作正在进行当中。

【大力发展农牧民专业合作经济组织】进一步加大扶持力度，设立了50万元专项奖励资金，采取以奖代补的形式，鼓励和支持农牧民办专业合作经济组织，引导农牧民开发或参与开发优势资源。自2009年第一家农牧民专业合作经济组织正式注册成立以来，全县已在工商行政管理部门登记注册的各类农牧民专业合作经济组织24家，注册资金1000多万元，入社会员843户3195人，年人均可增收400元，经营领域涉及农畜产品加工、销售、采砂、运输、建筑、服装等诸多领域。

【农牧民生产生活条件明显改善】以安居乐业为突破口，社会主义新农村建设稳步推进。2011年国家投资1811.6万元，群众自筹5830万元，完成了934户安居工程，使5130余人搬进了安全适用的住房。积极引导农牧民群众参与修建乡村致富路，2011年全县新修农村公路169公里。加快农村饮水工程建设步伐，已批准建设西昌乡防洪提工程、嘎木乡防洪提工程和2011年第一批农村安全饮水工程，共下达投资1199万元。

【教育、卫生、文化等社会各项事业全面进步】教育事业：教育事业得到优先发展，继续集中关注教育发展，并将更多的精力和资金向社会事业倾斜。2011年小学适龄儿童入学率达98.97%，初中入学率达91%。有42名学生考入了内地西藏班，名列地区前茅。加大宿舍文化建设，对部分学校围墙损坏的，进行维修，全面加强校园的软、硬件建设，校园穿衣戴帽工程及校园文化建设总投资1212.96万元。投入126.2万元新建了索县职教楼项目。教体局从经费中挤出50000.00元资金，作为“扫盲”专项经费，为每个乡（镇）解决5000.00元。投入20000元制作了以“两基”迎国检宣传为主要内容的手机短信及彩铃，宣传短信群发11万条，手机彩铃覆盖全县各学校中层及以上干部105人。

卫生工作：2011年农牧区医疗制度参加人数达39892人，参合率92%。共为农牧民大病统筹报销2583344.46元，报销人数达1001人。以全科医生为重点的基层医疗卫生队伍建设规划启动实施，10余名基层医务人员参加了全科医生转岗培训，80余人参加了县级卫生部门组织的卫生技术人员培训。对全县1-4周岁儿童进行乙肝疫苗查漏补种，共4700针次，接种率达99%，中心门诊适龄儿童建卡建证100余份，预防接种（含口服脊灰糖丸）10000人次。开展各项卫生宣传活动共计7次，悬挂横幅3条，张贴宣传标语100张，发放免费药品7种579盒，发放宣传单1万余册。加强“两项扶助政策”落实，为“一孩双女”下拨专款296640元。

文化事业：全县现有民间艺术团专业文艺演出队1个，业余文艺演出队6支。2011年按照年初区、地文化工作会议要求，积极开展基层文艺演出，共计演出40场次。民间艺术团以中国共产党建党90周年和西藏和平解放60周年为主题，精心组织编排了13个歌舞、说唱类等节目参加地区恰青赛马艺术节。积极争取为嘎美乡文化站配备了1套音像设备，为1个乡镇文化站争取了办公设备。牧家书屋工作开展顺利，共建成50个点。对全县18座寺庙文物保护单位的古籍进行了普查、登记、建档，共完成7乡2镇45册古籍普查。加大了非物质文化遗产申报力度，共申报了赞丹寺的“邦松节”、崩久节，嘎木乡“直恰”3项非物质文化遗产。积极协助西藏电视台风情栏目组深入各乡镇进行“索县风情”相关宣传拍摄工作。

【社会保障体系不断完善】2011年全县享受城镇和农村居民最低生活保障3670人，发放低保资金298万元。五项社会保险参保人数达3907人。全县共有五保户359人，敬老院集中供养46人，下拨养老金80万元。新型农村社会养老工作全面展开，参保733人，为3355名60周岁及以上人员办理了新型农村社会养老保险存折，对无法在农行开户的和2010年参保后达到领取年龄的群众已发放基础养老金225万余元。认真开展优抚安置工作，安置退伍军人1名。成功调解劳动纠纷4起，涉案金额10万元，弱势群体合法权益得到保护。对全县32名合同制退休工人进行了调资，调资后最高领取3900元。城镇职工和居民医疗保险参保人数达1905人，共为101人次支付住院报销费用54.79万元。弱势群体救助工作得到加强，发放救助资金6.8万元。就业和再就业工作积极推进，实施就业培训40人。深入开展“三大节日”慰问活动，发放慰问金近12万元。对口帮扶、定点扶贫机制进一步完善，扶贫工作深入开展。

【领导名录】
县委书记：纪政
县委副书记、县长：嘎松美郎

班戈县

【基本情况】班戈县地处藏北高原的纳木措、色林措两大著名的湖泊之间，平均海拔4700米。属南羌塘高原湖盆地区，山势平缓，草原开阔，地势北高南低。普保河谷将全县分割为南北两部分，南部位于纳木措畔，水草丰富，适宜饲养牦牛。北部多为干寒和半荒漠草场。主要山峰有达玉山、卡久山、念青唐古拉山（主峰海拔7111米）。属高原亚寒带半干旱季风气候区。气候寒冷，空气稀薄，四季不分明，冬长无夏，多风雪天。

西藏第一大湖那木措，为班戈县与当雄县的界湖。它一向被牧民们视为神湖，每年前来转湖的游客络绎不绝，特别是每逢藏历前来转“神湖”的游客就更多，以求得到神灵的保佑。

巴青县

【年度综述】2011年，巴青县经济运行发展态势良好，全县实现生产总值45680.70万元，同比增长16.99%，其中：第一产业完成10956万元，同比增长 5.29 %；第二产业完成12768.36万元，同比增长34.45%，其中工业总产值为147.6万元，同比增长5.28%，建筑业为12620.76万元，同比增长34.78%；第三产业完成22956.34万元，同比增长12.86 %；全县财政收入为524万元，同比增长14.96%；完成各种税收收入（含中央）643万元，同比增长10.89%；农牧民人均纯收入达到4762.95元，同比增长11.67%；农行存款余额达到26351万元，农行贷款余额20535万元。

【农牧业生产态势良好，农牧民人均收入稳中有增】为提高农牧民人均收入，确保群众收入持续增长。县政府在充分调研的基础上，采取行之有效的措施。一是加大宣传引导力度，从天然放牧向科学养殖转变，提高了畜产品的产出率、商品率。二是通过政府协调、组织引导、技术培训等多种方式，农牧区的劳务输出得到进一步提高。三是加大对农牧区以工代赈力度，鼓励、扶持群众大力发展第三产业，拓宽了群众收入渠道。

牲畜存栏达到308601头（只、匹）；肉类产量达到3294.24吨；奶产量达到2224.86吨；毛绒产量达到198.83吨；牛皮产量43663张，羊绒皮产量43145张；粮食产量达到273.5吨，其中，青稞179.2吨，园根94.3吨，牲畜成活率为93.88%，牲畜死亡率为3%。

【项目建设成效显著】项目建设工作在地委、行署的正确领导下，全县各部门和各项目建设单位以突破发展、和谐稳定为主题，深入实施项目带动战略，为促进全县经济社会持续快速发展打下了良好的基础。在党中央和自治区、地区的高度重视下，在县委、县政府的正确领导下，在全县各项目建设主管单位的大力支持下，本着区分轻重缓急的原则，在充分调研的基础上通过紧抓项目上报衔接工作、细抓项目勘察设计及招投标工作、狠抓项目建设用地及建材运输协调工作，确保了项目进度和质量。

2011年，落实的基建项目共有52项，总投资12620.755万元，其中新建项目35项，总投资4994.755万元；续建项目19项，总投资7626万元。

新建项目为：以工代赈项目7项，总投资626万元；农牧项目3项，总投资636万元;教育项目5项，总投资742.265万元；水利项目4项，总投资1058万元；发展项目4项，总投资742.92万元；扶贫项目6项，总投资432万元；政法项目3项，总投资210万元。

续建项目为：交通项目2项，总投资1275.83万元；教育项目1项，总投资284.3万元；发展项目12项，总投资5171.86万元；扶贫项目6项，总投资781.57万元；政法项目1项，总投资650万元。

【农牧民安居工程进展顺利】2011年争取到农牧民安居工程1161户，其中贫困户新建60户，游牧民定居新建166户，民房改扩建935户。截止目前为止，安居工程在建户数1116户，在建率达到100%。

【文化体育事业发展迅猛】2011年，新修建了12家农家书屋，在很大程度上改善了农牧民的娱乐空间，为提高农牧民精神生活打下了坚实的物质基础。实施“村村通”工程174户，“户户通”工程8057户。县城附近的群众电视收视率达到100%，可以接收44套电视节目。全年共拍新闻147条，向地区电视台报送新闻145条，广播电视综合人口覆盖率达到82.3%和83.6%。

【社会事业全面提高】顺利通过“两基”国检，按相关规定全面落实免费教育“三包”政策，小学入学率达到99.09%；中学入学率达到91.6%。2011年共建村卫生所149个，全年人口自然增长率为10.8‰，农牧区医疗个人集资覆盖率达到98.6%。2011年，全县城镇登记失业人员总数214人，实现农牧民转移就业培训99人，合格率100%。劳动合同签订人数563人，签订率87%。以社会保险扩面征缴为重点，扎实推进民生工程，进一步完善城镇职工医疗、养老、失业、工伤、生育等保险制度，推进个体工商户养老保险，加强征缴力度，努力提高参保率，扩大保险覆盖面，按时足额发放各项保险金，各项保障工作稳步实施。2011年参保职工159人，征收养老保险242.48万元；发放养老金45人，累计发放金额252.95万元，全部实现社会化发放，发放率达到100%；全县参加生育保险人数达955人；全县参加工伤保险人数达558人；参加失业保险人数共558人；医疗保险申请参保人数1230人，共征缴医疗保险金579.44万元。城镇居民医疗保险参保人数447人。2011年，发放新农保资金145.65万元到群众手中；调解劳动争议10起，涉案人数106人，协调解决拖欠民工工资196.08万元，解决运费128.26万元。

【领导名录】

县委书记：扎西次仁（藏，1月任职）

县委副书记、县长：白玛卫东（4月离职）

县委副书记、县长：肖烟（6月任职）

尼玛县

【年度综述】2011年，全县生产总值完成35689.85万元，同比增长13%，其中第一产业完成7836.54万元，同比增长5.5 %，第二产业完成7247.74万元，同比增长26.52%，第三产业完成20605.47万元，同比增长12.82%。人均国内生产总值达到12356元，同比增长

9.1%，农牧民人均纯收入达到4894元，同比增长16.11%，城镇居民可支配收入达到21000元，同比增长10.5%。财政本级组织收入完成697万元。

2011年，全县牲畜存栏数104.30万头（只、匹），其中：牛9.74万头，山羊38.78万只，绵羊5.49万只，马0.77万匹。成活仔畜34.41万头（只、匹），幼畜成活率85.49%；大畜死亡2.89万头（只），死亡率2.5%。牲畜出栏率达到37%，商品率为64%。

【**突出安居乐业，农牧民生产生活条件不断改善**】2011年，安居工程投资3152.2万元，1299户5845名农牧群众搬进了宽敞明亮、安全适用的新房。大力推进“八个基本解决”，农村饮水安全工程投资349万元，修建保暖井58口、新建、维修管道工程2处,解决3353人的安全饮水问题。国家投资1336.07万元在9个乡（镇）12个行政村实施了农村人居环境建设和环境综合整治建设工程建设，农牧区基础设施明显改善。S301线续建工程，甲谷乡7村至吉日村整改工程进展顺利，行政村通公路覆盖面不断加大。14个乡（镇）通了移动电话和光缆，部分行政村也实现了信号覆盖。广播、电视人口覆盖率分别达到了95%和90%。农牧区碘盐覆盖面达到100%，碘盐食用率80%以上。金融服务“三农”力度不断加大，涉农贷款余额4250万元，扶持农牧民群众372户1125人，人均增收1850元。

【**加强农牧业基础设施建设，不断提高综合生产能力**】2011年，农牧业基础设施得到加强，投资3557.64万元实施了包括绒山羊专业村建设、绒山羊扩繁基地建设、棚圈及高寒棚圈建设等项目6个，农牧业基础地位得到巩固。积极发挥原种场的作用，通过绒山羊专业村、绒山羊养殖专业户项目的实施，推广绒山羊1000只，实施绒山羊专业养殖村54个，受益874户，极大地改良了绒山羊的品质。不断提高种植业效益，全县完成农作物播种面积2097.15亩，为了进一步增加群众收入，通过援藏渠道在文部乡新建了温室大棚试点项目。大力深化牧区制度改革，在14个乡镇建立了农牧业商业保险机制，县财政投入资金39.3万元为牧户的住房、牲畜购买了保险，切实解决了群众的后顾之忧。

【**草原生态保护补助奖励机制工作扎实推进**】从实施草原生态保护补助奖励机制以来，草原生态保护补助奖励机制稳步推进，全县禁牧草场已划定80%左右，剩余部分也在积极进展之中。组织工作组深入农牧区宣传讲解自治区草原生态保护奖励机制相关政策和要求，让广大群众认识到草原生态保护奖励机制的重要性和必要性及具体实施办法，目前宣传覆盖已达到6180户。通过召开培训会形式，对14个乡（镇）负责草原生态保护奖励机制的工作人员进行了培训，负责减畜补贴、草场补贴、核算减畜的数量、草畜平衡、兑现补贴和督促检查等各项工作，为各乡镇落实办公经费10万元。

【**农牧民收入持续增加，惠农资金全面落实**】2011年全县劳务输出人数达11585人，比上年同期增加2456人，同比增长47%，实现劳务输出收入达1515万元。一是认真落实各项强农惠农政策，加强支农惠农资金的管理使用，人大、纪检（监察）等相关部门加大对支农惠农资金使用的监督力度，真正使农牧民从党的好政策中得到更多实惠。二是政策上加大扶持力度。为加大劳务输出力度，成立了劳务输出工作领导小组，负责全县的劳务工作。三是技术上加大培训力度，从增强务工人员劳动技能，拓宽农牧民增收渠道出发，坚持“培训、就业、增收并重”的原则，充分发挥各类技能培训班的作用。四是帮扶上加大输出力度,引导劳务输出人员学习致富能手、养畜大户的生产致富经验，促进其尽快脱贫致富。五是为切实解决群众卖畜难，引进新疆阿克苏汇源有限公司在该县新建屠宰场，并将注册落户。12月下旬，在尼玛镇举行畜产品展销会，群众买卖牲畜67万元，促进了群众牲畜出栏力度，增加了牧民增收。

【**切实做好防抗灾工作**】高度重视防抗灾工作，走村入户宣传防抗灾知识，教育农牧民群众牢固树立“防大灾、抗大灾”的思想意识。全县群众储备口粮405万公斤，县、乡粮库储备粮食92.4万公斤，储备茶叶21.72万斤，储备防抗灾帐篷241顶，新修、维修羊圈4367个，新修、维修暖棚1797个，新修、维修羔宫13632个，新修、维修活动圈464个，饲草料及代饲品储备8041万斤，各类饲草900万斤和4个月以上的燃料储备，防抗灾饲料135吨。

【**扭住项目建设不放松，发展后劲持续增强**】2011年，全县完成固定资产投资22973万元，实施新建了尼玛县卫生服务中心、青少年活动中心、民政救灾仓库、廉租房和乡镇派出所等一批重点项目，各建设项目进展顺利，部分项目已经竣工并投入使用，进一步完善了县城服务功能；续建了文部、荣玛等6乡周转房项目，实施了乡（镇）“三化”建设，乡（镇）政权建设得到提升。中国海洋石油总公司投资1547万元，实施了市政道路、县城给水工程、县完小蔬菜大棚改扩建、文部蔬菜大棚、安居工程配套建设等基础设施建设项目和人才培训项目，提高了全县综合发展服务能力。在旅游景点实施了家庭旅馆项目建设，旅游基础设施得到改善，全年接待游客5210人次，增加群众收入20多万元。

【**发展成果与民共享，民生事业不断改善**】坚持优先发展教育事业。“两基”顺利通过国检，教育事业迈入巩固提高、全面发展的新阶段。县政府将财政收入20%投入教育事业，切实做到经费专款专用。“三包”经费标准平均提高到年/生2400元。“控缀保学”力度不断加强，义务教育小学阶段学生巩固率100%，初中阶段学生巩固率96.03%，初中毕业生升学率78.90%，加强九年义务基础教育后高中（职）、高校学生专业教育。并通过民政、工会、教体等相关部门，切实有效解决贫困牧民家庭学生因交通、生活、学杂费用等诸多因素造成的实际困难。教育基础设施得到不断完善，教育质量明显提高。

文化广电事业蓬勃发展。县电视台广电局自办“尼玛台”和《尼玛新闻》，围绕庆祝建党90周年、西藏和平解放60周年开展宣传活动，营造浓厚的宣传氛围，有针对性的宣传了全县各项重要活动。科技、文化、卫生、法律“四下乡”活动开展的有声有色。自治区总工会为该县捐赠体育器材现已安装完工并投入使用，夏季每天下午在县广场开展大众型锅庄活动，深受群众的喜爱和欢迎。电影队电影放映1910场次，观众达169543人次，整改、充实了23人的县民间艺术团，进一步丰富了干部群众文化生活。

卫生事业健康发展。农牧区医疗制度改革成效显著，农牧民参合率98%，大病统筹报销631人次，报销金额60.72万元；培训医务人员14名，提高了医务人员专业技术水平；疫苗接种工作有序进行，基础免疫和强化免疫接种5563人，接种率达到97%以上。“一孩、双女”家庭及“独生子女伤残、死亡”家庭扶助经费兑现51.82万元。规范药品供应渠道及药品价格，保证群众用上放心药、廉价药。卫生服务中心改扩建工程进展顺利，医疗服务硬件设施明显改善。

社会保障体系不断完善。就业再就业工作成效显著，城乡待业青年和复退军人得到妥善安置，城镇登记失业率控制在4%以内。社会保险覆盖面明显扩大，五大保险应保尽保。全县新农保工作全面开展，适龄参保群众14513名，已申报登记参保缴费群众6714名占46.26%，征收保险费64万元。享受基础养老保险金的老人2226名，兑现养老保险金110.187万元。开展了牧民转移就业培训40人，增强了牧民就业技能和收入。

民政工作扎实有效。2011年民政为110户256人城镇低保户发放低保资金、城镇低保户补助资金82.32万元；为654户2600人低保户发放农牧区低保资金、农村低保户补助资金171.01万元。为看病无能力承担医疗费用、因病返贫的困难群众240人次提供医疗救助资金42万元。为67名五保老人发放五保金13.4万元。为7户52人城乡困难群众提供临时生活救助资金1.87万元。

扶贫工作成效显著。在做好“两项户”登记与录入工作的基础上，狠抓扶贫项目开发，以项目建设带动扶贫工作开展。2011年争取到的10个扶贫项目总投资为985万元，其中国家投资793万元，群众自筹或投劳192万元，部分项目已实施完毕。全县脱贫281户1195人，返贫86户354人，返贫控制在5%。

【领导名录】

县委书记：索朗嘎瓦（2011年5月就任）

县委副书记、县长：米玛次仁（2011年10月就任）

双湖特别区

【年度综述】2011年全区经济继续保持稳步快速增长，财政收入完成1260万元，同比增长18%，税收收入完成217万元；牧民纯收入5261元，同比增长14.3%，人均现金收入4654元，同比增长12.6%。全区经济基本实现了速度、效益、质量同步协调发展。

【新农村建设扎实推进，“三农”工作得到新加强】2011年应生仔畜25.03万头（只、匹）、实生19.51万头（只、匹）、成活17.31万头（只、匹）、成活率88.7%，成畜死亡1.31万头（只、匹），死亡率2.88%。牲畜出栏达到14.53万头（只），出栏率达到31.9%，商品率进一步提高，共实施口蹄疫春免1167030头（只）、布病免疫68557头（只）、“三、四联苗”免疫206542只、大肠免疫96029头（只）、炭疽免疫30751头、肉毒免疫264557头、出败免疫52720（头）只、小反刍140542头（只）、体内驱虫233842头（只）、体外驱虫185340头（只），治疗病畜57170头（只）、消毒棚圈5267间（座），注射率100%，免疫密度达100%。2011年续建项目3个，总投资3771.52万元，其中国家投资2618.08万元，群众投工投劳1153.44万元。输出劳务1.4万人次、43车次，实现收入490余万元。完成安居工程370户、抗震加固370户，并通过区基建领导小组初验。其中游牧民定居96户、相对扶贫38户、民房改造236户，通过资金整合，370户安居建设全部实现新建。目前近75%的牧户住进了宽敞明亮安全舒适的安居房。新型合作医疗乡镇推广面、覆盖面均达到100%，牧民群众参合率达到100%，农村新型合作医疗工程已使5千余人从中受益；免费医疗进一步加大投入力度，人均免费医疗标准达到260元。免费为43名白内障患者开展手术，免费送药价值2050元。安全饮水工程建设全年完成58口井，目前已解决了7000余人和28万头牲畜的安全饮水问题。通过政府协调，区农行为牧户提供安居工程贷款、扶贫贷款等进一步加大，占到总贷款比例的64.58%，支农信贷资金达到1444万元。

【社会综合能力稳步推进，可持续发展能力有了新提高】2011年续建项目2个，总投资1013.2万元；新开工项目4个，总投资1074.38万元。其中：6个乡镇派出所建设完成工程总量的60%，区救灾物资储备库完成工程总量的40%，区综合文化活动中心完成工程总量的40%；青少年文化活动中心已竣工并通过验收。人居环境整治、文化路建设、路灯维修、林业公安派出所等项目如期完成。另外，2011年衔接项目14个，总投资预算近5亿元，所有项目有望在明年开工建设。今年建设重点主要集中在乡镇、村，极大地改善了项目区基础设施，牧民群众进一步得到实惠。群团组织不断壮大。在加强基层建设年暨主题教育“回头看”活动中，新发展团员76名，新发展工会会员56人。“平安家庭”创建工作顺利通过地区妇联验收，并被评为第三名，共青团、妇联等群团组织在经济社会生活中发挥着越来越重要的作用。安全生产不断强化。安监部门配合公安局大力整顿探矿点、建筑业秩序，重点检查加油站、施工现场等地点。开展安全生产月活动，发放藏汉宣传单1000余份，分别于各乡镇签订《安全生产》、《消防安全》、《道路交通》等责任书，提高安全生产预防处理能力。安监、卫生等部门多次开展食品药品安全大检查，消除了安全隐患，有效防止了各类重特大事故的发生，确保了干部群众生命财产安全。通信事业不断发展。2011年4月份顺利开通巴岭乡、雅曲乡、措折羌玛乡C网信号，多玛乡、协德乡、措折罗玛镇、嘎措乡实现3G信号覆盖。生态保护不断增强。区林业部门全年野外巡逻34次、行程1.2万公里，各乡镇野保员累计出巡1260人次、行程10万余公里。查处非法盗猎1起、林政处罚5人、罚款1.45万元，兑现野生动物肇事补偿资金44.08万元，涉及牧户1354户、野生动物肇事1354起。另外核查外来人员502人次、车辆12台次，上缴环保费7.42万元。

【各项社会事业协调发展，构建和谐双湖迈出新步伐】“两基”攻坚水平不断巩固提高。圆满完成“两基”迎国检任务，青壮年非文盲率达到100%，小学适龄儿童入学率98.7%，初中毛入学率97.01%，小学、初中教师合格率均为100%，全区9所中小学无危房。全年本级财政教育配套资金294.40万元，远高于投入教育20%的指标。2011年8名初中生、小学9名毕业生考入内地西藏班。进一步建立健全贫困生救助体系，共落实贫困生救助基金10.89万元。2011年学校“穿衣戴帽”工程共投入经费141.3万元，全部保质按期完成。严格教育“三包”经费管理，大宗采购在纪检委、财政等部门严格监管下进行。卫生防疫形成系统网络。2011年8月，为区8月龄至15岁3552名儿童（含流动儿童）进行麻疹疫苗强化免疫，接种率达到100%。11月份为措折罗玛镇小学全体学生进行了腮腺炎疫苗接种，脊灰强化活动也正在有序开展。2011年，该区计生办大力开展计划生育免费服务活动，免费服务牧民人数达458人次，报销率100%，向各乡镇牧家书屋发放各种宣传手册和图画600册（张）及《避孕方法知情选择》、《妇科常见疾病防治》等书籍共计90套。在各次重大疫情中，区、乡镇、卫生部门紧密配合，疫情均及时得到有效控制。道路交通建设长足发展。区交通局重点申报的区机关至措折罗玛镇新建公路项目、区机关至普若岗日冰川新建公路项目、臧果臧布新建桥项目、嘎荣臧布新建桥项目、雅曲乡3村新建公路项目完成设计，并通过图纸评审及审查。区机关至382大桥公路第二标段、区机关至巴岭乡公路第二标段通过验，并投入使用。2011年雨水多、强度大，水毁路段、桥涵较多，该区农村公路路基损坏5609立方米，路面损毁55.35平方米，5座桥梁局部损毁117米，圆管涵26道、1-3米盖板涵20道受损，全毁涵洞1道，过水路面水毁2处、长350米，经济损失达230余万元。区委、区政府积极组织牧民修路队，加大各路段养护力度，进一步改善了交通条件，方便了群众出行，营造了干净整洁、方便畅通的交通环境。社会保障成效明显。一是对社会弱势群体提供生活保障。2011年纳入城镇低保对象176人，发放城镇低保资金91.34万元；纳入农村低保对象1094人，发放农村低保资金87.98万元;按每年每人供养标准，向五保对象共49人发放10.78万元；落实3名贫困大学生救助金4000元；救助56名孤儿，并发放生活补助金12.096万元；为20名残疾人发放补助1.2万元；为2名退伍军人发放军人优待金2300元；为168名符合条件的患者发放城乡医疗救助资金40.54万元。二是扶贫帮扶深入开展。地委组织部为巴岭乡发放面粉5000斤、糌粑2150斤、砖茶100条，并向该乡4村捐赠总价值8万余元的运输车1辆。区（中）直各单位落实重点项目对口帮扶资金36.3万元，捐款捐物折合10.18万元；党员干部向所联系贫困户捐款捐物折合2.25万元。区财政投入31万元为31个行政村开办村级扶贫商店、提供3.1万元用于农用车运转经费、拨付28万元作为建设村级小型公益项目（厕所、救灾仓库、垃圾填埋厂）以及配套，同时兑现涉农商业保险保费16.3万元。保障覆盖面的进一步扩大，为干部群众在生、老、病、亡、残等特殊情况下获得帮助发挥了作用，2011年双湖区还被确定为医药卫生体制改革试点县，目前已为251户、923人建立了居民健康档案。城乡居民的生活条件不断改善，生活水平不断提高，为加快构建富裕、文明、生态、和谐新双湖奠定了良好基础。三是社会保障进一步健全。加大新型农村、城镇居民养老保险宣传力度，全年累计发放宣传画册675张、就业明白卡320本、藏汉宣传材料1200份，登记城镇居民参保人数217名；按时足额发放公益性岗位工资共计81.53万元，没有出现少发或不发的情况；成功调解劳资纠纷5起，涉及农民工42人、劳资18.52万元；顺利完成医疗报销工作，共计报销23.61万元；本级财政“五大保险”配套资金达到228万元。工商管理逐步规范。按照“边摸查、边整治、边规范”的原则，工商部门努力营造多元化市场环境。目前，办理登记手续并已发证的商家66家，注册资金198.2万元，从业人员133人，涵盖批发零售业、住宿餐饮业、修理业、居民服务业、加工业等多种行业。

【文化宣传蓬勃发展，精神文明建设开拓新局面】在“三八”妇女节、“五一”劳动节、“五四”青年节、“十一”国庆节期间，区宣传、文化、工青妇等部门开展了丰富多彩的文体活动，丰富了干部群众文化生活。一是以“学习型党组织建设”活动为重点,突出抓好党员干部为重点的理论学习。共组织区委理论中心组学习会议15次、党支部学习900余次。在《西藏日报》、《那曲报》等各级各类新闻媒体上报信息48期，采用36期，向西藏电视台报送新闻2条，采用2条，向那曲电视台报送新闻78条，采用42条，向那曲新闻网投稿22篇，采用16篇，编发新闻简报123期。全年共发送手机宣传短信24条，接收人员达9000余人次。深入宣传加强基层建设年和强基惠民活动和“防灾减灾日”、“平安宣传周”、“安全生产宣传月”、“民族团结宣传月”、“9·16”平安西藏宣传周等重大节点活动，还制定了“六五”普法规划等。二是在“3·28”西藏百万农奴解放日纪念日、西藏和平解放60周年、“三大节日”等一系列重大庆祝活动期间，区宣传、文化部门组织“红歌会”歌咏比赛、文艺汇演、诗朗诵比赛、体育比赛等一系列文体活动，丰富了干部群众文化生活。三是区文化部门开展建党90周年影展活动，精选红色电影30多部，在牧区巡回放映，共为群众放映数字电影1506场，观众人数83891人次。四是今年投入资金5.6万元，建设牧家书屋7个，并安排24.8万元购置了包书架、阅览桌椅等，牧家书屋逐渐成为牧民群众吸取知识、休闲娱乐的文化阵地，双湖区文化局被西藏自治区新闻出版局评为“牧家书屋先进集体”。五是广播电视“村村通”共建设乡村级站点56个，覆盖31个行政村和20户以上通电自然村，使基层群众文化饥渴问题有所缓解。六是积极组织牧民群众排练文艺节目，参加2011年那曲恰青赛马文化旅游节并取得第三名的好成绩，投入21万元组建了区民族文艺队和措折羌玛乡一村民间表演队。七是开展“扫黄打非”专项检查专项行动11次，出动人员91人次，进一步肃清了社会风气。

【各部门多管齐下，维护稳定工作迈上新台阶】一是政法部门围绕“稳定是第一责任”中心工作，以打赢“三大战役”为工作重点，全年召开维稳工作会议78次、排查公共复杂场所和出租房屋269家次、登记流动人员1693人、收缴管制刀具17把、非法音像出版物66张。二是区公安局受理治安案件10起，查处9起，查处率90%；刑事案件发案4起、破案4起、抓获3人、起诉3人、1人畏罪自杀，破案率100%。三是区法庭受理诉前或立案调解各类矛盾纠纷39起，总标的27.79万元，立案调解19件，诉前调解20起，调解率为100%；车载流动法庭行程1100多公里，协助各乡镇调解60起各类矛盾纠纷，开展法制宣传15次；政法部门通过“以案讲法”方式实地开展法制课46次，发放藏汉文两种文字的法律摘录3000余份，受教育群众达5500余人次。四是统战民宗部门按照属地管理原则，依法管理宗教事务，加强宗教活动场所和僧尼的管理，深化拉康、日追僧尼的思想教育，对2座拉康和1处日追的7名僧尼户籍进行登记审查核实，为三个宗教活动场所发放了宗教职业证书、法人登记证以及活动场所登记证。同时加大对家庭僧尼管控，对51名家庭僧尼进行定期不定期督查。制定出台了加强和创新拉康、日追管理工作方案及实施办法，并对3名拉康、日追管理员进行专门培训。

【各级各部门凝心聚力，主题活动有了新起色】创先争优强基惠民活动扎实推进。区、乡、村分别成立了高规格的领导小组，并设立了办公室、督导组、宣传组等。从区、乡两级党政机关抽调干部职工112名，组成27个工作队分赴31个行政村开展活动，区财政为31个驻村工作队拨付生活补贴4.65万元、为办公室解决办公经费1万元、下乡工作车辆前期油料费20万元。活动开展以来31个驻村工作队共集中宣讲155次，撰写工作笔记、日记186篇，受教育群众11500人次，参学率达到98.3%，上门家访2438户，家访率达到98%；排查各类矛盾纠纷68起，并成功调解60起；帮助基层理清发展思路62条；为群众办实事办好事165件，解决民生项目60个，总投资额达28.5万元；开展访贫问苦活动62次，慰问186户、756人，共发放慰问金和慰问物资价值12.8万元。

【领导名录】
区委书记：南培（5月任职）
区委副书记、区长：罗布松拉（5月任职）

阿 里 地 区

阿里地区

【以创建“学习型、创新型、务实型”为目标，深入开展创先争优和基层建设年活动】2011年是全面实施“十二五”规划的起步之年，是庆祝中国共产党成立90周年、西藏、阿里和平解放60周年的喜庆之年，任务重、大事、要事多，围绕大局和中心工作，办公室明确提出要以推进学习型、创新型、务实型办公室创建为目标，着力解决办公室工作中存在的突出问题，确保地委各项工作顺利开展，取得了阶段性成果。

（一）认真组织学习，打牢思想基础。为进一步提高认识，把思想认识统一到地委、行署的重大决策和部署上，该地高度重视，始终把认真学习党的十七届五中全会、中央第五次西藏工作座谈会、区党委七届七次全委会、地区工作会议精神作为首要政治任务抓紧抓实，专门安排时间采取个人自学、党支部集中学习研讨、邀请专家作专题辅导报告、秘书长班子成员上党课等形式，系统深入地学习了中央、区党委、地委相关会议文件精神，切实把思想统一到了区党委、地委的决策部署和秘书长班子的要求上来，努力用区党委和阿里地委的会议精神武装头脑、指导实践、推动工作。

（二）深入调查研究，提高履职能力。紧紧围绕发挥办公室职能作用，加强制度建设，促进阿里经济社会科学发展、和谐稳定，秘书长班子各成员深入基层、深入群众，通过问卷调查、召开座谈会、发放意见表、个别访谈等形式，进行深入的调研。结合工作实际，科学分析工作中存在的问题和困难，形成了20余篇3000字以上的调研报告。

（三）深入开展“创先争优”活动。根据《实施方案》的要求，按照活动的目标任务，严格活动程序，切实做到“规定动作一个不少、自选动作有创新”，扎实有效开展“创先争优”活动。在活动中，该地认真组织党员学习讨论，以党员承诺、知识竞赛、岗位练兵、募捐等多种形式拓展活动载体，在工作中创先争优，切实增强党组织的凝聚力、战斗力和创造力、全面提升党员队伍的整体素质，推进该地事业科学发展，促进和谐建设。地委办公室党支部被评选为2011年全地区优秀党支部，5名表现较好的同志被评为地委办公室优秀党员。

（四）扎实开展加强基层建设年活动。自阿里地区开展基层建设年活动以来，该地驻村工作组切实把加强基层建设年活动作为一项重要工作来抓落实，认真部署、扎实开展、深入推进。在活动中，驻村工作组认真做好实地调研和政策宣传工作，切实做到“同吃、同住、同劳动”，积极帮助解决当地农牧民实际困难，使活动取得实实在在的成效。截至目前，争取项目7个，为该村争取资金15万余元，捐物5万余元，形成各类简报30余期并上报相关部门，被活动办采用16篇。

（五）深入开展创先争优强基础惠民生活动。地委办公室驻夏龙村工作队开展创先争优强基础惠民生活动以来，做到了“行动快、要求严、措施实”，较好地开好了局、起好了步，截至目前，共上报活动简报7期，撰写各类文件6篇，办理活动办下发文件6份。11月12日至15日，地委办公室驻夏龙村工作队利用4天的时间，深入到该村八个作业组，121户群众家中，深入调查了解农牧民群众在生产生活、防抗灾物资储备、牲畜出栏等方面的情况，并慰问了五保老人和贫困户，发放慰问金2500元。

【加强指导，狠抓培训，提高服务能力】该地通过开展知识讲座、挂职锻炼等形式，全面加强了各项工作，同时，充分利用各种深入基层进行调研的机会，对各县、地直各单位的办公室业务工作进行指导，努力提高办公室工作者的工作能力和水平。全年共开展信息、保密、档案管理等知识讲座11场次，深入基层业务指导10余次，组织各县委办公室、地直各单位来该地挂职培训34人次。

【强化管理，狠抓落实，提高服务水平】根据地委书记万超岐同志对该地在“办文、办会、办事”中存在问题提出的六点要求，地委办公室以高标准、严要求、高效率、不草率的原则，克服人少文多杂事多的实际困难，全面发挥职能作用，较好地完成了各项工作任务。

【办文办会】2011年共办理各类文件1105号，其中，中央49号，自治区242号，地（中、区）直804号。共起草领导讲话和办公室公文共329号，其中阿委183号，阿委办54号，阿党发15号，阿党办发18号，地办通报36号，各类会议纪要12号，发文总量比去年同期减少70份，精简率24%，完成2009年文件的归档和2010年文件的清退工作；承办各级各类会议90场次，有效地执行了区党委办公厅精简会议、文件的要求。圆满完成了地区工作会议等各项筹备及服务工作。

【信息工作】围绕地委中心工作，突出稳定、改革、发展、改善民生、党的建设，抓住重点、关注热点、突出亮点、剖析难点，及时、准确、全面地为区党委和地委领导了解情况、指导工作、科学决策提供积极的信息服务。2011年，共搜集各类信息7714篇，向区党委办公厅报送信息1560条（篇），摘编信息685条（篇），截至9月份被区党委办公厅采用127条（篇）。编写《阿里信息摘报》49期，《业务通讯》4期。同时，对地直各单位信息员进行跟班培训，共培训27名信息员，培训取得了显著成效。

【督查工作】重点加强了对中央第五次西藏工作座谈会、区党委工作会议

和地区工作会议精神落实情的经常性跟踪督查，定期不定期公布督查情况，扎实有效的推动各项目标任务顺利完成。累计上报《督查专报》52期，编发《领导批示》16期，编发《地办督查》20期。共承办自治区领导、地委领导指示件16件。会同有关部门深入各县、地（中、区）直各部门、企事业单位督促检查30多次。

【综合管理】一是认真贯彻落实地委维稳决策部署，积极配合地区维稳军地联合指挥部、噶尔县社会治安综合治理委员会开展维护社会稳定和维护社会治安综合治理工作，较好地完成了重大节日及中央、区党委重要会议期间、敏感时期的安全值班工作。深入开展办公室安全生产、矛盾纠纷排查、流动人口管理、群防群治等工作，将各项工作任务层层分解落实，并与各科室和个人签订责任书。加大了保安人员培训力度，严格执行24小时值班制度，确保了地委大院和地委领导的绝对安全。二是进一步完善办公室各项规章制度，明确各科室、各个岗位的职责任务、目标要求、工作程序等，并制定《中共阿里地委办公室规章制度汇编》，印发至办公室全体工作人员手中，促进了办公室各项工作的制度化、规范化。三是做好办公用品的购置和发放，在尽量满足机关正常办公需要的基础上，大力提倡勤俭节约，对办公用品的使用情况，该办要求先报告、待主管领导审批、后发放的程序管理，并填写《各科室领取办公用品登记表》，由综合处负责审核。四是印章管理方面，进一步完善印章管理使用制度，明确规定各单位、办公室各科室送的各类公文材料，必须由办公室主管领导批准并签字才能用印，并进行了登记。一年来，地委办公室印章用印89次，地委印章用印105次。五是完善考勤制度。2011年3月份该办新安装了指纹考勤机，干部职工按时上下班情况有了进一步改善，坚持上下班签到，基本上做到了严格考勤、不循私情、一视同仁。六是在人事管理方面，年初与该办6名公益性岗位工人和11名临时工签订了劳动合同，进一步规范了用工制度；8月份顺利完成该办借调工人瘳代国正式调动问题，目前正在积极与组织部门协调解决其他借调人员的调动事宜；办理完成地区档案局次仁玉珍等4名同志的提任事宜；积极推荐符合条件人员学历提升教育，该办机要局霍鉴伟经考试，顺利考入河北师范学院。七是2011年地区财政局实行国库集中支付转轨，将财务工作归还该单位，在财务工作人员有限的情况下，严格执行财务管理规章制度，进一步规范经费使用、报账程序等。

【保密工作】认真贯彻落实《关于加强新形势下保密工作的决定》，深入开展《保密法》、保密知识宣传教育，加强保密设施建设，依法开展监督检查，切实发挥保密工作在该地区各项事业发展中的保驾护航作用。今年对我地区61家单位的保密工作进行了全面的检查，比较全面掌握了该地区各单位开展保密工作具体情况。配合自治区国家保密局和自治区测绘局对7县及地直涉密地图使用单位进行涉密测绘成果保密检查，对检查发现问题的地区水利局等8家单位下发了《涉密测绘成果保密检查限期整改通知书》。开展保密教育防范知识、技能讲座和播放宣传教育片2场次，完成各类考试保密巡考14次和试卷押送8次。

【党史（地方志）工作】搜集整理今年以来发生在阿里的各类大事记221条，完成了《中国共产党历史》第一卷、第二卷的订购、发放工作，审阅、修改完成《噶尔县志》复审稿、《札达县志》初审稿，协助普兰县完成了《普兰县志》的出版发行工作。向西藏日报撰写阿里地方志工作专稿《十年磨剑终成志》被西藏日报全文刊载。为庆祝阿里和平解放60周年献上一份厚礼，编纂了一本18万字的书籍《阿里六十年》，并经自治区党委书记张庆黎同志作序后印刷出版。《阿里年鉴》（2009-2010）编辑工作自2010年启动以来，目前已基本形成100余万字的印刷稿，拟备印刷发行。加大了对部门专业志、县志编纂的指导力度，扎实有效地推动了专业志、县志修编工作。

阿里地区纪检（监察）工作

【党风廉政建设】严格落实党风廉政建设责任制，健全责任体系，强化组织领导，完善工作机制，明确责任分工，形成了“党委领导、纪委牵头、部门齐抓共管”的良好工作格局。加强宣传教育，多种形式开展《廉政准则》、《中国共产党纪律处分条例》、《行政监察法》等党纪党规和法律的宣传、培训，全年组织干部职工观看各类警示教育片30余场（次），发放各类反腐倡廉资料4000余册，举办知识竞赛、文艺比赛100余场次，累计开展反腐倡廉宣传教育200余次，对新任干部廉政培训300余人，对320名县处级党员领导干部进行了《廉政准则》知识考试。加强廉政文化建设，组织观看了《建党大业》教育影片和《杨善洲》等先进典型事迹，积极营造“以廉为荣、以贪为耻”的良好风尚。落实党内监督条例，促进权力正确行使。认真落实领导干部配偶和子女从业、出国（境）等有关事项报告制度。建立和完善廉政档案。积极落实中央《2008-2012年惩治和预防腐败体系建设工作规划》和自治区《实施办法》，制定出台《分工方案》，明确分工职责，加强贯彻落实情况的监督检查和考核验收，深入推进阿里地区惩治和预防腐败体系建设。深入推进以政务、村务、党务公开为重点的基层党风廉政建设，加强对政务、村务、党务公开工作内容、工作程序及工作成效的监督检查，党风廉政建设取得了新的明显成效。

【纠风工作】抓牢各项惠民政策落实情况的监督检查，对政策下乡入户、资金兑现、中小学“三包”经费使用、安居工程建设等64项惠民政策落实情况开展专项监督检查。强化对建设工程招投标、政府采购、药品集中采购、土地出让、矿点开采环境影响评估、食品安全监督检查、建设市场管理、“中、高考移民”等涉及群众利益的公共领域的监督检查，查处

"中、高考移民"86人，处理有关责任人2人；查处违法违规使用土地8宗，查处挪用征地补偿资金1起涉及金额26.5万元。开展了"以诚实守信、服务为民"为主题的民主评议政风行风活动，并取得了良好成效。

【专项治理】深入开展工程建设领域突出问题专项治理工作，制定出台了《工程建设领域突出问题专项治理工作要点》，加大了监督检查工作力度，抓住工程招投标、土地使用权、城乡规划、工程建设实施和工程质量管理、物资采购、资金安排使用管理、环境影响评价等重点环节，严格落实"谁建设、谁负责"、"谁主管、谁负责"的责任要求，做到发现问题及时督促整改落实，整改工程建设领域突出问题55个，建立健全了工程建设招投标制度和监督制约机制。开展严禁赌博和借婚丧嫁娶等事宜大操大办等专项治理，收缴大操大办违纪资金23万元，查处党员领导干部参与各类赌博活动的行为1起，给予纪律处分4人。加大"小金库"专项治理力度，认真开展"小金库"清理整顿工作，规范公共资金的监督管理，清理"小金库"资金57万余元。启动实施了公务用车专项治理工作，开展公务用车清理登记等工作，初步清理超编车辆73辆，超标车辆31辆。

【案件查办】严格按照中纪委、区纪委关于查办案件工作的一系列要求，切实加强"县案地审"工作，规范了办案程序，整合了办案力量，加大了查办案件工作力度，严肃查处了一批违纪案件，保持了惩治腐败的高压态势。全年，共受理群众来信来访及电话举报案件20件，初查案件16件，立案3件，受党纪政纪处分6人，为国家挽回经济损失30余万元，有效遏制了消极腐败现象的滋生蔓延。加强了案件警示教育，及时通报案件，及时通过案件警醒和教育广大党员干部廉洁从政、守纪守法。

【作风建设】按照区党委的统一部署，积极组织开展加强基层建设年和创先争优强基惠民等活动，从组建工作机构、形成工作方案、安排驻村工作、提供后勤保障、加强监督检查等方面入手，加大工作力度，驻村干部实现了"全覆盖"，为密切党群干群关系提供了有效平台。发动驻村干部在全面了解农牧区基本情况的基础上，以知民情、问民意、查问题、找差距为突破口，以健全基层组织、夯实稳定基础、进行感恩教育、理清发展思路、为民办实事解难事为重要内容，使广大驻村干部在贴近群众、贴近牧区、贴近一线中增进了与广大农牧民群众的感情，得到了自治区纪委和自治区活动办的充分肯定，为党在牧区的执政提供了坚实的群众基础。

阿里地区组织工作

【突出重点，积极推动创先争优活动深入开展】采取集中学习、座谈讨论、专题辅导等方式，重点学习了中央第五次西藏工作座谈会、区党委七届九次全委（扩大）会议、自治区第八次党代会及地区工作会议等精神。全地区各级党组织集中学习教育1780次、中心组学习540次、专题辅导350次、集体研讨交流432次。2011年，基层党组织公开承诺事项1921件，兑现承诺1344件；党员公开承诺事项41740件，兑现承诺29218件；各驻村工作组共落实项目372个，落实资金5202.161万元，帮助农牧民群众解决医疗卫生、村村通等生产生活方面的问题451条，排查解决矛盾纠纷357件，为民办实事好事5000余件，树立了党员干部的良好形象。

【科学指导，统筹推进各领域基层党组织建设】狠抓党的组织网络和工作覆盖。采取单独建、联合建的形式在机关单位中建立党的基层组织189个，在企事业单位中建立党的基层组织47个，党组织的覆盖面达100%。全地区共在村民小组（含自然组）成立党小组569个，村民小组组长与党小组组长"一肩挑"301人，占村民小组总数的61.9%。创新非公经济党建工作，2011年在非公经济组织中建立党支部8个。2011年村"两委"换届选举中，集中整顿"难点村"4个。3月份，召开了全地区基层党建工作会议，与地直机关工委书记签订了基层党建工作责任书，将机关党建纳入目标考核范围。地直机关工委召开了机关党建工作会议，与68家机关党支部签订了目标责任书。

【基层领导班子建设和干部队伍建设】结合县乡党委、村（居）"两委"换届选举，配齐配强基层领导班子，特别是选好配强书记。换届后的村（居）"两委"班子书记、主任"一肩挑"比例比上一届提高1.4个百分点，"两委"班子成员交叉任职比例比上一届提高11.8个百分点。加强大学生村官和驻村干部的管理和培养，制定《大学生村官和驻村干部管理办法》，选拔32名大学生村官（含驻村干部）进入村"两委"班子。

【党员队伍建设】高度重视发展党员工作。2011年共发展党员685名，农牧民党员351名。各级党组织依托地县两级党校、农村党员干部现代远程教育、流动党校等有效平台，培训党员1.5万余人次，其中培训农牧民党员6000多人次。重视抓思想激励。2011年，表彰先进基层党组织30个，表彰优秀共产党员40名，表彰优秀党务工作者20名。

【夯实基础，不断提高基层党建工作保障水平】不断推进制度建设和制度创新，建立基层党建工作责任制、党员领导干部基层党建工作联系点制度、基层党建专项述职考评制度及党建工作例会、目标责任、经费保障、定期督查等制度体系，形成了用制度管人管事的党建工作机制和四级党组织书记联动抓基层党建工作的格局。地区设立50万元的党建专项资金和25万元的党内激励关怀帮扶资金，为加强全地区基层党建工作提供了财力保障。落实边境乡镇每年6万元、非边境乡镇每年3万元的基层组织保障经费。

【完善人才政策体系，发挥牵头抓总作用】构建人才工作格局。年初调整地区人才工作协调小组，制定了《阿里地区人才工作协调小组职责》、《阿里地区人才工作协调小组议事规则》，形成《阿里地区人才工作组织部门牵头抓总的实施意见》，强化组织部门在人才工作中的牵头抓总作用。完善人才规划体系。各县、各相关部门按照《规划纲要》提出的目标任务，结合实际，编制了县域中长期人才规划纲要和行业人才队伍中长期建设规划纲要，全地区形成了一个上下衔接、相互配套的人才规划体系。建立推动落实体系。将《阿里地区中长期人才发展规划纲要（2011--2020年）》划分为队伍建设、重点工程、保障措施和组织实施四个责任板块，分解为82项任务，具体落实到82个责任单位。

【深入开展调研，稳步推进机构编制工作】调整地区人民医院、地区藏医院、地区扶贫办（地区农发办）等5家事业单位和设立阿里地区文化市场综合执法支队的机构建制，确定主要职责，设立内设机构，印发机构编制方案。调整充实各县公安、法院、检察院内设机构，明确内设机构建制。完成了地区公安处监所管理支队、地区看守所、日土县多玛乡和改则县改则镇治安交通检查站的机构设置事宜。积极推进乡镇机构改革工作。制定下发乡镇机构改革方案，督促各县制定乡镇“三定”方案，开展乡镇干部队伍设岗定责，规范乡镇机构内设机构设置等各项工作。

阿里地区宣传思想工作

【大庆活动有声有色】根据地委安排，按照早谋划、早安排、早部署的工作原则，成立办事机构、抽调骨干力量，制定活动方案，做好“3·28”和“5·23”庆祝活动、庆祝建党90周年各项活动，积极参与庆祝西藏和平解放60周年活动、全面做好大庆礼品发放和营造氛围工作、着力抓好庆祝阿里和平解放60周年和第四届象雄文化旅游节文艺汇演工作、做好庆祝阿里和平解放60周年图书画册出版工作和成就展工作，确保大庆活动有声有色。

【主流媒体逐渐壮大】贯彻落实万超岐书记关于加强主流媒体建设的指示精神，狠抓新闻报道工作。配合20余家区内外主流媒体，236名记者，做好来阿采访报道工作，刊发稿件123篇。协调恢复《西藏日报》驻阿记者站，自六月份进驻阿里以来在《西藏日报》刊发新闻110条，其中头版18条，头版头条3条。做好阿里网建设和日常管理工作，使阿里网成为宣传介绍阿里的重要网络平台。落实地区电视台321万元设备更新项目，策划制作播出5个专栏、10部专题片、1部8集纪录片；播出新闻2156条，同比增加50条；译制藏文新闻783条；上报西藏电视台新闻914条，播出768条，同比分别增加183条和89条；在中央电视台《新闻联播》中播出第四届象雄文化旅游节新闻1条。增加《阿里报》出刊期数，全年出刊31期，策划20余个专题专栏，采写新闻560条，同比增加180条；上报新华社、西藏日报、西藏广播电台等区内外媒体新闻200条，刊发80条，同比分别增加60条和30条。各县也均利用自办刊物、报纸、电视台等媒体，不断加强新闻宣传报道工作。

【文化建设稳步推进】贯彻落实万超岐书记为推进阿里文化建设办好“六件实事”的重大决策部署，着力推进文化建设。落实总投资5744万元的古格王国遗址维修工程；完成7座寺庙书屋、七县图书馆和七县文化活动中心改扩建工程；建成144座农（牧）家书屋；建成“苹果17.5”影院并投入使用。象雄艺术团及各县民间艺术团完成61场演出，观众总人数达8.5万人（次）；广播电视人口综合覆盖率分别达到77.05%和75.74%；36支基层电影放映队放映电影4383场。做好古籍普查及文物保护项目申报工作；划定20处自治区级文物保护单位建设控制地带和保护范围，落实“四有”要求加强文物保护；申报10项非物质文化遗产保护项目。向农家书屋、寺庙书屋配备各类图书27种、10万余册；配备光碟1万余张、宣传画册3千余册。

【意识形态绝对安全】扎实推进社会主义核心价值体系建设，不断加强未成年人思想道德建设，深入开展群众性精神文明创建活动，突出群众性爱国主义教育和民族团结教育，深入开展“喜迎大庆、歌颂幸福、共创未来”主题宣传纪念活动、庆祝西藏和平解放60周年及十七届六中全会和自治区第八次党代会精神宣讲活动，组成地县两级宣讲团（组）20个，依托127个驻村工作组，发放宣传册（藏汉文）13500本，集中宣讲817场（次），受教育干部群众85800人，用中国特色社会主义理论体系武装全体党员、教育干部群众，巩固马克思主义在意识形态领域的主导地位。牢牢把握“掌握主动权、打好总体战”的要求，立足于该地区发展建设的辉煌成就，坚持正面宣传和深入揭批达赖集团两手并举，精心组织系列外宣活动，对外有理有力有节开展舆论斗争。不断提高广播电视覆盖率，确保安全播出；加大“扫黄打非”力度，查缴各类非法出版物、音像制品5000张；加强网络监控封堵工作，构筑“空中”、“地面”网络反渗透防控体系，有效维护了意识形态和文化安全。

阿里地区统一战线工作

【基本概况】统一战线是我们党的重要法宝，是党执政兴藏的重要内容，是推进西藏跨越式发展和长治久安的重要工作。

1952年10月，阿里地委统战部成立以来，在和平解放时期、评判和民主改革时期、“文化大革命”结束时期、拨乱反正时期、改革开放时期、新形势下统战工作发展时期等重要阶段，在中国共产党、自治区党委、阿里地委的坚强领导和正确指导下，不断正确应对国际国内形势发展的变化，坚持以毛泽东思想、邓小平理论为指导，全面贯彻“三个代表”重要思想，深入贯彻落实科学发展观、高举爱国主义、社会主义伟大旗帜，团结一切可以团结的力量，广泛发展和壮大爱国主义统一战线，围绕中心、服务大局，求真务实、改革创新，民族宗教、寺庙管理、党外人士、非公经济、境外藏胞、统战文化等各项工作领域都做出了积极的贡献。

党的十七届六中全会、中央第五次西藏工作座谈会、全国统战部长会议和自治区第八次党代会相继召开后，对统一战线在全局工作中的重要地位和作用提出了明确要求，寄予了很好的期望。2011年，区党委审时度势，全面加强和创新寺庙管理，有力推动宗教工作开创了新局面；召开加强和改进新时期工商联工作暨推进非公有制经济跨越式发展会议，有力推动非公有制经济工作开创了新局面；在全区深入开展民族团结进步表彰模范创建评选活动；全区和谐模范寺庙暨爱国守法先进僧尼表彰大会。

【**年度综述**】阿里地委统战部以区党委重要指示精神为指导，开展好“六建”、“六个一”活动，切实抓好“九有”建设工作，积极宣传区党委、政府，阿里地委出台的关于寺庙和僧尼的一系列方针政策，一如既往地关心、关爱寺庙僧尼，团结教育他们爱国爱教。按照做好党外代表人士队伍建设提出的新要求，加强党外人士的培养、考察、推荐工作力度，截至目前，培养党外地级干部2名，党外县级干部10名，党外科级干部14名，党外后备干部18名，积极分子50名，同时加大党外干部的培训力度；高举爱国主义旗帜，坚持爱国一家、爱国不分先后的方针，做好国外藏胞接待和管理工作，初步统计，1979年以来，该地区回国定居藏胞64人（含已故13人），滞留境内藏胞13人；大力发展壮大非公有制经济人士队伍，目前，全地区工商联会员达74名，其中，个人会员56名，企业会员18名，个体工商户4848户、从业人员8191人，注册资金19069.02万元，2011年9月，该地区5名非公有制企业和个体工商户会员被评为自治区“优秀中国特色社会主义建设者”荣誉称号；根据阿里地区宗教工作实际，按照“六建”要求，该地区共设立15个寺庙管理委员会和17个寺庙管理特派员机构，配备209名干部（含民警），各项工作正在有序开展。

阿里地区政法工作

【**年度概况**】2011年，阿里地区政法工作在地委、行署的正确领导和区党委政法委的有力指导下，高举中国特色社会主义伟大旗帜，以邓小平理论和“三个代表”重要思想为指导，深入贯彻落实科学发展观，中央第五次西藏工作座谈会及中央、自治区和地区的一系列会议精神，紧紧围绕推进跨越式发展和长治久安这个主题，重点突出深入开展反分裂斗争和维护社会稳定这个核心，下好先手棋、打好主动仗，立足实际，强基固本，深化三项重点工作，扎实开展“发扬传统、坚定信念、执法为民”主题教育实践活动，努力推进平安阿里和政法维稳能力建设，构建国家安全屏障，为阿里地区经济社会发展，创造了和谐稳定的社会环境。

【**加强学习，提高认识，强化政治思想素质**】全面召开地县政法工作会议。3月24日，召开地区政法工作会议。随后，政法各部门相继召开业务会，各县政法委召开工作会，传达贯彻落实各级政法会议精神，研究部署各自工作任务，为2011年政法工作开展奠定了坚实基础。

【**积极开展“发扬传统、坚定信念、执法为民”主题教育实践活动**】4月8日，该地区召开了“发扬传统、坚定信念、执法为民”主题教育实践活动动员部署会议，成立了由地委委员、政法委书记、公安处党委书记吴荣富为组长，政法各部门主要负责人为副组长的主题教育实践活动领导小组。会后，各县政法委、地直政法各部门相应召开了动员大会，切实做到了层层有动员，层层有部署。活动中，共上传下达文件20余份，编发简报104期。地委政法委派出一个工作组进驻札达县底雅乡底雅村，全委人员为对口联系点捐款4300元，工作组为联系点解决资金5万多元。同时，为扶贫联系点日土县热帮乡丁泽村捐赠价值19000元的拖拉机一台。检察分院为联系点措勤县达雄乡才扎村投入资金152700元。地区司法处为联系点改则县那木起村投资146500元。地区公安处为扶贫点投入资金156417元。中院为扶贫点改则县先遣乡热雄村投入资金共计18余万元。

【**积极推进三项重点工作，筑牢政法工作基础**】1.积极推进社会矛盾化解。地委、行署于年初下发了《关于开展社会稳定风险评估工作的实施意见》。地、县、乡(镇)、村和各相关部门高度重视矛盾纠纷排查调处工作。今年1至9月份，七县综治办上报各类矛盾纠纷203起，已调解201起，调解率99%，所有矛盾纠纷主要是婚姻家庭、债权债务的纠纷，没有重大和较为突出的个案，没有出现带有组织性、联动性上访事件，没有涉及达赖集团和敌对势力插手的迹象。同时，地县各单位运用社会稳定风险评估手段解决59个突出问题，有效维护了人民群众的切身利益。在积案清查工作中，共清查各类积案6起，4起已息诉，2起正在处理中。地区综治办不断健全《阿里地区矛盾纠纷排查调处工作机制》，完善县乡矛盾纠纷“一把手”领导责任制、预防机制、包案机制、调处机制、监督协调机制、回访机制、责任追查机制、四级台账制、月报制和“零”报告制等。截止目前，全地区共建立治保组织321个，基层调解组织167个，专职司法助理员50人，调解员542人，治保人员963人，村、组兼职调解人员1600人，公安特派员55人，为预防基层矛盾纠纷激化，落实保一方平安的职责奠定了坚实基础。

2.深入推进公正廉洁执法。政法系统按照党风廉政建设责任书的要求，结合“发扬传统、坚定信念、执法为民”主题教育实践活动，以纪律作风整顿活动和警示教育活动为载体，扎实开展党风廉政建设，深入推进公正廉洁执法。如：中级人民法院以解决“不讲公正的歪气、脱离群众的官气、不负责任的松气、说长道短、影响团结的邪气、不肯吃苦的骄气、受不了委屈的小气、有点成绩就摆功的傲气”为目标，以“五个严禁”和“六条禁令”为基本要求，教育干警，整改队伍。地区公安处层层签订党风廉政建设责任书和五条禁令警令状，加强对民警违法违纪的教育和预防工作，截止目前，共排查清理案件381起，发现问题案件1起，整改1起；受理群众投诉案件1起，办结1起。全年未发生民警违反“五条禁令”等警纪警规情况，未受理维权案

件。检察分院、司法处、安全局在制定执法制度、加强干警培训教育上下功夫，促进廉洁执法。

阿里地区党校（行政学校）工作

【年度综述】在地委、行署的正确领导下，坚持以邓小平理论和“三个代表”重要思想为指导，深入贯彻科学发展观，认真贯彻落实《党校工作条例》、《行政学院工作条例》和《2010-2020年干部教育培训改革纲要》，围绕中心、服务大局，以教学为中心，以科研为基础，以队伍建设为根本，以信息化建设为手段，以后勤为保障，着力构建“大教育、大培训”格局，以改革创新精神扎实推进党校事业新发展，党校发展迈上了新的台阶。

【干部教育培训成效显著】根据新形势新任务的要求，坚持以理论教育为根本、以知识教育为基础、以党性教育为关键，努力完善“一个中心、五个方面”的教学新布局，扎实开展干部教育培训工作。2011年，地委党校举办培训班23期，培训干部689人。并且，积极发挥理论阵地的优势，派出教师到地办、军分区、司法处、气象局、地区小学等单位作相关知识的专题报告，聆听报告人数约1000人（次）。同时，认真开展集体备课、“传、帮、带”和教学研讨活动，积极尝试学员讲坛、研究式、体验式等新的教学方法，大力推广现代化教学手段，努力打造精品课堂，切实增强培训的效果。

【科研能力逐步增强】按照“四服务”的原则，立足党校实际，扎实开展科研工作，努力推进“教学科研一体化”进程。为搭建理论宣传平台，2011年5月，地委党校创办了校刊《阿里新视界》（内部资料）。并且，有三名教师在《西藏发展论坛》、《知识经济》等刊物上发表论文三篇。科研的根本目的在于运用，按照“教学科研一体化”的要求，切实把科研成果贯穿到教学中，切实增强教学的鲜活度和吸引力。关键在人才。在党校所有的财富中，教师和其他各类人才是最宝贵的财富；在党校所有的资源中，优秀教师和优秀人才是最急需的资源。地委党校大力实施“人才强校”战略，以加强师资队伍建设为重点，从优化结构、提升能力、激发活力三个方面入手，加大人才的培养、吸引和使用力度，努力建设一支素质优良、规模适当、结构合理、适应新时期干部教育培训要求的党校工作人才队伍。2011年，引进了2名大学生，充实了教师队伍，增强教师队伍的活力。并且，选派了10名教师到中央党校、国家行政学院、区党校学习培训进修。在壮大教师队伍、提高教师队伍素质的同时，教师队伍的结构也趋于更加合理。目前，党校专兼职教师18人（含4名援藏教师），占总人数的62%。在教师队伍中，高级职称3人，占17%；讲师（中级）6人，占33%；助教（初级）以下9人，占50%。研究生学历4人，占22%；本科13人，占72%；大专1人，占6%。

【信息化建设迈出新步伐】信息化建设是党校建设的重要组成部分。为适应形势和任务的需要，2011年按照自治区党校的要求，升级了中央党校远程教学网C级站，并将校园光纤网络扩容到现有的80兆，可以同时满足各办公室和校内所有职工宿舍上网查阅资料。同时，还建成了3间多媒体教室、1个多功能学术报告厅、一套LED大屏幕显示系统和VPN专网。VPN专网与中国知网CNKI的5个数据库、人大复印资料数据库、超星电子图书、人民数据的2个数据库、中经专网数据库、中经视频的8个视频资源数据库链接。

【办学条件明显改善】在地委、行署的高度重视及有关部门的大力支持下，地委党校加快了建设步伐，发展呈现出新面貌、新气象。特别是国家投资及地区配套投资735万元，建设了教学综合楼，面积2733平方米，已全面投入使用。并且，根据培训工作需要，还积极申报了教职工宿舍、学员宿舍、食堂、图书馆及附属工程建设项目。为把校园规划好、建设好、发展好，认真研究制定了《中共阿里地委党校“十二五”发展规划》、《中共阿里地委党校中长期建设规划》。

【领导名录】
地委党校常务副校长：李茂林
地委党校副校长：罗旺、白玛多吉、张光华

阿里地委政策研究室（农工办）工作

【年度综述】2011年是政策研究室（农工办）工作取得重大突破的一年，也是整个工作步入正规、形成规范化局面的关键一年。全年该研究室在科学发展观的指导下，认真贯彻落实“强化调研、服务中心、提高素质”的工作思路，大力弘扬老西藏精神，深入打造形象办公室，圆满完成了上级部门和地委交办的各项工作任务，积极深入基层开展了多次调研工作，并均已形成调研报告，为领导决策提供了参考依据。

【围绕中心，服务阿里经济社会发展大局】着眼于服务阿里经济社会发展大局，紧贴全地区中心工作，积极主动为地委、行署战略决策和重大工作部署服务。以全局的视野和战略发展的眼光，较好地完成了地区工作会议、地区农村工作会议等会议的起草任务。注重站在领导的高度和角度，谋领导之所需、成领导之所虑，起草了地区领导在各种重要工作会议上的10余篇讲话稿、发言材料，较好地履行了以文辅政的职能，发挥了参谋助手的作用。积极协助地委、行署主要领导完成发表《西藏日报》和《新西藏》杂志等署名文章，为宣传阿里、提升阿里知名度和影响力发挥了积极作用。

【围绕着力点，开展系列重大专题调研】按照区党委政研室的工作安排和全地区各阶段重大工作部署，找准着力点，突出抓住影响阿里经济社会发展问题，积极主动开展一系列重大专题研究，形成了一批具有较高影响力的调研成果，全年共开展6次专题调研，形成9篇调研报告，上报区党委政研室及分管领导。

【围绕领导决策，提供准确快捷的信息服务】高度重视为地委、行署领导做好决策的信息服务工作。密切关注并注意及时收集国内外经济发展动态和政策走向信息，为领导科学决策提供准确、快捷、具有参考价值的信息服务。全年共编印《阿里农村工作简报》24期、《地委政研室工作简报》45期、编写《阿里地区农牧民专业合作经济组织经验材料汇编》，印发至各县、地直涉农部门及各乡镇、村组，成为广大干部群众发展专业合作组织的重要参考依据。

【围绕“三农”工作，强化指导协调】及时抓住地委、行署调整充实地区农村工作领导小组，推行领导分工负责制的时机，进一步加强对农牧业农村工作的督查服务力度，确保全年农牧业农村工作督查服务到位，各项工作有序进行。针对农牧业农村工作中出现的新问题、新情况适时组织召开地区农村工作领导小组会议和地区农村工作会议。根据农牧业农村工作特点和需要，形成了农牧业经济形势分析报告，出台了解决问题的办法措施，确保了地委、行署关于“三农”工作的一些政策、措施落到实处。加强对农村工作落实的组织领导，办理和落实了农村工作专项查办案件和重大决策。审议并修改地区涉农部门重要文稿12篇，有力地推动了全地区各项重大工作部署有效落实。

【加强队伍建设，优化提升干部队伍整体素质】2011年，该室在抓好业务工作的同时，加强了干部队伍建设。为不断适应工作需要，从抓好政治理论学习和业务知识培训入手，有目的、有计划、有针对性地提高干部的思想境界和业务技能。积极创造条件、争取机会让干部赴外学习培训，以拓宽视野，提升能力。

【加强作风建设，不断提高工作绩效与水平】结合政研工作的特点，注意把机关作风建设贯穿于业务工作全过程，引导全体干部职工强化对中央、自治区重大方针政策和重大战略部署，以及对地区重大工作部署和重要文件的学习，增强把握全局意识，提高为地委、行署决策服务的能力与水平。通过各种形式不断加强干部职工的理想信念和党性、党风教育，干部职工的思想作风、工作作风、生活作风建设。坚持不唯上、不唯书、只唯实的原则，深入基层开展调研，不断研究新情况、分析新情况，提出新思路、寻找新对策，为地委领导科学决策服务，为阿里经济社会发展大局服务。

【加强组织领导，为各项工作有效开展提供保障】围绕单位各项工作开展，以支部活动为载体，组织开展多种形式的创建活动。积极开展“创先争优”活动，引导党员干部立足本职工作，在各自岗位发挥模范带头示范作用。扎实做好对口普兰县普兰镇赤德村的帮扶工作，共发放帮扶资金、物资，折合人民币3万元，提出合理化建议18条，协调地区水利局安排资金20万元用于2012年的塘坝、饮水工程建设，有效地推动了该村脱贫致富和新农村建设。深入开展基层建设年活动，选派2名同志于3月14日进驻噶尔县左左乡上左左村，为群众办实事、解难事。组织全室干部职工帮扶捐款3050元，解决帮扶资金22万元。组织开展党员支援亚东地震救灾捐款活动，共筹集善款2200元，以实际行动为亚东灾后重建和恢复生产献爱心做奉献。

阿里地区人大工作委员会工作

【全力以赴地维护和巩固和谐稳定的政治局面】根据地委维稳工作的统一部署，人大地工委认真执行地级干部敏感时期维稳值班制度，积极配合地委进驻基层开展维稳督导，圆满完成基层管控任务；立足实际，全力发挥人大职能，经常组织人大代表深入基层、深入群众、深入实际，利用开展人大业务的大好时机，认真排查和调处矛盾纠纷，把不稳定因素消除在萌芽状态；加大力度，强化措施，认真做好人民群众来信来访工作，维护好、发展好、实现好群众合法权益。全年接待群众来信来访3件（次），全部答复，群众满意率95%，促进地区社会的和谐稳定；检查和督促机关做好内部安保工作，确保机关安全稳定。

【卓有成效地开展加强基层建设年活动】人大地工委副主任肖达瓦、人大地工委秘书长阿旺次仁及地区保险公司联合驻村工作组，扎根日土县热帮乡龙门卡村半年之久，紧紧围绕“宣传党的方针政策、着力解决突出问题、密切党群干群关系、加强基层组织建设、培养锻炼干部”的活动主题和“三个深入、四个切实、六个确保”的活动要求，克服困难，迎难而上，行程5万多公里，召开村两委会议18次、村党员大会5次，走访群众234户，发放宣传资料、征求意见表350余份，形成专项调研报告2个、经验材料4份、信息简报49期，多期信息还刊登在新华网、西藏新闻网和阿里门户网上，协调和争取项目资金337万元，落实惠民项目10个，多种渠道解决群众扶贫资金35.5万元，组织群众投劳500余人次，实现群众创收10万余元，切实为民办好事、办实事，赢得了群众的和各级组织的高度评价，人大地工委和地区保险公司联合驻村工作组因工作成绩突出，被评为自治区、地区两级先进驻村工作组荣誉称号。

【竭尽全力做好机关帮扶解困工作】人大地工委先后组织4个工作组，18人（次）深入扶贫联系点开展扶贫调研和帮扶工作，积极协调地区职能部门和对口扶贫联系点所在县有关部门，解决20余吨青稞和一些扶贫物资，解决了群众部分实际困难；广泛开展心系群众送温暖活动，发放慰问金3.5万元，缓解扶贫联系点困难群众燃眉之急，做到时刻心系群众，真心为民排忧解难。

【积极配合地区做好大庆各项工作】根据地区大庆活动统一安排，人大地工委副主任贡布、达娃措姆顺利完成了大庆方队编排和后勤保障工作，为开展庆祝活动贡献积极力量。

【着眼大局、主题突出，依法履行人大职能】1.认真做好专项调研及陪同调研工作。人大地工委组织在狮泉河的自治区人大代表，行署职能部门和各县人大常委会开展专项调研7次、陪同自治区人大开展调研3次、接待区内兄弟县市人大学习考察3次，累计出动车辆32台（次），行程5万余公里，圆满完成调研和接待任务。2.认真开展执法检查及法律法规意见征求工作。人大地工委对《西藏自治区各级人民代表大会选举法实施细则（修订草案）》、《西藏自治区实施<中华人民共和国全国人民代表大会和地方各级人民代表大会代表法>办法（修订草案）》、《西藏自治区控烟条例》、《中华人民共和国科学进步法（修订草案）》、《中华人民共和国职业病防治法（修订草案）》等5部法律法规的修改意见进行了征求；对《食品安全法》、《国防教育法》、《老年人权益保障法》、《西藏自治区流动人口服务管理条例》、《中华人民共和国监狱法》等6部法律法规的贯彻实施情况开展专项检查，为自治区人大立法和监督提供可靠依据，也为机关学习和熟悉法律、法规，了解情况，指导工作，增强监督实效提供平台。

【认真完善和改进代表工作，充分发挥代表作用】人大地工委精心组织代表开好自治区人大会议，向大会递交经济社会发展等方面的意见建议40余件，真实反映地区人民群众迫切意愿；邀请代表参加或列席地区各类重要会议、执法检查、专项调研、听取专项工作汇报等活动，积极拓宽代表履职渠道，为代表知情参政提供服务。全年邀请区县人大代表45人次，向地区相关部门反馈代表意见建议20余条，进一步推动了地区有关工作；认真转办闭会期间自治区人大代表的意见建议，跟踪督促相关部门限期办理和答复，代表意见建议办复率达90%以上。

【认真发挥人大监督优势，促进“一署两院”依法行政和公正司法，维护公平正义】人大地工委主动介入，适时组织人大代表、机关干部旁听法院的庭审和法检重大案件审结情况，加大监督，促进公正司法；拓宽渠道，多层次、多角度，听取行署专项工作报告4次，行署农牧、水利部门专项工作汇报2次，合理提出反馈意见40余条，有力地监督和支持地区行署有关工作；围绕人民群众关注的热点、难点问题，深入基层开展专项调研，形成《门士乡经济社会情况调研报告》、《龙门卡村经济社会发展调研报告》、《曲松乡扶贫工作调研报告》、《阿里地区东三县醉马草防治工作调研报告》等5个专题工作报告，得到了地委、行署的高度重视，并批转有关部门研究和解决。

【认真指导各县开展人大业务】人大工作政治性强、程序性严、业务要求高。人大地工委积极发挥业务优势，突出对各县人大法律法规学习、业务培训、代表工作、人大信访等工作的指导，奋力推动全地区各级人大工作年年有起色。

【重素质、强能力，狠抓人大自身建设】1.切实加强机关作风建设，以作风转变促工作效率提升，努力创建学习型、创新型、活力型机关，争取把人大机关打造成地区窗口单位。2.切实加强机关干部队伍建设，加大干部教育培训选拔任用力度，打造一支“热爱阿里、热爱人大、热爱工作、默默奉献”的人大干部队伍。3.切实加强机关硬件设施建设，进一步优化和改善机关办公和生活条件。经沟通协调，人大机关办公用房和宿舍楼已经立项并于明年开工建设，这必将极大地调动机关干部职工的工作积极性和主动性。

【领导名录】

主任：万超岐

（地委书记、人大地工委主任）

副主任：肖达瓦、贡布、达娃措姆

秘书长：阿旺次仁

阿里地区行署办公室工作

【年度综述】2011年，行署办公室在地委、行署的坚强领导和各县各部门的大力支持下，深入学习实践科学发展观，紧紧围绕全地区中心工作，严格执行《2011年县级领导班子综合目标管理责任制》要求，以更高的标准、更严的要求，倡导无私奉献，加强机关建设，坚持探索创新，优化服务环境，奋力创先争优，提高办事质效，不断开创“三服务”工作新局面，圆满完成了年度各项工作任务。

【抓学习，提升素质】为夯实干部职工的政策理论功底，加快建设学习型机关和推进“创先争优”目标落实，行署办公室领导班子坚持率先垂范，学习理论，钻研业务，对中央、自治区、地区重要会议、重大决策部署精神先学一步、深领一层、模范执行，在全办干部职工中树立起了讲正气、树新风、重学习、抓落实、争实效的良好风尚。年初研究制定了理论学习计划，并结合“创先争优”和“加强基层建设年”活动，认真组织职工开展学习；坚持理论学习中心组、党支部、全体干部等各个层次的集体学习制度，切实抓好每周一次的集中学习；督促引导干部职工立足业务工作积极自学；大力选派干部外出参加学习培训，有效提升了整体干部职工队伍的政治理论素养和实际工作水平，保证了党的基本路线、方针、政策和国务院、自治区和地区的重大决策部署得到正确深入贯彻执行。

【抓制度，深化管理】坚持“靠制度管人、靠制度管事、靠制度实现科学管理”。一是突出抓党风廉政责任制建设。深化标本兼治、综合治理、惩防并举、注重预防的工作方针，认真落实《阿里地区2011年度政府廉政工作实施意见》，出台《行署办公室2011年党风廉政建设工作安排》，将责任分解到人，任务明确到位，经常性组织干部职工学习有关政策法规和文件精神，利用正反面典型开展示范教育、警示教育和岗位廉政教育，大树勤政廉政导向、浓厚廉洁奉公氛围、发挥民主监督作用，确保行办各级干部严格执行《廉政准则》和廉洁从政的各项规定，做到自重、自省、自警、自励，筑牢思想防线、法纪防线，抗得住诱惑、经得起考验，坚决杜绝打着行署领导和行署机关旗号办私事、谋私利的现象，确保全办无一人在廉政方面出现问题。二是及时调整明确秘书长班子分工，按时按要求组织召开党员民主生活会和组织生活会，严格落实议事规则、办事流程和党支部“三会一课”制度等，靠规范明事定责，靠程序科学运转，民主集中制原则得到深入执行，党的建设得到进一步加强。三是突出抓各项规章制度的执行。加大对行办各级干部执行《阿里地区行署办公室（行署法制办公室）工作制度汇编》的监督检查力度，保证了各级干部的在岗率和工作积极性、责任心，有力促进了各项工作的有序有效开展。

【办文工作要求严谨细致，积极以文辅政】一是不断强化文秘工作的“精品意识”，严格按照《国家行政机关公文处理办法》的规定，坚持从严、从精、及时、实效的原则，严把行署和行办公文处理的起草关、政策关、时效关、公文体例格式关、文字关、校核关、质量关、会签关，严格落实公文报批程序，力求政策清楚、主题突出、观点准确、格式规范、逻辑严谨、准确及时；同时，规范发文行为，精减文件数量，努力做到少行文、行短文、行到文。办文质量和效率明显提高。二是认真做好专员办公会议、行署专题会议、秘书长办公会议、各级工作组汇报会的汇报材料撰写、会议记录、会议纪要的起草、校对、审核工作，做到了会议材料及时发放到位，会议记录详实全面，会议纪要严把起草、校对、审核关。三是认真做好行署各部门和各县人民政府向行署或行办请示性来文的拟办、呈批、批复工作，做到了及时接收、及时登记，及时传阅、及时协调办理。四是认真做好行署领导讲话类材料、有关会议材料和行署、行办工作计划、总结、报告及请示事项的起草工作，做到领会领导意图、文字内容详实、语句通顺无误、数字准确真实。五是严格按照文件缓急程度和办理机要通信文件的要求，及时签收、及时呈送、及时办理中央、自治区及各县来报；按照有关公文处理规定和机要密码电报、机要通信要求，按照安全、高效的原则，做好了明电、密电发送工作。六是加速公文收发运转，严格阅办和归档管理，做到文件管理安全，急件急办、快速传递和反馈领导批示，保证了公文运转的及时、安全、保密。七是认真做好各项调研任务，认真完成调研报告撰写工作。八是积极协助行署和行办领导做好了行署驻各地办事处的管理和服务工作。九是认真做好了2名行署领导专职秘书的管理工作。十是加快办公自动化建设进程，完成了行办OA系统的安装调试工作，并对相关工作人员进行了培训。十一是为了确保文字和文稿工作按时完成，进一步推行了文字文稿工作限期办结制；为确保文件收发工作的安全运行，实行了文件“凭证领取制”。2011年，共起草各类公文454件，收办各类来报279件（明电156件，密电123件），发送各类电报216件（明电139件，密电77件）；收文、传阅、登记各种各类文2021件；起草行署领导讲话稿47件、各类汇报材料15件，撰写各类调研报告15篇；打印装订和分发各类文件30000多份。

【办会工作要求科学周密，做好全程服务】严格执行会议审批制度，认真审查会议议题，努力做到少开会、开短会。同时，主动提前做好各种会议会前的协调和准备，认真确定会议名称、时间、地点、与会范围、议程等，狠抓会前准备、会中服务、会后落实三个环节，高质量完成了地区工作会议、行署专题会、行署全体会、专员办公会、各类汇报会和部门专业会等重大会议的筹办协调工作。一年来，圆满完成办会任务157场次，会议签到149场次。

【依法执政做到贯穿始终，推动法制进程】一是大力开展依法治国理念和法律知识的宣传教育，选派了1名行署法制办工作人员专门到自治区人民政府法制办参加学习培训。加快筹办阿里地区依法行政工作培训班，届时将以行政强制法、行政诉讼法、国家赔偿法、行政处罚法、行政复议法、行政许可法等为重点，对全地区有关工作人员进行轮训。二是在安排部署工作、制定规章制度、起草各类文件、审核各县各部门文稿等时，都严格对照有关政策法规，确保不出现违背政策法规的情况。三是圆满完成了自治区人大常委会对我地区贯彻实施《中华人民共和国国防教育法》和《中华人民共和国老年人权益保障法》的执法检查，以及地区人大工委对行署法制办公室落实行政强制法和政府投资条例情况的检查。四是加强了地方性政策规范制定工作，制定出台了《阿里地区狮泉河镇占用挖掘城市道路管理办法（试行）》、《阿里地区政府性投资项目管理办法》等一批行政规章和规范性文件。五是围绕行政管理体制和执法体制改革，开展了全地区执法人员换证工作，切实加强执法人员资格管理，规范各类执法行为。继续以落实行政执法责任制为主线，进一步探索行政执法体制改革，加强和完善行政执法和行政执法监督工作。

【政务公开积极创新方式，争取社会监督】大力落实政务公开制度，对行署及行办的重大政务活动，以及地委、行署要求落实的事项，及时向全地区通报。在行署广场设置了行署政务公开栏，在办公楼大厅设置了政务公开电子显示屏，及时更新各类政务信息。经过不懈努力，阿里地区政府门户网站—“阿里网”于今年4月1日正式开通运行，网站开设了“新闻中心”、“公众服务”、“各县情况”等10个栏目，下设“阿里新闻”、“农牧经济”、“援藏成就”等47个子栏目，对外发布全地区党务政务、社会经济、援藏工作、旅游、民生等各领域的信息，有力推动了政府信息公开工作。

【信息工作大力畅通渠道，确保高质高效】一是为规范信息工作程序，下发了《关于做好政务信息工作的通知》，严格区分涉密信息与非涉密信息的报送方式，规定非涉密信息一律以电子文档形式报送，进一步健全完善了信息报送审定机制，通畅了信息报送主渠道，既确保了信息工作的保密安全，又大大提高了信息编发效率。二是加大信息编报力度，实行信息采用情况每月通报制度，下大力气提高政务信息的时效性、时新性和时宜性。一年来，向自治区政府办公厅上报各类信息750条，编发《政务信息摘要》50期。《决策参考》12期，

《情况反映》5期，为领导决策提供了可靠依据。三是推进政府信息公开，积极完善“阿里网”运行模式，全面加强网站更新维护，确保了网站的平稳安全运行，点击率逐步攀升。一年来，通过“阿里网”公布发布各类信息2300余条。同时，积极向自治区人民政府网报送信息，自治区人民政府网共发布该地区各类信息360条，政府信息公开工作取得了新进展。

【督查工作围绕推动落实，积极创新举措】紧紧围绕地委、行署中心工作和该地区发展稳定中的重点、难点、焦点问题，把促进落实作为督查工作的出发点和落脚点，积极探索政务督查工作的新方法、新途径，采取明查暗访、回访检查、督查调研、新闻监督等多种方法，坚持服务全局与突出重点相结合，面上推动与点上核查相结合，决策督查与专项查办相结合，重点督查与日常督查相结合，督促检查与调查研究相结合，掌握实情、找准问题，提出对策建议。一年来，共形成督查专报12期，下发督查通知单15期，办理人大代表建议、政协委员提案36件次（其中自治区重点建议、提案2件次），督办专员办公会议纪要事项14件，完成其他上级部门或领导批示、交办事项20余件，有力促进了中央、自治区、地区有关决策部署和领导指示批示精神的落实，确保了人大代表建议和政协委员提案得到及时办理落实，圆满完成了各项督查任务。

【接待工作狠抓细节落实，确保接待效果】坚持热情、节俭、有礼、有度、周到的原则，严格实行接待细节责任制和定点接待制，按照地区接待规定和领导指示精神，精心制定接待方案，密切配合、团结协作，以西藏和阿里和平解放60周年大庆活动、第四届象雄文化旅游节接待为重点，圆满完成了中央代表团阿里分团等160批1810余人次的接待任务，安排宴会466桌5592人次，接待量同比增加了35%。

【信访工作坚持稳妥高效，服务和谐稳定】一是积极建立健全非正常上访人员的劝返接回机制、信访工作综合协调机制、矛盾纠纷排查化解机制等制度机制，进一步规范了信访工作程序。二是积极宣传《信访条例》，进一步打牢了依法开展信访工作的工作基础和社会基础。三是按照地委组织部安排，圆满完成了全地区第一批到地区信访局挂职锻炼干部的培训任务，有效提升了有关工作人员稳妥应对和处置信访问题的能力水平。四是严格登记制度，进一步规范了群众来信来访登记和收文发文登记，并由专人负责文件的归档和管理。五是严格按照《信访条例》和“属地管理、分级负责”、“谁主管、谁负责”的原则，进一步强化了各县各部门的信访工作责任，积极将矛盾纠纷化解在基层，消除在萌芽状态。六是认真做好来访接待和来信处理工作，加大了信访督查督办工作力度，大力提高初信初访结案率，确保了2011年的群众来信来访已通过现场答复、自办、转办、交办等形式全部办理完毕，并做到案结事了，努力为群众排忧解难，提高群众满意率。截至目前，接待来访53批351人次，同比减少19%和18%；来信12件20人次，同比减少17%和70%。重点化解了地区30辆面包车纠纷、王林纠纷、阮翔纠纷、欧果电站合同纠纷等一批信访疑难案件。

【后勤工作坚持节俭规范，有力保障运转】一是以“保证运转、促进工作”为目标，量力而行，尽力而为，千方百计改善办公条件，积极为干部职工创造良好的工作和生活环境。二是按照“理好财、生好财、用好财”的财务工作要求，切实加强了财务管理工作，严格遵守财经纪律，严把财务支出关，坚持厉行节约，勤俭持“家”，杜绝浪费。三是严格“一坚持、二自觉、三勤、四慢、五掌握、六做到、七不准、八不开”的安全行车要求，全面加强了对车辆驾驶人员的教育和管理，不断强化他们的安全意识和责任意识；合理安排调度，加强了油料供应、车辆检修工作，确保车况良好和安全行车，节省了开支。四是加强食堂后勤保障工作，保证了干部职工吃好吃饱，吃得安全。五是进一步加强和规范了象雄大酒店、行署接待楼的管理工作，增加了效益，服务了接待工作。六是对行署生活区进行了绿化美化和维修，对行办食堂进行了改扩建，组织干部职工齐心协力治理脏、乱、差现象，营造起了良好的工作生活环境。七是安排专人负责行署广场的绿化工作，克服资金困难积极美化亮化办公环境，在行署办公楼层摆放了各种鲜花，以西藏和平解放60周年大庆活动、第四届象雄文化旅游节等期间的形象展示为重点，树立了良好形象。

【保密工作实行人人有责，确保不留死角】认真贯彻落实各级保密工作规定，积极应对新形势下保密工作新情况、新问题，确保了无失泄密事件发生。一是继续实行严格的保密工作领导责任制，签订了保密工作责任书，落实了重点涉密处室和涉密人员的责任。二是认真组织全体干部职工学习了有关保密工作方针政策，切实增强了干部职工的保密意识。三是健全完善了文秘人员保密制度、定密制度、涉密会议制度以及机要、档案、收发、打字人员保密制度、现代办公设备使用管理制度等保密工作制度并狠抓落实。四是狠抓关键环节，加强各涉密要害处室的管理，定期组织检查指导，安装配备了红外线监控器、密码文件柜，确定专人取送机要文件，做到人防、技防和物防密切结合。五是加强涉密会议、公文传递、密件收办等公务活动中的保密工作。六是加强了计算机系统保密、涉密存储介质、手机使用的保密管理，对各处室涉密计算机、移动存储介质进行登记，为上网的非涉密计算机配置了刻录光驱和打印机。七是加强了文秘人员和驾驶员等领导身边工作人员的保密管理。八是加强了对行署系统各单位涉密文件管理工作，为各单位收发人员办发了涉密文件领取工作证，严格执行了收发人员身份认证制度。

【综治工作实行齐抓共管，确保辖区稳定】一是及时调整充实成立综治工作领导小组，签订了责任书，做到与各项业务工作同安排、同检查、同考评。二是对办公区、出租房等重点部位划分责任区，做到确保安全人人有责。三是坚持预防为主的方针，以“平安行办”创建活动为平台，建立健全了一系列长效机制。四是深入开展党性教育、反分裂斗争教育，使干部职工在思想上、行动上与区党委、地委保持高度一致，旗帜鲜明反对分裂。五是完善了处突预案，严格值班带班制度，配备了必要的内保用具和防爆用具，加强了白班和夜班特别是3.10、3.14、3.28、7.5、萨嘎达瓦节、西藏和平解放60周年大庆活动等敏感时段的值班、演练、巡逻工作。六是定期不定期地对重点部位进行安全大检查，加强对流动人口的管理，及时消除了各类安全隐患，确保辖区内安全稳定。

阿里地区外事工作

【深入开展创先争优活动和强基惠民活动】根据地区创先争优办的安排部署，主要领导始终以第一责任人的身份，带头开展创先争优活动，并把此项活动作为全办工作的重点之一予以高度重视，集中精力，稳步推进活动的开展。我办主任格桑加措同志亲自带队驻革吉县雄巴乡巴措村开展活动，与运管两家单位分别为该村投入扶贫资金1万元，为解决该村困难，工作组共投入各项经费5万余元，帮助该村维修公路，建设村级活动室，维修草场围栏，修建水渠、水坝等，通过这一系列措施，极大改善了该村的条件，增加了农牧民收入，活动取得了实效，为推进阿里地区外事工作又快又好发展奠定了基础。全年以来，全办上下开拓进取，以饱满的工作热情、扎实的工作作风、最佳的工作业绩，为阿里经济社会及各项事业全面发展做出了应有的贡献。

【圆满完成了印度官方香客接待工作】根据该办制定的《印度官方朝圣香客接待方案》具体要求，结合我地区今年维稳工作中心任务，按照“外事无小事”原则及“稳定压倒一切”的宗旨，认真部署，积极准备。在印度官方香客接待工作中的具体做法有：一是领导重视。接待工作开始后，地委、行署高度重视并给予大力支持，主要领导亲自过问每批团队出入境及具体接待情况，并对接待工作提出指导性意见。二是准备工作到位。为确保所有参与官方香客接待服务人员政治立场坚定，切实加强对接待服务人员的管理，有效提高官方香客接待服务质量。对往年负责接待服务工作的所有人员进行严格的政治审查，并通过多种渠道对他们的历史背景进行了全面摸底、调查。在此基础上，对具体接待翻译人员进行集中一周的政治、政策、业务、外事工作纪律等培训，同时该办积极协调相关部门并从相关部门抽调业务骨干，全程参与官方香客接待工作。三是各部门互相协调行动。在香客接待期间，积极协调各相关部门，做好接待工作。四是全程监控。该办主要领导对于每批印度官方香客的入、出境都进行现场指挥，该办工作人员始终坚持“人盯人、人跟人”，全程对香客进行监控，并严格执行每天24小时两次报平安制度，确保无政治事件发生。五是加强宣传。该办在认真做好每批官方香客接待工作的同时，配合地区外宣部门积极开展对外宣传工作，宣传并发放1000余份外宣资料，主动向官方香客介绍我国改革开放以来西藏发生的翻天覆地变化，人民生活水平的提高，特别强调了只有在中国共产党的领导下我国各族人民才能在国家富强、人民安康的发展道路上越走越宽广，进一步扩大了我地区对印度、尼泊尔的影响，增进了与周边国家人民的友谊。六是随时征求香客意见。在每批香客接待工作完成后，该办都及时征求香客的意见和建议，并随时对工作中不尽人意处进行改进和完善。七是加强对翻译人员的管理。该办严格规范翻译人员的行为，统一进行管理，并对每位入境朝圣香客发放了“温馨提示”卡，确保香客朝圣活动顺利进行。

【全面开展外事业务工作】（1）认真学习贯彻全区外事工作会议精神，进一步加强阿里外事各项业务，增强地方外事意识，积极开展涉边工作等。（2）2011年，该办加大了外事业务工作的开展力度，目前正在有序地进行自治区党委、政府年初交办的对尼泊尔北部县的援助计划，积极协调各部门，落实该地区2011年对尼北部胡木拉、达秋拉两县各30万，共60万元人民币的物资援助任务。尼帕姜县的援助正在协调中。（3）审核报批地区各部门、各县的出国申请，截至目前共办理因公出国手续20起。（4）协助自治区外事办公室做好了外国人来阿里旅游、朝圣、访问等一系列涉外接待管理工作。（5）加强了对边境一线的掌控，认真落实界务管理工作，随时处理边界突发事件。（6）2011年5月，应美国旧金山湾区中国统一促进会的邀请，我办党组书记随自治区代表团访问了美国。

阿里地区民族宗教工作

【年度综述】2011年，在阿里地委、行署的正确领导和自治区民宗委的指导下，坚持以邓小平理论和“三个代表”重要思想为指导，深入贯彻落实科学发展观，认真贯彻党中央、区党委和地委的各级会议精神，从凝聚人心、构建和谐社会的大局出发，确保重点工作不放松、常规工作创特色、特殊工作做到位，全面完成了各项工作。

【坚持稳定压倒一切的思想不动摇，全力以赴确保民族宗教领域稳定】紧紧围绕“共同团结进步、共同繁荣发展”的主题，切实做好“三大节日”、“中国共产党建党90周年、西藏和平解放60周年”等各大敏感节点期间民族宗教维稳安保工作。我地区各部门密切配合，加强民族宗教基础信息收集、整理、研判，提高工作预见性、主动性、准确性。充分发挥了地、县、乡（镇）“三级”工作网络作用，保障信息渠道畅通，及时报送涉及民族宗教在治安消防、生产安全、抵御渗透、维护稳定等方面的情况。

【扎实推进“兴边富民行动”，通过加大投入和采取优惠政策等措施，提高群众物质文化生活水平】结合实际在2010年经自治区民宗委批准的“兴边富民”、“少数民族发展资金”项目重认真筛选出了21个、总投资493万元的项目，可直接或者间接为农牧民群众创收275.15万元。

【开展民族宗教政策宣传教育，推动民族团结进步创建】一是参加“综治宣传月”活动，发放民族宗教相关政策、法规等宣传资料300余份。二是协助地委、行署于2011年3月23日和2012年1月13日分别召开阿里地区第五届民族团结进步表彰大会，表彰近年来全地区在民族团结事业工作中做出重要贡献的的36家先进集体和61个先进个人。通过表彰模范和大力宣传，充分发挥先进集体、个人模范带头和示范作用，有效推动了全地区民族团结进步创建活动深入开展。三是在全区第21个民族团结宣传月活动前期，抽调工作人员组织编写了《阿里地区民族团结教育宣传手册》1000余份，下发到各县、地（区、中）直各单位、企事业单位、部队、学校以及寺庙，作为阿里地区民族宣传教育读本。

【全面贯彻党的民族宗教政策，切实保障人民群众宗教信仰自由】坚持将寺庙爱国主义教育、法制宣传教育、民族团结教育延伸到广大人民群众中，广大人民群众充分体会到自身有信仰宗教的自由、也有不信仰宗教的自由，有信仰这种宗教的自由、也有信仰那种宗教的自由，在同一宗教中，有信仰这个教派的自由、也有信仰那个教派的自由，有过去不信教而现在信教的自由，也有过去信教而现在不信教的自由，发自内心地拥护党的民族宗教政策。

阿里地区扶贫农发工作

【认真学习有关文件和会议精神】为确保各项工作措施落到实处，该办对全区扶贫农发工作会议精神、《中国农村扶贫开发纲要（2011-2020年）》等进行了及时传达和学习，重点对关于西藏发展、事关阿里的重大举措进行了学习讨论，切实把思想统一到中央、区党委和地委的各项决策部署上来，以求真务实的工作作风积极抓好扶贫开发和农业综合开发等各项工作，扎实推进扶贫农发项目建设，切实让人民群众得实惠。

【“两项制度”有效衔接工作开展情况】按照区办的要求，全地区全面铺开“两项制度”有效衔接工作，共识别出扶持人口6397户24217人，为扶持户填发了《扶持证》。

【开展面上扶贫情况】全年共实施面上扶贫开发项目87个，总投资4188.78万元，其中国家投资3610.78万元，群众自筹或投劳578万元。共修建水渠39.1公里、棚圈565套、温室18座、乡村公路16公里、扶贫旅馆4家、牧家乐4家、农用桥1座、拦河坝1座、溢流坝1座、防洪坝1座、取水枢纽3座、引水管道6.1公里、水池3座、农机维修点2处，为贫困户添置绵羊或山羊25272只、牦牛370头、户用光伏电源482套，完成人工种草5800亩、打井29眼、围栏3.5万米、土地平整1500亩、低产田改造2020亩，组建施工队（创收队）3个等。通过大力实施面上扶贫开发项目，全面改善了农牧区贫困群众的生产生活条件，加快了脱贫致富步伐。

【开展整乡推进扶贫情况】全年共在10个乡镇实施整乡推进扶贫，共落实整乡推进扶贫项目56个，总投资2901万元，国家投资2478万元，群众自筹或投劳423万元。为贫困户添置绵羊或山羊22555只、牦牛284头、户用光伏电源888套，完成人工种草8900亩，中低产田改造970亩，修建棚圈671套、打井69眼、温室5座、水渠10.5公里，农机维修服务点4处、牧家乐1家、扶贫旅馆1家、民间贸易点1个，组建农牧民创收队1个。通过整乡推进项目的带动，群众的思想观念发生了较大的转变，自我发展意识进一步提高，贫困乡村的基础设施建设水平不断增强，农牧民生产生活条件得到明显改善，实现了部分贫困群众增收脱贫。

【贫困户安居工程建设情况】经与地区安居办多次协调，2011年，共安排落实贫困户安居工程建设任务800户，其中，札达县60户、普兰县62户、噶尔县23户、日土县44户、革吉县266户、改则县132户、措勤县213户，共投入国家资金1360万元，各县按照地区安居办的有关要求，对照《扶持证》确定了受益贫困户，扎实推进贫困户安居工程建设，年底800户贫困户住上了安全、适用房。

【实施劳动力转移项目情况】落实劳动力转移项目6个，总投资600万元，其中国家投资315万元，项目区群众自筹或贷款285万元。项目主要包括石材加工、预制厂扩建、沙石料加工厂扩建、扶贫旅馆扩建和扶贫修理部建设等，为他们添置设备、修建厂房，积极扶持农牧民专业合作组织发展。通过劳动力转移项目的实施，调整和优化了项目区的产业结构，带动了商业、运输业、餐饮业的发展，增强了农牧业发展的自我“造血”功能和自我发展能力，促进了劳动力转移就业，增加了现金收入水平，促进了农牧区经济发展。

【“雨露计划”项目实施情况】贫困劳动力培训转移，是贫困人口脱贫致富的有效手段。2011年全地区共实施“雨露计划”项目9个，完成培训资金80.8万元，培训农牧区劳动力1418人次。培训内容主要包括农机维修、蔬菜种植、沙石料加工、民俗旅游服务、汽车驾驶等。通过“雨露计划”项目的实施，农牧民劳动技能得到提高，促进了农牧区劳动力就近就地转移，实现了农牧民的增收，带动了贫困人口脱贫。

【实施农业综合开发土地治理项目情况】2011年，在改则、札达两县实施农业综合开发土地治理项目，总投资1208万元，其中，中央财政投资843万元，地方财政配套254万元，项目区群众投劳1.85万工日，折资111万元。修建溢流坝2座、水渠16.27公里、机耕道（牧道）14公里、渠系建筑物23座、棚圈180座，改良土壤0.3万亩，草场改良7万亩，完成人工种草0.3万亩，培训农牧民2300人次，购置农机具73台（部）。通过土地治理项目的实施，项目区新增灌溉面积0.17万亩，改善灌溉面积0.13万亩，年新增干草360万公斤，项目区农牧民增加总额达355万元。

【推进农业产业化经营情况】在日土县热帮乡龙门卡村实施白绒山羊养殖

项目1个，总投资260万元，其中国家投资130万元，群众自筹130万元。修建配种室92平方米、羊圈82套、抓绒场所4处，打井4眼，购置剪绒器160套，培训农牧民800人次。通过项目建设，带动农牧户80户，新增农村劳动力就业80人，年产山羊绒6000公斤，新增总产值78万元。

【农牧民增收任务完成情况】2011年，共安排落实农牧民参加建设增收的扶贫农发项目114个、贫困户安居工程建设800户，投入国家资金6995万元，在项目实施过程中，积极组织项目区群众参与项目建设，全年，农牧民参与项目建设共创收749.45万元，全地区扶贫农发系统712.94万元的增收目标如期实现，受益贫困户达3995户16380人。

【领导名录】
党组书记：钟顺一
主　　任：索南罗布
副 主 任：次仁石曲、翁江湖

阿里地区审判工作

【贯彻落实科学发展观，充分发挥司法审判职能，促进社会和谐稳定】2011年，阿里两级法院注重把深入学习实践科学发展观成果运用到司法审判实践中，不断做到以科学发展观为统领，创造性地开展工作，深化实践、优化效果。坚持做到科学司法，以优质高效的司法审判服务满足人民群众的司法需求，取信于民。一年来，我地两级法院共受理各类案件870件（含处理来信来访163件），与上年同期相比上升10%。其中受理刑事、民商事、行政和执行案件共707件，审执结698件，未结9件，综合结案率98.73%。受理刑事案件68件109人（含减刑案件2件、假释案件2件），与上年同期相比上升28%，结案率100%；受理民商事案件（含诉前调解165件）550件，与上年同期相比上升4%，审结546件，未结4件，结案率99.27%，受案标的总额1160.8万元；受理行政案件4件，与上年同期相比上升300%，结案率100%；受理执行案件85件，与上年同期相比上升9%，执结80件，未结5件，执结率94.1%，执结标的400.93万元。

【宽严相济、惩教结合，突出刑事审判打击犯罪效果】认真贯彻宽严相济刑事政策，全力维护社会局势稳定。一是始终保持对各类刑事犯罪的高压态势，把维护祖国统一和国家安全作为首要任务，坚持严打方针不动摇，严厉惩处暴力犯罪和多发性侵财犯罪，如故意杀人、故意伤害、盗窃犯罪及非法捕猎、杀害珍贵（濒危）野生动物、非法收购、运输、出售珍贵（濒危）野生动物制品犯罪，尤其是对首要分子、主犯、累犯、惯犯等，坚决依法从重判决，有效维护社会稳定。二是正确适用缓刑、减刑和假释。对犯罪情节轻微、主观恶性不大、积极挽回损失，对依法得到被害人谅解的犯罪人员，依法从轻、减轻处罚，打击极少数，教育、感化和挽救大多数，最大限度减少社会对立面。三是在刑事审判工作中把好证据关，贯彻严格控制和慎重适用死刑的方针，根据犯罪的具体情况实行区别对待，严把案件事实、证据、程序和法律适用关，切实做到了定罪正确、量刑适当、罚当其罪，提高了执法办案质量。通过有效开展刑事审判工作，为我地经济社会发展和人民群众安居乐业创造了良好的治安环境。一年来，我地法院共受理各类刑事案件68件109人，结案率为100%。其中受理刑事一审案件57件90人；二审案件7件15人（改判2件，维持4件，发回1件）；减刑案件2件、假释案件2件。

【主动服务，能动司法，强化民商事、行政审判工作在保增长、保稳定、保民生方面的功能】该地两级法院充分发挥民商事审判、行政审判在理顺社会关系、调节经济关系、调和人际关系中的最大优势和作用，切实承担起推动经济社会跨越式发展的重要责任。一是紧紧围绕全地“十二五”时期的经济发展战略和社会主义新农村建设、基础设施建设、生态环境保护、民生改善等重大战略任务，准确把握经济发展方式转变过程中发生的新情况、新问题，拓宽工作思路，总结规律，积极完善司法保护措施。二是立足于服务经济结构战略性调整，及时审理投资、消费、工程建设等领域的纠纷，推动建立诚信规范的市场体系。三是正确处理婚姻家庭和邻里纠纷案件，促进家庭和睦、社会和谐。四是慎重审理民事共同诉讼等案件，尽最大可能防止群体性、突发性和恶性事件的发生。五是认真贯彻“调解优先、调判结合”工作原则，采取诉前调解、诉中调解、庭后调解等多种方式，提高调解结案在案件中的比重。积极推动人民调解、行政调解、司法调解“三位一体”的大调解格局，充分发挥调解工作在化解社会矛盾、维护社会稳定、促进社会和谐中的积极作用，最大限度地增加了和谐因素，最大限度地减少了不和谐因素。一年来，受理民商事案件（含诉前调解165件）550件，审结546件，未结4件，结案率99.27%。其中受理一审案件363件；二审案件18件（维持和撤诉等处理的17件，改判1件）；再审4件；调解结案462件，调解结案率达84.61%。

在行政审判工作中，按照“保护合法权益、促进依法行政、优化司法环境、化解行政争议”的要求，找准行政审判工作服务和谐社会建设结合点。一是努力平衡公共权力与公民权利的关系，突出对行政相对人合法权益的保护，促进官民和谐，减少社会不安定因素。二是积极探索司法和政府互动的行政诉讼，促进政府和群众的利益协调发展，为招商引资、自主创业、工程建设等提供良好的法制环境。一年来，受理行政案件4件，结案率100%。

阿里地区检察工作

【年度综述】2011年，阿里检察机关在地委和区检院的正确领导下，全力维护社会稳定，扎实服务跨越式发展，努力保障和改善民生，切实推进业务、队伍、保障和规范化建设，各项检察工作取得了明显成效。

【抓值勤、强安保，确保“三大战役”全面胜利】在各项重大庆祝活动、重要节日、会议和敏感时段，细化工作预案，全力做好各项维稳工作。检察干警参加治安巡逻477人次，开展寺庙管控13人次，分院主要领导赴一线开展维稳督导45天，圆满完成了工作任务。加强值班备勤，严格值班、带班、车辆、门卫制度，加强枪支弹药、文书档案管理和出租房管理，确保了各项工作安全。

【抓项目、筹资金，确保“强基惠民”活动全面开展】主要领导在措勤县驻村7个多月，了解了民生民情，加强了对基层干部群众的意识形态教育，帮助建立健全规章制度、村规民约，提高了基层组织工作能力。协调争取资金260多万元，为群众购买了工程建设用车（3辆）、榨油机等生产设备，解决了粮食、药品等短缺物资，开展草场、道路、信号机塔、卫星电视等项目建设，解决了群众实际困难，方便了群众生产生活。

【抓业务、促监督，确保“三项重点工作”全面推进】1.审查批捕、立案监督和侦查活动监督工作。两级院共受理提请批准逮捕68件98人，批捕67件81人，不捕17人。办理复核案件1件，立案监督1件4人。书面监督1次，口头监督6次，提前介入2件4人。2.审查起诉和刑事审判监督工作。两级院共受理移送审查起诉52件75人，起诉50件68人。向法院提出量刑建议34件44人，采纳27件34人。3.控申、民行检察和社会矛盾化解工作。共受理控申线索2件3人。开展法制宣传9次，发放宣传材料1500份，受教育群众2300余人次。积极搭建便民服务平台，制作便民卡1000张，为群众解答疑问11人次。4.职务犯罪查办预防工作。开展预防调查32次，形成报告20份。其中《2005年-2010年阿里职务犯罪情况综合分析报告》得到地县主要领导重视，做出批示26次。开展工程建设领域预防38次，安居工程专项预防2次。开展警示教育12次，预防讲座2场，预防宣传22次，8500余名干部群众受教育。开展行贿犯罪档案查询68件80人。建立预防联系点2家。提出预防建议1件，并得到采纳。开展各行政执法单位渎职侵权犯罪线索排查，初查职务犯罪案件1件1人。4、监所检察工作。两级院对“两所”检查450次，审查申诉和裁定31件，提出意见和建议7条。

【抓管理、建机制，确保检务保障工作全面强化】1.业务管理方面。认真抓好《检察机关执法工作基本规范（2010年版）》、区人大常委会《关于加强检察机关法律监督工作的决定》和区检院五个监督细则的学习执行，开展业务培训，考试达标，提升了执法素质。编制《检察委员会工作手册》，规范了检察委员会议事和工作规则。完善巡回接访、下访寻访、联合接访、检察长接待日等制度。规范了公诉法律文书，健全了公诉、监所检察工作联系制度，自侦案件内部监督制约机制，预防职务犯罪工作联系配合制度和行贿犯罪档案查询规定。开展了文物犯罪专项调查，提出了相关规范意见和建议，得到了区检院、地委政法委肯定。

2.政务管理方面。完善了公文处理和内部工作规则，清理了各类领导小组和考核项目，制定《任务分解落实表》，层层签订责任书，确保了责任、人员、工作落实。加强中心工作、反分裂斗争等方面综合性、调研性检察信息的采编和报送工作。完善保密制度，严格自查、督查和责任处理，促进了信息化形势下保密工作新提升。以信息化促工作，以二三级网络的应用为重点，对5县院干警进行了信息化应用培训。

3.受援工作方面。组织回访2批11人，邀请援助单位人员进藏考察3批12人。两级院赴内地签订援助协议18份，形成会议纪要2份，受援藏工作基本按照高检院要求衔接到位，对未来三年受援工作做出了制度性安排，确定了援助内容。五省区院3年内向阿里分院支持资金450万元，向各基层院支持资金350万元。除个别县院外，2011年两级院协议援助资金已基本到位。

阿里地区司法行政工作

【法制宣传教育稳步推进】2011年是全面实施第六个法制宣传教育五年规划的开局之年，该地区各级司法行政机关按照全区法制宣传工作和地委、行署的要求，全面总结该地区“五五”普法工作，认真研究制定“六五”普法规划，按照2011年法制宣传教育工作的安排，认真开展了“法律七进”和专项法制宣传教育活动，切实加强重点人群、重点对象、重点部门的法制宣传教育，促进了敏感时段全地区的和谐稳定。充分利用3月综治宣传月、“6·26”国际禁毒日、“9·16”平安西藏宣传日、“12·4”法制宣传日，深入全地区重点乡镇和寺庙，大力开展“送法下乡”活动，广泛开展以宪法为核心，与经济社会发展、社会和谐稳定相关的法律法规宣传教育，及时满足群众学法需求，在全地区广大群众中形成了浓烈的学法氛围。

【充分发挥法律援助和法律服务工作，社会效益日益凸显】1.法律援助工作快速发展。法律援助中心加强为弱势群体和农民工工资拖欠问题的法律援助。截止去年底，共提供各种法律援助服务民事诉讼代理案件8件；其中非诉讼民事调解2件，挽回经济损失356271.50元。代书6件，法律咨询38件，刑事案件2件。并深入实际开展了法律援助调研工作，社会效益日益明显。2.公证工作水平不断提高。该处公证业务不断拓宽服务领域，全力规范办证程序，努力提高公证质量和队伍整体素质，切实提升该地区公证品位。截至去年底，该地区公证处共办理公证事项401件，其中，民事类286件、经济和同类79件、现场监督类3件、其他类公证32件、保全证据公证1件。无假证、错证。上缴公证费用152590元，涉及标的3573万元。3.律师工作健康发展。律师事务所共受理刑事案件11件，代理民事案件10件、代理行政案件1件，律师办案数量有了明显增加，服务市场经济能力进一步提高。

【基层人民调解和安置帮教工作成效显著】人民调解工作是新时期化解社会各类矛盾纠纷，维护社会稳定的重要渠道，是保持社会治安稳定的第一道防线。截至目前，该地区基层人民调解工作组织基本上建立健全了村级人民调解委员会，配备了人民调解员，自上而下形成了纵横交错、覆盖面广、渗透力强的组织网络。该地区加大了对人民调解工作的指导力度，准确把握新时期基层矛盾纠纷的特点和规律，确保了人民调解工作落到实处，努力将矛盾纠纷化解在基层，解决在萌芽状态。目前，该地区有基层人民司法助理员8人，调解员270名，调委会主任66人（多数兼职）。截至目前，共受理各类纠纷153起。调解成功141起，调解成功率92.1%，从纠纷情况的数字来看，婚姻纠纷呈上升趋势，是新时期纠纷的一个新特征。截止目前，该地区刑释解教人员12名，其中10名刑释解教人员已回原籍，1人由地区安置帮教领导小组办公室安置在地区工作，1人从拉萨刑满释放后回原籍。

【劳教工作有新突破】劳教工作认真贯彻“首要标准”，本着“教育、改造、挽救”的方针，狠抓教育改造质量和生活卫生，教育质量和生活保障不断提高。全年未发生任何所内作案和安全事故，无性病患者、无吸毒人员、无流感疑似病例。连续11年实现“四无”劳教工作目标。

【司法行政队伍建设有了新提升】认真开展“发扬传统、坚定信念、执法为民”等主题教育活动，深入开展纪念建党90周年、西藏和平解放60周年各项庆祝活动，组织干警唱红歌、看红色经典电影，重温入党宣誓词，引导干警树立正确的政绩观、人生观、权力观，使该地区司法行政干警思想政治和工作作风明显提高。继续深化和加强干部教育培训工作。先后派两名劳教干警到堆龙劳教所和山西太原戒毒康复所业务培训；一名副县级后备干部到陕西省委党校进行理论培训；一名公证员和一名律师到北京培训；派两名汉族劳教干警到西藏大学参加藏汉双语培训班。通过以上措施，全处司法行政队伍建设进一步得到加强，干警素质进一步得到提高。

【基层基础建设有了新发展】认真编制全地区司法行政系统“十二五”发展规划，目前，已纳入地区发展规划项目29个，总投资达到3456万元，正按要求扎实开展前期工作。全地区20个乡镇司法所建设项目正积极开展前期工作。经与司法厅协调，去年为七县司法局配备了价值150多万元的办公设备。

认真落实地委、行署的部署和要求，圆满完成了“基层建设年活动”各项工作，赢得了改则县委、政府和当地群众的肯定和好评。“创先争优强基础惠民生”活动启动迅速、开局良好、进展顺利。

武警阿里交通八支队工作

【年度综述】2011年，八支队党委坚持以科学发展观为指导，认真贯彻落实党的十七届五中、六中全会精神，把贯彻“主题主线”，突出抓好各项工作的质量和效益，争创武警部队先进支队作为各项工作的出发点和落脚点，全体官兵坚持解放思想，开拓创新，真抓实干，圆满完成了以管养保通为中心的各项工作，推动了部队建设快速发展。

【班子团结，一线指挥部作用明显】在支队党委的领导下，各级班子成员认真贯彻全军和武警部队党委书记座谈会精神，以思想作风建设为重点，按照“五个好”、“五个带头”的要求加强了组织建设，班子成员团结意识强，精神状态好，大事讲原则、小事讲风格，工作上互相互支持、互相配合，充分体现了一名党员干部的良好素质，充分发挥了党组织“一线指挥部”的作用，确保了各项任务的圆满完成。

【官兵思想稳定，政治工作扎实有效】各级能够积极贯彻支队政治工作指示，按照“主题主线”要求，狠抓思想政治工作落实，确保了部队思想稳定。一是经常性思想工作成效明显。各级干部深入贯彻落实指挥部经常性思想工作座谈会精神，狠抓经常性思想工作，谈心制度坚持较好，有效化解了官兵心理疙瘩，各单位重视研究官兵思想、心理和行为方式的新变化、新特点，充分利用“三互”、“双四一”等有效载体，适时开展心理疏导，切实做好了一人一事和个别人的思想转化工作。二是警政警民关系良好。各单位坚决贯彻支队加强警政警民关系建设的指示，以“军警民共建千里文明新藏线”为契机，大力开展扶贫帮困、捐资助学、巡医问诊、支援地方建设等活动，为部队建设和发展创造了良好的外部环境。2011年，支队筹资10万元购置了科技图书和电教设备，赠送多玛村委会和村小学。为多玛村建成了第一个科技养殖、种殖读书室，为多玛村小学建成了第一个多功能电教室，在此捐赠的基础上，出动机械、兵力，为多玛乡修筑了一条“致富道路”，受到了地方政府的广泛赞誉。三是宣传报道成绩显著。截止11月底，支队共在各类报刊、杂志、电台、电视台刊播稿件86篇。尤其是春节期间，“向全国人民拜年”的视频在春晚和军事频道不间断播出，扩大了部队影响。冬季抗雪救灾新闻在中央媒体多次播出，取得了良好的舆论宣传效果。

【科学施工组织，中心任务完成圆满】各单位严格落实年初党委会和工作会安排部署，狠抓落实，工作不等不靠，养护保通和施工生产取得明显成效。在养护工作中全面坚持“畅通主导、服务需求、安全至上、创新引领”十六字方针。高标准、高质量完成了100公里标规路养护，提高了道路抗灾能力和行车舒适度。在支队“大干40天”活动中，广大官兵推迟休假时间，加班加点赶工期、抢进度，养护任务完成突出，道路通行能力明显提升，受到了以陈总参谋长率队的“大庆工作组”和孟主任、缪总队长工作组一行高度评价。

按照武警总部提出的“平战结合，能工能战”的要求，不断完善《抢险保通预案》，强化部队抢险救灾和处置突发事件的能力，机动中队在参加项目施工中得到了锻炼，其他中队在参与养护保通过程中提高了救灾能力，马攸木拉综合救助站建成并投入使用，进一步提升了部队应急抢险能力。截止2011年12月，支队共参与抢险救灾18次，出动兵力2950人/次，动用机车405台/次，救助护送车辆158辆，抢救被困群众521人，累计清除泥石流、积雪共计180多万立方米。

六中队被国家交通运输部、中国海员建设工会评为全国公路系统模范道班，被西藏交通厅公路管理局评为"十一五"公路养管系统精神文明建设文明中队和"十一五"公路养管系统精神文明建设文明执法单位。马攸木拉救助站，被西藏交通厅公路管理局表彰为"十一五"公路养管系统精神文明建设先进救助站。在业主年底219线改建工程综合评比中，叶库、泉水沟项目并列第一，受到新疆交通厅高度赞扬。

【坚持按纲抓建，部队管理正规有序】坚持按纲抓建，部队正规化建设有了明显进步。一是抓条令贯彻。坚持从实际出发，始终依据条令条例规范部队秩序和官兵言行，牢固树立"三个不变"观念，即：按条令抓管理的要求不变、贯彻落实条令的内容不变、按条令抓规范的标准不变。在贯彻落实条令过程中，既坚持标准，又从实际出发，不搞"一刀切"，做到岗位不同抓制度、任务特殊抓职责。坚持从点滴养成着手，把条令条例细化到位、量化到人，集合站队抓速度、队列行进抓动作、起床就寝抓时间，不断增强官兵的条令意识和自律意识。二是抓纪律落实。针对支队所属各单位工作性质不同、编制不同、所属人员相对分散、管理难度大的特点，着力强化纪律面前人人平等意识。在日常办公、操课、训练、管养及抢险救灾和工作生活中，坚持一把尺子量长短，一个标准定赏罚，不迁就照顾，坚决杜绝特殊人、特殊事，做到奖一个振奋一片，罚一个教育一队，部队管理效能得到了全面提升。三是抓正规化建设。以规范"四个秩序"为突破口，狠抓正规化建设。以机动中队建设为试点，统一了基层正规化建设标准，树立了样板。同时，规范了机关值班秩序、日常管理、营门警卫和直属队管理，为各级作出了表率。

【领导名录】

支队长：郑金水
政　委：张智双

阿里公安边防支队工作

【年度综述】2011年以来，阿里公安边防支队在西藏边防总队党委、阿里地委行署的坚强领导下，忠实履行公安边防职能，全面投入构建和谐稳定新阿里的建设中。先后受到自治区主要领导、阿里地委行署领导多次肯定及中央电视台的高度关注。总体实现了"边防主业五个突破""服务地方经济发展五个创一流"的局面。

【边防主业实现五个突破，地方党委有肯定，群众有赞誉】以成功侦办"3·21涉恐案"等各类案件为代表，支队执法办案工作水平大幅提升。"3·21涉恐案"全区维稳"第一战役"期间，该支队独立侦破的一起涉及"伊吉拉特"恐怖组织成员企图从我境潜入潜出的涉恐案件，共抓获**名涉恐嫌疑分子，粉碎了新疆籍恐怖分子利用西藏边境地区实施危害国家安全活动的阴谋。自治区党委副书记、政府常务副主席郝鹏同志批示："3·21涉恐案件"侦破得很成功，是该区近年边境管控工作的重大成果。自治区副主席、公安厅党委书记、厅长李昭同志批示：抓捕案件办理体现了边防部队的战斗力，应予以表彰。除此，支队2011年先后成功侦破了"4·11走私红木案"、"1·24偷越国（边）境案"等多起刑事案件，13起治安案件，搜集各类情报信息426份，共抓获各类违法犯罪嫌疑人19名，涉案金额达12万余元。与往年相比，支队侦破的各类案件数量、搜集的维稳情报信息数量、抓获的违法犯罪嫌疑人数量等均有了明显提升。

以出色完成塔尔钦佛事活动安保任务为代表，部队非常态下的维稳能力实现新突破。2011年塔尔钦佛事活动是2008年以来信教群众参与最多、维稳形势最严峻的一次佛事活动。阿里公安边防支队采取强有力的管控措施。确保了佛事活动期间边境地区的安全稳定。常态、非常态边境防控中，先后共投入警力22413人（次）动用护边员5015人（次）。实现了"小事不出村、中事不出乡、大事不出县、难事不出地区"的目标。自治区党委常委、纪委书记金书波在塔尔钦佛事活动现场督导检查时指出："阿里公安边防部队是一支能打硬仗、敢打硬仗、善打硬仗的过硬队伍"。

以有效管控所有通外山口道路为代表，支队常态下的社会面管控落实有力。全年，支队在所辖丁嘎、觉古拉等重点方向通外山口设立5个一线执勤点。其余**个山口道路采取执勤官兵与联防队定期不定期巡逻管控，护边员蹲点监控等措施，确保了所有通外山口道路的有效封控，实现了上述路段"零偷渡"的目标。在二线检查管控方面，支队在科加桥、多玛乡等重点路段设立**个二线临时检查点，在柏林拉、藏拉等重要通道设立**个巡逻防控组，噶尔机动分队在敏感接节点,重大节庆日每天派出警力对狮泉河东西两桥进行24小时警戒。马攸桥检查站和多玛临时检查点对进出边境管理区的人员、车辆实行24小时双向查缉，共检查进出边境管理区人员130898人（次），车辆34774台（次），减轻了边境一线防控的压力。阿里地委书记万超岐同志在日土觉古拉执勤点检查安保工作时指出："边防官兵常年驻守在高寒缺氧的边境一线，克服各种困难，恪尽职守，筑起了边境地区的铜墙铁壁，为阿里地区乃至整个西藏的安全稳定作出了突出的贡献。"

以成功开展多次警务合作为代表，支队边对边、点对点、警对警的警务合机制发挥实效。针对全年边境维稳任务艰巨、繁重的形势，支队主动作为、开拓创新、进一步深化各项警务合作机制，分别与新疆喀什、和田公安边防支队、阿里地区公安国保、安全部门开展情报交流、联合办案等形式的对内警务合作12次，助推了各警种协同作战、跨区域联合行动、共同维护边境地区安全稳定工作机制的形成；与尼泊尔西米科特县警方开展专项对外警务合作8次，形成了尼警方与我公安边防部队共同打击边境地区"藏独"活动的共识。上述警务合作的有效开展，为阿里边境地区维稳实战提供了有效警务保障，形成了打击分裂势力的整体合力。

以有力开展“反偷渡冬季严打”等专项行动为代表，支队整治边境地区社会治安综合能力全面提升。支队按照阿里地区公安处党委的统一安排部署，相继开展了春季攻势、严打整治、打四黑除四害、治爆缉枪、“清网行动”及“反偷渡冬季严打”等专项行动。突出辖区重点场所、重点人员管控、盯死看牢辖区外来流动人员，不间断清查管控云游、清退出寺僧尼和“三无”人员。大力整治治安乱点，全面加强社会管理，有效掌握“危险分子”行踪，及时消除了现实危险，严厉打击了各类违法犯罪活动，进一步增强了人民群众的安全感和满意度。同时，支队有效组织维稳处突演练，科学调配联防力量，强化“一旦有事、快速机动、定向增援”的布控态势，进一步完善了执勤部队在重点地区及专项任务中的驻训机制，备足了应急处突力量，提高有准备和精确打击能力。

阿里地区发展改革工作

【基本建设项目完成情况】 2011年全地区基本建设项目共248个（包括援藏和自筹项目），全年下达投资约24亿元，完成投资16.03亿元。其中：国家下达投资19.8亿元，自筹部分下达投资1.7亿元，援藏项目下达投资2.5亿元。项目涉及农林牧水、交通、社会发展、政权建设、城市基础设施等领域。

【地区“十二五”衔接情况】 国家发改委对自治区的“十二五”项目方案进行了调整完善，确定后的项目方案名称为《“十二五”支持西藏经济社会发展建设项目规划方案》，共安排项目226个，总投资3305亿元，“十二五”规划投资1931亿元，其中中央投资1384亿元。通过与自治区进行衔接，初步安排项目119个，总投资122亿元。其中由该地区组织设施的77项，行业部门组织在阿里地区实施的42项。

【基本建设项目管理】 一是阿里地区政府性投资项目建设管理。为进一步规范和完善我地区政府性投资项目管理，根据国家、自治区有关法律、法规，结合该地区实际，起草了《阿里地区政府性投资项目建设管理暂行规定》。二是援藏项目管理。为加强援藏项目建设管理，充分发挥援藏资金的作用，确保工程质量和进度，使援藏建设项目更好地发挥经济社会效益，根据《中华人民共和国建筑法》、《中华人民共和国招投标法》、《西藏自治区援藏建设项目管理办法》以及《阿里地区政府性投资项目建设管理暂行规定》，结合该地区援藏项目建设管理工作中的实际情况，起草了《阿里地区援藏项目建设管理暂行规定》。

【建设项目投资控制】 为切实实现“为国家投资负责、为项目业主服务”的工作理念，在实际工作中我们充分发挥项目评审中心的平台效用，在保证项目实用性、可靠性的前提下，尽最大可能优化设计方案，尽最大努力节约投资，确保资金最大程度地发挥效用。这一年来共审查工程预（结）算69项，送审价为9147万，审定价为8716万，节省项目资金431万元。

【加强指导、统筹兼顾、着力谋划长远规划】 为确保“十二五”规划纲要既有针对性，又有长远性，通过采取召开座谈会、致函等形式，将《阿里地区“十二五”时期国民经济和社会发展规划纲要》（初稿）、项目储备等反复征求社会各界、各县、各职能部门意见，多（十几）易其稿，最终形成纲要草案，现已发放到了各县、各单位。同时，积极配合有关部门及援藏省份，编制了《阿里地区受援“十二五”规划》、《国防动员“十二五”规划》、《阿里地区七县县城总体规划》、《陕西、河北对口支援阿里地区“十二五”规划》、《阿里地区边境薄弱地区“十二五”工作规划》,为今后阿里的长远发展指明了方向。

【放宽条件、积极争取，加快推进招商引资工作】 2011年该地区共完成招商引资项目15个，涉及旅游、矿产、能源等领域，协议总投资5.9亿元，实际到位资金0.411亿元，超额完成目标任务。

【加强市场调控、强化价格监管，物价持续稳定】 围绕促进经济平稳较快发展这一主线，积极稳妥地推进价格改革，强化价格监管，充分发挥价格职能作用，保持地区物价持续稳定，圆满完成了各项既定目标。一是狠抓“价格法”等法律法规宣传力度。利用春节、藏历年、“五一”、“十一”等重大节假日在地区黄金地段、农贸市场等重要区域悬挂横幅，发放“中华人民共和国价格法”、“欺诈消费者行为处罚法”等宣传单；同时邀请地区企业代表、个体、私营和大中型商场、超市负责人代表召开专题“价格提醒告诫会”；为价格服务进万家，努力推动和谐社会建设、营造良好的价格环境创造了有利条件。二是立足职能、服务社会，为群众办实事、好事。支持和鼓励该地区本地蔬菜温室大棚种植，特别是对有条件的普兰、札达等地，从政策方面予以倾斜，从一定程度上减少了对外地蔬菜的依存度、降低蔬菜交易成本、为扭转我地区一直以来“吃菜贵”的状况进行了探索。三是规范客运秩序，减轻群众的经济负担。为切实维护该地区道路交通运输行业正常有序、持续稳定发展和广大人民群众的切身利益，组织召开了听证会。并经行署专员办公会同意，出台了阿里至拉萨线路（南线）、狮泉河至各县新的客运票价执行标准。规范了客运秩序及价格行为，减轻了社会各界及群众经济负担。四是加强市场监管和检查力度，严厉打击哄抬价格、乱收费等违法违规行为，规范清理收费项目及标准，优化经济发展环境。该委把稳定物价作为关系民生的头等大事来抓。对地区农贸市场、各商场超市的鲜活农产品、粮油等群众生活必需品进行不定期巡查；对行政、事业性收费单位进行年审，并换发“收费许可证”，取消不合理收费项目，降低偏高收费标准。组织执法人员对电信、移动、联通服务收费和使用过程中的收费行为等进行了全面检查，规范通信行业收费行为；依照国家、自治区的统一部署，会同地区纠风办、教育局、财政局、监察局、审计局等单位，对全地区教育行业的收费情况进行了全面检查；会同地区纠风办、医保中心等单位针对全地区医疗机构、医保定点、个体诊所等近30家单位进行专项检查。五是努力夯实价格基础工作，不断提高物价工作能力。全面、系统、客观地总结了“十一五”以来在价格工作、监管等方面取得的成绩、经验和不足，深入分析价格走势与宏观经济各方面之间的内在关系，进一步完善重要商品的监测日报、周报、月报等价格监测分析制度，并通过开展调研分析、及时提出调控市场、稳定价格的政策建议，不断提高价格调控的前瞻性、针对性和有效性。同时密切关注区内外、周边地区市场重要商品价格变动，加强价格监测调查巡视工作，充分发挥实时价格应急监测调查系统作用，进一步提高价格监测预警水平，提供及时、准确的价格信息，为上级决策提供可靠、可参依据。

阿里地区商务工作

【年度综述】2011年，商务工作按照“突出重点、兼顾一般、整体推进”的工作思路，突出抓好消费、口岸建设、惠民工程等重点工作，商务各项经济指标进度理想，城乡消费齐头并进，边境贸易增势强劲，继续保持了商务工作的良好发展势头。

【创新完善家电家具下乡政策，鼓励农牧区消费效果明显】家电家具下乡工作是国家拉动内需、扩大居民消费的重要举措，是继“万村千乡市场工程”之后又一项利国利民、支农惠农的民生工程。在2011年的工作中，我局除继续做好第一本家电家具下乡产品审批工作外，按照《西藏自治区财政厅、商务厅关于提高家具下乡最高限价和“万村千乡市场工程”农家店补贴标准的通知》（藏财企字[2011]40号）、商务厅《关于印制第二本<家电家具下乡购物簿>有关事宜的通知》（藏商发建[2011]9号）精神，一是积极向地区财政争取资金印制第二套《家电家具下乡购物簿》；二是通过行署向各县下发关于做好农牧民户数统计申报工作的通知。目前，全地区已大部分完成第二套《家电家具下乡购物簿》发放工作。

2011年，全地区销售家电下乡产品1978台（含179台酥油搅拌器），向农牧民兑付补贴资金84.75万元；销售家具下乡产品3461件，销售金额326.15万元，向农牧民兑付补贴资金81.54万元。全地区自2009年10月正式启动家电家具下乡工作以来，截止2011年12月31日，累计销售家电家具下乡产品（含酥油搅拌机）7956台（件），累计销售金额937.03万元、累计向农牧民兑付补贴资金226.4万元。其中销售家电下乡产品（含179台酥油搅拌机）2213台、销售金额446.4万元，向农牧民兑付补贴资金103.74万元；销售家具下乡产品5743件、销售金额490.63万元，向农牧民兑付补贴资金122.66万元。

【碘盐推广力度进一步加大，农牧区碘盐配送实现全覆盖】2011年，按照《西藏自治区人民政府转发自治区卫生厅等八部门关于持续消除碘缺乏病防治规划的通知》（藏政发〔2005〕61号）精神，一是年初各县按照行署确定的县级目标考核责任内容，做到了早安排、早部署，确保自治区制定的目标顺利完成；二是克服新藏公路整治工程带来的不利影响，与地区盐业公司签订目标责任书，科学计划、统筹安排。截止当年9月已完成了向全地区推广碘盐410吨任务,顺利完成了自治区制定的地区农牧区碘盐推广100%的目标任务。在做好市场调控，确保该地区碘盐正常供应工作方面,针对2011年3月受日本核泄漏危机影响，该地区出现了抢购碘盐现象，为稳定市场，确保地区碘盐正常供应，制定可行措施，安排部署碘盐供应工作。通过对地区碘盐销售实行定点、限价限量，地区盐业分公司及时对碘盐储备进行补充、按照碘盐批发价并根据库存及市场需求统一供应碘盐给企业、联合相关部门对碘盐供应及价格市场开展日监测制度等措施，满足了狮泉河城镇及七县市场的需求，使我地区碘盐市场未出现脱销断档现象，保障了市场供应和碘盐价格的稳定。

【扎实做好普兰口岸规划编制与项目建设协调工作】一是按照自治区商务厅，地委、行署的指示精神，局主要领导率队积极协调中科院等各级调研组完成普兰口岸规划编制和边贸调研工作。截止2011年12月30日，已按期完成了《西藏自治区普兰口岸（2011—2020年）发展编制规划（初稿）》。按照自治区商务厅的要求和行署领导的指示精神，正积极联合相关部门抓紧分头修改、完善《西藏自治区普兰口岸（2011-2020年）发展编制规划（初稿）》，确保在规定的时间内圆满完成普兰口岸发展编制规划工作，为阿里经济发展和社会稳定夯实基础。二是在口岸项目建设工作方面，以普兰口岸建设为契机，协调相关部门做好“十二五”口岸规划的相关工作。落实了普兰口岸联检楼综合改造项目，完成了斜尔瓦大桥国门、斜尔瓦初检站等项目的选址工作。

阿里地区财政工作

【年度综述】2011年，阿里地区财政局加强预算支出管理，严格控制经费性支出的增长,对行政事业单位加强预算审核，按定额核定单位预算，硬化预算约束，不得随意追加支出预算，确保了财政预算收支运行平稳。

1.收入完成情况。1-9月份全地区财政收入完成8024万元，为年初预算的68.73%，同比增加2364万元，增长41.77%；地级财政收入完成3885万元，为年初预算的64.05%，同比增加1176万元，增长43.41%；县级财政收入完成4139万元，为年初预算的73.79%，同比增加1188万元，增长40.26%。1-12月份全地区财政收入预计完成11675万元，为年初预算的100%，同比增加1311万元，增长13%。

2.支出完成情况。1-9月份全地区财政支出完成102024万元，为年初预算的79.83%，同比增加34685万元，增长51.51%。其中：地级财政支出完成40810万元，为年初预算的74.73%，同比增加16401万元，增长67.19%；县级财政支出完成61214万元，为年初预算的83.63%，同比增加18284万元，增长42.59%。1-12月份全地区财政支出预计完成15.5亿元，为年初预算的121.3%，同比增加2.1亿元，增长16%。

根据该地区收入受季节性影响的特点，预计全年财政收入可完成地委、行署确定的目标任务；财政支出能保证重点支出的需要，能做到收支平衡，并略有节余。

【统筹安排，加大财政支持“三农”力度】一是全力支持社会主义新农村建设。根据自治区统一安排，今年我地区共安排安居房建设2445套，自治区补助建设资金4345万元已全部下拨。农村人居环境综合整治84个行政村，项目总投资8941.16万元。截止到9月底，安居房建设完工2071套，人居环境整治完成52个村；二是大力支持“三小”工程建设。2011年从基层政权建设资金中统筹安排“三小”工程建设资金720万元，其中乡镇澡堂630万元，乡镇食堂餐具购置90万元；三是全力及时兑现各种补贴。兑现种粮直补、农资综合补贴各25.37万元，粮食直补工作经费30万元，兑现家电家具下乡补贴156.68万元，汽车下乡及汽车以旧换新补贴287.54万元，“双百市场”补贴60万元；四是大力加强农林水利建设，1-9月，共安排落实资金12498万元，主要用于退牧还草和林业基础工作，农业生产资料补贴、农业推广、技能培训、小型农田水利设施建设，农村基础设施建设、生产发展、扶贫资金等。

【关注民生，实现财力向基层和农牧民倾斜】2011年，坚持把解决民生问题摆在更加突出的位置，妥善安排财力，进一步关注民生、重视民生、保障民生、改善民生。一是优先发展教育，切实做到“学有所教”。认真执行国家、自治区“三包”和助学金资助政策，提高了补助标准。今年1-9月教育支出达15379万元；二是大力促进就业，努力实现“劳有所得”。认真贯彻《就业促进法》，坚持实施积极的就业政策，进一步完善和落实好就业再就业、小额担保贷款财政贴息、职业培训补贴等财税政策，拨付资金7945万元，重点做好社会保障和就业问题。三是支持医疗卫生事业，积极保障“病有所医”。坚持公共卫生公益性质，继续实施大额医疗保险制度，1-9月卫生事业支出7113万元。四是实施养老保险，加快推进“老有所养”。加快推进农村养老保险制度，加大敬老院、退休服务机构等服务设施建设力度，全地区60周岁以上老人全部纳入养老保险范围。五是重视住房建设，着力推进“住有所居”。认真贯彻自治区、阿里地区关于廉租房、周转房、安居工程相关政策，积极实施安居工程，“低保”家庭、低收入困难群众及农牧民住房条件得到进一步改善。

【优化结构，着力保障重点支出需要】按照统筹经济社会协调发展的要求，不断优化财政支出结构，加大对重点支出的保障力度。继续支持维稳、边控保障工作，财政在公共安全方面投入达4832万元，其中：边境转移支付3083万元，边民补助1029万元，大庆安保620万元，地区安排100万元；安排资金295万元支持我地区扎实开展基层建设年活动；安排资金761.54万元投入庆祝中国共产党成立90周年、西藏、阿里和平解放60周年大庆活动，支持阿里地区第四届象雄文化旅游节；积极支持企业发展，会同地区工信局编报中小企业发展项目九个已经上报自治区。安排5000万元资金用于支持我地区城镇建设，重点用于狮泉河镇的美化、绿化、亮化工作，营造和谐人居环境，提升了城镇功能。

【深化改革，全面推进财政科学化精细化管理】一是深化部门预算管理制度改革。进一步巩固扩大政府收支分类改革成果，完善基本支出标准体系、基本支出定员定额标准和资产配置标准体系。进一步细化政府专项资金的预算编制，强化滚动管理,建立责任制度，硬化预算约束。全面实行综合财政预算，将部门收支逐步纳入部门预算，实现预算内外资金、单位自有资金、政府性基金的真正统筹管理。二是全力推行财政集中支付改革。全地区财政集中支付改革于2007年底实施，2011年1月全面推行“大平台”信息系统，并从会计集中核算向国库集中支付转轨，目前已有30多家单位实现了转轨。三是深化政府采购制度改革。进一步落实《政府采购法》，对符合条件的采购都纳入政府采购范围，并采取公开招标方式，确定采购商，今年1-9月采购金额达2149万元；四是深化国有资产管理。进一步加强财政管理的国有资产管理工作，及时将国有资产出租收益金入库；协同地区国资委完成了对外贸公司、交通实业公司、旅游公司三家企业资产清查工作；进一步加强处置资产的管理，今年1-9月共批准处置车辆8辆，处置收入96万元上缴国库。

【创新机制，切实加强财政监督管理】2011年，财政监督检查紧紧围绕财政管理和整顿财经秩序，以增收节支和维护财经纪律为重点，建立起了内外监管并重、收支监督并举的监督检查新机制。一是举办会计从业人员业务培训。针对会计基础薄弱，结合今年由集中核算向集中支付转轨存在的诸多问题，举办了地直各单位财务人员国库集中支付和财务记账处理业务流程和操作专业知识培训，为避免和纠正核算中的违规行为，维护财经秩序打下了良好基础；二是继续开展治理“小金库”和财经纪律检查。会同纪检、审计等部门，于2011年4月对地直部分单位进行专项检查，纠正了在会计核算、财务管理、专项资金管理方面存在的问题，为维护财政资金安全、加强资金监管、防止“小金库”的滋生起了积极作用。通过完善监督制度、理顺体制机制、创新监督方式、提高监督能力，财政监督和会计监督工作进一步制度化、规范化，监督水平得到有效提高。

阿里地区国税工作

【年度综述】2011年，各级税务机关在国家税务总局、自治区国税局和阿里地委、行署的正确领导下，以邓小平理论和“三个代表”重要思想为指导，认真践行科学发展观，坚持“聚财为国、执法为民”的税收工作宗旨，开拓进取，扎实工作，圆满完成了各项工作任务，实现了“十二五”税收工作的良好开局，为全地区经济社会发展做出了积极贡献。

【超额完成全年税收任务】2011年，全系统共组织入库各项收入1.51亿元，同比增长30%，增收3544万元，完成区局考核指标的120%，扣除一次性增收因素，增长速度仍高达16%。税收收入的持续快速稳定增长，为支持全地区经济社会发展提供了财力保证。

【服务经济社会的作用得到较好发挥】全系统坚持把认真落实各项税收政策作为调节经济、促进发展的重要工作来抓。一是为增值税一般纳税人办理固定资产进项税额抵扣，全年累计抵扣进项税款25万元；二是积极贯彻落实修改后的个人所得税法，政策调整后全地区有500余人不再缴纳个人所得税；三是降低了小规模纳税人和娱乐业的征收率；四是开征了城镇土地使用税和地方教育附加，分别实现收入106万元和114万元；五是积极落实自治区人民政府为支持小型微利企业和推进非公有制经济发展的税收政策，尤其是起征点提高以后，使全地区1871户个体工商户享受到了免税优惠，月免税额达30多万元。

【税收管理取得新进展】抓好征管基础管理，做好普通发票管理工作。稳步推行税控收款机。金税三期工程广域网项目建成并投入运行，网络可靠性明显提高。加强各税种管理，严格执行增值税一般纳税人认定标准，进一步加强了增值税抵扣管理。推行了车购税电子申报及档案系统的运用。深入贯彻全国依法行政工作会议精神，按照法定权限和程序行使权力、履行职责。认真落实组织收入原则，切实做到依法治税、依法征管。深入推行税收执法责任制，严格执法过错责任追究。开展税收专项检查和税收专项整治，严厉查处涉税违法行为，全年共查补入库税款22.69万元。

【纳税服务水平得到有效提升】加强税收日常宣传教育，扎实开展税收宣传月活动，不断增强全社会的税收法治意识。深入推行首问责任制、限时办结制和责任追究制。切实改进服务方式，简化办税程序，对纳税人申办事项做到热情接待，周到服务，切实做到急事急办、特事特办、随到随办。车辆购置税征收管理分局在办理车购税过程中，凭车管所提供的车辆档案信息资料，一次性为纳税人办理所有涉税事宜，初步解决了纳税人多头跑、多次跑的问题，切实减轻了纳税人的办税负担，深得纳税人的好评。同时，加强了办税服务厅的人员力量，将一批责任心强，形象气质佳，服务态度好的税务干部充实到纳税服务窗口，面对面地为纳税人提供服务。

中国人民银行阿里地区中心支行工作

【窗口指导】2011年，人行阿里中支定期开展辖区经济金融运行情况分析研究和政策指导，制定下发《2011年阿里地区货币信贷工作指导意见》，提出辖区货币信贷投向、明确信贷“扶”、“限”领域，引导金融机构认真落实各项西藏优惠金融政策，服务地方经济发展。

【四卡贷款】督促指导辖区农业银行采取有力措施，本着“放得出，收得回，有效益”的原则，切实加大对“三农”的信贷投入，最大限度地满足“三农”信贷需求，促进农牧业发展和农牧民增收。一方面加大农牧区信用体系建设，扩大信用乡（镇）、村的评定范围，另一方面继续对符合条件的农牧户积极发放《贷款证》，并做好《贷款卡》的升级换发工作，努力提高《贷款证》的覆盖面和使用率，扩大小额信用贷款受益面。截止2011年12月末，阿里辖区共评定信用乡（镇）9个，信用村45个。《农牧户贷款证》“四卡”余额14896张，发证面达99.66%，使用率达96.92%。其中钻石卡102张，贷款余额827万元；金卡3843张，贷款余额4149万元；银卡4652张，贷款余额为1989万元。

【农牧户担保基金贷款】此项工作的试点和有效推进，是该地区加强和改进金融服务“三农”工作的重要创新举措，成为继“四卡”、安居工程贷款后金融服务“三农”的有效信贷支撑，被阿里地委、行署列入“十大民心”工程。截至2011年12月末，全地区共到位担保基金1100万元，担保基金贷款余额1771.3万元，有贷款户数412户，很大程度上解决了农牧民贷款难问题，受到广大农牧民的欢迎。

【民间借贷利率监测】一是为继续推动民间借贷利率监测工作，对辖内被委托的商业银行开展民间借贷利率监测工作情况进行客观的评比。二是按要求认真做好民间借贷利率监测工作。三是完善农牧民民间借贷利率监测点工作。四是在收到民间借贷利率监测报告上报频度变更后及时向商业银行印发通知，并进一步规范此项工作。

【征信管理】一是依法做好企业和个人信用报告查询工作，规范业务流程，并搞好异议处理工作。二是按规定开展贷款卡年审工作。通过阿里地区电视台播放贷款卡年审通知，明确了贷款卡的年审流程和具体要求，确保贷款卡年审工作有效开展。三是继续做好中小企业信用信息建档工作，不断更新和完善中小企业信用信息档案。新成立的中小企业（法人）一般都已直接办理了贷款卡。四是开展好“征信知识宣传周”和“信用记录关爱日”活动，确保征信宣传有所成效。加大与教育部门和学校的协调联系，通过选拔“校园征信知识宣传员”，争取建立起校园征信宣传的长效机制。结合西藏各地特色节日以及“和平解放60周年”庆祝活动等开展宣传。2011年，人行阿里中支共开展集中征信宣传4次，共发放宣传资料6000余份，悬挂横幅8幅，张贴宣传海报100余张，直接向150余户农牧户宣传征信知识。

【外管工作】2011年，国家外汇管理局阿里地区中心支局一是认真贯彻落实国家赋予西藏的一系列优惠外汇管理政策，全面提升外汇政策执行力度，做好国家新制定的外汇政策的宣传解释工作，全面维护外汇市场稳定；二是有效维护外汇政策的严肃性，结合我地区实际，重点检查银行执行外汇管理相关政策和内控制度建设情况。本年度该中心支局重点对农业银行股份有限公司阿里分行和普兰县支行两个外汇业务指定银行外汇政策执行情况进行了一次全面检查，对检查出的问题提出了切实可行的整改意见，对政策把握不准的及时进行指导；三是加大口岸外汇资金流出入的监督检查，及时掌握资金流向的总体情况，组织专门工作组对普兰口岸和部分传统边贸点进行前期摸底调查工作,对外汇资金流出入情况进行了初步监测，为后期深度监测打下了良好基础；四是在农业银行股份有限公司西藏自治区分行批准农业银行股份有限公司阿里分行、普兰县支行开办外汇业务后，该中心支局积极加强两个外汇业务指定银行的内控制度建设工作指导，不断提升其内控工作力度。

【国库工作】全面履行人民银行经理国库职能，进一步加大内控管理力度，不断提高国库工作水平和规范各项业务操作，切实防范和化解国库资金风险，认真完成国库各项工作，有力地支持了地方经济的健康发展。截止12月底累计完成各级预算收入12853万元（不含调拨资金）；办理预算支出278623万元；年底库存为22275万元；办理各项退库323656.11元，其中中央退库203895.8元，地方退库119760.31元。业务工作中未发生任何差错事故，实现了收入、支出“零在途”，基础核算“零差错”，为国库事业和地方经济的持续、稳定、高速发展做出了积极的贡献。

阿里地区工业和信息化工作

【强化工作调研】2011年对全地区工业企业、民族手工业等行业进行了调研，制作了《企业基本情况调查表》、《民族手工业基本情况统计表》，形成全地区工业企业、民族手工业综合调研报告，理清全地区工业经济发展面临的形势及存在的问题。并全面调研了全地区信息化工作，对全地区宽带推进工程实施，部分县SDH光传达输系统升级改造、IP城域网改造、宽带接入设备端口扩容，“县县通光缆”、“乡乡通电话”，教育信息化等进行了解。进一步修改完善了《阿里地区工业和信息化发展规划》、《“十二五”时期信息化发展专项规划》、《阿里地区加快通讯业发展的实施细则》（初稿）、《“十二五”时期中小企业发展专项规划》，制定了《“十二五”时期民族手工业发展专项规划》、《“十二五”时期绿色食（饮）品业发展专项规划》、《“十二五”时期特色产业发展专项规划》等。

【加强项目建设】一是健全完善项目推进机制，加快项目建设。2011年共招商引资4项，项目涉及食品加工、矿产资源深加工和建筑建材等，项目总投资6586万元。将太阳能超导暖片新型高原节能炉灶生产改用项目、象雄食品公司项目等列入招商引资项目库。二是促进中小企业发展。围绕节能环保、技术创新、扩大内需等专项资金，筛选一批项目，进入国家或自治区计划“笼子”，争取上级政策和资金扶持。积极指导、支持企业申报项目，2011年11家企业获得扶持，共下达扶持资金1949万元，项目涉及阿里地区羊绒分梳厂建设、阿里地区草原公司网围栏加工自动生产线建设、阿里地区高争水泥有限公司粉尘污染治理项目、西藏阿里藏酿青稞酒业有限公司设备提升改造等。

【推动企业发展】推进产学研联合，完善创新平台。抓好微小企业培育工作，引导和鼓励企业按照国家和自治区建设标准，积极创建企业技术中心，并加大科研经费投入。二是实施品牌战略，培育岗仁波齐矿泉水、藏酿传说青稞白酒等品牌，支持企业在品牌创建上实现突破。

【狠抓节能降耗】发展循环经济，推进资源综合利用。积极开展以“节能我行动、低碳新生活”为主题的“节能宣传周”活动，把倡导节能、低碳、绿色的生产、生活方式作为宣传重点。共向群众发放宣传册5000余份，展示宣传板8个，宣传海报100余份，公益短信24万余条。二是加快淘汰落后，推动节能技术进步。推行循环经济，对地区高争水泥厂等高耗能企业进行监督检查，指导企业采用先进技术、工艺和设备，提高生产过程中废水、废渣、余热等综合利用水平。

【加强企业管理】强化风险控制，加强运行调度。坚持对各项经济指标运行月分析、季调度监测机制，对地区外贸公司等企业进行监测，随时调控工业经济运行整体情况，着力帮助企业解决生产经营中的困难问题。二是建设服务体系，提升涉企服务能力。从优化发展环境、强化优质服务入手，召开运行调度分析会议，指导企业做好项目规划等工作，加强信息引导和服务，有效解决矛盾和困难。三是加大监管力度，抓好安全生产。加强对食品添加剂、孔雀石绿等的监管，开展联合执法检查，严厉打击违法活动。同时，加强安全生产督查整改。印发《建党90周年、西藏和平解放60周年庆祝活动期间企业安全生产工作方案》，加大了企业安全生产工作指导。

【提升信息化水平】信息产业平稳增长。用户发展方面，2011年全地区拥有移动电话客户数75586户，同比增长6%，电话使用普及率达79.56%；全地区固定电话数12955户，普及率13.63%；全地区互联网用户数达5030户。信息化基础设施进一步完善，城域网体系初步建成。电信公司：建立村村通基站数70个，27个乡镇通光缆。移动公司：建立村村通基站数42个，22个乡镇通光缆。联通公司：建立移动基站数8座（其中2011年新建2座）。2011年，筛选建立了16个农村信息服务站行政村和信息员作为自治区农村信息服务站建设（二期）工程试点村。

阿里地区国有资产监督管理工作

【基本情况】阿里地区行政公署国有资产监督管理委员会为行署直属特设机构，正县（处）级，内设办公室、企业改革发展科等7个职能科（室）。目前，机关现有干部职工29人，其中退休干部职工12人。在职干部职工中具有大专以上文化程度13人，研究生2人。阿里地区国资委现有监管企业5家，分别是：阿里地区外贸总公司、旅游总公司、交通实业发展总公司、农机公司、燃料公司。

【国有资产保值增值】2011年，阿里地区国资委始终坚持以邓小平理论和“三个代表”重要思想为指导，以科学发展观总揽全局，深入贯彻落实中央第五次西藏工作座谈会、胡锦涛总书记“七一”讲话和关于西藏工作的一系列重要指示、习近平副主席出席庆祝西藏和平解放60周年活动时的一系列重要讲话，牢牢把握主题主线，紧紧围绕目标任务，扎实开展国有企业改革，国资监管各项工作都取得新进展，国有经济继续保持快速发展的好势头，实现“十二五”时期良好开局。截止2011年底，全地区国有企业资产总额18358万元、净资产11181万元；实现营业收入11677万元，利润总额183万元、上缴税金485万元。其中地区国资委监管企业实现营业收入5862万元、利润总额168元、上缴税金458万元。五家企业从业人数129人，年人均工资27421.87元。

【国企改革发展】阿里地区对外贸易总公司、地区旅游总公司、地区交通实业发展总公司由行业监管转为划归我委统一监管，接管工作全面完成。地区农机有限责任公司改制为地区农机公司。按照行署专员办公会议精神，积极协调财政局、城建局等相关部门，筹划地区公交公司运营方案及前期准备工作。切实贯彻自治区国资委《关于我区国有企业改革中国有划拨土地作价出资问题的通知》精神，落实国有划拨土地变性的程序和办法。

【企业监事会】根据自治区国资委的要求，阿里地区国资委成立相关工作组，对我地区国有企业监事会工作基本情况，特别是国企基本情况、监事会机构和人员设置，企业依法经营运作，企业财务管理和执行等情况，开展了专题专项调研，并形成《阿里地区国资委关于开展委系统监事会工作情况专项调研报告》，呈报给地区行署和自治区国资委，为推动我地区国有企业监事会工作奠定了基础。

【人事管理】根据有关规定，阿里地区国资委对委属监管企业法人和领导班子成员进行考察工作，并提出任免建议，经行署专员办公会议通过，地委组织部部务会议同意，已完成委属监管企业法人及企业领导班子成员的聘任或调整工作。同时，根据《中共阿里地区委员会关于地直国有企业党组织设置的批复》（阿委【2011】71号）文件和相关要求，积极与行署和地委组织部协调，完成了三家企业划转以来的党组织设置工作。

【创先争优】积极响应区党委、地委号召，态度坚决，行动迅速，措施得力，工作扎实，派出以国资委书记为组长的基层建设年活动驻村工作组和以国资委副主任为队长的强基惠民活动驻村工作队，奔赴改则县物玛乡布孜村和达热村，全面开展驻村工作。投入资金48万元，为农牧民群众办实事，解难事，做好事，取得明显成效。

【党风廉政建设】加强教育，围绕产权转让、改制重组、物资采购和人事调动任免等重点环节推进惩防体系建设，严格落实“三重一大”，为企业健康发展营造良好环境。认真贯彻落实《建立惩治和预防腐败体系2008-2012年工作规划》中由国资委牵头的4项工作，推进国资监管系统惩防体系的建立健全。

【民生】深入开展企业民生调研，深入调查企业职工“五险一金”落实情况，切实维护企业职工权益。积极开展节日走访慰问企业困难职工、困难党员，2011年发放慰问金6600元。

阿里地区审计工作

【年度综述】2011年，紧紧围绕地委、行署工作中心，深入落实审计法律法规，加大审计执法力度，努力提高审计工作水平和质量，努力克服审计业务人员少、任务重和业务能力不足的现实困难，共完成了审计和审计调查项目22个（其中：阿里地区地方性债务审计，专项资金审计调查项目12个，经济责任审计项目6个，企业财务收支审计3个）。查出违规资金180万元，管理不规范资金3153万元，出具审计报告（审计调查报告）19篇，提出审计建议35条，采纳35条。为维护阿里经济秩序、促进阿里经济持续快速健康发展发挥了积极作用。

【阿里地区地方性债务审计】根据国务院办公厅《关于做好地方政府性债务审计工作的通知》（国办发明电[2011]6号）和西藏自治区审计厅《关于审计阿里地区政府性债务的通知》（藏审财通[2011]7号）的文件精神，阿里地区审计局派出审计组重点审计了阿里地区本级及7县所属部门、机构、经费补助事业、公用事业等单位。通过审计，截至2010年底，全地区地方政府性债务总额为7966.37万元，其中：地方政府负有偿还责任的债务为6946.5万元，负有担保责任的债务为1019.87万元。

【“两基”教育专项经费审计及其他专项资金审计调查】根据自治区审计厅的统一安排部署，对地区本级和三个县（普兰县、日土县、革吉县）2008年到2010年度“两基”教育经费的投入情况进行了专项审计。应地区有关单位的要求，进行了社会保障、科教文体、农林与环保专项审计调查，过审计和审计调查，查出违规和管理不规范资金259万元（违规改变资金用途12万元，应缴未缴专项资金71万元，虚列支出9万元，账外资产80万元，其他87万元）。

【企业财务收支情况审计】根据阿里地区机构编制委员会办公室《关于地区外贸公司等3家地直国有企业由行署国有资产监督管理委员会监管的请示》（阿机编办发[2010]11号）的要求，对地区外贸公司、交通实业发展总公司、地区旅游公司三家企业进行了财务收支情况审计。通过审计，查出违规违纪资金61万元。

【经济责任审计】完成了地区旅游局

原局长李玉健离任经济责任审计，地区人社局原局长洛桑次仁离任经济责任审计，地区水利局局长宋正远任中经济责任审计，地区旅游公司原法人代表丹增罗布离任经济责任审计。通过审计，查出违规和管理不规范资金3013万元（违规改变交错用途16万元，虚列支出130万元，账外资产19万元，其他2848万元）。

阿里地区统计调查工作

【强化机关建设】党组书记的配备，强化了班子集体智慧和领导班子的整体效能；党支部成功改选，积极吸收培养年轻干部，平均年龄为35岁，更好服务于单位中心任务。

【服务中心工作】编辑出版《西藏阿里地区统计年鉴》和《西藏阿里地区领导干部统计手册》、参与撰写《阿里六十年》等；做好各项主要统计数据的月度、季度、半年、全年分析评估，全年上报统计信息分析共70余篇，其中得到区统计局重要领导批示1份，地委主要领导批示2次13篇；组织开展10项调查工作，有效为地委和行署中心工作服务，发挥服务参谋作用。

【夯实统计基础】开展对阿里地区企业一套表工作的的走访工作，与统计法宣传和数据质量检查相结合，提高工作中各环节的配合度；统计人员培训达3批次，共计207人次。

【推进法制宣传】集中开展、形式多样，共计发放统计法规宣传资料400余份、短信6万余条、宣传画20副、接待咨询40多人次，投入宣传经费共计4000余元，加强各级领导干部的统计法制观念，提升社会公众的统计法律意识、统计调查的配合程度。

阿里地区质量技术监督工作

【抓质量，质量监管水平全面提升】一是深入到地区各生产加工企业进行检查，引导企业开展内部质量控制和加强自检工作。二是按计划完成了工业产品抽样送检工作，共抽查样品55个，已出检测结果45个，合格33个，合格率为73.3%。对检查结果不符合的产品，下达了整改通知书，要求企业查找不合格原因，消除不合格因素，确保产品质量。三是集中开展了与群众生活息息相关的产品专项整治。四是加强机动车安检机构专项检查。要求安检机构做好实验室内审工作，及时上报检测线的换证申请，妥善处置用户的申诉，实事求是的出具检测报告，及时申请计量器具定期检定，确保仪器设备的准确度和检测结果的有效性。五是加强质量档案更新。对全地区生产加工企业进行了全面摸底，对10人以上的企业建立了电子档案。六是开展企业质量等级评定。根据《西藏自治区企业质量信用等级评定管理办法》，对全地区13家实施电子质量档案管理的企业进行了质量等级划分。七是探索实施“质量兴镇”战略。八是根据工业产品监督抽查结果和监督检查情况，向地委、行署和区质监局上报了《质量状况分析报告》，为上级部门科学决策提供了有力依据。

【加强食品监管力度，确保食品质量安全】一是加大食品质量安全宣传，广泛宣传食品质量安全，引导群众增强食品安全意识，自觉投诉举报食品生产销售违法行为。二是重点开展了食品添加剂、纯净水、餐巾纸和儿童食品专项检查。三是完善食品添加剂备案制度。按月向食品生产加工小作坊发放了《食品添加剂使用备案登记表》，督促企业建立食品添加剂进货台帐和使用台帐，对添加剂的进货时间、数量、生产日期、合格证书编号以及添加剂使用时间、添加量、使用人员等内容进行详细记录，并要求企业能够提供所用食品添加剂生产厂家的营业执照、卫生许可证、生产许可证或相关的产品质量证明材料的复印件，切实把好食品添加剂的“源头关”和“使用关”。四是对已获食品生产许可证企业进行清查。对照《食品生产许可证审查通则（2010版）》和对应的食品生产许可细则，对神山矿泉水厂水源地保护、生产过程控制、产品出厂检验、食品添加及使用情况进行了核查。核查发现，该企业各项条件均符合审查细则要求，达到了持续生产的要求。五是加大食品企业（小作坊）巡查力度，对个别不符合食品加工小作坊生产必备条件的小作坊，下达了整改通知书。六是以监督抽查、风险监测为手段，督促企业不断提高产品质量。按照区局产品质量监督抽查和风险监测的相关文件要求，结合地区实际，共抽样送检4大类37个批次的样品，合格34个批次，抽查产品合格率为91.89%。八是深入开展塑化剂专项检查。联合地区食品药品监管局、工商局、卫生局等部门，对全地区食品生产企业、食品加工小作坊、各大超市进行了专项检查，未发现国家质检总局要求暂停进口台湾食品添加剂生产企业所生产食品。九是初步建立食品生产安全监管网络。在各县及时聘请了质量协管员，设兼职食品监管人员12人，初步建立起了我地区食品生产安全监管网络。

【狠抓特种设备安全监察】一是宣贯特种设备法律法规，提高安全意识。二是认真开展节日期间和阿里地区的重要（大）活动期间的特种设备安全大检查及日常的巡查工作。全年出动人数累计86人次，对18家特种设备使用单位进行轮流检查，对全地区个体业主使用的特种设备进行重点排查，对个别有问题的单位都要求及时整改，并对违规单位进行了行政处罚。全年共检查锅炉42台（含常压热水锅炉），压力容器26台，电梯5台，起重机械18台，医用氧舱3台，车用气瓶110只，下达监察意见整改书28份。三是签订特种设备安全责任书，提高特种设备使用单位的责任意识。四是邀请青海省特检所赴阿对全地区部分待检的储气罐、残液罐、压力管道、安全阀、压力表和温度表进行检验检测，确保各气站特种设备安全运行。五是对各特种设备使用单位及特种设备作业人员持证作业进行了专项整治，邀请自治区特检所对1家新修建的液化石油气充装站及7台锅炉进行监督验收，依据自治区特检所出据的监督检验报告进行了注册登记。六是再次向地委、行署提供报告，对地区钢瓶检测站的启动运营提出了三种可行方案的建议，地区行署召开了专员办公会进行了研究，并形成了会议纪要，同意解决1万只周转钢瓶。目前，正在联系相关检测机构承包经营，以尽早启动检验站。七是对全地区特种设备进行了普查登记。共普查到液化石油气贮罐26只、锅炉14台、电梯5台、起重设备16台（其中10起重设备台无任何相关资质证明）、车用气瓶110台。

【开展专项执法打假】以打击侵犯知识产权和制售假冒伪劣产品“双打”专项行动为契机，先后共出动执法人员54人次，车辆29台次，对食品、农资、建材、汽车配件、酒类产品、化妆品和强制性认证产品进行了专项检查，并对监督抽查不合格项目进行了后处理。罚没物品累计货值8000.5元，罚没资金16000元。

阿里地区食品药品监督管理工作

【加强领导，统一思想，周密部署落实】安全生产工作是综治工作中的重要组成部分，关系到稳定与发展大局，也是学习贯彻科学发展观的先决条件。为全面贯彻落实全区食品药品监督管理工作会议精神及地区安全生产工作会议精神，年初该局调整充实了安全生产领导小组，同时将平安建设工作列入局党组议事日程，主要领导亲自抓，分管领导具体管，科室负责人具体抓，形成一级抓一级，齐抓共管的良好局面，切实做到了年初有安排，年中有检查，年终有总结。

【认真学习，提高认识，增强责任意识】抓好安全生产工作，增强职工安全意识是关键。为此，该局安全生产领导小组一直把宣传教育工作作为一项重中之重的工作切实抓紧抓好，结合该局实际，组织干部职工认真学习了《中华人民共和国安全生产法》、《中华人民共和国药品管理法》、《社会治安管理处罚条列》、《中华人民共和国消防法》、以及阿里地区有关安全生产的会议精神，并组织驾驶员认真学习了《中华人民共和国道路交通管理法》等法律法规，结合该地区以往特大交通安全事故为典型教材对单位司机进行警示教育，通过经常性的宣传教育工作，使干部职工安全生产意识明显提高，增强安全生产的自觉性。

【围绕重点，积极消除安全隐患】主要抓好了食药安全、交通安全、消防安全等六个重点，认真开展安全自查活动，补措施、堵漏洞，将事故隐患解决在萌芽状态，及时消除不安全因素。

1.食品药品安全。①行署与各县政府、各监管部门签订了《阿里2011年食品安全责任书》；同时，该局组织牵头制定了2011年食品安全监管工作方案，安排部署了2011年阿里地区食品安全工作任务，制定下发了《阿里地区2011年食品安全重点工作安排及目标任务分解表》、《2011年阿里地区食品安全风险监测计划》等文件，明确了食品安全各项工作的重点、任务和主要措施。②通过现场检查、联合检查等形式，协调各食品安全委员会成员单位有效开展食品安全整治工作。掌握该地区食品安全监管状况，突出工作重点，确保全地区人民饮食安全。③是深入开展“药品安全宣传月”启动仪式。9月，该局举办了以“诚信兴商宣传月”为主题、以“安全用药，健康生活”为口号的“安全用药月”启动仪式，地委、行署、人大、政协、团委及地区卫生局领导出席了仪式并做了重要讲话。启动仪式上该局工作人员还就药品安全知识、药品检验等进行了宣传和讲解，整个活动气氛热烈、内容丰富，受到群众的好评。④非药品冒充药品的专项整治。重点查处药品零售企业经营与药品包装相似、与药品同名或者名称相仿、宣传功能主治的非药品类产品。⑤认真开展药品抽样工作。截至目前共抽样药品46批次，快速检测46批次，红外通过率达到100%。⑥组织开展了形式多样、通俗易懂的食品药品安全常识宣传，以确保食品药品质量安全。

2.交通安全。一是抓好了对驾驶人员的安全行车教育，实行专人专车保管制，明确驾驶人员的具体安全责任，强化驾驶员的责任心和安全意识，杜绝酒后驾车、疲劳驾车、带病出车。二是抓好了车辆的维护保养、运行和管理，坚持每天检查车况，做到勤洗车、勤保养，随时保持车辆整洁和完好状态，并做好行车记录，确保了行车安全。三是抓制度的落实，针对今年公共交通安全整顿活动修改完善了《车辆管理制度（补充）》、《阿里地区食品药品监督管理局驾驶员管理制度》等，进一步规范了车辆管理规章制度，明确驾驶员责任范围，严防酒后驾车及醉酒驾车等事件的发生，杜绝了交通事故的发生。

阿里地区农牧工作

【农牧业综合生产能力有了新提升】预计2011年全地区农牧业总产值达52325万元，同比增长8.8%，粮经饲种植比例调整为22.1：3.1：74.8。粮食、油菜、蔬菜产量分别达5326吨、190吨和2072吨，同比分别增长4.7%、－7.6%和37%；年末牲畜存栏272万头（只、匹），同比降低3.8%，肉类、奶类、羊毛、山羊绒产量分别达15644吨、9192吨、1703吨和304吨，同比分别增长5%、7.3%、22%和3.3%。幼畜成活率达79%以上，成畜死亡率控制在4%以内，牲畜出栏率为36.9%，农畜产品综合商品率为63.1%，农牧民人均纯收入达到4182.6元，同比增长21.2%。

【农牧民增收有了新提高】努力开辟多元化增收渠道，坚持农内与农外增收并举、政策补贴与项目增收互动、产业发展与劳务输出增收共促的原则，狠抓农牧民组织化程度，加大农牧民技能培训。目前，全地区共发展各类专业合作组织58个，参与群众3129户，带动户数5100多户，涉及短期育肥、奶牛养殖、蔬菜种植、招待所、采石采沙、便民商店、畜产品销售等行业。2011年成功举办了各类培训班76期，参加培训的农牧民学员达6200人次，组织劳务输出5.4万人次，预计创收7950万元。农牧民增收工作被评为全区2011年度二等奖。

【农牧业基础有了新夯实】始终把改

善农牧业基础设施作为增加农牧民收入的主攻方向，发挥项目带动作用，加强督促检查、加强项目前期工作，项目得到规范化、制度化管理。2011年农牧业项目建设进展顺利，落实了退牧还草、游牧民定居、农村沼气、特色产业等重点项目，完成项目总投资1.45亿元，其中国家投资1.17亿元。完成阿里地区“十二五”农牧业发展1个总体规划和5个专项规划。配合上级部门完成对2008－2010年农牧业项目的检查验收工作，除6个项目正在实施外，其余47个项目顺利通过了自治区验收，总投资3.59亿元，其中国家投资2.35亿元。项目管理工作取得全区2011年度二等奖。

【特色农牧业开发有了新突破】一是发展绒山羊产业。大力加强绒山羊基地建设，做精绒山羊特色产业，抓原产地保护工作，衔接争取保护区申报工作。与新疆羊绒羊毛检测中心合作，制定阿里绒山羊发展标准，为绒山羊产业发展奠定基础。共扶持绒山羊示范村24个，示范户3531户，拥有优质绒山羊35万只。二是按照“立草为业，草业先行”的草原畜牧业发展思路，继续实施集中连片人工种草，建立人工种草专业区。推广地膜苜蓿等饲草栽培技术，试点实施免耕包衣人工种草技术。开展免耕包衣技术试验人工种草4600亩；开展免耕包衣技术试验草原补播300亩。主要牧草品种有皇后苜蓿、早熟禾、多花黑麦草、冰草、燕麦草、披破草等10余个品种。三是大力发展无公害蔬菜种植。全地区蔬菜种植面积达1392.75亩，蔬菜大棚达180余座，狮泉河市场淡季供应率达30%左右，旺季供应率达60%以上。重点加大了札达蔬菜瓜果主产区建设，共建有大棚温室63座，共种有20多种蔬菜瓜果品种。同时，着力帮助札达县解决蔬菜销售难问题，免费提供销售门面房，联系订单，打进狮泉河市场。

【农牧业科技推广有了新举措】一是深入田间地头开展种子精选、包衣、消毒、农药化肥使用、早春温室蔬菜种植10余种技术的培训，共培训农牧民种植能手365人次。二是在普兰县建立油菜种子田97亩，试验试种春小麦2.5亩。在札达县加大推广“喜马拉雅19号”、“藏油5号”、“青油17号”等优良粮油品种。三是试点发展家禽养殖，在普兰、札达两县扶持养殖示范户97户，试点养殖藏鸡2500只，藏鸡养殖产业的效益已初步显现。四是建立农牧信息网。借助网络平台，为上级部门决策提供依据，为群众提供农畜产品市场信息。五是主攻草原鼠害防治技术，开展生物灭鼠30万亩。

【草原生态保护补助奖励机制工作有了新进展】继7月7日自治区电视电话会议后，该地区迅速成立草补机制领导小组，召开电视电话会议，安排部署实施草补机制工作，聘请自治区有关专家，集中举办草补机制工作培训班，共培训2180人次，落实工作经费171万元，制定工作措施，加大政策宣传，抽调工作人员1700余人，充分发动群众积极参与，草补机制工作正在紧张有序进行。该局还组织督导组，长期蹲点督导。草场承包工作从7月初进入外业划界定级阶段以来，历时4个月，到10月底基本完成外业工作。年底，各项室内作业正在紧张有序的开展之中。

【领导名录】
党组书记、副局长：索南才旦
党组副书记、局长：张文

阿里地区水利工作

【基础设施建设全面加快】年内共完成水利基本建设投资1.1亿元，超出年初预定目标37%。措勤水电站进展顺利，基础开挖全部完成，厂房工程部分完工；改则水电站等3座电站全部建成并投产发电，农牧民用电覆盖率进一步得到提升；实施了普兰县胜利灌区、日土县白绒山羊饲草料地等一批农田草场灌溉项目，促进了粮食稳产增收，草畜矛盾得到一定缓解；开工建设了日土县城区段及普兰县科加村防洪堤工程，防洪减灾体系日趋完善；边境4县水利技术推广服务站资金已经到位，地区局和噶尔县水保监测网络即将实施。

【项目前期工作顺利开展】2011年共修编完成“十二五”水利发展规划等综合规划3个，规划投资38亿元；编制7县县级农田草场等专项规划6个，投资29亿元；开展前期工作任务95项，涉及能源点建设、局域网延伸、农田草场灌溉、中小河流域治理、饮水安全等方面。其中：7项已经取得概算批复，12项已经通过审查待批复，60项已经完成送审稿待提交审查，其余16项设计方案正在编制中。

【民生水利工作不断加强】加大饮水安全工程建管力度，投资1912万元，解决了15200人和1320名农村师生的饮水不安全问题；加强小型农田水利薄弱环节建设，全年完成投资536万元，新建和维修小水渠、小塘坝等32处，保障了农牧业生产正常进行；做好农村水电站维修改造工作，投资232万元对普兰、札达、日土3县县级电站进行维修技改，加大7县乡村小电站维修管护，确保了电站正常运行。

【防汛抗旱减灾成效明显】严格落实防汛抗旱工作行政首长负责制，细化责任分工；积极开展汛前、汛中安全大检查，建立汛期24小时值班制度和水、雨情通报制度，修改完善重点城镇防洪预案；加强物资储备，新增53万元的防汛物资；投资442万元，对噶尔等县水毁设施及相关县防汛险工险段进行了维修，因地制宜开辟抗旱应急水源，确保了灾情、旱情损失降到最低。

【水利体制改革持续深入】支持鼓励各县自主管理农村水电，目前各县均已成立农电公司，初步形成了以县级电站为核心，带动扶持乡村电站良性运行的新局面；充分发挥已成立的241家农牧民用水户协会的主人翁作用，加强小微型水利工程建后管理，不断探索项目长效运行机制；全面落实项目建设“五制”，严格执行“民办公助”和“一事一议”的小型农田水利基本建设新机制，不断规范工程招投标行为，做到公开、透明，让权力在阳光下运行。

【水利普查工作有序进行】自国务院

决定2010年开展水利普查以来，该局严格按照自治区规定的节点要求，做好了2011年的各项工作。积极协调地县两级财政落实普查经费104万元，争取自治区水普办年中补助经费160万元，为工作的正常开展提供了保障；通过积极宣传造势，营造了良好工作氛围，使各级领导和全社会对水利普查有了充分认识；加大人员培训力度，年内共培训人员110人次左右；按照实施方案，圆满完成了清查登记、台帐建设、数据录入、数据审核等各阶段工作，自治区水普办领导给予了充分肯定。

【农牧民增收成效显著】紧紧抓住水利大投入的机遇，采取各种措施，千方百计增加农牧民现金收入。行署下达给该局2011年农牧民增收指标为285万元。为了确保这一目标如期顺利完成，一是各项目法人与施工单位签订《农牧民增收责任书》；二是规定凡技术要求不高，农牧民能干的活，一律交给当地农牧民实施，切实增加他们的现金收入。从目前的统计来看，水利工程已为农牧民增收308万元，超过预定目标8%，较好地完成了行署下达的目标任务。

【领导名录】
党组书记、副局长：索南顿珠
党组副书记、局长：宋正远

阿里地区交通运输工作

【概况】阿里地区交通运输局全地区公路建设与养护、道路运输管理等，机关内设7个科室，编制22名（局领导6名），内设事业单位3个，编制8名，辖养护段、客运站、实通路桥有限公司3个企事业单位，对全地区的交通运输工作进行行业指导。

【公路建设】2011年阿里地区交通运输局争取项目40个，争取资金24.95亿元，超地区年初下达计划4.95亿元，完成投资11.12亿元。

其中国道、省道及边防公路项目4个，总投资23亿元，现已完成3亿元；落实农村公路项目36个，总投资1.95亿元，现已完成1.62亿元，目前，我地区已有36个乡镇127个建制村（居委会）通公路。农村公路改建项目45个，主要是乡道改建，建设总里程91.79公里，总投资4004.8万元。

【公路养护】截止去年底，全地区公路通车里程9406公里，其中：沥青路面766公里，四级砂石路面8640公里，100%的乡镇和90%的建制村通公路。目前，全地区公路列养里程7497公里，其中国道219线893公里，省道1104公里，农村公路5500公里，油路优良路率70％，MQI值达到74，砂土路好路率52%。完成S206线标规路工程60公里，投资130万元；完成安保工程257万元及大中修危桥改造226万元。

【运输管理】2011年7月政府出资59万元补助金，完成了30辆面包车的清退工作，6辆公交车已到位，准备投入运营，为发展公交客运创造条件，鼓励客运企业更新车辆25辆。三是城乡道路运输能力得到提高。2011年末，阿里地区民用运输汽车保有量2453辆，其中营运客车194辆（出租车120辆，客车53辆，旅游车21辆），营运货车2259辆；公路客运线路达10条；2011年该局在普兰县开展了农村客运试点工作获得成功，投入两辆客运班车，方便人民群众短途出行需求；2011年全地区客运量8.6万人，客运周转量11002.4万人公里；货运周转量18.39万吨公里，货运量16972.3万吨。

【超限治理】2011年中，地区交通运输系统举办公路法律、法规宣传354人次，发放宣传资料13713册，投入执法人员252人次，查处超限超载及各类违章车辆467辆，收取公路赔（补偿）费5万元。

【安全生产】阿里交通运输管理分局于2011年11月9日依法吊销阿里藏羚羊旅运有限公司《道路运输经营许可证》，并完成了清、转的后续工作。

【服务民生】2011年阿里地区交通建设和公路养护吸纳农牧民2525人次，为农牧民创收2984.23万元。在“加强基层建设年”活动中，我局驻村工作队多渠道筹措资金27.05万元，制订了民族手工艺、个别集中搬迁等发展规划建议10条，积极与自治区交通运输厅联系，落实资金400万元确定了改则县吓夏村、深多村转场公路建设项目2个。

【文明单位创建】积极加强党的自身建设，结合创建“八型”机关要求，以“创先争优”活动为契机，进一步加强干部队伍建设和党的基层工作建设。2011年按照《干部任用条例》，提拔使用干部11人，机关内设科室轮岗2人，通过人员调整，极大地调动了干部职工的工作积极性，机关工作效率明显提高。

阿里地区邮政工作

【业务发展】2011年，阿里地区邮政局完成邮政收入989.48万元，完成区公司计划的102.9%，超计划27.48万元，三大板块发展不平衡现象突出，邮政业务总支出控制在区公司收支差额预算范围内。服务地方，邮务类业务实现快速发展 2011年，紧紧围绕“西藏、阿里和平解放60周年”、“建党90周年”主题和年度工作会议目标，我局各经营单位精心策划，重点公关，加大市场营销力度，邮务类业务实现快速发展。代理金融业务发展受阻，邮政金融从业人员队伍的整体素质与专业银行还有相当大的差距，基础建设和服务水平还需大幅提升,风险防范能力急需加强等问题都需在今后的工作中逐步解决，与同行业相比综合能力处于劣势，可挖掘的潜力和市场空间狭小，业务发展缓慢。速递物流类业务受到时限制约，代理速递物流业务发展同比呈现下降趋势，影响代理特快和代理快包发展的主要原因为邮件时限达不到要求，受到制约。

【服务工作】加强投递的广度和深度。为加快我局邮政投递网的建设，努力打造好邮政投递平台，全面提高邮政整体服务水平与能力，主要做了以下工作：一是为满足市民对投递深度的要求，对市区投递网络和报刊内部作业环节进行优化，确保邮件的投递效果，提高投递服务水平。二是加强协调、部门分工，做好邮编地址库的日常维护工作，确保名址信息的正确率和规范率；三是落实投递服务规范和投递服务“五条禁令”，逐步提高工作效率；四是开展远程教育培训工作，提高投递人员业务素质。乡邮工作持续开展。在整改区邮政管理局指出的我局普遍服务工作存在的问题和不足的基础上，完善了相关的基础设施、制度上墙公示。各县局与各县、乡政府签订了摩托车辆使用及乡邮投递费用协议，明确了双方的责、权、利，使乡邮服务管理工作不断向深入开展。加强乡邮基础管理。一是根据西藏邮政“十二五”农牧区邮政通信规划目标，详细核实乡邮的班期、里程、通信覆盖面等相关基础数据，配合政府部门实施农牧区通邮计划建设。二是加强对乡邮人员、车辆及运行成本费用、业务资金的管理，保证乡邮人员、车辆、资金的安全。三是各县局加强乡邮业务监督检查指导工作，规范乡邮操作流程，切实提高乡邮服务功能。要坚决杜绝党报党刊积压现象。四是完善乡邮台帐管理，做到各类邮件投递及时，投递档案内容齐全。

阿里电信分公司工作

【年度综述】2000年成立的阿里电信分公司，主要负责传输网络、电报通信、电话语音业务；同年9月阿里狮泉河镇的电话外线改造完工，同年全地区内电话放号1114户，市内电话用户累计达4066户，市内电话交换点达7处；2001年开通了拉萨至狮泉河的，打破了阿里通信的“瓶颈”制约，解决了打电话难的问题。2003年完成了农村卫星电话的安装,还率先开通了“好易通”业务和ADSL业务，2004年3月，阿里地区与普兰、札达光缆建设工作投入使用，4月完成了地区与六县局的电视电话会议的安装调试，5月，完成各县ADSL的安装调试，并开通了普兰、札达两县DDN设备，10月，完成了各县局沿途中继站“好易通”基地建设和巴尔等地直放站的建设，进一步扩大了“好易通”的覆盖范围。截止2004年底，阿里电信分公司的固定电话数达8436户；好易通用户达到了7310户；公用电话649部；数据业务同比增加37.6%；农村卫星电话覆盖全地区46%的行政村。2009年底阿里地区固定电话用户数10608户，宽带用户数达4539户。该公司努力完成了从无到有的信息建设，全区启动的“乡乡通光缆(宽带)、村村通电话”工程使我地区7县36乡镇于2005年全部通电话、卫星电话。

从经营局面的迅速打开，在全业务经营的条件下，分公司针对阿里市场小、人口少的特点，抓住3G业务率先上市的机遇，合理利用各种资源，通过政企团购、员工关系发展等多种方式，迅速打开了阿里通信市场，实现了业务的快速发展。目前共发展移动用户10000余户，占阿里移动通信市场份额的18%，提前实现集团公司的经营发展目标，得到了上级部门的肯定和好评，2009年度，被中国电信西藏公司授予全业务经营和3G上市先进集体、融合业务发展先进集体、移动业务中高端发展先进集体。

【网络质量全面提升】随着全业务经营的开展，按照区公司的要求和统一部署，分公司积极开展网络建设工作。自2009年开始，我分公司新建了移动机站40多个，实现了各县及重要乡镇、区域和交通要的的全覆盖；开展了20多个乡镇的“乡通缆”工程建设，实现了部分乡镇的光纤接入；完成了网络优化，实现了综合通信能力的有效提升；同时，扎实做好村通工程建设，落实中国电信西藏公司乡通村通建设要求，目前，在全地区60%多的行政村中开通了中国电信业务。

建设工作的顺利完成，受到了中国电信西藏公司的充分肯定，2009年，被授予村通乡通工程建设先进集体。

【内部管理逐步规范】按照现代企业管理和发展，我分公司进一步强化了内部管理，提升服务水平。扎实推行财务全面预算管理，贯彻落实集团公司、西藏公司关于财务预算的要求，健全财务制度，规范内部管理，有计划、有步骤、分轻重缓急地合理开支成本，并加强执行力建设，强化督查督办工作，确保各项工作的有效落地。同时，切实做好服务工作，强化业务宣传，让用户全面了解新业务的功能、使用方法、资费和套餐的详细内容，规范业务套餐管理，做到了让用户明明白白消费，并进一步规范业务受理流程，提升一线人员的业务素质和技能，提高工作效率，缩短业务受理时间，让用户充分享受中国电信的优质服务。

阿里地区国土资源工作

【服务发展能力显著增强】2011年，该局争取自治区国土资源厅下达新增建设用地计划指标1200亩，其中耕地195亩；主动服务，应对大批工程项目立项，对拟上的项目加快用地初、预审效率，初、预审项目用地133宗；跟踪服务，加强批上项目用地供批，供应国有建设用地77宗、849.3亩，占新增建设用地计划指标的70.78%；其中划拨土地64宗、729亩，出让土地13宗、119.84亩，出让价款271.83万元；申报了4个建设项目用地，涉及土地292.2亩。

【耕地保护责任有效履行】严格落实耕地保护目标责任，完成了西四县2010年耕地保护目标考评，确保全地区耕地保有量不低于3.64万亩的指标、基本农田保护面积不低于3万亩的指标。为了实现耕地“占补平衡”和提高农田质量，实施并验收了普兰镇、香孜乡土地开发整理项目，土地平整855亩、开发159亩。

【规范管理机制基本形成】按照2007年局党组提出的“135”目标即：“一年要雏形规范管理的新思路，三年要建立规范管理的新机制，五年要走向常态化管理的新格局”的要求，建立健全了《阿里地区土地会审会批制度》等八项业务工作制度及限时办结制等五项工作运行机制，实行了国土资源目标责任考核制度和干部职工“问责问效”考核制度，逐步实现国土资源常态化管理。

【矿产勘查开发健康推进】按照采矿权审批权限及采矿权统一配号规定，停止新办和延续采矿权，向区国土资源厅移交了19个采矿权。对地勘单位、开采企业全面签订安全生产责任书，杜绝安全生产事故发生。积极协调解决矿区矛盾纠纷，督促落实草场补偿费，保护水源和草场。积极配合实施国家“青藏专项”项目和地质矿产“358”目标，坚决遏制人为设置的各种障碍和一切不良干扰，积极建设和谐矿区。国土部在青海召开的“青藏专项”专题会议上代表全区作了经验交流。加强扎苍茶卡矿区整合后续管理，矿区整合期间全面停采，督促整合企业办理完善相关手续和统一配号。为保障地方税收利益，允许被整合企业运输过去开采的硼镁矿，全年调运硼石5.9万吨，工业产值1.06亿元，实现税收1180万元，征收资源补偿费260多万元。

【执法监察工作得到强化】坚决禁止开采砂金矿，全年未出现偷采盗采砂金矿行为。开展土地、矿产卫片执法检查，对全地区43个土地、矿产遥感卫星监测疑似违法图斑进行核查，查出违规用地7宗、98.4亩，责令整改，敲响警钟。采取调查档案与实地踏勘相结合的方式，全面清查了狮泉河镇“一户多宅”（享受多次优惠供地），居民住宅私自扩建，擅自占用国有土地，圈而不建、闲置土地，未批先建，擅自改变土地用途等违法违规用地行为。加强砂石料市场整顿，对狮泉河镇5家砂石料场、12家预制厂、电杆厂进行综合整顿和规范，限定时间统一选址搬迁，清理整顿工作取得初步成效。

【基础工作迈上新的台阶】以示范带动，稳步推进全地区农村宅基地确权登记发证工作，普兰县试点工作全面完成，确权登记宅基地1659宗，质量成果被自治区宅基地确权登记发证工作领导小组办公室评定为优秀，噶尔县确权登记宅基地约2770宗，日土县正积极开展,2011年度完成工作量的25%左右。《七县土地利用总体规划》（初稿）已基本完成，《阿里地区土地利用总体规划》修编前期工作积极开展。制定了《阿里地区2011年地质灾害应急预案》，切实加强汛期应急调查、巡查工作，实行零报告制度，建立地质灾害易发区建设项目审查制度。投资390万元完成了札达土林国家地质公园第三期地质遗迹保护项目，四期地质遗迹保护项目得到批准。制定了《阿里地区国土资源系统“十二五”援藏工作计划》，争取“十二五”时期前三年内建设完七县国土资源局综合业务用房，计划投资1700多万元。现已完成了普兰县、噶尔县业务用房及附属设施建设工程。

阿里地区环境保护工作

【全力维护环境安全，加快建设环境和谐型社会】一是加大宣传力度，增强全民环境安全意识，提高全民参与维护环境安全的主动性和积极性。紧扣“6·5”世界环境日、防灾减灾日及防灾减灾周宣传、阿里地区第二十一个民族团结宣传教育月、安全生产月及安全生产咨询日等时间节点，加大环保法律法规、生态建设、环境灾害知识、整治违法排污以及保护环境等环境知识的宣传教育，进一步引导公众参与环境保护，全面提高公众的环境安全意识。二是加强重点监督企业的环境监管，扎实推进污染减排。加强与企业之间的联系，适时了解企业的生产、经营基本情况，收集企业相关数据，通过物料衡算法算出企业的排污达标情况；加大企业污染防治设施的日常监管力度，促使污染防治设施正常运行，实现达标排放；以排污费征收略高于企业所排放污染物治理成本的原则，加重排污费的征收，促使企业加大污染物治理的力度，促进减排工作全面推进；加大企业排污口的监察力度，进一步规范排污口的污水排放，强制企业对排污口的污水进行物理处理（沉淀、隔离等），加大了企业污水治理的力度。三是严把来信来访工作关，有效调解环境污染纠纷案件。加大环境综合整治力度，从源头上控制环境污染事件的上访数量；全力调解环境污染纠纷案件，尽力做到纠纷双方高度满意，达成共同协议，有效调解人民内部矛盾。2011年，该局共接待2起环境污染纠纷事件，其中1起为垃圾焚烧污染纠纷，1起为噪音污染纠纷，解决2起，办结率100%；未接到“12369”投诉举报电话；收到地区政协委员提案4件，其中3件是关于乡村卫生整治的，1件是关于生态环境保护的，办理3件，转办1件，办结率100%。四是严格辐射环境管理，确保放射性同位素与射线装置辐射安全。进一步加大对我地区放射源安全检查工作，适时对存放和使用放射源的单位或企业按照射线装置辐射安全监管工作的相关要求进行全面督查，确保辐射环境安全。五是加大进口可用作原料的固体废物监管力度，确保进口固体废物环境安全。从日本发生辐射灾害至今，我地区未发生进口废物放射性超标事件，进口固体废物环境安全。

【强化污染防治和建设项目监管工作，促进经济社会与环境协调发展】一是进一步加强污染防治监管，推进污染减排工程。加大了对地区水泥厂、屠宰场、过渡电源的监控力度，适时监督重点污染源烟尘、污水、噪声等污染物的排放情况，严防死守，有效打击偷排行为，确保年度污染减排任务完成；同时深入各大型超市、地区人民医院、藏医院、消防支队等单位了解该地区持久性污染排放情况。二是严把环评关，建设项目监管工作有序开展。严格按照环境影响评价法及“三同时”有关规定，对建设项目进行实地调查，随时监管的方式，从设计到投产运营进行全程监督管理。2011年审批了288个新建项目环境影响评价文件，同时结合阿里地区实际情况，提出了项目在建设和运营过程中应采取的环境保护对策和措施，并结合工程领域突出问题专项治理活动，检查了环评文件中提出的各项对策、措施落实情况，大大规范了建设项目行为。

【加大环境执法和环境监测力度，确保环境质量良好】一是环境执法能力建设取得新成就。详细制订2011年度环境监察工作计划，加大环境监察力度；全面开展环保专项行动，提高执法覆盖度和加大执法力度，严厉打击环境违法行为，对屡查屡犯行为顶格处罚，着重加强了对矿山企业、重金属污染物、重点建设项目、城镇垃圾、污水、油烟、煤烟、噪声等的监督检查；重点检查了建设项目“三同时”制度的执行情况、固废处理设施运行情况、污染源达标排放情况和项目周边环境状况，共计执法检查20次，52人/次。二是环境监测能力建设取得新突破。保障监测实验室用房，规范设备的使用与管理，全面完成仪器设备的安装并建立仪器设备台账；健全狮泉河镇环境空气质量监测制度，完善信息发布，按日向自治区环保厅报送空气质量状况；7月份开展了班公措日土断面、狮泉河噶尔断面地表水监测工作，取得有效监测数据45个，监测结果表明，监测期间各监测项目、监测指标均符合《地表水环境质量标准》（GB3838-2002）Ⅲ类标准的要求。

阿里地区科技工作

【科技项目实施力度不断加大】2011年，地区科技局本着近抓项目，远抓发展的原则，按照“主动发现项目，积极争取项目，紧盯落地项目，严格实施项目”的发展思路，把科研项目作为抓手，以项目带动科技事业的发展。2011年重点实施了国家科技富民强县专项行动计划项目4个，国家星火计划项目2个，自治区重点项目5个。除3个项目将继续实施外，其它6个项目全部完成，其中2个项目当年通过区科技厅的组织验收。

【科技科研项目实施成效显著】科技富民强县专项行动计划项目《措勤县紫绒山羊本品种选育推广和产业带建设》通过区科技厅的组织验收，项目三年累计实现销售收入43264万元,增加财政收入430万元，农牧民人均纯收入增加841元，302户养殖大户，户均收入达到了15270元；项目完成人工种草5500亩，草场围栏36000亩；新培育专业养殖大户180户；选育优良基础母羊42718只，紫绒山羊由原来的9万只增加到15万只，个体产绒量增加了15%；累计培训农牧民1106人次，通过该项目培养科技特派员26名，其中农牧民科技特派员18名。

科技富民强县专项行动计划绩效考评奖励项目《日土县白绒山羊本品种选育推广和产业化技术开发》，按照“严格控制牲畜总量，积极调整畜群结构，有效增加良种比例”的建设发展思路，2011年新组建养殖示范户120户，选购分配良种绒山羊5000只，淘汰生产性能低下和杂色绒山羊23000多只，有效提高了良种山羊的比例，使日土县白绒山羊平均产绒量和质量大幅提升，通过该项目还引进建立了绒山羊冻精库，安排购置液氮配送车，这将进一步推动绒山羊良种选育工作的进展速度。

科技富民强县专项行动计划项目《噶尔县优良高产奶牛养殖与优质牧草种植集成技术示范与推广》，在前两年建立的万亩紫花苜蓿种植基地的基础上，2011年从拉萨、日喀则再次引进黑白花奶牛70头，使昆莎乡所养殖的良种奶牛达到了150多头，广大养殖户通过销售鲜奶年均收入达到了5000多元，群众养殖热情异常高涨。

科技富民强县专项行动计划项目《普兰县无公害蔬菜规模化栽培技术示范》，通过整合农牧、农发等部门的项目资金，在普兰镇修建了高效日光温室51座，并引进示范种植12种蔬菜高效栽培技术标准，有效提高了蔬菜的产量和质量，促进了普兰县产业结构的调整，增加了农牧民群众的收入。

国家星火计划项目《西藏日土县日土镇城郊高产奶牛养殖示范》，建立人工草场300亩，引进黑白花奶牛30头，种公牛3头，并首次在阿里地区引种多年生黑麦草、早熟禾，长势喜人，当年鲜草产量达到了1200公斤。

实施新能源进校园行动，自治区重点科技项目《阿里高海拔校园大型沼气试验示范建设》，在札达县中学建成了180立方米的大型校园沼气系统，配套修建了380平方米的高效日光温室，各项指标均达到了设计要求，将可作为学校食堂燃料的有效补充，为高海拔地区开展新能源替代工程开拓了新途径。

自治区重点科研项目《醉马草综合防治与利用研究》，经过多年的努力，取得了阶段性成果，经调整实施内容和重点攻克方向，与中国农科院兰州畜牧兽药研究所、自治区农科院合作，研制开发醉马草牲畜中毒长期预防解毒丸已进入动物试验阶段。

自治区重点科技项目《噶尔县扎西岗乡典角村优质牧草种植示范》，采用地膜覆盖点播技术种植紫花苜蓿300亩，种植黑麦草20亩，防护栏全部采用了过塑防锈细围栏。牧草长势喜人，完全达到了预期目标。

地区级科研项目《稀有藏药材人工种植示范》项目，在札达县底雅乡建立“藏木香”等稀有藏药材人工种植基地20亩，长势良好。

【农牧区科技服务体系得到进一步加强】1、特色产业基地示范服务作用逐步加强。昆沙乡以人工种草为依托的奶牛养殖业发展迅速，养殖技术得到较快推广，目前，该基地通过散户饲养和集中养殖相结合的模式，养殖奶牛近200头，成为农牧民群众的主要收入来源；札达、普兰两县的无公害蔬菜种植基地，以协会模式，组织农牧民群众进行温室蔬菜种植，由科技特派员负责进行技术指导，为农牧民种植好温室蔬菜提供了优质服务。

2、绒山羊选育和产业带建设服务体系得到完善。在日土县白绒山羊和措勤县紫绒山羊项目建设中，通过选购分配优质绒山羊，淘汰杂色低产山羊，培育了一批养殖大户，进行了重点的服务指导，并把优秀人员选聘为科技特派员。并通过引导，通过选聘的科技特派员和已掌握优质高产绒山羊养殖技术的养殖大户，服务绒山羊产业带建设区域农牧民选育绒山羊的技术指导工作，使绒山羊选育和产业带建设得到较快发展。

3、科技特派员服务体系建议逐步完善。到2011年底，全地区共有科技特派员257名，其中农牧民科技特派员178名。在选聘农牧民科技特派员时，充分考虑服务范围，使他们均匀分布在农牧业生产一线。农牧民科技特派员通过长期处在生产一线的有利条件，在各自服务点上对当地农牧民进行培训，进行技术指导，面对面、手把手地对奶牛养殖、蔬菜种植、瓜果种植以及优质牧草的种植和绒山羊选育养殖等技术进行传授，深受农牧民欢迎，起到突出作用。

【科普设施建设和科普力度不断加大】2011年，地区科技全面贯彻落实中央第五次西藏工作座谈会精神，促进《全民科学素质行动计划纲要（2006—2010-2020年）》贯彻实施。2011年，通过地区科技局的积极努力争取，新建村科普室2个，并分别配备了相应的设备，购买价值近万元的各种图书，有效丰富了科普活动室的资料。在科普活动站（室）管理上，印制了藏汉双语的管理制度，安排了固定的管理人员，重点在发挥科普站（室）作用上进行了强化，吸引更多农牧民群众学科学、用科学，也为农牧民科技特派员增长科技知识和实用技能开辟了途径。在噶尔县扎西岗乡典角村与自治科技厅一起举办了以“科技推动基层建设”为主题的科技活动周，各县科技局同步开展了相应的活动。科技活动周宣传了健康的生活方式、科学实用知识，开展了送诊送药活动，对农牧民种植技能进行了培训，起到较好的作用，得到群众的积极响应。

阿里地区教育（体育）工作

【多渠道筹措资金，切实改善办学条件】2011年，在地、县两级财政收入的20%投入教育的基础上，该局还积极争取上级对教育的投资（自治区投资教育基建工程5214万元，另为我地区“国检”投资675万元）。通过干部职工捐款捐物、社会捐资助学、争取援藏资金等多种方式筹措教育经费，积极改善办学条件。自治区教育厅为迎“国检”，下拨我地区1379万元对革吉完小、盐湖乡小学等5所学校的D级危房进行改造，目前项目主体已完工；投资1200万元的改则县完小改造项目正在完成各项前期工作；总额为185万元的昆沙乡幼儿园和盐湖乡改善办学条件项目正在做初步设计；下达给阿里的2011农村义务教育学校校舍维修改造资金200万元已分拨各县实施。为全面解决基层薄弱学校的安全饮水、暖廊建设、硬化、绿化、运动场地、公共厕所等配套设施及部分校舍漏水、门窗破损、墙体脱落维修等问题，除自治区的支持外，我地区还筹集整合资金4262.3万元，专门用于解决迎“国检”各级各类学校的硬件建设。目前，各项目相继完成，全地区49所中小学办学条件根本改善，学校面貌焕然一新。

【下大力气深化改革，提升教师队伍整体素质】该地区共有专任教师1049名，其中小学教师767名，初中教师260名，高中和职中教师22名，全地区中小学教师学历合格率达97%以上。2011年以创新管理方式为主，主抓重点环节的改革创新，确保教师队伍整体素质全面提升。一是加强管理队伍建设。完善出台了《阿里地区校长岗位绩效评估办法》，利用十项指标体系，进行考核奖惩。2011年拿出支教资金155万元，进行年终评比，奖优罚劣、奖勤罚懒，极大提高了校长工作的积极性、主动性和创造性。探索试行校长竞争上岗、校长负责制，建立现代学校管理制度。落实完善校长责任制综合考评办法，积极建设一支“有理念、有激情，注重学习、顾全大局，积极进取、务实创新”的校长队伍；大力加强全地区学校中层干部队伍和后备干部队伍规范化建设，通过培训、交流等形式，提升学校管理水平与工作绩效。二是加强教师队伍建设。着手制订教师聘用、绩效管理办法；继续推行教师轮岗制，促进教育均衡发展；逐步引进激励奖惩机制，充分调动教职员工的积极性。三是深入推进高中课程改革。进一步加大经费投入，配齐课改师资队伍，加强课改师资培训，确保地区高中课程改革取得成效。四是加强作风建设。树立正面典型、加大宣传力度，狠抓教育政策法规和师德教育，倡导敬业奉献、刻苦钻研、团结协作作风，引领广大教职工珍惜、维护阿里教育良好形象。五是共享教育资源，提高教育教学质量。继续从地区中学、小学和孔繁森小学抽选教学经验丰富的学科带头人下派到基层学校任教，对口帮扶薄弱学校教学工作，达到相互学习交流的目的。六是关心教师待遇。适当放低教师职称评定门槛，对基层偏远和艰苦学校教师在晋升职称方面予以照顾。逢年过节定期慰问困难教师。

【强力“控辍保学”，确保巩固提高】截止2011年年底，全地区中小学在校生15199人，其中小学生10754人，初中生4027人，高中生418人，在园幼儿391人。全地区适龄儿童入学率98.84%，初中入学率96.78%，高中入学率33%。为确保学生人数不流失，我们具体做到：一是明确以县为主的义务教育管理体制，实行“控辍保学”双线目标责任制，各级政府包入学率、学校包巩固率、教师包合格率，并将此项工作纳入县、乡和学校主要领导的考核指标，与工作业绩挂钩。二是加强学校管理，完善制度建设，实施快乐教学，丰富校园文化活动。管好用好“三包”经费，开好学生伙食，使学生愿意来，乐意学。三是积极开展特困生救助工作，力争不让每个学生因贫困而失学。四是各县根据自身实际，将农牧民送子女入学情况与国家和地方优惠政策挂钩，对不送子女入学的农牧民，采取暂停享受相关优惠政策的措施予以惩罚。以此形成了多管齐下、联防联控的“控辍保学”工作格局。

【建设校园文化，设立学校医务室，突出特色亮点】2011年，全地区各学校充分利用“国检”契机、为指导工作，狠抓校园文化建设，出台了《阿里地区校园文化建设实施方案》。截止目前，各县特色、精彩纷呈的校园文化已呈现在我们面前，所有学校面貌为之焕然一新；为充分保障学生身体健康，在卫生、财政等部门大力支持下，2011年为50人以上的学校全部配备了医务室，极大方便了学生就近看病治病。

【圆满完成各项接待任务】圆满接待了孟德利副主席对阿里教育工作的视察指导；圆满接待了自治区教育厅朱贇副厅长对阿里“两基”工作的预检；圆满接待了自治区体育局德吉卓嘎局长对阿里体育工作的检查指导，并确定了阿里体育工作今后的重点目标任务；正在接待自治区人民政府代表国检组对阿里教育“两基”工作的正式检查验收。2011年以来，行署领导多次带队，地区教育（体育）局、教育督导部门、各县分管教育县长、局长和统计员组成联合工作组，对各县“两基”巩固提高和迎“国检”工作进行全面细致的自查自验，走遍全地区义务教育阶段49所中小学（教学点），巡回督查做到了横向到边、纵向到底、不留死角和漏洞，确保了全地区迎检工作的顺利进行。

阿里地区卫生工作

【年度综述】2011年，全地区农牧民覆盖人口为77133人，参加农牧区医疗制度人数为77133人，参合率达100%，受益覆盖率达100%。同比2010年提高了0.01个百分点。为方便农牧民群众住院，地区行署安排30万元专项资金，作为农牧区群众赴地区人民医院、地区藏医院住院保证金，根据制度运行情况看，从根本上解决了农牧民群众“看病难”的问题。

【加大对医疗卫生机构的检查指导力度】一是狠抓医疗质量，确保了医疗安全。二是以“三好一满意”活动为平台，对医疗卫生机构开展了全面检查和抽查。三是加强医师培训，规范执业准入。四是对地区藏医院2011年开展的藏医院医院管理年活动情况组织专家进行了检查评估工作。五是加大与苹果基金会和中爱联的协作关系积极争取援助项目和帮扶资金，2011年新建落成的仁贡村苹果医务室已投入使用。

【加快覆盖城乡的卫生服务体系建设】一是各医疗机构在药品价格的执行方面均在地区物价局和食品药品监督管理局的监督下按规定标准收费。二是建立了医德考评制度，将考评结果与医务人员的晋职晋级、评优评先，定期考核等相结合。

【农牧民健康促进行动有序开展】将农牧区居民健康档案建立工作推广到了七县，2011年共建立农村居民健康档案19037人，建档率达25%。

【促进妇幼保健工作及相关优惠政策的落实】促使各项优惠政策落到实处，全年农牧民孕产妇住院分娩人数为958人，住院分娩率达80%以上，住院分娩报销补偿比例为100%。

【建立和完善大额医疗保险制度，提高医疗保障水平】截止2011年，农牧民群众因大病住院治疗享受大额医疗保险赔偿人数为49人，共赔付36万元。结合我地区实际，对我地区农牧民育龄妇女和高危孕产妇服用叶酸人数为1662人。

【计划生育工作有序开展】一是完成了农牧民“一孩、双女”困难家庭奖励扶助制度电脑录入工作，共扶助982人，扶助资金为707040元。二是“特别扶助制度”，2011年共新增28人，其中独生子女死亡26人，伤残2人。退出17人（独生子女死亡）。三是“半边户”扶助制度，共上报27人，符合条件的一人，在27人中多数人已经提前享受了“一孩、双女”扶助制度。人口自然增长率保持在11‰以内。

【疾病预防控制工作成绩显著，突发公共卫生事件处置有力】一是2011年七县共网络直报传染病2类10种，共计658例，总发病率为600.46/10万，与去年同期相比下降26.4%。二是2011年1-11月份对狮泉河镇所有新生儿接种9种常规疫苗。三是及时处置了噶尔县门士乡完小发生的疑似手足口病疫情、普兰县霍尔乡发生的11例麻疹疫情、革吉县发生的266例水痘疫情。四是我们将鼠疫防控工作列入了卫生工作重点，把鼠防工作作为保护人民健康、促进经济发展、维护社会稳定的一件大事来抓。五是严把药品、医疗器械市场准入关，规范药品、医疗器械生产、经营、使用秩序。六是实施国家基本药物制度，加强GSP、藏药制剂质量监管工作。七是卫生监督执法工作不断加强。

【加大引进项目工作力度】红十字会办公室在人少事多的情况下，一是积极开展“爱里的心”援助项目活动，先后赴改则、日土、普兰3个县筛选先天性心脏病患儿，共筛选3963人，确诊病人103人，手术治疗完成80名先心病患儿，总投入约360万元。

【卫生系统基建项目完成情况】一是完成改则、普兰两个县卫生服务中心改扩建任务，项目总投资2635万元，两个项目均已竣工并通过验收；完成9个乡卫生院建设任务，投资412万元，共计完成投资3047万元；地区医疗废物处理场建设项目总投资1134.21万元，项目已开工。二是日土、革吉、噶尔三个县卫生服务中心改扩建项目已完成招投标工作，总投资3600万元。

阿里地区人力资源和社会保障工作

【实施积极的就业政策，就业局势保持基本稳定】一是就业任务全面完成。全年实现城镇新增就业1250人；开发就业岗位1500个，动态消除零就业家庭；城镇登记失业率控制在3.2%以内。二是高校毕业生就业工作取得新突破。促进高校毕业生就业各项政策的优惠力度进一步加大。组织36人次的高校毕业生到地直机关、企事业单位见习，发放见习补贴28.7万元。三是大力开发就业岗位，促进就业困难群体实现就业。采取送岗位、送政策、送服务等形式，逐步建立就业援助长效机制。调剂的290个公益性岗位全部安置完毕。其中安置零就业家庭22户35人，“3545”人员85人，高校毕业生15人，其他就业困难人员155人。四是理顺农牧区富余劳动力转移就业工作机制。不断加大与发改、财政、住建、农牧、林业、科技、交通、水利、妇联等部门及七县的工作力度，初步形成了“服务、培训、维权”三位一体的转移就业工作机制。全年实现农牧区劳动力转移就业1.13万人次，实现劳务收入2600万元。五是职业技能培训质量进一步提高。举办各类技能培训班32期，培训人员1353人，其中：农牧民转移就业培训18期870人，城镇失业人员培训14期483人，培训合格率91%，就业率60%。六是公共就业服务能力和效率不断提升。扎实开展“就业援助月”、“春风行动”、“民营企业招聘周”等就业服务专项活动，先后举办就业招聘会5场，有20多家用人单位入场招聘，为各类求职人员提供就业岗位500个，1000余人次进场洽谈求职，200人实现就业。提供职业指导1612人次，开展职业介绍1410人次，介绍成功697人。组织206人参加职业技能鉴定，有186人通过鉴定，取得职业资格初级证书。

【统筹城乡社会保障体系，社会保障水平持续提升】一是社会保障制度实现了全覆盖。继新农保实现全覆盖后，扎实开展城镇居民社会养老保险试点和寺庙僧尼参加社会保险工作，深入贯彻《西藏自治区城镇居民社会养老保险办法》、《西藏自治区寺庙僧尼参加社会保险暂行办法》、《西藏自治区被征地农牧民和退牧牧民社会保障暂行办法》，从政策制度层面实现了应保尽保。二是社会保险覆盖面持续扩大。到2011年底，全地区各项社会保险参保达到72119人次，征缴各项社会保险基金7517万元，清理回收各项社会保险金156.71万元。各项社会保险参保人数分别达到：城镇职工基本养老保险1680人，城镇居民基本养老保险197人，城镇职工基本医疗保险10069人，城镇居民基本医疗保险5694人，失业保险3200人，工伤保险4134人，生育保险7845人、新农保39300人。全地区217名寺庙僧尼参加了城镇居民基本养老保险、基本医疗保险的建档、申报、核定和缴费工作。三是社会保险待遇水平进一步提高。共向345名企业离退休人员发放养老金1133万元，向6099名60周岁以上农牧民发放新农保基础养老金403万元，向197名60周岁以上城镇居民拨付基本养老保险金23.7万元，目前，适龄城镇居民参保登记、基金征缴工作正在有序开展。向6名老工伤人员发放工伤补助金16.98万元。在西藏和平解放60周年之际，向6名1959年3月28日前参加工作的企业离退休人员每人发放一次性慰问金2000元，共计1.2万元。2011年末，连续第四年以“自治区党委、政府惠民购物卡”的形式，按人均800元标准向全地区345名企业离退休人员发放一次性生活补贴27.6万元。四是社会保险政策措施日益完善。加强对定点医疗服务机构的监管，对全地区范围内的8家定点医疗机构、16家定点零售药店进行专项检查，切实维护参保人员合法权益。失业保险制度进一步完善，失业动态监测工作平稳起步。扎实做好养老保险跨省转移工作。为19人办理转移接续手续，转移基金17.3万元。工伤认定及劳动能力鉴定工作有序推进。调解工伤案件纠纷5起，为农民工追讨赔偿金21.7万元，受理工伤认定8起，受理劳动能力鉴定鉴定8起。严格审批制度，做好退休审批工作。审核退休人员信息12人，批准退休7人。建立劳动能力鉴定医疗卫生专家库，征集专家12名。五是社会保险基金安全平稳运行。组织开展社保基金专项检查及社保基金决算、统计等工作，规范基金收支流程，强化和规范社会保险稽核手段，加强风险控制，完善社会保险基金预算管理，社会保险基金监管得到加强。

【稳妥推进人事制度改革，干部人事管理规范有序】一是贯彻落实《公务员法》及其配套政策法规，逐步建立科学完善的公务员管理政策法规体系，联合地委组织部举办贯彻《公务员法》实施5周年演讲比赛、征文比赛、知识竞赛、座谈会等活动，做好新录用公务员岗前培训。二是完成2011年度全地区三个批次的高校毕业生及驻藏部队、退役士兵公开考录与派遣工作，共录用机关事业单位公务员（工作人员）1000余人。三是做好公务员日常登记管理，确保公务员登记信息真实、准确、规范。四是加强“三支一扶”人员管理，对“三支一扶”及期满人员信息进行审核、登记，统一录入信息管理系统。五是军转安置工作扎实推进，为2011年新接收46名自主择业军转干部按时足额发放退役金，及时兑现医疗保险待遇，开展军转干部档案审查、数据库建立，节日慰问等活动，确保军转干部稳定。六是扎实开展工勤人员调配、录用、考核、考评和结构分析等工作。

噶尔县

【年度综述】 2011年，在自治区党委、政府和地委、行署的坚强领导下，县委、县政府团结带领全县各族干部群众，认真贯彻中央第五次西藏工作座谈会和自治区第八次党代会精神，按照全区经济工作会议和地区工作会议部署，大力实施“提升一产、壮大二产、做强三产”的经济发展战略，坚持不懈抓机遇、谋开局、强基础、惠民生、增活力、保稳定、促和谐，全力推进建设“藏西中心城市、阿里经济强县、边境模范县”三大战略进程，圆满完成了全年的各项工作任务，实现了“十二五”开门红。全县呈现出经济快速发展、民生大幅改善、社会稳定和谐、边防日益巩固、党建不断加强、人民安居乐业的大好局面。

【综合经济实力迈上新台阶】主要经济指标均实现两位数增长：2011年全县生产总值达到1.43亿元，同比增长18%；本级财政收入完成2158万元，同比增长61%；农牧民人均纯收入达到4500元，同比增长23%；固定资产投资到位1.5亿余元，同比增长50%；劳务输出创收实现1401万元，同比增长17%。

【[人民群众生活得到新改善】以“三就、两保障、六通、一安居”为主的民生事业扎实推进：就业上，实现城镇失业人员就业37人，城镇登记失业率控制在4%以内；农牧民参加技能培训765人次，参与劳务输出8500人次，实现劳务创收1401万元。全年完成新增就业238人。就学上，落实本级财政收入的20%支教资金优先发展教育事业，强化学校硬件建设，狠抓“控辍保学”各项工作，提高教育教学质量，“两基”工作高标准通过国检，幼儿园入学率达到26.2%，小学入学率达到99.92%，初中入学率达到97.63%，青壮年文盲率控制在0.95%以内。就医上，农牧区新型合作医疗制度覆盖率达到100%，计划免疫覆盖率、完成率均达到100%，兑现医疗保险金、救助金60余万元，农牧民"有病能看、看得起病、看得好病"的目标进一步实现。两保障上，认真落实"两个低保、七个救助、一个供养、四个补助"政策，城乡居民最低生活保障实现应保尽保，新型农村社会养老保险参保率达81%。全年发放低保金43.76万元，发放社会救助金6.95万元。征缴各项社会保险基金56.1万元，征缴率100%。六通上，通电、通水、通路、通邮、通广播电视、通电话问题进一步解决。安居上，又有349户农牧民住上了安全、适用、舒适的安居房。

【基础设施建设实现新突破】基本建设投资实现1.5亿余元：实施了援藏项目、安居工程、人工种草、短期育肥、安全饮水、农田草场灌溉、加木村环村公路、6个村的村容整治、左左乡整乡推进等项目。典角边境示范村主体工程已完工，有望2012年10月份全部完工投入使用。完成了扎西岗村渠首工程、朗久村水渠建设、加木河防洪除险加固等项目。强化三个乡级电站的运行管理，落实电站运行经费。实施了我县境内省道301线和国道219至扎西岗乡公路升级改造项目。以县城和公路沿线为重点，加强综合配套设施建设，实施绿化亮化工程，建成狮泉河镇市政道路电子警察系统，城镇功能和品位明显提升。建成了县国土局、人社局办公楼、公安局食堂、县畜产品监测站、乡镇兽医站、四乡一镇澡堂，实施了校园整治、民族手工艺厂建设等项目，为全县建设阿里经济强县提供了良好的硬件支撑。

【经济发展方式有了新转变】认真实施"提升一产、壮大二产、做强三产"的经济发展战略，合理调整种植业结构，扩大了农作物种植面积，全年共播种农作物面积27897亩，年末粮食总产量达到680吨。积极发展以人工种草、奶牛养殖、牲畜短期育肥为主要内容的城郊畜牧业，牲畜出栏率达到38.7%；全年山羊绒产量28.7吨，绵羊毛产量84吨，鲜奶产量1002.8吨，肉产量1071吨，皮张64993张，农畜产品综合商品率达到66.7%。做好了狮泉河生态工业园区前期准备工作，积极推进县域工业化进程。编制了《西藏阿里地区噶尔县旅游发展总体规划（2011-2020）》，大力发展特色旅游业。积极支持餐饮、住宿、通信、物流等第三产业发展，突出抓了芝达布日寺、那木如温泉、加木村红柳湿地公园旅游基础设施建设，实现旅游收入78万元。抓好了门士乡牧家乐和索多村优质风干肉加工上市及索麦村民族手工藏式卡垫等项目，积极打造噶尔特色农畜产品品牌。

【财源建设得到新加强】进一步强化了财源建设，加大了与地区国税部门沟通协调力度，做到税收应收尽收。同时，加大了非税收入入库工作，2011年实现财政收入2158万元。以自治区审计厅对我县开展财政审计工作为契机，进一步加强了财务管理，严格了财经纪律，规范了工作流程。县财政大力整合县乡财源，围绕中心，服务大局，切实提高资金使用效益，全力保障了全县经济社会健康、持续、和谐发展。县农行充分发挥金融优惠政策优势，全县各项存款达到5.9亿元，农牧民贷款达到1557万元。

【生态噶尔建设取得新进展】围绕打造"西藏最干净城市"的藏西中心城市建设阶段性目标：一是全面开展了整治城市脏、乱、差，清理违章占道经营、车辆乱停乱放、乱贴乱画，处罚乱倒建筑、生活垃圾、破坏市政设施的城市环境综合整治工作。二是积极推进了环卫机制改革，加强城管队伍建设。城管执法人员增加到22名，环卫工人增加到80名。县财政先后拨付配套资金20多万元，为城管工作人员配备了执法车辆、执法服装和办公设备，加强了城管执法力度。三是建立健全了城市管理制度，制定、实施了《狮泉河环卫建设专业规划》，出台了《狮泉河城市市容管理办法》、《狮泉河城市垃圾收集办法》和《狮泉河城市市容管理处罚办法》等城市管理法规。四是召开了城市环境卫生综合整治动员大会和庆祝噶尔县首届环卫工人节暨环卫工作总结表彰大会，表彰了环卫工作先进集体和个人，营造了尊重环卫工人劳动成果、增强环卫工人职业荣誉感的良好氛围。五是全力实施了城市重点绿化工程，投资240万元完成植树造林3000亩，补植补栽1700亩。认真实施了草原生态保护补助奖励机制。通过扎实有效的工作，城区环境显著改善，城市整体形象明显提升。

【和谐稳定工作取得新成效】坚决贯彻落实中央、区党委和地委关于维护稳定工作的一系列指示精神和决策部署，坚持"点线面结合，党政军警民联防联动"的科学维稳机制，认真谋长久之策，扎实行固本之举。2011年投入维稳经费达400多万元，取得了"三大战役"的重大胜利，依法加强了寺庙和宗教事务管理，切实抓了"六建"、"六个一"和"九有"工作，落实了僧尼养老、医保等惠民政策。制定了《噶尔县关于进一步加强和创新社会管理工作的实施意见》，认真开展了"抓好服务、强化管理、排查隐患、化解矛盾、确保稳定"综治主题活动。进一步强化了社会面管控、边境一线防控和社会管理综合治理工作，做好了防抗灾、安全生产、食品药品安全、消防、信访和双拥共建等工作。扎实开展了"加强基层建设年"活动和"创先争优强基础惠民生"活动，为群众办实事、办好事3000余件，落实资金800余万元。成功举办了中国共产党成立90周年及西藏、阿里、噶尔和平解放60周年庆祝活动和第四届象雄文化旅游节，社会局势持续稳定和谐。

【领导名录】
县委书记：张宇（援藏）
县委副书记、政府县长：索朗次仁
县委副书记、人大主任：阿旺顿珠
县委常务副书记：程琳

普兰县

【年度综述】2011年，在地委、行署的坚强领导下，坚持以科学发展观为统领，深入贯彻落实中央第五次西藏工作座谈会和自治区、地区工作会议精神，立足"团结稳定，跨越发展，实干兴县"工作大局，用延安精神和老西藏精神建设普兰，汇聚全县力量，同心同德保稳定，群策群力谋发展，竭心尽力惠民生，实现经济社会平稳较快发展。到2011年底GDP1.7亿元，增长16%，县级财政收入559万元，增长18%，农牧民人均收入3952元，增长15%，实现了“十二五”良好开局。

【**农牧业基础不断巩固**】依靠科技带动，推广藏青“320”7500亩，清油17号458亩，种植农作物1.5万亩（人工种草6000亩），粮食产量2900吨。改良畜种2630头（只/匹）。兽防和有害生物预警体系建设逐步完善。重大动物疫病监测及疫苗注射100%。牲畜存栏13.5万头（只/匹），出栏率33%。绵羊毛、山羊绒产量145.1吨和9.4吨，农畜产品商品综合率52%。草原生态保护补助奖励机制政策全面实施。“一村一品”稳步推进，岗莎牦牛运输队等8个专合组织在转移劳动力、促进增收上作用明显。

【**城乡基础设施显著改善**】围绕国家投资导向和产业政策，积极衔接“十二五”期间建设资金65.4亿元、建设项目142个。去年争取项目投资1.8亿元，建设了胜利灌区、党政办公楼、卫生服务中心改扩建、乡镇综合业务用房等26个项目，农林牧水、道路交通、城市市政等基础设施显著改善。争取衔接了县城给排水、县城防洪堤和二级电站等项目。加强重点建设项目管理，突出治理工程建设领域存在的问题，全面提升项目管理水平。

【**旅游边贸支柱地位不断提升**】完成了普兰县旅游发展总体规划初审。西藏旅游股份有限公司投资建设的景区旅游接待大门、神山圣湖游客接待中心、神山圣湖转山（湖）道和景区标识牌等启动建设。全年接待游客4.2万人，总收入1428万元。旅游从业人员1500多人，有效带动了其他产业发展。圆满完成了物资援助尼泊尔三县工作。启动了普兰口岸规划编制和口岸选址、口岸基础设施建设规划等前期工作，确定建设中尼大桥、口岸市场搬迁和联检楼功能完善项目。完成边贸进出口总额3034万元，边民互市贸易蓬勃发展。

【**社会事业加速发展**】落实强农惠农资金1751.6万元。发放城市、农村低保金72万元，县级配套9.3万元。投资432万元实施游牧民定居工程。建设农牧民安居房111套。出台了《普兰县教育改革发展规划纲要》，开展了“百名领导干部帮扶百名优秀贫困学生活动”。县级和援藏投入278万元支持教育，争取1169万元整治维修校园校舍、建设青少年活动中心。顺利通过国家“两基”验收。农牧民参加新农合8044人。“村村通”、“户户通”覆盖率96%和85%。寺寺通工程扎实推进。《普兰县志》通过自治区终审刊印。完成农牧民技能培训1848人次，劳务输出4960人次，创收1054万元。城镇失业人员再就业76人。投资161万元和930万元分别实施科技富民强县项目和扶贫、农业综合开发项目，实现脱贫60户264人。

【**促进生态保护和经济社会协调发展**】实施县城周边植树造林1567.5亩。建成重点保护公益林38.4万亩。试点推行了林权改革。集中开展《森林法》和《野生动物保护法》宣传普及教育和野生动物保护工作人员培训。落实野生动物肇事补偿资金12.8万元。地名普查顺利完成。加强土地规范管理和使用，保护基本农田面积不低于7609亩。严格建设用地审批，发放国有土地使用权证42宗。宅基地确权登记获全区优秀县。严格加强矿产管理，强化地质灾害防治，全力保护高原生态。

【**确保了社会和谐稳定**】坚决落实“党政军警民联防、点线面结合”科学维稳要求，深入揭批达赖集团反动本质，旗帜鲜明开展反分裂斗争，着力构建维稳长效机制，严密防范和严厉打击达赖集团各种渗透分裂破坏活动，全力以赴维护边防和社会稳定。严格落实维稳工作责任，周密部署，强化措施，积极建立“一统、两县、三管理、四抓手”社会管理体系，取得了维稳“三大战役”重大胜利。深入开展了创先争优强基惠民活动，选派10%的机关干部进基层入农户，解决群众难题，助推基层发展，密切了党同群众血肉联系。狠抓社会管理综合治理、安全生产和信访工作。设立寺庙管理委员会，加强宗教事务管理。稳步推进民族团结进步事业和双拥工作，荣获全国和全区双拥模范县。

札达县

【**基本县情**】札达藏语意为“下游有草地地方”。坐落在象泉河畔的美丽札达，是阿里雪域高原上的一颗璀璨明珠。她地处喜马拉雅山与岗底斯山之间，位于西藏自治区西北部、阿里地区西南部，南邻印度，西靠印控区克什米尔，总面积2.75万平方公里。基本地貌为“两山夹两谷（盆地）”。札达县气候较阿里地区其他县温和，素有“阿里江南”之美誉。札达县现辖1镇5乡（托林镇、香孜乡、曲松乡、底雅乡、达巴乡、萨让乡），15个行政村、58个村民小组。全县总人口7362人（其中农牧民5779人）。境内居住有藏、汉、回、维吾尔等民族。

【**经济发展全面增长**】主要经济指标实现两位数增长：全县生产总值达到10592.4万元，同比增长2.05%；财政收入完成561万元，增长19%；固定资产投资到位7800万元；农牧民人均纯收入达到3739.6元，增长15%；城镇居民人均可支配收入达到10050元，增长7.5%；社会消费品零售总额达到941万元，增长2.8%；实现税收557万元，增长55%。

【**多措并举抓“三农”，农牧业经济稳步增长**】2011年，县政府把发展农牧区经济、增长农牧民收入作为重要任务来抓，大力推进农牧业结构调整，提高农业综合能力，拓宽增收渠道，增加农牧民收入，认真发挥政策性增收作用，积极落实粮食直补、农机具等各项政策性补贴65.959万元；全年共兑付边民补贴款250万元，农牧民政策性收入大幅提高。

【**农牧业生产稳步推进**】全面落实惠农政策，精心组织农业生产。共落实农作物播种面积7541.4亩，粮经饲种植比例调至为76:11:13，其中粮食作物

5768.4亩，经济作物798亩，饲草料975亩。大力推广优良品种3283亩。粮食生产在洪灾之年实现稳产。全县粮食总产量达770.9吨。认真实施人工种草，全年共完成人工种草1300亩。统筹牧业科学化管理。积极做好春季接羔育幼工作，加强牲畜疫病防治工作，各类牲畜免疫密度达100%。预计到年底，全县各类牲畜存栏131451头（只、匹），其中牛14175头，绵羊34660只，山羊78243只，马4373匹。全年新生仔畜成活42840头（只、匹），成活率为81.8%；成畜死亡3800头（只、匹），死亡率控制在2%以内；各类牲畜出栏42935头（只、匹），出栏率达32%。

【生态环境保护成效显效】组织开展了县城环境整治和重点公路沿线、旅游景点等场面的垃圾清理工作，城镇环境面貌大有改变。以植树造林为主的项目建设全面完成，全年共完成重点区域生态公益林面积1494亩，植树16.6万株。努力打造高原绝色通道建设，组织全县干部职工、驻军部队在县城至扎布让公路两旁义务植树1.5万株。城镇绿化、补植补造工作已基本完成，森林生态效益补偿工作扎实推进，共兑付补偿资金1301.091万元，兑现野生动物肇事补偿资金25.3万元，兑付2010年退耕还林工程粮食补助资金50.6万元。加强节能减排工作，大力推进以沼气为主的薪柴替代工程。生态札达建设的各项工作已进入以工程项目带动加快治理的新阶段。

【水利设施建设】投资220.48万元，继续实施了托林水库续建；投资114万元，在萨让等2乡完成了2个农村安全饮水工程建设任务，解决了71户262人的饮水安全问题；投资98万元，在县城、皮央东嘎和达巴寺完成应急防洪坝3个；投资796万元，在加德农场完成干渠建设等项目；投资106万元，完成达巴等3乡饲草饲料灌溉工程；投资20万元，完成托林镇多香组水渠扩建工程；托林电站运行平稳，投资107.756万元，对托林电站机组进行全面检修，预计2011累计发电量达150万千瓦，收缴电费40万元左右；投资36.99万元，对托林电站县城线路进行改造与电子磁卡安装；投资1460万元，对萨让电站进行续建；另外完成以象泉河为主的5大河流治理的前期测量工作，为明年项目实施打下基础。

【安居工程建设全面推进】以“安居乐业”为重点，把民房改造作为札达县新农村建设的突破口。今年共计划实施安居工程269户，现完成90户，占33%，剩余179户安居工程的建设前期备料工作已全面完成，待明年开工建设。通过建设使农牧区面貌焕然一新，切实改变了当地农牧民群众的居住条件。实施了1个行政村的人居环境综合整治工程，提高了人居环境，丰富了农牧民群众的业余生活。所有行政村实现村村有活动场所、村村通公路目标；70%以上的农牧民用上了干净卫生的水；乡镇通邮、通讯率达100%。大力开展“文明札达”、“文明村镇”创建活动，大力弘扬健康、文明、向上的社会风尚。

【教育事业实现历史性跨越】大力实施“科教兴县”战略，教育基础设施得到进一步改善，投入219万元，改善8所学校的基础设施建设和办学条件。巩固提高“两基”工作，全面打造教育强县目的，“国检”工作全面通过普查验收。积极发展教育事业，制定《札达县教育发展规划纲要》，出台了《关于加快县教育发展的决定》和《札达县关于设立小、中、高考成绩突出学生奖学金及优秀教师、班主任奖励及贫困大学生救助暂行办法》，设置各类奖学金25万元，严格落实“三包”经费管理制度。全县中、小学生入学率分别达到98%、99.36%，巩固率分别达到98.39%、99.7%。全县各学校教学质量有明显提高。

【文化事业蓬勃发展】扎实推进基层文化建设，深入开展群众性爱国主义教育活动，传统文化得到保护和发展，隆重庆祝中国共产党诞生90周年，西藏和平解放及阿里和平解放60周年等重大庆祝活动。文物保护维护工作进一步加强，可移动文物鉴定工作已完成90%；继续做好古格遗址的修缮工作，古籍普查、可移动文物建档登记工作全面完成，成绩突出；非物质文化遗产得到传承和发展，新完成2个项目的申报推荐工作；组建民间艺术团1个，民间艺术得以继承和发展。为15个行政村“农家书屋”工程新添置各类书籍15000册，新建托林寺书屋1处。确保广播电视“村村通”工程正常运行，全县农牧区“户户通”覆盖率达90%以上。

【公共卫生事业发展步伐加快】逐步完善疾病预防控制体系、医疗救治体系和卫生执法监督体系，提高了对突发公共卫生事件的能力，狠抓食品、药品放心工程，进一步完善农村合作医疗管理制度。农牧区合作医疗深入人心，目前全县参加农村合作医疗人员5785人，占全县总人口的100%。积极开展“送医、送药”下乡活动，共下乡巡回医疗10次36人，诊治群众1.34万人次，发放免费药品5.38万元。

【社会事业全面开展】高度重视民生民利，共计兑现救灾口粮87吨；进一步落实五保供养，做到应保尽保。全年共兑现五保供养金6.6万元，城乡低保标准进一步提高，全年兑现城乡低保金54.8万元；城乡医疗救助工作全面推进，救助贫困医疗对象17人，发放医疗救助金16.08万元；积极做好高校特困学生救助工作，兑现补助金3.2万元。全年安排政府公益性岗位14个，确保就业困难群体再就业。党内激励帮扶进一步完善，筹措20万元，用于开展党内激励帮扶活动，加强党同人民群众的密切联系。社会保障日趋完善，全年共发放养老金32万元；国土工作有序开展。投资219万元，实施了香孜乡5个作业组550亩的土地整治工程，兑现各类占地补偿款415.68万元，农村宅基地确权登记工作全面开展，强化农田基本保护，严保耕地面积；全年完成碘盐配送35吨；另外，地方志工作，水利普查工作，农牧区草场承包工作、信访工作、工青妇等各项工作也取得了好的成绩，为跨越式发展作出了积极贡献。

日土县

【年度综述】2011年，日土县国内生

产总值达到1.6亿元，完成县级财政收入711万元，同比增长15.6%；农牧民人均收入达到4313.5元，同比增长15%，其中现金收入达到了65%；农畜产品综合商品率达到67.1%，比上年提高0.9个百分点；牲畜出栏率达到35.5%，比上年提高1.6个百分点；年末牲畜存栏总数控制在了40.03万头（只、匹）以内；完成山羊绒收购75.3吨，同比增长0.8%；完成绵羊毛收购122.1吨，同比增长0.5%；农作物播种面积完成15622.5亩，比上年增长3.8个百分点；粮食总产量达到948.3吨；全年共组织农牧民劳务输出3950人次，实现创收值656万元，同比增长10.4%；全年脱贫户数达到78户，反贫率控制在3%以内。工业总产值达到2633万元，全县个体工商户409户591人，注册资金达739万元，实现税收486万元。城镇居民人均可支配收入达到13850元，社会消费品零售总额4966万元。各项社会事业长足发展，边防巩固，人民安居乐业。

【突出重点，集中力量抓好项目拉动】2011年，日土县共争取项目40余个，涉及资金17000多万元。此外，日土县准确把握中央关于促进西藏发展的政策优势，认真研究，反复论证，规划储备了一批利长远、效益高的项目，“十二五”期间已列入规划的国家投资项目共11个大项目，99个中小项目，涉及资金约43.41亿元；援藏资金投资项目12个，总投资达16200万元。

【立足特色，大力推动白绒山羊产业发展】2011年，日土县进一步明确了白绒山羊产业作为稳步提升一产的支柱产业来培育的工作思路，结合全县开展加强基层建设年活动的有利契机，加大对农牧区人力、物力、财力、技术等资源的倾斜力度，通过农牧民科技培训的有效推进，向科技要水平、要产量、要效益的初衷逐步实现。并紧紧抓住羊绒收购政策放开的有利时机，成立羊绒专业协会，统一负责羊绒销售。通过与山东如意集团等内地知名企业的合作，使日土县的羊绒高于市场价20元的价格进行了统售（市场价为125元/斤），只此一项使群众获得现金收入2941万元。

【依托优势，不断加大招商引资力度】2011年，日土县不断加大了招商引资力度，通过多次洽谈、沟通和实地考察，引进了几家知名企业在日土落户。同山东如意集团的合作将为实现日土羊绒产业化发展奠定了基础；投资518万元的鑫发肉联厂的安家落户，增加农牧民收入的同时也带动了日土短期育肥产业的发展；由西藏城投控股的阿里国能矿业有限责任公司已获准对东汝乡龙木措和结则茶卡盐湖进行综合开发，注册资金3321万元；实力雄厚的西藏万安石材厂在日土落地生根，为日土石材资源的规模化生产加工提供了保障；中国石油和中信石油分别投资500万元、400万元在日土建立了加油站。这些企业在我县相继落户，代表着日土的招商引资工作取得了初步成效，也代表全县二产的发展将站在一个新的起点上，将为日土的经济发展做出新贡献。

【加大投资，旅游产业发展形势喜人】2011年日土县确定为旅游开发建设年，把旅游业作为全县经济发展的主导产业来培育，在全县形成了“抓旅游就是抓三产，抓旅游就是抓发展，抓旅游就是抓民生”的共识，整合资金、整合项目，加快了景区和旅游线路的建设。先后投入2000多万元，用于日土旅游的各类基础设施建设，完成德汝民俗度假村建设、完成德汝度假村至日土度假村4公里道路硬化建设、基本完成班公湖景区综合治理项目、完成旅游广告牌建设等。成功举办了第四届班公湖民俗文化旅游节，加大了日土旅游的宣传推介，带动了服务业、餐饮业的发展。实现旅游收入120余万元，同时解决了50余名农牧民子女的就业问题，实现创收60余万元。2011年，日土县德汝度假村荣获国家旅游先进集体荣誉称号。

【关注民生，社会各项事业长足发展】2011年，日土县投资1271.1万元，实施安居房建设357户，建筑总面积21420平方米，受益群众874人；投资240余万元，养护乡村道路1600余公里；解决了230户，1263人的安全饮水问题；解决了60户、180人的用电难问题；组织农牧民劳动技能培训823人次，结成教育帮扶对子302对，“两基”验收顺利通过；公共卫生体系、医疗服务体系、疾病防控体系不断健全，全年接受儿童脊髓灰质炎疫苗糖丸投服人数505人，接种率达100%，麻疹疫苗查漏补种58人；积极开展降消项目（降低孕产妇死亡率和消除新生儿破伤风），获益群众45人，发放资金 4.97万元；免费医疗经费账户支出80.49万元；巡回医疗诊治3000多人次。农牧区合作医疗制度已覆盖全县四乡一镇十三个行政村，实现了农牧区医疗制度覆盖率100%，计划免疫覆盖率达到了100%；在7个行政村建成了基层文化信息共享服务站；十三个行政村和日土宗全部建立书屋，配备图书2万余册；2011年，日土县单收站发展到107座，“户户通”工程发展到1423座；“2131”数字电影实现四乡一镇全覆盖；县财政投入48万元，完成了200多户的有线电视改造；对文物古籍进行了全面普查，完成伦珠曲典寺354件文物和过巴拉康19件文物的鉴别工作，建立了文物档案和电子信息系统；投资近100万元，对文化活动中心进行了整修；彩色周末和广场文化活动有声有色开展，干部群众精神文化需求不断得到满足，第四届班公湖民俗文化旅游节成功举办，收效良好，为进一步弘扬日土民俗文化，发展日土民俗文化旅游起到了巨大的推动作用。

【狠抓稳定，努力实现社会长治久安】日土县深入贯彻落实“点线面结合、党政军警民联防”的科学稳定观，全面做好了敏感日、敏感阶段的社会面、边境线和寺庙的管控工作；大力加强社会治安防控和管理，深入排查调处矛盾纠纷，不断加强寺庙管理，及时成立寺管会。2011年，日土县根据群众的举报，成功抓获了4名企图从空喀方向偷越我国边境的人员。此外，阿里地区“综治工作现场会”也在日土成功召开。

革吉县

【年度综述】2011年，在地委、行署的坚强领导下，在全县干部群众的共同努力下，以科学发展观统筹经济社会发展，大力实施“稳定发展第一产业，加速发展第二产业，大力发展第三产业”的经济发展战略,确保了革吉经济社会协调发展。全年GDP达到1.84亿元，比“十一五”末增长13.2%。农牧民人均纯收入达到3856.8元（其中现金收入占65%以上），比“十一五”末增长15.5%。税收收入达到2187万元，超额完成全年目标，是“十一五”末的1.5倍。财政收入完成1328万元，完成全年目标的100%。全社会固定资产投资达到8637.72万元，首现历史新高，涉及水利、交通、农牧、扶贫等20多个项目。

【产业结构加快调整，特色优势产业迅猛发展】2011年，在深入调研论证、广泛征求意见的基础上，大力调整产业结构，转变经济发展方式，广泛动员群众走出帐篷、走向市场，逐步改变传统牧业带动全县经济发展的观念，依靠特色产业带动经济发展、依靠投资拉动经济发展，有效促进二、三产业快速发展，增加对国民经济的贡献率，二、三产业比重比往年明显提高。一产方面，以特色畜牧业为突破口，从优化牧业结构入手，努力培育自己的特色产品。提高牲畜出栏率，加快畜群周转。积极引进经济附加值高的畜种，提高牲畜个体生产效益。加强革吉镇和雄巴乡民族手工艺品基地建设，加强藏毯、氆氇、藏靴编织技能培训，以此带动农牧区剩余劳动力转移，提高群众经济收入。全年第一产业实现产值7666.9万元，增长12.5%；收购羊绒64.7吨，羊毛231吨；幼畜成活率达76.3%；牲畜出栏率达35.3%；牲畜存栏总数控制在63.8万头（只、匹）以内；皮张总产量达12万张、肉类总产量达4600吨、奶类总产量1000吨；农畜产品综合商品率达69.2%。二产方面，为切实把丰富的矿产资源优势转化为经济优势，我县不断加强与进驻我县企业的合作，实现了互利双赢。与朋成矿业有限责任公司和华峰矿业公司商定，安排羌麦村50名农牧民群众作为两家公司的长期性合同制工人。羌麦村以设立“扶贫基金”的方式占有矿区一定比例的干股，按每吨硼镁矿7元的标准计入扶贫基金。与朋成公司签订协议，该公司在正式投产运营后，每年将援助资金100万元作为羌麦村益民经济合作组织的发展经费，全年当地群众创收40多万元。为了提高管理透明度，由羌麦村指派专人到检查站检查督促硼镁矿调运情况。加大岩金、铜等矿种的勘探力度，增加矿产储备量。全年二产实现产值3242.9万元，增长11.8%；主要工业品产量稳中有进，全年调运硼镁矿5.8万吨，发电量突破60万千瓦时，自来水供水达到3.8万立方米，生产预制砖78万块。三产方面，我县高度重视旅游业的开发，切实以地区推出的“藏西秘境·天上阿里”的旅游主题为契机，利用处于国狮公路沿线的地理优势，加强统筹规划和资源整合，大力发展以“生态、绿色、民族”为品牌的旅游业。引导民营经济壮大提升，努力向商贸、餐饮、住宿等服务业发展，加强宾馆、饭店等服务业设施建设。县农贸市场正式投入使用，方便了干部群众生活。深挖旅游业内部潜力，上报旅游项目5个，为我县经济发展注入新的活力。积极与上级部门沟通协调，援藏资金配套30万元，县“十二五”旅游规划完毕，合同全部签订。全年三产实现产值7514.2万元，增长14.2%；共接待旅游人数4293人次，实现收入33.44万元，较往年有大幅度提升；邮政和电信营业额分别达到19万元和138.48万元；全县社会消费品零售总额达到1778万元。

【农牧民增收渠道进一步稳定】2011来，严格对照《阿里地区2011年农牧民增收工作责任书》和阿行发【2011】22号文件精神，结合群众增收工作实际，进一步解放农牧民思想，充分利用政策优势和资源优势，参加劳务输出，带动群众增产增收。年初以来，县、乡、村层层召开动员大会，广泛宣传增产增收工作的重要意义，宣传教育面达到95%以上，群众增收的积极性和自觉性明显提高。农牧、人社、工青妇等部门整合资金11.735万元，采取集中培训和分散培训相结合的方式，开展以车辆维修、人工种草、乡村兽医专业技术、白绒山羊配种选育、草场围栏安装等内容的技能培训，发送科技资料500份，培训农牧民群众972人，群众的劳动技能有效提高。积极与各建筑工地协调沟通，凡是在本县范围内的项目都必须安排当地的牧民群众参与，与建筑老板、与乡镇、与牧民群众层层签定劳务创收责任书，以此转移安置牧区剩余劳动力，群众的致富门路显著增多。广泛宣传、动员、教育，消除群众惜杀惜售、等靠要的错误观念，群众的腰包一天比一天鼓。截止目前，全县共组织转移59961人次参加劳务创收，实现劳务创收1146.64万元，其中农牧民参与安居工程建设、网围栏建设、牲畜棚圈建设、农村公路养护等项目建设实现收入845万元，占劳务创收的77.5%，农牧民人均纯收入达到3856.8元。

【安居工程建设顺利完成】2011年，按照地委、行署的统一安排和群众的住房需求，把安居工程作为全年的“一号工程”，狠抓贯彻落实。我县在吸取以往安居工程建设工作经验的基础上，进一步调整工作思路、完善工作机制、加大工作力度，真正做到了为人民服务、请人民监督、让人民满意。调整充实领导小组，量身制定实施方案，争取资金与技术支持，深入组、户进行调研，充分征求百姓意见，加强施工队伍选择（凡是老百姓自己能做的全部交由老百姓自己完成），指定专人负责工程质量监督，确保项目建成后能发挥最大效益，切实改善牧民群众生产生活条件。今年我县共安排安居工程299户（其中扶贫安居房170户），投入资金953.8万元（其中国家投入582.8万元、争取援藏资金371万元），建筑总面积达1.196万平方米，均为石木或砖木结构，全部通过验收检查，170户贫困户已住上安全、舒适的房屋。截止目前我县未修建的安居房户数为1172户。

【农牧业特色产业项目建设】一是投资2300万元继续实施退牧还草项目，建设禁牧草场围栏和休牧草场围栏。二是在革吉镇加布村、森布村、布贡村、贡前村，雄巴乡加吾村，盐湖乡羌麦村，文布当桑乡夏玛村，亚热乡洛玛村进行人工种草9000亩，总投资

120万元，截止目前饲草已收割完毕，预计能确保大部分牲畜顺利过冬。三是建设高寒牲畜棚圈105套，总投资168万元，牲畜渡寒能力和繁育能力有效提高。四是扩繁场全面接羔育幼共273只，为优良的选育工作奠定良好的基础；开展断奶鉴定250只，抓绒鉴定215只，将能够独立生存和膘情良好的进行隔离并分等次来分群，确保良好的种群关系，为该场下一代优良品种做好铺垫。

【扶贫项目建设】一是牧业基础设施建设项目投入使用。革吉镇布贡村、康巴列村，盐湖乡羌堆村，文布当桑乡夏玛村等4个行政村建设棚圈51套，水井9眼，总投资75万元。二是盐湖乡羌麦村盐巴加工厂扩建项目全面交工。发展54户贫困群众加入到该经济合作组织中，每户入投5000元，共投资27万元。三是顺利实施借母还仔项目。为革吉镇、文布当桑乡、盐湖乡部分贫困户添置白绒山羊5994只、牦牛62头，总投资160.55万元。四是顺利实施盐湖乡户用照明项目。为盐湖乡羌堆村、羌麦村购置户用电源150套，总投资70.95万元。五是顺利实施革吉镇公前村牧业基础设施建设项目。为革吉镇公前村修建羊圈50套，太阳能机电井1眼，总投资32.17万元。六是顺利实施亚热乡赛利普村截潜流建设项目。为亚热乡赛利普村修建取水口1座、检查口5座，蓄水池300立方米，引水管道6.1公里，总投资75万元。七是顺利实施整乡推进扶贫项目，总投资462.74万元，在雄巴乡、亚热乡实行整乡推进扶贫项目7个，其中在雄巴乡实施牧业基础设施建设、无畜户劳动力转移、借母还仔等3个项目，共投资243.42万元；在亚热乡实施户用光伏电建设、牧业基础设施配套建设、白绒山羊借母还仔建设、无水草场打井建设等4个项目，共投资219.32万元。通过实施以上项目，带动了农牧区剩余劳动力转移，农牧民群众的生产生活条件得到明显改善，有效促进了脱贫致富工作向纵深推进，顺利完成全年120户642人的脱贫任务，返贫率控制在15%以内。

【狠抓“两基”攻坚成果巩固，积极备战迎国检】该县抓住“两基”攻坚工作的重点和难点，对工作开展情况进行大力督导检查，对存在的问题提出了整改方案并进行严格整改。由县级干部带队开展了“控辍保学”工作，对流失生进行劝学，确保流失生及时返校；从县直机关抽调人员，进一步充实了“国检”办公室，并安排资金购置了办公设备，设置了乡（镇）教育办公室，配备了电脑、文件柜、办公桌等办公设备；组织人员对六所学校的内部管理工作进行了督导检查，对发现的问题，及时采取有效措施，限期内予以整改，确保学校管理科学规范；设立优秀教师奖励机制，在教师节期间对12名优秀教师和优秀班主任进行奖励，提高了教师的教学积极性；安排县财政和教育局工作人员，对学校各类经费账目进行了一次全面检查，对存在的账目不清晰，作账混乱现象进行了整改。集中力量，查缺补漏，做好“两基”迎国检档案资料建设工作，确保所有资料真实、详实、好用。该县幼儿园于今年9月10日正式成立并投入教学，共有学生36人。截止2011年底，全县小学适龄儿童入学率为98.54%，辍学率为0.55%；初中入学率为92.92%，辍学率0.65%；高中（包括职业高中）招生人数为70人（其中职业高中14人，普通高中56人）。现有小学专任教师109人、初中专任教师35人，学历合格率100%。

改则县

【年度综述】2011年，按照“一产上水平，二产抓重点，三产大发展”的经济发展战略，以牧业增产增效为基础，以国家投资援助为拉动，以工程项目建设为重点，以优化市场环境为推动，发展方式逐步转变，发展潜力不断提高，发展活力持续增强，有力推动了全县“三大产业”的持续稳步发展。全年完成国民生产总值2.7亿元，增涨13%；地方财政收入完成730万元，增涨13%；农牧民人均纯收入4121.8元，增涨19.2%；农畜产品综合商品率达到69.7%，牲畜出栏率为41.72%，年末牲畜存栏控制在71.92万头（只、匹），幼畜成活率为79%，成畜死亡率控制在4%以内；完成收购羊绒65.84吨，羊毛426.4吨；组织劳务输出6575人，实现创收1594.2万元；实现脱贫288户；完成碘盐销售110吨。

【社会事业稳步推进】教育方面，全县小学入学率达99.43%，初中入学率达99.05%；县完小六年级314名学生完成整班升学，中学292名学生全部参加地区中考，升学率均达到100%，5名成绩优秀的学生考入内地西藏班；按时足额落实“三包”经费786万元，拨付教育公用经费178.42万元；在县中学和完小成立校园警务室，实行校园封闭管理，并严格实行门卫24小时值班和食品24小时留样制度；“两基”迎“国检”预检工作得到了自治区工作组的充分肯定，地委、行署在我县召开了现场观摩会，将我县的好做法、新经验在全地区进行推广，并于10月中旬顺利通过“两基”国检验收。卫生方面，投资1100余万元建设完成县卫生服务中心住院部、藏医部、锅炉房和麻米乡、洞措乡、古姆乡卫生院等项目；为提高医务人员业务水平，以“请进来指导，送出去培养”的方式，先后选送26名医务人员到陕西宝鸡市中心医院等地学习培训，并与自治区第二人民医院签订《对口支援协议》，2名主治医生到该县进行指导交流。全年组织实施乙肝疫苗接种、卡介疫苗接种等3100多人次，开展门诊2.39万人次，住院1263人次，开展计划生育技术服务880人次，减免费用7.86万元，继续实施农牧民全年孕产妇住院分娩奖励机制，对住院分娩实行100%报销，农牧民医疗住院统筹基金报销2666人次，报销金额120.57万元，从4月起全面实行药品零差价销售，覆盖率达100%。文化方面，成功发行县刊《先遣风》2期、《改则信息动态》8期、《改则月讯》3期，初步建成电子阅览室和文化信息共享工程体系，并充分利用广播平台开辟“迎大庆每日广播”专栏，宣传媒介实现了多样化。全年放映爱国主义教育影片15场，在牧区放映电影355场，免费为50户牧民群众进行卫星接收设备升级服务，更新了太阳能光电板、电瓶、接收机、电视机、维修逆变器等设备，对各寺庙（拉康）保存的56种古籍进行申报登记，顺利完成了文物古籍复查工作。值得一提的是在今年第四届象雄文化艺术节中，我县代表团取得1个金奖、2个银奖、3个铜奖和优秀组织奖的好成绩。社会保障方面，全年为512户1877人农村低保对象发放一次性生活补贴37.54万元，并发放粮食113吨；为98户234人城镇低保对象发放一次性生活补贴16.73万元，并发放城镇低保金53.88万元；为50名孤儿发放生活补助21.6万元，救助流浪乞讨人员6人，发放救助金3600元；为7名特困大学生发放救助金3.3万元，为32名优抚对象发放医疗和生活补助4.26万元；为107人发放农村特困救助补贴15.3万元，为50人发放城镇特困救助补贴5.3万元，察布乡敬老院被评为“全国优秀敬老院”；机关事业单位养老保险、失业保险、城镇职工医疗保险、生育保险、大额补充商业医疗保险征缴率、参保率均为100%。

【基层党建不断加强】2011年，该县以“九抓九促”为抓手，推动基层党建工作向前发展。一是抓机制，促责任。县委、政府与各乡（镇）、县直支部签订目标责任书，进一步明确任务、强化责任；按照“工作到村、考核到村、奖惩到村、服务到村”的牧区党建工作机制，积极推行村（居）“两委”班子成员轮流坐班制，进一步优化机制、规范程序；以“听取工作汇报、实地查看现场、调阅相关资料、走访干部群众、收集反馈意见”等方式开展基层党建工作专项督查20余次，针对存在的问题及时出台了整改意见。二是抓制度，促规范。指导村居建立并完善“两委”联席会议、村居委会定期向村居党支部汇报工作、重大事项提前向村居党支部报告、村干部业绩考核等10余项制度，进一步规范村居“两委”运行程序，强化党支部领导核心作用。三是抓班子，促发挥。以村（居）“两委”换届选举工作为契机，按照地区“三级联创”活动验收工作的要求，统一为252名现任村干部建立了人事档案和健康档案，并按照一人一档、统一管理的方式，进一步规范村干部的使用和管理；通过建立“沟通交流、结对帮对、教育培训、考核奖励”等四项机制，逐步完善大学生村官培养、管理、使用，以开展大学生村官培训班、优秀大学生村官表彰活动、大学生村官经验交流会等为载体，充分发挥大学生村官惠民政策宣传员、社情民意调研员、换届选举组织员、领导班子考察员、经济发展指导员的“五员”作用。四是抓组织，促覆盖。我县积极探索党组织设置新模式，按职能、按性质、按行业设置党组织，成立工商个体户联合党支部、法院党支部、检察院党支部3基层党组织；同时，按照在有3名以上党员的村小组设立党小组，对不足3名党员的采取联建、合建、挂靠建等形式设立党小组的要求，全县共成立党小组175个，使基层党组织覆盖面不断扩大。五是抓队伍，促提升。以退伍军人、致富能手、青年知识分子、妇女干部等对象为重点，以农村党员远程教育为平台，全年发展机关党员69人、牧民党员129人；举办乡镇党委书记、副书记培训1期，举办村干部培训7期，组织乡镇党建组织员和大学生村官培训1期。六是抓帮带，促脱贫。继续深化“双带三培养”成效，及时下发了《关于建立健全“双带三培养”建档立卡的通知》和“双带三培养”档案样本，对已确定的培养对象进行建档立卡，并进行跟踪服务和管理，切实保证帮带效果；对今年确定的36名党内激励帮扶人员按时、足额发放资金3.52万元。七是抓创建，促带动。以“创先争优”、“党建示范点建设”等活动为契机，以基层党组织“五个好”为创建标准，以点带面，整体推进，在六乡一镇36个村（居）全面展开党建示范点创建工作，涌现出了搭建“四个平台”促村官干事创业、“四争四创促稳定”、“创五种培训建五个课堂”、察布乡“三抓四培养六带头”、玉多村“六清晰四统一”工作法等一系列典型做法。

措勤县

【年度综述】2011年，全县生产总值完成1.49亿元，同比增长14%；财政收入完成647万元，同比增长13.9%；一般预算支出完成1.26亿元，同比减少2%；全社会固定资产投资1.23亿元；社会消费品零售总额完成4000万元，同比增长3.9%；牧民群众人均纯收入达3813.9元，同比增长15.5%。

【基础设施建设扎实推进】通过大筹备、大规划，进一步调整充实了项目建设库，完善了“十二五”项目建设规划；通过大调研、大论证，将“项目建设年”活动与加强基层建设年活动有机结合起来，广泛发动驻村工作组进村入户摸底调研，形成调研报告21份，形成项目可行性报告、项目建议书45份；通过大争取、大跑办，成立了以县政府副县长为组长的专职工作机构，加大了与自治区、地区相关项目部门的“跑办”力度，推动了一批建设项目列入自治区、地区项目建设“盘子”；2011年，该县实施基础设施建设项目9个，完成固定资产投资1.23亿元。

【新农村建设加快推进，城乡统筹进展明显】2011年，该县认真总结过去安居工程建设的经验和不足，认真贯彻落实上级政策，大力组织实施安居工程建设，累计投入资金1190万元（其中上级补助785万元，援藏投入405万元），计划安排安居房建设438户，实际完成安居房建设210户（其中援藏安排建设38套）；全方位改善人居环境，完成了加荣村等12个村的村容村貌整治工程，累计投资788.55万元（其中上级补助659.69万元，援藏投入128.86万元）；投资390.82万元,实施农村安全饮水项目，新增饮水安全人口3491人；投资11万元，完成了2个小型灌区建设项目；投资100万元，在各乡镇实施了“三小难”工程中的洗澡难工程；投资2455.97万元，完成新建公路里程145.224公里；投资150万元，完成乡村公里整修142公里，新建涵洞2个，小桥1座；投资25万元，新建货车停靠站1个；落实资金165万元，完成公路养护里程696公里。

【产业结构调整有序推进，特色产业基本形成】按照地委、行署出台的

《关于深入实施“一产上水平、二产抓重点、三产大发展”经济发展战略，促进地区经济跨越式发展的意见》，该县结合措勤实际，提出了“一产上水平、二产加快发展、三产稳步发展”的经济发展战略，2011年，该县第一产业实现产值4962万元，同比减少0.9%，第二产业实现产值2034.5万元，同比增长30%，第三产业实现产值7903.5万元，同比增长22.2%。一产方面，完成幼畜繁殖16.7万余头（只、匹），成活率达83.06%；完成牲畜出栏16.66万头（只、匹）以上，出栏率达34%以上；绒毛总产量177.95吨，其中羊绒38.63吨，羊毛128.32吨，牛绒0.58吨，山羊毛10.42吨；利用该县紫绒山羊独特资源优势，发展紫绒山羊养殖示范户417户，紫绒山羊养殖规模达18万只，绒毛产量达37.1吨；我们通过招商引资的方式，引进外来投资200万元，国家电网公司配套500万元（已到位450万元，剩余50万元将于今年配套投入使用），组建了集收购、加工、销售于一体的西藏金紫绒工贸有限公司,第一批羊绒正在河北和北京加工；扎实推进“人工种草”项目，完成人工种草点网围栏建设1.5万亩，保证人工种草面积1.5万亩，实现人工种草产量2100吨。积极开展“五号病”和“小反刍”疫苗注射工作，疫苗注射免疫密度达100%。二产方面，大力支持和扶持措勤镇门东村扶贫砂石料加工合作社，2011年，实现产值94万元。三产方面，紧紧抓住文化旅游开发的有利机遇，让一部分群众吃上“旅游饭”，全年接待游客4200人次，旅游收入达39万元，鼓励兴办“牧家乐”等经济实体3个，增加牧民收入达12.7万元。2011年，扎日南木措物资文化交流会商品销售成交总额达193.2万元。

【优先发展教育事业】认真贯彻落实国家、自治区《中长期教育改革和发展实施纲要》，落实优先发展政策，从本级财政收入中安排落实支教资金203.6万元；大力开展“两基”迎国检工作，全面加强了教育软硬件设施建设，于2011年10月份顺利通过了国家“验收”；注重提高教育普及程度，2011年，全县小学、初中入学率分别达99.74%、98%，小学、初中辍学率都控制在1.5%以内，在校生巩固率保持100%；促进学前教育和双语教育发展，县国网幼儿园入园学生达82人，双语教育实现了全覆盖；加强职业教育建设，开设职业班5个。

【突出发展卫生事业】加大农牧区医疗制度建设，积极贯彻落实新型农村合作医疗制度，2011年，全县牧民群众参与新型合作医疗13015人，覆盖率达100%，筹集新型农村合作医疗资金218.867万元；西医门诊就诊15651人次，藏医门诊就诊12780人次；完成计划免疫1679人次，计划免疫覆盖率达98%；对四乡一镇开展以“送医送药、健康咨询、保健宣传”为主题的巡回医疗工作，就诊常见病、多发病215人次，并发放价值约4.3万元的免费药品。新配置藏药27种，约633.3斤，价值3.12万元。

【大力发展文化事业】抓好文物普查工作，共发现不可移动文物36处，可移动文物55件；完成江让乡珠龙村牧家书屋建设；农村电影“2131”工程持续开展，我们在全县范围内设立了27个放映点，主要放映爱国主义教育片、故事片、科教片等主题电影，共放映电影50多场。

【大幅增加群众收入】始终坚持把促进牧民增收、改善牧民群众生产生活条件作为首要任务，狠抓牧民增收工作，全县牧民群众人均纯收入达3813.9元，比2010年增长15.5%。着力提高群众劳务技能，培训牧民群众1000人次。突出项目增收重点，安排和落实各类项目16个，总投资达2890万元，完成劳务输出1916人次，机械输出7652辆次，并积极引导牧民群众参与劳务创收，实现劳务创收1300万元，比上年增长10.8%。

【全力推进民生改善】认真落实“一个供养、两个低保、三个补助、六个救助”政策，登记“一个供养”169户173人，落实资金34.6万元；根据现有基础设施条件，已安排12名五保户对象入住到县福利院；登记城市低保对象36户66人，发放补助资金28.24万元；登记农村低保对象846户1230人，发放补助资金78.84万元；对24名优抚对象发放生活补助6.25万元；对全县优抚对象实施医疗补助2次，发放医疗补助5000元；救助贫困大学生4名，发放一次性救助资金1.7万元；落实农村医疗救助233人，发放农村医疗救助资金46.86万元；登记城镇医疗救助对象66名，实施救助8人次，发放城镇医疗救助资金2.195万元；对6582人次实施救灾救助，发放救助资金88.53万元；实施临时救助87人次，发放救助资金10万元。同时，还对县完小白血病学生石确同学进行了救助，安排落实救助资金10万元，通过发动党员和干部分两次进行了捐款，切实解决了石确同学的医疗救助问题。完成牧民群众食用碘盐配送67.9513吨，碘盐推广覆盖率达100%。为曲强村、措勤村、尼雄村等3个村发放交通补助14.6万元，户均300元。2011年，该县开发就业再就业岗位96个，其中公益性岗位20个；实现大学生就业再就业3人，城镇失业率控制在4%以内。全县城镇养老保险、失业保险、工伤保险、基本医疗保险和生育保险顺利推行，其中基本医疗保险参保740人，生育保险参保675人，参保率均达到100%；新型农村养老保险参保人员达到6015人，征缴率达到72%以上。兑现2010年野生动物肇事补偿资金60.769万元。大力组织开展扶贫攻坚工作，落实面上扶贫项目资金428.99万元，落实整乡推进项目资金483.27万元，完成脱贫126户，平均每村完成6户，返贫控制率在15%以内。

林 芝 地 区

林芝地区

【年度综述】2011年，全地区生产总值完成61.35亿元，同比增长12.8%；农牧民人均纯收入达到6433元，同比增长18.9%；财政收入完成4.8亿元，同比增长38.7%；全社会固定资产投资完成60.9亿元，同比增长20.2%。

【规划编制工作全面加强】《林芝地区"十二五"时期国民经济和社会发展规划纲要》编制完成，《林芝地区"十二五"项目规划》和广东、福建两省《对口支援西藏经济社会发展规划（2011-2015）》通过国家审定，《墨脱县国民经济和社会发展中长期规划纲要》通过自治区评审，各县及行业"十二五"规划编制工作全面完成。这些规划的制定，为推进我地区"十二五"及长远发展指明了方向，描绘了蓝图。

【重点项目建设进展顺利】然察油路、扎墨公路等重大项目全面推进。新增农村公路里程292.5公里，乡镇通达率达96.3%，行政村通达率达90.6%。投资1.07亿元，完成朗县曲江、波密沙贡、察隅嘎要等灌区建设，实施工布江达太昭及朗县、察隅县城防洪堤等一批水利工程。"十二五"无电地区建设项目波堆电站顺利开工，多布电站准备工程全面启动。援藏工作深入推进，米瑞至鲁朗连接公路、比日神山森林公园道路、波密县城民族特色改造等工程顺利实施，福清河两岸整治改造、"工布映象"二期、八一镇森林湿地公园等重点项目顺利启动，全年完成援藏投资3.8亿元。

【特色产业不断壮大】初步建成了工布江达藏香猪、林芝松茸、米林蕨根粉、波密天麻、朗县辣椒和核桃，察隅花生、墨脱香蕉为主的特色产业基地和辐射全区的苗木基地，培育特色产业专业乡（镇）10个、特色产业专业村27个，工布江达县被命名为"国家级藏猪遗传资源保护区"。新增南伊沟、大峡谷入口处、鲁朗等4A级景区3家，9家星级宾馆提星升级，旅游服务能力进一步提高，全年共接待国内外游客182万人（次），实现旅游收入13.3亿元，分别同比增长19.7%和19.8%；坚持政府主导、市场运作，与企业联合举办了第七届雅鲁藏布大峡谷文化旅游节、首届松茸美食文化节暨第七届巴松措文化旅游节等重大旅游节庆活动，开创了符合市场经济规律的新的办节模式；首次组团赴台开展旅游促销活动，迎来台湾金门县首批参观考察团，迈出了两地交流与合作的第一步。主动加大与西藏和藤医药开发有限公司、波密天麻研究中心等藏药研发企业合作力度，大力研发天麻保健产品，切实改变了过去以天麻卖天麻、就天麻吃天麻的历史。"十一五"重点项目巴河老虎嘴电站投产发电并成功并网，朗县局域网、察隅沙堆电站、墨脱加拉萨电站线路延伸等项目全面完成，全地区电力总装机容量17.8万千瓦，每天可向拉萨输电110万千瓦时，"西电东送"能源接续基地建设步伐进一步加快。

【新农村建设扎实推进】完成农作物播种面积32.58万亩，粮油总产量7.98万吨，虫草产量3.74吨，实现农牧业总产值8.62亿元。让90%以上的农牧民住上了安全、适用的新房。投资1.04亿元的98个行政村农村人居环境建设和环境综合整治工作全面完成，50个小康示范村建设项目顺利实施，农牧民生产生活条件明显改善。全面落实粮食直补、良种繁育、生态效益补偿、草场生态奖励补偿、边境居民补助等各项支农惠农政策，兑现各类补偿5.9亿元；完成劳务输出7万人（次），实现劳务收入1.6亿元，农牧民增收渠道进一步拓宽。扶贫工作扎实推进，全年共争取扶贫资金1.1亿元，建设项目119个。在基层建设年活动中，建设短平快项目229个；在创先争优强基惠民活动中，投资145.5万元，为群众办实事398件，切实增强了各族人民心向党、心向祖国、心向社会主义的信念。

【城镇化建设步伐加快】坚持规划先行，《林芝地区"十二五"城镇基础设施建设规划》通过自治区评审；鲁朗国际旅游小城镇、派镇小集镇规划完成评审。加强城镇基础设施建设，新区科技路、格桑路、青年南路、滨河路南段建成并投入使用。加强城市交通管理，修建公交站台，设立停车标识牌，极大地方便了居民出行。狠抓园林绿化工作，八一镇绿化总面积达到505万平方米，新增绿化面积29.1万平方米，绿化覆盖率达45.9%。盘活土地资源，收回国有土地使用权5宗，敦促开工建设用地16宗。广泛动员、营造氛围，全面启动八一镇全国卫生城市创建工作。

【改革开放继续深化】加强财政应用支撑平台体系建设，地区级73家预算单位、6县（除墨脱县外）全部纳入实施范围。国有企业改革稳步推进，完成地区自来水公司、林芝宾馆等9家地直国有企业改制任务，国有资产实现保值增值。招商引资步伐全面加快，引进新豪时、景傲、美林公司和东达集团等大型企业入驻林芝，全年招商引资到位资金24.8亿元。积极开展"名品进名店，品牌产品下乡"等活动，"万村千乡市场工程"百益超市配送中心通过验收，商贸流通渠道进一步拓宽。积极参加各种招商引资洽谈会，成功举办林芝投资贸易洽谈会，协议资金达71.66亿元，创历史新高。社会消费水平稳步提高，完成社会消费品零售总额14.85亿元，同比增长20.5%；加大市场监管，居民消费指数平稳运行。

【社会事业全面发展】2011年，林芝地区坚持以人为本、民生为重，紧扣大局、紧贴民意，加快推进社会公共服务体系建设，实现了经济社会协调发展。教育方面，地区财政投入6072万元，“两基”工作顺利通过国家检查验收，“两基”人口覆盖率达100%，教育事业进入一个全新发展阶段；地区二高挂牌成立，教育基础设施不断完善；教育优惠政策“三包”经费扩大到学前和高中阶段，每生每学年补助标准，腹心县提高到2200元，边境县提高到2400元。卫生方面，地区财政投入3827万元，重点用于农牧区免费医疗配套、医药卫生体制改革、疾病预防控制、食品药品监督等方面，五项重点工作深入推进；地区中心血站、地区妇幼保健院门诊楼建成竣工，部分乡（镇）卫生院规范化建设实施完成，地区藏医院门诊楼、妇幼保健院住院楼、地方病防治项目前期工作全面完成。文化方面，地区财政投入867万元，重点用于开展各类文化节庆活动、保护非物质文化遗产、提高文艺工作人员待遇等方面，为促进文化大发展大繁荣奠定了基础；我地区被确定为全区唯一的“国家公共文化服务体系示范区”，在中国首届《乡土盛典》活动上当选“最具风情民俗文化旅游目的地”；注重与全民健身活动相结合，深入开展群众广场文化活动，参与人数达53万人（次），全民参与健身运动意识不断增强；林芝地区天气预报实现在中央电视台新闻频道播报共享，拓宽了推介林芝知名度和影响力的平台；林芝县米瑞乡被文化部评为“中国民间文化艺术之乡”。科技方面，地区财政投入200万元，重点用于藏药材种植、农牧业新科技新品种项目引进、吸收和创新、科技成果转化与推广、科普宣传、食用菌种植等；建立花卉资源研发中心，引进蝴蝶兰系列富乐夕阳、红冠、红珍珠等17个品种6000盆，种植、摆放时令花卉16.4万株（盆），全区“花园子”建设步伐进一步加快；推介农牧民科技特派员40名，成为传播和推广科学技术的重要生力军。社会保障方面，地区财政投入2309.5万元，重点用于城乡困难群众医疗救助、公租房和困难家庭住房补贴、公益性岗位配套资金等方面；落实积极的就业政策，组织召开大学生就业招聘会，实现就业再就业2000人，城镇登记失业率控制在3.4%以内；新型农村社会养老保险实现全覆盖，寺庙僧尼社会保险工作有序开展，以新型养老、医疗、失业、工伤、生育等保险为主要内容的城乡社会保障体系基本形成。新建保障性住房418套，维修周转房100套，棚户区改造447套，解决墨脱县周转房建设缺口资金560万元。扎实做好抗灾救灾工作，妥善处理嘎隆拉隧道建设工地雪崩善后各项事宜，受灾群众生产生活得到有力保障。生态保护方面，加快实施生态安全屏障保护与建设规划，完成植树造林9.97万亩，封山育林48万亩；调运安居工程木材12.2万立方米，为推进全区安居工程建设，改善农牧民生产生活条件做出了应有贡献；强化林政管理，严厉打击盗伐偷运木材等违法行为，切实保护该地区丰富的森林资源；加强森林防火，全年仅发生2起一般性森林火灾，创历史最好成绩。全面加强草原生态保护，草场承包补助奖励机制工作顺利实施。强化环境执法监管，严把项目建设“环评关”，加大对矿山企业、集中式饮用水水源保护区、景区景点和重点项目的执法检查力度。鲁朗林海、梅里雪山西坡被授予第一批自治区级风景名胜区，积极做好比日神山国家级森林公园申报工作，现已通过国家林业局评审。

【平安建设大力推进】2011年来，紧紧围绕打造平安林芝、和谐林芝，深入开展反分裂斗争，全面加强社会管理创新，社会局势实现持续稳定。一是始终坚持中央确定的维稳工作基本方针不动摇，认真贯彻落实区党委一系列指示精神，以中国共产党成立90周年和西藏和平解放60周年大庆安保为重点，牢固树立稳定压倒一切的思想，深入揭批达赖集团“三性”本质，严密防范和严厉打击各种分裂破坏活动，夺取了维稳“三大战役”全面胜利，实现了“林芝不能出事，林芝不准出事，林芝出不起事”的目标要求。二是以该地区被确定为全国社会管理创新综合试点单位为契机，制定实施方案，召开动员大会，部署工作任务，在社会管理理念、思路、手段、机制等方面实现了全面创新。三是创新寺庙管理，加强寺庙基础设施建设，投资204.8万元维修僧舍84间，有效改善了僧尼居住条件；顺利完成朗县巴尔曲德寺活佛转世寻访坐床工作。四是加强社会治安综合治理，刑事案件立案166起，破案144起，破案率达86.7%；调处化解矛盾纠纷169起，调解成功率达93%。五是狠抓安全生产工作，全年共发生各类安全生产事故81起，直接经济损失297万元；死亡37人，下降19.6%。六是深入开展双拥共建活动，拨付983.3万元大力支援驻军建设，军政军民团结更加牢固，国防后备力量建设明显增强。

【领导名录】

地委副书记、行署专员：卓嘎

地委副书记、行署常务副专员：阮军、刘来兴

行署副专员：红卫、达瓦、杨方宇、赵树明、扎西平措、顿吉

行署秘书长：朱峰

行署副秘书长、调研员：丁惠霞

行署副秘书长：旺东、林良灌、贾百祥、丁海梁、陈俊强、林顺明

行署办副调研员：吕亚杰、闫新航、罗葵英、王峰丽

行署法制办主任：安来天

行署研究室主任：徐正江

林芝地区纪检（监察）工作

【加强监督检查，确保中央方针政策和区党委、地委决策部署落到实处】各级纪检监察机关围绕地委、行署的工作大局，围绕“三重一大”，突出重点，加大了监督检查力度。一是加强了对党的十七届五中全会、中央第五次西藏工作座谈会和区党委七届七次全会精神贯彻落实情况的监督检查；二是加强了对全区经济工作会议和地区工作会议精神贯彻落实情况的监督检查，重点加强了对50个小康示范村建设、农牧民安居工程建设、农村人居环境建设和环境综合整治等工作落实情况的监督检查。三是加强对

中央、区党委和地委关于开展反分裂斗争、维护社会稳定决策部署贯彻落实情况的监督检查,成立了由纪委牵头的监督检查机制,对敏感地区、重点部门进行专项检查，确保了维护稳定各项决策部署的有效贯彻落实。四是根据自治区《关于开展对维护民族团结和社会稳定决策部署贯彻落实情况监督检查的通知》精神，对全地区开展维护民族团结和社会稳定决策部署贯彻落实工作情况进行了检查，要求各级党政组织自觉担负起严明政治纪律的第一责任，教育引导广大党员干部自觉维护和严格遵守党的政治纪律，在大是大非面前旗帜鲜明、立场坚定、斗争坚决，切实做到了“十个决不允许”。五是加强对各级党政组织和党员干部维护和执行政治纪律情况的监督检查，准确掌握党员干部的思想动向，进一步维护了党的政治纪律，提高了广大党员和干部职工执行党的政治纪律的自觉性。

【着重宣传教育，促进领导干部廉洁自律】严格执行领导干部廉洁从政各项规定，着力提高领导干部廉洁从政意识。一是加强对党员干部的教育监督。结合基层建设年活动，发放《中国共产党党员领导干部廉洁从政若干准则》716本，进一步加强对《廉政准则》的学习宣传和贯彻落实；制定下发《林芝地区反腐倡廉宣传教育工作安排》，对宣传、教育、培训、廉政文化建设方面作出安排部署。深入开展党性党风党纪教育活动，4月19日，召开林芝地区案件通报会，对近两年来全区及地区查处的违纪违法案件进行了通报，以案明纪，对广大党员领导干部进行警示教育，引导广大党员干部进一步加强党性修养，增强遵纪守法和反腐倡廉的自觉性，在全地区产生较大影响。二是认真落实《关于领导干部报告个人有关事项的规定》和《关于对配偶子女均已移居国(境)外的国家工作人员加强管理的暂行规定》，各级领导干部按规定，主动、如实报告了有关内容。三是深入开展了第16个党风廉政建设宣传教育月活动，以“学习贯彻《廉政准则》，促进党员领导干部廉洁从政”为主题，集中开展了“十三个一”活动。在全地区开展了学习宣传贯彻《廉政准则》知识有奖竞答活动；邀请中纪委法规处正处级纪检监察员陈萍萍同志作《廉政准则》专题讲座；9月16日，对全地区2011年新提任、调整的760名副科级以上党员领导干部进行了廉政法规知识测试，极大地提高了新任职干部的廉洁从政意识；举办了“纪委书记话廉政”活动，组织各县、部分地直单位纪委书记（纪检组长），就如何进一步加强新形势下党风廉政建设和反腐败工作，撰写理论文章。向全地区1.8万多名党员干部发送了廉政短信。在做好规定动作的同时，各县、各单位还有针对性的开展了各具特色的宣传教育活动。截止目前，全地区共悬挂廉政横幅110条，制作党风廉政宣传栏430余期，开展换届纪律专题教育活动80余场（次）、专题学习讨论活动500余次、讲授廉政党课90余场（次），组织观看警示教育片210余场（次），有力推动了地区党风廉政建设和反腐败工作深入开展。与此同时，通过建立博客，向《中国纪检监察》、《西藏日报》、《西藏纪检监察》和《林芝报》投稿等，加大了地区党风廉政建设宣传力度。四是严格控制公务消费。认真贯彻落实中央、自治区和地区的有关规定，带头厉行节约，反对奢侈浪费。进一步规范和改革公务接待制度，严格控制公务接待费用支出。五是严肃党委换届组织人事工作纪律。坚持“教育在先、警示在先、预防在先”的原则，采取纪律教育、谈心谈话、公开承诺、风气测评、加强监督等方式，认真落实“5个严禁、17个不准和5个一律”的要求，加强对《党政领导干部选拔任用工作责任追究办法(试行)》等四项监督制度落实情况的监督检查，确保换届环境风清气正。六是进一步完善了党风廉政建设报告制度和责任追究、民主评议、考核、诫勉谈话等各项配套制度，切实抓好“三谈两述”制度的贯彻执行，开展领导干部任前廉政谈话，严格执行《国有企业领导人员廉洁从业若干规定》，认真落实国有企业领导人员廉洁自律“七项要求”。

【加大案件查办，保持惩治腐败的强劲势头】截止目前，全地区各级纪检监察机关共受理信访举报114件（次），其中区纪委转办26件，初核59件，了结58件，立案1件，结案6件（含遗留件），给予党政纪处分6人，为国家挽回经济损失14.6万元，对15名举报失实人员予以了澄清。加强信访工作，充分发挥主渠道作用，积极挖掘和发现有价值的违纪案件线索，推行地县县委书记、政府县长、纪委书记信访接待日制度，建立了群众反映问题的快速反应处理机制。进一步规范“县案地审”工作流程和制度，推进“县案地审”工作有序开展。采取跟班学习、以案代训、个案指导等方式对基层纪检监察机关案件查办工作进行业务培训和指导，基层纪检监察机关查办案件工作有了新进展。积极开展处分决定执行情况的监督检查、回访教育和申诉复查工作，维护申诉人的合法权益。

【扎实开展专项治理，遏制腐败现象的滋生蔓延】坚持惩处和规范相结合，以重点带全面，不断巩固和扩大专项治理成果。一是狠抓扩内需促增长政策落实监督检查和工程建设领域突出问题专项治理工作。1月6日至8日，组织举办了地区工程建设项目管理培训班。各县分管项目建设的副县长、治工办主任、发改、建设、财政、国土、环保、水利及地直相关部门负责人共69人参加了培训；根据自治区治工办《关于进一步整改2010年第二轮检查中发现问题的函》的要求，及时要求人大办、水利局、交通局等部门对检查中发现的问题作进一步认真整改；按照自治区扩促办《关于上报扩大内需未开工项目情况的通知》要求，对地区一至四批中央新增投资项目的建设情况进行了摸底调查，按要求及时上报了我地区中央新增投资项目开工情况。深入地区发改委、住建局、财政局等单位对工程项目管理情况开展了调研；配合自治区工程建设领域突出问题专项治理工作检查组，对地区扩大内需及援藏项目建设进行了监督检查，及时要求对存在问题的项目进行整改。二是深入开展“小金库”专项治理工作，在巩固党政机关和事业单位“小金库”专项治理成果的基础上，组织各县、各部门认真进行复查，对地区教育、发改、卫生等10家单位治理工作开展情况进行了重点抽查，进一步规范了财经制度，纠正了存在的问题。三是开展党政机关公务用车问题专项治理工作。成立地区开展党政机关公务用车问题专项治理工作领导小组，下发《关于开展公务用车自查的通知》，制定《开展党政机关公务用车问题专项治理工作实施办法》，召开领导小组会议，对专项治理工作作出安排部署，对各县、各单位公务用车情况陆续开展了自查、督查调研、统计核实、整理上报、编制审定等相关工作。四是认真开展行政审批项目集中清理调整工作，会同法制办等单位对各县、各部门所有行政审批项目进行了全面清理自查，通过清理，地区具有行政审批职能单位提出行政审批保留项目266项，行政审批取消项目368项。认真落实中央、自治区关于深入开展庆典、研讨会、论坛过多过滥问题专项治理的相关通知精神，严格审批程序，控制数量和规模。五是成立林芝地区加快转变经济发展方式监督检查工作领导小组，制定下发《实施意见》，对工作作出安排部署。

【加强自身建设，提高执纪执法能力和水平】在做好党风廉政建设和反腐败工作的同时，高度重视纪检监察机关自身建设。加大干部教育培训和交流提任力度，先后选派23名同志到区内外参加业务培训和挂职锻炼；认真贯彻落实区纪委42、43号文件精神，积极做好了地方纪委换届和县级纪委设立常委会各项工作，切实加强了各级纪检监察机关领导班子和干部队伍建设，截止目前，交流提任干部26人；深入推进乡镇纪委建设，全地区54个乡（镇）配备了专职纪检干部，县级纪检监察机关及乡（镇）纪委工作人员办案补贴全部纳入县级财政预算，全面贯彻执行。对口受援工作深入推进，就援助项目赴福建省纪委进行汇报衔接，目前，地区纪检监察系统对口受援项目已初步确定；并组团到部分市纪委就党风廉政建设工作进行考察学习。

林芝地区组织工作

【突出抓好县乡党委和村居“两委”换届工作，确保各级领导班子建设见成效】一是精心组织县乡党委换届工作，县乡党委班子整体能力素质得到进一步提高。加强组织领导，成立了以各级党委书记为组长的换届工作领导小组，先后共派出139个换届工作指导组，编印《换届工作流程图》和《换届工作进度表》1100余份，召开培训会42次，培训换届骨干990人次，确保换届工作规范有序进行。准确把握关键环节，采取“三上三下”的办法起草党委工作报告，形成一个群众听得懂、干部好操作、组织能落实的党委工作报告；通过“两推一选三公示”的办法，把具有较强议事能力和联系党员群众能力的党员推选为党代表，为党代会高质量召开打下良好基础；严格工作程序，加强组织指导，县乡党委和纪委成员均高票当选，确保组织意图顺利实现。扩大换届工作中的民主，在人事安排上充分尊重民意，认真落实群众对干部工作的知情权、参与权、选择权和监督权，在民主测评、推荐提名、民意调查、组织考察、人事酝酿的基础上，首次对新一届班子实行全额定向民主推荐，提高了换届人事安排的科学性和公信度。坚持重视基层的用人导向，真正把县乡基层作为“集聚人才、造就人才、输送人才”的源头和基地，大力选拔长期扎根基层努力工作和在急难险重岗位得到锻炼的一线干部，在新组建的7个县委班子中，78人具有县乡基层工作经历，占85.7%；在新当选的54名乡镇党委书记中，50人具有乡镇工作经历。选优配强领导班子，坚持“大稳定、小调整”的原则，在保持班子相对稳定的基础上适当进行交流；重视优化班子结构，努力使领导班子成员在民族、年龄、经历、专长、性格、性别等方面搭配合理，做到优势互补、增强合力。严肃换届纪律，突出抓好宣传教育、全程监督、严肃核查三个环节，共编印资料1850册，向副科级以上干部发送手机短信6万多条，各级党委书记和组织部长与班子成员等谈心谈话1439人次，发出严肃换届纪律情况调查问卷和测评表9589份，认为换届风气“很好”和“好”的达到99.18%，全地区没有发生一起违反换届纪律的行为。通过以上措施，规范了换届程序，净化了换届风气，使县乡党委领导班子结构进一步优化，领导科学发展的能力进一步增强。

二是认真抓好村居“两委”换届工作，基层党组织的凝聚力和战斗力得到进一步增强。在借鉴2008年村居“两委”换届成功经验的基础上，认真做好村居“两委”换届工作。各级都成立了换届选举工作领导小组，加强对村居换届工作的领导和指导。各县组成调研组，深入各村居走访，摸清实情，排查问题，全面掌握村居干部队伍现状，尤其对情况比较复杂、基础比较薄弱的后进村居进行重点摸排，认真查找存在的各类问题和隐患，在此基础上，针对后进村居，单独制定详细的换届方案和工作计划，并派出得力干部组成工作组进驻，采取有效措施集中整顿，夯实换届基础。进一步加大选派机关优秀年轻干部到村任职工作力度，积极探索如何使干部下得去、干得好、有前途，不断优化农牧区基层干部队伍结构，提高村“两委”干部队伍整体素质。加强村居“两委”建章立制工作，指导新产生的领导班子建立健全村居“两委”组织体系及规章制度，制定符合本村居实际的三年任期目标规划，修订完善本村居经济发展思路、村民大会和村民代表会议议事制度等。认真做好新老“两委”班子的工作交接。

【突出培训针对性，干部教育工作作用发挥更明显】全面贯彻落实全国干部教育培训改革纲要，从提高培训针对性和实效性出发，坚持“干什么学什么、缺什么补什么”的原则，稳步推进干部教育培训改革创新。紧紧围绕地区“十二五”工作大局，把握广东、福建两省对口支援的机遇，认真制定《2011年-2015年林芝地区干部教育培训规划》和《关于广东、福建两省第六批援藏工作队三年智力援藏计划》，统筹规划、整体推进“十二五”期间干部教育培训工作和广东、福建两省第六批援藏工作队三年智力援藏工作，为“十二五”地区经济社会发展提供有力的人才支持。结合中央、自治区培训计划和广东、福建两省智力援藏培训计划，整合各县、各部门干部培训计划，立足地委党校（行政学校），依托其他优势培训资源，精心制定了《2011年林芝地区干部教育培训计划》，积极拓展培训渠道，统筹安排培训班次，精心设计培训内容，改革创新培训方式，扎实推进2011年干部教育培训工作，全年共培训干部3492人次、农牧民群众2240人次。

【突出工作开创性，人才工作呈现新局面】充分发挥组织部门牵头抓总作用，出台了《西藏林芝地区中长期人才发展规划纲要（2010-2020年）》，指导各县各部门因地制宜编制本县、本部门、本行业及重点领域的人才发展规划，初步建立起我地区人才发展规划体系。从制度创新入手，在全区率先建立了人才工作目标责任制，与人才协调小组成员单位签订了人才工作目标责任书，出台了《关于开展人才工作目标责任制考核工作的试行意见》，制定了涵盖会议、联系、督查、通报、项目资金审批等内容的人才工作各项制度，推进人才工作规范化建设。积极探索林芝地区杰出人才奖评选办法，制定了《林芝地区农牧实用人才职称评定及考核评价标准办法（试行）》，进一步优化地区人才开发环境，激发和调动各类人才的积极性和创造性。加强人才培养，制定了林芝地区2011-2013年人才培养规划，计划开办各类培训班103个，培训人员2897人次，引进急需高层次人才36人；制作了林芝地区2011-2020年农牧实用人才培养计划，预计总投入375万元，培训农牧实用人才2900人。不断完善人才项目申报工作，明确项目重点、申报程序、申报时间和具体要求等，将申报人才项目作为一项常态化、日常化的工作来抓，逐步建立起地区人才项目库，变被动审批为主动部署。抓好人才项目的实施，举办了地区第一期文秘人员培训班，选派野生动植物保护和森林病虫害防治专业人员到福建农林大学进行了为期2个月的专项培训。

【突出政策严肃性，公务员工作迈上新台阶】在公务员法实施五周年之际，利用电视和报刊等平台，采取举办专题讲座、汇编公务员法配套政策法规、开展公务员法知识竞赛等措施，广泛宣传公务员法及其配套法规，不断推进公务员法的全面贯彻执行。根据机构编制情况，对各级机关及参照公务员法管理事业单位公务员（工作人员）非领导职务设置的范围、对象、比例限额及其任职条件等进行了明确，对地直机关及参照公务员法管理事业单位非领导职务职数进行了设置，为依法配备非领导职务干部提供了政策依据。结合“创先争优”活动，以充分发挥公务员模范带头作用、争做人民满意公务员为主要内容，以推动科学发展、促进社会和谐、服务人民群众为主题，在全地区公务员中开展了“带头创先争优，争做人民满意公务员”的活动，有效提升了地区公务员队伍整体素质。严格按照奖励表彰规定，对地区有关部门和单位拟推荐的地区级以上的先进集体和先进个人候选对象进行认真审核，全年共向上级申报先进集体44个，先进个人126名。深入开展“如何加强公务员管理和公务员队伍建设”专题调研，积极探索新形势下公务员教育管理工作新机制。

【突出管理规范化，机构编制工作有序开展】坚持把机构编制管理规范化建设作为一项经常性工作常抓不懈，研究出台了《关于进一步规范审编工作流程的意见》，召开了地区机构编制第二次联席会议，进一步明确人员调整、军转安置、退伍安置、公开招考等审编工作流程。坚持从地区实际出发，进一步完善控编通知单、人员编制卡片、机构编制台账等机构编制日常管理制度，控制总量，盘活存量，有效缓解地直各单位编制紧缺、人员缺乏的矛盾。扎实抓好政府机构改革检查评估工作，全面调查了解各县县级政府机构改革方案的执行落实情况，客观总结改革经验，实事求是查找问题，及时认真予以整改。按照总量控制和综合设置、加强重点的原则，稳步推进未涉及改革部门的机构编制调整工作。认真做好分类推进事业单位改革准备工作，围绕事业单位机构名称、机构性质、机构规格、经费形式、隶属关系、人员编制结构、运行状况等方面，特别是事业单位履职情况，组织开展地县乡三级事业单位基本情况调查摸底。切实抓好事业单位年度检验工作，对地区范围内63个事业单位登记事项逐一进行检验，共办理变更18起。积极配合区编办，高质量地完成了中编办在林芝举办的首届“西藏机构编制业务培训班”的各项服务工作。

林芝地区宣传思想工作

【以“突出重点，创新方式”为目标，舆论引导扎实有效】一是围绕重要会议精神抓宣传。把学习宣传贯彻党的十七大、十七届六中全会、中央第五次西藏工作座谈会和区、地一系列重要会议精神作为宣传工作的重要任务抓紧抓好。地区主要新闻媒体开辟专版、专栏，配发社论和评论员文章，全方位、多角度回顾“十一五”辉煌成就，展望“十二五”美好前景，为地区全年工作目标的顺利完成营造了良好的舆论氛围。

二是围绕维护社会稳定抓宣传。2011年，我们组织地区主流媒体开展了一场强大的维稳宣传战役。地区电视台播出维稳新闻140余条，上送自治区台20余条，采用10余条；《西藏日报》刊登新闻5条，《林芝报》刊登新闻稿件及新闻图片71篇（幅），有力地配合了地区维稳工作。

三是围绕重大节日抓宣传。围绕“元旦、春节和藏历新年”三大节日，开展了军警民藏历铁兔新年联欢会、双拥共建共保、舞龙舞狮、藏历新年游园等系列活动；围绕“3·28”西藏百万农奴解放纪念日设立两周年，在党政机关、学校、寺庙等不同层面组织了“升国旗、唱国歌”仪式；组织老干部文艺汇演、舞蹈比赛、歌咏比赛等文体活动；举办了“3·28”百万农奴解放纪念日设立两周年座谈会；开展了“跟党走—创造更加美好的生活”为主题的庆祝西藏百万农奴解放纪念日宣讲活动；举办了新旧图片展，书画展、锅庄比赛、诗歌朗诵等活动；围绕“5.23西藏和平解放60周年纪念日”，举行了“庆祝西藏和平解放纪念日”升国旗、唱国歌仪式；举办了庆祝中国共产党成立90周年、西藏和平解放60周年和林芝地区恢复成立25周年成就展，328幅图片和100余件实物展出，参观群众近5000人；举办了第四届“爱我林芝、歌唱林芝、繁荣林芝”歌舞比赛；举办了“红心向党”大型红歌会，各族各界群众2000余人高唱红歌；以西藏和平解放60周年大庆为契机，评选“感动林芝25位人物”。

四是围绕主题教育抓宣传。深入开展爱国主义、民族团结和党的富民惠民政策主题宣传教育，弘扬爱国主义精神。在爱国主义主题宣传教育中，突出西藏自古就是中国不可分割的一部分、没有共产党就没有社会主义新西藏、就没有各族人民幸福生活等内容，引导干部群众树立正确的祖国观，站稳政治立场；在民族团结主题宣传教育中，通过悬挂横幅、张贴标语，开展座谈会、知识讲座等方式，突出用群众生产生活条件改善的生动事实，引导群众认清团结稳定是福、分裂动乱是祸的道理；在党的富民惠民政策宣传教育中，我们组成“政策下乡进村入户”宣讲组，深入到各县、乡（镇）、村集中宣讲，发放富民惠民政策明白卡和宣传册，通过通俗易懂的讲解，使党的各项强农惠农政策进村入户、入脑入心；围绕“创先争优强基础惠民生”活动，成立了活动新闻报道领导小组，制定了宣传报道方案，对各县、乡、村及各驻村工作组开展走访、慰问、驻守、与群众同吃同住等场景进行了全方位、全时空、多角度的宣传报道。

为加强联动，形成与区内外媒体和地方媒体相互呼应的强大合力，2011年，我们进一步加强对《林芝报》社、地区电视台的管理和指导，加大发行量、扩大覆盖面，占领宣传舆论阵地的制高点。《林芝报》藏、汉文报各出版发行100余期，刊登稿件达1900余篇，图片600余幅。地区电视台共制作藏汉语新闻1927条，上送西藏电视台新闻284条，系列报道8部。与此同时，积极协助中央电视台、西藏电视台、中国西藏新闻网等新闻媒体在林芝期间的各项采访工作；2011年共接访区内外媒体24批200余人（次）；历经近三个月拍摄、制作完成了《林芝形象宣传片》并在西藏电视台播出。

【以“促进繁荣，服务群众”为目标，文艺文化繁荣发展】一是打造群众性文化活动平台，建设广场文化，参与群众53万人次。二是打造旅游文化名牌，创办雅鲁藏布大峡谷文化旅游节和七个县文化旅游节，带动乡村特色文化活动开展。去年，地区财政投入867万元开展各类文化节庆活动，保护非物质文化遗产等方面，为促进文化大发展大繁荣奠定了基础。三是地区被确定为全区唯一的“国家公共文化服务体系示范区”。四是丰富群众文化生活，全地区489个行政村都成立了业余演出队，群众性文化活动丰富多彩。五是紧紧抓住重大机遇，奋力推动林芝文化大发展大繁荣。我们紧紧抓住历史机遇和政策支撑，适时召开了林芝地区召开文化发展大会，对推动地区文化大发展大繁荣进行全面动员部署，明确了方向、原则和思路。地委、行署经过反复认真地分析研究，出台了《关于贯彻<区党委、政府关于推动文化大发展大繁荣的决定>的实施意见》。设立了文化事业发展和文化产业发展专项基金，确保文化建设经费投入增长幅度不低于同级财政经常性收入的增长幅度。从2011年起，地区安排文化产业发展专项基金200万元，在上年专项基金的基础上，每年递增20%。安排150万元作为文化事业发展专项基金，在上年专项基金的基础上，每年递增20%。与此同时，我们积极贯彻落实国家、自治区有关促进文化事业和文化产业发展的税收优惠政策。政府对文化事业建设经费的投入，增强了文化事业单位的自我发展能力，确保了文化建设各项工作的顺利开展。六是深入推进社会主义先进文化进寺庙工程。启动了四位领袖像、国旗、报纸、电视、书籍、科技、卫生、法律等为主要内容的先进文化进寺庙覆盖工程，受到了广大僧尼的热烈欢迎。目前，林芝地区所有寺庙悬挂了国旗和领导人画像。除墨脱县外，其他各寺庙均实现了党报党刊进寺庙，且寺庙征订党报党刊和更换国旗经费均列入各县财政预算，建立起了长效机制。七是以改革创新为动力，文化宏观管理体制逐步建立健全。2011年深入推进地区公益性文化事业单位的内部改革和机制创新，推动文化体制改革在面上展开，向纵深发展。

【以“弘扬人文，提升素质”为目标，文明创建蓬勃发展】一是认真组织开展“三下乡”集中示范活动。去年年初，协调地区文广局、农牧局、卫生局等文明委成员单位，组织开展了文化科技卫生“三下乡”活动，共发放各类惠民物资总价值达8万余元，把党和政府的温暖送到群众心坎上；二是积极组织开展全国第二届优秀童谣征集活动，向自治区推荐报送优秀童谣6首；三是组织开展评选推荐第三届全国道德模范工作，向自治区文明办推荐候选人5名；四是认真做好“西部开发助学工程”的各项工作，向自治区文明办申报推荐12名贫困学生。五是切实加强未成年人思想道德建设，进一步发挥学校在未成年人思想道德建设中的主渠道、主阵地、主课堂作用，积极组织开展“网上祭英烈”活动。六是持续深入开展文化市场“扫黄打非”整治行动，牵头文化、工商、公安、教育等职能部门先后7次开展工作，出动执法车辆70余台（次），执法人员200余人次，累计依法查缴各类非法出版物2000余件。

林芝地区统一战线工作

【高度重视经济统战工作】一是加强非公经济人士思想政治工作。先后5次组织非公经济人士学习贯彻十七届六中全会、地委扩大会议精神和《关于加强和改进新时期工商联工作的实施意见》、《关于推进非公有制经济跨越式发展的意见》精神，引导教育非公经济人士发挥自身优势，主动投身中国特色社会主义事业和“五个林芝”建设，开展感恩行动和回报社会活动。9名非公有制经济人士被评为

"自治区首届优秀中国特色社会主义事业建设者"。二是加强非公经济组织建设。全年共发展会员企业14个，在非公经济中建立党支部2个，工会组织9个，团组织8个，妇女组织9个，成立商会组织1个，朗县工商联组建筹备工作已经完成，我地区工商联组织建设在全区走在了前列。三是做好林芝地区召开加强和改进新时期工商联工作暨推进非公经济跨越式发展会议的筹备协调工作。在组织地县统战部、工商联干部认识学习领会全区加强和改进新时期工商联工作暨推进非公有制经济跨越式发展会议精神的基础上，牵头完成了《关于加强和改进工商联工作的实施意见》、《关于推进非公经济跨越式发展的实施意见》、《非公经济中长期发展规划纲要》文件的起草工作。四是在帮助非公经济人士壮大企业，加快自身发展的同时，积极引导他们参与抗震救灾、扶贫济困、捐资助学等各种公益活动。2011年，地区非公经济人士先后捐款27万余元。五是大力开展招商引资工作，积极组织非公经济人士参加大峡谷旅游节经贸洽谈会等活动。

【**深入开展藏胞工作**】一是严格按照有关规定，认真做好审批工作。2011年，申请回我地区探亲旅游的境外藏胞共有27人，批准同意回国探访的有19人。二是按照"争取人心、分化瓦解、区别对待"的方针，本着热情、大方、坦率的原则，认真做好接待工作，积极向他们介绍林芝地区发生的翻天覆地变化和历史变迁，使他们切身感受到社会主义新西藏在中国共产党的领导下，在祖国大家庭的温暖怀抱里，经济发展，社会进步，民族团结，边防巩固，局势稳定，人民群众安居乐业的大好形势。三是主动关心归国定居藏胞和滞留藏胞的生产生活，积极协调各级党委政府和有关部门优先帮助他们发展生产，改善居住条件。坚持定期和不定期走访慰问贫困藏胞，对2名贫困藏胞进行了结对帮扶，帮助他们解决生产生活中遇到的困难。四是加强与境外藏胞的联络。在做好境外藏胞在国内亲属宣传教育的同时，主动加强与境外藏胞联络，及时掌握境外藏胞的新情况、新动向，深入挖掘整理深层次、内幕性信息，把反分裂斗争引向深入。

【**扎实做好援藏工作**】2011年，在福建省委统战部的大力支持下，以解决林芝地区统战工作的困难和问题为重点，以项目援藏为抓手，以资金援藏为保障，以人才援藏为重点，各项对口援助工作扎实推进。一是加强了对统战人士培训工作的支持力度。在福建省委统战部的高度重视下，经援藏干部积极汇报，努力协调，争取到了培训经费约20万元，成功举办了宗教界人士赴福建培训班。二是积极为地委统战部解决办公经费。2011年，经援藏干部努力争取，通过各种渠道为统战部解决了办公经费45万元。三是积极制定援藏工作计划。为扎实做好援藏工作，争取福建省委统战部更多更大的支持，编制了《福建省委统战2011–2013年援藏工作计划》，从办公条件、解决工作经费、增强干部交流、强化对口支援、促成招商引资、捐资办学等方面作了详细安排。

同时，认真完成了基层建设年活动各项任务，为朗县朗镇娘村协调解决资金143.86万元。我部驻村工作组被评为全区驻村工作先进单位。加强调研工作，完成调研报告18篇，4篇获奖，其中1篇被评为全区统战理论调研二等奖、1篇被评为三等奖、2篇被评为优秀奖。加强统战干部培训，全年共选派各类培训干部30余人次。加大宣传和信息报送力度，向上级有关部门报送各类信息121期，其中地区采纳28期、自治区采纳21期、电视台新闻报道13条。强化督查工作，我部被评为林芝地区2011年度督查工作先进集体。加强保密工作，对涉密文件和涉密载体实行规范化管理，加大保密知识培训和保密硬件设施投入，与人人签订保密工作承诺书。加强党风廉政建设、社会治安综合治理、出租房和流动人口管理等工作。

林芝地区政法工作

【**始终坚持"抓综治、创平安、保稳定、促和谐"是党政主要领导的首要政治责任，强化综治责任制的落实**】2010年12月29日地委、行署召开了林芝地区社会治安综合治理工作表彰大会暨2011年综治责任书签字大会。对我地区2010年度综治工作成绩突出的工布江达、波密、林芝三县和地委宣传部等8个单位进行了表彰奖励，分别颁发奖金10万元、8万元、6万元和各单位5000元。会上，地委书记赵合、行署专员卓嘎同志分别与七县党政"一把手"续签了《林芝地区2011年社会治安综合治理目标管理责任书》。此外，地区综治委还与各综治成员单位续签了《2011年社会治安综合治理（平安创建）目标管理责任书》，与相邻地市续签了《共建平安边界协议书》。同时，结合当前政法综治工作的实际，地委政法委、综治委及时制定下发了《2011年林芝地区社会治安综合治理工作要点》、《2011年林芝地区政法综治宣传工作要点及任务分解》等文件，将各项综治工作任务分解到综治各成员单位，切实增强综治工作合力。

【**始终坚持抓基层打基础工作，突出基层基础，确保综治工作规范化建设**】一是扎实推进重点乡镇综治工作中心建设。地区综治委重点以建立乡（镇）综治维稳工作中心为突破口，先后制定下发了《关于建立乡（镇）、村综治工作中心（站）的实施意见》、《关于进一步规范乡（镇）、村综治维稳工作中心（站）工作职责的通知》，进一步加强整合了综治基层基础工作，使综治维稳工作中心成为了构建"大综治"工作格局的有力抓手，在很大程度上解决了综治工作基层基础薄弱的问题。目前，全地区54个乡（镇）全部建立了综治维稳工作中心，382个行政村建立了综治维稳工作中心站，已达到行政村总数的78%，各项工作已经全面铺开。二是继续加强基层综治队伍建设。地、县两级配齐配强了专职综治办主任、副主任。各乡（镇）均设立了综治办，配齐了乡（镇）专抓综治工作的副职，各乡（镇）公安特派员、司法助理员、治保员、调解员四员到位，确保了基层综治工作有人抓、有人管、有人去落实。目前，全地区各乡镇、村成立了基层综治组织

485个1611人，治安联防队540个4345人，治保会433个2461人，调委会550个1975人。三是层层落实综治工作专项经费。地、县、乡三级均层层落实了综治专项经费。并逐年有所增加，各县也都明确了县级、各乡（镇）综治工作专项经费，层层保障了综治工作的顺利开展。

【始终坚持源头防范原则，进一步建立了社会治安防控体系】2011年，林芝地区共建立社会治安防控站（点）529个，共组建护厂队、护校队、护院队、护村队等形式多样的群防群治组织1993个11669人，其中：地区级群防群治组织96个405人，县级群防群治组织216个1339人，乡（镇）、村群防群治组织1681个9925人，在全地区基本形成了"从上到下，组织严密，遍布城乡"的社会治安防控网络。各级各部门认真按照区党委办公厅、区政府办公厅转发的《关于进一步加强社会治安综合治理基层基础建设的实施意见》和《关于推进全区群防群治队伍建设的意见》要求，认真落实群防群治工作经费，为基层群防群治人员发放勤务补助和误工补贴，切实保障了各级群防群治组织的工作积极性。此外，地委、行署和各县委、政府高度重视并认真组织实施治安防控体系建设工作。2011年，该地区八一镇、工布江达县、波密县、米林县、察隅县在主要街道、路口、重点场所、重点行业、重点部门等地共安装监控探头1146个，基本实现了对重点目标、主要街道和路口的视频监控全覆盖，有效增强了政法部门的技防、技侦能力。

【始终坚持突出"两个排查"，加大对社会治安重点地区和治安问题突出地区的排查整治工作力度】2011年，全地区共组织工作组120个，发动干部1133人次，发动群众1424人次，排查发现治安重点地区数26个，已整治23个，正在整治3个。深入开展矛盾纠纷排查调处工作。各级组织按照"预防为主、及时排查、各负其责、工作在前、教育疏导、依法处理、防止激化"的原则，全面推进"大调解"工作体系建设。在认真化解各类矛盾纠纷的同时，切实做好各类矛盾纠纷的排查预防工作，及时发现苗头性问题，尽早解决矛盾隐患。2011年，全地区各级人民调解组织共受理各类矛盾纠纷402起，调解成功377起，成功率93.8%。

【始终坚持紧紧围绕"创建平安林芝，构建和谐社会"这一目标，突出平安创建，大力提升综治工作质量】2011年，该地区继续紧紧围绕"创建平安林芝，构建和谐社会"这一目标，不断深化平安林芝创建工作，夯实平安创建基础，不断深化基层平安乡镇、平安村、平安家庭等基层平安创建工作，平安创建覆盖率不断提升。截至目前，全地区已创建全国平安县1个、自治区级平安县4个、地区级平安县7个，平安乡镇53个，平安村464个，平安学校68所，平安寺庙51座，平安家庭26067户，平安单位265个，平安小区10个，平安企业24个，平安景区13个，综合平安创建率达93%以上。

人大林芝地区工作委员会

【依法开展监督工作，切实增强监督实效】1、依法开好委员会议。2011年，人大林芝工委严格按照监督法和人大工委工作条例的要求，切实履行监督职能，按期召开了四次委员会议。会议围绕构建和谐林芝和加快地区经济和社会发展中的重大问题，听取了地区发改委关于2010年地区国民经济和社会发展计划执行情况及2011年计划的报告，2010年地区本级财政预决算执行情况及2011年本级财政预算的报告，2011年上半年地区本级财政预算变更情况的报告，地区中级人民法院2010年工作情况及2011年工作安排的报告，地区检察分院2010年工作情况及2011年工作安排情况的报告；听取了地区水利局河道管理工作开展情况报告、地区审计局2011年工作情况报告和地区商务局招商引资工作开展情况的报告；工委组成人员和各位代表以对党和人民高度负责的态度，提出了许多好的意见和建议，提高了会议质量，保证了监督实效。

2、深入开展调查研究。为提高委员会会议质量，保证各项工作开展时不盲目，人大林芝工委组织部分人大代表和人大干部深入各县，重点围绕四次委员会的主要内容，人口较少民族教育现状及存在的问题等群众关心的热点、难点问题进行了深入调研，全面了解了存在的问题和不足，结合林芝实际提出了切实可行的对策和建议，为委员和代表们更好地履行职责创造了条件，为地委正确决策提供了依据。根据县乡人大换届选举工作即将全面展开的实际，围绕换届前期准备工作开展了摸底调研，掌握了选举法修改后实行城乡同比选举代表后可能出现的新情况新问题，初步研究了对策和办法。

3、认真开展工作检查。根据全地区经济发展中暴露出来的突出问题，围绕稳定物价工作这个民生问题，开展了专项工作检查。结合全地区率先实现小康社会的宏伟目标，对各县贯彻地委、行署决策情况，深入米林县、朗县、林芝县对50个小康示范村建设情况进行了督导和检查，总结了开展小康示范村建设的成功经验，指出了小康建设过程中凸显出的实际问题，并形成了检查报告，为全地区全面开展小康建设提供了有益的借鉴。

4、畅通人大信访渠道。一是继续按照"分级负责、归口管理"的原则和实现四个百分之百的工作目标，认真开展了群众的来信来访工作。二是坚持人大工委领导接访制度，重要信访案件由工委领导和分管秘书长亲自接访，并直接督办，保证了办理效果；三是积极参与地区信访局有关信访件的调解工作。2011年以来，人大林芝工委共接待来信来访5（件）次15人，主要是不服法院判决、资产纠纷等方面的问题。目前，通过各方协调沟通，问题均得到了较妥善的处理。

5、加强对县乡人大工作的指导。为提高全地区人大工作的整体水平，工委领导定期、不定期地深入到县、乡进行工作调研，结合实际，协助指导县、乡人大解决工作中存在的困难和问题。今年11月，地区人大工委牵头召开县乡人大换届选举工作培训会议，七县、54个乡镇、地委宣传部、组织部100多名同志参加会议。就“如何开展好换届选举工作，如何进一步加强人大自身建设”分别进行了共同研究和探讨。同时还通过《人大工作》简报等形式，及时反映地区人大工委和县乡人大在开展人大工作方面一些好的做法和经验，共同推动人大工作的开展。

6、加强司法监督。一是深入两院，积极开展座谈交流活动。地区人大工委历来重视对“两院”工作的监督，工委领导定期不定期地深入到“两院”，与“两院”领导和干警就提高司法工作水平进行交流和座谈。二是健全各项制度。进一步完善了《人大林芝工委与“一署两院”工作联系制度》，法院、检察院逐步建立健全了接受人大监督的各项制度，自觉广泛联系代表，认真办理代表批评、意见和建议。三是组织部分自治区九届人大代表旁听了法院庭审，有效促进了法院公正司法。

7、配合自治区人大开展好各项活动。协助自治区人大在该地区开展了《西藏自治区流动人口服务管理条例》、《国防教育法》、《老年人权益保障法》、《中华人民共和国食品安全法》执法检查；配合自治区人大常委会开展了《中华环保世纪行—西藏行》活动，积极为自治区人大组织的全国人大代表视察活动提供保障，得到了自治区人大的充分肯定。

【加强法制宣传，增强社会民主意识和法制观念】加强法制宣传教育，提高各族人民的法律素质，是贯彻依法治国方针、推进依法治地进程的一项基础性工作。人大林芝工委始终把法制宣传教育作为首要任务，抓紧抓好。

1、加强监督法宣传。以《监督法》的实施和《人大地区工作委员会工作条例》的颁布为契机，积极做好《监督法》、工委工作条例等法律法规的宣传工作，增强行署及其职能部门接受监督的自觉性；

2、加强换届选举法规宣传。举办了一期县乡人大换届选举培训班，并认真授课，加强对《选举法》、《西藏自治区实施<选举法>细则》的宣传教育工作，不断提高各级人大代表和人大干部的法律和业务水平；

3、积极参与地区组织的普法活动。结合自身业务实际，配合全地区开展的各项普法活动，积极主动地做好宣传和解释工作，在今年开展的基础建设年活动和创先争优强基础惠民生活动中，驻村工作人员向群众发放了法律宣传册，并召开了普法专题讲座，切实提高群众的法制意识和法律水平。

林芝地区扶贫（农发综合）开发工作

【扶贫开发扎实推进】2011年，扶贫开发工作主要围绕实施贫困户安居工程、整乡整村推进、开发特色产业、培训转移劳动力等方面，加大了扶贫开发力度，取得了良好效果，获得自治区绩效考核奖励项目2个，资金150万元。2011年共完成扶贫开发项目114个，完成总投资8940.14万元，完成国家投资7507.43万元，扶贫项目直接带动7县、66个乡镇、318个行政村、5850户、26429人增收。使贫困地区基础设施明显改善，群众自我发展能力明显增强，农牧业结构进一步优化，使扶贫项目真正成为农牧民增收脱贫的重要支柱。

【农业综合开发再上新水平】2011年，农业综合开发工作主要围绕土地治理开发、农牧业产业化项目开发和适用科技推广应用三个方面进行。土地治理开发规模比往年更大，全年农业综合开发项目5个，总投资2059万元，国家投资1571万元。其中：实施土地治理2个，总投资1354万元，国家投资1246万元；实施产业化项目3个，总投资705万元，国家投资325万元。农发项目直接带动3县、4个乡镇、14行政村、1241户、5867人增收，辐射带动5县5390户农牧民增收。

【基层建设年和创先争优强基础惠民生活动扎实推进】2011年，该办紧扣“推动科学发展、促进和谐稳定、服务人民群众”主题，扎实推进基层建设年、创先争优强基惠民活动。联系项目13个，落实资金167.14万元。目前多格村党组织的凝聚力、战斗力增强，村民思想观念转变，生产生活条件改善，村民和集体收入增加，村容风貌焕然一新，基层建设年活动取得了实实在在的成效，赢得了广大人民群众的热情支持与广泛赞誉。

【两项制度衔接工作扎实推进】2011年，对全地区3571户14146个低收入人口，进行村立卡、乡建簿、县造册，建立了贫困人口县级电子档案，为定点扶贫提供信息平台。通过贫困人口建档立卡分析工作，实现了扶贫工作有的放矢，为我们制定规划、选项立项、扶贫到户提供了主要依据，为实施安排项目及资金的扶贫政策打下良好基础。

【定点扶贫工作扎实推进】制定了“十二五”定点扶贫方案，加强了工作领导，加大了帮扶力度。“十二五”期间，全地区77个地（中、区）直单位对口帮扶收入相对较低的44个乡镇77个村，同时7个区（中）直单位和广东、福建2支援藏工作队定点帮扶9个乡镇，新一轮的定点扶贫工作已在全党、全民、全社会全面打响。

【互助金试点运行正常】按照西藏自治区扶贫开发领导小组办公室《关于认真做好贫困村互助资金试点工作的通知》精神要求,目前工布江达县、波密县7个贫困村396户农牧民，入社群众303户，其中贫困群众63户入社，组建互助小组59个，两县7个试点村的贫困群众入社率达到100%。互助资金总额为109.73万元，7个试点村共发放互助金125笔，发放互助资金总额84.05万元。此项工作的开展，为我地区进一步深化贫困村互助资金试点工作，推进财政扶贫资金使用管理机制创新，缓解贫困村、贫困户生产发展资金缺乏、贷款难问题，增加贫困群众收入，提高贫困村、贫困户自我积累、互助互济和持续发展能力起到引导示范作用。

林芝地区政协工作

【认真开展加强基层建设年活动、创先争优活动和建设学习型党组织活动各项工作】深入开展加强基层建设年活动。根据中共林芝地委办公室关于印发《林芝地区加强基层建设年活动实施方案》的通知和林地基组办[2011]8号文件的通知要求，按照地区加强基层建设年活动领导小组的安排部署，政协办驻朗县金东乡松木材村工作队于3月1日进驻松木材村。驻村以来，工作队召开宣讲会、村民大会、座谈会、汇报会，大力宣传党的方针政策，3月28日举行庆祝西藏百万农奴解放纪念日设立两周年活动，组织全体村民开展升国旗、唱国歌、召开座谈会活动。结合村庄实际，工作队确定了该村发展思路：以全面深化社会主义新农村建设为目标，以村庄规划建设为基础，以合理治理污染为重点，以经济建设为中心，大力发展畜牧业，以“农牧业生产科技化、乡村环保一体化、村庄发展生态化，家庭生活现代化”为主题，科学规划，统一组织，因地制宜分类指导为原则，深入开展农村环境综合治理，建立农村环境长效机制，改善人居环境，保障村民身体健康，文化生活，医疗卫生协调发展，使松木材村逐步走上“生产发展，生活宽裕，村风文明，村容整洁，社会稳定，管理民主”的科学发展道路。政协办积极筹措资金近30万元，认真解决松木材村存在的问题和困难，积极争取项目，争取到地区短平快项目三个，分别是松木材村太阳能安装、蓄水池建设和道路维修三个项目，投入资金20万元，目前，项目正在建设之中。政协援藏干部为村里购买价值14300元的榨油机1台，政协办干部职工还为松木材村两次捐款11800元，解决该村困难群众的生产生活问题。

深入开展创先争优活动。按照中央、区党委关于创先争优活动的部署要求，以提高政协机关党建工作科学化水平为主题，以“筑坚强堡垒、树先锋形象、促科学发展”为主线，以围绕“科学发展、富民强地”为目标，以创建“五个好”先进基层党组织、争当“五个模范”优秀共产党员的要求，深入开展创先争优活动。通过开展学习发动、公开承诺、党性教育、结对帮扶、佩戴党徽、党员示范窗口等有效措施，有序推进创先争优活动的开展，得到了地区创先争优检查指导组的好评。

【认真做好视察调研工作】5月份，地区政协组织政协委员到广东、福建考察学习，开展招商引资工作。考察团一行在广东、福建两省进行了为期10天的学习考察，并开展了招商引资工作。学习考察团受到了广东、福建两省政协的热情接待，并与两省政协主要领导进行了交流座谈。形成的调研报告，地委主要领导高度重视，作出批示，要求有关部门认真研究，积极采纳政协的建议，要求各单位学习借鉴内地开展招商引资工作的好做法、好经验。有效地发挥了建言献策的作用。根据政协视察调研安排，就关于人口较少民族教育、就业情况，推广利用太阳能产品情况和加快培育林芝旅游产业等深入调研，建言立论。

【认真组织召开六届五次全委会议】政协六届五次会议于2011年3月30日在八一镇召开，会上认真学习了胡锦涛总书记在参加十一届全国人大四次会议西藏代表团审议时的重要讲话，传达学习了全国“两会”、自治区“两会”精神，会议开得富有成效，达到了统一思想、提高认识、凝聚力量的目的。会上，补选丁真多吉、李兰平两位同志为地区政协副主席，为政协事业的发展注入了新的活力。

【抓好协调服务，为政协履行职能提供条件】政协办公室突出工作重点，坚持为政协领导服务、为政协委员服务、为政协机关服务的方向，重点抓好以下几项工作。一是为政协领导服务，发挥参谋助手作用。认真筹备落实主席会、常委会、学习会等材料准备及会务组织工作；及时反映社情民意，了解基层政协工作动态、收集社情民意等信息资料。二是为政协委员服务，为委员履行职能创造条件。我们积极为委员提供有关学习资料，随时听取委员反映的情况，及时反映委员提供的各种信息，积极与有关部门沟通联系，协调督促有关问题的解决，鼓励委员参政议政，为委员知情参政提供服务。三是为政协机关服务，保证机关工作正常运转。

认真做好全国政协、自治区政协、地区政协视察调研的协调服务和后勤保障工作。

【抓好提案督办和反映社情民意工作】提案凝聚着各界委员的智慧和汗水，既是宝贵资源，也是政协履行职能、发挥作用的重要方式。我们要在“加强领导、健全制度、提高质量、注重实效”上下功夫，实现提案办理由答复型向落实型转变，充分发挥政协提案的重要作用。要加强与党委、政府督查部门联合督办提案，通过组织承办单位、提案人及有关方面协商座谈、现场视察、共同调研等方法督办落实，不断提高提案办理质量。我们要切实加强对信息工作的组织和领导，通过联系走访、深入基层调研等方式，及时准确地吸纳政协委员及各界人士的意见和建议。把那些事关人民群众切身利益的突出问题，影响社会和谐稳定的潜在问题，及时向党委、政府报送，为促进跨越式发展和长治久安建言献策。

林芝地区审判工作

【刑事审判工作】2011年，林芝地区两级法院坚持“严打”方针，准确把握宽严相济等刑事审判原则，突出打击重点和极少数，教育、感化、挽救大多数，以牢固树立社会主义刑事司法理念为先导，以打击犯罪、保障人权为己任，扎实推行量刑规范化。今年，刑事案件呈现出类型增多，团伙作案较突出，外来人员作案明显增加等基本特点，“两抢一盗”仍然是发案率最高的案件。

【民商事审判工作】两级法院坚持把化解社会矛盾纠纷作为实现林芝经济跨越式发展和社会长治久安的切入点，以“排解为主、保护为重”为方针，以“定纷止争、案结事了”为目标，不断强化民商事审判工作力度，维护当事人合法权益，制裁民事违法行为，营造和睦共处氛围，促进经济发展。

【行政审判工作】两级法院围绕社会关注的热点、难点问题，以推进依法治地方略全面实施为目标，以营造和谐“官民”关系为主线，以监督与支持为原则，以优化环境为保障，进一步强化行政审判工作。2011年，行政案件呈现出受案范围越来越宽，难点问题越来越集中，案件多元化、复杂化趋势明显，群体性纠纷明显增多等特点。行政诉讼案件类型由土地、公安、工商、房屋拆迁等扩展到劳动和社会保障、安全生产管理、环境监管、道路交通运输等行政领域。虫草采挖、矿产开采等引发的群体性案件一直是近年来的热点、难点案件，情况越来越复杂，协调处理难度大，有些案件单靠法院判决也解决不了实质性矛盾和问题。

【执行工作】两级法院结合“执行工作亮相活动”和实际工作，大力加强执行工作力度，从制度上完善和规范执行行为，建立上下一体、统一送达机制，严格落实两权分离（即实施权和裁决权分离），及时与人大、政府部门沟通协调，争取社会各界的广泛支持，有效化解执行疑难案件，切实提高执行工作效率。2011年，该地建立了“司法救助基金”并正式启动，中院上报政法委的4件确因当事人经济困难而无法执行的刑事附带民事赔偿案件，经地委、行署研究就定，由财政局行政政法科拨付救助款共计39.1539万元，通过“司法救助基金”的渠道得以解决。

【立案、涉诉信访预防及化解工作】两级法院充分发挥立案调解、庭前调解矛盾对抗性小的特点，把立案调解、庭前调解作为案件开庭前的一项重要工作，着力提高法官协调化解矛盾纠纷的能力。逐步完善了诉讼指导制度，实行诉讼、执行风险告知，补充《人民法院案件信访等级评估表》、《涉诉信访案件约期接谈单》、《诉讼风险告知》、《举证通知书》等诉讼文书，改革立案工作机制，深化涉诉信访案件的分类甄别和分类处理，依法引导有理访、控制无理访、制裁违法访。

【审判监督工作】两级法院始终将审判监督工作作为重中之重，不断强化案件质量督查工作力度，着力提高司法审判水平及裁判文书质量。年初，由中院审监庭牵头，各审判业务庭协助并组成案件评查工作小组，对两级法院2010年78份裁判文书进行了评选，共评选出13篇优秀裁判文书制作成册，印发两级法院交流学习。年中，对2010年共99件案件进行了认真评查，并将评查结果进行了通报。

进一步规范减刑、假释工作，坚持开展实地调研，中院主要领导带队，到波密监狱进行调研，走访服刑人员，并邀请了地区公安处等多家相关单位召开座谈会，征询开展减刑、假释工作的意见和建议。通过以上工作，有效促进了地区减刑、假释工作的开展。

林芝地区检察工作

【坚决依法严厉打击严重刑事犯罪】2011年1至9月，全地区检察机关共受理公安机关提请批捕65件95人，经审查，批准逮捕58件86人，不（予）批捕6件8人。受理公安机关和自侦部门移送审查起诉各类案件70件101人，经审查，提起公诉70件102人,不起诉2件2人。始终保持对严重刑事犯罪的高压态势，批捕故意杀人等严重暴力犯罪嫌疑人3人；批捕抢劫、抢夺、盗窃、诈骗犯罪嫌疑人69人。工布江达县检察院成功办理价值85万元的特别巨大虫草诈骗案件，有力震慑了犯罪，维护了国家安全和社会稳定。

【认真贯彻宽严相济的刑事政策】在依法严厉打击严重刑事犯罪的同时，注重区别对待，该严则严，当宽则宽。对未成年人犯罪、主观恶性不大的轻微刑事犯罪或者初犯、偶犯等依法可以从宽处理的案件，坚持贯彻教育、感化和挽救的方针，依法少捕慎捕，促进社会和谐。积极探索和推进量刑建议、刑事和解、轻微刑事案件快速办理等工作。对一起受理的不服县检察院作出不予批捕的复核案件，深入发案乡村，走访群众，核实固定证据，适用刑事和解。波密县院就一起轻伤害案件通过刑事和解作了相对不起诉决定，经认真审查，给予肯定答复，最终使本案圆满解决。

【积极主动化解社会矛盾】大力推行信访首办责任制，坚持和完善检察长接访制度，共依法处理群众来信来访12件，努力实现案结事了、息诉罢访。受理控告举报案件线索12件，申诉案件14件。进一步加大涉检信访积案化解和案件评查专项活动力度。两级院共评查31件不捕不诉案件，并针对评查意见形成了讨论评查案件笔录。大力加强12309举报电话，进一步畅通信访举报渠道。各县院也结合实际，在化解社会矛盾、促进社会和谐上作出了积极贡献。工布江达县检察院在最短时间内成功调解了该县三个村之间的村民因草场和虫草资源发生的矛盾纠纷，把矛盾化解在了基层。同时，认真落实检察环节社会治安综合治理措施和平安林芝建设，不断建立健全社会矛盾纠纷排查化解机制、执法办案风险评估机制，积极配合公安机关等部门加强对重点寺庙法治宣传教育、预防青少年违法犯罪等工作，提高检察工作参与社会管理创新的能力。

【突出查办职务犯罪案件】通过总结上半年工作经验，对照检察工作目标责任书，早查漏、早补缺，加大执法办案力度。1至9月，共受理贪污贿赂案件线索7件7人，初查6件6人，成立专案组，立案侦查涉嫌受贿罪的林芝地区财政局副局长高瑞玲、涉嫌贪污罪的林芝地区建筑公司总经理张永生等3件3人。与去年同期相比，立案率上升300%。同时，首次在基层反贪干警中开展岗位练兵和技能竞赛活动。目前，此项活动正按计划有步骤开展。反渎职侵权工作方面，共受理渎职侵权职务犯罪案件线索3件，初查3件，立案2件，同比增长200%，案件性质为失职致使在押人员脱逃和玩忽职守，坚定了干警的工作信心。院认

真按照全国检察机关反渎职侵权部门开展第二届“30件精品案件”、“百件优质案件”评选活动要求，对近年来我院查办的案件进行了回顾总结。对满足评选条件的案件进行全面、深入、细致的审查，撰写综合报告、制作推荐表等材料积极申报。

【**扎实推进预防职务犯罪工作**】从制度入手，与国有企业共同开展预防职务犯罪工作。院与中石油西藏林芝销售分公司、西藏林升森工有限责任公司签订职务犯罪预防《检企共建协议书》，推动国有企业廉政建设。积极协助区检院做好“全国检察机关惩治和预防渎职侵权犯罪展览·西藏林芝巡展”工作。地委书记、人大工委主任赵合、地区四大班子领导、地区地、中（区）直81个党政机关、团体、企事业单位和部队、院校副科以上干部1350人参观了巡展。此次巡展在林芝地区社会反响热烈，达到了警示教育国家机关工作人员、遏制和减少职务犯罪的巡展目的。完成的2006年至2010年度地区职务犯罪发生情况、发展趋势和职务犯罪预防综合报告，受到人大、政协领导的充分肯定。通过编发《林芝地区预防职务犯罪宣传季刊》880册，进一步增强预防职务犯罪的教育效果。结合执法办案，共开展警示教育17次，接受预防咨询10余次，综合运用检察建议、预防咨询、警示教育等措施，帮助有关单位堵塞漏洞，健全制度。

林芝地区公安工作

【**攻坚克难，维稳工作任务全面完成**】2011年，全地区各级公安机关以确保“两节”、全国“两会”、3月份敏感期和西藏和平解放60周年大庆的绝对安全为重点，制定和完善各类处突预案，有针对性地组织开展演练，加强社会面的巡逻管控，深入开展法制宣传，强化重点人员管理，强化人民内部矛盾纠纷排查调处力度，全面搜集敌社性动态信息，全力侦破危安案件，强化边境管控和治安卡点盘查力度，有力确保了全地区维稳“三大战役”取得全面胜利。

【**深入推进，违法犯罪活动有效遏制**】认真组织开展了“春、夏季严打整治”、“指纹会战、破案追逃”、“命案侦破”、“两抢一盗”、“打黑除恶”“打击拐卖妇女儿童”、“金雕战役”、“清网行动”、“打四黑除四害”、“三超一疲劳”等一系列专项行动，成功侦办了一大批刑事、行政案件，抓获了一大批违法犯罪人员。全年，共立各类刑事案件181起，破157起，破案率为86.7%，抓获犯罪嫌疑人215人；共抓获网上在逃人员42人，清网率达到48.6%。解救被拐骗妇女儿童18名。共受理治安案件265起，查处206起，抓获违法人员498人。特别是公安部督办的“8·05”组织容留妇女卖淫案、“3·22”特大盗窃案、“7·24”抢劫强奸杀人案等一系列严重暴力犯罪案件的及时侦破，得到了地委、行署及自治区公安厅领导的重视和高度评价。

【**依法行政，安全管理工作有力推进**】各级公安机关通过深入开展“治爆缉枪”、“打四黑除四害”、“三超一疲劳”、“清剿火灾隐患”、“大走访”等多项专项工作，确保了公共安全。2011年，全地区公安机关共受理信访案件18起，办结12起。共发生一般以上道路交通事故53起，死亡41人，伤67人，直接经济损失25.4万元。共发生火灾事故33起，死亡2人，过火面积8501平方米，直接经济损失258.4万元。共查处各类交通违法行为3784起。收缴管制刀具5630把，各类枪支395支，子弹100发。收缴雷管2700枚，收缴炸药500公斤。排查精神病人26人。收缴淫秽音像制品600余张。

【**践行宗旨，社会管理服务全面提升**】切实加强流动人口和出租房屋管理，登记流动人口33341人，登记租赁房屋12898间。严格公共场所治安管理，发现整改不安全隐患106处。强化内部重点单位和重要部位的安全防范，整改治安隐患16处。深化虫草采挖区域社会治安管控，清理外来人员10100余人。积极开展军人居民身份证申领发放工作，制作发放3010张。

【**打牢根基，强基惠民活动有声有色**】公安处成立了相应的领导小组和办事机构，32名业务骨干分赴波密县7个行政村及墨脱县1个行政村开展驻村工作。工作中，驻村工作队开展调研86次，走访群众1200余人，走访面达89%，梳理出群众生产生活方面存在的问题96个，帮助联系点理出发展思路26条，制定发展规划12个。同时各驻村队结合驻村实际，开展了一系列爱民送温暖、做好事、办实事等活动，切实让广大农牧民群众感受到了党的关怀和温暖。

【**强化投入，防控网络格局逐步形成**】全地区建设安装视频监控探头220个，已联网3个县。处党委认真研究部署便民警务站建设工作，为2012年全地区便民警务站整体推进打下了坚实基础。

【**善于管理，队伍建设实现蓬勃发展**】处党委始终把队伍建设放在首位，与各县公安局、各部门签订了《“五条禁令”警令书》、《枪支管理责任书》、《党风廉政建设责任书》。同时，组织全地区公安机关深入开展了队伍纪律作风集中教育整顿活动，进一步加大了对队伍的教育和管理，保证了队伍的纯洁性和战斗力。

林芝地区司法工作

【**积极做好法律服务工作**】（一）法律援助工作加强了对法律援助工作的规范化管理。实行公示制度，将“法律援助工作服务承诺”、“法律援助操作流程”和“公民申请法律援助须知”上墙公示以方便群众；实行接待登记制度及案件质量监督管理制度。对来信来访的困难群众，做到热情服务，有问必答、有信必复，做到事事有回音，件件有着落；实行案件受理、审查、指派规则，使用司法部统一的新格式文书，从而来保证法律援助中心健康有序地运行。继续加大对农牧民群众、外来民工及妇女儿童的法律援助工作力度。畅通农民工申请法律援助的渠道，对索要工资报酬、工伤赔偿等案件继续开辟绿色通道，确保需要法律援助的农民工及时获得法律援助。2011年，共接待来访当事人法律咨询182起，417人次，接听法律咨询电话23个，办理法律援助案件16件，其中民事法律援助案件13件，挽回经济损失30余万元，刑事法律援助案件3件。满足了经济困难群众和社会弱势群体对诉讼的需求。与去年同期相比，法律援助案件降低了68%。

（二）公证工作。2011年，公证处办理公证事项496项，其中：连保责任书46件，声明书10件，证明书15件，交通事故赔偿协议15件，赠与书10件，放弃继承权5件，原件与复印件相符3件，法人授权委托书4件，继承权公证3件，其他协议13件，委托书372件，草拟、修改公证法律文书390余份，解答公证法律咨询296人次。

与去年同期相比，办证数量增加了15%。通过办理公证事项，合理调整各种经济和利益关系，从源头上杜绝了各类矛盾纠纷的发生。

（三）律师工作。尼洋律师事务所共办理各类案件150件。其中：民事案件86件，刑事案件49件，非诉讼调解15件，法律咨询服务363人次，代写法律文37份，担任常年法律顾问7家。与去年同期相比，办案数量增加了158.6%。满足了社会各界对法律服务的需求。2011年，在律师事务所实行全员聘任制，完成了改制工作。

【切实开展民间矛盾纠纷排查调处工作】在总结民间矛盾纠纷发生的规律和特点的基础上，制定了《林芝地区司法处处置群体性事件应急预案》、《林芝地区矛盾纠纷排查应急预案》。同时，狠抓了组织机构建设。全地区配备了司法助理员55名（其中，专职31名，兼职的24名），设立了乡村调委会478个，有调解员1107名。

狠抓了矛盾纠纷的排查调处工作。2011年，地区各级人民调解组织共受理各类矛盾纠纷178起，调解成功169起，成功率为95%，与去年同期相比，矛盾纠纷发生率降低了17.6%。有力地促进了社会的和谐与稳定。

【狠抓安置帮教工作】为预防和减少刑释解教人员重新违法犯罪，维护社会政治局势的稳定，在狠抓组织机构建设（建立了帮教领导小组58个，配备了帮教人员118人）的基础上，对全地区刑释解教人员的安置帮教工作进行了全面的调研，形成了《林芝地区刑释解教人员安置帮教工作调研报告》，提出了加强刑释解教人员安置帮教工作的措施和建议。

2011年，对130名刑释解教人员进行了帮教，宣讲法律法规和政策45场次，受教育的刑释解教人员达176人次。走访刑释解教人员14人，送去面粉、大米、棉被、砖茶和救济金共折合人民币14200元。通过扎实的工作，帮助解决刑释解教人员生产生活上存在的问题和困难，使他们感受到党和政府的关怀和温暖，激发了刑释解教人员的爱国热情，他们表示坚决与达赖分裂集团划清界线，痛改前非，不再和政府作对，做遵纪守法的好公民，用实际行动回报社会。目前，通过采取回乡安置、鼓励自谋职业、解决公益性岗位和过度性安置等多种办法，共安置刑释解教人员130人，帮教安置率为100%，脱管失控率为零，无1人重新违法犯罪。

林芝地区发展改革工作

【抓项目，保增长，项目工作在困境中取得新成绩】2011年是“十二五”开局之年，也是项目工作困难重重的一年。由于全区“十二五”规划项目方案批复较晚（7月中旬批复），为破解国家投资到位缓慢的难题，发挥好国家投资在拉动经济增长中的重要作用，加大项目争取力度，强化投资到位，有力确保了国家到位投资稳步增长，预计全年落实国家投资30亿元，同比增长20%。一是明确任务，落实责任。年初，该委围绕支撑经济增长、改善民生事业、加快特色产业发展、改善基础设施等重点领域，科学编制了《林芝地区2011年争取国家投资任务分解表》，将全年争取国家投资任务，按照行业归口，将任务下达到各项目单位，明确了具体责任人，有效调动了全地区项目工作力量，形成了争取国家投资的强大合力。1-10月份，全地区续建和新开工重点项目184个，到位国家投资30亿元，其中：续建项目到位投资9.4亿元，新建项目到位投资20.6亿元。二是积极协调重点项目前期工作。先后下发了《关于做好林芝地区2011年重点项目前期工作的通知》和《关于安排林芝地区2011年重点项目前期工作启动经费的通知》，及时转发了区发改委《关于印发西藏自治区2010年重点项目前期工作计划的通知》和《关于印发西藏自治区2011年第一批重点项目前期工作计划的通知》，与各行业部门签订了《项目前期工作责任书》，有效促进了重点项目前期工作的开展。截止目前，全地区开展前期工作项目184个，项目计划总投资83.14亿元。三是积极开展国家投资500万元以下项目的审批工作。根据《西藏自治区人民政府办公厅转发自治区发展改革委关于进一步加强和改进政府投资项目前期工作意见的通知》要求，审查地区权限以内的国家投资项目63个，下达概算批复投资1.58亿元。同时，为加快前期工作进度，积极配合自治区做好500万元以上项目前期工作的初审工作，共初审了35个项目的可行性研究报告，报送了18个项目可研报告，送审投资规模2.82亿元。四是强化项目工作制度建设，加强重点项目管理。牵头起草了《林芝地区重点项目联席会议制度》，以及《关于对区内外招标代理机构在林芝开展招标代理业务实行登记管理的通知》、《林芝地区发展改革委项目评审中心专家库及专家委员会管理暂行办法》、《林芝地区发展改革委项目评审中心专家评审制度》、《林芝地区发展改革委项目评审程序》等规范性文件，进一步健全了项目工作管理制度。积极配合区地两级治工办和扩促办做好项目的检查工作，对工布江达县泉州二桥（援藏项目）和米林至朗县油路等项目，开展了后评价相关工作。同时，积极开展项目监督检查，对各县项目建设中落实“项目五制”情况进行了检查，对存在的问题提出了限期整改要求。五是积极谋划2012年国家投资项目。根据自治区发展改革委重点会议精神，该委积极与区发展改革委各处室进行沟通协调，编制完成了林芝地区2012年申请国家投资基本建设项目计划表》，涉及项目共169项，规划总投资92.88亿元，

2012年计划投资37.97亿元，为明年的项目工作奠定了较好的基础。

【抓“三农”，促和谐，社会主义新农村建设呈现新面貌】坚持以“安居乐业”为核心，着力提升农牧业综合生产能力，改善农牧民生产生活条件，深入推进社会主义新农村建设。一是大力加强农牧业基础设施建设。以贯彻落实“中央一号”文件为契机，积极加强农田水利设施建设，实施了米林县羌纳灌区，墨脱县果果塘、当木荣、地东灌区，朗县江北中温塘灌区，工布江达甲热灌区等项目，累计建设灌溉水渠80.82公里，新增保灌耕地面积2.24万亩。同时，积极争取以工代赈、人口较少民族聚居区及“兴边富民”资金，累计到位投资2886万元。二是切实抓好98个村人居环境建设和环境综合整治工程。今年，全地区农村人居环境建设和环境综合整治共安排98个行政村，项目总投资1.08亿元。我们在严格落实自治区人居环境建设10项任务的同时，紧密结合我地区和具体村庄实际，多方争取资金，加大投入力度，妥善解决村庄长期以来存在的问题。截至目前，98个村全部开工建设，累计完成工程量的85%，预计年底全部完工。三是积极启动50个小康示范村建设。小康示范村建设主要以援藏投资为主，由于援藏规划还没有通过国家审批，50个小康村的工作进展相对缓慢。截至目前，全地区已开工建设27个村。四是深入推进“万村千乡市场工程”。争取国家补助资金580万元，建设和改造了250家农家店及6个配送中心项目，进一步繁荣了农牧区市场。

【抓产业，添动力，特色产业实现新发展】紧密结合地区“十二五”发展定位和产业布局，大力实施“提升一产、壮大二产，做强三产”的经济发展战略，积极推进“四大产业”建设。一是加快生态旅游业发展。以提升接待能力和接待水平为切入点，积极加强旅游基础设施建设，地区游客集散中心、排龙藏布旅游景区、雅鲁藏布旅游景区基础设施建设等项目顺利完工。二是积极推进水电能源开发。狠抓水电能源开发规范化进程，牵头起草了《林芝地区水电能源开发意见》；着力加强电源点建设，4月27日，投资24亿元的多布电站开工建设；11月8日，投资4.79亿元的波堆电站开工建设。两座电站总装机容量达到12.96万千瓦，在促进资源优势转化为经济优势上迈出了坚实步伐。三是加快特色农牧业发展。紧紧围绕破解特色农牧业规模小、档次低、组织化程度较低、科技含量不高、市场竞争力不强等问题，积极开展调查研究。以基地建设为抓手，在扩大规模上实现突破；以园区建设为抓手，提高特色农畜产品的加工能力；以品牌建设为抓手，在市场占有率上实现突破；以加强合作组织建设为抓手，提升组织化程度。四是以扩大规模为核心，推进藏医药业发展。重点加强了米林、波密、工布江达、察隅等县藏药材种植带建设。

【抓改革，增活力，重大改革工作迈出新步伐。大力推进医药卫生体制改革】筹备召开了林芝地区2011年医改工作会议，组织举办了地区基层医改工作人员培训班，对7县、39个乡镇卫生院、地区及县医改工作领导小组负责人共95人进行了培训。同时，积极扩大基本医疗保险覆盖面，以免费医疗为基础，政府投入为主导，家庭账户、大病统筹和医疗救助相结合的农牧区医疗制度实现了农牧区人口全覆盖。加快医疗卫生基础设施建设，争取国家投资4068万元，实施了工布江达县、墨脱县、察隅县卫生服务中心的建设。二是积极落实草场承包经营责任制。认真贯彻落实《中共西藏自治区委员会、西藏自治区人民政府关于进一步落实完善草场承包经营责任制的意见》，协助有关单位编制了《林芝地区落实完善草场承包经营责任制工作方案》，按照积极主动、慎重稳妥的原则，稳步推进草场承包到户工作。目前工作已进入“划界定级”阶段，预计在12月底完成承包发证工作。

林芝地区财政工作

【狠抓收支管理，财政收支规模再上新台阶】2011年，全地区总财力达到468177万元，同比增加272948万元，增长139.8%，剔除特殊因素，同口径比较，全地区财政总收入为273723万元，同比增加67575万元，增长34.61%。

全地区财政一般预算收入完成117195万元（含林芝新豪时、景傲两家公司缴纳的税款），比上年增加82583万元，增长238.6%。其中：地区级完成95400万元，同比增加78774万元，增长473.8%；县级完成21795万元，同比增加3809万元，增长21.18%（林芝县完成5115万元、工布江达县完成4725万元、波密县完成4256万元、米林县完成3683万元、察隅县完成1887万元、墨脱县完成1370万元、朗县完成759万元）。剔除两家公司上缴的不可比收入因素，同口径比较，全地区财政一般预算收入完成48000万元，比上年增加13388万元，增长38.68%。

全地区财政一般预算支出完成464558万元，比去年同期增加273,266万元，增长142.85%。其中：地区级完成292173万元，同比增加218241万元，增长295.19 %；县级完成172385万元，同比增加55025万元，增长46.89%。收支相抵，年终结余3619万元（其中地区本级结余3274万元、县级结余345万元）。剔除两家公司不可比支出因素，同口径比较，全地区财政一般预算支出完成259185万元，为预算的132.72%，同比增加67893万元，增长35.49%，

政府性基金预算收入完成9083万元，比去年同期增加1953万元，增长27.39%;政府性基金预算支出完成4326万元，比去年同期减少1663万元，下降27.76%。

【加大支持地区经济发展】加大基建投入，全年落实财政性基建项目资金63239.26万元（其中:上级基本建设项目指标60,099.06万元、地区本级安排基建投资3140.2万元），重点用于农

村公路、自然保护区、农田水利、教育、环保、旅游、周转房、城镇公共设施等建设项目，进一步改善基础设施条件，稳定投资对经济增长的拉动作用。落实资金357万元，加大市政建设和维护，提升城市形象。落实资金1,233.64万元，用于改善工信局、市政局办公条件。落实旅游发展和促销资金400万元，比上年增长100%，投入第七届林芝雅鲁藏布大峡谷旅游文化节及第九届经贸洽谈会资金350万元，促进旅游经济跨越式发展。落实资金100万元，支持各项招商引资活动，招商引资成为税收增长的主动力。截止2011年底，在该地区（包括各县）办理税务登记的招商引资企业41家，完成税收21.74亿元，税收贡献率88.06%。对落户林芝、创收能力强的招商引资项目和纳税大户给予财税扶持，落实奇正藏药、百盛药业、林芝新豪时、林芝景傲等企业扶持资金8亿多元。抓住招商引资和中央赋予西藏特殊优惠政策的机遇，积极用好林芝新豪时、景傲两家公司上划中央60%部分返还资金125,259万元，设立林芝地区跨越式发展专项后备资金，安排用于“十二五”期间地区重大基础设施、特色产业项目、民生项目、公益项目、维护稳定等，促进经济跨越式发展和社会长治久安。积极向自治区财政厅争取企业发展资金，已落实资金1,000万元，支持企业改革创新，提高企业竞争力。

【加大财政支农工作】2011年，地区财政继续加大对农牧业农村的支持力度。地区本级预算安排农牧业农村建设资金5234万元，比上年增加2650万元。其中：支农资金1200万元（含农用机动车保险等），比上年增加600万元；新农村建设资金1750万元；气象服务费14万元、人工影响天气长效经费20万元；水利防汛资金200万元；人居建设资金250万元（用于54个乡镇垃圾池、99个村广播站）；人居环境综合整治配套资金1800万元。

一是加大农牧民安居工程建设力度。全年，累计投资2.04亿元（其中：自治区补助使用6006.5万元、援藏投入879.8万元、群众自筹12275万元、银行贷款1239万元），完成安居工程3721户，其中：贫困户800户、游牧民定居282户、兴边富民620户、农房改造2019户。同步实施安居工程抗震加固，每户补助0.5万元，圆满完成地区任务。落实98个行政村人居环境建设和环境综合整治资金9,947.16万元（其中：自治区补助6,512.24万元、地区补助3,434.92万元）。二是加大强农惠农政策宣传和补贴力度。为充分体现中央对西藏农牧区经济社会发展的关心和支持，深入开展向广大农牧民（含农场职工）宣传自治区财政补助优惠政策，共编制印发了强农惠农政策汇编3万份，农牧民每户一册。落实粮食直补和农资综合补贴资金944.48万元（含新增农资综合补贴235万元），农药补贴167万元，良种补贴36万元，落实农机具购置补贴1028万元（自治区补助900万元、地区补助128万元），购置各类农用机具2035台，进一步提高农牧民种粮的积极性。三是加大农牧业综合服务保障投入。落实农牧民技能培训资金365万元、农牧民专业合作组织发展资金520万元。落实资金213万元，用于村级公用经费和村级运转经费。四是加大农牧业防抗灾投入。落实农业保险补贴778.7万元（自治区安排610.9万元、本级补助167.8万元），增强农牧业抗御自然风险能力。五是加大林业投入。落实资金1.54亿元，用于退耕还林(草)、森林生态效益补偿。六是加大农业基础设施投入。落实扶贫、农发、农田水利等项目建设资金1.1亿元。七是实施家电家具下乡。全年预计家电家具下乡财政补助资金300万元。从2011年1月1日起，新建农家店补贴标准由现行8,000元/家提高到10,000元/家，由中央和自治区财政承担。全地区农林水事务累计支出43153万元，同比增加22265万元，增长106.59%。

【加大支持民生和社会事业发展】坚持民生优先原则，大力调整财政支出结构，切实保障民生和社会事业发展，促进基本公共服务均等化。

（一）加大支持社会保障事业发展。2011年社会保障和就业支出累计14041万元。财政对社会保险基金的补助支出6060万元（其中：财政对基本养老保险基金的补助支出988万元、对失业保险基金的补助支出290万元、对基本医疗保险基金的补助支出4372万元、对工伤保险基金的补助支出171万元、对生育保险基金补助支出174万元、对新型农村社会养老保险基金补助支出55万元、对其他社会保险基金补助支出10万元）。按进度及时落实资金，进一步完善城乡居民最低生活保障制度，建立健全低保对象动态管理机制。加大城乡低收入群体的救助投入。再次提高城乡居民最低生活保障标准，林芝、米林、工布江达、波密、察隅县城镇居民最低生活保障标准由月人均320元提高到月人均350元，朗县由月人均330元提高到月人均360元，墨脱县由月人均438元提高到月人均468元；农村居民最低生活保障范围由家庭年人均收入1330元提高到1480元；“五保户”供养标准由2000元/年提高到2200元/年。支持建立公共就业服务政策。落实补助资金1000万元（其中地区财政补助180万元），用于1270个政府购买的公益性岗位补贴。改善市政一线工人的生产生活条件，将地区市政局公益性岗位工人和临时工工资由900元/月提高到1200元/月。加大住房补贴力度，拨付住房公积金财政配套资金1570万元，将机关事业单位干部职工住房公积金财政配套缴存比例提高两个百分点，兑付城镇低收入家庭租赁住房补贴资金182.07万元，落实察隅农场危旧房改造补助资金62.8万元。

（二）加大社会事业投入，促进基本公共服务均等化。一是坚持教育优先发展。加大本级教育配套投入，2011年地区本级财政安排教育配套3,325.2万元，比上年预算数增加1,572.2万元，增长89.68%。按照本级上年地方财政收入的20%投入教育的要求，补足2008至2010年教育配套欠拨款2547万元。安排“两基”迎国检专项资金200万元，确保我地区教育“两基”顺利通过国家验收。各项教育资助政策全面落实，实行农牧民子女学前教育补助政策，将教育“三包”范围扩大至义务教育和高中教育阶段所有农牧民子女，“三包”标准提高至2,200元，基础教育办学条件进一步改善，义务教育经费保障机制不断健全。全地区教育支出48743万元，同比增加13011万元，增长36.41%。二是支持宣传文化体育事业发展。落实建党90周年、西藏和平解放60周年、林芝地区恢复成立25周年庆祝活动及相关经费927.5万元。大力支持非物质文化遗产保护、文物和古迹普查、民俗文化收集整理等。安排文化大发展资金200万元、文化事业发展资金150万元。大力支持民族艺术和新闻事业发展，将民族艺术团聘用演员的月工资标准从1500元每人提高到2000元每人；将地区电视台聘用播音员月工资从2900元每人提高到5000元每人，聘用记者、编辑月工资从2900元每人提高到4000元每人，并为当年聘用人员缴纳社会保险。积极支持全民健身活动和体育事业发展。全地区文化体育与传媒支出5503万元，同比减少24万元，下降0.43%。三是大力支持医疗卫生事业。分配落实农牧民免费医疗资金2,302.4万元（自治区补助2,266.1万元、地区配套37.3万元），农牧民免费医疗经费标准提高到人均260元。支持深化医药卫生体制改革，推进基本公共卫生服务均等化，基本公共卫生服务经费年人均标准由27元提高到30元，支持实施基本药物制度，加大地方病、传染病防治经费保障力度。全地区医疗卫生支出15992万元，比上年同期增加2535万元，增长18.84%。四是大力支持科学技术事业发展。安排科技三项费200万元，大力支持农牧业科技成果转化与推广、科普宣传等，科学技术支出813万元，同比增加235万元，增长40.66%。五是支持统战民宗工作。保障民宗统战部门所必需的工作经费和专项经费，寺教、佛协等经费纳入财政预算，安排资金204.8万元（地区财政安排122.88万元、县级财政安排61.44万元、寺庙自筹20.48万元），对全地区寺庙进行维修或改建。

（三）加大公共安全投入，保障社会和谐稳定。加强政法部门经费保障，及时足额落实政法部门公用经费和办案业务经费。安排落实专项资金开展林芝地区社会管理创新综合试点工作。综治维稳、群防群治、平安建设、流动人口管理等经费纳入各级财政预算予以保障。建立司法救助基金300万元，专门用于开展刑事被害人救助工作和涉法涉诉救助工作，已落实救助资金43.15万元，救助家庭5户。全地区公共安全支出19403万元，比上年同期增加3734万元，增长23.83%。

（四）大力支持基层组织建设，夯实基层基础。安排专项经费，保障地区基组办及地直各单位驻村工作队开展基层建设年活动。地区本级财政安排落实资金2663.29万元，用于地直单位驻村工作队联系点229个短平快项目建设，切实解决行政村的实际困难。落实资金20万元启动创先争优强基础惠民生活动，解决85个地中区直单位新增驻村工作队安置费用17万元，按月核拨地区级136个驻村工作队、544名干部职工生活补贴992.8万元，在落实自治区安排各驻村工作队为民办实事经费10万元的基础上，地区财政解决85个新增驻村工作队为民办实事经费425万元。落实基层政权建设资金1,080万元，改善乡镇机关办公条件和干部职工生活条件。

中国农业银行林芝地区分行

【主要工作开展情况】1、加强服务，推动业务发展。2011年,农行林芝分行以“客户满意度”为龙头，在全辖区广泛开展了“服务品质提升年”活动，在区分行有关部门的指导下，结合林芝实际，深入基层经营机构开展“客户满意度”评价工作。为切实提升柜台服务品质，减轻柜面服务压力，还加大了自助机具的投放及运行维护力度，全辖累计投放64台ATM自助机具，平均开机运行率达80%，对柜面业务产生了明显的分流效果，提升了柜面服务、特别是VIP柜面服务品质。二是积极推进网点转型工作，2011年，累计完成8个网点的“硬转”工作,加强县域和城区网点标准文明服务巡查工作，促进了全辖各网点标准文明服务工作。

2、截至2011年12月，全行个人贷款余额达25681万元，占全行贷款总额的33.21%。

稳步发展“三农“业务，巩固县域“蓝海”市场 截至2011年12月，涉农贷款余额40158万元，较年初增加9404万元，增长31%，完成年计划的177.43%。其中，扶贫贷款余额8497万元，较年初增加213万元，涉农贷款占全行贷款总额的53%。

【基础管理情况】采取切实措施，有效化解信贷风险。针对不良贷款占比高，已严重拖累我行业务发展的现实，全行迎难而上，想方设法，采取“一户一策”的方法，有区别地开展信贷风险化解工作,采取措施开展清收工作,确保工作取得了实效。

【内控管理进一步加强】一是认真开展各项专题活动。2011年，该行在“基础管理提升年”活动基础上，着重开展了“合规文化建设和合规文化大讨论活动”、“深化银行业内控和案防制度执行年活动”、“林芝分行内控建设主题活动”、“学习《中国农业银行员工违反规章制度处罚办法》活动”、“学规定，强素质，作表率”、“案件专项治理活动”等多项专题活动，通过上述活动，在员工中有效树立了“违规就是风险，安全就是效益”的风险理念，进一步夯实了内控基础，提升了全行执行力，促进了全行业务经营与合规管理。二是深入细致开展内部监管工作。先后开展了案件风险排查、2010年集中审计发现问题后续审计整改、县支行内控评价、金库突击检查、会计业务监管、安全保卫大检查等多个专项检查工作。重点对本行在历年来内外部监管检查发现问题整改工作进行梳理、归类，落实了整改责任部门和人员，建立了整改台账，督促各行、部在规定时间内完成了各类问题的整改工作，有效发挥了监管整改工作“防微杜渐”的作用。

【切实加强财会基础管理工作】根据区分行《关于加强财务会计基础管理工作的意见》，我行对财会条线基础管理工作进行了全面的检查和整改，一是针对集中审计发现的财务问题进行了逐条梳理并整改；二是结合本行实际，制订出台了《农行林芝分行财务管理办法（试行）》，明确了财务审批、程序、内容，规范了费用配置等管理。三是严格执行总行、区分行有关固定资产、集中采购等规章制度，确保了各类基建、采购项目依法、合规开展。

【业务运营支持保障能力明显提升】一是根据区分行有关精神，相关部门已完成机房改造项目申报、设计及工程招标工作；二是严格按照区分行要求，充分发挥本行信息技术优势，积极开展信息系统运行维护工作，上半年，开展了以环境、通信、设备、数据操作等关键环节为主的应急演练，为全辖业务正常开展提供了有力的信息技术保障。三是加大了业务运营管理，集中力量认真开展辖内现金调拨、“新一代”后台支持工作，积极开展集中对账系统、集中授权系统上线工作。按规定、按要求、保质保量完成了国库等代理人行业务，为全辖业务正常运营打下了坚实基础。

中国建设银行林芝地区分行

【以网点二代转型为契机和载体，不断提升服务品质】继续强化“以客户为中心”的服务理念，以提升客户满意度为目标，持续做好网点二代转型工作，巩固和提高网点转型成果。继续加强对一线人员的业务知识和技能培训，快速提高一线人员素质。加快电子设备运用和渠道建设步伐，提高柜面交易的替代率。通过增设电子兑帐、存折打印机等自助终端设备，并加大对自助设备的管理、巡检力度，提高自助设备开机率和安全运行率，扩大建行服务的覆盖面。在方便大众的同时，也有效缓解柜面业务压力。通过二代转型项目的实施，加强对一线窗口服务的管理，达到了内强素质、外树形象的目的，有效提升本行的社会形象和声誉。

【加强沟通协调和联动互补，加大服务营销力度】2011年，建行林芝分行根据市场变化和本行实际，及时调整营销思路。全行上下联动，集中优势资源，拓宽信息渠道，加大信息采集量，加快信息集中、汇总、反应的速度。根据各行业（部门）的特点和需求差异，提供符合实际的差别化服务，注重服务营销工作的准确性和实效性。

【加强信贷管理，坚持不懈降不良】2011年，在信贷业务营销时，严格执行总行的信贷政策，控制非信贷准入客户的投入，做好贷款储备项目的前期接触工作，为下步能按时满足客户的贷款需求做好充分准备。

在信贷业务管理方面，通过本行自查和接受上级行检查、内部审计、银监局现场检查，逐项对检查中发现的问题进行整改，逐步规范各项信贷业务操作流程，努力使林芝行的信贷风险管理走上规范化、制度化的道路。

在贷款回收方面，林芝分行针对每一笔不良贷款的不同情况，逐户制定出差别化催收方案，指定专人紧盯不放,特别注重此项工作的连续性,保证不受人员变动调整的影响而导致工作脱节。按时召开不良贷款处置进度分析会，研究分析处置过程中存在的问题和困难，制定下一个阶段工作目标,并及时互通每笔逾期贷款的催收进展信息，适时调整催收方案。采取多种合适有效手段，认真做好不良资产处置、盘活、化解等工作。年内累计现金回收不良贷款738万元，全面完成了对抵债资产——林芝花园酒店的处置工作。

【以区分行党建及纪检监察工作会议精神为指导，扎实开展党建及创先争优活动】区分行党建及纪检监察工作会议召开以后，林芝行召开专题会议对会议精神进行学习传达。工作中，林芝行党委切实以会议精神为指导，扎实开展各项工作。加强对基层组织建设的领导，深入开展创先争优和建党90周年纪念活动：先后成功举办了“庆祝建党90周年红歌大家唱”和“庆祝建党90周年座谈会及党建知识竞赛”等活动。为加强基层党组织的战斗堡垒作用，年内完成了支部改选工作，将更加年富力强、具有丰富支部工作经验的党员同志调整充实到支委中来，使基层党组织的各项活动得以按时有效开展，各项任务得以圆满顺利完成。

林芝地区国资监管工作

【年度综述】2011年7户监管企业（除厦林路桥公司未经营外）在岗职工450人。实现营业收入4959.41万元，与去年同期相比下降15.17%；盈亏相抵后亏损113.24万元，主要原因是客运公司的长途班车发生“3·14”重大交通事故，赔付旅客伤亡保险差额款280.83万元；拥有资产总额32096.78万元，同比下降0.22%；负债总额8297.43万元，同比下降8.13%；上缴税金461.78万元，同比增长7.06%。上缴五险一金846.69万元，同比增长8.67%；职工年人均收入3.14万元，同比增长29.43%。交通运输企业完成客运量19.48万人次，客运周转量为8364万人/公里；自来水公司完成供水量674万吨，售水量完成568万吨，分别比去年同期上升1.66%和4.6%；旅游行业接待人数28916人，接待游客49939人次，同比增长6.18%。

【着力加强国资监管制度建设】为有效堵塞国资监管工作中存在的漏洞，规范国资监管工作流程，健全国资监管工作体系，从而强化监管职责，提高管理水平。一方面是跟踪落实好《关于规范监管企业领导人员职务消费的意见（试行）》、《监管企业重大事项报告的暂行规定》等各项监管制度，努力提升制度的执行力。另一方面是及时研究制定了《关于进一步规范企业劳动用工管理的通知》、《林芝地区国资委监管企业负责人中长期激励试行办法》、《林芝地区国资委机关老干部服务管理工作制度》、《关于鼓励和支持监管企业职工素质提升的意见》等规范性文件和国资监管制度，为国资监管和企业经营的有序开展创造了条件。

【国有资产经营责任不断强化】为建立健全有效的激励约束机制，落实国有资产经营责任，调动和发挥企业负责人的主动性、积极性和创造性，力促保值增值目标落到实处，根据《林芝地区行署国资委监管企业负责人薪酬管理暂行办法》、《林芝地区行署国资委监管企业负责人经营业绩考核（暂行）办法》，对照《监管企业负责人任期经营业绩考核目标责任书》各项目标内容，对自来水有限责任公司、客运有限责任公司、建筑有限责任公司、林芝宾馆有限责任公司和运输公司五家监管企业进行了2010年度企业负责人经营业绩考核。考核工作以聘请审计中介机构的审计数据为基础依据，并组成专门考评工作组深入各企业，通过听取汇报、召开座谈会和进行民主测评等多种形式进行了客观公正、实事求是的综合考评。从考核情况来看，五家考核企业呈现出平稳发展态势，较好地完成了各项指标任务，有力地促进了国有资产保值增值目标的实现。

【财务监督体系不断健全】该委始终把财务监督作为国资监管的基础性工作来抓，2011年在继续做好企业财务快报和年度决算报表的基础上，一是加大了对各监管企业财务监管，督促监管企业建立健全营业收入台账管理，对各监管企业的营业收入进行了全面清理，为分析企业运行情况提供了数据基础。二是建立了监管企业业绩考核年报审计制度，并首次采取公开选聘的方式进行委托，聘请新疆驰远天合会计师事务所西藏分所对五家监管企业进行了年报审计，查找出了在账务处理方面存在的具体问题，调整规范了企业会计核算，并出具了审计报告和企业财务管理建议书。通过全方位的动态监督，使财务监督的时效性和有效性得到进一步增强，实现了国资委对企业财务监督的科学化和精细化。同时也为今后国有企业公开、公正选聘中介机构积累了有益经验。

【公司制法人治理结构不断完善】按照《公司法》和《企业国有资产法》等相关法律法规的要求，该委以建立现代企业制度为目标，进一步完善了法人治理结构，基本形成了企业董事会、监事会、经理层各负其责、协调运转、有效制衡的企业运行机制。一是2011年对我地区国有企业监事会工作情况进行了调研，全面摸清了企业监事会工作的开展情况和工作中存在的问题，并提出了下一步工作要求，为推动监事会工作奠定了基础。二是继续强化对企业负责人的管理，顺利完成了自来水有限责任公司、客运有限责任公司等5家监管企业负责人的任期考核测评工作。同时，对3家监管企业的9名企业管理人员岗位进行了调整，并依据有关规定办理了1名企业管理人员的退休手续。

林芝地区审计工作

【突出重点，明确责任，全面加大审计力度】按照“全面审计，突出重点”的方针，根据地委、行署和自治区审计厅工作部署和总体要求，突出重点行业、重点部门，认真开展了各项审计业务。1-9月共完成审计项目23个，正在实施审计的7个，出具审计报告18份，提出审计建议38条。查出违规违纪问题金额12,671万元，其中：虚列支出6,513万元，滞留专项资金979万元，转移资金75万元，应缴未交财政资金112万元，固定资产未入帐303万元，未及时上缴养老金4,400万元，其他289万元；审计决定处理资金1,998万元。

（一）提升财政预算审计质量。2011年重点对察隅县县级财政决算及其他财政收支情况进行了审计，查出违纪违规资金3768万元。审计处理决定资金654万元，提出审计建议3条。根据国务院的要求，在审计署统一组织下，我局受自治区审计厅委托，对地区本级及四个县的地方政府性债务进行了审计。目前正在实施对朗县财政的审计项目。

（二）扩大经济责任审计面。受地委组织部及林芝县委组织部的委托，已完成3个党政主要领导的经济责任审计项目，首次开展了乡镇一级党政主要领导的审计工作。通过审计，查出违纪违规资金155万元，审计处理决定资金92万元，提出审计建议10条。目前有4个经济责任审计项目正在开展。根据自治区审计厅的安排部署，我局派出审计组，赴昌都地区左贡县，对县委书记、县长开展了经济责任审计。目前现场审计已经完成，正在就审计决定征求被审计单位意见。

（三）提高行政事业审计效能，深化专项资金审计。根据自治区审计厅的统一部署及“两基”迎“国检”的相关要求，对全地区各级教育部门预算执行和其他财政收支、财务收支的真实、合法和效益情况，重要经济事项管理制度的建立和执行情况，以及有关经济活动的管理和监督情况等进行了就地审计和延伸审计。针对各级教育部门在教育资金管理中涉及到的虚列支出、“三包”助学金未实行专账专户管理等相关问题，我局组成工作组，对各级教育部门一一进行了回访，责令被审计单位限期完成整改。根据自治区审计厅和地委、行署的安排部署，先后对“西新工程”、人居环境综合治理资金、扶贫资金、养老保险基金、工布自然保护区建设工程项目资金等专项资金进行了专项审计，查出违纪违规资金8,748万元，审计处理决定资金1,252万元，提出审计建议25条。根据林芝地区2011年治理“小金库”专项检查工作的安排，我局派出的审计人员全力配合检查组，于2011年7月4日起对地区发改委、林业局、就业局、妇联及地区自来水公司等相关单位进行了“小金库”专项检查。根据自治区治理“小金库”办公室的统一要求,抽调人员赴拉萨、昌都等地区开展工作，较好完成了各项检查任务。

（四）推进固定资产投资审计。积极抽调审计专业人员，参加自治区审计厅开展的八一镇河西区防洪工程及察隅察瓦龙至日通公路审计项目，目前项目正在实施中。

（五）创新方式，积极回访。2011年初，该局抽调人员组成多个检查组，对2010年开展的18个审计项目进行了回访。截止回访时，已全部执行审计决定的10个，部分执行审计决定的8个。共查出违规金额12,515万元，被审计单位已整改10,140万元，整改率81.03%；提出审计建议51条，采纳率100%。

林芝地区统计调查工作

【重大国情国力调查和各项常规及专项统计调查取得显著成绩】1、第六次全国人口普查取得阶段性成果。我地区第六次人口普查工作在各级党委和政府高度重视下，地、县两级普查机构按自治区人普办数据处理实施细则，经过地区和七县普查办60多人次、40余天的不懈努力下，完成了全地区651个普查小区，65959份普查表的扫描、数据处理、逻辑审核、人工核对工作。为自治区和全地区人口普查结果及时对社会公众发布提供了有力的技术保障。2、各项常规及专项统计调查工作扎实开展。根据全区统计调查工作部署，该局在严格执行国家和自治区统计调查制度同时，积极探索调查新思路、新办法，努力提高调查数据质量。实施了农业、工业、交通运输、劳动工资、建筑业、投资、消费、能源、城镇居民基本生活费用价格指数、农民工监测、农村和城镇住户、国民经济核算等各项常规统计工作；组织开展了公路运输能源消费统计调查、企业景气、服务业、私营企业工资调查、非公企业人才抽样调查、主要商品价格监测等重大抽样调查任务；扎实推进基本单位名录库的更新与维护、积极落实“三上”企业通过互联网直接报送原始数据，有效消除中间环节对统计数据的干扰，通过对各项统计报表资料的收集、整理、审核、汇总、分析上报工作，为有关部门提供了强有力的决策服务。

【统计信息化建设取得新发展】为努力提高统计工作现代化办公水平，打造统计信息资源共享平台，切实保证该地区第六次全国人口普查数据处理阶段工作顺利进行，在2010年投入9万余元，加快统计信息网络的升级改造，不断提高统计专用网络的承载能力和运行速度的基础上，2011年又投入5.3万元，购置了UPS电源设备，新安装了8台数据处理专用电脑，确保了人口普查数据处理工作圆满完成。同时，针对计算机网络信息系统存在的安全隐患，为各科室配备了专用移动存储介质设备，强化了对计算机网络安全保密工作的教育与检查，有效防止了计算机信息泄密事件的发生，切实保障了计算机网络与信息安全。

【统计法制建设取得新进展】为提高统计调查数据质量，进一步加强统计调查行风建设，坚决抵制统计上的弄虚作假行为，确保统计调查系统政令畅通。该局积极开展形式多样的统计法制宣传活动，大力宣传新《统计法》和《统计违法违纪行为处分规定》。利用《统计违法违纪行为处分规定》发布两周年契机，积极参与全区和地区“3·31”、“6·15”、“9·16”组织的法制集中宣传月活动，在此基础上，有针对性地对局、队农业与农村住户调查科、投资科、核算科、贸易统计科、七个县统计局，地区发改、农牧、水利、商务等统计调查重点单位开展巡查工作，不断提高部门统计工作规范化、法制化水平。

林芝地区工商管理工作

【优化服务，全力助推经济加快发展】全面贯彻落实《国家工商总局关于支持服务西藏和四省藏区跨越式发展和长治久安的若干意见》和《自治区工商局关于促进个体私营经济加快发展的若干意见》。一是加强宣传力度，完善服务措施，着力做大做强市场主体。2011年，全地区实有各类市场主体9296户、从业人员27705人，与2010年同比分别增长10%、10.98%。农民专业合作社实有72户、成员1799人，与2010年同比分别增长94.6%、1.8倍和4.6倍；农牧区经济人552户。二是创新举措，助推招商引资工作。在服务内地大型企业投资林芝中，积极提供电话咨询、传真快递邮寄等远程服务，对内地来的招商引资企业提供无周末随到随办服务，相继为中国平安保险、诺普信等21家企业的落地林芝提供了便捷高效服务。各类市场主体的加快发展和壮大，为地区繁荣市场、扩大就业、增加税源、社会稳定等方面起到了积极作用。三是制定规划，服务商标发展顺利。以特色农牧业、旅游业为主攻方向，深入企业调研，制定了商标培育发展计划，采取跟踪督导、上门服务等方式，指导企业申请商标注册，积极支持、引导符合条件的企业争创自治区著名商标。目前实有注册商标63枚，2011年新增注册商标12枚，收录到地区地理标志商标储备库的共15枚。

【依法履职，强化维权，积极营造公平竞争市场环境】2011年，共查处各类违法违章案件486件，案值335.74万元。一是加强各类市场主体准入监管。立案查处无照经营案件46件。二是加强流通环节食品安全监管。收缴过期、变质、无QS标志等食品930公斤，立案查处各类食品违法案件27件。扎实开展对禽肉、蔬菜、酒类、乳制品、矿泉水等商品的快速检测，合格率98%。三是加强竞争执法工作。共查处公平交易案件10件。四是加强广告、景区景点、文化、虫草采集和交易、农牧区、节日等各类市场监管。五是加强打击传销和规范直销工作，创建无传销试点社区、无传销试点乡镇各一个，始终保持打传高压态势。六是积极配合安监、消防、旅游等部门开展安全检查，启动了系统创卫工作。七是切实为消费者排忧解难，将矛盾处理在基层、处理在萌芽状态。一年来共受理消费者申诉案件211件，为消费者挽回经济损失13.12万元。

【勇于探索，非公有制经济党建工作开端良好】林芝地区工商局采取强化组织领导、明确工作目标、细化工作流程、划分工作阶段等措施，稳步推进非公有制经济组织党建工作有效开展。一是坚持专题会议制度，加强制度建设，建立考核考评机制，强化信息报送，确保非公有制经济党建工作扎实开展。二是组织动员、座谈、文艺表演等活动，增进非公有制经济组织党员与工商干部之间的沟通交流与支持。三是争取地方政府部门支持，合理组建非公有制经济组织党支部，截至目前，共建立个体非公有制经济组织党支部11个。四是积极选派指导员进驻16家私营企业配合督导开展党建工作。五是培育和树立个体非公有制经济党组织党员典型，共评选出了11户个体党员，2户私营企业为“共产党员诚信示范店”，完善制度，增加对“党员示范店”诚信、规范、合法经营的鞭策力度。地区个私协会围绕中心任务，在非公党建、行业自律、社会服务等方面做了一定工作。

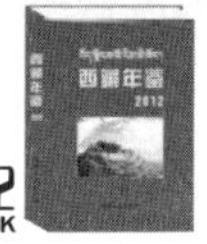

林芝地区质量监督工作

【产品质量监督工作扎实开展】 2011年，林芝地区质量监督局坚持从源头抓质量，积极探索建立产品质量安全监管长效机制，全力确保不发生系统性和区域性的质量安全问题。扎实做好质量监管基础性工作，为全区38家生产加工企业、186家小作坊建立了质量档案，基本实现企业质量状况动态监管。不断完善从产品设计、原料进厂、生产加工、出厂销售到售后服务等各环节环环相扣的监管链条，在全地区企业逐步推行产品质量全过程监管办法，实行企业全备案、产品全登记、检测全报告制度，企业质量安全主体责任得到有效落实。围绕食品和高原特色产品，加大监督抽查和企业巡查力度，保证了重点产品的质量，监督抽查工作逐步实现制度化、规范化、科学化。2011年，该局共组织对食品、建材、成品油、服装、验配眼镜、低压电器、水泥预制构件等产品进行质量监督抽查，共抽检样品150个，合格样品132个，不合格样品18个，抽检实物合格率为88.0%，同比提高了8个百分点。严格生产许可证管理，完成了2家工业产品生产许可证到期换证工作，全地区共有3家企业的3个产品获得工业产品生产许可证，10家企业的11种食品获得食品生产许可证。紧紧围绕食品、农资、建材、家电家具等重点产品和群众反映突出的质量安全问题，深入开展专项整治和打假治劣,共出动执法人员490人（次），检查各种销售单位150家（次），检查各种企业（小作坊）300家（次），共查办立案案件19件，结案19件，查获假冒伪劣商品货值3.5万元，进一步规范了市场经济秩序。进一步完善12365投诉举报工作，接到上级移送、来人来访、电话、信函等投诉举报后，均由专人及时受理。

【食品安全监管取得新进展】 建章立制，制定方案，保障食品安全监管工作顺利开展。该局制定了《林芝地区食品小作坊管理办法》、《林芝地区食品加工小作坊量化分级管理表》等一系列制度，提高了林芝地区食品生产监管工作效能，让监管工作逐步规范化、制度化。加强巡查，排除隐患，杜绝食品生产安全事故。对全地区60家食品加工小作坊及11家食品生产获证企业巡查181次，通过巡查，发现安全事故隐患19处，下达整改通知书19份，将食品生产安全事故消灭在萌芽状态，保障我地区食品安全。管帮结合，加强引导，努力帮助企业获得食品生产许可证，促进全地区食品生产加工业的发展。通过上门服务，帮助食品生产企业规范企业场地建设，完善企业生产工艺流程，规范企业内部管理，共有10家企业11个产品获取食品生产许可证。规范建档，实行动态管理。对于新增的食品生产加工企业，严格按照区局要求进行建档，实行一企一档制。截止目前该局对10家获证企业及60家小作坊已全部建档。以获证企业为重点，抓《食品生产加工企业落实质量安全主体责任监督检查规定》的落实。根据《食品生产加工企业落实质量安全主体责任监督检查规定》的内容要求，在企业自查的同时，规范指导了企业各项工作。

【特种设备安全监察工作稳步开展】 2011年，全地区现有特种设备206台（套），其中：锅炉19台、电梯87台、固定式压力容器61台、起重机械16台、场内机动车23台。全地区有液化石油气钢瓶约3万只。设备数量继续保持增长态势，其中电梯增长速度达到年增长率达40%，其他设备报废和更新数量基本相同。深入开展起重机械、电梯、锅炉专项整治，开展危险化学品和烟花爆竹企业隐患排查工作，下发特种设备安全监察指令书30余份，现场排除隐患8起，监督企业整改安全隐患9起。继续深入推进液化气钢瓶检测工作，开展液化气钢瓶检测专项行动，目前已经检测钢瓶26542只，约占钢瓶总数的88.5%，报废钢瓶503只，并通过电视台报道钢瓶报废现场。有效举办特种设备作业人员培训考核工作。共有54人参加了取（换）证培训班，通过了理论与实际操作考试，有效地提高作业人员知识水平和操作能力。加强特种设备安全宣传工作。电视媒体报道2次，发放宣传单0.2万份，活动展板3张。到地区周边县的中小学、林芝花园、厦门广场、恒通气站等单位进行特种设备安全宣传，参与人数800余名。

林芝地区食品药品监管工作

【继续履行综合监督职能，扎实推进食品安全工作】 林芝地区食品药品监督管理局据统计，2011年出动执法人员1548人次，检查奶制品经营主体6157（户）次，车辆186台次，责令限期改进7家，查处过期乳品70.9公斤、总价值0.28万元，销毁回收的“泔水油”约50公斤，没收销毁一次性塑料餐盒666个、塑料袋800余个、发放“禁白”活动公告200余套，没收销毁过期速溶饮品139.6公斤折合人民币1440元，没收销毁了回收使用一次性竹签约70余公斤，没收“绿茶粉”添加剂0.5公斤，暂扣广东省江门市高迪食品有限公司、江门市展旺食品有限公司生产的食品添加剂104.4公斤。对波密县卡达村使用工业盐（亚硝酸盐）加工腌制蕨菜，查处存有2吨（24袋）工业盐和20余斤成品，卫生部门依法对20余斤成品进行了现场销毁，对2吨（24袋）工业盐依法予以没收处理。

【全面推进依法行政，药品安全监管不断加强】 1、药品安全宣传教育力度不断加强。充分利用“元旦、春节、藏历年等重要节日，采取悬挂横幅、知识展板、设立咨询点、利用网络平台，开通工作QQ、送课下乡以及印发宣传资料等形式，向群众宣传有关药品管理法律法规、假劣药械常识，合理用药知识等。共计组织各类宣传8次，出动人员123人次，车辆15台次，发放宣传资料2万余份，安全用药常识读本1500册，接受咨询人数1760人次。

2、深入整顿和规范药品市场秩序。按照“全面整治，突出重点”的原则，突出重点区域、重点品种、重点单位、重点案件，持续深入地抓好市场整顿。一是加强药品生产环节监管。采取日常监管和动态检查相结合，跟踪检查和企业自查等方式，检查企业执行《药品生产质量管理规范》情况，以及在再认证和跟踪检查中暴露出的问题等进行全面检查，并对企业人员、设施设备、原料的采购、生产管理、质量管理、产品销售等环节进行检查。二是加强药品流通环节监管。重点对药品、医疗器械进货渠道、购进记录、销售凭证、入库验收、在库养护情况，以及从业人员在职在岗等进行监督检查。继续加大对GSP认证企业的跟踪检查力度,针对在跟踪检查中存在的薄弱环节和问题，采取日常检查和随机抽查的方式，加强对企业的监管。全年共跟踪检查药品经营企业36家，再认证药品经营企业14家，限期整改1家（整改之中）。三是加强药品经营、使用单位的日常监管。深入县、乡开展药品经营企业和使用单位的监督检查，从购进药品、养护、验收等环节加大药械购销渠道的监管。全年共日常监督检查药品经营企业105家（次），社会医疗机构87家（次），对存在问题的单位要求限期整改。四是加强抗震救灾捐赠药品的监管。积极引导和鼓励辖区内药品经营企业向亚东地震灾区捐赠药品，加大捐赠药品质量监督力度，保障捐赠药品的质量安全。目前已接收捐赠药品价值2000余元。五是完成自治区药品安全专项整治检查组的评估工作。自治区药品联合检查组对我地区药品安全专项整治情况通过听取汇报、实地查看、召开座谈等方式进行了综合打分，以总分92.6的成绩顺利通过自治区检查组的评估。

3、加强市场监管，依法查处药械违法行为。一是积极开展非药品冒充药品整治工作，重点对药品经营企业及社会医疗机构的违规销售行为进行了专项检查，此工作自2009年12月启动至今，已到了第三阶段，检查覆盖了地区100%的药店诊所。二是按时完成自治区稽查局下达的药品、医疗器械抽样计划，在抽样工作中，积极配合自治区药检所，分赴米林、工布江达等县完成了药品43个批次和医疗器械3个批次的抽样工作。同时，在日常监管中，充分发挥药品检测车的作用，三是有针对性开展集贸市场、旅游景点等地多次出现无证销售假劣药的游动药贩监管力度。四是顺利通过了自治区执法机关移送犯罪案件专项检查。

林芝地区农牧工作

【种植业发展势头强劲】2011年，全地区克服自然灾害的影响，基本完成种植业生产计划任务。2011年完成农作物播种面积32.58万亩，比上年增加0.02万亩。其中粮食作物面积20.6万亩；经济作物面积6.43万亩；饲草料作物面积5.55万亩（其中玉米4.26万亩）。预计粮食总产量达到7.94万吨，油菜产量0.4万吨，蔬菜产量2.88万吨，与去年实际相比，分别增长5.55%、7.67%和24.91%。

【畜牧业生产态势良好】全地区牲畜存栏74万头（只、匹），与去年基本持平；出栏22.4万头（只），出栏率达到30%，比去年略有增长。预计新生仔畜21.28万头（只、匹），成活20.65万头（只、匹），分别比去年增长3.2%和3.5%。预计肉类总产量1.42万吨、奶产量3.1万吨、禽肉产量280吨,与去年比略有增长；禽蛋产量420吨，与去年基本持平。藏猪养殖规模为40万头，藏鸡50万只，基本保持在去年存栏及出栏数。

【乡镇企业运行平稳】全年乡镇企业总产值达到3亿元，比去年增加1500万元，增幅为5.36%；完成多种经营收入5.9亿元，比去年增加1000万元，增幅为1.82%；完成劳务输出人数7万人次，完成劳务输出收入1.6亿元，分别比去年增长2.94%和6.67%。从总体上看，全地区乡镇企业和各种指标发展平稳。

林芝地区林业工作

【林业生态保护取得新业绩】2011年，林业部门牢固树立“保护第一”的理念，坚持把原生植被的保护作为推进生态建设的核心,在增加受保护森林面积的同时不断提升管护质量。

【林业生态建设取得新成效】全年造林99770.4亩，封山育林32000公顷。其中：重点区域生态公益林建设工程造林48140亩，退耕还林配套荒山荒地造林5000亩，封育10000亩，更新采伐迹地7800亩，义务植树11930亩，高原生态安全屏障防护林建设工程造林32557亩。积极开展“花园子”建设，大力开展造林种苗、花卉种苗培育工作。全年可出圃苗木达100万株。

【林政管理得到新加强】林业部门转变工作方式,创新管理方法，资源管理工作取得历年来最好成效。一是重点加强了松多木材检查站工作，派得力人员驻站工作，加大了客运车辆、私家车等各类过往车辆的检查，严卡关口，木材运输中的“跑冒滴漏”无证运输木材现象得以有效遏制，特别是5月对聚集的60余台利用改装水箱无证运输木材的车辆进行严肃处理，让不法分子清醒认识到了地区打击无证运输、保护森林资源的决心。二是高度重视安居木材调运工作，采取了木材供应单位、供应县林业局、木材调运单位跟车押运等一系列针对性措施，确保了调运有序规范，另外县纪委还大力配合派出人员协助木材调运。5月后，没有出现因恶意聚集、堵路事件，全年预计调运安居木材10.9万立方米。三是强化了林地征占用管理。我们以国家林业局驻成都森林资源监督专员办到我地监督检查为契机，对全地区林地征占用工作进行了全面检查，对发现的问题及时进行整改，补办手续。全年共受理12宗征占用林地申报，审批1宗，待批4宗，林地管理进一步加强。四是对个别破坏森林资源突出的乡镇开展了整顿。针对米林县丹娘、羌纳两乡群众盗伐、非法加工木材严重的现象，督促米林县政府专门组成工作组驻村入户开展工作，彻底扭转了局面，规范了管理。地县林业部门联合，先后多次对318国道林芝至工布江达县开展清理整顿，先后取缔多处无证加工场点。四是开展了打击盗伐、加工国家保护植物专项行动。共出动人员130余人次，依法收缴各类保护植物木制品152件，查处相关涉林案件9起，没收锯材15立方米。五是协助配合开展全国第八次森林资源“连清”工作。5月以来，地县林业部门按照自治区局要求，抽调人员20余人200人次全力配合国家林业局开展了“连清”调查工作。由于领导重视、措施得力，多次得到自治区林业局表扬。六是全力查处各类林业案件。2011年，全地区受理各类林业案件66起，查处66起（刑事案件8起），收缴各类木材折原木约800立方米，为国家挽回经济损失150余万元。

【森林灾害防治取得新实效】一是有效开展了高山栎病虫害的防治工作，取得预期效果。2011年林芝等县发生了高山栎病虫害。今年2月，在林芝县再次发现了害虫幼虫，3月初发现多龄重叠现象，灾害在2011年的基础上有延蔓趋向。地区林业局、林芝县林业局立即开展了高山栎病虫灾害的治理工作。对部分受灾树木进行伐除焚烧，聘请农牧学院开展持续性的基础性研究以进一步摸清病虫害的生长习性并负责防治工作的技术指导，制订生物药剂防治方案和具体措施并购置生物药剂。5月生物药剂到位后立即开展喷撒药剂，6月上旬防治工作基本完成，防治面积达3万亩。从目前看防治达到预期目标，受害树木已经开始返青。在防治中没有因喷撒药剂导致家畜死亡和食用菌类而引发中毒事件。二是始终强化森林防火工作。2011年，林业部门高度重视森林防火工作，始终把森林防火工作作为大事要事来抓，坚持贯彻“预防为主，积极消灭”的扑火方针，结合森林防火的新形势，坚持高起点部署、高标准要求、高质量推进，切实加强林内火源管理，强化宣传教育，防范重点人群，稳定森防投入，加强森林防火队伍建设，开展突出队员业务培训和实战演练，森林防火工作成绩突出。全年共培训人员1500余人次，争取各级森防投入达800余万元，发放各类宣传品达20000余份（张贴挂历、扑克、小册子、环保手提袋、帽等）。2011年，全地区有6个县未发生森林火灾，墨脱县创26年未发生森林火灾佳绩。全年仅发生森林火灾2起（均为一般森林火灾），森林受害面积14亩，火灾破案率100%。与上年度相比，森林火灾减少一起，发生次数下降33%，全年无重特大森火灾发生、无人员因灾伤亡的目标顺利实现。

林芝地区水利工作

【突出抓好协调衔接，项目前期工作实现新推进】项目建设是促进经济增长的主要手段，做好前期工作是项目建设的重要保证。该局历来十分重视项目前期工作，始终把做好项目前期工作作为当前的首要任务来抓，紧紧围绕保障民生、服务民生、改善民生，有重点、有步骤、有计划地稳步推进全地区水利项目前期工作的顺利开展。《林芝水利发展“十二五”规划》已通过自治区审查，完成“十二五”前期项目储备64项，总投资为9.98亿元；《尼洋河流域综合治理与保护规划》顺利通过水利部水规总院审查，待自治区人民政府批准后实施，该《规划》总投资近38亿元；在完成以上两大规划的基础上，该局今年还先后完成了《2011－2013年农村饮水安全规划》、《县级农田水利基本建设规划》、《中小流域综合治理规划》、《无电地区发展规划》、《重点灌区建设规划》。2011年，落实2011年水利建设任务25个，总投资1.75亿元，项目涉及农村饮水、灌区、草场灌溉、防洪、山洪灾害非工程措施、中小流域治理、小农建设及水土流失治理8大类，其中：农村饮水工程1项，投资2239万元；灌区工程6个，投资3979.11万元；草场灌溉1项，投资360万元；小农建设2项，投资1383万元；防洪工程2项，投资2759.82万元；非工程措施6项，投资3295.05万元；中小河流治理项目6个，投资2504.2万元；水土流失治理1项，投资960万元。

【着力提高防灾减灾能力，防汛抗旱得到新加强】投入150万元对八一城区段防洪堤进行岁修和河道疏浚，争取自治区特大防汛经费25万元、地区配套40万元对波密县易贡巴玉防洪堤进行除险加固。投资595.98万元的百巴镇防洪堤和里龙乡防洪堤工程已完工，察隅县防洪堤、朗县防洪堤、林芝布久堤防、朗县拉多堤防、工布江达太昭堤防、工布江达金达堤防、巴河镇防洪堤陆续开工建设。2011年我地区7县35个乡镇受不同程度的洪涝灾害，造成直接经济损失2214.73万元，其中水利损失562.1万元，在地区水利局和当地政府的全力抢险救灾下，有效地将灾害损失减小到最低程度，特别是成功处置了八一镇防洪堤“7·30”坍塌事故，险情得到及时控制，确保堤防不决口，为抢险救灾积累了经验。

【加大基础设施投入力度，水利项目建设实现新跨越】在“十二五”规划开局之年，2011年农村饮水工程、工布江达巴河堤防、米林里龙堤防、林芝布久堤防、朗县拉多堤防、工布江达太昭堤防、工布江达金达堤防、朗县县城防洪堤、察隅县城防洪堤、米林县重点农田建设、林芝地区小水电维修、工布江达甲热灌区、朗县江北仲温塘灌区、米林羌纳灌区、墨脱地东、当木荣、果果塘灌区等一大批水利民生工程相继开工建设，总投资1.75亿元，至年底预计完成投资6992万元。

林芝地区2011年水利续建项目包括灌区、电站、水保、农村电气化、中小河流治理5大类21个子项，工程总投资1.75亿元，结转2010年度投资1.22亿元，至年底预计完成结转投资1.07亿元。朗县曲江灌区、波密沙贡灌区、工布江达县仲莎草场灌溉工程、倾多镇乡镇供水、林芝县觉木灌区、米林县立地灌区、察隅县嘎腮灌区、米林县里龙乡生态修复工程、林芝县马崩弄水土保持生态修复工程、波密县易贡线路延伸、波密县康玉电站、察隅县沙堆电站、墨脱县达木电站线路延伸、扎朗电站线路延伸、背崩电站线路延伸、察隅沙堆电站线路延伸、林芝县百巴堤防堤等17个项目先后完工并投入使用。

【以改善民生水利为重点，农水农电工作取得新成效】2011年，在该局的积极协调下，自治区下达2011年农村饮水安全项目投资计划，计划解决7个县的140个村、5座寺庙、12所学校，共3871户20693人的农村饮水安全问题，工程总投资2239万元，至年底预计建成98个村的饮水工程，完成投资1514万元，可解决12800人的饮水安全问题。今年国家投资800万元加快米林县农田水利基本建设，使米林县农田水利设施得到不断完善；察隅县按照全国第三批小型农田水利重点县的要求，已编制完成《小型农田水利重点县建设方案》和《小型农田水利重点县建设2011年度标准文本》；投资583万元的工布江达、林芝、墨脱三小水电维修工程进展顺利；不断加大对波堆电站的跟踪力度，投资4.3亿元的波堆电站已开工；波密康玉电站、察隅沙堆电站、墨脱县加拉萨电站线路延伸、达木电站线路延伸、背崩电站线路延伸、察隅县扎朗电站线路延伸、沙堆电站线路伸延等一大批农村水电工程于年底前将先后全面完工并投入使用，全地区农村通电率将达到84.87%，农牧民群众的生产生活条件将进一步改善。

林芝地区交通工作

【交通建设项目投资不断增长，项目建设工作有序推进】交通基础建设作为国民经济的基础性产业，对推动经济社会发展起着至关重要的作用，也是交通运输工作的重点。2011年，地区交通运输工作以推进公路基础设施建设，夯实国民经济发展基础，提升辖区公路管养水平，打造货畅其流、人便于行的公共交通为目的，继续把争取交通建设项目投资作为突破口，不断加大项目争取与项目建设管理力度，使地区交通建设项目投资再创新高。

2011年，在区交通运输厅和区公路管理局的大力支持下，共落实建设项目62个，争取建设资金105602万元，完成投资86752万元。其中新建项目43个，完成投资27201万元；续建项目19个，完成投资59551万元。预计农牧民参与工程建设创收4944.8万元。通过以上建设共改（扩）省道34公里；新建边防公路28.7公里；新、改建农村公路246.52公里，其中乡镇及村道硬化或黑色化公路107.05公里，砂石路面139.45公里。共实现3个乡镇26个行政村的通畅及12个行政村的通达，解决19904人的出行问题，至2011年底林芝地区乡镇通达率可达96.3%，行政村通达率达90.39%。

林芝地区国土资源工作

【紧盯目标抓建设，“双保”工程呈现新局面】2011年，林芝地区国土资源系统在保红线上，严格落实耕地保护责任。完成了对林芝等六县开展2010年保护责任目标完成情况的考核工作；接受了自治区考核组对该地区“十一五”及2011年度耕地保护目标责任的考核。在保发展上，确保建设用地供应管理。

【规范管理抓服务，地籍工作得到新提升】一是农村集体土地登记发证工作有序推进。督促各县落实项目资金668.4万元，办公经费81万元。已完成18乡镇185个行政村10098宗宅基地的权属调查、地籍测量工作。

二是进一步规范地籍管理工作。在地区开展了土地登记规范化和土地权属争议调处检查工作，清理查找存在的问题，及时纠正不规范的土地登记行为，建立健全了各项制度，加强和改进了土地权属争议调处工作。全年该局及各县局共办理土地登记841宗，面积1790.42亩，颁发国有土地使用证784本，面积为1605.71亩，在土地市场交易上，共办理转让登记328宗，面积84.59亩，房地产转让额9576.83万元。其中住宅转让205宗，面积54.18亩，转让总额3841.23万元。抵押登记152宗，面积415.79亩，房地产抵押额82517.91万元，房地产贷款额40041万元。

【建章立制抓规范，规划修编探索新机制】一是地区土地利用总体规划修编大纲顺利通过自治区级审查。目前正在编制正式的规划文本。

二是开展八一镇土地定级与基准地价更新工作。为使基准地价更好地适应土地市场发展的需要，经行署批准开展了八一镇城区土地定级及基准地价新一轮更新，项目承担单位10月份提交了初步成果，并举行了听证会，近期自治区国土资源厅将组织相关部门验收。

【加快建设抓项目，土地整理实现新突破】一是认真实施土地开发整理项目。完成了林芝县娘萨村“占补平衡”耕地开发项目验收。实施了投资776.9万元的林芝县结麦村、米林县本夏村、工布江达县东玛土地开发整理，共1506亩。申报了2011年土地开发整理项目。波密县古乡索通村、朗县洞嘎镇的扎西塘村两个项目被列入自治区2011年土地整理复垦开发项目计划，项目可研通过区国土资源厅的审查，项目总投资800多万元。

二是地质灾害监测预警系统和防治项目建设得到进一步加强。完成了323万元的冰川泥石流监测预警项目建设。在5县16条冰川泥石流沟安装了监测设备，以便相关部门作出预警决策，确保了人民群众生命财产安全。10月中旬，开工建设了投资510万元的波密县那哈弄巴沟地质灾害治理工程。

【地质灾害抓防治，规范管理步入新阶段】2011年，全地区共发生地质灾害14起，其中泥石流灾害10起，滑坡灾害2起，崩塌灾害2起。

林芝地区环保工作

【以加大环境监管执法工作力度为突破口，环境治理取得明显成效】一是深入开展现场执法检查。加强集中式饮用水水源保护区专项执法检查，排除各类环境安全隐患，确保饮用水水源地环境安全。共检查城镇集中式饮用水源保护区9个。出动执法人员30人余人次，车辆10台次；加强旅游景区检查。先后检查巴松错、秀巴古巴、嘎定沟、鲁朗林海、南伊沟等景区景点，查处景区内不规范开发建设项目一个（巴松错景区内游客中心建设项目，环保措施落实不到位，工程弃渣随意倾倒，已责令建设单位改正，工布江达县环保局负责督促落实）；加强建设项目审批后的监管，严查建设项目环境违法行为，进一步促进建设项目环保“三同时”制度的落实，有效防止了新污染源的产生，改善了区域环境质量。认真执行国务院《建设项目环境保护管理条例》规定，对此项工作重点、目标任务提出具体要求和安排，并将“三同时”制度执行情况执法检查纳入每年环境监察工作之中。截至目前，共检查建设项目及重点监管企业17个，对存在问题的建设项目及时提出了整改要求。其中，针对多布水电站项目建设过程中环保措施落实不力，造成的扬尘污染问题，约谈了项目业主并责令建设单位落实扬尘污染防治措施，消除项目建设过程中的扬尘污染。

二是认真落实藏办发〔2010〕134号、藏环〔2010〕250号、藏政发〔2011〕34号和藏环发〔2011〕54号文件精神。

积极开展矿山环境执法专项检查，针对西藏恒河矿业公司波密县沙拢弄探矿工程、西藏锦华矿业开发有限公司工布江达县沙让钼浮选厂工程、西藏洪城矿业开发有限公司工布江达亚桂拉铅锌矿开采工程过程的环境违法问题，我局监察支队、污防科及监测站等科室于2011年9月6日、17日对该公司进行了执法检查，并于2011年9月8日对该公司下发了《关于工布江达县境内四家矿山企业进一步做好环境保护工作的通知》（林地环〔2011〕68号），要求该公司尽快落实藏环发〔2010〕250号文件中提出的整改内容，并对其中三家矿山进行立案。

三是围绕民生问题，深入开展环保专项行动。起草了《林芝地区2011年整治违法排污企业保障群众健康环保专项行动工作方案》并征求8个成员单位意见，经行署审定同意后，印发了《林芝地区2011年整治违法排污企业保障群众健康环保专项行动工作方案》的通知（林地环办〔2011〕29号）明确工作重点及要求。上报专项行动信息4期，监察信息31期，上半年专项行动活动共出动人员520余人次、检查企业共62家、检查重点矿山企业项目5个、集中式饮用水源保护区9个、重点建设项目5个。

四是加大排污费征收力度，逐步开展排污费征收稽查工作。通过加强排污收费宣传，严格排污申报，严格征收标准，扩大征收面，排污费征收工作做到了环保开票、银行代收、财政统管。截至目前，全地区共征收排污费97万元，涉及排污者400户。排污费稽查工作：因各县环保机构刚成立，人员不完善等因素排污费稽查工作未开展。

五是认真做好环境信访及“12369”环保举报热线管理工作。对群众的来信来访，坚持做到“有诉必接、有接必查、有查必果、有果必复”。截止目前，共查处群众来信来访15起，其中大气污染1起，水污染1起，噪声污染12起，生态破坏1起。对每件群众来信来访，坚持文明受理、及时出现场、限期结案、跟踪问效、急事急办的原则，始终以受害人的切身利益为出发点，将人民满意作为工作的最终目标，积极参与协调和及时调查处理，处理率达100%。加强了高（中）考期间环境噪声污染专项检查，查出环境噪声污染隐患1起，依据环保法律法规当场提出整改要求，及时消除了环境噪声污染隐患。高（中）考期间未接到环境噪声污染投诉，未发生环境噪声污染问题。

六是认真做好突发环境事件的应急处理工作。建立并落实突发环境事件信息报送责任制，严格执行突发环境事件报告制度，提高突发环境事件的防范和应急处置能力。制定了《林芝地区突发环境事件信息报告制度（试行）》并下发各县环保局，制定了林芝地区突发环境事件信息报告流程图，便于及时有效地应对突发环境事件。

【以强化环保手段为抓手，环境监测能力初步形成】一是严格规范管理实验室。根据实验室标准化建设要求，初步建立健全了实验室管理规章制度，各项规章制度全部上墙；对国家配发的仪器设备建立了台账，完善规范实验室的管理。7月中旬在林芝地区质量监督局监督指导下，完成了我站实验室资质认证监督检查复审工作。

二是扩大监测范围。制定了《2011年林芝地区环境监测工作方案》，对6县的集中式饮用水源地、5条河流水质，18个优美乡镇水、气、声的全面监测工作，工作内容已完成，正在编制林芝地区年度环境质量报告。在工布江达县万诚矿业、荣辉矿业、洪城矿业附近附近水源进行设点，依照规范共设12个点位，采水样13瓶，加采平行样1瓶，监测分析，编制报告正在完成。

三是确保监测数据准确性。完成了林芝地区人民医院环境空气质量自动监测站的仪器设备安装、调试工作，现八一镇环境空气自动站已建立使用有两个，都正常运行，确保了日报数据的有准确效传输，监测指标：SO^2平均值：0.004mg/m^3；NO^2平均值：0.002mg/m^3；PM10平均值：0.029mg/m^3。

林芝地区科技工作

【协调落实项目资金】全年协调落实2010年度重点科技项目资金908.3万元，其中地区财政安排2011年度科技配套经费200万元；区科技厅批复下达我地区重点科技项目3个，资金175万元，全区第一个实验区--《尼洋河流域可持续发展实验区》批准在我地区建设，经费300万元；区科协安排我地区科协项目资金125万元；广东省第六批援藏工作队安排援藏资金200万元，实施“天麻繁育基地扩能”项目。

【重点科技项目取得成效】有3个实验区支撑项目已先行组织实施，取得阶段性成效。“林芝县久巴村科技示范村建设”项目，通过建立村图书室，捐赠1000余册科普书籍，提高村民科学文化素质和劳动技能；采用嫁接技术将李、桃、杏等优良品种嫁接到野山桃树上，次年开始结果，增加当地群众收入达1000－3000元；发展特色产业，带动群众种植天麻约2亩，年收入达20余万元。“当地优质藏药材新产品开发研究”项目，依托科技援藏优势，引进广东和藤医药科技股份有限公司，建立500亩藏药材生产基地，建设3000多平方米GMP中心，现设备已经到位80%，年底投入生产，“和藤藏天麻含片”、“和藤红景天含片”和“和藤藏天麻粉”等藏药材新产品明年面市。“林芝地区食药用菌、名贵花卉研发基地建设”项目，依托广东省微生物所、广东省农科院花卉所技术优势，在巴结村天麻繁育基地开展食药用菌类、黑木耳和天麻伴生菌的技术集成示范和中试工作，取得成果：野生灵芝培育3个大棚1.5亩，产量达500斤左右，为规模化栽培提供了技术支持和积累了经验；黑木耳袋料地栽技术取得成功，木耳适应性强，产量可观，示范取得成功，项目已在米林县大面积推广，达到了“开发一个项目，带动一个产业，发展一方经济，致富一方群众”目的。天麻种植示范、推广工作扎实开展，地区科技局天麻繁育基地生产菌种10万多瓶，收购当地箭麻940斤，繁育16个大棚天麻。安排技术人员下乡蹲点，指导林芝、米林两县40余户天麻种植户。通过天麻繁育基地的示范和辐射，已带动全地区群众种植天麻面积达250余亩，天麻产量达50万余斤，增加群众收入100万元。

【申报重点科技项目】组织申报科技部富民强县项目3个：“米林县黑木耳袋料栽培技术示范与产业化开发”、“工布江达县藏丹参种植与推广后续实施”和“波密县天麻仿野生栽培与产业化开发后续开发实施”项目，已立项批准。完成“设施桃优选品种在林芝地区的中试与推广”成果转化项目申报工作，区科技厅已审核通过并报送科技部待批。“朗县核桃栽培技术推广与产业化开发”富民强县项目、“西藏波密天麻深加工及产业化”星火计划项目申报工作已完成，项目在审批中。我地区七县中有6县实施了富民强县项目，还有2个后续项目实施，工作走在全区前列。申报自治区重点科技项目3个：“巴吉村奶牛规模养殖及乳品加工示范”、“林芝县更张门巴民族乡奶牛养殖”和“墨脱县藏茶种植技术研究与推广”项目，已列为自治区第二批重点科技项目。安排地区级重点科技项目11个，项目资金已下拨到实施单位，项目正在顺利实施中。

【壮大科技特派员队伍】新推荐农牧民科技特派员40名，科技特派员人数达到235人。通过科技特派员示范带动作用，开展蔬菜种植、果树修剪和管理、天麻（木耳）种植和家畜传染病防治培训80余期，培训农牧民群众达1万人次，发放实用技术资料5000余册；科技特派员创办企业5个，实施项目27个，直接参与农户5236户，实现增收有4925户，户均增收达4000余元。米林县科技特派员巴桑，在家中空地上种植天麻40平方米，收入1.4万元，村里10多户群众争相要求他带领大家种植天麻。科技特派员很受群众欢迎，成为传播和推广科学技术的生力军。

【以第三次全国科技援藏工作座谈会为契机，推进科技受援工作】广东省第六批援藏工作队批准“天麻繁育基地扩能建设”项目，实验楼已经开工建设，12月底竣工投入使用。

广东省科技厅组团赴藏考察，衔接落实科技援藏项目，签订合作协议，建立食药用菌科研基地、花卉资源研发中心。广东省微生物研究所引进13个珍稀食用菌品种，开展示范栽培工作。试验种植灵芝新品种三个共8000袋、当地野生灵芝15000袋，效益可观。广东省农科院花会所引进名贵花卉蝴蝶兰6000盆，现长势良好。地区科技局和广州市科信局合作的藏香猪规范化种植项目进展顺利，已完成场地选址、项目设计等前期工作。

全国第三次科技援藏座谈会期间，广东省科技厅与地区科技局签订意向协议，推荐广东和藤医药科技股份有限公司进藏落户。在八一镇建设GMP中心，现完成厂房、电力设施、自来水及管网等基础设施建设，完成50%的净化工程和70%的加工提取检测设备的采购。

林芝地区卫生（人口计生）工作

【狠抓了卫生基础设施建设，改善服务条件】该局以基层卫生基础设施建设为重点，一是积极与上级业务主管部门衔接，制定了“十二五”卫生重点建设项目15个，总投资15165.76万元，完成了该项目科研报告，并积极与自治区卫生厅、自治区发改委进行衔接；二是实施了5个县卫生服务中心、卫生援藏项目——地区血站建设，总投资达9195万元；三是全地区藏药制剂中心设备，经政府招投标已购置，目前藏药制剂中心净化工程项目完工。

【积极开展妇幼保健和人口计生工作，提高人口素质】1.以降低两个死亡率为目标，加强县级产科能力建设。一是继续采取城市医院支援农村措施，组织地直医疗单位产科专家到各县人民医院蹲点，重点加强县级产科急救能力建设。二是督促检查农村孕产妇住院分娩实行医疗费用减免和限价补助政策落实情况（即：农牧民顺产补助300元，难产和贫困户顺产补助500元，难产贫困户补助800元），鼓励住院分娩。提高了妇女儿童健康保障水平，2011年全地区孕产妇死亡率203/10万、婴儿死亡率30‰，住院分娩率62%。

2.贯彻落实好党的惠民政策，认真开展了“一孩、双女”户困难家庭扶助制度和西藏自治区“特殊子女家庭特别扶助制度”目标人群的资格审查和确认及数据录入工作。

【加大卫生执法力度，保障人民群众医疗和食品卫生安全】1.2011年重点加强学校、建筑工地食堂、重大节假日、重大活动的食品卫生监管，共检查食品经营单位3100家，没收过期食品29个品种426.2公斤，价值7370元，行政处罚1家罚金3000元，同时，开展了地沟油、瘦肉精专项整治工作。加强水源安全，加大社会医疗机构监管力度和医疗服务收费督促检查力度，餐饮服务食品安全监督覆盖率98%。2011年全地区没有发生大的医疗和食品卫生安全问题。

2.积极开展了药品安全专项检查。今年共检查药品经营、使用单位57家，捣毁2个无证经营藏药的摊位，并积极开展了药品经营企业GSP跟踪检查工作和执法案件评查工作。

【继续加大藏医药产业建设，促进民族文化发展】1.坚持以农村为重点，全面加强农村藏医药工作。该局充分发挥藏医药在农牧区医疗卫生工作中的特色和优势，大力推进基层常见病、多发病藏医药适宜技术推广。一是加强县、乡、村藏医服务网络建设，对工布江达县等2个县藏医院配备400万元的医疗设备做好调研和购置设备计划，实现了"有藏医、必须配备藏药、逐步配齐藏医诊疗设备"目标。二是积极开展了支援农村工程，先后3次选派藏医医疗人员到自治区藏医院等兄弟医院进修和藏医全科医师转岗培训，对基层藏医技术人员进行了短期培训，培训人次达100人，并配备了相应的藏医传统诊疗设备。三是开展了藏医基本现状调查，藏医药管理科荣获国家中医药管理局颁发的"全国藏医基本现状调查先进集体和先进个人称号"。

2.坚持以理论联系实际，拓展藏药产业发展。一是实施了地区藏药资源大调查项目结尾工作，并开始整理编写《林芝藏药图谱》和《林芝地区藏药资源调查研究报告》等产业发展基础工作；制定了《林芝地区加快藏药产业发展意见》等工作。二是地区藏医院制剂中心工程进行了净化工程，投入约500万元，申请了更多的制剂准字号，有望达到100多个藏药制剂准字。三是藏药在防治重大疫病上起到了积极的作用，藏医药介入控制疫情方面发挥了重要作用。

【狠抓了卫生系统党风、政风、行风工作】制定方案，狠抓落实。该局（委）成立了领导小组，出台了《关于在全地区卫生系统基层党组织和党员中深入开展创先争优活动的实施方案》《林芝地区卫生局党组关于深入推进学习型党组织建设实施方案》，召开了全系统深入开展创先争优活动动员会和深入推进学习型党组织建设动员大会，对全系统创先争优活动、学习型党组织建设进行了部署。各基层党支部和党员按要求向社会进行了公开承诺。通过创先争优活动和学习型党组织建设活动开展，有力地推动了各项重点卫生工作的开展。

林芝地区民政工作

【社会救助工作稳步推进】林芝地区各级民政部门按照地委、行署的统一部署，认真贯彻落实保民生的要求，进一步落实政策，完善制度，规范管理，切实保障困难群体、特殊群体和优抚群体的基本生活和合法权益。一是困难群体基本生活得到保障。采取有进有出、分类施保的措施，基本实现了低保对象的动态管理和应保尽保，2011年，全地区农村低保共计2222户7878人，预计发放低保金653万元；城市低保对象共计1025户3168人，预计发放低保金724万元。二是特殊群体供养水平得到改善和提高。根据上级文件精神，再次提升城镇居民最低生活保障标准，保障金在现行基础上上调30元/人/月；农村居民最低生活保障范围由现行的家庭年人均收入低于1330元的困难群众扩大为家庭年人均收入低于1480元的困难群众。2011年，预计投入资金3万余元，会同公安、城管等部门劝返、救助流浪乞讨人员120余人。三是优抚群体合法权益得到维护。认真贯彻落实优抚政策，提高了各类优抚对象的生活补助和医疗补助，预计发放优抚对象抚恤和生活保障经费798.8万元。

【抗救灾工作成效显著】林芝地区各级民政部门继续完善救灾应急机制，及时启动应急响应。2011年，林芝地区遭受严重的自然灾害侵袭，需要救济的人口比以往增多，为此该局积极筹措救灾资金、救灾物资，切实保障受灾群众有住、有吃、有穿问题。一是保障春令冬荒受灾群众的基本生活。2011年下拨冬令春荒款900万元（其中200万元用于地区级调剂安排困难群众临时性生活），做好冬春灾民生活安排，及时将救灾款物发放到户、落实到人。二是全力开展各类抗救灾工作。2011年，林芝地区共发生各类灾害65起，造成2068户8476人不同程度受灾，因灾死亡18人，经济损失达1168万元。该局严格按照救助标准、认真审核救助对象，先后对察隅县农房火灾事故、3.12波密县嘎龙隧道口雪崩事故、3月14日昌都八宿县交通事故中受灾群众进行安抚救助。其中，察隅县民房火灾事故后，察隅县民政局调运救灾帐篷31顶，棉被250床，棉褥（垫）150床，衣物300件（套），鞋子77双，大米2200斤，面粉1100斤，清油22桶，茶叶44条，矿泉水25件，方便面32件。同时，地区民政局先后为灾民购买了生活必需品、炊具等，并向灾民发放了慰问金，费用共计9.6万元；波密县3.12嘎龙隧道雪崩事故后，紧急调运20床棉被、20套棉衣裤、20双棉鞋开展救援；3月14日重大交通事故发生后，地区民政局投入资金1.5万元，对遇难者家属进行慰问、安抚。同时，深入组织开展"5·12防灾减灾日"宣传活动。组织向日喀则地区亚东县9·18地震灾区捐款56.372万元。

【双拥共建工作成效显著】2011年以来，严格按照《林芝地区争创全国双拥模范城实施意见》，切实发挥双拥工作主管部门的职能作用，瞄准新目标、采取新措施，开展了一系列双拥模范城（县）创建活动。接受2010年冬季退役士兵88人，上报农牧区籍符合安置人员20人，妥善安置军队退休人员2人，新评伤残人民警察1人，为100名优抚对象办理《抚恤证》及《抚恤补助资金领取证》。全年预计下拨抚恤事业费276.8万元，确保了102人的重点优抚对象生活水平的提高；兑现25名无军籍退休职工和9名军队退休干部工资、福利和医疗费471万余元，解决了他们的生活、住房、医疗困难的问题。配合林芝军分区做好察隅县红卫烈士陵园维修项目前期工作，积极争取到米林县、波密县、察隅县三县烈士陵园维修项目。元旦、春节、藏历年期间，全地区共召开党政军民座谈会13次，慰问部队171个，落实慰问资金40.5万元。八一建军节期间，各县共慰问驻地部队103个，优抚对象366人，落实慰问资金43万元，致慰问信590余封。同时，地区和米林县分别召开了2011年议军会。地区议军会议决定，2011年由地区财政为地区驻军团以上单位各解决50万元资金，为旅以上单位各解决60万元资金，共计600多万元资金用于解决部队当前存在的困难和问题，同时就各部队提出的官兵家属就业、子女上学、交通安全隐患排除等困难和问题进行了梳理及分解任务。米林县议军会议上，县财政为部队解决规范化达标建设经费及办公设备经费41万元。积极开展争创第十次全区双拥模范城（县）活动，组织开展了林芝地区“为民便民服务一条街”、“2011年清明节祭奠革命先烈”等活动。

林芝地区人力资源和社会保障工作

【实施积极的就业再就业政策，就业局势保持基本稳定】坚持以增加就业岗位、降低城镇登记失业率、彻底消除“零就业”家庭为目标，创新措施，加大力度，就业再就业工作取得明显成效。一是全面贯彻落实就业扶持政策措施。积极举办“搭建劳务对接平台，帮您尽早实现就业”为主题的“春风行动”专场招聘会，进场单位29家，提供就业岗位510个，达成就业意向791人次。截止12月底，收集就业岗位2200个，实现就业再就业2000人，城镇登记失业率控制在3.4%以内。二是加大免费职业指导力度。职业指导达3550人次，职业介绍达2500人次，成功介绍达1500人次，成功率突破66%。三是加大培训力度。全地区就业再就业培训开展26期，培训人数1600人，农牧区劳动力转移就业培训达23期，培训1800人。农牧民转移就业达44000人次。同时，我们致力于创新培训形式，2011年5月首次与广东相关部门联合，举办了林芝地区首届实用技能“创业培训班”，选送20名农牧民和企业在职人员在广东开展为期3个月的创业培训，进一步拓展了培训方式，取得了良好效果。四是积极开展就业见习基地建设。在确定地区移动公司、人保公司、邮政局、电力公司、西藏兴运物流公司等6家青年创业基地的基础上，确定中国人寿林芝分公司、香帕拉酒店、林芝宾馆、林芝地区建筑公司、林芝县旅游服务中心等5家地区级高校毕业生就业见习基地，并积极落实高校毕业生见习相关政策，在帮助用人单位实现自身发展的同时，为高校毕业生提供社会实践锻炼。五是对1270名公益性岗位人员建立了电子管理台帐，做好了单位用工备案制度，推进就业实名制工作。六是传达学习自治区党委书记陈全国到自治区劳动就业服务局和职介服务中心调研的讲话精神，不仅为就业工作指明了方向，更倍增了我们做好就业工作的信心和决心。

【统筹城乡社会保障体系，社会保障水平持续提升】坚持“广覆盖、多层次、保基本、可持续”的方针，加强基金征缴和监管，社会保险面进一步扩大。一是积极推行新型农村社会养老保险工作。适龄农村居民参加新农保人数达58600人、基金征缴达710万元（含财政补贴），全地区参保率达68%。二是城镇职工基本养老保险参保人数达3644人，退休人数达2270人，基金征缴达3600万元，支出5816万元。三是城镇职工基本医疗保险参保人数达21000人，基金征缴达6800万元。公务员补助收入达1490万元；四是城镇居民医疗保险参保人数达10876人，基金征缴达261万元；五是工伤保险参保人数达8400人，基金征缴奖达309万元，其中老工伤企业及财政一次性缴费128万元；六是生育保险参保人数达13900人，基金征缴达290万元；七是失业保险共征收146家单位6172人，基金征缴达637.28万元；八是全面启动城镇居民养老保险和僧尼纳入社会保障相关工作。9月，我们改造了服务大厅，实现了养老保险、医疗保险、工伤保险、生育保险、失业保险“一站式”服务。

【稳妥推进人事制度改革，干部人事管理规范有序】一是规范公务员管理。加大《中华人民共和国公务员法》及相关配套法规的贯彻力度，进一步强化广大干部职工对公务员法及其配套法规的理解。积极完成公务员登记、年度考核、评优表彰等常规性工作；严格统计、把关，做好了全地区31个地直单位内设事业机构和各县58个事业单位申报参照公务员法管理相关工作；广泛征求意见，根据基层实际情况，有针对性地将2011年分配至林芝地区的第一批公务员共415名分配至县、乡（镇）基层一线工作，为基层干部队伍注入了新鲜血液；努力提升公务员队伍整体素质，人力资源系统公务员对口培训17人，会同地委组织部完成本年度第一批公务员初任培训50人；做好第五次民族团结先进集体和先进个人上报材料审核工作；在国家公务员考录司和广东省第六批援藏工作队的大力支持下，于9月13日在地区成功举办了“全区公务员面试考官培训班”，共培训公务员面试考官85人；协助做好全地区参加“区直公招”考生资格审查工作，认真开展西藏自治区2011年高校毕业生第一批、第二批公开考录、公开考录基层人民警察和“三支一扶”人员考录宣传前期准备工作。二是狠抓专业技术人才队伍建设。全面贯彻落实《林芝地区中长期人才规划纲要》，着力完善人才培养、评价激励机制，认真落实专业技术人员职称评定政策，为用好用活各类专业技术人才创造良好的制度环境。继续深化事业单位岗位设置工作，建立事业单位人事管理信息数据库。三是做好军转干部安置和管理服务工作。围绕涉及自主择业军转干部切身利益的主要政策，编写了《自主择业军队转业干部政策宣传册》，方便军转干部办理有关事宜。2011年3月，集中完成了自主择业军转干部地区津贴调整，699名军转干部地区津贴调整后中央补发部分已于5月份全部落实。8月4日至22日在拉萨完成了全地区拟安置83名军转干部的档案收集工作。协助处理军转干部医疗报销13人，协助办理军转干部家属养老保险8人次，为1名去世军转干部办理了抚恤金和丧葬费的核算。四是做好“三支一扶”大学生的日常管理。严格按照《西藏自治区“三支一扶”人员管理暂行办法》，落实好“三支一扶”大学生生活补贴、请休假、考核、定期联系等有关规定，指导签订服务协议，及时更新“三支一扶”大学生网络信息。在“三大节日”期间，对137名“三支一扶”大学生进行了慰问，发放慰问金和慰问品48900元。五是研究制定了科级（中级职称）以下干部的调动规定，进一步规范了干部调动工作。

【维护劳动者合法权益，劳动关系和谐稳定】认真贯彻落实中央和自治区有关工资政策，准确把握政策界限，对行政机关及事业单位人员工资进行合理管理。大力推进劳动合同签订和鉴定工作，加大劳动保障监察执法力度，加强劳动人事争议调解仲裁工作，劳动关系保持和谐稳定。一是妥善做好社保会保险工作，全年申请工伤认定的有45件，做出工伤认定37件，劳动能力鉴定185起，将219名老工伤人员纳入工伤保险统筹管理工作，为75名合同制职工、21名固定工办理退休手续，完成“59328人员”统计上报工作17人，支付慰问金3.4万元。二是加大执法监察力度,构建和谐劳动关系。坚持开展对用人单位的日常巡视检查、重点抽查工作,积极开展了清理整顿人力资源市场秩序专项行动、农牧民工签订劳动合同“春暖”行动。共检查各类用人单位1204家，涉及劳动者16992人，发放宣传材料6710份，纠正劳动合同60份，补签劳动合同7477份，劳动合同签订率达93%。专项行动期间，查处收取押金7起，涉及人数9人，责令退还押金10900元；查处拖欠工资3起，涉及18人，追讨工资7.623万元。二是认真调解拖欠民工工资投诉，举报案件，切实维护广大农牧民工的合法权益。受理举报投诉案件76起，涉及人数469人，为农民工追讨工资426.09万。三是加大劳动保障法律法规的宣传力度。开展集中宣传活动6次，发放宣传材料6420份，接受法律法规咨询230人次。四是加强劳动人事争议调解仲裁工作。受理劳动人事争议案件11件，经调查取证决定不予受理的劳动争议案件2件，受理案件涉及人数21人，涉案金额 303万元，结案率达100%。审查鉴证集体合同1家，涉及劳动者222人。审查鉴证劳动合同967份。

林芝县

【年度综述】2011年，全县各项工作稳步推进，经济社会持续健康发展，国民经济运行平稳，保持了去年以来持续增长的好势头。全县国内生产总值完成33.31亿元，同比增长22%，其中一、二、三产业分别预计完成1.13亿元、9.81亿元、22.37亿元，分别同比增长14%、17.4%、24.57%。财政收入完成5115万元，同比增长16.25%；社会商品零售总额完成10.50亿元，同比增长20%，农牧民人均纯收入达7542元，同比增长19.66%；现金收入达5580元，同比增长18%。

【农牧业成绩显著】一是农牧业经济稳步发展。2011年县农作物总播种面积为4万亩，其中粮食作物种植面积2.58万亩，预计产量11017.75吨；蔬菜播种面积为0.71万亩，预计产量5363吨；油菜播种面积为0.71万亩，预计产量971吨。粮经饲比例调整为51:34:15。全年调运化肥680吨（其中二铵520吨、其余160吨），各类农药43.46吨，群众积造农家肥10.2万吨。全年牲畜总存栏109420头（只、匹），同比增长0.8%，其中大牲畜55652头，小牲畜53768头。仔畜成活率95.5%，成畜死亡率为1.3%。全县存栏藏鸡118000只、藏猪42500头，分别比去年同期增长8%、14%，牲畜出栏28121头，出栏率为25.7%。肉产量2260吨，奶产量4020吨。二是农牧业项目建设力度加大。截至目前完成固定资产投资2300万元。投资60万元，在米瑞乡、林芝镇发展优质水果产业带，已完成全部300亩水果种植任务，规模已达到5325亩；投资400万元，在八一镇扶持藏猪养殖大户100户，完成猪舍建设13000m^2、养殖藏猪12000头；投资420万元，建设农产品质检站实验楼1000m^2、购置仪器设备150台（套），目前，主体工程已全部完工，仪器设备采购正在组织开展招投标；投资166.82万元（含八一镇动物卫生监督站建设），建设县农技推广站实验室、八一镇兽医站工作用房等共740m^2，已完成前期各项工作，仪器设备订购到位；投资72万元，建设百巴镇、林芝镇、布久乡、米瑞乡共4个乡镇兽医站，每站建设业务用房100m^2，已完成全部土建工程建设；投资138万元，建设区域试验室、仓库等600m^2，购置农机具、区试设备等40台套，目前正在开展招投标；投资120万元，建设花卉种植钢架温室20座，温室正在建设中；投资100万元，完成12座香菇温室建设和种植任务，目前已投入生产。三是特色产业发展迅速。2011年对优质水果产业带进行技术跟踪指导服务，完成补苗517亩10340株；投入40万元在米瑞乡及农技推广站建设钢架温室共22座，并从广东省江门市收集、引进蔬菜新品种10个，拟于近期在县农技推广站进行试种；投资200万元实施藏猪养殖大户建设项目，目前已建设猪舍13000平方米。全县共发展藏鸡养殖大户287户，存栏藏鸡11.8万只，出售藏鸡蛋5万多枚；藏猪养殖专业户280户，存栏藏猪42500头，养殖规模进一步扩大，群众致富渠道进一步拓宽；在鲁朗镇拉月村建设黑木耳加工厂，目前工程已全部完成（厂房一栋、办公室及住宿楼一栋，占地面积10亩、建筑面积约200平方米），烘干设备一套已安装完毕，正在调试，商标注册已完成申报工作。四是防抗灾能力逐步提高。全年农牧业生产自然灾害较往年有所下降，共防治各类病虫害31020亩，先后根据上级业务部门下达的指标，调运储备了必要的农牧业防抗灾物资，其中农药32吨，兽药价值8万元。五是加强了科技培训力度。共举办了9期培训班，参加培训人员达12000人次。另外，开展了三次科技周活动，宣传人员达2000多人次。继续做好科技特派员驻村指导工作，充分发挥其先锋作用。共发放科技特派员生活补助11.5万元，已完成7名科技特派员申报工作。六是加强动物重大疫病防控力度。及时从地区农牧局足额领取各类疫苗并开展拉网式注射工作。春季“W”病免疫期间共注射疫苗牛49318头，占总数的98.2%；猪339887头，占总数的99.6%；羊13271只，占总数的100%，全县牲畜免疫密度达98.8%；春季禽流感免疫工作共注射疫苗禽类11.4万只，全县免疫密度达100%。秋季牲畜“W”病免疫期间共注射牛50454头，羊13371只，猪39887头，免疫密度达100%；秋季禽流感免疫工作共注射禽类疫苗11.4万只（羽），免疫密度达100%，有效降低了我县畜禽疫病的发生率。

【旅游业取得新突破】2011年旅游业走势良好，预计接待游客65万人次，同比增长16%，农牧民收入480万元，同比增长18%。

【林业生态建设得到加强】一是林政管理工作进一步加强，林区稳定得到有效保障。全县针对春节、藏历新年、五一、十一等重大节日期间有众多人员上山捡“财”和“转山”的习惯，在重要区域、重点地段设置了专人看管及醒目的标识牌，进行大规模宣传，加大林业检查站的巡管力度，有效的保证了林区安全。全年共受理各类林业案件16起，其中行政案件11起，刑事案件5起，受处罚17人次，其中林业行政处理12人，治安拘留3人，起诉3起。没收椽子木746根，原木214.25立方米，锯材73.82立方米，下浆木360根。二是森林防火工作进一步加强。组建了森防突击大队，建立了生态监管员队伍和管护人员队伍；制定和完善了领导包片负责和巡逻制度，组织领导带队于周二、四、六轮流进林区巡逻，组织林业工作站人员于一、三、五、七进入林芝巡逻；开通了12119森防报警电话，加强了森防检查和火源管理，截止目前，无重大火灾、火情发生。三是生态建设与保护有序推进。组织全县干部群众植树1500余亩，义务植树8.64万株；重点区域造林10457.9亩，防护林造林7500亩、封山育林5.8万亩；完成2300亩的迹地更新任务，占全地区总投资的29.5%，位居地区第一；投资375万元在林芝镇、布久乡、更章乡实施防护林营造项目7500亩，占全地区总投资的21.5%，成活率60%以上；继续做好退耕还林9321.1亩（其中防护林8308.9亩包括近4000亩的核桃，经济林1012.2亩）。四是全面遏制森林病虫的发生。加强高山栎、高山松等林木的枯黄、干死防治工作，全县森林病虫危害面积12万亩，防治作业面积14万亩（防治面积12万亩、预防面积2万亩），兑现群众劳务费133.55万元。

【项目建设稳步推进】2011年全县新建和续建项目预计共有82个（不含按属地原则划入该县的地区项目），全年全社会固定资产投资预计完成55085.1万元，完成年度计划的63.61%（按照属地管理原则，由于地区划入我县的项目未确定，故只能预计我县的所有项目）。从投资来源来看，国家投资预计完成18085.1万元（含援藏投资），完成年度计划的31.18%。社会投资预计完成37000万元，完成年度计划的129.37%，其中招商引资预计完成30000万元，完成年度计划的100%，民间投资预计完成7000万元，完成年度计划的140%。目前，全县正在进行前期工作的项目共有86个（含已完成前期工作在2011年实施的项目），总投资为72318.46万元。其中：农林牧水项目有40个，投资11943.43万元；教育项目5个，投资1722万元；社会发展项目41个，投资58653.03万元。特别是在小康示范村建设中，到位资金900万元，其中援藏资金750万元,县财政配套资金150万元。目前正按照环境优美、经济繁荣、生活富裕、设施健全、服务配套、管理民主、社会和谐的社会主义新农村目标进行建设。

工布江达县

【年度综述】2011年，工布江达县生产总值完成74404万元，同比去年增长17.1%；农牧民人均纯收入达到6720元，同比去年增长17%；农牧民现金收入完成4829元，同比去年增长17.4%；财政收入完成4720万元，同比去年增长14.9%。

【谋全局、找突破，科学制定发展措施】2011年全县农林牧总产值完成16761万元，同比增长6.1%；乡镇企业产值预计完成5008万元，比去年增长8.9%；多种经营收入预计完成17672万元，比去年增长15.8%。基础农业实现增收。全县农作物播种面积4.96万亩，其中粮食作物3.31万亩，经济作物1.2万亩，饲草料作物0.45万亩，粮油产量9860吨，同比增长2.8%；全县牲畜存栏17.8万头（只、匹），同比增长5%。特色产业发展壮大。建成了夏巴3000亩优质青稞基地、800亩脱毒马铃薯良种基地，318国道、巴错公路沿线6000亩油菜观光带、巴错公路沿线400座大棚蔬菜、大棚水果旅游观光农业，丹参种植面积达到2800亩，牦牛养殖规模达到75000头，藏猪主养殖区从1个乡镇扩大到6个乡镇，养殖规模达到100000头。确定藏猪产业为全县主导产业，牦牛养殖业为全县主培产业，并列入“十二五”规划。打造了“工布藏香”、“错高藏香”等8大农牧业特色品牌，被列为“国家级藏猪遗传资源保护区”和“特有鱼类国家级水产种质资源保护区”。科技工作扎实推进。继续开展科技特派员和科普带头人工作，2011年新聘用了5名科技特派员，使全县科技特派员达到了20名，覆盖了九乡镇18个行政村，充分发挥了科技示范带头作用，为全县农牧业及特色产业发展提供了强有力的技术支撑。

找准重点抓二产，推动有资质、有实力、有规模的国内知名企业投资我县矿业开发，对县内小、弱企业进行整合，实现集约化开采，提高了矿业开发水平。招引国内500强国有企业甘肃白银有色集团公司参与我县矿业开发，目前已签订有关合作协议。加大了矿产资源勘查力度。顺利完成全县公益性“青藏专项”野外地质调查工作7家，完成工布江达境内1:5万基础地质调查和1:5万水系沉积物测量5000多平方千米，新发现矿（化）点4个。对工布江达县城以西的金达和加兴等地水文地质、环境地质和区域重力和区域化探进行了调查评价，对亚贵拉铅锌银矿产资源储量作了进一步勘查核实。加大了矿产资源整顿规范力度。切实加大专项整治和打击力度，严厉打击无证勘查开采、乱采滥挖等各类违法行为。在去年完成探（采）矿权合同管理、矿业权实地核查、矿产资源利用现状调查、全面规范探矿权采矿权工作的基础上，进一步规范矿业勘查（开采）准入制度，实行矿业权人勘查（开采）承诺制。建成松多、金达两个地磅管理服务站，出台《矿管工作管理办法（暂行）》，保证矿产秩序合法化、规范化，全县矿业开发秩序明显好转。2008年至2011年实现矿业工业产值1773.76万元。加大了水电开发规划力度。开展了县域内主要河流的综合开发规划，完成了《水电产业发展规划报告》。全面普查、对外推介全县水利资源，提出了总装机容量40万千万、年发电量约20亿千万、总投资约需71亿元的娘曲、巴朗曲、朱拉曲水电产业规划方案。引进西藏林芝江南实业有限公司，先行进行巴朗曲仲莎电站试点，目前流域规划工作已经完成，等待地区审批。

深度开发抓三产，围绕全区旅游布局，积极发展重点景区、拓展中小景区，挖掘景区潜能，做好了全县旅游总体规划的实施工作。注重把旅游产业与文化产业、与新农村建设有机结合，加大旅游纪念品、工艺品的研制开发力度，提升旅游业发展层次，大力引导农牧民群众参与旅游业，把旅游发展引向乡村。按照“以大带小，集中资金，重点开发”的原则，以“尼洋河风光带”的中、小型景点为招商重点，并以最优惠政策鼓励尼洋河旅游开发有限公司、巴松措旅游开发有限公司，分别对秀巴千年古堡景点和太昭古城景区、巴松措湖心岛周边改造、结巴民俗度假村进行投资开发建设，全县旅游基础设施进一步完善。制作工布江达县文化旅游形象宣传片、主题歌曲，编制《工布江达县旅游志》。积极改变经营、宣传促销模式，彻底扭转了接待人次下降的局面。成功举办了林芝地区首届“松茸美食文化节”暨工布江达县第七届“巴松措工布民俗旅游文化节”，取得了良好的效果。截止十月底，全县共接待游客17.7万人次，旅游总收入为3524万元。其中，巴松措游客接待量为13.3万人次，门票收入为1007万元。

二是突出民生抓社会进步。提出“一线四点”，即318国道一线，松多、金达、县城、巴河四点的城镇发展格局，大力推进小城镇建设。邀请泉州市规划设计院、市政园林设计院组织县城概念性规划的会审，对县城中心区域及松多、金达、木巴集镇进行修建性详细规划，对县城沿河路、解放路进行街景立面设计，着手推动县城主要街道的立面改造。重点抓好松多窗口集镇建设，实施房屋立面改造，完善给、排水基础设施，提升城镇档次并辐射服务周边农牧区。出台《工布江达城市综合管理办法（试行）》，成立城市综合管理领导小组，大力整治县城环境卫生，加强城市管理，树立林芝地区西大门和生态大县的形象。启动以农村人居环境综合整治和小康示范村建设为重点的新一轮社会主义新农村建设，及时对未能纳入“十一五”农牧民安居工程建设规划的农牧户和新增户进行调查摸底，列入安居工程建设计划，完成了8个小康示范村和14个人居环境综合整治试点村建设工作。

狠抓教育工作，以迎“国检”为契机，围绕提高教育质量这一核心，抓住创新机制、环境再造这一关键，突出抓好控辍保学、队伍建设、学校管理、办学条件、教学质量和扫盲工作六个重点，争先创优氛围浓厚，齐抓共管格局已经形成，巩固率水平明显提高，教育教学水平明显改善。于2011年9月23日接受国家教育督导团的“两基”检查验收，获得国家教育督导团各位专家的高度评价，圆满完成“两基”国检任务。国检顺利通过后，积极推动教育工作第二步发展措施，出台《教师调配使用管理办法》、《“控辍保学”工作考核办法》、《创建“无辍学乡镇、无辍学县”活动方案》。截止2011年10月，全县小学适龄儿童入学率为99.55%；中学入学率为94.06%；全县青壮年非文盲率为99.4%。

以县城新区广场文化活动为契机，全面开放晚间数字电影放映室、图书阅览室、健身娱乐室场所，丰富了城镇居民的业余文化生活。县城广场文化活动年均开展120余场次，每天平均参与人数约200人。圆满完成迎接60大庆各项工作，积极创新群众文化活动平台，让群众文化队伍健康发展。深入实施“五大文化惠民工程”，加大文化活动向乡镇、村延伸力度，该县被确定为全区文化建设现场会参观第一站。针对错高结巴梗舞民间文艺演出队、江达太昭民俗表演队等具体情况，制定年度培训计划，共组派文艺辅导人员下乡对表演队员进行动作辅导8次，辅导人员达200余人次。积极开展送文化下乡活动，全年共送电影下乡3600余场，观众达74000余人次。完成广播电视由“村村通”向“户户通”“长期通”过渡，目前全县共有广播电视机站107座、覆盖率分别达95.8%和91.98%。认真做好非物质文化遗产保护工作，全县共有不可移动文物点66处，已公布定级的重点文物保护单位11个、非物质文化遗产项目6个。深入持久开展“扫黄打非”工作，规范了文化市场秩序。

全县9乡镇卫生院新建、改扩建全面完成，实现了一村配备两名村医，农牧区医疗卫生服务条件和保障能力显著提高。2011年，农牧区医疗制度政府补贴由之前的180元提升至260元，个人筹资提高为20元/人，全县农牧民参加筹资率达到98.3%，个人筹资以户为单位筹资率达100%。完成农村居民健康体检及建档工作，继续做好农牧区“一孩、双女”户困难家庭辅助政策、“西藏特殊子女家庭特别扶助制度”的落实。抓好了农牧民群众和流动人口计划生育优质服务工作，做到知识普及到户，技术服务到人。加强了食品安全工作，全县共出动食品执法人员435人次，检查各类业户1135家次，查处违法行为23起。2011年4月份该县发生一起干部职工旱獭剥皮取油事件，县委立即部署，及时、有效处置该事件。为防止类似事件发生，我们进一步加大了鼠防知识宣传教育力度，开展了一次全县鼠防知识干部职工培训大会，并在全县范围内开展了两轮鼠防知识宣传教育和健康教育工作。

社会保障进一步完善。开展职业指导230人次，完成目标任务的100.9%；职业介绍170人次，成功介绍就业85人，完成任务的105.6%。协调农牧、旅游等部门，组织352名农牧民进行农家乐、农机具修理、农村电工等培训，提高农牧民转移就业能力。组织146名城镇失业人员开展民族服饰编织、计算机、旅游服务等培训，培训合格率100%，培训后就业率达58.2%。采取多种形式，加大保险基金征缴力度，认真落实社会保险补贴资金，及时足额支付各项社会保险待遇；在基金管理方面，按照收支两条线管理，加强内部管理和基金审计确保社保基金安全有效运行。新农保参保率达到82.4%。启动城镇居民养老保险，现完成准备工作。

三是突出发展抓项目建设。出台《关于“十二五”规划的建议》，提出实现“富民强县”新跨越的根本要求，勾画了“十二五”发展的目标蓝图，科学编制了“十二五”发展规划。围绕国家赋予西藏的特殊优惠政策，结合自治区投资重点，认真组织抓好国投项目的申报、立项、建设工作。出台《工布江达县基本建设项目管理办法》，建立县级领导干部联系重大项目责任制，全面加强项目建设和管理。2011年，预计全社会固定资产投资6.2亿元，招商引资完成2.64亿元，民间投资完成9000万元。在抓好项目建设的同时，全县上下积极转变观念，解放思想，充分利用国家赋予西藏特殊的税收优惠政策，实施总部经济，招引企业总部落户工布江达，目前已招引企业10家，预计这些企业在未来5年内，将为工布江达县创收30亿元，使自身财力提升60倍。

为确保援藏项目走上“第一年先行突破，第二年全面铺开并先行竣工，第三年交付使用”的良性轨道，围绕第六批援藏工作队提出“坚持物质援藏与智力援藏并驾、国家投入与对口援助齐驱，担当使命、催化推动、完善提升、促进和谐，力争做好新农村建设有新推进、城镇建设有新提升、产业建设有新突破，实现‘富民强县’新跨越”的援藏工作总体思路，进一步细化了第六批援藏项目方案。方案立足工布江达县实际，围绕全县发展、稳定、党建工作的重点，突出改善农牧民生产生活条件、完善基础设施体系、发展社会事业、维护稳定，共五大类9项，计划总投资4900万元。援藏资金用于新农村建设资金达到了2800万元，占援藏项目总投资的58%，“两个倾斜”的投入占总投资的83%。在项目资金还未拨付到位的情况下，援藏工作队积极沟通衔接，先行争取资金，推动一批前期准备比较充分的项目实施。县城沿河路项目已经竣工，游客服务中心将于11月底竣工，法院“三小”温馨工程主体部分已经完成，8个小康示范村建设已经完工，其他项目也已全面开展。

米林县

【年度综述】2011年，全县完成生产总值6.9亿元，同比增长17%；农牧民人均纯收入达到7442.98元，同比增长15%，其中：现金收入达到5756元，同比增长16%。全县粮油总产量10192吨，同比增长5%；财政收入3683万元，同比增长16%。全年固定资产投资5.5亿元，其中国家投资完成1.4亿元，社会投资3.8亿元，援藏投资3046万元。

（一）农牧业基础地位更加巩固。落实县、乡、村、户四级基本农田保护责任制，层层签订责任书，合理安排城市项目建设用地。投入资金3600多万元加大水利等基础设施建设。全年农作物播种面积4.55万亩，其中：冬播面积2.15万亩，春播面积2.4万亩。种植有小麦、玉米等农作物，在作物种植上呈现出多样性的趋势。全县牲畜存栏115584头，出栏33520头，出栏率29%。新生仔畜20967头，成活率96%。全面开展春秋两季重大动物疫病防治工作，实现了动物疫病免疫全覆盖，全年没有发生动物疫情。加强救灾物资储备，严格物资管理；加强救灾演练，提高极端天气的预报预警能力，在群众中广泛宣传防救灾知识；加强农资、化肥调运，加快推广农业机械化，农业机械化率达到76%。

（二）特色农牧业不断壮大。2011年投入财政专项经费120万元，争取国家资金1700多万元。实施了万亩优质水果产业带、万亩玉米种植产业带等一批特色产业发展项目，形成了以藏猪、藏鸡、养羊、奶牛为主的四大养殖区，建立了以优质水果、核桃为主的两大产业带和无公害蔬菜、玉米、藏药材种植为主的三大种植业基地。全年新建1700亩水果基地、200座蔬菜温室，种植玉米5000亩，多卡国家级水果标准化示范区于今年9月顺利通过自治区的验收；新建两个藏猪养殖基地，重点扶持和发展12个规模化养羊场，扶持17个村发展犏奶牛养殖。1000多户农户直接受益，带动农牧民增收4000多万元。着力推进“一乡一品、一村一特”工程，大力扶持专业乡和专业村，2011年新增专业乡4个，专业村4个。认真落实科技承包责任制和科技特派员制度，选派6名农牧民科技特派员；加大新品种、新技术引进与推广，培训农牧民2800人次。争取扶持资金30万元用于支持专业合作组织的建设，目前全县已组建18个农牧民专业合作组织，涵盖了特色养殖业、种植业等各个方面。从财政扶持等方面积极扶持农牧业龙头企业，让他们享有招商引资同等优惠政策，在很大程度上刺激了涉农企业的发展。2011年，南迦巴瓦绿色食品有限公司加工的蕨菜产品远销韩国，带动群众增收600多万元。认真打造农副产品物流配送中心，引进成都桂湖置业投资1.5亿元建设米林县农副产品加工配售中心。

（三）项目工作成效明显。认真落实领导干部联系重大项目责任制，重点项目都有县级领导跟踪负责，紧紧抓住国务院批准《“十二五”支持西藏经济社会发展建设项目规划方案》等机遇，加强项目申报和争取。今年开工项目90个，新建70个，米扎公路等一批重大项目顺利实施。同时，认真落实项目“五制”，严把质量关。扎实开展援藏项目，制定了总投资7798万元的援藏项目计划，援藏项目计划共5大类34个子项目，涵盖了经济社会党建等各个方面，有70%的资金投入到了农牧区。目前米林县旅游服务中心、8个小康示范村建设等项目进展顺利。

（四）招商引资成绩喜人。建立招商引资激励和服务企业机制，特别是我们抓住在税收等方面中央赋予西藏的特殊优惠政策，出台了招商引资优惠政策和奖励措施。组织人员前往广州、厦门等地开展引资引税工作。米林步行街、雅江庄园度假酒店、县城至甲格藏东环线段旅游综合开发等招商项目顺利实施；与辽宁丹东县合作在米林推广种植黑木耳，仅此一项，可带动农牧民增加年收入均2000元以上。率先发展总部经济，引进了广东中山资本联动，上缴税收780万元；深圳航天科工集团投资4.8亿元的林芝地区首家五星级酒店于今年4月份开工建设。在“9·8”投洽会、林洽会期间签约项目金额10.57亿元，已到位资金3.5亿元。

（五）生态旅游形势喜人。争取国家和企业投入资金1亿多元，南伊沟景区道路扩展、大峡谷景区配套设施进展迅速，扎贡沟景区配套设施建设全面完成。投入1亿元的南伊沟二期环线项目即将实施，雪卡沟景区开发已进入规划阶段，安排援藏资金2000万元建设旅游服务中心、游客驿站等项目，提升旅游服务水平。组织人员前往广东、重庆等地推介米林旅游资源，协调两大公司在各大城市开展旅游宣传，并在北京等11个城市设立业务办事处，同国内100多家旅行社建立了合作关系。完成了全县旅游资源的普查工作，制定出台了《米林县风景区管理办法》等文件，成立两个景区管委会，组建旅游执法大队，从旅游安全、旅游产品质量等10多个方面进行全程督促检查。开发出藏香、珞巴竹编等旅游产品。加强旅游从业人员培训，建立旅游门票收入群众共享机制，积极引导农牧民参于旅游服务，按照规范化、标准化的要求发展12个农家乐，全县共有713人参于旅游服务，带动收入737万元。2011年全县接待游客32万人次，实现旅游收入6400多万元，分别同比增长63%、55%。

（六）有效调整产业格局。制定水电能源发展规划，引进成都铁投、桂湖置业、成都思跃投资26亿元开发米林里龙沟等地水电资源，目前前期工作基本就绪。投入援藏资金100万元规划米林县藏医药科技园区，藏医药研发企业因达公司落户米林藏医药科技园区；以藏药材加工、藏药浴开发为主的贵州习水煤炭已完成前期准备工作，南伊藏医馆已开业；推广藏药材种植，试种药材12个品种，种植面积达70多亩，同时采取“公司+基地+农户”经营模式向农户推广种植菱子芹、当归及藏木香105亩。做好家电家具下乡工作，全年累计销售家电家具下乡产品1492件，实现销售额289万元，发放购置补贴70万元。2011年全社会消费品零售总额8232万元，同比增长11.9%。

【社会事业全面进步】（一）深入推进社会主义新农村建设

完善农牧区基础设施。高度重视贫困落后和边远村庄发展，成立了贫困落后和边远村扶贫开发工作领导小组，专业统筹协调贫困边远村的开发工作。县里主要领导多次到卧龙、派等乡镇贫困边远村实地调研考察，从加大财政投入、项目倾斜、建设专业村、增加劳动力转移就业等方面，提出了脱贫致富和加快发展的有力措施。2011年投入近6000万元，各部门落实帮扶资金200多万元，实施“八到农家”工程，改善贫困边远村的水、电、路、广播、电视、电话等基础设施。2011年完成296户安居工程，同时实施抗震加固工程。

深入推进小康示范村建设和人居环境综合整治工程。成立工程建设领导小组，建立联系会议制度和县、乡、村、户四级工作责任制，有力地推动了工作进程。结合建设标准在农牧区深入宣传有关政策，调动群众的积极主动性。援藏投入资金2800万元，用于8个小康示范村建设，项目于今年9月份开工建设，目前已完成投资的70%。同时加强质量监管，成立了小康示范村项目质量监管小组，成员包括熟悉工程建设的援藏干部、有关单位、建设单位、县乡领导，从施工单位资质、工艺流程等各方面严格控制，保障了施工质量。全县实施人居环境综合整治有14个村，投入资金2400万元，全部通过县里验收。在小康示范村和人居环境建设中，引导群众投工投劳，带动农牧民群众增收200万元。

认真落实各项惠民政策。结合创先争优强基础惠民生活动，深入到群众中详细宣传党的惠民政策，实现了全县所有家庭全部覆盖。认真落实各项涉农补贴资金，全年发放各种涉农补贴412万元。积极开展“万村千乡市场工程”，新发展40家农家店，已累计发展85家，实现了全部行政村都有农家店。发展80家食盐销售网点，覆盖率达到100%。积极探索“农超对接”农副产品销售新模式，积极促成了南迦巴瓦食品有限公司同八一、县内各超市的直销。

（二）大力实施科教兴国战略。积极宣传科普知识。投入财政资金20万元，加大对科普知识宣传的支持力度，结合现代远程教育、大学生村官工作制度和三下乡，广泛宣传农业技术、农用机械知识、创业就业技能等知识面，取得了良好效果。加大科技特派员工作力度，选拔了一批优秀的农业技术人员深入田间地头实地指导群众。积极培养科普带头人和“人人技能”工程，从各行政村遴选出了一批技术能手，定期进行了培训。

优先发展教育事业。基础教育顺利通过国家验收。自国检工作开展以来，成立了“迎国检”领导小组，出台了《米林县“迎国检、促发展”实施意见》和《米林县“迎国检、促发展”实施方案》，同时印发了《米林县控辍保学实施方案》，建立了控辍保学制度、县级干部挂乡镇劝学制度、教育基金助学制度、援藏优先援教制度、教育工作人大评议制度，形成了齐抓共管的良好局面。小学适龄儿童入学率99.39%、巩固率99.35%，初中入学率98.61%、巩固率98.68%。财政预算安排635万元用于教育发展，同比增长20.3%。并安排国检专项经费50万元，争取国家建设资金1500多万元。实施县初中完善工程和乡镇学校标准化建设。配齐配强教育教研人员，小学、初中教师学历合格率均达到了100%。大力发展职业教育，将职业教育、农牧业技术培训与扫盲工作相结合，组织教育部门与农牧、科技、卫生部门联合举办短期培训班，使未能升入高中的初中毕业生均能得到职业培训。加强学校管理，在学校成立了安全工作领导小组，配备法制副校长和专职校医，设立学校警务室、医务室。大力开展了校园及周边治安综合治理，实施“创建平安校园”活动、“食品安全大检查”活动，加强了对学校安全卫生工作的管理。

（三）促进文化大发展大繁荣。积极实施“村村通工程”、“西新工程”等一系列文化惠民工程，投入资金100万元，为农牧民群众安装了“户户通”直播卫星接收设备等硬件设施，完成了19个村的“农家书屋”工程建设。乡镇文化站、电影放映队、村文化室覆盖率均达100%，城乡广播、电视覆盖率均达100%。已建成17个村的信息资源共享工程基层服务点。建成南伊乡才召村等7个新农村新文化示范村。全面开展“扫黄打非”活动。加大文化遗产申报保护力度，开展了首届文物安全知识培训。完成了8个县级文物保护单位标识牌的制作。开通了西藏药洲文化网站，出版了《药洲传说》、申报了“米林甘露加持仪式”等5个自治区级非物质文化遗产保护项目，2011年珞巴族始祖传说被列入国家级非物质文化遗产保护名录。加强文化市场经营单位图书、音像制品的藏语文用字检查和管理。广场文化活动于今年5月正式启动，深受群众喜爱，并已向乡村发展。

（四）完善医疗卫生体系。全面实施基本药物制度，实现了乡镇全覆盖目标。农牧区新型合作医疗覆盖率达到100%，参合率达98.5%，个人筹资率达98%以上。积极联系厦门援藏医疗队、解放军101援藏医疗队来米林县开展业务援藏工作，与西藏军区总医院结成对口单位，选派30多名医务人员外出学习，全县医疗服务水平得到明显提升。投入1000万元建设县卫生服务中心，完成了扎绕、里龙、羌纳三个乡的卫生院改扩建工作。完善村卫生室建设，配备村医132名，投入11.2万元补充了设备。在八个乡镇和县城内的医疗机构设立了疫情监测点，并开通了疫情报告电话，应对突发疫情。不断加大重大传染病和地方病的防治工作，特别是增强发现疫情迅速处置的能力。认真开展免疫规划单苗接种和疫苗查漏补种工作，加强对地方病的防治。在8个乡镇、县机关及流动人口中，开展了脊髓灰质炎疫苗和麻疹疫苗接种。疫苗接种、优生优育等卫生知识的宣传教育工作成效明显。

（五）健全社会保障体系。推进零就业家庭和困难群体的就业帮扶工作，培训城镇失业人员95人，2011年全县城镇失业人员就业再就业113人，城镇登记失业率低于3%。积极开展农牧民转移就业培训，培训农牧民群众2390人次，转移就业农牧民劳动力6223人次。坚持扩大保险覆盖面和规范资金管理并举，参加城镇职工养老保险250人、职工医疗保险1466人、城镇居民医疗保险825人、生育保险1250人、工伤保险574人、失业保险553人，征缴率100%。制定了《米林县新型农村社会养老保险宣传工作方案》，并与各乡镇签订了《米林县新农保工作目标责任书》。强化基金监管，对基金的筹集、上缴、发放进行全过程监控和定期检查。2011年全县新农保适龄参保人员实际达到7364人，较去年新增3321人，参保率达到了77.02%。

（六）加强生态环境保护。制定了《米林县环境卫生综合整治工作的实施方案》和《米林县乡镇环境卫生综合整治评比制度》，每月定期检查各乡镇环境卫生综合整治情况，开展星级评定，2011年发放奖励资金72万元。11次对南伊取水点、306沿线、雅江沿线、采石场等重点环境保护地开展环境综合整治执法检查。组织干部群众在县城、交通沿线清理“白色污染”垃圾。成立村级卫生打扫队伍，2011年还完成了24个自治区级生态村的申报工作。投入300多万元，完成了雅鲁藏布江流域125.6公顷的防沙治沙工程。重点区域造林2779亩，春季植树造林9300亩，迹地更新1000亩。严格落实林业全面禁伐制度，集中力量打击盗伐、无证非法运输木材、无证开设非法带锯等违法行为，全年林业部门共查处林业各类案件51起，查处率100%。修订完善了《米林县2011年森林生态效益补偿办法》，目前全县公益林面积648万亩，有公益林乡镇监督员12名、村监管员105人，管护员16000多名，全年兑现生态效益补偿金3006万元。同时加强森林病虫害监测防治和森林防火，全年未发生火灾。实施更换白炽灯、以气代薪、节能办公、推广太阳灶、沼气管理等措施推进全社会节能减排。2011年为农牧区免费发放节能灯4800只；大力提倡节能办公，从办公用电、用纸、车辆用油等方面严格控制，节约资金50多万元；农牧区基本实现家家都有太阳灶，已建沼气池使用率为83.5%。

墨脱县

【年度综述】2011年，全县生产总值19800万元，同比增长31%，其中第一产业收入2970万元，第二产业收入5940万元，第三产业收入10890万元，三大产业比例为15:30:55；农村经济总收入6195.93万元，农牧民人均纯收入4181元，人均现金收入2852元；财政总收入1370万元，同比增长306.52%，全部经济实现税收2543万元，增幅名列全地区第一；基建类固定资产投资完成27215万元，其中国家投资22622万元，援藏投资1993万元，社会投资2600万元；社会消费品零售总额达1785万元，同比增长15%；农作物播种总面积23261.43亩，粮油总产量5508吨。

【抓规划谋发展】一是全县大力发展特色农牧业和特色旅游业，加快特色农牧业基地建设步伐和特色旅游业的前期规划及筹备工作。完成巴米典香蕉基地、香果蓉香蕉基地、马迪村香蕉基地、果果拉香蕉基地和背崩村香蕉基地等5个香蕉基地1217.5亩的建设任务，为农牧民群众增收39600元；在德兴村、米日村和墨脱村三个地方种植蜜柚72亩4000株；投资80余万元建成6个标准双重伞架联体蔬菜大棚。旅游发展总体规划编制完成，基础配套设施不断完善，全年游客人数达到2081人次，同比增长96.69%，为农牧民群众增加收入305.21万元，同比增长96.69%。

二是全县“两基”迎国检工作顺利通过地区检查验收。初中生巩固率达98%，小学生巩固率达100%；参加农牧区医疗制度1739户，9249人，参合率达100%，背崩乡中心卫生院、帮辛乡卫生院完成建设并投入使用；“村村通”、“2131”、“农家书屋”、“文化信息资源共享”、“乡镇基层文化站”等五大文化惠民工程建设步伐不断加快，占地1270.7的县文化活动中心已建设完工,县电视台建设工程拉开序幕。

三是扶贫工作有序开展。扶贫开发以“整合资金、整村推进、连片开发”试点为突破口，落实扶贫开发项目14个，总投资658万元；配送碘盐50多吨，完成全年“万村千乡市场工程”工作任务，新建18家农家店，使全县农家店增至41家。

四是全县金融事业快速发展。工商局、税务局相继成立，食品安全检查和打击假冒伪劣产品的力度进一步加大，调整税务征收渠道，大幅提高税收收入；县支行各项贷款突破3000万元，其中涉农贷款2100万元，发放农牧民贷款证528张，发卡总量达1105张，已覆盖全县7乡1镇；全县第一家对外联网办理业务的金融网点，县邮政局储汇业务正式联网对外营业，并于12月初安装使用了墨脱县第一台自动取款机。

【抓项目惠民生】狠抓项目申报立项

和建设工作，不断推动基础设施建设趋向完善。全年完成固定资产投资18935万元，开工建设项目共65项，总投资152249.5万元，已完工44项；目前全县正在实施前期工作的项目共有20个，总投资约9850万元，其中包括县城垃圾填埋场、县城供水工程、县城政权综合业务用房（统办楼）、乡镇政权综合业务用房、亚让电站市政路等5个重点项目。交通运输方面，完成续建项目仁青崩梯步工程，帮辛公路、格当公路、德果公路和荷扎公路建设不断深入，背崩国防公路、文朗公路、卡布公路建设启动，公路通乡率达50%、通村率达28%；农业方面，蔬菜大棚、果蔬基地、养鸡场建成并投产；水利设施方面，落实水利项目5项，争取资金2432万元，农田水利、农村饮水和电力能源都取得了显著的发展成绩；旅游基础设施方面，完成县城、K80、背崩三地的自驾游营地建设项目及基础设施建设的前期工作，完成莲花广场改扩建工程和路灯照明工程，按三星级标准建设的旅游宾馆也已开工建设。人民群众的生活得到有效改善，幸福指数明显提高。

【抓团结促和谐】2011年，全县上下团结协作，将思想和行动统一到区党委、地委和县委的统一部署上来，确保了全县社会局势的持续稳定。全县积极开展创先争优强基础惠民生活动，不断加强和创新寺庙管理，组建了146个驻村工作队和9个驻寺工作组，实现了驻村、驻寺全覆盖；各驻村工作队充分发挥宣传和指导作用，广泛深入开展爱党、爱国、热爱社会主义等宣传教育活动，指导基层建立健全各项维稳机制，帮助农牧民群众解决实际困难，进一步夯实了基层基础；各驻寺工作队充分发挥管理、教育、服务作用，确保了全县各个寺庙和僧尼的绝对稳定。信访工作扎实有效，武装巡逻、民兵培训工作成效显著，民族团结进步教育活动深入推进，促进了各民族的大团结。严格落实各项维稳措施，圆满完成各项重大活动及敏感节点的维稳安保任务，打赢了维稳“三大战役”，实现了“全面稳定、全年稳定”的维稳目标，为全县经济社会繁荣发展营造了和谐稳定的良好氛围。

波密县

【年度综述】2011年，波密县域经济继续走在全区县级前列。全县生产总值完成9.63亿元，同比增长25.37%，财政收入完成4256万元，同比增长15%；农牧民人均纯收入完成7158元，同比增长22.28%。先后荣获国家级荣誉7项，自治区级荣誉17项。

【经济建设】一是基础设施更加健全。国家投资完成5.3亿元。相继实施了玉倾油路、古乡松绕桥、松宗栋曲桥、318国道牛踏沟至中坝段整治改建等重大交通项目，逐步形成了以县城为中心、辐射各乡、联结各村的交通运输网络，藏东南交通枢纽的重要地位日益凸显。八盖乡塔鲁电站线路延伸、玉普电站维修等电力项目相继开工，自来水厂水源地环境保护区建设、沙贡灌渠、倾多镇供水等重点水利工程进展顺利，水利水电设施不断改善。特别是国家投资15亿元的318国道102路段及排龙路段的整治项目已获审批，投资4.8亿元的波堆骨干电站正式开工建设，两项重点工程建成后将极大地改善制约波密发展的交通能源问题，波密将迎来飞速发展的新机遇。

二是特色产业发展壮大。深入贯彻落实自治区“一产上水平、二产抓重点、三产大发展”发展战略，大力实施“产业强县”战略。特色农牧业方面，建成野生天麻扩大种植、人工饲草料基地、犏奶牛养殖等特色产业项目5个，建成林芝地区首座巴琼村智能温室，天麻、油菜、辣椒、玉米、犏奶牛、蜜蜂等特色种养业规模进一步扩大，实现群众增收2000多万元。以岗村水磨糌粑加工、古乡蜂蜜加工、松宗蕨根粉加工为代表的特色产品加工业市场竞争力进一步提升。藏医药业方面，充分发挥县域藏医藏药业优势，大力推进“一乡一品、一村一特”工程，野生天麻种植规模扩大到85865平方米，实现群众增收525.6万元。藏丹参育苗基地已全面开工建设。以波密天麻、灵芝为主要原料的三个产品申报国家保健食品批号进展顺利，成功研发出高原天麻含片、天麻胶囊等产品。生态旅游业方面，在广东等地成功举办大型旅游推介暨第二届“冰川圣地·大美波密”（广州）高端论坛活动，促成广之旅等一批旅行社组团赴波密旅游，培育发展家庭旅馆16家，旅游业带动餐饮、住宿、商品消费增益明显，全年接待国内外游客11万人次，实现旅游收入3520万元。水电能源业方面，积极开展了水资源、水利设施、水利行业清查工作，研究制订了《波密县水利水电产业发展规划》，为水电能源业发展奠定良好基础。商贸流通业方面，社会消费品零售总额达到9500万元，同比增长25%。

三是招商引资成绩丰硕。全面实施“走出去，请进来”的招商引资策略，开展了一系列卓有成效的招商推介活动，组团参加了广博会、厦洽会、林洽会等重大招商节会和林芝地区第九届投资贸易洽谈会，成功与全国500强企业--广州医药集团公司签订了《战略合作框架协议》，与西藏高山植物基地有限责任公司签订了《藏丹参种植项目协议书》，引进了西藏林芝波密新泰科技公司、卓龙旅游开发公司、西藏林芝广药科技发展公司、藏金科技发展公司、易谷科技咨询有限公司等五家企业，达成项目协议资金1.65亿元。招商引资实际到位资金1.2亿元，同比增长33.2%。

四是城乡建设统筹发展。高度重视“三农”工作，大力扶持特色农牧业，切实做好农牧科技服务和配套设施建设，扶持和培育专业合作组织和专业协会，不断巩固农业基础地位。全面推进社会主义新农村建设，深入开展环境卫生治理和村容村貌整治活动，统筹推进“八到农家”工程，大力兴建民生项目，着力发展城乡劳动密集型产业，不断拓宽农牧民增收渠道，逐步缩小城乡差距。扎实推进“偏远乡镇扶助工程”，积极筹建康玉乡保通工程，实施八盖乡日卡公路、龙普公路建设，着力改善康玉、八盖等偏远乡镇基础设施条件。努力推动农村经济社会全面发展，形成城乡经济社会发展一体化新格局。

五是改革开放水平不断提高。农

牧区经济制度不断完善，松宗镇格尼村土地承包经营权流转试点工作扎实推进。草原摸底、数据统计等工作进展顺利，草场承包和草原生态保护补助奖励机制工作有序开展。积极扶持和发展农牧区专业合作经济组织，不断提高农牧民组织化程度。大力扶持

非公有制经济，截至2011年底，全县共有个体工商户1139户，从业人员1657人，注册资金6709.3万元。组建农牧民施工队10家。登记注册的企业24户，从业人员261人，注册资金1402万元。

六是对口支援力度更大。编制完成了《波密县城区总体规划修编（2010–2030）》和《波密县城镇民族特色化改造规划》，申报了2014–2015年援藏项目计划，第六批援藏总投资达到2.3亿元，创历届援藏投入历史新高。2011年完成援藏投入8133.92万元，包括安居工程、小康示范村建设、县中学运动场等民生工程，实施了县城民族特色化改造、县综合交易市场等重点项目，有力促进了城镇化建设。投资修建了69个旅游标志牌和9个观景台及岗云杉林景区公路硬化工程，极大改善了旅游基础设施条件。

【社会事业】一是教育事业加快发展。投资3346万元实施了8所乡镇中心小学1.7万平方米校舍改造，教育教学条件不断改善。不断丰富教研形式、完善教学模式、改进教学方法、提高教学质量。全年小学升初中考入内地班20人，初中升高中考入内地班21人。目前，小学在校生3422人，中学在校生1399人，小学适龄儿童入学率99.77%，初中毛入学率100.27%，“三包”经费到位率100%。“两基”迎国检工作顺利通过检查验收。

二是文化发展亮点纷呈。积极开展广播电视“西新工程”、“户户通”工程、电影“2131工程”。建成八盖乡、多吉乡2个综合文化站，申报倾多镇古通村为2011年波密县“新农村、新文化”示范村。搜集、调查非遗项目30多个，列入自治区县级非物质文化遗产名录9个，对20多个项目优先进行了先期深度调查、录音、录像和摄影采集，及时加以抢救和重点保护。成立了全区首个县级“文联”和林芝地区首个“少儿波卓演出队”，举办了“广场文化艺术节”系列活动，极大丰富了广大干部群众的业余文化生活。去年10月，在倾多镇境内发现“拉颇遗址”，是藏区新石器时代考古继昌都“卡若遗址”、拉萨“曲贡遗址”之后的又一重大发现。

三是医卫体系更加健全。积极推进农牧区医疗卫生制度改革，新型合作医疗全覆盖，个人筹资率100%。为所有行政村配备村医，医疗报销封顶线由8000元提高到15000元，药品价格平均下降13%，与广州红十字会医院签订对口支援波密县人民医院协议书，建成了西藏首个县级远程医疗中心波密县远程医疗中心。建立健全县、乡、村三级网络体系，突发公共卫生事件应急处置能力和水平不断提高。认真开展免疫规划单苗接种和疫苗查漏补种工作，免疫规划接种率达到98%。健康教育和优生优育工作深入开展，全县孕产妇住院分娩率达到68%。

四是社会保障全面加强。积极开展农牧民就业培训，城镇失业率控制在3.4%以内，农牧区劳动力转移就业8029人次，实现劳务收入2400万元。五大保险全面推进，城镇职工基本养老保险、城镇职工基本医疗保险、工伤保险、生育保险、失业保险参保人数分别达到425人、1677人、761人、1510人、770人，新型农村养老保险参保13303人，参保率较2010年提高了49.93%。认真落实惠民政策，全年兑现城镇最低生活保障金、农村最低生活保障金、“家电（家具）、汽车下乡”补贴等各类惠民资金463.18万元。

五是新农村建设扎实推进。全年安居工程完成628户，受益人数3768人，累计完成安居工程建设4683户，完成全县总户数的97%，受益人数24142人。配送水泥1500吨用于抗震加固房建设，受益户数500户。顺利完成扎木镇巴琼村等14个村人居环境整治。小康示范村建设已完成2个，其余5个村正稳步推进。深入推进农牧区“八到农家”工程，全县通水率达到96.4%、通电率达到78.9%、行政村公路通达率达到95%、通邮率达到86%、移动信号覆盖率达到85.7%、广播电视覆盖率达到100%，基本实现了乡乡通光缆。沼气建设累计完成596户，建成沼气服务站6个，沼气正常使用率达到85%以上。

六是生态安全屏障建设步伐加快。立足气候优势、坚持生态为先，统筹城乡绿化，整合资金全力推进林业生态体系建设。投资329.6万元在扎木、易贡、倾多、玉许实施重点区域绿色工程，栽植核桃、沙棘、桃树、柳树、云杉等林木4678.2亩。配合国家验收退耕还林工程2060亩，组织义务植树318亩，完成迹地更新绿化2000亩。玉普乡沙拢弄矿山植被恢复顺利通过初步验收。

七是林政管理不断加强。创新生态林管护模式，加强区域合作管护，按时兑现管护资金。加强林政执法，查处林政违法案件19起，挽回经济损失56.5万元，开展“严厉打击国家频危野生动植物制品”活动，与相关个体工商户签订了《波密县特种销售行业承诺书》，林政违法案件明显减少。森林病虫害监测与防治工作有效开展，全年未发生森林病虫害。

八是环境监管与保护措施有力。加强生态环境保护与建设宣传教育，广泛宣传科学发展观、生态文明观，群众生态保护意识明显增强。县政府与各乡镇签订了《环境综合整治目标责任书》，开展了各乡镇驻地、饮用水源地、河道采挖砂场地、垃圾填埋场、318国道沿线等地域环境专项执法整治活动，县域环境明显改善。严把项目建设“环评关”，全面开展“禁白”工作，建成9个乡镇16处垃圾填埋场。

察隅县

【年度综述】2011年，全县国民生产总值预计完成3.45亿元，同比增长14.5%；粮油总产量预计完成18790吨，略有增长；全社会固定资产投资预计完成4.9亿元，同比增长33.3%，其中，国家投资完成3.3亿元，社会投资完成9055万元；财政收入预计完成1886万元，同比增长15%；农牧民人均纯收入预计达到4345元，同比增长14.3%；社会消费品零售总额预计完成

5415万元，同比增长19.4%；乡镇企业产值预计达到3275.5万元，同比增长8%。

【加快推进产业发展】一是在保证农牧业稳产的基础上，加快特色农牧业发展步伐，发展第一产业。在特色农牧产业发展上，确定了把花生作为主导，油桐作为主培，把核桃、辣椒加工和粮油加工作为产业发展的延伸，并成立了3个特色农牧产业领导小组，专门指导督促这些产业的发展。花生种植在去年1200亩的基础上增加到了1500亩，总产量达到了45万斤，县江南花生加工厂预计加工生产2.3万斤，收购价格上涨30%以上。县粮油公司加工生产粮食达300吨，产销率100%，实现净利润130万元。油桐种植面积达到11446亩，油桐加工厂设备也即将到位，预计2011年收购桐籽250吨，农牧民增收约50万元。投资1090万元，在察瓦龙乡、古拉乡初步完成了1万亩核桃种植。辣椒种植面积达到800亩，辣椒加工厂也准备就序。

二是在提高农牧区用电覆盖率的基础上，积极推进水能资源开发，发展第二产业。完成了古拉乡那学村微型水电站工程，古拉沙堆电站将于年底建成投入使用，将彻底结束我县唯一一个乡镇不通电的历史。截至目前，全县共有水电站10个，总装机容量4200kw，较之去年增加11%，通电乡镇、村覆盖率分别达到了100%、50%。同时松塔电站正式进入了可研设计阶段，坝址已基本确定，预计2014年开工建设；玉曲河上俄米、轰东等4个电站全部进入了预可研阶段；签订了古拉热路曲水电开发协议，总装机容量45万kw，目前正在开展流域规划，预计2013年一月中旬完成；察隅河正在开展规划设计工作。

三是立足自然资源优势，积极发展旅游业，发展第三产业。更加注重旅游产业的发展，实现旅游收入128万元，同比增长106%，接待旅客达5806人次，同比增长135%。主要开展了以下工作。一是强化宣传。通过参加旅交会、林治会宣传全县丰富的旅游资源和独特的民俗文化，协助中央电视台中文国际频道《远方的家·边疆行》栏目组拍摄制作了专题宣传片《森林密境—察隅》；二是规划与发展并进。进一步挖掘全县文化旅游资源，启动实施编制全县文化旅游业发展规划，积极争取文化旅游项目落户察隅；三是加大投入力度。2011全我县落实资金280万元，完成建设下察隅镇僜人民俗文化村旅游开发项目，培育家庭旅馆7家，通过收购定做等方式，对僜人民俗文化进行了有效保护。四是强化旅游从业人员培训。今年我县共组织旅游从业人员培训2期、38人次，提高了旅游接待服务质量。

【农牧民增收明显】2011年，全县农牧民人均纯收入达到4345元，同比增长14.3%，增收明显，主要从以下几个方面体现：一是认真贯彻落实中央、区、地文件精神，不折不扣地落实惠农政策。共落实生态林效益补偿资金、农机具补贴、粮食直补及其他支农惠农资金7977.2万元，户均增收1.75万元。二是加强农牧民技术培训工作力度。举办各类培训班10期，培训农牧民674人，切实提高了农牧民群众的增收技能。三是大力开展劳务输出。充分发挥县、乡劳务输出中介组织的作用，积极引导农牧民群众参与到项目建设中，实现劳务输出9872人次，劳务输出收入达2248万元。四是项目优先安排有资质的农牧民施工队建设。2011年，察隅县将部分项目交由当地农牧民施工队实施，还有一些工程技术含量低的项目，直接交予村委会实施，带动了农牧民增收致富。

【基础设施建设步伐加快】2011年，全县固定资产投资预计完成4.9亿元，其中，国家投资3.3亿元，社会投资9055万元。农牧区水、电、路、桥等基础设施建设步伐全面推进。

一是水利设施建设情况。完成了107个安全饮水工程点和96条水渠的维修工程，完成投资1552万元；新建了农村安全饮水工程点16个和嘎腰灌区，完成投资743万元；同时，争取到了2011年至2012年自治区农田水利重点县建设项目，预算投资1400万元。

二是小水电建设情况。今年，我县新增装机容量400余kw。在输电线路延伸方面，古拉乡输电线路延伸工程全部完成。同时，完成了全县竹瓦根镇日东水电站、察瓦龙乡果达水电站、菠萝电站正在进行可研审批，将于2013年开工建设。

三是交通建设情况。然察公路整治改建工程顺利推进，累计完成投资约4.5亿元，滇藏新通道已列入自治区“十二五”发展规划。落实农村公路建设资金6990.9万元，实施了桑巴亚中公路、瓦布公路等10个农村公路新建、扩建项目；落实资金5682万元，实施了贡察公路、古拉公路、拉巴公路等11个农村公路水毁恢复工程项目；启动实施了古拉乡目本村和察瓦龙乡目巴村、巴布村、果达村四个溜索改吊桥工程，共计投资2793.3万元，目前，正在建设中。

四是新农村建设进展顺利。2011年，全县继续把小康示范村建设、农村人居环境综合整治和安居工程建设作为新农村建设的突破口，狠抓各项工作落实，使村容村貌、农牧民生产生活环境明显改观。一是抓紧实施小康示范村建设。2011年，察隅县完成了第1个小康示范村（竹瓦根镇巴嘎村）建设任务，紧接着启动实施了沙玛、塔玛等7个小康示范村建设项目，总投资达3630万元。二是农村人居环境综合整治项目顺利推进。今年，我县认真总结去年农村人居环境综合整治取得的经验，进一步完善工作措施，启动了14个农村人居环境综合整治村建设。预计年底将全部完成建设任务。三是安居工程建设顺利完成。2011年，确定了安居工程建设新增户、困难户474户。截止目前，已完成413户，完成投资2973.6万元。

【援藏工作不断深入】第六批援藏工作进展顺利，完成投资7706.1万元。落资金3630万元，启动了8个小康示范村建设。目前已完成了1个，其余7个正在建设中；落实资金500万元，购置挖掘机等保通设备12台；落实资金680万元，启动了县水厂及网管改造项目；在做好项目建设的同时，援藏工作组通过努力积极开展智力援藏，组织了干部、教师和技术人员赴广东培训；协调国家开发银行深圳分行、深圳综合开发院帮助制订《察隅县“十二五”规划》，并签订支援经济社会发展开发性金融合作协议；邀请深圳市政设计院的工程人员来察隅县开展

"一县城、三乡镇"（察隅县城、古玉乡、上察隅镇、下察隅镇）建设规划设计。

【着力改善民生，社会事业全面进步】一教育事业发展不断进步。通过地区两基工作验收，"两基"工作各项指标均到达国家标准。县级投入经费377.2万元，占本年度财政预算的20%，落实"三包经费"1270.2万元，硬件设施建设落实1500余万元，强化各项教育经费的落实。开展了法制教育、安全教育，并开展了防火、防震应急演练，完善了学校各项安全管理制度，强化了中小学校安全管理。充分利用寒暑假集中开展了11期、47人次教师培训，有效提高了教师的教学水平。落实资金122.4万元，完成建设了木工房、养猪场、蔬菜大棚等，使我县职业教育发展稳步推进。

二就医条件得到全面改善。大力推广医疗保障制度，农牧区家庭医疗帐户建户率100%，资金筹集率为98.19%（23604人），大病统筹基金报销173.1万元，兑现"一孩双女户"奖励扶助金额24.98万元，全面推进食品药品放心工程，确保人民群众用上安全、可靠、放心的食品药品；积极开展全县人口健康信息建档工作，截止目前，已完成2.7万人的电子档案的建立。不断加大对重大传染病和慢性非传染性疾病的普查力度，提高疫情应急处置能力。

三文化宣传工作稳步推进。2011年，我县农村文化建设力度进一步加大，一大批乡镇、村文化室建成并投入使用，广播电视进入千家万户，广播覆盖率达80.5%，电视覆盖率达92.6%，完成了2个村的新农村、新文化的创建工作。成功举办了察隅县首届农牧民文艺汇演等文艺节目，组织开展文化活动20余场次，参与群众12000余人。以创先争优强基础惠民生驻村工作队覆盖面广、深入群众的优势，全面开展了自治区第八次党代会精神、十七届六中全会精神及支农惠农政策的宣传。

四社会保障得到全面落实。截止2011年底目前，全县共落实民生项目资金1645万元。全县年人均收入在1480元以下的特困群众643户、2535人全部纳入农村低保范畴。全年共发放城镇、农村低保金217.09万元。"家电、家具下乡"政策得到全面落实，售出家电、家具下乡产品达858台（件），兑付补贴资金36.48万元。积极督促各生产单位加快兑现务工人员工资及福利待遇，及时有效调解了劳资纠纷，务工人员权益得到有效保障。全县新增就业75人，登记失业率控制在3.2%，就业形势基本稳定。

朗县

【年度综述】2011年，全年实现国内生产总值31000万元，同比增长14.1%，其中：第一产业7249万元，同比增长4%；第二产业6950万元，同比增长20.6%；第三产业16801万元，同比增长16.4%。

财政收入稳步提高。全年实现财政收入759万元，同比增长15%，其中：税收524万元，非税收入235万元。

粮油总产量稳中有升。全年完成粮油总产量6532吨，完成年度目标的100.5%，超额完成0.5%。

基本农田得到有效保护。全县耕地保有量达20050.7亩，基本农田保护面积16572.4亩，保护率达82.7%以上，完成国有土地使用权划拨初始登记32宗，无超计划用地现象。严格落实耕地占补平衡制度，全年建设用地不存在"未批先建"和"违法用地"等现象。

农牧民人均纯收入持续增长。全年农牧民人均纯收入6186元，比上年增加798元，同比增长14.8%，完成年度目标的100.53%，超额完成0.53%。其中：现金收入4240元，比上年增加523元，同比增长14.1%，占人均纯收入的68.55%。全县有1个万元村（洞嘎镇卓村），全县人均纯收入达到1万元以上的户有412户。全年劳务输出达8783人次，实现劳务收入1587.56万元。实现多种经济收入7121.85万元。

固定资产投资超额完成。一是国家投资，全年开工建设项目44项，总投资22890.83万元，完工项目35项，完成国家投资13010.55万元，完成目标任务的130.1%，超额完成30.1%。其中：续建项目5个，项目资金5293.57万元。二是社会投资完成8148万元，完成年初指标的102%，超额完成2%。其中：招商引资完成5100万元，占年初指标的102%；完成民间投资3048万元，占年初指标的101.6%。县财政和援藏安排招商引资专项资金80万元，用于招商引资项目的宣传、沟通、洽谈等工作，确保招商引资项目工作顺利推进。

【产业发展稳步推进】按照"一产上水平，二产抓重点，三产大发展"的总体战略，该县充分利用资源优势和区位优势，三产逐步优化，实现比值为24:22:54，稳步推进了产业发展。

（一）农牧业实现稳定发展。2011年，新增辣椒种植面积360亩，全年辣椒种植面积达到1560亩，年产量达390万斤，实现产值约702万元。大力发展特色养殖业，新发展了拉多乡养羊特色专业乡，洞嘎镇热村养羊专业村、仲达镇拉丁雪黄牛养殖专业村。截至目前，全县牲畜存栏数达105757头（匹、只），牲畜出栏率28.26%。群众"菜篮子"不断丰富，维修了温室大棚52座、新建8座，农牧林综合示范场红薯、花生试种成功。草原生态保护奖励补助机制及草场承包工作全面铺开。全年县财政投入支农资金达65万元。

（二）经济林木不断发展壮大。按照"提升一产，壮大二产，做强三产"的产业发展思路，继续把"两椒两桃"作为主导产业稳步推进。全县经济林木总面积达20143亩，其中：核桃16575亩，藏冬桃2570亩，花椒698亩，葡萄300亩。经济林木发展切实步入了规模化、产业化发展之路。

（三）虫草资源管理工作扎实开展。县乡村三级着力在精心组织、加强领导，调研排查、完善制度，加强宣传、统一认识，清山巡山、零距离管理服务，沟通协作、联防联控五个方面下功夫，虫草采挖管理工作不断加强，有限的虫草资源得到合理采挖，市场收购秩序进一步规范，保障了群众的收入来源。2011年共采集虫草2450斤，实现收入8717.48万元，同比增长2.78%。

（四）专业合作社培育力度不断加大。全年新培育朗敦辣椒专业合作社、仲达镇砂石场专业合作组织、金东乡粮油加工合作社、玉石加工合作社、藏纸加工合作社，共5家农牧民专业合作组织。乡镇企业管理不断规范化，规模效益日渐显现，全年实现乡镇企业产值1879.68万元。全年争取洞嘎镇诺村辣椒种植基地、朗敦专业合作社项目、绒山羊养殖基地3个特色产业项目，每个项目20万元。完成了农业综合开发土地治理项目的续建任务和优质水果产业项目的整改任务。

（五）旅游业发展基础不断夯实。全年县财政对旅游业投入达40万元，占上年度财政收入的6.06%，旅游工作扎实有效开展。一是旅游宣传推广力度不断加大，全年组织参加旅游宣传推介会3次，向外界展示了该县的秀美山川和独特的旅游资源，达到了宣传朗县、提升朗县旅游知名度的目的。在福建“海交会”、“雅鲁藏布大峡谷”旅游文化节、“云南国际旅游交易会”期间，累计发放宣传资料2500余份。二是旅游配套设施不断完善，国家投资35万元，新建的列山景区停车场项目，顺利完工；援藏投资890万元的县城游客服务中心，已开工建设。三是旅游收入稳步提高，全年接待国内外游客12508人次，同比增长15%；实现旅游收入250.16万元，同比增长15%。四是积极组织引导群众参与旅游经营活动，目前，全县有拉多乡巴顿村等3个旅游度假村，金东乡农牧民家庭旅馆9家。全年兑现家庭旅馆贴息贷款和扶持资金11万元，家庭旅馆人均纯收入达6315元。五是注重旅游纪念品开发，申报了“金东乡玉石、奇石加工”和“金东藏纸加工”两个旅游纪念品开发项目。目前，金东玉石加工厂已正式投产。同时，积极发展其他产业。金东乡秀沟铬铁矿、洞嘎镇边嘎沟铬铁矿，目前，正处于全面探矿阶段。全县商业网点总数（含批发零售业中的个体户）达到529家，实现社会消费品零售总额达4762.6万元，比上年增长20%。

【援藏工作成效显著】第六批援藏干部坚持以中央第五次西藏工作座谈会精神为指导，按照“一个围绕、两个增加、三个注重、四件大事”，符合朗县实际的援藏工作思路，注重合理分配、合理使用援藏资金，注重把援藏资金向农牧区倾斜、向改善民生倾斜，拟定三年援建朗县5大类（特色产业发展、小康示范村建设、社会事业发展、维护社会稳定和改善民生）16个类别38个项目，总投资6207万元。2011年，福州市已拨付援藏资金3027万元。完成投资2835万元，项目包括小康示范村、太阳能路灯、正在实施的14个项目包括游客服务中心、朗县小学综合楼、经济林木等。教育援藏、文化援藏等方面，拓宽领域，第一次与福建志愿社团合作，选派青年优秀教师到朗县支教；第一次在海峡两岸交易洽谈会上以主题馆方式参展。

【社会事业全面发展】（一）科技服务体系建设逐步完善。全年举办各类农牧业科技培训5期，发放培训资料2000余份，培训农牧民11650人次（含各乡镇自行培训人次），其中农牧科技培训人数4456人次；建立科普书屋1处，储藏科普图书4000余册。全年争取资金102万元，采购农业机械284台，兑现农用机械补助资金101.6万余元。

（二）“两基”迎国检通过验收。全年县财政对教育投入168.8万元，占本级财政收入的22%，超出规定标准2个百分点。认真做好县完小教学楼、青少年活动中心等2010年4个结转项目建设，项目总投资1510.9万元。认真做好学校D级危房规划重建工作，投入资金1173万元。2011年全县小学入学率为100%，巩固率为99.84%，初中毛入学率为105.5%（含外地地转入学生），巩固率为99.32%，“两基”迎国检工作顺利通过检查验收。

（三）文化工作得到健康发展。全年投入20余万元购置有线广播设备54套，完成6个乡镇51个行政村有线广播安装调试工作。放映电影1031场次，观众达38000人次。基本实现了村村有农家书屋、有图书的目标，首批寺庙书屋在朗县成立。完成了朗巴居委会“新农村、新文化”示范村创建工作，申报成为2011年地区“新农村新文化”示范村。全县共建成金东乡东雄村等5个“新农村、新文化”示范村。大力开展文化市场专项检查，有效遏制文化市场的各种不良现象，促进了文化市场的健康有序发展。争取资金25万元完成了巴尔曲德寺围墙项目建设，申报了《金东藏纸制造技艺》等3个非物质文化遗产项目，投资862万元的冲康庄园保护性维修项目已通过自治区相关部门评审，明确了列山景区国家级考古遗址公园的保护性开发方向，县级民间艺术团正在申报当中，各乡镇均成立了农牧民文艺队，丰富了广大干部职工的业余文化生活。强化藏语文社会用字管理，进一步规范了藏语文社会用字。

（四）医疗卫生得到深入开展。全年农牧区医疗制度覆盖率达100%，个人筹资人数达13408人，占全县农牧民总人口的98%，参加户数达3550户，参户率达到100%。农牧区医疗制度总基金达234万元。投资1279万元修建县卫生服务中心综合楼，已投入使用；投资55万元完成了登木乡卫生院X光机业务用房、仲达镇卫生院附属工程建设。认真落实村卫生室建设，为全县配备村医102名。积极开展查房会诊、交流活动，提高医疗质量，保障医疗安全，确保了全年无责任性医疗事故发生。扎实有效地开展了餐饮业行政许可服务，食品、药品等监督执法检查工作，全年没有发生食品药品安全事件。充分发挥藏医药在农牧区医疗工作中的特色和优势，大力推进常见病、多发病藏医药适宜技术推广，在县人民医院和拉多乡扎村开设了藏医门诊。高度重视鼠疫防控工作，各项措施全面落实到位，全年没有发生鼠疫疫情。

（五）社会保障网络实现全覆盖。一是就业再就业工作扎实开展，全年帮助76名城镇失业人员实现就业再就业，签订劳动合同95人，城镇失业率控制在3.8%以内；开发就业再就业岗位109个，转移农牧区劳动力就业人数达8783人次，2928人，实现转移收入1500万元。全年开展城镇失业人员就业培训200人次，培训合格率达到92%，通过培训就业率达到85%；开展农牧民转移就业培训200人次，培训合格率达到95%，通过培训就业率达到85%。二是五大社会保险全面推进，养老保险参保职工162人，医疗保险参保职工1138人、城镇居民医疗保险参保646人，失业保险参保职工438人，工伤保险参保361人，生育保险参保988人，各类保险费征缴率全部达到100%。三是新型农村社会养老保险参保率不断提高，全年有新型农村社会养老保险参保人员8417人，其中：年满60周岁以上的参保人员1193人，16周岁至59周岁参保人员7224人，缴纳参保金85.95万元。四是低保、五保资金及时、足额发放，全年发放低保金、生活补助资金123.19万元。

【生态创建扎实开展】（一）环境监管力度不断加大。先后10余次深入辖区内三家采砂厂、矿产开发公司（探矿2家、采矿1家），进行资质审查，开展环境综合整治执法检查。全年累计检查工作22次，下发《关于停止洞嘎镇卓村非法采沙、限时拆除生产设备的通知》等整改通知书3份，对环保不达标企业进行整改。严格落实建设项目环境影响评价、“三同时”制度和责任追究制度，做到了在建项目环评率和“三同时”制度,执行率均达100%。大力开展“彩色污染”治理工作，全年4次开展白色垃圾清理工作，没收一次性塑料制品10000余个，出售绿色环保购物袋2000余个。

（二）生态创建与保护取得新进展。重视环境保护宣传工作，全年4次开展环保宣传工作，发放宣传单800余份，展示环保成效宣传图片50余张。大力改善城乡生态环境，全年新建村级垃圾集中处理点28个，投资1500余万元的县城垃圾填埋场，正在施工当中。重视生态乡镇、村建设，完成了朗镇、登木乡两个自治区级环境优美乡镇的创建申报工作，洞嘎镇、金东乡两个自治区级环境优美乡镇的创建正在申报。重视水源地保护工作，用网围栏对县城、6乡镇饮用水水源地进行了保护。重视节能减排工作，全年投入资金218.95万元，在县城、学校和6个乡镇机关驻地共安装太阳能、风能路灯122盏，并免费为农牧民群众提供节能灯18000余只。

（三）植树造林工程开展良好。全年完成植树造林6400亩，其中：种植经济林木3000亩；四旁植树8万株，合2000亩；防沙治沙840亩；城市、乡镇、村、部队、校园绿化290亩；补植补种270亩。完成重点区域造林2360.7亩。2004年度实施的1285.2亩退耕还林工程，已在2011年顺利通过国家验收。全县退耕还林总面积达2415.2亩。防沙治沙工程有序开展。生态林管护工作不断加强，2011年兑现了国家下达的管护资金765.198万元和2009年度、2010年度退耕还林补助资金82.71万元。大力加强林政管理，严厉打击一切林业违法犯罪活动。

【新农村建设进展顺利】（一）小康示范村建设项目全面推进。2011年，朗县7个行政村纳入小康示范村建设项目，总投资2800万元（其中：援藏投资2450万元，地区投资350万元），每个行政村平均投资400万元。我县紧密围绕新农村建设20字方针要求，以“突出建设规划、突出因地制宜、突出典型引路”为建设原则，精心编制规划，积极争取资金、认真组织实施，全面推进了小康示范村建设工作。2011年到位资金1215万元（其中：援藏资金1040万元，地区资金175万元），朗镇申木村小康示范村建设任务全部完成，其他6个村的建设工作正在有序推进。

（二）人居环境综合整治项目顺利完成。2011年，朗县有14个农村人居环境建设和环境综合整治试点项目，总投资1899.1万元（其中：县级配套206.22万元，农牧民投工投劳152.32万元），每个行政村平均投资135.65万元。在项目建设过程中，朗县科学合理规划，积极整合资金，突出项目村特色，形成“一村一规划，一村一特色、一村一预算”的规划风格，做到把好项目建设进度关、资金使用关和项目质量关，确保了项目科学建设、有序建设。14个村的“十一项”建设内容基本完工。

（三）安居工程建设任务全部完成。安居工程建设实现全覆盖。2011年新增户297户。抗震加固稳步推进，针对已修建完成的安居工程大部分为土（石）木结构，无法有效进行抗震加固，我县采取修建避震室的方案进行解决。目前，已修建27户避震室。

（四）边远乡村基础设施建设步伐加快。朗县始终把边远乡村建设作为扶贫开发的重点，坚持把项目和资金向边远乡村倾斜，通过加大扶贫农发帮扶力度，帮助群众提高生产生活水平，改善生产生活质量。一是全年争取扶贫项目17个，总投资1306万元（含50万元扶贫奖励资金）。二是加强基层建设年活动争取短平快项目建设资金460.5万元，重点在农田灌溉、水渠维修、人畜饮水、村委会活动场所、道路交通、产业发展、移动基站维修等领域实施项目建设，推动了边远乡村的新农村建设。截至目前，全县通水率83.4%，通电率98%，农村公路通车里程达422.88公里，行政村通达率100%，邮路里程达1368.8公里，覆盖率达100%，6乡镇均通移动电话、固话、互联网。近年来，朗县结合6乡镇实际，完成沼气建设任务1670户，并积极提供技术培训，重视后续管理服务工作，沼气正常使用率达到了90%。

（五）惠民政策进一步落实到位。积极开展强农惠农政策工作，全年宣传各类强农惠农政策7场次，发放宣传挂历350个、宣传册2400册，制作、悬挂宣传横幅3条。积极做好“万村千乡市场工程”工作，完成“万村千乡市场工程”农家店新建选址20家，覆盖6个乡镇。积极开展农牧区碘盐配送和销售网点建设工作，配送碘盐76191.5公斤，碘盐配送率和食用率均达100%。全年落实各项支农惠农资金约1000万元。

中共普兰县第八届委员会第一次全体会议

考察组与县委、县政府召开座谈会

"两基"迎国检工作汇报会

胜利灌区工程开工典礼

社会治安综合治理工作专题研讨会

基层党的建设工作会议

自治区副主席格桑次仁视察噶尔县人工种草工作

噶尔县委书记张宇与参加庆祝西藏和平解放60周年慰问团阿里分团团长陈炳德亲切交谈

噶尔县委书记张宇慰问扎西岗边防连官兵

噶尔县委书记张宇赴噶尔县扎西岗乡边防执勤点慰问执勤民兵

退休干部职工纪念建党90周年暨“七一”文艺活动

县委书记张宇

县长索朗次仁

噶尔县召开第八次党代会

噶尔县委书记张宇、县长索朗次仁慰问扎西岗寺僧人

狮泉河全景图

自治区主席白玛赤林在札达县中学视察工作

自治区副主席孟德利在札达县视察工作

古格王国遗址维修工程开工仪式

阿里地委书记万超岐在札达慰问驻军部队

县委书记李建华

县委副书记、县长次仁扎西

札达服饰

藏历十五在托林寺举行的“酥油花油花节”

广大游客在古格遗址流连忘返

公安干警在训练

美丽的札达县城

土林夜景

自治区教育厅副厅长旺堆检查学校

地区政协副主席格巨坚赞与教体局局长罗拉检查学校

县委书记和县长检查指导工作

县委书记张学营

主要领导和艺术团合影

县委副书记、县长扎西措姆

第八次党代会全体代表合影

爱国歌曲大家唱

俯视革吉中学

聚精会神

苗圃基地

巡回医疗缩影

自治区党委常委、纪委书记金书波，阿里地区地委书记万超岐在日土县调研

日土县委书记崔大平到德汝村检查指导创先争优强基惠民活动

日土县县长罗庆伍深入牧区宣讲党对农牧区的优惠政策并看望慰问贫困户

日土县3·28百万农奴解放日活动

日土县第四届班公湖民俗文化旅游节文艺汇演

国家AAA级景区班公湖

日土县赛马节

雪域神画、天际日土（图为日土县德汝度假村）

地委、县委领导视察法制宣传

县委书记旦巴旺久

县委书记旦巴旺久视察措勤县警务站

县委副书记、县长杨红兵

措勤县民间艺术团文艺演出

措勤县先进基层党组织颁奖仪式

发放讲解法制宣传材料

阿里地区财政局向珠龙村困难群众发放物资

国务院副总理回良玉率中央代表团山南分团在地区开展“庆祝西藏和平解放六十周年”活动

国务院副总理回良玉率中央代表团山南分团在地区开展“庆祝西藏和平解放六十周年”各项活动

自治区党委书记陈全国在山南地区考察指导工作

自治区党委书记陈全国在山南地区扎囊、乃东考察指导工作

行署专员赵宪忠陪同自治区领导白玛赤林、吴英杰在贡嘎机场调研

区党委副书记、自治区常务副主席吴英杰在山南地区乃东、桑日、加查县调研

自治区党委常委、自治区党委宣传部长崔玉英一行在克松居委会考察指导工作

行署专员赵宪忠等领导出席“山南地区庆祝中共产党成立90中年暨西藏和平解放60周年”安保誓师大会

行署专员赵宪忠出席“湖北大道南北延生建设工程”奠基仪式

行署专员赵宪忠出席“西藏山南雅砻投资有限公司”授牌仪式

自治区党委书记陈全国在扎囊县调研

自治区主席白玛赤林在扎囊县调研

藏历水龙新年，自治区副主席多托赴扎囊县慰问

县委书记巴珠及县委副书记、县长黄金刚下乡调研

扎囊县委书记巴珠在友谊大道开工典礼上讲话

县长黄金刚在扎囊县第十一届人大第六次会议上作政府工作报告

扎囊县第八次党代表大会

百万农奴解放纪念日

扎囊全景

自治区党委书记陈全国在社区新旧对比展室参观

自治区党委书记陈全国亲手为老党员坚才赠送四代领袖像

自治区常务副主席洛桑江村视察县110指挥中心

地委书记其美仁增检查黄改协会

县委书记夏文斌

县委书记夏文斌与空指政委交谈工作事宜

县委副书记、县长尼玛扎西

60大庆庆祝活动

贡嘎风光

长沙市青基会“爱心100”捐赠仪式

优质青稞种植基地

整齐的蘑菇大棚

区党委常委、政协党组书记公保扎西莅临桑日县视察工作与县领导合影留念

原区党委常委、统战部部长齐扎拉视察桑日县核桃基地建设情况

原区党委常委、统战部长齐扎拉出席比巴村幼儿园开园仪式

自治区副主席德吉视察桑日县母亲水窖项目实施情况

自治区副主席多托视察桑日县寺庙“九通六有”工程实施情况

县委书记余良勇

县委副书记、县长索朗曲巴

县委副书记、人大主任李战英

新建成的桑日青少年活动中心

桑日县积极推广二级种子田建设

县委书记王建军

县长中达娃

琼结县党政机关办公楼

自治区重点文物保护单位——藏王墓

琼结水晶玉石

琼结县幼儿园

琼结县社会福利院

琼结县社会福利院

琼结县中学电教中心

琼结县种植的大棚蔬菜

区党委副书记、自治区主席白玛赤林莅临措美县检查指导工作

自治区副主席多托莅临措美县检查指导工作

安徽省第一批援藏项目——县综合文化活动中心

安徽省援建项目——政府办公大楼

藏南朝圣古道第一关——毛角寺

高品位锑矿

夕阳下的哲古镇

雪莲花

亚洲第二大光伏电站——哲古光伏电站

药材藏香

哲古镇小康示范村图

地委书记其美仁增莅临洛扎县检查指导工作

县委书记蒋明浩慰问驻地官兵

县委书记蒋明浩

县委副书记、县长央中卓嘎

党代会

安居新房

丰富多彩的民间文化生活

户户通设备发放仪式

农家书屋

沙棘

山东2号小麦

区党委副书记、常务副主席吴英杰深入加查县安绕镇私营苗圃基地

区党委副书记、常务副主席吴英杰前往加查县敬老院调研

地委书记其美仁增赴加查调研

湖北省援藏项目加查县政务中心顺利封顶

农牧民群众祝贺搬迁新居

加查会务中心

冬青稞

冬虫夏草

百年古刹

崔久乡斯布荣沟风景

崔久天然草场

自治区政协副主席刘庆慧（中）视察华钰公司

地委委员、统战部长尼玛次仁参加斗玉珞巴民族乡挂牌仪式

地委副书记肖传江（中）检查重点区域造林工作

行署副专员普布顿珠在听取隆子县的工作汇报

县长洛桑平措向地区综合考评第四组汇报经济建设及党建工作情况

县委副书记、人大主任格桑龙点（右）检查农牧业生产工作

县委常务副书记高军（左）慰问驻军部队

第六批援藏项目樟木萨路升级改造工程举行开工典礼

隆子县第八次党代会代表投票

隆子县组建综合应急救援大队

新旧西藏对比教育活动

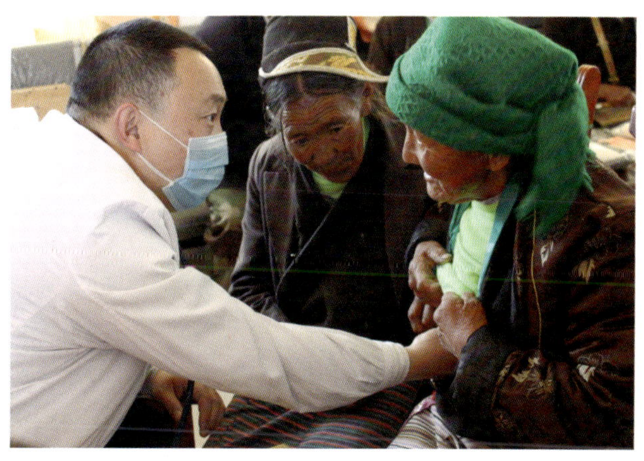

医护人员为敬老院的老人检查身体

自治区副主席孟德利视察浪卡子县教育工作

县长多布杰陪同自治区副主席多托检查维稳工作

县委书记刘学杰在庆“七一”大会上讲话

县委书记刘学杰在教师节看望慰问道布龙完小教师员工

县委书记刘学杰陪同马鞍山客人

县长多布杰安排部署项目工作

县长多布杰在桑顶寺挂牌仪式上讲话

县委、人大、政府召开联席会议研究经济工作

县政务中心

县中学

牧民安居房

自治区党委书记张庆黎、自治区主席白玛赤林等领导参加林芝巴河老虎嘴电站投产发电仪式

国家农业部副部长牛盾参加巴松措特有鱼类国家级水产种植资源保护区揭牌仪式

首届西藏林芝松茸美食文化节暨第七届巴松措工布民俗旅游文化节开幕

错高梗舞

工布江达县城全景

农牧民群众参与旅游业，出售民族手工艺品

林则猕猴景区的猕猴

太昭陈列馆

太昭古城

新错景区河谷风光

秀巴千年古堡景点

县委书记邵育秦

县长扎西达杰

县第十届人民代表大会第六次会议

政协米林县七届五次会议

2011年工作会议

庆祝“西藏百万农奴解放纪念日”升国旗唱国歌仪式

林芝地区第一家五星级高端商务型酒店工布庄园项目开工典礼

第四届珞巴民俗暨藏医药文化旅游节开幕

县委理论学习中心组专题学习胡锦涛总书记重要讲话精神学习（扩大）会

中共米林县第八次代表大会

举行旅游服务中心暨米林县其它援藏项目开工典礼仪式

米林县城全景

中央统战部常务副部长朱维群在墨脱县调研

国家扶贫办副主任王国良在德兴村调研

区党委副书记、常务副主席吴英杰一行在墨脱县调研

县主要领导深入田间地头开展调研

县委书记刘革生

县委副书记、县长扎西

2011年墨脱县工作会议

开展爱心基金募捐箱启动仪式

新农村建设（墨脱村）

新农村建设（德兴村）

墨脱石锅

墨脱县城

自治区副主席丁业现视察波密县藏药材生长情况

县长达瓦查看县游客接待中心建设进度

县委书记左孟新

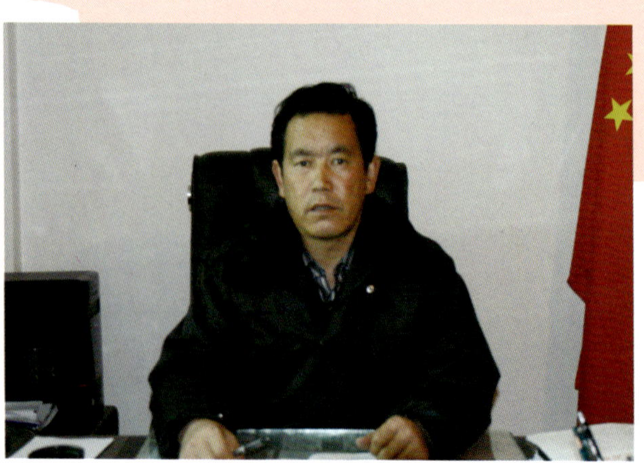

县委副书记、县长达瓦

县长达瓦检查消防设备

县长达瓦作人大会报告

波密县野生天麻培育基地

米堆冰川

平安波密

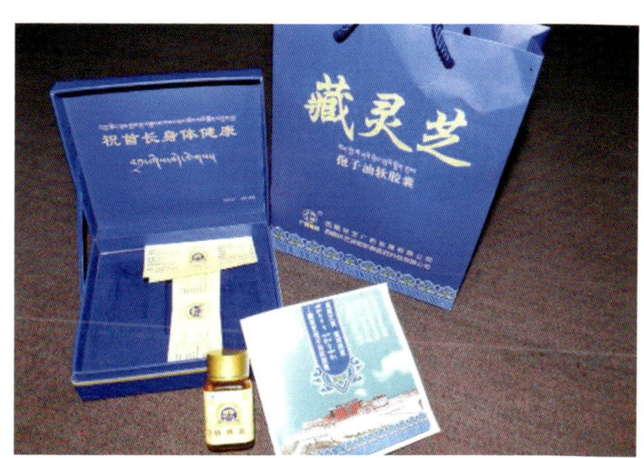

西藏林芝广药发展有限公司新研发的高端保健品
——藏灵芝孢子油胶

自治区副主席丁业现在察隅县检查指导工作

林芝地区行署副专员达娃视察察隅特色农产品

县委书记郑新强

县委副书记、县长扎西平措

察隅县社会管理创新综合试点工作动员部署大会

县委副书记、县长扎西平措在察瓦龙乡松塔电站基地调研

察瓦龙乡怒江吊桥

抽烟的僜人阿妈

经济、文化各项事业蓬勃发展中的察隅县

下察隅镇水稻田

自治区副主席邓小刚一行到朗县视察

县委书记陈奕辉

县委副书记、县长成燕

县委书记陈奕辉，人大主任张金林，县长成燕带领全县6个乡镇党委书记、乡镇长在在金东玉石加工厂参观学习

金东乡举办第七届仁瀑圣水旅游文化节

中国共产党朗县第八次代表大会

在驻村工作队出发仪式上授旗

朗县召开"两基"督导检查意见反馈会

总投资1645.28万元的朗县洞嘎镇巴基塘优质水果种植基地

朗县小康示范村样板工程——申木村

朗县洞嘎镇珍珠天池

朗县全景

2011年7月，国家副主席习近平到林芝看望各族干部群众

2011年5月，时任广东省副省长的朱小丹同志（中）在西藏自治区党委常委、区政府常务副主席吴英杰同志（右一）的陪同下听取鲁朗国际旅游小镇规划汇报

自治区副主席多托在公众村视察工作

县委书记蔡家华同志为学生发放教育奖励资金

游客用身体丈量世界柏树王

林芝县布久乡喇嘛岭寺荣获“首届全国创建和谐寺观教堂先进集体”荣誉称号

国土资源部部长徐绍史及自治区领导与华钰公司高管合影

华钰公司董事长刘建军向国土资源部部长徐绍史敬献哈达

自治区党委副书记郝鹏视察华钰山南分公司选矿厂

自治区副主席多吉泽仁在华钰公司上市筹备工作汇报会上讲话

自治区统战部副部长徐飞参观华钰公司矿石样品

西藏华钰矿业开发有限公司

自治区及山南地区领导参加华钰山南分公司选矿厂扩建项目奠基仪式

西藏华钰矿业开发有限公司扩建项目奠基仪式

办公大楼

矿区

生产车间

第七篇 政府2011年大事记

一月

1日

自治区党委书记张庆黎在拉萨专程看望慰问节日期间坚守岗位的执勤官兵和公安民警，自治区党委副书记、自治区常务副主席郝鹏，西藏军区政委郎友良，自治区常务副主席洛桑江村等领导同志一同前往看望慰问。

◆自治区主席白玛赤林前往拉萨燃机电厂，亲切看望慰问节日期间坚守在工作岗位的电厂干部职工，自治区副主席宫蒲光、丁业现一同前往。

4日

自治区参与上海世博会工作总结表彰会在拉萨举行，会议传达了自治区党委书记张庆黎和自治区主席白玛赤林在《自治区参与2010年上海世博会工作总结》上的批示精神，自治区常务副主席郝鹏出席会议并讲话。自治区副主席宫蒲光主持会议，自治区副主席多托传达张庆黎和白玛赤林同志批示精神。

◆青藏专项(西藏片区)成果交流暨构建地质找矿新机制座谈会在拉萨召开，自治区常务副主席郝鹏出席会议并讲话，自治区副主席白玛才旺主持会议。

◆全区环境保护工作会议在拉萨召开，自治区常务副主席洛桑江村出席会议并讲话。

5日

全区工商行政管理工作会议在拉萨召开，自治区常务副主席郝鹏出席会议并讲话，自治区副主席邓小刚讲话。

◆全区民政工作电视电话会议召开，自治区常务副主席洛桑江村出席拉萨主会场会议并讲话。

◆自治区工商联四届四次执委会暨自治区总商会成立大会在拉萨召开，自治区党委常委、统战部部长齐扎拉出席会议并讲话，自治区副主席多吉泽仁为自治区总商会成立挂牌致辞。

◆全区住房和城乡建设工作会议在拉萨召开，自治区副主席多吉泽仁出席会议并讲话。

6日

自治区政府办公厅及代管单位召开全体干部大会，自治区副主席宫蒲光代表政府办公厅党组作2010年度干部选拔任用工作情况报告。

◆自治区政府办公厅召开2010年总结表彰大会，自治区副主席宫蒲光出席会议并讲话。

7日

自治区主席白玛赤林主持召开政府第一次常务会，研究审议《西藏自治区人民政府2011年工作要点》、《西藏自治区城镇饮用水水源地环境保护规划》等议题。自治区常务副主席郝鹏、吴英杰、洛桑江村，自治区副主席次仁、白玛才旺、邓小刚、宫蒲光、孟德利、多托、李昭出席会议。

◆我区非公有制经济界举行2011年新春联谊会，自治区党委常委、统战部部长齐扎拉出席联谊会并致辞，自治区副主席多吉泽仁出席。

◆全区工业和信息化工作会议在拉萨召开，自治区副主席丁业现出席会议并讲话。

9日

自治区党委政法委2011年第一次会议在拉萨召开，自治区常务副主席郝鹏主持会议并讲话，自治区常务副主席洛桑江村，自治区副主席李昭等领导出席会议。

10日

自治区九届人大四次会议在拉萨隆重开幕，大会执行主席、主席团常务主席向巴平措主持大会，自治区主席白玛赤林作政府工作报告。

◆自治区常务副主席郝鹏参加了自治区九届人大四次会议阿里代表团审议。

11日

自治区主席白玛赤林参加了自治区九届人大四次会议山南代表团审议。

◆自治区主席白玛赤林参加了自治区九届人大四次会议阿里代表团审议。

◆自治区常务副主席吴英杰参加了自治区九届人大四次会议林芝代表团分组审议。

12日

全国安全生产工作电视电话会议在北京召开，自治区副主席多吉泽仁出席西藏分会场会议并讲话。

13日

2011年全国春运电视电话会议在

北京召开，自治区副主席丁业现出席西藏分会场会议并讲话。

14日

第24次全国“扫黄打非”工作电视电话会议在北京召开，自治区副主席多托主持西藏分会场会议。

◆自治区公安厅召开世博会、亚运会、亚残运会安保工作表彰大会，自治区副主席李昭出席表彰大会。

17日

全区教育工作会议在拉萨召开，自治区党委书记张庆黎在会上讲话，自治区主席白玛赤林系统总结了近年来我区教育工作，全面部署了当前和今后一个时期我区教育改革发展工作。教育部党组副书记、副部长杜玉波出席会议并讲话，自治区常务副主席郝鹏主持会议。自治区领导向巴平措、巴桑顿珠、吴英杰、崔玉英、公保扎西、秦宜智等出席会议。

◆自治区政府召开党组会议，自治区主席白玛赤林讲话，自治区常务副主席郝鹏主持会议，自治区常务副主席吴英杰，自治区副主席多吉泽仁、邓小刚、宫蒲光、德吉、多托、格桑次仁、董明俊、李昭、丁业现以及政府党组成员金世洵、高扬出席。自治区党委常委、组织部部长尹德明宣布自治区政府部分领导干部任免决定。

◆全区农牧民安居工程建设工作会议召开，自治区主席白玛赤林出席会议并讲话，自治区常务副主席郝鹏主持会议，自治区党委常委、宣传部部长崔玉英，自治区副主席格桑次仁出席会议。

◆全区保险业情况通报会在拉萨召开，自治区副主席多吉泽仁出席会议并讲话。

◆西藏电力有限公司召开二届二次职工代表大会暨2011年工作会议，自治区副主席丁业现出席会议并讲话。

◆在参加全区教育工作会议之后，国家教育部副部长杜玉波看望慰问了西藏大学、西藏藏医学院的师生代表和西部志愿者代表，自治区副主席孟德利陪同前往。

18日

全区文化发展大会在拉萨召开，自治区党委书记张庆黎出席会议并讲话，自治区主席白玛赤林主持大会并讲话，自治区党委常委、宣传部部长崔玉英在会议闭幕式作总结讲话。自治区领导向巴平措、巴桑顿珠、吴英杰、金书波、尹德明、公保扎西、秦宜智等出席会议。

◆“创业不忘子弟兵 成功全靠共产党”民营企业回报社会感恩行动启动仪式在拉萨举行，自治区常务副主席郝鹏出席并宣布活动启动，自治区党委常委、自治区政协副主席、自治区统战部部长齐扎拉讲话，多吉泽仁等自治区领导出席。

◆2011年全区卫生工作会议在拉萨召开，自治区副主席德吉出席会议并讲话。

◆武警西藏总队举行2010年度表彰大会，自治区副主席李昭出席会议并讲话。

◆全区国有资产监督管理工作会议在拉萨召开，自治区副主席丁业现出席会议并讲话。

18-19日

全区统战部长会议在拉萨召开，自治区常务副主席郝鹏出席会议，自治区党委常委、自治区政协副主席、区党委统战部部长齐扎拉出席会议并讲话。自治区副主席多吉泽仁等领导出席。

19日

自治区隆重举行全区科学技术奖励大会，自治区党委书记张庆黎出席会议并颁奖，自治区主席白玛赤林出席会议并讲话，自治区领导公保扎西、尼玛次仁、宫蒲光、孟德利、洛桑久美、张仕品、汪象华出席会议。自治区副主席孟德利主持大会。

◆全区“两基”迎国检工作部署会议召开，自治区主席白玛赤林出席会议并讲话。自治区副主席孟德利主持会议，自治区副主席宫蒲光等领导出席会议。

◆全区政法工作会议在拉萨召开，自治区常务副主席郝鹏出席会议并讲话，自治区常务副主席洛桑江村主持会议，自治区副主席李昭等领导出席。

◆2011年全区邮政工作会议在拉萨召开，自治区常务副主席吴英杰出席会议并讲话。

◆自治区常务副主席吴英杰率2011年“三大节日”慰问团在拉萨亲切看望慰问了农民工、工伤职工和贫困残疾人，自治区人大常委会副主任嘎玛一同看望慰问。

◆2011年度全区科技工作会议在拉萨召开，自治区副主席孟德利出席会议并讲话。

◆全区气象局长会议在拉萨召开，国家气象局副局长宇如聪、自治区副主席格桑次仁出席会议并讲话。

19-20日

自治区副主席董明俊带领自治区春运工作领导小组成员单位负责同志前往拉萨火车站、拉萨柳梧汽车站、拉萨西郊客运站、贡嘎机场实地了解安检、购票、售票，运力安排、安全防范、应急预案、值班制度落实等情况。

20日

全区国土资源工作会议在拉萨召开，自治区副主席多吉泽仁出席会议并讲话。

◆全区商务工作会议在拉萨召开，自治区副主席邓小刚出席会议并讲话。

◆西藏自治区口岸管理办公室、西藏自治区盐务管理局揭牌仪式在自治区商务厅隆重举行，自治区副主席邓小刚出席揭牌仪式。

21日

自治区常务副主席郝鹏会见了武警部队副参谋长黄海辉一行，自治区副主席李昭，武警西藏总队政委汪象华参加会见。

◆全区人力资源和社会保障工作会议在拉萨召开，自治区常务副主席吴英杰出席会议并讲话。

◆自治区副主席宫蒲光赴区安全监管局考察调研。

◆2011年度全区通信管理工作会议在拉萨召开，自治区副主席宫蒲光出席会议并讲话。

◆全区公安工作会议在拉萨召

开，自治区副主席李昭出席拉萨主会场会议并讲话。

21-22日

武警西藏森林总队党委二届五次全体(扩大)会议在拉萨召开，自治区副主席格桑次仁出席会议并讲话。

22日

全区民族宗教工作总结动员部署会议在日喀则召开，自治区副主席多吉泽仁出席会议。

◆自治区地质工作会议在拉萨召开，自治区副主席多托出席会议并讲话。

22-23日

武警西藏公安消防总队党委一届七次全委(扩大)会暨2010年度先进集体、先进个人表彰会召开，自治区常务副主席洛桑江村出席会议并讲话。

23日

自治区召开效能建设年活动总结暨加强基层建设年活动动员电视电话会议，自治区常务副主席郝鹏出席会议并讲话，自治区副主席宫蒲光出席会议。

◆全区纪检监察案件通报会在拉萨召开，自治区常务副主席郝鹏出席会议并讲话，自治区副主席宫蒲光出席会议。

◆全区文物工作会议在拉萨召开，自治区副主席丁业现出席会议并讲话。

24日

全区2010年度金融运行分析会在拉萨召开，自治区副主席多吉泽仁出席会议并讲话。

◆全区质量技术监督工作会议在拉萨召开，自治区副主席邓小刚出席会议并讲话。

◆自治区副主席宫蒲光前往自治区国税系统各单位，就我区税收工作情况进行调研。

◆自治区副主席宫蒲光率领区市两级安监、公安、交通、质监、工商、消防安全生产检查团，在拉萨市开展了春节、藏历新年前的安全生产大检查。

◆自治区副主席董明俊前往拉萨市曲水县江村麻风病医院，看望慰问麻风病残疾患者。

25日

自治区在拉萨隆重举行迎新春佳节和藏历新年双拥招待会，自治区党委书记、西藏军区党委第一书记张庆黎在招待会上致辞，自治区主席白玛赤林主持招待会。向巴平措、郝鹏、杨金山、郎友良、巴桑顿珠、吴英杰、崔玉英、洛桑江村、金书波、尹德明、公保扎西、秦宜智、齐扎拉等领导同志出席招待会。

26日

自治区常务副主席吴英杰前往自治区外事办进行调研，看望慰问自治区外事办干部职工，召开业务座谈会，听取相关工作汇报。

◆自治区召开信访工作部署会，自治区常务副主席洛桑江村主持会议并讲话。

◆建行西藏分行在拉萨召开2011年工作会议，自治区副主席多吉泽仁出席会议并讲话。

◆全区反假货币工作联席会议在拉萨召开，自治区副主席多吉泽仁出席会议并讲话。

◆自治区副主席董明俊在自治区政协副主席、区总工会主席央金的陪同下，深入拉萨市和区直单位，看望慰问了在不同时期为我区发展作出突出贡献的全国劳模和先进工作者。

◆自治区副主席宫蒲光在自治区粮食局就全区粮食储备等情况进行调研。

26-27日

全区公安机关刑事侦查工作会议在日喀则召开，自治区副主席李昭出席会议并讲话。

27日

自治区常务副主席吴英杰亲切看望慰问了拉日铁路建设者。

◆自治区政府办公厅举行2011年春节、藏历新年团拜会，自治区常务副主席洛桑江村，自治区副主席多吉泽仁、宫蒲光、孟德利、格桑次仁、董明俊出席团拜会。

◆自治区法律援助工作协调领导小组召开第一次全体会议，自治区副主席李昭出席会议并讲话。

◆自治区副主席丁业现在自治区国资委有关领导的陪同下，深入西藏天路建工集团，集中看望慰问了区国资委监管的12户国有企业困难、职工。

28日

自治区在拉萨隆重举行2011年春节、藏历新年团拜会，张庆黎、向巴平措、白玛赤林等领导同志出席团拜会。

◆自治区副主席董明俊代表自治区党委、政府专程看望慰问了国医大师强巴赤列。

30日

自治区主席白玛赤林来到西藏儿童福利院，亲切看望福利院的儿童和教职工，与大家一道喜迎春节、藏历新年，向他们送去自治区党委、政府的温暖。

◆自治区农科院2010年工作总结表彰会在拉萨召开，自治区副主席格桑次仁出席会议并讲话。

二月

1日

自治区主席白玛赤林在拉萨看望慰问武警西藏森林总队和公安现役部队基层官兵，自治区副主席李昭一同前往看望慰问。

◆自治区常务副主席郝鹏前往布达拉宫广场、西藏日报社、自治区电力公司电力调动中心，拉萨市公安局110指挥中心，看望慰问节日坚守工作一线的广大干部职工和公安民警。

3日

自治区党委书记张庆黎和自治区主席白玛赤林等来到全国政协副主席、自治区政协主席帕巴拉·格列朗杰的住处，向他送上最诚挚的新春祝福，自治区领导郝鹏、公保扎西一同前往。

◆自治区党委书记张庆黎和自治区主席白玛赤林专程来到拉萨市公安局“110”指挥中心，看望、慰问了节日期间坚守岗位的公安民警，自治区常务副主席郝鹏，自治区党委常委、秘书长公保扎西，自治区党委常委、拉萨市委书记秦宜智等领导同志参加看望慰问。

◆自治区党委书记张庆黎和自治区主席白玛赤林来到拉萨市城关区八廓街道办事处鲁固社区居委会大院，与乡亲们一起欢度新春佳节。

◆自治区常务副主席郝鹏专程走访慰问了春节期间坚守岗位的执勤官兵和公安民警，自治区副主席多吉泽仁、李昭等一同看望。

6日

自治区常务副主席郝鹏前往哲蚌寺、色拉寺，看望慰问自治区驻寺工作组全体同志，并与驻寺工作组成员、寺管会成员亲切座谈，自治区党委常委、拉萨市委书记秦宜智，自治区副主席多吉泽仁、李昭，自治区人大常委会原常务副主任土登才旺一同看望慰问。

9日

自治区主席白玛赤林来到自治区专用通信局、中国电信西藏分公司，中国联通西藏分公司、中国移动西藏公司，看望节日期间坚守岗位的值班人员。自治区副主席董明俊，自治区政府党组成员、自治区政府办公厅党组书记高扬一同看望。

◆自治区常务副主席郝鹏专程前往东嘎电厂、拉萨燃机电厂和220千伏曲哥变电站考察调研，看望和慰问节日期间坚守岗位的工作人员。

10日

自治区主席白玛赤林主持召开政府第三次常务会，审议并原则通过了《关于教育“三包”政策标准调整及相关问题的请示》，决定从2011年1月1日起，提高教育“三包”经费标准，扩大教育“三包”政策覆盖面，建立学前教育阶段农牧民子女补助政策，调整困难家庭学生资助政策。自治区常务副主席郝鹏，自治区副主席多吉泽仁、格桑次仁、董明俊，自治区政府党组成员、区政府办公厅党组书记高扬出席会议。

◆全国粮食生产电视电话会议在北京召开，自治区主席白玛赤林，自治区人大常委会副主任多吉，自治区副主席董明俊，自治区政协副主席央金，自治区政府党组成员、区政府办公厅党组书记高扬出席西藏分会场会议。

11-12日

自治区副主席格桑次仁深入自治区和拉萨市农牧部门、农牧民专业合作组织、农牧业特色企业进行调研。

15日

全国深化医药卫生体制改革工作电视电话会议在北京召开，自治区主席白玛赤林，自治区常务副主席吴英杰，自治区政府党组成员、办公厅党组书记高扬出席西藏分会场会议。

14-15日

自治区副主席格桑次仁赴我区水利部门调研，详细了解我区水利工作开展情况。

16日

全区粮食生产专题会议召开，自治区副主席格桑次仁出席并讲话。

17日

自治区常务副主席吴英杰，自治区党委常委、秘书长公保扎西在达孜县金叶敬老院看望慰问了生活在那里的孤寡老人，自治区政府党组成员、自治区政府办公厅党组书记高扬一同看望慰问。

◆全区农行2011年工作会议在拉萨闭幕，自治区副主席多吉泽仁出席会议并讲话。

17-18日

自治区副主席格桑次仁在自治区林业局负责同志的陪同下，对我区林业工作进行了调研。

18日

2011年区直单位企业退休老同志欢聚一堂，举行藏历新年团拜会，自治区常务副主席吴英杰出席团拜会并讲话。

◆全区新闻出版(版权)工作会议在拉萨召开，自治区副主席多吉泽仁出席会议并讲话。

◆自治区副主席孟德利专程看望格萨尔说唱艺人桑珠家属，表达自治区党委和政府的亲切慰问。

21日

自治区常务副主席洛桑江村专程前往5100矿泉水公司，调研企业生产经营情况。

◆自治区常务副主席洛桑江村深入堆龙德庆和当雄县，看望慰问青藏铁路护路联防队员和武警官兵。

◆全区广播影视工作会议在拉萨召开，自治区副主席多托出席会议并讲话。

◆自治区副主席格桑次仁前往自治区气象局调研。

22日

自治区常务副主席吴英杰主持召开政府第四次常务会，审议并原则通过《西藏自治区人民政府关于加强矿产资源开发环境保护工作的意见》等。自治区副主席多吉泽仁、邓小刚、孟德利、多托、格桑次仁、董明俊、自治区政府党组成员、区发展改革委主任金世洵，自治区政府党组成员、区政府办公厅党组书记高扬出席会议。会议还审议了《自治区政府规章规范性文件清理情况报告》、《关于审批(西藏自治区基础测绘“十二五”规划)的请示》等。

◆全区铁路联防办公室主任会议在拉萨召开，自治区常务副主席洛桑江村出席会议并讲话。

◆国务院召开全国职业培训工作电视电话会议，自治区副主席孟德利出席西藏分会场会议并讲话。

◆自治区副主席格桑次仁前往自治区农牧科学院调研。

23日

自治区常务副主席吴英杰专程前往哲蚌寺、大昭寺，看望慰问自治区驻寺工作组全体同志。

◆自治区常务副主席洛桑江村前往色拉寺、小昭寺看望慰问驻寺法制宣传教育工作组。

◆全区创建劳动关系和谐企业活动表彰大会在拉萨召开，自治区副主席董明俊出席并为获奖单位颁奖。

25日

自治区在拉萨隆重举行2011年藏

历新年团拜会，自治区党委书记，西藏军区党委第一书记张庆黎和西藏军区政委郎友良分别发表讲话，自治区主席白玛赤林主持团拜会。郝鹏、杨金山、吴英杰、洛桑江村、金书波、公保扎西、秦宜智、齐扎拉、巴桑等领导同志出席团拜会。

◆自治区党委、政府举行座谈会，欢送即将赴首都北京出席十一届全国人大四次会议和全国政协十一届四次会议的代表、委员。自治区常务副主席吴英杰主持座谈会并讲话。自治区副主席多吉泽仁向代表、委员简要介绍了“十一五”期间和2010年全区经济社会发展情况及2011年工作安排。

◆拉萨社科界2011年茶话会在拉萨举行，自治区副主席孟德利出席并讲话。

◆自治区副主席格桑次仁前往武警西藏森林总队调研。

◆自治区副主席丁业现专程前往青藏交直流联网工程林周县换流站、西藏电力有限公司电力调度中心和堆龙德庆县燃机电站，实地考察调研我区电力工程建设和电力供应情况。

26日

自治区召开维护社会稳定工作电视电话会议，就维护全区社会稳定工作进行全面部署。自治区党委书记、西藏军区党委第一书记张庆黎在会上作重要讲话，自治区主席白玛赤林主持会议，自治区常务副主席郝鹏作动员讲话。杨金山、郎友良、吴英杰、洛桑江村、金书波、公保扎西、秦宜智、齐扎拉等领导同志在拉萨出席主会场会议。

◆自治区主席白玛赤林看望慰问了正在执勤的武警官兵，向大家致以藏历新年的问候。

◆自治区人民政府驻北京办事处与中国藏学研究中心联合举办藏历新年茶话会，自治区副主席甲热·洛桑丹增出席。

27日

自治区红十字会举行藏历新年招待会，自治区副主席李昭出席招待会。

28日

全国药品安全专项整治工作电视电话会议在京召开，自治区副主席格桑次仁在西藏分会场收看收听了北京主会场会议。

◆自治区副主席丁业现专程看望慰问了拉萨市部分困难群众和军烈家属。

三月

1日

自治区常务副主席吴英杰，自治区副主席格桑次仁在拉萨考察了藏历新年节日市场物资供应、食品安全、消防安全、安全生产情况。

◆全民健身计划电视电话会议召开，自治区副主席格桑次仁出席西藏分会场会议。

2日

自治区召开项目工作部署专题会议，自治区常务副主席郝鹏主持会议并讲话，自治区常务副主席吴英杰，自治区副主席格桑次仁、丁业现，自治区政府党组成员、发展改革委主任金世洵，自治区政府党组成员、政府办公厅党组书记高扬出席会议。

◆自治区常务副主席吴英杰，自治区人大常委会副主任张跃平，自治区政协副主席白玛朗杰代表自治区党委、人大、政府、政协专门看望慰问了省级离退休老干部。

3日

十一届全国人大四次会议西藏代表团召开全体会议，会议宣布第十一届全国人民代表大会第四次会议西藏代表团正式成立，并推选张庆黎为十一届全国人大四次会议西藏代表团团长，推选向巴平措、白玛赤林为十一届全国人大四次会议西藏代表团副团长。

◆自治区常务副主席郝鹏专程前往甘丹寺慰问调研。

◆自治区第三批困难企业补贴发放仪式在拉萨举行，自治区常务副主席吴英杰出席仪式并讲话。

4日

自治区常务副主席郝鹏专程来到大昭寺和小昭寺，视察了解藏历新年群众朝拜情况，代表自治区党委、政府看望慰问节日期间坚守岗位的执勤公安干警、消防队员和武警官兵，并向广大群众表示新年的祝福。

◆西藏公安边防总队党委二届四次全体（扩大）会议在拉萨召开，自治区副主席李昭出席会议并讲话。

7日

拉萨举办藏历新年马术表演，自治区常务副主吴英杰观看演出。

8日

全国人大代表、自治区党委副书记、自治区主席白玛赤林在北京接受了人民网强国论坛的采访，并与广大网友进行在线交流。

◆自治区常务副主席郝鹏专程视察了武警西藏总队，自治区常务副主席吴英杰，自治区副主席多吉泽仁、李昭等领导一同视察。

◆纪念“三八”国际劳动妇女节101周年暨全区优秀女干警、十佳女干警和十佳警嫂表彰大会在拉萨举行，自治区常务副主席郝鹏出席会议并讲话，自治区副主席李昭出席会议。

9日

全国人大代表、自治区党委副书记、自治区主席白玛赤林在北京接受了中国网络电视台的采访。

◆自治区常务副主席郝鹏专程来到拉萨至贡嘎机场专用公路工程施工现场，视察施工进度和工程建设情况，看望慰问节日期间坚守岗位的工程建设人员。自治区常务副主席吴英杰，自治区党委常委、拉萨市委书记秦宜智等领导同志一同考察。

11日

自治区召开专题会议，研究部署“十二五”涉农重点项目规划及当前春季农牧业生产工作，自治区常务副主席郝鹏主持会议并讲话。自治区常务副主席吴英杰，自治区副主席格桑次仁，自治区政府党组成员、区发展改革委主任金世洵出席会议。

12日

自治区常务副主席郝鹏就区党委党校(自治区行政学院)基建项目及教学科研工作进行实地调研。

◆自治区常务副主席吴英杰在拉

萨会见了尼泊尔驻拉萨总领事馆总领事纳因德拉·普拉萨德·乌帕达雅一行。

◆自治区副主席丁业现赴青稞啤酒厂和高新建材集团考察调研。

13日自治区常务副主席吴英杰在相关单位负责人的陪同下，赴贡嘎机场调研。

◆自治区副主席孟德利在自治区教工委，教育厅主要负责同志的陪同下，先后前往西藏大学新校区、拉萨市一小、拉萨中学等学校进行视察。

◆自治区副主席格桑次仁深入拉萨市部分扶贫、农发项目点调研。

14日

自治区副主席丁业现在拉萨饭店、西藏天路集团调研。

15日

第二届西藏自治区发展咨询委员会第二次会议在北京举行，十届全国人大常委会副委员长、发展咨询委员会名誉主任热地出席会议并讲话，自治区党委副书记、自治区人大常委会主任向巴平措发表书面讲话，自治区主席白玛赤林出席会议并讲话。

◆全国森林防火工作电视电话会议在北京召开。自治区副主席格桑次仁出席西藏分会场会议并讲话。

16日

自治区党委书记张庆黎和自治区主席白玛赤林，在成都市与四川省委书记、省人大常委会主任刘奇葆和四川省委副书记、省长蒋巨峰等四川省主要领导进行了座谈。

◆自治区召开安全生产工作专题会议，自治区常务副主席吴英杰，自治区副主席董明俊、李昭分别在会上讲话。

◆自治区副主席多吉泽仁在拉萨会见了前来我区考察的阳光财产保险股份有限公司副总裁纪律一行。

◆全区招生考试工作会议在拉萨召开，自治区副主席孟德利出席会议并讲话。

17日

自治区统战民族宗教工作汇报会在拉萨召开，自治区常务副主席郝鹏出席并讲话。区党委常委、区政协副主席、统战部部长齐扎拉，自治区副主席多吉泽仁等出席会议。

◆全区统计调查工作会议在拉萨召开，自治区常务副主席郝鹏出席会议并讲话。

◆自治区召开专题会议研究部署碘盐工作，自治区常务副主席吴英杰结合当前市场形势在会上作出安排部署，自治区副主席格桑次仁出席专题会。

◆自治区副主席丁业现前往自治区旅游总公司调研。

18日

自治区常务副主席吴英杰赴自治区人力资源和社会保障厅调研。

◆中国人保财险西藏分公司举行2010年度表彰大会，自治区副主席多吉泽仁出席并讲话。

◆第一次全国水利普查清查登记工作启动视频会议在北京召开，自治区副主席格桑次仁出席西藏分会场会议并讲话。

19日

自治区党委书记、西藏军区党委第一书记张庆黎和自治区主席白玛赤林专程来到拉萨市公安局"110"指挥中心，看望慰问坚守岗位的执勤人员，自治区常务副主席郝鹏汇报了当前维稳有关情况。自治区领导吴英杰、公保扎西、秦宜智、齐扎拉等参加看望慰问。

20日

我区举行公共卫生发展规划研究报告研讨会，自治区副主席德吉出席研讨会并讲话。

21日

全区外事工作会议在拉萨召开，自治区常务副主席吴英杰出席并讲话。

◆拉萨海关2011年关区工作会议在拉萨召开，自治区副主席董明俊出席会议并讲话。

22日

自治区主席白玛赤林主持召开自治区政府主席会，听取近期工作情况的汇报，并对政府当前工作进行安排部署。自治区常务副主席郝鹏，自治区常务副主席吴英杰、洛桑江村，自治区副主席甲热·洛桑丹增、多吉泽仁、德吉、李昭、丁业现等出席会议。

◆全区交通运输工作会议在拉萨召开，自治区常务副主席吴英杰出席会议并讲话。

24日

全区审计工作会议在拉萨召开，自治区主席白玛赤林出席会议并讲话。

◆自治区党委党校（自治区行政学院）举行2011年春季学期开学典礼，自治区常务副主席郝鹏出席并讲话。

25日

国务院召开第四次廉政工作电视电话会议，自治区主席白玛赤林出席西藏分会场会议并讲话，自治区常务副主席郝鹏主持会议。自治区常务副主席洛桑江村，自治区党委常委、纪委书记金书波出席西藏分会场会议。

◆自治区社会治安综合治理委员会召开2011年第一次全体会议，自治区常务副主席郝鹏出席会议并讲话，自治区常务副主席洛桑江村主持会议。

◆全区水利工作会议在拉萨召开，自治区主席白玛赤林出席会议并讲话，自治区副主席格桑次仁主持会议。

◆自治区人民政府召开人大代表建议和政协委员提案交办工作会，自治区常务副主席吴英杰出席会议并讲话。

26日

自治区、拉萨市两级综治办在拉萨市区集中组织开展了社会治安综合治理宣传活动，自治区常务副主席郝鹏，自治区常务副主席洛桑江村，自治区副主席李昭前往宣传点检查指导。

27日

自治区建立草原生态保护补助奖励机制工作领导小组召开第一次会议，自治区副主席格桑次仁主持并讲话。

28日

拉萨举行各族各界庆祝西藏百万农奴解放纪念日"升国旗·唱国歌"仪式，张庆黎、帕巴拉·格列朗杰、郝鹏、郎友良、吴英杰、洛桑江村、金书波、尹德明、公保扎西、齐扎拉等出席，自治区党委常委、拉萨市委书记秦宜智讲话。

◆我区举行西藏百万农奴解放纪念日座谈会，自治区常务副主席郝鹏出席并讲话，自治区副主席甲热·洛桑丹增、多吉泽仁等领导出席座谈会。

◆2011年全国整治违法排污企业保障群众健康环保专项行动电视电话会议在北京召开，自治区常务副主席洛桑江村出席西藏分会场会议并讲话。

29日

自治区召开2011年医改领导小组会议，自治区常务副主席吴英杰出席会议并讲话，自治区副主席德吉主持会议。

◆自治区副主席甲热·洛桑丹增专程前往布达拉宫，视察文物保护、消防安全及旅游接待等工作开展情况。

28-30日

中国国电集团公司副总经理、党组成员杨海滨率中国国电集团公司赴藏工作组在林芝地区林芝县、波密县、工布江达县调研，自治区副主席丁业现陪同调研。

30日

区党委政法委召开主题教育实践活动电视电话会议，自治区常务副主席郝鹏出席会议并讲话，自治区常务副主席洛桑江村主持会议。

◆自治区副主席德吉、自治区政协副主席乔元忠专程来到自治区残联盲人培训中心、拉萨市特殊教育学校、自治区残疾人康复服务中心看望慰问特殊教育工作者和学生。

◆西藏自治区2011年区(中)直单位定点扶贫干部培训班在拉萨开班，自治区副主席格桑次仁出席仪式并讲话。

31日

自治区党委、政府在拉萨隆重召开表彰大会，授予自治区公安消防总队集体一等功。自治区党委书记、西藏军区党委第一书记张庆黎出席表彰大会并为西藏公安消防总队授旗，自治区常务副主席郝鹏在大会上讲话，自治区常务副主席洛桑江村宣读决定。

◆龙源西藏羊八井太阳能光伏电站一期项目竣工暨二期项目开工仪式举行，自治区常务副主席吴英杰出席仪式，自治区副主席丁业现出席并讲话。

四月

1日

自治区常务副主席吴英杰在自治区相关部门及日喀则地区负责同志陪同下视察拉萨至日喀则铁路沿线站点、桥梁、隧道建设情况。

◆自治区召开气象灾害应急处置领导小组会议，自治区副主席格桑次仁出席会议并讲话。

◆国电龙源日喀则光伏电站项目奠基仪式在日喀则市举行，自治区副主席丁业现，中国国电集团公司副总经理、党组成员杨海滨出席奠基仪式。

2日

西藏出入境检验检疫工作会议在拉萨召开，自治区副主席邓小刚出席并讲话。

◆龙源那曲太阳能光伏电站奠基典礼在那曲镇举行，自治区副主席丁业现，中国国电集团公司副总经理、党组成员杨海滨出席典礼并为项目奠基。

3日

我区召开国家林业局西藏森林资源连续清查第二次复查动员大会，自治区副主席格桑次仁出席会议并讲话。

4日

全区旅游工作会议在拉萨召开，自治区副主席丁业现出席会议并讲话。

5日

自治区党委书记张庆黎，中央统战部常务副部长朱维群，自治区主席白玛赤林等领导同志来到拉萨革命烈士陵园，与拉萨市各族各界代表一起，参加清明节祭扫活动。

2-6日

中央统战部常务副部长朱维群率领工作组在我区调研，自治区常务副主席洛桑江村、多吉泽仁、多托、李昭等领导出席座谈会。

6日

自治区政府办公厅向加强基层建设年活动联系点捐款，白玛赤林主席等政府领导及政府办公厅全体干部职工一起捐款。

◆西藏中兴商贸集团有限责任公司正式成立，自治区主席白玛赤林揭牌，自治区副主席邓小刚、丁业现出席仪式。

◆自治区安全生产委员会2011年第一次全体会议召开，自治区副主席宫蒲光出席会议并讲话。

7日

2011年全区体育工作会议在拉萨召开，自治区副主席甲热·洛桑丹增出席会议并讲话。

◆自治区副主席多吉泽仁赴自治区国土资源系统调研。

8日

张庆黎、白玛赤林、杨金山、郎友良、秦宜智、齐扎拉等领导同志与各族各界群众一同植树。

◆自治区综治委预防青少年违法犯罪工作领导小组与自治区未成年人保护委员会2011年联席会在拉萨召开，自治区常务副主席洛桑江村出席会议并讲话。

◆2011年全区安全生产工作会议在拉萨召开，自治区副主席宫蒲光出席会议并讲话。

◆自治区副主席李昭率领自治区公安厅相关处室领导及基层公安民警，来到拉萨市城关区幸福社区开展“大走访”开门评警活动。

11日

自治区政府党组召开理论学习中心组学习会，自治区主席白玛赤林主持学习会并讲话，自治区常务副主席洛桑江村，自治区副主席甲热·洛桑丹增、多吉泽仁、邓小刚、宫蒲光、孟德利、德吉、多托、格桑次仁、董明俊、李昭、丁业现，自治区政府党组成员、秘书长高扬参加学习会。

12日

自治区主席白玛赤林主持召开政府第五次常务会议，会议审议并原则通过了《关于购买公益性岗位指标的请示》等事项，自治区常务副主席洛桑江村，自治区副主席甲热·洛桑丹增、多吉泽仁、邓小刚、宫蒲光、孟德利、德吉、多托、格桑次仁、董明俊、李昭、丁业现，自治区政府党组成员、秘书长高扬出席会议。会议还审议了《西藏自治区人民政府关于加快通信业发展的意见》等其他事项。

◆自治区副主席宫蒲光赴自治区住房和城乡建设厅调研。

◆全国小21型病险水库除险加固规划实施启动视频会召开，自治区副主席格桑次仁出席西藏分会场会议。

13日

全区冬虫夏草管理工作电视电话会议在拉萨召开，自治区主席白玛赤林出席会议并讲话，自治区副主席格桑次仁对我区今年虫草管理工作进行了安排部署，自治区政府党组成员、秘书长高扬主持会议。

◆自治区常务副主席洛桑江村在区政府法制办、区信访局调研。

◆自治区副主席甲热·洛桑丹增视察色拉寺文物维修保护工作和寺庙维修基础设施工作。

◆自治区副主席多吉泽仁在自治区地勘局系统调研。

◆自治区农家书屋(寺庙书屋)工程建设领导小组会议在拉萨召开，自治区副主席多托主持会议并讲话。

◆青海西藏两省区座谈会在青海省格尔木市召开，青海省委常委、副省长骆玉林率青海省经委、海西州、格尔木市等省州市有关单位负责人会见了自治区副主席董明俊一行。座谈会上分别就格尔木市的藏青工业园有关事宜进行了沟通、协调。

14日

自治区副主席多吉泽仁赴西藏银监局调研。

◆全区公有房屋调查统计工作会议在拉萨召开，自治区副主席宫蒲光出席会议并讲话。

◆全区保障性住房建设工作会议在拉萨召开，自治区副主席宫蒲光出席会议并讲话。

◆自治区文化体制改革和文化产业发展工作领导小组召开会议，自治区副主席多托出席会议。

◆自治区副主席董明俊前往西藏自治区人民政府驻格尔木办事处调研。

15日

自治区副主席甲热·洛桑丹增视察了哲蚌寺重点文物维修和给排水工程，并就后续工程相关事项进行了座谈。

16日

自治区人民政府食品安全委员会与国务院食品安全整顿工作评估考核组一行座谈，自治区副主席德吉出席会议并讲话。

18日

自治区常务副主席洛桑江村一行在区公安厅、司法厅、国家安全厅调研，自治区副主席李昭陪同调研。

◆自治区常务副主席洛桑江村在自治区高级人民法院和自治区人民检察院调研，自治区副主席李昭陪同调研。

◆国务院纠风办召开2011年全国纠风工作电视电话会议，自治区副主席宫蒲光出席西藏分会场会议并讲话。

◆自治区副主席宫蒲光在区工商联调研。

19日

自治区副主席甲热·洛桑丹增在相关部门负责同志陪同下，先后来到小昭寺文物保护维修和罗布林卡配套工程建设现场视察。

15-20日

第六世德珠活佛在拉萨礼佛参观，自治区常务副主席洛桑江村接见第六世德珠活佛。

20日

自治区副主席宫蒲光就我区粮食市场安全、流通、供应等情况进行调研。

11-21日

自治区主席白玛赤林先后来到那曲地区班戈、尼玛、申扎、那曲四县和双湖特别区，访民情、问民意、察民生、解民忧。自治区政府党组成员、秘书长高扬一同调研。

18-21日

自治区副主席德吉在山南地区医疗卫生机构考察调研。

21日

全国严厉打击食品非法添加和滥用食品添加剂专项工作电视电话会议在北京召开，自治区副主席甲热·洛桑丹增出席西藏分会场会议并讲话。

◆自治区副主席宫蒲光深入区住房和城乡建设厅城乡建设规划示范点——拉萨市尼木县吞巴乡吞达村进行调研。

22日

我区举行第42个“世界地球日”宣传活动，自治区副主席多吉泽仁到活动现场视察。

◆自治区副主席多吉泽仁在中国证监会西藏监管局就我区资本市场改革发展情况进行实地调研。

◆全区孕产妇保险签约仪式在拉萨举行，自治区副主席德吉出席签约仪式。

◆我区与全国同步举行侵权盗版及非法出版物集中销毁活动，自治区副主席多托出席拉萨主会场的活动并讲话。

24日

2011年我区高校毕业生第一批公开考录笔试举行，自治区常务副主席吴英杰在自治区有关部门负责同志的陪同下，前往考点巡视考试情况。

25日

中央召开电视电话会议，对贯彻《关于开展清理和规范庆典、研讨会、论坛活动工作的实施意见》和《关于开展党政机关公务用车问题专项治理工作的实施意见》，做好“两项治理工作”作出部署。自治区党委常委、纪委书记金书波出席西藏分会场会议，自治区副主席宫蒲光主持西藏分会场会议，自治区政府党组成员，秘书长高扬出席。

◆自治区副主席宫蒲光赴援助西藏发展基金会调研。

26日

自治区常务副主席吴英杰主持召开政府第六次常务会议，研究通过了《西藏自治区全民健身实施计划

（2011—2015）》，审议通过了《西藏自治区人民政府关于认真贯彻落实国务院决定进一步推进清理调整行政审批项目工作的意见》。自治区常务副主席洛桑江村，自治区副主席甲热.洛桑丹增、多吉泽仁、宫蒲光、孟德利、德吉、多托、李昭，自治区政府党组成员、秘书长高扬出席会议。

◆自治区常务副主席吴英杰在拉萨亲切会见了山东力诺集团赴藏考察团一行。

25-27日

自治区副主席董明俊一行赴那曲地区看望慰问参与青藏交直流联网工程建设的工人和武警官兵。

27日

自治区副主席宫蒲光在自治区政府、区住房和城乡建设厅、拉萨市有关领导陪同下，对拉萨房地产业发展情况进行调研。

◆大型展览《世博回眸》上海世博会“西藏馆”迁移重建开馆仪式在自治区博物馆举行，自治区副主席多托出席仪式并讲话。

28日

国务院召开2011年全国军队转业干部安置工作电视电话会议，自治区常务副主席吴英杰出席西藏分会场会议并讲话。

◆自治区常务副主席洛桑江村率调研组，前往自治区环境保护厅实地考察。

◆自治区常务副主席洛桑江村一行前往自治区民政厅，就我区民政事业发展进行调研。

◆全区食品安全委员会专题会议在拉萨召开，自治区副主席甲热·洛桑丹增出席并讲话。

◆自治区副主席多吉泽仁赴中国人民银行拉萨中心支行进行调研。

29日

自治区党委书记张庆黎和自治区主席白玛赤林在拉萨会见了中国铝业公司党组书记、总经理、中国铝业股份有限公司董事长、首席执行官熊维平和国土资源部有关负责同志一行。

◆中国铝业公司与昌都地区共同合资的西藏昂青矿业有限公司挂牌成立，自治区主席白玛赤林，中国铝业公司党组书记、总经理、中国铝业股份有限公司董事长、首席执行官熊维平共同揭牌。自治区副主席多吉泽仁在揭牌仪式上讲话，自治区政府党组成员、秘书长高扬出席揭牌仪式。

◆自治区在拉萨隆重举行庆祝“五一”国际劳动节暨全国“五一”劳动奖状奖章和全国工人先锋号颁奖大会，自治区领导张庆黎、白玛赤林、尹德明、周春来、董明俊、央金、高扬出席大会。

30日

“藏泉杯”全区乒乓球比赛在拉萨举行，自治区副主席甲热·洛桑丹增、宫蒲光出席开幕式。

五月

4日

自治区主席白玛赤林前往拉萨至贡嘎机场专用公路等大庆献礼项目工程施工现场，亲切看望慰问工程建设者，考察工程施工进度和建设情况。自治区常务副主席吴英杰，自治区政府党组成员、秘书长高扬陪同调研。

◆自治区召开金融生态环境建设工作会议，自治区副主席多吉泽仁出席会议并讲话。

4-6日

自治区副主席甲热·洛桑丹增在山南地区开展文物工作调研。

9日

自治区主席白玛赤林前往旁多水利枢纽工程和青藏交直流联网工程拉萨换流站建设工地，亲切看望慰问工程建设者，考察工程建设情况。自治区政府党组成员、秘书长高扬陪同。

◆自治区召开纪念中央社会治安综合治理两个《决定》颁布20周年座谈会，自治区常务副主席洛桑江村出席会议并讲话，自治区副主席李昭主持会议。

10日

自治区副主席宫蒲光在山南地区琼结县就党的建设和扶贫开发联系点工作进行调研。

10-11日

自治区副主席董明俊率领建设和谐矿区调研组赴墨竹工卡县、尼木县矿产企业进行调研。

11-12日

自治区主席白玛赤林率调研组一行，深入扶贫工作联系点日喀则地区拉孜县，就加强基层建设年活动开展情况及扶贫开发工作进行调研，自治区政府党组成员、秘书长高扬陪同调研。

◆自治区常务副主席洛桑江村在贡嘎县调研。

13日

自治区常务副主席吴英杰在拉萨会见了由泰国中华总商会副主席、泰大实业公司董事长刘锦庭率领的泰国知名华商考察团一行。

14日

由国家旅游局、自治区人民政府主办，自治区旅游局承办的“六十巨变，大美西藏”旅游宣传推广活动高峰论坛在拉萨隆重召开，自治区副主席丁业现出席并讲话。

15日

我区开展“5·15”打击和防范经济犯罪宣传活动，自治区常务副主席郝鹏，自治区副主席李昭等视察宣传活动。

◆我区举行“防治碘缺乏病日”宣传活动，自治区副主席甲热·洛桑丹增前往活动现场视察活动展情况。

16日

自治区常务副主席郝鹏视察调研拉萨饭店、自治区藏医院改扩建工程及自治区公安厅指挥大楼建设项目。自治区副主席李昭、丁业现，自治区政府党组成员、区发展改革委主任金世洵陪同调研。

◆全区村（居）组织换届选举工作电视电话会议在拉萨召开，自治区常务副主席洛桑江村出席拉萨主会场会议并讲话。

◆全区"小金库"治理工作布置培训会在拉萨召开，自治区副主席宫蒲光出席会议并讲话。

◆文胜昌同志先进事迹首场报告会在自治区公安厅举行，自治区副主席李昭亲切会见了文胜昌同志的亲属及报告团全体成员。

16-17日

广东省对口援藏2011年第一批项目启动仪式分别在林芝县和波密县举行，自治区常务副主席吴英杰出席启动仪式，广东省委常委、常务副省长朱小丹向林芝县、察隅县、波密县授予援助资金支票，并宣布项目启动。

17日

全国公安系统二级英雄模范文胜昌同志先进事迹报告会在拉萨举行，自治区常务副主席郝鹏和广大干警一起认真聆听报告，自治区常务副主席洛桑江村主持报告会并讲话。报告会前，郝鹏、洛桑江村、李昭、张培中、郭毅力等自治区领导同志亲切接见了文胜昌同志的亲属及报告团全体成员。

◆自治区副主席孟德利在区政府办公厅、教育厅相关负责人的陪同下，到自治区藏医学院就如何保护、继承、发展好藏医药事业开展调研。

18日

自治区常务副主席郝鹏在拉萨亲切会见了商务部党组成员、驻部纪检组长王和民率领的商务部赴藏考察调研组一行。

◆自治区副主席董明俊出席中国黄金集团华泰龙矿业开发有限公司拉萨基地开工奠基仪式。

19日

国务院新闻办举行新闻发布会，自治区党委副书记、自治区主席白玛赤林介绍了60年来西藏经济社会发展情况，并回答记者关心的问题。

◆中国共产党武警西藏总队第三次代表大会在拉萨开幕，自治区常务副主席郝鹏出席会议并讲话。

◆武警西藏总队举行《党旗下的忠诚》文艺晚会，自治区常务副主席洛桑江村观看演出。

◆自治区副主席甲热·洛桑丹增在自治区残联、拉萨市政府等相关部门负责同志的陪同下，赴拉萨市城关区走访慰问贫困残疾人。

◆自治区副主席宫蒲光在相关部门负责人的陪同下，到拉萨国家级经济技术开发区进行安全生产检查。

◆西藏"两基"国检预检专家组与自治区人民政府就"两基"情况交换意见，自治区副主席孟德利出席会议。

◆全区首届职业院校技能大赛在拉萨举行，自治区副主席孟德利出席开幕式并讲话。

◆全区旅游系统在各地开展了"中国旅游日"宣传活动，自治区副主席丁业现前往拉萨活动现场视察指导。

16-20日

自治区副主席多托深入那曲地区巴青县，就党的基层组织建设和扶贫开发联系点工作进行调研。

20日

中央加快转变经济发展方式监督检查工作电视电话会议在北京召开，自治区副主席宫蒲光主持西藏分会场会议。

◆我区首家博士后科研工作站成立，自治区副主席丁业现出席仪式。

19-21日

自治区常务副主席吴英杰率有关部门负责人，在山南地委、行署和加查县有关领导的陪同下，深入加查县基层党建工作联系点和扶贫点开展调研。

22日

西藏军区在拉萨举行彭燕先进事迹介绍会，自治区常务副主席洛桑江村出席并讲话。

23日

庆祝西藏和平解放60周年"升国旗、唱国歌"仪式和向西藏和平解放纪念碑敬献花篮仪式在拉萨隆重举行，自治区党委书记、西藏军区党委第一书记张庆黎和全国政协副主席、自治区政协主席帕巴拉·格列朗杰出席仪式，自治区党委副书记、自治区人大常委会主任向巴平措主持仪式并讲话。郝鹏、列确、郎友良、巴桑顿珠、吴英杰、崔玉英、洛桑江村、金书波、尹德明、公保扎西、齐扎拉等出席仪式。

◆话剧《农奴泪》专场演出在拉萨隆重举行，自治区领导张庆黎、向巴平措、郝鹏、郎友良、巴桑顿珠、吴英杰、崔玉英、洛桑江村、金书波、尹德明、公保扎西、齐扎拉等与各族各界群众一同观看演出。

◆自治区党委书记、西藏军区党委第一书记张庆黎在拉萨会见了成都军区副司令员李作成中将一行，自治区常务副主席郝鹏，西藏军区政委郎友良，自治区常务副主席洛桑江村，自治区党委常委、秘书长公保扎西参加会见。

◆我区举行各族各界人士座谈会，热烈庆祝西藏和平解放60周年，自治区常务副主席郝鹏出席会议并讲话。自治区副主席甲热·洛桑丹增出席座谈会。

◆西藏和平解放60周年纪念邮票首发仪式在拉萨举行，自治区常务副主席吴英杰出席。

24日

全区检察机关召开贯彻落实自治区人大常委会《关于加强检察机关法律监督工作的决定》电视电话会议，自治区常务副主席洛桑江村出席并讲话。

25日

我区在南木林县启动"国家免费孕前优生健康检查项目试点工作"，自治区副主席德吉出席启动仪式并讲话。

◆自治区副主席丁业现视察调研了拉萨饭店改扩建工程。

◆自治区副主席丁业现赴拉萨东嘎燃机电厂进行调研。

26日

武警西藏总队在拉萨隆重举行处突反恐维稳军事演习，自治区党委书记、西藏军区党委第一书记张庆黎观摩演习并讲话。向巴平措、白玛赤林、郝鹏、郎友良、洛桑江村、公保扎西等领导同志观摩演习。

◆国务院医改办、卫生部联合召开加快推进基层医疗卫生机构综合改革电视电话会，自治区常务副主席吴英杰出席西藏分会场会议并讲话，自治区副主席德吉出席西藏分会场会议。

◆自治区哲学社会科学界联合会在拉萨正式挂牌，自治区副主席丁业现出席。

◆大型公益行动“同心·共铸中国心西藏行”启动仪式在北京西藏大厦举行，自治区副主席董明俊出席启动仪式。

27日

自治区副主席德吉在拉萨会见了瑞典外交部亚太司司长莫林一行。

28日

拉萨瑞吉度假酒店正式挂牌，成为我区首家五星级旅游饭店，自治区主席白玛赤林、自治区常务副主席洛桑江村，自治区副主席丁业现出席揭牌仪式。

◆自治区常务副主席吴英杰在自治区有关部门负责人的陪同下，来到贡嘎机场考察机场改扩建工程，自治区政府党组成员、秘书长高扬陪同考察。

29日

自治区常务副主席吴英杰在自治区政府办公厅、交通运输厅等相关单位负责人的陪同下，前往国道318线中尼公路大竹卡至日喀则段改建工程现场视察。

◆自治区常务副主席吴英杰在自治区政府办公厅、交通运输厅等相关部门负责人的陪同下，视察了位于日喀则市甲龙沟的力诺日喀则太阳能光伏电站。

30日

自治区对尼泊尔工作会议在日喀则召开，自治区常务副主席吴英杰出席会议并讲话。

◆全区工商系统旅游市场专项整治工作视频会议暨启动仪式在拉萨举行，自治区副主席邓小刚出席并讲话。

31日

全区文化改革发展工作座谈会在拉萨召开，自治区副主席多托出席并讲话。

◆自治区人民政府召开吉隆口岸建设项目专题会，自治区副主席邓小刚出席会议并讲话。

◆《西藏自治区志·卫生志》首发暨赠书仪式在拉萨举行，自治区副主席德吉出席仪式并讲话。

◆全区宣传部长座谈会在拉萨召开，自治区副主席多托出席并主持会议。

六月

1日

自治区主席白玛赤林前往拉萨市达孜县完全小学和达孜县镇江幼儿园，亲切看望少年儿童，并向广大少年儿童工作者表示崇高敬意，自治区政府党组成员、秘书长高扬陪同看望。

◆团区委、区教育厅、区少工委在拉萨市城关区海城小学举行了“听党的教导做四好少年”西藏少先队“红领巾心向党”全国统一主题队日活动，自治区副主席多托出席并讲话。

2日

区直行政事业单位职工周转房二期工程在拉萨开工奠基，项目建成后将解决1336户干部职工住房困难。自治区常务副主席郝鹏出席开工仪式并为项目奠基，自治区副主席宫蒲光在开工仪式上讲话。

◆我区在拉萨举行自治区级文物保护单位颁牌仪式，自治区副主席甲热·洛桑丹增出席并讲话。

◆自治区公有房屋管理局挂牌成立，自治区副主席宫蒲光出席揭牌仪式。

◆国务院召开全国普通高校毕业生就业工作电视电话会议，自治区副主席孟德利出席西藏分会场会议并讲话。

◆自治区副主席丁业现赴青藏交直流联网工程拉萨换流站、拉萨220千伏环网工程夺底、曲哥、乃琼变电站现场调研检查青藏交直流联网工程建设情况，视察西藏电力调度中心，了解西藏电力运行情况。

3日

自治区党委书记张庆黎和自治区主席白玛赤林考察了拉萨至贡嘎机场专用公路等重点工程项目，自治区领导郝鹏、吴英杰、公保扎西、秦宜智陪同前往。

◆自治区常务副主席吴英杰在拉萨亲切会见了芬兰驻华大使岚涛，双方进行了亲切友好的会谈。

5日

自治区党委书记张庆黎考察拉日铁路建设情况，自治区常务副主席吴英杰陪同前往。

6日

全区政法系统刑事证据两个《规定》培训班在拉萨开班，自治区副主席李昭在开班仪式上作动员讲话。

7日

全国高考拉开帷幕，自治区主席白玛赤林，自治区副主席孟德利，自治区政府党组成员、秘书长高扬前往拉萨考区各考点，视察指导我区高考工作。

◆自治区副主席甲热·洛桑丹增看望第九届全国少数民族传统体育运动会西藏团运动员和教练员。

8日

自治区党委书记、西藏军区党委第一书记张庆黎和自治区主席白玛赤林在拉萨会见了解放军总政治部副主任童世平上将一行，自治区常务副主席郝鹏参加会见。

◆大昭寺文物保护维修工程竣工，自治区主席白玛赤林，自治区常务副主席郝鹏，自治区党委常委、拉萨市委书记秦宜智，自治区副主席甲热?洛桑丹增，自治区政府党组成员、秘书长高扬等出席竣工典礼并为工程竣工剪彩。

9日

自治区主席白玛赤林在拉萨接受了新华通讯社全媒体采访，回答了记者关于我区经济发展、基础设施建设、保障和改善民生、生态环境保护等方面的提问。

◆自治区副主席多吉泽仁在我区保险系统进行调研。

10日

2011年全国电力迎峰度夏电视电

话会议在北京召开，自治区副主席丁业现出席西藏分会场会议并讲话。

◆中国新世纪农村扶贫开发成就展在北京农业展览馆开幕，自治区副主席董明俊出席开幕式并参观西藏展区。

11日

国家新闻出版总署在拉萨召开全国新闻出版系统对口援藏工作会议，自治区主席白玛赤林在会上致辞，自治区副主席多托在会上讲话。

◆自治区常务副主席郝鹏在拉萨会见了公安部消防局副局长陈飞一行，自治区副主席李昭参加会见。

12日

自治区副主席德吉看望赴京就医归来的心脏病患儿。

◆我区“安全生产月咨询日”一条街活动在拉萨市宇拓路举行，自治区副主席丁业现出席活动。

6-13日

自治区副主席宫蒲光一行深入那曲地区申扎、尼玛、双湖、班戈、那曲、比如6个县（区）调研。

13日

自治区反恐怖工作协调小组在拉萨成功举行“高原卫士—2011”反恐怖演习，自治区领导郝鹏、洛桑江村、秦宜智、李昭、欧洛布穷、琼色等观摩并指导演习。

◆自治区副主席丁业现视察指导节能宣传周活动。

14日

米拉山景观工程牦牛雕塑揭幕仪式举行，自治区常务副主席吴英杰，自治区副主席丁业现出席仪式并为牦牛雕塑揭幕，自治区政府党组成员、秘书长高扬主持仪式。

15日

自治区副主席德吉前往拉萨市城关区蔡公堂乡白定村农村经济合作社蔬菜基地调研。

16日

西藏尼洋河流域综合治理与保护控制性工程——多布水电站施工准备工程开工，自治区党委书记张庆黎宣布工程开工并奠基，自治区主席白玛赤林和有关领导同志为工程开工奠基，自治区常务副主席郝鹏和中国国电集团公司总经理、党组副书记朱永芃分别在奠基仪式上讲话。

◆中国国电集团西藏分公司揭牌成立，自治区常务副主席郝鹏，中国国电集团公司总经理、党组副书记朱永芃出席了在林芝举行的成立仪式，并共同为公司揭牌。自治区副主席丁业现，中国国电集团公司副总经理杨海滨分别代表自治区人民政府和中国国电集团讲话。

◆自治区老干部艺术团庆祝中国共产党建党90周年暨西藏和平解放60周年文艺演出在拉萨举行，自治区副主席多托观看文艺演出。

◆3-5日，14-17日自治区副主席格桑次仁一行深入那曲地区调研。

17日

老虎嘴水电站正式投产发电，自治区党委书记张庆黎宣布投产发电。自治区主席白玛赤林，自治区常务副主席郝鹏出席投产仪式。自治区副主席丁业现，国家电网公司副总经理帅军庆分别在投产仪式上讲话。

◆自治区常务副主席吴英杰在拉萨会见了驻尼泊尔大使杨厚兰夫妇。

◆“游中国·大美西藏旅游卡”今日首发，自治区副主席多吉泽仁出席。

◆自治区工商系统举行“为党旗增辉、为红盾添彩”军姿训练汇演，自治区副主席邓小刚出席仪式并讲话。

◆自治区副主席孟德利在区教育厅负责人的陪同下前往自治区普通高考网上评卷现场视察指导工作。

17-18日

全区寺庙属地管理经验交流会议暨“四证”颁发工作总结表彰大会在拉萨召开，自治区常务副主席郝鹏出席会议并讲话，自治区党委常委、区政协副主席、区党委统战部部长齐扎拉主持会议并作总结讲话，自治区副主席多吉泽仁出席会议。

18日

公安部“公安文化基层行”文艺小分队一行抵达拉萨，自治区副主席李昭接见了文艺小分队全体成员并同他们进行了座谈。

20日

全区政法系统先进基层党组织、优秀共产党员表彰大会在拉萨隆重召开，自治区党委书记张庆黎和自治区主席白玛赤林出席主会场会议，自治区常务副席郝鹏出席并讲话，自治区常务副主席洛桑江村主持会议。

21日

自治区人民政府与中国葛洲坝集团公司签订了《水能资源开发协议》。自治区主席白玛赤林，中国葛洲坝集团公司党委书记丁焰章分别代表自治区人民政府和中国葛洲坝集团公司在协议上签字并座谈。自治区常务副主席郝鹏出席，自治区副主席丁业现介绍了我区区情及能源资源开发情况，自治区政府党组成员、秘书长高扬主持。

◆自治区副主席德吉就我区农畜产品质量安全检验检测工作进行调研。

◆林芝百益超市商品配送中心竣工验收仪式在林芝地区举行，自治区副主席邓小刚出席仪式并揭牌。

◆自治区副主席多托一行莅临曲松县视察“红色歌谣进万家”活动。

22日

墨达灌区工程竣工典礼在拉萨市达孜县举行，自治区主席白玛赤林宣布墨达灌区工程竣工，并启动进水闸按钮通水。自治区常务副主席郝鹏在竣工典礼上讲话，自治区副主席格桑次仁主持竣工典礼。

23日

中尼公路拉萨至樟木口岸、拉萨至阿里狮泉河油路全线贯通通车仪式在日喀则市举行，自治区主席白玛赤林出席仪式，自治区常务副主席郝鹏在仪式上讲话，自治区常务副主席吴英杰出席，自治区政府党组成员、秘书长高扬主持通车仪式，白玛赤林、郝鹏、吴英杰、高扬等领导同志为通车仪式剪彩。

◆曲美至岗巴、狮泉河至革吉、那曲至嘉黎、夏雅至洛隆、朗县至加查、浪卡子至洛扎6个通县油路建设项目开工仪式在日喀则地区举行，自治区主席白玛赤林，自治区常务副主席郝鹏出席开工仪式，自治区常务副主席吴英杰在开工仪式上讲话，自治区政府党组成员、秘书长高扬参加开工仪式，白玛赤林、郝鹏、吴英杰、高扬等领导同志为工程奠基。

◆我区金融系统庆祝中国共产党成立90周年暨西藏和平解放60周年“和谐金融”文艺晚会在自治区政协礼堂举行，自治区主席白玛赤林观看演出。

◆自治区公安厅举行庆祝中国共产党成立九十周年文艺晚会，自治区常务副主席洛桑江村，自治区副主席李昭观看演出。

◆自治区副主席宫蒲光率队在拉萨开展安全生产检查工作。

◆全区防汛抗旱工作电视电话会议在拉萨召开，自治区副主席格桑次仁出席主会场会议并讲话。

◆拉萨国家级经济技术开发区国家新型工业化产业示范基地(高原绿色食品)揭牌仪式举行，自治区副主席董明俊为示范基地揭牌并讲话。

24日

全区实施草原生态保护补助奖励机制电视电话会议在拉萨召开，自治区主席白玛赤林在会上讲话，自治区常务副主席郝鹏主持会议，自治区副主席格桑次仁出席会议。

◆自治区政府办公厅举行“爱国歌曲大家唱”歌咏比赛，自治区主席白玛赤林，自治区常务副主席吴英杰、洛桑江村，自治区副主席宫蒲光、孟德利、格桑次仁，自治区政府党组成员、发展改革委主任金世洵出席，自治区政府党组成员、秘书长高扬致辞。

◆自治区常务副主席郝鹏在拉萨会见了由国家统计局副局长许宪春率领的国家统计局赴藏考察组一行。

◆武警西藏总队向柳梧乡完全小学捐赠教学设备，自治区常务副主席洛桑江村出席捐赠仪式。

◆自治区驻哲蚌寺工作组组织哲蚌寺僧人参观西藏博物馆和档案馆，自治区副主席多吉泽仁一同参观。

◆自治区召开道路交通安全生产工作专题会议，自治区副主席宫蒲光出席会议并讲话。

◆自治区副主席德吉率有关部门负责同志及相关专业执法监督人员组成检查组，检查拉萨市部分食品生产。

◆西藏冰川矿泉水有限公司生产线技术改造项目竣工投产，自治区副主席董明俊出席并讲话。

25日

自治区召开维护社会稳定工作电视电话会议，自治区党委书记张庆黎在会上讲话，自治区主席白玛赤林主持会议，自治区常务副主席郝鹏作动员讲话。向巴平措、郎友良、巴桑顿珠、吴英杰、崔玉英、洛桑江村、尹德明、公保扎西、秦宜智、齐扎拉等领导同志在拉萨出席主会场会议。

◆自治区在拉萨隆重举行维护社会稳定安全保卫誓师大会，自治区党委书记张庆黎在会上讲话，自治区常务副主席郝鹏主持大会。向巴平措、白玛赤林、郎友良、巴桑顿珠、吴英杰、崔玉英、洛桑江村、尹德明、公保扎西、秦宜智、齐扎拉等领导同志出席活动。

27日

自治区主席白玛赤林主持召开政府第八次常务会议，会议审议并原则通过《关于呈请批准发布第一批自治区级风景名胜区名单的请示》，安排部署下一步政府主要工作。自治区常务副主席郝鹏、吴英杰、洛桑江村，自治区副主席甲热·洛桑丹增、多吉泽仁、邓小刚、宫蒲光、孟德利、德吉、多托、格桑次仁、董明俊、丁业现，自治区政府党组成员、区发展改革委主任金世洵，自治区政府党组成员、秘书长高扬出席会议。

◆我区首座“绿色”加油站中国石油西藏销售公司功德林加油站正式投入运营，自治区副主席邓小刚出席开业仪式并讲话。

28日

自治区常务副主席郝鹏陪同国家统计局副局长许宪春一行前往自治区统计局调研。

◆自治区召开进一步做好近段时期安全生产工作电视电话会议，自治区副主席宫蒲光出席会议并讲话。

◆自治区招生考试委员会召开全体会议，自治区副主席孟德利主持会议并讲话。

◆自治区食品安全委员会成员单位召开第二次全体会议，自治区副主席德吉出席会议并讲话。

◆自治区卫生厅直系统庆祝建党90周年暨西藏和平解放60周年文艺汇演在自治区人民医院礼堂举行，自治区副主席德吉观看演出。

29日

自治区党委书记、西藏军区党委第一书记张庆黎和自治区主席白玛赤林在拉萨会见了武警部队参谋长牛志忠中将一行。自治区常务副主席郝鹏、洛桑江村，自治区党委常委、秘书长公保扎西一同参加会见。

◆庆祝中国共产党成立90周年大型红歌演唱会《心中的歌儿献给党》在拉萨隆重举行，自治区领导张庆黎、向巴平措、白玛赤林、郝鹏、杨金山、巴桑顿珠、吴英杰、崔玉英、洛桑江村、尹德明、公保扎西、秦宜智、齐扎拉等出席。

◆自治区党委书记张庆黎，自治区党委副书记、自治区人大常委会主任向巴平措，自治区主席白玛赤林，自治区常务副主席郝鹏在拉萨分别走访、慰问了部分十八军老战士和老党员、老干部、老劳模，自治区领导巴桑顿珠、吴英杰、尹德明、公保扎西、秦宜智、齐扎拉分别陪同前往。

◆全区青藏铁路护路联防工作会议在拉萨召开，自治区常务副主席洛桑江村出席会议并讲话。

◆自治区农牧民大病补充医疗保险协议签订仪式举行，自治区副主席多吉泽仁出席签订仪式，自治区副主席德吉讲话。

◆在我区考察调研的国家统计局副局长许宪春应邀为我区作了题为《当前宏观经济形势分析》的专题报告，自治区副主席邓小刚主持报告会。

30日

自治区在拉萨隆重庆祝中国共产党成立90周年表彰大会，对全区各条战线近年来涌现出的先进基层党组织和优秀共产党员、优秀党务工作者进行表彰。自治区党委书记张庆黎在大会上发表讲话并为受表彰集体和个人奖，自治区党委副书记、自治区人大常委会主任向巴平措主持会议，白玛赤林、郝鹏、杨金山、巴桑、巴桑顿珠、吴英杰、崔玉英、洛桑江村、金书波、公保扎西、秦宜智、齐扎拉等领导同志出席大会并颁奖，自治区党委常委、组织部部长尹德明宣读表彰决定。

◆世界海拔最高燃气——蒸汽联合循环发电机组实现并网发电，自治区副主席丁业现到场祝贺。

◆自治区副主席宫蒲光在相关部门负责人的陪同下，赴拉贡专用公路道路交通安全临时检查点、西藏高争民爆物资有限责任公司进行安全生产工作检查。

七月

6月30日–7月1日

自治区副主席董明俊，自治区政协副主席、秘书长罗松多吉在拉萨分别会见了罗马尼亚参议院外事委员会主席蒂图斯·科尔勒采恩率领的赴藏参观访问团一行。

◆自治区领导张庆黎、向巴平措、白玛赤林、郝鹏、杨金山、巴桑、巴桑顿珠、吴英杰、崔玉英、洛桑江村、金书波、尹德明、公保扎西、秦宜智、齐扎拉与在拉萨的自治区省级领导干部，一同收看了中央电视台直播的庆祝中国共产党成立90周年大会。

2日

西藏保监局、中国人保财险西藏分公司、平安保险西藏分公司等保险公司联合我区部分旅游企业，在拉萨开展旅游保险宣传活动，自治区副主席多吉泽仁到现场视察指导。

4日

区人力资源和社会保障厅及相关部门在拉萨市举行《社会保险法》宣传周活动启动仪式，自治区常务副主席吴英杰出席仪式并讲话。

◆拉萨市召开流动人口服务和管理工作会议，自治区常务副主席洛桑江村出席会议并讲话。

◆自治区政府就我区“十一五”期间防沙治沙工作向国家防沙治沙考核工作组进行汇报，自治区副主席格桑次仁代表自治区政府向考核工作组汇报工作情况。

5日

自治区副主席邓小刚在拉萨航空口岸进行调研，西藏公安边防总队总队长欧洛布穷陪同调研。

◆自治区副主席宫蒲光在自治区相关部门负责人的陪同下，赴拉萨市功德林加油站、高争水泥厂、中石油液化气储备库等地进行安全生产检查。

◆自治区副主席董明俊在自治区政府办公厅及相关部门负责同志陪同下，赴我区通信系统视察通信保障和应急通信工作开展情况。

6日

我区在拉萨市深入开展军警民双拥共建共保活动，自治区党政军领导郝鹏、洛桑江村、秦宜智、齐扎拉、罗布顿珠、张培中、王桂生、杨双举、宋景原、郭毅力、欧洛布穷、琼色等察看活动开展情况，并亲切慰问开展活动的广大官兵和干部职工。

◆自治区常务副主席郝鹏在拉萨会见了由中国工商银行党委副书记、副董事长、行长杨凯生率领的中国工商银行赴藏考察组一行，自治区副主席多吉泽仁一同参加会见。

◆中国工商银行西藏分行召开干部员工大会，中国工商银行党委副书记、副董事长、行长杨凯生，自治区副主席多吉泽仁出席会议并讲话。

◆自治区著名商标认定委员会召开会议，对自治区第六批著名商标进行评审认定，自治区副主席邓小刚出席认定会并讲话。

◆全国教育投入和管理工作电视电话会议在北京召开，自治区副主席孟德利出席西藏分会场会议并讲话。

◆日喀则地区举行力诺日喀则一期10兆瓦太阳能光伏电站并网发电暨二期20兆瓦工程奠基仪式，自治区副主席丁业现、山东省省长助理陈光出席仪式并讲话。

7日

自治区副主席邓小刚在拉萨会见中国气象局党组副书记、副局长许小峰率领的中国气象局赴藏调研组一行。

◆自治区副主席李昭会见湖南省副省长刘力伟率领的湖南省赴藏考察团一行。

8日

拉萨市市民服务中心举行入驻运行启动仪式，自治区副主席邓小刚、宫蒲光出席仪式。

◆自治区副主席宫蒲光在相关部门负责人的陪同下，在拉萨检查安全生产工作。

9日

自治区副主席丁业现到拉萨市重点用电用户及西藏电力有限公司调度中心了解我区电力有序生产情况，检查我区电力安全保障和应急准备工作落实情况。

11日

自治区副主席董明俊在自治区有关部门负责同志陪同下，赴西藏明珠卫星导航应用技术有限公司、拉萨岗地经贸有限公司、西藏高争民爆物资有限责任公司调研检查安全生产工作并看望慰问部分企业困难职工。

12日

自治区党委书记张庆黎和自治区主席白玛赤林专程来到自治区公安厅指挥中心，看望、慰问正在值班的公安民警，自治区常务副主席郝鹏一同前往并汇报我区当前维护社会稳定情况，自治区常务副主席吴英杰、洛桑江村等陪同前往。

◆全国政协常委、全国政协经济委员会副主任、铁道部原副部长孙永福一行5人，赴我区视察拉萨至日喀则铁路建设情况并看望拉日铁路建设者，自治区副主席邓小刚陪同视察。

◆自治区人民政府新闻办公室在拉萨举行《西藏和平解放60年》白皮书发表新闻发布会，自治区副主席多托出席。

13日

自治区交通运输厅举办的“西藏交通建设成就展览”在区交通运输厅档案馆开幕，自治区常务副主席吴英杰出席。

◆自治区副主席宫蒲光在自治区相关部门负责人的陪同下，赴纳金大桥、拉萨圣地天堂洲际大饭店建筑工地、江苏大道道路沿线及东城区拆迁安置小区工程施工现场进行安全生产工作检查。

◆西藏公安边防总队召开宣布干部任职命令大会，自治区副主席李昭出席并讲话。

14日

自治区常务副主席洛桑江村在拉萨会见俄罗斯常驻联合国代表丘尔金大使。

◆总投资1.22亿元的我区“十一五”重点项目——拉萨市污水处理厂项目竣工并试运行，自治区副主席宫蒲光出席竣工典礼。

15日

“西藏和平解放60周年纪念金银条”首发仪式在拉萨举行，自治区副主席多吉泽仁出席仪式。

16日自治区在拉萨举行招待会，隆重欢迎前来我区参加西藏和平解放60周年庆祝活动的老领导、老同志和有关嘉宾。自治区党委书记张庆黎在招待会上致辞，自治区主席白玛赤林主持招待会，自治区领导向巴平措、郝鹏、杨金山、巴桑顿珠、尹德明、公保扎西等出席招待会。

17日

以中共中央政治局常委、中央书记处书记、国家副主席、中央军委副主席习近平为团长的中央代表团抵达拉萨，中央代表团副团长、中央政治局委员、国务院副总理回良玉，中央代表团副团长、全国人大常委会副委员长兼秘书长李建国，中央代表团副团长、全国政协副主席、中央统战部部长杜青林，中央代表团副团长、中央军委委员、总参谋长陈炳德同机抵达拉萨。中央代表团副团长、全国政协副主席帕巴拉?格列朗杰和中央代表团副团长、十届全国人大常委会副委员长热地先期到藏。自治区领导张庆黎、向巴平措、白玛赤林、郝鹏、杨金山、郎友良、巴桑顿珠、吴英杰、公保扎西等到机场迎接。

◆西藏历史上第一条高速公路——拉萨至贡嘎机场高速公路建成通车。中共中央政治局常委、中央书记处书记、国家副主席、中央军委副主席、中央代表团团长习近平为高速公路通车剪彩。中央代表团副团长回良玉、李建国、杜青林、帕巴拉?格列朗杰、热地、陈炳德等为高速公路通车剪彩，中央代表团其他同志出席通车典礼。自治区领导张庆黎、向巴平措、白玛赤林等剪彩，郝鹏致辞。杨金山、郎友良、巴桑顿珠、公保扎西等出席，吴英杰主持通车典礼。

18日

中共中央政治局常委、中央书记处书记、国家副主席、中央军委副主席、中央代表团团长习近平到西藏大学新校区，亲切看望慰问西藏大学广大师生和自治区教育系统先进模范代表。中央代表团副团长回良玉、李建国、杜青林、帕巴拉·格列朗杰、热地、陈炳德和中央代表团其他成员一同视察。自治区领导张庆黎、向巴平措、白玛赤林、吴英杰、公保扎西陪同前往。

◆西藏和平解放60周年成就展在西藏博物馆隆重开幕，中共中央政治局常委、中央书记处书记、国家副主席、中央军委副主席、中央代表团团长习近平为成就展剪彩并观看展览。中央代表团副团长回良玉、李建国、杜青林、帕巴拉·格列朗杰、热地、陈炳德和中央代表团其他成员出席成就展开幕式。自治区领导张庆黎、郝鹏、杨金山、郎友良、巴桑顿珠、吴英杰、崔玉英、洛桑江村、金书波、尹德明、公保扎西、秦宜智、齐扎拉等出席开幕式。自治区党委副书记、自治区人大常委会主任向巴平措在开幕式上致辞，自治区主席白玛赤林主持开幕式。

◆自治区举行盛大招待会，热烈庆祝西藏和平解放60周年。中共中央政治局常委、中央书记处书记、国家副主席、中央军委副主席、中央代表团团长习近平，中央代表团副团长回良玉、帕巴拉·格列朗杰、热地、陈炳德和中央代表团其他成员同西藏自治区各族各界人士欢聚一堂，共庆佳节。中央代表团副团长、全国人大常委会副委员长兼秘书长李建国在招待会上宣读了中央代表团赠送西藏各族干部群众的纪念品清单。中央代表团副团长、全国政协副主席、中央统战部部长杜青林，自治区党委书记、西藏军区党委第一书记张庆黎分别在招待会上致辞。自治区党委副书记、自治区人大常委会主任向巴平措代表自治区党委、政府接受纪念品清单，自治区主席白玛赤林主持招待会。自治区领导郝鹏、杨金山、郎友良、巴桑顿珠、吴英杰、崔玉英、洛桑江村、金书波、尹德明、公保扎西、秦宜智、齐扎拉等出席招待会。

◆庆祝西藏和平解放60周年文艺晚会《再唱山歌给党听》在拉萨隆重举行，中共中央政治局常委、中央书记处书记、国家副主席、中央军委副主席、中央代表团团长习近平，中央代表团副团长回良玉、李建国、杜青林、帕巴拉·格列朗杰、热地、陈炳德和中央代表团其他成员观看演出。自治区领导张庆黎、向巴平措、白玛赤林、郝鹏、杨金山、郎友良、巴桑顿珠、吴英杰、洛桑江村、金书波、尹德明、公保扎西、秦宜智、齐扎拉等观看演出。区党委常委、宣传部部长崔玉英在演出前致辞。自治区省级干部和阴法唐、江村罗布、列确、杨岭多吉、巴桑等老领导、老同志一同观看晚会。

◆中央代表团成员、中央政法委副秘书长王其江亲切看望慰问了区党委政法委全体干部职工。自治区常务副主席郝鹏、洛桑江村陪同。

◆自治区外事办公室门户网站启动仪式举行，中央代表团成员、外交部党委书记、副部长张志军，自治区常务副主席吴英杰出席仪式并致辞。

◆前来我区参加庆祝活动的国家卫生部副部长刘谦来到自治区卫生厅考察指导工作。自治区副主席德吉一同前往。

19日

西藏和平解放60周年庆祝大会在拉萨隆重举行，中共中央、全国人大常委会、国务院、全国政协、中央军委发来贺电，热烈庆祝西藏和平解放60周年。中央代表团团长习近平向西藏自治区赠送胡锦涛总书记亲笔题写的“祝贺西藏和平解放六十周年”的贺匾并发表重要讲话。中央代表团副团长回良玉在庆祝大会上宣读贺电。中央代表团副团长李建国、杜青林、帕巴拉·格列朗杰、热地、陈炳德和代表团全体成员出席庆祝大会。自治区党委书记张庆黎和自治区党委常委、西藏军区司令员杨金山先后在大会上发言。群众代表拉巴在大会上发言，自治区主席白玛赤林主持大会。自治区党政军领导向巴平措、郝鹏、郎友良、巴桑顿珠、吴英杰、崔玉英、洛桑江村、金书波、尹德明、公保扎西、秦宜智、齐扎拉和阴法唐、江村罗布、列确、杨岭多吉、巴桑等老领导、老同志出席大会。

◆中共中央政治局常委、中央书记处书记、国家副主席、中央军委副主席、中央代表团团长习近平率中央代表团部分成员先后来到西藏军区和武警西藏总队，亲切看望慰问解放军驻拉萨部队、武警西藏总队团职以上干部和西藏自治区、拉萨市政法系统处级以上干警。中央代表团副团长回良玉、李建国、杜青林、帕巴拉·格列朗杰、热地、陈炳德和中央代表团有关同志一同看望慰问。自治区领导张庆黎、向巴平措、白玛赤林、郝鹏陪同。

◆西藏和平解放60周年焰火晚会在布达拉宫广场举行，中共中央政治局常委、中央书记处书记、国家副主席、中央军委副主席、中央代表团团长习近平，中央代表团副团长回良玉、李建国、杜青林、帕巴拉?格列朗杰、热地、陈炳德和中央代表团其他成员出席焰火晚会。自治区领导张庆黎、向巴平措、白玛赤林、郝鹏、杨金山、郎友良、巴桑顿珠、吴英杰、崔玉英、金书波、尹德明、公保扎西、秦宜智、齐扎拉等出席焰火晚会。

◆中央代表团副团长、中央政治局委员、国务院副总理回良玉，国务院副秘书长丁学东，中央统战部副部长、国家民委主任杨晶，国家发改委副主任杜鹰，财政部副部长李勇，国家宗教事务局局长王作安一行，在自治区党委常委、自治区常务副主席吴英杰的陪同下，亲切看望慰问西藏自治区民族宗教事务委员会干部职工。

◆自治区副主席德吉出席进一步加强乡村医生队伍建设清理化解基层医疗卫生机构债务电视电话会议西藏分会场会议。

20日

中共中央政治局常委、中央书记处书记、国家副主席、中央军委副主席、中央代表团团长习近平在拉萨听取自治区党委、政府工作汇报并发表重要讲话。中央代表团副团长回良玉、李建国、杜青林、帕巴拉·格列朗杰、热地、陈炳德和中央代表团其他成员出席汇报会。自治区党委书记、西藏军区党委第一书记张庆黎代表自治区党委、政府向中央代表团作工作汇报。自治区党委副书记、自治区人大常委会主任向巴平措主持汇报会。自治区领导白玛赤林、郝鹏、杨金山、郎友良、巴桑顿珠、吴英杰、崔玉英、洛桑江村、金书波、尹德明、公保扎西、秦宜智、齐扎拉等出席汇报会。

◆中央组织部、中央统战部、国家发展改革委、西藏自治区在拉萨召开对口支援西藏工作座谈会。中共中央政治局常委、中央书记处书记、国家副主席、中央军委副主席、中央代表团团长习近平出席座谈会并发表重要讲话。中央代表团副团长回良玉、李建国、帕巴拉·格列朗杰、热地、陈炳德和中央代表团其他成员出席座谈会。中央代表团副团长、全国政协副主席、中央统战部部长杜青林主持座谈会并作总结讲话，自治区领导张庆黎、向巴平措、郝鹏、尹德明、公保扎西等出席座谈会。

◆中共中央政治局常委、中央书记处书记、国家副主席、中央军委副主席、中央代表团团长习近平来到大昭寺，亲切看望慰问我区宗教界爱国人士，向全区寺庙赠送胡锦涛总书记亲笔题写的“祝贺西藏和平解放六十周年”贺幛和《中华大藏经（藏文版）》经书。代表中央代表团向全区宗教界人士致以亲切问候。中央代表团副团长回良玉、李建国、帕巴拉·格列朗杰、热地、陈炳德和中央代表团部分成员一同看望。自治区领导张庆黎、向巴平措、洛桑江村、公保扎西、秦宜智、齐扎拉陪同。

◆国家开发银行西藏分行正式揭牌开业，中央代表团副团长、中央政治局委员、国务院副总理回良玉为国家开发银行西藏分行揭牌。中央代表团副团长李建国、杜青林、热地，中国人民银行行长周小川，中央统战部副部长斯塔，国家发改委副主任杜鹰，财政部副部长李勇出席揭牌仪式。国家开发银行副行长王用生主持揭牌仪式。自治区党委副书记、自治区主席白玛赤林，国家开发银行党委书记、董事长陈元分别代表自治区人民政府和国家开发银行签署《开发性金融合作备忘录》。揭牌仪式上，国家开发银行党委书记、董事长陈元，自治区副主席多吉泽仁分别致辞。

◆中央代表团副团长、中央政治局委员、国务院副总理回良玉在拉萨亲切看望了自治区发改委、财政厅、水利厅、农牧厅、林业局、扶贫办、农牧科学院和气象局等涉农部门的干部代表。国务院副秘书长丁学东、水利部部长陈雷、国家发改委副主任杜鹰、财政部副部长李勇、农业部副部长危朝安、国务院扶贫办主任范小建、国务院应急办主任陆俊华一同看望。自治区主席白玛赤林，自治区副主席格桑次仁，自治区政府党组成员、秘书长高扬陪同前往。

21日

中共中央政治局常委、中央书记处书记、国家副主席、中央军委副主席、中央代表团团长习近平乘专机来到林芝地区，向林芝地区赠送胡锦涛总书记亲笔题写的“祝贺西藏和平解放六十周年”贺匾，亲切看望慰问各族干部群众。中央代表团副团长、全国政协副主席帕巴拉·格列朗杰和中央代表团部分成员参加看望慰问活动。自治区领导张庆黎、吴英杰、尹德明、公保扎西等陪同前往。

◆中央代表团副团长、中央代表团山南分团团长、中央政治局委员、国务院副总理回良玉率中央代表团山南分团，前往山南地区与当地各族干部群众共庆西藏和平解放60周年，向山南地区赠送胡锦涛总书记亲笔题写的“祝贺西藏和平解放六十周年”贺匾，看望慰问各族干部群众。中央代表团山南分团副团长、中央统战部副

部长、国家民委主任杨晶及分团其他成员参加看望慰问活动。自治区主席白玛赤林陪同前往。

22日

中共中央政治局常委、中央书记处书记、国家副主席、中央军委副主席、中央代表团团长习近平乘专机来到日喀则地区，向日喀则地区赠送胡锦涛总书记亲笔题写的“祝贺西藏和平解放六十周年”贺匾，亲切看望慰问各族干部群众，向扎什伦布寺赠送贺幛、藏文《大藏经》，并发放布施。中央代表团副团长、全国政协副主席帕巴拉·格列朗杰和中央代表团部分成员参加看望慰问活动。自治区领导张庆黎、吴英杰、尹德明、公保扎西等陪同前往。

◆以中共中央政治局常委、中央书记处书记、国家副主席、中央军委副主席习近平为团长的中央代表团，在出席西藏和平解放60周年各项庆祝活动并看望慰问各族干部群众后离开西藏。中央代表团副团长回良玉和中央代表团部分成员在圆满结束在山南地区的看望慰问活动后，中央代表团副团长李建国和中央代表团部分成员在圆满结束那曲地区的看望慰问活动后，从拉萨贡嘎机场同机离藏。中央代表团副团长杜青林和中央代表团部分成员在圆满结束对昌都地区的看望慰问活动后，从昌都邦达机场离藏。中央代表团副团长陈炳德和中央代表团部分成员圆满结束在阿里地区的看望慰问活动后，经拉萨贡嘎机场离藏。自治区领导向巴平措、白玛赤林、杨金山、郎友良、巴桑顿珠、洛桑江村、金书波、秦宜智、齐扎拉等分别在各地市或机场为代表团送行。郝鹏在贡嘎机场为中央代表团各分团送行，崔玉英在拉萨中央代表团驻地为各分团送行。

23日

“阴法唐西藏教育基金会”捐赠仪式在拉萨举行，自治区党委原第书记、“阴法唐西藏教育基金会”名誉理事长阴法唐，自治区老领导江村罗布，自治区副主席孟德利出席捐赠仪式。

24日

水利部援藏工作会议在拉萨隆重召开，自治区党委书记张庆黎和水利部党组书记、部长陈雷先后在会上作重要讲话。自治区主席白玛赤林，自治区常务副主席郝鹏等出席会议。水利部党组副书记、副部长、水利部援藏工作领导小组组长矫勇主持上午的会议并作总结讲话，水利部总工程师汪洪主持下午的会议。

◆自治区政府与水利部举行座谈会并签署《加快推进西藏水利改革发展合作备忘录》，水利部党组书记、部长陈雷，自治区主席白玛赤林在座谈会上讲话，并分别代表水利部和自治区人民政府在《加快推进西藏水利改革发展合作备忘录》上签字。自治区常务副主席郝鹏主持座谈会及签字仪式。水利部党组副书记、副部长、水利部援藏工作领导小组组长矫勇，自治区副主席格桑次仁，自治区政府党组成员、秘书长高扬，长江水利委员会党组书记、主任蔡其华出席。

◆自治区党委书记张庆黎在拉萨会见了中央党校副校长孙庆聚一行，自治区常务副主席郝鹏、吴英杰参加会见。

◆中央党校副校长孙庆聚一行先后赴拉萨、日喀则、林芝地区调研，自治区常务副主席郝鹏看望孙庆聚一行。

25日

自治区副主席多吉泽仁在拉萨会见前来我区指导检查工作的中国人民财产保险股份有限公司副总裁王和一行。

◆自治区副主席多吉泽仁在拉萨会见了由中国保监会党委委员、主席助理陈文辉率领的中国保监会工作组一行。

26日

西藏航空有限公司成立暨首航仪式在拉萨贡嘎机场举行，自治区党委书记张庆黎宣布西藏航空有限公司正式开航，并和自治区主席白玛赤林共同为西藏航空有限公司成立揭牌。自治区常务副主席郝鹏在首航仪式上讲话。自治区常务副主席吴英杰主持仪式。自治区领导公保扎西、秦宜智等出席仪式。

◆自治区常务副主席吴英杰在拉萨亲切会见外交部副部长翟隽一行。

◆科技部、西藏自治区人民政府2011年部区工作会商会议在林芝举行，科技部党组成员、副部长张来武，自治区副主席孟德利出席会议并讲话。

◆2011年尼洋河生物增殖放流活动仪式在林芝县布久乡举行，自治区副主席格桑次仁出席仪式并讲话，农业部党组成员、副部长牛盾出席并宣布活动开始。

28日

自治区党委书记张庆黎和自治区主席白玛赤林在拉萨会见国土资源部党组书记、部长、国家土地总督察徐绍史一行。自治区常务副主席郝鹏一同会见。

◆自治区召开全区经济形势通报电视电话会议，自治区党委书记张庆黎出席会议，自治区主席白玛赤林通报今年上半年我区经济运行情况，并对下半年经济工作进行全面部署，自治区常务副主席郝鹏主持会议。向巴平措、巴桑顿珠、吴英杰、崔玉英、洛桑江村、金书波、尹德明、公保扎西、秦宜智、齐扎拉出席拉萨主会场会议。

◆国家林业局支持西藏林业生态建设座谈会在拉萨举行。自治区常务副主席郝鹏，国家林业局党组副书记、副局长赵树丛出席并讲话。自治区副主席格桑次仁主持座谈会。

◆自治区常务副主席郝鹏在拉萨会见阳光保险集团股份有限公司董事长兼总裁张维功一行。

29日

自治区主席白玛赤林主持召开政府第九次常务会议，审议并通过《关于报请审定<西藏自治区城镇居民社会养老保险暂行办法>的请示》等。自治区常务副主席吴英杰、洛桑江村，自治区副主席甲热．洛桑丹增、邓小刚、宫蒲光、孟德利、德吉、多托、格桑次仁、董明俊、李昭、丁业现，自治区政府党组成员、区发展改革委主任金世洵，自治区政府党组成员、秘书长高扬出席会议。

◆自治区党委、政府与前来我区

考察工作的上海市代表团在拉萨进行座谈，自治区党委书记张庆黎主持座谈会并讲话。上海市委副书记殷一璀出席座谈会并讲话，自治区常务副主席郝鹏介绍情况。

◆我区“金秋助学”资助金发放仪式在自治区总工会举行，自治区副主席董明俊出席仪式。

30日

西藏经济金融运行分析会在拉萨召开，自治区副主席多吉泽仁出席会议并讲话。

◆自治区副主席多吉泽仁在拉萨亲切会见中国人寿股份有限公司副总裁缪平率领的赴藏调研组一行。

◆同心．共铸中国心西藏行”大型公益活动医疗专家的公益列车驶进拉萨火车站。自治区副主席德吉率相关单位负责同志前往拉萨火车站迎接。

◆我区2011年大学生志愿服务西部计划志愿者出征仪式在拉萨举行，自治区副主席多托出席仪式并讲话。

◆自治区政府召开全区电话用户实名登记工作领导小组第一次全体会议，自治区副主席董明俊出席并讲话。

八月

1日

“同心共铸中国心西藏行”大型公益活动在拉萨举行启动仪式。自治区党委常委、区政协副主席、区党委统战部部长齐扎拉在启动仪式上致辞，自治区副主席德吉宣布活动启动。

2日

自治区党委副书记、自治区常务副主席、自治区党校校长郝鹏看望了中央党校副校长孙庆聚率领的赴藏调研组一行。7月23日至7月30日．孙庆聚一行先后赴拉萨、日喀则、林芝地区开展县级党校建设专题调研。

3日

自治区党委副书记、自治区主席白玛赤林在拉萨亲切会见了前来我区考察指导工作的交通银行股份有限公司董事长胡怀邦一行。自治区党委副书记、自治区常务副主席郝鹏一同会见。

◆全国“三八绿色工程”示范基地揭碑仪式在拉萨市柳梧乡桑达村举行，自治区副主席德吉出席仪式并为示范基地揭碑。

4日

自治区党委副书记、自治区主席白玛赤林，与自治区党委书记张庆黎一道在拉萨会见了全国人大常委会委员、全国人大外事委员会委员、国防大学原校长裴怀亮上将率领的全国人大外事委陆地边界立法调研组一行。

◆上海市委副书记殷一璀，上海市委常委、常务副市长杨雄率上海市党政代表团在我区考察。自治区党委常委、自治区常务副主席吴英杰陪同考察。

◆自治区副主席宫蒲光到拉萨市东城区视察区直机关职工周转房二期工程建设情况。

5日

自治区主席白玛赤林在拉萨亲切会见了前来我区考察的国家发展和改革委副主任徐宪平一行。自治区政府党组成员、区发展和改革委主任金世洵，自治区政府党组成员、秘书长高扬参加会见。

◆全区商务运行分析会议在拉萨召开，自治区副主席邓小刚出席会议并讲话。

◆《解放西藏史》中国出版政府奖座谈会暨学术研讨会在拉萨举行，自治区副主席董明俊出席并讲话。

◆庆祝西藏和平解放60周年中石油西藏销售分公司捐赠仪式在拉萨举行，自治区副主席、区大庆活动领导小组副组长、大庆办公室副主任多托出席捐赠仪式并讲话。自治区政府党组成员、秘书长、大庆活动领导小组成员、办公室副主任、秘书组组长高扬主持捐赠仪式。

◆全区种植业现场会在日喀则地区召开，自治区副主席格桑次仁出席会议并讲话。

◆区政府办公厅召开干部职工大会，传达学习习近平同志在出席西藏和平解放60周年庆祝活动期间的一系列重要讲话精神和张庆黎同志在区党委七届八次全委(扩大)会上的重要讲话精神。自治区政府党组成员、秘书长、办公厅党组书记高扬主持会议并讲话。

6日

自治区常务副主席郝鹏与国家发展和改革委副主任徐宪平率领的赴藏调研组一行座谈，就我区“十二五”时期综合交通运输体系建设交换了意见。自治区常务副主席吴英杰出席了座谈会。

◆8月2日至5日，由交通银行股份有限公司董事长胡怀邦率领的交通银行总行调研组在我区考察指导西藏银行筹备工作。自治区常务副主席郝鹏与调研组一行座谈，自治区副主席多吉泽仁主持座谈会。

7日

自治区党委书记、西藏军区党委第一书记张庆黎和自治区党委副书记、自治区人大常委会主任向巴平措、自治区党委副书记、自治区主席白玛赤林，在拉萨会见了解放军总后勤部政委刘源上将一行。

◆文化部党组成员、国家文物局党组书记、局长单霁翔一行先后赴拉萨市和那曲、林芝地区检查文物工作。自治区副主席甲热·洛桑丹增陪同检查。

8日

自治区主席白玛赤林在拉萨亲切会见了前来我区考察的农业部副部长张桃林一行。

◆自治区常务副主席郝鹏会见了由中国银监会副主席蔡鄂率领的赴藏调研考察组一行。

◆自治区党委常委、自治区常务副主席吴英杰在拉萨会见了以欧盟驻华大使艾德和为团长的欧洲驻华使节访藏代表团，双方进行了亲切友好的座谈。

◆自治区副主席、自治区配合中央电视台“心连心”艺术团赴藏慰问演出工作领导小组副组长多托，在拉萨亲切看望了前来我区慰问演出的中央电视台“心连心”艺术团导演组一行。

◆自治区副主席多托会见了意大

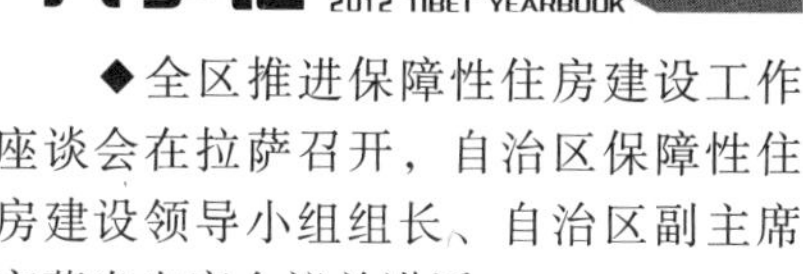

利记者代表团一行。

9日

自治区常务副主席吴英杰率由自治区发展和改革委员会、自治区交通运输厅等部门组成的工作组，在林芝地区墨脱县就扎墨公路建设等问题进行考察调研。

◆“吉祥杯”首届区直机关太极拳比赛在拉萨隆重举行，自治区副主席甲热?洛桑丹增在开幕式上致辞。

◆全区税务系统干部队伍和党风廉政建设工作会议在拉萨召开，自治区副主席宫蒲光出席并讲话。

◆自治区副主席德吉在拉萨会见了美国、加拿大两国部分参政华人访华代表团。

◆西藏高争爆破工程有限公司在拉萨正式挂牌成立，自治区副主席丁业现出席并揭牌。

10日

自治区党委、政府在拉萨隆重召开西藏和平解放60周年庆祝活动总结表彰大会，自治区党委书记张庆黎作重要讲话，自治区党委副书记、自治区主席白玛赤林总结讲话，自治区党委常委、自治区常务副主席吴英杰宣读表彰决定。

◆2011年中华环保世纪行——西藏行宣传活动检查团第一次会议暨启动仪式在拉萨举行。自治区副主席宫蒲光出席并讲话。

◆自治区副主席多吉泽仁在拉萨会见了由司法部党组成员、政治部主任、警务监察委员会主任张彦珍率领的司法部赴藏考察组一行。自治区政府党组成员、秘书长高扬一同会见。

11日

自治区公路局在拉萨举行揭牌仪式，自治区党委常委、自治区常务副主席吴英杰出席并为公路局揭牌。

12日

自治区主席白玛赤林在拉萨会见了解放军总政治部副主任贾延安上将一行。

◆2011年羌塘恰青赛马艺术节在藏北重镇那曲隆重开幕，十届全国人大常委会副委员长热地出席并作重要讲话，自治区党委副书记、自治区常务副主席郝鹏陪同并宣布赛马艺术旅游节开幕。

◆自治区副主席邓小刚在拉萨亲切会见了中纪委驻水利部纪检组组长、水利部党组成员董力率领的赴藏考察团一行。

13日

自治区主席白玛赤林在拉萨亲切会见了前来我区考察的中国驻朝鲜大使刘洪才一行。

◆自治区重点文物保护工程协调领导小组会议在拉萨召开。自治区党委常委、自治区常务副主席、自治区重点文物保护工程协调领导小组组长吴英杰出席会议并讲话。自治区副主席、协调领导小组副组长甲热·洛桑丹增主持会议。

14日

自治区党委副书记、自治区主席白玛赤林在拉萨亲切会见了前来我区考察的国家能源局副局长刘琦一行，自治区党委副书记、自治区常务副主席郝鹏一同会见。

15日

《天路之魂——青藏铁路通车五年纪行》一书由陕西人民教育出版社出版，并面向全国发行。

16日

全国民政系统对口援藏工作座谈会在拉萨召开。自治区主席白玛赤林出席会议并讲话，自治区党委常委、自治区常务副主席洛桑江村介绍了我区民政事业“十一五”发展情况和“十二五”发展设想。

◆由国家能源局组织召开的西藏水电发展座谈会在拉萨举行，自治区常务副主席郝鹏出席并讲话。

◆自治区政府与中国华能集团公司举行第一次联席会议，共同研究讨论推进我区水电规划开发建设等工作。自治区常务副主席郝鹏出席会议并讲话，自治区副主席董明俊主持会议。

◆全区整顿和规范建筑市场秩序工作会议在拉萨召开，自治区副主席宫蒲光出席会议并讲话。

◆全区推进保障性住房建设工作座谈会在拉萨召开，自治区保障性住房建设领导小组组长、自治区副主席宫蒲光出席会议并讲话。

17日

自治区主席白玛赤林在拉萨会见了武警部队政委许耀元一行。

◆自治区常务副主席郝鹏在拉萨亲切会见了中央电视台副台长胡恩和前来我区慰问演出的中央电视台“心连心”艺术团部分演职人员。

◆中央电视台副台长胡恩专程前往中央电视台拉萨应急报道点，亲切看望工作人员，视察报道点工作开展情况。自治区副主席多托陪同视察。

◆全区烟草行业专卖局长、公司经理座谈会在拉萨召开，自治区副主席邓小刚出席会议并讲话。

◆《西藏自治区志·城乡建设志》首发赠书仪式在拉萨举行，自治区副主席宫蒲光出席仪式并讲话。

18日

中央电视台“心连心”艺术团在布达拉宫广场隆重举行“雪域欢歌——全国人民和西藏人民共同庆祝西藏和平解放60周年”慰问演出。自治区党委常委、区纪委书记金书波，自治区人大常委会副主任多吉，自治区副主席多托，自治区政协副主席、区社科院院长白玛朗杰以及中央电视台副台长胡恩与西藏各族群众一同观看演出。

19日

自治区主席白玛赤林主持召开政府第十次常务会议，决定提高免费教育相关标准，实行高中阶段免费教育政策。

◆自治区主席白玛赤林在拉萨会见了前来我区访问的日本驻华大使丹羽宇一郎一行，双方进行了亲切友好的会谈。

◆由科技部副部长曹健林率领的科技部、国家天文台赴藏考察团一行在我区考察。自治区副主席甲热·洛桑丹增会见考察团一行。

20日

自治区主席白玛赤林在拉萨会见

前来我区考察的中国证监会党委副书记、副主席桂敏杰一行。自治区政协副主席白玛才旺，自治区政府党组成员、秘书长高扬陪同会见。

21日

由中国西藏文化保护与发展协会主办，中国藏学研究中心和西藏大学协办的第三届西藏文化论坛在拉萨隆重开幕。自治区常务副主席郝鹏在开幕式上致辞。

◆西藏藏泉酒业万吨青稞酒厂建成投产暨日喀则3万亩青稞种植基地签约，自治区副主席董明俊等领导参加庆典。

◆由文化部投资200多万元完成的文化共享工程西藏分中心暨图书馆双语版网站开通仪式在拉萨举行，国家文化部副部长杨志今、自治区副主席多托出席仪式。

◆西藏博物馆在拉萨召开工作汇报会，自治区副主席甲热·洛桑丹增出席并讲话。

◆武汉大学对口支援西藏大学协议签字仪式在拉萨举行，自治区副主席丁业现出席签字仪式并讲话。

22日

全区成片造林现场会在日喀则举行。自治区党委副书记、自治区主席白玛赤林讲话并代表自治区政府与7地(市)负责同志签订《“十二五”期间保护发展森林资源目标责任书》。

◆自治区副主席德吉与前来我区调研的国家人口计生委赴藏调研组一行进行了座谈。

◆自治区副主席董明俊与前来我区调研的中华全国总工会中国金融工会赴藏调研组一行进行会谈。

23日

青藏两省区铁路护路联防安全保卫工作联席会议在拉萨召开，区党委常委、自治区常务副主席、区综治委铁路护路联防工作领导小组组长洛桑江村出席会议并讲话。

24日

自治区党委副书记、自治区主席白玛赤林在拉萨会见了以中国驻葡萄牙大使张备三为团长的外交部驻外使节团。区党委常委、自治区常务副主席吴英杰，自治区政府党组成员、秘书长高扬陪同会见。

◆全区基层文化建设现场会在林芝召开，自治区副主席多托出席现场会并讲话。

◆自治区副主席丁业现在拉萨会见瑞士媒体记者团一行。

25日

自治区党委副书记、自治区常务副主席郝鹏在拉萨会见了国家发展改革委党组成员、纪检组长刘晓滨一行。

◆自治区地勘局召开全区地勘系统2011年度思想政治工作暨地堪经济发展研讨会，自治区副主席多吉泽仁出席会议，并为优秀论文获奖者颁奖。

◆自治区副主席德吉在拉萨会见了藏族歌唱家、空政政治部文工团副团长韩红率领的“韩红爱心西藏家乡公益百人援藏活动团”一行。

26日

全国质检系统对口援藏工作会议在拉萨召开，自治区副主席邓小刚出席会议并讲话，自治区政府党组成员、秘书长高扬出席。

◆国家质检总局与自治区人民政府《关于实施质量兴藏战略促进西藏经济社会发展合作备忘录》联席会议在拉萨召开。自治区副主席邓小刚出席会议并讲话，自治区政府党组成员、秘书长高扬出席。

27日

全国环保系统对口援藏工作会议在林芝召开，自治区常务副主席洛桑江村出席会议并讲话。

28日

自治区召开“迎国检”领导小组成员单位会议，自治区副主席孟德利出席并讲话。

◆自治区副主席德吉在拉萨与中国残联党组书记、常务理事长王乃坤率领的中国残联赴藏调研组一行考察。

29日

自治区主席白玛赤林主持召开政府第十一次常务会议，研究部署审计查出问题的整改等工作。区党委常委、自治区常务副主席吴英杰、洛桑江村，自治区副主席甲热·洛桑丹增、多吉泽仁、邓小刚、宫蒲光、孟德利、德吉、多托、格桑次仁、李昭、丁业现，自治区政府党组成员、区发展改革委主任金世洵，自治区政府党组成员、秘书长高扬出席会议。

◆2011年中国拉萨雪顿节开幕，自治区党委常委、自治区常务副主席洛桑江村宣布开幕。

◆自治区高山救援队挂牌成立仪式在拉萨举行，自治区副主席甲热?洛桑丹增出席仪式并讲话。

◆中国藏学研究中心举行《跨越式发展背景下培育和提升西藏战略支撑产业相关政策及对策研究》课题汇报会，自治区副主席丁业现出席汇报会并讲话。

◆自治区副主席多吉泽仁在拉萨会见了部分亚非拉国家驻华使节访藏代表团。

30日

自治区党委副书记、自治区主席白玛赤林考察雪顿节期间安保工作，自治区常务副主席洛桑江村等陪同考察。

◆自治区副主席丁业现在拉萨亲切会见了中科院副院长詹文龙率领的赴藏考察团一行。

31日

自治区党委副书记、自治区主席白玛赤林在拉萨会见了以北京大学校长、中科院院士周其凤为团长的对口支援西藏大学高校团队一行。

◆全民科学素质行动实施工作电视电话会议在北京召开，自治区副主席丁业现参加西藏分会场会议并讲话。

九月

1日

自治区党委副书记、自治区主席白玛赤林在林芝会见了前来我区考察的水利部党组副书记、副部长鄂竟平一行。自治区副主席格桑次仁，自治区政府党组成员、秘书长高扬陪同会见。

◆区党委副书记、自治区常务副

主席、区党委政法委书记郝鹏主持召开自治区党委政法委员会2011年第五次全体会议，传达学习区党委常委扩大会议精神，部署近期全区政法维稳工作。自治区党委常委、自治区常务副主席、区党委政法委副书记洛桑江村出席会议。

◆前来我区考察调研的国家交通运输部党委组书记、部长李盛霖在拉萨专程拜访了十届全国人大常委会副委员长热地。自治区党委副书记、自治区主席白玛赤林，自治区党委常委、自治区常务副主席吴英杰，自治区政府党组成员、秘书长高扬陪拍同。

2日

自治区党委副书记、自治区常务副主席郝鹏会见了由吉林省委常委、常务副省长竺延风率领的吉林省赴藏考察组一行。

◆自治区常务副主席郝鹏会见了中国农业银行总行党委委员、执行董事长、副行长杨琨一行。

◆“北大中坤专家楼”奠基仪式上午在西藏大学举行。自治区副主席丁业现出席仪式，并为“北大中坤专家楼”培土奠基。

3日

中国农业银行西藏分行209个营业网点开通仪式在拉萨举行。自治区副主席多吉泽仁，中国农业银行执行董事、副行长杨琨出席开通仪式，并对联网开通表示祝贺。

4日

交通运输部与自治区政府在林芝举行加快推进西藏交通运输发展座谈会，共商西藏交通运输发展大计，签署《加快西藏交通运输发展会谈纪要》。自治区主席白玛赤林出席并讲话，自治区常务副主席吴英杰主持座谈会，自治区政府党组成员、秘书长高扬出席。

◆西藏佛学院工作座谈会在拉萨召开，自治区副主席多吉泽仁出席会议。

5日

全区第一批自治区级风景名胜区授牌大会在拉萨举行。自治区副主席宫蒲光出席会议并讲话，自治区副主席丁业现为“西藏自治区级风景名胜区徽标”揭幕。

6日

自治区政府与中央编办赴藏调研组举行座谈，研究我区分类推进事业单位改革各项工作。自治区政府党组成员、秘书长高扬主持座谈会。

◆第六届西藏拉萨纳木错国际徒步大会在布达拉宫广场开幕。自治区常务副主席吴英杰、自治区副主席丁业现出席开幕式。

7日

自治区主席白玛赤林主持召开政府第十二次常务会议、安排部署下一步政府工作。自治区常务副主席郝鹏、吴英杰、洛桑江村、自治区副主席多吉泽仁、邓小刚、宫蒲光、德吉、格桑次仁、董明俊、李昭、丁业现，自治区政府党组成员、区发展改革委主任金世洵，自治区政府党组成员、秘书长高扬出席会议。

◆自治区党委党校、自治区行政学院举行2011年秋季学期开学典礼。自治区党委副书记、自治区常务副主席、自治区党委党校校长、自治区行政学院院长郝鹏出席开学典礼并讲话。

◆由自治区人民政府法制办举办的全区行政执法人员培训班在拉萨开班，自治区党委常委、自治区常务副主席洛桑江村出席并讲话。

8日

西藏银行筹建工作领导小组召开会议，自治区党委副书记、自治区常务副主席、西藏银行筹建工作领导小组组长郝鹏主持会议并讲话。

◆以自治区副主席甲热·洛桑丹增为团长的西藏代表团抵达贵阳，参加9月10日开幕的第九届全国少数民族传统体育运动会。

◆国家土地督察局成都局与自治区人民政府在拉萨就土地督察工作举行联席会议，自治区副主席多吉泽仁出席并讲话。

◆“人与生物圈计划”40周年暨第13届中国生物圈保护网络大会在拉萨召开。全国人大常委、中国“人与生物圈计划”国家委员会主席，中科院院士、原北京大学校长许智宏，自治区副主席多吉泽仁出席并讲话。

◆区妇女儿童工作委员会全体会议在拉萨召开，自治区副主席德吉出席并讲话。

◆自治区地方志编委会主持召开《西藏自治区志·水利志》终审会议，自治区副主席格桑次仁出席并讲话，自治区政府党组成员、秘书长高扬作总结讲话。

9日

在第27个教师节来临之际，自治区党委副书记、自治区主席白玛赤林来到拉萨中学和拉萨第一小学，亲切看望广大师生，实地考察学校教育改革发展情况，代表自治区党委、政府向广大教师和教育工作者致以节日的问候。自治区政府党组成员、秘书长高扬陪同前往。

◆自治区副主席邓小刚组织自治区和拉萨市有关部门，对拉萨市场物价情况进行检查。

◆自治区副主席、自治区保障性住房建设领导小组组长宫蒲光赴拉萨市调研保障性住房建设进展情况。

◆自治区副主席丁业现前往青藏交直流联网工程拉萨换流站和西藏电力有限公司电力调度中心，考察我区电力建设和电网运行情况。

10日

第六届拉萨国际半程马拉松挑战赛开幕，自治区党委常委、自治区常务副主席、本届赛事组委会主任吴英杰，自治区副主席、本届赛事组委会副主任甲热·洛桑丹增等出席起跑仪式。

11日

由中国科协、国家民委、农业部和我区共同主办的“科技专家、致富能手进西藏“科技下乡活动启动仪式在拉萨举行。自治区副主席丁业现出席并讲话。

12日

自治区党委书记陈全国到自治区儿童福利院看望孩子、共度中秋，自治区党委常委、自治区常务副主席洛桑江村，自治区副主席德吉一同看望。

◆自治区党委副书记、自治区常

务副主席郝鹏先后赴区党委宣传部、自治区主要新闻网站、自治区通信管理局和通信运营企业，就我区互联网和通信运营服务管理工作进行专题调研。

13日

自治区召开贯彻国务院常务会议精神暨分解落实“十二五”规划项目工作会议。自治区党委副书记、自治区主席白玛赤林在会上代表自治区政府与各地市、各有关部门签订《“十二五”项目落实责任书》并作重要讲话。自治区党委副书记、自治区常务副主席郝鹏通报了国务院第161次常务会议精神和《“十二五”支持西藏经济社会发展建设项目规划方案》情况。自治区党委常委、自治区常务副主席吴英杰主持会议。

◆十届全国人大常委会副委员长热地和自治区党委副书记、自治区主席白玛赤林在拉萨亲切会见了前来我区授课的全国政协委员、中华护理学会理事长李秀华率领的中华护理学会赴藏专家组一行。自治区政府党组成员、秘书长高扬一同会见。

◆自治区常务副主席吴英杰在拉萨会见了瑞士驻华大使顾博礼一行，双方进行了亲切友好的座谈。

◆自治区常务副主席吴英杰会见了中国工商银行副行长王丽丽率领的中国工商银行赴藏调研组一行。

◆自治区副主席孟德利与西藏教育事业发展和人力资源研究咨询课题组赴藏调研组一行座谈。

15日

自治区党委副书记、自治区主席白玛赤林前往我区卫生系统考察调研。自治区副主席德吉，自治区政府党组成员、秘书长高扬陪同调研。

◆自治区副主席宫蒲光出席全区税收工作座谈会并讲话。

◆自治区副主席孟德利会见了由中国地震局副局长修济刚率领的赴藏考察组一行。

16日

自治区主席白玛赤林主持召开政府第13次常务会议，研究进一步加强农牧区寄宿制学校交通安全管理工作。自治区常务副主席吴英杰，自治区副主席多吉泽仁、邓小刚、宫蒲光、孟德利、德吉、董明俊、丁业现，自治区政府党组成员、区发展改革委主任金世洵，自治区政府党组成员、秘书长高扬出席会议。

◆自治区副主席邓小刚主持召开优化经济发展环境座谈会，与18家区中企业，外资企业、招商引资企业、个体工商户代表面对面进行座谈。

◆根敦群培与恰白·次旦平措学术思想研讨会在拉萨闭幕。自治区副主席孟德利出席并讲话。

◆全区深入推进消防安全“大排查大整治大宣传大培训大练兵“活动电视电话会议在拉萨召开。自治区副主席、区政法委副书记、公安厅党委书记、厅长李昭出席会议并讲话。

17日

国家审计署审计长刘家义来到自治区审计厅考察调研。区党委副书记、自治区主席白玛赤林，区政府党组成员、秘书长高扬陪同考察调研。

◆自治区党委副书记、自治区常务副主席、区政法委书记郝鹏会见了香港特别行政区保安局局长李少光一行。

◆由自治区旅游局主办，自治区文化厅、自治区体育局协办的“2011拉萨传统赛风筝旅游文化节”开幕。自治区副主席丁业现出席并讲话。

◆第十四届全国推广普通话宣传周活动在拉萨闭幕，自治区副主席、自治区国家语委主任孟德利出席并讲话。

18日

中国共产党的亲密朋友、同党长期合作共事的坚定爱国主义者，第五、六、七、八、九届全国政协委员，自治区政协原副主席拉鲁·次旺多吉同志遗体告别仪式9月18日上午在拉萨举行。自治区政府主席白玛赤林，常务副主席郝鹏、吴英杰、洛桑江村表示哀悼和慰问，参加遗体告别仪式的还有自治区副主席多吉泽仁、邓小刚、宫蒲光、孟德利、德吉、董明俊、丁业现。

◆第九届全国少数民族传统体育运动会在贵阳闭幕，我区体育代表团奖牌总数超过上届，其中，竞赛项目共取得3个一等奖、20个二等奖、11个三等奖；表演比赛项目共获得一等奖2个，二等奖2个，三等奖1个。

19日

国家级拉萨经济技术开发区成立三十周年座谈会在拉萨举行，拉萨经济技术开发区B区建设项目同时启动。自治区党委副书记、自治区主席白玛赤林，自治区副主席邓小刚，自治区政府党组成员、自治区发展改革委主任金世洵，自治区党组成员、秘书长高扬出席座谈会。商务部副部长、国际贸易谈判代表高虎城，自治区党委常委、自治区常务副主席吴英杰在座谈会上讲话。

9月18日20时40分，印度锡金邦6. 8级地震波及我区日喀则地区亚东县。灾情发生后，自治区党委政府高度重视，迅速成立地震抢险救灾指挥部，启动二级应急预案。区党委副书记、自治区主席白玛赤林率自治区有关部门负责同志迅速赶赴灾区，察看灾情，看望慰问灾区群众，指导抗震救灾工作。

◆商务部、自治区人民政府在拉萨召开部区合作协议年会并签署《商务部、西藏自治区人民政府关于推动建设吉隆口岸跨境经济合作区备忘录》。商务部副部长、国际贸易谈判代表高虎城，自治区党委常委、自治区常务副主席吴英杰出席并讲话，自治区副主席邓小刚出席并代表自治区政府签署备忘录。

20日

自治区党委副书记、自治区主席白玛赤林深入亚东县的村庄、学校、医院、水电站、居民临时安置点和电力抢通现场，看望慰问受灾群众和救灾人员，鼓励大家共同努力，积极生产自救，重建美好家园。

◆自治区党委副书记、自治区主席白玛赤林在亚东县地震抢险救灾指挥部召开会议，听取亚东县抗震救灾情况汇报，研究部署下一步抗震救灾工作。

◆自治区党委常委、自治区常务副主席吴英杰组织召开中央驻藏企业吸纳高校毕业生就业座谈会。

21日

自治区党委、政府召开全区加强

和改进新时期工商联工作暨推进非公有制经济跨越式发展会议。自治区党委书记陈全国出席并讲话，区党委副书记、自治区常务副主席郝鹏主持会议，自治区党委常委、自治区常务副主席吴英杰宣读了《中共西藏自治区党委、西藏自治区人民政府关于表彰西藏自治区首届优秀中国特色社会主义事业建设者的决定》。自治区常务副主席洛桑江村出席，与会领导为受表彰的代表颁了奖。

◆自治区政府与西部矿业集团有限公司董事长汪海涛一行座谈。自治区副主席董明俊出席并讲话。

22日自治区党委书记陈全国到自治区救灾物资储备中心检查指导救灾物资调运工作，自治区党委副书记、自治区常务副主席郝鹏，自治区党委常委、自治区常务副主席洛桑江村一同检查。

◆自治区党委副书记、自治区常务副主席郝鹏在拉萨会见了公安部消防政治委员谢模乾一行。

◆自治区人民政府接受国家“两基”督导检查汇报会在拉萨举行。自治区党委常委、自治区常务副主席吴英杰主持汇报会，自治区副主席孟德利代表自治区政府进行汇报。

◆自治区党委常委、自治区常务副主席吴英杰在拉萨会见了由中国银行监事长李军带队的中国银行赴藏调研组一行。

◆全国盐业对口援藏工作会议在拉萨召开，自治区副主席邓小刚出席并讲话。

◆自治区副主席宫蒲光、董明俊在拉萨与全国人大环资委原主任毛如柏就西藏开发地热资源进行座谈。

23日

在对日喀则地区抗震救灾工作进行全面部署之后，自治区党委副书记、自治区主席白玛赤林下午赶赴拉萨，连夜主持召开自治区“9·18”地震抗震抢险救灾指挥部第三次会议，听取前一阶段全区抢险救灾情况汇报，安排部署下一步工作。自治区党委常委、自治区常务副主席洛桑江村通报后方组织动员落实情况，自治区政府党组成员、秘书长高扬汇报日喀则地区抢检救灾情况。

◆羊易地热电站开工奠基暨羊易试验发电庆典仪式在当雄县羊易地热电站举行。自治区副主席董明俊在仪式上讲话。

24日

在自治区党政大院向地震灾区捐款活动现场，自治区党委、政府办公厅干部职工踊跃捐款。自治区党委书记陈全国等领导带头向地震灾区捐款。白玛赤林、郝鹏、吴英杰、洛桑江村、甲热·洛桑丹增、邓小刚、宫蒲光、孟德利、董明俊、李昭、金世洵、高扬等政府领导同志依次捐款。

◆自治区党委常委、自治区常务副主席吴英杰会见了国家统计局党组成员、总工程师郑京平一行。

◆全区住房和城乡建设行业“建设者之歌”文艺晚会在自治区歌舞剧院举办。自治区副主席宫蒲光观看晚会并讲话。

◆自治区“9·18”地震抗震抢险救灾总指挥部副总指挥长、自治区副主席丁业现在亚东县城对行政机关、离退休干部职工、城镇居民和个体工商户的灾后安置、生活保障、市场情况进行检查、察看和了解灾害造成的损失，看望慰问了干部群众。

25日

自治区副主席董明俊在拉萨会见由宝钢集团有限公司副总经理赵峡带队的赴藏调研组一行。

26日

全区中小河流治理工程开工，自治区党委副书记、自治区主席白玛赤林，自治区副主席格桑次仁，自治区政府党组成员、区发展改革委主任金世洵，自治区政府党组成员、秘书长高扬等为工程奠基。

◆全区深化消防安全“五大”活动、开展“清剿灭患”战役电视电话会议在拉萨举行。自治区副主席宫蒲光出席并讲话。

◆自治区副主席格桑次仁在拉萨会见了前来我区参加采访的墨西哥记者代表团。

◆西南地区第二十九次刑侦协作会议在拉萨召开。自治区副主席、区党委政法委副书记、公安厅党委书记、厅长李昭出席会议。

27日

国务院召开全国节能减排工作电视电话会议，全面部署“十二五”节能减排工作。自治区主席白玛赤林，自治区常务副主席吴英杰，自治区政府党组成员、区发展改革委主任金世洵，自治区政府党组成员、秘书长高扬出席西藏分会场会议。

◆由国家发展改革委副主任、国务院医改办公室主任孙志刚率领的国务院医改办赴藏调研组一行抵达拉萨。自治区党委常委、自治区常务副主席、区医改领导小组组长吴英杰代表自治区党委、政府前往机场迎接。随后，自治区政府与调研组一行在拉萨座谈。

◆第25届全国城市外事系统协作会在拉萨召开。自治区党委常委、自治区常务副主席吴英杰出席会议并讲话。

28日

全国加强和创新社会管理工作电视电话会议在北京召开。自治区党委书记陈全国，自治区党委副书记、自治区主席白玛赤林、自治区党委常委、自治区常务副主席等自治区领导出席西藏分会场会议。自治区党委副书记、自治区常务副主席、区党委政法委书记、区综治委主任郝鹏在西藏分会场会议上讲话。

◆为期两天的全区社区建设工作现场推进会在拉萨召开。自治区党委常委、自治区常务副主席洛桑江村出席会议并讲话。

◆自治区副主席宫蒲光先后到拉萨神力时代广场，香格里拉酒店，区直机关周转房一期、二期工程施工现场，围绕建筑工程施工安全情况进行检查。

◆国家“两基”督查组视察拉萨部分学校，自治区副主席孟德利陪同。

◆受自治区党委、政府委托，自治区副主席丁业现率区、地抗震救灾各成员单位主要负责人，深入岗巴、定结等受灾县，实地了解救灾工作开展情况和群众安置情况，慰问灾区群众，看望奋战在抢险救灾一线的广大干部职工。

◆自治区召开接受国家“两基”督导检查总结会，听取国家检查组督导和评估验收意见。教育部认定并宣布，我区全面完成了“两基”攻坚各项工作任务，实现了“两基”目标。教育部党组书记、部长袁贵仁，自治区党委副书记、自治区主席白玛赤林分别在总结会上讲话。

◆自治区党委常委、自治区常务副主席、自治区“9·18”地震灾后恢复重建领导小组组长洛桑江村主持召开小组第一次会议，传达贯彻落实陈全国书记、白玛赤林主席关于做好地震灾后恢复重建工作指示精神，研究安排部署地震灾后恢复重建工作。自治区副主席宫蒲光、格桑次仁、自治区政府党组成员、区发展改革委主任金世洵出席会议。自治区副主席丁业现在会上汇报了日喀则地震灾害抢险救灾情况及下一步工作建设。

◆由国际市场体育联盟中国总部、尼泊尔国家旅游局、自治区旅游局共同主办的第二届环喜马拉雅国际市民徒步穿越大会在拉萨开幕。自治区副主席甲热·洛桑丹增宣布徒步大会开始。

30日

自治区在拉萨举行庆祝中华人民共和国成立62周年招待会。自治区党委副书记、自治区主席白玛赤林在招待会上致辞，自治区党委常委、自治区常务副主席吴英杰主持招待会。

◆自治区召开全区城镇居民社会养老保险试点工作部署暨新型农村社会养老保险试点经验交流会。自治区党委副书记、自治区主席白玛赤林出席并讲话。自治区党委常委、自治区常务副主席吴英杰主持并作总结讲话。

◆全国防治“小金库”长效机制建设经验交流电视电话会议在北京召开。自治区党委常委、自治区常务副主席吴英杰出席西藏分会场会议并讲话。

◆西藏银行筹建办在拉萨举行2011学员培训班迎国庆演出汇报会。自治区副主席多吉泽仁出席，自治区政协副主席白玛才旺讲话。

◆自治区政府办公厅邀请自治区党委党校副校长普布次仁为广大党员干部职工学习贯彻胡锦涛总书记“七一”重要讲话精神举办辅导讲座。

十月

1日

在自治区举行的庆祝中华人民共和国成立62周年招待会上，自治区党委副书记、自治区主席白玛赤林致辞。

◆上午，拉萨市在布达拉宫广场举行隆重而庄严的“升国旗、唱国歌”仪式，热烈庆祝中华人民共和国成立62周年。参加“升国旗、唱国歌”仪式的自治区政府领导有白玛赤林主席，郝鹏、吴英杰、洛桑江村常务副主席，甲热·洛桑丹增、邓小刚、宫蒲光、孟德利、德吉、格桑次仁、董明俊、李昭、丁业现副主席，政府党组成员、秘书长高扬。

2日

我区各地各族群众，以丰富多彩的活动表达对新中国62华诞的深深祝福。

3日

自治区副主席、区党委政法委副书记、区公安厅党委书记、厅长李昭，近日带队在拉萨开展消防安全检查。

4日

自治区党委副书记、自治区主席白玛赤林前往自治区公安厅指挥中心和拉萨市公安局110指挥中心，看望慰问“十一”国庆节期间坚守岗位的值勤干警，听取工作汇报并向全区广大值勤干警表示慰问。

5日

自治区副主席甲热·洛桑丹增率自治区“三大文物”维修领导小组、“十一五”、“十二五”重点文物维修协调领导小组成员单位主要负责同志，观摩了文物古建筑灭火装置演示汇报。

6日

自治区党委副书记、自治区常务副主席、区党委政法委书记郝鹏，在自治区司法厅及其所属单位，看望慰问节日期间坚守岗位的司法干警和武警官兵，并围绕我区司法行政工作进行专题调研。

7日

自治区高校毕业生就业制度改革协调工作领导小组召开会议。自治区党委常委、自治区常务副主席、自治区高校毕业生就业制度改革协调工作领导小组组长吴英杰主持会议并讲话。自治区副主席、自治区高校毕业生就业制度改革协调工作领导小组副组长孟德利出席会议并讲话。

8日

自治区副主席宫蒲光率队深入日喀则地震灾区，连日看望慰问受灾群众，检查督促各受灾县落实自治区党委、政府关于抗震救灾相关指示和文件精神的工作情况，并就灾后重建工作提出具体指导意见。

9日

自治区党委副书记、自治区主席白玛赤林主持召开政府第14次常务会议，研究建立社会救助和保障标准与物价上涨挂钩联动机制。

10日

自治区党委召开全区深入开展创先争优强基础惠民生活动动员大会。自治区党委书记陈全国出席会议并作重要讲话。自治区党委副书记、自治区主席白玛赤林宣读了《中共西藏自治区委员会关于表彰加强基层建设年活动先进驻村工作组的决定》，自治区党委副书记、自治区常务副主席郝鹏宣读了《中共西藏自治区委员会关于深入开展创先争优强基础惠民生活动的意见》，自治区领导巴桑顿珠、吴英杰、崔玉英、洛桑江村、金书波、尹德明、公保扎西、秦宜智、齐扎拉出席。

◆“9·18”地震灾后恢复重建领导小组召开第二次会议，进一步研究部署地震灾后恢复重建工作。自治区党委常委、自治区常务副主席、“9·18”灾后恢复重建领导小组组长洛桑江村主持会议并讲话。自治区副主席、“9·18”灾后恢复重建领导小组副组长宫蒲光、格桑次仁、丁业现出席会议。

11日

我区参加第八届全国残运会代表

团在杭州举行赛前动员大会。自治区副主席、西藏代表团团长德吉出席大会并作动员讲话。

12日

自治区党委副书记、自治区主席白玛赤林来到自治区信访局，考察调研全区信访工作，看望慰问信访干部。

13日

自治区召开贯彻落实中央第五次西藏工作座谈会精神工作领导小组经济社会发展专项工作小组第一次会议。自治区党委常委、自治区常务副主席吴英杰出席会议并讲话。自治区政府党组成员、自治区发展改革委主任金世洵主持会议。

◆西藏自治区2011年冬季征兵工作电视会议召开。自治区党委常委、自治区常务副主席洛桑江村出席会议并讲话。

14日

自治区召开全区援藏干部学习周广智同志先进事迹座谈会。自治区党委副书记、自治区常务副主席郝鹏出席座谈会并讲话。

◆自治区政府与中国水利枢纽及配套灌区工程项目进展情况进行了座谈。自治区副主席格桑次仁出席座谈会并讲话。

15日

推进西藏企业上市工作培训会在拉萨举办，自治区副主席多吉泽仁出席会议并讲话。

◆中国人保财险西藏分公司在山南地区泽当镇举行“三农”保险现场赔付大会，为“9·18”印度锡金邦地震山南地区农房受损，加查县、桑日县牲畜受灾赔付“三农”保险各类款项11748300元。自治区副主席多吉泽仁出席并讲话。

◆2011西藏唐卡文化艺术展在西藏博物馆开幕。自治区副主席宫蒲光出席了开幕式。

◆中国国际工程咨询公司专家在日喀则实地考察拉洛水利枢纽及配套灌区工程，并了解拉洛水利枢纽工程的相关情况。自治区副主席格桑次仁陪同考察。

16日

自治区深入开展创先争优强基础惠民生活动领导小组召开第一次会议，研究创先争优强基惠民活动有关事宜。自治区创先争优强基础惠民生活动领导小组组长、区党委副书记、自治区常务副主席郝鹏出席会议并讲话。

17日

全区创先争优活动领导小组在拉萨召开，全区窗口单位和服务行业为民服务创先争优推进会，总结交流窗口单位和服务行业为民服务创先争优经验，对进一步深化为民服务创先争优活动进行安排部署。

18日

自治区冬虫夏草协会挂牌仪式暨首届会员代表大会在拉萨举行。自治区副主席格桑次仁出席并致辞。

19日

国家旅游局和自治区人民政府在北京签订关于加快推进西藏重要世界旅游目的地建设合作协议。自治区党委副书记、自治区主席白玛赤林和国家旅游局局长邵琪伟出席仪式并共同签署协议书。自治区副主席丁业现出席仪式。自治区政府党组成员、秘书长高扬主持签字仪式。

◆自治区宗教工作领导小组召开第一次会议，专题听取全区宗教工作情况汇报，安排部署下一步工作。自治区党委副书记、自治区常务副主席、自治区宗教工作领导小组组长郝鹏主持会议并讲话。自治区党委常委、自治区常务副主席洛桑江村等自治区领导出席会议。

20日

我区第一所高层次藏传佛教综合性院校——西藏佛学院在拉萨市曲水县聂当乡正式落成开院。中央统战部常务副部长朱维群，自治区党委副书记、自治区常务副主席郝鹏分别讲话。自治区党委常委、自治区常务副主席洛桑江村为佛学院揭牌。

21日

自治区党委副书记、自治区常务副主席郝鹏出席自治区教育工作委员会干部大会，并围绕自治区教工委教育厅相关工作进行了调研。

◆自治区党委常委、自治区常务副主席吴英杰赴拉萨圣地天堂洲际大酒店、纳金大桥、拉萨市文化体育中心调研工程进展情况。

◆自治区执法检查组就《西藏流动人口服务管理条例》贯彻实施情况与自治区政府交换意见。自治区副主席李昭讲话。

22日

自治区综治委举行第二次全体会议，学习贯彻《中共中央、国务院关于加强和创新社会管理的意见》精神，研究我区关于加强和创新社会管理的有关事项。自治区党委常委、自治区常务副主席、区综治委第一副主任洛桑江村主持会议并讲话。

23日

自治区党委召开省级党员领导干部会议，传达学习党的十七届六中全会精神。自治区党委书记陈全国主持会议并讲话。自治区党委副书记、自治区主席白玛赤林传达了李长春同志就《中共中央关于深化文化体制改革、推动社会主义文化大发展大繁荣若干重大问题的决定(讨论稿)》所作的说明。向巴平措、郝鹏、巴桑顿珠、吴英杰、崔玉英、洛桑江村、金书波、公保扎西、秦宜智、齐扎拉出席。

24日

中央电视台西藏记者站在拉萨正式成立。自治区党委副书记、自治区常务副主席郝鹏出席成立仪式，并为中央电视台西藏记者站揭牌。

◆自治区党委常委、自治区常务副主席洛桑江村在拉萨亲切会见了加拿大驻华大使马大维一行。

25日

自治区“十二五”重点文物保护工程暨敏竹林寺保护工程开工仪式在山南地区扎囊县举行。自治区党委常委、自治区常务副主席洛桑江村出席仪式，并宣布西藏“十二五”重点文物保护工程暨敏竹林寺、查杰玛大殿、拉萨卓玛拉康保护工程开工。自治区副主席甲热·洛桑丹增出席仪式并讲话。

◆武警西藏总队对口援建林周县边交林乡长优村卫生所举行揭牌仪式。自治区副主席德吉、武警西藏总队总队长郭毅力出席并讲话。

◆自治区政府办公厅召开党员干部大会，学习贯彻党的十七届六中全会精神。自治区政府党组成员、秘书长、办公厅党组书记高扬出席会议并讲话。

26日

迄今为止我区规模最大、投资最多的水利枢纽工程——旁多水利枢纽工程于上午11时16分成功截流。自治区党委副书记、自治区主席白玛赤林出席仪式并宣布旁多水利枢纽工程截流。自治区副主席格桑次仁出席并讲话。自治区政府党组成员、秘书长高扬主持截流仪式。

◆中国石油天然气集团公司在拉萨建设的第一座天然气站工程正式投产。自治区副主席邓小刚出席投产仪式并讲话。

27日

自治区政府与华润(集团)有限公司举行座谈会，共商战略合作发展大计，签署战略合作协议。自治区党委副书记、自治区主席白玛赤林，华润(集团)有限公司董事长宋林在座谈会上讲话，并共同签署战略合作协议。自治区副主席孟德利主持座谈会，自治区政府党组成员、秘书长高扬出席会议。

◆自治区党委副书记、自治区主席白玛赤林主持召开政府第15次常务会议，审议并原则通过《西藏自治区财政专项资金管理办法(草案)》等。自治区党委常委、自治区常务副主席洛桑江村，自治区副主席甲热·洛桑丹增、多吉泽仁、邓小刚、德吉、格桑次仁、李昭，自治区政府党组成员、秘书长高扬出席会议。

◆由西藏自治区和四川省及成都市政府共同出资设立的西南联合产权交易所西藏所正式在拉萨挂牌成立。自治区副主席多吉泽仁出席仪式并讲话。

◆自治区副主席德吉就促进我区残疾人文化事业大发展大繁荣在区残联进行调研。

29日

自治区在拉萨召开自治区佛教协会座谈会。自治区党委书记陈全国出席并讲话。自治区副主席多吉泽仁出席座谈会。

◆10月28日至29日，自治区党委副书记、自治区主席白玛赤林率调研组，深入日喀则地区拉孜县、萨迦县，就拉孜县扎西岗乡苏村整体搬迁工作情况和创先争优强基础惠民生活动情况进行调研。自治区政府党组成员、秘书长高扬陪同调研。

◆中央扶贫开发工作会议在北京召开。自治区党委副书记、自治区主席白玛赤林，自治区党委副书记、自治区常务副主席吴英杰，自治区政府党组成员、秘书长高扬出席西藏分会场会议。

◆全区重点文物保护工程项目工作会议在拉萨召开。自治区副主席甲热?洛桑丹增出席并讲话。

◆为期两天的全区农家书屋(寺庙书屋)工程建设管理工作暨培训会议在拉萨召开。自治区副主席、自治区农家书屋(寺庙书屋)工程建设领导小组组长多托出席会议并讲话。

、

30日

自治区党委书记陈全国，自治区党委副书记、自治区人大常委会主任向巴平措，自治区党委常委、自治区常务副主席洛桑江村分别在拉萨会见了即将离任的尼泊尔驻拉萨总领事馆总领事纳因德拉·普拉萨德·乌帕达雅。

◆自治区党委书记陈全国主持召开自治区党委常委会议，传达学习中共中央政治局委员、国务委员刘延东同志对《西藏自治区党委、政府有关情况汇报》的重要批示。陈全国传达批示并讲话。向巴平措、白玛赤林、郝鹏、杨金山、巴桑顿珠、吴英杰、崔玉英、洛桑江村、金书波、尹德明、公保扎西、秦宜智、齐扎拉出席。

十一月

1日

自治区副主席多吉泽仁在拉萨会见了国家开发银行党建巡视组一行。

2日

第13届中国西藏——尼泊尔经贸洽谈会在尼泊尔加德满都开幕，自治区常务副主席吴英杰率西藏自治区政府代表团出席并致词。

◆自治区政府在拉萨召开中国驰名商标西藏自治区著名商标表彰大会，国家工商总局商标局发来贺电表示祝贺。自治区副主席、自治区著名商标评审委员会主任邓小刚出席并讲话。

◆全国冬春农田水利基本建设电视电话会议召开，自治区副主席邓小刚出席西藏分会场会议并讲话。

3日

中央宣讲团党的十七届六中全会精神报告会在拉萨举行。中央宣讲团成员、国家新闻出版总署党组副书记、副署长蒋建国就深入学习贯彻党的十七届六中全会精神作专题报告。自治区领导陈全国、向巴平措、白玛赤林、杨金山、巴桑顿珠、崔玉英、洛桑江村、尹德明、公保扎西、秦宜智、齐扎拉出席报告会。郝鹏主持会议并讲话。

4日

自治区召开拉萨海关成功侦办“3·22”特大毒品走私案表彰大会，自治区主席白玛赤林出席会议并向“3·22”专案组授锦旗。自治区副主席邓小刚在会上讲话，自治区政府党组成员、秘书长高扬宣读了《中共西藏自治区委员会西藏自治区人民政府关于给拉萨海关“3·22”特大毒品走私案专案组记集体一等功的决定》。

◆自治区召开全区信访工作电视电话会议，自治区常务副主席洛桑江村出席会议并讲话。

◆2011年度全区综治检查考评工作动员部署会在拉萨召开，自治区常务副主席洛桑江村出席会议并讲话。

◆自治区2011年第三季度金融运行分析会在拉萨召开，自治区副主席多吉泽仁出席会议并讲话。

5日

自治区召开全区维护社会稳定工作电视电话会议，就当前维稳工作进行安排部署。自治区常务副主席郝鹏主持会议并讲话，自治区常务副主席洛桑江村部署相关工作。

1日至6日

自治区常务副主席吴英杰率领由自治区政府办公厅、商务厅、外办、旅游局、公安厅、贸促会和日喀则地区有关负责人组成的中国西藏自治区政府代表团，对尼泊尔联邦民主共和国进行友好访问。

6日

自治区政府党组成员、秘书长高扬深入南木林县调研慰问驻村工作队，并召开座谈会，听取相关工作汇报。

7日

自治区主席白玛赤林前往自治区文化厅和自治区群艺馆，考察自治区群艺馆改扩建工程及西藏文化发展保护中心工程建设情况，看望慰问文化系统干部职工。自治区副主席多托，自治区政府党组成员、秘书长高扬陪同调研。

◆自治区常务副主席郝鹏亲切接见了我区第三届全国道德模范和道德模范提名奖获得者，并与大家进行座谈。自治区党委常委、宣传部部长崔玉英主持座谈会。

◆“高原消防铁军——2011”综合应急救援联合演练在拉萨举行，自治区常务副主席洛桑江村观摩指导演练过程。

◆自治区征兵领导小组会议在拉萨召开，自治区常务副主席洛桑江村主持会议，西藏军区副政委宋景原出席。

8日

自治区启动“强基惠民公路通达攻坚行动”，自治区主席白玛赤林在启动仪式上讲话，并宣布“强基惠民公路通达攻坚行动”启动。自治区常务副主席吴英杰，自治区党委常委、自治区纪委书记金书波，自治区政府党组成员、秘书长高扬出席启动仪式。

◆西藏自治区儿童福利院新建工程举行开工典礼，自治区常务副主席洛桑江村出席典礼并讲话。

9日

自治区主席白玛赤林主持召开政府第17次常务会议，明确推进非公有制经济跨越式发展有关税收政策。会议决定，从2011年11月1日起，调整个体工商户增值税、营业税的起征点；放宽增值税一般纳税人的认定标准。自治区常务副主席吴英杰、洛桑江村，自治区副主席多吉泽仁、邓小刚、孟德利、德吉、多托、格桑次仁，自治区政府党组成员、区发展改革委主任金世洵，自治区政府党组成员、秘书长高扬出席会议。

◆自治区主席白玛赤林在拉萨亲切会见了前来我区考察的新希望集团董事长刘永好一行。自治区副主席格桑次仁，自治区政府党组成员、秘书长高扬陪同会见。

◆自治区常务副主席吴英杰视察了我区2011年从驻藏部队拟退役士兵和已退役士兵中公开考录基层公安机关人民警察笔试考务工作，并代表自治区党委、政府主要领导同志看望慰问了阅卷工作人员。

◆我区举行“11·9”消防日大型宣传活动，自治区常务副主席洛桑江村出席活动。

10日

我区常务副主席、自治区第八次党代会筹备工作领导小组副组长郝鹏先后前往自治区第八次党代会会场和代表驻地，检查指导党代会筹备情况，对即将召开的党代会各项会务工作进行安排部署。

11日

中国共产党西藏自治区第七届委员会第十次全体会议在拉萨举行。会议由自治区党委常委会主持。自治区党委书记陈全国在会议结束时作重要讲话。向巴平措、白玛赤林、郝鹏、巴桑顿珠、吴英杰、崔玉英、洛桑江村、金书波、尹德明、公保扎西、秦宜智、齐扎拉出席。

◆陈全国、向巴平措、白玛赤林等自治区领导亲切看望了出席自治区第八次党代会的代表。郝鹏、巴桑顿珠、吴英杰、崔玉英、洛桑江村、金书波、尹德明、公保扎西、秦宜智、齐扎拉一同看望。

12日

中国共产党西藏自治区第八次代表大会在西藏人民会堂隆重开幕。陈全国代表中国共产党西藏自治区第七届委员会向大会作报告。向巴平措主持大会。大会主席团常务委员会成员陈全国、向巴平措、白玛赤林、郝鹏、巴桑顿珠、吴英杰、崔玉英、洛桑江村、金书波、尹德明、公保扎西、秦宜智、齐扎拉在主席台前排就座。全国政协副主席、自治区政协主席帕巴拉·格列朗杰应邀列席大会。

14日

国务院召开深入推进行政审批制度改革工作电视电话会议，自治区主席白玛赤林，自治区政府党组成员、区发展改革委主任金世洵，自治区政府党组成员、秘书长高扬出席西藏分会场会议，自治区副主席宫蒲光在西藏分会场会议上讲话。

15日

中国共产党西藏自治区第八次代表大会胜利闭幕。选举产生中国共产党西藏自治区第八届委员会和纪律检查委员会，通过关于中共西藏自治区第七届委员会报告的决议和关于中共西藏自治区第七届纪律检查委员会工作报告的决议。陈全国作闭幕讲话，向巴平措、白玛赤林、郝鹏、杨金山、巴桑顿珠、吴英杰、崔玉英、洛桑江村、金书波、尹德明、公保扎西、秦宜智、齐扎拉出席。

◆自治区政府召开主席会议，对学习贯彻自治区第八次党代会精神作出安排部署。自治区主席白玛赤林在会上讲话，自治区领导吴英杰、洛桑江村、秦宜智、邓小刚、多吉泽仁、宫蒲光、孟德利、德吉、多托、格桑次仁、董明俊、李昭、丁业现、金世洵、高扬出席。

16日

区党委办公厅、区党委统战部和拉萨市委分别召开干部大会，宣布自治区党委关于干部职务任免决定，自治区常务副主席郝鹏出席会议并讲话。

◆中国中投证券拉萨营业部在拉萨开业，自治区副主席多吉泽仁出席开业庆典并为中国中投证券拉萨营业部开业剪彩。

◆全区森林防火工作会议在拉萨召开，自治区副主席、自治区森林防火指挥部指挥长格桑次仁出席会议并讲话。

17日

自治区常务副主席郝鹏主持召开自治区党委政法委2011年第6次全体会议，传达学习自治区第八次党代会精神，安排部署近期政法工作，宣布区党委相关人事任命事项。自治区领导洛桑江村、李昭、张培中、宋景原、郭毅力以及区党委政法委各委员参加会议。

◆2011年度全区社会治安综合治理检查考评汇报会在拉萨召开，自治区副主席李昭出席会议并讲话。

18日

自治区常务副主席郝鹏会见了人民日报社编委会委员、副总编辑米博华一行。

◆自治区公安厅举行拉萨市便民警务站装备配发仪式，自治区常务副主席洛桑江村，自治区副主席李昭出席并讲话。

◆自治区召开2010—2011年党风廉政建设责任制检查考核工作动员会，自治区副主席宫蒲光出席动员会。

◆自治区人民政府与金川集团召开专题汇报会，听取金川集团公司雄村铜矿项目开采建设方案，自治区副主席董明俊出席会议并讲话。

21日

自治区党委书记陈全国在拉萨会见了来我区出席“布达拉宫模范消防大队”命名大会的解放军总政治部副主任吴昌德，公安部党委副书记、副部长李东生，武警部队副政委吴云峰一行。自治区领导吴英杰、杨金山、郎友良、洛桑江村、邓小刚、李昭、汪象华、欧洛布穷、琼色、高雨祥，解放军总政治部组织部部长秦生祥、公安部政治部副主任李春生、公安部消防局局长陈伟明一同会见。

◆自治区常务副主席洛桑江村主持召开自治区双拥领导小组会议。西藏军区副司令员王桂生，自治区政府党组成员、区发展和改革委主任金世洵出席会议。

◆自治区副主席宫蒲光赴自治区环保厅调研，看望慰问环保系统干部职工。

22日

自治区党委书记陈全国在拉萨会见了尼泊尔副总理兼外长施雷斯塔。自治区常务副主席吴英杰，自治区党委常委、秘书长邓小刚，自治区副主席德吉，自治区政府党组成员、秘书长高扬一同会见。

◆自治区召开《西藏自治区寺庙僧尼参加社会保险暂行办法》征求意见座谈会，自治区常务副主席吴英杰出席座谈会并讲话。

23日

自治区党委书记陈全国在拉萨会见了中央编办赴藏调研组一行。自治区党委常委、自治区常务副主席吴英杰，自治区党委常委、组织部部长尹德明，自治区党委常委、秘书长邓小刚一同会见。

◆自治区主席白玛赤林在拉萨亲切会见了来华访问的尼泊尔副总理兼外长施雷斯塔，双方进行了亲切友好的交谈。自治区常务副主席吴英杰，自治区副主席德吉，西藏公安边防总队总队长欧洛布穷，自治区政府党组成员、秘书长高扬陪同会见。

◆自治区维稳工作领导小组、自治区维稳工作指挥部和自治区综治委全体会议在拉萨召开，自治区常务副主席洛桑江村主持会议并讲话。

24日

部署实施全国农村义务教育学生营养改善计划电视电话会议在北京召开，自治区副主席孟德利出席西藏分会场会议并讲话。

25日

自治区政府召开第三次全体会议，深入学习贯彻落实自治区第八次党代会精神，研究部署明年政府主要工作。自治区主席白玛赤林主持会议并讲话。自治区常务副主席吴英杰，自治区副主席孟德利、德吉、多托、格桑次仁、董明俊、丁业现，自治区政府党组成员、区发展改革委主任金世洵，自治区政府党组成员、秘书长高扬出席会议。

◆自治区主席白玛赤林主持召开政府第18次常务会议，同意达孜工业园区升格为自治区级工业园区。自治区常务副主席吴英杰，自治区副主席孟德利、德吉、多托、董明俊、丁业现，自治区政府党组成员、秘书长高扬出席会议。

◆全区今冬明春农牧业防抗灾工作电视电话会议在拉萨召开，自治区副主席格桑次仁出席拉萨主会场会议并讲话。

28日

自治区党委、政府召开援藏干部领队工作座谈会，自治区党委书记陈全国出席会议并讲话，自治区常务副主席吴英杰出席会议并讲话，自治区党委常委、组织部部长尹德明主持座谈会。

29日

自治区党委书记陈全国主持召开自治区维护稳定工作领导小组会议，传达全国加强和创新社会管理工作座谈会精神，安排部署全区维护稳定工作。自治区领导白玛赤林、吴英杰、崔玉英、公保扎西、齐扎拉、张跃平、孟德利、李昭、洛桑久美、张培中、宋景原、杨双举、郭毅力、琼色出席会议。

◆中央扶贫开发工作会议在北京召开，自治区副主席格桑次仁参加北京主会场会议。自治区主席白玛赤林，自治区常务副主席吴英杰，自治区政府党组成员、秘书长高扬出席西藏分会场会议。

◆全区重点文物保护工程项目工作会议在拉萨召开，自治区副主席甲热?洛桑丹增出席会议并讲话。

◆中国银行西藏自治区分行“中银广场”职工周转房开工奠基仪式在拉萨举行。自治区副主席宫蒲光出席奠基仪式。

◆全区农家书屋(寺庙书屋)工程建设管理工作暨培训会议在拉萨召开。自治区副主席、自治区农家书屋(寺庙书屋)工程建设领导小组组长多托出席会议并讲话。

30日

自治区主席白玛赤林考察我区区、市两级保障房建设情况。自治区副主席宫蒲光，自治区政府党组成员、秘书长高扬陪同考察。

◆自治区重大疾病预防协调领导小组成员单位会议在拉萨召开。自治区副主席甲热·洛桑丹增出席会议并讲话。

十二月

11月25日-12月1日

自治区副主席多吉泽仁在昌都地区对2010-2011年党风廉政建设责任落实情况进行检查考核。

1日

我区开展世界艾滋病日宣传活动，自治区副主席甲热·洛桑丹增出席活动。

◆武警西藏总队隆重举行2011年退役士兵欢送仪式。自治区副主席甲热?洛桑丹增出席。

◆全区公安处局长会议在拉萨召开，自治区副主席李昭出席会议。

30-2日

自治区常务副主席吴英杰赴那曲调研创先争优强基惠民活动开展情况，看望慰问区、地、县驻村工作队和特困户群众，视察那曲物流中心、那曲城镇集中供暖等工程建设情况。

2日

自治区党委、政府在拉萨召开全区维护社会稳定工作电视电话会议，自治区党委书记陈全国出席会议并讲话。自治区主席白玛赤林主持，自治区领导杨金山、崔玉英、洛桑江村、尹德明、公保扎西、秦宜智、齐扎拉、邓小刚出席拉萨主会场会议，罗布顿珠出席昌都分会场会议。

◆武警西藏总队2012年度首批新战士进藏抵达拉萨，自治区副主席甲热·洛桑丹增出席欢迎仪式。

4日

我区开展“12·4”全国法制宣传日活动，自治区副主席李昭前往活动现场亲切看望慰问参与活动的工作人员。

5日

拉萨市召开2010-2011年党风廉政建设责任制落实情况汇报会，自治区常务副主席洛桑江村出席会议并讲话。

7日

我区召开集中清理整顿社会流动从事宗教活动人员工作电视电话会议，自治区常务副主席洛桑江村出席会议并讲话，自治区副主席李昭出席会议。

◆自治区常务副主席洛桑江村前往自治区人民检察院，考核贯彻落实党风廉政建设责任制工作情况。

8日

自治区副主席宫蒲光前往旁多水利枢纽工程施工现场，实地检查安全生产工作。

9日

中共中央政治局常委、国务院副总理李克强在北京出席青藏直流联网工程投入试运行仪式。自治区领导陈全国、白玛赤林出席。

◆自治区召开传达贯彻中央扶贫开发工作会议精神会议，自治区常务副主席吴英杰主持会议。

◆自治区常务副主席洛桑江村在拉萨市检查维稳防控工作，自治区副主席李昭陪同。

12日

自治区常务副主席吴英杰在拉萨主持召开专题会议，研究加快墨脱县经济社会发展有关事宜。

◆自治区人民政府召开防灾减灾专题会，自治区常务副主席洛桑江村主持会议并讲话。

◆全区住房和城乡建设系统行政管理干部培训班开班仪式举行，自治区副主席宫蒲光出席并讲话。

13日

自治区常务副主席吴英杰主持召开政府第19次常务会议，审议并原则通过了《西藏自治区“十二五”时期旅游业发展规划》、《西藏自治区“十二五”时期重点领域改革规划》等。自治区副主席宫蒲光、孟德利、格桑次仁、董明俊、李昭、丁业现出席会议。

15日

北京至拉萨往返直飞航线开通，自治区党委书记陈全国，自治区主席白玛赤林，自治区常务副主席秦宜智出席开通仪式。

16日

全区2012年度消防工作暨“清剿火患”决战电视电话会议在拉萨召开，自治区副主席宫蒲光出席会议，自治区副主席李昭讲话。

◆西藏人民出版社成立40周年座谈会在拉萨举行，自治区副主席多托出席。

◆自治区公安厅举行老干部活动中心揭牌仪式，自治区副主席李昭出席揭牌仪式并讲话。

18日

那曲无电地区电力建设暨农网改造升级工程启动仪式在那曲镇举行，自治区副主席丁业现出席并讲话。

19日

自治区主席白玛赤林主持召开政府第4次全体会议，传达学习中央经济工作会议精神，安排部署今冬明春各项工作。自治区副主席德吉、多托、格桑次仁、董明俊、李昭、丁业现，自治区政府党组成员、秘书长高扬出席会议。

20日

2012年党委政府惠民购物卡发放仪式在拉萨举行，自治区常务副主席秦宜智出席仪式并讲话。

◆全区人口和优生优育工作会议在拉萨召开，自治区副主席德吉出席会议并讲话。

◆自治区副主席多托在拉萨与国务院参事室原副主任、《中国地域文化通览》执行副主编陈鹤良进行了座谈。双方就加强《中国地域文化通览·西藏卷》的编撰工作交换了意见。

21日

自治区主席白玛赤林主持召开政

府第20次常务会议，出台优化项目建设环境的指导意见，规范项目建设市场。自治区常务副主席秦宜智，自治区副主席孟德利、德吉、多托、格桑次仁、丁业现，自治区政府党组成员、区发展改革委主任金世洵，自治区政府党组成员、秘书长高扬出席会议。

◆全国政法工作电视电话会议在北京召开，自治区领导白玛赤林、孟德利、高扬等参加西藏分会场会议。

◆自治区副主席格桑次仁主持召开自治区工商企业界座谈会，征求对即将提请自治区九届人大五次会议审议的《政府工作报告》的意见和建议。自治区副主席丁业现出席座谈会并讲话。

22日

全区“两基”工作总结表彰大会在拉萨召开，自治区主席白玛赤林在会上讲话，自治区副主席孟德利主持会议，自治区政府党组成员、秘书长高扬出席会议。

23日

自治区党委农村工作领导小组2011年第三次全体会议在拉萨召开，自治区副主席格桑次仁主持会议。

◆全区年度教育工作会议在拉萨召开，自治区副主席孟德利出席会议并讲话。

◆自治区副主席德吉主持召开座谈会，向自治区民族宗教界代表人士广泛征求2012年《政府工作报告》稿的意见和建议。

25日

藏文信息技术国家地方联合工程研究中心揭牌仪式在西藏大学举行，自治区副主席孟德利出席。

26日

全区经济工作会议在拉萨召开，自治区党委书记陈全国，自治区主席白玛赤林作重要讲话，自治区常务副主席吴英杰主持会议，自治区常务副主席秦宜智出席会议。

◆全区党风廉政建设和基层党建责任书签字仪式在拉萨举行，自治区党委书记陈全国，自治区主席白玛赤林分别与七地(市)党政负责同志在《2012-2014年西藏自治区党风廉政建设责任书》和《2012-2014年基层党建工作责任书》上签字。自治区常务副主席吴英杰、秦宜智等领导出席签字仪式。

◆第二次全国残联系统对口支援西藏工作座谈会在京召开，自治区副主席甲热·洛桑丹增出席会议。

27日

自治区党委、政府召开全区边境工作会议，自治区党委书记陈全国，自治区主席白玛赤林讲话，自治区常务副主席吴英杰作自治区党委、政府《关于进一步加强边境地区发展稳定工作的意见(讨论稿)》的说明。

◆自治区副主席丁业现前往拉萨饭店、西藏宾馆等看望慰问企业老党员、离退休老干部、困难职工和单亲女职工。

28日

全区财政工作会议在拉萨召开，自治区主席白玛赤林出席会议并讲话。

◆农行西藏分行举行迎新春客户答谢会暨2012年“金钥匙春天行动”启动仪式，自治区主席白玛赤林，自治区副主席多吉泽仁，自治区政府党组成员、秘书长高扬出席。

◆全区发展和改革工作会议在拉萨召开，自治区常务副主席吴英杰出席会议。

◆全区国土资源工作会议在拉萨召开，自治区副主席多吉泽仁出席会议并讲话。

◆全区食品药品监督管理工作会议在拉萨召开，自治区副主席德吉出席会议。

29日

自治区主席白玛赤林主持召开政府第21次常务会议，会议通报了《关于在2012年“三大节日”期间发放一次性慰问金的请示》的办理情况。自治区常务副主席吴英杰、秦宜智，自治区副主席多吉泽仁、宫蒲光、孟德利、多托、格桑次仁、董明俊、李昭、丁业现，自治区政府党组成员、区发展改革委主任金世洵，自治区政府党组成员、秘书长高扬出席会议。

◆全区审计工作会议在拉萨召开，自治区主席白玛赤林出席并讲话。自治区副主席董明俊、自治区政府党组成员、秘书长高扬出席。

◆自治区召开实施全区无电地区电力建设暨农网改造升级工程电视电话会议，自治区常务副主席吴英杰，自治区副主席丁业现出席拉萨主会场会议。

◆“西藏自治区交通运输厅重点营运车辆公共服务平台”正式联网开通，自治区常务副主席秦宜智出席开通仪式。

◆青藏专项（西藏片区）成果交流暨推进整装勘查工作座谈会在拉萨召开，自治区副主席多吉泽仁出席会议并讲话。

◆全区科技工作会议在拉萨召开，自治区副主席孟德利出席会议并讲话。

◆全国药品安全专项整治工作总结电视电话会在京召开，自治区副主席德吉出席西藏分会场会议。

30日

我区旅游局执法赠车仪式在拉萨举行，自治区副主席丁业现出席赠车仪式。

31日

全区2012年地质工作会议在拉萨召开，自治区副主席多吉泽仁出席会议并讲话。

◆自治区副主席多吉泽仁前往人民银行拉萨中心支行，工、农、中、建、邮储西藏分行等银行机构营业部，看望慰问值班人员和银行系统年终决算工作人员，代表自治区政府向辛勤工作在业务一线的工作人员致以节日的问候。

◆全区住房和城乡建设工作会议在拉萨举行，自治区副主席宫蒲光参加会议并讲话。

◆自治区“清剿火患”元旦“零点”行动启动仪式在西藏公安消防总队举行，自治区副主席李昭出席启动仪式并深入拉萨市进行实地消防检查。

第八篇 统计资料

全国各省市自治区国民经济主要指标

地区	国土面积及排位（万平方千米）		年末总人口（万人）	城镇居民人均总收入（元）	农村居民人均纯收入（元）	地区生产总值（亿元）	全社会固定资产投资（亿元）	社会消费品零售总额（亿元）
全 国	960		134735	23979.2	6977.3	471563.7	311021.9	183918.6
北 京	1.68	29	2019	37124.4	14735.7	16011.4	5578.9	6900.3
天 津	1.19	30	1355	29916.0	12321.2	11191.0	7067.5	3395.1
河 北	18.77	12	7241	19591.9	7119.7	24228.2	16404.3	8035.5
山 西	15.63	20	3593	19666.1	5601.4	11100.2	7072.8	3903.4
内蒙古	118.30	3	2483	21890.2	6641.6	14246.1	10403.9	3991.7
辽 宁	14.59	21	4383	22879.8	8296.5	22025.9	17726.3	8095.3
吉 林	18.74	13	2749	19211.7	7510.0	10530.7	7436.7	4119.8
黑龙江	45.46	6	3834	17118.5	7590.0	12503.8	7523.8	4750.1
上 海	0.63	31	2347	40532.3	16053.8	19195.7	4879.2	6814.8
江 苏	10.26	24	7899	28972.0	10805.0	48604.3	26678.6	15988.4
浙 江	10.18	25	5463	34264.4	13070.7	32000.1	14185.1	12028.0
安 徽	13.96	22	5968	20751.1	6232.2	15110.3	12433.8	4955.1
福 建	12.14	23	3720	27378.1	8778.6	17410.2	9926.4	6276.2
江 西	16.69	18	4488	18656.5	6891.6	11583.8	9089.85	3485.1
山 东	15.67	19	9367	24889.8	8342.1	45429.2	26770.7	17155.5
河 南	16.70	17	9388	19526.9	6604.0	27232.0	17766.8	9453.6
湖 北	18.59	14	5758	20193.3	6897.9	19594.2	12585.7	8275.2
湖 南	21.18	10	6596	20083.9	6567.1	19635.2	11833.7	6884.7
广 东	17.79	15	10505	30218.8	9371.7	52673.6	17158.5	20297.5
广 西	23.60	9	4645	20846.1	5231.3	11714.4	7973.6	3908.2
海 南	3.39	28	877	20094.2	6446.0	2515.3	1669.5	759.5
重 庆	8.24	26	2919	21794.3	6480.4	10011.1	7472.6	3487.8
四 川	48.50	5	8050	19688.1	6128.6	21026.7	14239.8	8044.6
贵 州	17.60	16	3469	17598.9	4145.4	5701.8	3943.5	1751.6
云 南	39.40	8	4631	20255.1	4722.0	8751.0	6185.3	3000.1
西 藏	122.84	2	303	18115.8	4904.4	605.8	549.3	219.0
陕 西	20.56	11	3743	20069.9	5027.9	12391.3	9445.8	3790.0
甘 肃	45.40	7	2564	16267.4	3909.4	5000.5	3961.7	1648.0
青 海	72.12	4	568	17795.0	4608.5	1634.7	1435.7	410.5
宁 夏	5.18	27	639	19654.6	5410.0	2060.8	1639.1	477.6
新 疆	165.00	1	2209	17631.2	5442.2	6474.5	4632.1	1616.3

行政区划（表一）

地区	市辖区	县级市	县	乡	民族乡	镇	街道	居民委员会	村民委员会
总计	1	1	71	542	9	140	10	209	5254
拉萨市	1		7	48		9	8	44	224
昌都地区			11	110	1	28		23	1119
山南地区			12	58	5	24		61	493
日喀则地区		1	17	174		27	2	30	1643
那曲地区			10	89		25		37	1153
阿里地区			7	29		7		7	133
林芝地区			7	34	3	20		7	489

行政区划（表二）

拉萨市	城关区 墨竹工卡县 达孜县 堆龙德庆县 曲水县 尼木县 当雄县 林周县
昌都地区	左贡县 芒康县 洛隆县 边坝县 昌都县 江达县 贡觉县 类乌齐县 丁青县 察雅县 八宿县
山南地区	乃东县 扎囊县 贡嘎县 桑日县 琼结县 洛扎县 加查县 隆子县 曲松县 措美县 错那县 浪卡子县
日喀则地区	日喀则市 南木林县 江孜县 定日县 萨迦县 拉孜县 昂仁县 谢通门县 白朗县 仁布县 康马县 定结县 仲巴县 亚东县 吉隆县 聂拉木县 萨嘎县 岗巴县
那曲地区	申扎县 班戈县 那曲县 聂荣县 安多县 嘉黎县 巴青县 比如县 索县 尼玛县
阿里地区	普兰县 札达县 噶尔县 日土县 革吉县 改则县 措勤县
林芝地区	林芝县 米林县 朗县 工布江达县 波密县 察隅县 墨脱县

行政区划（表三）

分类	个数	县（市、区）名称
边境县	21	墨脱县 米林县 察隅县 朗县 洛扎县 隆子县 错那县 浪卡子县 定日县 康马县 定结县 仲巴县 亚东县 吉隆县 聂拉木县 萨嘎县 岗巴县 普兰县 札达县 噶尔县 日土县
农业县	35	城关区 墨竹工卡县 达孜县 堆龙德庆县 曲水县 尼木县 墨脱县 米林县 林芝县 波密县 察隅县 朗县 芒康县 左贡县 洛隆县 边坝县 乃东县 扎囊县 贡嘎县 桑日县 琼结县 洛扎县 加查县 隆子县 日喀则市 南木林县 江孜县 定日县 萨迦县 拉孜县 白朗县 仁布县 定结县 吉隆县 聂拉木县
牧业县	14	当雄县 仲巴县 萨嘎县 那曲县 嘉黎县 聂荣县 安多县 申扎县 班戈县 巴青县 尼玛县 革吉县 改则县 措勤县
半农半牧县	24	林周县 工布江达县 昌都县 江达县 贡觉县 类乌齐县 丁青县 察雅县 八宿县 曲松县 措美县 错那县 浪卡子县 昂仁县 谢通门县 康马县 亚东县 岗巴县 比如县 索县 普兰县 札达县 噶尔县 日土县
“一江两河”开发县	18	城关区 墨竹工卡县 达孜县 堆龙德庆县 曲水县 尼木县 林周县 乃东县 扎囊县 贡嘎县 桑日县 琼结县 日喀则市 南木林县 江孜县 白朗县 拉孜县 谢通门县
粮食基地县	11	堆龙德庆县 林周县 波密县 芒康县 乃东县 扎囊县 贡嘎县 江孜县 白朗县 日喀则市 拉孜县

全区主要经济指标

指标名称	单位	2011年	增长%
生产总值	亿元	605.83	12.7
人均GDP	元	20077	11.3
第一产业增加值	亿元	74.35	3.4
第二产业增加值	亿元	209.54	18.3
第三产业增加值	亿元	321.94	11.6
农林牧渔总产值	亿元	109.37	3.7
粮食产量	万吨	93.73	2.7
肉类产量	万吨	27.67	5.2
工业增加值	亿元	37.15	19
发电量	亿千瓦时	23,38	11.2
地方财政收入	亿元	54.76	49.4
地方财政支出	亿元	758	37.6
全社会固定资产投资总额	亿元	549.27	18.6
各项存款余额	亿元	1662.5	28.2
各项贷款余额	亿元	409.05	35.5
社会消费品零售总额	亿元	219	18.2
货运总量	万吨	1044	6.2
客运总量	万人次	3938	-52.6
进出口总额	亿美元	13.59	62.5
出口总额	亿美元	11.83	53.4
进口总额	亿美元	1.76	170
旅游外汇收入	万美元	12963	25.1
接待国内外旅游者	万人次	869.76	26.9
接待国内旅游者	万人次	842.68	27.2
接待海外旅游者	万人次	27.08	18.6
农牧民年人均纯收入	元	4904	18.5
城镇居民人均可支配收入	元	16196	8.1

全区主要经济指标及排位

地 区	拉萨	昌都	山南	日喀则	那曲	阿里	林芝
地区生产总值（亿元）	222.09	75.4	63.37	103.91	58.03	21.3	61.35
排位	1	3	4	2	6	7	5
地方财政收入（亿元）	23.43	3.54	4.95	4.42	2.4	1.29	11.72
排位	1	5	3	4	6	7	2
地方财政支出（亿元）	75.63	41.1	37.95	57.64	35.3	17.25	46.46
排位	1	4	5	2	6	7	3
财政收入占地区生产总值比重（%）	10.6	4.7	7.8	4.3	4.2	6.1	19.1
地区生产总值增速%（按可比价格计算）	14.6	10.2	13.6	12.8	9.7	10.1	12.8
第一产业（亿元）（按可比价格计算）	9.99	16.37	4.39	22.56	10.54	3.99	6.51
第二产业（亿元）（按可比价格计算）	75.21	29.20	29.36	32.06	13.38	5.88	22.17
第三产业（亿元）（按可比价格计算）	136.89	29.83	29.62	49.29	34.11	11.43	32.67
规模以上工业企业增加值（万元）	211631	14535	69791	29937	1301	2250	24339
农林牧渔总值（万元）（按可比价格计算）	163173	256777	78298	304989	149627	52030	88781
全社会固定资产投资（万元）	2222177	620030	651454	797004	430150	162919	608956
排位	1	4	3	2	6	7	5
社会消费品零售总额（万元）	1051419	183996	223428	418990	107521	51507	153139
排位	1	4	3	2	6	7	5
各地区农牧民人均纯收入（元）	6019	4332	5183	4473	4860	4183	6433
城镇居民人均可支配收入（元）	17654	13829	15185	16361	15996	21895	14675

西部十二省（区、市）行政区划

省级行政区划名称	地级区划数	地级市	县级区划数	县级市	市辖区	乡镇级区划数
全 国	332	284	2853	369	857	40466
西 藏	7	1	73	1	1	692
重 庆			38		19	1012
四 川	21	18	181	14	44	4672
贵 州	9	6	88	7	13	1558
云 南	16	8	129	11	13	1362
内蒙古	12	9	101	11	21	909
广 西	14	14	109	7	34	1235
陕 西	10	10	107	3	24	1418
甘 肃	14	12	86	4	17	1353
青 海	8	1	43	2	4	396
宁 夏	5	5	22	2	9	237
新 疆	14	2	99	20	11	1020

西部十二省（区、市）主要经济指标

地 区	地区生产总值（亿元）	年末总人口（万人）	国际旅游外汇收入（亿美元）	农林牧渔业总产值（亿元）	农林牧渔业总产值比上年增长（%）
全 国	471563.7	134735		81303.9	4.5
西 藏	605.8	303	1.3	109.4	3.6
重 庆	10011.1	2919	9.7	1265.3	4.8
四 川	21026.7	8050	5.9	4932.7	4.6
贵 州	5701.8	3469	1.4	1165.5	1.4
云 南	8751.0	4631	16.1	2306.5	6.1
内蒙古	14246.1	2482	6.7	2204.5	5.7
广 西	11714.4	4645	10.5	3323.4	4.8
陕 西	12391.3	3743	13.0	2058.6	5.6
甘 肃	5000.5	2564	0.2	1187.8	5.4
青 海	1634.7	568	0.3	230.8	4.8
宁 夏	2060.8	639	0.1	354.7	5.1
新 疆	6474.5	2209	4.7	1955.4	6.9